U0901056

The Yearbook of China's Poverty Alleviation and Development

中国扶贫开发

国务院扶贫开发领导小组办公室　主管
《中国扶贫开发年鉴》编委会　　编

UNITY PRESS 團结出版社

图书在版编目（CIP）数据
中国扶贫开发年鉴. 2013 /《中国扶贫开发年鉴》编委会编. -- 北京：团结出版社，2013.11
ISBN 978-7-5126-2090-2

Ⅰ. ①中… Ⅱ. ①中… Ⅲ. ①扶贫－中国－2013－年鉴 Ⅳ. ①F323.8-54

中国版本图书馆CIP数据核字（2013）第219581号

出　版：团结出版社
（北京市东城区东皇城根南街84号　邮编：100006）
电　话：（010）65228880　65244790　（出版社）
（010）65238766　85113874　65133603　（发行部）
（010）65133603（邮购）
网　址：http://www.tjpress.com
Email：65244790@163.com（出版社）
fx65133603@163.com（发行部邮购）
印　装：三河市东方印刷有限公司

开　本：185×260mm　1/16
印　张：63.75
字　数：1147千字
印　数：3400册
版　次：2014年1月　第1版
印　次：2014年1月　第1次印刷

书　号：978-7-5126-2090-2/F · 146
定　价：360.00元

《中国扶贫开发年鉴》
编辑委员会

《中国扶贫开发年鉴》
编辑部

2012 年 12 月 29 日至 30 日，中共中央总书记、中央军委主席习近平在河北省阜平县看望慰问困难群众。

新华社记者　兰红光　摄

中共中央总书记、中央军委主席习近平在河北省阜平县龙泉关镇骆驼村看望唐荣斌老人一家。

新华社记者　兰红光　摄

中共中央总书记、中央军委主席习近平在河北省阜平县龙泉关镇顾家台村同村干部群众座谈。

新华社记者　兰红光　摄

亲切关怀

2012 年 12 月 30 日，时任中共中央政治局常委、国务院副总理李克强到江西九江、湖北恩施调研。图为在湖北恩施龙凤镇青堡村与村民座谈。

新华社记者　黄敬文　摄

2013 年 7 月 13 日至 14 日，时任中共中央政治局常委、国务院副总理李克强在湖北考察。这是 7 月 14 日，李克强来到地处大别山区的红安县陈升庙村，看望慰问困难群众，与大家亲切交谈。

新华社记者　刘卫兵　摄

2012 年 1 月 18 日，时任中共中央政治局常委、国务院副总理李克强到宁夏固原、银川两地，着重就发展改革和百姓基本民生保障考察调研。

新华社记者　黄敬文　摄

亲切关怀

2012 年 12 月 1 日至 6 日，时任国家主席胡锦涛在贵州省考察工作。图为胡锦涛在毕节市黔西县乌骡坝村亲切看望布依族村民潘安平一家。

新华社记者　鞠鹏　摄

2012 年 12 月 1 日至 6 日，时任国家主席胡锦涛在贵州省考察工作。图为胡锦涛在毕节市普底彝族小镇向各族群众亲切致意。

新华社记者　鞠鹏　摄

2012 年 12 月 26 日至 29 日，时任国家主席胡锦涛在江苏省考察工作。图为胡锦涛在盐城市大中镇恒北村同村民亲切交谈，深入了解推动城乡发展一体化情况。

新华社记者　李学仁　摄

亲切关怀

2012 年 5 月 25 日，时任中共中央政治局常委、国务院总理温家宝在湖南省湘西武陵山区调研扶贫开发工作时，专程到古丈县双溪乡中心完全小学，看望慰问师生，特别是在校的留守儿童。

新华社记者　庞兴雷　摄

2012 年 10 月 6 日至 7 日，时任中共中央政治局常委、国务院总理温家宝来到贵州省毕节市考察。图为温家宝来到七星关区长春堡镇阳鹊沟，了解石漠化治理、退耕还林情况。

新华社记者　李学仁　摄

2012 年 9 月 8 日，时任中共中央政治局常委、国务院总理温家宝抵达灾情最严重的云南省昭通市彝良县看望地震灾区群众。

新华社记者　黄敬文　摄

贫困地区基础设施建设

福建省山区通村公路改变了农村交通运输条件。

江西省宜春市沼气池建设施工现场。

浙江省青田县户户通电工程施工现场。

2012 年 6 月 9 日至 10 日，国务院扶贫开发领导小组副组长、办公室主任范小建到云南省临沧市双江县沙河乡南布村南角组就连片特困地区区域发展与扶贫攻坚工作进行专题调研，提出继续坚持扶贫开发整村推进，做好贫困识别和建档立卡工作，把新增扶贫资金主要用于深度贫困群体帮扶和连片特困地区扶持，确保普惠和特惠政策能瞄准贫困对象。

整村推进扶贫安居工程建设完成后，云南省怒江独龙族破旧村落展现浓郁风情。

江西省会昌县群众参与整村推进项目议标会议现场。

湖北省英山县山、水、田、林、路综合连片开发。

扶贫搬迁改变家乡面貌，藏区贫困群众感受幸福生活。

湖北省通山县楠岭村搬迁新貌。

易地扶贫搬迁

四川省阿坝州大骨节病易地搬迁点。

山西省夏县南大里移民新村。

2012年9月6日，国务院扶贫办副主任王国良率联合调研组赴新疆维吾尔自治区南疆三地州，就扶贫对象基本住房政策和雨露计划实施方式改革开展专题调研。

云南省勐腊县南欠村村民正在编制手工艺品。（左图）

四川省凉山州彝区“三房”改造新貌。(右图)

产业扶贫

2012年2月，国务院扶贫办副主任郑文凯到陕西省宜川县调研，并实地考察苹果产业基地。

辽宁省喀喇沁左翼蒙古族自治县草场乡蔬菜大棚。

山东省沂蒙山革命老区建设苹果收购批发市场200余个，推动当地产业化发展。

雨露计划

2012 年 10 月，国务院扶贫开发领导小组副组长、办公室主任范小建赴安徽省大别山区，先后深入安庆市太湖县、潜山县和六安市金寨县、寿县考察“雨露计划”培训示范基地。

青海省“雨露计划”厨师培训现场。

云南省文山州富宁县科技局技术人员深入山瑶村寨开展科技培训。

2012 年 7 月，“中国—莫桑比克庆华减贫合作中心”揭牌仪式在莫桑比克首都马普托坡拉纳举行。

2012 年 7 月，“中国国际扶贫中心坦桑尼亚莫罗戈罗省佩雅佩雅村村级减贫学习中心”揭幕仪式现场。

2012 年 4 月，“发展中国家千年发展目标与可持续减贫官员研修班”的学员考察江西省婺源县大鄣山乡产业发展项目。

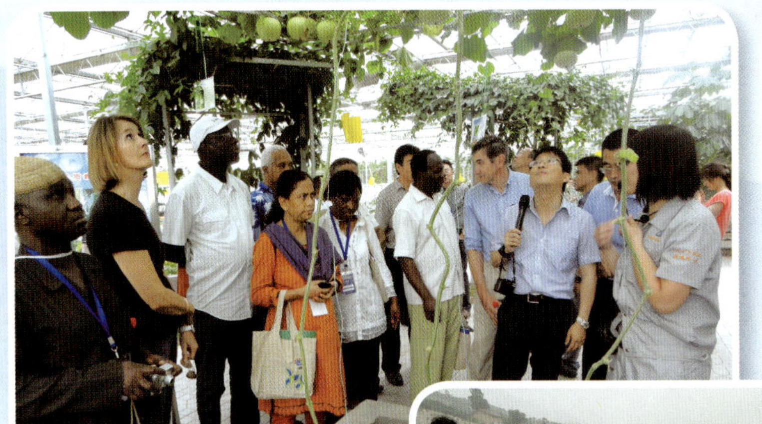

2012 年 7 月，“中国—国际农发基金第四届南南合作研讨班”的学员到山西省晋中市冯润泽现代农业示范区考察。（左图）

2012 年 8 月，“坦桑尼亚农村水利发展与减贫研修班”的学员到湖北省秭归县郭家坝镇烟灯堡考察节水灌溉工程。（右图）

目　录

2012年度党中央、国务院领导同志重要指示

习近平总书记到河北阜平看望慰问困难群众时的讲话（摘要）

（2012 年 12 月 29 日至 30 日）

消除贫困、改善民生、实现共同富裕，是社会主义的本质要求。对困难群众，我们要格外关注、格外关爱、格外关心，千方百计地帮助他们排忧解难，把群众的安危冷暖时刻放在心上，把党和政府的温暖送到千家万户。

革命老区和老区人民为中国革命胜利作出了重要贡献，党和人民永远不会忘记。改革开放 30 多年来，我国人民生活水平总体上发生很大变化。同时，由于我国还处在社会主义初级阶段，还有为数不少的困难群众。全面建成小康社会，最艰巨最繁重的任务在农村、特别是在贫困地区。没有农村的小康，特别是没有贫困地区的小康，就没有全面建成小康社会。中央对扶贫开发工作高度重视。各级党委和政府要增强做好扶贫开发工作的责任感和使命感，做到有计划、有资金、有目标、有措施、有检查，大家一起来努力，让乡亲们都能快点脱贫致富奔小康。

只要有信心，黄土变成金。各级党委和政府要把帮助困难群众特别是革命老区、贫困地区的困难群众脱贫致富摆在更加突出位置，因地制宜、科学规划、分类指导、因势利导，各项扶持政策要进一步向革命老区、贫困地区倾斜，进一步坚定信心、找对路子，坚持苦干实干，推动贫困地区脱贫致富、加快发展。各级领导干部要心里装着困难群众，多做雪中送炭的工作，满腔热情为困难群众办事。

农村要发展，农民要致富，关键靠支部。农村基层的同志，工作在第一线，条件也不好，一年到头操劳得很，很辛苦，很不容易，我向你们表示诚挚的慰问。要原原本本把党的政策落实好，大家拧成一股绳，心往一处想，劲往一处使，汗往一处流，一定要想方设法尽快让乡亲们过上好日子。

（资料来源：新华网 2012 年 12 月 30 日）

胡锦涛同志在中国共产党第十八次全国代表大会报告中关于扶贫开发的有关论述

（2012 年 11 月 8 日）

人民生活水平显著提高。……城乡最低生活保障标准和农村扶贫标准大幅提升……（关于过去五年的工作和十年的基本总结）

人民生活水平全面提高。……扶贫对象大幅减少……（关于全面建成小康社会和全面深化改革开放的目标）

推进经济结构战略性调整。……采取对口支援等多种形式，加大对革命老区、民族地区、边疆地区、贫困地区扶持力度。……（关于加快完善社会主义市场经济体制和加快转变经济发展方式）

推动城乡发展一体化。……坚持把国家基础设施建设和社会事业发展重点放在农村，深入推进新农村建设和扶贫开发，全面改善农村生产生活条件。着力促进农民增收，保持农民收入持续较快增长。……（关于加快完善社会主义市场经济体制和加快转变经济发展方式）

（胡锦涛同志时任中共中央总书记、国家主席、中央军委主席
资料来源：新华网 2012 年 11 月 8 日）

胡锦涛同志在省部级主要领导干部专题研讨班开班式上的讲话摘要

（2012 年 7 月 23 日）

在经济发展基础上逐步提高人民物质文化生活水平，是改革开放和社会主义现代化建设的根本目的。改革开放以来特别是近些年来，我们在改善民生方面作出极大努力，取得明显成效。同时，我们也要看到，人民群众对过上更好生活的要求也在增强，对加快解决民生领域突出问题的期盼也在提高。我们必须继续加强工作，多谋民生之利，多解民生之忧，解决好人民最关心最直接最现实的利益问题，在学有所教、劳有所得、病有所医、老有所养、住有所居上持续取得新进展，使改革发展成果更多更公平惠及全体人民，保证人民过上更好生活。

（胡锦涛同志时任中共中央总书记、国家主席、中央军委主席

资料来源：新华网 2012 年 7 月 23 日）

李克强同志在宁夏考察时的讲话（摘要）

（2012 年 1 月 16 日至 17 日）

党和政府十分关心贫困地区群众的生产生活，对新一轮扶贫开发做出了部署。要把集中连片特殊困难地区作为主战场，啃好硬骨头，打好攻坚战，改善群众吃水、用电、通路等基本生产生活条件，对自然条件恶劣的地方实行生态移民，扶持农村经济发展，使困难群众共享改革发展的成果。

保障民生与发展经济相辅相成，发展是保障和改善民生的基础，保障和改善民生也能促进发展。在市场经济条件下，政府在保障义务教育、基本医疗、基本住房、基本养老、低保等基本需求方面负有责任，要在经济发展中切实把这些基本需求保障好。

（李克强同志时任国务院副总理

资料来源：新华网 2012 年 1 月 17 日）

李克强同志在博鳌亚洲论坛2012年年会开幕式上的演讲（摘要）

（2012年4月2日）

继续促进中国经济社会发展，改善民生是根本。我们加快转型、调整结构，根本目的是保障和改善民生。而保障和改善民生又有利于增加收入、刺激消费、开拓市场，发展经济与改善民生相辅相成，可以形成良性互动。中国正在进行的就业扶持、保障性安居工程建设、全民医保等医改重点工作的推进、集中连片扶贫攻坚等都是重大民生工程，也是重大发展工程。实施这些工程，致力于保障群众基本生活，同时增加中低收入者收入，都是调节收入分配的重大措施。我们将着眼于提高人民生活水平和质量，构建社会保障的安全网，推进基本公共服务均等化，鼓励就业创业，努力实现居民收入增长和经济发展同步，提高居民消费能力，扩大国内需求，使现代化建设不断向前推进，使全体人民共享成果、切实受益。

（李克强同志时任国务院副总理
资料来源：新华网2012年4月3日）

温家宝同志2012年《政府工作报告》中关于扶贫开发的有关论述

（2012年3月5日）

稳定发展农业生产，多渠道增加农民收入。……实施新10年农村扶贫开发纲要，按照新的国家扶贫标准，全面做好扶贫开发工作，加大集中连片特殊困难地区扶贫开发力度，让扶贫对象更多地分享改革发展成果。（关于促进农业稳定发展和农村持续增收）

促进区域经济协调发展。……要加大对革命老区、民族地区、边疆地区和贫困地区的扶持力度。……（关于促进区域经济协调发展）

促进区域经济协调发展。……制定实施新10年农村扶贫开发纲要。……（关于2011年工作回顾）

积极调整收入分配关系。……中央决定将农民人均纯收入2300元（2010年不变价）作为新的国家扶贫标准，比2009年提高92%，把更多农村低收入人口纳入扶贫范围，这是社会的巨大进步。……（关于2011年工作回顾）

（温家宝同志时任国务院总理

资料来源：新华网2012年3月15日）

温家宝同志在“最不发达国家与里约+20”高级别边会上的讲话（摘要）

（2012 年 6 月 21 日）

帮助最不发达国家发展是中国长期坚持的政策。长期以来，中国政府一直在联合国大会、联合国贸发会议、世界贸易组织谈判等多边场合呼吁国际社会重视最不发达国家问题，维护最不发达国家利益。尽管中国也是发展中国家，有大量贫困人口，但我们向最不发达国家提供了力所能及的资金支持和技术援助。截至 2011 年底，中国累计免除 50 个重债穷国和最不发达国家近 300 亿元人民币的债务，承诺给予绝大多数最不发达国家 97% 税目的产品零关税待遇。中国与联合国开发计划署共同发起成立了中国国际扶贫中心，在全球范围内分享中国减贫经验。中国为最不发达国家培训 35000 多名管理和技术人才，援建了大量医院、道路、饮水等基础设施，中国所做的一切都不附加任何政治条件。今后，中国将一如既往地支持最不发达国家的经济与社会发展事业，扩大投资与技术转让，增加援助规模，加强人员培训，促进最不发达国家可持续发展。

（温家宝同志时任国务院总理

资料来源：新华网 2012 年 6 月 22 日）

温家宝同志在四川视察时的讲话（摘要）

（2012 年 7 月 14 日）

要加大扶贫攻坚力度，积极推动革命老区、少数民族地区、贫困地区脱贫致富。

国家新 10 年农村扶贫开发纲要中提出了 14 个集中连片特殊困难地区。要坚持因地制宜，创新扶贫开发方式，增加扶贫投入，落实好这些规划。通过加强贫困地区基础设施建设、支持发展特色优势产业、完善社会保障制度，打好新一轮扶贫攻坚战，让革命老区、少数民族地区、贫困地区的人民群众共享经济社会发展成果。

（温家宝同志时任国务院总理

资料来源：新华网 2012 年 7 月 23 日）

吴邦国同志在大别山革命老区调研时的讲话（摘要）

（2012 年 6 月 18 日至 21 日）

消除贫困、改善民生、实现共同富裕是社会主义的本质要求。我们永世不忘老区人民为中国革命和建设事业作出的重大贡献，要抓住全国新一轮扶贫开发攻坚机遇，结合实际创造性地开展工作，走出一条革命老区脱贫致富、科学发展的新路子。

要把发展特色旅游作为脱贫致富的一条路子，丰富旅游产品，打造精品线路，让更多的老区群众吃上旅游饭。目前，大别山区周边交通条件大为改善，但腹地交通设施建设仍然滞后，成为制约发展特别是旅游业发展的瓶颈。要进一步加大投入力度，优先抓好对促进旅游业发展起关键作用的联络线建设，尽快实现鄂豫皖大别山区交通网联通。

要切实办好各类职业培训学校，重点加强农村劳动力特别是扶贫对象的职业技能培训，提高培训的实效性，增强转移就业能力。

要在发展经济的同时把更多新增财力投向民生领域，优先解决扶贫对象最紧迫的问题。经过各方努力，许多贫困村组的生产生活条件得到改善，但仍有一些群众住在深山区和水库库区，生存条件差、脱贫难度大。要结合新农村、小城镇、工业园区建设，有计划、有步骤地实施易地扶贫搬迁和生态移民搬迁，尽力帮助搬迁群众解决生产生活困难，保障他们的长远生计。

加快老区脱贫致富、科学发展步伐，是我们的历史责任。中央和国家有关部门将继续加大扶持力度，在资金投入、项目安排、对口帮扶等方面予以倾斜。希望安徽省及老区各级党委、政府团结带领广大干部群众，认真贯彻中央关于新一轮扶贫攻坚的总体部署，发扬自力更生、艰苦奋斗精神，进一步理清发展思路、明确发展重点，打好扶贫开发攻坚战，提升老区自身发展能力，让老区群众的生活一天天好起来。

（吴邦国同志时任全国人大常委会委员长

资料来源：新华网 2012 年 6 月 21 日）

贾庆林同志在甘肃调研时的讲话（摘要）

（2012年8月24日至29日）

保障和改善民生，是我们全部工作的根本出发点和落脚点。要全面落实国家扶贫开发纲要，把集中连片特困地区作为主战场，大力发展特色富民产业，切实加强基础设施建设，坚持扶贫开发与社会保障两手抓，充分发挥贫困地区干部群众的主体作用，确保如期实现扶贫开发目标。要牢牢把握各民族共同团结奋斗、共同繁荣发展的主题，广泛持久开展民族团结进步宣传教育和创建表彰活动，切实保障少数民族和民族自治地方合法权益，增强民族地区发展后劲和自我发展能力，促进各民族和衷共济、和睦相处、和谐发展。

（贾庆林同志时任全国政协主席

资料来源：新华网2012年8月29日）

汪洋同志在广东省扶贫开发工作会议上的讲话（摘要）

（2012 年 2 月 1 日）

要提高认识，做好扶贫开发工作长期化的思想准备。今年是广东省解决绝对贫困的攻坚之年，同时也是新一轮扶贫开发的开局之年。今后扶贫开发工作将由解决绝对贫困问题为主逐步转向以解决相对贫困问题为主，扶贫开发工作将成为一项长期坚持的重要工作。各级党委、政府务必保持清醒头脑，进一步增强政治意识、大局意识和责任意识，全面把握新阶段扶贫开发的形势任务，认真落实中央精神和省委部署，切实提高扶贫标准，深化扶贫内涵、加大扶贫力度，努力推动扶贫工作长期化制度化，确保“双到”工作任务全面完成，确保新一轮扶贫开发工作开好局、起好步，确保我省扶贫开发工作继续走在全国前面。

适应扶贫开发工作长期化的需要，必须进一步建立健全扶贫开发的制度机制。要总结经验，完善扶持贫困地区、贫困户发展的各项政策措施，形成更有利于贫困地区和扶贫对象加快发展的扶贫战略和政策体系，着力健全扶贫开发的长效机制。要加强领导，深入推进“双到”工作，着力推进开发式扶贫，积极推进基本公共服务均等化，认真落实扶贫责任，进一步加强督促检查，加强扶贫工作机构和队伍建设，围绕扶贫工作深入推进做好工作安排、狠抓工作落实。

要广泛宣传广东省扶贫开发的政策、成就、经验和典型事迹，宣传新一轮扶贫开发工作面临的新形势、新要求、新任务，使全社会充分认识新阶段扶贫开发的紧迫性、长期性和艰巨性，为推动扶贫开发的持久深入开展营造良好的社会氛围。

（汪洋同志时任广东省委书记

资料来源：新华网 2012 年 2 月 2 日）

回良玉同志在乌蒙山片区区域发展与扶贫攻坚启动会上的讲话（摘要）

（2012年2月23日）

连片特困地区是我国新时期扶贫攻坚的主战场。要认真贯彻落实中央扶贫开发工作会议精神，坚持把扶贫开发与加快区域发展相结合，与生态环境保护和人口控制相结合，加大投入和政策支持力度，加强统筹协调和协作带动，着力解决瓶颈制约和突出矛盾，着力保障和改善民生。要切实加强乌蒙山片区扶贫开发的组织领导，发挥毕节试验区的引领示范作用，落实规划确定的各项目标任务，加快乌蒙山片区经济社会发展和脱贫致富步伐。

乌蒙山片区贫困面大、贫困程度深，贫困现象复杂、贫困类型综合，是扶贫攻坚难啃的一块“硬骨头”。加快乌蒙山片区经济社会发展不仅是增进当地人民福祉的迫切需要，也是推进西部大开发、促进全国区域协调可持续发展的战略选择。要认真组织实施规划，扎实推进各项工作。一要创新扶贫开发思路，通过区域发展和扶贫开发互促共进，最大程度地提高扶贫开发效果。二要始终坚持把保障和改善民生作为根本出发点和落脚点，突出重点任务，确保贫困群体尤其是深度贫困群体在规划实施中优先受益，努力提升产业发展、基础设施、生态环境、社会事业和公共服务水平，加快打通交通瓶颈，从根本上改变片区的落后面貌，提高贫困人口的自我发展能力。三要充分发挥毕节试验区的引领示范作用，探索贫困山区科学发展之路。四要抓紧建立乌蒙山片区跨省协调机制，把片区扶贫攻坚和跨省协同发展有机结合起来，打破行政分割，发挥比较优势，促进区域一体化协调发展。五要切实加强组织领导，落实各方责任，强化社会参与，以片区规划为平台，把各种力量更多地汇聚到乌蒙山片区的扶贫攻坚中来。

将连片特困地区作为扶贫攻坚主战场，是新阶段扶贫工作整体布局的核心。必须抓紧研究新问题，及时总结新经验，努力探索新规律，不断提高片区扶贫开发工作水平。要抓紧完善片区工作机制，及时总结武陵山片区试点工作经验，加快完善组织协调、定点联系、监测评估等体制机制。要抓紧制定片区优惠政策，体现“雪中送炭、突出重点”的原则。要抓紧其他片区规划编制工作，力争年底前全面完成片区规划编制和启动工作。要以对党和人民高度负责的精神，坚决打好连片特困地区扶贫攻坚战，让贫困地区和贫困群众早日步入全面小康。

（回良玉同志时任国务院副总理

资料来源：新华网 2012 年 2 月 23 日）

回良玉同志在秦巴山片区区域发展与扶贫攻坚启动会上的讲话（摘要）

（2012年5月10日）

要认真贯彻中央关于扶贫开发工作的部署，加大投入力度，加强统筹协调，着力壮大特色优势产业，集中实施一批民生工程，大力改善生产生活条件，全面推进集中连片特困地区扶贫攻坚，尽快从根本上改变贫困地区落后面貌。要认真组织实施秦巴山片区区域发展与扶贫攻坚规划，围绕解决瓶颈制约和突出矛盾，每年办实、办成、办好几件大事，一步一步地把宏伟蓝图变为美好现实，真正造福贫困地区广大群众。

秦巴山片区集革命老区、大型水库库区、汶川地震灾区、自然灾害易发多发区于一体，内部差异显著、致贫因素复杂、贫困人口众多，必须按照“区域发展带动扶贫开发、扶贫开发促进区域发展”的思路，集中力量推进这一片区的区域发展与扶贫攻坚。一要注重生态环境保护，巩固和扩大退耕还林成果，确保南水北调中线工程水源安全。二要有序推进移民搬迁，坚持群众自愿、因地制宜、科学规划，确保群众搬得出、搬得起，稳得住、能致富。三要加大劳动力培训力度，提高劳务品牌知名度，促进劳务输出由数量型向质量型、由自发性向组织化转变。四要做大特色优势产业，立足区域优势和资源条件，坚持以市场为导向，带动和帮助贫困农户增收脱贫。五要调动各方积极性，发扬“宁愿苦干、不愿苦熬”的扶贫开发精神，激发广大群众参与扶贫开发的热情。

把集中连片特困地区作为扶贫攻坚主战场，是新阶段扶贫开发的重大创新和突出特点。各地区、各有关部门要抓紧编制其他片区规划，抓紧编制省、县实施规划，抓紧落实资金来源和项目安排，抓紧开展相关指导和培训工作，务必使片区扶贫攻坚见到实效。要充分发挥地方和联系单位两个积极性，片区内各级党委政府要认真贯彻落实党政一把手负总责的扶贫开发工作责任制，片区联系单位要认真履行沟通、协调、指导和推动的职责。要牢牢抓住规划引导和项目落地两大关键，建立规划目标责任制和实施管理机制，解决好“资金从哪里来”、“项目如何落地”的问题。要切实加强普惠政策和特惠政策两大支撑，不断加大面向全部农村的强农惠农富农政策力度，对连片特困地区实行差异化重点扶持，采取特殊政策和手段。要不断强化发奋求变和考核激励两大动力，充分发挥片区干部群众的主动性和创造性，进一步完善扶贫开发监督检查机制，确保扶贫开发目标、责任、成效“三落实”。

（回良玉同志时任国务院副总理
资料来源：新华网 2012 年 5 月 10 日）

回良玉同志在滇桂黔石漠化片区区域发展与扶贫攻坚启动会上的讲话（摘要）

（2012 年 6 月 28 日）

要认真贯彻落实中央关于扶贫开发工作部署和温家宝总理在武陵山片区扶贫攻坚座谈会上的重要讲话精神，凝心聚力打好集中连片特困地区扶贫攻坚战，下大力气解决制约发展的突出矛盾，着力保障和改善民生，努力提高扶贫开发的成效。要认真组织实施滇桂黔石漠化片区区域发展与扶贫攻坚规划，坚持扶贫开发和石漠化综合治理相结合，水利建设、生态建设和石漠化治理“三位一体”协同推进，走出一条石漠化地区经济社会发展、扶贫开发与生态建设良性互动的新路子。

滇桂黔石漠化片区集老、少、边、穷于一体，贫困问题与石漠化问题交织，生态环境十分脆弱，是新一轮扶贫攻坚的“硬骨头”。片区各级政府和有关部门要准确把握该片区的区域特点和比较优势，认真落实规划确定的各项目标任务，按照“区域发展带动扶贫开发、扶贫开发促进区域发展”的思路，扎实有效地推进这一片区的扶贫攻坚。一要着力抓好片区内各级规划的编制和实施，切实加强规划引导，落实资金来源和项目安排。二要着力保障和改善民生，把解决人民群众最关心、最现实、最迫切的问题放在突出位置，确保贫困群体优先受益。三要着力加强水利建设和生态环境保护，加快推进石漠化综合治理，解决工程性缺水问题，大力恢复林草植被，探索石漠化综合治理和扶贫开发相结合的途径。四要着力发展特色优势产业，加快建设一批特色农产品生产基地，开拓一批旅游精品线路，打造一批具有鲜明地域特色、浓郁民族风情和强烈时代气息的文化产业，加强劳动力就业培训与服务，提升贫困地区自我发展能力，多措并举促进农民增收致富。五要着力加强边境地区扶贫开发，在政策和资金方面给予特殊支持，大力加强边境地区基础设施建设，继续实施兴边富民行动。

集中连片特困地区的扶贫攻坚，需要实行差别化重点扶持。要切实加大片区政策支持和投入力度，抓紧研究制定一批专门面向片区的、含金量高的、针对性强的特殊政策，抓紧完善财税、金融、土地、生态补偿、人才等政策的实施细则和配套措施。进一步加大对片区的资金投入，建立和完善片区内各县的基本财力保障制度，引导信贷资金和社会资金投向片区，加大社会帮扶力度。要着力完善片区工作机制，认真落实党政一把手负总责的扶贫开发工作责任制，强化各级扶贫开发领导小组的统筹协调、监督检查职能，发挥片区联系单位的协调、指导和推动的职责，形成片区扶贫攻坚的强大合力。要着力发挥片区干部群众主体作用，充分调动片区干部群众的主动性和创造性，增强片区发展的内在活力。

（回良玉同志时任国务院副总理
资料来源：新华网 2012 年 6 月 28 日）

回良玉同志在六盘山片区区域发展与扶贫攻坚启动会上的讲话（摘要）

（2012年8月23日）

要深入贯彻落实中央关于新阶段扶贫开发工作的决策部署，把连片特困地区作为扶贫攻坚主战场，加大政策和资金扶持力度，集中力量解决制约片区经济社会发展的瓶颈问题，使片区扶贫攻坚尽快见到实效。要认真组织实施六盘山片区区域发展与扶贫攻坚规划，以建设节水型社会为切入点，坚持扶贫开发和水利建设、生态建设、人力资源开发相结合，走出一条西北干旱地区脱贫致富的新路子。

1982年开始实施的“三西”（河西、定西、西海固）地区扶贫开发，是我国扶贫开发史上第一个有计划、有组织、大规模的开发式扶贫行动。在党中央、国务院的亲切关怀下，在地方党委政府的坚强领导下，“三西”地区各族人民充分发扬“领导苦抓、社会苦帮、群众苦干”的“三苦精神”，大力推行“兴河西之利，济中部之贫”和“有水走水路、无水走旱路、水旱路不通另找出路”的方略，展开了一场历时30年的反贫困斗争，取得了巨大成就。目前，“三西”地区生态环境明显改观，生产生活条件显著改善，区域性支柱产业初步形成，社会事业不断进步，温饱问题基本解决，经济社会面貌发生了根本性的转变，改写了“一方水土养活不了一方人”的历史，为探索和拓宽中国特色扶贫开发道路作出了巨大贡献。

以甘肃定西、宁夏西海固为核心，包括周边部分地区和陕西、青海部分毗邻地区在内的六盘山片区，区域发展和扶贫攻坚的任务仍很艰巨。各有关地区和部门要继续发扬“三西”精神，同心同力，真抓实干，一步一步把规划落到实处。一要坚持不懈加强生态建设和治理，重点推进小流域综合治理和山、水、林（草）、田、路综合整治。二要全面加快各类基础设施建设，特别是要下大力气突破水利和交通两大瓶颈制约。三要扎实推进生态移民工程，统筹推进移民新村建设、产业培育、社会事业发展等各项工作，注重解决群众搬迁后的生产、生活出路问题。四要因地制宜发展特色优势产业，积极发展优质、高效、生态现代旱作节水农业，高水平建设一批循环经济基地，继续支持六盘山旅游扶贫试验区建设。五要大力实施教育扶贫工程，认真落实义务教育各项扶持政策，实施好“国家扶贫定向招生专项计划”、有力阻断贫困代际传递，加强实用技术和劳动力转移培训。六要强化跨省协调和合作，加强跨省重大基础设施项目、产业布局、经济协作等事项的衔接。七要加大部门支持力度，国家有关部门专项建设资金投入要向六盘山片区倾斜，列入行业规划的基础设施建设项目要优先审批和实施。

（回良玉同志时任国务院副总理

资料来源：新华网 2012 年 8 月 23 日）

回良玉同志在减贫与发展高层论坛开幕式上的致辞（摘要）

（2012年10月17日）

实现包容性发展，让贫困人口有公平的发展机会、更多地分享经济增长成果，是中国政府大力追求的发展目标。要认真实施《中国农村扶贫开发纲要（2011—2020年）》，把连片特困地区作为扶贫攻坚主战场，加大资金和政策支持力度，努力巩固温饱成果、加快脱贫致富、改善生态环境、提高发展能力、缩小发展差距，尽快改变贫困地区经济社会面貌。

近10年来，中国政府按照科学发展观的要求，坚持以人为本，更加注重全面协调可持续发展，更加注重统筹兼顾，更加注重保障和改善民生，采取了一系列重大减贫举措，为贫困地区和贫困人口创造了有利的发展环境、更多的发展机会。我们致力于扩大就业，大量劳动力从农业转向第二、三产业、从农村转向城市、从贫困地区转向发达地区，促进了贫困人口收入较快增长。我们致力于促进城乡统筹发展，粮食生产已实现连续八年增产，农民收入实现连续八年较快增长，农村各项社会事业和基础设施得到明显加强。我们致力于促进区域协调发展，加大对西部地区基础设施、生态环境、特色产业的支持，让西部地区更好地参与发展进程。我们致力于实施大规模减贫计划，增加各级财政扶贫资金，坚持开发式扶贫与社会保障相结合，让农村贫困群体更好地从经济社会发展中受益。

中国和世界都需要通过增强发展的包容性，转变发展方式，提高发展质量，增进人民福祉。提三点建议：一是深化改革，建立有利于贫困人口的经济制度，注重为贫困人口提供平等的公共服务，通过制度建设促进减贫。二是发挥优势，注重提高经济增长的质量，根据资源禀赋合理调整产业结构，协调发展资本、技术和劳动密集型产业。三是创新机制，加强减贫领域的国际交流合作。

（回良玉同志时任国务院副总理
资料来源：新华网2012年10月17日）

回良玉同志在国务院残疾人工作委员会全体会议上的讲话（摘要）

（2012 年 2 月 29 日）

残疾人工作的核心宗旨，就是不断缩小残疾人生活状况与社会平均水平的差距，促进残疾人平等参与社会生活、共享改革发展成果。

要坚持以农村残疾人工作为重点，着力加强农村残疾人扶贫开发，把残疾人扶贫开发与一般性扶贫开发、社会保障和农村残疾人事业发展结合起来，为残疾人生活和发展提供稳定的制度性保障。

（回良玉同志时任国务院副总理

资料来源：新华网 2012 年 2 月 29 日）

年度综述篇

中国扶贫工作进展年度综述

2012年，在各方面共同努力下，扶贫开发取得显著成效。国家扶贫开发工作重点县（以下简称“重点县”）农民人均纯收入达4602元，比上年增长16.8%，连片特困地区农民人均纯收入4839元，比上年增长15.1%。农村扶贫对象减少了2339万人，总规模下降到9899万人，占农村户籍人口的比例下降到10.2%，下降2.5个百分点。

一、连片特困地区扶贫攻坚全面启动。将集中连片特困地区作为扶贫攻坚的主战场，是党中央、国务院作出的重大战略决策。截至2012年底，国务院全部批复了11个集中连片特殊困难地区区域发展与扶贫攻坚规划，同时，批准了“十二五”支持西藏、新疆、新疆生产建设兵团以及四川、云南、甘肃、青海四省藏区经济社会发展规划建设项目方案。建立了国务院13个部门联系11个片区的工作机制，有关部门陆续出台了一系列支持片区发展的政策措施、指导意见和行业规划，部分民生工程和基础设施项目率先实施。国家民委主动推动武陵山片区先行先试，积极探索部委联系片区工作机制，并向武陵山片区每个县（市、区）派驻联络员。教育部出台了针对片区的农村义务教育学生营养改善计划和每年1万名贫困生定向招生专项计划，对片区中等职业学校学生实行免费教育并给予生活补助，启动实施普通高中改造计划等试点。交通运输部印发了《集中连片特困地区交通建设扶贫规划纲要（2011—2020年）》，与19个省（区、市）签署了共建协议，并大幅提高了片区交通建设补助标准。国土资源部出台了支持集中连片特困地区区域发展与扶贫攻坚的若干意见，提出了18项支持措施。卫生部和全国妇联出台了卫生扶贫的指导意见，并在吕梁山等片区的100个县启动学龄前儿童营养干预试点。住房和城乡建设部将2012年农村危房改造资金增加到446亿元，全年完成了560万户农村危房改造任务，将提前实现“十二五”计划。科技部深入推进科技特派员农村科技创业行动。水利部编制实施《全国水利扶贫规划》。农业部出台了《关于加强农业行业扶贫工作的指导意见》。工业和信息化部、民政部在制定相关行业规划和安排资金项目时对片区给予了倾斜。人民银行积极引导金融机构加大对西部贫困地区支农再贷款的调剂力度。旅游局与扶贫办签订了关于推进旅游扶贫工作的合作框架协议。共青团中央与扶贫办出台了关于动员和支持各级团组织及广大青年积极参与扶贫开发的意见。国家烟草专场局与贵州省进行了结对帮扶。

二、各地扶贫标准和重点县调整工作顺利完成。2012 年，各地按照《中国农村扶贫开发纲要（2011—2020 年）》（以下简称《纲要》）和中央扶贫开发工作会议精神，对地方扶贫标准和重点县进行了调整。17 个省（区、市）执行 2300 元标准，14 个省（区、市）制定了高于 2300 元的地方扶贫标准；其中广东省和重庆市正在探索采用相对贫困标准。各地按照新的扶贫标准开展贫困识别，为全面实施扶贫政策奠定基础。按照“高出低进、出一进一、总量不变、严格程序”的精神，9 个省区对 38 个县作出调整。调整后，全国重点县的总量仍为 592 个，其中片区内重点县由 431 个增加到 440 个。调整后的重点县名单经国务院批准后向社会公布，得到各方面肯定。

三、扶贫开发投入力度进一步加大。2012 年，中央财政综合扶贫投入 2996 亿元，比上年增长 31.9%。其中，财政专项扶贫资金投入 332 亿元，比上年增长 22.1%。28 个省（区、市）实际投入财政专项扶贫资金 164.5 亿，比上年增长 62.4%。中央定点扶贫直接投入帮扶资金（含物资折款）18.98 亿元，帮助引进各类资金 90.34 亿元，分别比上年增长 23.5% 和 78.7%。东西扶贫协作政府和社会援助投入 10.32 亿元，企业协议合作投资 4556 亿元，分别比上年增长 9.1% 和 73.2%。据不完全统计，信贷扶贫投入 530 亿元，比上年增长 18.5%。

四、专项扶贫工作扎实开展。一是专项规划编制工作顺利推进。扶贫办会同发展改革委等 11 个部门编制完成《扶贫开发整村推进“十二五”规划》，“十二五”期间，要完成中西部 3 万个贫困村整村推进和 2000 个贫困乡整乡推进任务。与农业部、林业局、旅游局联合下发了《关于集中连片特殊困难地区产业扶贫规划编制工作的指导意见》，指导各地编制产业扶贫规划。发展改革委编制了《易地扶贫搬迁“十二五”规划》，准备对 240 万生存条件恶劣地区的农村贫困人口实施易地扶贫搬迁。二是继续开展“雨露计划”实施方式改革试点。2012—2013 学年“雨露计划”实施方式改革试点范围扩大到 200 个县，补助方式改为直补到人，有近 70 万名学生受益。三是积极探索两项制度有效衔接工作。按照国务院办公厅转发扶贫办等部门关于做好农村低保和扶贫开发政策有效衔接扩大试点工作意见的通知精神，积极推进两项制度有效衔接试点工作。各地采取一次识别或分次识别、分批扶持的办法，开展新一轮贫困识别工作。四是扶贫试点工作成效显著。2012 年中央专项彩票公益金在投入 5.25 亿元开展革命老区扶贫开发整村推进试点项目的基础上，又增加 3.75 亿元资金，在赣闽粤原中央苏区、沂蒙革命老区、川陕革命根据地及甘肃庆阳革命老区开展革命老区扶贫开发创新试点项目，进一步加大了对革命老区的扶贫力度。实施5年、先后投入近55亿元的阿坝州扶贫开发和大骨节病综合防治试点工作顺利验收，试点项目取得了明显成效。西藏溜索改造任务全面完成。互助资金试点继续开展。此外，云南省富宁县瑶族支系山瑶群众综合扶贫试点工作基本完成，新疆边境扶贫试点、威宁喀斯特地区扶贫开发综合治理试点等工作取得良好效果，大小凉山艾滋病综合防治与扶贫开发相结合试点第一批基础设施、环境建设、公共服务和住房改造项目建设工作已逐步展开。

五、社会扶贫和国际减贫交流合作呈现新局面。一是定点扶贫实现重点县全覆盖。根据《纲要》的要求，2012年11月，扶贫办与中组部等八部门印发了《关于做好新一轮中央、国家机关和有关单位定点扶贫工作的通知》，共有310个单位参与定点扶贫，第一次实现了对592个重点县的全覆盖。国资委、教育部协调中央企业和高等院校积极参与，水利部、证监会、铁道部等大幅增加了帮扶的重点县，探索了国家烟草局帮扶贵州全省的新形式，包商银行作为唯一非公有制企业参加了定点扶贫。地方定点帮扶的力度也进一步加大。二是东西扶贫协作力度进一步加大。北京、上海、天津等东部省市加大了对内蒙古、云南、甘肃等西部对口帮扶省份的财政资金援助力度，并建立了年增长8%的动态增长机制。北京市还将原来对口帮扶分散在内蒙古全自治区的18个重点县，调整为帮扶重点县和贫困人口比较集中的赤峰市和乌兰察布市。浙江和四川两省就重点开展对四川藏区的帮扶工作制订了具体方案和实施规划。配合发展改革委，协调新增上海、苏州、杭州和广州四市对口帮扶贵州省。评选出100个全国社会扶贫创新案例，设立了3个扶贫改革试验区。三是国际合作成果丰硕。成功举办2012年“10.17”减贫与发展高层论坛、第六届中国—东盟社会发展与减贫论坛、第三届中非减贫与发展会议，积极参与联合国可持续发展大会相关活动，成功举办主题边会。签署中国巴西减贫合作协议，国际减贫交流合作进一步扩大。利用世行贷款第五期项目顺利实施，积极争取将第六期项目列入国家规划。举办国际减贫培训班13期，对来自亚非拉63个国家的251名官员进行培训。

六、扶贫工作管理水平进一步提高。一是稳步推进扶贫立法工作。在前期工作基础上，先后召开了3次扶贫立法工作领导小组全体会议、扶贫立法工作座谈会（地方）、扶贫立法专家座谈会，对法律文本进行讨论修改，并将《中国农村扶贫开发法（征求意见稿）》送扶贫开发领导小组各成员单位、中央编办和省（区、市）扶贫办（局）书面征求意见。与此同时，各地也加快了扶贫立法的工作进度，9个省（区、市）出台了扶贫开发条例，有3个省区形成了条例草案，并进入了立法程序。

二是扶贫开发工作考核取得新进展。2012年1月，国务院扶贫开发领导小组1号文件印发了《扶贫开发工作考核办法（试行）》，决定自2012年开始，对各省、自治区、直辖市扶贫开发工作进行考核。10月中旬，中央组织部等13个扶贫开发工作考核领导小组成员单位分五组，对内蒙古等10个省区开展了考核的实地核查工作。12月底，对考核达到A等次的重庆、内蒙古、贵州、湖北、四川、浙江6省（区、市）和B等次的山西、吉林、广西、陕西、新疆、云南、江西、海南、黑龙江、江苏、广东、辽宁12个省（区）给予通报表扬。

（国务院扶贫办政策法规司、规划财务司）

专项扶贫篇

（一）专项扶贫——政策措施和机制创新

【扶贫开发高层次人才建设实施规划（2011—2020年）】 根据国家人才强国战略和《国家中长期人才发展规划纲要（2011—2020年）》（以下简称《国家人才纲要》）的总体要求，按照《全国扶贫开发人才发展规划（2011—2020年）》（以下简称《扶贫开发人才规划》）统一部署，结合贯彻落实《中国农村扶贫开发纲要（2011—2020年）》（以下简称《纲要》）和当前扶贫开发高层次人才队伍现状，制定本实施规划。

一、指导思想

高举中国特色社会主义伟大旗帜，以邓小平理论和"三个代表"重要思想为指导，深入贯彻落实科学发展观，立足新时期扶贫开发工作需求，明确目标，强化措施，加大投入，落实责任，切实加强扶贫开发高层次人才队伍建设，全面提高扶贫开发理论研究能力、实践总结能力、工作决策能力、大扶贫格局下的执行与管理能力，为全面贯彻落实《纲要》提供坚强的人才支持和智力保障。

二、基本原则

——立足现实，面向未来。正视我国扶贫开发高层次人才队伍建设比较薄弱的现实，注重整合国内外现有社会科学及相关自然科学研究领域高层次人才资源，满足落实《纲要》任务的现实需要，注重培养扶贫开发高层次人才的后备力量，适应扶贫开发事业的长远需求，统筹兼顾，科学安排，强力推进扶贫开发高层次人才队伍建设。

——不求所有，但求所用。立足本系统，面向全社会，培训和借助相结合，组织和动员相补充。

——以用为本，突出重点。适应大扶贫格局下扶贫开发工作的需要，立足中国特色扶贫开发理论与实践创新和发展的需求，树立大人才观，以新时期扶贫开发中心任务为重心，广纳人才，培养人才，用好用活人才，搭建扶贫开发高层次人才参与扶贫开发、实现自身价值的平台。

——完善体系，创新机制。把握扶贫开发人才建设规律和特点，以培养形成高层次的理论与实践研究人才、行政管理决策人才、创新型高端人才为重心，探索建立吸引、培养、使用人才的激励机制，健全制度，完善体系，逐步形成制度化的高端人才发掘、使用、管理、培养、更新的良好机制，促进扶贫开发高层次人才队伍的发展。

——社会参与，服务发展。吸引和挖掘科研院所、高等院校及各阶层社会精英，共同参与扶贫开发理论研究、实践总结、高层次人才培养和创新性实践活动。在加大各级财政投入的同时，广泛动员社会力量赞助支持扶贫开发的理论研究和高层次人才培养工作，积极推进扶贫开发高层次人才建设跃上新台阶。

三、目标范围

扶贫开发高层次人才队伍建设的总体目标是：到2020年，扶贫开发高层次人才队伍逐步壮大，后备人才储备充足；扶贫开发理论研究能力显著提高，扶贫开发系统党政干部和扶贫部门领导干部政策水平、决策能力和执行能力稳步提升；贫困地区高层次人才缺乏和流失现象明显改观。本实施规划范围主要包括以下三方面：

——扶贫开发理论与实践研究人才。整合国内社会科学和相关自然科学高端理论研究资源，建立规模适当的扶贫理论与实践研究专家库，服务中国特色扶贫开发理论与实践研究。逐步壮大专家型人才队伍，力争年均新增扶贫和扶贫有关领域研究人员100名。

——党政干部（含扶贫系统干部）管理人才。到“十二五”期末，对连片特困地区区域县和其他国家扶贫开发工作重点县分管扶贫工作的党政干部轮训一遍。加大东西部省际之间干部挂职交流力度，推进定点扶贫、东西扶贫协作中的干部交流规范化、制度化建设，县以上党政机关到贫困地区定点扶贫（挂职）每年3700人次以上，东西扶贫协作干部交叉挂职每年300人次以上。加大扶贫系统各级干部的培训力度。

——扶贫开发高层次后备人才。强化后备人才队伍培养工作。每年平均招收以扶贫与发展管理为培养方向的公共管理硕士（MPA）300名。其中，在职公共管理硕士100名左右，全日制公共管理硕士200名左右。每年资助扶贫与发展领域的博士毕业论文100篇。

四、实施方式

（一）壮大扶贫理论与实践研究人才队伍

1. 组织形式。以国务院扶贫开发领导小组专家咨询委员会为基础，从全国相关高等院校、社会科学和相关自然科学研究机构、部委研究部门选聘一批热心扶贫开发事业、具有较高的理论素养、专业水准和研究能力的专家、教授和研究员，组建扶贫开发专家人才库。专家人才库人选本着双向选择、按需聘用、分批入库、分期公布的原则，采取聘任制方式。入库并聘任专家由国务院扶贫办统一颁发证书。首批选聘的专家在40名左右，最终达到100名左右。而后，视工作需要次第选聘。原则上每年新增的聘任专家不超过10名。

2. 入库并聘任专家的主要职责。一是围绕扶贫开发领域开展深入的理论研究和应用对策研究，为国务院扶贫开发领导小组提供决策服务；二是承担国务院扶贫办组织的扶贫开发相关课题研究，丰富中国特色扶贫开发理论；三是参加国务院扶贫办组织的咨询、座谈、研讨、讲座和调研等活动；四是参与扶贫开发的相关培训工作，参与干部培训和贫困地区人力资源开发教材编撰等工作；五是参加扶贫国际交流。

3. 运作方式。建立专家推荐、聘任、使用、管理工作制度，定期组织召开专家座谈会，及时向专家通报扶贫理论和实践研究工作计划，提出工作要求。每年组织一次对入库专家理论研究和工作质量的评估，评估结果作为续聘的重要依据。根据实际情况对受聘专家适时进行综合考核。对考核合格的专家进行续聘。对研究成果质量高、社会反响好，贡献较大的专家给予表彰。对未能很好发挥作用的专家，予以解聘。

逐步建立完善扶贫理论和实践研究管理制度，定期向社会公开发布年度重点研究计划。采取论文评奖、经费支持、安排实地调研、组织扶贫开发专题论坛、邀请参加研讨会等方式，吸引更多的专家、学者积极参与扶贫理论与实践研究工作。

（二）加强贫困地区党政领导干部和扶贫系统管理人才培养工作

1. 加强培训管理。国务院扶贫办会同中组部、财政部联合制定培训规划，统筹安排全国贫困地区党政干部和扶贫干部培训工作。各级扶贫部门要紧密结合扶贫开发的目标和任务，分年度、分阶段制定培训计划，合理安排培训规模，科学确定培训主题。

2. 提高培训针对性。认真做好培训需求调查，组织好各种类型和不同层次的培训，不断增强培训工作的针对性。具体包括：高层次管理人才参加的扶贫政策研修班、县处级以上党政领导干部和扶贫部门领导参加的扶贫政策研修班、扶贫系统中青年干部参加的中青年扶贫骨干培训班，以国际交流为目的的出国（境）培训班等。

3. 加强教材体系建设。在充分总结改革开放以来我国扶贫开发工作经验、借鉴和吸收国内外农村发展和减贫理论及做法的基础上，本着基础性、理论性教材与案例教材并重的原则，不断开发高质量的扶贫培训教材。

4. 改进培养方法和手段。综合运用讲授式、研究式、案例式、模拟式、体验式等培训方法，提高培训效果和质量。逐步发展电化教学和网络远程培训，积极探索和创新培训手段。

5. 加强培训效果评估跟踪。建立符合扶贫开发工作需要的培训考核评估体系。加强教学评估，检验教学效果，评价教学水平。

6. 整合扶贫培训资源。以全国贫困地区干部培训中心为龙头，加强全国扶贫培训体系建设，在教学大纲制定、培训指导、教材建设、送教上门、师资共享及师资培训等方面形成合力。同时，主动与各级党校、行政学院、高等院校、科研院所等联系与合作，利用其理论研究和师资方面的优势，提高扶贫培训效果和质量。

（三）做好开展扶贫开发高层次人才培养工作

1. 国务院扶贫办带头做好高层次人才的管理和培养工作。在2011年试点启动的基础上，国务院扶贫办利用中国农业大学等高等院校的教育资源，继续实施以扶贫与发展管理为培养方向的公共管理硕士（MPA）专业学位研究生培养工作，为全国贫困地区各级政府部门，特别是扶贫部门培养适应新阶段扶贫开发和社会主义新农村建设需要的德才兼备的高层次、复合型、应用型公共管理人才，造就一批具有扶贫和农村发展领域的公共管理、公共事务、公共政策理论素养与技能的管理人才和后备干部。招生对象为：各级扶贫部门干部和扶贫开发领导小组成员单位在职干部；在贫困地区、边疆民族地区和革命老区或非贫困地区的贫困村服务期满的大学生村官和“三支一扶”人员。培养方式实行导师负责制、课程学分制，分为脱产学习与在职学习两种培养方式。脱产学习年限一般为两年至三年，在职学习时间最长不超过四年。在规定学习年限内，通过课程考试取得规定学分并完成规定培养环节、通过学位论文答辩的研究生，由所在大学学位评定委员会审核批准，授予公共管理硕士学位。

2. 各级扶贫部门，尤其是省（区、市）扶贫部门要与相关高等院校、科研机构合作，积极开展扶贫开发高层次人才培养工作。要把高层次人才培养工作纳入年度重点工作中，制订计划，狠抓落实；要加强本地的扶贫培训体系建设，要充分利用当地教育培训资源，开展形式多样的扶贫开发高层次人才培养工作；要结合本地工作实际，进行机制体制创新，调动一切积极因素，创造良好环境，提供优质服务，形成推动扶贫开发高层次人才培养工作的强大合力。

（四）打造开放式扶贫理论与实践研究平台

建立激励机制，通过开展面向全社会的扶贫开发与实践课题研究和论文征集、评选、资助活动，吸引更多专家、学者和实际工作者从事扶贫领域理论、政策、实践研究，产出一批以扶贫与发展为主题、具有一定理论水准的研究成果；引起更多的社会各界人士关注、支持扶贫开发事业，为扶贫开发高层次人才成长营造的良好社会氛围。

1. 开展扶贫开发理论与实践课题研究工作。适时建立扶贫开发理论与实践研究基金，每年选择若干扶贫开发热点理论问题和重点实践活动立项开展课题研究。承担研究任务的主体采取委托入库专家和向社会公开征集两种方式产生。取得课题立项的研究主体获得一定数额的研究经费。定期组织课题研究成果评比活动。对优秀研究成果颁发《奖励证书》，给予资金奖励，并向国内外相关权威期刊推荐予以发表。

2. 启动扶贫高级人才培养工程博士论文资助项目。面向社会筹集资助资金，在当年（学年度）毕业的具备经济学、管理学、社会学、政治学等人文社会科学学科及相关自然科学学科背景的在读博士研究生中公开征集资助对象。凡围绕以下或相关选题的博士论文研究均可申请资助：（1）中国特色扶贫开发理论；（2）扶贫开发新阶段基本特征；（3）扶贫与发展的相关理论、战略、方法；（4）连片特困地区扶贫与发展；（5）扶贫战略国际比较；（6）少数民族贫困问题；（7）特殊贫困问题；（8）环境与贫困问题；（9）新兴扶贫产业；（10）贫困地区人力资源开发；（11）社会扶贫理论、机制、国际比较；（12）慈善环境与扶贫开发；（13）扶贫开发与乡村治理；（14）城市贫困问题；（15）扶贫效率；（16）扶贫外交与国际减贫合作等。申请者填报《扶贫高级人才培养工程博士论文资助项目申请书》后，由国务院扶贫办组成评审小组，评估确定受资助对象，对入选并通过答辩的博士论文给予一定资助。

3. 开展扶贫开发理论与实践论文征集活动。每年选择1—2个主题，以国务院扶贫办门户网站、《中国扶贫》《扶贫开发》杂志为主要载体，联合其他网络和平面媒体，面向社会公众，开展主题论文、调研报告征集活动。对优秀论文，颁发征文活动获奖证书，给予一定的资金或物质奖励，并公开发行论文集，以丰富理论研究成果。

（五）疏通扶贫开发高层次人才流通渠道

1. 实施贫困地区急需高层次人才引进工程。按照《国家人才纲要》的统一部署，配合中组部等相关部门，认真落实边远贫困地区、边疆民族地区和革命老区人才支持计划，为促进边远贫困地区、边疆民族地区和革命老区加快发展，实现基本公共服务均等化目标提供智力、技术保障。

2. 为扶贫开发高层次人才成长创造实践和锻炼机会。通过定期轮训、挂职交流等多种形式，不断加大对贫困地区，特别是连片特困地区和国家扶贫开发工作重点县党政干部、县级以上扶贫部门领导干部的培养锻炼力度，尽力为他们提供各种环境下的锻炼机会，在实践中更好地积累工作经验，提高协调、决策和执行能力。同时，会同组织人事部门研究建立定点扶贫、东西协作扶贫中挂职干部的激励机制，吸引各类人才到贫困地区建功立业。

3. 为扶贫开发高层次人才队伍建设奠定后备人才基础。继续做好贫困地区“三支一扶”、大学生志愿服务西部计划等工作，引导有志青年人才向中、西部贫困地区流动，在扶贫工作最基层建立丰富的后备人才储备，为扶贫开发高层次人才队伍可持续发展打牢基础。

五、保障措施

（一）加强协调和指导工作力度。进一步与中组部、财政部、国家发改委等部门加强沟通，制定和落实相关政策，共同促进扶贫开发高层次人才建设工作的健康发展。加大对各省（区、市）扶贫部门的指导力度，最大限度地发挥部门优势，挖掘工作潜力，确保各项工作目标落到实处。

（二）加大资金投入。中央和省级财政每年安排一定比例的专项资金用于扶贫开发高层次人才队伍建设。同时，广泛吸纳社会资金用于扶贫开发高层次人才队伍的培训和扶贫开发理论与实践的研究工作。在不断加大扶贫开发高层次人才队伍建设资金投入的基础上，加强资金管理，规范资金运作，确保资金安全。

（三）大力推动扶贫开发高层次人才培养和实践基地建设。国务院扶贫办适时联合和推动有条件的高等院校、科研机构建立减贫理论研究基地，开设扶贫专业课程、创设扶贫专业学科。广泛开展国际交流合作，通过外资扶贫项目实施、技术援助、课题研究、研讨培训、高层学者交流等方式，引进吸收国际先进的扶贫理论、发展经验、组织模式等。在连片特困地区选择有代表性的典型示范点建立扶贫开发高层次人才培养和实践基地。

（四）建立促进扶贫开发高层次人才发展的一体化服务体系。建立服务扶贫开发高层次人才理论和实践研究的公共服务网络，形成全国一体化的服务体系，为扶贫开发高层次人才发挥聪明才智提供现代化的信息服务。

（国务院扶贫办行政人事司）

【扶贫开发实用人才培养和劳动力转移培训实施规划（2011—2020 年）】 根据《中国农村扶贫开发纲要（2011—2020年）》（以下简称《纲要》）、《国家中长期人才发展规划纲要（2011—2020 年）》和《全国扶贫开发人才发展规划（2011—2020年）》（以下简称《扶贫开发人才规划》）的要求，结合当前农村贫困地区实用人才和劳动力转移培训工作实际，制定本实施规划。

一、基本思路

认真贯彻《扶贫开发人才规划》精神，立足贫困地区人力资源现状，针对片区区域发展与扶贫攻坚、整村推进、就业促进、产业扶贫等重点工作的人才需求，从扶贫开发和贫困地区经济社会发展的现实需要出发，结合雨露计划的实施，组织开展各项培训和开发工作。力求通过该规划的实施，培养一大批引领和服务贫困地区经济发展的农村实用人才、创业人才和与劳动力市场接轨的技能型人才，提高扶贫对象自我发展能力，增强贫困地区经济发展活力。

二、对象范围

（一）基层组织负责人和致富带头人。

重点是贫困村“两委”（支部委员会、村委会）负责人，贫困地区自我发展能力较强、产业发展具有一定规模、社会责任心较强、对当地扶贫对象脱贫致富具有示范带动作用的人。

（二）贫困地区农村实用人才和创业人才。重点是贫困村中具有一定知识和技能的劳动者和具有一定开拓能力、对当地产业发展可起到示范和带头作用的创业型人才。具体包括：种植、养殖及其产品的加工技术人才；服务当地产业发展的企业经营管理人员、农民专业合作组织负责人；农村经纪人、物流人才等。

（三）贫困地区转移就业劳动力。重点是贫困家庭经过培训外出打工就业的劳动力。其中，参加中长期培训的主要对象是贫困家庭中具有转移就业愿望、因不具备转移就业技能而滞留农村，或转移就业后有提升职业技能愿望的青壮年贫困劳动力。

（四）贫困家庭新生劳动力。重点是贫困家庭中完成九年义务教育未能升入普通高中或完成高中学业未升入普通高校继续学习的应、往届毕业生，年龄一般在 25 岁以下。

三、目标任务

到 2020 年，为贫困地区培养和造就规模适度、结构优化、布局合理、素质优良的基层带头人、创业型人才和实用人才队伍；贫困家庭劳动力的整体素质和自我发展能力得到明显提高；农村贫困地区劳动力的就业竞争能力和创业发展能力显著提高。具体任务是：

——基层组织负责人和致富带头人培训。国家每年培训贫困地区基层组织负责人和致富带头人 300 人以上；每省（区、市）每年平均组织培训人数不少于 1000 人次。

——实用人才队伍培训。大幅度提高重点县农村各类实用人才比例。每年培训贫困村各类实用人才 10 万名左右。

——贫困地区劳动力转移培训。通过技能培训，中西部贫困地区每年转移就业劳动力 60 万人次以上，就业稳定率不断提高。

——贫困家庭新生劳动力培养。通过各类职业院校每年为每个国家扶贫开发工作重点县和片区县平均培养 200 名贫困家庭新生劳动力。

四、培养方式

在“中央统筹、省负总责、县抓落实”体制下，根据不同区域、不同对象、不同培训需要，采取不同的组织和培养方式，因地制宜地开展培训工作。

（一）基层组织负责人和致富带头人

主要是培养具备引领本村村民落实扶贫开发政策、发展当地特色产业、壮大集体经济、共同致富增收能力的人才。采取中央示范、省级组织、市县配合、社会参与、集中培训等方式组织。

1. 国务院扶贫办与中组部等有关部门

联合，在全国范围内选择若干个示范培训基地（点），在总结各地培训经验的基础上，组织精干师资，开展跨区域示范培训。每年组织培训班10期左右，培训人员300人次以上。

2. 省级扶贫部门根据本地工作实际，结合当地需求，制订年度培训计划（含选送国家培训班人员计划和本级组织的培训计划），安排培训资金，做好组织实施工作。

3. 市、县两级扶贫部门按省级培训计划，选送培训对象，参加集中培训。

4. 培训工作吸纳和利用社会教育资源参与。由扶贫部门采取联合办学、委托培训等方式，面向各级党校、行政学院、职业院校及其他相关机构选择承担培训实施工作的具体培训机构，优选有代表性的产业示范点组织观摩，运用理论讲解、互动研讨、参观考察、现场示范等灵活多样的教学方式，因材施教，确保培训效果。

（二）实用人才和创业人才

以提高培训对象科技素质、职业技能和经营能力为核心，培养他们引领当地特色产业发展能力，带领当地贫困人口发展生产、参与市场竞争、增收致富的能力和从事第二、三产业的相关能力。

具体方法：由省级扶贫部门根据整村推进、集中连片开发和产业开发等工作实际，结合当地特色主导产业的发展需求，统一下达年度培训计划。按照不同的产业发展需要或创业发展方向，区分种植养殖技术、乡镇企业经营管理、农民专业合作组织、农村经纪人等类型，采取与高等院校、科研院所联合办学、到产业示范点集中办班等组织方式，分类组织各专业培训，确定不同的培训内容，安排相应的培训资金。运用理论讲解、互动研讨、参观考察、现场示范等教学方式实施培训，使参训学员掌握科学知识，更新思想观念，具备创业本领。

市、县两级扶贫部门以贫困村为单位选送培训对象，参加集中培训。

（三）贫困家庭劳动力转移就业

扶持和组织贫困家庭劳动力参加以取得中级以上从业资格证书为方向的就业技能培训。对已经就业的贫困劳动力，组织实施以提升从业资格等级为方向的岗位培训。主要采取选择培训基地，组织订单培训、定向输出就业的方式开展工作。

扶贫部门面向社会公开选择具备职业教育培训资质、有较强的社会责任心和良好社会信誉的教育培训机构作为转移就业培训基地。根据实际需要分年度向社会公布培训基地名单及各基地招生规模、专业、学习期限、补助标准、就业去向等。培训基地在扶贫部门的指导下实施订单培训并落实就业。贫困家庭劳动力在公布范围内自主选择接受培训的机构和专业。资金补助标准由省级扶贫部门商同级财政部门区分不同工种难易程度、培训时间、物价消费水平等因素合理确定，并根据实际情况变化适时调整。补助方式视当地实际情况确定，条件成熟的实行直补入户到人的方式，条件不具备的可通过培训机构报账方式间接补助。扶贫部门对培训基地的培训和就业工作进行监督指导。

（四）贫困家庭新生劳动力

通过宣传发动、资金补助、集中培训等方式，引导、鼓励和组织即将跨入社会的贫困家庭新生劳动力，继续接受高、中等职业教育或一年以上的预备制技能培训，从源头上提高农村贫困人口的就业竞争力和持续发展能力。主要采取以下两种方式实施：

1. 补助引导。对“两项制度”衔接工作中建档立卡贫困户中接受高等职业（一、二、三年级）、中等职业（一、二年级）教育和一年以上预备制技能培训（进入顶岗实习阶段的学生除外）的在校学生，在享受国家规定的其他补助政策的基础上，中央财政扶贫资金再给予一定数量的资助，引导贫困家庭“两后生”自主选择学校、专业，返校参加职业教育或培训。鼓励地方根据地方财力、当地贫困人口的实际贫困状况，以及中、高等职业学校的实际消费水平等在国家资助标准的基础上自行提高补助标准，补助资金的高出部分由地方财政承担。补助资金发放主要采取直接到户方式，不直接发放现金。

2. 集中办班。省级扶贫部门，面向社会选择办学条件较好的职业教育机构和就业前景较好的专业，采取委托培训或联合办班的形式，在自愿报名参加的前提下，组织未能升学的贫困家庭应、往届初、高中毕业生，参加集中的中、高级职业教育或一年以上预备制培训，统一组织就业，并开展跟踪服务。补助标准和补助方式由省级扶贫部门区分不同工种难易程度、培训时间、物价消费水平等因素合理确定。

五、保障措施

（一）加强组织领导。各级政府要加强领导，强化管理，把贫困村人才建设纳入扶贫开发总体规划和责任目标考核体系，明确各部门的责任，确保工作目标和管理措施落到实处。各级扶贫部门要结合本地实际，分类编制年度计划，积极协调人力资源和社会保障、教育、科技、农业等有关部门，相互协作，共同做好贫困地区农村实用人才培养和劳动力转移培训工作。

（二）加大资金投入。中央财政将逐步加大资金投入力度。各省（区、市）也应根据财力的增长，逐步增加地方投入。各地要根据工作需要，依据相关规定，安排一定比例的工作经费。要积极吸纳社会资金参与扶贫开发人才建设工作，努力拓宽融资渠道，逐步增加培训投入。

（三）强化宣传工作。要加大宣传和引导工作力度，通过各类媒体，采取多种方式，全方位宣传贫困地区农村实用人才培养和劳动力转移培训的相关政策，推广各地人力资源开发经验，普及劳动力转移就业、发展现代农业和致富创业基础知识，宣传和剖析贫困村脱贫致富和贫困地区企业创业成功范例，动员和引导贫困地区的干部群众和社会各界有识之士关注、支持和参与贫困地区农村实用人才培养和劳动力转移培训工作，为各项目标任务的实现营造良好的社会环境。

（四）做好监管督导。各省（区、市）扶贫办要建立督导检查制度，对贫困地区农村实用人才培养和劳动力转移培训工作落实情况定期检查。要建立统计监测体系，实时监测、评估工作成效。各地要做好培训资金的监管工作，列入扶贫资金审计的重要内容，纳入制度化管理，接受审计部门专项审计。要认真落实公告公示制度，定期向社会公布培训资金使用情况，自觉接受社会监督。

（五）积极探索培训工作新途径。要加强对贫困地区人力资源开发工作的研究，总结和探究其客观规律，逐步改进和完善相关政策、措施。要不断加强劳动力市场人才需求调研，把握新兴产业带来的就业和发展新机遇，选择类似服务外包等既符合我国产业发展大方向，又适合在贫困地区推广的产业培育和人力资源开发项目，重点推荐，扶持发展。要及时总结、交流和推广各地工作新鲜经验，通过示范带动作用，促进各项工作的开展。积极开展各类有益的试点活动，认真研究针对少数民族地区、边疆地区、特殊类型贫困地区贫困家庭劳动力资源开发新方式。积极探索跨地区职业教育和技能培训合作的新路子，促进东西部教育培训资源、就业岗位资源共享。

（国务院扶贫办行政人事司）

【扶贫志愿者行动计划（2011—2020年）】

为贯彻落实《中国农村扶贫开发纲要（2011—2020年）》和《全国扶贫开发人才发展规划（2011—2020年）》，广泛动员各类志愿者参与扶贫开发，制订本计划。

一、背景和意义

组织开展扶贫志愿者行动是社会扶贫的重要形式之一。在各级党政部门关心指导及社会各界的大力参与和支持下，扶贫志愿者影响不断扩大，队伍不断壮大，在服务社会、教育青年、促进发展，尤其是扶贫开发方面发挥了积极作用，成为动员社会力量广泛参与扶贫开发事业的一支重要生力军。

从我国目前扶贫志愿者行动开展情况来看，总体上尚处于起步阶段，还存在着组织发动不够、组织体系相对松散、活动创新不足、缺乏激励机制等问题。《中国农村扶贫开发纲要（2011—2020年）》指出，要积极倡导扶贫志愿者行动，构建扶贫志愿者服务网络，组织教育、科技、文化、卫生等行业人员和志愿者到贫困地区服务。《全国扶贫开发人才发展规划（2011—2020年）》也明确指出，要精心设计扶贫志愿者行动项目，发展壮大扶贫志愿者队伍，搭建相应的人力资源网络平台。因此，开展扶贫志愿者行动，动员越来越多的青年及社会各界群众加入志愿者的行列，必将产生更广泛的社会影响，形成新的社会风尚。

实践证明，扶贫志愿者行动符合时代发展的潮流，符合扶贫开发和农村贫困群众的需要，符合当代青年的特点，蕴藏着巨大的发展潜力，呈现出旺盛的生命力和广阔的发展前景。开展扶贫志愿者行动，是构建三位一体大扶贫格局的重要组成部分，是社会扶贫的重要内容，是努力打造一支推动新时期扶贫开发事业生力军的重要措施。

二、性质和特点

扶贫志愿者，是指不以物质报酬为目的，出于社会责任感，志愿为贫困地区或贫困群体提供服务和帮助的人。扶贫志愿者行动体现为志愿性、无偿性、公益性和组织性。

扶贫志愿者行动计划，是在国务院扶贫办的统一指导下，协调组建扶贫志愿者组织平台和网络体系，广泛动员和组织各类志愿者，开展以促进农村贫困地区经济社会发展、改善贫困群体生活质量和提高贫困人口持续发展能力为目的的各项服务活动，形成社会公益创新项目。

三、主要内容

扶贫志愿者行动计划主要包括以下内容：

（一）基本方式和目标。扶贫志愿者主要通过有组织的技术推广、紧急援助、现场传授、示范演示、远程支持等方式，采取相应的合作形式，为贫困地区提供知识、能力、机会、资本和其他个性化服务。

（二）组建志愿者队伍。扶贫志愿者队伍按照公开招聘、自愿报名、按标准条件选拔的办法进行组建。志愿者队伍以具有知识优势、工作经验和专门技能的志愿者为主体，包括青年志愿者、中年志愿者（均来自社会或企业）、老年但身体健康的志愿者以及各类专家志愿者。上述志愿者均应对志愿活动的实质有较深的理解，对志愿工作的艰苦性有思想准备和适应能力。

（三）建立志愿者驿站。志愿者驿站是“行动计划”重要的组织单元。在分类调研、分片试点和总结经验的基础上分阶段推广，逐步扩大区域范围，力争在“十二五”期间基本覆盖中西部 22 个省区市。“志愿者驿站”既是扶贫志愿者开展活动的基地，也是基层扶贫服务需求的主要信息来源，同时也是向贫困地区、贫困人口进行先进理念宣传的窗口。

（四）动员志愿者到贫困地区开展活动。认真做好宣传引导工作，按照《全国扶贫开发人才发展规划（2011—2020年）》，争取每年动员不少于 1 万人次到贫困地区参与扶贫开发，开展相关服务工作。

四、实施方法

（一）调查研究。在总结现有志愿者组织和个人扶贫实践经验的基础上，选择贫困地区的若干个县、乡、村进行分类调研和试点，摸清情况，收集需求，寻找切入点，从可行性和操作性的角度进一步充实和完善“志愿者行动计划”的实施方案。

（二）培训和派遣。根据志愿者类型，有针对性地开展培训。具体内容包括：1. 通用培训：志愿者精神、志愿团队及公民社会和民间组织等；2. 项目培训：项目介绍、扶贫志愿者理念、志愿者管理体系、项目管理等；3. 专业培训：农村扶贫基础知识、农村发展工作方法、防灾救灾技能、紧急预案及风险处理、政府工作基础知识等；4. 岗位培训：岗位工作内容及职责、派驻地基本概况、派驻地扶贫工作历程及概况、派驻地民间组织、民族风俗等。

志愿者接受培训后，通过不同渠道有计划地进行派遣。一是以扶贫机构和有关社会组织为依托选派志愿者。全面评估各地对扶贫人力资源的需求，确定需要专业知识且适合志愿者承担的岗位。二是以扶贫项目和活动为依托派送志愿者。

（三）跟踪服务。对志愿者项目应建立跟踪监测、跟踪服务体系。扶贫部门重点从帮助志愿者了解当地情况、协调有关资源、具体组织安排等方面给予经验和实践支持。

五、政策措施

（一）加大投入。扶贫志愿者行动计划所需资金投入主要来自社会和个人捐款，各级政府财政可视情况安排一定资金予以补贴，主要用于志愿者的意外保险与生活补助等。

（二）招录优先。积极协调中组部、人社部、教育部等部门，探索制定以下招录优先政策：在机关、事业单位招聘和高等院校招生时，优先录取有志愿者经历、符合条件的人员。对志愿服务期满2年且考核合格的志愿者，在报考公务员、研究生、晋升职称时，同等条件下优先录取。

（三）表彰激励。对志愿者和志愿者组织，从专业能力、沟通能力、观察能力、相关技能、创新能力等方面进行评价。对综合评价表现突出的，给予精神和物质奖励。对于为贫困地区提供服务的企业专业人士，制定相应的优惠政策。

六、组织协调

（一）加强领导，明确分工。根据行动计划实施进展情况和实际需要，适时研究设立专门的扶贫志愿者组织机构作为实施主体，专门负责推动和落实，实施专业化的管理。

（二）建立制度，规范运行。建立规范的志愿者管理、行动项目、评价反馈等制度，保证活动的健康持续发展。

（三）统筹协调，形成合力。组织开展扶贫志愿者行动计划，应与中央有关部门举办的大学生村官选派计划、“三支一扶”工作计划、大学生服务西部计划、青年志愿者计划等志愿者行动等有机结合起来，互动互通，形成合力，树立良好形象。

（四）加强宣传，提升形象。加大对扶贫志愿者活动的宣传力度，提升扶贫志愿者的形象，吸引更多的人加入扶贫志愿者队伍。

（五）总结经验，不断完善。志愿者行动计划在实施过程中，要注重总结经验，不断健全机制，完善制度，及时改进，确保行动计划不断取得新成效。

（国务院扶贫办行政人事司）

【扶贫开发工作考核】 2012 年 1 月 6 日，国务院扶贫开发领导小组 1 号文件印发了《扶贫开发工作考核办法（试行）》(以下简称《考核办法》)。根据《考核办法》，成立了由中央组织部、国家发展改革委、教育部、国家民委、民政部、财政部、住房和城乡建设部、交通运输部、水利部、卫生部、人民银行、国家统计局和扶贫办等部门组成的中央扶贫开发工作考核领导小组（以下简称“考核领导小组”）。2012 年 3 月，考核领导小组首次对各省 2011 年度扶贫开发工作进行考核。10 月中旬，扶贫开发工作考核领导小组成员单位组成 5 个实地核查小组，每个小组由一位司局领导带队，对内蒙古等 10 省（区）的考核情况进行了核查。12 月，以国务院扶贫开发领导小组名义对评定等级为 A 级的重庆、内蒙古、贵州、湖北、四川、浙江 6 个省（区、市），B 级的山西、吉林、广西、陕西、新疆、云南、江西、海南、黑龙江、江苏、广东、辽宁 12 个省（区）进行了通报表扬。C 级及以下的省份进行了约谈，提出了下一步工作要求。

从考核情况来看，各省高度重视扶贫开发工作，认真落实责任，积极动员属地资源参与，努力加大地方投入，扎实推进工作，2011 年，农村扶贫对象大幅度下降，片区县和国家扶贫开发工作重点县农民人均纯收入平均增长速度高于各省平均水平，贫困地区经济社会有了较大发展。但是，贫困地区基础设施建设和公共服务均等化等方面与贫困地区的需求还有较大差距，需要进一步加大投入和扶持力度。

（国务院扶贫办规划财务司）

（二）专项扶贫——重点工作

【易地扶贫搬迁】 1. 概述。2012年，全国共搬迁30万户、121万人，投入财政扶贫资金50.1亿元。

2. 配合国家发展改革委编制完成《易地扶贫搬迁"十二五"规划》。2012年，国务院扶贫办配合国家发展改革委编制完成《易地扶贫搬迁"十二五"规划》。在规划编制过程中，征求了各省（区、市）扶贫办（局）的意见，充实了规划内容，为规划的顺利出台和实施奠定了良好的基础。

3. 组织召开"全国扶贫搬迁工作与政策专题研讨会"。为扎实推进扶贫搬迁工作，2012年12月27日至28日，国务院扶贫办在浙江省衢州市召开了"全国扶贫搬迁工作与政策专题研讨会"，来自19个省（区、市）扶贫办的分管副主任、业务处长，国家发改委产业所、国务院发展研究中心农村部有关专家，以及国务院扶贫办开发指导司、政策法规司有关领导共50余人与会。会议分为现场考察、交流发言和专家解读三个环节，浙江、江西、宁夏、陕西、甘肃五省（区）代表在会上作了重点交流发言。国务院扶贫办开发指导司司长海波同志总结讲话。

（国务院扶贫办开发指导司）

【整村推进】 1. 概述。2011—2012年，全国共启动实施了15057个贫困村和西藏80个贫困乡镇的整村推进。截至2012年年底，已完成7874个贫困村的整村推进和西藏80个贫困乡镇的整乡推进。已启动的贫困村整村推进村均总投入约334万元，其中财政扶贫资金113万元。主要实施了特色优势产业培育、基础设施建设、生态建设和环境保护、公共服务和社会事业建设等4大类项目。

2.《扶贫开发整村推进"十二五"规划》编制。

为实现"十二五"农村扶贫开发的目标任务，加强对整村推进工作的指导，根据《国民经济和社会发展第十二个五年规划纲要》和《中国农村扶贫开发纲要（2011—2020年）》（以下简称《纲要》）的总体要求，国务院扶贫办会同国家发展改革委、教育部、财政部、国土资源部、住房城乡建设部、交通运输部、水利部、农业部、卫生部、国家广电总局、国家林业局等11部门，历时两年，编制完成了《扶贫开发整村推进规划（2011—2015年）》（以下简称《规划》）。

（1）规划编制过程

规划编制工作历经六个阶段。

第一阶段：准备阶段。2010年10月，成立由国务院扶贫办副主任王国良任组长、发改委地区司、财政部农业司有关领导为副组长，教育部、国土资源部等9个部门有关同志为成员的规划编制协调小组。组织人员赴有关省（区、市）调研，对前十年的整村推进工作进行总结；召开规划编制工作座谈会，听取省（区、市）同志和有关专家的意见建议。2010年12月，印发了规划编制工作方案和规划提纲，并于2010年12月、2011年6月先后两次举办规划编制工作培训班，指导中西部22个省（区、市）自下而上编制本省规划。

第二阶段：文本起草阶段。2011年8月，国务院扶贫办印发了《关于做好〈扶贫开发整村推进规划（2011—2015年）〉编制工作的通知》，根据《纲要》精神布置规划编制工作，要求有关省（区、市）按照要求编制省级规划，在此基础上国务院扶贫办汇总形成国家规划。截至2011年12月底，22个省（区、市）均完成了本省规划并报送国务院扶贫办。2012年1月，国务院扶贫办组织人员集中汇总数据，起草规划文本，2月底形成了规划草案。

第三阶段：征求意见阶段。先后征求了规划编制协调小组成员单位、22个省（区、市）人民政府、中央和国家机关有关部门及解放军总政治部的意见。2012年4月6日、18日，分别以会议和书面形式征求规划编制协调小组成员单位意见，根据各单位提出的意见，对规划文本进行修改完善。5月12日，又书面征求22个省（区、市）人民政府和中央、国家机关22个有关部门以及解放军总政治部意见，进一步修改完善后形成了《规划》送审稿。

第四阶段：专家论证阶段。按照国家发展改革委《关于国家级专项规划管理暂行办法》的有关规定，2012年6月8日，国务院扶贫办组织召开《规划》专家论证会。专家组认为，《规划》编制过程符合程序，依据充分，思路清晰，目标任务明确，具有很强的针对性、可操作性和可考核性，一致同意《规划》通过评审。根据论证会上专家所提意见对规划进行修改完善，6月13日，国务院扶贫办召开办常务会议审议通过了《规划》送审稿。

第五阶段：规划报批阶段。2012年7月11日，国务院扶贫办将经国家发展改革委、教育部、财政部、国土资源部、住房城乡建设部、交通运输部、水利部、农业部、卫生部、国家广电总局、国家林业局等12部门联合会签的规划送审稿上报国务院审批，8月15日，国务院批复规划。

第六阶段：规划印发、公布阶段。2012年9月11日，《扶贫开发整村推进“十二五”规划》（国开办发〔2012〕67号）以国务院扶贫办等12个规划编制部门名义印发至各有关省、自治区、直辖市人民政府和国务院有关部门，并向社会公布。同时在国务院扶贫办官方网站上全文公布了《规划》内容和纳入规划的贫困村名单，并要求有关省区市将本省纳入规划的贫困村名单在省政府网或省扶贫网站上向社会公布。截止2012年底，各省已将本省纳入规划的贫困村名单向社会公示，接受社会监督。

（2）《规划》框架和主要内容

《规划》除前言外，分5章15节。

第一章“基本形势”。主要介绍整村推进工作前十年取得的成绩，分析“十二五”整村推进面临的困难和有利条件。

第二章“总体思路”。明确了“十二五”整村推进工作的指导思想和基本原则。

指导思想：以邓小平理论和“三个代表”重要思想为指导，深入贯彻落实科学发展观，按照《纲要》的总体要求，坚持开发式扶贫方针，以贫困村整体脱贫、贫困户持续增收为目标，以连片特困地区为主战场，以发展特色支柱产业、改善生产生活条件、增加集体经济收入、提高自我发展能力为重点，坚持整村推进与片区扶贫攻坚相结合、与新农村建设相结合、与农村土地整治相结合、与生态建设和环境保护相结合，通过统一规划、整合资源、集中投入、综合治理，促进贫困地区经济社会又好又快发展。

基本原则：政府主导、群众参与；统筹兼顾、持续发展；整合资源、合力推进；因地制宜、分类指导；突出重点、先难后易。

第三章“规划区概况”。主要介绍了中西部21个省（区、市）的30000个贫困村和西藏200个贫困乡镇的具体分布和贫困状况。

第四章“目标任务”。明确了发展目标、建设任务和建设标准。

总体目标：以促进区域经济协调可持续发展，加快贫困村（乡）经济、社会、生态全面发展为目标，确保实施整村推进贫困村（乡）的水、电、路、气、房和社区环境等基本生产生活条件有明显改善，农民人均纯收入增长幅度高于当地平均水平，贫困地区和贫困人口自我发展能力明显增强，扭转发展差距扩大趋势。

具体目标：主要从“特色优势产业培育”、“基础设施建设”、“生态建设和环境保护”以及“社会事业建设”四个方面体现。

建设任务：《规划》通过4个专栏汇总形成4大类17项具体的建设任务。《规划》对整村推进的建设标准和费用预算提出了原则性要求。

建设标准：有行业标准的执行行业部门规定标准；没有行业标准的，各地根据建设实际，采取“典型设计”方式确定建设标准。

费用预算：执行行业建设标准的项目，按照国家建设定额进行费用预算，并结合当地建设实际，对原材料、人工费用等进行适当调整。执行“典型设计”的项目，依据建设地各项费用实际需要进行估算。

第五章“保障措施”。《规划》提出了五项措施。一是加强组织领导；二是加大投入力度；三是创新工作机制；四是强化管理监督；五是做好考核评估。

3. 组织完成扶贫开发整村推进“十二五”规划“全国各省（区、市）贫困村分布情况图”课题研究。为配合编制《扶贫开发整村推进“十二五”规划》，2012 年初，国务院扶贫办委托中国农业科学院区划研究所开展“全国各省（区、市）贫困村分布情况图”课题研究。该课题将全国 22 个省（区、市）纳入整村推进“十二五”规划的 30000 个贫困村和西藏 200 个乡镇（西藏实行的是整乡推进），按照分解到各县的贫困村数分别以省为单位标注到图上。课题成果作为《扶贫开发整村推进“十二五”规划》的附图，与《规划》一起印发各省（区、市）。

（国务院扶贫办开发指导司）

【产业扶贫】 1. 制定出台《关于集中连片特殊困难地区产业扶贫规划编制工作的指导意见》。为切实做好产业扶贫工作，推动连片特困地区区域发展与扶贫攻坚规划的实施，2012 年 12 月 12 日，国务院扶贫办、农业部、国家林业局、国家旅游局联合印发了《关于集中连片特殊困难地区产业扶贫规划编制工作的指导意见》（以下简称《意见》），《意见》共七个部分，主要包括：

（1）目的和意义

连片特困地区是全面建成小康社会难点中的难点，编制片区产业扶贫规划有利于片区区域发展与扶贫攻坚规划的实施；有利于处理好产业发展与扶贫对象受益的关系，促进扶贫对象脱贫致富；有利于把产业扶贫作为一个工作平台，引导财政专项扶贫资金集中投放；有利于统筹专项扶贫、行业扶贫和社会扶贫力量，合力推进产业扶贫工作；有利于探索针对扶贫对象的差别化扶持政策。

通过产业扶贫规划的实施，使扶贫对象参与产业发展，实现一户一项增收项目，大幅提升其经营性收入和资产性收入，收入增幅总体上高于该县农民收入平均水平，为实现扶贫对象的大幅度减少和收入翻番夯实基础。

（2）依据、范围和期限

依据。按照《纲要》的总体要求，依据片区区域发展与扶贫攻坚规划及分省实施规划，与行业部门“十二五”规划及当地国民经济与社会发展“十二五”规划相衔接。

范围。片区产业扶贫规划的范围与片区总体规划确定的范围一致。片区外国家扶贫开发工作重点县，产业扶贫规划的编制工作可参照本《指导意见》，由各省（区、市）自行安排。

期限。片区产业扶贫规划的期限与片区区域发展与扶贫攻坚实施规划期限相一致。

（3）基本原则

① 政府主导，市场运作；

② 因地制宜，分类指导；

③ 突出重点，完善机制；

④ 科技先导，提升能力；

⑤ 生态建设，持续发展；

⑥ 防范风险，稳步推进。

（4）产业选择和区域布局

把与扶贫关联度高、扶贫对象能够广泛参与的种植业、养殖业、加工业、民族特色传统产业和乡村旅游业作为重点。要与农业、林业、旅游等行业部门制定的“十二五”规划有效衔接，根据贫困村分布和资源状况，选择种、养、加的品种或乡村旅游业的类别。

要最大限度地覆盖贫困村，产业扶贫项目重点布局在贫困村和扶贫对象相对集中的区域，坚持村为基础，连片规划，循序渐进，逐步形成区域性扶贫特色优势产业。

（5）建设内容

以扶贫对象广泛参与的产业发展环节为重点，因地制宜，编制规划建设内容。

① 产业基地建设；

② 配套设施建设；

③ 经济合作组织建设；

④ 扶贫对象能力建设；

⑤ 科技支撑体系建设。

（6）资金来源和投资规模测算

财政资金：包括财政专项扶贫资金、行业部门资金以及地方政府配套资金。中央到省到县的财政专项扶贫资金，原则上应达到“两个 70%”：每个片区县 70% 以上财政专项扶贫资金要集中用于产业发展，其中直接用于支持扶贫对象参与产业发展的资金要争取达到 70%。

信贷资金：包括扶贫贴息贷款和商业银行贷款。主要用于扶贫龙头企业、基地建设、合作经济组织建设等。

群众自筹和投工投劳：包括群众银行贷款和其他渠道筹资，主要用于基地建设相关的小型配套设施。

其他：社会扶贫各项投入。

财政资金按每年递增 15% 测算，信贷资金按财政资金投资来源的 5 倍测算，群众自筹和社会扶贫资金根据实际情况测定。

（7）工作要求和组织领导（略）

2. 组织召开连片特困地区马铃薯种薯产业研讨会。2012 年 8 月 16—17 日，由国务院扶贫办主办，甘肃省扶贫办、甘肃省农牧厅、定西市委、定西市人民政府协办，中国扶贫发展中心、渭源县委、渭源县人民政府承办的“连片特困地区马铃薯种薯产业研讨会”在甘肃省渭源县成功召开。参加会议的有国务院扶贫办、中国扶贫发展中心有关人员，国际马铃薯中心外籍专家，11 个马铃薯主产区省（区、市）扶贫办（局）分管副主任、业务处长，以及片区内马铃薯主产县扶贫办主任等 250 余人。会议分现场观摩、交流发言、专家演讲、招商引资洽谈签约等环节。国务院扶贫办开发指导司司长海波主持会议并总结讲话。

3. 组织召开深化扶贫金融合作工作会议。2012 年 4 月 19—20 日，国务院扶贫办和中国进出口银行在广西桂林联合召开

“深化扶贫金融合作工作会议”，国务院扶贫办开发指导司、中国扶贫发展中心有关人员，各省（区、市）扶贫办分管领导和负责扶贫金融合作项目人员，各省（区、市）申报第四批扶贫金融合作项目企业代表，中国进出口银行所属分支机构有关负责同志共100余人与会。会议对2008年以来的扶贫金融合作工作进行了深入总结，并开展了相关业务培训。国务院扶贫办副主任王国良出席会议并讲话。

4. 组织召开中国产业扶贫·肉牛发展峰会。2012年7月26—27日，国务院扶贫办与国家民委、国务院三峡办、中国农业科学院、重庆市人民政府在重庆市丰都县联合举办中国产业扶贫·肉牛发展峰会。国务院扶贫办、国家民委、国务院三峡办、中国农业科学院、重庆市人民政府相关领导、26个省（区、市）扶贫办、重庆市有关部门负责同志及专家500多人参加了会议。此次峰会的目的是总结交流各地产业扶贫的经验，考察学习丰都县发展肉牛产业的成功做法，深入探讨新时期通过产业发展带动贫困地区发展和贫困农户脱贫增收的有效途径和措施。国务院扶贫办副主任王国良出席峰会并讲话。

（国务院扶贫办开发指导司）

【雨露计划】 2012年，全国各级财政扶贫资金用于雨露计划投入16.5亿元。其中，劳动力转移培训资金7.2亿元，完成转移就业培训105万人次；农业实用技术培训2.5亿元，培训210万人次；致富带头人及其他各类培训资金1.9亿元，培训43万人次；投入雨露计划实施方式改革试点资金4.9亿元，上半年在全国100个县开展，补助资金1.7亿元，补助贫困家庭学生21万人，下半年试点扩大到203个县，中央财政下拨补助资金3.2亿元，计划补助学生46万人。

2010年和2011年两年，雨露计划实施方式改革试点县扶贫对象初、高中毕业生接受中、高等职业教育的学生毕生，由2011年的24.71%上升到2012年的26.07%，提高了1.36个百分点。

继续开展“雨露计划·腾飞工程”。2012年，国务院扶贫办和全国妇联作为主办单位，继续联合开展“雨露计划·腾飞工程——中西部地区万名应用人才助学行动”，长沙环球职业教育集团作为此项活动的承办单位。

开展“雨露计划·扬帆工程”。2012年，国务院扶贫办和共青团中央作为主办单位，联合开展“雨露计划·扬帆工程——中西部地区万名应用人才助学行动”，长沙环球职业教育集团、陕西振华学院作为此项活动的承办单位。

继续实施“黔深雨露直通车”试点。2012年，在贵州省毕节市威宁、纳雍、大方、织金、赫章5个国家扶贫开发工作重点县，完成招生500人（其中与威宁县职高联合办学招生50人），送深圳市携创技校进行学习。

（国务院扶贫办政策法规司）

【革命老区建设】 1. 积极开展中央专项彩票公益金支持革命老区扶贫开发创新试点项目。2012 年，革命老区建设工作进一步得到加强，在原有的中央专项彩票公益金支持革命老区整村推进试点项目基础上，新增资金 3.75 亿元，在山东沂蒙革命老区，福建、广东、江西原中央苏区，四川、陕西川陕革命根据地，以及甘肃庆阳革命老区的 62 个县，开展扶贫开发创新试点。试点项目按照公平性、公益性、生产性、集中资金投入和地方自主选择项目的原则，支持小型的、生产性的公益设施建设。该试点将中央专项彩票公益金扶贫试点推广到了东部著名革命老区。

2. 稳步推进中央专项彩票公益金支持革命老区整村推进试点项目。2012 年，中央专项彩票公益金安排资金 5.25 亿元，在全国 19 个省（区、市）的 35 个贫困革命老区县的 353 个村开展中央专项彩票公益金支持革命老区整村推进项目试点，规划建设 9864 个基础设施分项目、12557 个环境与公共服务分项目和 8038 个产业发展分项目。

3. 组织召开"全国彩票公益金支持革命老区扶贫开发交流暨研讨会"。2012 年 9 月 19—21 日，国务院扶贫办在山东省临沂市召开了"全国彩票公益金支持革命老区扶贫开发交流暨研讨会"，来自全国 22 个省（区、市）扶贫办（局）的分管副主任、业务处长共 100 多人与会，总结交流老区扶贫开发经验和做法。会议对中央彩票公益金支持革命老区扶贫开发创新试点工作进行了部署。国务院扶贫办副主任王国良出席会议并讲话。

4. 申请连片特困地区小型公益设施建设项目。2012 年 6 月 4 日，国务院扶贫办致函财政部（《关于报送中央专项彩票公益金支持连片特困地区小型公益设施建设项目申报书的函》（国开办函〔2012〕75 号）），提出 2013—2015 年度关于中央专项彩票公益金支持连片特困地区扶贫攻坚的申请。2012 年 12 月 24 日，财政部复函（财综函〔2012〕79 号）：经请示国务院同意，2013 年至 2015 年，财政部拟安排中央专项彩票公益金 24 亿元，支持实施连片特困地区的革命老区县开展交通、水利和环境改善等小型公益设施建设项目。

（国务院扶贫办开发指导司）

【集中连片特殊困难地区扶贫试点】

1. 新疆边境扶贫试点。2012 年，按照《新疆边境扶贫扩大试点工作指南》的要求和计划，试点工作以边境一线为重点，以整村推进为平台，深入实施《新疆边境扶贫扩大试点规划（2011—2015 年）》（以下简称《规划》），总体运行情况良好。

（1）资金项目运行和《规划》实施总体进展

2010 年 9 月国务院扶贫办、新疆维吾尔自治区人民政府召开新疆扶贫开发工作会议，决定把边境扶贫试点工作扩大至新疆 17 个边境扶贫重点县（市），2012 年是边境扶贫实施《规划》的第二年。2010—

2012年三年来，国家和自治区共向17个边境扶贫重点县（市）安排各类扶贫资金191亿元，其中财政扶贫资金14.6亿元，包括边境扶贫试点专项资金5.1亿元，边境扶贫项目298个；行业扶贫资金126亿元；援疆扶贫资金45.1亿元；社会帮扶资金5.3亿元。

2012年，国家和自治区安排下达边境扶贫试点项目资金1.7亿元，安排项目136个，其中畜牧类63个，农业类21个，水利类4个，家庭手工类2个，交通类1个，民居建设等其他类45个。项目落地125个边境贫困村，其中2012年度整村推进边境贫困村55个，巩固提高整村推进边境贫困村70个。截至11月底，已拨付试点资金1.7亿元，拨付率100%；实际报账资金16952万元，报账率99.7%。启动项目136个，启动率100%；竣工项目136个，竣工率100%；验收项目130个，验收率96%。直接扶持边境地区贫困户1.95万户8.2万人，间接受益贫困户3.1万户13.1万人。

从2012年边境扶贫试点资金的杠杆作用情况来看，当年投入的边境扶贫试点资金1.7亿元，共带动其他资金投入75.5亿元，其中专项扶贫资金6.1亿元，行业扶贫资金47.1亿元，社会扶贫资金1.3亿元，援疆扶贫资金21亿元，边境扶贫资金放大系数（资金总额/试点资金）为44.4，放大效应明显。随着各类项目的实施和建成，新疆边境扶贫进程加快，17个边境扶贫重点县（市）农村经济快速发展，边民群众民生明显改善，贫困程度明显缓解。

（2）试点成效

农牧民人均纯收入呈现快速增长。2012年，17个边境扶贫重点县（市）农牧民人均纯收入达到5235元，比上年增加1075元，增长25.8%。边境一线农牧民人均纯收入达到4717元，比上年增加508元，增长12%。守边户人均纯收入达到2898元，比上年增加418元，增长21.7%；抵边户人均纯收入达到3653元，比上年增加437元，增长15.7%。

当年减贫计划超额完成任务。17个边境扶贫重点县（市）2012年当年实际越过扶贫标准的人口2.3万户9.6万人（含边境一线1.6万户6.8万人），分别完成计划的106%和104%；贫困发生率从2011年的38.4%下降到2012年的35.8%，下降幅度为2.6%。其中，和田县、叶城县、塔什库尔干县、乌恰县、阿合奇县、察布查尔县、托里县、裕民县八个县（市）超额完成年度减贫计划。

边境贫困村生产生活条件较大改善。2012年，17个边境扶贫重点县（市）共解决22个边境贫困村通水、21个贫困村通电、30个贫困村通油路、11个贫困村通电话、8个贫困村通广播电视、13个贫困村通信息、8个贫困村通暖气、17个贫困村通邮、16个贫困村通客运班车的问题，边境贫困乡村基础设施有了进一步的明显改善。

边民“三保障”水平不断提高。2012

年，17个边境扶贫重点县（市）当年为75处牧民安居点边民修建安居房5237套，总面积达42万平方米，建设规模比上年增加近11万平方米。双语幼儿入园率从2011年的39.5%提高到51.2%，初中升高中的学生比重从36.7%提高到52.4%。23个边境贫困村新建卫生室，28个边境贫困村新建文化室，20个边境贫困村新建双语学前教育场所。万人乡级医院医师拥有量从2011年的9.4个增加到10.4个。172万人参加了新型农村合作医疗，65万人参加了新型农村社会养老保险。

边民持续增收能力增强。2012年，当年新建棚圈4223座、饲草料基地19100亩、人工草场7000亩，购买小畜22800只（头）、大畜2218只（峰），扶持115户边民发展刺绣家庭手工业，扶持1348户边民发展庭院经济，实施节水灌溉5400亩，种植高原雪菊2466亩、沙棘11000亩、马铃薯5700亩、甘草2000亩、锁阳500亩，有46.9万名边境农村劳动力掌握1—2门农业实用技术，实现转移就业，增收渠道得到拓宽，边民素质技能有大幅提高。

边境县（市）区域经济加快发展。2012年，17个边境扶贫重点县（市）国内生产总值达到330亿元，同比增长15%，其中一产总产值为107.3亿元，同比增长16.3%；二产总产值为123.2亿元，同比增长14.7%；三产总产值为99.3亿元，同比增长13%。地方财政收入42.4亿元，人均地方财政收入1611元，较2011年增加434元，同比增长36.8%。

2. 四川大小凉山扶贫开发与艾滋病综合防治试点。

（1）工作总体进展

截至2012年12月底，试点项目共完成投资89.79亿元，资金综合到位率101.76%，其中：省以上资金65.60亿元，占计划投资的99.4%；市州县落实资金10.50亿元，占计划投资的161.8%；农户自筹13.51亿元，占计划投资的95.2%；其他1752.11万元，占计划投资的8%；共开工建设35个大项目118子项目，工程综合完成率81%。

（2）专题运行情况

彝家新寨专题：已落实资金25.64亿元，占计划总投资的101.9%，其中：省以上资金10.04亿元，占计划的105%，市（州）、县以上资金23.60亿元，占计划的97%，农户自筹13.07亿元，占计划的99%，其他资金1698.91万元。

计划建设296个彝家新寨，综合完成率61%，其中，住房建设25141户，目前完成建设23440户，占计划的93.2%，剩余1711户正在加紧施工。296个彝家新寨公共服务设施和村内道路，工程完成60%。安全饮水95000人、农村沼气7000口，均已全面完成。入户用电项目，凉山州已完成8017户，乐山市完成5494户，综合完成率达到60%。

特色产业发展专题：已落实资金2.99亿元，占计划总投资的100.3%，其中：省以上资金2.72亿元，占计划的116%，农户自筹2709.33万元，占计划的84%。

种植业，除苹果产业基地建设1万亩完成任务80%和测土配方施肥补贴项目完成任务70%，其他实施项目均已基本完成。林果业，退耕还林、森林优育、青花椒和核桃种植等项目，乐山市已完成。畜牧业，乐山市已完成计划建设畜禽标准化养殖小区1个、省级畜禽标准化示范基地1个；凉山州除省现代畜牧业彝区畜禽标准化养殖示范基地建设项目正在实施，国家退牧还草建设50万亩，完成总任务的50%，其余项目均全面完成。

艾滋病防治和卫生工作专题：已落实资金1.99亿元，占计划总投资的285.23%，全部为省以上资金。

卫生服务能力建设，招聘15人乡镇卫生院招聘执业医师，农村订单定向医学生免费培训，已安排69人进入各高校就读。完成100名基层医疗机构全科医生到省培训。妇幼卫生工作，农村孕产妇住院分娩已初见成效，对孕产妇及其所生婴儿进行艾滋病病毒筛查、检测，大大降低了艾滋病、梅毒和乙肝对妇女儿童健康的影响。医疗卫生服务体系建设，加大投资力度综合提高医疗水平，各项医疗基础设施正强力推进。艾滋病防治，开展艾滋病治疗CD4检测5348人次，建立美沙酮维持治疗门诊10个，延伸点69个，累计治疗病人10182人；开展针具交换工作，发放注射器35969只，回收31074只。

禁毒、戒毒专题：已落实资金2091.53万元，占计划总投资的84.37%，其中：省以上资金1047万元，占计划的157%，市（州）、县资金991.33万元，占计划的55%，其他资金53.20万元。

完成投资2091.53万元，用于吸毒人员动态管控、堵源截流、禁毒严打、禁毒情报信息化建设、禁吸戒毒、预防宣传教育、缉毒装备维修，基础设施维修等方面。破获各类毒品案件519起，缴获海洛因47.2公斤，鸦片及鸦片原浆5.25公斤，抓获犯罪人员558名。

义务教育和职业教育专题：已落实资金1.93亿元，占计划总投资的84.68%，其中：省以上资金1.73亿元，占计划的117%，市（州）、县资金2048.27万元，占计划的26%。

投入资金5339万元，新建、改扩建项目学校31所，建设面积达32151平方米。投入705万元用于配备教学仪器设备、设施和图书资料。全面完成培训1400名教师的任务。投入1562万元为21所学校建设439套15620平方米教师周转宿舍。全面完成义务教育阶段127467名寄宿制学生的生活补助问题。为3186名新增寄宿生提供免费卧具，为45所学校建设小农牧场，为27所中小学开通成都七中东方闻道网校的直播、录播和植入式教学全面完成。全面启动18206平方米的职业教育校舍建设工作，购买教学实训设备150台（套）。中职资助及免学费。共为12409名中等职业教育学生免除学费、提供生活费补助。

劳务培训专题：已落实资金 1671.57 万元，占计划总投资的 187.71%，全部为省以上资金 671.57 万元。

农村劳动力转移计划培训完成 7385 人；劳务品牌计划完成 2528 人；工会技能计划培训已完成 642 人；劳务扶贫计划培训已完成 7054 人。

公路建设专题：已落实资金 52.41 亿元，占计划总投资的 96.5%，其中：省以上资金 45.42 亿元，占计划的 91%，市（州）、县资金 6.99 亿元，占计划的 269%。

高速公路：雅安至泸沽高速公路已建成通车，丽江至攀枝花高速公路，正加快建设。干线公路：S103 线马边至美姑界公路，主体工程基本完成。S306 线金口河至白熊沟公路、S307 线泸盐路雷波县城至雷波坪头公路、307 线泸盐路昭觉县城至雷波坪头公路、S307 线盐源大金河至平川镇公路、S208 线甘洛县城至越西中所 5 个项目正在加快实施。S208 线昭觉庆恒至金阳县城公路，正在进行施工招标，预计 2013 年初启动建设。农村公路：完成通乡油路（水泥路）142.1 公里，通村公路 115 公里，通村水泥路（油路）264.7 公里。

水利建设专题：已落实资金 3.91 亿元，占计划总投资的 175.56%，其中：省以上资金 2.91 亿元、占计划的 158%，市（州）、县资金 832 万元，占计划的 497%，农户自筹 1644 万元，占计划的 596%。

盐源县龙塘水库工程正在开展前期设计工作。建设渠道 150 公里，水窖、水池、山坪塘 58 处，建设堤防护岸 60 公里，解决农村饮水 13.1 万人饮水，包括彝家新寨 9.5 万人。其他各项工作顺利推进。

社会保障专题：已落实资金 1620 万元，占计划总投资的 66%，其中：中央资金 570 万元，占计划的 38%，省级资金 1050 万元，占计划的 100%。

农村、城市低保和医疗救助均超额完成任务。乐山市完成五保集中供养敬老院、救助站和殡仪馆各一个，凉山州 10 个五保集中供养敬老院、社会福利中心、救助站、殡仪馆资金已到位均在开工建设中。

现代文明新生活专题：已落实资金 3815 万元，占计划总投资的 61%，其中：省以上资金 3733 万元，占计划的 62.8%，市（州）县资金 82 万元，占计划的 23%。

建设“乡村学校少年宫”5 个、农村公益电影放映 32340 场、农家书屋 633 个（含彝家新寨 89 个）和其他文化设施建设均全部完成。全民健身项目正在进一步实施中，提升凉山州彝语广播电视节目译制能力项目尚未实施。

3. 贵州威宁喀斯特地区扶贫开发综合治理试点

（1）工作进展

基础设施建设。积极推进国道 326、省道 102 改造及县道升级改造、乡镇连接线、运煤专线和旅游专线等建设，完成村村通油路建设，积极推进毕威高速、威水高速、威昭高速建设；加快推进中小型骨干水源工程、病险水库除险加固工程、中小型灌区节水配套工程、“五小”水利工程“四大工程”；推进农村电网改造升级工程，全面完成县域220千伏、110千伏、35千伏配套电网建设，全面提升供电能力；推进无线数字城市和数字乡村工程，继续完善农村广播影视“四位一体”全覆盖，稳步推进电信网、广播电视网、互联网融合发展。

产业化扶贫。继续实施好100万亩草地生态畜牧业基地、100万亩马铃薯种薯和鲜薯基地、100万亩蔬菜和中药材基地、100万担优质烟叶基地、100万亩的经果林基地“五个百万”工程；围绕草海旅游核心资源，打造“环草海生态旅游圈”，建成湿地生态旅游观光景区，推进草海国际养生基地、银龙幸福小镇等一批重大旅游项目建设，加快旅游资源开发，推出系列化生态旅游和度假旅游产品，建设以乌撒古城为主的民族风情旅游区。

推动民族文化大发展。大力实施文化遗产保护工程、文化精品提炼工程和文化产业培育工程。加快乌撒古镇巴迪鲁旺、穆卡拉玛幸福小镇、丽阿娜民族风情园等民族文化核心示范园建设，推进县、乡、村（社区）综合文化服务设施建设，形成与社会发展同步、与群众需求相符、与现代科技相融、社会经济效益并重的现代公共文化服务体系。

加强和创新社会管理。积极推进网格化社会管理模式，健全信息化网络、基层工作网络和专业服务网络“三个网络”。完善基层管理服务体系，大力改进流动人口和农村留守群体的管理服务工作。健全维护群众权益机制，畅通公众诉求表达渠道。加快推进“平安和谐四区”建设，完善社区网格化服务管理体系和“三级联动视频接访”工作机制。

深化威宁试点。全面推进“开发扶贫、生态建设、人口控制”三大主题实践，初步积累了解放思想、提升素质，引领特困片区全面发展；综合治理、优化环境，促进特困片区协调发展；吃透县情、科学规划，推进特困片区开发扶贫；因地制宜、培植产业，拉动特困片区持续发展；鼓励创新、敢闯敢试，实现特困片区突破发展；加强党建、夯实基础，推动特困片区跨越发展的六条经验。

（2）试点成效

经济增长势头强劲。2012年实现生产总值95.2亿元，同比增长17%（可比价）；完成财政总收入14亿元，同比增长35.7%；完成财政总支出48亿元，同比增长17.1%；招商引资签约资金198.85亿元，落实到位资金115亿元，同比增长46.49%；固定资产投资达132亿元，同比增长78.13%；工业总产值达71亿元，同比增长44.89%；金融机构各项存款余额达60亿元，同比增长13%；金融机构各项贷款余额达31亿元，同比增长67%；城镇居民可支配收入17999元，同比增长26.99%元；期内农民人均现金收入5300元，同比增长30.28%。

扶贫开发成效显著。继续推进“减贫摘帽”，在迤那、海拉等乡镇探索创新了党建扶贫、集团帮扶的新模式，贫困人口收入不断增加，生产生活条件大幅改善。26个重点贫困乡镇中有16个实现“减贫摘帽”。到目前为止，按1196元扶贫标准农村贫困人口全部脱贫，按2300元的扶贫标准全县减贫9.12万人。

基础设施有效突破。投资1.27亿元、长11.85公里的环城公路已全部竣工投入使用；投资5.6亿元、长20.6公里的毕威高速公路威宁段已建成通车。投资2.99亿元实施农村饮水安全工程104个，解决66万人的农村饮水安全问题。实施35个乡镇有线电视村村通工程，实现集镇有线电视全覆盖。投资15.45亿元的15个输变电工程、投资10.25亿元的农村电网改造升级工程即将完工，结束了偏远农户无电的历史；供电量预计达6.7亿度，同比增长6.26%。

生态建设效果明显。完成石漠化治理63.99平方公里、土壤侵蚀模数从每年每平方公里4125吨减少到2896吨。完成各类营造林64.4万亩，有林地面积从315万亩增加到380万亩，森林覆盖率达40.2%。草海国家级自然保护区的生态保护力度不断加大，草海综合治理的总体规划已批复。

民生问题不断解决。全面完成55597户农村危房竣工并搬迁入住，对11896户危旧房进行全部拆除；新增“四在农家”（富在农家、学在农家、乐在农家、美在农家）建设3540户，全县“四在农家”达64434户；城乡民民社会养老保险参保48.18万人，参保率达90.81%，实现60周岁以上老人养老保险全覆盖；全面实施“3个15万元”兴办小微企业扶持政策；全县城镇新增就业有望突破6万人；实现乡乡有卫生院、村村有卫生室目标，县乡医疗技术人员达1690名，城乡居民医保参保率达99.59%。

社会事业发展加快。实现学前教育三年毛入园率、义务教育巩固率、高中阶段毛入学率分别达38.48%、85.51%、48.28%；社会治安群众安全感由2009年的70.98%上升到今年的93.53%；2012年度人口出生率为8.21‰，同比2011年下降0.87个千分点，人口自然增长率为4.14‰，同比2011年下降0.57个千分点，有效控制了人口过快增长态势。

党建科学化水平明显提高。全县“一好双强”型村党支部书记达96.5%，村级组织建设得到加强；建立了干部廉政金保证制度，收缴廉政保证金429万元；着力构建思想道德、预警纠错和党纪国法“三道防线”；完善县级纪检监察派出机构统一管理，推进“三访”活动常态化。

4. 甘肃定西市马铃薯产业扶贫试点

（1）工作进展

2012年试点工作在安定区、渭源县、陇西县、临洮县、通渭县等5县（区）18个乡镇的32个重点村实施，共引进原原种300万粒，新建一级种扩繁基地10717亩，投资建设马铃薯种质资源库1座、马铃薯成果展览馆1个、马铃薯质量检测中心1个、农产品质量安全检测中心1个、原原种繁育日光温室20座，马铃薯种植实用技术培训2100人次等，扶持贫困户4000户。

（2）试点成效

初步解决了马铃薯脱毒种薯良种化程度低的问题。定西市上依托中央财政扶贫专项资金，扶持壮大旱农中心、爱兰公司、凯凯快繁中心和渭河源公司等种薯企业，一手抓适应本地种植的陇薯3号、新大坪等优质品种的脱毒繁育，一手抓大西洋、夏波蒂等专用化程度高的市场紧缺品种的脱毒扩繁，努力提高脱毒种薯的生产能力。共引进和投放原原种1.29亿粒，建成原种繁育网棚1.19万亩，生产脱毒原种2.38万吨，全市马铃薯脱毒种薯良种应用率由2006年的20%提高到2012年的60%。同时，积极向新疆、青海、云南、四川、内蒙古、宁夏等省（区）提供陇薯3号、陇薯5号等马铃薯原原种1.09亿粒、原种5350吨、一级种薯9300吨，有效带动了周边贫困地区马铃薯产业的发展。

初步解决了马铃薯原种到一级种扩繁难的问题。全市7县区共建一级种薯基地32.32万亩，生产一级脱毒种薯64.64万吨；建二级脱毒种薯基地53万亩，二级种产量达到87万吨。马铃薯良种应用率由2006年的67%提高到2012年的95%。

初步解决了贫困群众增收难的问题。2012年，全市农民人均从马铃薯产业中获得的收入达680元，较2006年净增200元，占农民人均纯收入的27%；有13.32万户贫困家庭人均种植马铃薯1亩以上，贫困户人均实现纯收入650元以上，占贫困户人均纯收入的50%以上。2012年，种植面积达300万亩以上，有4个县区的种植面积稳定在50万亩以上，安定区超过了100万亩，跨入中国马铃薯种植大县行列；鲜薯总产量500万吨以上；实际加工生产马铃薯精淀粉及其制品8.7万吨；各类贮藏窖（库）达到93万眼（座），实际贮藏能力达到306万吨；外销量达99.3万吨。定西马铃薯产业的发展，不仅为初步解决贫困群众吃饭问题发挥了积极作用，而且也为定西农村人口稳定增加收入奠定了良好基础，更为贫困地区区域特色经济的又好又快发展积累了经验，探索了路子。

5. 宁夏中部干旱带产业扶贫试点

项目名称：宁夏中部干旱带肉牛养殖提质增效示范村项目。

实施范围：在各县（市、区）申报的基础上，经自治区扶贫办组织有关县（区）扶贫办、农牧局和宁夏夏华肉食品有限公司考察，共选择确定27个有一定肉牛养殖基础的贫困村为2012年中部干旱带肉牛养殖提质增效示范村，其中同心县5个，海原县6个，红寺堡区4个，中宁县3个，沙坡头区3个，原州区4个，西吉县2个。

项目内容：中央试点资金主要帮助示范村解决制约肉牛产业发展的主要困难和关键环节，扶持的内容包括：建档立卡贫困户基础母牛补栏6888头，每头帮助2000

元；肉牛养殖示范村合作社建档立卡登录设备每村一套；对贫困户进行良种繁育免费服务；支持贫困村冷配和技术服务点建设；支持青贮池建设示范；在享受国家农机购机补贴的基础上，对贫困村、贫困户购买铡草机、割草机加大支持力度；对肉牛养殖示范村统一采购发放、开展营养矿物质舔砖示范；对肉牛养殖示范村开展技术与管理人员培训，在夏华公司进行实地培训培训，每村 2 人，时间 14 天；开展肉牛养殖提质增效示范户千人培训计划，其中同心县 150 人，海原县 200 人，红寺堡区 100 人，中宁县 100 人，沙坡头区 100 人，原州区 200 人，西吉县 150 人。

项目进展：一是各试点县（区）全面摸清了试点示范村肉牛养殖基本情况，为试点村采购配备了电脑等建档立卡登录设备，对养殖户肉牛养殖情况建档立卡；二是试点村肉牛养殖合作社普遍建立和完善；三是冷配改良服务点全面建立和完善，青贮池建设示范全面完成，良种良法推广普及率提高；四是对 27 个试点示范村 36 名合作社管理和技术人员进行了为期 15 天的培训。

6. 云南富宁瑶族支系山瑶群众聚居区扶贫开发综合治理试点

（1）工作进展

为彻底解决山瑶群众的困难生活，云南省按照“搬家、种树、办教育”扶持发展思路，积极探索“县城集镇安置、县内易地安置、就近就地安置”三种扶持模式，全力推进山瑶扶持发展工作。截至 2012 年底，各类补助资金已到位 3.17 亿元，占各类补助资金 3.24 亿元的 97.85%，其中：发改部门到位 6934 万元，教育部门到位 9456 万元，扶贫部门到位 7141.5 万元（其中，中央财政专项扶贫资金 2000 万元），民委部门到位 946.2 万元，水利部门到位 1426 万元，交通运输部门到位 1205 万元，住房和城乡建设部门到位 1038 万元，农业部门到位 430 万元，林业部门到位 239 万元，文化部门到位 48 万元，人力资源和社会保障部门到位 40 万元，国土资源部门到位 100 万元，民政部门到位 989.48 万元，广播电视部门到位 85 万元，科技部门到位 80 万元，卫生部门到位 24 万元，州、县自筹到位 1000 万元，上海援助到位 545 万元。基础设施建设、安居温饱工程、产业发展、素质提高、生态环境保护与建设、民生保障 6 大工程初见成效，山瑶聚居区贫困群众生产生活环境得到初步改善。

（2）项目建设

基础设施项目。重点投入住房、饮水、用电、道路、通信等基础设施建设项目。累计投入资金 3895.8 万元，建成安居房 460 户，那岗安置点 86 户 430 人全部搬迁入住；新修和改造山瑶进村公路 10 条 54 公里；建成小水窖 124 口、安装饮水管道 123.5 千米；架设输电线路 1.4 公里，正在实施 18 个村小组农网改造，山瑶地区群众的住房难、饮水难、用电难、行路难等问题得到有效缓解，人居环境和村容村貌大为改观。

能力建设项目。继续巩固好县第一小学山瑶班，按照小学、初中、高中给予每人每月补助20元、30元、50元生活费，就读职高的每人每月补助150元生活费，就读大学的除每人一次性补助3000元以外，本科生每人每年补助2000元、专科生每人每年补助1500元的标准，按时足额将生活补助费发放到山瑶学生手中。投资5345万元，实施归朝民族中学、县职业中学、县民族中学、洞波中学等山瑶学校建设，完善山瑶地区中心完小食堂、宿舍等建设，抓好山瑶地区教育基础设施，提高教育教学质量。

增收致富项目。2012年，共开展各类培训111期5747人。多渠道安置山瑶群众就业，引导山瑶群众外出务工，开发公益性就业岗位，协调永鑫糖厂、富嘉油茶厂等县内企业吸纳山瑶群众就业80余人。积极鼓励山瑶群众参与甘蔗、油茶等产业基地建设，努力拓宽山瑶群众增收渠道。投入180万元，在山瑶地区实施坡地改梯地1000亩、集雨补灌2000亩，完善山瑶地区农业基础设施，提高农作物种植单位产量和经济收入。

民生保障项目。将符合条件的8394名生活困难群众全部纳入城镇和农村低保范围，1—12月共发放低保金1035.4万元，同时由县级财政安排部分资金，并整合民政部门专项补助共52.76万元，为山瑶群众缴纳城镇医疗保险和新型农村合作医疗保险金，确保山瑶群众医疗保险政策100%覆盖。投资100万元，建设二类敬老院一所，改善山瑶孤寡老人集中供养条件；投资24万元，建设村级卫生室4所，进一步缓解山瑶群众看病难问题。

（3）试点成效

通过一系列的扶持政策，山瑶群众的生产生活得到了明显改善，基本实现规划目标。具体体现在：一是人均耕地有所提高。通过实施山瑶外迁安置，实行集体土地流转，2012年山瑶群众人均耕地1亩，人均有粮320公斤，分别比扶持前增加了0.13亩145公斤；二是收入有了大幅度提高。自2009年以来，山瑶地区共发展油茶种植面积4950亩，甘蔗6450亩，核桃137亩，对外输出转移就业1120人，向县内企业输送830余人，拓宽了山瑶群众的收入渠道。2012年，山瑶群众人均纯收入3135元，比试点前人均纯收入增加了2465元。三是生活水平有了明显提高。山瑶群众收入增加了，住房条件得到了改善，大部分山瑶群众逐步使用上家用电器，电视、电话普及率分别达到85%和60%。四是人口素质有了明显变化。通过在集镇、县城设置“山瑶班”集中办学，全县1698名山瑶在校学生实现了免费入学。目前，在校山瑶大学生有23人，高中36人，初中409人，小学1315人。五是基础设施明显改善。共架设人畜饮水管道125公里，建小水窖783口，解决了5216人的饮水困难；完成砂石路、进村路建设134.2公里；改造乡村公路 45.2 公里，硬化村内道路 81200 平方米，6504 名山瑶群众受益。建成山瑶群众安居房或危房改造 1624 户 97440 平方米，有效改善了山瑶村寨群众的住房难问题。共架设杆线 140 公里，完成 31 个村小组农村电网升级改造工程，电价从农网改造前的 2.5 元/度下降到 0.43 元/度，实现城乡同价。六是社会事业显著进步。建成二类敬老院设 2 所 1340 平方米，将符合享受低保条件的 8394 人山瑶群众全部纳入低保范围，新型农村合作医疗和城镇居民医疗保险个人自缴部分由财政统缴，实现农村低保应保尽保。建成一批村卫生室，实现每个项目村都有 1 个卫生室和 1 名乡村医生，山瑶群众新农合参合率为 100%。

7. 四川阿坝州扶贫开发和综合防治大骨节病试点

（1）总体情况

自 2008 年以来，试点工作以规划为引领，投入近 55 亿元资金（其中：中央财政扶贫资金 16.7 亿元、发改委投入易地搬迁资金 8 亿元，省州配套 7.48 亿元，还整合了交通、水利、国土、农业、林业、畜牧业等部门的行业资金超过 10 亿元。当地群众投工投劳折合资金近 20 亿元），综合治理贫困和大骨节病问题，通过“易地育人、易地搬迁、更换粮食、饮水安全、社会保障、移民安置、结构调整、卫生防治、科技攻关”等工程建设，基本实现了预期目标。

易地育人项目：累计投入资金 3.24 亿元。完成 11 个县、94 个易地育人项目，新建、改扩建校舍 16 万平方米。将病区 2.64 万名 5 周岁以上儿童全部转入非病区寄宿制学校就读，有效地阻断病因链，控制新发病例出现。

易地搬迁项目：累计投入资金 22 亿元。新建农村住房 153 万平方米，病区 10 个县、293 个村、17136 户完成了易地搬迁。

更换粮食项目：累计投入资金 3.49 亿元。2007—2011 年，累计为病区 14.46 万人（含病区 2.64 万名学龄儿童）供应大米 7569 万公斤。

饮水安全项目：累计投入资金 1.33 亿元。统筹实施供水工程和牧区节水灌溉项目建设，完成了 399 个病区村饮水工程，修建供水工程 513 处，解决了病区 12.6 万人贫困群众的饮水问题。

社会保障项目：累计投入资金 2.27 亿元。将 38040 名Ⅰ、Ⅱ度患者全部纳入农村最低生活保障；建成 20 个Ⅲ度患者集中供养中心，将 3144 名Ⅲ度患者实行集中供养；将 41184 名大骨节病患者全部纳入农村医疗救助范围，并资助其参加新型农村合作医疗。

移民安置项目：累计投入资金 13.64 亿元（含群众自筹 4.53 亿元）。在 604 个村实施贫困村整村推进，新建住房 49.81 万平方米、改房 53.06 万平方米，完成“五改三建”5.56 万户，修建村内道路 1984 公里，新建 315 个村务活动室，建设村民活动中心 4.59 万平方米。贫困村基础设施、生存环境和生产生活条件改善。

结构调整项目：累计投入资金 8.43 亿元（含群众自筹 3.95 亿元）。建成优质蔬菜、特色水果、高原马铃薯、优质青稞等产业 27.94 万亩，建成种植业基地 38 个，栽培中低温食用菌 262 万袋；建道地中药材 5.04 万亩；购买牲畜 6.06 万头（只），引进良种公畜 958 头，新建棚圈 81.38 万平方米、改良点 559 个、养殖业基地 69 个；完成人工种草 7.34 万亩，扶贫产业发展具备了一定的基础。

卫生防治项目：累计投入资金 1.12 亿元。建成大骨节病监测点 58 个，建立健全了处于全国领先水平的大骨节病监测体系，为及时发现大骨节病致病危险因素提供了技术保障。

科技攻关项目：累计投入资金 0.30 亿元。建立了多因素多基因病因模式，规范化早期诊断干预、内外科和中西医治疗方案等。国家“十一五”科技支撑计划重点项目“大骨节病综合防治研究”课题通过验收。

（2）试点成效

一是有效阻断了疾病的蔓延。阿坝州 58 个监测点 100% 达到控制标准，其中 86.21% 的村达到消除水平，4.12 万大骨节病患者得到有效治疗，特别是采取易地育人措施，使儿童新发病例（临床检测阳性率）降至为 0，病区两万多名儿童彻底摆脱了大骨节病的威胁。

二是农牧民人均收入实现了翻番。2011 年，阿坝州农牧民人均纯收入达到 4663 元，比 2007 年增长了一倍。2008—2011 年，贫困人口由 34.4 万人下降到 20.9 万人，年均减少近 4.5 万人，贫困发生率从 49.6% 下降到 29.8%，试点区减贫成效明显。

三是贫困村生产生活条件得到极大改善。先后投入了近 37 亿元开发建设住房等基础设施项目资金。完成了 294 个病区村易地搬迁、604 个贫困村整村推进以及一大批水、电、路、气、房等配套项目，贫病群众生产生活条件得到了极大改善，特别是易地搬迁的病区村更是发生了翻天覆地的变化。

四是促进了民族团结和社会稳定。通过开展试点，群众切身感受到了党和政府的关怀，得到了实惠，看到了希望，增强了战胜病魔和脱贫致富的信心，自觉地投入反对分裂、维护稳定的工作中。基层组织在项目建设过程中，充分依靠群众、发动群众，凝聚力、向心力和战斗力进一步增强。民族团结和社会稳定的良好局进一步形成。

（3）巩固提升

2012 年 9 月，国务院扶贫办委托第三方对试点工作进行全面的评估，评估报告对试点工作取得的成效给予了高度评价。在此基础上，国务院扶贫办、财政部和四川省政府于 9 月 20—21 日在阿坝召开了试点工作总结验收会议，确定从 2013 年到 2015 年，用三年时间对试点工作做进一步的巩固提升。

一是促进 379 个病区村特色产业初步

形成规模化、标准化、产业化的发展格局，自我发展能力明显提升，贫病群众的收入持续稳定增加，生产生活条件显著改善，实现扶贫由“输血”方式向“造血”方式的成功转型。

二是在产业发展刚刚起步，病区群众口粮仍不能自给期间，以 2013—2015 年为过渡期，继续对病区村 152133 人（含易地育人学生 25133 人）实行口粮更换。

三是完成 379 个病区村的公共服务设施建设、防灾抗灾设施建设、能力建设项目，全面提升病区村公共服务水平、抗灾减灾能力和村民能力素质，提升农村饮水水质。

四是对 40327 名大骨节病患者分类实施集中供养、农村低保、医疗救助和新农合补助，生活医疗质量能长期得到保障。

五是现有义务教育阶段学龄儿童（含 5 岁以上学前儿童）25133 人实现长期易地就学，巩固率为 100%。

六是病区村儿童 X 线检测平均阳性率总体控制在 1% 以内，全面控制大骨节病新发。

（国务院扶贫办开发指导司）

【贫困地区干部培训】 2012 年，贫困地区党政领导和扶贫系统干部培训工作主要围绕国家关于“三农”和扶贫开发等工作的方针、政策，新阶段扶贫开发重点工作，区域发展等内容开展。全年共举办 22 期培训班，累计培训贫困地区各级各类干部 2300 人次。

一、培训新做法

抓好需求调研。既做好培训班学员需求信息反馈的整理和分析，也加强培训前期需求调研，征求学员最关心的问题，有针对性地安排培训内容，努力实现组织要求、岗位和个人需求三结合。

选准培训内容。加强对考察点的筛选和剖析，注重对案例教学点的分析和总结。考察中，组织当地政府有关人员、扶贫户以及培训学员开展座谈。结合考察内容，邀请有关专家从理论层面进行讲解、分析。实现培训内容与培训对象相结合，逐步实现课程设置模块化、类别化、科学化。

创新培训方式。采取“县长教县长”的教学方式，开展县级党政干部培训。发掘具有较高理论水平和丰富实践经验的县委书记进行授课。加大案例教学力度。

完善效果评估。在发放评估问卷和召开总结会的基础上邀请部分省培训中心主任测评。组织部分省扶贫办培训中心主任全程参与培训活动，进行观摩与测评。在培训结束后对课程设置、培训效果等进行评估。

二、培训体系建设

（一）建设扶贫培训的师资队伍。注重提高扶贫系统内部师资水平，各省扶贫培训机构之间加强交流，相互学习、相互提高，实现资源共享。重视利用扶贫系统外培训资源，主动与各级党校、国家行政学院、大专院校和研究机构联系合作，发挥他们在理论研究和师资方面的优势。

（二）开发扶贫培训的课程体系。初步形成基于工作需要的扶贫培训课程体系，包括基础理论、核心理论、国际经验、国内经验以及相关的辅助性内容。根据扶贫培训课程体系的要求，组织编写了一批高质量的扶贫培训基础性、理论性教材，同时收集和整理案例教材。

（三）完善培训工作手段。综合运用讲授式、研究式、案例式、模拟式、体验式等培训方法，提高培训效果和质量。建立符合扶贫工作需要的培训考核评估体系。在每期培训班结束后进行教学评估，主要检验教学效果，评价老师教学水平。培训结束一段时间后，进行追踪调查，了解培训对实际工作产生的影响。

（国务院扶贫办政策法规司）

【贫困地区灾害应对工作】 1. 组织编纂《汶川特大地震国务院扶贫办抗震救灾志》情况。根据2011年7月27日国务院扶贫办常务会议关于在国家《汶川特大地震抗震救灾志·灾后重建志》（扶贫部分）编纂任务基本完成后，适时启动《汶川特大地震国务院扶贫办抗震救灾志》（以下简称“志书”）编纂工作的要求，2011年9月28日，志书编纂工作正式启动。经过一年多的努力，编纂工作室较好完成了志书编纂工作任务。志书全面反映了扶贫系统在汶川特大地震抗震救灾中作出的突出贡献，是国务院扶贫办独立主持编纂的第一部志书。

（1）志书编纂过程

志书编纂主要经过了五个阶段：

第一阶段：收集整理资料。2011年9月28日，志书编纂工作室第一次全体会议结束后，编纂工作室即着手搜集整理汶川特大地震扶贫系统抗震救灾和灾后恢复重建的有关资料。由于志书新增“先进模范”一篇，编纂工作室会后即向四川、甘肃、陕西三省扶贫办（局）发出《关于报送汶川特大地震扶贫系统抗震救灾志编纂所需先进模范材料的通知》（国开办司函〔2011〕125号），要求三省报送有关材料。截至2011年11月底，资料收集工作基本完毕。

第二阶段：撰写和修改初稿。2011年12月至2012年5月底，按照志书编纂任务分工，全体编纂人员在做好本职工作的同时，牺牲节假日和业余时间，集中精力撰写初稿，截至2012年2月底，初步完成了35万余字的志书初稿。初稿完成后，编纂工作室先后三次组织编纂工作室全体编纂人员逐章逐节、逐字逐句审查修改，对初稿进行查漏补缺、核对核实、审改校对。经过修改完善，截至5月底，志书文稿由原来的35万余字删减至20余万字（4篇、10章、27节）。

第三阶段：统稿润色。2012年6—9月，编纂工作室将修改后的志书初稿分送有关领导、专家和志书编纂顾问，进行统稿润色，最后由编纂工作室主任将统稿意见汇总审定，形成志书征求意见稿。

第四阶段：征求意见。2012年10—12月，编纂工作室将志书征求意见稿印送国务院扶贫办机关各司、机关党委，各直属事业单位，办主管的4个社团，征求对志书文稿的意见和建议。各单位共提出3大类44条修改意见。经甄别核实，本着能采纳尽量采纳的原则，编纂工作室采纳了其中的36条意见建议，形成了志书送审稿。

第五阶段：付印出版。2012年年底，编纂工作室将经国务院扶贫办常务会议审定的《汶川特大地震国务院扶贫办抗震救灾志（送审稿）》交付中国工人出版社，已于2013年上半年正式出版。

（2）志书记述范围、结构与内容。《汶川特大地震国务院扶贫办抗震救灾志》记述的地域范围以《民政部　发展改革委　财政部　国土资源部　地震局关于印发汶川地震灾害范围评估结果的通知》（民发〔2008〕105号）确定的极重灾区、重灾区（共51县）为准。其中“抗震救灾”和“先进模范”两篇记述范围不局限于此例。

志书设置题记、序言、凡例、总述、大事记、4篇专志、附录、编后记、图照，为全书组成部分。大事记主要记述国务院扶贫办在组织领导抗震救灾和灾后恢复重建工作中的重要事件和史实；4篇专志共10章、27节，分别客观记述贫困地区灾情、抗震救灾、贫困村灾后重建，扶贫系统在抗震救灾和灾后恢复重建中涌现出的先进模范；附录一收录国务院扶贫办领导发表的指导扶贫系统抗震救灾和灾后恢复重建工作的重要讲话；附录二收录国务院扶贫办在抗震救灾和灾后恢复重建过程中出台的主要政策文件；图照为生动、直观反映国务院扶贫办领导指导抗震救灾和贫困村灾后恢复重建的场景。

2. 完成2012年贫困地区灾情分析报告。开展2011—2012年度全国贫困地区灾情调查，通过纵向、横向收集灾情和汇总分析，形成了《2012年贫困地区自然灾害情况分析报告》，为分配中央财政扶贫资金机动资金提供了重要参考，也为下一步有效开展灾害应对工作提供了依据。

3. 开展青海玉树和甘肃舟曲灾后恢复重建中期评估。9月下旬—10月下旬，组织有关专家对青海玉树地震、甘肃舟曲特大泥石流灾害的灾后恢复重建工作进行专题调研，开展中期评估，并完成中期评估报告。

（国务院扶贫办开发指导司）

【两项制度衔接】　各地按照国务院办公厅转发扶贫办等部门《关于做好农村最低生活保障制度和扶贫开发政策有效衔接扩大试点工作意见》的通知精神，积极推进两项制度有效衔接试点工作，采取一次识别或分次识别、分批扶持的办法，开展新一轮贫困识别。

（国务院扶贫办政策法规司）

【扶贫资金与扶贫资金管理】　2012年中央和各省进一步加大财政专项扶贫资

金投入，以连片特困地区为扶贫攻坚主战场，突出培育特色优势产业，创新扶贫资金到户扶持机制，规范资金管理使用，努力提高效益。

财政专项扶贫资金投入稳步增长。2012 年，中央、省级财政扶贫资金共计 496.6 亿元，比上年增加 123.6 亿元，增长 33.1%。其中，中央安排 332 亿元，增加 60 亿元，增幅为 22.1%；省级安排 164.5 亿元，增加 63.6 亿元，增幅 62.4%。此外，拓宽扶贫投入来源，积极争取中央专项彩票公益金 9 亿元。

集中投入，突出重点。按照新《纲要》的要求，各类扶贫资金按照扶贫开发规划统筹安排使用，突出重点区域、重点工作和重点扶持对象。

1. 从资金投向区域看，重点用于国家连片特困地区、重点县和贫困村，其中中央财政专项扶贫资金新增部分重点用于片区。据各省上报数据，2012 年中央、省级投入到连片特困地区和重点县的扶贫资金总量为 332 亿元，约占上报资金投入总量的 68.4%。其中，中央财政专项扶贫资金投入片区县和重点县 268 亿元，占中央扶贫资金投入的 82%。新增部分用于片区的比例占累计新增总量（以 2010 年为基数）的 81.7%。

2. 从资金投向来看，财政专项扶贫资金集中用于培育特色优势产业和改善扶贫对象基本生产生活条件。按照新《纲要》的要求，各地加大了对优势特色产业扶持力度，进一步调整资金使用结构。2012 年，中央和省级资金中直接用于产业发展的资金为 212.3 亿元，约占总投入的 50%；用于农田水利、村级道路、人畜饮水、沼气等能源项目、危房或住房改造项目等基础设施项目的资金 163.4 亿元，约占总投入的 38.3%。其中，中央财政专项扶贫资金用于以上两方面的资金分别为 159.7 亿元和 119.7 亿元，占上报中央投入总量的 51% 和 38.3%。

3. 从资金支持重点工作来看，继续开展贫困村整村推进、能力建设、产业化扶贫和移民扶贫等重点工作，积极开展各类扶贫试点。紧紧围绕集中用于培育特色优势产业和提高扶贫对象发展能力，推进各项扶贫重点工作。2012 年，用于整村推进、雨露计划和移民扶贫三项重点工作的资金为 267.1 亿元，占上报资金总量的 57.3%；用于开展科技扶贫、互助资金、连片开发、边境扶贫、灾后恢复重建等各类试点的资金 96.5 亿元，占上报资金总量的 20.7%。

4. 加大扶贫资金到户扶持力度，创新扶持机制。各地认真贯彻新《纲要》要求，创新扶贫资金到户扶持机制，采取多种方式，逐步增加直接扶持到户资金规模，充分利用扶贫开发政策与低保制度有效衔接成果，建立健全扶贫对象识别机制，落实到户帮扶措施，确保扶贫对象得到直接有效扶持。

创新机制，提高资金使用效益。为充分发挥财政扶贫资金的使用效益，在扶贫资金使用机制创新方面进行积极探索。

1. 开展贫困村互助资金试点，建立财政扶贫资金使用长效机制。据不完全统计，截至2012年底，全国28个省（区、市）共计1286个县1.79万个贫困村开展了互助资金试点。互助资金总规模44.98亿元，其中，中央财政专项扶贫资金9.34亿元，省级专项财政扶贫资金23.89亿元，农户交纳互助金和其他资金9.55亿元。入社农户166.68万户，占试点村总户数的27.8%，入社贫困户90.99万户，占贫困户的54.6%，累计发放借款76.3亿元，其中贫困户发放借款42.56亿元，占发放借款总额的55.7%；累计借款160万人次，其中贫困户借款91.5万人次，占57.3%。为进一步规范运作程序，国务院扶贫办和财政部联合印发了《关于做好2012年贫困村互助资金试点工作的通知》，完成了《贫困村互助资金减贫影响研究》和《互助资金试点绩效评估与运行规律研究》课题研究。总体来看，试点工作已从固点扩面阶段转入巩固提升阶段，互助资金运作日趋规范、管理更加有序、风险意识增强、农户增收明显，为缓解贫困地区，特别是贫困农户贷款难发挥了积极作用。

2. 因地制宜实施整村推进和连片开发，搭建资源整合平台。整村推进是贫困地区新农村建设的重要抓手和载体。各地根据国家“十二五”整村推进规划要求，以整村推进规划为平台，加大资源整合力度。据不完全统计，2012年已启动的整村推进村整合资金与财政专项扶贫资金投入的比例约为2倍，村均投入达到334万元。2010—2012年，在整村推进的基础上实行连片开发，每个试点县投入1000万—1200万元财政扶贫资金作为引导，通过资金和政策整合、机制创新，吸引相关部门涉农资金投入产业开发及配套项目，促进了贫困地区经济发展和贫困农户稳定增收。连片开发的规模优势为资源整合搭建了平台，一些地方整合资金的比例达到1∶5—1∶8，提高了扶贫投入水平。

3. 财政贴息引导扶贫贷款，扩大扶贫资金的乘数效应。2012年是全面改革扶贫贴息贷款管理体制的第五年，改革以来，扶贫贴息贷款规模大幅增加，贷款到户比例明显提高，并在促进承贷金融机构多元化、调动地方积极性等方面取得了明显进展。2012年，中央、地方共安排贴息资金17亿元，实际引导发放贷款538亿元，比2008年改革之初增长了3.3倍。其中，到户贷款和项目贷款发放规模分别为241.6亿元和296.4亿元。

加强扶贫资金监管。通过各项措施，努力建立起事前预防、事中规范、事后回查全程资金项目跟踪监管体系，做到部门监督与群众监督、舆论监督相结合，确保扶贫资金项目高效、安全、廉洁运行。

1. 加强制度建设。各地按照《财政专项扶贫资金管理办法》（财农〔2011〕412号）的要求，制定具体实施办法，加强扶贫资金使用管理。加强廉政建设，认真开展廉政风险防控工作，完善防控工作流程，健全财政扶贫资金的廉政风险防控机制建设。

2. 发挥规划统筹作用。尊重自然规律和市场规律，做好调研，实事求是，从实际出发制定和完善扶贫规划。要求各地严格按照六盘山等14个片区区域发展与扶贫攻坚规划、扶贫开发整村推进“十二五”规划等，安排项目使用资金，避免和防止违规安排项目，减少浪费。

3. 阳光操作，扩大监督。深入推行扶贫资金项目公告公示制，要求各省所有扶贫项目都要在当地日报等主要媒体上公告，加强宣传，扩大公告公示内容和范围，确保资金使用、项目安排公开、公平、公正、规范，让扶贫资金在阳光下运行。

4. 强化绩效评价。国务院扶贫办和财政部继续对各省2011年财政扶贫资金管理使用情况开展绩效考评，并强化了绩效考评结果的反馈和运用。通过考评，各地进一步加大了资金投入，规范了资金使用，强化了资金管理制度建设和执行情况，资金拨付和项目实施进度加快，并在加大直接扶持到户规模、推进特色产业连片开发、引导片区资源整合等方面，取得了积极进展。根据扶贫开发形势任务变化，修订完善资金绩效评价指标和办法。

5. 强化监督检查。坚持群众参与，将审计监督、社会监督和群众监督紧密结合，充分发挥财政、审计、纪检监察等部门的作用。2011年11月—2012年4月，审计署对中央转移地方财政专项扶贫资金分配、使用和管理情况开展了审计调查，结合审计署提出的反馈意见，提出了进一步完善和加强扶贫资金分配、使用和监管等方面的初步整改意见。通过审计，在促进完善扶贫资金制度建设和强化监管意识等方面，发挥了积极推动作用。

总体来看，扶贫资金管理制度不断健全，资金使用和投向更加规范，监管措施不断强化。从近年来审计署、国务院纠风办、财政部监察办等部门对扶贫资金使用管理进行的多次重点检查、抽查情况来看，扶贫资金使用管理主流是好的，为改善贫困地区生产生活条件，增加贫困人口收入，提高发展能力发挥了重要作用。

（国务院扶贫办规划财务司）

（三）专项扶贫——调研和宣传

【扶贫调研】 一、组织开展贫困地区社会主义新农村建设和推进城镇化重点课题调研。根据中央重点课题调研工作安排，国务院扶贫办成立了以范小建为组长的专题调研组，认真研究制定了贫困地区加快社会主义新农村建设和积极稳妥推进城镇化问题调研工作方案和提纲。调研工作采取理论与实际相结合、资料分析和典型调查相结合的方式，利用国家统计局提供的全国农村及592个国家扶贫开发工作重点县（以下简称“重点县”）的统计资料，开展分析评价；国务院扶贫办领导分别带队，赴山西、湖北、四川、广西、云南、陕西、贵州等7省（区）开展实地调研；委托有关省（区）市开展专题调研，提出具体政策建议；召开贫困地区各级党政干部和专家座谈会，听取各方面意见。在以上工作基础上，研究提出推进新农村建设和城镇化过程中，加快贫困地区特别是连片特困地区发展，促进贫困人口公平受益的总体思路和政策建议。

二、开展千村万户调研活动。为深入贯彻落实中央扶贫开发工作会议精神，全面掌握不同地区贫困村和新扶贫标准下贫困农户的基本情况，深入了解党和政府各项强农惠农富农政策在贫困地区的落实情况和实施效果，寻找扶贫到户的有效途径，确保如期实现“两不愁、三保障”的奋斗目标，在全国扶贫系统组织开展了贫困地区千村万户调研活动。调研采取问卷调查与实地调研相结合的方式。要求中西部地区按纳入国家“十二五”整村推进规划的贫困村一定比例确定村数，东部地区每省确定30—40个村开展调研。每村选择不少于10户扶贫对象进行入户调查，填写表格和问卷。

同时，为加强扶贫干部队伍建设，全面提高国务院扶贫办系统青年干部素质，加深对基本国情的了解，增强和贫困群众的感情，培养调查研究的能力，政策法规司和机关党委共同组织办机关和直属事业单位50多名同志分成10个调研小组，深入9个连片特困地区进行了一周左右的驻村调研。调研结束后，各小组分别撰写了调研报告，每名同志都写了调研心得体会文章。范小建主任亲自听取了各调研组的汇报。

三、组织开展业务工作专题调研。2012年9—10月，由国务院扶贫办政策法规司牵头，国务院扶贫办行政人事司，国务院扶贫办外资项目管理中心，全国贫困地区干部培训中心有关人员参加，就当前扶贫工作中的三个重要问题（贫困地区农民工务工情况、雨露计划实施方式改革试点和扶贫对象保障房政策）开展了专题调研，分两组赴河南、广西、四川、贵州和新疆等地进行实地考察。初步摸清了底数，理清了思路，发现了问题，也提出了解决问题的建议。

（国务院扶贫办政策法规司）

连片特困地区扶贫篇

连片特困地区各片区扶贫规划编制情况

2012年3月16日召开的国务院常务会议，把“按照新的标准全面推进集中连片贫困地区扶贫工作”列为当年国务院努力完成的七项重要任务之一。5月25—27日，温家宝总理又亲赴湖南湘西，专门考察指导武陵山片区扶贫开发工作，并召开座谈会，发表重要讲话，对全国连片特困地区扶贫攻坚工作提出了明确要求。为此，国务院扶贫办办党组将片区扶贫攻坚工作列为当年工作的重中之重。根据工作部署，国务院扶贫办会同发展改革委，认真做好规划编制相关工作，启动实施相关规划，推进片区联系工作，取得了明显成效。

一、全面完成片区区域发展与扶贫攻坚规划编制工作，并启动实施相关规划

在2011年完成武陵山片区试点规划编制并启动实施的基础上，规划财务司与外资中心会同发改委西部司、地区司，继续采用“双牵头”的方式，按照“区域发展带动扶贫开发、扶贫开发促进区域发展”的基本思路，全力以赴组织编制其他10个片区区域发展与扶贫攻坚规划。完成了乌蒙山、秦巴山、滇桂黔、六盘山、滇西边境、大兴安岭南麓、燕山—太行山7个片区规划的编制，并得到国务院批复，加上武陵山片区，总共已完成了8个片区的规划。分别于2012年2月23日、5月10日、6月28日、8月23日和12月3日在云南昭通、四川广元、贵州兴义、甘肃定西和云南普洱召开了乌蒙山、秦巴山、滇桂黔、六盘山、滇西5个片区的启动会，回良玉副总理均亲自出席并作了重要讲话，中央电视台新闻联播均对会议召开进行了报道，引起了很好的社会反响。吕梁山、大别山和罗霄山片区规划已征求完成省市和中央部委意见，并召开了专家座谈会，于2012年11月中旬上报国务院审批。圆满完成国务院所要求的2012年年底前完成所有片区规划编制的硬任务，为下一步有序推进片区扶贫攻坚奠定了良好的基础，赢得了宝贵时间。

二、加强指导，出台片区省级实施规划编制指导意见

在编制片区规划的同时，根据回良玉副总理的要求，国务院扶贫办还加强对各省区市实施规划编制的督促和指导。经国务院领导批准，下发了《关于西藏、四省藏区和新疆南疆三地州等3个片区规划编制有关问题的通知》，明确了西藏、四省藏区和新疆南疆三地州3个片区规划编制的有关要求。此外，国务院扶贫办还与国家发改委联合制定了《编制集中连片特殊困难地区区域发展与扶贫攻坚省级实施规划指导意见》，并于2012年8月正式印发，要求各相关省区市在片区规划批复后3个月内按要求编制完成分省实施规划，确保片区规划的目标和任务落到实处。2012年10月10—11日，国务院扶贫办与国家发改委在河南郑州联合举办“全国片区实施规划编制培训暨经验交流会”，对13个片区（不含西藏）涉及的20个省区市扶贫办、发改委及新疆生产建设兵团负责片区编制的有关同志进行了培训，并交流了实施规划编制的经验和做法。

（国务院扶贫办规划财务司）

建立片区联系工作运行机制

为加强片区跨省协调，形成强大攻坚合力，中央决定建立片区中央部委联系机制，这是新阶段扶贫开发工作的一个重大创新。

已确定13个部委对口联系11个片区。为加强指导，规范片区联系工作，国务院扶贫办起草了《关于印发片区联系单位工作规则的通知》，并以国务院扶贫开发领导小组名义印发，明确了联系单位的职责、主要任务和工作要求。此外，还向每个联系单位都印发了《关于开展片区联系工作的函》和《关于印发片区部委联系单位和相关省（区、市）对接联系单位及人员名单的函》。

各片区联系单位高度重视，认真谋划，迅速行动，围绕沟通协调、调查研究、督促指导等任务，积极开展片区联系工作，取得了很好的开局：一是深入片区开展调查研究，摸清片区基本情况，提出意见和建议。二是参与片区规划编制。三是参与筹备片区启动会。四是召开片区部际联系会议，协调推进片区区域发展与扶贫攻坚。五是加大支持力度，出台优惠政策措施。六是下派挂职干部，协助推动片区规划实施。

（国务院扶贫办规划财务司）

开展片区扶贫攻坚专项督查

片区扶贫攻坚列入2012年国务院重点督查工作之一。

2012年5月中旬，国务院派出6个督查组，对武陵山、乌蒙山两个片区涉及的湖北省、湖南省、重庆市、四川省、贵州省、云南省落实扶贫开发政策措施情况进行督促检查。督查重点包括建立健全扶贫开发工作责任制情况，片区扶贫开发规划落实情况，扶贫资金投入、使用和管理情况，片区重点专项扶贫措施落实情况等。

督查组对片区落实扶贫开发政策的情况给予高度评价，认为6省市片区扶贫攻坚基本思路清晰，政策措施得力，工作效果明显。6个督查组的报告，由国务院办公厅和国务院扶贫办汇总，上报国务院。

温家宝、李克强、回良玉、马凯等国务院领导同志都作出了重要的批示。

（国务院扶贫办规划财务司）

乌蒙山片区区域发展与扶贫攻坚启动实施

国务院扶贫开发领导小组2012年2月23日在昭通市召开会议，正式启动乌蒙山片区区域发展与扶贫攻坚。云南乌蒙山片区的470多万贫困人口将从中受益，使生活水平得到显著改善，到2020年与全国基本同步迈进全面小康。

中共中央政治局委员、国务院副总理、国务院扶贫开发领导小组组长回良玉在会上讲话并宣布乌蒙山片区区域发展与扶贫攻坚启动。

国土资源部部长徐绍史主持启动会。水利部部长陈雷、国家民委主任杨晶、国务院副秘书长丁学东、国务院扶贫办主任范小建、国家发改委副主任杜鹰等国务院有关部委和解放军总政治部有关部门负责人，四川、贵州省政府负责人等出席会议。

云南省出席会议的领导有：省委书记秦光荣，省委副书记、省长李纪恒，省委副书记仇和，省委常委、省委秘书长、副省长曹建方，副省长孔垂柱，省政府秘书长丁绍祥。

会议宣读了《国务院关于乌蒙山片区区域发展与扶贫攻坚规划（2011—2020年）的批复》，介绍了《规划》的编制情况和主要内容。

回良玉指出，乌蒙山片区贫困面大、贫困程度深，贫困现象复杂、贫困类型综合，是扶贫攻坚难啃的一块“硬骨头”。加快乌蒙山片区经济社会发展不仅是增进当地人民福祉的迫切需要，也是推进西部大开发、促进全国区域协调可持续发展的战略选择。要认真组织实施规划，扎实推进各项工作。一要创新扶贫开发思路，通过区域发展和扶贫开发互促共进，最大程度地提高扶贫开发效果。二要始终坚持把保障和改善民生作为根本出发点和落脚点，突出重点任务，确保贫困群体尤其是深度贫困群体在规划实施中优先受益，努力提升产业发展、基础设施、生态环境、社会事业和公共服务水平，加快打通交通瓶颈，从根本上改变片区的落后面貌，提高贫困人口的自我发展能力。三要充分发挥毕节试验区的引领示范作用，探索贫困山区科学发展之路。四要抓紧建立乌蒙山片区跨省协调机制，把片区扶贫攻坚和跨省协同发展有机结合起来，打破行政分割，发挥比较优势，促进区域一体化协调发展。五要切实加强组织领导，落实各方责任，强化社会参与，以片区规划为平台，把各种力量更多地汇聚到乌蒙山片区的扶贫攻坚中来。

回良玉强调，将连片特困地区作为扶贫攻坚主战场，是新阶段扶贫工作整体布局的核心。必须抓紧研究新问题，及时总结新经验，努力探索新规律，不断提高片区扶贫开发工作水平。要抓紧完善片区工作机制，及时总结武陵山片区试点工作经验，加快完善组织协调、定点联系、监测评估等体制机制。要抓紧制定片区优惠政策，体现“雪中送炭、突出重点”的原则。要抓紧其他片区规划编制工作，力争到2012年年底前全面完成片区规划编制和启动工作。要以对党和人民高度负责的精神，坚决打好连片特困地区扶贫攻坚战，让贫困地区和贫困群众早日步入全面小康。

李纪恒在会上发言时说，乌蒙山片区区域发展与扶贫攻坚规划在昭通市正式启动实施，充分体现了党中央、国务院对乌蒙山片区各族群众的深切关怀。云南将认真贯彻落实党中央、国务院的决策部署，加强组织领导、强化规划引导，着力打好基础设施改善、优势产业培育、社会事业发展、生态修复“四个攻坚战”。同时，进一步创新扶贫工作的推进、投入和激励机制，进一步深化区域合作，全力以赴打好云南乌蒙山片区区域发展与扶贫攻坚战。

四川省、贵州省政府负责人就建设扶贫攻坚示范区、实现乌蒙山片区新跨越作了发言。

乌蒙山片区包括四川、贵州、云南3省毗邻地区的38个县（市、区）。其中，云南乌蒙山片区涉及昆明、曲靖、昭通、楚雄4个州（市）、15个县（市、区），有贫困人口470多万人，农民人均纯收入低于785元的深度贫困人口42．8万人。《乌蒙山片区区域发展与扶贫攻坚规划（2011—2020年）》明确提出，该片区的战略定位为“扶贫、生态与人口统筹发展创新区”、“国家重要能源基地”、“面向西南开放的重要通道”、“民族团结进步示范区”和“长江上游重要生态安全屏障”。

《规划》提出了两个阶段的发展目标：到2015年，实现贫困人口数量减半，初步形成有利于扶贫、生态与人口统筹发展的运行机制与体制。交通、水利等基础设施明显改善，能源、山地特色农业等产业加快发展，人口较快增长得到有效控制，基本公共服务水平明显提高，生存条件和生活水平显著改善，生态建设和环境保护取得明显成效。到2020年，与全国基本同步实现全面建设小康社会目标。《规划》立足片区实际，提出了功能分区和空间布局要求，提出了财政、税收、金融、投资、产业、土地、生态和资源补偿、帮扶等方面的具体政策。

（国务院扶贫办规划财务司）

秦巴山片区区域发展与扶贫攻坚启动实施

秦巴山片区区域发展与扶贫攻坚启动会2012年5月10日在秦巴山区腹地四川省广元市召开。中共中央政治局委员、国务院副总理、国务院扶贫开发领导小组组长回良玉强调，要认真贯彻中央关于扶贫开发工作的部署，加大投入力度，加强统筹协调，着力壮大特色优势产业，集中实施一批民生工程，大力改善生产生活条件，全面推进集中连片特困地区扶贫攻坚，尽快从根本上改变贫困地区落后面貌。要认真组织实施秦巴山片区区域发展与扶贫攻坚规划，围绕解决瓶颈制约和突出矛盾，每年办实、办成、办好几件大事，一步一步地把宏伟蓝图变为美好现实，真正造福贫困地区广大群众。

回良玉指出，秦巴山片区集革命老区、大型水库库区、汶川地震灾区、自然灾害易发多发区于一体，必须按照“区域发展带动扶贫开发、扶贫开发促进区域发展”的思路，集中力量推进这一片区的区域发展与扶贫攻坚。一要注重生态环境保护，巩固和扩大退耕还林成果，确保南水北调中线工程水源安全。二要有序推进移民搬迁，坚持群众自愿、因地制宜、科学规划，确保群众搬得出、搬得起，稳得住、能致富。三要加大劳动力培训力度，提高劳务品牌知名度，促进劳务输出由数量型向质量型、由自发性向组织化转变。四要做大特色优势产业，立足区域优势和资源条件，坚持以市场为导向，带动和帮助贫困农户增收脱贫。五要调动各方积极性，激发广大群众参与扶贫开发的热情。

回良玉强调，把集中连片特困地区作为扶贫攻坚主战场，是新阶段扶贫开发的重大创新和突出特点。各地区、各有关部门要抓紧编制其他片区规划，务必使片区扶贫攻坚见到实效。要充分发挥地方和联系单位两个积极性，片区内各级党委政府要认真贯彻落实党政一把手负总责的扶贫开发工作责任制，片区联系单位要认真履行沟通、协调、指导和推动的职责。要牢牢抓住规划引导和项目落地两大关键，建立规划目标责任制和实施管理机制。要切实加强普惠政策和特惠政策两大支撑，不断加大面向全部农村的强农惠农富农政策力度。要不断强化发奋求变和考核激励两大动力，确保扶贫开发目标、责任、成效“三落实”。

国务院已批复《秦巴山片区区域发展与扶贫攻坚规划（2011—2020年）》。秦巴山片区涉及河南、湖北、重庆、四川、陕西、甘肃6省（市）的17个市、80个县（市、区），在全国11个片区中涉及的省份最多、国土面积最大、内部差异最大。

四川省委书记刘奇葆在会上致辞。铁道部部长盛光祖主持启动会。

（国务院扶贫办规划财务司）

滇桂黔石漠化片区区域发展与扶贫攻坚启动实施

国务院扶贫开发领导小组2012年6月28日在贵州省黔西南布依族苗族自治州兴义市召开滇桂黔石漠化片区区域发展与扶贫攻坚启动会。中共中央政治局委员、国务院副总理、国务院扶贫开发领导小组组长回良玉强调，要认真贯彻落实中央关于扶贫开发工作部署和温家宝总理在武陵山片区扶贫攻坚座谈会上的重要讲话精神，凝心聚力打好集中连片特困地区扶贫攻坚战，下大力气解决制约发展的突出矛盾，着力保障和改善民生，努力提高扶贫开发的成效。要认真组织实施滇桂黔石漠化片区区域发展与扶贫攻坚规划，坚持扶贫开发和石漠化综合治理相结合，水利建设、生态建设和石漠化治理“三位一体”协同推进，走出一条石漠化地区经济社会发展、扶贫开发与生态建设良性互动的新路子。

回良玉指出，滇桂黔石漠化片区集老、少、边、穷于一体，贫困问题与石漠化问题交织，生态环境十分脆弱，是新一轮扶贫攻坚的“硬骨头”。片区各级政府和有关部门要准确把握该片区的区域特点和比较优势，认真落实规划确定的各项目标任务，按照“区域发展带动扶贫开发、扶贫开发促进区域发展”的思路，扎实有效地推进这一片区的扶贫攻坚。一要着力抓好片区内各级规划的编制和实施，切实加强规划引导，落实资金来源和项目安排。二要着力保障和改善民生，把解决人民群众最关心、最现实、最迫切的问题放在突出位置，确保贫困群体优先受益。三要着力加强水利建设和生态环境保护，加快推进石漠化综合治理，解决工程性缺水问题，大力恢复林草植被，探索石漠化综合治理和扶贫开发相结合的途径。四要着力发展特色优势产业，加快建设一批特色农产品生产基地，开拓一批旅游精品线路，打造一批具有鲜明地域特色、浓郁民族风情和强烈时代气息的文化产业，加强劳动力就业培训与服务，提升贫困地区的自我发展能力，多措并举促进农民增收致富。五要着力加强边境地区扶贫开发，在政策和资金方面给予特殊支持，大力加强边境地区基础设施建设，继续实施兴边富民行动。

回良玉强调，集中连片特困地区的扶贫攻坚，需要实行差别化重点扶持。要切实加大片区政策支持和投入力度，抓紧研究制定一批专门面向片区的、含金量高的、针对性强的特殊政策，抓紧完善财税、金融、土地、生态补偿、人才等政策的实施细则和配套措施。进一步加大对片区的资金投入，建立和完善片区内各县的基本财力保障制度，引导信贷资金和社会资金投向片区，加大社会帮扶力度。要着力完善片区工作机制，认真落实党政一把手负总责的扶贫开发工作责任制，强化各级扶贫开发领导小组的统筹协调、监督检查职能，发挥片区联系单位的协调、指导和推动的职责，形成片区扶贫攻坚的强大合力。要着力发挥片区干部群众主体作用，充分调动片区干部群众的主动性和创造性，增强片区发展的内在活力。

国务院已批复《滇桂黔石漠化片区区域发展与扶贫攻坚规划（2011—2020年)》。滇桂黔石漠化片区涉及广西、贵州、云南3省（区）的15个地（市、州)、91个县（区、市)，是全国14个片区中扶贫对象最多、少数民族人口最多、所辖县数最多、民族自治县最多的片区。

会议由水利部部长陈雷主持，贵州省委书记栗战书在会上致辞。国家民委主任杨晶、贵州省人民政府省长赵克志出席会议。国家发展改革委、国务院扶贫办、水利部、国家林业局和广西、贵州、云南省（区）人民政府、解放军总政治部负责同志在会上发言。

（国务院扶贫办规划财务司）

六盘山片区区域发展与扶贫攻坚启动实施

国务院扶贫开发领导小组2012年8月23日在甘肃省定西市召开六盘山片区区域发展与扶贫攻坚启动会。中共中央政治局委员、国务院副总理、国务院扶贫开发领导小组组长回良玉强调，要深入贯彻落实中央关于新阶段扶贫开发工作的决策部署，把连片特困地区作为扶贫攻坚主战场，加大政策和资金扶持力度，集中力量解决制约片区经济社会发展的瓶颈问题，使片区扶贫攻坚尽快见到实效。要认真组织实施六盘山片区区域发展与扶贫攻坚规划，以建设节水型社会为切入点，坚持扶贫开发和水利建设、生态建设、人力资源开发相结合，走出一条西北干旱地区脱贫致富的新路子。

回良玉指出，1982年开始实施的“三西”（河西、定西、西海固）地区扶贫开发，是我国扶贫开发史上第一个有计划、有组织、大规模的开发式扶贫行动。在党中央、国务院的亲切关怀下，在地方党委政府的坚强领导下，“三西”地区各族人民充分发扬“领导苦抓、社会苦帮、群众苦干”的“三苦精神”，大力推行“兴河西之利，济中部之贫”和“有水走水路、无水走旱路、水旱路不通另找出路”的方略，展开了一场历时30年的反贫困斗争，取得了巨大成就。目前，“三西”地区生态环境明显改观，生产生活条件显著改善，区域性支柱产业初步形成，社会事业不断进步，温饱问题基本解决，经济社会面貌发生了根本性的转变，改写了“一方水土养活不了一方人”的历史，为探索和拓宽中国特色扶贫开发道路作出了巨大贡献。

回良玉强调，以甘肃定西、宁夏西海固为核心，包括周边部分地区和陕西、青海部分毗邻地区在内的六盘山片区，区域发展和扶贫攻坚的任务仍很艰巨。各有关地区和部门要继续发扬“三西”精神，同心同力，真抓实干，一步一步地把规划落到实处。一要坚持不懈加强生态建设和治理，重点推进小流域综合治理和山、水、林（草）、田、路综合整治。二要全面加快各类基础设施建设，特别是要下大力气突破水利和交通两大瓶颈制约。三要扎实推进生态移民工程，统筹推进移民新村建设、产业培育、社会事业发展等各项工作，注重解决群众搬迁后的生产、生活出路问题。四要因地制宜发展特色优势产业，积极发展优质、高效、生态现代旱作节水农业，高水平建设一批循环经济基地，继续支持六盘山旅游扶贫试验区建设。五要大力实施教育扶贫工程，认真落实义务教育各项扶持政策，实施好“国家扶贫定向招生专项计划”、有力阻断贫困代际传递，加强实用技术和劳动力转移培训。六要强化跨省协调和合作，加强跨省重大基础设施项目、产业布局、经济协作等事项的衔接。七要加大部门支持力度，国家有关部门专项建设资金投入要向六盘山片区倾斜，列入行业规划的基础设施建设项目要优先审批和实施。

国务院已批复《六盘山片区区域发展与扶贫攻坚规划（2011—2020年）》。六盘山片区涉及陕西、甘肃、青海、宁夏4省（区）的15个地（市、州）、69个县（区、市），是连片特困地区中农民人均收入较低、贫困发生率较高的片区。

会议由交通运输部部长李盛霖主持，甘肃省委书记王三运、国家民委主任杨晶出席会议，甘肃省人民政府省长刘伟平在会上致辞，交通运输部党组书记杨传堂、解放军总政治部副主任贾廷安、国家发展改革委副主任杜鹰、国务院扶贫办主任范小建和陕西、甘肃、青海、宁夏省（区）人民政府负责同志在会上发言。

（国务院扶贫办规划财务司）

滇西边境片区区域发展与扶贫攻坚启动实施

国务院扶贫开发领导小组2012年12月3日在云南省普洱市召开滇西边境片区区域发展与扶贫攻坚启动会。中共中央政治局委员、国务院副总理、国务院扶贫开发领导小组组长回良玉强调，要深入学习贯彻党的十八大精神，认真落实中央关于新阶段扶贫开发的重大战略部署，加快推进片区跨越式发展和全面建设小康社会进程。要认真组织实施滇西边境片区区域发展与扶贫攻坚规划，坚持扶贫开发与建设面向西南开放重要桥头堡、兴边富民行动、扶持少数民族和民族地区发展等重大战略部署相结合，努力走出一条边境少数民族地区脱贫致富的新路子。

回良玉指出，滇西边境片区既是经济社会发展滞后的地区，又是具有独特区位和资源优势的地区。集中力量推进该片区区域发展与扶贫攻坚，对于促进各族群众共同富裕与边疆和谐稳定、加强生态建设和环境保护，都具有极其重要的意义。要努力将滇西边境片区建设成为我国面向西南开放重要门户、国际知名旅游目的地、重要的生物多样性宝库和西南生态安全屏障、边境稳定和民族团结模范区、人力资源开发扶贫示范区。

回良玉强调，要按照“区域发展带动扶贫开发，扶贫开发促进区域发展”的基本思路，突出重点领域，抓住关键环节，确保规划有效落实。一要着力抓好基础设施建设，加快构建比较完善的综合交通体系和保障有力的水利电力工程体系。二要着力加强生态建设和环境保护，促进经济社会发展与资源环境保护相协调。三要着力发展特色优势产业，加快建设西部地区重要的外向型特色优势产业基地和清洁能源基地，做大做强有色金属产业，大力打造特色旅游品牌。四要着力保障和改善民生，解决好群众的住房、出行、饮水、就医、上学等困难问题。五要着力实施人力资源开发扶贫，积极发展各级各类教育机构，因地制宜地开展实用技术和劳动力转移就业培训，加快提高人口素质和就业能力。

回良玉强调，对滇西边境片区的区域发展与扶贫攻坚要予以重点扶持。要加大对片区政策支持和投入力度，抓紧完善财税、金融、土地、资源补偿和收益分配等政策的实施细则和配套措施，增加中央和省级财政对片区县的投入，有关专项建设资金和工程项目要重点投向片区县。要积极创新社会帮扶实现形式，努力做到帮扶到乡、工作到村，鼓励各类企业和社会组织积极支持片区发展。要着力完善片区工作机制，抓紧建立省内协调机制，发挥联系单位的协调、指导和推动职责，形成共同支持片区扶贫攻坚的强大合力。

国务院已批复《滇西边境片区区域发展与扶贫攻坚规划（2011—2020年）》。滇西边境片区国土面积20.9万平方千米、人口1751万，分别占云南全省的53%和38%。

会议由教育部部长袁贵仁主持，云南省委书记秦光荣在会上致辞，云南省人民政府省长李纪恒、国家发展改革委副主任杜鹰、国务院扶贫办主任范小建在会上发言。会议期间还举行了东部10个职教集团与滇西10州市战略合作签字仪式。滇西开发网同时启动。

（国务院扶贫办规划财务司）

四

地方扶贫篇

河北省扶贫开发

【概述】 2012年，河北省深入贯彻落实中央扶贫开发工作会议和《中国农村扶贫开发纲要（2011—2020年）》精神，全面部署和推进新十年特别是“十二五”扶贫开发工作，按照省委、省政府“举全省之力打好扶贫开发攻坚战”的安排部署，统筹谋划、精心组织，加大投入、强力推进、扎实工作、狠抓落实，扶贫攻坚工作呈现出前所未有的好局面。2012年，各级共投入各类资金210亿元，其中财政扶贫资金11.17亿元（中央下达河北省财政扶贫资金8.47亿元，省投入财政扶贫资金2.7亿元），扶贫贷款贴息资金9450万元，整合行业部门资金、争取信贷资金及群众自筹、社会捐助等198.3亿元。全面启动了3277个重点贫困村的整村推进工作，重点扶持了10万个扶贫增收脱贫示范户，发展以设施种养业为重点的稳定增收项目，发挥了示范带动和“领头羊”作用。

河北省扶贫开发工作虽然取得了明显成效，但扶贫开发的任务依然艰巨，特别是随着扶贫标准的大幅度提高、扶贫内涵的进一步深化，工作中还存在一些突出困难和问题，集中表现在：一是贫困人口数量较多，脱贫难度加大。按照国家2300元的新扶贫标准，到2011年底，河北省有农村贫困人口795万，其中扶贫对象561万人，占农村户籍人口的10.1%。特别是全省62个扶贫开发片区县和重点县、3277个列入“十二五”扶贫开发整村推进规划的重点村，大多分布在张承地区、燕山—太行山深山区和黑龙港流域，这些地方自然条件差、基础设施弱、社会发展程度低，脱贫难度大，是扶贫攻坚的“硬骨头”。尤其是环北京地区，作为首都的重要生态屏障和水源地，大多数地方都是国家限制开发区域，许多生产项目明令禁止，经济发展缓慢，“低收入、高物价”的特点十分明显，相对贫困非常突出。二是扶贫资金投入不足，缺口较大。全省扶贫开发工作会议召开后，各地抢抓机遇，加快发展，谋划和实施了一批产业发展和基础设施建设项目，资金投入需求大，普遍感到建设资金严重不足。资金紧缺是当前扶贫攻坚面临的最大“瓶颈”。三是部分县遭受历史罕见的洪涝灾害，一些在建的产业扶贫项目和基础设施建设损毁严重，受灾面之大、损失之重前所未有，给扶贫攻坚工作增加了新的难度。

【扶贫开发工作会议】 2012年2月

29 日—3 月 1 日，河北省委、省政府在保定市涞水县召开全省扶贫开发暨环首都扶贫攻坚示范区建设工作会议，印发了《中共河北省委、河北省人民政府关于贯彻落实〈中国农村扶贫开发纲要（2011—2020年）〉的实施意见》，对新十年扶贫开发工作作出了全面部署：确定了扶贫开发片区县和重点县。全省确定了 62 个扶贫开发片区县和重点县，其中国家连片特困地区县 22 个、国家扶贫开发工作重点县 23 个、省扶贫开发工作重点县 17 个，此外，还有涉县、宽城和肃宁 3 个“十二五”期间继续扶持的县。片区县和重点县是河北省新十年扶贫开发的主要工作范围。按照“确实贫困、成方连片、相对集中、村级班子战斗力强”的原则，确定了 3277 个贫困程度较重、贫困人口相对集中的村庄，作为实施“十二五”扶贫开发整村推进规划的重点村予以扶持。确定了农村贫困人口 795 万，其中扶贫对象 561 万人。

【扶贫资金投入】 2012 年，中央共下达财政扶贫资金 8.47 亿元，其中安排彩票公益金 6000 万元，支持滦平、涞源、武强、广宗 4 个革命老区县开展整村推进试点。省财政预算安排配套扶贫资金 2.7 亿元，比 2011 年增加了 1 倍。有关市及扶贫开发工作重点县认真落实省委、省政府关于“市、县从 2012 年起每年拿出地方公共财政预算收入的 1% 专项用于扶贫开发”的规定，切实加大了本级扶贫资金投入。

【连片特困地区扶贫攻坚】 进入新阶段，国家将河北 22 个县纳入了燕山—太行山集中连片特困地区，省委、省政府将黑龙港干旱盐碱区的 20 个县确定为省集中连片特困地区。加大投入，扎实推进片区扶贫攻坚工作。一是在中央新增扶贫资金集中向国家连片特困地区县倾斜的同时，省财政对全省 40 个国家扶贫开发工作重点县实行了省级分享增值税、营业税、企业所得税“核定基数、超收全返、一定四年”的激励性财政体制政策。二是按照国家部署，结合河北实际，组织有关市县编制了燕山—太行山区、黑龙港流域干旱盐碱区区域发展与扶贫攻坚规划。其中，燕山—太行山集中连片特困地区区域发展与扶贫攻坚规划已经国务院批复，据此制定实施规划；黑龙港片区区域发展与扶贫攻坚规划已经省政府常务会议审议同意下发实施。

【环首都扶贫攻坚示范区建设】 为切实推动新阶段扶贫攻坚工作，河北省委、省政府决定将邻近首都的涞水、易县、涞源、赤城、蔚县、沽源、丰宁、滦平、兴隆 9 个县作为环首都扶贫攻坚示范区，调动多方力量，实施扶贫攻坚，发挥示范作用，力求通过 3 年努力，打造一道展示扶贫开发成果的亮丽风景线。为此，河北省扶贫办专门成立了环首都扶贫攻坚示范区建设服务办公室，加强协调指导，推动工作开展：一是省市县村组织编制了环首都扶贫攻坚示范区扶贫攻坚规划。二是加大财政扶贫资金支付。在省财政配套资金重点向环首都扶贫攻坚示范区县倾斜的同时，省财政安排4.5亿元均衡性转移支付资金，支持示范区各县建立信贷担保平台，累计向龙头企业和农户发放贷款4亿多元。神华公益基金会捐赠河北省的3000万元扶贫资金，全部安排到环首都扶贫攻坚示范区的涞水、赤城、丰宁、滦平4个重点县，每县安排750万元用于改善贫困村的交通条件，项目基本实施完毕。三是省直相关部门充分发挥职能作用，出台了一系列支持环首都扶贫攻坚示范区建设的政策措施。张家口、承德和保定3市9县把扶贫攻坚摆在突出位置，主要领导亲自谋划部署，亲自协调推动，明确任务目标，加大资金投入，强化攻坚措施，确保了示范区建设的扎实推进。2012年环首都扶贫攻坚示范区建设共投入资金104.4亿元，建设各类设施大棚2.9万个，种植中药材2.8万亩、林果121.2万亩，建成规模养殖场933个；打井1288眼，修路1525千米；培育发展产业化扶贫龙头企业94家。一大批兴县富民项目相继实施，为加快发展、增加群众收入奠定了坚实基础。

【整村推进】 全面启动对3277个扶贫开发重点村的扶持工作。“十二五”期间，计划每个贫困村平均投入财政专项扶贫资金不低于100万元，加上整合资金、社会资金、信贷资金、群众自筹等投入达到300万元以上，到2015年，使列入规划的3277个重点村全部达到脱贫致富“十二有”标准（即：1. 有群众信任、团结干事的村两委班子；2. 有脱贫致富的好路子；3. 有村庄建设规划；4. 有入村公路；5. 有安全卫生的饮用水；6. 有进村入户的通电条件；7. 有广播电视；8. 有电话线路或信号覆盖；9. 有学校（含联办）；10. 有合格的两委办公室；11. 有医务室；12. 有文体活动场所）。指导各重点村逐村建立扶贫档案，编制扶贫开发规划并组织实施。

【产业扶贫】 2012年，河北继续加大投入，重点支持10万个贫困家庭建设了稳定的增收脱贫项目，共投入产业扶贫资金6.39亿元。其中，投入2.49亿元，用于发展设施蔬菜产业及张杂谷、中草药、裸地菜等特色增收项目；投入3.51亿元用于发展设施养殖；投入3898万元，栽植核桃等各类林果64万亩。用于建设增收项目的资金占财政扶贫资金的75%。黑龙港地区“富民大菜篮”工程、太行山以优质核桃为主的干鲜果品产业带、燕山地区食用菌产业群、张承坝上地区节水错季蔬菜以及黑龙港流域部分县的肉鸡肉鸭养殖等已成为当地重要的增收产业。同时，各地还引进和发展了一批肉鸡肉鸭加工、奶业加工、蔬菜保鲜加工等龙头项目，“龙头+合作社+小区+农户”的产业发展模式进一步巩固和完善。

【社会扶贫】 组织141个机关团体、124家企事业单位、82所大专院校、62个经济实力较强的县（市、区）开展了新一轮定点扶贫工作，直接帮扶了62个重点县的716个贫困村。市县也都安排了本级帮扶单位和帮扶干部，实现了贫困村帮扶全覆盖；38名省级领导落实了扶贫联系县和联系村，绝大多数省领导都到扶贫联系点进行了调研和指导工作。积极协调中直单位和部队做好帮扶工作。共有32个中直单位在河北省帮扶，覆盖了40个国定重点县，2012年共投入帮扶资金8379万元。同时，启动了驻冀部队的定点扶贫工作。

【扶贫培训】 与省委党校联合举办了河北省党政领导干部扶贫专题研讨班，对全省62个扶贫开发重点县党政分管领导及11个市扶贫办主任进行了培训。2012年全省各级共举办各类干部培训班683期，培训各类对象1.9万人次，其中培训乡村干部和专业合作社负责人1.2万人次。组织帮扶干部培训班63期，培训1800人次。组织农村实用技术培训12万人次；组织培训贫困青年劳动力2.3万人。

【科教扶贫】 2012年，共组织科技人员1680人到扶贫点开展科教扶贫工作，推广农业新技术158项、推广应用种养新品种88个、转化科技成果179项，举办科技培训班381期，培训农民5万余人次，产生经济效益1亿多元。

【易地扶贫搬迁】 河北省政府印发了《河北省易地扶贫搬迁规划（2012—2015年)》，计划"十二五"期间对太行山区和燕山山区生存条件恶劣、生活资料匮乏、生产条件艰苦的特困村及特困人口继续实行易地扶贫搬迁，通过建设集中安置小区，从根本上改善特困群众生产生活条件。

【雨露计划】 2012年，对武强、顺平、灵寿、广宗、围场满族蒙古族自治县5个试点县的6000多个贫困家庭的子女参加职业教育给予了补贴，每人每学年补贴1500元；经国务院扶贫办批准，新增蔚县为雨露计划实施方式改革试点县。

【村级互助资金试点】 2012年，国家奖励河北省扶贫互助金试点资金200万元，通过竞争确定张北、故城、武邑、巨鹿4个县为中央互助资金试点县；省安排试点资金810万元，竞争确定魏县、阜城、崇礼、临城、怀安、涞水、枣强、易县、滦平9个县为省级互助金试点县。全省互助金试点村达到1161个，为帮助群众发展生产发挥了重要任用。2012年，通过规范提升，全省有895个互助社在民政部门注册，注册率达到77.1%，累计发放借款3.47亿元。

【小额信贷扶贫】 在中国扶贫基金会的支持下，大名、巨鹿、武强、盐山、南皮、曲阳、赤城、丰宁、宽城、兴隆、隆化11个县被确定为小额信贷扶贫项目试点县。此前，河北省已有怀安、尚义、武邑、万全、平泉、承德县、涞源、顺平、唐县、阜城、围场、滦平、青龙、献县、海兴、丰宁16个县相继建立了小额信贷农户自立服务社。河北省开展小额信贷扶贫项目试点县共计27个，成为全国沿海省份中小额信贷扶贫项目试点县最多的省份。

【抗灾救助扶贫】 2012年7月21—22日，涞水、涞源、易县、兴隆等环首都扶贫攻坚示范区县遭受特大洪涝灾害，造成了重大经济损失。按照省委、省政府安排部署，省扶贫办积极参与救灾工作，先后协调财政部门为受灾严重的涞水等 4 个县下拨扶贫救灾资金 1000 万元，用于灾后扶贫项目恢复重建工作，促进了灾后重建工作的顺利开展。

【基层建设年活动】 参与省委基层建设年活动，发动机关干部捐款 3.16 万元，为帮扶村小学购置桌椅 153 套；安排扶贫资金 6000 万元，用于帮助列入“十二五”扶贫规划的 922 个下基层帮扶村硬化街道，改善群众的生活条件。同时，派出由厅级领导带队的驻村工作组，深入滦平县三道沟村开展驻村帮扶工作，共整合投入各类建设资金 3200 万元，重点推进了产业培育、基础设施建设、移民搬迁等 28 个项目，为帮扶村实现“群众增收、民生改善、生态改观、民风文明”的目标打下了坚实基础。

（河北省扶贫办）

山西省扶贫开发

【概述】 2012年，山西省认真贯彻落实中央扶贫开发工作会议精神和省委、省政府实现转型跨越发展的决策部署，围绕促进贫困农民增收的目标，加大力度、创新思路、完善政策、强化举措，全力推动扶贫开发取得新进展，40万贫困人口实现脱贫。包括列入国家集中连片特困地区的大同县在内的58个贫困县农民人均纯收入达到4841.36元，比2011年增长19.8%，其中35个国家扶贫开发工作重点县农民人均纯收入达到3685.9元，比2011年增长17.8%，两项增幅连续3年超过全省平均水平，当年超出幅度分别达到6.3个和4.3个百分点。

【扶贫资金管理】 2012年，共投入财政扶贫资金15.46亿元。其中，中央财政扶贫资金10.35亿元，省级财政扶贫资金5.11亿元，分别比2011年增长27.5%和36.3%。在资金使用管理中，坚持把瞄准扶贫对象作为安排资金项目的首要原则，把贫困人口增收作为考核工作实绩的硬性指标，严格执行扶贫资金项目管理办法，认真落实项目公示、资金报账、工程验收和绩效保证金制度，定期检查监督、跟踪问效，确保扶贫资金安全运行和扶贫项目发挥效益。在国家财政扶贫资金绩效考评中被评为B级，并获得1200万元财政扶贫资金奖励。

【扶贫规划】 按照《中国农村扶贫开发纲要（2011—2020年）》的总体要求和山西省转型跨越发展的战略部署，在深入调研和广泛征求各级各部门意见的基础上，编制完成了《山西省2011—2020年农村扶贫开发总体规划》。

根据国家新一轮扶贫攻坚的总体安排，在对口联系单位工信部和卫生部的协调指导下，按照“区域发展带动扶贫开发、扶贫开发促进区域发展”的基本思路，组织省直有关部门和相关市、县，分别编制完成了燕山—太行山、吕梁山两大连片特困地区区域发展和扶贫攻坚规划。规划着眼于彻底改变两大区域落后面貌，瞄准制约区域发展的瓶颈问题，提出重点基础设施、产业发展、生产生活条件改善、公共服务、农村人力资源开发、生态建设和环境保护等7大类8000多个项目。

【连片特困地区扶贫攻坚试点】 山西省安排专项扶贫资金2亿元，在太行、吕梁两大集中连片特困地区选择临县、大宁、岢岚、五台、天镇5个县作为试点县，同时依托试点县辐射周边县组成3个示范片，启动实施连片特困地区扶贫攻坚试点工作。以在试点示范区每县选择3—5个集中连片的贫困乡镇，制定实施产业开发为核心的扶贫攻坚3年试点规划，为大规模实施连片特困地区扶贫攻坚探索路子，作出示范。截至2012年底，试点规划全部批复，一半以上项目启动实施。

【干部住村包村增收活动】 2012年，山西省先后召开省直机关和市县乡领导干部包村增收活动推进会，进一步促进各级包村增收领导干部以加快发展“一村一品”为核心任务，发挥行业部门优势，扶持6010个包扶村发展增收产业。包扶村农民人均纯收入在2011年增长23.9%的基础上，继续保持20%以上的增长势头。

【集中连片贫困村扶贫】 瞄准集中连片贫困村，在完成2010年启动实施的15个片区开发项目竣工验收、扎实推进2011年启动实施的17个片区开发项目工程建设的同时，投入省级财政扶贫资金2.4亿元，新启动实施11个片区扶贫开发项目，扶持11个贫困县、44个乡镇、365个贫困村，发展设施农业、特色种养业和核桃等经济林为主的优势产业。截至2012年底，当年启动的11个项目工程建设总进度完成了79.6%。加上已经实施的国家连片开发试点项目，山西省实施片区开发项目达到52个，覆盖绝大多数的贫困县。

【易地扶贫搬迁】 山西省政府出台《关于加快推进易地扶贫搬迁工作的意见》，提出要按照易地扶贫搬迁与产业开发、城镇化建设、旧村开发利用和完善社会保障“四个结合”原则，加大力度推进易地扶贫搬迁。2012年，全省年度易地扶贫搬迁规模由往年5万人扩大到10万人，省级补助资金从2.5亿元增加到5亿元。同时，为有效解决搬迁用地和减轻群众负担，在11个县开展了利用土地增减挂钩政策推进易地扶贫搬迁试点工作。截至2012年底，10万人的易地扶贫搬迁工程主体完工率达到75.6%，上年滚动入住率达到75.4%。

【整村推进】 采取“一次规划、两年实施”的办法，继续抓好2011年确定的620个整村推进项目建设，2012年新扶持214个贫困村，以“一村一品”为核心，实施以培育特色优势产业、改善生产生活条件、增强自我发展能力为主要内容的整村推进规划。截至2012年底，有165个村项目开工建设，工程实施总进度达到82%。同时，利用中央彩票公益金扶持左权、偏关、五台和代县4个县、40个村的整村推进项目均已全部开工建设。

【科教扶贫】 依托117个“雨露计划”培训基地，针对农村贫困家庭初、高中毕业后未升学的“两后生”，实施外出就业技能、技能提升、劳动力预备制和创业分类培训了5万人次。围绕特色优势产业开发，采取农业实用技术培训、科技项目示范和新技术推广等方式，瞄准在乡务农的青壮年劳动力，开展科技培训7万人次。采取提前下达资金使用计划、资助对象网上公示、加强督导检查和社会监督等措施，新资助贫困大学生900名、中职生1645名、高中生2000名，受益贫困生累计达到19046人。

【扶贫龙头企业贷款贴息】 2012年，为22家国家扶贫龙头企业的4.95亿元贷款，安排下达贴息资金828万元，辐射带动2.6万贫困农户生产增收。同时，分别在广灵县和壶关县召开南、北两片扶贫龙头企业带动贫困户生产增收现场会，制定《关于推进特色农产品产业支撑项目建设的指导意见》，评审确定173个贫困地区特色农产品产业战略支撑项目，采取贴息方式给予支持。

【机关定点扶贫】 省市县3级共抽调22689名机关干部，组成第24批省委农村工作队，深入92个县的11657个贫困村开展定点扶贫。各级工作队以促进农民增收为核心，进一步将帮扶重点转向产业开发，2012年共筹集帮扶资金31.86亿元，新上项目6468个，其中省级工作队投入帮扶资金8.69亿元，新上项目414个。

【外资扶贫】 继续推进以发展良种畜禽养殖、建设特色经济作物基地和温室大棚、实施旱作农业工程、扶持农产品加工企业，辐射带动项目区农户生产增收的亚行贷款山西河川流域农业综合开发项目建设。2012年，除进行项目中期调整外，完成提款报账1972.75万美元，项目建设投资2.12亿元。

【扶贫调研】 围绕山西省实现“十二五”农民收入翻番目标，在广泛开展扶贫开发大调研和演讲汇报活动的同时，配合省人大、省政协完成扶贫开发工作专题调研，并分别向省十一届人大常委会三十一次会议和省政协十届二十八次常委会议进行专题汇报，提出一系列推进扶贫开发、促进农民增收的政策建议。采取进村入户、问卷调查、座谈走访和实地调研等方式，在太行、吕梁两大特困区域内的16个国家扶贫开发工作重点县选择48个贫困村、480个贫困户开展贫困地区千村万户专题调研活动。

【扶贫宣传】 围绕省委、省政府打好新一轮扶贫攻坚战的决策部署，以《山西日报》为载体，开辟专门栏目，组织开展“贫困山区记者行”系列报道。利用中国国际扶贫中心举办的“发展中国家农村发展与减贫官员培训班”到山西考察学习时机，对全省扶贫开发经验做法进行广泛宣传，进一步打开了全社会关心支持山西省扶贫开发的局面，连续被国务院扶贫办评为扶贫宣传先进单位。

【扶贫干部队伍建设】 2012年，组织扶贫干部参加党校和有关部门举办的各类培训58人次，并组织39名干部职工在清华大学举办干部能力素质提升培训班，还安排了38名干部参加山西干部在线学院学习，人均学习超过176课时，参学率达到100%。邀请省委党校教授围绕“保持党员纯洁性教育”活动进行专题辅导，组织扶贫干部赴山东枣庄、微山湖等地接受革命传统教育。同时，制定出台山西省扶贫系统政风行风建设八项制度，开展走进电台参加“政风行风”直播节目，深入基层举办全省扶贫系统民主评议政风行风对话会等活动，进一步提升全省扶贫系统干部能力素质，增强为民服务意识。

（山西省扶贫办）

内蒙古自治区扶贫开发

【扶贫资金投入】 2012年，中央财政专项扶贫在内蒙古自治区共投入资金8亿元，比2011年增加8626万元；自治区本级财政扶贫投入10亿元，比2011年增加8亿元，增幅位居全国第一；盟市、旗县投入的财政扶贫资金和整合部门涉农、涉牧的资金集中投向重点贫困乡村。全区用于扶贫攻坚资金投入达到76亿元。

【连片特困地区扶贫攻坚】 2012年，国务院审议批复内蒙古自治区编制的大安岭南麓、燕山—太行山（内蒙古部分）两个集中连片特困地区和特殊类型地区区域发展与扶贫攻坚规划。通过加大投入，推进连片特困地区扶贫攻坚。为贫困人口集中的兴安盟、通辽市、赤峰市、乌兰察布市各投入财政专项资金1亿元，加上配套和整合资金，总投入19亿元，实施了26个特困地区连片开发项目，覆盖25个旗县、94个苏木镇、396个嘎查村、33万人，14.8万贫困人口实现脱贫致富。

【整村推进】 重点启动417个嘎查村整村推进扶持工作，总投资25.7亿元。其中，中央财政扶贫资金4.2亿元，内蒙古自治区投入1.8亿元，盟市、旗县财政配套1.08亿元，部门整合资金14.03亿元，群众自投和其他资金4.58亿元，在417个重点嘎查村实施，项目覆盖22万贫困人口，确保15.2万贫困人口实现脱贫。另外，投入2000万元对38个贫困嘎查村实施“一村一品”革命老区产业发展项目，投入财政扶贫资金2700万元在8个革命老区乡镇实施整乡推进项目，投入600万元对莫力达瓦、鄂温克、鄂伦春3个少数民族自治旗的8个村，争取中央彩票公益金1500万元在宁城县进行整村推进项目试点，主要从种植业、养殖业及基础设施建设等方面进行扶持，项目覆盖1.5万户、4.9万人，人均增收1669元，减贫2.6万人。

【易地扶贫搬迁】 投入资金10.15亿元，其中内蒙古自治区财政扶贫资金3亿元，完成第7期（2011—2012年）1.77万人的移民搬迁任务；启动第8期扶贫移民项目，总投入9.6亿元，计划总建筑面积55.7万平方米，搬迁入住8160户、2.69万人。

【产业扶贫】 投入财政扶贫资金1亿元，在160个贫困嘎查村开展产业化扶贫项目，直接带动1万农牧户发展生产，扶持1.4万贫困人口实现脱贫致富，农牧民人均从产业化经营中增收1000元以上。重新认定国家和自治区级扶贫龙头企业217家。2012年，各类扶贫项目共覆盖2061个贫困嘎查村，共扶持17.2万贫困户、69万贫困人口，稳定解决了35.8万贫困人口的温饱问题，扶持的贫困人口当年平均增加纯收入812元，增收17%。

【村级互助资金试点】 下达7200万元扶贫资金，在362个重点嘎查村建立村级“扶贫互助资金合作社”，每个试点嘎查村平均投入20万元，共发放互助资金1.1亿元，扶持2.75万户发展生产，贫困农户以股金的形式成为会员，每户可低息贷款3000—5000元，解决了贫困户生产资金短缺的实际困难。

【雨露计划】 安排1400万元用于贫困地区职业技能培训，扶持了1.4万人，实现就业务工1.2万人；安排800万元用于贫困人口的农牧业实用技术培训，培训1.6万贫困农牧民。下达“雨露计划”试点项目资金1275万元，覆盖赤峰、通辽、乌兰察布、包头4个市5个旗县，有1.6万人享受国家给予的每人1500元的学习补贴。

【金融扶贫】 联合中国人民银行呼和浩特中心支行、内蒙古银监局、保监局、证监局下发《金融支持内蒙古自治区扶贫扶困工作指导意见》。安排扶贫贷款贴息专项资金1000万元，为20家扶贫龙头企业贴息贷款，带动企业贷款3.3亿元，项目辐射带动贫困农牧民近10万人。安排扶贫贷款贴息专项资金1000万元，为7000户贫困农牧民进行贷款贴息，缓解了企业和贫困农牧民的还贷压力。

【小额信贷扶贫】 与中国扶贫基金会合作，在9个旗县新启动小额信贷扶贫到户项目。2012年，启动试点项目的库伦旗、兴和县，预计放款1.428亿元，当年放款4550万元，贷款农牧户5170户，单笔贷款平均8800元，到期还款率100%，贷款农牧民户均增收4000元。

【扶贫立法】 《内蒙古自治区农村牧区扶贫开发条例》于2012年11月29日，经自治区十一届人大常委会第三十二次会议审议通过，自2013年1月起正式施行，内蒙古扶贫开发步入法制化轨道。《条例》共设六章五十条，对扶贫标准、对象、范围、措施、项目与资金管理、法律责任等作了明确规定，实施期限与《中国农村扶贫开发纲要（2011—2020年）》一致。

【合作协议框架】 2012年9月8日，内蒙古自治区政府与国务院扶贫办签署了《关于加快推进内蒙古扶贫攻坚进程的合作协议》。根据协议，国务院扶贫办将加强对内蒙古扶贫开发工作的指导、协调和支持，加大中央财政扶贫资金投入力度，支持内蒙古开展人口较少民族、牧区、边境地区扶贫开发试点项目和集中连片特困地区扶贫开发、整村推进扶贫开发和易地移民搬迁“三大工程”，集中实施一批产业、就业、教育、卫生、文化和社会保障等民生工程，培育一批特色优势产业，加快贫困地区重要基础设施建设步伐，加强生态建设和环境保护，继续支持革命老区扶贫开发试点工作，在信贷扶贫资金计划安排、国家扶贫龙头企业审批等方面给予支持，优先推荐实施外资扶贫项目，积极协调国家政策性金融机构开展金融扶贫合作，组织动员中央国家机关、国有大中型企业定点帮扶内蒙古，力争实现对国家扶贫开发工作重点县和连片特困地区的全覆盖，积极引导社会公益组织、民营企业参与内蒙古的扶贫开发。双方还将建立合作机制，加强信息沟通和经常性工作联系，推动协议落实。

【扶贫工作考核】 印发了《内蒙古自治区扶贫开发工作考核办法》，将考核结果作为资金分配和对盟市和部门领导班子综合考评的重要内容。依据《考核办法》，从5个方面22项内容入手，对所属盟市2011年度扶贫工作开展综合考评评估，投入2000万元，对4个盟市20个旗县绩效考评获先进的单位给予奖励。在2011年扶贫开发工作考核中，内蒙古自治区被国务院扶贫开发领导小组通报表彰为“扶贫开发工作A级省”，被国务院扶贫办、财政部通报表彰为“全国2011年财政专项扶贫资金绩效考评工作B级省”，获1200万元奖励。

【扶贫调研与宣传】 组织开展了扶贫开发“千村万户”调研活动，撰写的调研报告获“全国扶贫调研报告优秀奖”；开展了扶贫贷款贴息项目和特困地区连片开发调研，在《内蒙古工作》、《内蒙古扶贫》等刊物上共发表5篇调研文章。在国家级各类报刊、网站刊发宣传稿196篇（条），在《中国扶贫》、《扶贫开发》杂志刊稿5篇。在省级新闻媒体发稿280篇（次），其中，《内蒙古日报》头版头条3篇、《北方新报》头版头条5篇。还开展了扶贫专题宣传活动3项，在《内蒙古日报（蒙汉）》刊出扶贫攻坚专版3期；和内蒙古电视台共同完成政论片《新跨跃》之四——扶贫篇《协调发展》；与内蒙古人民广播电台联合举办了“情暖草原——扶贫帮困在行动”大型系列采访活动。自治区扶贫办和1名个人分别被国务院扶贫开发领导小组授予“2012年度全国扶贫宣传先进单位和先进个人”荣誉称号。

【扶贫统计监测培训】 完成2011年贫困统计基期贫困调查工作和2011年扶贫统计调查工作。2012年共举办各类培训班15期，培训1957人次，选派96人参加国务院扶贫办和中国扶贫开发协会组织的培训；2012年自治区本级培训2053人次；各盟市举办培训班96期，共培训5613人次。

【项目资金监管】 进一步加强项目的前期调研，开展评审论证工作，科学合理地确定扶贫项目。项目资金做到了早安排早下达早见效。扶贫资金分配依据因素分配法，突出重点，公开公平。加强督查检查，年中和年末派出督促调研工作组，对12个盟市2011年度扶贫工作进行综合考评，对4个盟市20个旗县绩效考评获先进的单位给予奖励。进一步规范公示公告制，实行扶贫项目监督员制度，完善专项监督、社会监督和群众监督相结合的扶贫开发监管体系。

【建档立卡】 坚持扶贫开发与最低生活保障“双轮驱动”，全面完成266.6万元扶贫对象的识别和建档立卡工作，实行“一卡、两落实、三到户”（建档立卡，规划、责任落实，项目、资金、帮扶到户）工作机制，使扶贫工作瞄准扶贫对象。在41个旗县启动农村牧区两项制度有效衔接工作，做到扶贫对象和低保对象应扶尽扶、应保尽保。

【社会扶贫】 京蒙对口帮扶由原来帮扶8个盟市，调整为重点帮扶乌兰察布市和赤峰市。北京市财政帮扶资金增加到每年8000万元，合作项目115个，投资190亿元，对乌兰察布和赤峰两市的辐射带动作用明显增强。鄂尔多斯市对口支援兴安盟，开工建设项目19个，总投资314亿元。自治区工商联、经信委、国资委分别动员百户企业对口帮扶通辽市、锡林郭勒盟、大青山3个贫困片区，已达成项目合作意向100多项，总投资166亿元。自治区137个直属厅局定点帮扶兴安盟和呼伦贝尔市人口较少民族，实施项目1000多个，投入资金1亿元。争取到27个中央国家机关、企事业单位，对内蒙古31个国家扶贫开发工作重点旗县开展新一轮定点帮扶工作，实现定点帮扶全覆盖。自治区党委、政府组织开展“万名党员干部下基层转作风办实事”活动，全区参加帮扶的各级党政机关、企事业单位达1万多家，驻村蹲点干部超过1.5万人。启动的贫困家庭学生就业促进计划，吸纳了一大批贫困家庭学生就业。

（内蒙古自治区扶贫办　高凤义）

辽宁省扶贫开发

【概述】 2012年，辽宁省继续把扶贫开发作为全省重点民生工程，目标是对128万农村低收入群体进行重点扶持，确保年底收入达到2200元以上。按照省委、省政府部署，全省通过开展到户扶贫、移民扶贫、贫困劳动力技能培训、扶贫龙头企业带动、定点扶贫、小额信贷扶贫等措施，努力促进贫困人口增收。到年底，全省128万农村低收入群体人均纯收入达到2258元，完成了省委、省政府确定的扶贫工作目标。

【扶贫资金投入】 2012年，辽宁省财政扶贫资金投入总额为5.73亿元，其中中央财政扶贫资金4069万元；省财政扶贫资金2.52亿元，比2011年增加2000万元；市、县财政扶贫资金2.81亿元，比2011年增加45.7%。财政扶贫资金用于项目到户扶贫3.28亿元，占财政扶贫资金总额的57%；贫困劳动力转移培训4022万元；移民扶贫7612万元，扶贫龙头企业贷款贴息1130万元。

【到户扶贫】 2012年，辽宁省深化整村推进扶贫，以村为平台，大力开展到户扶贫工作，确保工作到村、项目到户，受益贫困户23.8万户、61.9万人。省安排到户扶贫专项资金对贫困户进行重点扶持，每户补助项目资金2000元，其中重点县每户省投入1000元，市、县各投入500元；非重点县每户省投入500元，市投入1000元，县投入500元。项目到户扶贫实际投入项目资金11.03亿元，整合行业部门资金6.14亿元，其他资金2.32亿元。覆盖2063个行政村，实施种植业、养殖业、林果业、特产业及基础设施等扶贫开发项目1195个，其中种植业项目444个，养殖业项目425个，林果业项目147个，其他项目179个。

【移民扶贫】 2012年，辽宁省完成移民扶贫3733户、11022人。全省共投入移民扶贫资金7612万元，其中各级财政资金4950万元。对每个移民户建房补助2.5万元，其中省财政每户补助1.5万元，市、县每户财政补助1万元。移民扶贫指标重点安排在辽东和辽西贫困山区。全省对移民户实行实名制档案管理，登记户主姓名、家庭人口、家庭年纯收入、原居住地址（乡、村、组）及旧房照片、迁入地址（乡、村、组）及新房照片、搬迁原因、安置形式、扶持项目等信息。结合整村推进、土地整理、产业化扶贫等措施，扶持移民户发展生产经营项目，确保“搬得出、稳得住、能致富”的移民扶贫工作要求。

【雨露计划】 2012 年，辽宁省加大扶贫培训力度，依托全省 48 个国家级、省级和 130 多个市、县级扶贫培训基地和农科院所、农业技术推广站，开展就业技能、劳动预备制、创业和农业实用技术等多种培训，共完成贫困劳动力培训 6.1 万人。其中就业技能培训 21129 人，安置就业 19210 人，就业率达 91%；农业实用技术培训 32580 人，使每个农户都有一个掌握 1—2 项生产技能的人。省财政安排贫困劳动力转移培训专项资金 2500 万元，对受训贫困劳动力实施补助。扶贫培训注重就业导向，根据市场需求及参训学员的意愿设立培训专业。对扶贫培训建立培训台账、学员名册等，实行实名制和就业档案管理。

【产业扶贫】 2012 年，辽宁省制定《辽宁省扶贫龙头企业认定及管理办法》、《辽宁省扶贫龙头企业贷款贴息资金管理办法》，对省扶贫企业严格管理，建立了退出机制，加强了对扶贫贷款贴息资金的使用管理，提高了扶贫资金的使用效益。根据《辽宁省扶贫龙头企业认定及管理办法》，对现有省级扶贫龙头企业进行了考核，有 160 家企业通过考核，23 家企业被取消资格，新认定 46 家企业为省扶贫龙头企业。

【定点扶贫】 辽宁省扶贫办和省直机关工委制定《2012 年省直机关定点扶贫工作考核方案》，明确了省直机关定点扶贫考核内容和标准；出台了《辽宁省定点扶贫资金管理办法》，进一步规范了定点扶贫资金使用管理。省直定点扶贫单位下移帮扶重心，直接帮扶贫困村和贫困户。省定点扶贫单位全年派出扶贫干部 397 人，帮扶 17 个县 236 个乡镇。投入资金 7.82 亿元，新建扶贫项目 312 个，引进人才 12 人，资助贫困学生 4176 名。市县两级共安排帮扶单位 4185 个，投入扶贫资金 4.81 亿元。根据《辽宁省定点扶贫工作绩效考核方案》，省扶贫开发领导小组和省直机关工委，对 2012 年定点扶贫工作进行评选表彰，共表彰定点扶贫先进单位 118 个，定点扶贫先进个人 180 名。

【互助资金试点】 2012 年，辽宁省共安排 760 个贫困村实施互助资金扶贫试点，其中：国家贫困村互助资金试点村 92 个，省贫困村互助资金试点村 668 个。试点村共有农户 370830 户，其中贫困农户 185070 户。共吸纳入社农户 74587 户，其中贫困户 56825 户，占贫困农户总数 30.7%，占入社农户数的 76.2%。到年底，互助资金总规模达 2.59 亿元，其中省以上财政投入扶贫资金 2.29 亿元，占 88.4%，吸纳农户入社资金 2060.64 万元，占 7.9%。全年累计借款 63576 次，其中贫困户 52336 次；累计发放借款 3.87 亿元，其中贫困户 3.37 亿元。各试点村全部成立了扶贫互助合作社，完成了大部分在民政部门登记注册，并分别组建了理事会和监事会，组织入社农户成立了绑定式互助小组，议事执行机构、组织管理体系和运行保障措施基本健全完善。

【小额信贷扶贫】 2012 年，辽宁省有

20 个县（市）开展小额信贷扶贫，共覆盖 449 个贫困乡镇。截至年底，贷款余额 3.87 亿元，有效客户 6.4 万户。其中，当年发放贷款 6.06 亿元，发放贷款 6.8 万笔，单笔贷款平均额度约为 8352 元。贷款农户的创收性生产活动成功率达到 98% 以上，农户平均每贷款 1000 元可以创收 50 元以上。项目贷款质量良好，还款率 100%。

【科教扶贫】 辽宁省扶贫办与沈阳师范大学、辽宁沸腾教育管理公司及抚顺市，合作建立了全省第一个教育扶贫试验基地，投入专项资金 200 万元。为发挥科技扶贫作用，认定抚顺市农业科学研究院等 3 所科研教育机构为全省首批科技扶贫示范基地。

（辽宁省扶贫办）

吉林省扶贫开发

【概述】 2012年，吉林省继续把扶贫开发工作作为重点民生实事之一强力推进，并下发了全年实现30万农村贫困人口脱贫的工作方案。各级党委、政府高度重视，不断加大扶贫工作力度，紧紧围绕省委、省政府关于举全省之力打好扶贫开发攻坚战的总要求，统筹谋划、精心组织、加大投入、加快建设、狠抓落实，全省扶贫开发工作取得了新的成效。截至2012年底，全省实现32.2万农村贫困人口脱贫，超额完成了年初确定的目标任务。

【扶贫开发工作会议】 2012年2月，吉林省召开了全省扶贫开发工作会议，会议深入贯彻落实中央扶贫开发工作会议和《中国农村扶贫开发纲要（2011—2020年）》精神，总结10年来扶贫开发工作取得的成绩和经验，分析当前和今后一个时期扶贫开发的形势和任务，动员全省各方面力量，坚决打好新一轮扶贫开发攻坚战。

一是提高了扶贫标准。吉林省在国家确定将农民人均纯收入2300元作为新的国家扶贫标准的基础上，结合吉林省实际，经过科学测算，将新的扶贫标准确定为2800元。二是确定了扶贫开发攻坚主战场。在新阶段，国家确定了14个集中连片特殊困难地区作为扶贫攻坚主战场，吉林省西部白城地区的通榆县、镇赉县、大安市3个县（市）被列入大兴安岭南麓片区。还确定了两个省级集中连片特困地区，即西部干旱盐碱沙化地区和东部高寒山区。西部干旱盐碱沙化连片特困地区包括通榆县、镇赉县、大安市、洮南市、长岭县、洮北区、双辽市7个县（市、区）；东部高寒连片特困地区包括汪清县、安图县、龙井市、和龙市、图们市、靖宇县、长白县、柳河县8个县（市）。这两个片区是吉林省新阶段扶贫开发工作的重点区域。三是规划了重点扶持的贫困村。“十二五”期间，全省重点扶持1500个贫困村。通过分批实施整村推进，支持发展特色产业，改善生产生活条件，切实增加集体经济收入，改变贫困村整体面貌。

【扶贫资金投入】 2012年，吉林省财政专项扶贫资金投入力度不断加大，共投入财政专项扶贫资金6.8亿元，其中国家财政专项扶贫资金5.7亿元，比2011年增长15%以上。省级财政投入专项扶贫资金1.07亿元，比2011年增加近2倍，并制定了长效增长机制。

【扶贫规划】 编制出台《吉林省贯彻

落实〈中国农村扶贫开发纲要（2011—2020年）〉实施意见》（吉发〔2012〕4号），下发《吉林省贯彻落实〈中国农村扶贫开发纲要（2011—2020年）〉实施意见重要政策措施分工方案》（吉办发〔2012〕16号）、《吉林省农村扶贫开发“十二五”规划（2011—2015年）》（吉发改规划〔2011〕1695号）和“十二五”整村推进规划等。组织指导全省各县（市、区）编制完成了“十二五”1500个重点贫困村的村级发展规划。

【整村推进】 按照吉林省2012年实现30万农村贫困人口脱贫工作方案要求，共启动实施281个贫困村整村推进建设，投入各类资金9.96亿元，其中投入财政专项扶贫资金3.29亿元，其他行业、部门联动投入和群众自筹资金6.67亿元，财政发展资金支持的扶贫项目482个。

【片区开发】 2012年，按照省委、省政府的总体部署，积极推进连片特困地区扶贫攻坚各项工作落实，全力推进集中连片特困地区扶贫开发攻坚和区域协调发展。完成了2012年启动实施的集中连片特困地区建设项目，投入财政专项扶贫资金6350万元，在14个县（市）新启动实施项目25个。

【雨露计划】 着力推进贫困劳动力转移培训工作，完成2011—2012学年“雨露计划”实施方式改革试点任务，补助984名贫困家庭孩子，发放补助资金147.6万元。2012年共整合投入贫困劳动力转移培训资金985万元，培训贫困青壮年2.1万人，实现稳定就业1.9万人，稳定就业率达到90.5%，增加劳务收入2.8亿元。

【社会扶贫】 2012年，下发了《吉林省2011—2015年定点扶贫和省级领导包保实施方案》（吉办发〔2012〕2号），继续开展中省直党政机关、企事业单位、部队、各人民团体和副省级以上领导，包保贫困县、贫困村工作。实现205家帮扶单位全部完成工作对接，实施包保的省领导全部到帮扶县开展了工作调研。各帮扶单位直接投入帮扶资金1724万元，帮助引进各类资金4573万元，帮助确立并实施项目43个。全省新一轮定点扶贫工作顺利启动，有力促进了贫困地区经济社会的全面发展。

【产业扶贫】 立足于贫困地区的资源优势和发展潜力，加快壮大区域性主导产业，建设特色种植业生产基地和优质畜禽产品生产基地。注重谋划和实施一批扶贫特色产业项目，培育壮大一批产业化扶贫龙头企业。积极发展各类专业化合作组织，完善企业和贫困对象利益联结机制，进一步辐射带动了更多贫困农户增收致富。

【扶贫试点】 一是连片开发试点。镇赉县、靖宇县、和龙市3个县（市）连片开发试点工作取得了良好效果，分别获得国家200万元的奖励试点资金。二是国家彩票公益金试点。积极争取国家彩票公益金，有力推动了龙井市、汪清县整村推进项目建设。三是村级互助金试点。继续开展155个贫困村互助金试点工作，投入试点资金2300万元。其中，镇赉县、靖宇县各有两个村被国务院扶贫办评为“互助资金试点先进村”，获得国家奖励资金50万元。互助资金年周转达到两次以上。四是开展两项制度有效衔接试点工作，对新的扶贫标准（2800元）以下的贫困人口，逐户建立信息档案，实行动态管理。

【扶贫宣传】 吉林省新时期扶贫开发宣传报道工作紧密围绕中央扶贫开发工作会议精神和《中国农村扶贫开发纲要(2011—2020年)》，广泛深入开展扶贫宣传活动。累计在中央主要媒体上发表扶贫开发文章104篇次。其中新华社26篇、《人民日报》10篇、中央电视台10篇、《光明日报》5篇、《经济日报》6篇、《中国日报》7篇、《农民日报》5篇、中国国际广播电台3篇、人民网23篇、国务院扶贫办网站9篇。

（吉林省扶贫办　徐东亮）

黑龙江省扶贫开发

【概述】 2012年，黑龙江省扶贫开发共投入财政专项扶贫资金6.46亿元，其中，国家财政专项扶贫资金5.72亿元，省级财政配套专项扶贫资金0.74亿元；投入行业部门扶贫资金135.2亿元；投入信贷扶贫资金830.1亿元；投入社会扶贫资金1.52亿元。由于扶贫资源整合力度大，资金落实到位，整村推进、产业扶贫、贫困户劳动力培训、革命老区建设及片区开发等重点工得以作顺利开展。

2012年，黑龙江省结合实际，将农村扶贫标准提高到2800元，并将扶贫开发由农村拓展到了林区、矿区和城市。在农村扶贫开发上，把国家划定的大兴安岭南麓特困片区、国家和省级贫困县、贫困村作为主战场；在林区扶贫开发上，把森工林区、大小兴安岭林区、长白山林区及地方林场纳入扶贫开发主要范围；在矿区扶贫开发上，把省属国有矿区纳入扶贫开发主要范围；在城市扶贫开发上，把大中小城市纳入扶贫开发主要范围。2012年，通过深入开展调查研究，确定了推进国有林矿企业改革、加强基础设施建设、发展特色产业、开发就业岗位、完善社会保障体系和强化人力资本投资6项扶持措施。

【整村推进】 2012年，黑龙江省按照建设新型农村社区的标准，把基础设施建设和产业发展作为贫困地区实现脱贫致富的基础工程，统筹扶贫资源，加大整合力度，共投入财政专项扶贫资金3.03亿元，行业部门扶贫资金6.97亿元，完成了“十二五”首批500个贫困村第一年扶持任务。500个贫困村村均投入资金达到200万元。

2012年，黑龙江省扶贫开发整村推进直接扶持贫困户5.4万户，贫困村人均收入达到3391元，有12万农村贫困人口实现脱贫。

【雨露计划】 2012年，黑龙江省建立了实名制培训工作机制，自主开发了扶贫培训管理系统软件。扶贫部门开展培训，都以贫困户数据库为基础，实行计算机程序化管理。贫困户劳动力参加培训全部实行网上申报、网上审核，实名补贴，培训资金直接支付到人。贫困户子女参加职业教育资助补贴和到村培训实行预算管理、网上申请备案。由于贫困户劳动力必须在网上通过身份验证参加培训，避免了人为操作，可以随时查询培训进展情况和补贴资金去向，实现了贫困户劳动力自主参训、按需参训。2012年，共投入财政扶贫资金999万元，培训农村扶贫对象6.9万人。其中，在实施整村推进的500个贫困村中开展实用技术培训1500期，培训劳动力3.8万人次；资助农村贫困家庭初、高中毕业生接受全日制职业教育学习4188人；涉农部门开展就业技能培训2.7万人。

【产业扶贫】 2012年，黑龙江省以提高贫困村农业生产组织化程度为重点，着力发展以贫困户为主体的农民经济合作组织，有序开展土地流转，强化基础设施建设，发展主导及特色增收产业，解决贫困村农业基础设施薄弱、产业发展后劲不足及科技普及不到位等问题，为贫困农民稳定增收提供了保障。全年共投入产业扶贫资金4.9亿元，扶持609个贫困村开发富民产业。在特困片区及边远贫困地区109个贫困村中，投入财政专项扶贫资金2.8亿元，整合行业及社会扶贫资金11.2亿元，实施了畜牧养殖、蔬菜棚室生产、土地流转规模经营、特色经济作物种植及绿色有机粮食种植基地等产业扶贫项目。在产业扶贫项目的带动下，共组建以贫困户为主体的种植、养殖业专业合作社238个，直接带动贫困户2.4万户；通过整村培训，共组建贫困户劳务输出服务队97个。同时，通过使用扶贫贷款贴息资金1200万元，对42家龙头企业和15.83万个贫困户进行贷款贴息，共引导贷款49.23亿元用于贫困村产业基地建设。通过开展产业扶贫，贫困地区产业发展基础逐步稳固，贫困群众增收渠道逐步拓宽，农业生产组织化程度和产业化发展水平稳步提高。

【片区开发】 黑龙江省共有11个县划入大兴安岭南麓山区集中连片特殊困难地区，分别为兰西、甘南、泰来、拜泉、林甸、克东、望奎、青冈、富裕、龙江、明水县。2012年，编制完成了《黑龙江省特困片区区域发展与扶贫攻坚规划》。同时，使用国家财政专项扶贫资金1.73亿元，整合行业部门资金77.48亿元，实施了产业开发、基础设施建设、低产田改造等特困片区开发项目。通过将财政扶贫资金与行业部门资金整合使用，统筹扶贫资源，将扶贫开发与区域发展相结合，实现了贫困地区经济社会事业协调发展，贫困农户稳定增收。在做好国家与省定特困片区开发工作的同时，完成了兰西、拜泉、桦南3个重点县的“县为单位、整合资金、整村推进、连片开发”试点项目。共使用国家财政专项扶贫资金600万元，整合各类涉农资金1850万元，实施了特色养殖小区、农业生产专业合作社、水稻种植、节水灌溉、特色经济作物种植、基础设施建设等项目。

【社会扶贫】 2012年，黑龙江省建立了省、市、县、乡和党员干部“一帮一”五级定点扶贫工作体系，并将党政机关定点扶贫工作纳入目标考评。160个省直党政机关、企事业单位，4714个市县机关到定点县、定点乡镇、村开展扶贫的干部达4874人，定点帮扶贫困村500个，落实项目资金、生产贷款1.52亿元，培训基层干部和科技示范户3800人。

【老区建设】 2012年，黑龙江省共投入财政专项扶贫资金2500万元用于革命老区开发建设。其中，投入资金1000万元，在76个革命老区村开展小型项目建设，重点改善群众生产生活条件；投入资金1500万元，在饶河县开展中央彩票公益金支持革命老区整村推进试点项目。同时，完成了延寿县2011年中央彩票公益金支持贫困革命老区整村推进试点项目建设任务。

【两项制度衔接】 2012年，黑龙江省按照新的扶贫标准，共确定农村贫困人口353万人。其中，有劳动能力的农村扶贫工作对象256万人。对农村扶贫工作对象，全部制定了扶贫项目支持、社会帮扶、产业带动等扶持措施，分期分批逐年扶持；对没有劳动能力的贫困户，全部纳入农村低保范围，实现了动态管理下的应保尽保，应扶尽扶。

（黑龙江省扶贫办
梁树茂　夏宇光）

江苏省扶贫开发

【概述】 2012年，江苏省在率先消除人均收入2500元以下的农村贫困人口、村级集体经济收入空白村的基础上，从“两个率先”大局出发，作出了推进新一轮扶贫开发行动、实施脱贫奔小康工程的决策部署，要求经过4年时间的集中帮扶，使全省147万户、411万低收入人口年人均纯收入达到4000元脱贫标准（或当地扶贫标准），1533个经济薄弱村实现新“八有”目标：即有群众拥护的“双强”班子、有科学合理的发展规划、有高产高效的农业设施、有特色鲜明的主导产业、有持续稳定的集体收入、有先进适用的信息网络、有健康向上的文明村风、有村容整洁的居住环境。同时村级集体收入要达到15万元以上，6个扶贫开发集中连片地区同步实现各自帮扶规划。截至2012年底，共有63万农村低收入人口达到4000元脱贫目标，新一轮扶贫开发实现了良好开局。

【扶贫开发工作会议】 2012年3月，江苏省召开了全省苏北工作暨扶贫开发工作会议，并下发了《江苏省农村扶贫开发“十二五”规划纲要》、《关于加快苏北全面小康建设的意见》和《关于加大脱贫奔小康工程“五方挂钩”帮扶力度的意见》。把推进脱贫奔小康工作列为新一轮农村实事工程之一进行跟踪督查。为进一步推动实施脱贫奔小康工程，省扶贫开发工作领导小组与苏北22个县（市、区）委书记签订了责任状，进一步强化县级责任主体和党政主要领导第一责任人的职责，明确县（市、区）委、政府主要负责同志要充分发挥领导带头、起典型示范作用。

【建档立卡】 2012年，江苏省结合实际，将苏北、苏中、苏南地区的扶贫标准分别提高为4000元、5000元、6000元。根据省定经济薄弱村新“八有”目标、村级集体经济收入等情况，确定了1533个经济薄弱村作为扶贫开发重点村。根据低收入人口集中度、经济薄弱村占比等，确定了12个重点帮扶县和6个扶贫开发集中连片地区，并组织力量开展新一轮建档立卡工作，共建档147万户、411万人，有劳动能力帮扶对象271万人，其中苏北22个县（市、区）有劳动能力帮扶对象236万人，全面实现了户有卡、村有册、省市县乡有数据库的目标。

【定点帮扶】 2012年，进一步深化“五方挂钩”（省级机关各部门、部省属企业、高校和科研院所、苏南县市区与苏北经济薄弱县市区建立挂钩关系）强县机制，对丰县等12个县（区）派驻省委帮扶工作队实施重点帮扶，推进党政机关的政策资源、国有企业的产业资源、高校科研院所的技术资源、苏南市县的发展资源向苏北地区流动。明确未派驻省委帮扶工作队的7个县（市、区）为帮扶联系点，“五方挂钩”帮扶关系不变，各项帮扶政策不变，并由苏北各市、县（市、区）组建帮扶工作队进行挂钩帮扶。进一步深化“五个一”富村机制：确保每个经济薄弱村都有一个扶贫指导员驻村、一个科技特派员挂钩、一个工商企业帮扶、一个富村结对、一个主导产业带动。2012—2013 年度，190 名省委帮扶工作队员中，有 150 名处级或科级优秀年轻干部到省帮扶重点县（区）担任经济薄弱村帮扶工作指导员。筛选了苏南地区 100 个新农村为建设先进示范村，与苏北地区 100 个经济薄弱村结对帮扶。各市县也组织了工商企业与经济薄弱村的结对帮扶工作。目前，全面实现了所有的经济薄弱村都有帮扶责任单位、所有建档立卡的低收入农户都有帮扶责任人员“两个全覆盖”。

【扶贫开发措施】 2012 年，对有劳动能力建档立卡对象，实行发展高效农业和促进转移就业“双轮驱动”。多措并举帮助其调整农业结构，着力发展优质粮油业、蔬菜园艺业、规模畜牧业、特色水产业、休闲观光农业，扶持发展设施大棚、经济林果、畜禽养殖等高效农业项目，通过核心区示范、技术人员指导等途径，帮助解决生产技术和产品销售问题；建立农村困难家庭就业援助制度，对“零转移家庭”低收入的农户劳动力，通过实施免费职业技能鉴定、落实再就业扶持政策、购买公益性岗位等办法，帮助其实现稳定就业。省扶贫奖补资金集中使用时，必须以股份形式量化到低收入农户，使其有稳定收益。坚持扶贫开发和农村低保两项制度有效衔接，对无劳动能力人口实行应保尽保，并采取倒排时序的办法，建立低保标准逐年增长机制，确保这部分群体到 2015 年底达到 4000 元脱贫目标。同时，大力扶持农民专业合作组织发展，引导合作组织带动低收入农户发展高效农业，充分发挥现代农业的辐射带动作用。

按照经济薄弱村新“八有”要求，突出发展村集体经济这一重点，支持经济薄弱村发展资源开发型、资产经营型、为农服务型、异地发展型、休闲观光型等形式的集体经济。突出标准化厂房和沿街门面房建设这一载体，鼓励挂钩帮扶单位加大帮扶力度，支持村集体在经济开发区及符合规划要求的工业集中区建设标准厂房，或在商业区建设和购买门面房作为村级集体资产，实行租赁经营，增加村集体收入，增强村集体对农户增收的服务和带动能力。突出改善发展环境这一基础，科学制定规划，积极争取支持，加快农村生产生活设施建设，增强村级综合服务中心的便民功能，为强村富民创造条件并提供支撑。突出化解村级公益性债务这一瓶颈，推进新一轮经济薄弱村公益性债务化解工作。

【集中连片开发】 2012 年，江苏省确定扶贫开发 6 大集中连片地区，涉及 64 个乡镇、910 个行政村，其中经济薄弱村有 351 个，开发式扶贫对象有 43.4 万人，占苏北帮扶对象的 1/4。目前，西南岗地区的帮扶规划已于 2012 年率先实施，其他片区的规划也已编制完毕。

【扶贫资金投入】 从 2012 年开始，省财政安排脱贫奔小康工程专项资金 26.68 亿元，实施以“结果为导向、共同带有区别”的激励政策，按照重点县每脱贫 1 人给予 1200 元、非重点县每脱贫 1 人给予 1000 元的标准进行奖补，平均每个低收入人口可获 1130 元扶持资金。

【小额信贷扶贫】 2012 年，继续实行放开扶贫小额贷款规模政策，努力扩大低收入农户受益面，共投放扶贫小额贷款 34 亿元，28.9 万建档立卡低收入农户受益。稳步推进村级互助资金试点工作，低收入农户入社人数和资金规模都有较大提升，共在 176 个经济薄弱村开展互助资金试点，资金规模 6502 万元，入股农户 17.4 万户。

【扶贫资金到户试点】 2012 年，新一轮扶贫开发突出在到村到户帮扶、特别是扶贫资金直接促进村户增收等方面加强了研究和探索，提出了扶贫资金让低收入农户和经济薄弱村直接得益受惠的 7 种方式，并在灌南、新沂两县（市）开展了“财政扶贫资金扶持直接到户”试点。江苏省扶贫资金直接到户的 7 种方式：①帮扶对象户已经具有一定产业项目基础的，拨付一定比例的启动资金，项目完工后再拨付余下资金。②帮扶对象户或与其他农户组建合作社的，将帮扶资金拨付给帮扶对象户作为入社股金。③企业吸收帮扶对象就业，且符合基本工资保障、稳定就业等条件的，将帮扶资金作为就业补贴。④小城镇建设、村庄环境整治养护、河塘河道清淤管户等公益性岗位要尽量安排给帮扶对象，帮扶资金可作为工资的一部分发给帮扶对象。⑤县（市）组建小额贷款公司等金融机构，在自愿前提下，将帮扶资金拨付给帮扶对象户作为入股股金。⑥建设标准化厂房或商业门面房的，须以收益保障为前提，帮扶资金作为股份量化到人、收益分配到人。⑦试点地区可结合当地实际，探索其他更为直接有效的帮扶方式。

初步思路是，接受财政奖补资金的帮扶对象户，必须参加新农合、新农保等社会保险；符合义务教育条件的，必须接受义务教育，以形成就业、社保、医疗、义务教育等全方位帮扶政策体系。根据帮扶对象实际情况，以有增收致富的项目和办法为前提，扶持资金直接落实到户到人，着力构建扶贫开发的长效机制。

【扶贫宣传调研】 2012 年，江苏省扶贫宣传调研紧紧围绕新一轮扶贫开发工作大局，全年共在中央主要媒体、行业媒体及国务院扶贫办主办媒体上发表新闻通讯稿件 126 篇，其中《人民日报》34 篇、《农民日报》52 篇、新华社（新华网）4 篇、《中国日报》（中国在线）3 篇、《中国扶贫网》13 篇、《经济日报》5 篇、国务院扶贫办网站 5 篇、《中国扶贫》杂志 6 篇，《扶贫开发》杂志 4 篇。

（江苏省扶贫办　朱　浩）

浙江省扶贫开发

【概述】 2012年是浙江省实施低收入群众增收行动计划的收官之年，全面完成了低收入群众增收行动计划五年目标任务。2012年，浙江省农村居民人均纯收入14552元，城乡居民收入比从2007年的2.49:1降低至2.37:1，相对差距进一步缩小。全省111万户低收入农户人均纯收入达到6260元，比2011年增长18.2%，扣除价格因素实际增长15.0%，增幅分别高于全省平均水平6.9个和6.2个百分点；79.4%低收入农户家庭（低保户除外）人均纯收入超过4000元；基本消除人均纯收入2500元以下农户。全省低收入农户与农村居民人均纯收入的相对差距由2009年的1:2.76、2010年的1:2.67、2011年的1:2.47，下降到2012年的1:2.32，收入差距逐年缩小。

2012年，城乡低保对象67.54万人，城乡低保平均标准分别为每人每年5721元和4200元，所有县（市、区）农村最低生活保障标准提高到每人每年2700元以上；深入开展创建“充分就业村”、“充分就业社区”，65%的村和85%的城镇社区达到“充分就业村”和“充分就业社区”标准；各级财政安排医疗救助资金30亿元，直接救助困难群众293.3万人次。

【扶贫标准】 2012年1月，在省十一届人大五次会议的《政府工作报告》中，浙江省扶贫标准由农民人均纯收入2500元（2007年）提高到4600元（2010年）。这一新扶贫标准，占2010年全省农村居民人均收入的40.7%；估算对应的2010年农村人口约350万人，占农村户籍人口的10.9%。

【扶贫资金投入】 2012年，浙江省省级财政安排专项扶贫资金5.14亿元（不含各项职能扶贫资金）用于低收入农户奔小康工程，其中，异地搬迁项目补助资金3.7亿元、低收入农户发展资金1.1亿元（包括低收入农户产业发展扶持资金5210万元，低收入农户集中村资金互助组织补助资金1590万元、扶贫小额信贷贴息1200万元、来料加工以奖代补资金3000万元）、少数民族发展资金2000万元、其他资金935万元。此外，省财政还安排特别扶持资金16.8亿元，用于12个重点欠发达县扶贫开发、特色产业、公共服务等项目建设。

【扶贫资金管理】 坚持推进扶贫专项资金阳光监管工作，严把项目审核和资金使用关，做到项目管理精细化、项目申报数字化、资金分配科学化、资金使用公开化。积极完善管理办法，推动扶贫专项资金使用规章更加完善、程序更加规范、机制更加健全。在扶贫项目资金分配上，普遍采用因素分析法分配，切块到县。实行信息化管理和基础数据年度更新，实现项目申报、管理数字化。切实加强扶贫资金审计，建立绩效评价机制和扶贫统计监测制度。浙江省扶贫资金管理使用工作得到国务院扶贫办的高度肯定，获全国扶贫资金绩效考评 A 级。

【特别扶持项目】 着眼于增加农民收入、提升民生水平、增强内生功能，着力构建农民收入水平和生活质量不断提升的长效机制，加快群众增收致富奔小康步伐，确保特别扶持项目进展顺利。2012 年，12 个重点欠发达县开工建设项目 615 个，完成投资 42.5 亿元、特别扶持项目 256 个。主要体现在以下五个方面：一是经济发展速度明显加快。2012 年，12 县生产总值达到 819.51 亿元，比上年增长 12.4%，高于全省平均水平 4.2 个百分点。二是农民收入水平明显增长。2012 年，12 县农民人均纯收入增长 12.4%，高于全省平均水平 1.0 个百分点。常山县、衢江区农民人均纯收入首次突破万元大关，分别达到 10361 元和 10240 元。三是产业转型升级步伐明显加快。12 县通过支持发展一批有效益的特色富民产业，壮大经济薄弱村集体经济，增强了内生“造血”功能，进一步加快了经济结构调整步伐。四是公共服务能力水平明显提升。12 县集中建设了一批教育、卫生、文化等基本公共服务设施项目，基本公共服务水平和设施利用率明显提高。五是城乡统筹发展进程明显加快。12 县以“小县大城”和城镇优先发展战略，加快了人口和产业集聚步伐。

【产业扶贫】 大力推进现代农业发展，扶持来料加工业、农家乐休闲旅游业，积极推动就地就业和转移就业。2012 年，确定欠发达地区省级现代农业综合区创建点 49 个，新增农民专业合作社 1574 家；欠发达地区从事来料加工人数达到 102.3 万人，实现来料加工费收入 81 亿元，人均加工收入近 8000 元；培训农村劳动力 29.7 万人次，转移就业 13 万人，其中培训低收入农户 7.3 万人次，转移就业 4 万人。

【易地扶贫搬迁】 把县城、中心镇和中心村作为人口和产业集聚的平台，结合村庄整治、农房改造、土地综合整治等工作载体，推进高山远山群众下山搬迁、重点水库群众出库搬迁、地质灾害隐患区群众避让搬迁和偏远海岛群众离岛搬迁，推动人口加速向城镇集聚。加大欠发达地区中心镇、中心村培育工程支持力度，增强城镇的承载和辐射带动能力。2012 年，欠发达地区和海岛县区异地搬迁 6.21 万人。

【公共服务】 进一步完善家庭经济困难学生资助体系，全面实施第三轮对口支援工作，参与支援的地区从原有的 42 个增加到 54 个，每个支援方选择教育质量和教学水平较高的至少 20 所各类学校，每个支援方每年至少安排 20 名优秀教师按 1:2 的比例对应联系受援方学校的40名教师。建立省属本科高校组团对口帮扶欠发达地区薄弱本科院校关系。开展建制乡镇卫生院医疗设备装备和债务化解，下达省级设备补助0.77亿元，占全省的64.7%；下达欠发达地区乡镇卫生院债务化解资金1.38亿元，占全省的63.3%，乡镇卫生院的服务条件得到显著改善。最低生活保障水平进一步提高，截至2012年底，浙江省各级财政安排医疗救助资金30亿元，直接救助困难群众293.3万人次；全省城乡低保对象人数为67.54万人，其中欠发达地区为28.06万人，占全省的41.6%；城乡低保平均标准分别为每人每月464元和329元，其中欠发达地区分别为435.59元和288.24元；农村五保对象集中供养率为97.25%。城乡居民社会养老保险不断完善，截至2012年，参保人数达到1332万人，养老金发放率达到100%。

【山区发展】 以欠发达地区为重点，启动新一轮山区经济发展，召开了全省山区经济工作会议，省委、省政府出台了《关于加快山区经济发展的若干意见》（浙委〔2012〕90号）和《浙江省山区经济发展规划》（浙政发〔2012〕59号）。欠发达山区县充分利用绿色生态、特色文化等资源优势，积极培育特色产业，扎实推进生态文明建设。逐步完善森林生态补偿制度，重点生态公益林补偿标准提高至每年每亩19元。建设现代林业园区，加快林业转型升级。截至2012年底，已安排林业产业示范区114个，面积103.8万亩；建设林业产业精品园241个。

【山海协作】 以“山海协作”工程为载体，加强发达地区和欠发达地区的经济、技术、教育、卫生、人才、就业等协作。深入实施“山海协作工程·百村经济发展促进计划”和“省外浙商帮扶低收入群众增收152计划”，累计实施山海协作特色种养业、来料加工业、农家乐休闲旅游业等群众增收项目745个，到位资金2.2亿元。建成10个省级山海协作职业技能实训基地，累计组织培训并转移劳动力28万人；累计帮扶低收入群众实现增收25亿元。

【金融扶贫】 深入推进扶贫小额信贷，积极开展村级资金互助组织试点，稳妥发放国家扶贫贴息贷款，有效推动了低收入农户增收，促进了农民组织化、农业产业化和管理民主化。2012年，29县发放扶贫小额信贷3.5亿元、1.1万户次；承贷金融机构发放扶贫贴息贷款3亿元，安排贴息资金210万元。到2012年，累计组建低收入农户集中村资金互助组织493个，加入互助组织农户4.2万户、股本金1.23亿元，2012年借款达1.06亿元、1.07万户。

【结对帮扶】 全面实行“一村一计一单位”和“一户一策一干部”的结对帮扶机制，各结对帮扶单位紧紧围绕省委、省政府提出的目标要求，充分发挥自身优势，认真落实结对帮扶措施，结对帮扶工作扎实推进。2012年，省级295个帮扶单位全年到村帮扶 7348 人次，其中厅级领导干部 2757 人次，走访低收入农户 3.5 万户次；实施帮扶项目 2019 个，发展特色产业基地 21.8 万亩，落实帮扶资金 2.53 亿元，引进各类资金 2.7 亿元，带动低收入农户 10.8 万户，有力地促进了低收入农户增收和欠发达地区发展。

【行业扶贫和社会扶贫】 切实加强行业扶贫，省级 35 个职能部门组织实施 118 个职能扶贫项目，为欠发达地区提供“普惠”服务和“特惠”支持。积极发动社会力量参与扶贫，省工商联实施的“村企结对”、省侨办侨联实施的“侨胞反哺家乡”、省残联实施的“残疾人共享小康工程”、扶贫基金会实施的“特色农业开发”、慈善基金会实施的“爱心超市”、青少年发展基金会实施的“助学行动”等社会扶贫行动，丰富多彩，亮点纷呈。

【扶贫考核】 根据国务院扶贫办的要求，以 11 个市、29 个县和 35 个省级职能部门作为扶贫工作考核对象，全面启动全省扶贫开发考核工作。成立了由省扶贫开发领导小组牵头、省级有关部门参加的考核工作领导小组，框定了考核范围和内容，明确了考核具体要求，并将扶贫开发工作考核纳入省级年度目标管理责任考核指标体系。财政部农业司负责人带队的国务院扶贫考核组到浙开展了扶贫开发考核，浙江省获得东部地区唯一一个 A 级评级。

【扶贫改革创新】 在浙江扶贫主战场丽水市设立扶贫改革试验区，以促进农村人口集聚为主线，推进搬迁扶贫、产业扶贫、社会扶贫“三大”体制创新。力求通过改革试验，形成扶贫开发与新型工业化、新型城市化、农业现代化良性互动的体制机制，破除农民异地搬迁过程中出现的住房安置、就业增收、融入城市等环节的体制机制障碍，推动农民持续普遍较快增收。目前，丽水扶贫开发体制创新试验区已经省委、省政府批复。

【调查研究】 针对扶贫立法、扶贫改革、扶贫政策等问题，大力开展调查研究，推动工作落实。2012 年，分区域先后组织了 3 次政策研讨座谈会，并开展了结对帮扶调研和异地搬迁意愿调查。国务院扶贫办主任范小建、副主任王国良分别来浙江省调研扶贫工作。

【扶贫培训】 大力开展扶贫培训，2012 年组织了两期扶贫系统干部和特别扶持专题培训班。承办了“全国学习党的十八大和深入贯彻中央扶贫开发工作会议精神扶贫系统干部”研讨班，来自重庆、安徽、甘肃、陕西等省（市）扶贫系统 150 余人参加了培训。

【扶贫宣传】 积极扩大扶贫宣传，以制作宣传媒介、用活宣传载体、开展专题宣传等形式，广泛宣传浙江扶贫经验。注重在中央主流媒体上传播浙江扶贫声音，《人民日报》、《国内动态清样》、《光明日报》、《农民日报》、《半月谈》、《农村工作通讯》等报刊纷纷刊发浙江省扶贫经验。如《人民日报》分别投递了《看浙江融合式扶贫》和浙江村级资金互助组织；新华社《国内动态清样》刊发了《浙江发展“来料加工”开拓农民就业空间》一文；新华社《半月谈》刊发了题为《“来料加工经纪人”新群体调查》的通讯报道。

2012 年 5 月 8 日，在全省扶贫开发工作会议召开的当天下午，浙江省扶贫办联合省外宣办举办了“扶贫开发专题新闻发布会”。新闻发布会以全省扶贫开发成就、新扶贫标准、当前面临问题、下一步扶贫开发总体战略、基本思路和主要举措为主要内容。

【扶贫会议】 2012 年 5 月 8 日，全省扶贫开发工作电视电话会议在杭州召开。会议传达学习了中央扶贫开发工作会议精神，总结了 21 世纪以来，特别是 2008 年以来浙江省扶贫开发取得的成就和经验，分析了当前扶贫开发形势和任务，部署了 2012 年及今后一个时期的扶贫开发工作。

2012 年 7 月 5 日，全省山区经济工作暨山海协作工程电视电话会议在杭州召开。会议认真分析了当前山区经济发展形势，交流了各地的做法和经验，全面部署了新阶段加快山区经济发展、深化山海协作的工作任务。

2012 年 7 月 24 日，全省扶贫专项资金阳光监管工作会议在磐安县召开。会议充分肯定了浙江省扶贫专项资金阳光监管工作的实践与成效，分析了当前存在的问题，部署了下一步阳光监管工作。

（浙江省扶贫办　方　杰）

安徽省扶贫开发

【概述】 2012年，安徽省扶贫开发工作坚持以科学发展观为指导，认真贯彻落实党的十八大精神，全面学习贯彻党中央、国务院一系列关于扶贫开发的战略部署，以国家连片特困地区大别山片区和省连片扶贫开发区域皖北地区为主战场，以实施“千村整推工程”为主抓手，大力实施专项扶贫、行业扶贫、社会扶贫三位一体的大扶贫战略，扶贫工作成效明显。投入财政专项扶贫资金（含以工代赈资金）12.61亿万元，完成995个重点村的整村推进任务，完成贫困地区劳动力转移培训3.3万人，实施贫困家庭子女教育资助1.35万人，培训农业实用技术14.34万人次。全省贫困人口减少111万，减幅14.1%；2012年，全省20个连片特困地区县和国家重点县农民人均纯收入增长率超出全省平均水平3个百分点。

【扶贫政策】 为贯彻落实《中国农村扶贫开发纲要（2011—2020年）》，扎实推进新一轮扶贫开发工作，2012年，安徽省出台了一系列扶贫开发文件，政策体系和制度建设得到进一步完善。主要有《中共安徽省委、安徽省人民政府关于贯彻〈中国农村扶贫开发纲要（2011—2020年）〉的实施意见》（皖发〔2012〕3号）、《中共安徽省委、安徽省人民政府关于进一步促进扶贫开发的若干政策意见》（皖发〔2012〕13号）和《安徽省人民政府关于公布全省“十二五”扶贫开发工作重点县（市、区）的通知》（皖政秘〔2012〕125号）、《中共安徽省委办公厅、安徽省人民政府办公厅印发落实中共安徽省委、安徽省人民政府关于贯彻〈中国农村扶贫开发纲要（2011—2020年）〉的实施意见分工方案的通知》（皖办发〔2012〕29号）、《安徽省“十二五”农村扶贫开发规划纲要》（皖政办〔2012〕16号）、《中共安徽省委办公厅、安徽省人民政府办公厅关于调整省级领导和省直机关单位扶贫联系点的通知》（厅〔2012〕20号）、《中共安徽省委办公厅、安徽省人民政府办公厅关于印发安徽省扶贫开发工作考核办法（实行）的通知》（厅〔2012〕42号）等。

【重点县调整】 2012年，完成了扶贫开发工作重点县的调整工作。根据国家“出一进一、逐步减少”的调整原则，保持30个重点县总量不变，其中国家级重点县19个（利辛县、阜南县、颍上县、临泉县、寿县、霍邱县、金寨县、潜山县、太湖县、宿松县、岳西县、砀山县、萧县、灵璧县、泗县、阜阳市颍东区、六安市裕安区、舒城县、石台县)、省级重点县11个(亳州市谯城区、涡阳县、蒙城县、宿州市埇桥区、怀远县、阜阳市颍泉区、阜阳市颍州区、太和县、界首市、定远县、六安市金安区)。调出国家重点县5个(长丰县、霍山县、无为县、泾县、枞阳县)、省重点县7个(凤台县、淮南市潘集区、绩溪县、郎溪县、歙县、休宁县、祁门县)。

【连特困地互扶贫攻坚】 把国家连片特困地区大别山片区(利辛县、阜南县、颍上县、临泉县、寿县、霍邱县、金寨县、望江县、潜山县、太湖县、宿松县、岳西县)和省级连片扶贫开发皖北地区作为安徽省扶贫攻坚重点区域,举全省之力,打好新一轮扶贫攻坚战。根据国家要求,编制《安徽省大别山片区区域发展与扶贫攻坚实施规划》。

【整村推进】 下发《关于下达2012年扶贫开发“千村整推”工程重点村名单的通知》,按照“村为单元、统一规划、整合资源、分工实施”的原则,2012年安排整村推进项目5437个,投入各类扶贫资金16.50万元,995个整村推进重点村基本达到了“六通”、“十二有”(“六通”:通油〈小泥〉路,通电,通广播电视,通网络,通电放,通邮;“十二有”:有安饮用水,有安居住房,有一项特色主导产业,有高产稳定基本农田或增收产业,有扶贫互助化,有学前教育,有卫生室,有文化室和农家书屋,有卫生厕所,有体育健身和民族文化活动场地,有沼气,有农家超市〈便利店〉和农资放心店)标准。

【雨露计划】 2012年安徽省投入资金6660万元,开展贫困地区劳动力转移培训3.3万人次,农民实用技术培训14.34万人次,完成贫困家庭子女教育资助1.35万人。另外,安徽与碧桂园集团合作的培训项目已经全部完成,碧桂园集团捐赠资金2500万元,在安徽培训农村退伍士兵9100人,转移率达95%。同时,雨露计划实施方式改革试点有效开展。临泉县、枞阳县、寿县、舒城县4个试点县共发放资金2740.2万元,补助贫困学生18268人。

【产业扶贫】 一是大力推进扶贫贴息贷款制度改革,全面放开承贷金融机构,增加财政贴息投入量,重点扶持各级扶贫龙头企业。2012年共安排财政贴息资金2643万元,扶持各类企业276家。同时,安排小额到户贴息资金950万元,支持贫困户发展农业生产。二是继续安排专项资金,扶持农民专业合作社发展,推动农村产业结构调整。

【村级互助资金】 到2012年底,安徽省建立贫困村扶贫互助社1935个,入社农户达113929户(其中贫困户57653户),互助资金总额2.26亿元,累计发放资金4.55亿元,借款农户达70095户(其中贫困户35907户)。

【试点项目】 指导和督促岳西县完成彩票公益金项目的工程设计和招投标,全面推进项目实施，基本完成年度资金计划和项目实施任务。2012 年，投入财政专项扶贫资金 1500 多万元，启动石台县彩票公益金项目。实施连片开发。继续安排专项资金 800 万元，圆满完成阜南县、利辛县、潜山县、泾县 4 个县的连片开发试点项目。

【社会扶贫】 继续坚持省级领导干部联系扶贫开发工作重点县制度。随着省级领导同志的职务变动，及时对变动职务的省级领导联系点进行了调整和跟进，同时，对 240 多个省直单位扶贫联系点进行了调整；积极探索企业参与扶贫开发的途径和方法，开展国有独资和国有控股企业结对贫困村扶贫活动，实行扶贫帮扶责任制，不达标不脱钩；积极参与“三支一扶”（支农、支教、支医、扶贫）、大学生村官选聘、农村妇女双学双比（学文化、学技术、比成绩、比贡献）以及爱心包裹、母婴平安、革命老区大学生助学项目等工作。

【行业扶贫】 建立行业扶贫责任制，把行业扶贫纳入各级政府目标管理考核内容。将《中国农村扶贫开发纲要（2011—2020 年）》的实施意见分解到各个行业部门，行业部门结合各自业务职能，在资金、项目等方面向贫困地区倾斜。2012 年全省相关行业部门对大别山片区和国家级扶贫开发工作重点县的投入达 3.87 亿元，比上年增长 21.4%。

【抓金寨促全省扶贫开发】 2012 年 6 月，时任中共中央政治局常委、全国人大常委会委员长吴邦国到安徽省金寨县开展扶贫调研。全国人大提出“三个集中”帮扶金寨，随后，省委、省政府作出了“抓金寨、促全省扶贫开发”重大部署，全力打好新一轮全省扶贫开发攻坚战。专门成立了省抓金寨促全省扶贫开发领导小组。

【扶贫资金投入及监管】 逐步增加省级财政投入，规定省级财政专项扶贫资金占中央安排到省财政专项扶贫资金的比例不低于 40%，年增长幅度不低于 10%；市、县财政安排专项扶贫资金并保持逐年增长。优化财政专项扶贫资金投入方式，重点支持大别山片区县，集中投向实施“千村整推工程”的贫困村。加强财政专项扶贫资金管理，全面推行扶贫资金项目公告公示制度，抓好绩效考评，提高资金效益。强化监督检查，严肃查处挤占挪用、截留和贪污扶贫资金行为。

【贫困监测】 2012 年，省扶贫办会同省调查总队，在全省范围内，对农村贫困家庭进行了全面深入调查。按照 2300 元新的标准，2011 年全省农村贫困家庭 253.8 万户，贫困人口（含五保户）790.24 万人，贫困发生率 14.7%。其中，国家连片特困地区大别山片区县农村贫困人口 79.87 万户、285 万人，贫困发生率 22.5%。

（安徽省扶贫办）

福建省扶贫开发

【概述】 2012年，福建省深入贯彻《中国农村扶贫开发纲要（2011—2020年）》精神和省实施意见，加大扶贫开发工作力度，造福工程搬迁扩大，扶贫到户措施落实，挂钩帮扶重点突出，整村推进持续开展，建档立卡如期完成，试点工作取得实效；增加扶贫开发资金投入，全省省级财政扶贫支出5.94亿元，比2011年增长43.7%，市、县两级财政扶贫专项资金2.76亿元，增长7.4%；促进贫困地区经济和社会发展，23个省级扶贫开发工作重点县实现地区生产总值1797亿元，同比增长12.23%，比全省高0.4个百分点，地方财政收入75.31亿元，同比增26.74%，比全省高8.45个百分点，农民人均纯收入8586元，同比增13.8%，高于全省农民人均收入0.33个百分点。

【易地扶贫搬迁】 2012年，继续把以扶贫搬迁为主要内容的造福工程列入福建省委、省政府办实事项目，全年完成搬迁改造4.04万户、16.08万人，实际完成投资70.13亿元，其中各级财政投入15.88亿元，群众投资46.67亿元。省、市、县成立造福工程领导小组及办公室，实行“县负总责、乡抓落实、工作到村、任务到户”的责任制。扩大搬迁改造对象，从偏僻自然村扩大到贫困残疾人、地质灾害点、石结构房搬迁等类型，比2011年增加了1.27万户、4.57万人。扶持100个100户以上省级造福工程集中安置区基础设施建设，省财政以奖代补每个补助100万元，全年共投资1亿元。抓好搬迁后续发展，通过技能培训、就业服务、小额贴息贷款等方式增加搬迁户收入，按照属地管理原则，保障搬迁户权益。

【定点扶贫】 2012年，福建省确定23个省级扶贫开发工作重点县，实行“1+4+1+1”四方挂钩帮扶制度：每个扶贫开发工作重点县有1—2名省领导联系、4个省直或中央驻闽单位、1家中央或省属企业挂钩帮扶、1个沿海较发达县（市、区）对口帮扶。省领导及有关厅级领导带队深入扶贫开发工作重点县调研2136人次，召开各种座谈会、专题会649场次，确定帮扶项目515个，落实直接帮扶资金10.84亿元，落实信贷扶持资金30多亿元。出台扶持政策，省委、省政府出台了《关于实行省级扶贫开发工作重点县挂钩扶贫的意见》、《关于支持扶贫开发和水土流失治理重点县加快发展七条措施的通知》和《关于深化山海协作的八条意见》等帮扶文件。加大山海协作力度，19个省级山海协作示范园区累计入驻企业798家，当年完成投资81.07亿元以上，工业总产值344.57亿元，税收27.53亿元，安排就业83844人。

【整村推进】 2012年，福建省确定省、市、县三级扶贫开发工作重点村1661个，采取“部门挂钩、干部驻村、资金捆绑”综合措施，实施整村推进。自2012年来，全省扶贫开发工作重点村共投入资金18.87亿元，实施项目13292个。其中，220个省级重点村筹措帮扶资金8.2亿元，实施项目2866个，重点村的经济建设、政治建设、文化建设、社会建设以及生态文明建设和党的建设得到了全面推进，农民人均纯收入增长幅度明显高于全省平均水平，整村推进扶贫开发取得了显著成效。220个省级扶贫开发重点村，土地整理新增耕地面积3.18万亩，新增经济作物面积3.58万亩，新增林竹面积5.42万亩，发展农民专业合作社94个，开展农村技术培训1.78万人次参加，培养农村创业致富带头人1236人，推广农村创业致富项目292个；新建硬化道路332千米，新增安全饮用水4.3万人，照明用电新增覆盖人口4.38万人，建立垃圾中转站2011个，建立农民公园面积6.34万平方米，新建或改建农民文化场所9.71万平方米；制定完善相关制度812个，组织开展形势教育2.98万人次参加，召开“三会一课”3775场次，培训村主干2607人次，召开村民议事会议1617次，实行村务公开2631次。

【小额信贷扶贫】 2012年，福建省财政安排5000万元专项资金，用于省级扶贫开发工作重点县贫困户小额贷款贴息，共帮助4851个村的45111户农户获得贷款11.13亿元，为农民增收8亿元以上。下达小额信贷创新试点专项经费1257万元，带动地方政府投入资金1000万元。省安排750万元贷款贴息，扶持37家农产品加工流通企业，企业在1643个贫困村建立基地3万多亩，覆盖了44712名贫困农户，解决就业近万人，带动群众增收2.89亿元。与中国扶贫基金会合作开展农户自立小额贷款项目，福安、霞浦两个县分别累计放款4443笔和1806笔，累计放款5273.8万元和4582.6万元，分别扶持4680户和1806户农户发展种植、养殖、加工、服务等微型项目，还款率近100%。实施计生和妇女小额贷款，农村计生户和贫困妇女获得小额贷款1.6亿元。推进村级互助金等资金服务组织建设，全省累计有11个县95个村开展试点工作，入社农户9600多户，资金2260万元，扶持近4000户贫困户发展生产。

【社会扶贫】 广泛动员企事业单位和群团组织参与扶贫开发，2012年共资助贫困学生15803人，资助金额5771万元，慰问贫困弱势群众43143人，发放慰问金1349万元。制订全省“爱心包裹”项目实施方案，累计捐赠学生包裹4192个、温暖包裹384个、学校包裹33个、音乐包裹10个，捐赠总额达53.9万元。与福建省移动公司签订《第六期移动“三农”书屋项目合作协议》，投入200万元，为200个村配备了各类书籍约24万册。继续在政和、长汀、屏南等县开展“母婴平安120行动”项目，管理孕产妇2068人，住院分娩补助1128人，发放住院分娩补贴97.5万元，接受援助物资355.2万元，物资受益人口12718人次。为支持计生家庭和农村妇发发展生产，下达农村计生家庭小额贷款贴息资金1000万元，下达巾帼扶贫小额信贷贴息资金200万元。

【老区扶贫】 2012年，省委、省政府出台了《关于支持和促进革命老区加快发展的若干意见》，省人大通过《福建省促进革命老区发展条例》并于2012年12月1日起施行。安排以工代赈建设项目投资2亿元，用于支持省革命老区中的22个原中央苏区县和4个原国定贫困县。

【少数民族地区扶贫】 2012年，省委、省政府出台《关于进一步帮扶民族乡加快发展五条措施的通知》，加大对20个民族乡的挂钩帮扶力度。2012年省财政转移支付每个民族乡每年100万元，挂钩帮扶的省直单位和沿海经济发达县（市、区）每年筹措资金分别不少于100万元（列入预算），民族乡所在地的设区市、县（市、区）分别安排配套资金各50万元，重点支持民族乡发展特色产业和社会事业、完善农村基础设施，培育“造血”功能，增强自我发展能力。

【彩票公益金】 2012年，在长汀、宁化、浦城、松溪、政和、周宁、柘荣、屏南、寿宁、建宁、明溪、泰宁、清流等13个相对连片的革命老区县实施1亿元中央专项彩票公益金试点项目。同时，整合高优农业千亩示范片建设资金1100万元、现代农业（竹业）生产发展资金1000万元，共同支持革命老区创新试点工作。

【建档立卡】 2012年，完成福建省农村扶贫对象调查与建档立卡工作。全省实际调查汇总的扶贫对象为36.18万户130.5万人。在贫困户中，有劳动能力的人65.83万人，其中外出劳动力17.89万人。从贫困原因分析，因灾16434户，占4.54%；因病115730户，占31.99%；因残42585户，占11.77%，因学负担重41509户，占11.47%；因缺资金118633户，占32.79%；因缺技术52016户，占14.38%；因缺劳力54498户，占15.06%；其他原因30760户，占8.5%。建档立卡的完成，为开展针对性帮扶奠定了基础。

【雨露计划】 继续实施“雨露计划”，2012年开展农村实用技术培训1056期，培训贫困劳动力17.7万人次，提高了贫困户自我发展能力。

【扶贫统计监测】 完成国家交给的各项扶贫监测统计任务，在国务院扶贫办组织的全国扶贫统计监测交叉检查中，获得交叉检查优秀奖。2012年2月初，会同省农科院采集汇总扶贫工作相关数据，为全面了解福建省23个重点县贫困状况提供了第一手数据。2012年12月底，统计调查了

25个县、25个村、500户的基本情况、发展现状、扶贫成效、项目投入、资金使用等情况。在泰宁举办了第二期扶贫统计调查培训班，参加人员达70多人。承办了全国扶贫监测（厦门）培训班和全国科技扶贫总结及培训（浦城）会议。

【扶贫考核】 完成扶贫开发工作考核自评，填报了国务院关于《省级扶贫开发工作考核数据资料表》，向国务院扶贫办上报了福建省《关于2011年度扶贫开发工作考核自评的报告》。开展财政扶贫资金绩效考评，组织人员对全省财政扶贫资金使用情况进行采集统计，会同省财政厅起草了《福建省扶贫开发办公室、福建省财政厅关于2011年度财政扶贫资金绩效考评的情况报告》并上报国务院扶贫办和国家财政部。统计汇总了全省造福工程项目支出情况及成效情况，完成了《省级财政项目支出绩效评价（自评）表》的填报工作，形成了《福建省人民政府农村工作办公室2011年造福工程项目支出绩效评价报告》。

【扶贫宣传】 2012年，在中央主要传统媒体和中央网络媒体上刊发了126篇次扶贫开发宣传报道，其中，中央传统媒体36篇次，网络媒体和行业媒体90篇。在省级各类媒体共有200余篇次扶贫开发宣传报道得以刊发。省扶贫办编发《福建扶贫开发工作简报》8期，编发《福建省造福工程简报》2期。

【闽宁对口扶贫】 按照中央东西扶贫协作的要求，开展对口帮扶宁夏工作，不断深化合作内容，完善合作机制，拓展合作领域，提高合作成效。召开了闽宁互学互助对口扶贫协作第16次联席会议。2012年，省级财政援助宁夏资金3000万元，对口市县（区）和社会各界援助资金3950万元，用于支持生态移民、“黄河善谷”、优势特色产业、菌草、教育卫生文化等项目，推动经贸合作26个项目，协议合作投资84.88亿元，当年实际投资1.84亿元，有效地改善了宁夏中南部山区群众的生产生活条件，促进了当地经济和社会发展。

（福建省扶贫办　董建武）

江西省扶贫开发

【概述】 2012年，江西省坚持把扶贫开发工作作为全省“三农”工作、民生工程和新农村建设的重点任务。明确规定实行党政一把手负总责的扶贫开发工作制，紧紧围绕加快全省发展大局，紧密结合鄱阳湖生态经济区建设和促进赣南等原中央苏区振兴发展战略，编制完成了省定连片特困地区扶贫攻坚规划和《罗霄山连片特困地区（江西）区域发展与扶贫攻坚规划(2011—2020年)》，瞄准扶持贫困农户家庭提高收入水平、改善发展条件、增强自我发展能力三大工作目标，以连片特困地区、扶贫重点县和移民集中安置区、农村有劳动能力贫困人口、扶贫开发工作“民生工程”任务等工作为重点，颁发实施《江西省农村扶贫开发纲要（2011—2020年)》及重要政策措施分工方案，构筑了专项扶贫、行业扶贫、社会扶贫“三位一体”大扶贫工作的新格局，健全完善“两项制度”有效衔接机制、农村低收入人口监测机制、社会扶贫资源整合机制、扶贫专项资金项目绩效管理和考评机制等。在全省瞄准438万贫困人口、锁定3400个贫困村、划定赣南等原中央苏区和特困片区的38个县作为主战场，并采取了“四个一”组合式扶贫（江西省委、省政府决定，从2012年起，实行“四个一”组合式扶贫特殊举措，集中支持特困片区和中央苏区38个县扶贫攻坚。即：省委常委、省政府领导及其他省级领导、驻赣部队军级领导到特困片区和中央苏区每人定点扶贫一个县，指导帮助特困片区县制定和实施好扶贫攻坚规划、中央苏区县制定和实施好发展振兴规划；每县安排一个综合实力较强的省直部门协助省级领导搞好定点扶贫；每县安排一个国有控股企业、实力较强企业配合省级领导开展定点扶贫；省财政预算连续十年每年每县安排1000万元专项扶贫资金扶持产业发展。）将扶贫工作作为民生工程重点推进、把贫困村扶贫开发纳入和谐秀美新农村建设重点工程、落实扶贫责任到各行各业和社会各界等一系列特殊举措，集中力量打好扶贫开发攻坚战。38个原中央苏区县和特困片区县农民人均收入由2011年的4473元提高到5160元，增长15.36%，其中17个特困片区县农民人均收入由2011年的4112元提高到4765元，增长15.85%，3400个贫困村农民人均收入由4201元提高到4865元，增长15.8%，以上其增幅均比江西省全省农民人均收入增幅

13.5%高出2%左右。江西省贫困人口由438万人降至385万人，减少53万人，减少12.1%。

【扶贫资金投入】 2012年，国家、江西省共投入扶贫资金总量14.28亿元（不含少数民族发展资金、以工代赈资金），较2011年增加6.25亿元，增幅77.83%。其中，国家投入财政扶贫资金8.5亿元，较2011年增加2.01亿元，增幅30.88%，省级配套专项资金5.78亿元，较2011年增加4.31亿元，增幅281.7%。38个省直部门和中央、省直企业直接投入定点扶贫联系县10亿元，投资融资等间接投入超过40亿元，全省3700个单位包村扶贫投入3亿多元。

【整村推进】 下达2012年整村推进财政扶贫资金3.4亿元，紧密结合新农村建设抓好全省3400个贫困村整村推进。并深入开展100个贫困村整村推进示范点建设，新增2个“中央彩票公益金支持革命老区整村推进”试点。

【基础设施建设】 2012年，江西省3400个贫困村新修、加固通村公路和村内道路4151千米；改造及建设基本农田2.43万亩，基本口粮及农田水利项目1599个，基础设施项目3877个，涉及示范村、道路交通、新农村建设、移民用电、饮水安全和通讯等。提请国家评估，通过了环鄱阳湖11个县（市、区）城镇供水建设项目10个、农业灌溉项目31个。

【移民扶贫搬迁】 2012年，江西省移民扶贫搬迁11020户共50229人，超出年度计划任务0.5%；避灾移民12877户共60182人（含3万人移民扶贫搬迁对象），超出年度计划任务0.3%。积极承担组织实施农村重金属污染严重地区群众整体搬迁的新任务。在全省建设50个移民搬迁集中安置省级示范点。

【雨露计划】 在江西省9个国家扶贫开发工作重点县，开展了“雨露计划”实施方式改革试点，对3400个扶贫重点村开展“一村三师”（一名茶艺师、一名幼儿教师、一名电子商务师）“职业教育”培训。全省完成培训36513人，完成计划的102.83%。劳动力转移就业率达到97.9%，其中就地转移到工业园区的培训人数占全省培训总人数的80.9%。

【科技扶贫】 在“雨露计划”实施改革试点县，开展了施用“农作物养分平衡剂产品”项目。该产品为国务院扶贫办主推的科技扶贫项目，在试点县推广面积达2万亩。施用作物分别为水稻、花生、茶叶、蔬菜等农林作物。对比实施结果：水稻增产10%以上；花生增产20.4%，比实施喷施宝高9.1个百分点；冬瓜增产18.2%；茶叶平均亩增纯收入450元；桑叶平均增产10%以上。推动“低碳节能（为贫困户置换节能灯）”项目，此项目是由国务院扶贫办直接指导而进行申报和立项。该项目安排落实到吉安、泰和、青原和井冈山4县（市、区）实施，受益农户20—30万户。

【连片开发试点】 项目总投资达14.69亿元，是规划总投资的116.46%，其中国家投入4800万元，整合各类资金14.21亿元。整个试点项目共覆盖了237个贫困村。截至2012年12月，4个项目县（井冈山市、余干县、广昌县、修水县）资金已全部拨付到位，项目各项任务已全部达到或超过规划要求。

【彩票公益金试点】 开展了2011年度的检查指导工作。2012年，江西省新增2个“中央彩票公益金支持革命老区整村推进试点”县和11个“中央彩票公益金支持革命老区创新试点”县。组织编制了项目规划，规划总投资分别为8720万元和3.79亿元，其中，国家分别补助试点资金3000万元和1.2亿元，并对2011年度江西省利用中央专项彩票公益金，支持革命老区整村推进项目试点工作进行了检查。

【村级互助资金试点】 根据国务院扶贫办有关“贫困村互助资金试点分红整改文件”的要求，江西省对354个试点村进行了全面普查。2012年新增贫困村互助资金试点50个，投入资金750万元。

【扶贫金融合作试点】 根据国务院扶贫办《关于组织申报2012年度扶贫金融合作试点项目的通知》的要求，江西推选兴国绿宝米业有限公司、江西大华云通玻纤有限公司、信丰恒隆麦饭石酒业有限公司等6家企业为“2012年度江西省金融合作试点项目”申报单位。

【产业扶贫】 2012年，江西省原中央苏区和特困片区38个县扶贫产业项目总投资达20.05亿元，其中扶贫产业专项资金3.8亿元，行业部门投入资金1.49亿元，信贷资金1.8亿元，群众自筹及投工投劳资金7.9亿元，其他资金5.06亿元。资金主要投向贫困农户能直接参加和收益的种植业、养殖业。全年共种植茶叶5.68万亩、果业5万亩、油茶9.01万亩、花卉苗木2.34万亩，其他类经济作物18.66万亩，生畜养殖65.45万头，养殖家禽122.08万羽。

【组合式扶贫举措】 按照中央确定新一轮扶贫开发“中央统筹、省负总责、县抓落实”的管理体制和“片为重点、工作到村、扶贫到户”的工作机制，江西省委、省政府决定，从2012年起，实行“四个一”组合式扶贫特殊举措，集中支持特困片区和中央苏区38个县扶贫攻坚。即：省委常委、省政府领导及其他省级领导、驻赣部队军级领导，到特困片区和中央苏区每人定点扶贫一个县，指导帮助特困片区县制定和实施好扶贫攻坚规划、中央苏区县制定和实施好发展振兴规划；每县安排一个综合实力较强的省直部门协助省级领导搞好定点扶贫；每县安排一个国有控股企业、实力较强企业配合省级领导开展定点扶贫；省财政预算连续十年，每年安排每县1000万元专项扶贫资金扶持产业发展。2012年，在38个县定点扶贫的省（军）级领导及省直部门、国有企业到点调研累计达800余人次，指导各县研究扶贫攻坚和振兴发展项目843个，帮扶资金投入总量达到13.3亿元；省财政专项支持38个县，每县1000万元资金，2012年4月及时下达到县，并专门制订了《资金使用管理办法》。

【社会扶贫】 为实施新一轮《江西省农村扶贫开发纲要》的行业部门制订了责任分工方案，强化了社会扶贫，中直单位和央企在江西省国家扶贫开发工作重点县定点扶贫的单位达到10个，实现了对全省21个国家扶贫开发工作重点县的全覆盖；省直291个单位包村扶贫，各设区市和县（市、区）参照省里做法，采取了相应的措施，全省3700个单位参与包村扶贫。省委、省政府调整加强了由35个省直部门组成的省扶贫开发领导小组，省扶贫开发领导小组制定了督促落实扶贫开发任务及责任的《考核办法》。

【扶贫宣传调研】 强化扶贫宣传调研工作指导，建立了宣传成果定期报送机制，健全了宣传绩效考核机制，加强了与《人民日报》、《农民日报》、人民网等媒体进行对接合作。2012年4月，与《人民日报》社在赣州、吉安开展“贫困山区行”大型“走转改”专题系列采访报道活动；2012年5月下旬在今视网就连片特区和中央苏区发展进行网络直播访谈。2012年6月，配合省委宣传部向省内各大新闻媒体积极宣传江西“四个一”组合式扶贫举措和中央苏区扶贫开发工作。《江西日报》、人民网、新华网、江西广播电台、江西电视台、《江西晨报》、《江南都市报》、《新法制报》等对江西扶贫开发工作进行了连续一周的密集宣传。与江西电视台都市频道联合，为喜迎党的十八大召开，每晚黄金时档进行了为期23天的《扶贫故事》展播。

【国际交流合作】 2012年4月，“发展中国家千年发展目标与可持续减贫官员”研修班学员和农发基金官员，围绕农村专项扶贫开发、农村教育、卫生、生态环境保护、劳动力就业、社会保障等专题，实地考察了江西省农村扶贫开发和社会发展工作。研修班由商务部主办，中国国际扶贫中心承办，29名参加考察团成员来自缅甸、巴勒斯坦、黎巴嫩、苏丹、坦桑尼亚等19个国家的减贫与发展相关政府部门。中国国际扶贫中心项目官员及定点扶贫中直单位包商银行负责同志随团参观考察。

（江西省扶贫和移民办　龚亮保）

山东省扶贫开发

【概述】 2012年是山东省精心谋划全省新十年农村扶贫开发开篇之年。省委、省政府印发《山东省农村扶贫开发纲要(2011—2020年)》和《关于落实〈山东省农村扶贫开发纲要（2011—2020年)〉目标任务责任制的工作方案》，制定出台了一系列政策措施。同心协力构建了专项扶贫、行业扶贫和社会扶贫“三位一体”扶贫大格局，完成了100万农村贫困人口脱贫致富任务。

2012年7月，省政府办公厅印发《关于山东省农业厅加挂山东省扶贫开发办公室牌子的通知》：“为进一步做好山东省扶贫开发工作，经研究并报中央编办批准，在山东省农业厅加挂山东省扶贫开发办公室牌子。”各市、县扶贫开发机构建设也得到加强，扶贫干部队伍不断扩大。

【扶贫纲要】 制定了《山东省农村扶贫开发纲要（2011—2020年)》，确定了贫困人口，全省农村低收入人口群体大，农民人均纯收入低于2500元的贫困人口有820万人，占乡村总人口11.4%。划出省定贫困线，前5年以农民人均纯收入2500元(2010年不变价格）为标准，后5年拟提高到4600元，各市可根据实际划定扶贫标准。圈定中西部贫困山区、黄河滩区、盐碱涝洼区、库湖区和少数民族相对集中居住区200个乡镇、3000个贫困村为省重点扶持范围，另外，贫困人口由地方党委、政府负责统筹力量重点扶持。提出任务目标，2015年，省重点扶持村90%以上实现收入翻番，基本上达到“通路、通电、通自来水、通广播电视、通信息，有旱涝保收田、有致富项目、行政村‘两委’有办公房、有卫生室服务、有卫生保洁制度、有学前教育、有文化活动室、有健身场所、有良好生态环境、有就业保障措施”等“五通十有”。到2020年，稳定实现扶贫开发对象“不愁吃、不愁穿，保障其义务教育、基本医疗和住房”“两不愁三保障”，贫困地区农民人均纯收入增幅要高于全省平均水平，基本公共服务领域主要指标接近全省平均水平，扭转发展差距扩大趋势。明确财政、金融服务、产业扶贫、土地使用、人才保障和区域发展等支持扶贫开发的政策措施。

【扶贫资金投入】 2012年，全省扶贫资金投入近20亿元。其中，中央财政安排9750万元、省财政安排2.0亿元、市县财政筹集1.73亿元、整合行业扶贫资金

13.30亿元、接受社团组织和个人捐款捐物折合2亿元。资金投向：改善贫困村群众生产条件投入6亿元，改善贫困地区人民生活条件投入14亿元。

【整村推进】 从省直机关选派“第一书记”定点帮扶的579个贫困村担任“第一书记”。根据中央安排山东扶贫开发和省财政扶贫预算资金规模，为每村安排产业发展资金30万元。对其中有产业发展基础的355个村安排特色农业种植、养殖、农产品加工或生产运输项目建设，对没有产业基础的220个村指导建立互助资金合作组织。

【产业扶贫】 安排扶贫贴息资金500万元。引导贷款15881万元。其中，250万元安排到13家扶贫龙头企业，引导贷款10829万元，250万元安排到3938个农户，引导贷款5052万元，帮助企业和农户解决了一些困难问题。

【雨露计划】 雨露计划示范基地扩大到8个市的18个培训单位。省下达年度转移培训任务8680人，转移培训以1年短期务工技能培训为主，每个转移培训对象平均补助500元，由雨露计划示范基地联系到企业就业，2012年全部完成转移就业任务，培训对象人均每月务工收入超过2000元。

【村级互助资金试点】 2012年，山东省村级互助资金试点新增350个，扩大到1038个村，13.6万农户加入互助资金合作组织，拥有资金2.63亿元，其中财政资金1.94亿元，村民自筹参股资金0.69亿元。农户借用村级互助资金以半年期限为主，到期必还。此举帮助部分贫困户解决了发展生产资金短缺困难。

【老区建设】 利用中央彩票公益金支持沂蒙革命老区创新试点项目建设，对沂南、郯城、泗水、费县、临朐、平邑、莒县、五莲、沂源、苍山、莒南、临沭12个县，每县安排660万元，共修建生产路286.5千米、桥涵907座，打井211眼，建拦河坝51座，挖排灌沟渠130.7千米。项目覆盖253个贫困村、11.82万人。

【党建扶贫】 新时期山东扶贫开发工作提出抓党建促脱贫行动，力争三年实现党建扶贫工作目标：村党支部战斗力明显增强。村党支部书记能力素质显著提升，村“两委”班子团结坚强，领导发展、服务群众的能力明显提高；脱贫致富步伐明显加快。村里有致富项目，90%以上的扶贫对象人均纯收入翻一番，村集体有一定的经营性收入；村民生产生活条件明显改善。村庄基础设施不断改善，基本社会保障健全落实，村容村貌整洁；文明程度明显提升。村民科学文化水平有新提高，群众性精神文明活动开展经常，弘扬新风正气，村庄和谐稳定；基础保障能力明显提高。村党支部有独立的活动场所，功能齐全、使用经常，村干部报酬待遇、工作经费有保障，村级组织运转正常。落实党建扶贫任务，省里选派了“第一书记”、扶贫科技特派员和大学生村官“三大员”。全省选派2.6万名年富力强的干部到薄弱村担任“第一书记”，其中 1.8 万名到贫困村参加抓党建促脱贫，一年一轮换，定点帮扶工作暂定 3 年，帮包村农民群众生产生活条件没有大变化，“第一书记”不撤回，定点帮扶工作不脱钩。

【行业扶贫】 山东省直 17 个单位按照省委、省政府行业扶贫工作的要求，制订行业扶贫 2012—2014 年 3 年帮扶计划，进行公告公示，作出承诺，并接受社会监督。落实帮扶任务，省直 582 名“第一书记”奔赴 9 个市、36 个县（区）、102 个乡镇、579 个贫困村发放调查问卷 12 万份，召开村干部群众座谈会 5000 多次，帮助引进致富项目 494 个，村级集体经营收入新增 840 多万元。

2012 年在贫困地区新建农产品生产加工基地 63 处，吸纳 10.8 万名贫困农户子女就业，资助农村困难家庭学生 5600 名，慰问农村贫困户资金 1.8 亿元，清理垃圾沟 62 千米、清除农村“三大堆”垃圾 500 万吨。

【扶贫培训】 为提高扶贫干部的领导管理工作水平，培训了 2648 人次。一是省扶贫办和省委组织部在临沂大学举办省直单位选派“第一书记”培训班，参加人员 582 名；在山东农业大学举办参加人员贫困村党支部书记进行培训班 912 名；二是在山东农业大学举办贫困村互助资金组织理事长和会计培训班 562 名参加；三是省扶贫办会同有关单位举办扶贫科技特派员培训班有 592 名参加。

【扶贫宣传】 山东省电视台、省广播电台大力宣传党和国家扶贫开发重大举措和方针政策，省政府网站宣传山东新 10 年农村扶贫开发政策措施，《大众日报》开辟专栏连续报道抓党建促脱贫，宣传“第一书记”驻村开展帮扶工作经验做法。省委组织部会同省电信局开通“第一书记”在行动网站，建立“第一书记”“抓党建促脱贫”信息平台，沟通情况，提供借鉴经验。省委组织部编印《抓党建促脱贫工作简报》106 期，指导各地开展抓党建促脱贫行动。省扶贫办编印《山东扶贫开发工作动态》6 期，宣传全省扶贫开发推进工作进展情况和各地的经验做法。

（山东省扶贫办）

河南省扶贫开发

【概述】 2012年，河南省深入贯彻落实中央和省委扶贫开发工作会议、《中国农村扶贫开发纲要（2011—2020年）》和《中共河南省委河南省人民政府关于贯彻落实〈中国农村扶贫开发纲要（2011—2020年）〉的实施意见》精神，坚持开发式扶贫方针，科学谋划，扎实推进整村推进、扶贫搬迁、雨露计划培训、产业化扶贫、科技扶贫、外资扶贫等专项扶贫工作，统筹整合专项扶贫、行业扶贫和社会扶贫各方面资金、资源和政策措施，加快贫困地区经济社会事业发展，促进贫困农民收入较快增长。53个国家和省级扶贫开发工作重点县农民人均纯收入比2011年增长15.57%，高于全省平均水平1.5个百分点，贫困地区农民人均生活消费支出增长12%；全省有113万农村贫困人口实现稳定脱贫，超过计划1.3%。

【扶贫资金投入】 2012年，累计投入各类扶贫资金58.79亿元，其中，中央财政扶贫资金15.12亿元，省级财政扶贫资金4.36亿元，市县扶贫资金4.96亿元，社会扶贫资金20.3亿元，群众自筹资金14.05亿元。省本级安排财政专项扶贫资金比2011年增加122%。

【整村推进】 为实施整村推进，投入各类资金24.83亿元，其中，中央、省财政扶贫资金6.12亿元，市、县财政扶贫资金7954万元，统筹整合行业部门资金12.22亿元，群众自筹资金5.69亿元，集中对1085个贫困村实施整村推进扶贫开发。共计完成5956个建设项目，其中，修建道路2655千米，建桥（涵）287座，218万人解决了行路难；建饮水井、蓄水池、水窖共129个，8.3万人解决了吃水难；打机井2206眼，建其他建筑物675个，粮食生产能力新增2.3万吨。经过实施以水、电、路、气、房、环境改善到农家和农户增收致富的“六到一增”工程为主要内容的整村推进，贫困村生产生活条件明显改善，农民收入较大幅度增长，特色产业加快发展，文明新风、民主法治、村级组织建设等得以深入推进，党群、干群、邻里关系更加和谐。

【连片开发试点】 2010年，在嵩县、滑县、卢氏、睢县4个县启动的国家级连片开发试点，项目实施期为2010—2012年。2012年共投入资金4177万元，实施项目72个。截至2012年11月底，4个县试点项目建设任务全面完成。2011年在栾川、范县、台前、新县4个县启动的省级连片开发试点，项目实施期为2011—2013年。2012年共投入资金1.41亿元，实施项目265个。2012年，在汝阳、宜阳、鲁山、桐柏、固始5个县启动了省级连片开发试点，涉及33个贫困村，规划投入资金2.9亿元，计划实施210个项目。2012年，实际投入资金1.05亿元，实施项目69个，占规划项目总数的33%。

【雨露计划】 贫培训进一步创新培训机制，突出职业技能培训，积极实施品牌带动和回乡创业工程，初步建立了省、市、县三级雨露计划培训基地265个，形成了遍布全省、覆盖城乡的培训就业网络，培育了一批劳务品牌。全年共投入扶贫培训资金1.52亿元，完成雨露计划培训20.3万人，占年培训总任务的101.5%，年增加收入25亿元。此外，还成功举办了2012年河南省雨露计划技能大赛。

【科技和产业扶贫】 投入财政科技扶贫资金6150万元，实施科技扶贫项目173个，其中，国家投资财政资金150万元，实施科技扶贫项目1个；省级投资财政资金6000万元，实施科技扶贫项目172个，扶持贫困村267个，扶持贫困户2.4万户；推广新品种、新技术376项，农业技术培训17.1万人次；印发技术资料42万册，组织专家373名深入贫困地区现场辅导，17万贫困群众受益。充分发挥产业化扶贫作用。投入9000万财政扶贫贴息资金对265个龙头企业和农民专业合作组织进行扶持，拉动金融机构投入扶贫贷款30亿元，辐射带动39万贫困人口增收。

【易地扶贫搬迁】 坚持“政府引导、群众自愿，因地制宜、有序推进”的原则，创新机制，科学规划，加强管理，狠抓落实，易地扶贫搬迁与新型农村社区建设紧密结合，与新型城镇化建设、安置群众后续产业发展相结合，确保搬迁群众“搬得出、稳得住、能发展、可致富”。2012年共投入易地扶贫搬迁项目资金14亿元，其中，中央和省级财政扶贫资金1.95亿元，市、县财政投入资金8073万元，整合部门资金2.43亿元，群众自筹资金8.82亿元。建设搬迁扶贫安置社区（新村）97个，为贫困群众建设安置房130.5万平方米，架设电路181千米，修建道路240千米，铺设饮水管道492千米，搬迁安置深山区、石山区贫困群众9710户、4.22万人，超额完成1.2万人。

【社会扶贫】 在原有13个中直单位定点帮扶河南的基础上，国家又新增11个中直单位驻豫帮扶，实现了中直单位定点扶贫对河南31个国家扶贫开发工作重点县的全覆盖。2012年8月，河南省扶贫办与省工商联共同筹备召开了全省行业部门定点扶贫暨千企帮千村工作会议，总结了河南定点扶贫和“千企帮千村”社会扶贫工作的成绩和经验，安排部署了新时期定点扶贫和“千企帮千村”村企共建扶贫工程工作。各牵头帮扶单位选派处级干部参与定点扶贫工作，193个省直定点扶贫单位已派出257名帮扶队员（其中处级干部81名），进入所帮扶的53个重点县中的193个贫困村开展帮扶工作。2012年，河南省参与“村企共建扶贫工程”试点工作的民营企业1231家与1122个贫困村结对帮扶，直接投入资金（含物资折款）4.7亿元。河南省扶贫办还与省工商联、省邮政总公司一起组织开展了“向贫困地区捐赠‘爱心包裹’活动”，活动筹集资金370多万元，3.1万名学生受到资助。

【行业扶贫】 省直各机关、各部门把扶贫开发作为直接关系民生的大事、实事，实行主要领导负总责、分管领导具体抓的责任制，并成立了行业扶贫领导机构。大多数行业部门能够结合各自职能分工，在资金、项目等方面向贫困地区倾斜，促进贫困地区经济社会持续较快发展。2012年省级行业部门投入连片特困地区和重点县的资金总量达到171.63亿元，省级动员投入连片特困地区和重点县社会扶贫资金8.84亿元。

【小额信贷和互助资金】 共投入5000万元财政扶贫贴息资金，继续在国家和省扶贫开发重点县以及部分面上县实施小额到户贷款发放工作，助推贫困户增收。河南省共发放到户小额贷款9.1亿元，覆盖4081个贫困村、扶持32007户贫困户发展种养加特色增收项目，户均增收2600元以上。投入互助资金2587万元，增加互助资金扶贫试点村160个。

【到户增收项目】 投入扶贫开发到户增收项目财政资金1.95亿元，用于建档立卡的贫困户发展产业。共安排扶贫开发到户增收试点项目752个，项目共覆盖762个行政村、53153户贫困群众，直接受益198515人，受扶持的农户平均每户增加收入6000元以上。针对千家万户分散的经营和大市场的矛盾，到户增收项目探索出了经营合作式、参股经营式、龙头带动式、科技依托式、结对帮扶式等“五种模式”，此外还利用周转扶贫、轮流扶持、产业引导、分散扶持等多种方式，“瞄准”贫困群体进行直接扶持，保证了到户扶贫资金的扶持效益。

【外资扶贫】 外资扶贫项目总投资3.91亿元，项目实施期五年（2010—2014年）。现已累计完成项目投资1.48亿元，占总目标的37.8%。其中：基础设施与公共服务（CDD）分项目累计完成验收并支付投资1.22亿元，占总目标的55%；社区发展资金（CDF）分项目累计完成验收并支付投资1117.3万元，占总目标的10.9%；土地可持续管理与适应气候变化（GEF）分项目累计完成投资177.2万元，占总目标的18.1%；项目管理与监测评价分项目已完成1293万元，占总目标的64.3%。

【彩票公益金试点】 中央专项彩票公益金项目实施期两年。2010—2012年项目总投资3.91亿元（其中中央专项1.07亿元、省配套600万元、县配套1544万元，整合1.99万元，自筹6388.9万元）。截至

2012 年底，2010 年项目已全面竣工；2011 年项目基础设施建设已全面完成，产业发展分项目正在有序开展；2012 年项目规划已批复，中央专项资金 4500 万元已全部下达，试点县已组织实施。2012 年，河南省开始利用省级彩票公益金支持革命老区整村推进试点项目，安排 1000 万元用于原阳、舞阳县 10 个贫困村的项目建设。截至 2012 年底，基础设施项目建设已全部完成，产业发展分项目正在有序开展。

【扶贫宣传】 2012 年，共在各级新闻媒体网络上刊发扶贫开发文章 600 余篇，其中国家级 100 余篇，省级新闻媒体 60 余篇，省网站宣传信息 380 余篇，用稿数量为历年来最多。编发《扶贫开发动态》71 期、《网络舆情》38 期，并将每期《扶贫开发动态》同步挂在河南省门户网站上供公众浏览。扶贫开发工作重大信息编发《扶贫专报》10 期，及时呈报国务院扶贫办和省委、省政府主要领导。

（河南省扶贫办　樊志勇）

湖北省扶贫开发

【概述】 2012年是湖北省扶贫开发开启新征程的一年。湖北省委、省政府召开了全省扶贫开发工作会议，对新十年扶贫开发工作进行安排部署；省第十次党代会将扶贫开发纳入“幸福湖北”建设重要内容，作为十个确保任务之首强力推进：明确将湖北武陵山、大别山、秦巴山和幕阜山片区作为扶贫攻坚主战场，锁定819.61万建档立卡贫困人口，确定开发扶贫与社会保障两轮驱动，片区区域发展与扶贫进村入户同步推进，专项扶贫与行业扶贫、社会扶贫三位一体，扶贫开发与环境保护统筹兼顾的方略，扶贫开发顶层设计全面完成。2012年，完成了50.9万建档立卡贫困人口的温饱与脱贫任务，启动重点县300个贫困村实施整村推进，完成309个老区村和200个插花贫困村的重点扶持工作任务；扶贫搬迁10248户、40992人，超计划2.48%；“雨露计划”转移培训51411人，超计划2.8%；重点县农民人均纯收入增幅高于全省平均水平，经济社会全面发展，老区贫困地区面貌发生了较大变化，为推进“富强湖北、创新湖北、法治湖北、文明湖北、幸福湖北”建设发挥了积极作用。湖北省扶贫工作得到国家充分肯定，在全国扶贫开发和扶贫资金绩效管理两项考核中荣获“双A”。

【连片特困地区扶贫】 湖北省扶贫办和省发改委组建片区规划编制专班。规划编制坚持“区域发展带动扶贫开发、扶贫开发促进区域发展”的思路，圆满完成了四个片区省级规划编制工作任务。成立了高规格的片区攻坚领导小组，创新了由省领导联系片区、省直单位牵头协调、相关部门密切配合的片区扶贫机制。省委、省政府出台专项支持政策和措施，每个片区出台一个指导意见，“真金白银”扶持，每年每个片区县可增加综合扶贫投入3亿—5亿元。建立产业发展基金，每年拿出50亿元专门支持四个片区的产业发展。省直部门在政策制定、资金安排、项目摆布上对片区实行倾斜，扶贫资金增量集中投向片区。

2012年，四个片区完成地区生产总值2854.27亿元，地方财政一般预算收入289.04亿元，农民人均纯收入为5210元，分别比2011年增长12.4%、15.8%、17.5%。

【整村推进】 按照整合资源、集中投入的要求，对2012年启动的300个整村推进村，共整合投入项目资金9.1482亿元，村平均完成投资 305 万元。其中投入财政扶贫资金 3.25 亿元，村平均投入 108.5 万元。300 个村发展种植业完成 30.3 万亩，是规划任务的 102%；发展养殖业 158 万羊单位，是规划任务的 103%；兴建维修公路 1700 千米，是规划任务的 105%；建设农田水利 900 处，是规划任务的 109%；完成农村环境整治 1248 处，是规划任务的 100%。

通过实施整村推进，300 个村贫困人口由 2011 年底的 22.18 万人减少到 2012 年底的 10.9 万人，共减少贫困人口 11.32 万人，贫困发生率由 2011 年底的 45% 下降到 22%。农民人均纯收入由 2011 年底的 3120 元增加到 2012 年底的 3874 元，人均增收 754 元。

【产业扶贫】 坚持将产业扶贫作为扶贫到户、提高贫困农户自我发展能力、实现贫困户脱贫增收的重要途径，大力推进。继续深入推行扶贫项目贷款贴息工作机制，将扶贫贷款贴息审批权下放到扶贫开发工作重点县，各县按照省下达的扶贫项目贷款贴息额度自主选择贴息企业和贴息额度。湖北省安排扶贫项目贷款贴息资金近 1 亿元，拉动项目贷款资金 30 亿元。安排扶贫到户小额贷款贴息资金 1125 万元，支持贫困村贫困户当年获得贷款 2.25 亿元，较好解决了贫困村贫困户发展生产缺资金的问题。投入财政扶贫资金 3190 万元，在 201 个村开展扶贫互助资金试点工作。全省贫困地区已建成特色农业基地 1800 多万亩。

【易地扶贫搬迁】 遵循政府引导、农户自愿、因地制宜、择贫搬迁的原则，大力实施扶贫搬迁。坚持扶贫搬迁与整村推进、农业基地开发、新农村建设、小城镇建设和促进转移就业相结合，确保搬得出、稳得住、能发展、可致富。坚持扶贫搬迁对象实名制，搬迁对象切实瞄准建档立卡贫困户，真正解决生存条件恶劣地区贫困户的生产生活问题。在部分重点县推行“一卡通”方式，将扶贫搬迁补助资金直接兑现给搬迁贫困户，确保资金安全和对象的准确性。坚持扶贫搬迁资金整合，通过整合财政专项扶贫资金、以工代赈资金和民族发展资金，为扶贫搬迁提供了资金保障。此外，各地还采取部门帮一点、社会捐一点、个人借一点、亲友凑一点和村组帮工帮料等办法，解决了贫困农户搬迁资金不足的问题。2012 年，全省共投入财政扶贫资金 8000 万元，扶贫搬迁 10248 户、40992 人，超计划 2.48%，解决了搬迁贫困户的稳定脱贫与长远发展问题。

【雨露计划】 以促进扶贫对象稳定就业为核心，坚持“计划指导、资金到县、培训到户、直补到人、部门协作、全程监管”的原则，按照“宣传发动、调查摸底、农户申请、部门审核、社会公示、确认对象和资金拨付”等工作程序，积极实施雨露计划，抓好贫困劳动力转移培训。2012 年，投入雨露计划补助资金 5000 万元，补助标准人均 1000 元，“雨露计划”转移培训 51411 人，超计划 2.8%。

围绕扶贫开发重点工作，2012 年举办

扶贫干部培训班21期，培训各级各类扶贫干部2100多人，超过计划培训任务的1/3。其中，培训县级以上党政领导干部176人，重点贫困村支部书记937人，专项扶贫管理干部383人，行业扶贫干部55人，“三支一扶”基层扶贫助理281人；组织湖北省集中连片特困地区党政领导干部、扶贫系统干部和重点村主职干部参加国家培训130余人次；承接、组织64名非洲扶贫官员来湖北省培训和现场考察。

【老区建设】 2012年安排重点老区乡镇扶持资金9270万元，插花贫困乡镇扶持资金5551万元，对309个省定重点老区乡镇和200个省定重点插花贫困乡镇，每个乡镇各选择1个贫困村参照整村推进的做法进行重点扶持。309个老区贫困村，共实施项目1244个。200个插花贫困村，共实施项目658个。省财政新增4000万元老区和插花扶贫资金，采取竞争方式，确定12个重点老区乡镇和4个插花贫困乡镇实行整村推进连片开发，每个片区安排扶持资金250万元。

【脱贫奔小康试点】 2012年是湖北省脱贫奔小康试点工作的第四年。试点工作坚持高位推进、规划先行、产业支撑、项目牵引、政策支持、定点帮扶、试点示范等实施路径，力争建成片区扶贫攻坚的亮点、示范和样板。2012年，7个试点县市项目总投资达380.33亿元，比2011年增长68.72%，增幅为历年最高水平；7县市共完成项目投资393.04亿元，占全年计划总投资的103.34%；省直相关部门认真落实专项行业支持政策，共安排政策性专项资金28.88亿元（其中贴息贷款7亿元），较2011年增长23.96%。2012年，7县市地区生产总值477.66亿元，较2011年增长13.9%；工业增加值143.18亿元，较2011年增长22.2%；固定资产投资485.34亿元，较2011年增长41.5%；财政总收入47.11亿元，较2011年增长23.2%；地方公共财政预算收入为28.4亿元，较2011年增长28.7%；社会消费品零售总额208.1亿元，较2011年增长18.5%；农民人均纯收入5320元、城镇居民可支配收入14501元，分别比2011年增长16.4%和13.2%，多项经济指标增幅高于全省平均水平。

【连片开发试点】 2010年，湖北省宣恩、郧县、罗田、秭归4个县，被国家确定为“县为单位、整合资金、整村推进、连片开发”的试点县。4县共投入资金3.41亿元，占规划投资的135%，其中中央财政扶贫资金4000万元，部门投入及社会帮扶资金28.9亿元，群众自筹资金5792万元，11538户农户得到有效扶持，直接受益贫困户3055户。实施产业开发、基础设施、村庄整治、社会事业等建设项目，促进项目区农民人均纯收入增加1641元，贫困户增收1356元。

【中央彩票公益金试点】 2012年，湖北省英山县、巴东县、房县3个县启动了中央彩票公益金试点工作，3个县试点规划项目557个，资金总投入1.08亿元，正按照进度实施试点项目建设。

【村级互助资金试点】 湖北省29个扶贫开发工作重点县（市）共有201个村开展了试点工作，试点村总户数83609户，其中贫困人口39486户。全省扶贫互助资金累计总规模已达3804.15万元，其中财政专项扶贫资金3190万元（中央财政扶贫资金2620万元，省级财政扶贫资金570万元）、农户入社缴纳资金442.91万元、其他资金171.24万元。全省累计发放借款7819.62万元，其中贫困户借款5105.54万元，带动9364户农户增收、1592户贫困户脱贫。

【行业扶贫】 坚持将加强基础设施建设、扶持特色支柱产业、发展社会事业、促进公共服务均等化作为行业扶贫的重点，整合资源，实行目标化管理，合力推进贫困地区发展。2012年，湖北省直相关部门投入到连片特困地区和扶贫开发工作重点县的行业扶贫资金共达535.8亿元，比2011年增加259.8亿元，增长94.1%。

【社会扶贫】 坚持将建立优势互补、互利共赢的帮扶机制作为社会扶贫的重点，实行机制化管理，奏响扶贫开发大合唱。农业部、水利部、科技部、国家烟草专卖局、国家电网公司、中铝公司、恒天集团公司7个中直单位，定点帮扶13个重点县，直接投入帮扶资金和物资折款4648万元，帮助引进各类资金2.01亿元，帮助引进项目37个，引进技术10项，引进人才6名，培训5015人次。

省政府、省军区印发《关于驻汉部队团以上单位在红安、麻城革命老区开展扶贫参建工作的实施意见》，召开驻军帮扶红安、麻城革命老区联席会议。近3年，省军区累计捐款1260万元，扩建、新建希望小学45所，定点帮扶1190名伤残军人和军烈属，救济近万名贫困群众。驻鄂部队和武警官兵、军队院校积极支持贫困地区发展。2012年，驻鄂部队投入帮扶资金440万元。

省委统战部联合省工商联、省国资委、省扶贫办实施“千企帮千村”扶贫工程，积极组织3057家民营企业到贫困村兴建基地、联办企业，实现双赢。3057家企业共帮扶2687个贫困村，帮扶项目2693个，落实资金43.616亿元。其中，重点组织1819家国有和民营企业参与扶贫，直接投入、引进、捐助资金共计6.7亿元。

2011—2012年，湖北省社会各界通过省慈善总会广泛参与安老、扶幼、助学、济困、救灾等慈善活动，累计捐赠款物5.84亿元，困难群众受益超过50万人次。省扶贫开发协会发动会员企业和团体投入3亿元资金和物质用于扶贫开发。省老促会接受和实际捐赠扶贫基金87万元。

省直党政群机关105家单位参与定点帮扶，直接投入扶持资金和物资折款8.53亿元，帮助引进各类资金7.92亿元，引进项目1311个，引进技术126项，引进人才271名，组织劳务输出62708人。17个市（州）直单位直接投入扶持资金和物资折款4.56亿元，帮助引进各类资金4.41亿元，引进项目2315

个，引进技术593项，引进人才3471名，组织劳务输出84753人。全省各县直单位直接投入扶持资金和物资折款4.8亿元，帮助引进各类资金5.27亿元，引进项目3337个，引进技术862项，引进人才1347名，组织劳务输出371886人。

【扶贫资金管理】 根据国家财政扶贫资金管理办法，结合湖北实际，修改完善了《湖北省财政扶贫资金管理办法》，将财政扶贫资金分配因素修定为“贫困人口、农民人均纯收入、人均财政收入、人均国内生产总值、绩效考评因素”五项因素。资金分配因素权重为4:3:1:1:1。

为加强扶贫开发精细化管理，实现专项扶贫项目资金效益最大化，实现贫困地区、贫困人口得到的实惠最大化，实现扶贫队伍整体形象提升和安全保障最大化，制定出台了整村推进、扶贫搬迁、雨露计划转移培训、扶贫贴息贷款、小额贷款扶贫贴息、老区和插花贫困专项扶贫项目管理等6个试行办法，实现“权力下放、明确责任、规范程序、强化监管、提高效率、确保安全”。依据扶贫开发规划，加强了扶贫项目库建设，建立了一整套项目形成参与机制。各地在选择财政扶贫项目时，实行群众参与、民主决策的办法。全面推行扶贫资金项目公示制度，将财政扶贫项目资金计划和扶贫绩效考评结果在“湖北扶贫网”上公开公示。同时，各市、县级扶贫办采取多种方式，将扶贫资金项目在当地主要媒体和乡、村政务公开栏上公示。对各地财政扶贫资金项目管理使用情况，采取明查与暗访相结合方式，进行定期或不定期的检查，查找问题，完善制度，防范风险。扎实开展财政扶贫资金绩效考评活动。

【扶贫调研】 2012年，全省扶贫系统共撰写了100余篇调研报告。其中，有16篇调研报告得到国务院扶贫办和省委、省政府领导的批示肯定。撰写的湖北武陵山、秦巴山、大别山、幕阜山片区区域发展与扶贫攻坚形势分析等报告在湖北日报全文发表；撰写的《关于湖北省集中连片特困地区农村劳动力定居转移的调查与思考》、《县域经济发展与扶贫开发》等调研文章，开展《促进湖北武陵山试验区上升国家战略研究》、《扶贫开发与社会和谐稳定研究》等课题研究，得到省委、省政府领导批示肯定；继续组织开展“省、市、县三级联动基层调研活动”，撰写调研报告80多篇，部分调研成果已经转化为省委、省政府的扶贫工作决策。

（湖北省扶贫办　夏　智）

湖南省扶贫开发

【概述】 2012年，湖南省认真贯彻落实党的十八大精神和中央扶贫开发工作会议精神，紧紧围绕《中国农村扶贫开发纲要（2011—2020年）》和《湖南省农村扶贫开发实施纲要（2011—2020年）》确定的目标任务，以武陵山、罗霄山两大片区为重点，以湘西自治州为主战场，顽强拼搏，锐意进取，全力构建专项扶贫、行业扶贫、社会扶贫“三位一体”的“大扶贫”工作格局，积极推动贫困地区经济社会更好更快发展，取得了巨大成效。全省共减少贫困人口141万人，48个片区县和扶贫开发工作重点县农民人均纯收入达到4252元，比2011年增长14.5%，贫困地区的路、水、电、讯、房等基础设施得到了明显加强，贫困农民的生产生活条件得到了极大的改善，扶贫对象的自我发展能力得到了较大提高，为确保全省到2020年全面建成小康社会打下了良好基础。

【扶贫纲要】 2012年3月31日，湖南省委、省政府召开了高规格的省委扶贫开发工作会议，出台了《湖南省“十二五”消除贫困与全面小康发展规划》和《湖南省农村扶贫开发实施纲要（2011—2020年）》等重要文件，对全省新一轮扶贫开发工作做出了全面部署。

【片区攻坚】 按照“区域发展带动扶贫攻坚、扶贫攻坚促进区域发展”和“高起点规划建设、高水平绿色发展”的工作思路，认真编制了《武陵山片区区域发展与扶贫攻坚实施规划》和《罗霄山片区区域发展与扶贫攻坚规划》。2012年10月30日，省政府正式批复了《武陵山片区区域发展与扶贫攻坚实施规划》，成为第一个报国家备案的省级片区规划。《罗霄山片区区域发展与扶贫攻坚规划》也通过评审。在两大片区规划编制过程中，认真做好与国家规划、部门规划和省“十二五”规划的对接，确定了基础设施、民生改善、特色产业、能力建设、城镇建设和生态改善6大类建设项目7100余个，启动并实施了湘西州吉首矮寨旅游扶贫开发、烟雨凤凰、怀化市石煤综合利用发电厂等一批重点项目，取得了良好的社会效益和经济效益。

【扶贫资金投入】 2012年，中央安排湖南省的财政扶贫专项资金达到11亿元，比2011年增长35.3%；中央以工代赈资金、少数民族发展资金也都有较大增长。省级配套大幅提升，全年省财政新增1亿元财政扶贫专项资金，达到1.9亿元，增幅达111%。同时，市县投入也明显增加，湘西自治州明确州县财政每年按不低于10%的比例增加扶贫投入。

【整村推进】 按照“先难后易、相对集中”的原则和“两年一轮”的要求，安排财政扶贫资金2.9亿元，重点在第一轮启动的480个国定贫困村实施整村推进，两年累计投入各类资金21.6亿元，每村平均投入达449.6万元，其中财政专项扶贫资金村平均121.6万元，整合部门资金村平均243万元，实施各类项目5760个，极大地改善了贫困村的落后面貌，加快了贫困村的发展步伐，较好地完成了本轮整村推进规划任务。

针对少数民族地区、高寒山区等特殊地区贫困村，省委、省政府制定《关于解决少数民族地区高寒山区贫困农民生产生活困难的意见》，对海拔800米以上的770个高寒山区贫困村进行了规划，在湘西自治州凤凰县腊尔山区先行试点的基础上，安排财政扶贫资金1.12亿元，在全省24个少数民族和少数民族人口过半县进行全面推开，重点扶持了112个高寒山区村。对怀化市98个深度贫困村，实行“三联一包”（市政领导联村指导、市直单位联村帮扶，工商企业联村援助、党员干部联村包户）工作机制，市本级财政拿出1000万元，整合资金4740万元，合力攻坚。

【产业扶贫】 建立了贫困地区扶贫重点产业项目库，通过开展“贷款贴息”、“连片开发”、“互助金”、“科技扶贫”等工作，积极推进贫困地区农业产业化进程，全力增加农民收入。全年安排3000万元财政扶贫资金，扶持了92家扶贫农业龙头企业，培育一批合作社和种养大户；安排发展产业基地资金3.46亿元，重点支持茶叶、油茶、百合、黄牛等特色主导产业发展，发展产业基地65万亩、牛羊大牲畜35万头。

与农业银行湖南省分行广泛开展金融合作，每年安排一定量的财政扶贫贴息资金，支持农业银行对扶贫农业龙头企业发放贷款，鼓励龙头企业采取“企业+合作社+农户”等形式推进产业基地建设。

【扶贫到户】 根据新的国家扶贫标准，对湖南省908万扶贫对象进行了全面摸底。按照“先难后易，分期分批”的原则，把需直接帮扶的扶贫对象80万登记造册并纳入全省绩效考评重点工作，将工作任务分解到48个扶贫工作重点县。按照“脱贫计划到户、项目规划到户、资金落实到户，帮扶责任到人、项目实施到人、工作联系到人”的要求，全省安排财政扶贫专项资金3.33亿元，启动大小项目20多万个，基本做到了“户户搞开发，家家有项目”，户均增收达2500余元，帮扶成效十分明显，深受贫困地区干部群众欢迎。

【雨露计划】 湖南省共安排财政扶贫资金8000多万元用于雨露计划培训，2012年参加农村实用技术培训的农民达14万人次，培训贫困村村官、科技骨干4000余人，帮助1.4万名扶贫对象子女完成了职业学历教育，并成功实现就业。同时，在13个扶贫开发工作重点县开展“雨露计划”改革试点工作。

高度关注贫困大学生就学问题，安排财政专项扶贫资金1200万元，在湘西自治州进行试点，按每人每年5000元的标准，对在校贫困大学生进行补助。同时，安排280万元财政专项扶贫资金，重点帮助解决贫困地区2330名留守儿童的就学问题。

【行业扶贫】 省委、省政府出台了《关于贯彻实施〈湖南省农村扶贫开发实施纲要（2011—2020年）〉重要政策措施分工方案》，进一步明确了部门责任。财政、发改、教育、民政、交通、国土等省直部门结合本部门实际，研究制定了支持贫困地区发展的政策措施。全省贫困地区全面实施“五位一体”（资助对象参合参保、门诊医疗救助、住院医疗救助、临时医疗救助和慈善医疗援助）的农村医疗救助政策，开展重特大疾病医疗救助试点，参合率在96%以上，小学、初中辍学率控制在1.5%、2%以内，农村危房改造进展顺利。为确保行业扶贫落到实处、见到实效，成立了扶贫开发工作考核领导小组，出台了《湖南省扶贫开发工作考核办法》，全面建立起扶贫绩效考评和激励问责机制。

【社会扶贫】 10个中直驻湘单位，共派出14名挂职干部、372名考察干部开展帮扶工作，直接投入资金1.74亿元。国家新增了商务部、五矿集团、中南大学、湖南大学4个单位定点帮扶城步、花垣、江华、隆回4个县，实现了对全省国家扶贫开发工作重点县的全覆盖。深入推进扶贫协作，继续动员和组织省辖6市对口扶持湘西自治州6县，深入开展驻村扶贫，先后共派出5012个工作队，投入各类资金、物资20亿元，帮扶了5012个贫困村。发动社会各界广泛参与扶贫开发，全省表彰了107个扶贫开发先进集体和93个先进个人，积极推进“部队2211助老区奔小康”工程，充分发挥省扶贫基金会、扶贫开发协会的作用，广泛开展“万企联村、共同发展”、“邮政爱心包裹”、“海联三湘行”、“手拉手”等活动，吸纳社会投入3亿多元。

【扶贫资金管理】 出台了《湖南省财政专项扶贫资金管理办法》，进一步完善各项考核体系，强化财政扶贫资金监管。按照《关于开展财政扶贫资金专项检查工作的通知》的部署要求，扶贫、财政、监察等部门，对2011年、2012年全省财政扶贫资金管理使用情况开展了全面检查。从检查的情况来看，扶贫资金管理规范，扶贫项目成效明显。

（湖南省扶贫办）

广东省扶贫开发

【概述】 2012年，广东省始终把扶贫开发工作放在重要位置，继续深入推进扶贫开发“规划到户、责任到人”工作，对3407个贫困村、36.7万贫困户、158.6万贫困人口展开定点、定人、定责帮扶，取得显著成效。贫困人口收入大幅增加。截至2012年底，158.6万贫困人口实现人均纯收入7762元，达到全省农村居民收入平均水平的73%。农村发展活力明显增强。全省被帮扶的3407个贫困村累计发展经济项目8498个；3407个省定贫困村村集体经济收入全部超过3万元，实现村均集体经济收入达11.09万元。基础设施得到较大改善。完成了300个“整村推进幸福安居示范村”建设，完成了10万低收入住房困难户的住房改建，以及850个不具备生产、生活条件的贫困村庄14639户移民搬迁安置任务。扶贫开发制度性建设得到加强。正式颁布实施了《广东省农村扶贫开发条例》，扶贫开发工作走向法制化轨道；确定了相对贫困标准的扶持政策，解决了扶贫开发工作长期性的重大战略性问题。

【扶贫工作会议】 2012年2月1日，广东省委、省政府召开了全省扶贫开发工作会议，贯彻落实中央扶贫开发工作会议精神，总结前十年扶贫开发特别是“规划到户、责任到人”工作取得的成就和经验，研究部署了未来十年的扶贫开发工作。2012年6月4日，广东省政府召开扶贫开发“规划到户、责任到人”考评情况通报暨扶贫济困日活动动员会议，通报2011年全省扶贫开发“规划到户、责任到人”工作情况，部署“广东扶贫济困日”活动各项工作。

【扶贫考核】 广东省委、省政府制定出台了《广东省扶贫开发“规划到户、责任到人”工作考核评估办法》，2012年12月，对全省3407个贫困村实施了扶贫开发“规划到户、责任到人”工作考核评估。组织动员全省各级扶贫、统计部门领导和干部，深入到37万贫困户家中进行调查，形成村表、户表等考评基础资料。省直有关单位开展了为期10天的核查，形成全省3407个贫困村考评总报告。在此基础上，围绕“规划到户、责任到人”全面总结经验，初步形成了理论体系、政策体系和工作机制。

【扶贫立法】 制定出台了《广东省农村扶贫开发条例》，促进扶贫开发走向法制化轨道；编写《广东省农村扶贫开发条例释义》，逐条阐释条例的立法目的和背景。2012年1月13日，正式颁布实施《广东省农村扶贫开发实施意见》，对2011—2020年扶贫开发工作进行了总体规划，创造性地实施相对扶贫标准，为推动新时期扶贫开发实现长期化、制度化提供了制度保障。

【社会扶贫】 广东省政府制定出台了《关于做好广东扶贫济困日活动捐赠款物使用管理的通知》，在民生银行设立省级统筹资金专门账户，规范“广东扶贫济困日”活动捐赠款物的管理。2012年“广东扶贫济困日”活动筹集善款近30亿元，开创了专项扶贫、行业扶贫和社会扶贫“三位一体”的扶贫开发新方式，构建了广东特色的“大扶贫”工作格局。

【移民扶贫】 实施农村低收入住房困难户住房改造建设，截至2012年12月底，全省累计投入改造建设资金达15亿元，完成了10万户农村住房改造建设任务，户均财政投入1.5万元。开展不具备生产生活条件的村庄移民搬迁。2012年，完成了“两不具备”贫困村庄搬迁安置850个、14639户。制定出台了《关于切实做好农村低收入住房困难户改建和“两不具备”村庄搬迁安置用地保障工作的通知》，有效保障搬迁安置用地。

【扶贫培训】 围绕扶贫开发“规划到户、责任到人”工作，广东省扶贫办举办各类培训班。全年省级财政投入培训资金1345万元，其中省级培训224万元、省扶贫培训基地300万元、县（市、区）培训761万元。省一级举办扶贫管理干部、产业化培训、全省村级互助金试点工作培训、全省扶贫统计监测培训等各类培训班共10期，培训各个层次干部1025人；省扶贫培训基地培训各类人员1940人。为培训工作编制政策汇编、各类教材共5000多册。

【扶贫宣传】 充分利用内部宣传平台，刊发各地扶贫开发“规划到户、责任到人”的经验做法，为各地扶贫开发工作注入新思维、新方法；邀请中央驻粤媒体代表赴韶关、清远等地实地采访，提升扶贫工作知晓度和见报率；配合省委宣传部集中开展“6.30扶贫济困日”宣传，打造扶贫济困爱心平台；编写和拍摄一系列扶贫工作作品，包括《奔向幸福——广东扶贫“规划到户、责任到人”纪实》画册、《大爱——广东扶贫开发纪实》、《点亮幸福之光——广东省扶贫开发“规划到户、责任到人”工作理论与实践》、《春满南粤》DVD等，展示扶贫开发“规划到户、责任到人”工作巨大成绩。全年中央主要媒体、行业媒体及国务院扶贫办主办媒体共刊发或转载广东省扶贫开发相关新闻报道261篇，为社会各界全面了解和认识广东扶贫开发工作奠定了坚实基础。

（广东省扶贫办）

广西壮族自治区扶贫开发

【概述】 2012年，在广西壮族自治区党委、政府的领导下，各级党委、政府和各有关部门认真贯彻落实《中国农村扶贫开发纲要（2011—2020年）》和中央、自治区扶贫开发工作会议精神，认真组织实施《关于实施我区新一轮扶贫开发攻坚战的决定》及28个配套文件，抢抓机遇，开拓创新，各项工作扎实推进，开创了扶贫开发工作新局面。

【扶贫资金投入】 2012年，广西投入财政专项扶贫资金17.86亿元。其中，中央财政专项扶贫资金11.55亿元（不含以工代赈和少数民族发展资金）；自治区本级财政专项扶贫资金3.3亿元；市、县财政专项扶贫资金3亿元。中央扶贫资金构成为：财政专项扶贫资金（发展资金）10.9亿元，各种专项资金6477万元（包括扶贫贷款贴息资金2700万元，项目管理费2241万元，灾后重建资金200万元，固定监测点15万元，雨露计划试点1321万元）。

【信贷扶贫】 2012年，安排扶贫贷款贴息资金1.1亿元，其中，项目贷款贴息5100万元，到户贷款贴息6000万元。截至2012年底，广西确认扶贫项目贴息贷款额度17亿元，扶持150家龙头企业、150个项目，带动贫困村发展优势产业。发放到户贷款12.13亿元，扶持102683万户贫困农户发展生产，到期贷款回收率达95.63%。

【村级互助资金试点】 广西互助资金试点覆盖37个县，210个贫困村。截至2012年底，共建立了230个村级扶贫互助协会，2339个互助小组，入会农户13991户，其中，扶贫对象10175户，占入会农户的73%。试点村累计发放农户8373户，累计发放贷款4656.18万元，到期应收借款2380.35万元，实收2394.68万元（部分借款户提前还款），还款率100.6%。

【易地扶贫搬迁】 为稳步推进易地扶贫搬迁工程实施，帮助贫困群众实现易地脱贫，结合广西实际，努力探索创新易地扶贫搬迁工作新模式，把易地搬迁扶贫开发与城镇化、工业化和农业产业化有机结合起来，制定出台了《贫困地区易地搬迁无土安置工作方案》，同时把易地扶贫搬迁工作列入广西为民办实事工作内容加以推进。2012年，选择大化、三江、罗城、靖西、龙州5个县作为依托城镇化实施易地扶贫安置工程示范县，积极开展实践易地扶贫搬迁新模式示范区建设。

【整村推进】 广西确定在“十二五”期间，实施扶贫开发整村推进3000个村，2012年，全区共启动了整村推进2219个村（含2011年启动贫困村在内）。通过实施整村推进，大多数贫困村基础设施条件显著改善，村容村貌焕然一新，社会文化事业得到较快发展，民主管理和精神文明建设水平明显提升，优势主导产业进一步发展，农民收入水平和自我发展能力有较大提高，呈现出文明、和谐、发展的新景象，一大批整村推进村成为当地新农村建设的示范村。

【产业扶贫】 “十百千”产业化扶贫示范工程，是“十二五”期间广西五大重点扶贫工程之一，是指建设10片以上特色优质高效、连片在1000亩以上、辐射覆盖贫困村农户1000户以上的这种植示范基地或特色高效养殖基地，扶持100家以上年销售额在1亿元以上的扶贫龙头企业，通过示范基地和龙头企业带动1000个以上贫困村成为产业化扶贫示范村。2012年，全区25个“十百千”项目县共投入财政专项扶贫资金7100万元，集中扶持了全区25个县（市、区）的油茶、核桃、茶叶、甘蔗、竹子、沙糖橘、葡萄、红心柚、粉葛、金银花、药菊、百香果和毛竹低改、茶园低改、种桑等种植，以及罗非鱼、养蚕、蛋鸡、肉兔、竹鼠等养殖产业。其中，发展特色优势种植5.8万亩，低产改造3.5万亩，养殖蛋鸡7万羽，养殖肉兔11.3万只，养殖竹鼠3.1万只，养殖罗非鱼1380箱，项目覆盖223个村，受益贫困农户达2.2万户，项目实施取得了显著成效。

2012年，产业扶贫计划目标任务是投入财政专项扶贫资金1.21亿元，在贫困村发展种植业24.2万亩，低产改造10.4万亩，家禽类饲养88.8万羽，家畜类饲养2.6万头，水产类养殖15万公斤。2012年产业扶贫工作计划全面完成，取得明显成效。全区安排财政扶贫资金2.55亿元，用于贫困村特色产业化扶贫项目的基地建设。各地积极谋划产业项目，鼓励贫困村群众发展产业，扶持规模化特色农业产业项目，发展种植47.2万亩，低产改造31.9万亩，后续管护3.5万亩，家禽养殖189.8万羽，家畜养殖4.9万头，水产养殖43.8万公斤。项目覆盖2548个村，受益人数达160万人。

【基础设施建设】 2012年，完成修建屯级道路4607条4520千米（其中砂石屯路1615条3037千米，硬化屯路2992条1483千米），修复被水毁道路82条2933千米，修建独立桥梁258座3644延米，人饮工程734处，小型水利37处，小码头3处等，总投资9.85亿元，其中财政扶贫资金7.89亿元，行业部门资金3928.2万元，地方配套资金1417.9万元，其他资金1.42亿元，受益人口3107268人。投入边境基础设施建设专项资金4000万元，修建屯级道路124条199.7千米，独立桥梁1座167延米。投入城乡风貌改造四期工程专项财政扶贫资金500万元，完成全区所有县城、建制镇主要交通出入口和主要干道两侧、重要街道节点和一、二级公路沿线可视范围的乡镇、村庄以及自治区级历史文化名镇名村的风貌改造，共计修建屯级道路13条22.3千米。

【连片开发扶贫试点】 马山、三江、那坡、西林、东兰、金秀6个2009年启动的试点县完成了项目规划建设，并通过了自治区组织的检查验收。截至2012年底，2010年试点的天等、忻城、环江、凤山、田林、平果6个县共完成投资3.89亿元（其中，中央专项扶贫资金5540万元，省、市、县安排专项资金507万元，整合部门资金1.89亿元，群众自筹1.09亿元，对口帮扶386万元，其他2664万元），完成规划总投资的97.05%。连片开发试点工作的稳步推进，基本实现了主导产业大发展、基础设施大改善、农民收入大增加、村容户貌大改观、社会事业大进步、群众素质大提高的目标，取得了实实在在的效果。

【定点扶贫】 2012年，广西各帮扶单位共选派驻村蹲点扶贫工作队员15039人（含贫困村党组织第一书记3000名）。落实定点扶贫帮扶单位7677个，其中，区直、中直驻桂单位210个，市直单位2112个，县直单位5355个。广西已实现“十二五”时期3000个整村推进贫困村定点帮扶全覆盖，单位包村成效显著。中央、自治区、市、县（市、区）帮扶单位直接投入帮扶资金共8.04亿元，比2011年增长148%。为贫困地区引进各类资金12.98亿元，比2011年增长89%。

【扶贫协作】 2012年，是新一轮广东广西扶贫协作的第二年。据统计，2012年广东省、广州市、东莞市及各级政府、各部门、社会各界等，向广西提供无偿资金及捐物折款4450万元，其中广东各级政府拨款3560万元，社会捐款890万元，捐物折款52万元；两广经贸合作签约项目1738个，协议合作投资2009.84亿元，实际投资1982.8亿元；帮助广西举办各类培训班34期，培训人员5268人次，其中培训干部550人次；2012年全区有计划有组织向广东输出劳务38.91万人，劳务输出纯收入46.692亿元。

【扶贫培训】 2012年开展农民实用技术培训27.8万人次，培养出一大批科技致富带头人、经济能手和农业土专家；新增扶持1万名贫困家庭子女接受职业学历教育（其中，大石山区贫困家庭子女5000名，非大石山区贫困家庭子女5000名），扶持接受职业学历教育的贫困家庭子女达20700人；安排资金扶持1000名考上普通高校大学本科的农村贫困家庭子女入学就读；帮助3万多名贫困地区劳动力接受短期职业技能培训。通过接受培训和教育，贫困地区劳动力的就业技能和市场竞争力明显提高，带动大批贫困家庭脱贫致富，起到了“培训一人、脱贫一户，转移一人、带动一片”的良好效果；全区扶贫系统5968人次参加培训，干部队伍素质得到新提高。

【建档立卡】 2012年，在农村全面开展了农村扶贫对象识别和建档立卡工作，共识别出贫困农户292万户、1012万人，分布在105个县、1146个乡（镇）、14668个村委会（社区）。各地将识别出来的贫困农户录入了信息管理系统，建立了纸质档案，实现了“户有卡、村有册、乡有簿、县有电子档案”，为扶贫到户瞄准打下了坚实的工作基础。

【兴边富民行动大会战】 2012年11月底，自治区人民政府正式批准了《广西壮族自治区兴边富民行动大会战实施方案》，标志着广西兴边富民行动大会战已由筹备阶段进入了全面实施阶段。将于2013—2015年筹措资金53.3亿元，在8个陆地边境县（市、区）以及德保、天等县，距陆地边境线0—20千米范围内的44个乡镇、540个建制村，实现通水、通电、通路、通电话、通广播电视、通网络、通客运班车、通边贸点等“八通”和边民有基本农田、有安居住房、有村级公共服务中心、有乡（村）卫生院（所）、有清洁能源设施、有农贸市场和边贸设施体系、有稳定增收产业、有基本社会保障等“八有”目标。

【国际交流合作】 2012年，成功协办了第六届“中国—东盟社会发展与减贫论坛”、“尼泊尔农村地区研修班”、“发展中国家制定、实施农村发展与减贫战略规划官员研修班”和“南亚7国政党干部培训班”，接待了“坦桑尼亚高层代表团”，向亚非发展中国家展示了广西扶贫开发的成效和经验，为推动广西扶贫领域国际交流与合作，服务于我国外交战略起到了积极作用。同时，加强与国际非政府组织合作，与国际非政府组织合作项目完成投资3055万元，其中利用国际非政府组织赠款达2955万元，用于农村基础设施建设、可持续农业发展、教育、卫生、妇女儿童发展、产业发展能力建设、赈灾等，效果明显。

【彩票公益金试点】 2012年，累计完成项目投资2.39亿元，其中完成中央投入“彩票公益金”资金6990.92万元。2012年6月，由自治区财政厅、扶贫办在南宁联合召开2012年中央专项彩票公益金支持革命老区整村推进试点县竞选会议。8个国家扶贫开发工作重点县的革命老区县符合竞选条件，参加了角逐，都安、田东、富川3个革命老区县获得项目实施。资金总指标为4500万元，每个县获得1500万元的资金支持。每个县选择10个整村推进试点村，每个村按150万元的标准进行补助。

【扶贫规划】 《滇桂黔石漠化片区广西片区区域发展与扶贫攻坚规划（2011—2015年）》已经自治区人民政府批准。右江区、田东县、平果县、金江区、南丹县、天峨县6个“天窗县”和“深度嵌入县”纳入规划范围，为广西连片特困地区扶贫攻坚打下了良好基础。

【扶贫宣传】 2012年3月2日，召开广西启动实施新一轮扶贫开发攻坚战新闻发布会，中新社、人民社等20多家区内外新闻媒体参加了新闻发布会。这是广西首次召开扶贫新闻发布会，社会反响很好。充分利用区内和中央主流媒体加大对广西扶贫开发的宣传，全年在新华社、人民日报、中央电视台等中央主要传统媒体刊登扶贫开发报道53篇次，在人民网、国务院扶贫办网站等媒体刊登报道230多篇次，居全国各省（市、区）扶贫办前列。

（广西壮族自治区扶贫办
黄兰清　文湘林）

海南省扶贫开发

【概述】 2012年，按照海南省第六次党代会提出“科学发展，绿色崛起”的总体要求，扎实做好扶贫开发工作。安排中央财政扶贫资金3.31亿元（其中发展资金2.01亿元、以工代赈资金7500万元、少数民族发展资金3110万元、兴边富民行动资金2400万元），省直机关、企事业单位联手扶贫资金2.3亿元（其中引进项目资金2.07亿元），扶持贫困地区开展整村推进扶贫、产业扶贫、劳动力转移培训、联手扶贫、老区建设、小额信贷扶贫等工作。全省5个国家扶贫开发工作重点市、县实现地区生产总值203.81亿元、地方财政收入14.59亿元、农民人均纯收入6093元，分别比上年增加75.06亿元、6.94亿元和1154元，增长36.8%、47.6%和18.9%。全省农村贫困人口从75.30万人减少到68.82万人，减少6.48万人，其中国家扶贫开发工作5个重点市、县减少1.91万人；贫困发生率从14.6%下降到13.4%。

【民生一号工程】 2012年，海南省政府向社会承诺办10件保障和改善民生实事，将“脱贫6万人”列为“一号工程”。为兑现承诺，省有关部门制订实施方案，明确脱贫任务、途径和措施，逐一把目标任务分解到市、县，责任落实到部门，把直接促进目标实现的种植业、养殖业、基础设施建设、技术培训、劳务输出等工作进行细化量化（即以扶持发展种植业帮助1.8万人脱贫，以扶持发展养殖业帮助1.2万人脱贫，以组织劳务培训输出帮助1.7万人脱贫，以开展政府引导、社会帮扶活动帮助1.3万人脱贫），要求市、县和相关部门定期上报进度、汇报工作，组织人员督促检查。截至12月底，全省减贫6.48万人，超额完成“一号工程”目标任务。

【整村推进】 2012年，完成60个贫困行政村整村推进扶贫开发任务，其中5个国家扶贫开发工作重点市、县26个，其他市、县（区）34个；完成21个特困自然村整村推进扶贫开发示范村建设规划工作。在整村推进扶贫开发中，共建乡村水泥路404千米、桥15座、涵洞380个，建饮用水工程46宗、打井23眼，建水利工程12宗，建文化室、球场等1.2万平方米，为19.3万人解决了行路难、4.1万人饮水难和1000公顷耕地灌溉难问题；安装太阳能光伏发电设备211套，为11个边远山村、211户农民解决了照明难和看电视难问题。

【产业扶贫】 2012年，继续扶持贫困农户发展种植业和养殖业。全年扶持 3 万户种植、管理各种经济作物和热带水果 6169 公顷，扶持 2.6 万户饲养猪 1.5 万头、家禽 98 万只、蜜蜂 4030 箱、鱼 1023 万尾。

2012 年，新认定“琼中奔鹿淀粉有限公司”为省级扶贫龙头企业。当年全省有国家级扶贫龙头企业 3 家、省级扶贫龙头企业 8 家。

【雨露计划】 2012 年，继续委托海南华侨商业学校、海南经济技术学校、海南财税学校等学校，开设学制 3 年的中等职业教育扶贫学历班，新招学生 3300 人；当年在校生 5800 人，毕业 1452 人，转移就业 1423 人，就业率 98%。举办劳务输出引导性培训班共 166 期，培训 8284 人次，输出 8100 多人，输出率 95%。

【扶贫培训】 2012 年，举办农村实用技术培训班 703 期，培训农民 3.5 万人次。海南省扶贫系统与科协等部门联合举办农民增收致富培训班 36 期，培训 2160 人次。组织扶贫开发工作重点市县领导、扶贫办主任及相关人员 37 人次参加全国培训；举办全省联手扶贫驻点干部培训班 5 期，培训 542 人次；全省扶贫系统干部培训班 8 期、培训 410 人次；贫困村干部培训班 49 期、培训 2354 人次。

【联手扶贫】 2012 年，在继续做好省直机关企事业单位定点帮扶贫困村工作的基础上，出台了《驻琼军警部队参与定点扶贫工作意见》，把 32 个团级以单位列为联手扶贫单位，启动军警部队定点帮扶贫困村工作。军警部队参与定点扶贫后，全省帮扶单位从 136 个增加到 198 个。会同省国资委召开联手扶贫工作座谈会，总结交流近年来国资委系统扶贫工作经验，研究探讨新形势下做好扶贫工作的措施和办法。联手扶贫单位共派驻村干部 295 人次；到帮扶点调研 1308 人次，其中省级领导 77 人次、厅级领导 190 人次；投入、引进资金 2.29 亿元，实施帮扶项目 221 个，覆盖发展生产、建设基础设施、教育扶贫、扶贫培训，劳务输出等。

【革命老区建设】 2012 年，安排革命老区建设专项资金 8000 万元（含省配套资金 1000 万元），实施项目 273 个，其中修建村道 243 条、涵洞 95 个、桥梁 6 个、饮水井 16 个、文化室 9 个，覆盖 187 个贫困村庄、17.59 万人。省扶贫办、省老促会会同省发改委等 11 家单位，对全省革命老区开展调研，形成《海南省老区基本情况调研报告》，向省委、省政府提出加强老区建设意见和建议。完善了老区基本情况数据库。

【村级互助资金试点】 2012 年，共安排村级互助资金试点村 142 个，入社农户 5433 户，投入资金 2150 万元。累计借款 6575 人次，发放借款 2482.55 万元。发放借款主要用于三个方面：一是种植业，851.33 万元，占 34%；二是养殖业，1582.67 万元，占 64%；三是商业、运输业及其他 48.55 万元，占 2%。

【连片开发试点】 2012 年，安排 200 万元扶持五指山市修路 3.48 千米，建饮水工程1宗，为3个村176户750人解决行路难和72户329人饮用安全水难问题；扶持50户200人种植大棚瓜菜0.8公顷；扶持90户360人养鹅1875只。

【彩票公益金试点】 利用中央专项彩票公益金支持白沙黎族自治县、临高县两个国家扶贫开发工作重点县的革命老区整村推进扶贫开发工作。白沙黎族自治县编制规划项目39个，配套项目69个，总投资1.04亿元，其中中央彩票公益金0.15亿元，占14.4%。临高县编制规划项目212个，总投资1.002亿元，其中中央专项彩票公益金1500万元。

【小额信贷扶贫】 2012年，海南省农民小额贷款累计30.6亿元，其中扶贫系统引导带动小额扶贫到户信贷资金16.46亿元，占53.8%。共扶持贫困农户种植、管理各种经济作物185万亩，饲养家禽家畜230万头（只），覆盖贫困农户6.7万户，32.16万人。仅东方市就有17748户85190人通过小额贷款扶贫，人均收入4500元以上。

【“爱心包裹”项目】 2012年，继续实施“爱心包裹”项目，共收到社会各界和个人捐款19.47万元，给五指山、琼海两市19所学校及其学生寄递爱心包裹1679个，其中学校包裹22个，学生包裹1657个，受益5700多人。

【扶贫资金管理】 举办财政扶贫资金管理培训班，邀请财政厅等部门人员讲解财政扶贫资金的作用、使用及报账程序等业务知识和有关要求。在市县电视、政报、网站等媒体及村务公开栏公告公示扶贫项目，接受社会监督。组织相关部门对扶贫项目实施过程进行跟踪检查，对扶贫资金使用情况进行绩效考评。深入5个国家级扶贫工作重点市县指导互助资金试点工作，帮助贫困村建立互助社，了解资金运行情况，提高使用效益。准确、及时上报统计监测信息。积极配合督查、财政、审计等部门对扶贫资金的使用情况进行检查、审计。海南省扶贫资金绩效考评工作获全国B等奖。

【贫困人口识别】 按照海南省新扶贫标准，做好贫困人口识别工作。一是举办培训班，学习掌握识别贫困人口的要求、原则、办法和工作流程；二是与国家统计局海南调查总队一同测算贫困人口规模，并下达市县指标；三是以市县为单位对贫困人口对象进行摸底、筛选、核实；四是公告公示贫困人口名单；五是建档立卡，造册登记，录入电脑；六是研究脱贫途径，制定脱贫措施。2012年全省新标准下的农村贫困人口75.3万人，其中，五指山、琼中、保亭、白沙和临高5个国家级扶贫开发工作重点市县25.11万人。

【扶贫统计监测】 2012年，在海口举办扶贫统计监测培训班3期，组织相关人员学习基期数据统计、农户抽样调查和建档立卡等业务知识和操作技能，演练“贫困农户信息管理系统”等。截至年底，各市县已完成相关数据录入、上报等工作。海南省扶贫统计监测工作，在国务院扶贫办组织的交叉检查中获得特等奖。

【扶贫宣传与调研】 2012年，共编印扶贫工作动态16期，印发3200份，采用信息98条。截至2012年底，累计编印扶贫工作动态159期，印发31800多份，采用信息795条。举办扶贫系统通讯员培训班，学习新闻采写知识，分析写作案例，提高写作水平；组织新闻媒体单位到贫困地区采写扶贫开发新闻稿件。2012年在国家、省级报刊、广播电视台报道海南扶贫开发新闻190多篇次，其中《经济日报》、《光明日报》12篇。

开展了“千村万户”调研活动，调研重点区域为少数民族地区、干旱地区和火山岩地区。每一个国家扶贫开发工作重点市县调研行政村不少于8个，省扶贫办抽样调研行政村6个、村民小组34个、农户1691户、人口8149人。调研主要内容为基本情况、生活现状、致贫原因、脱贫措施等。通过调研，不仅了解贫困村及其农户情况，还提出进一步做好扶贫开发工作的意见与建议，为进一步贯彻落实扶贫政策提供了依据。

【扶贫表彰】 2012年8月，省扶贫开发领导小组，表彰在2001—2011年度扶贫开发工作中涌现出的先进集体和先进个人，受表彰的先进集体65个、先进个人52个。先进集体和先进个人覆盖18个市县、农垦、洋浦经济开发区、扶贫培训学校及联手扶贫驻点工作队。

（海南省扶贫办 王远玉）

重庆市扶贫开发

【概述】 2012年，重庆市坚持以武陵山、秦巴山片区为主战场，以减少贫困人口和增加贫困农民收入为主攻方向，以整村扶贫、产业扶贫和统筹城乡扶贫为工作重点，加大投入，创新机制，狠抓落实，全面超额完成了年度目标任务。2012年减少贫困人口30万人，扶贫开发工作重点区县农民人均纯收入增加716元，达到6000元；完成扶贫和生态移民12万人，新建及改扩建村社公路5892千米，为31万人解决安全饮水问题，完成劳动力创业就业和实用技术培训11.5万人，较好地促进贫困农村经济建设和社会事业协调发展。重庆市获国务院扶贫开发领导小组工作考核一等奖，并连续4年获全国财政扶贫资金绩效考核A级评定，获全国扶贫系统统计监测特等奖。重庆市扶贫办获“重庆市文明单位”和“阳光重庆”节目十佳优秀单位。

【扶贫标准和工作目标】 2012年，按照重庆市第四次党代会作出的“城乡区域差异很大，综合实力还不强，仍处在欠发达阶段，仍属于欠发达地区”的科学判断，召开两次全市扶贫开发工作会议和一次市扶贫开发领导小组会议，及时统一思想，完善思路，明确目标，对全市扶贫标准和工作目标进行调整和修订：在扶贫标准上，在农民人均纯收入有30%未达到国家标准2300元的，执行国家标准，达到2300元后实行相对扶贫标准并动态调整；在工作目标上，将原来确定的“到2015年实现50%的国家扶贫工作重点县脱贫摘帽、2000个贫困村全部整村脱贫”调整为“2017年前基本消除绝对贫困，基本完成2000个贫困村和4个市级重点区县扶贫任务”。

【扶贫资金投入】 2012年，重庆市市级扶贫资金投入总额达到81.8亿元，其中，财政专项扶贫资金23亿元，比2011年增长63%；安排信贷扶贫资金21亿元；社会帮扶资金37.8亿元，比2011年净增11.8亿元，增幅45%，连续3年超过财政扶贫资金。同时，市级涉农部门投入贫困区县财政资金103亿元，比2011年增加26%；人民银行在武陵山、秦巴山12个片区区县安排信贷资金719亿元，比2011年增加41%。

【连片特困地区扶贫】 2012年，重庆市编制出台了《重庆市（武陵山片区、秦巴山片区）农村扶贫开发规划（2011—2020年）》，片区内12区县编制完成了相关规划。片区区县规划了1—2个小片区，每个小片区投入市级以上财政扶贫资金1200万元左右，整合部门行业资金3亿元。全年下达片区内财政扶贫专项资金12.9亿元，涉及900个贫困村近万个项目，因地制宜推进水、电、路、气、房、环境改善“六到农家”。

【整村推进】 2012年，重庆市按照“七有四通三解决”（“七有”是指农民有稳定收入、有基本保障、有基本知识、有一定技能、有稳固住房，贫困村有服务中心、有好的班子；“四通”是指贫困村要通公路、通电话、通广播电视，农民要户户通电；“三解决”是指贫困人口要稳定解决温饱，贫困村要基本解决人畜饮水问题，要全部解决生态和扶贫移民问题）的整村扶贫标准，对2010年实施的450个贫困村进行验收，这些村实施扶贫项目4100余个，村均投入950万元，整合投入18.4亿元。同时，投入财政专项资金4.5亿元，整合资金45亿元，新启动450个贫困村，贫困村项目实施推进顺利、进展良好。全年安排专项扶贫资金4200万元，新启动160个贫困村的互助资金试点，全市试点村达到1313个，为贫困户发展特色效益农业提供资金支持。

【产业扶贫】 2012年，重庆市安排产业发展专项资金1.5亿元，支持每个重点区县发展1—2个扶贫骨干产业，投入4200万元产业示范带建设资金，支持重点区县发展1—2个扶贫骨干产业。在丰都县成功举办“中国产业扶贫·肉牛发展峰会”，大力推广“丰都肉牛”扶贫模式。开展旅游扶贫招商活动，签约40亿元，到位5亿。安排专项资金8000万元，整合资金5个亿，支持21个区县77个村发展旅游扶贫。全年贫困村新发展农家乐6000多户，共接待游客450余万人次，同比增长1.9倍，参与农户户均增收2万余元。

【移民培训】 2012年，重庆市安排财政扶贫资金2.7亿元，积极稳妥地推进扶贫和生态移民，完成扶贫和生态移民搬迁22万人和2.3万扶贫人口转移进城就业。完成各类培训近11.5万人，其中雨露技工培训4500人，实用技术培训6.8万人，扶贫创业培训1.7万人，实现5000多人成功创业。创新雨露计划“职教扶贫”项目工程，支持2万多名贫困学生读中、高职；实施“雨露工程”大学生资助项目，为5000名贫困大学生每人补助3000元生活费；探索了“微企扶贫”路子，全面推进100个大学生村官创业项目。

【社会及东西协作扶贫】 2012年，重庆市举办“渝鲁东西扶贫协作暨签约”活动，签订合作项目67个，签约资金达270亿元，到位资金16.8亿元。山东14个市对口帮扶重庆市14个国家扶贫开发工作重点贫困县，援助资金4250万元，支持项目85个。18个扶贫集团对口支援贫困区县资金达9.6亿元，“一圈”支持“两翼”（“一圈”即以重庆主城为核心、以大约1小时通勤距离为半径范围的城市经济区，“两翼”即以万州为中心的三峡库区城镇群和以黔江为中心的渝东南城镇群）资金近5亿元。开展“10·17”系列活动，表彰重庆十大扶贫人物，向社会各界募集“雨露工程”和老区建设捐款2853万元。新增国家开发银行定点帮扶黔江、秀山，包商银行定点帮扶彭水，实现中央国家机关等单位定点帮扶全覆盖，全年定点帮扶资金7.8亿元。世行五期扶贫项目强力推进，落实项目配套资金4500多万元。

【扶贫资金监管】 2012年，重庆对全市32个使用了财政扶贫资金的区县逐一开展督察，并认真组织开展自查自纠。表彰了贫困村优秀义务监督员，配合审计部门完成了全市扶贫资金审计。结合扶贫工作实际，细化量化了党风廉政建设和反腐败工作任务，签订了《党风廉政建设目标责任书》，形成了“一岗双责”的工作格局。全面建立和推行廉政风险防控机制，组织党员干部认真查找部门和个人在工作中的廉政风险点，将防控责任分解落实到各项工作、各个环节的每一个相关人员，做到全员防控、全过程防控，塑造了扶贫部门“高效、廉洁、勤政、务实”的良好形象。

【扶贫机制创新】 2012年，结合重庆实际，调整了扶贫开发工作目标，建立了全市相对扶贫标准与国家扶贫标准的有效衔接机制，研究制定了《重庆市财政扶贫专项资金管理实施办法》，调整充实了扶贫开发领导小组成员单位，出台了旅游扶贫、扶贫资金项目竞争入围办法和区县扶贫开发工作综合考核办法，扶贫开发机制得到了进一步完善。

（重庆市扶贫办　颜　彦）

四川省扶贫开发

【概述】 2012年，四川省投入各类扶贫资金320多亿元，其中，中央和省级财政扶贫资金52.99亿元，支持贫困地区加快发展，扶持162.67万贫困群众改善生产生活条件、提高发展能力，完成目标任务的116.19%。启动实施连片扶贫开发项目96个，完成年度计划的120%；实施整村推进723个，完成年度计划的144.60%；开展劳务培训6.50万人，完成年度计划的108.33%。

【扶贫规划】 按照《四川省农村扶贫开发纲要（2011—2020年）》和《贯彻实施〈四川省农村扶贫开发纲要（2011—2020年）〉重要政策措施分工方案》，各市（州）、县（市、区）认真编制出台新阶段农村扶贫开发规划或实施意见，形成上下一体的科学规划体系。按照全国连片特困地区区域发展与扶贫攻坚规划编制工作部署要求，集中力量编制四川藏区、秦巴山片区、乌蒙山片区区域发展与扶贫攻坚实施规划。编制完成《四川省扶贫开发整村推进规划（2011—2015年）》。

【扶贫开发工作会议】 2012年2月，省委召开扶贫开发工作会议，全面总结21世纪前十年扶贫开发工作，动员部署新阶段扶贫开发工作。21个市（州）以党委、政府名义召开市（州）级扶贫开发工作会议，把扶贫开发摆在突出位置进行部署，对当地新阶段扶贫开发进行科学谋划、系统规划和总体布局。积极开展《四川省农村扶贫开发条例》调研论证工作，将《四川省农村扶贫开发条例》列入2013年四川省地方性法规制定类项目立法计划。表彰四川省十年扶贫开发工作先进集体和先进个人，100个先进集体和200名先进个人受到中共四川省委、四川省人民政府表彰，其中52个扶贫移民部门、73名扶贫移民部门干部职工受到表彰。

【扶贫标准】 确定四川省实行与国家规定的2300元（2010年不变价）扶贫标准相一致的扶贫新标准，2010年底，全省农村贫困人口为1356万人，将更多的低收入人口纳入扶贫范围。全省除成都市确定的扶贫标准高于2300元外，其余20个市（州）都与国家和省里标准保持一致。稳妥推进“两项制度”有效衔接工作，建立完善贫困农户信息管理系统，准确识别扶贫工作对象，动态管理评估扶贫开发工作。

【目标任务】 编制出台《关于确保完成新阶段农村扶贫开发目标任务的工作方

案》，明确“脱贫”和“摘帽”两大目标。“十二五”完成新10年目标任务的65%，到2020年扶贫对象全部脱贫，实现“两不愁、三保障”目标。2015年前南部县、广安市广安区摘掉扶贫重点县“帽子”，2019年前藏区外其余25个重点县“摘帽”，藏区9个重点县按国家安排“摘帽”。

【连片特困地区扶贫】 按照“区域发展带动扶贫开发、扶贫开发促进区域发展”的基本思路，集中各方力量，突出重点区域，扎实推进连片特困地区扶贫开发工作和重点扶贫开发项目。2012年在连片特困地区投入中央和省级财政扶贫资金24.80亿元，启动实施了500个整村推进、50个连片扶贫开发等项目。

在阿坝州连片特困地区，对以大骨节病试点为重点的藏区全面扶贫。2012年投入扶贫资金4000万元，启动实施四川省藏区连片扶贫开发试点；2012年度落实到位项目资金4.45亿元，应用于实施阿坝州扶贫开发和综合防治大骨节病试点，项目整体推进效果良好，试点工作五年规划目标任务圆满完成。

加快推进以“彝家新寨”建设为重点的大小凉山综合扶贫开发，2012年度完成了投资88.79亿元，其中启动建设“彝家新寨”296个、25141户。

大力实施以“巴山新居”建设和革命老区连片扶贫开发为重点的秦巴山片区扶贫攻坚。在秦巴山、乌蒙山片区41个县，每县投入财政扶贫资金1000万元，实施革命老区连片扶贫开发项目。在片区内2个县实施彩票公益金项目、选择6个县开展彩票公益金创新试点项目。在乌蒙山片区筹备实施世界银行第六期贷款扶贫项目，加快推进四川省革命老区扶贫攻坚进程。

【整村推进】 编制实施《四川省扶贫开发整村推进规划（2011—2015年）》，下发《整村推进年度选村办法》和《备案卡》，2012年投入资金6.18亿元，实施整村推进扶贫新村723个。另外，在连片特困地区外安排财政扶贫资金3.54亿元，选择贫困人口较多的45个县，实施整村推进连片开发354个村。针对扶贫工作对象的需求，以贫困农户为重点开展劳务扶贫培训，培训输出贫困劳动力6.50万人，实现“培训输出一人、脱贫致富一家”目标。加大产业扶贫力度，在连片扶贫开发、整村推进等项目中加大产业发展力度，为贫困群众建立稳定收入来源。规范实施互助资金和彩票公益金项目，审批了4个县36个村在2011年度的互助资金项目，加强129个县1660个村互助资金指导、管理工作，完成了新增9000万元彩票公益金扶贫项目申报及彩票公益金创新试点项目的竞选。

【行业扶贫】 充分发挥行业主管部门优势，加大行业扶贫工作力度。2012年行业部门在连片特困地区加大投入，扎实开展行业扶贫活动，促进贫困地区发展，带动贫困群众脱贫致富。四川省委组织部、省委政研室、省农村信用联社、四川发展（控股）有限责任公司、武侯区委等部门

（单位）纷纷与对口定点帮扶单位签订双方或多方共援框架协议，捐赠帮扶资金上千万元，为全省抓好对口定点扶贫工作开创新模式。教育部门认真实施农村义务教育学生营养改善计划和面向4大片区定向招生计划。省委组织部在安排下派挂职干部、省委统战部在制订“对口援藏”方案、省直机关工委在组织“挂包帮”活动时，主动与对口定点扶贫工作进行有效对接。2012年7月13日，交通运输部在四川召开国家连片特困地区交通扶贫工作推进会，对全省交通扶贫产生积极推动作用。发展改革委、财政厅、水利厅、卫生厅等省直部门（单位）也都在各自的领域中，以不同程度和不同方式支持扶贫开发工作，行业扶贫的强大力量更加凸显。

【社会扶贫】 18个中央、国家机关在四川省29个重点县开展定点扶贫，直接投入帮扶资金1.90亿元，引资2.42亿元、项目86个。全面启动省内新一轮对口定点扶贫工作，安排239个省直部门（单位）对口帮扶全省87个县，实现国家片区县、重点县和省规划县全覆盖；安排成都、攀枝花等7个经济实力较强的市对口支援藏区20个县。2012年省直部门（单位）直接投入帮扶资金4.47亿元，引进资金8.43亿元、项目645个，下派110名扶贫挂职干部到75个县进行帮扶。各地主动加强与省直对口帮扶部门（单位）和帮扶市的沟通联系，制订帮扶方案，定点扶贫、“领导挂点、部门包村、干部帮户”和对口支援等帮扶活动取得明显成效。

500余家扶贫龙头企业共投入60.38亿元建设特色产业基地，带动22.24万农户实现户均增收近1800元；扶贫志愿者行动计划、“栋梁工程”等社会扶贫活动深入开展。国际扶贫合作不断深化，争取到世行第六期项目——“中国贫困片区产业扶贫试点示范项目”在四川省实施；与联合国儿童基金会等多边组织和非政府组织的合作进一步深化。

【东西扶贫协作】 浙江、四川两省领导开展互访考察，形成两省扶贫协作《备忘录》，浙江省拟每年安排专项帮扶资金3.2亿元，建立结对帮扶四川省藏区32县长效机制。签订《2012年浙江省对口帮扶四川藏区项目实施协议》，对口帮扶全省藏区项目资金2400万元，实施1200户农牧户危房改造。

签订《珠海凉山东西扶贫协作工作座谈会备忘录》，积极开展“珠海情系凉山关爱大行动”系列活动。2012年珠海市扶贫协作凉山州资金1725万元，实施以“彝家新寨”建设为重点的民生工程。

【扶贫资金监管】 坚持科学化、规范化、精细化、人性化管理，提升扶贫开发工作监管水平，确保扶贫资金使用安全、项目实施增效、广大群众真正受益。严格资金项目管理，修订下发了《财政专项扶贫资金管理办法》，建立扶贫开发监管联席会议制度。制定出台了《四川省扶贫开发统计管理办法及报表制度》，扶贫统计监测取得新成效。坚持阳光操作，制发《四川省扶贫资金项目公告公示样本》，规范从省到村五级扶贫资金项目公示公告程序，明确公示公告时间、范围、内容和格式，广泛接受群众和社会监督。延伸管理监督触角，在扶贫资金项目建设和管理过程中广泛吸纳群众参与，加强监督检查，进一步完善专项监督、群众监督和社会监督相结合的扶贫开发监管体系。

【扶贫开发工作考核】 省政府将“扶持140万农村贫困人口脱贫”作为重点工作，纳入政府目标考核和省直部门绩效考评。按照国家扶贫开发考核办法要求，下发《关于2011年度扶贫开发工作考核的通知》，制定考核工作方案，分类分区域对2011年度扶贫开发工作进行抽查考核。制定下发《四川省扶贫开发工作考核实施办法（试行）》，规范工作考核，促进各级认真抓好扶贫开发工作。2011年度四川省扶贫开发工作被国务院扶贫开发领导小组评定为A级，受到通报表扬。

【扶贫调研宣传】 完成四川省第十次党代会精神理论解读报告、“两化”（新型工业化和新型城镇化）互动统筹城乡理论研讨论文、《新农村建设成效与作用专题调研报告》等重要理论调研文章8篇。组织开展全省扶贫移民系统干部到贫困地区开展“千村万户”调研活动，形成调研报告112篇。高质量编纂完成“两个加快”系列建设实录丛书《扶贫开发、阳光工程——四川省推进扶贫开发纪实》，全书共35万字。协助完成大型文献电视片《中国反贫困之路》。与《中国扶贫》杂志社联合出版四川扶贫专刊，总结宣传21世纪头十年四川省扶贫开发巨大成就。在中央、省主要媒体发表宣传文章599篇次，宣传四川省扶贫开发成就。省委扶贫开发工作会议期间，成功举办四川省21世纪扶贫开发工作大型成就展，反响热烈，深受好评。编辑发行《四川扶贫与移民》杂志6期，正式开通运行“四川扶贫移民”门户网站，上网公开信息3422条。

（四川省扶贫移民局
邹积立　唐　义　吴　勇）

贵州省扶贫开发

【概述】 贵州省是全国贫困面最广、贫困人口最多、贫困程度最深的省份之一。在国家确定的14个连片特困地区中，涉及贵州的有武陵山区、乌蒙山区、滇桂黔石漠化区三大片区70个片区县。全省88个县（市、区、特区）中，83个有扶贫开发任务，其中有50个为国家级扶贫开发工作重点县。2012年，贵州省认真贯彻落实中央扶贫工作会议和《国务院关于进一步促进贵州经济社会又好又快发展的若干意见》（国发〔2012〕2号）精神，深入实施《中国农村扶贫开发纲要（2011—2020年）》，坚持把扶贫开发作为第一民生工程来抓，举全省之力向贫困发起“总攻”。按照国家扶贫标准2300元计，有贫困人口923万人，贫困发生率为26.8%。至2012年底，5个重点县128个贫困乡镇实现“减贫摘帽”；50个重点县农民人均纯收入4469元，比2011年增长16.3%，高于全省农民人均纯收入，增幅1.7个百分点。在全国各省（区、市）扶贫开发工作考核和财政专项扶贫资金绩效考评中，均获A级。贵州省扶贫办党组被贵州省委党的建设工作领导小组评为“十佳领导班子”。

【扶贫资金投入】 2012年，共争取到中央财政扶贫资金29.79亿元，其中，财政扶贫发展资金25.498亿元，净增6.38亿元，增长33.8%。省财政列入扶贫科目的资金为14.1亿元，其中，由省扶贫办组织实施的有6.238亿元。

【产业扶贫】 立足贵州山地农业实际和产业基础，按照“调整结构、突出重点、规模发展、推进产业化”的要求，集中财政扶贫发展资金的70%，集中打造具有比较优势的核桃、生态畜牧、中药材、蔬菜、茶叶、精品水果、马铃薯、油茶、乡村旅游、特色养殖等“十大扶贫”特色产业，着力培育产业大县、产业大乡、产业大村，每个产业大县重点培育2—3个主导产业，使主导产业能够覆盖50%的乡镇，产业大乡的主导产业覆盖70%的村，产业大村的主导产业覆盖80%的农户。2012年共投入“十大扶贫产业”的资金达到26.54亿元，实施项目10096个。完成核桃种植202.6万亩；生态畜牧业完成种草33.5万亩，建圈舍93.73万平方米，采购投放羊53.9万只；完成中药材种植30.95万亩；无公害商品蔬菜基地面积23万余亩，其中，核心示范基地12万余亩；特色茶叶种植面积5.96万亩；精品水果种植面积12.9万亩；脱毒马铃薯原原种生产1733.28万粒，扩繁一级原种3614.16亩，扩繁二级原种1.15万亩，大田优质薯种植22.33万亩；新种植油茶13.42万亩，改造低产油茶林17万亩。在56个乡镇实施乡村旅游扶贫项目，重点打造了平坝县天龙镇天龙屯堡、大方县油杉河风景区、白云区蓬莱仙境（贵州省现代农业展示区）等20个乡村旅游扶贫示范点，打造了雷山县、镇远县、赤水市等10个乡村旅游重点县。

【扶贫攻坚示范县】 按照“突出重点、打造亮点、区域发展、板块推进”的要求，从2012年开始，每年从50个国家级扶贫开发工作重点县中选择10个县进行集中投入，打造扶贫攻坚示范县。每县投入8000万元以上，集中培育2—3个扶贫产业，用5年时间将50个重点县集中投入1次。2012年，重点打造了威宁自治县、松桃自治县、长顺县、丹寨县、江口县、道真自治县、紫云自治县、水城县、晴隆县、修开息（贵阳市修文、开阳、息烽3县整体申报，享受一个示范县政策）等10个扶贫攻坚示范县。共投入财政扶贫资金9.2亿元，整合资金16.67亿元，实施产业化扶贫项目2690个，集中扶持了优质核桃、草地畜牧、优质油茶、优质茶叶、精品水果、优质蔬菜、乡村旅游等产业发展。

【生态移民搬迁】 贵州省委、省政府决定从2012年起，计划用9年时间投资240亿元对居住在深山区、石山区、生态环境脆弱地区的200万群众进行生态移民搬迁。2012年，投入资金18.11亿元，完成生态移民搬迁10.13万人。其中，省扶贫办下达3.2亿元财政扶贫资金，安排扶贫生态移民搬迁4.57万人，占计划任务3万人的152.38%。

【扶贫培训】 继续实施雨露计划，完成雨露计划实施方式改革试点、“黔深雨露直通车”试点、企业招工+培训+就业“三位一体”和产业化扶贫技能培训22万人，占计划的110%，8.2万人实现转移就业，近10万人创业（转产）。圆梦行动一次性资助5000名农村贫困大学新生4000元，助学工程资助1.02万人接受中等职业教育，另外有2.85万名接受职业教育和技能培训的农村贫困学生，获得一年1500元的资助。国家面向贫困地区实施10000名高等院校定向招生专项计划，贵州省有65个片区县纳入实施范围。全省共培训贫困地区干部21015人。其中，党政干部2023人，中青年扶贫业务骨干8257人，贫困地区基层组织负责人、农村致富带头人10735人，占总培训任务的105%。

【东西扶贫协作】 2012年，大连、青岛、深圳、宁波4市共向贵州省贫困地区无偿提供帮扶资金1.49亿元，实施了一大批协作项目，在教育扶贫、卫生扶贫、干部培训、劳动力培训转移等方面都作出了新贡献。新增上海、苏州、杭州、广州4个城市帮扶贵州，实现了沿海发达城市对贵州省除贵阳以外的市（州）“一对一”帮扶。

【定点扶贫和社会扶贫】 新增9个中直机关（央企）定点扶贫贵州，实现31个中直机关（央企）对贵州省50个重点县定点扶贫全覆盖，还争取到国家烟草专卖局整体对口帮扶贵州。集团帮扶、党建扶贫、“帮联驻”等工作深入推进，31位副省级以上领导在32个县开展集团帮扶；101个省直机关挂帮88个县，216个单位在50个县开展党建扶贫。

另外，为了明确各省直部门在推动三大片区扶贫攻坚的职责，省委办公厅、省政府办公厅下发了《关于实施扶贫攻坚重大事项推进行动的通知》（黔委厅字〔2012〕10号），在全省全面推行“省委省政府负总责、省扶贫开发领导小组统筹协调、省分管领导牵头负责、各厅局各司其职、市州具体负责、县乡狠抓落实、实施扶贫绩效考评挂钩、群众主体参与”的管理方式，建立“定目标、定任务、定时限、定奖惩”的问责机制，推进专项扶贫、行业扶贫与社会扶贫等有机结合。2012年，明确了3位副省级领导各自牵头负责一个片区的工作，31位副省级以上领导在片区联系32个片区县，9个省直部门分别牵头和联系3个片区工作，还有66个省直机关挂帮66个片区县，216个单位组成的省直党建扶贫工作队分布在49个片区县，34家中直机关在34个片区县开展定点扶贫工作，42个片区县得到对口帮扶城市的扶持。

【金融扶贫】 创新财政扶贫资金使用机制，积极探索财政专项扶贫资金用作贷款贴息、以奖代补、奖励扶持等有偿使用、滚动发展的新方式。国家开发银行贵州省分行经总行批准，向习水、江口等首批16个扶贫金融合作县，提供首期农业产业化扶贫攻坚合作融资授信33亿元。省农信社根据扶贫部门推荐扶持的产业化扶贫项目、扶贫龙头企业、农业小微企业、专业合作社、农户等目录，在符合国家产业政策和监管规定的前提下，提供500亿元以上贷款授信支持，共同推动产业扶贫开发，促进农民增收脱贫。2012年，安排贴息资金5000万元，对249家符合条件的企业项目贷款进行贴息。安排财政扶贫资金4000万元，对紫云县、沿河县、江口县等43个县进行小额到户贷款贴息。

【减贫摘帽】 为了破除自甘落后、争戴“贫困帽”的思想，树立勇摘“贫困帽”的意识，确保与全国同步全面建成小康社会，从2011年起，在全省全面推行“摘帽”不摘政策的“减贫摘帽”激励机制，要求到2018年所有重点县和贫困乡实现整体脱贫，摘掉“贫困帽”。对提前“摘帽”的重点县、贫困乡，保持原有扶持政策不变，并从“摘帽”当年起至2018年，每县每年奖励1000万元项目资金，贫困乡镇按贫困类别，分别奖励100万元、50万元、30万元项目资金。实行“摘帽”绩效与政绩绩效考评挂钩，使“摘帽”县、乡政治上有荣誉、组织上受重用、经济上能受益。对列入“减贫摘帽”计划的县乡，如不能按期实现“减贫摘帽”的，进行行政问责。

2012年，共有习水、江口、松桃、长顺、贞丰5个县和花溪区高坡乡等128个乡镇实现“减贫摘帽”，全省累计有8个县、194个乡镇实现“减贫摘帽”。

【片区扶贫规划】 2012年，根据国家正式批复的武陵山片区、乌蒙山片区、滇桂黔石漠化片区规划和《编制集中连片特殊困难地区区域发展与扶贫攻坚省级实施规划指导意见》，制定了《贵州省编制集中连片特殊困难地区区域发展与扶贫攻坚县级实施规划指导意见》，先后编制完成了《贵州省武陵山片区区域发展与扶贫攻坚实施规划（2011—2015年）》、《贵州省乌蒙山片区区域发展与扶贫攻坚实施规划（2011—2015年）》、《贵州省滇桂黔石漠化片区区域发展与扶贫攻坚实施规划（2011—2015年）》，并按时按要求完成上报备案工作。6月28日，国务院扶贫开发领导小组在贵州省黔西南布依族苗族自治州兴义市，召开滇桂黔石漠化片区区域发展与扶贫攻坚启动会。会议强调，要认真组织实施滇桂黔石漠化片区区域发展与扶贫攻坚规划，坚持扶贫开发和石漠化综合治理相结合，水利建设、生态建设和石漠化治理“三位一体”协同推进，走出一条石漠化地区经济社会发展、扶贫开发与生态建设良性互动的新路子。

【扶贫攻坚示范区】 《国务院关于进一步促进贵州经济社会又好又快发展的若干意见》（国发〔2012〕2号）明确了贵州省创建“扶贫开发攻坚示范区”的战略定位。为了贯彻落实“国发2号文件”精神，省委、省政府出台了《关于加快创建全国扶贫开发攻坚示范区的实施意见》（黔党发〔2012〕26号），要求着力推进农民增收致富工程，在促进“三化”兴“三农”（以产业化提升农业，以工业化致富农民，以城镇化带动农村）上作示范；着力推进产业扶贫，在转变经济发展方式上作示范；着力推进“三位一体”综合治理，在加强生态文明建设上作示范；着力推进基础设施向县及县以下延伸，在改善贫困人口基本生产生活条件上作示范；着力推进扶贫生态移民搬迁，在改善人居环境上作示范；着力推进贫困地区社会事业发展，在筑牢民生安全网上作示范。

（贵州省扶贫办　李维兵）

云南省扶贫开发

【概述】 在国家确定的连片特困地区中，云南省涉及乌蒙山区、滇桂黔石漠化区、滇西边境山区、四川省藏区（迪庆）4个片区，涉及91个县（市、区），其中集中连片特困地区县85个，嵌入县4个，天窗县2个。2012年，云南省共投入省级以上财政扶贫资金42.11亿元，贫困人口减少210万人，贫困地区农民人均纯收入4365元，同比增加618元，增幅高于全省平均水平。按照农民人均纯收入2300元的新国家扶贫标准，云南贫困人口还有804万人，其中人均纯收入在785元以下的深度贫困人口还有160万人，主要分布在边远少数民族地区的1075个乡镇。另外，贫困人口超过3000人的乡镇还有116个。2012年，专项扶贫以扶贫开发重点县为主战场逐步向以集中连片特困地区为主战场推进，扶贫措施由整村推进、产业扶贫和劳动力转移培训“一体两翼”逐步向基础设施建设、生态环境保护、特色产业开发、民生保障改善和人力资源开发等“五位推进”转变；行业扶贫在政策、措施、项目、资金方面由优先保障到重点倾斜；社会扶贫由输血式扶贫走向造血式扶贫。云南省扶贫开发已形成专项扶贫、行业扶贫、社会扶贫“三位一体”的“大扶贫”新格局。2012年2月19日，出台云南省农村扶贫开发纲要，对2011—2020年的扶贫工作进行指导。

【整村整乡推进】 2012年，云南省投入财政扶贫资金10.13亿元，安排实施6753个贫困自然村整村推进。80个扶贫开发工作重点县安排5306个，其中，73个国家扶贫开发工作重点县安排4988个；85个连片特殊困难地区县共安排5520个；边境县共安排1382个。

2012年，新增整乡推进项目30个，省级以上财政投入专项扶贫资金3亿元。截至2012年11月，累计完成2011年启动实施的25个整乡推进项目计划总投资的86%。

【产业扶贫】 2012年，产业扶贫项目规划总投资10.51亿元，其中，中央财政扶贫资金安排1.8991万元，省级财政扶贫资金安排29万元，安排项目304个，涉及16个州市104个县（区）。其中，种植项目204个，总投资8.9876亿元，财政扶贫资金补助1.2300亿元；养殖项目100个，总投资2.5307亿元，财政扶贫资金补助5790万元。产业项目分二批下达：第一批于2012年8月30日下达；第二批于2012年12月13日下达。由于部分产业项目须跨年实施，所以到2011年产业项目2012年底才基本实施结束，大部分项目验收完毕。

【信贷扶贫】 2012年，到户贴息贷款安排规模达37亿元，财政专项贴息资金1.85亿元，涉及16个州（市）124个县（市、区）完成全年计划的100％。扶贫贷款项目全省推荐认定了163个，推荐认定贷款金额14.82亿元，安排专项财政贴息资金4445万元，其中，省级推荐认定扶贫贷款项目27个，贷款规模5.57亿元，安排专项财政贴息资金1670万元。扶持国家扶贫龙头企业11家，项目贷款规模达1.71亿元，安排财政贴息514万元。

【雨露计划】 2012年，云南省贫困地区劳动力转移培训18.43万人，其中省外转移1.67万人，省内转移16.76万人。继续推进“雨露计划”实施方式改革试点，将补助资金直接发放到贫困农民家庭。2012年春季学期，在8个县（区）试点，按照每人800元补助标准，发放补助资金921.6万元。2012年秋季学期，在14个县（区）试点，按照每人700元补助标准，补助资金1842.89万元。

【易地扶贫搬迁】 2012年，实施易地扶贫搬迁3.6万人，投入财政扶贫专项资金1.8亿元。项目共覆盖了87个县，共建设安居房8031套，建筑面积68.5万平方米。易地扶贫搬迁按人均5000元标准补助，重点用于搬迁群众的安居房建设，面积不低于60平方米，达到当地抗震设防的要求。

2012年，投入省级以上财政扶贫资金2.8亿元，实施28000户扶贫安居工程。涉及687个乡镇2777个村委会6564个村民小组。规划总投资15.7亿元，其中财政专项补助资金2.8亿元，部门整合资金1.86亿元，群众自筹及投工献料折资11亿元，户均投资5.6万元。总建筑面积245.5万平方米，户均建设87.7平方米。

【特困群体帮扶】 贡山县独龙江乡整乡推进独龙族整族帮扶。按照《中共云南省委办公厅云南省人民政府办公厅关于独龙江乡整乡推进独龙族整族帮扶三年行动计划的实施意见》，独龙江乡帮扶主要实施基础设施、安居工程、产业发展、社会事业发展、素质提高和生态环境保护与建设6大工程。原规划总投资8.61亿元，独龙江公路改建工程投资调整后，总投资调整为9.65亿元。截至2012年底，落实项目资金10.83亿元，实际划拨到位资金9.42亿元，累计完成投资7.14亿元。其中，上海市计划投入5000万元，实际已到位6600万元，应用于实施5个民族文化特色村安居工程和整村推进项目建设，超计划任务的32％。

重点帮扶澜沧县拉祜族。2012年，省级下达扶持资金1000万元，实际投入各类资金3475.31万元，实施发展增收产业、新建基础设施、完善社会事业、生态保护与环境治理等项目，项目涉及澜沧县5个乡（镇）12个村委会20个拉祜族村小组，拉祜族贫困群众有905户、3261人直接受益。

【革命老区建设】 2012年，投入革命老区专项资金3000万元和中央专项彩票公益金1500万元，开展革命老区重点帮扶工作，推进革命老区核心区建设。项目涉及14个州（市）的38个老区县和12个老区乡镇，项目覆盖95个贫困自然村10218户60342人。通过督促检查，项目资金到位率达100%，项目建设已完成80%以上，整合各部门资金比例达到1∶3以上，项目建设极大地改善了老区贫困群众的生产生活条件，着力为老区群众解决了行路难、饮水难等的问题。

【建档立卡】 云南省有1014万贫困人口，截至2012年底，已完成290.14万贫困户1014.74万人建档立卡及数据录入上报工作。其中，扶贫户182.05万户642.38万人，五保户1.32万户1.8万人，低保户19.5万户53.34万人，扶贫低保户87.27万户317.21万人。

【连片特困地区扶贫攻坚】 2011年12月，正式启动连片特困地区区域发展与扶贫攻坚规划编制工作，截至2012年10月，云南省涉及的乌蒙山片区、滇桂黯石漠化片区、滇西边境片区的区域发展与扶贫攻坚规划已全部获得国务院批复（四川藏区“十二五”经济社会发展项目建设规划此前也获得国务院批复）。目前，云南省涉及的乌蒙山片区、滇桂黔石漠化片区、滇西边境片区和藏区4个片区15个州（市），省级实施规划已通过省级专家组评审，91个片区县的实施规划已通过地方政府审核，进入省级部门最后确认和报批备案阶段。

2012年，云南省财政厅、云南省扶贫办联合下发《关于拨付2012年连片特殊困难地区综合扶贫开发示范项目资金的通知》（云财农〔2012〕207号），安排资金1.5亿元，在15个县实施连片特困地区综合扶贫开发示范项目，实施方案已通过了专家综合审核。

【宁蒗县扶贫攻坚大会战】 2012年11月6日，项目建设正式启动，计划投资7705.52万元，实施27个深度贫困自然村的扶贫综合开发，其中就地扶持23个，易地搬迁4个，涉及1726户6467深度贫困人口。

【村级互助资金试点】 2012年，共投入中央财政扶贫资金1.44亿元和省级财政扶贫资金1140万元，项目共覆盖98个县555个行政村，组建944个互助社。6个试点县开展了软件管理试点，在全国率先出台《关于做好农村扶贫互助社登记工作的指导意见》。

【社会扶贫】 2012年，中央国家机关企事业单位共派出挂职扶贫干部22人，深入定点县实地考察420次。各定点扶贫单位直接投入9314.47万元，其中，资金投入8996.63万元，捐赠物资折合人民币384.84万元；引进资金1889.09万元，共上项目136项；举办各类培训班118期，共培训10888人；劳务输出1786人。217家省级国家机关、企事业单位定点在295个贫困乡镇1556贫困村共派出蹲点扶贫干部1364名，深入挂钩点考察6532名，定点帮扶单位直接投入13.62亿元，其中资金投入

13.27亿元，捐赠物资折款3541.32万元；引进各类资金22.57亿元，帮助上项目1962个，资助贫困学生71108人；举办培训班935期，共培训128946人次，劳务输出238094人。

【沪滇对口帮扶】 2012年，上海计划安排帮扶资金2.47亿元，实际到位2.82亿元，实施各类帮扶项目364项，覆盖云南省滇西边境山区、石漠化地区和迪庆藏区28个县32个乡镇15857户农户、66732个农民，实施经济合作项目133个，协议总投资740.5亿元，对口帮扶合作工作呈现出投入持续增长、合作机制完善、片区扶贫示范、经济合作深化的新态势。

【国际交流合作】 2012年，通过走出去、引进来等多种方式，借鉴国际减贫经验，创新扶贫机制，拓宽帮扶渠道，开展国际交流合作。继续推进与国家金融组织合作，完成国际农发基金云南农村综合发展项目的前期准备，为项目贷款谈判和国际农业发展基金执行董事会批准项目奠定基础，该项目计划总投资折合人民币5.9亿元，覆盖4州市9个县。继续保持与3个境外非政府组织和1个国内非政府组织合作，实施区域发展、综合扶贫、农村生计和抗旱赈灾、地震救灾等一大批项目。投入项目资金4887.34万元，包括省级财政配套资金398万元。项目覆盖10个州市28个县，受益贫困人口近100万人次。

【扶贫调研】 2012年，完成《云南省新阶段扶贫开发思路研究》、《云南省贫困村互助资金试点示范研究》、《云南省集中连片特困地区扶贫攻坚研究》、《云南省乌蒙山区扶贫攻坚研究》等10个专项研究课题。其中，《云南省贫困村互助资金试点示范研究》获云南省发展研究三等奖。完成重点扶贫调研报告32个，典型案例分析调研11个。《云南集中连片特困地区扶贫攻坚调研报告》和《加强扶贫资金监管调研报告》分别荣获国务院扶贫办2011年调研报告评比一等奖和三等奖。

【扶贫考核】 2012年，制定了《云南省财政扶贫奖补考核暂行办法》和《云南省扶贫整村推进太阳能热水器建设项目管理暂行办法》。组织16个州、市扶贫办从制度建设、制度执行情况、资金分配等7个方面，开展2011年财政专项扶贫资金自查。配合审计署昆明特派办做好省扶贫办负责安排的中央及省级财政专项扶贫资金的审计调查工作。

【扶贫人力资源开发】 2012年，举办老区建设、连片开发、定点帮扶等重点工作培训班3期、培训452人次；举办了4期贫困地区农村合作组织培训班，培训340人次。与涉农行业协会和农村合作组织合作，完成职业技能培训3000人。组织贫困地区干部和扶贫干部专题培训班4期，培训179人次。组织会泽县扶贫办和会泽县老厂乡干部，赴四川省北川县参加中国乡村减灾与扶贫能力建设培训。

（云南省扶贫办　肖义贵）

西藏自治区扶贫开发

【概述】　2012年1月，西藏自治区党委、自治区政府召开了西藏自治区扶贫开发工作会议，专题研究部署全区的扶贫开发工作。会上明确提出自治区、各地市“一把手”要把主要精力放在扶贫开发上，高度重视扶贫工作，扑下身子抓扶贫工作；制定下发了《西藏自治区贯彻〈中国农村扶贫开发纲要（2011—2020年）〉实施办法》和中共西藏自治区委员会办公厅、西藏自治区人民政府办公厅关于印发《〈西藏自治区贯彻中国农村扶贫开发纲要（2011—2020年）实施办法〉工作任务分解方案的通知》（藏党厅〔2012〕15号文件）。这些举措；在全区迅速掀起了新一轮扶贫攻坚的高潮。

【扶贫资金投入】　2012年，按照西藏自治区扶贫开发工作会议提出的“自治区财政扶贫开发支出预算每年递增30%，地（市）和县（市、区）按不低于上年地方财政收入2%的比例安排扶贫开发投资”的要求，自治区财政安排资金2亿元，较上年增长34%；各地（市）县按不低于上年地方财政收入2%的比例，共安排地县财政扶贫资金8376万元，比计划增加了906万元。全区扶贫开发总投入达13.35亿元，其中，中央财政扶贫发展资金7.7亿元，以工代赈资金9.1亿元，少数民族发展资金2.2亿元，绩效考评奖励资金1300万元，科技扶贫资金250万元，灾后重建资金200万元，扶贫统计监测资金15万元，项目管理费1579万元；自治区配套2亿元，自治区劳动力转移资金2000万元。

【项目实施】　2012年，安排扶贫资金9.1034亿元，其中：中央财政资金7.83亿元，自治区财政资金1.27亿元（包括劳动力转移专项资金2000万元）；实施各类扶贫开发项目1419个。扶贫开发工作在项目管理实施过程中，创新机制，做到了项目早审查、资金早下达、项目建设早开工、项目区群众早受益。

按照年初提出的资金到户率要达到60%的要求，实施到户帮扶，落实到户项目788个，到户帮扶资金5.8亿元，项目覆盖7.88万户37.5万人，到户率达到63%；全年安排整乡推进项目两批共358个，国家投资1.95亿元；安排产业扶贫项目898个，国家投资4.66亿元；扶贫项目受益群众10.8万户58.45万人，项目区群众人均纯收入增加1030元，特别是80个整乡推进扶贫乡镇的农牧民人均纯收入增速高于全区平均水平的3个百分点。年人均纯收入低于2300元以下的低收入人口，减少了13.5万人。2012年，西藏自治区扶贫办实施的扶贫开发项目，在国务院扶贫办组织进行的绩效考评中评定为B级，获得奖励资金1200万元。

【两项制度有效衔接】 依据农牧民年人均纯收入2300元的新扶贫标准，在全区开展了两项制度有效衔接工作，按照“一审二评三公示”的工作要求，准确识别出2011年底全区低收入人口，并根据家庭有无劳动力和年收入状况，划分出了扶贫户、扶贫低保户、低保户、五保户4类群体。根据贫困户发展需求，按照“缺什么补什么”的原则，积极实施到户帮扶，户均扶持标准为1万元。

【贫困户安居】 2012年共安排建档立卡贫困户安居8723户，国家投资2.18亿元，其中中央财政扶贫资金1.4亿元，自治区财政安排7807.5万元；使5万多贫困群众住上了安全适用新房。

【整乡推进】 在全区7个地市、66个县、80个乡镇实施整乡推进扶贫，安排整乡推进项目358个，国家投资1.95亿元，整合资金6.61亿元。同时，完成2013年度179个整乡推进扶贫规划审查审批工作。

【产业扶贫】 2012年共安排5批产业扶贫项目1006个，国家投资5.3亿元（含培训800万元）。产业扶贫开发项目主要依托当地的优势资源，开发一些短平快项目，如奶牛养殖、花卉种植、农畜产品加工等，做到了当年投资，当年受益。

【连片开发】 在左贡、尼木、错那县安排试点项目奖励资金各200万元，共安排实施6个项目；对拉萨市6个村、山南地区3个村共安排互助资金奖励资金200万元。

【溜索改吊桥】 在西藏的4地市20个县共安排溜索改吊桥84条，除墨脱、察隅外，其余县市进一步加大了对溜索改桥项目建设力度，预计在2013年，全面完成溜改建设任务。

【劳动力转移项目】 按照“巩固、扩大、提高”的原则，2012年安排自治区财政劳动力转移项目专项资金2000万元，项目38个。这些项目包括采石采砂、特色产业建设等，是贫困群众得到实惠最多的项目，备受农牧民推崇。

【扶贫绩效考核】 在对考评验收结果进行综合分析、总体评价的基础上，共评选出区中直先进单位17个，地（市）、县A、B等级单位18个，对考核被评为A、B级的3个地市、15个县，按照考核办法给予了奖励。共安排奖励项目56个奖励资金3100万元。

【科技扶贫】 2012年，向国家申报科技扶贫综合试点项目3个，山南地区隆子县黑青稞生产基地建设项目，通过了国务院扶贫办的评估论证。国家投资250万元，自治区配套50万元。

【灾后重建】 西藏是一个自然灾害易发、多发区，各种自然灾害交替出现。经自治区扶贫办积极向国务院扶贫办汇报争取，并经多方协调，全年共安排灾后重建资金200万元，实施灾后重建项目4个。

【扶贫直通车行动计划】 为积极响应区党委号召和驻村工作组为民办实事行动，自治区扶贫办、区纪检委联合实施了“创先争优强基础惠民生扶贫开发直通车行动计划”。2012年，驻村工作队上报项目476个，实际实施达到834个。

【扶贫宣传】 先后在《人民日报》、中央电视台、西藏电视台，《西藏日报》、《扶贫开发》等报刊杂志发表各类体裁的扶贫报道83篇。其中溜索改吊桥在中央电视台《新闻联播》中播出。同时，通过召开新闻发布会等形式，展示西藏扶贫开发取得的巨大成就，鼓舞人心，凝聚共识。

【扶贫调研】 自治区人大将扶贫开发作为全年人大监督调研的重要内容，对扶贫开发展开实地调研，专题听取扶贫开发工作汇报，并在机构设置、人员配备上加大工作力度。自治区相关部门全年抽调多个联合工作组，先后深入全区7个地市、60多个县进行广泛深入细致的调研，全面听取基层干部群众意见或建议，掌握第一手材料，为科学决策提供了依据。2012年10月，自治区扶贫办全力配合国务院扶贫办完成了科技扶贫综合试点项目考核和相关调研工作；依据调研情况，出台了《西藏自治区“十二五”时期扶贫开发到户帮扶导则》、启动了《西藏自治区区域发展与扶贫攻坚（2011—2020年）》编制工作等。

（西藏自治区扶贫办）

陕西省扶贫开发

【概述】 2012年，是全面贯彻中央扶贫开发工作会议精神和新十年扶贫开发纲要的重要一年。陕西省按照全省扶贫开发工作会议的要求，认真落实中央扶贫开发工作会议精神，以科学发展观为指导，以学习贯彻十八大精神为动力，按照城乡统筹发展的要求，坚持区域发展与扶贫攻坚同步推进，扶贫开发与社会保障有效衔接，以增加贫困人口收入为中心，以陕西农村扶贫开发条例为准绳，把集中连片贫困地区作为主战场，大力实施片区攻坚、移民搬迁、到村到户三大扶贫战略，统筹推进专项扶贫、行业扶贫和社会扶贫工作，农村贫困地区的经济社会得到快速发展，广大贫困群众的生活水平不断提高，全面完成了2012年度目标任务。按照2500元的新扶贫标准，全省有85.8万农村贫困人口实现脱贫。

【扶贫资金投入】 2012年，共投入各类扶贫资金94亿元，其中：专项财政扶贫资金24.5亿元，比2011年增长22.5%；市县投入专项财政资金21亿元，比2011年增长24.3%；信贷扶贫资金投入26亿元；互助资金总规模达到4.03亿元，互助资金发放借款6.36亿元；世行五期扶贫项目完成投资7076.6万元；省级“两联一包”（副省级以上现职领导干部联系一个扶贫开发工作重点县，包扶一个重点村；省级各部门、各单位联系一个扶贫开发工作重点县，帮扶一个贫困乡镇，包扶一个扶贫开发工作重点村，规模大、实力强的单位要包扶两个以上重点村）和企业包村扶贫投入6.06亿元。扶贫资金投入创历年最高，专项扶贫项目资金到村到户率达到90%以上。

【扶贫资金管理】 2012年，陕西省全面推行扶贫资金项目管理公告、公示和报账制度，印发了《陕西省财政专项扶贫资金管理实施办法》，加强对财政扶贫项目资金的动态监管。省扶贫办会同省财政厅和省审计厅，对全省2011年度财政专项扶贫资金进行了绩效考评专项检查，确保财政扶贫资金的安全运行和高效使用。在全国财政扶贫资金绩效考评中，被评为B级，并获得了1200万元的财政扶贫资金奖励。

【连片特困地区扶贫】 2012年，陕西省政府成立了片区区域发展与扶贫攻坚领导小组，建立了片区攻坚领导联系和部门牵头制度，出台了支持片区发展的相关政策，制订了行业分工方案。编制完成了

《陕西省秦巴山区区域发展与扶贫攻坚规划（2011—2020年）》、《陕西省六盘山区区域发展与扶贫攻坚规划（2011—2020年）》和《陕西省吕梁山区区域发展与扶贫攻坚规划（2011—2020年）》。启动了3个国家级片区和白于山区、黄河沿岸土石山区两个省级片区《实施规划》的编制工作。

【移民扶贫】 按照“建设小城镇、产业支撑和避灾扶贫搬迁”三位一体的思路，统筹发展，创新机制，完善了扶贫移民搬迁安置规划、资金筹措和考核办法等措施，全力以赴组织实施移民搬迁工作。2012年，安排财政专项扶贫移民资金10.87亿元，占资金总量的44%，全省搬迁贫困人口6.9万户、26.4万人，其中，陕北地区搬迁2.24万户、8.8万人，陕南地区搬迁3.7万户、13.6万人，渭北旱塬和秦岭北麓地区搬迁0.96万户、4万人。

【整村推进】 2012年，陕西省以培育区域优势产业、改善贫困村社区基础条件和公共服务设施为重点，安排财政专项扶贫资金3.6亿元，新启动建设整村推进项目村386个。新争取到在镇安等10个县，实施中央专项彩票公益金支持革命老区扶贫开发创新试点项目：在定边、镇巴两县实施中央专项彩票公益金支持革命老区整村推进创新试点项目；在延川、米脂等6个县开展了“一村一策、一户一法”整村推进扶贫试点工作；新修村级道路897千米，为151.2万人、89.8万头大家畜解决了饮水问题，贫困地区基础设施不断改观，项目村的面貌正在发生深刻变化。

【产业扶贫】 2012年，陕西省以2500元省级扶贫新标准锁定贫困对象，大力实施“一村一策、一户一法”方略，对贫困地区和贫困人口进行了全面扶持。围绕贫困地区区域特色优势产业发展和贫困群众增收需要，实施信贷扶贫项目，安排小额到户贷款贴息资金4620万元，投放小额到户贷款10.01亿元。进一步扩大了互助资金覆盖面，累计安排项目村已达到1769个，互助资金总规模达到4.03亿元，累计发放借款6.36亿元，扶持和带动了50多万户贫困群众发展增收产业。扶持建设27个现代农业扶贫园区，扶持了286个专业合作组织，整合行业部门资金8.43亿元，吸收社会投资24.89亿元，扶持带动2.4万贫困户通过土地流转、园区就业和基地建设，增加财产性、经营性、工资性收入。

【雨露计划】 2012年，陕西省安排财政扶贫资金7794万元，对5万名贫困人口劳动力进行了技能培训，提高了贫困群众的就业、创业能力，达到了“培训一人、就业一人、脱贫一户”的目标。按照国务院扶贫办部署，在靖边等8个国家扶贫开发工作重点县组织开展了“雨露计划”培训实施方式改革试点。加大农村贫困家庭大学生助学项目实施力度，安排财政专项扶贫资金1.04亿元，资助贫困家庭大学生2.62万人。开展贫困地区农业实用技术培训项目，按照“实际、实用、实效”的原则，通过多种形式，完成培训100万人次。

【外资扶贫】 2012年，陕西省“世行五期扶贫项目”完成投资7076.6万元，在257个村实施了社区基础设施和公共服务项目，在59个村实施了社区发展资金项目，在50个村实施了全球环境基金项目，各类项目按时间节点全面推进，项目覆盖榆林、延安、宝鸡3市的10个县471个贫困村20.5万贫困人口，项目受益农户2.18万户8.81万人。

【贫困人口识别】 陕西省率先在西部地区将扶贫标准从国家标准2300元提升到2500元。2012年初，采取“自下而上逐户调查识别，自上而下逐级抽查审核”的方式，在全省所有农村户籍人口中组织开展了收入普查，确定了全省新阶段扶贫对象，并对贫困村、贫困户信息建档立卡，实施信息化管理。

【社会扶贫】 2012年，陕西省深入推进“千企千村扶助行动”，组织2955家企业结对帮扶3328个低收入村，累计投入资金2.19亿元，实施帮扶项目2000多个。争取34个中央部委、企事业单位在陕西省50个县开展定点扶贫，全年累计投入各类扶贫资金2800余万元。调整组织554个省级单位在66个县554个贫困村开展了“两联一包”扶贫，各参扶单位投入和引进各类资金约3.87亿元，实施扶贫项目1100多个。省级现职领导率先垂范，每人确定了1个联县扶贫点。推进“富县帮贫县”活动，榆林、延安、咸阳等市的县际帮扶工作深入开展。组织开展了“爱心包裹项目圆梦2012大型公益活动”等送温暖、献爱心活动。

【农村扶贫开发条例】 2012年1月6日《陕西省农村扶贫开发条例》（以下简称《条例》），经陕西省人大常委会审议通过，并于2012年3月1日起施行。《条例》确立了扶贫开发的法律地位，明确了陕西省各级政府、有关部门的扶贫责任，建立了扶贫开发的基本制度，将政府、部门责任、扶贫制度与机制、扶贫开发考核、贫困影响评估、项目资金管理等予以具体化、制度化，把陕西省农村扶贫开发工作纳入法制化轨道。

【扶贫工作措施】 全面谋划，完善政策体系。陕西省委、省政府高度重视扶贫开发工作，将消除贫困列为全省富民强省十大民生工程之一，先后召开了省委常委会议、省扶贫开发领导小组会议、全省扶贫开发工作会议等，安排部署新一轮扶贫开发工作。出台了贯彻新十年扶贫纲要的《实施意见》分工方案、《支持集中连片特困地区发展若干政策》，制定了《关于深入实施“一村一策、一户一法”方略，促进贫困村贫困户收入持续快速增长的意见》、陕北扶贫搬迁建房资金筹措方案，颁布了《陕西省农村扶贫开发条例》，印发了《关于进一步做好省级机关企事业单位“两联一包”扶贫工作的通知》，起草了《关于建立激励机制，加快脱贫步伐的意见》和《片区支持政策分工方案》，扶贫开发政策体系进一步完善。

创新思路，探索扶贫模式。陕西省坚

持把创新作为推动扶贫开发的内在动力，创新思路，积极探索行之有效的工作方式。一是创新扶贫工作思路。年初全省扶贫办主任会议提出了在工作指导、制度建设、扶贫方式、扶贫机制、力量配置 6 个方面的转变，进一步统一思想，提高认识，促进了扶贫开发的根本性转变。二是探索产业扶贫新模式。研究制定了全省产业扶贫项目管理办法，把扶持贫困户同扶持合作组织、引导土地流转结合起来，采取财政资金补助和贷款贴息等方式，通过直接扶持贫困户，扶持龙头企业（专业合作社）带动贫困户、发展现代农业园区覆盖贫困户等形式，增加贫困户收入。三是探索扶贫开发新路子。组织开展了“一村一策、一户一法”扶贫开发试点、科技扶贫综合试点、“雨露计划”实施方式改革试点等，积极探索扶贫新经验、新方式，为全面推进扶贫工作奠定了基础。

多措并举，提高扶贫成效。一是加大考核力度。根据国务院扶贫办《扶贫开发工作考核办法（试行）》，陕西省扶贫开发领导小组印发了《扶贫开发工作考核实施办法》，对各市扶贫开发工作进行考核；陕北移民搬迁安置领导小组制定印发了《陕北移民搬迁工作考核办法》，并组织开展了考核工作，对先进市、县进行了表彰奖励。二是强化督促检查。派驻督导员对陕北部分区、县的移民搬迁工作进行督导，组织专门力量，对全省投入财政扶贫资金 100 万以上的重点产业扶贫项目进行检查，发现问题及时纠正。三是全面推进行业扶贫。省政府相继出台《关于推进农村残疾人扶贫开发工作的实施意见》、《关于进一步做好人口计生与扶贫开发相结合工作实施意见》和交通扶贫规划等扶贫专项规划，各行业部门在安排项目资金时积极向贫困地区倾斜，对贫困人口开展了全面的扶持。

（陕西省扶贫办　陈庆客）

甘肃省扶贫开发

【概述】 2012年，甘肃省认真组织实施《甘肃省〈中国农村扶贫开发纲要（2011—2020年）〉实施办法》（以下简称《实施办法》），落实甘肃省“十二五”农村扶贫开发规划及“联村联户”、“扶贫攻坚行动”，围绕2012年的工作要求和扶贫开发目标任务，实现了农民人均纯收入增幅高于全省平均水平2个百分点和减少贫困人口150万人两大目标。

【扶贫资金投入】 2012年，甘肃省扶贫资金总计27.61亿元，比2011年增长25.8%。其中：中央扶贫资金25.21亿元（含中央彩票公益金0.3亿元），增长24.6%；省配套资金2.4亿元，增长39.5%。

【基础设施建设】 2012年，在贫困村集中实施了一批基础设施建设项目，其中，梯田建设14.2万亩，发展集雨节灌面积2390万亩，贫困户危房改造15147户，砂化、拓宽硬化村组道路4183千米，新增节水灌溉面积8万亩，集雨节水灌溉面积0.6万亩。同时，协调、配合有关方面大力开展退耕还林还草、草原禁牧休牧和水土保持、天然林保护、荒山荒坡造林、小流域综合治理及地质灾害防治等生态环境保护与修复工作。支持有关市、州继续实施草原牧民定居工程和老区居住告别“土窑洞”工程。

【片区攻坚】 2012年，继续将实施整村推进项目列为年度为民办实事的重点项目之一。按照新纲要的要求，组织秦巴山片区、六盘山片区和藏区（以下称“三大片区”）区域发展与扶贫攻坚规划编制工作。各地在认真组织实施“三大片区”区域发展与扶贫攻坚规划之际，提出了以“三大片区”区域发展与扶贫攻坚规划引领贫困地区发展的要求，以规划为导向，加大项目争取力度，促进政策转化和项目落实，全力推进了贫困地区扶贫攻坚。2012年计划实施整村推进扶贫500个，实际完成598个，占国家计划任务的120%。598个整村推进投资总额36.21亿元。贫困农户生产生活条件明显改善。各市、州项目资金整合力度加大，项目实施质量提高。

【雨露计划】 在2012年的劳务培训中，认真落实省政府关于“财政、扶贫、人力资源和社会保障等部门，要切实兑现扶贫资金10%用于职业技能培训和实用技术培训的规定，努力为提高贫困人口素质提供政策和资金保障”的要求，着力抓好秦安县等10个国家和省级“雨露计划”的实施方式改革试点和以培训“两后生”为主的各类培训方式改革创新工作。安排永靖、东乡、天祝、古浪、礼县、张家川、清水等省外劳务移民20270人。开展“两后生”培训3.5万人，实施“雨露计划”7万人，“实现培训一人、脱贫一家”。努力为低收入群众提供小额信贷服务，帮助解决发展产业资金短缺难题。2012年，完成劳动技能培训40万人。其中培训“两后生”3万人，培训“一村一名农民大学生”3300人，在校“两后生”达到6万人。

组织贫困地区300万劳务大军，在省内外各地打工创收，实现劳务创收360亿元，劳务收入在农民人均纯收入构成中所占比重达到30%—40%。

【产业扶贫】 2012年，安排扶贫贷款贴息资金1亿多元，引导贷款26.1亿元。在贫困地区继续扶持发展草食畜、马铃薯、林果、中药材、瓜菜等为主的特色优势产业。进一步推动新品种、新技术的引进和推广应用。来自扶贫产业的收入占贫困地区农民人均纯收入的40%以上。以“人无我有，人有我特”等独具特色产品为重点，鼓励支持产业规模化发展，培育增收主导性品牌产业；以基地协会+公司和基地+农户，以及土地入股、股份合作等多种更切合实际的办法支持龙头企业，辐射和带动千家万户的特色优势增收产业的发展。

【村级互助资金试点】 大力开展贫困村互助资金试点，依靠互助资金和金融信贷两种手段，营造富民增收特色产业。2012年推广发展脱毒马铃薯18万亩，中药材12万亩，瓜菜果品45万亩，优质牧草5万亩；建日光温室1.5万座，养殖、育肥暖棚3万座；发展肉牛畜4万头，肉羊10万只，肉猪3万口，肉鸡30万只。在进一步总结经验，完善制度，加强管理的同时，引导现有684个村互助资金规范运行，加强调查研究，凡具备条件的村都要具体规划，大力实施“互助资金”试点项目，构建产业增收发展的长效机制。

【“双联”行动】 “联村联户、为民富民”行动是甘肃省委、省政府围绕促进跨越发展、解决民生问题、实现全面小康所作出的一项重大决策。省扶贫办承担并及时顺利完成了全省万名机关干部、企事业单位，与8790个贫困村的“双联”对接工作。省、市、县、乡4级单位实际联村干部达到43万人、单位达到16547个，联系贫困村14435个，其中扶贫重点村8790个；贫困户57.8万户，实现了对贫困地区“三个全覆盖”，即：省级领导联系片区重点县全覆盖，单位联系重点村全覆盖，干部联系特困户全覆盖。“双联”行动从群众最直接最紧迫最现实的问题入手，各级联村单位自筹资金25.67亿元，围绕基础设施建设、公共服务条件、基层组织建设、社会事业发展等多个方面，共为基层和群众帮办实事25万多件，培训农民29万多人次，为群众免费就诊和医疗咨询服务50多万人次，完成农村危房改造20万户，捐款捐物共计1.26亿元。

【培训交流】 采取与国务院扶贫办组织结合、省内和省外结合等培训方式，加强对扶贫工作重点县党政干部、扶贫系统干部、重点乡（镇）村干部和农技干部的培训，加强对扶贫龙头企业管理人员、贫困村产业发展带头人、农业科技示范户的培训。2012 年，共计培训 40 万人次。召开不同类型和规格的全省性扶贫开发工作现场会议 7 次，对于整村推进连片开发、移民扶贫、产业扶贫、雨露计划、实施改革等经验进行了总结和推广。

【扶贫宣传】 2012 年，在甘肃经济日报、甘肃扶贫信息网开办了“县委书记县长谈扶贫、扶贫办主任谈扶贫”栏目；与新华社等中央新闻媒体协作配合，对永靖移民扶贫、平凉整县推进连片产业开发、临夏整合资金整村推进等扶贫工作进行了集中宣传报道；充分发挥甘肃扶贫信息网、《甘肃扶贫》杂志等阵地的宣传作用，围绕扶贫大局，重点宣传报道了《中国农村扶贫开发纲要（2011—2020 年）》、国家工作组对六盘山扶贫攻坚调研、全国人大代表考察甘肃扶贫工作，以及省委、省政府有关重大扶贫活动，还报道了“联村联户、为民富民”专项行动，党的十八大、省十二次党代会，国务院扶贫办主任范小建赴甘肃调研并签署协议有关活动、津甘扶贫协作有关活动及《甘肃扶贫条例》诞生记、老挝代表团考察甘肃扶贫工作等相关活动，向社会全方位展示了甘肃扶贫开发新成果、新成就。

（甘肃省扶贫办　李向军）

青海省扶贫开发

【概述】 2012年，青海省扶贫开发系统认真贯彻落实党的十八大、省委第十二次党代会、中央和省委扶贫开发工作会议精神，抓党建、强班子，抓中心、惠民生，在扶贫攻坚进程中迈出了新步伐，取得了新成绩。贫困地区农牧民人均纯收入达到5364元，比2011年增长16.4%，超计划任务4.4个百分点。全省减少贫困人口24.2万人，超目标任务4.2万人。2012年4月，省扶贫开发局获得“全国五一劳动奖章”；2012年12月，青海省被国务院扶贫开发领导小组评为“2011年财政扶贫资金绩效考评B级”省份，并获1200万元财政扶贫资金奖励；2012年6月，被国务院扶贫开发领导小组办公室评为片区县、重点县扶贫统计监测交叉检查“优秀奖”。

【扶贫资金投入】 2012年，中央和省级财政投入扶贫资金13.92亿元，比2011年增加4.64亿元，增幅达45%。其中：中央财政扶贫资金11.33亿元，比2011年增加2.36亿元；辽宁援青扶贫资金2000万元；省级财政专项扶贫资金2.39亿元，比2011年增加2.16亿元，是青海省投入专项财政扶贫资金最多的一年。2012年，各州市地、县投入专项扶贫资金3756万元。

【特殊类型扶贫】 根据省委要求，省扶贫开发局牵头，联合11个省直部门对同德县农牧民贫困现状，以及致贫的原因进行了调研，形成了《关于同德县牧民贫困问题调研报告》，并上报了省委、省政府；起草了《关于解决海南州同德县特殊类型贫困问题的工作方案》，由省政府办公厅转发；在同德县召开了“同德县特殊类型3年扶贫攻坚规划”启动大会，实施了青海省第一个区域性扶贫攻坚规划，确定的建设项目已落实60项，投资4.3亿元。

【整村推进】 2012年，青海省投入各类资金9.67亿元，在全省368个贫困村实施整村推进产业扶贫项目。其中：实施产业项目比例达90%以上；建成各类产业基地208个；7.32万户、29.94万贫困人口直接受益。

【易地扶贫搬迁】 2012年，青海省投入资金4.55亿元，在8个州（市、地）、31个县（市）、148个村（社）实施了易地扶贫搬迁项目112个，搬迁安置贫困群众14150户、60146人。投入7963万元，实施后续产业发展项目34个，扶持搬迁群众9120户、4.03万人。

【雨露计划】 青海省投入资金1100万元，对6860名贫困劳动力开展了短期技能培训、贫困学生补助和创业培训，就业率达到85%。投入资金1880.5万元，开展了“雨露计划”实施方式改革试点工作，对就读于职业学校及参加一年以上技能培训的25583人（次）贫困家庭子女进行了补助。安排250万元科技扶贫专项资金，用于泽库县牦牛藏绵羊繁育及育肥产业示范基地项目建设。

【产业扶贫】 安排资金1540万元（其中辽援资金1090万元，财政扶贫资金450万元），对全省122家产业化扶贫龙头企业和参与整村推进、易地搬迁等扶贫开发项目的专业合作经济组织，给予贷款贴息补助和无偿扶持，其中对47家企业或专业合作经济组织给予750万元的贴息扶持，直接拉动银行贷款2.53亿元。安排财政扶贫资金1.91亿元，在东部连片特困山区和藏区六州两个连片特困地区实施产业化综合扶贫工程。安排到户扶贫贷款贴息资金450万元（扶贫贴息贷款指导性计划9000万元），分解下达到西宁、海东、黄南、海北、海南、果洛等6个州（市、地）的16个县。

【村级互助金试点】 安排省级财政扶贫资金300万元，在黄南州同仁县和海北州祁连县的20个已实施或正在实施扶贫整村推进项目的贫困村中，开展互助资金试点工作。安排财政扶贫资金50万元，对贫困村互助资金试点工作运行良好、成效明显的海南州贵南县、海西州都兰县、玉树州囊谦县等3个县的10个互助资金试点村进行奖励。组织工作组对全省16个县，开展贫困村互助资金试点的188个扶贫互助社运行管理情况进行了评估。

【规划编制】 按照国务院扶贫办、国家发展改革委的安排部署，协调37个部门，编制完成了《六盘山片区青海省东部干旱山区区域发展与扶贫攻坚规划》和《青海省六盘山片区区域发展与扶贫攻坚实施规划》以及《青海省藏区区域发展与扶贫攻坚实施规划》；还编制了《同德县特殊类型3年扶贫攻坚规划（2013—2015年）》。

【贫困监测】 按照2300元的国家扶贫标准，组织开展了全省低收入贫困人口调查摸底工作，对实行国家新扶贫标准后全省低收入贫困人口的数量进行了测算。组织开展2011年扶贫统计基期调查和贫困监测工作。完成了39个县、1158个村、1200户的527组495495个人调查数据的收集整理和审核上报。组织开展了2011年片区县、重点县扶贫统计监测交叉检查。

【行业扶贫】 制定下发了《关于进一步加强新阶段行业扶贫工作的意见》，各行业部门投入配套项目资金达12.74亿元，在贫困地区实施了一批基础设施、教育、卫生、文化、社会保障等建设项目。

【社会扶贫】 由11个中央国家机关、企事业单位定点帮扶了青海省15个国家级扶贫开发工作重点县，投入帮扶资金654万元；省直机关单位共计投入各类帮扶资金3.05亿元，比上年增长18%；辽宁省帮扶青海省资金物资4295万元，增幅为44%。在开展“党政军企共建示范村”活动中，全省679家党政军企单位结对306个村，投入资金44.87亿元，覆盖7.23万户30.65万名农牧民。在开展“村企共建”活动中，全省278家企业与361个贫困村建立共建关系，投入帮扶资金物资4718.2万元。在开展“一扶一、户帮户”活动中，全省4.53万名干部及各界人士结对帮扶3.4万户贫困户，投入帮扶资金物资2562.2万元。落实援青资金10.96亿元，实施项目198个，果洛州人民医院医技楼、海北州幼儿园等一批项目已建成使用。

【灾后重建】 中国扶贫基金会援建“4·14”玉树地震灾区市场项目于2012年7月6日开工建设，5个分体建筑全部主体封顶。中国扶贫开发协会援建禅古村产业重建项目实现第一次分红，将2011年项目租金450万元中的150万元作为红利分配给全体村民，全村206户、710人人均分红2112.7元，剩余的122.1万元作为村集体经济发展基金留用。

【扶贫开发宣传】 举办了青海省扶贫开发系统信息宣传干部培训班，建立完善扶贫开发信息宣传通报和考核制度。全省扶贫系统编发信息近1000条，在各种媒体和刊物上发表扶贫宣传稿件100多篇，其中在中央有关媒体、刊物上发表50多篇。

（青海省扶贫开发局　孙世成）

宁夏回族自治区扶贫开发

【概述】 2012年，是宁夏扶贫开发史上具有里程碑意义的一年。宁夏各级党委、政府认真贯彻落实中央扶贫开发工作会议精神，切实把思想和行动统一到中央的决策部署上来。自治区两次召开扶贫开发工作会议，安排部署今后十年的扶贫开发工作。特别是自治区第十一次党代会确立了沿黄经济区发展和百万贫困人口扶贫攻坚“两大战略”，把扶贫开发作为各项工作的重中之重，提升到关系全局、关系民生的重大战略，在宁夏尚属首次。贫困地区的基础设施不断改善，社会事业日益进步，干部群众脱贫致富的愿望更加强烈，改变落后面貌、加快发展步伐的干劲更加迸发，全社会关注、支持扶贫开发氛围更加浓厚。2012年，宁夏贫困地区农民人均纯收入4598.37元，较2011年的3964元增长16%，高于全区平均水平。

【扶贫规划】 2012年7月，国务院批复了《六盘山片区区域发展与扶贫攻坚规划（2011—2020年）》。宁夏原州区、西吉县、隆德县、泾源县、彭阳县、同心县（红寺堡区）、海原县（贼叫水乡、徐套乡、兴仁镇、蒿川乡）7县（区）列入六盘山集中连片特殊困难地区。按照“区域发展带动扶贫开发，扶贫开发促进区域发展”的基本思路，宁夏扶贫办与发改委共同编制完成《宁夏六盘山片区区域发展与扶贫攻坚规划（2011—2020年）》。同时，组织固原市及12个县（区）编制了各地区域发展与扶贫攻坚规划。按照国务院扶贫办、国家发改委的安排部署，宁夏扶贫办、发改委共同组织编制了《六盘山片区（宁夏）区域发展与扶贫攻坚实施规划（2011—2015年）》（以下简称《实施规划》），并上报国务院扶贫办、国家发改委备案。《实施规划》围绕基础设施、产业扶贫、专项扶贫、城镇建设、社会事业发展与公共服务、生态建设与环境保护6个方面，共规划6大类427个项目，规划项目总投资1820.37亿元，成为指导宁夏六盘山片区区域发展与扶贫攻坚的科学规划和政策支持。

【扶贫资金投入】 2012年，中央安排宁夏财政扶贫资金9.1865亿元。其中，发展资金5.9249亿元，以工代赈资金1亿元，少数民族发展资金4847万元，“三西”资金1亿元，其他资金7769万元，比2011年增加7973.5万元，增幅为9.5%；自治区级预算安排财政专项扶贫资金7700万元，比2011年6000万元增加1700万元，增幅 28.3%。

【易地扶贫搬迁】 在国家的大力支持下，宁夏从 2011 年开始对生活在不宜居住、不宜发展环境里的 35 万极贫群众实施“拔穷根”的生态移民工程。截至 2012 年底，累计搬迁定居移民 12.1 万人。劳务移民是宁夏“十二五”35 万生态移民的一个创新性工作，是指转移到城镇、工业园区和农业产业化基地就业，由农民变市民，在安置地享有住房、医疗、社保等各项优惠政策的移民群众。劳务移民占生态移民总任务的 25%，规划用 5 年时间搬迁 2.01 万户 8.65 万人。截至 2012 年底，已建成劳务移民周转房 10454 套，搬迁安置移民 2439 户 10132 人。同时，宁夏出台了《关于加强劳务移民周转房管理的指导意见》、《关于扶持劳务移民安置企业发展的意见》、《关于保障劳务移民居住和促进就业政策意见》等政策意见，进一步规范管理，促进劳务移民的顺利开展。

【“四到”扶贫攻坚工程】 针对 65 万就地发展的贫困群众的扶贫攻坚，宁夏创新扶贫方式，整合各类资源，实施基础设施到村、产业项目扶持到户、培训转移到人、帮扶责任到单位的“四到”措施，努力帮助这部分群众早日脱贫、走向富裕。

基础设施到村。以整村推进扶贫开发为平台，基础设施到村推进力度空前加大。截至 2012 年底，248 个整村推进村两年共投入各类资金 14 亿元，村均投入资金（不含群众自筹）565 万元，“十二五”期间第一轮整村推进任务全面超额完成。同时，自治区启动实施新一轮整村推进扶贫攻坚，500 个重点贫困村村级发展规划编制工作全面完成。

产业项目扶持到户。根据贫困户自我发展条件，选择适宜增收的产业项目，分期分批对贫困户进行个性化、差别化的到户专项扶持。2011—2012 年共安排专项扶贫资金 1.1 亿元，整合资金 1911.47 万元，对 6.9 万户贫困户进行了扶持，占应扶持对象的 43.7%，户均扶持 1870 元。在抓好到户扶持的同时，自治区开展产业扶贫示范项目建设，引导扶贫产业适度集中连片，每 2 年选定一批产业扶贫示范村和示范户，“产业扶贫示范村”每个村年均扶持项目资金 30 万元，“产业扶贫示范户”每户年均扶持项目资金 2000 元。115 个产业扶贫示范村、10000 户产业扶贫先行示范户创建工作全面启动。

培训转移到人。加强部门协作，整合培训资源，加大对基层脱贫致富带头人的培训力度，2012 年培训乡村干部、产业带头人、扶贫开发驻村指导员、大学生村官等 1765 名；大力开展贫困地区农村劳动力转移中长期培训就业工程，开展技能培训 1.5 万人；“雨露计划”改革试点发放补助金 982.2 万元，补助中高职贫困学生 6548 人。

帮扶责任到单位。2012 年，参与宁夏定点扶贫的各级帮扶单位共 1118 个，组成驻村工作队（组）474 个，派出驻村蹲点工作组队员 674 名。各级帮扶单位举办各类培训班 164 期，培训干部、技术人员及劳动力 14791 人次，组织劳务输出 12721 人次，资助困难学生 2154 名。同时，选派 200 名扶贫开发驻村指导员进村入户开展工作。

【社会扶贫】 2012 年，中央定点扶贫单位共投入资金 1136 万元。其中，原铁道部投入 500 万元，支持原州区经济社会建设，中建总公司发动 10 多万名员工捐款 486 万元，用于盐池县、同心县扶贫攻坚，“宋庆龄基金会”投入 150 万元，用于彭阳县扶贫攻坚。在国务院扶贫办的关心支持下，原铁道部、宋庆龄基金会、中国核工业集团、华润集团有限公司、中国商用飞机有限责任公司、中国建筑材料集团有限公司、中国航空油料集团公司和厦门大学定点帮扶宁夏，首次实现宁夏 8 个国家扶贫开发工作重点县的中央、国家机关和有关单位定点扶贫全覆盖。

自治区区级定点帮扶单位（含宁夏军区、武警宁夏总队、消防宁夏总队），投入帮扶资金、物资折款 3868.6 万元，协调项目资金 6733.19 万元；市直帮扶单位投入帮扶资金、物资折款 326.62 万元，协调项目资金 1996.52 万元；县直帮扶单位投入帮扶资金、物资折款 2151.28 万元，协调项目资金 2897.64 万元。

2012 年，宁夏开始探索向贫困村派驻扶贫开发指导员，在各级党政机关和科研单位即将退休的老干部、老科技人员中选派扶贫开发驻村指导员，帮助贫困村确定主导产业，帮助引入资金、技术、信息、龙头企业等，帮助抓好农产品销售和流通，帮助培育专业合作组织。2012 年，派驻扶贫开发指导员 200 名，进村入户，积极帮助贫困村摸清底子，找对路子，编制规划，组织贫困户实施项目，受到了当地干部群众的欢迎和好评。

【对口协作扶贫】 福建省级财政援助宁夏资金 3000 万元，对口市县（区）和社会各界援助资金 7900 万元，用于支持生态移民、“黄河善谷”、优势特色产业、菌草、教育、卫生、文化等项目；成功召开了闽宁扶贫协作第十六次联席会议，会议期间举办了“宁夏—福建（福州）经贸合作推介会暨项目签约”仪式，共签约项目 53 个，总投资 326.15 亿元；举办了宁夏固原市（福州）经贸合作推介会暨项目签约仪式，共签约项目 14 个，总投资 38 亿元。

【村级互助金试点】 2012 年，宁夏贫困村互助资金项目稳步发展，规范运行，互助资金项目村累计达到 1098 个，占全区贫困村总数的 70.4%，资金运行总量达 4.72 亿元，项目分布在全区 23 个县（市、区）和农垦系统的 145 个乡镇、农场，13 万户 58 万人受益，贫困农户入社率达到 60%。2012 年，自治区扶贫办和宁夏黄河农村商业银行联合启动实施“千村信贷·互助资金”金融创新扶贫工程，项目村达到 125 个，4845 户互助社社员捆绑金融机构信贷资金 1.4552 亿元，户均贷款 3

万元，有效解决了贫困户发展资金短缺的问题。

【扶贫资金监管】 2012 年，宁夏制定了《扶贫开发工作考核办法》、《财政扶贫资金绩效考核办法》等。根据宁夏“惩防体系”建设责任分工的要求，宁夏建立了以自治区扶贫办牵头，由自治区监察厅、发改委、财政厅、审计厅、民委、纠风办等七部门组成的扶贫资金使用监管协调（联席）会议制度。建立健全了资金监管通报制和约谈制，确保了扶贫资金安全高效使用。

【扶贫宣传】 2012 年，宁夏扶贫办编撰出版了《西海固向贫困宣战》和《西海固扶贫攻坚战》2 本书籍，系统总结了宁夏 30 年来扶贫开发工作成效和经验；出版了《西海固扶贫开发——“三西”建设三十周年纪念邮册》；组织开展了宁夏“三西”农业建设暨扶贫开发 30 周年纪念有奖摄影、征文活动；与宁夏社科院共同开展学术研究，进行扶贫文化课题研究；与宁夏文化厅共同创编话剧《沟底村移民纪事》。2012 年，中央和宁夏主要媒体刊登宁夏扶贫方面的文章、报道 50 余篇。

（宁夏回族自治区扶贫办　张小龙）

新疆维吾尔自治区扶贫开发

【概述】 2012年，新疆维吾尔自治区（以下简称“新疆”）把南疆三地州、边境地区、贫困山区作为扶贫攻坚的主战场，编制完成了《新疆维吾尔自治区“十二五”农村扶贫开发规划》总体规划和《新疆维吾尔自治区“十二五”整村推进扶贫开发规划》、《南疆三地州集中连片特殊困难地区区域发展与扶贫攻坚规划》、《新疆维吾尔自治区边境地区农村扶贫开发规划》、《新疆维吾尔自治区299个特困山区村扶贫攻坚规划》、《新疆维吾尔自治区“十二五”扶贫培训规划》等一系列专项规划，扶贫开发重点扶持范围从30个重点县扩大到集中连片特困地区和所有重点县，全区2012年财政扶贫发展资金投入达到21.53亿元，比上年增长26.6%；减少扶贫对象7.65万户31.8万人，超额完成减贫计划的6%；按照“九通、九有、九能”（“九通”：贫困村实现通水、通电、通路、通电话、通广播电视、通信息、通暖气、通邮、通客运班车；“九有”：贫困村有办公议事场所和强有力的领导班子、有稳定增收的产业、有集体经济收入、有垃圾投放点、有文化室、有卫生室、有双语学前教育场所、有文化体育活动场所、有惠农超市；“九能”：扶贫对象能用上安全饮用水、能用上电、能用上暖气、能住上住房、能用上卫生厕所、能用上清洁能源、能享受学前教育、能享受基本社会保障、能得到培训和获得信息）整村推进新标准，有450个贫困村实施了整村推进规划，超额完成年计划的21%；21.77万人接受了各类扶贫培训，超额完成年计划的6.2%；35个扶贫重点县（市）实现农牧民增收突破性增长，35个扶贫重点县（市）2012年农牧民人均纯收入达4893元，超过自治区下达600元的增收目标，比2011年增加805元，增长19.7%。南疆三地州农牧民人均纯收入达4571元，比2011年增加725元，增长18.9%。2012年，贫困地区全年生产总值、地方财政一般预算收入分别达到881.01亿元和76.9亿元，分别较2011年增长10.5%和23.3%。贫困地区经济社会持续向好，水、电、路等基础设施进一步改善，公共服务条件和生活水平明显提升。

【扶贫资金投入】 2012年，实际落实财政专项扶贫资金23.55亿元，其中：中央下达扶贫新疆资金19.25亿元（生产发展资金12.96亿元、以工代赈资金2.21亿元、少数民族发展资金4.06亿元，分别较上年增长了29.7%、15.1%和48.7%)。新疆财政配套资金4.3亿元，较上年增加了1.32亿元，增长44%。

【扶贫项目】 2012年，安排财政扶贫项目2423个，其中常规项目450个、边境扶贫试点项目136个、山区村项目814个、培训项目345个、集中连片试点项目65个、安居富民项目55个、到户扶贫贴息贷款项目52个、“雨露计划”项目4个、科技扶贫项目15个、以奖代补项目15个、互助资金试点项目25个、新增资金447个。为22631户贫困户安居房建设进行了补助；为21754户贫困户庭院经济建设进行了补助；为26773户贫困户牲畜棚圈建设进行了补助；为38034户贫困户牲畜养殖进行了补助；为20752户贫困户家禽养殖进行了补助；为31472户贫困户林果建设进行了补助；培训21万人次。

【扶贫贴息贷款】 2012年，扶贫贴息贷款实际发放35.225亿元，其中实际发放到户贷款金额9.985亿元，扶贫龙头企业通过各类承贷金融机构实际发放贷款25.24亿元。扶贫龙头企业项目覆盖村4824个(其中重点村1761个)，覆盖总户数62.57万户，(其中贫困户22.82万户)。共安排了4.8万名农民就业，其中贫困人口2.87万人。

【贫困地区村级投入】 2012年，35个扶贫重点县(市)村级各项投入总规模达111.9亿元，比2011年增加22.79亿元，增长52%。其中，投入财政专项扶贫资金11.65亿元，比2011年增长31%；社会扶贫村级投入2.53亿元，与2011年基本持平；行业部门村级投入49.51亿元，比2011年增加22.48亿元，增长83%；援疆扶贫村级投入32.29亿元，比2011年增加6.87亿元，增长27%。

【整村推进】 2012年，有552个贫困村实施了整村推进扶贫开发规划，其中纳入国家整村推进计划的280个。全年投入实施整村推进扶贫开发规划贫困村的资金总额达到了23.31亿元，村均投入达到了422万元，其中纳入国家整村推进计划的280个贫困村，投入资金12.22亿元，村均投入436万元。通过整村推进扶贫开发，贫困农牧民群众收入水平、素质能力和生活质量有明显提高。

【产业扶贫】 2012年，把发展现代农牧业作为产业扶贫的突破口，围绕特色产业基地建设、调整种养结构、扶持壮大龙头企业、培育发展合作组织、加大新品种新技术引进，积极推进产业扶贫，取得较大成效。一是扶贫龙头企业带动农户作用不断增强。龙头企业通过原料收购，采取公司+农户的形式，积极带动贫困地区发展产业和农户增收，76家扶贫龙头企业向农业银行、城市信用社等金融机构获得扶贫贴息贷款27亿元，获得扶贫贴息资金3666万元。在财政扶贫贴息政策的支持下，企业得到了快速发展。同时带动周边贫困人口的发展。二是重点村产业发展格局初步形成。贫困地区产业项目覆盖2534个重点村，带动23.56万个贫困户。按照“围绕增收调结构，突出特色闯市场，依靠科技增效益”的工作思路，大力调整农业产业结构，发展具有本地优势的特色农业，推进传统农业向现代农业转变。三是加强农产品基地建设，围绕龙头建基地，突出特色建基地，连片开发建基地，把基地建设与主导产业的形成和龙头企业的发展紧密地结合起来，使产业基地建设向规模化、标准化方向发展。

【雨露计划】 2012年，共安排财政扶贫培训项目资金5000万元，较2011年增加1000万元，增长25%。累计培训贫困农牧民和扶贫干部21.7万人次，完成年度培训计划的105.9%，其中，农牧业实用技术培训15.9万人次，劳动力转移就业培训4.8万人；扶贫业务干部培训3415人；4个县进行了国家“雨露计划”实施方式改革试点工作，补助贫困家庭“两后生”5640人，2012年核发补助资金445万元；新疆补助贫困家庭“两后生”1000人，在7个贫困地区“两后生”转移培训基地接受为期3年的学历教育。自治区本级开展了贫困地区基层干部、贫困村村干部、贫困村脱贫致富带头人、劳动力转移就业、贫困家庭妇女劳动力转移技能7个培训项目，落实政策性培训班34个，培训项目资金1200万元，培训学员3298名。

【社会扶贫】 2012年，中央、新疆自治区、地州、县（市）4级共有8253个单位在全区开展定点扶贫工作。其中，中央单位7个、自治区单位285个、地州单位1472个、县（市）单位6489个。累计下派蹲点扶贫干部10698人，有67434人次赴实地考察调研，累计投入帮扶资金及物资9.37亿元，其中，资金2.63亿元、物资折款0.86亿元、协调引进资金5.73亿元，帮助发展村级集体经济1519万元；协调引进扶贫项目772个、企业22个、各类人才54名，资助贫困学生20122人；修建安居富民房20416套、修建村级办公场所203所、修建科技文化室144所、修建村级卫生室63所、新建或维修校舍165所。举办各类培训班2991期，累计培训356028人。

【边境扶贫试点】 2012年，国家和新疆安排下达边境扶贫试点项目资金1.7亿元，安排项目136个，其中，畜牧类63个，农业类21个，水利类4个，家庭手工类2个，交通类1个，民居建设等其他类共45个。项目落实125个边境贫困村，其中，2012年度整村推进边境贫困村55个，巩固提高整村推进边境贫困村70个。直接扶持边境地区贫困户1.95万户8.2万人，间接受益贫困户3.1万户13.1万人。2012年，边境扶贫试点共整合其他资金75.5亿元，其中，专项扶贫资金6.1亿元，行业扶贫资金47.1亿元，社会扶贫资金1.3亿元，援疆扶贫资金21亿元，边境扶贫资金放大系数（资金总额/试点资金）为44.4，放大效应明显。随着各类资金项目的实施和建成，新疆边境扶贫进程加快，17个边境扶贫重点县（市）农村经济快速发展，边民群众民生明显改善，贫困程度明显缓解。

【片区扶贫攻坚】 新疆南疆三地州是国家确定的 14 个集中连片特困地区之一，是新阶段国家扶贫攻坚的重点。2012 年，新疆全面启动南疆三地州连片特困地区区域发展与扶贫攻坚规划和实施规划编制工作，包括《新疆维吾尔自治区南疆三地州片区区域发展与扶贫攻坚规划》和《新疆维吾尔自治区南疆三地州片区区域发展与扶贫攻坚实施规划》，形成了以“区域发展带动扶贫开发，扶贫开发促进区域发展”为基本思路，以“区域带动、产业支撑、强化基础、开放创新”为工作方针。全年下达南疆三地州各类扶贫项目 1020 个，资金 8.08 亿元，如期完成各项扶贫任务。

【山区特困村扶贫】 2012 年，是新疆实施 299 个山区特困村扶贫攻坚的第二年，编制完成了《山区特困村扶贫攻坚规划（2011—2020 年）》，出台了《关于 299 个山区特困村扶贫攻坚的指导意见》，启动了山区特困村监测工作，建立了山区扶贫攻坚监测评价体系，全年安排山区特困村财政扶贫项目 814 个，资金 2.99 亿元。2012 年共安排财政扶贫资金 2.99 亿元，其中种植项目 1645 万元，占 6%；棚圈建设 4777 万元，占 16%，禽舍项目 408 万元，占 1%；家禽养殖 307 万元，占 1%；牲畜养殖 6484 万元，占 22%；草料地建设 970 万元，占 3%；防渗渠 2237 万元，占 7%；节水灌溉 462 万元，占 2%；土地整理 1244 万元，占 4%；住房建设 6113 万元，占 20%；庭院经济建设 2664 万元，占 9%；其他类项目 2589 万元，占 9%。各地坚持立足安居、改善民生、兴牧为主、稳定脱贫、持续发展的思路，积极探索山区扶贫的机制路径，加大投入力度，强化产业支撑，加快基础设施建设，注重生态良性发展，山区扶贫工作得以有力推进。

【易地扶贫搬迁】 2012 年，新疆投入易地扶贫搬迁财政扶贫资金 2.11 亿元，其中：中央财政专项扶贫资金 6175 万元、部门资金 1.49 亿元，搬迁 1109 户 4547 人。2012 年，全区投入扶贫易地搬迁各类资金 4.56 亿元，为搬迁户建住房 5397 套 38.61 万平方米，平均每套面积 71.55 平方米，扶贫易地搬迁定居户 0.54 万户 2.25 万人。易地搬迁中集中搬迁 0.33 万户 1.37 万人，插花搬迁 0.16 万户 0.74 万人，其他搬迁 0.04 万户 0.14 万人。35 个扶贫重点县（市）投入扶贫易地搬迁各类资金 2.11 亿元，为搬迁户建住房 2076 套 16.84 万平方米，平均每套面积达 81.1 平方米。扶贫易地搬迁定居 0.21 万户 0.79 万人，其中，集中搬迁 0.18 万户 0.68 万人，其他搬迁 0.03 万户 0.11 万人。

2012 年，搬迁地新开垦基本农田 8.3 万亩，改造中低产田 6.15 万亩，模拟飞播种草 22.35 万亩，林地建设 5.3 万亩，为 865 户子女解决就近入学难、745 户就医难的问题，有 1109 户搬迁户能够参加科技文化活动，985 户有稳定收入来源的生产项目，1109 户有经济适用住房。为 998 户搬迁户解决了通水问题、为1102户解决了通电问题，迁入地的道路、水利等基础设施建设也得到了改善。

【互助资金试点】 2012年，新疆在国家未安排互助资金试点的情况下，从自治区配套资金中安排了1000万元，在67个贫困村开展互助资金试点，组建了67个互助小组。中央奖励新疆300万元，在20个贫困村开展互助资金试点工作。目前，全区开展互助资金试点的贫困村已达到500个。随着互助资金试点工作的不断深入，其“民有、民用、民管、民受益”的效果突出，深受贫困群众的欢迎，累计借款达到了116988人次，其中贫困户103813人次，占借款人次的88.74%，累计发放借款2.66亿元，其中贫困户借款2.32亿元，到期还款率百分之百。

【两项制度有效衔接】 2012年，新疆两项制度有效衔接工作以“巩固成果，扩大范围，帮扶覆盖，兑现政策”为主线，把扶贫统计监测纳入两项制度有效衔接工作总体布局，以贫困农户信息系统为基础平台，用平台收集数据信息，用平台规范业务，建立和完善管理机制，提高信息质量，服务中心工作，服务业务工作，实现两项制度有效衔接和扶贫统计监测双结合、同步走、互促进、上台阶。2012年5月中旬，在国务院扶贫办组织的交叉检查中，新疆片区县、重点县扶贫统计监测工作荣获“年度特等奖”。

（新疆维吾尔自治区扶贫办　宁　钢）

新疆生产建设兵团扶贫开发

【概述】 2012年，根据国务院扶贫办的工作要求，新疆生产建设兵团继续抓好扶贫开发工作，全年新增扶贫发展资金4500万元，主要用于南疆三地州集中连片特困地区兵团三师、十四师贫困团场的建设补助。兵团发改委一次性拿出补助资金40万元，分配给新疆生产建设兵团30个少数民族聚居扶贫团场，对少数民族聚居扶贫团场开展妇女培训工作，并对8个少数民族聚居扶贫团场开展重点扶持。

【扶贫开发会议】 2012年3月，新疆生产建设兵团党委召开农业现代化建设暨扶贫开发工作会议。会议要求：加快推进南疆三地州集中连片特困团场扶贫攻坚，积极推进富民兴边和人才强边工程，加强少数民族聚居团场扶贫开发工作，不断创新和完善扶贫开发工作机制。

【新纲要实施办法】 新疆生产建设兵团印发了《新疆生产建设兵团贯彻落实〈中国农村扶贫开发纲要（2011—2020年）〉实施办法》（以下简称《实施办法》）。确定了2011—2015年兵团扶贫标准为农牧工家庭人均纯收入3500元；将南疆三地州兵团团场、边境一线团场和少数民族聚居团场作为兵团扶贫开发主战场；提出到2015年兵团贫困团场农牧工家庭人均纯收入达到14500元，力争60%以上贫困团场实现脱贫，到2020年贫困团场实现基本脱贫；对贫困团场实行动态管理，将贫困团场分为三类，进行重点扶持，实现分期脱贫；实施专项扶贫、行业扶贫、社会扶贫、援疆扶贫“四位一体”的大扶贫格局；强化扶贫开发机制建设、制度建设、职能建设，加强扶贫宣传工作、统计监测工作。

【专项扶贫】 国务院扶贫开发领导小组首次向兵团下达专项扶贫资金计划，此次下达的新增发展资金4500万元，主要用于南疆三地州集中连片特困地区兵团三师、十四师贫困团场的建设补助。

【少数民族妇女培训】 兵团发改委和兵团妇联，在兵团少数民族聚居的扶贫团场开展妇女培训工作，兵团发改委一次性补助资金40万元，主要分配给兵团30个少数民族聚居扶贫团场，并对8个少数民族聚居扶贫团场重点扶持。

【扶贫规划】 兵团发改委（扶贫办）组织编制完成了《新疆南疆三州集中连片特困地区兵团片区区域发展与扶贫攻坚实施规划（2011—2020年）》，本规划分五章，包括发展基础、发展环境，指导思想、基本原则和发展目标，重点任务，重点项目投资估算及资金筹措，政策支持与保障。本规划按照“区域发展带动扶贫开发，扶贫开发促进区域发展”的基本思路，是指导片区扶贫攻坚和安排国家及兵团投资的重要依据。

（新疆生产建设兵团发改委扶贫处
李新成）

五

行业扶贫篇

国家发展和改革委员会扶贫

【片区规划】 2012年，国务院批复了乌蒙山、秦巴山、滇桂黔石漠化、六盘山、滇西边境、大兴安岭南麓、燕山—太行山、吕梁山、大别山、罗霄山10个集中连片特困地区区域发展与扶贫攻坚规划。为切实保障各省编制规划质量，突出针对性、时效性和可操作性，国家发展和改革委员会（以下简称“国家发改委”）联合国务院扶贫办研究制定了《编制集中连片特殊困难地区区域发展与扶贫攻坚省级实施规划指导意见》，对省级实施规划编制人员进行了培训，明确要求省级实施规划要立足于当地自然地理特征、资源优势和产业基础，突出片区基本特点，体现区域特色和差别化，着力在消除瓶颈制约、发展特色产业、改善人民生活、加强生态环保上下工夫，解决人民群众最关心、最现实、最紧迫的问题。同时，联合国务院扶贫办建立了片区定点联系机制，确定由国务院13个部门负责定点联系11个片区，其中秦巴山、滇桂黔石漠化2个片区各由2个部门负责联系。13家定点联系单位对片区工作高度重视，先后开展了相应的工作，包括建立联系会议制度、召开工作会议、开展调查研究、参与片区规划编制、研究出台相关支持政策等，片区定点联系工作正紧张有序开展，并取得了明显成效。

【编制年度计划】 2012年，国家发改委累计安排以工代赈、易地扶贫搬迁工程中央投资123亿元。其中，下达中央预算内以工代赈示范工程15亿元；下达财政预算内以工代赈工程42亿元；将搬迁补助标准由原来的5000元/人提高到6000元/人，下达易地扶贫搬迁工程66亿元。按照全国人大预算委和财政部的要求，提前下达了2013年财政预算内以工代赈计划30亿元。在中央扶贫资金的支持下，全年共搬迁不适宜居住地区的农村贫困群众104.4万人，建设基本农田98.8万亩，新增和改善农田灌溉面积637.2万亩，新建和改扩建乡村公路1.71万千米，解决61.6万人、49.6万头牲畜饮水困难问题，治理水土流失面积2016平方千米等，贫困地区基础设施面貌和公共服务水平明显提升，有效解决了当地群众行路难、吃水难、就医难、子女入学难等问题。同时，以工代赈工程发放劳务报酬7亿多元，贫困地区群众通过参与工程建设直接受益，提高了务工收入。

【扶贫资金管理】 在中央扶贫资金安排中，优先向特困地区和人群倾斜，着力解决最贫困乡村的突出困难和问题，将有限的扶贫资金用到最需要的地方。在协调增加扶贫资金的同时，国家发改委进一步加强了对各地分解下达扶贫投资计划情况、投资到位情况、项目建设进度的督促检查，建立健全中央投资计划执行情况的奖惩机制，将投资计划执行情况作为安排下一年度投资计划的重要参考。进一步规范和加强中央预算内投资计划执行情况季度报告工作制度，要求各地按时分解落实和转发中央投资计划，严格履行基本建设程序，积极落实地方投资，推进符合条件的项目及时开工建设，加快工程项目建设进度和资金支付进度。项目建设过程中，督促各地发改部门联合财政、扶贫、审计、监察等部门对扶贫资金安排和项目实施情况开展全方位检查、稽查和审计，与相关部门共同严格把关，发现问题及时纠正，保证项目工程质量和中央投资使用安全。按照国家发改委关于加快中央预算内投资计划执行工作会议精神，督促地方严格落实投资计划执行工作全过程管理，到年底时实现“四个完毕”，即中央投资计划分解转发完毕、中央投资预算下达完毕、所有计划新开工项目开工完毕、中央预算内投资资金支付完毕等工作目标。

【专项规划制定】 中央扶贫开发工作会议结束后，国家发改委研究制定了《国家发展改革委关于贯彻落实中央扶贫开发工作会议精神进一步做好扶贫开发工作的意见》（发改办地区〔2012〕90号），提出了目标责任，明确了具体工作任务。另外，还先后编制并印发了《以工代赈建设“十二五”规划》和《易地扶贫搬迁“十二五”规划》，分别明确了“十二五”期间以工代赈和易地扶贫搬迁的工作思路、建设任务、相关政策和工作要求。在安排年度投资计划时，以两个“十二五”规划为依据，紧紧围绕重点区域和重点任务，区分轻重缓急，明确建设时序，优先支持最困难区域内的项目建设。同时，根据年度投资规模情况，对“十二五”规划项目进行了适当调整和补充，确保列入年度计划的项目前期工作完备、基础条件成熟。以工代赈、易地扶贫搬迁工程所实施的住房改造、农田、水利、公路、草场等中小型基础设施和公共服务项目建设是最直接的民生工程，深受老百姓欢迎，这对工程的管理提出了更高的要求。为适应新阶段的工作要求，国家发改委对《国家以工代赈管理办法》和《关于易地扶贫搬迁的实施意见》作了修改并向各地征求了意见，切实做到规范程序、堵塞漏洞、强化管理。

【老少边穷地区扶贫】 认真贯彻落实党中央、国务院关于支持革命老区、民族地区、边疆地区和特困地区发展的政策性文件和区域规划，积极协调有关部门进一步加大对新疆、广西、宁夏等地区的支持力度，着力解决贫困地区面临的突出困难和问题，发挥其比较优势，使其增强自我发展能力和造血功能，从而提高其经济实力和发展水平。积极协调落实《国务院关于促进内蒙古经济社会又好又快发展的若干意见》（国发〔2011〕21 号）中提出的有关政策措施，指导内蒙破解发展瓶颈，改善发展环境，加快重要基础设施建设，培育壮大一批特色优势产业，不断增强自我发展能力，提升发展水平。2012 年 9 月，为督促落实党中央、国务院关于支持西藏和四省藏区跨越式发展的政策措施，由杜鹰副主任带队，国家发改委、财政部和国家民委牵头，组织了 40 个成员单位的 70 多位同志，分 3 个组赴西藏和四省藏区深入开展了实地调研，督查中央第五次西藏工作座谈会确定的重大项目和支持政策的落实情况，并在梳理各组督查结果的基础上，形成了书面督查报告呈报中央西藏工作协调小组。

【特殊困难地区帮扶】 本着“特事特办、急事急办”的原则，针对有些地方发生的特殊困难，动员各方力量予以协调解决。大力支持宁夏等自然条件恶劣地区开展易地扶贫搬迁，2012 年分两批安排宁夏中南部地区易地扶贫搬迁工程 13.4 亿元，安排宁夏中部干旱带易地扶贫搬迁工程 1.4 亿元，搬迁 25.3 万人。为进一步加强重庆市民生工程建设，国家发改委安排易地扶贫搬迁工程中央预算内投资 4 亿元，用于安置重庆市高山地区农村贫困人口 6.67 万人。在安排农村危房改造、安全饮水、农村公路、农网改造、教育医疗、以工代赈、易地扶贫搬迁等方面的中央预算内投资时，对云南省边远、少数民族、贫困地区深度贫困群体给予积极支持，为加速云南省脱贫致富进程，促进经济社会加快发展。此外，安排国家以工代赈林业示范补助投资 1500 万元用于贫困地区产业结构调整，发挥生态效益和经济效益。安排国家以工代赈水毁工程修复补助投资 5800 万元，用于国家扶贫开发工作重点县遭受洪涝灾害毁坏的乡村道路、基本农田、小型水利设施等以工代赈工程的修复重建。

【定点扶贫】 按照党中央、国务院关于新阶段定点扶贫工作的要求，国家发改委加强统筹协调，先后派出 160 多人次到 4 个定点扶贫县调研考察，并派出干部挂职锻炼，帮助解决县域经济发展中的突出问题，共同商讨扶贫开发大计。先后指导地方编撰和完善了《田东县循环经济产业园区发展规划》、《汪清县片区扶贫攻坚与区域经济发展规划》等相关规划。安排定点扶贫地区中央预算内投资，用于教育、水利、卫生、交通等基础设施建设，有力地促进了定点扶贫地区经济社会事业的发展。协调推动一批重点项目开工建设，按照基本建设程序的要求，指导地方做好项目前期工作。先后举办不同层次的培训班 4 期，培训各级党政干部 50 人次、技术人员 130 人次、农村致富带头人 260 人次、农村劳动力 370 人次，提升了贫困地区的广大干部群众素质，增强了脱贫致富的能力。

（国家发展和改革委员会地区司　吴树林）

教育部扶贫

【概况】 2012年，教育部积极扶持贫困地区教育事业，在学前教育、义务教育、职业教育、高等教育等方面，对贫困地区实行倾斜政策，加大投入力度，保障了贫困地区九年义务教育攻坚、农村初中校舍改造、农村贫困家庭学生接受中等职业教育等工作的顺利开展。

【教育扶贫】 完善各级各类教育资助政策。中央财政下达学前教育资助中央专项奖补资金8亿元，开展学前教育资助工作；中央财政安排资金近80亿元，使中西部地区1330多万名农村家庭经济困难寄宿生享受生活费补助，占中西部农村义务教育阶段寄宿生的55%；面向集中连片特困地区实施农村义务教育学生营养改善计划，为片区680个县农村义务教育学生每生每天提供3元的营养补助，同时，将家庭经济困难寄宿学生生活费补助标准提高到每生每天小学4元、初中5元。片区近3000万名农村学生享受了营养膳食补助；中央财政安排中等职业教育国家助学金55.7亿元，资助约534万学生，中等职业教育免学费资金80.7亿元，惠及1244万学生；制定普通高中家庭经济困难学生资助制度，安排国家助学金46.6亿元，平均为每生每年资助1500元，资助学生491万人；下达专项彩票公益金2亿元，奖励品学兼优的普通高中家庭经济困难学生10万人；向中西部地区22个省以及新疆生产建设兵团启动高校新生入学资助项目，投入资金1.4亿元，资助中西部地区家庭经济困难学生21万名，约占中西部地区高三毕业生人数的4%。

中央财政投入专项资金179.08亿元，用于支持农村寄宿制学校学生附属生活设施建设和县镇学校扩容改造。其中采购图书9.93亿元，采购教学实验仪器设备29.97亿元，采购多媒体远程教学设备11.32亿元，县镇学校扩容改造和农村寄宿制建设项目34.10亿元，食堂设备专项93.76亿元；农村义务教育边远艰苦地区学校的教师周转房宿舍建设项目，在片区内为972所学校建设了86万平方米，受益教师8万人；中西部农村学前教育推进工程，在片区内新建、改扩建幼儿园650所，新增加园位10万个；特殊教育学校建设项目，覆盖片区学校681所，建设规模234万平方米，受益学生7万人；中央财政实施“普通高中改造计划”，投入专项资金20亿元，地方投入5.9亿元，用于改善中西部连片特困地区499所学校的办学条件，新增校舍建筑面积138万平方米，新增体育场（馆）面积117万平方米，新增图书及仪器设备价值3.4亿元，惠及162.8万名普通高中学生；中央财政投入资金250多亿元，用于中西部地区农村闲置校舍改建幼儿园、小学增设附属幼儿园共6万所。

中央财政投入1068万元，支持吉首大学等14所高校406名教师和管理干部到东部支援进修锻炼，给中山大学等东部高校划拨博士计划100名，硕士计划57名，定向招收吉首大学等14所高校的教师攻读研究生学位。

面向集中连片特困地区，每年安排10000名以一本为主的专项招生计划。2012年，有297所高校实际录取专项生1.18万名，使片区一本录取人数较上年增加了10%，增加了片区学生接受优质高等教育的机会。

组建云南大学滇西发展研究中心，作为教育扶贫政策研究平台，组织东部10个职教集团（153所学校、430家企业）与滇西10个市（州）进行战略合作并支援对口职业学校，组织实施了“爱心幼儿园援建工程”，设计开发了资源与信息网络平台“滇西开发网”，编制了《教育部云南省人民政府加快滇西教育改革发展共同推进计划》。设立滇西教育发展专项基金，向滇西11个县捐赠1100万元用于购置学生食堂设备。此外，还积极动员44所直属高校参与定点扶贫，其中清华大学等16所直属高校到滇西开展定点扶贫。

教育部与中国教育发展基金会、中国移动通信集团公司，共同为集中连片特殊困难地区捐建200间“中国移动爱心图书馆”和190间“多媒体教室”，改善贫困地区中小学办学条件，提升教学信息化水平。

【定点扶贫】 教育部对口定点帮扶河北省青龙县、武邑县和涞源县的扶贫开发工作。在2012年春节前夕，教育部办公厅积极组织“春节送温暖”活动，共筹集人民币45万元，由教育部3位司长分别带队，赴武邑、青龙、涞源慰问了贫困户和困难教师。另外，还根据当地产业特色开展项目扶贫工作。

（教育部职业教育与成人教育司
董艳华）

科学技术部扶贫

【概况】 2012年是落实“十二五”规划承上启下的关键之年，同时也是我国开展《中国农村扶贫开发纲要（2011—2020年）》，进入扶贫新阶段的第一年。科学技术部（以下简称“科技部”）扶贫工作在国务院扶贫办的指导和总体安排下，坚持以邓小平理论和“三个代表”重要思想为指导，深入贯彻落实科学发展观，充分发挥科技优势，认真落实《中国农村扶贫开发纲要（2011—2020年）》、《关于进一步做好定点扶贫工作的通知》和《秦巴山片区区域发展与扶贫攻坚规划》等文件精神，利用自身行业优势，以“服务主导产业、突出创新理念、促进民生改善、服务地方发展”为指导方针，结合贫困地区经济社会发展现状及未来发展重点，秉承“情系老区、扎根基层、求真务实、创新创业”的科技扶贫精神，扎实开展了定点扶贫、行业扶贫和集中连片特殊困难地区扶贫工作，在推动贫困地区工农业发展、推动贫困地区经济社会发展作出了积极贡献。

【贫困地区调研】 科技部高度重视科技扶贫调研工作，2012年组织了对定点扶贫县、秦巴山片区和科技特派员农村科技创业工作的调查研究。

科技部共有7个司局和中心先后深入定点县走村入企开展调研。第26届扶贫团10名同志利用一年的时间开展深入细致的调研，并安排了一周时间与村民同吃同住同劳动。2012年3月，科技部组织铁道部和河北、陕西等6省市开展秦巴山片区联合调研行动。调研期间共有100多名工作人员和专家，深入秦巴山片区75个贫困县，召开30多场座谈会，走访200多个贫困村和移民点，以及700多个贫困农户，考察了50多家龙头企业和农民专业合作社。2012年，完成科技扶贫调研报告28篇。

通过调研收集了大量的一手材料，了解了贫困地区扶贫开发面临的共性问题和突出矛盾，准确地把握了贫困地区扶贫开发的需求和方向，为定点扶贫县发展规划的制定提供了依据和建议。

【扶贫工作会议】 为有力、有序、有效地履行联系秦巴山片区区域发展与扶贫攻坚工作的职责，2012年5月，科技部配合国务院扶贫办在四川广元组织召开“秦巴山片区区域发展与扶贫攻坚启动会”。2012年12月，科技部和铁道部作为牵头联系单位，在北京组织召开“秦巴片区区域发展与扶贫攻坚部际联系会议”，共同研究秦巴山片区的扶贫攻坚工作，加强了部际、省际和部省间的沟通联系，保障了片区扶贫工作的切实推进。此外，科技部扶贫办通过一系列交流活动推进了各定点县扎实推进各项任务的深入落实。2012 年 6 月，科技部扶贫办在安塞县召开了 2012 年科技部定点扶贫工作研讨会，与各定点县和重点联系地区共商新时期定点扶贫规划，并重点交流了农村三级医疗卫生服务平台建设工作的经验；2012 年 9 月和 12 月，分别召开了第 26 届科技扶贫团工作交流会和座谈会，总结和部署各定点县相关的扶贫工作。

【科技培训】 针对贫困地区干部、群众科技素质低、科技意识弱的问题，采取现场授课与远程培训相结合的方式，开展了一系列科技培训工作。在秦巴山片区内，科技部组织 17 个县播出“星火计划 30 分”栏目，每周一期，宣传国家农业和农村政策，传授农业实用技术，传播科技市场信息。围绕当地生猪、奶牛等产业培训养殖户 200 余人。2012 年，各定点县在示范推广新技术过程中，采取“县培训到乡、乡培训到村、村培训到户、一级抓一级”的培训方式，围绕支柱产业开展农业科技培训 186 期，共培训 15122 人次。另外，还组织定点县科技特派员赴黑龙江等地交流考察，参加“科技管理创新培训班”，开拓视野，创新思路。引导、支持各地举办科学养殖技术培训班、中草药规范化栽培技术学习班 24 期，培训农民技术人员 2500 余人次，进一步提升了贫困地区干部群众依靠科技、自力更生脱贫致富的能力和水平。

【科技创新创业】 各单位密切协作，积极调动部内相关科技资源，以提高基层创新创业能力为工作重点，围绕县域支柱产业开展科技扶贫，将优势科技资源转变成贫困地区经济发展的内生动力，大大地提高了贫困地区自我发展能力。为此，一方面引导片区内相关省份的大专院校、科研院所把秦巴山片区纳入到科研项目示范范围，支持企业转化科技成果、提高创新能力；另一方面在项目实施地建立科技扶贫示范基地，引进科技成果和人才，示范推广新品种、新产品、新技术，提高了片区的自我发展能力和区域创新能力。

【产业扶贫】 科技部扶贫办带着技术、带着市场、带着先进的管理经验，通过星火计划、火炬计划、农业科技成果转化资金、中小企业创新基金、科技富民强县专项等科技项目的实施，扶持片区、定点扶贫县的支柱产业发展。2012 年，科技部向秦巴山片区支持项目达 90 余项，直接投入科技经费 9597 万元。其中，帮助指导扶贫定点县申报“茶叶品种选育及高效栽培技术应用示范”、“红茶在哥伦比亚的应用与示范”等项目 68 项，直接投入 8098 万元。围绕行业扶贫，科技富民强县专项行动支持了 20 个省（自治区、直辖市）的 73 个国家级扶贫开发重点县，国家直接投入 12983 万元；科技支撑计划设置“中药材规范化种植及大宗中药综合开发技术研究”专题，通过该专题的实施，88 种中药材的种植面积提升到 653 万亩，产值达 395 亿元，新增加就业岗位 29 万个；围绕西部欠发达地区经济发展特点和资源优势，科技部还支持了内蒙古等 11 个试点省区内的 1197 个项目，直接投入 72158 万元。此外，针对连片贫困地区及国家扶贫开发工作重点县农业科技成果转化项目，科技部投入农转资金共计 1960 万元，覆盖 28 个区县。这些科技项目的实施促进了片区和定点县的科技创新和成果转化，推动县域经济发展、提高农民收入。

【社会科技扶贫】 2012 年，科技部组织各方面的社会资源，向定点县捐赠了总价值超过 1227 万元的科技物资，其中包括在英山县的 20 个村建立了无塔供水站；在石头咀中学援建中学科技馆；捐赠安塞县价值 50 万元 LED 全彩显示屏、120 万元的太阳能路灯；联系上海沪江网，向英山、光山和魏县的学生捐赠价值 1000 万元的网络外语学习卡；为光山县幼教中心协调捐赠一套价值 10 万元的青少年科技创新操作室；联系 5 家文具企业向安塞县和佳县学生捐赠价值 20 万元的学习用具；向佳县学校捐赠 120 台电脑；联系退伍老兵为永新县乡镇农村书屋补充新书 50 万册等多项惠民捐赠活动。此外，科技部还组织“科技列车青海行”等活动，向青海藏区捐赠总价值 230 万元科技物质。通过联系社会各方力量，在一定程度上改善了老区人民的生活条件，提高了基层科技服务能力，促进了民生事业建设。

（科学技术部）

工业和信息化部扶贫

【概述】 2012年，工业和信息化部认真贯彻落实中央扶贫开发工作会议精神和《中国农村扶贫开发纲要（2011—2020年）》，继续以关注民生为重点，以项目扶贫为手段，突出工业和信息化特色，做好四川省南部县、嘉陵区和山西省永和县、大宁县定点扶贫任务，并根据国务院新一轮定点扶贫工作的调整，做好与河南省洛宁县、汝阳县定点扶贫工作的转换衔接；按照新时期扶贫开发工作的要求，负责牵头联系“燕山—太行山片区”区域发展与扶贫攻坚工作，认真履行“联系沟通、调查研究和督促指导”职责。

【组织保障】 工业和信息化部不断完善扶贫工作组织机构，在原有扶贫工作领导小组及其办公室的基础上，不断整合优化扶贫资源，强化各司局的参与程度，引入行业和社会力量支持等，推进定点和片区扶贫各项工作有序开展。2012年6月，按照国务院对扶贫工作的总体部署，工业和信息化部成为国务院扶贫开发领导小组成员单位，苏波副部长为小组成员，为进一步加强我部扶贫工作，促进与相关部委的沟通协调，提供了有利的组织保障。

【机制建设】 工业和信息化部不断加强扶贫工作联系沟通机制的建设。加强与国务院扶贫办的日常工作联系，及时报送年度扶贫工作总结和工作计划，反映相关情况，加强工作协调。加强与四川省、山西省及相关市扶贫办联系，积极建立与新一轮定点扶贫县河南省洛宁县、汝阳县的联系。2012年5月，针对燕山—太行山片区扶贫工作，研究制定了《推动燕山—太行山片区区域发展与扶贫攻坚工作方案》，建立部际、部省和部内相关单位与片区县“一对一”的联系机制。不仅与相关部委搭建了部际合作工作平台，还与河北省、山西省、内蒙古自治区扶贫办、工业和信息化主管部门成立了“燕山—太行山片区区域发展与扶贫攻坚部省协调工作组”，搭建了部省（区）沟通交流的工作平台；另外，由部内司局和相关单位与燕山—太行山片区所辖的33个贫困县建立“一对一”的联系机制。

【扶贫工作会议】 2012年11月1—2日，刘利华副部长到定点扶贫县（区）四川省南部县和嘉陵区考察定点扶贫项目开展情况，出席“工业和信息化部南部县援建活动捐赠签约仪式”，看望扶贫干部。

2012年5—6月，工业和信息化部相继

组织召开了部际、部省和“一对一”联系机制启动会议。2012年5月24日，召开“燕山—太行山片区”区域发展与扶贫攻坚部际联系会议。会议明确要加强部际沟通联系，共同推进燕山—太行山扶贫工作进展。2012年5月30日，召开“燕山—太行山片区”区域发展与扶贫攻坚部省（区）联系会议，会议明确要加强部省联系，建立畅通渠道，并对下一步工作进行了安排。2012年6月8日，召开了“燕山—太行山片区”区域发展与扶贫攻坚“一对一”联系机制启动会。会议介绍了工业和信息化部“燕山—太行山片区”扶贫攻坚工作的进展情况，明确了“一对一”联系工作中各联系单位的具体职责。

工业和信息化部在做好“燕山—太行山片区”区域发展和扶贫攻坚工作的同时，积极支持其他10个片区的扶贫开发工作，提出工业和信息化部支持片区发展的具体建议和措施，认真研究和协调解决各片区提出的工业和信息化发展需求。

【扶贫调研】 工业和信息化部各司局和相关单位为深入了解和掌握定点扶贫县（区）和片区发展现状，有针对性地为当地的发展提供支持。2012年，组织到定点扶贫县（区）进行扶贫工作实地调研、考察项目、召开座谈会等近10次，累计68人次；到“燕山—太行山”片区进行总体调研4次，片区县“一对一”调研40余次，片区县河北阜平专项调研2次，参与片区规划编制调研2次；对全国11个片区中工业和信息化发展情况进行了摸底调查，了解并掌握了工业和信息化部在片区实施的政策措施、重点项目安排和资金支持情况。

【片区规划编制】 工业和信息化部积极参与国务院扶贫办和发展改革委牵头组织的《燕山—太行山片区区域发展与扶贫攻坚规划（2011—2020年）》编制工作，与国务院扶贫办一同赴片区开展规划编制调研，及时掌握片区规划编制进展和存在的问题，为片区工业行业发展情况积极建言献策，督促地方政府在规定时间内，按照国家划定的片区范围完成规划编制任务。积极参与其他片区规划编制工作，认真做好工业和信息化方面的意见回复，并提出相关建议。

【政策支持】 为支持“燕山—太行山片区”在内的11个片区区域发展与扶贫攻坚工作，工业和信息化部向全系统发布了《工业和信息化部关于全国工业和信息化系统支持集中连片特殊困难地区发展的意见》，号召全系统干部职工发挥工业和信息化行业优势，积极参与和支持各片区扶贫工作，重点推进信息服务应用、提升通信服务能力、培育基础能力和扶持产业项目等4项工程，并在河北省阜平县率先启动上述工程。

【产业扶贫】 发挥工业和信息化行业优势，协调整合行业资源，支持贫困地区提升产业发展能力，重点对企业技术改造、中小型企业发展、公共服务平台建设、中药材生产、企业清洁生产等项目进行专门指导。2012年，支持定点扶贫县（区）的企业技术改造、中小企业发展和中药材生产项目共7个，总投资16997万元，专项资金1462万元；支持11个片区企业技术改造项目314个，总投资1298262万元，专项资金105701万元，其中支持燕山—太行山片区企业技术改造共21个，总投资达218763万元，专项资金19864万元。仅在河北省，工信系统支持片区县的中小企业发展专项达76个，专项资金1910万元。

【通信村村通工程】 发挥通信的基础设施作用，从行政村通电话、自然村通电话、乡镇互联网接入、信息下乡4个方面，持续深入开展“村村通”工程建设。2012年，支持全国11个连片特困地区所在的19省“村村通”工程，投入电信普遍服务建设资金2.45亿元，为11个连片特困地区的7715个自然村开通电话，1.7万个行政村开通宽带。其中，支持燕山—太行山片区所在3省“村村通”工程，投入电信普遍服务建设资金0.35亿元，为片区1000个自然村开通电话，3918个行政村开通宽带。

【推进片区扶贫开发】 工业和信息化部在部内的“一对一”联系单位广泛开展调研的基础上，起草了内容翔实的调研报告报国务院扶贫办。对燕山—太行山片区所辖33个县的地理位置、自然条件、资源现状、基础设施进行了详细的梳理，分析了制约燕山—太行山片区发展的主要因素和地方发展中存在的问题，向国务院相关部门提出了给予片区县特殊支持政策的建议。同时，工业和信息化部内的“一对一”各单位在调研基础上，主动开拓思路、采取措施，围绕有利于片区贫困县发展推进各项工作。其中，中小企业司结合丰宁县企业发展实际，协助申报中小企业发展专项资金支持，支持丰宁县建立丰鑫创业辅导基地和职教中心人才培训基地、开展中小企业结构调整和优化项目、改善中小企业服务环境等6个项目，共计支持资金294万元；软件服务业司着力利用信息化手段提升宣化县的社会管理和经济发展，开展《宣化县智慧新城和信息服务产业发展规划研究》，组织软件和信息服务企业为宣化县提供智慧城市建设解决方案，并启动了宣化县“蔬菜电子商务网”论证工作；国际合作司先后向蔚县订购了两批价值数万元的剪纸手工艺品，用于部外事礼品；机关服务局多次与怀安县互动交流，积极协调相关项目落户怀安。此外，部内相关单位还协调开展了捐赠教学设备、图书、派遣社会实践工作队下乡等扶贫活动。

【定点扶贫项目】 工业和信息化部在定点扶贫河南省洛宁县、汝阳县，四川省南部县、嘉陵区工作中，以项目扶贫为手段，协调资金800万元，带动当地自筹资金1242.62万元，实施项目16个，重点支持定点扶贫县（区）开展基础设施和民生项目建设，帮助解决当地饮用水、道路出行、农业灌溉、信息化和产业培育等问题。其中，581万元用于当地基础设施和民生项目建设，159万元用于当地开展校园安防监控、远程医疗和宽带应用等信息化建设项目，60 万元用于培育当地养殖项目。

【干部挂职扶贫】 2012 年，4 位定点扶贫干部在分管地方工作的同时，融入当地，尽心尽责服务于当地经济发展，积极推进部扶贫项目的实施和管理，并主动协调相关资源，为当地百姓牵线搭桥排忧解难，帮扶当地社会文化教育事业发展。共协调企业捐赠资金、物资约480.5 万元，援建了 6 所希望小学，主要项目有：援建音乐教室 3 个，捐赠图书、设置图书角等。协调争取项目资金约 161 万元，用于四川省南部县修建清代县衙档案展览馆和山西省永和县气象台站的综合改造等，支持了当地文化教育和公共设施建设。

【行业和社会扶贫】 在定点扶贫工作中，工业和信息化部注重发挥行业协会、企事业单位的作用，大力倡导企业履行社会责任，充分调动行业和社会力量参与扶贫开发工作。人民邮电出版社、中国通信摄影协会、联想集团公司等企事业单位积极响应部里号召，为定点扶贫县（区）捐赠物资累计折合人民币 240 余万元，包括电脑、液晶电视、图书、乐器，建设摄影工作室、摄影阅览室、摄影培训和活动基地、羽毛球场地等。中国电子工业标准化技术协会社会责任工作委员会、电信研究院、赛迪研究院等部属单位，主动参与和支撑部扶贫工作，出人出力，开展相关研究，提供智力支持等。百度、三星、德州仪器等企业在贫困地区积极开展公益实践活动，结合新时期扶贫工作的重点，相关资源尽可能向集中连片特殊困难地区和定点扶贫县（区）倾斜。

【扶贫研究】 开展片区扶贫攻坚是我国新时期扶贫工作的新任务。2012 年，工业和信息化部组织开展了《燕山—太行山片区区域经济发展专题研究》。借鉴国内外县域经济发展的成功案例，深入分析县域经济发展类型、发展模式和未来的发展趋势，针对片区现状和问题，提出了片区产业扶贫的建议。

积极发挥信息化优势，推进片区扶贫开发工作。2012 年 12 月，在河北保定召开燕山—太行山片区信息化扶贫工作座谈会，推动片区区域信息化扶贫工作的深入开展。根据片区县提出的“三农”和中小企业信息化服务工作的具体需求，与电信运营企业进行对接，探讨片区信息化服务的新途径，并积极筹划和组织制定了全国工业和信息化系统燕山—太行山片区“三农”信息服务应用工程的实施方案。

积极探索和创新定点扶贫工作方式。2012 年，工业和信息化部定点扶贫的四川省南充市嘉陵区《嘉陵区积善乡青家坡村扶贫创新案例》入选了国务院扶贫办编印的“中国社会扶贫创新行动”100 个社会扶贫创新案例。

【智力帮扶】 工业和信息化部积极向贫困地区提供技术、管理、信息化方面的人才培训，在片区县培训中小企业经营管理及技术人员 300 人次，在定点扶贫县

（区）组织相关扶贫培训 3 期，培训人员 460 人次。工业和信息化部所属高校北京航空航天大学、北京理工大学等，从 2012 年开始面向全国连片特困地区定向专项招生，两校招生计划各为30 人，共60 人，主要专业方向为农村经济社会发展急需专业。同时，积极组织高校学生赴贫困地区开展社会实践活动等。

【扶危济困】 组织开展“圆梦大学”行动，协调资金 10 万元，帮助定点扶贫县（区）70 名考上大学的贫困学子顺利入学，圆了他们的大学梦。组织开展“访贫问苦”活动，协调资金 6 万元，在元旦、春节等重要节假日，看望定点扶贫县（区）的困难群众，解决他们的燃眉之急。“七一”期间组织慰问了部分贫困老党员，使老同志们切实感受到来自党和政府的温暖和关怀。

（工业和信息化部）

国家民族事务委员会扶贫

【概述】 国家民族事务委员会（以下简称“国家民委”）党组高度重视少数民族地区扶贫开发工作，将少数民族扶贫工作作为民族工作的重要任务来抓。2012 年，按照有关民族工作的重要部署和《中国农村扶贫开发纲要（2011—2020 年）》的要求，国家民委开展的少数民族地区扶贫开发工作扎实有效，稳步推进。多年来，国家民委集中力量抓好扶持人口较少民族发展和兴边富民行动，参与少数民族和民族地区扶贫开发，做好武陵山片区区域发展与扶贫攻坚联系工作，推动牧区加快发展，加强定点扶贫工作，协调智力支边扶贫，促进了少数民族贫困地区的脱贫致富和经济社会的发展，巩固和发展了民族团结进步事业。

【调研和统计监测】 认真贯彻落实新十年扶贫开发纲要，加强对新十年少数民族地区扶贫开发工作情况的调查研究。配合国务院有关部门参与武陵山片区、乌蒙山片区、滇桂黔石漠化片区等 9 个集中连片特殊困难地区区域发展与扶贫攻坚规划的编制实施工作，牵头或参加有关集中连片特困地区规划实施进展情况调研和规划实施推动协调会，参与做好集中连片特困地区扶贫开发政策落实情况督查，参加国务院扶贫办牵头组织的省区扶贫开发工作考核实地核查调研。

加强对牧区发展工作的综合协调和有关政策措施落实情况的督促检查。配合国家发改委、财政部、农业部、国家统计局等部门开展对全国牧区、半农半牧区县的调查研究工作，参加全国政协组织的赴青海、新疆等地牧区开展城镇化、工业化进程的三牧问题调研，提出了有关政策建议。

继续配合做好由国家统计局组织开展的全国农村贫困监测工作，以及民族自治地方农村贫困监测工作，总结少数民族地区扶贫开发工作进展情况，分析研究少数民族地区扶贫工作的新情况、新问题，为有关部门研究制定促进少数民族地区扶贫开发政策提供了科学依据。

根据国家统计局对全国 31 个省（自治区、直辖市）7.4 万户农村居民家庭的抽样调查，按新的国家扶贫标准，2012 年，民族八省区农村扶贫对象为 3121 万人，占八省区乡村人口的比重为 21.1%，占全国农村扶贫对象的 31.5%。从农村扶贫对象占乡村人口比重看，八省区高于全国 10.9 个百分点；从八省区农村扶贫对象和乡村人口分别占全国比重看，八省区农村扶贫对象占全国的比重（31.5%）是其乡村人口占全国比重（15.3%）的1倍多。广西、贵州、云南三省区有农村扶贫对象2482万人，占八省区农村扶贫对象的比重为79.5%，三省区贫困人口虽然在减少，但所占比重仍与上年持平。在扶贫开发的新阶段，西南少数民族地区的扶贫开发任务更为繁重。

附表　民族八省区与全国分年度贫困人口及贫困发生率

指标		2009年	2010年	2011年	2012年
贫困标准（元）		1196	1274	2536	2625
贫困人口（万人）	民族八省区	1451.2	1034	3917	3121
	全国	3597.1	2688	12238	9899
	八省区占全国比重（%）	40.3	38.5	32	31.5
贫困发生率（%）	民族八省区	12.0	8.7	26.5	21.1
	全国	3.6	2.8	12.7	10.2
	八省区与全国对比	高8.4个百分点	高5.9个百分点	高13.8个百分点	高10.9个百分点

注：民族八省区指少数民族人口相对集中的内蒙古、广西、西藏、宁夏、新疆5个自治区和贵州、云南、青海3个省。

【扶贫资金投入】　2012年，国家民委协调配合财政部共安排少数民族发展资金28亿多元，比2011年增长40%。其中安排内蒙古、广西、西藏、宁夏、新疆、云南、贵州、青海等民族八省区17亿多元，约占资金总量的61%。民族特需商品生产补助资金、民族贸易企业网点改造、民族特需商品定点生产企业技术改造等，贷款财政贴息资金安排，继续向少数民族贫困地区倾斜，约占全国总规模近50%。

【扶持人口较少民族发展】　《扶持人口较少民族发展规划（2011—2015年）》实施两年来，进展顺利，取得实效。按照扶持人口较少民族发展部际联席会议制度中有关部门和单位的职责，国家民委会同国家发改委、财政部等5部门，共同研究制订了规划任务的分工方案。为落实好国家民委分工负责的工作，还研究制订了规划任务在国家民委内的分工方案。2012年8月，在黑龙江佳木斯市召开了全国扶持人口较少民族发展经验交流会，会议交流学习了做好扶持人口较少民族发展工作的经验和做法，并对抓好扶持人口较少民族规划实施的各项工作作了具体部署。国家民委有关领导和部门负责同志带队深入实地开展调研，协调配合国家发改委、财政部等有关部门，进一步加大对人口较少民族发展的扶持力度。2012年，中央安排专项资金12.8亿元，比2011年增长49%。研究改进扶持人口较少民族发展监测系统，争取香港全国政协委员杨钊先生继续资助人口较少民族发展教育、卫生、种植加工和培训基层干部，实施国际合作项目，开展有关宣传等，推动规划的全面落实。另外，国家民委还督促指导有关省区做好“十二五”专项规划项目安排和实施工作，各地也相继出台了本省区的配套规划，完善政策措施，加大资金投入。2012 年，各省区安排扶持人口较少民族发展专项资金 35 亿元（其中省级配套资金 22.2 亿元），在人口较少民族聚居乡村实施交通、水利、人畜饮水、养殖、民居改造等项目 5579 个，这些项目都与群众生产生活息息相关，帮助人口较少民族改善了基础条件、提高了自我发展能力，使人口较少民族聚居村村容村貌得到了明显改善。

【兴边富民行动】 国家民委于 2000 年发出兴边富民行动的倡议，2011 年 6 月，国家民委、国家发改委、财政部 3 部门共同研究制定了《兴边富民行动规划（2011—2015 年）》，规划实施范围为内蒙古、辽宁、吉林、黑龙江、广西、云南、西藏、甘肃、新疆 9 个省区的 136 个陆地边境县（旗、市、市辖区），新疆生产建设兵团的 58 个边境团场。规划从边境地区实际和边民切身需求出发，突出了保障和改善民生，提出了改善基础设施、保障和改善民生等方面的重点任务，确定了 17 个重点工程，明确了加大资金投入、加大民生保障力度、产业扶持等 7 个方面的政策措施。2012 年 8 月，国家民委在新疆生产建设兵团伊犁州召开全国兴边富民行动座谈会，总结交流一年来各地落实规划情况，推动兴边富民行动的深入开展。2012 年全国兴边富民补助资金总额达 13.86 亿元，比 2011 年增长 34.04%。同时，兴边富民特色优势产业试点范围继续扩大，试点县由 2011 年的 30 个扩大到 50 个。

【少数民族特色村寨保护与发展项目】

2009 年，国家民委与财政部开始实施少数民族特色村寨保护与发展项目，2009 年印发《关于做好少数民族特色村寨保护与发展试点工作的指导意见》，2012 年印发了《少数民族特色村寨保护与发展规划纲要（2011—2015 年）》，着力从特色产业培育、特色民居保护与改造、民族文化保护与传承和开展民族团结进步创建 4 个方面，开展少数民族特色村寨保护与发展工作。4 年来，实施扶持的少数民族特色村寨由 2009 年的 121 个增加到 2012 年的 600 多个，中央补助资金累计投入 5.1 亿元。其中，2012 年扶持少数民族特色村寨 200 多个，投入中央财政补助资金 1.28 亿元。自实施特色村寨项目以来，示范点建设稳步推进，特色村寨水、电、路等方面基础设施得以改善，一批民族特色浓郁的民居村落得到保护；特色旅游、特色工艺品和特色种养业等特色产业有了起色，民族传统文化的保护和发展也逐步走上了轨道。

【连片特困地区扶贫】 国家民委认真履行武陵山片区联系单位职责，积极协调有关部门和省区落实武陵山片区区域发展与扶贫攻坚规划，开展了一系列工作。一是加强领导，机构保障。成立了国家民委武陵山片区区域发展与扶贫攻坚试点联系工作领导小组，统筹协调国家民委各司室及委属各单位的各项工作。成立了以国务院相关部门和四省市分管领导为成员，国务院相关部门和四省市相关牵头单位司（厅）级领导为联络员的片区联系工作领导小组，加强与有关部门和地方的沟通联系和协调配合。二是协调推进，督查落实。2012年先后组织召开了专题委务会、国务院有关部门协调会、部门与片区四省市对接会，参与筹备了温家宝总理在湖南省吉首市主持召开的武陵山片区扶贫工作座谈会，国家民委还承担了国办组织开展的对武陵山片区扶贫开发政策落实情况的督查，促进了国务院各部门和片区四省市之间的沟通协调，推动地方和部门出台相关实施规划和专项建设规划，推进了武陵山片区规划的实施。三是派驻联络员和开展培训。从国家民委机关、委属事业单位择优选派了77名司处级干部驻湖北、湖南、重庆、贵州的70个片区县（市、区）和辖较多片区县（市、区）的7个地（市、州）担任联络员，做好调查研究、沟通协调和反映情况等工作。举办了第二批武陵山片区民族工作部门干部培训班。四是重点工作倾斜支持。国家民委各项业务工作向武陵山片区倾斜，在民族团结进步创建活动、少数民族特色村寨保护与发展试点、民贸民品工作等方面对武陵山片区给予重点支持。

【干部人才队伍建设】 2012年，国家民委举办43期干部培训班，为少数民族地区培训各级各类干部人才3000多人次。推动委属高校培训少数民族干部、“双语”人才、高技能人才和农村实用人才近2000人次。开展少数民族专业技术人才特殊培养工作，共接收特培人才17名。会同中央组织部、中央统战部选派540名西部地区和其他少数民族地区干部，到20个省市及88个中央国家机关、国有重要骨干企业挂职锻炼。选派4名干部参加援藏、援疆、援青工作，选派2名干部到内蒙古、广西挂职，接收武陵山片区四省市4名干部和云南省2名少数民族干部到国家民委挂职锻炼。

【智力支边】 由中央统战部和国家民委牵头的各民主党派中央、全国工商联开展的智力支边扶贫工作，为少数民族贫困地区的发展献计献策、办实事，帮助少数民族贫困地区培训人才、制订脱贫计划、进行项目论证和咨询等。协调贵州省民委落实国家民委对贵州省毕节试验区建设扶持资金1068万元，比2011年增长19.7%，实施项目100多个，重点帮助毕节地区少数民族群众加强以“四通一建”（通路、通电、通水、通广播电视、建房）为主要内容的乡村基础设施建设，改善生产生活条件，促进群众增产增收，并开展各类培训。

【定点扶贫】 国家民委对定点扶贫工作常抓不懈，联合各民主党派、工商联开展智力支边联合扶贫。每年选派优秀干部到内蒙古巴林右旗和广西德保县两个定点扶贫县（旗）挂职指导扶贫工作，自 2000 年以来，国家民委共选派 18 名干部到两县挂职；开展电脑农业推广、小康示范村建设、安居工程、专家义诊、干部培训等工作，促进了定点扶贫县的发展。

协调广西、内蒙古民委，投入中央财政少数民族发展资金 337 万元，安排落实项目 23 个，着力解决当地基础设施建设、特色产业扶持和少数民族特色村寨保护中的资金缺口问题。还从民族工作经费中安排定点扶贫工作专项经费，并逐年增加，到 2012 年达 200 万元，两县各 100 万元。

2012 年，在两县举办培训班 15 期，培训 1300 多人次。

2012 年春节前夕，到两个扶贫县慰问少数民族贫困群众，为当地特困户送去了慰问金和慰问品，把党的温暖送到贫困群众的心中。在慰问活动中，慰问组还深入到扶贫示范点考察，召开座谈会，与扶贫点的干部群众共商脱贫发展大计。近年来，国家民委组织中央民族歌舞团 3 次赴扶贫点慰问演出，丰富了少数民族群众的文化生活。

（国家民族事务委员会
经济发展司　袁彦）

民政部扶贫

【智力扶贫】 民政部将行业扶贫与干部基层培养锻炼有机结合，积极开展扶贫蹲点调研活动。2012 年，民政部以处级干部为主体，抽调 11 个机关司局的 12 名同志，以“深入基层、扶贫攻坚”为主题，深入罗霄山集中连片特困地区开展了为期 1 个月的蹲点调研，形成了一批高质量的调研成果，为制定扶贫规划提供了宝贵的第一手资料，为下一步扶贫攻坚措施的实施奠定了基础。

选派优秀中青年干部到罗霄山区扶贫攻坚挂职锻炼，把扶贫攻坚任务引向深入。为履行好民政部作为罗霄山片区扶贫攻坚联系单位的工作职责，进一步培养锻炼干部，经党组研究，印发了《关于做好扶贫攻坚挂职锻炼干部选派工作的通知》，制定了《民政部开展扶贫攻坚挂职锻炼工作方案》，对扶贫攻坚挂职锻炼工作进行了系统部署。2012 年 12 月，择优确定 3 名具有发展潜力的中青年司局级干部到片区挂职锻炼，促进了片区扶贫攻坚规划的实施，起到了示范效果。

举办罗霄山区民政局长培训班，提升民政部门为人民服务的素质。2012 年 3 月，民政部举办 2012 年罗霄山区民政局长培训班。共有来自江西、湖南两省 29 个市县的 38 位民政局长参加。培训主题紧紧围绕罗霄山区扶贫攻坚和民政事业科学发展两大内容，培训方式采取课堂讲授、实地考察、主题研讨相结合，力求学员学有所思、学有所获、学以致用。同时还邀请各业务司局领导和国家行政学院教授，为培训班作专题讲座并与学员们进行互动交流。组织学员们考察了北京市第一社会福利院和北京市社区服务中心“96156”社区服务热线工作现场，参观了国家减灾中心，举办了以“罗霄山区民政事业科学发展建议”为主题的“学员论坛”。培训班成效明显，达到了预期目的。

【扶贫政策】 推动出台《国务院关于进一步加强和改进最低生活保障工作的意见》（国发〔2012〕45 号），就今后一个时期城乡低保工作的基本原则、政策措施、工作保障和组织领导等问题，提出了明确要求。这是自城乡低保制度建立以来，国务院首次对低保工作进行规范和完善，是指导城乡低保工作健康发展的纲领性文件。文件出台后，民政部指导贫困地区深入贯彻落实《意见》，进一步加强组织领导，完善政策措施，健全工作机制，落实管理责任，强化能力建设，推动低保工作健康发展。

联合财政部印发《城乡最低生活保障资金管理办法》（财社〔2012〕171 号），指导贫困地区进一步做好城乡低保资金的筹集、分配、发放、监督等，加强城乡低保资金管理，提高资金使用效益。

联合卫生部、人力资源社会保障部、财政部印发《关于开展重特大疾病医疗救助试点工作的意见》（民发〔2012〕12 号），指导贫困地区进一步明确重特大疾病救助试点的目标、原则、主要内容和部门职责等，开展好试点工作。

联合人力资源和社会保障部、财政部印发《关于做好新型农村和城镇居民社会养老保险制度与城乡居民最低生活保障农村五保供养优抚制度衔接工作的意见》（人社部发〔2012〕15 号），指导贫困地区按照各项制度待遇只叠加、不扣减、不冲销并兼顾现行政策的原则，在审批或复核低保、五保对象时，中央确定的基本养老金暂不计入家庭收入，确保现有待遇水平不降低。

联合国家统计局、国家发展改革委、财政部、国务院扶贫办印发《关于进一步加强农村贫困监测工作的通知》（国统字〔2012〕21 号），指导贫困地区通过扩大监测范围、完善调查方法、加强分析研究，测算农村基本温饱人口的数量和分布，为改进农村低保工作提供参考依据，推进两项制度有效衔接。

在研究制定《社会工作专业人才队伍建设中长期规划（2011—2020 年）》、《民政部、财政部关于政府购买社会工作服务的指导意见》等社会工作顶层制度设计过程中，将贫困地区社会工作专业人才队伍建设纳入重点扶持范围，引导社会工作资源向当地合理流动。

【农村低保制度】 2012 年，全国共有农村低保对象 5344.5 万人，与 2011 年同期基本持平，平均农村低保标准为每人每年 2067.8 元，年人均补助水平为 1247.9 元，较 2011 年同期增长 20.3%，全国共支出农村低保资金 718 亿元。其中，中央财政下达补助资金 431.4 亿元。

【农村五保制度】 2012 年，全国共有农村五保供养对象 545.6 万人，其中集中供养对象 185.3 万人；集中供养对象年人均供养标准为 4060.9 元，分散供养对象为 3008 元，较 2011 年同期分别增长 19.4%、21.8%。全国共支出五保供养资金 145 亿元。同时，继续实施“农村五保供养服务设施建设霞光计划”，安排部本级彩票公益金 1.5 亿元，支持 668 个农村五保供养服务机构建设。

【农村医疗救助】 2012 年，全国共有 6594 万人获得农村医疗救助，其中，直接救助 1366 万人；累计支出资金 144 亿元，其中，直接救助支出 118 亿元。人次均住院救助、门诊救助和资助参保参合水平分别达到 1611 元、182 元和 51 元。

【抗灾救灾】 2012 年，国家减灾委员会、民政部针对贫困地区灾情共启动9次预警响应和32次应急响应，协调派出36个工作组赶赴灾区，指导开展救灾工作。及时安排下拨中央救灾资金93.55亿元，调拨6.36万顶帐篷、41.55万床（件）棉衣被和1.4万张折叠床等救灾物资，有效帮助灾区解决受灾群众基本生活面临的困难。

【社会组织扶贫】 中央财政支持社会组织参与社会服务项目。2012年，中央财政预算2亿元用于支持社会组织参与社会服务，其中重点资助四川、云南、西藏、甘肃、青海、新疆等西部贫困地区的社会组织开展养老服务、医疗救助和受灾群众救助活动。民政部对此项工作高度重视，成立了项目领导小组，制订了项目管理办法、项目实施方案、项目审计方案、评估工作指引和财务管理指引等文件，先后召开9次会议，到10多个地方指导、检查，共评审377个项目。目前，所有资金已全部拨付到位，活动开展顺利。

“爱心撒天山——全国性基金会、社会团体联合援疆行动”项目。民政部于2011年底动员部分全国性基金会、社会团体开展的“爱心撒天山——全国性基金会、社会团体联合援疆行动”效果显著，社会反响良好。中国残疾人福利基金会、神华公益基金会等16家全国性基金会、社会团体与新疆对口承接单位，签订了17项援助项目，内容涉及养老设施建设、贫困儿童营养餐捐赠、大病救助等领域，项目金额总计7230.5万元。

（民政部）

人力资源和社会保障部扶贫

【就业扶持】 2012年，人力资源和社会保障部（以下简称“人社部”）继续加大力度做好贫困地区就业扶持工作，积极贯彻落实《中国农村扶贫开发纲要（2011—2020年）》，加强贫困地区公共就业服务，促进贫困地区劳动力转移就业和稳定就业。一是不断推进公共就业和人才服务体系建设。会同财政部在2012年中央财政就业专项资金分配时专门加大对武陵山片区、新疆、西藏和四省藏区的支持力度。指导贫困地区加强公共就业和人才服务体系建设，全面实施免费服务等各项制度；按照制度化、专业化、社会化的要求，明确服务标准，拓展服务内容，提高贫困地区就业服务的能力。加强公共就业和人才服务信息化建设，开通试运行全国招聘信息公共服务网，实现与贫困地区服务网络联网运行，为贫困地区劳动力转移就业和高校毕业生到贫困地区就业提供就业信息服务。二是深入开展专项活动。会同全国总工会、全国妇联举办主题为“搭建劳务对接平台，帮您尽早实现就业”的“春风行动”，开展岗位信息摸底，组织招聘会，加强就业服务，满足春节后一个时期进城务工人员求职就业和企业招聘用人需要，帮助贫困地区农村富余劳动力实现转移就业。会同中国残疾人联合会组织开展以“帮扶到人、岗位到手、政策到位、服务到家”为主题的就业援助月活动，深入基层了解就业需求，积极落实就业扶持政策，帮助贫困地区就业困难人员和残疾登记失业人员实现就业和稳定就业。三是促进贫困地区劳动力多渠道转移就业。召开农村劳动力转移就业示范县工作座谈会，总结推广外出务工、就地就近转移就业和返乡创业方面的经验，鼓励多渠道转移就业，示范带动贫困地区劳动力转移就业工作。加强对农村劳动力就业监测工作的指导，进一步摸清形势，不断推进贫困地区劳动力转移就业工作深入开展。

【定点扶贫概述】 2012年，人力资源和社会保障部定点扶贫工作在部党组的高度重视和领导下，充分发挥职能优势，不断推动定点扶贫县经济社会的全面协调可持续发展，定点扶贫工作取得了明显的成效。经过多年的努力和各方面的帮扶，3个定点扶贫县（山西省天镇县、安徽省霍山县和金寨县）的基本生产生活条件得到了极大改善，经济社会发展取得了明显的进步。2012年10月，国务院扶贫办将安徽省霍山县从国家级扶贫开发重点县中调出，将砀山县列入，人社部仍定点扶贫3个国家级扶贫开发重点县。

【干部挂职扶贫】 2012年选派4名干部到定点扶贫县挂职。其中，3名同志挂职县委常委、副县长，1名同志挂职副县长。

【智力扶贫】 2012年，人社部举办的司局级干部研讨班、处级干部培训班、青年干部培训班以及公务员局举办的东西部公务员对口培训班，分别吸收扶贫县机关的青年干部、乡镇干部和县级领导干部等20余人参加培训学习。通过学习培训和与部机关干部的相互接触交流，定点扶贫县的干部拓宽了视野，开阔了思路，增长了知识，提高了扶贫工作能力。

开展专业技术人员培训。协调安排扶贫县的部分教师、医生到北京的重点中学和三级甲等医院进修，不断提高他们的专业技术水平和实际操作能力。同时协助山西省天镇县，先后两次组织了10多名农业技术人员赴发达地区考察培训，学习蔬菜种植技术和农业产业化管理的知识和经验，为加快推进农业产业化提供了有力支撑。开展引进智力工作，邀请农业技术专家到定点扶贫县进行蔬菜等经济作物技术指导。

【就业扶持和技能培训】 就业扶持和职业技能培训是人社部的职能优势。为做好就业扶持和就业技能培训工作，协调安徽省人社厅，帮助霍山县和金寨县办好农民工创业园，尝试在农民工创业园基础上建立大学生创业园，提供了100余个就业见习岗位，争取到“三支一扶”大学生名额20人。充分挖掘就业潜力，鼓励引导下岗失业人员积极组织起来自谋职业。2012年组织就业实体20个，解决就业近500余人。2012年金寨县累计新增就业岗位3600个，解决下岗失业人员再就业1860人，转移农村劳动力8000余人，再就业培训600人，创业培训180人，高级技工培训100人，培养新技师20人，城镇登记失业率控制在4%以内。每个乡镇的劳动保障事务所增加1名专职人员，每个村配备1名劳动保障协理员，形成了县乡村三级劳动保障服务网络。2012年为创业实体发放小额担保贷款400多万元，有力地扶持了创业带动就业工作。

【新型农村养老保险】 2012年定点扶贫县新型农村社会养老保险不断扩展，覆盖面不断扩大。3个县符合条件的60岁农村老人，每月都能领到不低于55元的养老金，切实帮助农村的贫困老人解决了一些实际困难和后顾之忧。在3个扶贫县，新农保被当地干部群众誉为历年来最大的扶贫项目，深受欢迎，农民群众“老有所养”的问题从此有了制度保障。2012年，霍山县农村社会养老保险累计参保率达到96%，每月以社会化方式为近5万人发放基础养老金，发放率达100%。2012年，中央财政补助新农保专项资金和省级财政补助专项资金全部及时到位。金寨县把新农保工作作为“一把手”工程，狠抓落实，工作进展扎实有效，全县参保的农民积极性很高，参保率达到95%以上，有近8万名60岁以上的老人享受基础养老金。2012年，天镇县应参保人数102314人，实参保人数85894人，参保率达到了93.95%，征缴保费229.36万元，个人账户累计结余1299.54万元。截至2012年底，共为60周岁以上的农民24000多人发放基础养老金，且全部通过金融机构社会化发放。

【城乡社会保障体系建设】 积极帮助定点扶贫县开展“五险合一”扩面征缴工作，形成了覆盖城乡的社会保险制度。霍山县以民营企业、个体私营企业为重点，进一步扩大养老、失业、医疗、工伤、生育等基本社会保险覆盖面，同时按照“体系化、多层次、广覆盖、适度水平”的原则，进一步完善城乡社会保障体系。全县养老保险累计参保人数近2万人，为4300名离退休人员发放养老保险金近2000多万元；失业保险累计参保17000人，为3400人发放保险金1200多万元；医疗保险累计参保2800人，支付基本医疗保险金1100多万元；工伤保险参保2700人，支付工伤保险金1000多万元；生育保险累计参保17000人，支出基本生育保险金180多万元。金寨县养老、失业、医疗、工伤、生育五项保险参保人数分别达到19000人、22000人、24000人、16000人、15800人。“五险合一”扩面征缴工作扎实推进，覆盖面不断扩大，有效地解决了参保人员的实际困难。

【科技扶贫】 2012年，邀请专家学者到3个扶贫县进行专业技术讲座和咨询达20余次，对于促进县里干部群众转变观念，开阔视野起到了积极作用。如帮助安徽省霍山县制订了科技自主创新计划，县财政每年划拨500万元作为科技创新专项资金，用于支持以高新技术产品的研究、开发、生产和服务为主的科技型企业，以及用于奖励自主创新企业和优秀科技人才；另外划拨200余万元科技专项资金，用于应用技术研究、科普项目发展。积极组织开展高新技术企业、高新技术产品培育申报，推动知识产权和专利工作迈出新步伐。组建了生产力促进中心，强化了科技服务平台建设，选派和打造科技特派员专家队伍，稳步推进农业科技工作发展；积极为企业与高校科研机构牵线搭桥，促进产学研合作，先后与皖西学院、安徽工程大学、南京大学等高等院校签订了合作协议或意向，并多次聘请专家教授到霍山县参观考察，达成了多个合作项目。还帮助霍山县申报建设省级高新技术开发区和国家级铸造业高新技术产业基地项目。

【招商引资和项目扶贫】 人社部挂职干部先后多次带队前往厦门、福州、泉州、深圳、东莞等地考察，同北京、江苏、福建、广东等地的众多企业家和投资商进行了持续对接。2012年，福州华羚公司、厦门中靖公司在霍山县已经投资生产，其他有意向投资创业的客商也在积极洽谈。在项目争取方面，立足人力资源和社会保障职能，多方联系，积极向中央有关部委和省政府相关部门申报财政支持项目。此外，协助金寨县努力争取国家对县中医院搬迁的资金支持，共获得1200万元的资金资助；帮助金寨县开发区企业申请工信部技改资金103万元。积极协助天镇县申请就业和社会保障基层服务平台建设试点项目，延续上一年政策，争取到国家建设投资660万元。继续与国家发改委有关部门沟通协调，帮助金寨县争取到县乡两级就业和社会保障服务中心建设项目，其中县级就业和社保服务中心大楼规划建设5层，建筑面积4800平方米。此外，还积极推进扶贫县贫困家庭学生就业技能培训项目，选派贫困生免费或半免费进入部里定点的高级技工学校学习，多渠道提高贫困生素质，增加就业机会。

（人力资源和社会保障部
李春晖　沈宏　朴久富）

国土资源部扶贫

【连片特困地区扶贫攻坚】 国土资源部作为乌蒙山片区的联系单位，按照中央新阶段扶贫开发工作的要求，认真履行“调查研究、联系沟通、督促指导”的片区联系单位职责，统筹布局，明确思路，健全联系机制，深入调查研究，研究出台支持措施，整合各方力量，合力推进《乌蒙山片区区域发展与扶贫攻坚规划（2011—2020年）》的组织实施。2012年2月，国土资源部和国务院扶贫办共同在云南省昭通市组织召开乌蒙山片区区域发展与扶贫攻坚启动会。

健全机构，加强组织领导。调整充实了国土资源部扶贫开发领导小组，增补8个部机关司局和直属单位为领导小组成员单位，成员单位增加到21个，基本涵盖了主要业务司局和直属单位。同时，从四川、贵州、云南3省国土资源厅各选派1名处级干部到部扶贫办挂职，协助落实3省片区规划实施工作。印发了《国土资源部办公厅关于印发〈国土资源部乌蒙山片区区域发展与扶贫攻坚阶段性工作安排〉的通知》（国土资厅函〔2012〕398号），明确了乌蒙山片区联系工作的指导思想、职责任务、主要工作安排和保障措施，将乌蒙山片区规划中涉及国土资源管理工作的任务，逐项分解到有关司局和直属单位，并将落实扶贫开发工作情况纳入部绩效考核范围。

开展实地调研，了解实际情况和需求。先后5次赴乌蒙山片区开展调研，深入县乡，走村入户，广泛听取意见和建议，了解掌握各方面的情况和需求，督促省、县级实施规划编制工作。春节前，由国土资源部机关8个司局和3个直属单位组成3个调研组，分赴四川、贵州、云南省3个地市7个县区调研，并到老党员和贫困户家中开展慰问活动。2012年2月底，乌蒙山片区启动会结束后，徐绍史部长随即带队到云南、贵州、广西3省（区）调研了解乌蒙山片区、武陵山片区、滇桂黔石漠化区3个连片特困地区对国土资源管理工作的需求。2012年3月，在以“深化改革创新，加快制度供给”为主题的部省联合百人调研中，将乌蒙山片区扶贫攻坚作为调研重要内容。2012年4月底，国土资源部扶贫办组成调研组赴四川、贵州、云南3省分别召开座谈会，听取省政府和有关部门负责同志情况介绍，了解3省省、县级实施规划编制工作进展情况，以及对国土资源部片区联系工作的建议。2012年5月，由国土资源部党组成员，副部长、部扶贫开发领导小组组长张少农带队的国务院第四督查组对贵州扶贫开发政策措施落实情况进行了实地督查，期间进一步了解了贵州省扶贫开发工作情况、存在的问题和需要支持的事项。

国土资源部还分别向国务院有关部门、乌蒙山片区定点扶贫部门和单位、东西合作对口帮扶城市，以及四川、贵州、云南3省去函，全面了解“十二五”以来在乌蒙山片区已经实施的扶持措施、安排的重点项目、投入的资金情况和下一步工作安排，为国土资源部开展片区联系工作奠定了基础。

召开乌蒙山片区区域发展与扶贫攻坚部际联系会议第一次会议。2012年9月13日，在北京召开了乌蒙山片区区域发展与扶贫攻坚部际联系会议第一次会议。徐绍史部长为乌蒙山片区部际联系会议召集人，张少农副部长为副召集人。国务院有关部委、东西合作对口帮扶城市、定点扶贫单位等共51个成员单位负责同志参加会议，基本涵盖了在乌蒙山片区开展扶贫工作的各有关单位和部门。会议通过了《乌蒙山片区区域发展与扶贫攻坚部际联系会议制度》，明确了各成员单位的职责分工和联系会议的工作规则等内容。会后，协调3省根据乌蒙山片区规划提出需要国务院有关部委和单位支持的事项，商请35个国务院有关部门和单位就3省提出的53项需要支持事项落实了反馈意见。

2012年，国土资源部支持乌蒙山片区地质灾害防治等资金4.02亿元。其中，支持四川省泸州市、乐山市、宜宾市、凉山彝族自治州0.86亿元；支持贵州省遵义市、毕节市1.79亿元；支持云南省昆明市、曲靖市、昭通市、楚雄彝族自治州等1.37亿元。云南彝良地震灾情发生后，国土资源部及时派出工作组指导开展地质灾害应急处置工作，调集国土资源系统技术人员开展应急排查和处置，向灾区调运大批应急设备。中央财政特大型地质灾害防治专项资金对云南省给予了重点支持，特别是2012年10月4日彝良山体滑坡发生后，国土资源部即商财政部再支持云南省1.5亿元，其中不少于1亿元用于地震灾区。国土资源部在安排乌蒙山片区地质灾害详细调查经费300万元的基础上，增加200万元专门用于彝良地震灾区。指导云南省完善《云南省地质灾害综合防治体系建设方案》，并建议国家发展改革委加快云南省地质灾害防治综合体系建设。

【扶贫政策】 出台《国土资源部关于支持集中连片特殊困难地区区域发展与扶贫攻坚的若干意见》（国土资发〔2012〕122号），包含土地管理、矿政管理和地质灾害防治等18项政策措施。在土地政策、地质勘查和矿产资源开发、地质灾害防治和地质环境保护、人才培训和干部交流等方面，提出了针对集中连片特殊困难地区的倾斜政策，基本包括了国土资源管理的主要职能。支持范围覆盖六盘山区等11个集中连片特殊困难地区，西藏，云南、四川、甘肃和青海四省藏区，新疆南疆三地州的15个省、5个自治区、1个直辖市和新疆生产建设兵团的680个县。

印发《国土资源部办公厅关于贯彻实施〈中国农村扶贫开发纲要（2011—2020年）〉重要政策措施分工方案的通知》（国土资厅函〔2012〕605号），确定3项牵头工作分别由规划司、耕地司、环境司负责，并对贯彻落实工作情况开展督促检查，纳入绩效考核。

保障贫困地区用地需求。积极指导贫困地区科学编制土地利用总体规划，注重将扶贫开发与县域经济发展、新农村建设相结合，重点保障扶贫开发项目用地，优先满足贫困地区异地扶贫搬迁建房需求。在甘肃、青海、吉林、安徽、四川、宁夏、云南和贵州8省（区）国家扶贫开发工作重点县，安排新增建设用地计划指标40多万亩。支持有条件的贫困地区开展城乡建设用地增减挂钩试点。为积极推进扶贫搬迁项目实施，将19个省（区、市）相关地市纳入增减挂钩试点，通过显化土地效益，为扶贫项目集聚资金。四川省国土资源厅批复贫困地区城乡建设用地增减挂钩项目57个，涉及挂钩规模3.79万亩。完善用地审批制度、加快审批进度，保障交通、能源、水利等区域发展重点工程和扶贫开发用地。青海省2011年以来批准扶贫开发重点县用地128项5.56万亩；云南省2012年受理扶贫开发重点县用地298项7.69万亩。

土地整治带动扶贫开发。国务院批复的《全国土地整治规划（2011—2015年）》，确定建设500个高标准基本农田示范县，涉及国家扶贫开发工作重点县100个。规划确定的农用地整治重点区域内包括28个国家扶贫开发工作重点县，土地复垦重点区域中包括7个国家扶贫开发工作重点县。同时，土地整治重大工程、土地整治示范省建设项目，重点向贫困地区倾斜。会同财政部采取“部省协议”的方式支持10个省级政府开展土地整治示范省建设，建设规模2633万亩，预计新增耕地面积175万亩，总投资520亿元，实施区域涉及20个国家扶贫开发工作重点县。在山西、广西、云南、甘肃和宁夏5省（区）的国家扶贫开发重点县安排土地整治项目290个，建设规模302.22万亩，投资61.89亿元。

加强贫困地区地质灾害综合防治。国务院批复的《全国地质灾害防治“十二五”规划》，将六盘山区等11个集中连片特殊困难地区，西藏，云南、四川、甘肃和青海四省藏区，新疆南疆三地州分别纳入13个突发性地质灾害重点防治区。加大对贫困地区地质灾害防治资金投入力度。2012年，资金支持共计24.96亿元。其中，地质灾害防治支持17.64亿元，矿山地质环境保护与治理恢复支持7.32亿元。按片区分：六盘山区0.94亿元，秦巴山区3.12亿元，武陵山区5.10亿元，乌蒙山区4.04亿元，滇桂黔石漠化区2.59亿元，滇西边境山区1.64亿元，大兴安岭南麓山区0.34亿元，燕山—太行山区 0.47 亿元，吕梁山区 1.28 亿元，大别山区 1.26 亿元，罗霄山区 1.61 亿元，西藏 1.71 亿元，四川、云南、甘肃、青海四省藏区 0.37 亿元，新疆南疆三地州 0.01 亿元。2012 年，国土资源部在宁夏固原市投入抗旱找水打井资金 3000 万元，共成井 50 多口，解决了当地农村 13 万人的饮水安全问题。

出台矿产资源管理政策。利用资源优势开展“造血式”扶贫。加快贫困地区地质调查和矿产资源开发，加大项目和资金支持力度，加快资源优势向经济优势转化。在矿业权设置与出让方面向贫困地区加大倾斜力度。贵州、云南、吉林、青海和新疆等 5 省（区）在扶贫开发重点县投放探（采）矿权 5417 个，甘肃省和广西壮族自治区公开出让 17 个国家扶贫开发重点县（区）53 宗探矿权，促进当地的资源优势向经济优势转化。同意山西、河南、四川、贵州、新疆等省（区）协议出让煤炭、铁矿等矿业权 6 项。支持贫困地区大力推进矿产资源节约与综合利用，四川省秦巴山片区和乌蒙山片区共 19 个项目获得矿产资源节约与综合利用专项资金 1.19 亿元，滇桂黔石漠化片区的广西德保县铜矿等 3 个企业获得专项资金 1200 万元，新疆南疆三地州 2 个项目获得专项资金 865 万元。

加快实施矿产资源开发利用专项。积极构建矿山企业和矿区周边群众共享矿产资源开发利用新机制，推进建设和谐矿区试点，促进当地群众共享矿产资源开发收益。滇桂黔石漠化片区的云南省麻栗坡紫金钨业公司等一大批矿山企业通过吸收当地村民入股分红、劳务用工、捐资助学、加强农村基础设施建设、组织农民开展特色养殖种植等方式，带动、帮扶当地村民发展致富，当地面貌发生了很大的变化。

加快实施地质勘查项目。围绕集中连片特殊困难地区贫困县和特殊扶持政策县，部署开展基础地质调查、矿产资源调查评价、地质灾害调查及水文地质环境地质调查等，发现了一批矿点（矿化点），新增一批资源量，查明水文地质条件，为解决群众缺水问题等提供了基础地质依据。实施地质勘查项目倾斜，中国地质调查局在甘肃、四川、宁夏、广西、青海和新疆 6 省（区）的国家扶贫开发工作重点县部署地质勘查项目 266 个，投资 18.70 亿元。新疆国土资源厅还在 27 个国家扶贫开发重点县大力推进商业勘探，设立社会出资项目 1731 个。中央地质勘查基金在国家贫困地区投资开展项目 5 项，总投资 6284 万元。吕梁山片区的山西省静乐县舍科煤炭普查项目已探获煤炭资源量大于 1 亿吨；罗霄山片区的江西省乐安县相山矿田西部铀矿普查有望达特大型规模；武陵山片区的贵州省正安县东山、马鬃岭铝土矿已控制资源量 5000 万吨。

【扶贫资金投入】 重点保障扶贫开发项目用地，优先满足贫困地区异地扶贫搬迁建房需求；中低产田改造、高标准基本农田建设实际投资 341.35 亿元，覆盖 739

个县；地质灾害防治和矿山地质环境恢复治理实际投资186.5亿元，覆盖831个县；基础地质调查、矿产资源远景调查和矿产资源评价投资219亿元，覆盖372个县。

【定点扶贫】 国土资源部定点扶贫江西省赣州市8个国家扶贫开发工作重点县以及湖南省新田县。把广西壮族自治区靖西县（全国模范国土资源所所长韦寿增的家乡）作为国土资源部扶贫联系点，按照定点扶贫县开展工作。在土地开发利用、用地计划、耕地占补平衡等诸多方面给予倾斜性扶持，在土地管理制度创新、建设用地保障、城乡建设用地增减挂钩、农村土地综合整治等方面都取得了突破性进展。赴定点扶贫县调研86人次，直接投入资金19965.68万元，帮助引进落实项目47个，资金604万元，举办培训班15期，培训各级干部和农民847人次。

召开专门会议，完善政策措施。2012年1月14日，在江西省瑞金市组织召开了国土资源部扶贫开发工作暨纪念赣南定点扶贫25周年座谈会，系统总结了25年来赣州定点扶贫工作经验，明确了新阶段扶贫工作方向。出台了《国土资源部办公厅关于2012年支持赣州经济发展若干意见的函》（国土资厅函〔2012〕577号），提出了4个方面17项具体措施，在安排调结构、转方式、保民生等重大建设项目用地计划上，加大了对赣州市的倾斜。国土资源部立足湖南省新田县实际，发挥国土部门优势，全年共筹措各类扶贫资金4478.13万元，实施了土地综合整治、矿产资源远景调查、岩溶地区地下水勘查与开发利用示范等项目。

开展农村土地综合整治带动区域经济发展。国土资源部在支持赣州市开展农村土地综合整治方面给予了重点倾斜，支持宁都县、赣县、大余市、瑞金市开展农村土地整治立项工作，建设规模3.78万亩，投资预算9335万元。国土资源部将湖南省新田县确定为全国首批高标准基本农田建设示范县后，湖南省国土资源厅已批复土地整治项目资金3152.33万元，整理耕地1.78万亩。

矿产资源勘查取得新成效。在赣州市投入矿产资源调查评价项目资金2500万元，完成国家地质大调查项目2个，中央地质勘查基金项目3个，江西省地质勘查基金项目3个，赣州市首个地球科学院士工作站在江西省赣南地质调查大队设立，南岭3000米深部科学钻探，南岭于都—赣县矿集区盘古山示范区2000米异常验证钻探先后开钻，对发现并探明更多深部资源，实现赣州市地质找矿新突破提供了强有力的技术支撑。中国地质调查局在湖南省新田县部署矿产资源远景调查项目，新发现矿产地5处，具有较大找矿远景的矿产地3处。特别是在新田县知市坪矿区面积30平方公里调查中，初步发现锰矿达大型规模，铁矿达中型规模，煤矿资源量在2000万吨以上，达小型以上规模，资源量潜在经济价值25亿元以上。新田县龙珠矿区重晶石矿矿区已发现重晶石矿潜在资源量近200万吨。在新田县还安排地质调查工作经费150万元，完成了重点研究区土壤测量工作和农作物测量工作。继续实施新田县重点地区岩溶水勘查与开发利用示范项目，2012年项目经费为200万元，实际解决钻孔所在村庄及周边4860人严重缺水问题。

【扶贫研究】 开展了《国土资源管理政策支持国家贫困地区发展研究》和《国土资源管理政策扶持乌蒙山片区区域发展与扶贫攻坚研究》两个课题的研究，积极探索片区扶贫攻坚工作规律，开展理论研究。重点将集中连片特殊困难地区区域发展、扶贫攻坚和国土资源管理改革创新相结合，通过调查研究，探索创新扶贫思路、方式和方法，为制定扶持乌蒙山片区和其他片区区域发展与扶贫攻坚政策措施提供理论支撑。

【挂职干部扶贫】 先后选派了8名干部赴贫困地区开展扶贫挂职，其中5名派往乌蒙山片区、1名赴江西省赣州市、1名赴湖南省新田县、1名赴广西壮族自治区靖西县。在定点扶贫县和乌蒙山片区，开展机关干部“三进四同两送一改”（进国土所、进地质队、进矿区，同吃、同住、同工作、同学习；送政策、送服务，改进工作）基层学习锻炼活动。共选派两批41名部机关处级以下干部开展为期1个月的学习锻炼活动。同时，选派6名新录用且无基层工作经历的国土资源部机关公务员赴乌蒙山片区开展为期1年的基层锻炼活动。

（国土资源部　关乐原）

环境保护部扶贫

【支持重大项目建设】 积极指导和大力支持国家扶贫开发工作重点县及贫困落后地区的环境影响评价管理工作，对符合国家产业政策、相关规划及规划环评要求的建设项目加快审批，支持贫困地区经济社会发展。2012年，环境保护部共审批涉及国家扶贫开发工作重点县的有：五台山/定襄机场军民合用改扩建工程、新建江西上饶三清山机场项目、新建云南宁蒗泸沽湖民用机场工程等一批重大项目，并对这些项目建设中的生态环境保护提出明确要求，努力使其实现经济发展和环境保护双赢。

【农村环境综合整治】 环境保护部、财政部联合出台《关于印发〈全国农村环境综合整治“十二五”规划〉的通知》（环发〔2012〕75号），将14个连片特困地区纳入全国农村环境综合整治重点地区，深化“以奖促治”政策，加强农村饮用水水源地保护、农村生活污水和垃圾处理、畜禽养殖污染防治、历史遗留的农村工矿污染治理、农业面源污染防治和农村生态示范建设，优先解决存在环境问题较突出的“问题村”。2012年，全国共23个省（区、市、计划单列市）纳入连片整治示范，中央财政安排专项资金55亿元，加快农村环境治理步伐。

国务院以国函〔2012〕52号文批准《全国农村饮水安全工程“十二五”规划》，明确“十二五”期间解决2.98亿农村人口（含国有农林场）饮水安全问题和11.4万所农村学校的饮水安全问题，使全国农村集中式供水比例提高到80%左右，供水质量和工程管理水平均得以显著提高。

【生态建设与保护】 积极推进贫困地区国家级自然保护区建设。2012年，中央财政安排专项资金1.8亿元，支持100个国家级自然保护区规范化建设，涉及12个连片特困地区。环保部配合财政部，通过中央财政国家重点生态功能区转移支付，对贫困地区生态功能保护予以支持，组织开展县域生态环境质量考核，督促贫困地区县级人民政府进一步加大保护力度。结合实施《中国生物多样性保护战略与行动计划（2011—2030年）》，在既是生物多样性保护优先区又是连片特困地区中，选取5个县作为生物多样性保护与减贫试点，包括内蒙古自治区呼伦贝尔市新巴尔虎右旗、湖北省利川县、贵州省三都县、陕西省太白县和云南省玉龙县，安排专项资金240万元。通过替代生计，提高农民生活水平，减少对生物多样性的破坏，探索生物多样性保护与减贫共赢模式。

【环保能力建设】 支持贫困地区加强环保能力建设，提升环境监管水平。通过中央财政，对污染物减排专项重点地区，设立环境突发事件应急监测能力建设项目，为河南省安阳市和四川省泸州市分别配备价值500万元的环境应急监测车1台。同时为加强贫困地区环保宣教能力的建设，按照国家对东、中、西部，分别根据项目总投资的20%、50%和80%的比例要求安排中央补助资金，对西部每个省份安排183万元，用于支持宣教能力建设。环境监测站达标建设向贫困县倾斜，按照填平补齐的原则来安排中央财政补助资金。

【环保人才培训】 为进一步提高西部贫困地区环保人才的综合素质和业务能力，增强西部地区企业的社会责任意识，2012年，环境保护部对重庆、四川、贵州、云南、西藏、陕西、甘肃、青海、宁夏、新疆10个省（区、市）中近两年挂牌督办企业、区域限批企业以及重点污染治理企业进行了企业社会责任培训。面向新疆维吾尔自治区和新疆生产建设兵团举办了全国环境应急管理工作人员培训班，针对环境规划、法规、科技、监测、监察、环评、减排等专项业务进行系统的培训。另外，还举办了第二期新疆基层民族环保干部考察培训班，联合新疆组织部门举办第二期党政领导干部环保专项培训班等，提高了领导干部的环保意识。

【定点扶贫】 2012年，按照国务院扶贫开发工作的要求，结合河北省围场、隆化两个定点扶贫县的实际，环境保护部进一步加大帮扶力度，加快解决突出环境问题，促进两县经济社会可持续发展。支持自然保护区建设，安排中央财政资金435万元，继续对河北隆化茅荆坝、围场滦河上游的2个国家级自然保护区给予重点支持，同时新增围场塞罕坝国家级自然保护区纳入专项资金支持范围，提升管护水平。将河北省隆化县列入农村环境连片整治示范区，安排中央农村环保专项资金110万元，支持污水、垃圾等治污设施的建设。在环保公益性行业科研专项中，设立“坝上地区自然保护区有机食品开发与生物多样性保护研究”课题，安排84万元支持开展自然保护区有机食品的开发与生物多样性保护的研究。组织开展围场县滦河流域生态补偿方案研究，安排中央财政资金10万元。强化环境宣传教育，为围场、隆化两个定点扶贫县各安排环保科普专项资金10万元；启动围场国家重点生态功能区环保科普项目，向围场第一小学捐赠总价值6.5万元科普图书；在中学生农村环保科普帮扶活动中，捐赠1000余册图书，价值1.5万元；积极开展绿色学校创建活动，在两县各级绿色学校设立环保科普知识宣传橱窗10个，发放环保宣传挂图200套，捐赠环保科普图书200册。

（环境保护部　贾蕾）

住房和城乡建设部扶贫

【概述】 2012年，住房和城乡建设部进一步落实《中国农村扶贫开发纲要(2011—2020年)》，主动协调有关部门加大贫困地区农村危房改造力度，支持住房最危险、经济最贫困的农户加快解决基本的安全住房。同时，积极履行大别山片区联系单位职责，支持大别山片区住房城乡建设事业的稳步发展。

【农村危房改造】 2012年，中央农村危房改造补助资金445.72亿元，危房改造560万户。其中：优先支持陆地边境县（团场）边境一线的13万农户，另外支持41.08万农户结合危房改造开展建筑节能示范。中央支持的地区范围基本实现了农村全覆盖，补助标准进一步提高到7500元，陆地边境一线贫困户和建筑节能示范户所增加的补助也提高到了2500元。

农村危房改造严格执行帮助住房最危险、经济最贫困农户解决最基本的安全住房政策，补助对象重点是居住在危房中的农村分散供养五保户、低保户、贫困残疾人家庭和其他贫困户。各地应优先支持陆地边境地区、贫困地区、少数民族地区和革命老区的危房改造，重点向集中连片特殊困难地区倾斜。2012年，在14个集中连片特困地区，共安排了217万户危房改造任务，中央补助资金178.5亿元。

【连片特困地区扶贫攻坚】 1. 组织调研。2012年2—3月，住房和城乡建设部村镇建设司赴大别山片区11个县实施了前期调研。2012年4—5月，部机关18个司局赴大别山，共调研了36个县、119个乡镇、237个行政村，走访了449户贫困农户，提交了165份调研报告和专题报告。2012年5月，汇编了36个县共50万字的调研报告。完成了住房和城乡建设部《大别山集中连片特困地区区域发展与扶贫攻坚调研报告》并分送国务院扶贫办、国家发改委、国务院扶贫开发领导小组其他成员单位和片区三省的有关部门。配合全国政协提案委员会开展大别山片区调研活动，并协助起草了给国务院的报告。

2. 展开横向联系。确定了3省36个县联络员。建立了中央19个部委处级联系小组，召开了一次联席会议。2012年5—6月，分别拜访了交通部、水利部、教育部、农业部、卫生部、科技部、国家林业局、国家旅游局等部门，汇报了住房和城乡建设部调研情况，反映地方需求，了解支持政策，争取形成合力支持大别山片区发展。

3. 积极采取措施支持大别山片区发展。一是印发了住房和城乡建设部《关于支持大别山片区住房和城乡建设事业发展的工作措施》，明确“十二五”期间，将从保障房建设、村镇建设、县镇基础设施建设、风景名胜区建设、园林绿化、建筑节能与科技、人力资源支持、建筑业帮扶等方面给予指导和支持。二是通过向片区3省倾斜分配任务并协调3省向片区各县倾斜，确定了2012年中央支持片区农村危房改造18.2万户，是2011年的2.35倍。三是协同财政部、国家发展改革委有关司进行商讨研究，将湖北罗田县九资河镇列入2012年绿色低碳重点小城镇试点示范候选名单。四是将片区15个镇列入了中央财政支持建设污水处理设施配套管网的重点镇名单，以奖代补，给予资金补助。五是开展村镇建设示范村选点工作。结合当地传统建筑特点和民间技艺，开展节能、环保、安全的生土建筑试点和推广工作。支持香港“无止桥”公益组织在大别山偏僻山村捐建小型桥梁。六是组织中国建筑设计院城镇研究院编制安徽寿县县域体系规划、3个名镇保护性规划和2平方千米修建性详规。七是协调中国建筑业协会推进扶贫重点县的建筑劳务发展。协调中国建筑金属结构协会重点扶持团风县钢结构产业发展。协调中建七局的对口扶贫工作。

（住房和城乡建设部）

交通运输部扶贫

【概述】 交通运输是扶贫开发的重要内容，是集中连片特困地区脱贫致富的基础性和先导性条件。2012年，交通运输部深入贯彻落实党的十八大精神和中央扶贫开发工作部署，把集中连片特困地区交通基础设施建设作为当前和今后一个时期交通运输发展的重点，加大了对集中连片特困地区的政策和资金的支持力度，组织编制了集中连片特困地区交通扶贫规划，作为六盘山片区的联系单位，深入开展调查研究，牵头召开了片区扶贫攻坚启动会，建立了片区部际联系机制。同时，继续做好定点扶贫工作。

【交通扶贫规划】 2012年上半年，交通运输部会同集中连片特困地区各省（区）市开展大量调查研究，编制了《集中连片特困地区交通建设扶贫规划纲要(2011—2020年)》，并根据11个集中连片特困地区的自然条件、发展能力、环境承载力和产业发展方向，分别编制了每个片区的交通建设扶贫专项规划，明确了各个片区到2020年交通运输发展的目标和重点任务。

交通扶贫规划以解决制约贫困地区交通运输发展瓶颈问题、推进交通运输基本公共服务均等化为主攻方向，以构建集中连片特困地区“外通内联、通村畅乡、班车到村、安全便捷”的交通运输网络为目标导向，以“统筹规划、突出重点、循序推进、讲求实效”为基本原则，进一步强化集中连片特困地区交通基础设施建设，大力提升运输服务能力和水平，着力提高交通运输抗灾和应急保障能力，重点支持集中连片特困地区国省干线公路建设、农村公路通畅工程、县乡道改造和县乡村客运站点建设。到2020年，将实现集中连片特困地区交通运输发展基本适应经济社会发展的要求，为贫困地区与全国同步进入全面小康社会，提供强有力的交通运输保障。

根据规划，交通运输部将在“十二五”已经向西部地区和“老少边穷”地区进行倾斜的基础上，继续将“十二五”期间车购税预期增量资金，主要投向集中连片特困地区，进一步提高集中连片特困地区的交通建设补助标准。整个“十二五”期间用于11个片区和3个实施特殊政策地区交通建设的车购税，总额将超过5100亿元，占“十二五”公路建设车购税资金总量的近50%。

2012年7月10日，时任国务院副总理、国务院扶贫开发领导小组组长的回良玉，在交通运输部关于扶贫工作报告上作出批示：交通运输是扶贫开发的重要内容，是集中连片特困地区脱贫致富的基础性和先导性条件。交通运输部高度重视扶贫开发工作，以解决制约贫困地区经济社会发展的交通运输这一重大瓶颈问题为主攻方向，努力推进交通运输基本公共服务均等化，统筹规划、突出重点、讲求实效，强化交通基础设施建设，提升运输服务能力和水平，提高交通运输抗灾和应急保障能力，工作指向清晰，举措具体可行，走在了扶贫开发工作的前列。为贫困地区脱贫致富、全面建设小康社会做出新的贡献。

【部省共建协议签订】 2012年7月，交通运输部在四川成都召开全国集中连片特困地区交通扶贫开发工作推进会，正式发布《集中连片特困地区交通建设扶贫规划纲要（2011—2020年）》，对新时期交通扶贫工作进行了全面部署，时任部长的李盛霖同志出席会议并讲话，翁孟勇副部长代表交通运输部与集中连片特困地区涉及的19个省（区、市）人民政府，分别签署了部省扶贫攻坚协议，并商定共同采取有力措施，落实集中连片特困地区交通建设扶贫规划纲要，加快交通基础设施建设，着力破解制约当地经济社会发展的交通瓶颈，全面提升交通运输服务水平，为片区全面建设小康社会提供强有力的交通运输保障。

【交通扶贫项目组织实施】 为加强项目管理，确保交通扶贫规划的顺利实施，2012年10月，交通运输部下发《关于加强集中连片特困地区农村公路建设计划管理工作的通知》，明确集中连片特困地区农村公路建设计划管理工作的有关要求。2012年，交通运输部在11个集中连片特困地区和西藏、四省藏区以及新疆南疆三地州3个国家已明确实施特殊政策的地区投资332亿元车购税资金，支持82个高速公路项目建设，合计8532千米；投资387亿元车购税资金，支持302个国省道及其他干线公路项目建设，合计17662千米；投资9亿元车购税资金，支持4个口岸公路项目建设，合计297千米；投资182亿元支持近5万千米农村公路建设，直接惠及602个贫困县、9523个贫困村。

【六盘山片区联系】 根据国务院扶贫开发领导小组的统一部署，2012年，交通运输部被确定为六盘山片区的联系单位。为切实履行联系单位的职责，交通运输部深入开展调查研究，积极推进片区扶贫攻坚工作的开展。

建立六盘山片区部际联系机制。为加强与国务院有关部委及六盘山片区陕西、甘肃、青海、宁夏4省（区）之间的沟通协调，2012年，交通运输部牵头成立了六盘山片区区域发展与扶贫攻坚部际联系工作组，由翁孟勇副部长任组长，戴东昌总规划师任副组长，国务院扶贫办、国家发展改革委等23个国务院部委相关司局、六盘山片区四省（区）扶贫办有关负责同志为成员。2012 年 8 月 10 日，翁孟勇副部长在北京主持召开了六盘山片区部际联系工作组第一次会议，通报了片区扶贫攻坚工作的进展和各部门支持六盘山扶贫攻坚的政策措施，讨论确定了六盘山片区联系工作方案，会上各部门表示将加强沟通协调、增进合作，合力推进六盘山片区扶贫攻坚工作。2012 年交通运输部向宁夏回族自治区交通运输厅派出挂职干部，成立了交通运输部驻六盘山片区扶贫开发工作联络组，以交通运输部门联席会议的形式，牵头建立了六盘山扶贫开发跨省协调机制。

2. 牵头召开六盘山片区扶贫攻坚启动会。2012 年 8 月 23 日，国务院扶贫开发领导小组在甘肃省定西市召开六盘山片区区域发展与扶贫攻坚启动会，时任中共中央政治局委员、国务院副总理、国务院扶贫开发领导小组组长回良玉出席会议并发表重要讲话。交通运输部会同国务院扶贫办、国家发展改革委和甘肃省承担了会议组织工作，时任交通运输部部长李盛霖同志主持会议，部党组书记杨传堂同志作大会发言。杨传堂在发言中指出，交通运输部将认真履行联系沟通、调研建议和督促指导等职责，进一步加强与地方党委、政府以及国务院有关部委的联系合作，共同推进片区扶贫攻坚规划的组织实施。

【定点扶贫】 根据国务院领导同志批示和国务院扶贫办的安排，交通运输部负责对四川省阿坝藏族羌族自治州进行定点扶贫，重点支持小金、壤塘、黑水 3 个国家扶贫工作重点县的农村公路等交通基础设施建设。2012 年，交通定点扶贫工作紧紧围绕推进藏区跨域发展和长治久安的工作大局，把推进交通扶贫工作作为保障和改善民生的大事来抓，创新工作思路，着力改善贫困地区路网结构，注重办实事、讲实效，圆满完成了扶贫任务。

创新定点扶贫模式。交通对扶贫的最大作用或意义在于“路通百通”，路通则能为农业产业发展、农民增收、村容村貌改变、教育普及教学改善等奠定坚实的基础。因此交通运输部提出了阿坝州交通扶贫工作的总体思路：立足交通，采取部省联合扶贫模式，统筹资金安排、统一规划、统一协调，进行交通扶贫和扶贫交通。“交通扶贫”就是通过改善交通条件为三县及周边地区脱贫致富打下基础；“扶贫交通”就是揪住阿坝州交通发展比较落后这一短板，在交通科技、普及教育、人才培养等方面给予人力物力扶持。

落实扶贫资金和项目。2011—2012 年共安排实施交通定点扶贫项目 22 个，投资 5.4 亿元，至 2012 年底，共完成项目 27 个，完成投资 3.5 亿元，新（改）建成农村公路 13 条 237 千米、桥梁 12 座 517 延米、安保 2 项 20 千米。其中，2012 年完成农村公路建设 9 条 157.16 千米，完成桥梁 6 座 211.46 延米，完成安保工程 1 个 6 千米。

完善定点扶贫工作机制。为确保交通

扶贫项目有序开展，交通运输部第二批定点扶贫工作组不断完善定点扶贫工作机制。一是组织编制了《阿坝藏族羌族自治州交通扶贫建设项目管理暂行规定》、《阿坝藏族羌族自治州交通扶贫建设项目管理绩效考核暂行办法》、《阿坝州关于进一步加强交通扶贫建设项目管理工作的意见》和《阿坝州交通扶贫建设项目资金使用管理办法》等管理制度，在扶贫项目计划管理、建设管理、质量监督、实施保障、绩效考核等方面作出了明确规定，使交通扶贫工作有章可循，有序开展。二是在交通扶贫联络组的基础上，会同阿坝州政府成立了交通扶贫工作办公室，办公室设在州交通运输局，具体负责与各县、州直部门的沟通协调及督促指导扶贫项目实施。与此同时，阿坝州各县也成立了交通扶贫建设协调领导小组，把责任落实到部门和乡镇，形成了交通扶贫项目齐抓共管、合力推进的良好局面。三是强化监督检查，形成检查机制，用质量保障交通扶贫项目的效益。扶贫联络组定期会同州质监站、建管科、农建科，加强对交通扶贫项目的督导，严把质量、安全、进度及资金关。明确要求州公路质量监督分站坚持对交通扶贫项目每季度至少进行一次质量检查，加强项目质量监督检查，严把工程质量关，确保了交通扶贫项目优质高效。

加大科技与人才支持。为增强扶贫工作的持续动力，交通定点扶贫坚持创新方式，加强扶贫地区内生动力的培养。一是把“输血”与“造血”相结合，积极引进交通技术人才。在全国交通运输行业通过分层选拔、组织考核分别从16个省、市有关部门和单位挑选出26名专业技术干部到阿坝州，进行交通灾后恢复重建和交通扶贫援助工作，为项目建设提供人才支撑。二是把“扶贫”与“扶智”相结合，大力培养本土交通建设人才。围绕交通扶贫规划确立的“智力点金工程”，组织阿坝州交通管理与技术人员赴江苏省考察学习农村公路养护经验。在北京组织举办了2期交通管理业务培训，共培训87人次，拓宽了阿坝交通人员的视野，丰富了业务知识。三是把“长远”与“当前”相结合，积极开展交通科研扶贫工作。围绕阿坝州灾后恢复重建与交通扶贫“生态、安全、和谐、可持续”发展目标，组织交通运输部公路科学研究院与阿坝州交通运输局达成科研合作协议，共同开展交通基础设施管理相关机制、规划、关键技术、政策措施等方面的研究工作，目前已申请科研专项资金补助95万元，实施了1项专题研究。协调重庆海事局与阿坝州海事局签订结对子互助协议，支持当地海事事业发展。

（交通运输部扶贫办）

水利部扶贫

【概述】 2012年，水利部按照国家关于大扶贫工作格局的统一部署，充分发挥水利行业优势，在行业扶贫和社会扶贫方面积极开展工作，具体承担了5个方面的水利扶贫任务：一是重庆市的城口、巫溪、开县、云阳、丰都、武隆，湖北省的房县，广西壮族自治区的田林、凌云，贵州省的望谟、册亨，云南省的广南、富宁13个县的定点扶贫任务；二是青海省贵德县对口支援任务；三是滇桂黔石漠化片区扶贫攻坚联系任务；四是贵州铜仁、毕节的水利扶贫试点任务；五是全国贫困地区的水利行业扶贫任务。一年来，水利部继续坚持以项目扶持、对口帮扶和干部挂职为主要手段和渠道，不断加强贫困地区民生水利建设，以“五水加科教”（农村饮水、农田水利、农村水电、水土保持、水文和科技教育）为重点，加大对贫困地区水利工作支持力度，水利定点扶贫、对口支援贵德县、滇桂黔石漠化片区联系、水利扶贫试点和水利行业扶贫等各项工作全面推进，水利扶贫工作体制、机制更加完善，顶层设计更加科学合理，贫困地区水利投资稳步增长，水利建设有序推进。

【水利扶贫工作会议】 2012年，水利部部长陈雷亲自主持召开了一系列水利扶贫工作会议，总结工作经验，安排部署工作，研究分析形势，进一步理清了工作思路，明确了工作重点。2012年6月28日，国务院扶贫开发领导小组在贵州兴义召开滇桂黔石漠化片区区域发展与扶贫攻坚启动会。会议阐明了实施滇桂黔石漠化片区区域发展和扶贫攻坚的重要意义，明确了滇桂黔石漠化片区区域发展和扶贫攻坚的主要目标、总体要求及主要任务，提出了做好片区联系工作促进片区区域发展和扶贫攻坚的具体要求。启动会期间，水利部和国家林业局组织召开了滇桂黔石漠化片区联系工作会议，对片区联系工作进行全面部署。2012年7月9日，水利部部长陈雷在重庆市主持召开水利部定点扶贫工作会议，与湖北、重庆、广西、贵州、云南及13县共商水利扶贫工作，安排部署新阶段水利部定点扶贫工作。会议全面总结了21世纪前十年水利部定点扶贫工作，深刻分析了当前国家扶贫开发的新形势、新任务、新要求，以及定点扶贫县的基本情况和迫切需求，从战略的高度对水利部定点扶贫工作进行动员和部署，明确提出了水利定点扶贫中“六个着力”（“六个着力”指的是：第一，围绕满足用水需求，着力提升城乡供水保障水平；第二，围绕保障防洪安全，着力完善防洪减灾综合体系；第三，围绕改善生态环境，着力抓好水土保持生态建设；第四，围绕保障粮食安全，着力强化农田水利设施建设；第五，围绕水利长远发展，着力深化体制机制改革创新；第六，围绕增强造血能力，着力加强地方水利部门自身建设。）重点任务。2012 年 9 月 8 日，水利部对口支援青海省贵德县暨贵德现代水利示范县建设启动会在青海省贵德县召开。陈雷部长出席会议并作重要讲话，矫勇副部长主持会议并作总结讲话。会议阐明了建设贵德现代水利示范县的重要意义，明确了贵德现代水利示范县建设的目标、要求和总体布局，启动了水利部支援青海省贵德现代水利示范县发展规划，并就全面推进规划实施进行了动员和部署。

【扶贫规划】 2012 年，水利部坚持扶贫工作规划先行的做法，组织编制并印发了《全国水利扶贫规划》、《全国水利定点扶贫专项规划》，组织编制并会同青海省人民政府联合批复了《青海省贵德现代水利示范县发展规划》，构建了水利扶贫顶层设计，为做好新阶段水利扶贫工作提供了科学依据。一是全国水利扶贫规划，将 11 个集中连片特困地区作为水利扶贫的重点，在深入分析贫困地区水资源特点、水利基础设施现状及存在问题的基础上，围绕全国扶贫开发工作的总体目标，提出了水利扶贫工作的总体思路、目标任务、总体布局。并根据贫困地区的实际需求，着重从农村饮水安全、防洪抗旱减灾、农田水利、水资源开发利用和保护、农村水电、水土保持和生态建设等重点领域，提出了水利扶贫工作的重点项目、实施安排以及水利改革与管理等内容，为促进贫困地区水利改革与发展提供了科学的依据。二是全国水利定点扶贫专项规划，在深入分析 13 个定点扶贫县水资源特点、水利基础设施现状及存在问题的基础上，围绕全国扶贫开发工作的总体目标，提出了水利部开展定点扶贫工作的总体思路、目标任务、总体布局、建设重点和主要帮扶措施。三是青海省贵德现代水利示范县发展规划，从贵德实际出发，全面分析贵德水利发展存在问题和面临形势，紧紧围绕贵德县经济社会发展的定位和建成青海省现代水利示范县的帮扶目标，科学提出贵德县现代水利发展的总体目标、总体布局和重点任务。

【扶贫政策】 一是积极研究中央和地方财政对贫困地区水利投入增长幅度明显高于所在省平均水平的措施，明确提出定点扶贫县中央水利投资增幅高于所在省平均水平的 20%—30%。二是会同财政部等部门，研究从土地出让收益中提取 10% 用于农田水利建设，以及中央和省级统筹部分要向贫困地区农田水利建设倾斜的政策。三是研究贫困地区水利项目年度投资保障机制，保证年度水利投资对贫困地区给予重点安排。四是会同财政部印发《中央财政补助中西部地区、贫困地区公益性水利工程维修养护经费使用管理暂行办法》，出台中央财政对贫困地区公益性水利工程维修养护经费给予补助的政策。

【扶贫工作方案】 一是会同国家林业局研究制定并印发《滇桂黔石漠化片区联系工作方案》，建立片区部际联系会议制度，明确各成员单位的职责分工和联系工作方式，为开展片区联系工作奠定了基础。二是印发《水利部定点扶贫对口支援工作方案》，明确由水利部 52 个单位组成 13 个对口支援小组，在充分发挥各单位优势力量的同时，合力帮助定点扶贫县发展经济。三是印发《水利部对口支援青海省藏区（对口支援贵德县）工作方案（2011—2020 年）》，明确工作目标和任务分工，建立保障措施，为推动贵德现代水利示范县发展规划的顺利实施创造了良好条件。

【扶贫调研】 针对新形势下水利扶贫新任务，水利部及有关司局多次组织调查研究，深入基层了解情况，发现问题并提出建议，为推进水利扶贫工作打下了良好的基础。2012 年 3 月 25 日—4 月 10 日，水利部、国家林业局会同有关部委组成 3 个联合调研小组，对滇桂黔石漠化片区内 3 省的 9 个市（州）19 个县进行深入调研，调研报告得到了国务院副总理回良玉的充分肯定。陈雷部长、矫勇副部长分别带队对贵州省铜仁市和重庆市巫溪县进行了深入调研。13 个定点扶贫对口支援小组分别深入水利部 13 个定点扶贫县开展调研，掌握基层的发展和需求情况，明确了目标任务和工作重点，落实了各项措施，与贫困地区干部群众建立了深厚的感情。据统计，2012 年到定点扶贫县调研考察的水利部各级干部达 134 人次，其中部级领导 2 人次。

【项目扶贫】 一是滇桂黔石漠化片区方面。广西、贵州、云南 3 省（区）片区内 91 个县落实年度计划 93.22 亿元，其中中央财务资金 53.57 亿元。为农村 272.94 万人口解决饮水安全问题，新增有效灌溉面积 19.63 万亩，新增、恢复及改善灌溉面积 341.29 万亩，治理病险水库 464 座，治理水土流失面积 646.96 平方千米，新增水电装机 8.83 万千瓦，对 15 万户农村家庭实行了一户一表改造。二是定点扶贫方面。水利部定点扶贫 13 个县落实年度计划资金 36.37 亿元，其中中央财政资金 15.78 亿元。为农村 67.21 万人解决了饮水安全问题，新增有效灌溉面积 2.64 万亩，新增、恢复及改善灌溉面积 31.98 万亩，治理水土流失面积 132.16 平方千米，新增水电装机 46.78 万千瓦。三是对口援青方面。青海省落实年度计划 46.43 亿元，其中中央财政资金 17.67 亿元。新建各类供水工程 153 处，27 万人的饮水安全问题得以解决，对 49 座病险水库实施了除险加固，中小河流治理 184.2 千米，治理水土流失面积 157 平方千米，新增农村水电装机 5.44 万千瓦。贵德县落实年度计划资金 2.25 亿元，其中中央财政资金 0.87 亿元。0.3 万人及 0.58 万头（只）牲畜的饮水安全问题得以解决，马什格羊水库以及东河、西河防洪工程、拉西瓦水库灌溉工程建前工程已开工建设，小型农田水利重点县建设正稳步推进。四是水利扶贫试点方面。贵州省铜仁市落实年度计划9.98亿元，其中中央资金8.55亿元。续建中型水库3座、新开工中型水库2座，治理病险水库71座，解决了农村34万人的饮水安全问题，新增、改善、恢复灌溉面积14万亩，治理水土流失面积50平方千米，新增小水电装机2.2万千瓦。贵州省毕节市落实年度计划17.66亿元，其中中央资金9.30亿元。解决农村128.75万人的饮水安全问题，实施28座病险水库除险加固。夹岩水利枢纽工程前期工作正在积极推进，已完成工程规划报告、环境影响评价报告的审查和批复，项目建议书通过审查并报送国家发改委。五是水利行业扶贫方面。2012年，在全国14个集中连片特困地区和国家扶贫开发工作重点县的832个县安排中央水利投资325.76亿元，比2011年有较大幅度的增长。主要用于农村饮水安全、病险水库除险加固、大中型灌区续建配套与节水改造、小型农田水利建设、中小河流治理、水土保持生态建设等民生水利工程建设。安排枢纽水源工程资金44.32亿元、病险水库除险加固资金55.27亿元，新增、恢复水库库容9058.02万立方米；安排江河治理资金12.33亿元，新建或加固堤防833.87千米；安排中小河流治理56.66亿元，新增河道治理长度312.93千米；安排农村饮水安全工程资金87.72亿元，解决了1100万农村人口的饮水安全问题；安排灌区建设与节水改造资金11.88亿元，新增和改善灌溉面积96.28万亩；安排小型农田水利建设资金34.01亿元；安排水土保持与生态建设资金11.68亿元；安排农村水电工程建设资金6.59亿元；安排大型灌溉排水泵站更新改造资金2.10亿元；安排行业能力等其他项目建设资金3.20亿元。

【干部挂职扶贫】 2012年，水利部共选派了22名挂职干部赴贫困地区挂职扶贫。其中，司局级干部4名、处级干部18名。2名干部在重庆市水利局和湖北房县挂职，开展定点扶贫工作；20名干部在滇桂黔石漠化片区省、州（市）政府及其有关部门挂职，在协助做好片区联系工作的同时兼顾定点扶贫工作。在部扶贫领导小组和当地党委、政府的领导下，充分发挥桥梁纽带作用，扶贫挂职干部为扶贫事业发展做出自己的贡献。

【对口支援】 水利部所属37个机关司局、直属单位分成13个定点扶贫对口支援小组，分别与13个定点扶贫县进行工作对接，组织编制对口支援工作方案并签订了对口支援协议，进一步明确责任，为下一步开展对口支援打下了良好基础。各小组积极行动开展各类帮扶工作，帮助定点扶贫县水利部门和贫困群众解决实际困难。一是开展捐资助学及送温暖献爱心活动。水利部各单位共捐款24万元，捐赠物资价值2万元。共资助120名品学兼优、家庭贫困的学生，扶持贫困户 66 户，资助福利院 1 所。二是大力开展水利技术帮扶。各对口支援小组都明确专业技术人员指导并帮助 13 个定点扶贫县编制了定点扶贫规划。同时，还派出高级工程技术人员，深入定点扶贫县的水利项目规划建设地点进行考察研究，为水利项目技术论证提供理论基础。

【业务培训】 2012 年，针对基层水利人才短缺和管理落后的现状，水利部注重基层水利干部业务素质提高，先后举办了 7 期业务培训班，聘请专家学者为基层水利干部授课、培训，讲解新阶段水利扶贫政策、水利实际工作中的难点、重点、热点问题。培训班帮助学员拓宽了视野、增强了处理实际问题的能力，受到学员们的普遍欢迎。其中，面向滇桂黔石漠化片区，举办培训班 1 期，三省区、15 个州市、91 个县的 110 余名基层水利干部参加了培训；面向 13 个定点扶贫县，举办 6 期培训班，定点扶贫县的 203 名水利技术干部参加了培训。

（水利部　虞泽）

农业部扶贫

【概述】 2012年，农业部高度重视行业扶贫工作，按照中央有关部署和要求，认真贯彻落实《中国农村扶贫开发纲要(2011—2020年)》和中央扶贫开发工作会议精神，针对贫困地区以及新疆、西藏等地区农业农村发展实际，以促进农牧业发展和农牧民增收为中心任务，发挥行业优势，采取一系列倾斜和帮扶措施，加大工作力度，促进了贫困地区农民持续增收、农业稳定发展、农村繁荣和谐。

【扶贫工作会议】 2012年5月，农业部召开武陵山区定点扶贫暨行业扶贫工作会议，全面总结10年来武陵山区定点扶贫工作，研究部署“十二五”扶贫任务，组织20个部属事业单位与定点扶贫农口部门签订了合作协议，举办了定点扶贫地区扶贫物资交接仪式，会后印发《“十二五”期间农业部支持定点扶贫地区农业发展重点和分工方案》，明确了下一步的支持重点和责任部门。2012年7月，组织召开农业部援疆、援藏工作专题会议，研究部署援疆、援藏的具体工作。2012年9月，农业部组织召开大兴安岭南麓片区区域发展与扶贫攻坚部际联系会议第一次会议，积极推动解决片区发展中的困难和问题。2012年10月，农业部在黑龙江省龙江县召开大兴安岭南麓片区扶贫开发与农牧业发展座谈会，切实推进片区扶贫开发与农牧业发展。

【工作机制】 健全扶贫领导机构。为切实加强对新时期农业部扶贫开发工作的领导，农业部将原“农业部定点扶贫及援疆、援藏工作领导小组”调整为“农业部扶贫开发及援疆、援藏工作领导小组”，在原有职能的基础上增加了集中连片特殊困难地区扶贫、行业扶贫等职能。领导小组由农业部分管部领导任组长，部总经济师任副组长，31个部机关司局和直属事业单位为成员单位。建立部际联系制度。农业部建立了由20多个中央部委和内蒙古、吉林、黑龙江3省（区）组成的大兴安岭南麓片区部际联系会议制度。此外，农业部还参加其他片区建立的部际联系会议制度，为其他片区联系单位提供农业发展相关材料。建立结对帮扶机制。注重加强与有关部门沟通联系，积极推动解决片区提出的需要帮助解决的相关事项和政策建议。由农业部19个机关司局和直属事业单位分别结对帮扶大兴安岭南麓片区19个县（市、旗）。建立专家咨询制度。根据大兴安岭南麓片区县提出的农牧业的发展需求，农业部成立专家咨询组，通过实地调研、专题讲座、技术指导等形式，为大兴安岭南麓片区农牧业发展建言献策，提供技术咨询，破解发展难题。建立挂职锻炼制度。从2012年开始，农业部从部系统选派干部或专业技术人员赴大兴安岭南麓片区挂职锻炼，同时接收大兴安岭南麓片区农口部门干部和专业技术人员到农业部系统挂职锻炼。建立宣传制度。定期或不定期地向中央新疆工作协调小组办公室、中央西藏工作协调小组办公室、国家发改委、国务院扶贫办等部门报送行业扶贫、片区扶贫、定点扶贫、援疆、援藏等方面工作情况，部分被转报中央有关领导同志以及中共中央办公厅、国务院办公厅。同时，利用农业部网站、中国农业信息网、《农民日报》等媒体作为平台，开设专栏，宣传农业部扶贫工作和信息。制订重点工作分工方案。2012年，农业部先后出台了促进贵州经济社会又好又快发展、支持赣南等原中央苏区振兴发展、扶持人口较少民族发展、支持定点扶贫地区农业发展等工作分工方案，细化重点、明确分工、落实责任，全力支持贫困地区农业振兴发展。

【调研指导】 农业部各行业司局和直属单位结合贫困地区发展实际，发挥自身职能优势，针对特色农业和产业发展、农产品质量安全、动植物检验检疫等方面工作，开展多种形式的专题调研。2012年，农业部赴集中连片特困地区考察和调研的部级领导40余人次、司局级干部200余人次。2012年2月，农业部开展为期一个月的“百乡万户调查”活动，调研组成员深入定点扶贫地区、大兴安岭南麓片区等贫困地区调研。农业部部长韩长赋带队赴贵州威宁县深入农户，帮助当地理清思路，实施产业建设。农业部副部长牛盾带队赴湖南湘西，将扶贫开发与产业发展相结合，帮助农民群众提高农业综合开发能力。2012年4月，农业部与国家民委、水利部、住建部等有关部委人员组成调研组，赴滇桂黔石漠化片区开展调研，并与广西有关部门负责人围绕广西的特殊困难、战略定位、建设重点等内容召开座谈会。2012年5月，农业部部长韩长赋陪同中央领导赴武陵山片区考察扶贫开发工作与特色产业发展情况；副部长余欣荣赴湖北恩施州定点扶贫地区调研，理清行业扶贫思路与重点。2012年9月，副部长陈晓华带队赴新疆开展新疆主要作物生产情况调研，部署冬小麦播种工作。

【规划文件】 出台扶贫指导意见。农业部出台了《农业部关于加强农业行业扶贫工作的指导意见》，明确了发展特色农牧业、加强基础设施建设、促进农业科技进步、推进产业化经营、扩大市场开拓、加大生态保护力度6大重点任务，成为指导农业行业扶贫的纲领性文件。发布扶贫发展规划。相继发布了《农业行业扶贫开发规划（2011—2020年）》、《大兴安岭南麓片区农牧业发展规划（2012—2020年）》、《支持新疆农牧业发展规划（2012—2020

年)》、《支持西藏农牧业发展规划（2012—2020年)》4项规划，明确了优势特色产业布局和具体措施。农业部还积极配合国务院扶贫办和国家发改委编制《大兴安岭南麓片区区域发展与扶贫攻坚规划（2011—2020年)》。帮助制定产业规划。农业部规划设计研究院等直属单位帮助编制《湖北恩施州现代农业发展规划》、《西藏自治区农牧种业发展规划（2011—2020年)》、《中国青海特色农畜产品交易物流中心总体规划》、《西藏山南高原生态畜牧业示范园区规划》等20多部产业规划。

【政策扶贫】 农业部结合贫困地区农牧业发展实际，争取国家强农惠农富农政策进一步向贫困地区倾斜。倾斜实施良种补贴政策。良种补贴规模进一步扩大，部分品种标准进一步提高。针对连片特困地区产业发展实际，将水稻、小麦、玉米、棉花、东北和内蒙古的大豆、长江流域10省市和河南信阳、陕西汉中及安康地区的冬油菜纳入补贴覆盖范围。小麦、玉米、大豆和油菜每亩补贴10元，其中新疆小麦良种补贴标准从10元/亩提高到15元/亩。同时推动了西藏和四省藏区青稞、牦牛、马铃薯等良种补贴的实施。实施草原生态保护补助奖励政策。从2011年起，国家在内蒙古、新疆、西藏、青海、四川、甘肃、宁夏和云南8个主要草原牧区省区和新疆生产建设兵团，全面建立草原生态保护补助奖励机制。提高农村沼气建设补助标准。农村沼气建设补助标准重点向西部连片特困地区倾斜。户用沼气在西部和东北三省每户补助2000元、中部地区每户补助1600元、东部地区每户补助1300元，西藏每户补助3500元，其他藏区和新疆南部三州地区每户补助3000元；乡村服务网点按东中西部地区每个网点补助2.5万元、3.5万元、4.5万元；大中型沼气按总投资规模，东中西部地区每个中央补助比例为25%、35%、45%，但最高不超过100万元、150万元、200万元；联户沼气按户用沼气标准的120%进行补助。出台出疆棉补贴等政策。推动继续实施出疆棉、棉纱运费补贴和减免铁路建设基金政策，补贴标准由400元/吨提高到500元/吨。推动农业保险工作。积极推动支持贵州、云南、甘肃等贫困地区开展农业保险，推动相关政策向这些地区倾斜。

【项目扶贫】 2012年，农业部通过新增千亿斤粮食工程、种子工程、生猪标准化养殖建设、保护性耕作、基层农技推广体系、退牧还草、农村沼气、农产品质检体系、农业综合开发部门项目等农业基本建设项目，以及良种补贴、测土配方施肥补贴、高产创建、农机购置补贴、农产品产地初加工补助、土壤有机质提升补贴、草原生态保护补助奖励、农村劳动力培训补助、农业标准化实施示范等财政资金，不断加大投入力度，初步统计，2012年农业部共安排14个连片特困地区农业基本建设和中央财政资金约273.95亿元、比2011

年增长37.37%，其中安排大兴安岭南麓片区19.81亿元，分别安排新疆、西藏和四省藏区66.7亿元、28.17亿元和55.46亿元，分别比2011年增长8.62%、5.35%和81.6%，有力地促进了当地农牧业综合生产能力的提高和农牧民生产生活条件的改善。

【科技扶贫】 构建基层农技推广体系。通过在贫困地区实施基层农业技术推广体系改革与建设补助项目，构建“专家—农技人员—科技示范户”的农业科技成果转化应用快速通道，建立县、乡、村农业科技试验示范网络，加快主导品种和主推技术的推广应用，加速贫困地区农业科技成果转化应用。谋划重大科研课题。农业部组织专家研究青藏高原牧区畜牧科技问题，帮助当地编制畜牧业发展规划，并争取到公益性行业（农业）科研专项1.08亿元的资金支持。配备科技直通车。先后举办了定点扶贫地区和大兴安岭南麓片区农业科技直通车交接仪式，为定点扶贫地区8个县和大兴安岭南麓片区19个县基层农技推广部门配备了32辆农业科技直通车。开展科技扶贫活动。农业部各直属单位采取科技手册、技术明白纸、广播电视、科技网络书屋、学术论坛、科技推广等形式，针对贫困地区优势特色农业资源和主导产业，帮助制订实施特色产业基地实施方案、开展“三品一标”认证、培训病虫害绿色防控技术、启动农产品质量安全风险评估等工作。农民日报社从2012年开始连续5年，向湖北恩施、湖南湘西全部4540个行政村每村免费赠送1份农民日报。

【人才扶贫】 开展双向干部挂职。2012年，农业部共有23名干部在定点扶贫地区以及新疆、西藏、青海藏区挂职，安排2名“博士服务团”成员赴新疆挂职，接收9名定点扶贫地区、新疆、青海农口部门干部到农业部挂职，接收新疆、西藏5名“西部之光”访问学者和3名“特培”学员。开展实用人才培训。农业部依托新疆三道沟村、西藏才纳村农村实用人才培训基地，为新疆、西藏培养了499名农村发展带头人；在湖北恩施、湖南湘西遴选60名农村实用人才带头人，赴北京韩村河村、河南刘庄村、江苏华西村、山东西霞口村等新农村建设典型村培训。开展职业技能培训。农业部紧紧围绕贫困地区农牧业发展需求，开展农业职业技能、农业创业和农业专项技术3类培训，对参训农民的农业职业技能培训补贴由2011年人均367元提高到600元，农业创业培训补贴由人均2500元提高到3000元，并增加人均100元的农业专项技术培训补贴。开展送教上门活动。农业部实施了5次对口援疆系列送教上门活动，举办了新疆牧区畜牧业生产方式转变培训班以及定点扶贫地区基层农业公共服务人员能力提升培训班，提高了当地农牧业干部和农技人员的素质水平。

【营销扶贫】 开展专题调研。农业部注重贫困地区农产品市场体系建设，深入贫困地区开展了搞活农产品市场流通问题专题调研，提出了加强农村田头市场建设等建议。给予优惠政策。在农业部定点市场申报认定过程中，对西部贫困地区市场的交易额要求采取了适当的优惠政策。启动市场建设。在贫困地区建设国家级农产品产地市场，目前已启动甘肃定西马铃薯市场、江西赣南脐橙市场建设。搭建产销平台。积极帮助贫困地区搭建各种展销平台，召开特色农产品推介会，组织开展产销对接和交易。推进媒体营销。中央七频道、中国农业信息网、农民日报等媒体开设专栏、刊登免费广告，提升贫困地区特色农牧产品的影响力和知名度。减免认证费用。农业部绿色食品中心继续减免定点扶贫地区、西藏、新疆等贫困地区绿色食品、有机食品认证费、标志使用费等政策，减免2012年上海绿博会恩施州有机食品企业的展位费，帮助建设绿色食品、有机食品标准化基地，入选国务院扶贫办组织编制的《社会扶贫创新案例100例》。

【生态扶贫】 继续实施退牧还草工程。继续实施退牧还草工程，共涉及72个国家扶贫开发重点县，通过禁牧休牧、划区轮牧、牲畜舍饲圈养、人工饲草基地建设等措施，使贫困地区退化草原休养生息，促进了贫困地区生态环境改善和农牧民收入的提高。扩大实施草原生态保护补奖政策。将河北、山西、辽宁、吉林、黑龙江5省的牧区半牧区县全部纳入草原生态保护补助奖励政策范围，使实施范围扩大到13个省（区），共涉及268个国家扶贫开发工作重点县，对贫困地区草原生态环境恢复、草原畜牧业转型、牧民收入增加意义重大。倾斜支持农村沼气建设。把农村沼气建设作为农村扶贫的重要内容，户用沼气、小型沼气工程、乡村服务网点、大中型沼气工程等建设向贫困地区倾斜。保护优质农业野生物种。安排中央投资4146万元，在贫困地区新建农业野生植物原生境保护区28个，有效地保护了优质农业野生植物物种。开展农业清洁生产。安排中央投资19080万元，支持贫困地区开展农业清洁生产，努力推进农村垃圾、污水、粪便和农作物秸秆等废弃物资源化利用。

【定点扶贫】 农业部扎实推进武陵山区湖北恩施和湖南湘西两州8县的新一轮定点扶贫工作，2012年累计安排定点扶贫地区农业基本建设和中央财政资金约4.25亿元，重点支持特色产业发展、强化智力帮扶、加强生态建设。特色产业发展方面，恩施州已建成全国最大的“富硒”茶基地以及湖北省最大的高山蔬菜基地、魔芋基地、马铃薯基地和柚类产区。湘西州形成水果、畜牧水产、特色经作等农业支柱产业，并发展为中国的椪柑之乡、全国最大的百合生产基地和全球最大的富硒猕猴桃基地。强化智力帮扶方面，湘西、恩施两州已建成乡镇农技推广机构29个，国家马铃薯、水稻和茶叶综合试验站3个。2012

年，农业部为定点扶贫地区举办各类培训班150多期，培训各级干部、技术人员、农村劳动力、致富带头人约2.8万人。加强生态建设方面，定点扶贫地区已建成户用沼气池共80万口，约占适宜地区农户的57%，初步形成了以沼气为纽带、种养加协调发展的“猪—沼—茶”循环农业发展格局。实施了恩施州咸丰县忠建河大鲵自然保护区管理、来凤县增殖放流等项目，保护了定点扶贫地区重要水产种质资源。

（农业部）

商务部扶贫

【概述】 2012年，商务部积极贯彻落实中央扶贫开发工作会议精神和《中国农村扶贫开发纲要（2011—2020年）》关于行业扶贫的战略部署，充分调动全行业、全系统广大干部群众的积极性，用足用好系统资源，以部省（自治区、直辖市）合作为平台，以项目政策为抓手，以资金支持为依托，全力发挥商务扶贫行业优势，突出商务扶贫特色，创新商务扶贫思路，打造商务扶贫新亮点，取得积极成效。同时，认真做好本部门定点扶贫工作，积极推动四川省广安市广安县、南充市仪陇县和湖南省邵阳市城步苗族自治县商务事业蓬勃发展。

【搞活流通　繁荣市场】 建立农产品流通体系。2012年，商务部安排中央财政资金7.4亿元人民币（币种下同），在内蒙古、吉林、黑龙江、四川、安徽等12个省（区）的贫困地区开展农产品现代流通综合试点工作，大力加强试点地区农产品流通基础设施建设。截至2012年，试点省（区）已利用中央财政资金和地方配套资金，支持47家农产品批发市场、141家农贸市场和164家农产品流通企业加强农产品流通基础设施建设，流通基础设施现代化水平不断提高，市场交易环境进一步改善。同时，安排专项资金2.8亿元，在云南、海南、广西等西部省份开展“南菜北运”农产品现代流通综合试点；安排专项资金1.1亿元，在江西（赣州）、新疆（含兵团）开展“西果东送”农产品现代流通综合试点，在优势蔬菜、水果主产地建设了65个产地集配中心，在主销区设立了12个交易配送专区，支持打造了56条产销商流链条，构建了跨区域农产品稳定的流通渠道。在试点项目的带动下，试点地区尤其是贫苦地区的产地流通基础设施水平显著提高，缓解了区域性农产品的销售难题，有效促进了农民增收。推进建设农村市场体系。继续实施“万村千乡市场工程”，安排专项资金15亿元，按因素法切块下达到地方，引导城市流通企业进入农村，增加农村商业网点，发展现代流通方式，改善农村消费环境，对提高贫困地区农民生产生活水平、带动农民就业发挥了重要作用。其中，安排仪陇县项目资金515万元，安排青海共和县项目资金545.4万元。另外，安排专项资金200万元，支持仪陇县再生资源集散市场建设；支持广安区现代物流基地和再生资源回收分选加工基地建设。

拓展农贸市场升级改造。利用试点工作机会，按照党中央、国务院扶贫工作的有关要求，统筹利用中央财政和地方配套资金，在四川、安徽两省分别安排100万元和30万元，完成了仪陇县回春、油坊巷农贸市场和安徽金寨县南溪农贸市场升级改造项目。建立市场监管公共服务体系。全年共确定155个县（市、区）为市场监管公共服务体系项目重点推进单位。其中，共投入1550万元支持甘肃省清水县等31个国家扶贫开发工作重点县的工作，占2012年市场监管公共服务体系项目县级单位投资总额的20%。建设“放心肉”服务体系。2012年，商务部会同财政部就“放心肉”服务体系建设试点项目，向贫困地区支持资金达6700万元。其中，安排2400万元支持内蒙古、吉林、安徽、河南等省（区）建设屠宰监管技术系统；安排4300万元支持湖北恩施、湖南湘西土家族苗族自治州、四川南充等贫困地区的41家屠宰企业进行标准化改造。

【区域协调　平衡发展】　支持中西部地区企业参加广交会。在2012年第112届广交会一般性展位基数重核与品牌展位评审中，对贫困地区较多的中西部地区给予倾斜性支持，在核算一般性展位数量时，先切块分配一定数量后，再将中部地区和西部地区出口额分别按2倍和2.5倍计算，更好地满足中西部地区对展位的需求。基地评审向中西部地区倾斜。2011年和2012年，商务部分两批认定国家外贸转型升级示范基地117个，其中，中西部地区58个。在评审规则的制定中对中西部地区进行倾斜支持，在基地认定阶段对中西部地区予以照顾。多渠道扶持建设各类边贸市场。举办全国边境贸易政策培训暨边境贸易工作座谈会，请相关部门就边贸有关政策作详细解读，并与边境省区代表进行充分有效的交流和沟通。同时，积极协调财政部门扩大中央财政边境地区专项转移支付资金规模，协调口岸办加强口岸建设，提高口岸通关能力。支持云南替代种植发展。对替代种植企业给予财政、信贷支持，对替代种植的返销农产品，经国务院批准免征进口关税和进口环节增值税等。鼓励云南等地有实力的企业到缅甸、老挝北部开展替代种植、发展替代产业，使当地民众摆脱罂粟种植，带动当地经济发展。积极落实招商项目。2012年7月，商务部牵头组织机电、轻工、五矿化工、食品土畜、纺织、医药6大进出口商会和13家外贸企业，在四川省广安市广安区首次举办对口扶贫产业转移对接会，并建立产业对接的长效机制。其间，共商谈项目20个，其中，工业类项目14个、农业类项目5个、医药类项目1个，双方达成意向性协议5个，取得圆满成功。组织东莞外商投资协会、台商协会和丝纺服装协会等行业的26家企业赴仪陇投资考察，建立了工作联系机制。下放备案审批权限。根据定点扶贫地区要求，商务部将外贸经营权备案审批权限下放至广安区。为保证备案下放工作的顺利衔接，特别为广安区商务系统举办了一期外贸经营权培训班。

【广开渠道　多元扶贫】　2012 年，商务部共争取国际援助资金 20949.2 万元支持我国扶贫事业。其中，联合国多边援助 12695372 万元，分别为联合国儿童基金会 7572 万元，联合国人口基金会 2650.2 万元，联合国开发计划署 2524 万元，涉及教育、卫生、医疗等诸多领域，覆盖我国中西部多个省区；双边援助 8203 万元，包括澳大利亚、德国、新西兰、荷兰等 7 个国家，涉及 7 个扶贫减贫领域项目。

【深化培训　人才强商】　2012 年商务部为广安区、南充市仪陇县提供培训资金各 15 万元：支持广安区对区内大型商贸企业从业人员进行营销培训，在官盛镇举办家政服务培训，培训为期 14 天，共 500 人参加；支持仪陇县开展了针对贫困家庭的商贸信息技能培训，培训为期 60 天，共 150 人参加。安排专项资金 44 万元用于仪陇家政服务培训，打造家政服务平台。广安、仪陇分别选派人才到苏州工业园区培训，充分发挥了人员优势，深化人才扶贫培训，取得良好效果。同时，商务部选派西亚非洲司的正处级干部到广安区挂职，并接收广安区商务局、仪陇县经济商务和信息化局优秀干部分别到外贸司、市场建设司挂职，通过互派优秀干部挂职，扩大人才交流平台，使商务扶贫工作效果得到提升。

【资源整合　筑巢引凤】　引导社会资源开展对口帮扶。2012 年，商务部投资促进局与施耐德电气（中国）有限公司、中华环保基金会，合作开展了碧波新能源援助计划太阳能光伏电站二期工程（投资 710 万元）建设和爱心小学竣工仪式等相关扶贫工作。支持产业聚集区加快发展。2012 年 7 月，机电商会组织日本 OGI 技术市场株式会社、北京吉工大汽车技术开发有限公司和江苏江旭铸造集团有限公司 3 家企业，专程赴广安区国家级经济技术开发区开展项目对口洽谈。2012 年 8 月，纺织商会赴广安开展对口扶贫工作，与广安西部牛仔纺织服装商贸科技产业园达成初步合作意向，并在纺织商会网页上推介该产业园。帮助广安工业园引进 1 个跨国投资项目、1 个出口创汇项目和 1 个大型企业。实施小额信贷项目。2012 年，商务部交流中心与广安区人民政府签署合作备忘录，通过联合国开发计划署（UNDP）“在中国构建普惠金融体系”项目（CPR/06/202）分摊方式，为广安区提供 200 万元小额信贷项目资金。务实推进对口扶贫工作。商务部外贸中心从 2009 年开始实施广东大埔县白侯镇软桥村的扶贫工作。2009—2012 年，累计投入扶贫资金 138.28 万元，其中，2012 年投入 23.46 万元，用于助学、医疗、培训、特殊群体救济和增收等 5 项工程。2012 年，支持重庆万州和湖北夷陵地区各 50 万元，用于公路、水利、发展沼气等项目建设。此外，五矿商会安排资金 100 万元专项用于扶贫工作。

【点面结合　突出重点】　商务部为定点扶贫地区广安区、仪陇县帮扶项目36个，其中，资金项目15个，政策项目21个。落实帮扶资金2228万元。整村推进项目。安排资金420万元实施广安大安镇南桥村实施整村推进项目，修建堰塘7口，新建竹节堰4处，整治南桥河道1190米，新增灌溉面积1100亩；新建入户便民路28.6千米，整治、硬化村级公路2.8千米；改造土坯房45户、新建沼气池60口。红色村公路建设项目。安排资金95万元建设广安硬化浓溪镇红色村村级公路4.9千米，带动该村新种植核桃600亩，全年预计实现人均增收300元。社会事业帮扶项目。安排资金50万元建设广安大龙乡战斗村、代市镇岳庙村等8个村级卫生站，购置心电图机带工作站、心电监护仪、中频治疗仪等一批先进医疗卫生器械设备；安排资金50万元支持广安改善文化基础设施，采购文化体育健身设备，组建桑梓铜管演出队；安排资金50万元支持广安二中改善计算机软硬件配置和新建电子阅览室，为该校每学期节约购书成本10余万元；安排资金125万元用于修建广安翰林小学标准食堂和建立商务部助学基金。外派劳务项目。安排资金60万元支持广安劳务培训与输出，力争两年内新增输出外派劳务人员200名；组织4家劳务公司赴仪陇县对460个劳务需求岗位进行了现场对接。市场应急调运体系建设项目。安排资金80万元支持广安市场应急调运体系建设。全区确定了重百广安商场、广安金山药业公司等9家应急保供企业，日常储备大米3000余吨、食用油1200余吨、食盐260余吨、矿泉水5万余件等日常生活必需品。利民饮水工程项目。协助广安利用日本无偿援助资金，在苏溪乡干埝村投资66万元修建饮水工程。铺设供水主管道400米，新建水池4个，新建大口井1口、机房2间，解决该村的饮水困难。大型冷库项目。在商务部的引导和支持下，投资5.5亿元、占地30亩的广东温氏集团项目已经正式签约入驻，川王食品2000立方米的大型冷库项目建设完成。中药材建设基地项目。商务部就仪陇县中药材生产扶持项目多次与工业和信息化部进行协调。2012年底，项目已报有关部门评审，商务部医保商会已派出专人指导仪陇县绿色中药出口基地申报工作。此外，帮助广安区实施羰基合成与选择氧化生物质能DS系列产品项目。新增定点扶贫对象。2012年11月8日，根据新一轮中央、国家机关和有关单位定点扶贫工作的安排，商务部在原有四川广安和仪陇的基础上，新增湖南城步为定点扶贫对象。2013年，商务部将在前期调研的基础上，启动城步县定点扶贫规划的研究工作。同时，参考广安、仪陇定点扶贫经验和模式，根据城步经济发展需要，制订实施年度扶贫具体工作方案。

【创新思路　发展扶贫】　扶贫工作任重而道远，商务部以发展式扶贫为着力点，认真走好扶贫三条路：走解放思想的路子，特别是对定点扶贫地区，秉承“授人鱼不如授人以渔”的原则，坚持思想扶贫，转变观念，使广安、仪陇的干部群众做到真正意义上的脱贫；走优化环境的路子，充分利用贫困地区良好的自然资源，大力发展生态产业，坚持可持续发展路线，建设资源节约型和环境友好型社会，做到不以牺牲环境为代价发展不符合当地实际的产业；走合理规划的路子，商务部结合地方社情民情，统筹规划，杜绝“眉毛胡子一把抓”和“头痛医头脚痛医脚”的现象，有步骤有方法地逐步开展工作，促使地方经济社会和谐发展，真正实现以商促经，以经促发展。

（商务部　方凯）

文化部扶贫

【概述】 2012年，文化部党组高度重视扶贫开发工作，坚持“文化扶贫”的工作思路，立足文化资源优势，依托文化项目，加大资金投入，推进项目建设，并坚持积极开展定点扶贫工作。通过文化建设，有效地发挥了文化维护社会和谐稳定、改善民生、加强民族团结、促进经济发展的作用。

【连片特困地区扶贫】 根据中共中央、国务院印发的《中国农村扶贫开发纲要（2011—2020年）》，确定将武陵山区、乌蒙山区等11个连片特困地区和已明确实施特殊政策的西藏、四省藏区、新疆南疆三地州作为新时期扶贫攻坚的主战场。文化部作为国务院扶贫开发领导小组成员单位，积极参加11个片区的前期调研、规划编制、征求意见答复、任务完成情况反馈等各项工作，积极为片区文化建设争取项目资金，为集中连片贫困地区文化发展提供了有力保障。

【县级公共图书馆、文化馆建设】 为切实解决贫困地区县级图书馆、文化馆设施设备落后、不具备基本服务条件等问题，中央财政从2009—2012年累计投入约10.97亿元，对全国2517个面积不达标的县级“两馆”进行修缮，使其具备开展公共文化服务的基本条件，更好地为基层群众提供有效的文化服务。文化部在实施规划时，考虑到国家级贫困县的实际情况，在县级“两馆”修缮项目申报方面，对国家级贫困县给予了适当倾斜。2012年，中央财政共补助2855万元，对592个国家级贫困县中32个公共图书馆、43个文化馆给予修缮补助。

【春雨工程】 2012年，文化部和中央文明办继续组织开展“春雨工程”——全国文化志愿者边疆行活动。内地18个省（直辖市）、11个地级市和文化部6个直属单位为边疆民族地区实施了83个文化志愿服务项目，对包括六盘山区、滇桂黔石漠化片区、滇西边境山区的部分县、乡、村以及西藏、四省藏区、新疆南疆三地州等贫困地区开展文化服务。累计招募了1500多名文化志愿者，举办文艺演出、文化讲座和特色展览150多场（次），吸引贫困地区群众近20万人次观看。

【定点扶贫】 根据国务院统一部署，文化部自1995年以来定点帮扶国家级贫困县山西省娄烦县、静乐县。十多年来，文化部认真贯彻落实党中央、国务院关于扶贫工作的要求，高度重视扶贫工作，采取多种措施，利用国家机关优势和文化资源，依托重大文化项目，进行了人才、观念、教育、文化、经济等多种形式的帮扶，为两县投入了大量的人力、物力和财力，有效地推动了这两个定点扶贫县的经济社会发展。

2012 年，文化部积极协调有关部门，积极筹措资金，支持静乐县建起集文化馆、图书馆、博物馆、展览馆于一体的文化大厦，并协调 8 万元扶贫经费为静乐县购买了一辆文化运输车，用以弥补流动舞台车难以方便灵活使用的不足。

（文化部）

卫生部扶贫

【概述】 根据扶贫开发面临的新形势、新任务和新要求，统筹考虑国家卫生和计划生育委员会（编者注：2013 年国务院机构改革后，建立国家卫生和计划生育委员会。本文记录原卫生部扶贫工作，以下称“卫生部”）承担的牵头联系吕梁山区片区区域发展与扶贫攻坚、定点扶贫、卫生行业扶贫以及卫生援藏、援疆等工作任务，2012 年，卫生部调整成立了扶贫开发与对口支援工作领导小组（以下简称“领导小组”），卫生部部长陈竺同志、党组书记张茅同志任组长，卫生部副部长陈啸宏同志任常务副组长，卫生部部机关 14 个司局和原国家食品药品监管局、国家中医药管理局为成员单位，统一领导相关工作。召开了领导小组第一次全体会议，部署 2012 年牵头联系吕梁山片区和定点扶贫等有关工作，并讨论通过了《卫生部牵头联系吕梁山片区区域发展与扶贫攻坚工作方案》，明确片区联系工作的组织机构、工作机制、工作目标、工作任务、工作进度和保障措施。同时，还出台了《卫生部牵头联系吕梁山片区区域发展与扶贫攻坚工作方案的分工意见》，进一步明确各方工作责任，确保各项工作任务有效落实。开展卫生扶贫政策研究，印发了《“十二五”时期卫生扶贫工作指导意见》，明确提出到 2015 年和 2020 年的卫生扶贫工作目标；确定了在吕梁山等片区实施的农村孕产妇免费住院分娩、深化县级公立医院改革、加强村卫生室标准化建设、完善新农合制度建设、加强基层医疗卫生机构建设、实施国家基本药物制度、重点地方病防控等 7 项工作任务目标，全面推进片区深化医改与卫生事业发展。

【连片特困地区扶贫】 一是明确牵头工作职责。按照国务院扶贫开发工作领导小组的统一要求，卫生部作为吕梁山片区牵头联系部门，切实承担起“联系、调研、督促”三项工作职责，即加强与所联系片区各有关省区市和中央相关部委的联系沟通；开展调查研究，就片区发展面临的重大问题提出解决意见和建议；督促指导片区区域发展与扶贫攻坚规划实施。二是建立协商工作机制。第一，加强部省工作协商，定期与山西、陕西两省有关部门进行沟通联系，协调解决工作中遇到的困难和问题，指导部省、省际之间开展多层次、全方位的合作交流。领导小组办公室派人赴山西、陕西两省，与牵头部门进行工作对接，建立了卫生部与两省政府及扶贫开发等部门的工作联系。山西省人民政府副省长郭迎光同志一行专程来卫生部对接，交流了山西省吕梁山片区区域发展与扶贫攻坚规划编制情况，并协商吕梁山片区扶贫开发规划编制、卫生部机关干部挂职锻炼等相关工作。第二，加强部际工作协商。积极主动地联系国务院有关部门，沟通协商吕梁山片区支持政策，并积极参与支持其他片区扶贫开发工作。建立了由国务院26个有关部门和山西省、陕西省人民政府组成的吕梁山片区区域发展与扶贫攻坚部际联系会议制度。组织召开了部际联系会议第一次会议，明确了各成员单位的职责分工，建立起沟通顺畅的工作协调机制。第三，加强部内工作协商，明确卫生部部内相关司局及部属（管）单位任务分工，确保每项工作有承办单位、每项任务能有效落实。第四，建立不定期联络员会议制度，确保各项工作和要求都能得到及时部署和妥善安排。三是组织开展调查研究。先后组织4次吕梁山片区扶贫调研活动，覆盖片区全部20个县，了解片区经济社会发展现状，加强与片区干部群众的感情交流。选派15名青年干部分赴片区5个县开展为期1个月的“下基层、知民情、促医改”实践锻炼活动和实地调查研究，深入了解片区基层实际，进一步加强与地方的联系，提高工作的针对性。陈啸宏同志率队赴陕西、山西两省调研吕梁山片区扶贫开发及卫生事业发展等工作，并在山西省太原市召开“吕梁山片区卫生事业发展座谈会”，听取两省领导及卫生、扶贫等部门的意见和建议。组织原国家食品药品监管局、国家中医药局以及卫生部部内14个司局的30名同志组成5个调研组，集中完成了对吕梁山片区15个县的调研工作。卫生部部长陈竺、副部长刘谦分别率队赴吕梁山片区吕梁市、临汾市调研，深入了解扶贫开发及深化医改有关工作，听取有关方面的意见建议。四是积极参与规划编制。积极参与国务院扶贫办、国家发展改革委等有关部门牵头的《吕梁山片区区域发展与扶贫攻坚规划（2011—2020年）》编制工作，派出得力干部参与规划编制调研和讨论，并就规划的有关内容结合调研成果，提出建议，完善规划。五是量身定制扶贫项目。针对贫困地区儿童营养缺乏的实际，积极协调财政部在中央转移支付卫生项目中新设立了“贫困地区儿童营养改善试点项目”，2012年中央财政安排专项经费1亿元，在吕梁山、武陵山、西藏、新疆南疆三地州、四省藏区等8个片区支持开展儿童营养干预试点工作，对100个县的27.4万名6个月至2岁婴幼儿实施营养干预，切实改善贫困地区儿童营养和健康状况。试点结束、经验成熟后，将在14个片区的680个县全面推开。这是新医改启动以来我国第一个针对儿童的重大公共卫生服务项目，也是卫生部第一个专为集中连片特困地区量身定制的卫生行业扶贫项目。该试点项目的实施将为卫生部深入开展扶贫开发与对口支援工作提供极具价值的探索。

六是组织实施智力帮扶。第一，积极协调卫生部预算管理医院向吕梁山片区所在的4个市各派出一支约10名专家组成的国家医疗队开展巡回医疗，充分发挥国家医疗队的传、帮、带作用，帮助贫困地区医疗卫生机构开展医疗服务和技术培训等工作，提高当地医务人员的业务能力和工作水平。同时，还向西藏、新疆南疆三地州、云南省派出了国家级巡回医疗队。第二，协调北京大学人民医院和中日友好医院分别对口帮扶山西省和陕西省吕梁山片区部分医疗机构，先后召开了北京大学人民医院——吕梁山片区医疗服务共同体现场观摩会、中日友好医院，对口帮扶陕西省吕梁山片区部分医疗机构启动会，在山西省太原市举办了吕梁山片区医疗卫生的服务共同体启动仪式，采取建设医疗卫生服务共同体等多种帮扶形式，通过建立远程会诊、远程教育、人才培训、转诊、预约诊疗等有效手段，促进片区医疗服务体系全面提高服务能力。第三，积极组织开展片区干部进修培训，与国家行政学院联合举办“吕梁山片区深化医药卫生体制改革工作培训班”，对片区市县两级政府分管领导及省市县三级卫生行政部门负责人进行集中培训，进一步提高片区干部的政策理论水平，拓宽视野、提高能力，切实推进吕梁山片区卫生事业又好又快发展。第四，组织专家赴吕梁山片区开展农村基本公共卫生服务专题培训，提高市、县基层公共卫生人员和县级师资的理论水平和服务能力，推动国家基本公共卫生服务项目在片区的有效落实。七是积极争取社会资源。协调中国电信集团公司和中卫莱康科技发展（北京）有限公司，向吕梁山片区20个县的基层医疗卫生机构捐赠500套价值1200余万元的远程心电监测系统，并在山西省太原市举办了捐赠仪式，着力提升片区基层医疗卫生服务能力和水平。陈竺、刘谦及范小建同志等有关部门领导出席了捐赠仪式。

【医疗卫生扶贫】 2012年，卫生部继续以保障和改善民生为己任，充分发挥卫生行业扶贫的特点和优势，积极促进贫困地区卫生事业的改革与发展，努力让贫困地区人民群众尽快享受到扶贫开发和深化医改带来的实惠。一是加大资金支持力度。积极协调有关部门安排中央财政卫生事业专项资金1383亿元，支持贫困地区开展卫生基础设施建设、完善新型农村合作医疗制度、加强卫生人才培养培训等工作。二是加强医疗卫生服务体系建设。支持贫困地区地市级医院、县级医院、乡镇卫生院、农村急救体系、县级卫生监督机构、全科医生临床培养基地、儿童医疗服务体系、重大疾病防控体系等7137个建设项目，极大地改善了贫困地区医疗卫生服务条件。三是逐步完善新型农村合作医疗制度。提高人均财政补助标准，稳步开展重大疾病医疗保障试点，救治贫困地区白血病患儿4659名，先心病患儿18265名，乳腺癌、终末期肾病等6类疾病患者21.35万名，12

个新增试点病种患者 7.89 万名，有效地缓解了贫困地区群众的大病负担。四是进一步提高妇女儿童健康水平。为贫困地区妇幼保健机构购置医疗设备，实施农村孕产妇住院分娩补助、乳腺癌和宫颈癌检查、增补叶酸预防神经管缺陷等项目，使贫困地区 566.46 万名农村孕产妇、243.21 万名农村适龄妇女、630.46 万名农村妇女直接受益，贫困地区孕产妇住院死亡率，新生儿破伤风发病率和死亡率均显著降低。五是有效提高公共卫生服务能力和水平。支持开展艾滋病、结核病、免疫规划等重大疾病及碘缺乏病、地方性氟中毒、大骨节病等地方病防治项目，有效遏制贫困地区重大疾病传播；在贫困地区建立突发传染病防控和医疗救援国家级卫生应急队伍，提高贫困地区卫生应急现场处置能力；支持开展食品安全保障、饮用水卫生监督检测、职业病防治等工作，使贫困地区卫生监督能力和水平得到明显提升；组织实施“百万贫困白内障患者复明工程”项目，共为贫困地区 16.46 万名白内障患者实施了复明手术。六是不断加强卫生人才队伍建设。选派 26 名干部到贫困地区挂职，同时接收 4 名贫困地区干部到卫生部机关挂职；组织开展县级医院骨干医师培训、“走进西部”卫生人才培训、农村订单定向医学生免费培养及全科医生转岗培训等项目，努力提高贫困地区卫生技术人员服务能力和水平。七是深入开展对口帮扶工作。在贫困地区继续实施万名医师支援农村卫生工程、二级以上医疗机构对口支援乡镇卫生院项目，共派遣 4775 人次医师重点帮扶 955 所国家扶贫开发工作重点县、陆路边境县、民族自治县等，派出 10932 名支援队员对口支援乡镇卫生院。

【定点扶贫】 2012 年，卫生部继续做好定点帮扶四川省阿坝州黑水、壤塘两县，并对口帮扶青海省玉树州杂多县。一是在国家已确定的政策、资金和项目方面，继续会同所在省卫生厅加大对定点帮扶县的倾斜支持力度，政策支持力度按最大、资金补助标准按最高、项目安排时间按最早，以切实加快定点帮扶县卫生事业又好又快发展。二是积极筹措扶贫资金，选择符合地方实际需求的卫生扶贫项目，购置部分便携式医疗设备，支持开展卫生人才培训，努力提高当地基层医疗卫生机构服务能力和水平。三是按照国务院扶贫办的有关要求，积极配合做好卫生部定点扶贫县调整工作；认真梳理 1994 年以来定点帮扶工作成果，全面总结扶贫经验，研究部署新一轮定点扶贫工作。四是加强与所在省卫生厅的沟通和配合，积极会同挂职干部协调解决定点帮扶县经济社会发展中的突出问题。

（卫生部　侯伟）

中国人民银行扶贫

【扶贫贴息贷款】 以“连片特困地区”为重点，不断完善扶贫贴息贷款管理体制，加大对扶贫贴息贷款的投入。通过改革完善信贷扶贫管理体制和运行机制，下放扶贫贴息贷款和贴息资金的管理权限，鼓励银行业金融机构积极成为扶贫贴息贷款发放主体，进一步调动了金融机构的积极性，切实提高扶贫资金的运行效率和扶贫效益。扶贫贴息贷款管理体制的改革到位，有力地支持了农村贫困地区特别是连片特困地区的交通、医疗、文化、教育等公共服务设施建设和贫困群众的脱贫致富。据人民银行初步统计，全国集中连片特困地区扶贫贴息贷款余额272.99亿元，2012年累计新增额148.17亿元，其中中央财政贴息扶贫贷款余额226.31亿元，当年累计新增额117.41亿元。

配合中国残联、国务院扶贫办等部门不断完善康复扶贫贷款有关政策，为残疾人创业就业营造良好的金融环境。2012年，人民银行、中国残联赴内蒙古通辽市、河北石家庄市等地开展实地调研，认真总结分析康复扶贫贷款管理体制改革以来贷款运行中出现的新情况、新问题，研究完善康复扶贫贴息贷款政策措施。加强货币信贷政策指导，强化政策扶持，夯实残疾人扶贫制度基础，其中，辽宁、福建、山东、青海、西藏等多地人民银行分支机构与地方财政、人力资源社会保障、残联部门联合下发文件，将残疾人纳入小额担保贷款政策支持范围，残疾人可按相关程序申请小额担保贷款，并享受贴息扶持，进一步拓宽了残疾人融资渠道。

【扶贫政策倾斜】 积极落实民贸民品生产贷款优惠利率政策，支持少数民族地区经济发展。2012年，人民银行积极落实“十二五”期间民族贸易和民族特需商品生产贷款优惠利率政策，对民贸民品生产贷款继续执行比一年期贷款基准利率低2.88个百分点的优惠政策。此外，人民银行出台了《中国人民银行关于民族贸易和民族特需商品生产贷款利率有关事宜的通知》（银发〔2012〕223号），扩大了执行优惠利率政策的承贷金融机构范围，自2012年9月1日起增加交通银行和招商银行为承贷机构。

持续支持新疆跨越式发展。2012年，人民银行牵头“三会”（银监会、证监会和保监会）出台了《关于金融支持喀什霍尔果斯经济开发区建设的意见》（银发

〔2012〕239号），从拓宽融资渠道、促进贸易投资便利化、加快金融改革与创新、建立金融服务与监管长效机制等6个方面，对喀什、霍尔果斯两个开发区建设给予政策倾斜，推动金融支持新疆跨越式发展。此后，人民银行乌鲁木齐中心支行牵头“三会”（银监会、证监会和保监会）新疆分支机构出台了《贯彻落实〈关于金融支持喀什霍尔果斯经济开发区建设的意见〉的实施细则》（乌银发〔2012〕241号），进一步落实政策要求，促进开发区经济金融协调快速发展。

对西藏实施优惠的金融政策。西藏银行成立后，考虑到其服务半径大，经营成本高，以及西藏地区经济发展的特殊情况，人民银行明确在“十二五”期间对西藏银行实行优惠的货币政策。在存款准备金率政策方面，对西藏银行执行与农信社相同的准备金率，比城市商业银行低4个百分点；在差别准备金动态调整方面，结合宏观审慎要求，合理设置相关参数，满足西藏银行信贷的投放需要，加大对“三农”和小微企业发展的支持力度。

【重点人群创业就业】 2012年，人民银行积极会同全国妇联、财政部和人力资源保障部等部门联合举办妇女小额担保财政贴息贷款工作研讨会，深入总结工作经验、研究分析存在的困难和问题。指导和督促人民银行各分支机构认真落实妇女小额担保贷款政策，综合多种政策资源，逐步建立和完善激励约束和风险分散机制，加强政策指导和完善制度，继续推进妇女小额担保贷款业务稳健发展。截至2012年12月末，全国累计发放妇女小额担保财政贴息贷款1292.97亿元，累计获贷妇女268.44万人，其中2012年发放贷款756.06亿元，获贷妇女140.68万人。

积极做好高校毕业生、大学生村官等重点群体创业促就业的金融服务工作。认真贯彻落实《国务院关于进一步做好普通高等学校毕业生就业工作的通知》（国发〔2011〕16号）和《关于进一步加强大学生村官工作的意见》（组通字〔2012〕36号）的要求，鼓励和引导金融机构认真做好金融支持高校毕业生创业就业和大学生“村官”创业富民各项工作。进一步发挥小额担保贷款积极作用，对于符合条件的高校毕业生自主创业申请小额担保贷款的，享受额度为10万元的中央财政贴息贷款。同时，继续做好金融支持大学生村官创业富民监测，切实掌握每季度最新变化进展，鼓励和引导金融机构创新金融产品和服务方式，加大对大学生村官创业富民的信贷支持力度。据人民银行统计，截至2012年底，全国共有大学生“村官”21.35万人，已申请贷款的大学生村官人均贷款余额10.28万元。全国25个省（自治区、直辖市）的金融机构向4531名大学生“村官”创业发放了贷款，贷款余额4.66亿元，较上年末增长19.85%。

推动金融产品和服务方式创新，切实满足农民工金融服务需求。引导金融机构积极开展与农民工相关的支农信贷产品、信用模式创新，推出“订单质押农业贷款”、“渔船抵押贷款”、“土地（水域）承包经营权抵押贷款”和“林权抵押贷款”等新产品，全面推进支农创新产品的推广力度，有效破解农民工贷款抵押难问题。加强与政府部门的联动与合作，积极探索将小额担保贷款政策用于支持农民工自主创业的路径，创新解决统筹城乡发展中农村劳动力转移问题的工作方法，支持农民工创业。截至2012年12月末，小额担保贷款余额710.62亿元，同比增长62.58%；当年累计发放笔数852886笔，累计发放额542.63亿元。劳动密集型小企业贴息贷款余额77.57亿元，同比增长51.03%；当年累计发放笔数3670笔，累计发放额63.47亿元。

【农村地区金融服务】 围绕金融服务实体经济的本质要求，发挥宏观货币信贷政策在转方式、调结构中的积极作用，加大对农村贫困地区的金融支持力度。充分发挥存款准备金政策的正向激励作用，对农村金融机构执行较低的准备金率。目前农村合作银行、农村信用社分别执行比大型商业银行低5.5个和6个百分点的准备金率；同时，对设在县域、新增存款主要用于当地贷款的法人金融机构，执行比同类机构低1个百分点的准备金率，农村贫困地区金融机构资金实力显著增强。充分发挥差别准备金动态调整机制的引导功能，增强对贫困地区的信贷支持。考虑到贫困地区加快发展和改善民生的需要，人民银行在加强信贷总量调控的同时，通过合理设置差别准备金动态调整公式相关参数，支持贫困地区法人金融机构合理增加信贷投放，加大对当地小微企业、“三农”、就业、扶贫等民生领域的金融支持。积极发挥支农再贷款、再贴现引导资金流向、促进信贷结构调整的作用。通过增加西部地区特别是贫困地区的支农再贷款额度，增强贫困地区农村金融机构的资金实力。2012年，累计向西部贫困地区增加支农再贷款331亿元，占全部新增限额的49%。2012年年末，全国再贴现限额1455亿元，余额760亿元，再贴现总量中涉农票据占32%，较好地发挥了引导信贷投向、支持扩大“三农”信贷投放的作用。2012年年末，金融机构本外币全口径涉农贷款余额17.6万亿元，占同期各项贷款余额的26.2%。

积极开展支付结算特色服务，拓展支付清算网络，推广非现金支付工具，切实改善农村支付服务环境。以直拨入户、方便农户为目的，大力引导农村居民开立个人银行结算账户。积极支持农信社、村镇银行接入现代化支付系统，逐步扩展和延伸支付清算网络在农村地区的辐射范围。组织开展农民工银行卡特色服务、小额助农取款服务，为广大金融空白乡镇的农村居民提供家门口式基础金融服务，从根本上提升金融服务在农村的可行性。引导银行机构面向农民发行银行卡，推动银行机构采用网上银行、转账电话等方式开展农产品非现金支付，简化资金流转环节，并试点开展农村手机支付实现付款及退款、小额转账等服务项目。截至2012年底，农村地区开立单位银行结算账户1157.7万户，开立个人银行结算账户23.6亿户，发行各类银行卡13.53亿张，布放转账电话257.63万台；农民工银行卡特色服务取款业务5785万笔，取款金额约为479亿元；农村地区各类银行网点总数超过11.28万个，其中接入人民银行跨行支付系统的网点达7.27万个，网点覆盖率为64.5%。

大力推进贫困地区农村信用体系建设。2012年，在地方政府、相关部门的支持与配合下，人民银行积极推进农村信用体系建设，以农户、农民专业合作组织等农村经济主体的信用建设为对象，多渠道整合信用记录，推进“信用户”、“信用村”、“信用乡（镇）”创建，发现、增进农户、农民专业合作组织等经济主体的信用价值，引导金融机构增加对“三农”的信贷投入，在提高农户信用意识、优化信用环境的同时，改善“三农”金融服务，支持农户融资、创业发展。截至2012年底，全国共为1.48亿农户建立了信用档案，评定了9700万信用农户，近8500万农户获得信贷支持，贷款余额1.76万亿元。

【定点扶贫】 2012年，在人民银行党委的高度重视和正确领导下，在定点帮扶的陕西铜川市印台区和宜君县领导及扶贫办的积极配合下，围绕国家扶贫工作方针，坚持以智力扶贫为先导，强化“造血式”扶贫定位，以帮助改善贫困地区生产生活条件，增加群众收入为着力点，重点做好项目扶持，突出技能培训，增强发展能力，加强政策宣传，深化探索扶贫，慰问困难群众，不断加大扶贫济困力度，顺利完成了定点扶贫工作任务。2012年完成扶贫投资140万元，其中，投资90万元应用于8个工程类项目，投资10万元探索式扶贫项目，投资5万元开展农村实用技术培训，资助贫困大学生共4万元，投资1万元，开展农村金融教育，发放慰问款30万元。

（中国人民银行）

国务院国有资产监督管理委员会扶贫

【概述】 2012年，国务院国有资产监督管理委员会（以下简称“国资委”）加大工作力度，组织、指导中央企业积极参与扶贫开发。2012年，国资委成立了援疆援藏扶贫工作协调小组及办公室，先后组织召开了中央企业学习贯彻中央扶贫开发工作会议精神座谈会、中央企业援藏工作座谈会和中央企业学习贯彻第三次全国对口支援新疆工作会议精神座谈会，动员部署中央企业深入推进产业援疆，切实做好对口援藏、对口援青和定点扶贫等工作。2012年，国资委会同国务院扶贫办对中央企业新一轮结对帮扶的贫困县进行了重新调整安排，国务院扶贫办、中组部、中央统战部、中直工委、中央国家机关工委、解放军总政治部、教育部和国资委8个单位于2012年11月8日联合下发了《关于进一步做好中央、国家机关和有关单位定点扶贫工作的通知》（国开办发〔2012〕78号）。在国资委的组织推动下，中央企业全面参与了扶贫开发工作，承担了更多的扶贫开发任务，扶贫开发工作力度不断增加，扶贫开发资金投入有了大幅度增长，取得了新的成绩。

2012年，中央企业开展扶贫开发工作的主要有：第一，定点扶贫工作情况。2012年，中央企业在定点扶贫工作中共计投入扶贫资金10亿元，累计开展各类定点扶贫项目432个，派出扶贫干部109人，组织各类培训169期（次），培训各类技术人员11366人次，援建学校46所，资助贫困生3244名，援建医院（卫生所）12所。第二，援青工作情况。从2011年起，中国石油、中国石化、国家电网、中国华能、中国大唐、中国华电、中国国电、中电投集团、神华集团、中国移动和中国铝业、中国中化、中国五矿13家中央企业承担了对口支援青海省藏区13个县（区、行委）任务。截至2012年底，13家对口援青中央企业累计明确对口援青资金1.73亿元，派出援青干部18名，确定并实施支援项目33个，一些项目已顺利完成。中国建筑、中国中铁、中国铁建和中国电建4家中央企业承担了玉树灾后恢复重建项目340个，占灾后重建项目的27%，截至2012年底完成投资128.63亿元，实际完工项目288个，全面实现了国务院玉树灾后重建协调小组提出的基本完成三年重建主要任务的目标，取得了决定性阶段的重大胜利。第三，以多种形式支持贫困地区经济社会发展。除承担定点扶贫、对口支援任务外，在涉及国计民生的电力、通信、油气、粮棉、食盐、运输、基建等方面，中央企业长期发挥着重要的保障和服务作用，并从产业带动、吸纳就业、企地共建等多种形式大力支持贫困地区经济社会发展。

【央企结对帮扶】 2012 年，国资委会同国务院扶贫办对中央企业新一轮结对帮扶的贫困县进行了重新调整安排。中央企业全面参与了定点扶贫工作，116 家中央企业均参加了定点扶贫工作，每个央企至少结对帮扶 1 个贫困县。根据安排，中央企业共结对帮扶 239 个贫困县，国资委机关也结对帮扶了 1 个贫困县，共结对帮扶 240 个贫困县。占全国 592 个贫困县的 40.5%，比上一轮扶贫开发工作结束时增加了 51 个县，是结对帮扶贫困县最多的行业系统。其中中国石油结对帮扶了 10 个贫困县，中航工业、中国石化、中国海油、国家电网、中国移动、中交集团 6 家中央企业每家结对帮扶了 5 个贫困县。有 48 家中央企业结对帮扶的贫困县数量比原来有所增加。

【扶贫工作会议】 2012 年 1 月，国资委在京组织召开中央企业学习贯彻中央扶贫开发工作会议精神座谈会，学习贯彻中央扶贫开发工作会议和全国定点扶贫工作会议精神，总结交流中央企业参与扶贫开发工作以来的主要成绩和经验，研究部署新阶段中央企业扶贫开发工作。国资委副主任、党委委员姜志刚，国务院扶贫办国际合作和社会扶贫司副司长刘书文出席会议并讲话。姜志刚同志在讲话中对中央企业“十一五”扶贫开发工作给予了充分肯定，深刻阐述了中央企业参与扶贫开发工作的重要意义，对新阶段中央企业扶贫开发工作提出了明确要求。刘书文同志在讲话中充分肯定了国资委和中央企业在参与扶贫开发工作取得的显著成绩以及中央企业在国家扶贫开发工作中发挥的重要作用，希望中央企业积极投身扶贫开发事业，把企业自身发展与贫困地区开发有机结合，实现优势互补、互利互惠、共同发展。航天科技、中国石油、中国海油、国家电网、中国华能、中国移动、中国铝业、中国远洋、中国五矿和中国铁建 10 家中央企业分别作了交流发言。32 家在京中央企业负责扶贫开发工作的负责同志和具体负责扶贫开发工作的部门负责同志，国资委有关厅局负责同志共 90 人参加了会议。

【定点扶贫】 在新一轮扶贫开发工作中，国资委认真贯彻落实中央精神，积极协调中央企业增加定点扶贫任务，国资委机关也结对帮扶了河北省平乡县。国资委成立了机关扶贫工作协调领导小组及办公室，国资委副主任、党委委员姜志刚担任协调领导小组组长，国资委党委委员、副秘书长、管理局党委书记杜渊泉担任副组长。国资委办公厅、群众工作局、人事局、机关服务管理局、纪委（监察局）、直属机关工会作为协调领导小组成员厅局。协调领导小组办公室设在机关服务管理局。机关扶贫工作协调小组与平乡县领导及相关部门开展了对接工作，制定了《国资委机关 2013 年帮扶河北省平乡县工作计划》。

（国资委援疆援藏扶贫工作协调小组办公室　张晓松）

国家广播电影电视总局扶贫

【概述】 2012年，国家广播电影电视总局（编者注：2013年国务院机构改革后，成立国家新闻出版广电总局。本文记录原国家广播电影电视总局扶贫工作。以下简称“广电总局”）认真贯彻落实国家扶贫开发的工作部署和要求，结合广播影视实际，把加快贫困地区新闻出版广播影视事业发展作为扶贫开发工作的重要内容，不断加强广播影视覆盖工作，积极推进贫困地区农村文化建设。一是以实施广播电视村村通工程、农村电影放映工程等重点公共文化工程为抓手，建立健全广播影视公共服务体系；二是继续研究落实各项支持政策，给予西部地区、东中部贫困地区特殊扶持。

【广播电视村村通工程】 中西部贫困地区是村村通工程实施的重点区域，“十二五”期间工程建设任务有两项：一是继续以直播卫星覆盖为主，解决自然条件比较差的偏远农村广播电视覆盖“盲村”群众收听收看广播电视问题，重点加强20户以下已通电自然村和新通电农村地区广播电视覆盖；二是加强重点高山无线发射台站基础设施建设，进一步巩固和提升无线覆盖地区中广大农村群众收听收看广播电视节目的效果。“盲村”村村通方面：截至2012年，国家已下达“盲村”建设中央投资14.271亿元，组织了两次村村通直播卫星接收设备集中招标，共招标设备675万套，完成了约28.2万个20户以下已通电自然村“盲村”建设任务。高山台站基础设施建设方面：2012年，广电总局会同国家发改委联合印发了《关于做好广播电视高山无线发射台站基础设施建设管理工作的通知》，进一步明确了该项目前期工作要求。同时，加强指导各省（区、市）修改完善总体方案，并加快审核工作。截至2012年底，商国家发改委批复安徽、湖北、甘肃、广西、重庆、山东、海南等7省（区、市）及新疆生产建设兵团总体方案，共纳入西部地区及中东部贫困地区高山无线发射台站基础设施建设任务283座，计划安排投资4.25亿元。

【农村电影放映工程】 农村电影放映工程在中央领导的关怀、相关部委的支持和全国各级电影工作者的共同努力下，经过“十一五”时期的基础建设，已进入全面实施的阶段。电影放映深入乡村，公益服务目标基本实现。截至2012年底，全国农村已组建农村数字电影院线248条，数字放映设备50348套，数字放映队50148

个，建立卫星节目接收站 201 座，总局数字节目管理中心平台可订购影片 2330 部，其中公益片 1041 部，商业片 1289 部。形成了遍布全国农村的数字电影放映新格局。据统计，2012 年全国农村年度订购超 830 万场，放映影片达 812.3056 万场，观众 17.5 亿人次，超额完成年度公益放映目标任务。2012 年中央财政共资助中、西部 22 省区农村电影放映场次补贴资金 7.12 亿元。

【直播卫星公共服务户户通工程】 2012 年直播卫星户户通工程深入开展，中央财政累计安排 15 亿元专项资金，采取以奖代补的方式为宁夏、内蒙古、海南、贵州、云南、陕西、甘肃、青海 8 省区 1420 万农户提供补贴。北京、河北、黑龙江、山东、浙江、广东、新疆等省（区、市）自筹资金计划发展户户通用户 165 万户。全国共划定 23 万多个乡镇和行政村为直播卫星服务区，地方服务机构、生产企业共设立专营点近 3 万个，覆盖 1.2 万个乡镇，全国开通户户通用户共计 875 万户，其中宁夏、青海、甘肃已基本实现直播卫星户户通，内蒙古、海南、贵州、云南、陕西已完成过半建设任务。此外，为扩大卫视外其他省级广播电视节目在本省的有效覆盖，经广电总局研究，并报中宣部批准，同意宁夏四套省级电视节目通过直播卫星试点传输，供宁夏户户通用户免费收看。

【广播电视扶贫宣传】 2012 年，广电总局组织中央人民广播电台、中国国际广播电台、中央电视台及全国各地广播电台、电视台运用新闻、专题等多种节目形式，加大扶贫宣传报道力度，广泛宣传扶贫开发政策、成就、经验和典型事迹，营造全社会参与扶贫的良好氛围。中央人民广播电台中国之声紧紧围绕“加大对农业农村的投入，进一步促进农民减贫增收；推进农村扶贫开发，提高贫困农民自我积累和自我发展能力；加大对中西部地区政策支持和财政投入，促进各项社会事业发展；实施城镇居民就业工程，进一步健全社会保障体系”四个方面有序进行，在《新闻和报纸摘要》、《新闻纵横》、《央广新闻》、《全球华语广播网》、《新闻晚高峰》、《全国新闻联播》、《直播中国》、《央广夜新闻》、《政务直通》等节目中播发《胡锦涛强调：要真正解决贫困地区的实际问题》、《一家一棵“摇钱树”，河北扶贫重造血》、《潘善连为贫困大学生免费提供一日三餐坚持二十年》、《“永远的雷锋”：张景兰倾尽所有扶贫济困》等扶贫工作宣传报道 200 多篇。中央电视台重点报道了党和国家以及中央领导同志对扶贫工作的高度重视，及时报道扶贫开发新模式和先进扶贫开发的经验与成果。中国国际广播电台积极宣传报道我国贫困地区的扶贫工作开展情况，并及时发布国家相关部门对扶贫开发工作出台的相应措施、专家及百姓的意见建议。同时，关注国外扶贫方面的消息及开展扶贫的措施和经验。据统计，国际台 61 种语言播出平台已播出《国务院发布农村残疾人扶贫开发纲要》、《中国加大扶贫力度，促进全球减贫事业》、《中国副总理回良玉呼吁加强国际减贫合作共享发展经验》、《2015 年中国将初步建立贫困地区基本医疗卫生制度》等各类新闻、专题、图片报道等 100 多条（幅）。

【影视剧捐赠】 按照已经形成的工作机制，2012 年组织影视剧制作单位向新疆、西藏、四川等边疆民族地区捐赠 2000 集电视剧、36000 分钟电视动画片，每年推荐 80 部影片（其中故事片 60 部、科教片 20 部）作为少数民族语待译制片目并提供译制素材。按照“建养并重”原则，在推进少数民族语译制制作能力建设的同时，每年协调安排专项运行维护经费，确保设施设备的正常运行，安排少数民族语言广播影视节目译制经费，专项用于少数民族语言广播影视节目译制工作，大大提高了民族地区广播影视译制制作能力，丰富了少数民族群众精神文化生活。

（国家广播电影电视总局　杨国瑞）

国家林业局扶贫

【概述】 2012年，国家林业局深入贯彻落实中央扶贫开发工作会议精神，把集中连片特殊困难地区扶贫、行业扶贫、定点扶贫紧密结合，立足贫困地区林业资源优势，结合林业改革和重点生态工程建设，以改善贫困地区生态状况，提高贫困地区和贫困人口自我发展能力为重点，发展生态林业、民生林业，积极采取有效措施，进一步加大了对贫困地区的帮扶力度，取得了显著成效。

【林业扶贫攻坚规划】 依据《中国农村扶贫开发纲要（2011—2020年）》，结合国务院批复的11个集中连片特殊困难地区区域发展与扶贫攻坚规划及《林业发展“十二五”规划》，国家林业局立足滇桂黔石漠化等11个片区林业发展实际，组织编制了《全国林业扶贫攻坚规划（2012—2020年）》。规划在全面总结《中国农村扶贫开发纲要（2001—2010年）》实施10多年来林业扶贫工作经验的基础上，根据当地的实际情况，认真分析查找新形势下林业扶贫攻坚工作面临的形势和问题，提出了到2020年林业扶贫攻坚的总体目标、总体布局、建设任务、发展方向及政策保障措施，为今后一个时期林业扶贫攻坚工作的有序开展提供行业指导。

【林业片区扶贫政策】 实行林业重点工程全覆盖。国家林业局本着兴林富民的原则，把天然林资源保护、退耕还林和巩固退耕还林成果、防护林体系建设、野生动植物保护和自然保护区建设、防沙治沙和荒（石）漠化治理、湿地保护与恢复等林业重点工程与扶贫攻坚紧密结合，力争连片特困地区所有的县、市、区，都能得到相关林业重点工程的支持。实行林业投资倾斜政策。对滇桂黔石漠化片区的林业投入实现“三个高于”政策，即：“十二五”的投入高于“十一五”；县级平均投入高于全国县级平均水平；林业投入增幅高于国家给予林业的投入增幅。

【部际联席会议制度】 国务院确定国家林业局与水利部共同作为滇桂黔石漠化片区联系单位，国家林业局配合水利部组织相关部门成立了滇桂黔石漠化片区部际联席会议，制定了联席会议制度。与国家发改委、水利部、国务院扶贫办共同组织了滇桂黔石漠化片区区域发展与扶贫攻坚启动会，并组织召开了片区工作联系工作会议。

【退耕还林工程】 安排中央预算内投

资4.8亿元，落实国家扶贫重点县退耕还林工程配套荒山荒地人工造林141.8万亩、封山育林124.8万亩。会同有关部门联合审核下达了2012年度巩固退耕还林成果建设任务计划，下达贫困地区2012年巩固成果专项资金51.87亿元，其中安排集中连片特殊困难地区资金3.6亿元。协助财政部下达贫困地区2012年退耕农户补助资金71.14亿元。

【天然林资源保护工程】 安排贫困地区中央预算内林业资金12亿元，中央财政专项资金140亿元，应用于贫困地区的天然林资源保护工程。

【防护林体系建设】 将贫困地区分别列入三北、沿海、长江流域、珠江流域等防护林及太行山绿化工程。其中，安排太行山绿化工程投资14.3亿元，造林任务38万亩，安排长江、珠江流域等防护林投资22.6亿元，造林任务795万亩。

【石漠化综合治理】 安排中央预算内基本建设投资18亿元（县均600万元），其中武陵山片区有54个县纳入了工程投资范围，安排中央预算内专项资金32400万元。乌蒙山片区有25个县纳入了工程投资范围，安排中央预算内专项资金15000万元。滇桂黔石漠化片区有80个县纳入了工程投资范围，安排中央预算内专项资金48000万元。秦巴山片区有10个县纳入了工程投资范围，安排中央预算内专项资金6000万元。滇西边境片区9个县全部纳入工程投资范围，安排中央预算内专项资金5400万元。罗霄山片区有1个县纳入工程投资范围，安排中央预算内专项资金600万元。

【荒漠化治理】 燕山—太行山片区有河北、山西和内蒙古3省区的22个县在京津风沙源治理工程范围，下达京津风沙源治理工程林业建设资金19931万元。自2003年以来，国家林业局累计在全国不同类型沙化土地批准建立各类防沙治沙示范区，其中在贫困地区共建立35个，2012年安排中央林业资金1120万元。

【湿地保护与恢复】 加大对贫困地区湿地保护与恢复项目的投入力度，安排700万元组织山西、四川、贵州、云南等省开展了湿地资源调查；安排404万元在藏区实施红原日干乔湿地自然保护区恢复工程；安排3200万元在云南洱源西湖等12个国家湿地公园和湿地自然保护区，开展宣传、巡护和恢复工作；在大兴安岭南麓确认了科尔沁国家重要湿地。

【定点扶贫资金项目】 结合林业重点工程的实施，积极协调有关部门，继续加大对19个定点扶贫县的天然林资源保护、退耕还林、石漠化治理、长江防护林建设、自然保护区、湿地等林业重点工程建设的投入力度。据统计，2012年国家林业局共安排九万大山地区19个贫困县各项林业建设资金6.5亿元，比2011年增长了近50%，有力地促进了帮扶地区的林业生态建设和林业产业发展，带动了当地群众脱贫致富。

【科技培训】 国家林业局委托国际竹藤中心举办了5期林业专业技术培训班，聘请国内知名竹类专家和油茶专家讲授竹材加工利用与创新技术、竹资源丰产培育技术、竹林病虫害防治技术、竹与竹制品艺术、油茶良种繁殖及高产栽培与低产林改造技术、茶油营养品质及加工质量控制技术等课程，共培训林业部门生产第一线管理人员、技术人员、种植大户、林农等430人。

【干部挂职扶贫】 制订了扶贫干部选派方案，选派15名干部到滇桂黔石漠化片区扶贫挂职，并在广西召开挂职干部对接会议。2012年是国家林业局选派挂职扶贫干部挂职最多的一年，这对改善滇桂黔石漠化片区生态、经济、社会的协调发展做出了积极的贡献。

【送报下乡活动】 2012年，根据林业定点扶贫工作计划，继续开展了送报下乡活动。委托中国绿色时报社向贵州、广西九万大山19个贫困县380个乡镇林业站，每期均发送《中国绿色时报》500份，使基层群众及时了解国家林业的方针政策，了解林业脱贫致富的各类信息。

【扶贫工作措施】 按照中央扶贫开发工作会议精神和《中国农村扶贫开发纲要(2011—2020年)》的要求，为做好扶贫工作，2012年，国家林业局领导及有关司局赴定点县考察调研共220人次，其中，局领导考察调研4人次。通过实地调查研究，了解贫困地区的经济社会发展情况，组织研究解决林业发展的实际困难。找准存在问题，采取积极有效的措施，推动扶贫工作再上新台阶。

1. 加大对贫困地区生态保护和建设的支持力度。根据国家林业局党组会议的部署，下发了《国家林业局关于贯彻落实中央扶贫开发工作会议精神、深入开展林业扶贫攻坚有关问题的通知》，加大了对贫困地区的支持力度。结合天然林资源保护、退耕还林、长江和珠江防护林体系建设、石漠化治理、野生动植物保护和自然保护区建设、湿地保护等林业重点工程的实施，积极争取14个集中连片特殊困难地区每个县都能得到林业生态重点工程的支持。结合国家相关规划的实施，“十二五”期间，加大对集中连片特殊困难地区林业生态建设的投入力度，确保尽快从整体上遏制贫困山区局部生态恶化的趋势，降低自然灾害的危害，改善贫困地区生产生活条件，拓宽生存发展的空间，为区域经济发展和全面建成小康社会提供强大支撑。

2. 加强对贫困地区林业产业发展的引导扶持。针对贫困地区各贫困县的经济发展状况、山多林多的特点和产业优势，把发展新兴绿色产业、优化林业产业结构，作为增加贫困山区群众收入、实现脱贫致富的重要手段。在加强生态建设和保护的同时，积极引导扶持集中连片特殊困难地区大力发展名特优新经济林、速生丰产用材林、工业原料林，开发竹产品、森林食品、森林旅游、森林药材等新兴绿色产业，为贫困户开辟新的增收渠道，促进农村的经济增长。帮助贫困地区规划和发展市场前景好、投资少、见效快、受益面广、对群众脱贫致富起示范带头作用的绿色产业以及相关的配套基础设施建设项目。通过项目帮扶，切实提高广大贫困群众自我生存与发展的能力，尽快实现稳定脱贫的目标。

3. 深化林业改革，创新林业扶贫的体制机制。激活贫困地区和贫困农户内在的发展活力和动力。积极通过资金、项目、信息和技术的帮扶，为贫困地区寻找能够与市场有效接轨，并不断扩大再生产的机制和模式。继续深化集体林权制度改革，制定完善各项政策，进一步释放林农、林地、林木资源的巨大潜力，让农民尽快走上脱贫致富之路。大力发展非公有制林业，鼓励林业企业采取股份制、股份合作制、承包、租赁、兼并、收购等多种市场化运作的手段和措施，吸引民营资本进入林业扶贫开发，调动社会各方面力量参与林业扶贫开发，以新的机制给扶贫工作带来新的活力。

（国家林业局发展规划与资金管理司区域开发处）

国家旅游局扶贫

【概述】 2012年，国家旅游局认真贯彻落实扶贫开发工作会议和《中国农村扶贫开发纲要（2011—2020年）》的精神，将改善贫困地区旅游业发展环境和条件作为旅游行业发展的重要内容，在做好定点扶贫、集中连片特困地区扶贫和重点地区旅游扶贫的同时，通过资金支持、规划编制、提升产品、示范引导、教育培训等手段，支持中西部贫困地区和四省藏区发展旅游业，旅游扶贫工作取得积极成效。

2012年7月，国家旅游局与国务院扶贫办签署了合作框架协议，进一步确立了联合推动旅游扶贫工作的有效机制。

2012年，国家旅游局共安排国家旅游发展基金约1.5亿元补助贫困地区项目，约占全国旅游发展基金总额的26%。补助资金主要用于旅游基础设施、公共服务设施建设及完善的项目，大力支持能带动农民脱贫致富的旅游项目和旅游新业态项目。

【示范引导】 为进一步示范引导旅游扶贫试验区的发展，2012年，国家旅游局在原有宁夏六盘山旅游扶贫试验区的基础上，与国务院扶贫办共同批准新增江西省赣州市、吉安市和河北省阜平县为“国家旅游扶贫试验区”。

【教育培训】 2012年，国家旅游局资助西藏开展导游全员培训（约2000人）和乡村旅游培训（40人）。举办了中西部地区、新疆、西藏、四省藏区、云南以及武陵山片区共6期旅游经济发展研讨班或旅游局长培训班，培训中西部地区、藏区和连片集中贫困地区旅游分管领导和行政管理干部450余人。为贵州、江西、重庆等旅游经济发展研讨班实施“送教上门”培训，选派授课专家30余人次，培训有关地区旅游行政管理干部和重点旅游企业负责人等580余人。举办新疆导游师资培训班，培训全疆导游师资150余人。

【重点地区扶贫】 2012年，国家旅游局按照《统一战线参与和支持毕节试验区建设2012年工作要点》，继续加大对贵州毕节试验区旅游基础设施和公共服务设施的支持力度，利用旅游发展基金支持毕节重点景区——百里杜鹃国家森林公园旅游基础设施建设项目，补助资金总额290万元。2012年3月，国家旅游局帮助毕节地区在北京举办了旅游宣传推介会，为其提供免费场地，邀请新闻媒体和企业参加宣传推介，扩大扶贫效果。

【连片特困地区扶贫】 2012年，国家旅游局将集中连片特困地区旅游扶贫工作列为全国旅游规划工作重点，积极引导和鼓励各地旅游部门切实按照经济社会发展水平和实际情况，开展集中连片特困地区旅游扶贫工作。一是启动了集中连片特困地区旅游规划与课题研究工作。根据国家扶贫战略实施进度，协调启动了乌蒙山片区、滇黔桂石漠化片区旅游规划编制工作。组织开展了武陵山、太行山、大别山和秦岭地区旅游发展课题研究工作。二是参加贫困地区旅游发展专项调研。参加了全国政协组织的广西石漠化片区旅游调研工作，组织编写完成了广西贫困地区旅游发展调研报告。三是支持地方建立集中连片特困地区旅游合作协调机制。会同武陵山片区相关省研究建立区域旅游合作机制，筹备成立武陵山片区旅游合作同盟。

【定点扶贫】 2012 年初，国家旅游局有关司局同志赴定点扶贫县——贵州省江口县进行了慰问和调研。2012 年共为江口县安排旅游发展基金补助地方项目资金 300 万元，用于治理梵净山环线生态环境综合治理项目建设。2012 年为广西壮族自治区巴马县安排旅游发展基金补助地方项目资金 200 万元，为内蒙古自治区阿尔山市安排旅游发展基金补助地方项目资金 100 万元。

（国家旅游局　罗筱）

国家烟草专卖局扶贫

【概述】 2012年，国家烟草专卖局坚持从实际出发，以解决老百姓最直接、最紧迫、最现实的利益问题为出发点，以加强基础设施建设为重点，以帮助群众增加收入、脱贫致富为落脚点，对湖北省郧西、竹山两县投入资金1000万元实施基础设施、扶贫搬迁、产业发展、水利建设、社会事业、科技教育6类51个项目，其中郧西县31个、竹溪县20个，使数万人直接受益。

【产业扶贫】 烟草系统各级单位大力支持郧西县、竹溪县烟叶生产基础设施建设，共投入资金3552.92万元。其中：

竹溪县共投入资金2025.23万元。建设烤房333座，投入资金1513.68万元；购置烟机17台，投入资金9.72万元；土地整理1288亩，投入资金450.8万元、前期费用51.03万元。

郧西县共投入资金1527.69万元。其中铺设管网24.88千米，投入资金83.71万元；机耕路10.25千米，投入资金135.6万元；烤房191座，投入资金745.62万元；晾房62座，投入资金12.4万元；烟机69台，投入资金21.02万；育苗大棚8座，投入资金189.53万元；土地整理1063亩，投入资金292.84万元、前期费用46.97万元。

通过烟叶生产基础设施建设的投入，进一步改善了扶贫县烟区的生产条件，提高了抵御自然灾害能力和综合生产能力，对增加烟农收入、促进烟区经济社会发展、支持社会主义新农村建设发挥了积极作用。

【定点扶贫县调整】 2011年中央颁布实施了《中国农村扶贫开发纲要(2011—2020年)》，同时召开中央扶贫开发工作会议，对新阶段扶贫工作做出全面部署。按纲要和会议精神，根据国家烟草专卖局的实际情况，为更好地做好定点扶贫工作，对定点扶贫县的结对关系进行了调整，将原来的郧西县、竹溪县调整为竹溪县、竹山县。

【对口产业扶贫】 按照《国务院关于进一步促进贵州经济社会又好又快发展的若干意见》（国发〔2012〕2号）的要求，国家烟草专卖局研究确定了以产业扶贫为主要形式与贵州省结对，实施对口帮扶。研究制定了《国家烟草专卖局办公室关于支持贵州“两烟”加快发展和实施对口产业扶贫的意见》，提出了扶持贵州烟草产业发展的政策措施。“十二五”期间，烟草行业将通过加大投入，加强技术改造和基础设施建设，支持重点品牌培育等措施，促进贵州烟草税利实现较快增长，主要举措有：支持贵州中烟工业有限责任公司卷烟品牌培育，加快“贵烟”品牌发展；支持贵州提高烟叶生产水平，加快现代烟草农业建设；支持贵州烟草科技创新，不断增强发展支撑能力；支持贵州烟草产业技术改造工作，努力提升综合竞争实力；支持贵州产业扶贫开发工作，开展新农村示范工程建设。

在支持贵州新农村示范工程建设方面。烟草行业每年将投入2亿元资金，在57个种烟对口帮扶县（市、区）各选择2个村，每个村平均投入资金200万元左右，进行重点帮扶，集中实施基础设施、特色产业、扶贫搬迁、社会事业等扶贫项目。力争通过3至5年的帮扶，使项目实施村寨基础设施基本完善，村容村貌明显改善，特色增收产业基本形成，农民生活水平明显提高，成为在当地具有一定影响力的民族特色示范村寨。

（国家烟草专卖局发展计划司　李伟）

国家能源局扶贫

【能源类项目审批扶贫】 2012年，国家能源局累计核准贫困地区火电项目339万千瓦，且均已开工建设；同意开展前期工作火电项目1462万千瓦。积极推进玉树电网与青海主网联网，新建330千伏变电站2座和330千伏开关站1座，新增变电容量39万千伏安，新建330千伏线路803千米。

核准陕西麟游县郭家河煤矿、贵州六枝特区新华煤矿、云南威信县观音山煤矿、宁夏盐池县金凤煤矿、河北省沽源县榆树沟煤矿等5个煤矿项目，投资规模94.08亿元，增加煤炭产能1380万吨/年。

鼓励水电投资多元化和民间资本进入，重点推动偏远、离网地区小水电开发。累计核准连片特困地区水电站总装机容量661.8万千瓦，总投资约552.4亿元。主要包括：滇西边境山区云南省大理州鹤庆县的金沙江龙开口水电站，装机容量180万千瓦，总投资174.12亿元；云南省丽江市永胜县和大理州宾川县交界的鲁地拉水电站，装机容量216万千瓦，总投资216.95亿元；秦巴山区甘肃省永靖县刘家峡水电站洮河口排沙洞及扩机工程，装机容量30万千瓦，总投资12.69亿元；滇桂黔石漠化区贵州省安顺市关岭县和黔南州兴仁县交界的马马崖一级水电站，装机容量55.8万千瓦，总投资49.18亿元；燕山—太行山区河北省承德市丰宁县丰宁抽水蓄能电站，装机容量180万千瓦，总投资99.47亿元等。

【煤炭产业升级】 安排中央预算内投资4452万元，带动企业投资2.56亿元，支持河北、吉林、四川、宁夏、新疆等省（区）国家扶贫工作重点县煤炭产业升级项目7个。

【煤矿安全改造】 安排中央预算内投资4.1亿元，带动地方和企业投资13亿元，支持河北、山西、吉林、安徽、江西、湖北、湖南、重庆、四川、贵州、云南、陕西等省（区、市）国家扶贫开发工作重点县的煤矿安全改造项目87个，对煤矿的通风、瓦斯抽采、防尘、防灭火、防治水等系统进行改造。

【农网改造升级工程】 安排中央预算内投资73.5亿元，带动地方和企业投资248.5亿元，支持西部地区新建和改造110（66）千瓦变电站219座，线路近4000千米；35千瓦变电站689座，线路8000千米；10千瓦线路55000千米，配电变压器5

万多台，低压线路11万千米。

【无电地区电力建设】 国民经济和社会发展“十二五”规划纲要明确规定，无电地区人口将全部用上电。国家能源局将户户通电作为2012年工作重点，按照电网延伸和可再生能源独立供电相结合、电网企业与其他能源企业共同建设的原则，实施新疆、青海、西藏、四川等无电地区的电力建设，落实项目法人。安排中央预算内投资14亿元，带动地方和企业投资20.3亿元，支持西部无电地区新建和改造110千伏变电站3座、线路304千米，35千伏变电站28座、线路867千米，10千伏线路7546千米、配变4619台，低压线路9050千米。新建小水电站10座、装机容量6935千瓦；光伏电站5座、装机容量1070千瓦；风电站6座、装机容量300千瓦；户用光伏系统1080套、装机容量306千瓦；风光互补系统20519套、装机容量10796.2千瓦，项目建成后可解决43.8万无电人口用电问题。2012年底，云南已全部解决无电人口用电问题。

【金太阳示范工程】 2012年，金太阳示范工程支持内蒙古、新疆、西藏、青海等地无电地区电力建设项目25个，总规模为13.5万千瓦，约占当年金太阳示范项目总规模的3%。其中，2012年上半年，第一批金太阳示范项目共支持内蒙古、青海、新疆和西藏无电地区，建设金太阳示范项目4个，规模4.5万千瓦，约占当批总规模的2.6%，2012年下半年，第二批金太阳示范项目共支持内蒙古、青海、新疆和西藏等偏远地区独立光伏发电项目21个，规模9万千瓦，约占当批总规模的3.2%，按计划要求，于2013年6月30日前完工。

（国家能源局）

中国银行业监督管理委员会扶贫

【增加涉农投入总量】 近年来，针对国际、国内经济面临的新形势，中国银行监督管理委员会（以下简称“中国银监会”）每年年初都专门印发关于指导做好全年农村金融服务工作的文件。按照稳健货币政策下调整优化信贷结构、保证“三农”投入的思路，要求各银行业金融机构在注重防范金融风险前提下，切实加大对涉农、县域经济的信贷资源配置，2009—2012 年，连续 4 年实现涉农信贷投放增量不低于上年、增速不低于各项贷款平均增速“两个不低于”工作目标。截至 2012 年末，银行业金融机构涉农贷款余额 17.6 万亿元，比年初增长 3 万亿元，同比多增 2848.6 亿元，比 2011 年同期增长 20.7%，高出各项贷款平均增速 5.6 个百分点。从分机构情况看，农村中小金融机构依然是支农服务主力军，涉农贷款余额 5.5 万亿元，占所有机构全部涉农贷款余额的 31.3%，比年初增长 8851.6 亿元，占所有机构增量的 29.4%。此外，农业银行涉农贷款余额 1.9 万亿元，比年初增长 2506.3 亿元。农业发展银行涉农贷款余额 2.1 万亿元，比年初增长 3463.1 亿元。国家开发银行涉农贷款余额 7651.3 亿元，比年初增长 1101.4 亿元。邮政储蓄银行涉农贷款余额 1878.2 亿元，比年初增长 515.8 亿元。

【信贷扶贫】 为有效地将信贷资金投入农村实体经济和贫困地区，中国银监会要求各涉农银行业金融机构要切实加大对农村市场重要主体和行业的支持力度。一是优先满足农户的生产生活有效信贷需求。截至 2012 年末，银行业金融机构农户贷款余额 3.6 万亿元，当年增加 5000 亿元，比 2011 年同期增长 15.9 %，有效支持了农民购买农业生产资料、建房、购买农机和家电、兴办农家店等多种经济活动。二是着力加大对小微企业的信贷支持。为有效缓解小微企业融资难问题，中国银监会引导银行业金融机构通过落实设立小企业服务专营机构、深化小企业服务“六项机制”（“六项机制”是中国银监会 2005 年 7 月在《银行开展小企业贷款业务指导意见》中提出的。具体内容包括商业银行开展小企业贷款要着重落实利率的风险定价机制、独立核算机制、高效的贷款审批机制、激励约束机制、专业化的人员培训机制、违约信息通报等六项机制）建设、推进农村小企业信用和联保贷款办法、大力开展农民专业合作社金融服务工作等措施，持续加大了包括个体工商户、农民专业合作社等在内的各类小微企业信贷支持力度。截至2012年末，银行业金融机构小微型企业贷款余额已经达到12万亿元，比年初增长1.9万亿元，比2011年同期增长18.3%，高于各项贷款平均增速3.2个百分点。三是切实加强民生领域的信贷服务。2012年，中国银监会引领各银行业金融机构紧密契合“三农”实际和农村经济产业发展的重点，以春耕备耕、促进粮食生产、保障农产品供应、菜篮子工程建设等为重点信贷支持方向，特别是按照今年1号文件要求，又加大了对农业科技的支持力度。截至2012年末，银行业金融机构农林牧渔业贷款余额2.6万亿元，比年初增加2795.5亿元，农产品加工贷款余额1.1万亿元，比年初增加1728.3亿元。同时，加大了对农村基础设施建设和农机具购买的支持力度。截至2012年末，银行业金融机构农村基础设施和农田基本建设贷款余额2.4万亿元，比年初增长3445.4亿元。包括农机购买的农用物资和农产品流通贷款余额为1.6万亿元，比年初增长3563.3亿元。农业科技贷款也快速增加，余额达到398.1亿元，比年初增长76.7亿元。

【农村金融组织体系构建】 深入推进农村信用社管理体制和产权制度改革，行业管理与风险处置责任交由省级政府负责。截至2012年末，重组改制农村商业银行337家，农村合作银行147家，县（市、区）农村信用合作联社1801家，农村合作金融机构法人机构总数由改革前的35000多家减少到目前的2411家。农业银行“面向三农、商业运作、整体改制、择机上市”的改革方向得以明确，并成功股改上市，“三农”事业部制改革顺利推进，统筹城乡的网点布局和服务功能建设进入实质操作阶段。邮政储蓄银行在2007年挂牌开业，涉农信贷业务持续发展，自主运用资金回流农村的机制逐步建立。农业发展银行的业务范围有效拓宽，政策性支农作用显著增强，目前已形成以粮棉油收购信贷为主体，以农业产业化信贷、农业和农村中长期信贷为两翼的“一体两翼”业务发展格局。

【新型农村金融机构培育】 2006年底，为进一步提升农村地区金融市场的竞争和服务充分度，中国银监会调整放宽农村地区银行业金融机构准入政策，开始培育发展村镇银行、农村资金互助社和贷款公司三类新型农村金融机构。在认真总结的基础上，2011年，中国银监会科学统筹中西部网点覆盖和金融服务情况，进一步完善了新型农村金融机构的相关市场准入政策，严格执行“东西挂钩、城乡挂钩、发达地区与欠发达地区挂钩”政策，突出强调村镇银行应始终坚持面向“三农”的市场定位，坚持“支农支小”的经营原则，推进新型农村金融机构培育工作。截至2012年末，全国已组建新型农村金融机构939家，其中村镇银行876家，贷款公司14家，农村资金互助社49家。在已组建机构中，有578家设在中西部，占比62%。已开业机构各项贷款余额2347亿元，84%以上用于“三农”和小企业，其中农户贷款余额848亿元，小企业贷款余额1118亿元。

【老少边穷地区金融服务】 为认真贯彻落实党的十八大关于“加大对革命老区、民族地区、边疆地区、贫困地区扶持力度”精神，中国银监会专门印发《关于银行业金融机构做好老少边穷地区农村金融服务工作有关事项的通知》，引导银行业金融机构调整优化网点布局，加快新型农村金融机构培育步伐，从健全完善政策性金融服务机制出发，更好地解决城乡二元金融结构矛盾，促进老少边穷地区农村金融健康发展。要求各银行业金融机构从2013年开始，每年在老、少、边、穷地区的信贷投入增长速度要高于其他地区平均水平，高于当地城市地区的平均水平。根据老、少、边、穷地区区域发展的总体战略和布局，突出支持重点，通过创新加强老、少、边、穷地区金融服务。不断完善金融服务体系，进一步放开银行业金融机构准入政策，鼓励各类银行业金融机构在老、少、边、穷地区增设机构网点，支持符合条件和监管政策要求的银行业金融机构在上述地区县（市）发起设立村镇银行，放宽上述地区县（市）村镇银行与发达县（市）比例挂钩政策。促进老、少、边、穷地区的农村信用社通过改革实现增强服务县域、服务“三农”和服务小微企业的能力，鼓励各银行业金融机构向乡镇、村延伸服务网点，同时明确了支持改善涉农、小微企业金融服务的一揽子监管政策安排。

【“三大工程”实施】 为促进农村中小金融机构支持“三农”科学发展，2012年，中国银监会结合农村金融发展的新形势、新需求，全面启动实施了“金融服务进村入社区”、“阳光信贷”和“富民惠农金融创新”三大工程。一是推动服务网络多元化、手段多样化，使金融服务触角延伸到乡村、社区，贴近到农户；二是通过全面实行信贷过程公开化管理，提高信贷业务透明度，提升贷款公平性和可得性；三是建立全面的创新体系，顺应市场变化和“三农”需求，开发“量体裁衣”式的金融服务产品，提高客户的需求满足度。通过实施“三大工程”，促使农村中小金融机构主动适应农村经济结构调整的新变化，在更高层次、更大范围提升服务水平，更好地发挥在扩内需、惠民生、稳增长、促发展中的基础性作用，让广大农村百姓享受更加阳光周到便捷的金融服务。目前，各地省联社和农村中小金融机构在银监局的指导下，把富民惠农作为根本出发点，从战略、组织、机制、产品、服务和渠道等方面入手，进一步下沉服务重心，深入实施“三大工程”的具体措施和方案，农村中小金融机构中的服务质量、水平和效率全面提升。

【偏远农村地区金融服务】 从2009年10月开始，中国银监会启动全国金融机构空白乡镇基础金融服务全覆盖工作，指导督促各银行业金融机构特别是农村中小金融机构、邮政储蓄银行，通过设立标准化网点、简易营业网点、定时定点服务、布设物理机具等方式向乡镇提供基础金融服务。2010 年末彻底解决 708 个乡镇的基础金融服务缺失问题，实现全国各乡镇基础金融服务全覆盖。2011 年在全面实现空白乡镇基础金融服务全覆盖的基础上，为进一步提升农村金融服务均等化建设水平，又解决了 616 个乡镇的机构覆盖问题。截至 2012 年末，全国金融机构空白乡镇从工作启动时的 2945 个减少到 1686 个，减少了 43%。实现金融机构空白乡镇全覆盖的省份达到 24 个。农村地区银行业网点覆盖面大幅改善，网点数量达到 10 万多家，其中农村中小金融机构近 8 万家，偏远农村地区金融服务发生了根本性变化。

【定点扶贫】 2012 年，中国银监会定点扶贫工作领导小组因地制宜，认真筹划，结合甘肃省临夏回族自治州和政县实际，以智力扶贫、项目扶贫、产业扶贫、平台扶贫为重点，按照 2011 年年度规划，完成规划的定点扶贫项目 8 个，取得了良好的社会和经济效益。2012 年银监会共计向定点扶贫县投入 457.8 万元。其中，扶贫现金 422.8 万元，实物折价 35 万元。总结 2012 年银监会的定点扶贫工作，主要有以下几个特点：一方面加大了调查研究力度，多次派人专程到和政县，深入基层了解民生需求，研究扶贫思路和措施；另一方面科学设定了帮扶项目，依托自身优势，结合和政县的实际情况，完成了“和慧”贫困优秀高中生奖学金项目、县乡优秀年轻干部培训项目、农业实用技术和劳务技能培训项目等，通过这些项目，帮助当地的贫困中小学生完成教育，帮助当地技术能力和文化水平不高的贫困人员提高生存技能和发展能力。此外，还完成了村社道路建设、部分小学体育设施配置等基础设施项目，受益群众和学生达到万余人，取得了良好的社会效益。

（中国银行业监督管理委员会　付正丽）

中国保险监督管理委员会扶贫

【概述】 2012年，中国保险监督管理委员会（以下简称“中国保监会”）进一步贯彻落实《中共中央办公厅、国务院办公厅关于进一步做好定点扶贫工作的通知》（厅字〔2010〕2号）的精神，按照党中央、国务院的统一部署，继续担负内蒙古自治区乌兰察布市察右中旗、察右后旗（以下简称“两旗”）的定点帮扶任务。中国保监会高度重视定点扶贫在新阶段扶贫开发工作中的重要作用，按照会领导“尽可能把扶贫资金与保险业务结合起来”的指示精神，继续充分发挥保险行业优势，把扶贫资金一部分用于保险项目、一部分用于生产性基础设施和产业开发项目，顺利完成了2012年的扶贫任务。

2012年，中国保监会全年共投入扶贫资金130万元，分别在两旗实施或参与实施了4个扶贫项目；捐赠价值370余万元的计算机设备，支持当地学校、贫困村的信息化建设，取得了良好的经济效益和社会效益。

【保险扶贫】 中国保监会为增加两旗贫困农牧民及贫困学生抵御意外灾害的能力，保障贫困农牧民和贫困学生的利益，在两旗共投入40万元，用于保险扶贫项目。

农用变压器保险和贫困大中学生保险项目。为充分发挥保险的防灾防损功能，避免农牧民发生“因灾因病致贫、因灾因病返贫”状况，增加贫困农牧民抵御意外灾害的能力，2012年中国保监会继续在察右中旗投资20万元，用于贫困村范围内购置320台农用变压器，为300名贫困大中学生投保，防范变压器因灾损坏或被盗造成严重损失，避免农牧民家庭因学生意外致贫返贫。

贫困小学生保险项目。为确保农村牧区小学生从平安险中得到保障，2012年中国保监会继续出资实施有关保险项目，在察右后旗投资20万元，为4002名小学生投保学生平安保险，使全旗农村牧区小学生平安保险全覆盖，让农村牧区小学生应保尽保，防止农牧区家庭因孩子患病等原因返贫、致贫。

【基础设施建设和产业扶贫】 在察右中旗广益隆镇五号村投资40万元，用于新建山地种树种草柴鸡养殖示范基地1处，建鸡舍5700平方米，其他辅助设施2210平方米。本项目以察右中旗恒发禽畜种养加工合作社为依托，利用退耕还林还草地1300亩散养柴鸡3.8万只。种树种草发展柴鸡养殖项目一举多得，既可为林地、草场提供生物驱虫，又可生产无公害绿色禽类产品，达到养殖区内生态良性循环。以点带面，发挥辐射作用，鼓励和支持贫困农牧民自愿加入合作社，共同发展，加快脱贫致富步伐。

【整村推进】 为充分发挥资金的最大使用效益，在察右后旗投资40万元，与整村推进资金捆绑使用，在当郎忽洞黄羊城嘎查开发饲草料基地1000亩，建设牲畜棚圈，新打机电井1眼。推进了当地产业化发展，增强了当地贫困农民的自我发展能力。

【送温暖活动】 中国保监会每年春节期间都开展向两旗贫困农牧民“送温暖”活动，2012年，为两旗分别拨款5万元，用于购买米、面、油、煤等生活用品，慰问两旗贫困户，切实把党和政府的关怀送到贫困农牧民家中。

【设备物资捐赠】 为加快两旗信息化建设，中国保监会将2012年预处置的部分货值374.07万元的台式计算机、笔记本电脑和激光打印机等设备捐赠给两旗。

察右中旗设备物资使用情况。察右中旗受赠台式计算机65套、笔记本电脑54台、激光打印机3台，货值186.74万元。其中，148.47万元的设备支持了察右中旗职业学校信息化建设，帮助提高学生实训能力；38.27万元的设备支持察右中旗25个行政村贫困互助社建立贫困村互助资金管理系统。

察右后旗设备物资使用情况。察右后旗受赠台式计算机66套、笔记本电脑53台、激光打印机4台，货值187.33万元。其中，176.67万元的设备支持了察右后旗2所小学信息化建设，10.66万元的设备配备给苏木乡镇新建的7个“幸福养老院”使用。

（中国保险监督管理委员会
办公厅　赵家松）

中国农业银行扶贫

【概述】 2012年，中国农业银行（以下简称“农业银行”）积极贯彻中央精神，持续加大对贫困县和集中连片特困地区的贷款投放力度，积极探索创新商业化扶贫模式，当年在14个集中连片特殊困难地区共投放贷款1888.4亿元，年末贷款余额3255.9亿元，较年初增加559.9亿元；在592个国家级扶贫开发重点县和495个省级扶贫开发重点县，累计投放贷款4604.5亿元，年末贷款余额6456.4亿元，较年初增加1093.4亿元，占全行县域贷款余额的30.3%，有力地推动了贫困地区经济和社会发展，促进了农业增效、农民增收。

【扶贫政策】 为贯彻落实好中央扶贫工作会议精神和《中国农村扶贫开发纲要（2011—2020年）》，进一步做好金融扶贫工作，农业银行在2011年下发《关于贯彻落实〈中国农村扶贫开发纲要（2011—2020年）〉做好金融扶贫工作的意见》的基础上，2012年出台了《关于做好集中连片特困地区金融服务工作的通知》，要求片区内各级分支行充分认识做好片区金融服务工作的重要意义，切实加强与各级政府部门的沟通联系，积极跟进片区规划的出台和实施情况，加大金融服务力度。同时，开展武陵山片区金融服务试点工作，选取最早发布规划的武陵山片区作为试点区域，探索集中连片特困地区有效金融服务模式。

【产业扶贫】 产业扶贫是扶贫开发的重要内容和抓手，各级扶贫龙头企业是贫困农户与市场的链接纽带，是产业化扶贫的重要载体。农业银行以新希望集团、广西凤糖生化、内蒙古东达蒙古王集团等173家国家级扶贫龙头企业为重点，充分发挥这些企业的龙头和辐射作用，支持产业扶贫取得新成效。截至2012年底，农业银行为173家国家级扶贫龙头企业提供授信总额216.3亿元，户均授信12500万元；贷款余额130.2亿元，户均余额7528万元。通过支持国家级扶贫龙头企业发展，辐射带动了约139万贫困农户，农户户均增收2644元。同时，农业银行还针对贫困地区的产业经济特点，紧紧围绕贫困地区主导产业和区域性特色行业发展，以市场为导向，以产业化龙头企业为牵引，向产业链前端农户提供一体化的金融服务，促进了产业链升级，保障了农户收益。农业银行新疆分行积极支持当地特色林果产业做大做强，2012年累计发放特色林果业贷款32.98亿元，其中累计支持林果业法人客户57家，发放法人贷款27.63亿元，支持果农5726户，发放果农贷款5.34亿元，年末特色林果业贷款余额29.67亿元，较年初增加8.81亿元；农业银行内蒙古分行依托当地乳品行业发展，2012年对内蒙古乳业行业重点龙头企业客户授信50.6亿元，年末信用余额15.9亿元，辐射带动奶农达百万户。

【小额信贷扶贫】 自2009年以来，农业银行一直积极探索支持扶贫基金会小额信贷扶贫试点项目运作，通过向小额扶贫信贷机构发放批发贷款，间接开展到户扶贫工作。2012年，农业银行对中国扶贫基金会授信增加到3亿元，新发放贷款3000万元，在各家金融机构中，以最低的贷款利率和最优惠的贷款条件支持其小额信贷扶贫试点项目。截至2012年末，扶贫基金会在农业银行贷款余额2.15亿元。在农业银行贷款的支持下，基金会小额信贷扶贫试点项目发展迅速，截至2012年底，已设立分支机构63个，较年初增加11个，当年累放贷款13.6亿元，较2011年增加2.9亿元，贷款余额8.6亿元，覆盖行政村17273个，覆盖户数771万户，大于30天风险贷款率仅0.23%，项目运作情况良好。

【扶贫贴息贷款】 国家扶贫贴息体制改革后，农业银行不再承担国家扶贫贴息计划，但农业银行多年来一直将扶贫贴息贷款作为信贷扶贫和服务“三农”的重要手段，积极参与国家扶贫贴息贷款的发放工作，取得了良好的经济社会效益。2012年，农业银行新投放扶贫贴息贷款59.9亿元，较2011年增加8.3亿元，年末贴息贷款余额121.8亿元，较年初增加28.5亿元，支持具有扶贫带动效应的企业或项目260个，带动贫困农户约62万人，户均增收1945元。农业银行甘肃分行与省财政厅密切合作，在全省贫困村范围内推出了“双联农户贷”产品，该贷款产品由政府全程全额贴息、农业银行提供贷款基准利率、政府主导的担保公司提供全程担保，支持全省58个贫困县农户脱贫致富。截至2012年底，累计向10428户农户发放双联农户贷款6.3亿元。

【康复扶贫贷款】 农业银行在坚持基本信贷制度要求的前提下，根据福利企业或残疾人农户特点，在担保和信贷准入上保持一定灵活性，重点支持了带动残疾人就业、对残疾人开展技能培训的产业化龙头企业和福利企业，促进残疾人公共服务事业发展。2012年，农业银行共投放康复扶贫贷款3.4亿元，较2011年增加1.7亿元，贷款余额4.2亿元，较年初增加2.3亿元；支持残疾人企业42户，辐射带动残疾人农户8731户，户均增收8990元。农业银行新疆生产建设兵团分行继续根据与当地残联协商确定的康复扶贫贷款计划，2012年发放残疾人小额到户贷款900多户次，覆盖了150多个团场，金额达1657.2万元，带动农户户均增收5327元。农业银行山西分行大力支持山西凯盛肥业有限公司发展，2012年末对该企业的信贷余额达3600万元，累计为残疾人技术指导10万余人次，投入资金650多万元，残疾人累计增收达2亿元。

【连片特困地区扶贫】 为加大对片区重点产业、行业的支持力度，深度发掘片区发展的经济潜力，农业银行从特色农业、资源型工业、商贸流通业、旅游及文化产业等方面入手，梳理了相关分支行在片区金融服务工作中富有成效的典型经验和服务模式，并拟向全行推广，引导下属各级银行将片区金融服务工作做实做好做优。2012年，农业银行在14个集中连片特殊困难地区投放贷款1888.4亿元，年末贷款余额3255.9亿元。农业银行重庆武隆支行实施旅游带动战略，从2009年10月起，已累计发放旅游及其相关产业贷款9.5亿多元，2012年末旅游贷款余额9.37亿元，重点支持了芙蓉江和仙女山深度开发、印象武隆实景演出、江口接待中心建设等项目。农业银行四川越西县支行抓住凉山州打造清洁能源基地的契机，2012年对铁西电站、茶园河电站、团结电站等小水电建设项目发放贷款2.93亿元，辐射带动周边1320户彝族农户，户均年增收4000元以上。

【农村地区基础金融服务】 2012年，农业银行加大金穗惠农通工程推进力度。金穗惠农通工程是农业银行针对农村地区金融网点少、人员不足、服务成本高等实际，充分发挥自身产品、网络、科技优势，探索实践形成的一种依托电子机具等为农民提供基础金融服务的新模式。截至2012年底，农业银行在全国县域农村地区设立金穗惠农通工程服务点57.9万个，比年初增加22.3万个；布放电子机具总量112.6万台，比年初增加30.1万台；电子机具对行政村覆盖率为63.9%，比年初提高36.1个百分点。

【定点扶贫】 2012年，农业银行继续对口帮扶河北武强、献县两个定点贫困县。坚持将农村基础设施建设、农村基础教育、医疗条件改善和加强农民技能培训作为定点扶贫开发工作重点，近年来持续帮扶完成7个重点项目，取得较好的经济和社会效益，彰显了农业银行的社会责任。一是帮扶改善基础教育条件。先后帮扶了可容纳720名幼儿的献县幼儿园迁建项目、北代乡农行希望小学的修建和常村金穗希望小学的校舍改扩建工程、武强县中学教学实验室和塑胶运动场建设工程等项目。二是帮扶定点贫困县提升农村医疗服务水平。帮扶武强县全部行政村建设26所卫生室项目，2012年当年建设、当年完工，共建房屋面积1828.4平方米，经省、市、县三级验收全部达标。三是举办定点扶贫县乡镇长培训班。坚持每年为两个定点扶贫县举办一期乡镇长培训班，提升当地乡镇长的理论水平。四是组织献爱心公益赞助活动。2012年向武强县希望小学捐助价值3万元的书包和书籍。

（中国农业银行三农政策与规划部
刘献良）

中华全国供销合作总社扶贫

【概况】 2012年，中华全国供销合作总社（以下简称“供销合作总社”）按照中央扶贫开发工作会议精神和《中国农村扶贫开发纲要（2011—2020年）》关于行业扶贫的战略部署，充分发挥系统和行业优势，以“新农村现代流通服务网络工程”建设和农业综合开发新型合作示范项目为载体，加快农村流通网络建设，大力发展农民专业合作社和开展农业社会化服务，在促进贫困地区经济社会发展、搞活城乡流通、服务农民生产生活等方面发挥着积极作用。

【扶贫调研】 2012年4月，供销合作总社原党组书记、理事会主任杨传堂带领供销合作总社相关部门负责同志到大别山集中连片特殊困难地区安徽省潜山县进行扶贫调研，深入到村、户和产业项目基地进行实地考察，与省、市、县三级领导进行座谈交流，形成了供销合作总社进一步做好扶贫开发工作的意见。

【扶贫制度建设】 根据供销合作总社领导在安徽省潜山县扶贫调研时形成的意见，供销合作总社扶贫职能部门经济发展与改革部，起草了《关于做好总社扶贫开发工作的意见和建议》，经主任办公会研究通过，成为当前及今后一段时间开展扶贫开发工作的一项重要制度。在定点扶贫方面：一是将潜山县作为供销合作总社培养锻炼干部的基地，每年从机关选派2—3名优秀的年轻干部挂职扶贫。2012年选派2名干部挂职扶贫，其中1名处级干部挂职潜山县县委常委、副县长，另1名干部挂职乡镇副书记；二是明确了2012年的定点扶贫专项经费由以前的20万元增加到60万元，并且到2015年要逐年增加。三是将潜山县作为供销合作总社改革发展联系点，在供销合作总社负责的财政扶持项目上计划单列，重点支持。在参与集中连片特殊困难地区扶贫开发上明确4项措施：一是支持集中连片特殊困难地区农村流通网络建设；二是加快集中连片特殊困难地区农民专业合作社发展；三是鼓励系统龙头企业到集中连片特殊困难地区投资兴建项目；四是加强对集中连片特殊困难地区供销合作社的指导和服务。

【农村流通网络建设】 供销合作总社积极把“新农村现代流通服务网络工程”建设与扶贫开发工作相衔接，以改善贫困地区农村流通设施为重点，构建覆盖县、乡、村三级的经营服务网络，满足农民生产生活需求。一是 2012 年中央财政安排“新农村现代流通服务网络工程”专项资金 13 亿元，用于支持供销合作社构建农业生产资料和日用消费品经营服务网络、农副产品现代购销网络和再生资源回收利用网络。供销合作总社在安排专项资金时，对集中连片特殊困难地区的广大农村给予倾斜，665 个项目大部分分布或服务于贫困和经济欠发达地区的广大农村。二是将有 11 个国家级扶贫开发工作重点县的江西赣州市、有 10 个国家级扶贫开发工作重点县的陕西榆林市、有 6 个国家级扶贫开发工作重点县的甘肃天水市、有 5 个国家级扶贫开发工作重点县的山东临沂市，一起纳入供销合作总社改革发展联系点，每年提供 300 万元的项目资金，重点支持农村流通网络体系建设。三是发挥系统网络优势，帮助贫困地区解决农副产品销售难的问题。2012 年全系统通过直接收购农副产品为农民实现收入 5181.9 亿元。

【专业合作社帮扶】 围绕贫困地区优势特色产业，各地供销合作社大力领办、创办农民专业合作社，提高贫困地区农民的组织化、市场化程度，以农民专业合作社为载体，在资金、技术等方面加大对贫困农户的帮扶，与贫困农户结成紧密的利益联结体。截至 2012 年底，供销合作社系统组织农民兴办各类专业合作社 7.7 万个，其中通过有机、绿色、无公害等认证的专业合作社 1.7 万个，拥有产品注册商标的专业合作社 1 万多个，为 1000 多万入社农户提供着信息技术、品牌营销、加工储运等服务。同时，供销合作总社进一步加大对贫困地区农民专业合作社发展的扶持力度，通过 2012 年农业综合开发新型合作示范项目，扶持了 55 个国家扶贫开发重点县的农民专业合作社和龙头企业种植、养殖基地、加工流通项目，安排资金 3505 万元，带动地方配套资金 1511 万元，推动了贫困地区特色农产品产业的发展，为农民脱贫致富发挥了积极作用。

【农村社会化服务】 各地供销合作社积极搭建区域性农村社会化综合服务平台，在强化农资供应、日用品销售、农产品收购等经营性功能的基础上，积极拓展公益性服务，加强与文化、教育、通信、旅游等部门合作，完善基层服务设施，共建农家书屋、卫生室、警务室以及保险、邮政、通信业务代办点等，满足贫困地区群众的多样化需求。截至 2012 年底，全系统共建立村级综合服务社 27.5 万个，比上年新增加 3.6 万多个，其中，与村委会共建 5.9 万个。基本覆盖了全国 1/3 的行政村，综合服务社已经成为当地党委、政府推进城乡公共服务均等化、加强和创新社会管理的重要抓手。

【产业扶贫】 各地供销合作社主动参与贫困地区经济建设，根据贫困地区自然条件，带动贫困农户积极发展绿色、无公害的特色农产品产业，实行“龙头企业 + 专业合作社或基地 + 贫困户”的产业化模式，通过建设标准化生产基地，发展自然生态、安全健康和品牌农产品，提高产品质量，提升产品附加值，增加贫困户收入。截至2012年底，全系统有各级政府和省以上部门认可的农业产业化龙头企业2042个，带动农户1659万户，帮助农民实现收入593.7亿元。同时带动建立标准化生产基地2.9万个，联结农户1363.6万户，帮助农民实现收入534.8亿元。

【科技教育扶贫】 各地供销合作社利用系统现有的94所各级各类职业院校，加强对贫困家庭的初中、高中毕业生进行中等职业教育和短期技能培训，目前在校生近30万人。同时积极开展对贫困农民的实用技术培训，开拓贫困地区劳动力就业渠道，帮助贫困地区劳动力转移就业。各级供销合作社充分发挥系统科技优势，利用8所直属科研院所，3.9万个庄稼医院，为广大农民群众提供技术培训、推广、应用和信息咨询等服务。2012年共建立科学试验示范田35.4万公顷，开展测土配方施肥135.3万公顷；提供技术培训、信息咨询1574.7万人次；提供种子、种苗67.7亿元；发放科技资料1970.5万份。

【直属单位项目帮扶】 各地供销合作社引导协调直属企业、主管行业协会、科研院所、农业产业化龙头企业，到集中连片特殊困难地区投资兴建项目，开发利用地方优势资源，参与地方经济社会建设。如供销总社直属企业中国供销集团，截至2012年底，在青海海西州、宁夏海原县、河北怀安县、山西五台县、湖南石门县等国家扶贫开发重点县，投资兴建了13个辐射带动能力强的大型项目，投资金额达56.9亿元，有力地推动了当地经济发展和贫困劳动力的就业。

【定点扶贫】 2012年，供销合作总社采取多种措施，扎实推进安徽潜山县扶贫开发工作。

一是强化与定点扶贫县的互动交流。供销合作总社派出正部长级1名、局级5名、处级及处级以下干部15名赴潜山县开展调查研究。潜山县政府有关领导和部门先后3次来供销合作总社沟通情况、交流工作，并向供销合作总社赠送了“情系老区扶贫，共建美好乡村”的锦旗，对供销合作总社10年来持之以恒的帮助表示感谢，双方形成了良好的互动交流机制。

二是提高定点扶贫专项经费。2012年，供销合作总社定点扶贫专项经费从20万元增加到60万元，并一次性拨付到位。

三是积极参与整村推进，支持美好乡村建设。供销合作总社多方筹措资金，选择3个村作为整村推进定点扶贫重点，每个村投入100万元，重点支持村内公共基础设施建设。目前，3个村300万元的整村推进扶贫资金已经一次性拨付到位，3个帮扶村也正在按照“美好乡村”示范点的标准实施建设。

四是继续推进产业化项目扶贫开发。食用菌产业是供销合作总社多年来连续扶持的产业化扶贫开发项目。2012年定点扶贫专项资金继续重点扶持该产业发展，通过以奖代补的方式扶持食用菌产业基地建设、培育精深加工龙头企业和品牌建设，逐步形成了以香菇、木耳为主，平菇、灵芝、金针菇和竹荪等多个品种的食用菌生产格局，带动全县14个乡镇3000多农户从事食用菌生产，年生产规模950多万棒，产值达7600多万元，食用菌产业被潜山县县委、县政府列为全县十大农业特色产业之一。另外，还积极帮助潜山县2个专业合作社申报了2013年农业综合开发新型合作示范项目，争取财政扶持资金130万元。

（中华全国供销合作总社
经济发展与改革部　刘喜成）

中华全国总工会扶贫

【概述】 2012年，中华全国总工会认真贯彻落实习近平总书记在河北省阜平县考察扶贫开发工作时的讲话精神，进一步加大对山西省和顺县的定点扶贫工作力度。为保证扶贫工作连续性，将扶贫队工作人员扶贫周期由一年变为两年，认真制订扶贫方案，确定了坚持开发式扶贫，以推动加强基础设施建设、提高基本服务能力、培育农业主导产业为抓手，以扶龙头、帮基地、带农户为基本途径的扶贫思路。与省、市、县四级扶贫工作队共同努力，带动扶贫资金达1.56亿元，实施整村推进项目惠及贫困人口3.44万人，移民搬迁1.1万人，有1.21万人稳定脱贫，1.74万人基本解决温饱，减少低收入人口1.85万人。截至2012年末，全县人均年纯收入由2862元增至3334元，贫困人口人均年纯收入由1800元增至2054元，在扶贫标准提高的情况下，全县仍有4300人达到脱贫。

【产业扶贫】 开展产业扶贫，促进贫困户稳步增收。一是扶持发展畜牧养殖产业。在和顺肉牛地理标志产品保护申报成功后，以促进品牌知名度和产品销量为重点，积极推进和顺肉牛品牌赢得了国字号金字招牌。二是做好核桃种植产业。投入约20万元购买矮化高产核桃树苗，带动社会和石家庄村村投工投肥平整土地共计投入322万元左右。在提高核桃种植技术、扩大种植面积的基础上，将核桃树种植管理和病虫害防治技术现场培训作为常态化培训机制固定下来，切实提高了该地核桃种植的成活率、产量和效益，延长了盛果期。三是办好特色种植帮扶。引进种植金银花和猕猴桃新品种，引导村民试种中草药和南方水果。初步规划通过发展沟域经济模式，扶持发展黄芩、柴胡等中药材种植产业。继续开展王俊斗高产土豆种植技术及两种传统种植方法对比实验，采用新种植技术种植土豆增产效果明显。四是利用局部小气候首次开展水稻种植。利用乔庄村独特的小气候，开展了有13户农民参与的40亩有机水稻种植实验。每亩水稻年产量接近1000斤，总产量可达近4万斤，可产稻米3万斤，打造乔庄特色的有机水稻新产业。五是办好专利技术示范园区。充分考虑当地群众传统的种植技术经验和选定区域的土质结构等条件，选定了全国劳模、工人发明家王俊斗发明的“在干旱地区利用长效覆膜植树”专利技术，推动了当地的产业发展，该项目被选入国务院扶贫开发办公室编辑的《社会扶贫创新成功案例集》。六是继续办好特色民间手工艺帮扶。通过政策引导、经济扶持、跟踪服务、交流学习、宣传推广等手段，重点扶持有一定基础的特色民间手工艺作坊，提高当地五谷画及刺绣、根雕等手工艺产品的知名度，打造并延伸产业链，带动当地就业，拓展农民创收渠道。

【教育培训】 抓好教育培训工作，增强智力扶贫效果。一是继续提高贫困人口受教育的程度。大力开展各项技术培训，先后培训3000余人次。进一步对清华远程教学站进行完善跟进和硬件升级，继续通过教育扶贫培训网站和举办培训班相结合的方式，针对农村种植养殖、农民转移就业、民间手工技艺、教师乡医进修等方面进行培训。二是大力开展送教下乡活动。引进北京专业院校和重点中学的优势教学资源，文化课以北京四中帮扶为主，专业课以清华大学美术学院和中央音乐学院、北京体育大学为依托，制订专门培养计划，请专家到当地指导示范与送当地专业教师进京学习观摩并举，着重在短期内提高和顺高中学校的特长生教学质量。

【改善民生和社会扶贫】 着力改善当地民生，开展社会事业帮扶。一是进一步推广建设农户地暖项目。农户地暖以农林废弃物和杂草杂物等农村可再生物为燃料，取代煤炭和薪柴生炉取暖，具有经济实惠、安全舒适、节能减排、生态环保和建造简易性、取暖便利化、燃料多样化、能源可再生的特点优势。项目具有显著的扶贫效益和综合生态环保价值。二是切实解决群众饮用水问题。在平松乡先生堂村投入帮扶资金近10万元，维修加固该村原来的100方蓄水池，新建控制阀门井3座，铺设主管道1771米，安装入户设施49套，利用地面高差自流入户，直接受益49户210人，并解决了570头大牲畜的饮水困难。改进房檐集水技术，通过实施这个实验示范项目，该村直接受益人口102人，解决了155头大牲畜的饮水问题和20亩菜田灌溉问题。三是办好社会事业及物资帮扶。通过送教送医下乡、联系相关单位献爱心，在当地开展教育和医疗科技推广，为当地中学捐建51个整建制电脑教室、捐赠文艺表演道具等设备，普及农科知识，提高教学质量和行医水平，改善群众问诊就医条件，丰富农民文化生活。

（中华全国总工会
经济技术部　代明梅）

共青团中央扶贫

【概述】 2012年，中国共产主义青年团中央委员会（以下简称“共青团中央”）认真贯彻落实中央扶贫开发工作会议和《中国农村扶贫开发纲要（2011—2020年）》精神，进一步明确工作方向，突出工作重点，广泛动员各级团组织和广大青年积极参与新一轮扶贫开发攻坚战。

【扶贫工作文件】 2012年5月，国务院扶贫办、共青团中央联合下发了《关于动员和支持各级团组织及广大青年积极参与扶贫开发的意见》（国开办发〔2012〕35号），对合作实施雨露计划培训项目、推动小额贷款纳入扶贫贴息政策和深入开展青年志愿者扶贫等工作进行了全面安排部署，为各级团组织加强与当地扶贫部门合作，全力参与扶贫开发工作创造了政策条件。

【促进青年就业创业】 一是共青团中央联合各银行业金融机构继续推进青年创业小额贷款工作。通过向银行推荐青年创业项目，推动联保、互保、自然人担保、经济功能组织担保等担保方式创新，各级团组织着重帮助贫困地区青年解决创业过程中遇到的资金难题。同时，联合中国人民银行深入开展农村青年信用示范户工作，助推贫困地区农村信用体系建设。全年，推动各银行业金融机构发放农村青年创业小额贷款641.52亿元，140.26万名农村青年获得创业贷款支持。二是继续加大与人力资源社会保障、农业、科技等部门合作，重点面向贫困地区青年开展实用技能培训。加强“青年就业创业见习基地”建设，帮助贫困地区青年积累工作经验，提高就业创业能力。同时，联合扶贫部门面向中西部地区农村“两后生”实施“雨露计划·扬帆工程”助学行动，共遴选1400余名贫困地区的农村“两后生”接受免费职业教育。全年各级团组织共培训农村青年1101.16万人

【志愿者扶贫】 一是深入实施大学生志愿服务西部计划。面向中西部地区继续实施基础教育、农业科技、医疗卫生、基层青年工作、基层社会管理、服务新疆和服务西藏7个服务专项。联合教育部、财政部、人力资源社会保障部印发《2012年大学生志愿服务西部计划实施方案》。自2012年8月起，将志愿者基础生活补贴从每月760元上调为1000元。新招募志愿者8500名，派遣研究生支教团志愿者830名，使全年总体实施规模保持在17000人左右。二是扎实开展全国大中专学生志愿者暑期

“三下乡”社会实践活动。面向全国 500 个县征集科技支农服务需求 572 个，整合高校资源组建 442 支全国级“科技支农”重点团队进行专项需求对接，开展科技支农服务。全年共组织 400 万学生志愿者、20 万支各级志愿服务团队赴贫困地区农村基层开展教育帮扶、医疗服务、科技支农、文艺演出、法律援助等志愿服务。

【社会扶贫】 共青团中央充分发挥团的组织化和社会化动员优势，广泛整合社会资源，建立起团组织内部力量和外部资源协力参与的社会化扶贫工作机制。

1. 组织青年专家和青年企业家赴西部地区进行挂职和交流。其中，选派 172 名“博士服务团”成员到西部地区、革命老区和部分少数民族地区挂职服务，此工作项目已累计选派了 12 批 1400 余名成员。组织近 300 名青年企业家分别赴贵州大方、织金、金沙等国家级贫困县，陕西富平、澄城、临渭、韩城等陕甘宁革命老区以及青海等西部省份，研讨交流合作项目，开展希望小学探访活动，并捐赠 26.87 万元。

2. 成立“科技之光”青年专家服务团。相继在吉林、山西、四川、内蒙古等省区的欠发达地区和国家扶贫开发工作重点县开展科技服务活动。在甘肃和宁夏等地为贫困青少年群体送医、送药、送技术，共为 200 个乡镇卫生院、街道卫生服务中心送去价值 198 万元的医疗器械设备，为 15000 户贫困家庭和青年农民工免费发放 30 万元药品、10000 册医疗保健读本，培训乡村青年医务人员 654 名。

3. 加大希望工程和书海工程对贫困地区的支持力度。实施“希望工程重点资助百县计划”，在全国 14 个集中连片特困地区和国家扶贫开发工作重点县中，选择 100 个县对口援助。全年向湖北五峰、宁夏海原等地支持资金 1319 万元。其中，援建希望小学 23 所，支持资金 920 万元；资助学生 7439 人，支持资金 399 万元。同时，依托书海工程向中西部 20 个省份的 1500 余家单位捐赠图书 13680 万码洋。

4. 加大对中西部贫困地区的人才输送力度。面向“985 工程”“211 工程”高校实施“优秀大学生西部基层建功计划”，引导高校应届优秀毕业生到西部地区、贫困地区和基层一线就业。全国共遴选出 429 名学生作为 2012 年度“优秀大学生西部基层建功计划”人选。同时，争取新东方教育科技集团出资 5000 万元人民币，资助西部特困大学生完成学业。全年共遴选西部省份高校 750 名家庭贫困学生，发放助学金 150 万元。

5. 加强贫困地区与发达省份学生的交流互动，动员各方面力量，组织实施“青少年民族团结交流万人计划”，开展全国少数民族大学生社会实践与社会观察活动、少数民族大学生骨干实践锻炼活动、各民族中学生暑期同心营、“各族少年手拉手”夏令营等系列活动。全年共有 2600 余名各民族青少年赴上海、山东、四川等地参加了民族团结教育活动。

【贫困地区基层团组织建设】 共青团中央筹集资金，为2218个中西部地区县级团委提供每年3万元的工作经费；安排624万元资金，为14个集中连片特殊困难地区的624个乡镇提供各1万元工作经费。同时，继续选派地市以上团的领导机关干部驻县级团委指导工作，共有714名团干部赴西部贫困地区部分县级团委开展工作；组织全国部分高校的2389名团干部赴县级团委挂职；向中西部503个县派遣西部计划基层青年专项志愿者2600多名。加强对贫困地区中学、中职团委书记培训工作，按照分层分级培训原则，面向中西部20个省区市中等职业学校团委免费下发《中职学校共青团干部读本》、《中等职业学校学生社会化技能培训游戏100例》等培训教材。

【定点扶贫】 共青团中央第十二、十三批扶贫工作队在山西灵丘县委、县政府的大力支持下，积极探索适合灵丘地区经济发展、群众脱贫致富的路径、模式和方法，推动定点扶贫工作取得良好效果。

1. 深入实施整村推进工作。继续以武灵镇韩家房村为重点，围绕改善村容村貌、扶持农业产业、推动社会事业等内容，实施整村推进工作。一是完善“合作社+党支部”的模式，着重发挥“灵丘县同丰蔬菜专业合作社”的集聚作用，带动更多的群众共同致富。二是助力新农村基础设施建设，协调落实80万元的中央专项环保资金，实施村容村貌改善、街道污水排放和治理工程。三是加大对青年创业项目“鹏飞养猪场”的扶持力度，帮助引进种猪和饲养技术、提高养殖水平，帮助其达到年出栏200头的规模；加快48栋日光蔬菜大棚建设进程，使其成为带动韩家房村经济发展新的增长点。

2. 继续推进农业产业项目。围绕产业带动和项目带动，积极引进新技术、新品种，努力发展一批有基础、有特色、有吸引力的产业项目。一是加强示范基地建设。建立赵北乡种薯示范基地50亩；推进东河南镇玉米新品种实验项目，建立玉米新品种示范基地50亩。二是完善农产品营销链建设。与中国农垦集团合作建立农产品供应基地1个、灵丘农产品直营店1个，吸收县内10家农业企业入驻。三是加强科技服务。发挥上海种都技术服务站、蔬菜培训中心作用，开展蔬菜种植培训与观摩；在大作农业园区建立蔬菜病虫害远程会诊视频医院；协助有关部门举办全县设施农业技术交流推广会，编印《蔬菜栽培技术手册》5000册。联合北京新发地农产品批发市场、山东潍坊团市委、河北保定团市委等单位，分别组织60多名青年致富带头人和大学生村官外出考察学习农业新技术、新项目。

3. 全力服务旅游及招商工作。与中青网联合建设“灵丘旅游网”，开展灵丘旅游宣传推广月等活动。在北京举行的华北旅游推介大会上，对灵丘旅游资源进行了专项推介。依托全国青联、中国青年企业家协会、中国农村青年致富带头人协会及山西青年企业家协会等力量，搭建投资平台，吸引企业来灵丘投资合作。同时，协助县委、县政府抓好灵丘县300万吨钢厂建设项目协调工作。

4. 加强农村青年人才培养。一是举办农村青年就业创业实用技能培训班2期，培训农村青年致富带头人60余人。同时，支持平型关职业中学启动了“农村剩余劳动力转移培训计划”。再者，完善灵丘青年创业基金的项目运作，增资1万元，收回贷款13万元，为服务农村青年就业创业创造了有利条件。二是继续协助县委组织部安排11名灵丘干部外出挂职锻炼，开阔视野，提高能力。三是举办青年致富带头人巡回报告会12场，联合县委宣传部共同推出“灵丘县农村致富带头人风采”专题电视节目11期。

5. 参与社会公共事业建设。一是整合社会资源，继续为中小学捐赠电脑、图书等，推动改善学校硬件设施及教师生活条件。协调企业家和日本友人捐资10余万元资助贫困学生；联系中国运动员教育基金会、北京君泰律师事务所向灵丘县捐赠50箱物资。二是协助联系民政部、中国红十字会等部门，改善老区敬老院、乡镇卫生院、村级卫生所的条件。帮助赵北乡白台村新建村卫生站1个并捐赠相关书籍3万码洋；募集项目资金90万元，推动落实了武灵镇、东河南镇、上寨镇等2个乡镇卫生院、2个卫生站和6个红十字书库项目。

（共青团中央农村青年工作部）

中华全国妇女联合会扶贫

【概述】 2012年，中华全国妇女联合会（以下简称“全国妇联”）认真贯彻落实《中国农村扶贫开发纲要（2011—2020年）》，根据党中央、国务院关于扶贫工作的总体部署和要求，结合贫困地区妇女儿童的实际需求，坚持以人为本的科学发展观，把帮助贫困地区妇女儿童解决温饱问题、促进贫困地区妇女儿童发展作为“建设坚强阵地和温暖之家”的重要抓手，充分运用妇联自身的社会地位、社会影响力、社会动员力和社会资源，进一步加大对贫困地区妇女儿童的扶持力度，扶贫工作取得积极成效。

【妇女小额担保贷款项目】 2012年，全国妇联继续推动实施妇女小额担保贷款政策，为贫困妇女提供资金支持。政策实施3年来，已覆盖全国31个省区市的2383个县区，带动近800万妇女就业。其中，中西部12个省区市妇女贷款总额约为383亿元，带动82万名妇女创业就业。2012年，新增发放贷款756.06亿元、中央和地方财政贴息30.56亿元，扶持了140.67万名妇女创业致富。小额担保贷款政策的实施，帮助贫困地区妇女有效解决了创业资金难题。贫困妇女通过发展日光温室、蔬菜大棚、奶牛养殖等扶贫项目，增加了收入，改善了生活，促进了家庭和谐与社会稳定。

【“两癌”免费检查项目】 2012年，全国妇联继续配合卫生部门开展农村妇女“两癌”免费检查项目，在执行过程中，各地始终坚持贫困妇女优先的原则。2012全年，共完成275.3万名农村妇女宫颈癌免费检查和39.2万名妇女乳腺癌免费检查。在推进工作的基础上，为解决贫困患病妇女的救治问题，专门设立“贫困母亲两癌救助专项基金”，对符合条件的贫困患病妇女每人给予一次性救助资金1万元，目前，已为10450名患病贫困妇女发放了救助资金。

【春风行动】 2012年，全国妇联与人力资源和社会保障部、全国总工会联合下发文件，继续在全国开展以“搭建劳务对接平台、共同帮您尽早就业”为主题的“春风行动”，以进城务工妇女、就业困难妇女和高校女毕业生为重点人群，坚持促进就近就业、扶持返乡创业、加强劳务对接“三结合”，为妇女送去优惠政策、项目和岗位信息。据不完全统计，仅天津、上海、吉林、广东、山西等14个省（区、市）妇联就组织了27.6万名妇女参加职业技能培训，8.5万名妇女参加创业培训，发放小额担保贷款67.6万元，举办专场招聘活动3047次，帮助39万名妇女实现就业。

【“送温暖·三下乡”活动】 2012年春节前夕，全国妇联启动“送温暖·三下乡”活动，由主要领导带队，分赴云南、内蒙古边远贫困乡村、牧区看望慰问当地贫困妇女，为少数民族和边疆贫困地区农村妇女送温暖、送知识、送健康、送服务，帮助她们解决生产、生活、学习中的实际问题。在2012年“送温暖·三下乡”活动中，为两地妇女儿童送去了“母亲健康快车”、“消除婴幼儿贫血行动”、“母亲水窖”、“母亲小额循环贷款”等894万元的项目资金及物资。截至2012年，全国妇联通过开展“送温暖·三下乡”活动，已累计向中西部贫困地区捐助项目资金及物资近3亿元，有效地改善了贫困地区妇女儿童生产生活条件。

【妇字号示范基地】 妇字号示范基地已经成为帮助贫困妇女增收致富的重要平台，是促进科技与农业紧密结合的重要纽带。2012年，全国妇联在中西部贫困地区投入项目经费605万元，建立99个“全国巾帼现代农业科技示范基地”和“全国三八绿色工程”示范基地。通过基地的示范带动，引导贫困地区妇女依靠科技发展生产，增加收入，实现稳定脱贫。

【教育培训】 2012年，全国妇联继续依托人才开发培训中心和各地农村妇女学校等，开展各类培训。通过举办中西部贫困地区妇联干部，农产品流通女经纪人等培训班，指导中西部地区妇联干部，通过实施妇女小额担保贷款、发展具有民族和地方特色的手工编织业、提高生产组织化程度等方式帮助贫困妇女增加收入，实现稳定脱贫。

【雨露计划·腾飞工程】 2012年，全国妇联继续与国务院扶贫办共同实施“雨露计划·腾飞工程——中西部地区万名人才助学行动”计划，该计划由长沙环球职业教育集团具体承办，重点面向西部贫困地区的“两后生”免费开展为期2—3年的职业技能培训。2012年在湖南、广西、青海、四川、新疆等地完成招生200多名。

【定点扶贫】 2012年，全国妇联坚持“举全会之力　助漳县脱贫”的总体思路，充分发挥自身优势，积极整合各类资源，继续选派干部驻县帮扶。全年直接向漳县投入项目资金和物资折合205万元，其中包括“三八绿色工程”示范基地建设、妇女技能培训、母亲水窖项目和单亲母亲创业项目等；帮助漳县协调引进项目资金6.208亿元，其中落实祁连山水泥厂二期工程资金3.6亿元，落实支持文殖二级公路资金2.57亿元，协调粮食储备贷款项目380万元。扶贫项目的执行和相关扶持资金的落实，增加了全县财政收入，提升了漳县经济发展的综合实力和可持续发展能力。

（中华全国妇女联合会　高继辉）

中国残疾人联合会扶贫

【概述】 2012年，残疾人扶贫开发成效显著，贫困残疾人生产生活状况进一步改善。229.9万农村贫困残疾人得到扶持，其中137.3万人通过扶贫开发实际脱贫；接受实用技术培训的残疾人达到86.1万人次。

康复扶贫贴息贷款扶持5.5万农村残疾人，有6.4万个单位和41.3万个个人分别与贫困残疾人开展结对帮扶。残疾人扶贫基地达到5226个，安置10.2万残疾人就业，扶持带动25.8万残疾人。

完成13.2万户农村贫困残疾人危房改造，各地投入危房改造资金11.9亿元，15.7万残疾人受益。

基层党组织助残扶贫项目，帮扶9.4万名农村贫困残疾人。

万村千乡市场工程助残扶贫项目，安置5968名贫困残疾人就业，帮扶贫困残疾人创办2059个村级农家店。

【定点扶贫】 2012年1月，中国残疾人联合会（以下简称“中国残联”）主席张海迪带队到中国残联定点扶贫县——河北省南皮县考察工作，代表中国残联、中国残疾人福利基金会向南皮县政府捐赠了50万元资金，专项用于康复中心扩建项目；捐赠了20辆轮椅帮助有需求的肢体残疾人。中国残联青联向南皮县贫困残疾人家庭捐赠了1万斤大米。中国残联辅助器具专家，现场为因交通事故致残的两位残疾人免费安装了假肢。中国残联有关直属单位的康复专家和专业技术人员，对南皮县康复中心的医师、残疾人家属进行了现场指导培训。

【农村残疾人扶贫开发纲要】 2012年1月，国务院办公厅印发《农村残疾人扶贫开发纲要（2011—2020年）》（国办〔2012〕1号），指导今后一个时期农村残疾人扶贫开发工作。

纲要提出奋斗目标：“到2015年，农村残疾人生活总体达到小康，基本生活得到稳定的制度性保障，参与和发展状况显著改善；农村残疾人社会保障体系和服务体系基本框架建立，保障水平和服务能力明显提高。到2020年，稳定实现农村残疾人不愁吃、不愁穿，全面保障平等享受基本医疗、基本养老、教育、住房和康复服务。农村残疾人家庭收入达到或接近当地平均收入水平，基本公共服务覆盖农村残疾人并不断提高水平，残疾人生存有保障，生活有尊严，发展有基础。”纲要提出了7

项基本原则，8 项工作任务，4 项政策保障，5 项重点工作。

与《农村残疾人扶贫开发计划（2001—2010 年)》相比，新纲要突出了农村残疾人社会保障体系和服务体系建设的主线、扶贫开发与各项社会保障政策的衔接、部门协作和社会力量参与（共计 34 个部门)，明确了各级政府的责任，建立了考核评估指标体系，强调了措施的细化和落实。

【万村千乡市场工程助残扶贫项目】 2012 年 2 月，商务部和中国残联共同下发《“十二五”万村千乡市场工程助残扶贫项目实施方案》（商建函〔2012〕56 号)，决定在“十二五”期间，依托商务部门开展的“万村千乡市场工程”，共同开展助残扶贫项目，切实帮助农村贫困残疾人实现就业、创业，增加收入，摆脱贫困。

“万村千乡市场工程助残扶贫项目”目标任务是 2012—2015 年，通过地方各级商务主管部门实施的“万村千乡市场工程”，安置 1.2 万名农村贫困残疾人或家庭成员在县级商贸流通龙头企业、配送中心、乡级店就业，帮扶 2000 户农村贫困残疾人家庭创办村级店。

项目要求“万村千乡市场工程”承办企业、配送中心要建立残疾人岗位预留制度，明确个别岗位专用于安置残疾人或其家庭成员。

【基层党组织助残扶贫项目】 为贯彻《中共中央国务院关于促进残疾人事业发展的意见》和《中国农村扶贫开发纲要（2011—2020 年)》，发挥好基层党组织的政治优势，帮助农村贫困残疾人改善基本生活条件，扶持发展生产，增加收入，实现稳定脱贫，中央组织部和中国残联共同开展“农村基层党组织助残扶贫工程”。

《中共中央组织部中国残疾人联合会“农村基层党组织助残扶贫工程”实施方案》（残联发〔2012〕1 号）明确提出，2011—2015 年，全国农村基层党组织帮扶 10 万户农村贫困残疾人家庭稳定脱贫。

在具体帮扶内容上，基层党组织和党员帮扶的贫困家庭中，符合最低生活保障条件的残疾人实现应保尽保，并给予分类施保；帮扶家庭中符合条件的成员全部参加新型农村合作医疗、新型农村养老保险；帮扶家庭中全部成员实现基本住房保障。同时，还应使帮扶家庭成员掌握 1—2 门致富实用技术，使其从事相对稳定的生产发展项目，实现残疾人家庭年均纯收入超过当地贫困线标准。

在具体实施步骤上，工程分为制订计划、调查摸底、审批建档、结对帮扶、落实帮扶措施和总结验收六个阶段。

【农家书屋】 从 2007 年开始，新闻出版总署、中央文明办等 8 部门共同实施了农家书屋工程。在实施农家书屋工程中，江西等省选聘农村贫困残疾人担任农家书屋管理员，并纳入政府民生工程，有效促进了农村残疾人就业，缓解了贫困残疾人家庭的经济负担。为贯彻落实《农村残疾人扶贫开发纲要（2011—2020 年)》，中国残联与新闻出版总署决定在全国范围内推广江西省的做法，在有条件的地方选聘贫困残疾人担任农家书屋管理员，出台了《关于选聘农村贫困残疾人担任农家书屋管理员的通知》（残联发〔2012〕27 号）。

在农家书屋残疾人管理员的选聘办法上，由本人自愿提出申请或村残疾人协会推荐，经村委会和乡残联初审，县级残联与新闻出版行政部门审核批准，报市级残联、新闻出版行政部门备案。选聘工作本着公平、公正、公开的原则进行，村委会上报前要在村内显著位置公示 7 天。《通知》还对选聘工作提出了 4 条具体工作要求。

【农村贫困残疾人口摸底调查】 为准确摸清新扶贫标准下农村贫困残疾人的底数，2012 年 3 月，部署各地开展农村贫困残疾人状况摸底调查，为下一步整体推进农村残疾人工作奠定基础。2012 年 9 月中旬，举办专项培训班，启动了贫困残疾人实名制信息管理系统，部署各地将摸底调查数据录入数据库。各省（区、市）录入农村贫困残疾人信息管理系统的数据超过 1480 万条。

（中国残疾人联合会教育就业部
李哲）

中华全国工商业联合会扶贫

【概述】 2012年，中华全国工商业联合会（以下简称“全国工商联”）认真贯彻落实中央16号文件，围绕“促进非公有制经济健康发展和非公有制经济人士健康成长”工作主题，按照中央扶贫开发工作会议精神和《中国农村扶贫开发纲要（2011—2020年）》提出的要求，深入开展调查研究，积极创新服务载体，努力探索工作思路，加强对基层工商联工作的指导，密切与政府部门和社会组织的合作，结合工商联自身优势和特点，切实履行职能，鼓励、引导和支持非公有制经济在农村扶贫开发中发挥积极作用，扎实开展各项工作，取得了显著成效。

2012年，全国工商联在开发扶贫（光彩事业）、定点和重点地区扶贫、招工就业扶贫、新农村建设（村企共建）扶贫、社会公益扶贫等工作中，积极探索开发式扶贫的多种模式，坚持扶贫开发实效性、示范性、指导性的统一，注重培育贫困地区农民的脱贫意识，提高他们自身素质和自我发展能力。

【定点、重点地区扶贫】 1. 认真开展调查研究，努力把握工商联引导非公有制经济参与扶贫开发的规律。在深入调查研究和广泛搜集历史资料基础上，于2012年6月编写完成了《光彩惠民生　同心谋发展——全国工商联参与毕节试验区织金县建设历程》，总结回顾了全国工商联自《国家“八七”扶贫攻坚计划》实施以来，在贵州省织金县开展定点扶贫的工作历程、实践探索和取得的经验，是全国工商联参与毕节试验区建设的历史性资料。

2012年7月，全国工商联派员深入到织金县的30个乡镇、14个村的110家农户、50家小微企业，进行了入户问卷调查并召开了多次座谈会，形成了《欠发达地区农民增收与县域经济发展路径探讨——源于织金县的调研报告》。

为鼓励民间投资参与农村金融市场发展，2012年6—9月间，在四川、河南、湖南等省开展了“民间资本进入连片特困地区农村金融领域”调研，形成《关于加大民间资本进入农村金融市场的政策建议》。

2. 探索创新农村金融服务扶贫开发。2012年2月，全国工商联捐赠织金县500万元助农帮扶基金，由织金县财政配套500万元，注册成立了“织金县同心·光彩助农融资担保中心”。通过当地农信社放大到5000万元放贷规模，委托织金县工商联牵头管理，为当地农村生产发展、产业项目和涉农中小微企业提供融资担保服务。

2012年4月，捐赠四川仪陇县1000万元“同心·光彩”助农帮扶基金，由当地政府配套1000万元等额资金，共同筹建“仪陇县光彩助农融资担保中心”，为全国工商联在当地开展的扶贫开发项目和涉农小微企业提供融资担保服务。

3. 开展乡镇干部培训，为贫困地区发展提供智力支持。2012年5月，全国工商联与中国民生银行合作举办了“全国工商联第十期乡镇干部培训班”，为来自贵州省毕节市8个县区和四川省巴中市、仪陇县的80名乡镇干部进行了为期1周的培训。

4. 选派1名副处级干部到织金县挂职开展定点扶贫工作。

5. 召开全国工商联扶贫工作委员会全体会议。2012年11月，全国工商联扶贫工作委员会第四次全体会议在京召开，总结多年来组织参与扶贫开发工作及其成效，部署新一阶段任务。

【光彩事业扶贫】 1. 下发新时期扶贫开发指导意见。为认真贯彻落实《中共中央国务院关于加强和改进新形势下工商联工作的意见》和《中国农村扶贫开发纲要（2011—2020年）》，鼓励、引导和组织非公有制经济在农村扶贫开发中发挥重要作用，为实现到2020年全面建设小康社会奋斗目标做出新贡献。2012年5月3日，全国工商联、中国光彩会共同印发了《关于鼓励和引导非公有制经济参与农村扶贫开发的意见（2011—2020年）》。

2. 积极实施光彩扶贫项目。2012年3月，全国工商联从“西部光彩帮扶基金”中划拨300万元善款，援助甘肃省通渭县建设2000眼“光彩·同心水窖”。到2012年7月全部建成，解决了3个乡镇24个自然村中的1万名农村人口、1.5万头家畜的饮水问题，改善了当地人民群众的生产、生活条件。

2012年2月，全国工商联从“西部光彩帮扶基金”划拨100万元，采取扶贫周转金形式支持河北省滦平县长山峪镇二道营村绿色蔬菜产业扶贫项目。帮扶该村21户贫困户的蔬菜大棚旧棚改建，新打井11眼，增设卷连机18台。预计经过帮扶，每户每棚年增产1000—1500公斤，增加收入3000元。

2012年4月，全国工商联从“西部光彩帮扶基金”中划拨专款200万元援建西藏日喀则地区岗巴县直克乡和山南地区隆子县加玉乡饮水工程，为隆子县加玉乡项目区内86户315人、1500头（只、匹）牲畜解决了饮水难问题，增加有效灌溉面积1950亩。

2012年11月，全国工商联从“西部光彩帮扶基金”中向新疆维吾尔自治区工商联拨付人民币100万元，用于在察布查尔县加尕斯台乡阿克亚尔村设立光彩事业生产互助基金、建设村卫生室和文化室。

2012年2月，向新疆阿勒泰地区牧民捐赠价值100万元人民币的200套太阳能家用发电系统，并于2月下旬全部安装完毕。后经全国工商联与中国民生银行联系，中国民生银行支持了220万元人民币，通过“光彩·民生工程”继续向昆山五月太阳能有限公司订购400套太阳能家用发电系统，免费发放给新疆阿勒泰地区的部分农牧民。

3. 通过开展光彩行活动，支持贫困地区经济发展。2012年9月，组织民营企业参加在新疆举办的第二届中国·亚欧博览会，签约项目125个，占签约项目总数的73.53%，签约金额1348.19亿元，主要涉及矿产开发、建材、轻工冶金、旅游、商贸流通、房地产等领域。

2012年4月，与国家人口计生委、中国光彩会联合开展“同心·西藏和四省藏区幸福家庭工程——新农村家庭计划”项目。项目覆盖西藏及四省藏区21个县150万人口，其中藏族人口120万，228个乡镇，1700个村庄，27万户农牧民家庭和每年新出生的约18000名婴儿。重点围绕藏区新生儿、孕产妇家庭和基层医疗卫生服务人员，为他们提供“关爱新生儿健康大礼包”、“汉藏双语文化包”、“全家福”等宣传品和宣传平台，并开展了针对基层项目人员的培训工作。

2012年7月，组织来自全国各地的230余位民营企业家参加“中国光彩事业延边行”活动。此次活动签约合同项目35项，协议项目7项，签约金额866.3亿元，向延边烈士遗属捐款2490万元用于危房改造。

2012年8月，组织全国各地的400余位民营企业家参加了“中国光彩事业宁夏行”活动。活动期间共签约项目142个，投资总额2060.02亿元。各地民营企业家向吴忠市同德生态移民项目区枸杞种植基地捐赠资金3120万元，向宁夏回族自治区定向捐赠1000万元帮扶资金。

2012年11月，组织全国工商联30家直属商会按照“产业引导带动、项目合作发展”的原则，采取“以商招商、合作共赢”帮扶发展的新模式，与甘肃省18个国家扶贫开发工作重点县签订了战略合作开发框架协议。同时，直属商会还与18个县市区签约涉及能源、化工、建材等9个项目，签约项目资金21.09亿元。全国政协副主席、全国工商联主席黄孟复出席了签约仪式。

【促进就业再就业】 2012年5月8—14日，全国工商联与人力资源和社会保障部、教育部、全国总工会联合组织全国31个省、自治区、直辖市县级以上城市，开展了“2012全国民营企业招聘周”活动。据统计，全国有23.8万户民营企业参加了招聘周活动，提供各类岗位信息近326万条，有97万名求职者与用人单位达成了就业意向。其中，大中专毕业生63万人次，务工农民26万人次，其他各类求职者8万人次。招聘现场累计发放政策宣传品365万份，提供维权及法律援助14万人次。

【社会公益扶贫】 2012年4月，中华红丝带基金启动2012年红丝带健康包发放活动，全国31个省、自治区、直辖市及新疆生产建设兵团工商联、防艾办、共青团系统负责人，农民工代表、首都高校青春红丝带志愿者代表、新闻媒体代表参加。此次活动共向27个省、市、自治区的18万名外来务工者累计发放红丝带健康包18.04万个，全国210多所高校近5000名志愿者参与到活动中来。全国政协副主席、全国工商联主席黄孟复参加了活动启动仪式。

2012年9月，全国工商联医药业商会开展“感恩社会，关爱云南藏区”捐赠药品活动，并组织会员向居住在云南迪庆藏族自治州北部地区的藏族农牧民，捐赠了价值158万元的检查仪器设备和妇科药品。

（中华全国工商业联合会）

六

定点扶贫篇

综　述

2012年11月8日，经报国务院同意，国务院扶贫办、中央组织部、中央统战部、中央直属机关工委、中央国家机关工委、解放军总政治部、教育部、国务院国资委等8部门联合印发《关于做好新一轮中央、国家机关和有关单位定点扶贫工作的通知》（国开办发〔2012〕78号），确定了新一轮定点扶贫结对关系，对新一轮定点扶贫工作做了全面安排和部署。参与定点扶贫工作的中央国家机关和企事业等单位达到310个，比2002年部署的上一轮参与定点扶贫工作单位增加38个，共帮扶国家扶贫开发工作重点县（以下简称“重点县”）592个，比2002年时增加111个。从1986年开展这项工作以来，第一次实现了定点扶贫对重点县的全覆盖。

310个帮扶单位中，有中央国家机关128个、民主党派中央和全国工商联9个、金融保险机构12个、国有大型骨干企业117户、教育部直属高校44所，基本实现了对中央国家机关和企事业等单位定点扶贫资源的充分利用。其中，国资委管理的116家中央企业全部承担了帮扶任务，帮扶重点县239个；教育部对直属高校全面动员，安排44所高校帮扶44个重点县。一些单位主动大幅增加定点扶贫任务：水利部增加帮扶6个重点县，总数达13个；中国证监会增加帮扶8个重点县，总数达10个；铁道部增加帮扶6个重点县，总数达8个；作为非公有制企业的包商银行新参加定点扶贫工作，承担7个重点县的帮扶任务。

各地区、各部门、各有关方面认真贯彻落实中央决策部署，积极开展定点扶贫工作，呈现出认识更加深化、机制逐步健全、领域不断拓宽、方式持续创新、效果更为显著等鲜明特点。据统计，2012年，中央国家机关和企事业等单位共向定点县选派挂职干部356名，赴定点县调研3695人次；直接投入帮扶资金（含物资折款）19亿元，帮助引进各类资金90.3亿元；举办培训班764期，培训各类人员9.6万人次，组织劳务输出5.3万人次；资助贫困学生4万人。其中，投入和引进的资金比2011年增长了66%。

2012年，省级层面参加定点扶贫的单位共14130个，帮扶1274个国家和省级扶贫开发工作重点县、7057个贫困乡、36224个贫困村；帮扶单位全年共选派挂职蹲点干部5.8万名，赴定点扶贫地区调研10万人次；直接投入帮扶资金（含物资折款）

192.6亿元，帮助引进各类资金160.8亿元；举办培训班1.4万期，培训各类人员113.6万人次，组织劳务输出114.6万人次，资助贫困学生19.4万人。其中，投入和引进的资金比上年增长了47%。

军队和武警部队的定点扶贫工作力度进一步加大。截至2012年底，军队和武警部队共帮扶63个国家和省级扶贫开发工作重点县、215个贫困乡镇、1470个贫困村。

（国务院扶贫办国际合作和社会扶贫司）

中共中央宣传部定点扶贫

【概述】 2012年，中共中央宣传部继续开展定点扶贫陕西省铜川市耀州区的工作。年初，召开了扶贫工作座谈会，与耀州区委、区政府共同协商，明确扶贫工作思路和9个方面重点工作。结合当地经济社会发展实际和宣传思想文化工作实际，着力文化扶贫、教育扶贫，周密部署、精心组织，选派5名干部挂职扶贫，举办6期培训班，直接投入资金85万元，帮助引进资金19.3万元。

【结对帮扶】 2012年，按照中央直属机关工作委员会关于《中直机关百个党支部与基层单位结对联系实施方案》的要求，结合实际，将耀州区董家河镇作为中央宣传部机关党委、党支部的联系点。利用联系点，实地了解当地群众对扶贫项目的需求，研究制约当地经济社会发展的瓶颈问题，帮助解决当地群众看电影难、上网难，通过由中央宣传部主管的《党建》、《时事报告》、《思想政治工作研究》杂志刊发专题文章，宣传推介耀州区董家河镇，推动联系群众工作和扶贫工作。

【教育扶贫】 2012年，继续出资并协调组织第10批耀州区优秀山区教师赴浙江、北京等地参观考察活动。支持耀州区教育事业发展，春节期间出资15万元慰问了耀州区在宣传文化战线工作满30年的老同志、受到省级以上表彰的优秀干部职工16人以及家庭有特殊困难的学生50人。联系人民出版社向耀州区捐赠图书1137种、4665册，价值19.3万元。

【文化扶贫】 2012年，利用文化产业发展基金，重点支持耀州区秦腔剧团改革，帮助做好电视剧《香山奇缘》宣传发行工作。帮助挖掘提升秦腔剧《照金这片天》，扩大耀州文化的影响，促进耀州特色文化对外交流。拨付民俗文化保护资金20万元，恢复泥阳村中断了数年的“地遊子”表演。做好照金革命根据地纪念馆布展的后期支持工作。

【干部挂职扶贫】 选派部机关5名干部组成扶贫工作组到耀州区挂职扶贫。扶贫工作组自觉维护挂职干部的良好形象，发扬中央宣传部“严、细、深、实”工作作风，按照“走转改”的要求，深入基层调查研究，详细了解当地经济社会的发展情况，了解贫困群众生产生活情况，进一步增强扶贫工作的针对性。同时，扎根基层、服务基层，协调、沟通相关部门落实好扶贫项目，帮助解决贫困群众生产生活中的困难，保证扶贫工作的实效性。

【扶贫宣传】 2012 年，继续联系中央媒体支持对耀州区的宣传工作。耀州区被正式列入中央电视台“走转改”联系点。中央电视台“新春走基层”栏目组在耀州制作了专题节目——《秦腔〈照金这片天〉唱响二十年》，并在《新闻联播》头条播出。《朝闻天下》“新春走基层”栏目，以《陕西铜川：一出演了二十年的戏》为题，全天进行了滚动报道。《新闻联播》地方新闻版块头条报道了《耀州区党员干部下基层办实事》；《东方时空》栏目播出《我说心里话——马咀村的变迁》。《经济日报》刊发了《陕西省铜川市旅游产业成新的经济增长点》的文章。通过这些报道，从更深层次、更广领域、更新视角宣传推介了耀州。

（中共中央宣传部　吕凯）

中共中央统战部定点扶贫

【概述】 2012年，中共中央统战部深入贯彻落实中央扶贫开发工作会议精神，按照《关于贯彻实施〈中国农村扶贫开发纲要（2011—2020年）〉重要政策措施分工方案的通知》（中办发〔2011〕27号）的要求，坚持定点扶贫与区域扶贫相结合，在全面统筹推进统一战线参与毕节试验区建设工作的同时，认真抓好贵州省毕节市赫章县定点帮扶。部务会专题研究扶贫工作，部领导多次听取汇报，作出重要批示，亲赴当地开展调研，帮助出主意、想办法、抓落实，扶贫工作取得了明显成效。

【统一战线参与毕节试验区建设第五次联席会议】 2012年2月29日，中共中央统战部在北京，组织召开了统一战线参与毕节试验区建设联席会议第五次全体（扩大）会议。贾庆林同志作出重要批示，杜青林同志作了重要讲话。会议主要任务是认真贯彻落实中央领导同志重要指示和中央扶贫开发工作会议精神，按照“同心”思想要求，全面总结2011年的成绩和经验，研究部署2012年工作任务。会议提出要以“同心”思想为引领，精心组织实施助推发展、智力支持、改善民生、生态建设和示范带动五大“同心工程”，打造“人才培训、改善民生、产业提升”三大亮点，建设“同心”思想模范区、多党合作示范区、科学发展试验区。会后，下发了《统一战线参与毕节试验区建设2012年工作要点》。

【同心工程】 2012年，胡锦涛同志在中共中央统战部撰写的《科学发展的成功范例，同心思想的生动实践》调研报告上作出重要批示。围绕落实批示精神，统一战线参与毕节试验区建设联席会议的成员单位，共组织领导、专家、企业家62批974人次赴毕节试验区，开展考察调研、结对帮扶、招商引资等工作。在毕节试验区组织实施“同心工程”项目288个，到位资金近140亿元，开展了“同心新村”、“百企帮百村”、“烛光行动”、“彩虹行动”、“智力支持”、“乡村教师安居”工程、干部域外培训工程等重点帮扶活动。

【助推发展】 统一战线积极推进“国发〔2012〕2号文件”落实，帮助推动村镇银行建设，改善试验区融资环境。协调有关部委加快杭瑞、厦蓉毕节段等高速公路和毕节机场建设进度，大力扶持毕节马铃薯、畜牧业、反季节蔬菜等特色主导产业。帮助引进167名国内知名企业家赴毕节考察投资，促成10家企业入驻毕节发展，意向性投资275.29亿元。中央统战部参与编制了《深入实施推进毕节试验区改革发展规划》；协调组织20个企业帮扶赫章县的20个贫困村，已到位资金100万元；协调南京爱德基金会捐资320万元，帮助建设安乐溪乡山区农业综合开发项目，种植半夏150亩，建设村组道路2.5千米。

【智力支持】 统一战线继续推进“烛光行动”、“彩虹行动”、“同心·智力支持”活动，实施“乡村教师安居”工程、干部域外培训工程，协调国家部委继续推进“国培计划”、“阳光工程”、“雨露计划”，为试验区培训党政、教育、医疗卫生、商务等各类人才62948人次。推进“同心温暖工程”联合办学，招收“两后生”3012名。毕节试验区专家顾问组对小微企业发展、国有林场改革提出意见和建议。中央统战部举办了1期毕节市少数民族了县处级干部培训班和4期赫章县乡镇干部培训班，培训了县处级干部35人、乡镇干部125人，为试验区人才培训工作探索了新路子。

【改善民生】 协调水利部加快实施《毕节地区水利重点扶持对口支援实施规划》，帮助整治中小河流28条、加固病险水库28个，下达资金5亿多元，为毕节128.75万人解决饮水安全问题。协调交通部投入11407万元，帮助推进农村公路续建项目6个，共计93千米。协调国家新闻出版广电总局投入2000万元，继续支持建设1000个农家书屋。帮助引进各类资金1703.78万元，援建教师轮用房、教学楼，资助教学设备、学生用品、图书以及贫困学生352名。中央统战部协调453万元帮助建设赫章县平山乡江南“同心新村”，协调中国香港恒基兆业集团捐资500万元，在赫章县援建1所儿童福利院，协调宋庆龄基金会捐资78万元，援建古达乡中心校学生食堂，协调永和豆浆集团捐资40万元，支持河镇职中改善办学条件，协调威盛电子集团捐建“威盛中国芯成长数字营”贵州赫章第二分站，联系天津昶通建筑工程有限公司为该站捐赠电脑20台。

【示范带动】 统一战线共投入资金8993万元继续推进对口帮扶定点整村推进和示范工程，打造核桃、水果、蔬菜和中草药种植等特色产业示范基地31个，带动农村经济发展，促进农民增收。中央统战部支持赫章县整合各项支农资金近4亿元，发展核桃、中药材和草地生态畜牧业“3个百万”工程；帮助赫章县平山乡种植樱桃1115亩，实现销售收入400余万元，人均增收1500元。

【同心新村】 2011年9月—2012年6月，中共中央统战部协调东部10省市统一战线筹集资金4000万元，带动毕节市财政配套投入6204.55万元、整合部门项目资金投入5045.47万元、群众自筹资金1.1亿元，社会各界帮扶投入924万元，支持包括黔西北民居、基础设施、公共服务设施和产业发展等4大类35个项目，建设9个

“同心新村”，惠及8211户、32601人。9个“同心新村”分别是七星关区朱昌镇双堰村、大方县八堡乡新开村、黔西县绿化乡大海子村、金沙县岩孔镇永丰村、织金县桂果镇猫场村、纳雍县维新镇坪子村、威宁县草海镇草海村、赫章县平山乡江南村、百里杜鹃大水乡戛木村。

【百企帮百村】 2012年3月，由中共中央统战部牵头，东部10省市党委统战部组织民营企业与毕节试验区乡村形成“一村一企”结对帮扶，积极探索企业与贫困村实现利益互联、风险共担、收益共享、发展共赢的帮扶新途径。目前，统一战线已组织112个企业与毕节试验区112个村形成结对帮扶，拟投入资金（含物资折价）5064万元，已到位915万元。

【干部挂职扶贫】 2012年，统一战线继续选派14名优秀干部赴毕节挂职锻炼，在建言献策、人才培训、招商引资方面发挥了积极作用。中央统战部坚持把选派干部挂职作为推动当地发展和实现干部自身发展的重要途径，选派第3批5名同志赴毕节试验区挂职，并组织各民主党派中央、全国工商联机关35名青年干部赴赫章开展社会实践活动。

（中共中央统战部办公厅）

中共中央对外宣传办公室（国务院新闻办公室）定点扶贫

【概述】　2002年底，内蒙古科尔沁右翼中旗（以下简称“科右中旗”）被确定为中共中央对外宣传办公室（国务院新闻办公室）（以下简称“中央外宣办”）定点扶贫地区。科右中旗隶属于内蒙古自治区兴安盟，是全国蒙古族人口比例最高的少数民族聚居旗，也是国务院确定的国家扶贫开发重点旗。2002年，科右中旗总人口25万，其中8万多为贫困人口，农牧民年人均纯收入仅1447元。10年来，中央外宣办始终把定点扶贫纳入重要议事日程，认真研究部署，精心安排落实，与科右中旗广大干部群众共同努力，推动当地经济社会取得长足发展。2012年，全旗地区生产总值达到48亿元，比2002年增长了近5倍，农牧民人均纯收入达到4720元。2012年，中央外宣办认真贯彻落实党的十八大和中央扶贫开发工作会议精神，按照《中国农村扶贫开发纲要（2011—2020年）》的要求，继续扎实推进定点扶贫，全年共派出挂职干部2人，赴当地考察30人次，帮助实施项目7个，直接投入资金50万元，帮助引进各类资金212万元。

【扶贫调研】　2012年6月，时任中央外宣办主任王晨和内蒙古自治区党委书记、人大常委会主任胡春华，到科右中旗考察调研，深入基层走访慰问农牧民贫困户，实地考察当地工业文化事业建设项目，并与当地党委、政府负责同志进行了座谈交流；积极协调各方关系，促成科右中旗“2×60万发电项目”破冰，为当地的电解铝、锌冶炼等多项重点建设项目的顺利实施奠定了基础；协调专项扶贫资金，购置文化宣传设施，提升当地群众的精神文化生活水平。

【扶贫项目实施】　2012年，中央外宣办结合科右中旗“大项目带动战略”，积极协调推动有关部门、专家对科右中旗重点工业项目和重大建设项目进行全面考察，并协助科右中旗围绕能源、煤化工、矿产冶金和农畜产品等十多项工农业发展项目和文化建设项目开展攻关工作，取得良好效果。能源项目“2×60万发电项目”，已获国家发改委审批，待下一步的65亿元投资到位后，可实现年利税3亿元左右，将增强科右中旗的经济实力，并且带动一批项目发展。在文化建设方面，“吐列毛杜金代古城”申报“国家级文物保护单位”项目，被列为国家级重点文物保护单位，专项保护资金的申请工作同步开展。此外，在“科右中旗东达城乡统筹示范产业园区建设项目”、“科右中旗博物馆文物征集经费申请”、“国家数字图书馆接入终端建设”等重点产业项目和文化活动项目中，中央外宣办积极出谋划策、多方协调联系，促进这些项目的顺利实施。

【扶贫宣传】 中央外宣办充分发挥职能优势，灵活利用多种形式和手段，积极帮助科右中旗做了对外宣传和推介工作，积极促进当地不断巩固扶贫开发成果，不断增强可持续发展能力，2012 年重点做了两方面工作：一方面指导帮助科右中旗做好党的十八大精神的学习宣传贯彻工作。制订学习宣传贯彻计划，切实抓好学习培训活动、精心组织新闻宣传、集中开展学习宣讲活动，引进专项学习资料，包括宣讲团影像资料和网络直播安排，积极开展网络宣传，组织网络媒体开展特色宣传报道，积极引导网上舆论；另一方面深入挖掘科右中旗经济社会发展的创新点和闪光点，组织撰写稿件，向人民网、新华网、中国网络电视台、中国网和新浪、搜狐、腾讯、网易等重点网站推荐登载，扩大科右中旗的知名度和影响力。全年组织编发了《兴安盟科右中旗实现经济发展与社会进步双赢》、《科右中旗多举措推进旅游业发展》、《科右中旗马产业牵动民生促发展》等一批稿件。此外，利用互联网关注民意、改善民生，加强舆情收集和研判力度，帮助当地政府科学迅速决策，努力营造良好舆论氛围。2012 年初，网上对科右中旗巴彦呼舒镇坤都冷路改建呼声较高，中央外宣办挂职干部将这一情况及时反馈给相关部门后，科右中旗旗政府立即安排专项资金对该路段进行修护，获得该镇居民好评。

【教育扶贫】 2012 年，中央外宣办积极协调联系国家图书馆下属的中国数字图书馆，向科右中旗捐建价值 70 多万元的“书香中国——公益性数字图书馆分馆”，已于当年 9 月调试成功并实现局域网运行。在局域网内，通过输入安装了该系统的服务器的 IP 地址，就可浏览馆内 5000 种图书资源和 100 个小时音频、视频资源，惠及全旗 44 所中小学，受到广大农牧民和师生的热烈欢迎。为积极推动农民工子女平等接受教育，更好地帮助贫困地区中小学生顺利完成学业，中央外宣办直属单位中国人权发展基金会还协调促成香港娇美肤国际集团、北京娇美肤科技有限公司向科右中旗捐赠价值 200 万元人民币的相关产品，并设立扶贫专项基金。

【社会扶贫】 中央外宣办通过多种渠道筹集资金，努力帮助当地城镇居民和贫困农牧民解决实际困难。针对科右中旗没有电影播放设备的情况，通过专项基金协调捐助款 50 万元，用于购置数字电影播放设备系统。协助科右中旗妇联向内蒙古自治区妇联汇报情况、争取支持，获得 100

万元“内蒙古妇女创业贴息贷款”和价值61万元的大型农机具，对口帮扶科右中旗的贫困农户。科右中旗济困医院面向贫困农牧民展开医疗救助，近7年来累计免除农牧民医药费用700多万元，由于垫资过多使自身运营陷入困境。中国人权发展基金会了解到这一情况后，牵线中国香港善学慈善基金，将该院确定为定点合作医院，首期提供项目启动资金20万元，后续捐助资金将陆续到位。2012年10月，中国人权发展基金会又向科右中旗拨付能源安全宣传资金24万元用于购置宣传设备，大力宣传科右中旗的太阳能、风能、生物能源等多种环保能源。此外，中央外宣办还协调中央专项彩票公益金，为科右中旗“两癌”贫困母亲发放救助资金11万元。

[中共中央对外宣传办公室（国务院新闻办公室）秘书局秘书处　殷俊]

中国科学技术协会定点扶贫

【概述】 2012年，中国科学技术协会（以下简称“中国科协”）深入贯彻落实中央扶贫开发工作会议精神，按照《中国农村扶贫开发纲要（2011—2020年）》和《全民科学素质行动计划纲要》的要求，围绕山西省吕梁市委、市政府的中心任务，发挥自身优势，开展农业示范项目，举办各类科普活动，推广农村实用技术，提高农民科学素质和组织化程度，促进农业产业发展，积极推动社会各界共同参与扶贫工作，直接投入资金300万元，带动资金上千万元，在依靠科技提高劳动者素质、帮助贫困人口脱贫方面发挥了积极作用，受到吕梁广大干部群众的好评，较好地完成了2012年定点扶贫任务。

【扶贫工作机制】 在中国科协党组、书记处的领导下，设立中国科协科技扶贫工作领导小组、扶贫领导小组办公室（以下简称“扶贫办”）、农技中心扶贫工作处、吕梁扶贫团构成四级工作框架，扶贫团成员在方山县和临县两个重点县任职，兼顾石楼县、兴县、岚县、中阳县4个贫困县。由吕梁市委、市政府，山西省科协，中国科协扶贫办三方共同成立“吕梁科技扶贫协调领导组”，以加强沟通协调。

2012年初，召开中国科协科技扶贫工作领导小组会议，总结2011年度扶贫工作情况，研究2012年度工作计划与安排，协调处理扶贫工作中出现的问题。在此基础上，中国科协扶贫办邀请吕梁市委、市政府，山西省科协相关负责同志，召开中国科协吕梁科技扶贫工作协调会议，通报中国科协科技扶贫领导小组会议精神，沟通协调扶贫工作任务，确定本年度工作重点，安排新一届扶贫团成员的交接工作。“扶贫办”还召开部分全国涉农学会、科研院所、大专院校扶贫工作座谈会，听取各单位关于吕梁科技扶贫意见，集合多方资源为吕梁科技扶贫献智出力。

【干部挂职扶贫】 中国科协扶贫办始终坚持把开展定点扶贫工作与培养干部结合起来，中国科协机关每年选派青年优秀干部赴吕梁重点县挂职锻炼。2012年，中国科协第16届扶贫团由中国科学技术馆马义刚和中国科协农技中心段晓荣组成，分别在吕梁临县和方山县挂职锻炼，担任县长助理，获得老区人民高度认可。

【扶贫项目建设】 2012年，中国科协扶贫办坚持围绕吕梁市委、市政府的中心工作，按照“坚持政府主导，注重转变当地经济发展方式，注重增强扶贫对象自我发展能力”的基本思路，立足当地特色农业产业，直接投入资金 300 万元，带动资金上千万元，积极开展农业科技示范项目建设：一是设施蔬菜技术培训与示范项目；二是特种养殖示范项目，包括散养鸡项目和蜗牛养殖项目、仁用杏示范基地建设项目；三是农业新品种推广示范项目，包括“青薯 168”源原薯和种薯、食用葵和油葵、辣椒的试种。此外，督促指导近几年来实施的科技扶贫项目，邀请农业科研院所的专家们对农业项目的发展进行指导；继续扶持科普惠农获奖协会，开展种养殖技术科普工作等。

【科普惠农】 中国科协扶贫办以“科普惠农兴村计划”为旗帜，建立科技扶贫示范项目，帮助吕梁市各贫困县与全国“科普惠农”获奖单位建立合作关系，促进了吕梁地区与全国各地优秀农技协的交流和学习。

2012 年，吕梁市获得“科普惠农兴村计划”先进集体单位 10 个，其中协会 8 个、示范基地 2 个、先进个人 2 名，科普示范社区 1 个，奖补资金共 230 万元，为吕梁现代农业的发展搭建了平台，帮助吕梁打造自己的农业产业奠定了基础。扶贫办聘请辽宁、甘肃等地获奖协会的技术员常驻吕梁进行蔬菜、向葵等技术指导及品种的引进、试种；组织吕梁市县科协、协会带头人、技术骨干赴辽宁西丰、河南洛阳、甘肃临洮、宁夏灵武、山东农技协等地学习马铃薯、葵花、散养鸡等种养殖技术。通过实施农业扶贫项目，聘请技术员、组织考察学习，有力地带动了吕梁各贫困县的农技协建设工作，提高了当地农民组织化程度和抵御自然灾害和市场风险的能力。

【技术培训】 2012 年，中国科协扶贫办继续发挥科协优势和资源，开展多层次多种类培训和讲座，提高吕梁地区农民科学素质。通过中国农函大吕梁分校进行中等职业学历教育，2012 年共招收国家承认学历的中专生 1407 名，涉及果蔬种植、畜禽养殖等 6 个专业。教学工作结合当地实际，实行农业基础知识系统教育与地域针对性培训相结合的方式，切实帮助当地培养一批“不走的技术员”。开展经常性下乡活动，举办各类实用技术培训班 270 多期，内容涉及红枣、核桃、仁用杏、蔬菜、小杂粮、甜瓜、养猪、养鸡、养牛、蜗牛养殖等 10 多个产业的 30 多项种养殖实用技术，解决多个技术难题，累计培训 30000 多人次。通过扎实深入的培训，种养殖技术得以广泛推广应用，为贫困农民的收入实现较快增长奠定了扎实的基础。

【吕梁科普月活动】 2012 年，中国科协扶贫办围绕“节约能源资源、保护生态环境、保障安全健康、促进创新创造”活动主题，特邀请医疗、种养殖等方面专家学者共 10 余名，与广大科技工作者和科普志愿者一同深入农村、社区、企业、学校，围绕“四大科普计划”（科普惠农计划、科普益民计划、科普强企计划、科普助教计划）开展医疗义诊、科技咨询和技术指导等科普系列活动。活动期间发放避震救灾口袋书籍、科学新生活彩图书籍、各类疾病预防及农业技术材料等科普宣传资料7000余份。专家共举办各类专业技术培训班8期，培训人数达3000余人，受到农民朋友的热烈欢迎和好评。

【教育扶贫】 2012年6月，中国科协扶贫办联合中国计算机学会开展了石楼县和兴县优秀教师评奖活动。受到表彰的21名优秀老师到北京参加为期一周的观摩学习活动。6月下旬，中国科协扶贫办与中国计算机学会吕梁讲师团，共赴吕梁的贫困县开展扶贫助教活动，与石楼县、兴县教育局领导、部分中小学校长和教师代表座谈，还组织讲座4次，传播先进教育理念，200余名教师参与了此次活动。

【医疗义诊活动】 2012年，中国科协扶贫办同中国老科协共同邀请了北京首医大附属北京同仁医院、首都儿科研究所、广安门中医院等单位的9名著名专家，在吕梁岚县举办了为期一周的医疗义诊活动。活动期间共诊疗病人600余人，开展医疗专业知识培训讲座5场，培训400余人次，举办各层次健康科普讲座4场，受益人数约1000人次。专家们与当地卫生局、县医院、中医院领导及医生进行座谈，就业务管理、人才引进、信息化建设、医疗宣传及药品监管等方面提出意见与建议，为吕梁医务工作者及广大百姓提供了一席健康医疗不可多得的“营养大餐”。

【红枣学院培训】 经中国科协扶贫办协调，2012年，河南郑州“好想你”枣业股份公司同中国农村致富技术函授大学成立了“中国农村致富技术函授大学红枣学院”，为吕梁地区培养红枣种植、储藏、研发、加工、销售、文化等方面全产业链的专业人才。2012年12月，第一期红枣培训班在新郑市红枣学院正式开班，培训吕梁红枣产业从业人员30余人。

【爱心资助活动】 2012年，中国科协扶贫办开展了针对吕梁地区贫困学生的“就困助学百人计划”活动。在扶贫办的积极倡议下，中国科协系统单位和爱心企业等单位及有关同志，资助了吕梁贫困中小学生113名，资助金额约7.6万元。

【救灾扶贫】 2012年7月，吕梁临县遭受百年一遇的特大暴雨袭击，致使临县地区大面积受灾，部分地区断水断电，群众生活物资短缺，甚至没衣没食没住。得知灾情后，中国科协扶贫办同中国科协组织人事部向临县灾区群众捐款20万元，用于支持临县受灾群众的生活重建。

（中国科学技术协会扶贫办　张晓军）

新华社定点扶贫

【概述】 2012年是新华社帮扶贵州省铜仁市思南县的第10个年头。十年来，新华社共派出8批扶贫工作队到思南县参加定点帮扶工作。历届扶贫工作队牢记嘱托，不辱使命，定点帮扶工作得到当地政府的充分肯定和基层群众的一致好评。2012年12月，举办了“新华社思南扶贫十周年”座谈会，对新华社帮扶思南10年的工作进行了总结，对今后定点扶贫工作提出了新要求。

【调研扶贫】 2012年2月，新华社第8批扶贫工作队正式进驻思南县开展定点扶贫工作。一年来，第8批扶贫工作队遵循新华社“以教育为突破口，重点开发智力扶贫，搞好远程教育”的扶贫工作宗旨，强化帮扶意识，拓宽帮扶思路，落实帮扶项目，扶贫工作取得了较为突出的成绩。

2012年，扶贫工作队转变角色，深入调研，从2月底开始，用了两个多月的时间，跑遍了全县27个乡镇，对思南县县情有了初步了解；同时，确立了“一条主线，三大重点，六大工程”的帮扶工作新思路，即以智力扶贫为主线，以项目争取、资金支持、远程教育为重点，大力实施“书海工程”、“爱心工程”、“六个一”工程、产业帮扶工程、“项目对接工程”、“远教智力扶贫工程”，全面推进帮扶思南的各项工作。

【书海工程】 思南是国家扶贫攻坚重点县，县级财力困难，全县中小学在图书配备上经费投入不足，生均册数低。为有效解决全县普通中小学图书总量不足等问题，满足广大师生教学和学习的需求，新华社联合共青团中央光华基金会，并携手贵州新悦集团、贵州隆昌房地产开发有限公司、思南亿农绿色产业有限公司等爱心企业，共同为思南4所高中、28所初级中学和17所乡镇中心小学捐赠了价值约1000万元的图书50万册、共和国图日志729套、背投电视机15台，并为49所中小学建立了多媒体图书室。

【爱心工程】 新华社发挥自身优势，通过对接沟通，争取到成龙基金会为思南贫困儿童大病救治提供100万元的专项资金；邀请解放军空军总医院专家到思南县人民医院，对思南22名儿童进行先天性心脏病免费筛查，其中，为11名患先天性心脏病的儿童提供了由神华集团赞助的30万元资金的免费治疗；通过新华社扶贫办的积极争取，宝马公司爱心基金继续捐资50

万元救助思南县839名贫困学生，激发了贫困学生努力学习的热情；由扶贫工作队牵头，争取到爱心助学活动资金36.6万元，并按每人资助2000元的标准，资助贫困大学新生183名；鉴于思南县大河坝乡酸汤小学在校学生多为周边乡村的留守儿童、学生就餐无食堂的现状，扶贫工作队积极对接省青少年发展基金会，争取到25万元资金，在酸汤小学新建了一幢总建筑面积160平方米的希望食堂，结束了小学生们在操场或教室用餐的日子；积极争取全国妇联妇基会的支持，思南获赠2辆“全国健康母亲快车”，妇基会还捐资40万元改造思南县2所小学的校园安全饮水系统；积极对接县内企业，组织协调60万元的企业赞助资金，在全县布点10个“母亲水窖”，大河坝乡鹅溪村塘池组建成的母亲水窖，为30多户、500多人解决了饮水问题，受到群众拍手称赞。

【“六个一”工程】 着力实施思南外宣“六个一”工程。即：“上一次内参”——围绕贯彻落实《国务院关于进一步促进贵州经济社会又好又快发展的若干意见》和武陵山片区区域扶贫攻坚规划，通过新华社内参报道，向中央反映贫困地区的实情，宣传推进思南的经济社会发展；“上一次央视”——2012年8月28日—9月3日，中央电视台中文国际频道《北纬30°——远方的家》栏目组一行8人，赴思南乌江、石林、郝家湾清代民居、思唐镇古建筑群等地进行了实地拍摄，重点录制了思南县乌江纤夫、花甜粑制作、龙凤花烛工艺、原生态土家花灯、土家刻纸艺术、开财门等，集中展示了思南县绚丽的自然风光和多彩的人文风情；“评一次大奖”——两年一届的“乌江文学奖”是由贵州省作家协会和铜仁市委宣传部、思南县委、县政府共同设立的贵州文学专项奖，对传承乌江历史文明，弘扬乌江地域文化，宣传提升思南知名度，起到了积极的推动作用，9月11日，第3届乌江文学奖颁奖典礼在贵阳市广播电视台隆重举行；“做一本形象宣传画册”——通过策划创意，收录精美的摄影图片，精心制作出一本反映思南自然风光、风土人情、丰富资源的宣传画册，加大了对外展示思南整体形象的力度；“上一次联播”——适逢贯彻落实党的十八大精神之际，以思南常青种养专业合作社模式为切入点，通过中央电视台新闻联播，大力宣传思南在生态文明建设中的好经验好做法；“造一个好氛围”——统筹管理公路干线和中心城区的宣传标语和广告牌，大力宣传思南精神，让每一个思南人熟记领会“思南精神”。

【产业扶贫】 在县委的安排下，新华社扶贫工作队挂钩联系大河坝乡。2012年，扶贫工作队多次深入该乡开展产业帮扶，帮助大河坝乡党委、乡政府拓宽产业发展的思路，并积极协调县直相关部门，对该乡发展蔬菜、烤烟、畜牧、油菜等产业进行大力扶持；该乡烤烟在马河坝、马尖山、孙家岩、马鞍山、花园、转角、农林、联山、勤俭、天坝、桃山、柏岩等10多个村，已实现规范化、规模化生产，成为农民增收致富的支柱产业，年均产量在60万斤左右，上中等烟叶比例达95%以上，年均产值600万元左右；该乡柏岩、泥溪、马家山、马鞍山、马河坝等村已建成养猪专业村，全面推行饲草养殖，牲猪存栏16639头，出栏18238头，年肉类总产值达1300余万元；泥溪村石板溪组已建成大河坝乡蛋鸡养殖示范基地，以“合作社+基地+养殖户”的模式，实现“鸡苗—防疫—饲料—鸡蛋销售”一条龙服务，现合作社有养殖户38户，饲养蛋鸡15.8万羽；目前正在沿304省道规划实施1000亩早熟和反季节蔬菜生产基地。

【项目对接工程】 新华社扶贫工作队，与国家发展和改革委员会对接，拟为思南争取“思南—印江”县城大道建设项目和县内过水湾水库建设项目等；积极对接，寻求铁道部在规划建设遵义至吉首铁路、贵阳至郑州铁路、黔江至都匀铁路、昭通至黔江铁路遵义至黔江段、渝广铁路重庆至桂林段等5条铁路时，能过境思南的相关事宜；与水利部对接，请求帮助解决思南县规划内的4座小（1）型水库工程建设项目和乌江思林提水工程（中型）建设项目等；与国土资源部对接，寻求批准思南实施非农业建设占用耕地耕作层剥离利用项目、对拟建设占用的耕地免予农用地转用审批、解决地质灾害治理项目、实施土地整理项目、解决思南乌江喀斯特国家地质公园建设项目资金等。通过扶贫工作队的积极牵线搭桥，相关部委加大对思南的关注，并对思南县部分已上交的报告开始进行研究论证，为重大项目落户思南，促进思南经济发展起到了积极推动作用。

【远教智力扶贫工程】 新华社第8批扶贫工作队通过深入调研，在全县积极探索适应思南实际的4种远程教育智力扶贫模式。模式一，在乡镇建立现代远程教育资源库，在村党员活动室建设播放点，在自然村寨设立播放户，有针对性地定期开展集中学习培训，形成了党员干部和群众学习培训的大课堂；模式二，扶贫工作队深入调研，建立完善保障、管理、协调和激励的综合机制，积极发展“村校结合”模式，并创新“一校帮一村”、“一师帮一户”、“小手拉大手”等活动载体，充分发挥学校的人才优势，深入开展现代远程教育智力扶贫工作，全面提升了全县农村党员干部和农民群众的整体素质；模式三，制订了远教设备配置计划，顺利完成了30万元的设备采购工作，改善了基层远教站点的硬件条件，强化了制作、接收和播放功能；模式四，实现远教项目的突破和拓展，在思南电视台开设《远教之窗》频道，扩大了远教工作的覆盖面和影响力。

【扶贫宣传】 扩版升级了《思南报》，改4开小报为对开大报；电视台增加了《小镜头大视野》、《潮涌乌江》、《行风大家谈》3个新闻类栏目，周六、周日还增加了《农村普法》、《纪实60分》等栏目，开通了“在线访谈”节目；增加了思南政府网站维护人员事业编制，对网站页面进行了改版，县级新闻媒体力量得到进一步增强；2012 年，邀请中央电视台、《贵州日报》、《当代贵州》、《铜仁日报》等媒体记者 57 批 173 人次，采访报道思南经济社会发展情况；组织书法协会赴塘头、凉水井、思唐镇等地为群众赠送春联活动，开展了“三八唱响思南精神”大型歌唱大赛、“五一全民健身”秧歌大赛、端午龙舟赛等活动；以打造民族文艺品牌为主题，成功举办了中国思南第 2 届民族民间文艺大赛。

（新华社办公厅扶贫办）

光明日报社定点扶贫

【概述】 光明日报社认真贯彻落实党中央、国务院关于扶贫开发工作的总体部署和国务院扶贫办定点扶贫的工作要求，坚持“输血”与“造血”相结合，以文化扶贫、教育扶贫为主导，把扶贫工作作为报社的重要工作之一，精心组织开展扶贫工作。报社承担定点扶贫的地区是青海省玉树州囊谦县。自1987年以来，报社针对囊谦县的具体实际，充分利用报社资源，加大宣传力度和智力扶贫力度，并积极为该县培养新闻出版人才。2012年8月，光明日报社专门派出采编人员到囊谦作调研深入采访，在《光明日报》和光明网宣传囊谦，特别是其非物质文化遗产——卓根玛，带动了地方旅游业的发展。

【扶贫工作机制】 光明日报社注重加强组织领导，健全完善制度，还专门成立了扶贫办公室，由报社机关党委常务副书记任主任，社办公室副主任、广告部主任、发行部副主任、出版社社长、光明网副总监、财物部计划财务处主任、人事部等部门的主要领导作扶贫办公室成员，把扶贫工作列入报社重点工作之一。光明日报社制订了扶贫工作计划，使扶贫工作规范化、长效化。突出重点，立足教育扶贫，为百姓办实事。

【文化教育扶贫】 光明日报社为囊谦县的图书馆和学生捐赠价值100万码洋的图书。图书涵盖了教育、经济、历史、社会科学、文化、文学、艺术、政治、青少年课外阅读及适合中学生和高中生复习的考试试卷等，丰富了学生的阅读生活；光明日报社摄影美术部记者程伟光，在考察采访期间，为县里的30名学生普及了摄影基础知识，并且为学生积极答疑。

【扶贫调研】 2012年8月，光明日报社扶贫办公室一行4人组成考察报道小组，进行了为期6天的实地考察和采访。小组先后考察了囊谦县正在建设的小水电站、白扎古盐场和林场、由内地支教的一所小学及灾后重建的毛庄乡，参观了黑陶、唐卡和玛尼石的制作，采访了申请并获批的“非物质遗产的舞蹈卓根玛”的89岁老人及其他两位不同派别的传承人，并对唯一的一位牛角琴制作和演奏者进行了报道。

【扶贫宣传】 光明日报社利用媒体优势，结合新闻战线开展“走基层、转作风、改文风”活动，经过精心策划，在《光明调查》专刊推出“贯彻群众路线·高端调研”专栏系列调查报告，集中刊发了一批领导干部在经过深入调研之后亲手撰写的调查报告，引起社会热议。《中国扶贫开发成就举世瞩目》一文，全面回顾了中国扶贫事业取得的巨大进展。

（光明日报社机关党委　张君华）

中华全国台湾同胞联谊会定点扶贫

【概述】 自1998年以来，中华全国台湾同胞联谊会（以下简称“全国台联”）定点帮扶甘肃省榆中县，在广泛联系世界台胞的同时，也把扶贫工作摆在重要位置。通过实地调研，结合自身特点，全国台联以“教育扶持、智力扶贫”作为帮扶工作的主要内容，兼顾医疗扶贫。

截至2012年，全国台联累计投入400余万元援建榆中县教育事业，共建成了9所标准化希望小学，后因榆中县教育局合并中小规模学校，取消1所希望小学，故现有8所援建希望小学。成功举办了11届榆中优秀贫困师生北京夏令营活动，有300余名师生参加。全国台联联系中国扶贫基金会、中国教育发展基金会共同资助贫困中、小学生1000余名，资助贫困大学生70余名。

【扶贫调研】 根据榆中县发展现状和全国台联实际情况，全国台联把“教育扶持、智力扶贫”作为帮扶工作的主要内容，重点帮扶榆中北部山区希望小学，改善当地教学环境和教学设施。2012年，全国台联领导先后两次前往榆中进行实地考察和调研，了解当地社会情况，走访希望小学，根据调研情况开展针对性帮扶。

【榆中优秀师生北京夏令营】 2012年7月，全国台联成功举办了第11届榆中优秀师生北京夏令营。营员是来自全国台联援建的8所希望小学优秀的贫困学生。通过短短7天的接触和交往，帮助孩子们增强自信，鼓励同学们以积极的态度面对困难，客观看待贫富差距问题。同时，也开阔了学生的视野，进一步激发了他们的学习热情，使他们树立了积极向上的生活信念。

【教育扶贫】 在帮扶工作上，全国台联充分发挥联络优势，多方倡议，组织海内外友人积极捐助。2012年9月，全国台联联合百脑汇、北京市台企联、两岸爱心姐妹会进行爱心捐赠活动，收到价值10余万元的计算机及学习用品，同时还组织台商代表亲赴榆中举行捐赠仪式，使爱心人士亲身感受他们的义举带给同学们的改变。活动还为2所希望小学配置了电教室，为1所学校配置了图书室，现均已投入使用。2012年11月，联系了2位社会人士，资助了3名家庭特别困难的学生。

【医疗卫生扶贫】 在以人为本的科学发展观的指导下，全国台联积极为提高榆中当地的医疗水平想办法。通过与中国扶贫开发协会沟通联络，为榆中县人民医院牵线搭桥，促成中国扶贫开发协会将榆中县人民医院纳入“中国全民健康扶贫工程”项目，落实向榆中县人民医院捐赠“全血生化分析仪”和“妇科生殖道康复治疗仪”各1台，价值140余万元，现已投入使用，改善了当地的医疗条件。

（中华全国台湾同胞联谊会办公室人事处　成龙奎）

外交部定点扶贫

【概述】 2012年是外交部对云南省金平县和麻栗坡县开展扶贫工作20周年。20年来，外交部向定点帮扶的云南省金平县和麻栗坡县共投入帮扶资金2.86亿元人民币，开展了1200多个扶贫项目，受益群众超过30万人。2012年，外交部共筹集捐款2438万元，连同往年资金共下拨2490万元，实施扶贫项目62个。

【扶贫会议】 2012年3月2日，外交部纪委书记谢杭生参加云南省委、省政府在北京举行的“2012年中央国家机关企事业单位定点扶贫云南工作”座谈会。云南省委、省政府、人大、政协的主要领导和定点帮扶云南省的27家中央机关和企事业单位的领导与会，外交部等4家单位在会上作了专题发言。

2012年3月9日，外交部召开2012年度扶贫工作领导小组全体会议。会议讨论并通过了2011年度外交扶贫工作报告、2011年驻两县扶贫代表述职报告、2012年外交部扶贫工作规划及外交部2011—2020年扶贫工作规划（修订版）等5个文件。2012年4月25日，外交部办公厅副主任欧渤芊率队与国务院扶贫办国际合作和社会扶贫司进行业务交流。2012年8月28—29日，外交部与国务院扶贫办联合举办扶贫工作专题研讨会。研讨会为做好今后一个时期外交扶贫工作厘清思路，形成共识。2012年12月24日，外交部举办对云南省开展定点扶贫20周年工作总结大会，全面总结外交扶贫20年取得的成绩，提出今后的任务和规划，表示外交部将根据党的十八大确定的战略目标，努力帮助云南省贫困县建成小康社会。部长杨洁篪在肯定外交部20年扶贫成绩的同时，号召全部同志继续积极参与扶贫工作，为云南省的经济社会发展作出更大贡献。

【会见捐资者】 2012年2月7日，外交部部长助理兼礼宾司司长张昆生代表礼宾司全体同志向部扶贫办捐赠6.31万元，用于云南省金平县、麻栗坡县的扶贫事业。

2012年4月1日，外交部扶贫工作名誉大使乐爱妹参赞会见美籍华人陈维国夫妇并接受其为外交扶贫的捐款。乐爱妹参赞感谢陈维国夫妇支持外交部扶贫事业，并向他们颁发了荣誉证书和感谢信。

2012年4月1日，外交部副部长谢杭生会见丹麦绫致集团创始人特雷斯·鲍尔森一行。2007—2012年，绫致集团已向外交部在云南定点帮扶的贫困县投入1280多万元，帮助7个自然村1000多户贫困农户脱贫。

2012年7月30日，外交部欧洲司副司长李晓驷会见空中客车公司主管政府事务的高级副总裁德培瑞一行，并接受其代表空客公司向外交部捐赠20万元，用于资助云南省金平县和麻栗坡县的贫困大学新生。2004—2012年，空客公司先后9次向外交部提供扶贫捐款共177万元，用于支教助学、校园绿化、整村推进和抗旱救灾等扶贫项目。

2012年10月16日，外交部扶贫办与新加坡红十字会在外交部举行扶贫合作协议签字仪式。根据协议，新加坡红十字会将向中国外交部提供总额400万元的捐款，用于云南省金平县和麻栗坡县扶贫项目。2012年9月，云南省彝良发生地震后，新加坡红十字会向灾区提供价值100万元的大米，并派救灾小组赴灾区救助。

2012年10月25日，外交部扶贫工作名誉大使乐爱妹参赞会见印度尼西亚华人黄智隐先生，并代表外交部接受对方120万元捐款，用于在云南省麻栗坡县马街乡牛厂坪村开展整村推进项目。乐爱妹参赞向黄智隐先生颁发了荣誉证书和感谢信。双方并就黄智隐先生向贫困县提供净水设备达成初步意向。

2012年11月7日，外交部扶贫工作名誉大使乐爱妹参赞会见澳门超然国际集团董事长罗盛宗先生。罗盛宗先生向外交部定点帮扶的云南省金平县捐赠120万元，用于该县上良竹村开展整村推进项目。乐爱妹参赞代表杨洁篪部长和外交部干部职工，对罗盛宗先生关心和支持云南省贫困地区的改造表示赞赏和感谢，并向罗盛宗先生颁发了荣誉证书。

【扶贫考察】 2012年8月24—31日，外交部纪委书记谢杭生率考察组赴云南省文山州麻栗坡县考察调研，代表外交部捐赠150万元扶贫款；考察了马鞍山村整村推进项目情况，看望贫困农户并赠送了慰问金；出席了该县县委、县政府召开的纪念外交扶贫20周年座谈会，为2012年洪涝受灾地区捐赠20万元赈灾款。谢杭生还参观了麻栗坡县民族中学，赴中越边境天保口岸调研人员往来和边贸情况，慰问驻守老山主峰的边防官兵，参观老山作战纪念馆并向烈士陵园敬献花圈。

2012年11月24—27日，外交部部长助理张明率团赴云南省红河州金平县考察调研了金平县游鱼洞村整村推进项目，查看该村道路硬化、人畜饮水、卫生厕所、农户住房等基础设施建设及产业培植方面情况，走进贫困农户家中详细了解群众生活状况及经济来源，并送上了慰问金。张明一行还赴金平县双金桥小学调研，看望了7名先心病手术后康复的学生，出席了金平县创建的“外交部扶贫20周年网站”试运行启动仪式，并参观了县里组织的“外交部扶贫20周年”书法作品展。

【救助先心病儿童行动】 2012年5月29日，外交部举行“为了我们的孩子——

千名少数民族贫困家庭先心病儿童救助行动”云南金平行项目启动仪式。外交部扶贫工作名誉大使乐爱妹参赞、中华慈善总会副会长邓铜山、空军总医院院长王建昌以及部分治愈的西藏先心病患儿出席了仪式。“云南金平行”项目由外交部扶贫办与中华慈善总会、解放军空军总医院联合主办，由中华慈善总会新闻界志愿者慈善促进工作委员会承办。启动仪式上，广西梧州中恒集团股份有限公司常务副总裁刘伟湘代表公司通过外交部向金平县捐赠价值100万元的妇女儿童药品。经过各方4个半月的共同努力，“救助行动”对金平县全部5.7万名儿童进行了普查，先后安排两批共43名贫困先心病儿童来京接受免费手术治疗，挽救了先心病患儿的生命，解除了长期困扰贫困家庭的痛苦和负担，受到贫困县各族群众的欢迎。

【扶贫培训】 2012年8月6日，由外交部扶贫办主办、外交学院承办的云南省“红河州、文山州边疆干部能力提升专题培训班”开学典礼在外交学院举行。云南省红河州、文山州两级的州县干部70余人参与培训，培训主要着眼于提高干部素质和领导能力，针对边疆干部急需进行课程设计和内容安排，取得良好效果。

2012年9月7日，外交部办公厅副主任欧渤芊率队赴天津电子信息高级技术学校考察，与该校就其在金平县、麻栗坡县开展职业教育培训举行座谈。双方就学校免费为金平县和麻栗坡县初中毕业生提供电子及机械专业技术培训达成初步意向。

【扶贫宣传】 2012年，外交部以外交扶贫20周年为主题，邀请专业团队设计制作了专题画册、宣传小册子、纪实视频并制作扶贫工作图片展板，向我国驻75个国家的使领馆发送画册和宣传册，通过使领馆向驻在国推介外交扶贫工作。外交扶贫工作图片首次参与“科学发展、成就辉煌”大型图片展，在国家层面对外展出。外交部还与《中国扶贫》杂志联系，专门刊载了外交扶贫20周年系列报道文章。举办重要扶贫活动时，邀请新华社、《云南日报》、《北京晚报》、北京电视台等媒体出席并及时报道。安排专人负责“外交扶贫”微博的维护更新，通过微博与网友在线交流，“粉丝”数量不断增加，同时得到不少爱心人士的热情捐助。外交部还配合金平县和麻栗坡县制作纪实宣传片，撰写纪念文章，举办图片展等，全面回顾外交扶贫20年成果，吸引更多的人参与外交扶贫工作。

（外交部办公厅扶贫办　孟昕）

国家安全部定点扶贫

【概述】 国家安全部党委高度重视扶贫工作，两次听取扶贫工作汇报，耿惠昌等多位部领导深入河北省盐山县实地考察指导扶贫工作。2012年部机关定点扶贫工作在部党委直接领导和广大干警的大力支持下，认真做好对河北省盐山县的定点帮扶及对内蒙古敖汉旗的帮扶对接。按照“帮扶工作一定要从实际出发，重点在农村。多做些农民看得到，有收入的实事”的总体要求，把扶贫工作当做政治任务来抓，以“巩固、提高、创新”的工作方针，抓重点、促落实、重实效，协调统筹各方面资源，全力落实扶贫工作任务。

【产业扶贫】 以开发式扶贫为前提，面向农村，扶植支柱产业，为新农村建设添砖加瓦。一是以增加农民收入为目标，扶持农业合作社，投入100万元建设蔬菜大棚200个，推进农业产业结构调整。二是以彰显实效为目标，抓好边务乡东王庄蔬菜大棚项目完善工作，促进农民增收致富。后因特大风灾、暴雨影响，大棚塑料薄膜及主体框架受到损坏，又追加投资5万余元资金帮助村民维修加固蔬菜大棚，保证了种植蔬菜、葡萄的大棚获得较好的经济效益。

【基础设施建设】 以改善村容村貌为目标，投入资金50万元在7个村实施基础设施建设，为农民办实事。把硬化道路等基础设施建设作为“整村推进”帮扶工作的主要选项。其中，帮扶望树镇马家坊村修建硬化街道1000米；帮扶孟店乡宫庄村架设农田灌溉低压线路1500米、修建硬化街道360米，保障了600亩耕地灌溉需求；帮扶韩集镇后韩村修建水泥道400米；帮扶小庄乡黄道刘村修建硬化街道600米；帮扶边务乡大边务村修建硬化街道500米；帮扶杨集乡杨家村打400米深井1眼，铺设输水管道900米，保障了300亩耕地的灌溉需求及农民饮水安全。

【项目扶贫】 以交通改造项目为切入点，带动经济发展和民生改善：一是为改善盐山县交通设施条件，解决百姓出行难的问题，部领导亲自协调河北省主要领导和交通运输部领导，得到了各方大力支持，实现了盐山县“205国道盐山绕城段”及“沧乐公路盐山县段升级改造”两个项目纳入交通运输部“十二五”规划，并给予立项批复，获得了相应的国家补助资金；二是关注农村饮水安全问题，尽力协调有关部门帮助盐山县农村供水管网工程得到国家扶持，盐山县急需解决的是从净水厂到配水厂的管线连接问题，部领导亲自协调有关部门，探寻这段管网建设项目申请的突破口，促使工程早日启动；三是协同盐山县有关部门，积极协调铁道部、北京铁路局、铁道部第3设计院等部门，为“邯黄铁路盐山县货场排水涵改建项目”做了大量工作，使改建项目得到技术审议方面的支持，并得到主管部门的基本认可。为盐山县节约了土地，同时化解了影响民生的不安定因素，安定了民心。

【科技扶贫】 发挥科技优势，走持续发展之路，为盐山县科技发展提供支持。安全部扶贫办对县域内20余家大企业进行了调研，撰写了《盐山县需引进的高新技术报告》，以电厂用高压高温管件、核电管件技术为重点，布置落实实施方案；在农业方面对盐碱地改造及优良种子方面做探讨，已由部有关局协调中国农业科学院等单位给予这方面的支持。

【智力扶贫】 以提高劳动力综合素质为目标，抓好对村民的技术培训，夯实发展后劲。2012年，安全部扶贫办投入资金3万元，重点围绕蔬菜大棚种植技术开展一系列的培训活动。8—11月，先后聘请山东绿色种植研究所、黑龙江绿色科技研究会、河北省饶阳县农业局等地专家来盐山县讲授无公害种植技术、土壤肥害技术、蔬菜种植技术、病虫害防治技术等。通过聘请专家讲授种植技术、田间指导，培养了一批“田秀才、土专家”，提高了农民的科技意识和种植水平。

【继续帮扶多伦县】 与多伦县建立长期合作关系，把扶贫工作引向持续深入。经过对多伦县10年的定点帮扶，多伦县社会经济、文化等方面有了巨大发展，多项指标达到脱贫标准。在新十年扶贫规划调整中，多伦县由国家级调整为自治区级贫困县，对多伦县10年的帮扶工作卓有成效。在定点扶贫层面上，国家安全部与多伦县虽然脱离了帮扶关系，但经双方沟通，还是达成了长期合作的共识。国家安全部将继续支持多伦县的新农村建设，为提升多伦县在锡盟南部中心城市的地位多做工作。继续把多伦县作为安全部干部挂职锻炼、了解国情、社情的社会实践基地。

【新一轮定点扶贫】 按照国务院在新十年农村扶贫开发纲要的工作部署，确立内蒙古赤峰市敖汉旗调整为国家安全部新的定点扶贫县。正式接受新任务后，部扶贫办专程赴敖汉旗进行实地考察，与当地党政领导进行初步接触，了解当地的贫困现状，初步制定对敖汉旗定点扶贫规划，拟与旗领导进一步磋商，积极迅速启动相关帮扶项目，稳步推进国家安全部新一轮定点扶贫工作。

【干部挂职扶贫】 继续选派2名优秀青年干部分别到河北省盐山县挂职副县长，内蒙古自治区敖汉旗挂职副旗长、旗委常委成员职务。

【送爱心活动】 2012年，安全部机关组织了9批200余人赴多伦县、盐山县考察，并在部机关内开展捐款捐物、捐资助学、访贫问苦等活动，把扶贫工作与自身教育结合起来，发挥了教育基地作用。

（国家安全部定点扶贫办公室）

财政部定点扶贫

【概述】 2012年，财政部继续定点扶贫湖南省平江县和云南省永胜县，派出2名干部分别到两县挂职。在平江县，财政部直接投入扶贫资金500万元，引进资金7500万元，资助学生267人，培训农民6500多人，组织实地考察33人次。2012年，平江县减少贫困人口1.3万人，农民人均纯收入从2011年末的3185元增加到2012年末的3781元，增加596元，增长了18.7%。

在永胜县，财政部直接投入资金400万元，引进资金1054万元，资助贫困学生8人，培训技术人员3期95人次，组织实地考察10余人次。2012年，永胜县减少贫困人口1.5万人，农民人均纯收入从2011年末的4054元增加到2012年末的5270元增加1216元，增长了30%。

【扶贫工作规划】 加强工作规划。在深入调查、全面了解贫困现状及扶贫开发工作进展的基础上，按照《平江县新十年扶贫开发工作思路》及《平江县2011—2015年整村推进扶贫开发规划》，财政部制定了《2012年财政部驻平江县定点扶贫工作计划》，并结合国务院新老十年扶贫规划政策过渡调整情况，明确了今后一段时期"以消除绝对贫困为首要任务，以重点区域和重点贫困村为主战场，坚持开发式扶贫和移民式扶贫相结合，坚持扶贫开发和农村低保制度有效衔接，坚持政府主导、社会帮扶和自力更生紧密结合，更加注重提高贫困群体的综合素质，增强自我发展能力"的扶贫开发总体思路。

【基础设施建设】 2012年，在平江县开展基础设施建设，着力巩固已有项目成果基础，协助争取了S207和G106改扩建等项目，完成了"德援项目"二期13条公路、21口山塘的扫尾工作，顺利启动了三期项目建设。投资2200万元，用于水利项目中的22口山塘和交通项目中的7条公路的建设。

【产业扶贫】 在平江县，根据自然地理条件和贫困群众的生产发展意愿、种植习惯，确定以"两茶一竹"（油茶、有机茶、楠竹）为主、其他种养业为辅，扶持贫困群众发展产业：一是在前两年扶持的基础上，2012年将人均200元的产业发展资金，直接打入"两项制度"贫困户的卡中，扶持39863个贫困对象发展油茶12000亩、楠竹800亩、蔬菜2000亩、杉木1600亩、中药材200亩，扶持黑山羊养殖户700

户、养蜂户200户、养鸡户7000户、养猪户1200户。使贫困农户人均增收300元；二是依托“连片开发”项目，投入资金500万元，按照“公司+基地+农户”的模式，由公司和农民专业合作社具体负责基地建设，“两项制度”贫困户以土地入股，发展油茶5300亩、有机茶1000亩，实现了公司和农民互利互惠，促进了经济发展。

财政部在永胜县的产业扶贫也取得了一定成效：一是实施了400万元的产业扶贫生猪标准化养殖基地建设项目，共扶持三川、永北、期纳、程海、仁和、六德等9个乡镇的20个贫困村民小组，完成发放种公猪20头、二元杂母猪1600头，改造猪圈舍8000平方米，建设沼气池400口，扶持生猪养殖大户20户，带动200户贫困农户发展生猪养殖；二是实施了300万元的“两项制度”有效衔接试点工作产业扶持项目，扶持六德、仁和、东山3个乡镇种植冬早蔬菜1500亩，养殖他留乌骨鸡20000只，引进努比种公羊1035只；三是实施了400头特种野猪推广养殖项目，扶持永胜县天泽生物开发有限公司把40万元用于该项目。

【扶贫奖补资金】 2012年，财政部在永胜县实施了2011年度扶贫奖补项目，财政补助资金400万元，其中：东山乡50户安居工程50万元；1000亩稻田养鱼50万元；10万羽优质乌骨鸡50万元；900只优质黑山羊50万元；100亩火龙果繁育基地50万元；10个整村推进项目（片角乡5个、东山乡5个）150万元，目前已完成100%，并通过市级验收。

【劳动力培训】 在永胜县，开展2012年度职业技能培训，共培训2000人，财政补助资金160万元。

在平江县，组织50名贫困村科技骨干参加省生物机电职业技术学院的贫困村科技骨干培训班；举办农村实用技术培训班10期，培训人员6300人次；扶持538名贫困学生接受职业学历教育，资助431名品学兼优的特困高中生、职高生、大学生继续学业；转移培训农村剩余劳动力2000人次，实现收入200多万元。

【两项制度衔接】 平江县是全国扶贫开发与农村低保“两项制度”衔接试点县，根据贫困人口分布不均的实际，制定了差别化试点对象遴选办法，准确识别帮扶对象，实施动态管理；建立起县、乡、村三级永久公示栏，全面接受社会监督；确定以“两茶一竹”为主、其他种养业为辅的产业扶持方向，并将人均200元的产业发展资金直接打入农户卡中。2012年，扶持了39863名“两项制度”有效衔接贫困对象发展产业，湖南省“两项制度”有效衔接试点工作现场会在平江召开，平江的成功做法被作为样本在湖南省全面推广。

【扶贫资金监管】 按照《平江县财政扶贫资金管理办法》，执行财政扶贫资金专款、专户、专人、专账管理，实行资金封闭运行和财政报账制，设立县、乡、村扶贫资金专户，实行专账核算，保证专款专用。坚持群众监督，每个项目村都成立了3—5人的村民代表小组，全程参与并监督项目实施进度和资金使用情况，将扶贫项目纳入县、乡、村政务公开内容，从而有效地防止财政扶贫资金被挪用和挤占，真正做到扶贫资金到户、到项目。

永胜县制定和完善了扶贫重点村的管理办法、扶贫资金报账制实施管理办法、安居工程建设技术标准等一系列管理制度和办法，实行项目管理合同制、大宗物资统购统管制、项目评审制、监督管理制。以强农惠农专项资金清查为契机，认真开展扶贫资金自查自纠和专项检查工作，加强扶贫资金和专项惠农资金的监督管理，推进涉农、扶贫资金的整合和统筹安排，提高了资金使用效益。

【易地扶贫搬迁】 永胜县整体搬迁了永北镇凤鸣居委会燕子岩村22户120人至西山田安置，财政补助资金60万元。新建安居房22所、人畜饮水工程1项、道路硬化250米。架设高压输电线路400米、低压输电线路1200米，其中的低压线路安装入户。

【整村推进】 平江县的50个整村推进村，有72个帮扶单位为贫困村累计投入和争取资金2160万元，帮助50个贫困村硬化村级公路92千米，整修通组公路166千米，新修桥梁7座，整修山塘、堰坝39个，整修、新修水渠38千米，启动和完成了电网户改工程12个村，新修、整修村部15个、学校11个，新建村级卫生室1个、农家书屋2个、五保之家7个，完成危房改造75户。通过对贫困村水、电、路、通信等基础设施和公共事业的建设和改造，解决了贫困群众出行难、饮水难、用电难、看病难、上学难和灌溉难等问题，使贫困群众的生产生活条件得到明显改善。

永胜县实施了76个省市级整村推进项目，财政补助资金每个村15万元，共计1140万元，项目主要安排在东山、东风、六德、羊坪、松坪、大安、光华等少数民族贫困乡，重点扶持水、电、路等基础设施建设项目和“一村一品”的产业发展项目，目前已完成县级和市级验收。另外，安排2012年第一批、第三批75个省市级整村推进项目，财政补助资金每个村民小组15万元，共计补助资金1125万元，项目资金已投入到项目乡镇并启动实施。

【安居工程】 2012年，永胜县完成了2011年度272户安居工程建设的县级和市级验收。2012年实施安居工程的有260户，其中，松坪乡80户、顺州乡80户、东风乡50户、光华乡30户、程海镇10户、仁和镇10户，户均补助资金1万元，共计补助资金260万元，改造的安居房每所不低于80平方米。

【信贷扶贫】 永胜县认真做好2011年度发放的2000万元到户贷款的贷后管理工作，如期收回全部贷款。2012年，扶贫到户贷款2000万元，并及时足额兑现贷款贴息资金。申报并落实雷特生物有限公司企业贴息贷款1900万元，落实贴息资金57万元。

【革命老区建设】 永胜县2011年度的两个革命老区项目，财政补助资金50万元，其中程海镇海腰村10万元、三川镇杨伍村40万元，在2012年项目全部完成。2012年度，实施顺州乡州城村委会东云二村革命老区项目1个，财政补助资金50万元，已投入实施。

【村级互助资金】 永胜县4个乡7个村小组继续实施100万元的互助资金项目，有306户农户加入互助组织，入互率为74.8%，累计借款的农户374人次，占入互农户的123%。累计使用互助资金170.75万元，用于发展烤烟近1000亩，核桃562亩，玉米育种125亩，朝鲜蓟120亩，花椒100亩，石榴80亩，稻田鱼养殖120亩。还发展了猪、牛、羊、鸡等养殖业，养殖了近1000头（匹、只），使受益农户人均增收180元，户均增收750元。

（财政部）

审计署定点扶贫

【概述】 河北省顺平县是国家“十二五”期间确定的国家扶贫开发工作重点县，属于国家燕山—太行山连片特困地区，是审计署定点扶贫县。2012年，审计署高度重视定点扶贫工作，召开了定点扶贫专题会议，出台了进一步推进定点扶贫工作的文件，审计长刘家义、副审计长余效明、副审计长侯凯和陈尘肇党组成员等4位署领导亲赴顺平县调研指导定点扶贫工作，慰问困难群众。2012年，审计署继续选派优秀中青年干部挂职扶贫，直接投入和帮助引进资金400多万元，在教育扶贫、产业扶贫、解困济难、招商引资和行业帮扶等5个方面取得明显成效。

【定点扶贫工作会议】 2012年3月，审计署召开审计长会议，专题研究定点扶贫顺平县工作。向全署各单位印发了《审计署关于进一步推进定点扶贫工作的意见》（审党委发〔2012〕42号），要求各单位高度重视定点扶贫工作，齐心协力全面推进定点扶贫工作，进一步明确了定点扶贫工作思路，提出要深化挂职任教，推进智力扶贫；增加资金投入，推进教育扶贫；围绕当地中心工作，发挥协调作用；采取多项措施，加强地方审计机关建设等下一阶段4项定点扶贫工作任务。

【教育扶贫】 关注贫苦地区少年儿童和弱势群体，为孤儿、残疾儿童、贫困学生、困难学校开展帮扶活动是审计署2012年定点帮扶的重点内容。选择5所设施简陋的学校，按照“全县最先进、价格不太高”的帮扶原则，投入资金50余万元，全面更新课桌椅、教师办公桌椅、电教室等教学基础设施，为学生定做校服，为特校残疾儿童购置床铺被褥、改建食堂，建成了全县标杆式学校，受到了上级领导和当地群众的好评。协调审计机关捐赠电脑70余台，援建了3个高标准电教室，解决了1200余名学生上电脑课难题。对34名特困孤儿给予4.3万元的助学金，深受社会赞誉。2012年底，审计署在顺平县设立了“审计长奖（助）学金”，每年出资30万元，对全县贫困大学生、残疾儿童、孤儿、品学兼优学生、新时代小雷锋、贫困励志少年等进行资助与表彰。

【产业扶贫】 按照“集中力量、科技富民、产业兴村、整村脱贫、示范带动”的定点扶贫工作思路，审计署选择贫困村，帮助建立专业合作社，发展种植养殖小区，建立了“龙头企业+专业合作社+农户”

的产业链。在顺平县阳辛庄村投资和帮助引进各类资金100多万元；引进优良品种，实施了山地散养鸡、徒河黑猪养殖、优质苹果采摘园、有机肥加工等相配套的产业扶贫项目；培育高档农产品，提升产品价值，形成了“休闲采摘+生态养殖+乡村旅游”的致富模式。邀请中科院、农业部等单位的10多位专家来村开展项目规划和技术指导，帮助该村与北京高档农产品电子商务公司“本来生活网”建立合作关系，免费设计生产厂房、产品包装和商标，指导和监控产品质量，挂牌“本来生活采摘园”、“本来生活网联营基地”，高价收购所产农产品，确保农民增收，使整村脱贫稳步推进。在产业扶贫、发展经济的同时，注意生态环境改善，采取以工代赈方式组织村民大力实施雨季造林，种植松柏10万多株，成活率90%以上，荒山绿化已见雏形，为当地太行山区荒山绿化探索了一条路子。

【解困济难】 瞄准“最受社会关注、最需要帮助的对象、最迫切解决的问题”，联系并争取各类社会慈善资金，开展解困济难活动。审计署组织慰问了南安全等7个村庄的500多户、2000多名贫困村民和贫困老党员等特殊困难群众，物资折款30多万元。投资10万余元为饮水困难的青榆沟村建设了2个水窖，为东荆尖村打了1口160米深的机井，解决了800多名村民饮水困难。在贫困村阳辛庄建设了“农民科技文化信息站”，配置8台上网电脑和500多册农业养殖、种植等书籍。审计署干部培训基地和宾馆定向招收顺平县待业青年，联系中华少年儿童慈善救助基金会开展“助困汽车美容技能培训”项目，联系北京、石家庄、保定等地各类用工单位到顺平县招工，帮助贫困青年就业。

【行业帮扶】 发挥部门优势，加强对定点扶贫顺平县审计机关的帮扶，开展了以“树立科学审计理念、提升审计工作能力”为主题的机关建设活动：一是加强培训和学习，提高审计人员能力和素质。组织县审计局人员定期集中学习，在具体审计业务中加强指导，邀请审计专家来县里讲课，安排县审计人员免费参加审计署举办的培训班，选派县审计业务骨干直接参加审计署的审计业务，组织到外地先进审计机关学习考察。二是改善工作条件和提升信息化水平。资助县审计局改善办公条件，购置和维修办公设施，购买了电脑、影像等视频会议设备，新建了审计局网站和视频会议室。三是加强扶贫项目审计，提高扶贫资金效益。组织县审计局开展对当地扶贫资金和扶贫项目的审计，查处违法违规问题，尝试开展扶贫资金绩效审计，提高了扶贫资金使用效益。

（审计署　刘士华）

国家质量监督检验检疫总局定点扶贫

【概述】 2012年，国家质量监督检验检疫总局（以下简称“质检总局”）认真贯彻落实中央国家机关定点扶贫工作会议精神，围绕扶贫开发的工作重点，立足扶贫县实际，着力从改善当地基础设施和文化教育条件入手，以农民收入稳定增长、生产生活环境有效改善为重点，精心安排扶贫项目，带动产业发展，在加强基础设施建设、改善文化教育条件、引进扶贫资金项目、加强干部教育培训等方面做了大量工作。先后对定点帮扶的河南省民权县和甘肃省礼县直接投入资金（含有偿和无偿）300万元，帮助引进各类资金（含有偿和无偿）3245万元，为12个贫困村修建了村内水泥路，扶持1120户贫困农户发展增收项目，对525名贫困农民进行“雨露计划”技能培训，建立3个科技扶贫农产品基地，帮扶了贫困人口18200人。河南省民权县被国务院扶贫办确定为全国扶贫统计监测样本县。

2012年12月23日，中国扶贫基金会在人民大会堂召开“新长城项目十周年纪念表彰大会”，质检总局被授予“新长城教育扶贫突出贡献单位”荣誉称号。

【扶贫调研】 2012年2月和5月，质检总局党组书记、局长支树平，副局长、党组副书记杨刚，副局长蒲长城等先后到河南省民权县、甘肃省礼县调研并看望慰问对口帮扶的群众。质检总局领导在调研中指出，质检总局历届党组对扶贫工作都高度重视，一直挂在心上、抓在手上，每年都出台扶贫新举措，通过项目扶贫、技术扶贫和文化扶贫，确实取得了良好成效。今后质检总局要更加用心、更加认真地抓扶贫，“发挥质检优势，提升扶贫质量”。尤其要注重提高对扶贫工作的认识，心系群众，深入基层，转变作风，锻炼干部，既要把民权县和礼县作为扶贫点，又要作为质检总局的联系点和干部培训点。要注重提高扶贫的质量和效益，认真总结10年来的扶贫工作经验，寻找差距，制定新的扶贫规划；动员质检总局和两委机关、各直属挂靠单位，以及周边经济发达地区的质检部门，积极为扶贫工作作贡献。

【扶贫工作会议】 2012年1月30日，质检总局召开扶贫工作领导小组会议。会议总结了近年来质检总局定点帮扶甘肃省礼县和河南省民权县的工作情况，研究部署了2012年定点扶贫工作。会议指出，质检总局历来高度重视扶贫开发工作，定点扶贫工作抓得很紧，在人力、物力、财力有限的条件下，做了一些具体的工作，取得了一定的成绩，值得肯定。会议强调要做好两件工作：一是制订选派扶贫干部计划，做好扶贫干部交替的衔接工作，避免跨届干部之间相互不交流，保证定点扶贫工作的延续性；二是制订资金安排计划，采取分配或者轮流的方式，由质检总局和各直属单位共同筹集扶贫资金，使全系统形成合力，共同完成扶贫攻坚任务。质检总局要按照中央扶贫开发工作会议和新十年扶贫开发纲要的部署要求，结合当地扶贫开发工作的实际情况，不断探索新的扶贫模式，提高扶贫资金使用效率，变“输血”为“造血”，变“撒胡椒面”为集中开发，确保扶贫资金用在贫困群众最急需的地方，确保每年解决一个“看得见、摸得着”的问题，使扶贫成果与树立质检形象结合起来，推动质检总局扶贫开发工作持续深入开展。

【扶贫资金管理】 为加强质检总局扶贫资金管理，提高资金使用效益，依据国家有关扶贫开发方针政策，结合质检总局扶贫工作实际，2012 年 4 月 9 日，质检总局印发了《国家质检总局扶贫资金管理办法》，对资金的筹集与分配、使用与拨付、管理与监督等作了明确的规定。

【助推外向型经济】 为有力助推外向型经济快速发展，为进出口企业提供更为便捷高效的服务，2012 年 10 月 26 日，质检总局在民权县挂牌成立了商丘出入境检验检疫局民权办事处，这是质检总局在全国县级行政区域范围内设立的首家副县级办事处。

【特色产业质检中心】 为帮助民权县大力发展特色制冷和葡萄酒产业，积极申请并建设全省唯一的国家制冷机电产品质量监督检测中心和河南省葡萄酒质量监督检验中心，并协调合肥通用机械研究院和烟台国家级葡萄酒质检中心，培训了民权县 2 个质检中心 27 名工作人员，为制冷和葡萄酒生产两大主导产业提供技术支撑。

【产业扶贫】 为促进礼县特色农业产业化发展，多方协调召开“礼县大黄”地理标志产品保护专家审查会，顺利通过“礼县大黄”地理标志专家技术审查，并帮助建立 1200 余亩大黄种植示范园区。在礼县上坪乡资助建设大黄优质品种标准化栽植示范园 1000 亩，建立优质核桃基地 1000 亩。

【公益活动】 2012 年 5 月 20 日是第 13 个“世界计量日”，活动的主题是“计量与安全”。在此期间，质检总局提出“我们为了您的安全而测量”的口号，并在全国范围内组织开展了“贫困地区免费检测配镜公益活动”和“学雷锋计量志愿者服务活动”。据不完全统计，全国共有 25 个省的质检系统在 515 个公益活动点，开展了贫困地区学生免费检测配镜公益活动，共有 6 万余名学生免费领到了属于自己的新眼镜。

【教育扶贫】 投资 40 余万元，为礼县、民权县3所小学修建学校操场、排水管道、道路、厕所和车棚，购置教学用具、体育器材等，改善了学生们的生活学习环境。投资20万元，为2所学校建立了“质检电脑屋”。

2012年暑期，邀请礼县、民权县50名新长城自强班的同学赴北京，进行八达岭长城励志行，在万里长城上奔跑高呼，磨炼意志，讲述古今中外名人成才故事，号召同学们不要被眼前的家庭困难所屈服，自强自立，把自己磨炼成对国家有用的人才。

【爱心帮扶】 质检总局扶贫挂职干部“联村联户”联系点为礼县上坪乡年家村修建2座过水路面桥，维修河堤110余米，帮扶下岗职工创办养猪场。为河南民权县各乡镇敬老院捐赠20台液晶电视，为王桥乡敬老院捐赠1台足部按摩器，进一步丰富老人们的业余文化生活，使老人们老有所乐。

（国家质量监督检验检疫总局
扶贫办　董惠池）

国家体育总局定点扶贫

【概述】 2012年，国家体育总局（以下简称“体育总局”）认真贯彻落实党中央、国务院《中国农村扶贫开发纲要（2011—2020年）》和党中央、国务院扶贫工作会议精神，结合体育总局实际制定了《国家体育总局定点扶贫开发工作规划（2012—2020年）》，在山西省繁峙县、代县坚持突出体育扶贫、扶出体育特色，围绕体育、教育投入资金66.3万元，筹集物资折合人民币101.1万元；提供价值90万元的报纸广告版面用于宣传地方特色品牌，促进地方经济发展；立足民生，春节前夕走访慰问光荣院老人和贫困户，发放慰问金2万元。总计投入259.4万元。

【扶贫调研】 2012年初，体育总局直属机关党委组织2名扶贫干部进行上岗前培训，认真学习党中央和国务院关于扶贫工作的文件精神，学习借鉴体育总局历届扶贫工作组的经验，机关业务司局提出了具体要求。扶贫工作组在体育总局机关和各直属单位进行了走访调研，摸清扶贫资源；春节后，在两县有关部门的配合下，深入两县15个乡镇、50个村庄和乡镇中小学校开展调研工作，切实做到“深入基层、体察民情、明确责任、确定目标”。

【扶贫规划】 体育总局制定下发了《国家体育总局定点扶贫开发工作规划（2012—2020年）》，明确了扶贫工作的指导思想、目标任务、资金物资筹集渠道和组织领导。强调扶贫工作必须坚持以人为本，落实科学发展观，紧紧围绕新农村建设、民生问题和提高广大人民群众身体健康水平三大工作目标，怀着对革命老区人民的深厚感情，努力做到真扶贫、扶真贫，稳妥扎实地开展扶贫开发工作，千方百计为老区人民办实事、办好事，将扶贫开发工作落到实处，让两县人民切实感受到体育总局干部职工的关心和厚爱。

【扶贫资金投入】 2012年，体育总局系统内筹集扶贫资金68.3万元，筹集体育器材、服装、办公设备等物资折合人民币99.5万元，与中国体育报业总社达成《中国体育报》为两县提供价值90万元的宣传版面。同时，体育总局扶贫工作组积极拓展扶贫物资的筹措渠道，引导社会力量关注扶贫工作、支持定点扶贫事业。9月，协调北京矿冶研究总院团委，向定点扶贫县捐赠了一批1.6万元的电脑器材。

【体育扶贫】 体育总局扶贫工作组赠送繁峙县、代县价值20余万元的体育器材和办公设备，用于改善两县体育部门的办公条件和体育活动设施；选择两县的社区、公园等群众健身休闲场地，购置安装了7套价值20万元的全民健身路径器材；资助代县9.3万元应用于举办全民健身篮球赛；资助繁峙县5万元开展全民健身活动。繁峙县被评为全国创建卫生先进城市；山西省的体育“三下乡”（送体育健身指导、送体育科技知识、送体育器材设施下乡）现场会和全民健身场地观摩会先后在繁、代两县召开。

【教育扶贫】 体育总局扶贫工作组向繁峙、代县部分中小学校赠送体育器材和办公设备，共计60余万元；购置赠送了30台电脑及学习用具，价值20余万元；资助繁峙县彩璟小学、繁峙县二中14万元的体育器材和体育图书；资助砂河三中5万元，用于改造足球场地等；资助代县东若院小学5万元，用于学习改善教学设施；资助繁峙县上永兴小学10万元购置了70套课桌椅、学习用具等。体育总局始终坚持把“立教”作为定点扶贫的一项重要工作，帮助两县新建和维修中小学校舍；改善学校教学设施，建设体育活动场地，配置体育活动器材；资助面临辍学的中小学生完成学业；资助当年考入大学家庭困难的学生圆了大学梦。两县中小学生升学率在忻州市名列前茅。

【干部挂职扶贫】 体育总局于1994年在繁峙县、2002年在代县开展定点扶贫工作以来，历任领导高度重视，带头赴两县考察调研，每年选派干部到两县挂职锻炼；历届扶贫干部积极开展定点扶贫工作，取得了丰硕成果。2012年，体育总局还组织专业新闻影像技术人员，深入两县开展历年来扶贫工作影像资料素材的收集整理工作，以生动的影像资料再现扶贫攻坚历程，激励干部职工进一步做好定点扶贫工作。

（国家体育总局直属机关党委
张伯友）

国家安全生产监督管理总局定点扶贫

【概述】 2012年，国家安全生产监督管理总局（以下简称“国家安监总局”），坚持以“实施教育扶贫、智力扶贫、医疗扶贫、就业扶贫、项目扶贫”等为重点，以对口扶贫为主要形式，以整合部门和社会资源形成对口扶贫工作合力和长效机制为保障，投入资金238万元，直接用于改善山西省大同市广灵县、阳高县（以下统称“贫困县”）群众生产生活和经济社会发展，定点扶贫工作取得明显成效。

【产业扶贫】 一是协调中粮集团有关人员到广灵县实地考察，推动了广灵县饲料加工、杂粮、土畜等特色优势农业产业与中粮集团的洽谈合作。目前，广灵县东方物华有限公司已与中粮集团“我买网”进行合作，为广灵县杂粮等农产品进军中粮集团网络市场，开启了崭新的一页。二是国家安全监管总局将阳高县安全产业园区明确为“国家安全产业园区”，为阳高县发展安全产业、实现产业扶贫搭建了重要平台。

【基础设施建设】 一是投资80万元，为阳高县修建了一条从龙泉工业园区至大泉山长4.2千米的公路，实现了工业园区和山区农村的相连。目前，公路已验收完工并投入使用，方便了山区群众出行，有效促进了贫困山区群众入园就业和拉动贫困山区红色旅游，帮助大泉山群众脱贫致富。二是在2011年，大同煤矿集团捐助20万元，为广灵县壶泉镇赵庄村打了一口机井，2012年又投资10万元，完善了机井相关的配套设施，确保机井的正常使用，出水量达到80立方米/小时，彻底解决了赵庄村386户村民饮水难和农业灌溉难的问题，粮食平均亩产量提高了20%，促进了农民增收和农业增效。

【医疗卫生扶贫】 2012年11月，国家安监总局组织所属的煤炭总医院20余名医护人员，赴定点扶贫县开展免费义诊活动，直接捐赠2万余元药品，义诊351人次，为离退休老干部体检217人次，参加县医院急诊抢救2人次，对患者实施局部封闭治疗10余例，手术11例。指导贫困县医院开展业务技术查房10人次，开展专科业务指导、培训42人次，举办学术讲座3次，促进了贫困县医院管理水平的提升。

【教育扶贫】 一是帮助加强中小学基础建设。投资100万元，为阳高一中安装了电子监考系统和校园平安系统，确保了高考工作顺利进行。投资40余万元，分别为广灵二中、四中修建了体育场和两个车棚，为望狐乡9年制学校修建了篮球场、车棚、国旗台等基础设施，为广灵一小更新330套学生课桌凳，进一步改善了贫困县学校基础设施和教学条件，为贫困县学生营造了良好的学习环境。二是组织基层干部外出考察学习。先后组织贫困县乡镇干部外出参加培训，组织阳高县政府及有关部门人员赴重庆学习安全示范园区创建工作先进经验，使基层干部学习经验后，开阔了视野，提高了能力。

【送温暖活动】 2012年度春节前夕，向全县250个特残困户发放了总价值5万多元的慰问金，并登记造册，确保慰问金足额发放到特残困家庭，并走访慰问了部分特残困家庭，送去大米、面粉和食品油等慰问品，把关心和温暖送到了贫困县每个特困家庭。

（国家安全生产监督管理总局办公厅
王志刚　刘翔君）

国家知识产权局定点扶贫

【概述】 2012年，国家知识产权局（以下简称“知识产权局”）按照中央扶贫工作会议精神和《中国农村扶贫开发纲要（2011—2020年）》的要求，遵循“真扶贫，扶真贫”的工作方针，坚持“立足长远、教育先行、发挥优势、科技扶贫”的工作思路，充分发挥知识产权优势，为湖南省桑植县和河北省崇礼县两个定点扶贫县直接投入资金215万元，争取各方捐赠资金、电脑、图书等价值169万元，选派挂职干部10名，实施扶贫项目20个，顺利完成了2012年扶贫任务，为两县的基础设施建设、教育事业进步、科技示范应用和农业产业发展作出了应有的贡献，在提升贫困地区群众自身致富能力、发挥扶贫项目示范效应等方面进行了有益的探索。知识产权局报送的《真扶贫，扶真贫——国家知识产权局社会扶贫创新案例》成功入选《全国社会扶贫创新案例汇编（100例）》。

【扶贫调研】 2012年初，在知识产权局党组扩大会议上，局党组把做好定点扶贫工作作为一项政治任务摆上重要日程并规划部署。局领导定期深入定点扶贫县，实地考察指导扶贫工作，对扶贫项目的申报、实施和验收等环节作指示提要求。专利审查协作北京中心、专利局办公室、专利局人事教育部、专利局自动化部和中国专利检索咨询中心等局属部门和单位，利用党日活动、团组织活动、青年志愿者活动等平台，在桑植县的利福塔镇和崇礼县的狮子沟乡，广泛开展捐资助学、访贫问苦、慰问孤寡老人和扶贫支教等活动，既为贫困地区群众改善生产生活条件出主意、想办法，又在实践活动中了解了国情、受到了教育。2012年，全局赴定点扶贫县参与扶贫调研实践活动共计587人次。

【扶贫资金管理】 知识产权局扶贫办会同两县扶贫工作组严格按照《国家知识产权局扶贫经费管理须知》的规定要求，在扶贫日常经费报销登记管理、扶贫项目经费监督检查和实物捐赠管理等方面对扶贫经费严格管理使用，以确保扶贫资金专款专用。扶贫项目审核批准后，扶贫工作组与项目申报方起草项目协议书，并经知识产权局财务部门及时审核后，再由扶贫工作组与项目申报方正式签订协议（或合同）。签订协议（或合同）后，由项目申报方先行垫付全部资金并组织实施项目，扶贫工作组以协议内容为依据对组织实施项目的单位进行监督检查。项目完成后，由扶贫工作组出具项目合格验收报告。经知识产权局财务部门审核项目协议书（或合同）、项目相关发票、扶贫工作组验收报告无误后，才支付项目申报方相应的扶贫项目经费。这种“先垫资，后验收，最后拨付款项”的扶贫经费管理模式，保证了扶贫资金投入与建设项目的对等性，确保了资金的投入价值和项目建设的实际效果。

【扶贫项目实施】 按照知识产权局扶贫领导小组提出“上届工作组计划项目，下届工作组具体实施”的工作模式，2012届扶贫工作组，按照项目计划，认真调研考察，科学谋划、因地制宜、分步实施扶贫项目。其中，在桑植县实施利福塔镇三岔湾村反季节蔬菜种植示范点项目、利福塔镇三岔湾村畜牧产业建设项目、蹇家坡乡优质核桃种植基地建设项目等计划内项目9个；在崇礼县实施狮子沟乡西毛克岭村半地下冬暖式日光温室大棚项目、崇礼县知识产权培训项目、崇礼县种养殖技术培训项目等计划内项目7个。驻桑植扶贫工作组经常深入项目施工现场了解饮水改造工程、农村垃圾治理和优质核桃种植基地建设等项目施工进度、市场现状和示范效应。驻崇礼扶贫工作组专门邀请北京市农科院、河北省农科院专家赴崇礼县对半地下冬暖式日光温室大棚的种苗采购、病虫害防治等进行现场指导3次。

截至2012年底，桑植县和崇礼县两地的年度扶贫项目已经全部完工，经验收合格，取得了很好的社会效益、经济效益和示范效应。桑植县实施的农村垃圾治理项目，在三岔湾村修建垃圾处理池5座，配置垃圾收集箱20个，入户简易垃圾桶137个，购置垃圾清运车1辆及配套环卫设施，彻底解决污水乱泼、垃圾乱倒、粪土乱堆、杂草乱跺、畜禽乱跑的农村环境污染问题。在崇礼县实施的标准化养猪示范基地项目，采用“公司 + 基地 + 农户”的运行模式，带动了50多户农户开展生猪养殖，辐射了附近乡村养殖业的发展，显现了良好的扶贫效果。

此外，在桑植县，争取到局下属单位机关服务中心资金10万元，帮助利福塔镇打通饮水隧道，为全镇20个村（居）解决了生活用水和农田灌溉问题；协调湖南省知识产权局筹措资金15万元，帮扶修建长1.5千米、宽5米的蔬菜产业基地道路，为核桃种植基地兴建了100立方米蓄水池和800米的围墙。在崇礼县，协调河北省知识产权局出资10万元，开展了知识产权进农村（社区）宣传，扩大了知识产权普及面。

【教育扶贫】 知识产权局积极组织和协调局属各部门、各下属单位及湖南省知识产权局等单位投身到扶贫工作中，2012年争取到的计划外资金和扶贫物资折价共计204万元。

在桑植县，协调局自动化部为部分乡镇及学校捐赠42台电脑，改善了乡镇的办公条件，解决了学生的计算机教学问题；协调北京润平知识产权代理有限公司，出资18万元援助利福塔镇八一小学校舍修缮项目；协调知识产权出版社出资5万元，扶持利福塔镇政府大院硬化工程和陈家河镇蔡家坪村公路整修工程项目，对推动当地的基础设施建设和产业发展起到了积极作用。局属各部门情系桑植，专利审查协作北京中心、专利局办公室、专利局人事教育部、通信发明审查部等部门，先后多次向三岔湾村贫困户、贫困生提供折价近22万元的物资捐助，共资助贫困户30户、贫困生60名。

在崇礼县，建立了乡村贫困学生档案，争取社会力量开展捐赠活动，积极促进爱心人士与贫困学生结对帮扶。协调局自动化部向崇礼县马丈子小学、旅游局、狮子沟乡捐赠40台电脑；协调三聚阳光知识产权公司及北大08国际EMBA班向狮子沟乡寄宿制小学12名困难学生，资助6年住校生活费，共计8.2万元；协调中国专利检索咨询中心出资3.1万元为狮子沟乡寄宿制小学和马丈子寄宿制小学更换床铺、储物柜及宿舍塑钢门窗，并向狮子沟乡小学捐赠电脑8台、打印机2台；协调专利复审委员会捐赠电脑30台，并向马丈子小学与场地小学捐赠价值1.2万元的图书及学习用具。此外，扶贫支教工作组成员集资5000元，为石窑子乡寄宿制小学的63名学生购置服装，使同学们在“六一”节穿上了整齐的校服。

【科技扶贫】 知识产权局充分发挥知识产权优势，通过开展科技培训班、专利技术培训班、专利技术推广应用报告会和知识产权日宣传活动，促进定点扶贫县技术专利化、专利成果化，激发当地干部群众学科技、用科技和靠科技致富的能力，大力实施科技扶贫。桑植县通过开展知识产权进企业活动，帮助桑植县三木能源开发有限公司、惊梦酒业有限公司等创新型企业，解决了知识产权申请、保护和应用中遇到的瓶颈和难题。崇礼县通过举办“4·26知识产权”征文活动，进一步普及了专利知识的宣传教育，有力地推动了青少年知识产权教育的深入开展。

【智力扶贫】 知识产权局充分利用知识产权系统的资源优势，结合定点扶贫县的现实需求，通过扶贫支教、组织技能培训班、倡导读书宣传等形式，大力提高农村群众素质能力，把智力扶贫用到实处。在桑植县，按照“培训农民以科技致富带头人为主，培训企业以重点岗位为主”的原则，有针对性地对利福塔镇的科技致富能手和企业技术人员进行了管理和技术方面的培训。在崇礼县，充分利用扶贫支教平台，针对乡村小学生现状，挑选并购买实用教材，开展外语、计算机等方面知识授课，帮助学生拓宽视野，扩大知识面。2012年10月，知识产权局扶贫办公室组织39名乡村干部赴福建省考察培训，听取福建省农业科学院专家讲授蔬菜生产技术应用知识，考察和学习社会主义新农村建设经验。

【干部挂职扶贫】 2012年2月，知识产权局人事教育部门选拔确定了10名扶贫工作组人员，分别挂职担任定点扶贫县县委常委、副县长、科技局副局长、教育局副局长、农牧局副局长、旅游局副局长、副乡长和乡镇小学副校长等职。知识产权局对扶贫挂职干部进行岗前培训，组织学习国家扶贫方针政策、知识产权局扶贫挂职干部管理规定等政策和制度，强化了扶贫干部的政策水平、理论水平和管理水平。扶贫干部到任后，迅速转换角色和调整好身心，尽快适应当地工作生活环境和民风民俗特点，充分发挥专业优势和学历优势，千方百计动员各方面力量支持扶贫开发工作，展现良好的精神风貌和工作作风，在各自挂职岗位上尽职尽责地开展好扶贫工作，在扶贫地方的同时锻炼自身的综合能力。

（国家知识产权局扶贫办公室
刘来宾）

国务院侨务办公室定点扶贫

【概述】 2012年，国务院侨务办公室（以下简称“侨办”）定点帮扶甘肃省积石山保安族东乡族撒拉族自治县（以下简称“积石山县”），共2批11人次前往积石山县开展扶贫工作，监督检查扶贫项目实施情况。其中，部级领导1人，司局级领导3人（次），处级干部3人（次），科级干部4人（次）。完成党政干部培训30人次、教师培训20人次、医务人员培训20人次、义诊600多人次，选派积石山县急需的英语等专业老师5人次前往积石山县授课、培训。

【扶贫培训】 1. 举办医务人员进修班。在暨南大学的大力支持下，积石山县20名医务人员参加了暨南大学附属医院为期半年的培训。暨南大学附属医院针对学员特点，专门制订了理论学习和技能培训计划，并且指定技术过硬、带教经验丰富的医生对学员进行培训，通过临床教学、模拟训练中心实践等途径，提高了学员的医疗水平和技能。学校领导还十分关心重视和改善学员业余生活。经过半年培训，学员们的医疗技能有了较大幅度的提高，圆满完成了预定的学习任务，从而更好地服务边远少数民族同胞，也作为爱心使者将汉族和少数民族的友谊传递给家乡父老乡亲。

2. 举办党政干部培训班。2012年7月1—16日，在华侨大学举办了“第七期积石山县党政干部培训班”，来自积石山县党政部门的30名干部接受了为期15天的培训学习。在这次培训中，华侨大学采取灵活多样的培训方式，注重理论学习与经验交流相结合，课堂讲授与实地考察相结合，集中培训与自学讨论相结合，成效显著。通过培训，进一步提高了积石山县各级党政领导干部的政策理论水平和执行能力，增强了开放意识，拓宽了工作思路。

3. 举办高中教师培训班。为帮助积石山县进一步提高教师队伍教学水平，促进积石山县教育事业又好又快发展，2012年11月21日，“第四期积石山县中学骨干教师培训班”在暨南大学开班，本次培训班以“普通高中新课程教材改革”为主题，通过组织学员听取专题报告、观摩课、公开课，前往广东省示范性高中参观学习，邀请广东省、广州市的教学名师和“新课改”专家为学员作专题讲座等多种形式，努力提高学员们的教学水平和教学技能，力争为积石山县教育事业的发展作出贡献。

【产业扶贫】 1. 农业综合开发县工作取得新突破。2012 年 1 月，国家农业综合开发办公室正式批复同意新增积石山县为“2012 年国家农业综合开发县”，规划先期投资额为 375 万元。其中：中央财政投资 250 万元，省级财政配套 90 万元，州县配套资金 10 万元，群众投劳折资 25 万元。计划改造中低产田 3180 亩，主要项目区在大河家镇的甘河滩、梅坡、大墩和刘集乡的崔家等 4 个村。农业综合开发县项目的实施，对于加快积石山县社会主义新农村建设，调整农业产业结构，培育和壮大特色产业，实现农业增效、农民增收具有重要意义。

2. 着力支持积石山县吹麻滩河等 5 条河流综合治理项目。2012 年 6 月，侨办积极推动积石山县吹麻滩河等 5 条河流实施综合治理项目工作。

3. 组织“海外侨商甘南·临夏行”活动。2012 年 7 月 23—28 日，由侨办组织的“海外侨商甘南·临夏行”代表团一行 26 人赴兰州、临夏回族自治州、甘南藏族自治州 3 市（州）进行了参观考察，此次活动旨在促进海外华商对甘南藏族自治州和临夏回族自治州的了解，加强交流与合作，发现商机，互利共赢。通过此次活动，来自美国、法国、泰国、菲律宾等 7 个国家的 20 多位华商对我国西部地区有了全新认识，也有意今后的交流与合作。考察团一行还呼吁甘肃省要成立侨商投资企业协会，加强与海外侨商和沿海发达省份侨资企业的联系，促进甘肃省经济全面、协调、可持续发展。其中 19 位成员签署了“成立甘肃省侨商投资企业协会倡议书”。

【教育扶贫】 1. 东亚银行“爱心支教行”活动。2012 年 4 月 26—28 日，由侨办推介，东亚银行（中国）有限公司、中国银监会和上海市侨办共同组织的支教团，赴积石山县刘集中学开展了支教活动，并于 28 日举行了文体用品捐赠仪式。

在支教活动中，志愿者们为刘集中学的孩子们送去近 40 课时的课程，涵盖香港介绍、心理学、美术、音乐等方面。东亚银行“公益基金”向同学们赠送了 60 个“萤火虫背包”及学生床单被套、饭盒和排球、篮球、羽毛球、乒乓球等生活文体用品。这是继 2010 年 9 月东亚银行投资 31.5 万元，为刘集中学捐建了“萤火虫乐园”电教室之后的又一次爱心接力。

2. 2012 年 4 月，根据积石山县需求，由暨南大学计算机、英语、数学、体育、语文等科目 5 名任教老师组成的支教团队赴积石山县，开展了为期 2 个多月的支教和教师培训工作。支教教师通过现代化的教学手段、丰富多彩的授课内容、灵活多样的授课形式，激发了学生的学习兴趣，拓展了他们的视野。为了更好地完成支教工作，各位支教教师甚至放弃了周六、周日的休息时间，连续工作，并克服路途颠簸、高原反应等带来的不适和疲惫，走遍了全县所有初级中学，为当地学校作专题讲座，交流教学心得，努力让更多的农村中学教师和学生受益。

3. 2012 年暑期，华侨大学选派了 42 名大学生志愿者组成“甘肃积石山志愿服务支教团”，在积石山县 6 所学校同时开展支教活动。支教团开设了语文、数学、英语、音乐、美术、社会、舞蹈、素质拓展等多门学科课程，采取多媒体、个性化教学与支教老师间互动听课的模式，将同学们的娱乐活动与汇报演出相结合，为学生培养了学习兴趣，陶冶了道德情操，拓宽了看待问题的角度，切实帮助他们解决了学习中的实际困难。

支教团还发动华大校内师生等有关方面举行系列募捐活动，共募集了 3 万元作为“一帮一”助学金，为支教学校捐赠文体用品和教学用具，为学生捐赠校服和学习用品。此外，支教团成员还逐一走访与调查了 200 多户需受助家庭，了解学生家庭情况、学习成绩和上学意愿等，根据走访与调查的结果将所得资助款分配到支教的 6 所学校，确定了 95 名贫困学生作为“一帮一”帮扶对象。

【侨爱工程】 1. 经侨办国内司积极推动，法国法华工商联合会捐资近 50 万元修建了关家川芦家庄小学教学综合楼，目前综合楼主体已全部完工，预计 2013 年 5 月可投入使用。

2. 2012 年 4 月，由侨办国内司引导香港方树福堂基金会捐建的居集镇卫生院顺利完工，侨办积极和积石山县扶贫办联系，整理了较为完备的反馈材料提供给方树福堂基金会，受到了基金会的充分肯定，基金会表示将继续支持积石山县的卫生事业。

【扶贫慰问】 1. 侨办领导率团开展春节慰问。2012 年 1 月，侨办慰问团，深入积石山县开展春节慰问活动，给部分贫困家庭送去面粉、棉被等价值 3.3 万元的慰问物资，慰问团一行深入贫困群众家中询问了解他们的收入和生活情况，并鼓励他们通过侨办的帮扶和自身的努力，树立信心，争取早日脱贫。其间，益海嘉里集团捐资 200 万元为积石山县 9 所中小学建成了 10 个高标准电教室，为推动积石山县教育信息化建设发挥了重要作用。慰问团一行还参观了吹麻滩中学“国外司党支部爱心书屋”，谭天星司长与吹麻滩中学校长举行了赠书仪式，并表示将建立长期帮扶联系，不断丰富和充实书屋的藏书。

2. 暨南大学开展扶贫慰问活动。2012 年 11 月，暨南大学组织了医疗专家组前往积石山开展医疗帮扶工作。派出了积石山县急需的内科、外科、骨科、妇科、儿科、五官科等 7 位医疗专家赴积石山县开展工作。共为急需手术治疗的少数民族贫困患者进行了剖宫产、疝气、甲状腺、前列腺、胆囊、胆结石、五官科、子宫肌瘤、腓骨远端骨折、平台骨折、骨牵引、宫腔镜、骨科等各类手术 20 余例，同时开展了示范手术、教学查房、医技培训、科普讲座等活动，共诊治、义诊病人 600 余人次。他们用自己精湛的医术和求真务实的工作作风，代表全校师生向积石山县人民送去了爱心。2012 年 11 月 14 日，暨南大学党委副书记、副校长叶勤同志和附属第一医院副院长王存川同志专程前往积石山，慰问患者，并给部分患者分别送去 500 元慰问金。本次活动共发放慰问金和药品价值近 1.3 万元。

（国务院侨务办公室定点扶贫办）

中国气象局定点扶贫

【概述】 根据国务院扶贫开发领导小组的统一部署，2002—2012 年，中国气象局在内蒙古杭锦旗开展定点扶贫工作，共派工作组 10 期，派出驻点扶贫干部 21 人，投入定点扶贫资金、物资共计 2382 万元。中国气象局定点扶贫重点是以气象科技扶贫为主，以教育扶贫和适当项目扶贫为辅，帮助杭锦旗提高防灾减灾能力，挖掘气候资源潜力，开展生态环境保护和建设等。

2012 年，中国气象局定点扶贫工作重点是，开展农村牧区气象灾害防御体系建设和教育扶贫，提高杭锦旗农村牧区防灾减灾能力、教育现代化水平和农牧民素质。共投入定点扶贫资金 184 万元，帮助引进各类资金 800 万元，驻点挂职扶贫干部 2 人，赴杭锦旗考察定点扶贫工作的干部 33 人，举办培训班 6 期，培训 230 人次。

【气象灾害防御体系建设】 结合杭锦旗政府新农村（牧区）建设，在塔然高勒管委员会乌丁补拉村、锡尼镇胜利村、巴拉贡镇兴建村，建设气象信息服务站 3 个，分别配备了电脑、打印机、LED 显示屏、办公桌椅等。

在锡尼镇、伊和乌素苏木、塔然高勒工业园区设立 LED 大屏幕 3 块；在 30 个嘎查（村）安装灾害预警大喇叭 30 套，增强灾害预警信息、气象服务产品发布能力。针对牧民居住较分散及流动性较大等特点，增加气象免费短信用户数，扩大气象信息覆盖面。

将气象助理员、信息员考核纳入旗政府目标考核中，重点考核组织机构、规章制度、气象信息服务站建设、重要气象信息传递、灾情上报情况、培训情况等；举办 4 期气象助理员、信息员培训班，培训 160 余人。

完善了杭锦旗气象服务平台，配备了支持多种格式的流媒体文件互传互播 DLP 全数字多用途大屏幕显示系统 1 套，实现了业务运行和监控两大功能，进一步提高当地气象服务能力及应急联动、综合指挥作用。

【蔬菜生产基地建设】 中国气象局从河北廊坊引进了技术先进的日光蔬菜大棚，根据当地气候特点进行了适应性技术改造，2007—2008 年先后帮助中图村和胜利村建设 130 余栋，其中一半为种植、养殖、沼气、配肥“四位一体”的生态蔬菜大棚，建立了无公害蔬菜生产基地。为提高大棚环境自动控制水平，2012年中国气象局在胜利村温室大棚无公害蔬菜基地建设设施农业自动控监测系统1套，配备电脑1台、智能控制系统1套、温室环境监测系统3套、土壤养分速测仪1台，实现棚内环境自动监测和自动控制。

【教育扶贫】 在前期完成的杭锦旗中学科技活动中心第一期建设的基础上，室内新增展板2块、电子触摸屏1块、计算机1台、演示模型1套，室外设气象观测场和天文台。

帮助杭锦旗第四小学建成少先队活动室、七彩小屋（心理辅导室）、太阳能爱心浴室、洗衣房等，配备了电脑、打印机、按摩椅、沙盘、电视机、洗衣机、乐器、桌椅、太阳能热水器和玩具等，捐赠图书2000册。

组织25名师生到北京参加气象科技夏令营活动，参观了中国气象局大型计算、大气探测、信息传输、天气预报制作会商系统和天气预报影视节目制作等，还参观了清华大学、北京大学等部分高校及相关人文景观，开阔了视野、增长了见识，普及了气象科普知识。

继续推进“一帮一”金秋助学活动，资助贫困生15名，捐赠了U盘、学习用品、羽毛球拍等。

协助开展农牧民养殖和种植技术培训、社区建设及杭锦旗第4小学与农科院附小结为友好学校。

（中国气象局应急减灾与公共服务司
潘亚茹）

中国证券监督管理委员会定点扶贫

【概述】 2012年，中国证券监督管理委员会（以下简称“中国证监会”）认真贯彻中央扶贫开发工作会议精神，加大对国家定点扶贫支持力度，在继续定点扶贫安徽省太湖、宿松两县的基础上，新增河南省兰考县和桐柏县、内蒙古自治区察哈尔右翼前旗、山西省汾西县和隰县、陕西省延长县、甘肃省武山县、吉林省龙井市等8个国家重点贫困县为帮扶对象，并动员6家证券期货交易所、中国证券业协会与会机关共同开展结对帮扶，为共同参与国家扶贫事业起到良好的示范作用。

中国证监会自1999年开展扶贫工作以来，就专门成立了由会领导挂帅、会机关党务和机关服务部门负责人组成的扶贫工作领导小组，统筹中国证监会的定点扶贫工作。为进一步凝聚中国证监会扶贫工作整体合力，增强倡导资本市场参与扶贫工作的号召力，2012年，中国证监会对扶贫工作领导小组进行了调整充实，由时任中国证监会主席郭树清同志亲自担任领导小组组长，副主席姚刚等5位会领导任副组长，有关会内部门、会管单位、证监局等27个部门（单位）为领导小组成员单位。同时，还指定成员单位主要负责人作为领导小组成员，要求成员单位明确一名班子成员分管本单位扶贫工作，并确定扶贫职责部门和责任人，切实做到领导有力、分工明确、责任到人。

【扶贫调研】 为帮助安庆市太湖、宿松县了解当地资本市场，培育新的发展理念，2012年4月1日，中国证监会研究中心负责同志专门带队前往安庆市，一行深入到太湖、宿松两县基层考察调研，对太湖县企业上市及旅游文化产业发展进行了指导，并就宿松县对接“长三角”、“珠三角”上市公司的投资项目等提出了具体建议。此行，还为市委中心组（扩大）学习会作了题为《资本市场与中部崛起》的讲座，通过对国际国内热点事件的点评，深入分析了当前世界经济金融的走势，详细介绍了美国等发达国家的金融体系和战略性新兴产业的发展历程及特点，分享了对全球化背景下中国经济转型和中部崛起的思考。

【产业扶贫】 发挥宿松县丰富的水资源优势，为推动实施“虾蟹生态养殖技术集成示范与产业化开发”富民强县专项行动计划，中国证监会帮助宿松县向科技部申请到167万元专项扶持资金，向省里争取等额配套资金（已到位25万元），由县政府配套300万元，有关企业自筹1408万元，共投资1900万元。该专项计划于2012年7月启动，两年完成，将新建2个河蟹、青虾育苗基地和3个生态养殖示范基地，集成8项系列配套技术，示范辐射带动全县蟹虾养殖产业发展。

同时，进一步扩大当地虾蟹等水产品深加工能力，建立产业化发展技术服务与保障体系，加强信息网络建设和宣传推介，拓宽国内外市场。该项目预计技术培训1.2万人次，增加就业岗位1.1万个，带动8000养殖户增收3.2亿元，带动参与企业实现产值2.6亿元、增加利税0.7亿元，带动相关产业实现产值12.4亿元，县级财政增收0.5亿元。专项计划将显著提升当地虾蟹养殖产业化科技水平，促进当地从资源优势向经济优势转化，对推动宿松县实现富民强县起到重要作用。

【招商引资】 宿松县在矿产、淡水养殖等方面自然资源丰富，劳动力资源相对丰富，环境容量大，在化工、纺织服装、新型建材、现代农业渔业等行业承接产业转移能力较强。在“长三角”地区产业向内地转移的大背景下，中国证监会结合浙江地区上市公司外扩需求大、投资意愿强的现状，指导宿松县梳理该县产业经济发展规划、投资政策和重点招商引资项目信息，依托浙江上市公司协会公共网站，面向浙江辖区上市公司，进行网上宣传和项目推介，共涉及24个重点招商项目，总投资需求达197.36亿元。同时，发挥浙江上市公司协会身份方便、熟悉上市公司情况、服务能力强等优势，坚持市场化招商的原则，充分利用协会组织辖区上市公司高管培训的机会，由协会协助开展面向上市公司高管的招商宣传等工作。还组织宿松县政府分管领导带队前往杭州，与浙江证监局、浙江上市公司协会进一步协商建立对接上市公司的长效机制，并契合宿松县产业发展和招商引资需求，以及浙江上市公司投资意向，专门组织宿松县招商团到传化股份、杭萧钢构、三花股份等多家上市公司进行实地考察和定向推介。

【培育上市企业资源】 中国证监会契合太湖县的“工业强县”发展战略和思路，扶持当地优质企业发展壮大，指导推进企业上市工作，发挥示范引领和辐射带动作用，促进资本市场与当地新兴产业的融合发展，帮助太湖县经济步入良性循环、加速发展的轨道。在2011年推动太湖县金张科技有限公司签约保荐机构国信证券，迈出企业上市关键性一步后，继续发挥专业优势，指导金张科技按照现代企业制度，完善公司法人治理结构，健全企业内部控制，促进企业规范运作和良性发展。同时，牵线引进博信优选（天津）股权投资基金合伙企业（有限合伙）、汇天盛世（北京）投资有限公司两家战略投资者，融入资金5000万元，帮助金张科技充实了发展资金，优化了股权结构，并对公司进一步扩大生产经营规模、优化法人治理、提升经营管理以及加快上市进程等方面都具有积极意义。金张科技的拟上市工作在当地起到了良好的示范效应，经过多年的指导和培育，太湖县第2家高科技民营企业太湖集友纸业有限公司为寻求更大的发展空间，于2012年12月9日，正式与保荐机构国海证券签订了首发上市保荐协议，启动了企业上市的前期工作程序，公司财务审计以及公司历史沿革、募投项目和规范运作的梳理和论证等工作也都开始有序推进。

【干部挂职扶贫】 中国证监会将定点扶贫与干部培养锻炼相结合，坚持竞争、择优等原则，选派德才兼备、有培养前途的年轻干部挂职扶贫，并在工作指导、组织协调、支持服务等方面给予充分保障，助力挂职干部放手开展扶贫工作。2012年，两名干部在太湖、宿杉两县挂职，始终恪守各项工作纪律，认真学习研究扶贫政策，主动融入当地基层工作和生活，较好地完成了年度各项帮扶任务，还积极发挥自身专业强、思路好、视野宽、经验丰富等优势，广泛深入贫困基层开展调研，在发展规划、宣传推介、牵线搭桥、企业上市指导等方面发挥了重要作用，得到两县党委和政府的高度肯定。两年的基层挂职锻炼，也增进了扶贫干部对贫困基层和群众的朴素感情，加深了对基层国情民情以及资本市场服务实体经济的认识，增强了组织协调及处理解决实际问题的能力。

（中国证券监督管理委员会）

国家电力监管委员会定点扶贫

【概述】 2012年，国家电力监管委员会（以下简称“电监会”）贯彻落实中央扶贫开发工作会议精神，按照《中国农村扶贫开发纲要（2011—2020年）》的总体要求，进一步明确对甘肃省通渭县“电力扶贫、信息扶贫、智力扶贫、分期实施”的总体思路，要求结合居民用电服务监管专项行动，维护贫困地区人民群众基本用电权益，协助并推动国家全面解决无电村和无电人口用电问题。2012年，实施扶贫项目5个，帮助引进资金达到11亿元，培训县乡村各级干部和电力技术人员82人，捐赠教育教学用品价值5万元。2012年12月，电监会定点扶贫工作入选《全国社会扶贫创新案例汇编（100例）》。

【扶贫调研】 2012年9月，扶贫工作领导小组赴通渭县，召开扶贫工作座谈会，总结定点帮扶工作所取得的成绩和经验，听取当地政府对扶贫工作的意见和建议，理清下一阶段的工作重点。期间，启动了马陇二级公路建设项目，视察华能华家岭风电项目并就进展情况进行协调沟通，出席了寺子乡郑阳小学校舍修缮竣工仪式，并向贫困学生捐赠运动服、电脑和文体用品。

【居民用电服务质量监管】 电监会开展居民用电质量专项监管行动，实施低电压治理，优化配网结构，缓解用电压力。督促供电企业切实强化管理服务工作，加快营业厅标准化建设步伐，做好应急抢修工作，及时为客户提供上门服务；要求供电企业向社会公开并兑现供电服务承诺，及时准确地公开供电信息，认真执行停限电告知义务。通过此项行动的实施，通渭县农村电网技术装备水平和用电服务质量明显提高，农网供电可靠率从86%提高到99%，综合电压合格率从83%提高到95%，综合线损率由18%下降至15%。

【电力扶贫】 针对当地农村电网薄弱和村动力电不足的问题，电监会将通渭县确定为农村电网升级改造示范县，2012年电力基础投资2300万元，用于改善电网结构，有效提升了全县106个村520个组的供电保障能力。

立足通渭县华家岭风力资源丰富的优势，协调华能集团甘肃省能源开发有限公司与通渭县签订总投资42亿元的华家岭风电项目，经过1年建设，一期工程49.5兆瓦25台风机已于2012年12月20日全部并网成功。该项目规划设计总装机容量60万千瓦，全部建成投产后，年发电总量预计将达到12亿千瓦时，年发电收入预计近7亿元，年税收收入将近1亿元。

【基础设施建设】 在整个六盘山区的扶贫计划中，交通占据十分重要的地位。在电监会协调帮助下，交通运输部将马陇二级公路作为地方区域经济干线纳入“十二五”期间国省干线改造计划。该项目估算总投资5.7亿元，设计路线总长74千米，全线拟采用二级公路标准建设，该项目获甘肃省发展和改革委员会批复并于2012年9月20日启动。

针对通渭县农田水利建设资金短缺的实际，经甘肃省电力监管专员办公室协调甘肃省水利厅和甘肃省财政厅，2012年9月，通渭县列入中央财政小型农田水利重点县项目。

【智力扶贫】 2012年4月，组织通渭县有关乡镇党委书记、乡镇长22人，赴河南开展第二期干部培训，考察学习现代农业、畜牧养殖业、新农村建设和城市建设管理经验。经挂职干部前期调研，结合县安全生产工作中对用电安全的要求，12月，甘肃省电力监管专员办公室具体安排布置，组织全县56家单位60名学员在通渭县成功举办了第一期进网作业电工培训班，提高了电工素质，拓展了致富渠道。

【多方争取】 甘肃省电力监管专员办公室领导协调甘肃省财政厅，将郑阳小学维修列入财政奖补范围并下拨资金40万元，协调将总投资37.5万元的郑阳村长义社至华亭村道路建设列入财政奖补范围，协调总投资325万元的郑阳村25户村民易地搬迁项目通过了甘肃省发展和改革委员会审核批准。联系甘肃省财政厅，挂职干部积极协调沟通，为郑阳村争取到15万元的文化活动场所建设项目资金。向郑阳小学捐赠了总价值5万元的教育教学用品，为山区孩子解决学习实际困难。

（国家电力监管委员会　安宏滨）

中国宋庆龄基金会定点扶贫

【概述】 2001年11月，国务院确定宁夏自治区彭阳县为中国宋庆龄基金会定点帮扶对象。10余年来，中国宋庆龄基金会先后在彭阳投入各类扶持资金及物资，折合人民币1179.97万元，实施于小额信贷、人畜饮水工程、乡镇干部培训、医疗卫生等项目，切实改善了彭阳县当地群众生产和生活条件，有效提高了基层干部综合服务能力。2012年，中国宋庆龄基金会重新制定了《关于进一步加强中国宋庆龄基金会定点扶贫工作的若干意见》，成立了以党组书记、常务副主席常荣军为组长的定点扶贫工作领导小组。2012年，中国宋庆龄基金会对彭阳县直接投入扶贫资金150万元，并资助100名彭阳籍贫困大学生完成大学学业。

【小额信贷项目】 2004年以来，中国宋庆龄基金会累计拨款260万元，用于在彭阳县开展小额贷款项目。该项目采取“有偿使用、滚动回收”的办法，主要用于支持贫困户发展草畜产业、种植业和菌草园区建设等。彭阳县政府负责该项目的管理及实施并委托县农业银行负责投放、回收和代管该基金。贷款利率按同期人民银行规定的基准利率（最低）标准执行，回收利息作为金融部门业务经费。2012年，小额贷款项目在彭阳县继续有序开展。

【扶贫培训】 从2008年开始，除了向彭阳县提供资金支持外，中国宋庆龄基金会本着由传统救济帮扶模式向新型智力型帮扶模式转移的工作思路，尝试为彭阳县乡镇干部及农村致富带头人举办专题培训班，希望通过这样的形式，能够使中国宋庆龄基金会定点帮扶工作不断深化，走出一条特色之路，帮助和支持彭阳县经济、社会发展。同时，希望彭阳县能够进一步加深对中国宋庆龄基金会的理解，将中国宋庆龄基金会的资源同彭阳县的发展进行配置，将彭阳县新农村建设搞得更好。2012年，为期两周的第5、6期彭阳县乡镇干部及农村致富带头人培训班在上海举行。历年来，中国宋庆龄基金会累计为彭阳县培训乡镇干部及农村致富带头人270余人。

【农民代表团赴台参访】 2012年11月，中国宋庆龄基金会组织大陆基层农民代表参访团一行29人赴中国台湾交流、参访。该团成员由2008年以来共6期“乡镇干部及农村致富带头人培训项目”的学员中选拔产生。此次活动旨在拓宽定点扶贫工作思路，通过组织团员们深入考察中国台湾生态农业、精细农业发展现状，参加内容丰富的各类交流活动，帮助大家开阔视野、借鉴经验和拓展思路，并把此行所见所闻带回彭阳，为彭阳县农业发展贡献自己的力量。

【干部挂职扶贫】 2012 年，中国宋庆龄基金会抽调 1 名处级干部及 1 名科级干部赴彭阳县挂职锻炼，分别担任彭阳县人民政府副县长及彭阳县人民政府县长助理。在培养年轻干部的同时，重点结合中国宋庆龄基金会优势公益项目、交流项目，进一步加强对彭阳县的定点帮扶力度。

（中国宋庆龄基金会）

铁道部定点扶贫

【概述】 2012年，铁道部（编者注：2013年国务院机构改革后，撤销铁道部，本文所称“铁道部”为撤销前的铁道部。）积极配合宁夏、新疆自治区党委、政府实施扶贫开发纲要和整村推进扶贫规划，组织兰州、乌鲁木齐铁路局继续做好对固原市原州区和和田县3个乡的定点扶贫工作，在推进生态移民村建设、深化特色产业扶贫开发、落实教育扶贫举措、规范扶贫项目管理等方面，取得了新的成效。共投入定点扶贫资金1074.6万元，其中原州区500万元、和田县574.6万元（含2011年度结余）；实施扶贫项目14个，其中原州区6个、和田县8个，为改善贫困群众生产生活条件、巩固发展边疆稳定和民族团结局面、促进贫困地区经济社会发展作出了积极贡献。2012年，原州区农民人均年纯收入达到4792元，比2011年增长了14.4%，减少贫困人口1.44万人；和田县拉依喀乡农牧民人均年纯收入4902元，比2011年增长了10.9%，减少贫困人口0.12万人；色格孜库勒乡农牧民人均年纯收入3729元，比2011年增长了7%，年减少贫困人口0.1万人；朗如乡农牧民人均年纯收入3574元，比2011年增长了5.7%，年减少贫困人口0.09万人。

【秦巴山片区】 2012年，铁道部认真落实国务院扶贫办关于片区联系工作的部署要求，为适应秦巴山片区经济社会发展需要，与科技部一起扎实推进调查研究、联系沟通、督促指导3项任务，推动片区区域发展和扶贫攻坚联系工作有序实施。

为深入做好联系秦巴山片区的工作，探索联系扶贫与定点扶贫相结合的扶贫方式，铁道部主动向国务院扶贫办提出申请，从秦巴山片区6省市增加一些贫困县作为新的定点帮扶点。按照国务院扶贫办等8部委《关于做好新一轮中央、国家机关和有关单位定点扶贫工作的通知》，铁道部除继续做好原有2个帮扶点的定点扶贫工作外，还做好秦巴山片区内河南省栾川县、湖北省丹江口市、重庆市云阳县、四川省苍溪县、陕西省勉县、甘肃省西和县等6个新增帮扶点的定点扶贫工作。2012年11月以来，已专门召开两次扶贫开发领导小组会议，研究部署定点扶贫工作，确定了“铁路扶贫点增加，扶贫资金总量不减少”原则，决定从帮扶县所在地的铁路车务站段、建设指挥部选派政治素质高、作风过硬、德才兼备的优秀中青年干部开展挂职扶贫。

组织有关铁路局，加大联系扶贫与定点扶贫工作融合力度，积极与帮扶县协调沟通，开展调查研究，掌握扶贫需求，大力推进开发式扶贫，努力帮助贫困群众实现脱贫致富，促进秦巴山片区经济社会发展和扶贫开发。

【生态移民村建设】 2012 年，铁道部投入 340 万元与原州区自筹资金 2000 余万元捆绑，在原州区三营镇建成了由 316 户搬迁户组成的“金轮村”。共建移民住房 316 套，每户院落占地 600 平方米，其中一半面积用于种植或养殖，每户房屋 3 间、使用面积 54 平方米，1 间客厅、1 间卧室、1 间分隔为厨房和洗浴室，为每户安装太阳能热水器。为解决村民的生计问题，为每户村民新建面积 600 平方米的蔬菜温室 1 座，用于种植经济作物。同时，为“金轮村”建设了村部活动中心（兼村委会办公室）和幼儿园、超市、文化广场各 1 处，硬化、绿化道路 6 千米，形成了欣欣向荣、文明整洁、积极向上的新农村，初步实现了移民“搬得出、稳得住、能致富”的目标。在推进“金轮村”移民村建设的同时，投入资金 90 万元用于头营镇三和村“三个确保”重点村建设，整修道路 4 千米，帮助贫困户发展养殖业，为村民配发基础母羊 988 只，配备铡草机 253 台；投入 20 万元在河川乡康沟村修建漫水桥，从根本上为沿途 4 个村 200 余户 1000 人解决了过河难的问题。

【产业扶贫】 2012 年，铁道部结合和田县自然条件和传统产业优势，继续帮助贫困户大力发展种植业和传统手工业，推进开发式扶贫和滚动式发展。累计投资 7895 万元，实施和田县核桃深加工工程建设，乌鲁木齐铁路局成立项目建设指挥部对项目可研、工程招标、建设组织等环节实行全过程管理，使其成为“交钥匙”工程。2012 年，顺利完成了核桃深加工工程建设，并于 3 月 30 日正式交付和田县经营，在抓好核桃深加工项目的同时，继续加大和田县特色产业扶贫开发投入：先后投入扶贫资金 340 万元，援助色格孜库勒乡新建 1000 亩红枣滴灌基地和枣苗，以及相关机井等配套设施；为郎如乡新建 1000 亩核桃滴灌基地并配发核桃苗；投入 85. 5 万元，为色格孜库勒乡实施葡萄立架改造 300 苗，提高葡萄产量和品质；投入 122 万元，为拉依喀乡新建现代化的地毯编织厂，引进半自动流水地毯编织机；并投入 9 万元为 300 户农民采购地毯编制架进行补助，在改善劳动条件、提高生产效率、促进农民增收上发挥了重要作用。经过多年来持续产业扶贫，和田特色种植业和地毯编织业得到长足发展，产品质量和附加值有了较大幅度提高，农民增收渠道得到进一步拓展，当地“造血”功能和自我发展能力进一步增强，扶贫开发工作逐渐形成良性循环。

【教育扶贫】 2012 年，铁道部坚持“扶贫先扶智”，继续实施教育扶贫项目。在原州区，为重点贫困村和生态移民村农民开办实用技术和劳动技能培训班 15 期，共有3100人参加培训，进一步提高了村民的致富能力。投入20万元资助新入学的100名贫困大学生，为这些家庭减轻了负担。在和田县，投入近30万元，为郎如乡高山牧民配备了100套马背便携式太阳能发电设备，使屯垦祖国边陲的牧民用上了电；为部分贫困生解决了因为家庭贫困而交不起学费的问题，继续对两个乡2011年考取大中专院校的100名贫困户子女给予10万元学费资助。通过对教育扶贫持续投入，当地村民整体受教育水平、教育环境均有了较大改善。

【扶贫项目监管】 铁道部对扶贫项目和扶贫资金管理极为重视，明确要求有关部门和单位建立健全制度办法，规范项目管理和资金使用管理，确保资金及时到位、使用安全，确保项目顺利实施、质量优良。有关铁路局认真制定执行各项扶贫管理制度，加强项目实施中的监管，做好项目验收评估，做到了一个项目、一项制度、一套资料。成立由主管副局长任组长的项目验收评估小组，对项目管理、进度及质量、项目覆盖范围、资金管理和使用、项目效益等进行全面评估验收，肯定取得的成效，指出存在的不足和差距，提出今后实施项目的意见和建议，使扶贫项目管理工作水平不断提升。积极发挥挂职扶贫干部的作用，指导挂职扶贫干部搞好协调沟通，参与帮扶项目的调研、启动和实施工作，加强日常实施过程中的监管和工程验收，使项目实施有条不紊、扎实推进。

【定点扶贫工作回顾】 从2002年开始，铁道部承担对宁夏自治区固原市原州区、新疆自治区和田县3个乡的定点扶贫工作。11年来，铁道部坚持“真扶贫、扶真贫”，组织有关部门和兰州、乌鲁木齐铁路局负责同志以及参加扶贫工作的同志785人次深入原州区和和田县进行实地调研，了解扶贫需求。每年安排专项资金用于定点扶贫，累计投入资金1.98亿元，实施农村特色产业开发、教育扶贫、医疗卫生扶贫、生态移民村建设等200个项目。经过铁道部的对口帮扶和贫困地区人民的艰苦奋斗，原州区和和田县3个乡的贫困面貌有了较大改善。

一是贫困人口数量大幅下降。原州区的贫困人口数由2001年末的22.4万人下降到2012年末的10.8万人，减幅51.8%，贫困发生面率由58.5%下降到32.7%；和田县3个乡的贫困人口数由2001年末的4.2万人下降到2012年末的3.1万人，减幅26.2%，3703名绝对贫困人口数全部消除，贫困发生面率由72.9%下降到60%。贫困发生面最低的年份为2009年，贫困人口0.7万人，贫困发生面14.3%。两地的温饱问题基本得到解决。

二是农民人均收入大幅提高。原州区的农民年人均纯收入由2001年的927元提高到2012年的4792元，增长了4.2倍；和田县3个乡的农民人均年收入由2001年的938元提高到2012年的4299元，增长了3.6倍。

三是地方经济实力明显增强。原州区的 GDP 由 2001 年的 5.85 亿元提高到 2012 年的 67.87 亿元，增长了 10.6 倍；和田县 3 个乡的 GDP 由 2001 年的 0.67 亿元提高到 2012 年的 2.19 亿元，增长了 2.3 倍。原州区和和田县 3 个乡的经济产业结构不断优化，逐步由单一的农业经济模式开始向农、工、商多种产业共同发展的格局转变。

与此同时，铁道部始终坚持“人民铁路为人民”的宗旨，积极发挥铁路行业建设扶贫、运输扶贫等方面的优势。紧密围绕贫困地区扶贫开发面临的突出矛盾和需求，加强与地方政府的联系沟通，加快推进铁路建设，加大运力倾斜力度，因地制宜地制定和落实支持、帮扶政策，为地方经济社会发展和扶贫开发提供了有力保障。

铁路建设方面，2002 年以来建成并投产了库车西至俄霍布拉克铁路支线、精伊霍铁路北疆线扩能、兰新线红柳河至阿拉山口电化、乌准线小黄山至五彩湾、太原中卫银川铁路、喀什至和田铁路、哈密至罗布泊铁路、既有兰新铁路电化、哈密枢纽南环线、银川站改造、包兰线惠农至银川段增建第二线等项目，兰新第二双线、南疆铁路吐鲁番至库尔勒段增建二线、乌鲁木齐新客站、霍尔果斯口岸站等在建项目正在加快推进。

铁路运输方面，宁夏、新疆自治区的铁路客货运量实现大幅度增长。2012 年，宁夏自治区铁路货物发送量完成 8467 万吨，比 2001 年增加 6340 万吨，年均增长 13%，高于全国平均水平 6.3 个百分点；铁路旅客发送量完成 535 万人，比 2001 年增加 285 万人，年均增长 6.7%，高于全国平均水平 1.7 个百分点。2012 年，新疆自治区铁路货物发送量完成 6840 万吨，比 2001 年增加 2885 万吨，年均增长 4.6%，其中南疆线完成 2365 万吨，年均增长 17%；铁路旅客发送量完成 2125 万人，比 2001 年增加 1197 万人，年均增长 5.7%，高于全国平均水平 0.7 个百分点。

（铁道部办公厅　戴飞翔）

中国农业发展银行定点扶贫

【概述】 2012 年，中国农业发展银行（以下简称“农发行”）定点扶贫县调整增加为 4 个，分别是吉林省大安市、云南省马关县、广西壮族自治区隆林县和贵州省锦屏县。为了开展好新一轮定点扶贫工作，农发行总行党委多次召开专题会议，学习党中央、国务院关于做好定点扶贫工作的指示精神，研究扶贫干部人选，编制定点扶贫工作规划，及时研究需要解决的问题；强调要认真总结农发行开展定点扶贫的经验，学习借鉴有关部委的好做法，结合农业政策性银行特点和扶贫点实际情况，调整布局，抓好新一轮定点扶贫工作。为认真贯彻落实国务院扶贫办、中组部等 8 部门《关于做好新一轮中央、国家机关和有关单位定点扶贫工作的通知》（国开办发〔2012〕78 号）通知精神，总行有关部门领导和吉林、广西、贵州、云南分行领导，专程到总行定点扶贫点吉林省大安市、广西壮族自治区隆林各族自治县、贵州省锦屏县和云南省马关县调研，与当地党委、政府有关同志座谈，听取扶贫点意见和建议，共商确定新一轮定点扶贫工作的思路和措施。

【产业扶贫】 2012 年，农发行积极发挥自身优势，以扶持农业产业化龙头企业发展作为重要抓手，带动贫困地区发展特色产业，推动扶贫点可持续发展。农发行根据重点帮扶项目相关情况，认真梳理分析，进一步加强帮扶项目的跟踪监测力度。2012 年，肉鸡养殖业遭遇市场低迷、销售不畅等问题，导致产值下降，利润减少，农发行多次为全国定点扶贫龙头企业大安市安大牧业协调农业项目贷款，扩大厂区面积和生产规模，农发行挂职扶贫干部与当地政府一起分析企业面临的问题和成因，研究制定解决措施。扶贫干部多次深入企业查看肉食鸡的加工流程，了解生产、卫生等有关情况，到多个乡镇实地调研，为该企业安排建立了肉鸡养殖基地，解决了企业原材料不足的问题。

【基础设施建设】 农发行积极支持扶贫点农业基础设施建设，向吉林省大安市嫩江湾滨江大道建设项目发放贷款 1.3 亿元。2012 年底，滨江大道竣工通车，大道全长 9.54 千米，建设标准为一级路，总投资 1.93 亿元。滨江大道的建成为大安建设现代化滨江园林城提供了有力支持，使嫩江湾国家湿地公园基础设施日臻完善、景区功能显著提升，为打通“三省一区”经济大动脉提供了坚强的保障，有效地推动了当地经济社会建设。

【智力扶贫】 农发行坚持以智力扶贫为目标，不断为扶贫点注入发展新活力。一是坚持开展“文化扶贫送报下乡”活动，每年为扶贫点订阅《农民日报》。2012 年农发行为扶贫点的 300 个贫困村订购了《农民日报》。二是坚持资助扶贫点贫困大学新生，2012 年农发行继续资助扶贫点 20 名大学新生。自 2002 年以来，共筹集资金 97 万余元，帮助扶贫点 375 名贫困大学新生解决了入学资金困难问题，使他们圆了大学梦。

（中国农业发展银行　张康）

中国银行定点扶贫

【概述】 2012年，中国银行切实履行大型商业银行社会责任，投入资金550.70万元，继续在陕西咸阳市永寿、长武、旬邑、淳化等4县开展社会定点扶贫工作，资金同比增加6.68%，是历年投入资金最多的--年。建设完成移民搬迁项目5个，道路硬化项目2个，实施海外现代农业与农业金融考察交流项目1个，在京举办2期教育扶贫培训班，建设13个远程教学网站，共计实施11个扶贫项目。

【移民搬迁】 2012年，中国银行实施了旬邑县土桥镇北沟村、郑家镇仁安村、长武县枣元镇牛王村、冉店发展服务中心崔家门村、淳化县官庄镇南庄村共5个移民搬迁项目。项目总投资3226万元，中国银行按照“1+1”的建房补助标准，即每户1万元基础上，每人再增加1000元，共投入资金389.7万元，带动当地政府和群众自筹资金2836.3万元，帮助270户1197名贫困群众告别了祖辈居住的土窑，搬进由政府统一规划、公共设施齐全的新居，极大地改善了困难群众的居住条件，起到了“扶好一个村，辐射一个乡，影响一大片”的示范作用。

【基础设施建设】 2012年，中国银行投入资金95万元，群众自筹资金10万元，实施永寿县豆家镇良村、甘井镇杜家庄村道路硬化项目2个。两村道路全长3.5千米，工程总造价105万元，解决了一直困扰285户1221名贫困群众出行难的问题。

【金融扶贫】 中国银行在分析研究当地经济发展现状和金融服务需求的基础上，为定点扶贫县在网点建设、村镇银行建设、授信项目、投资银行介入等方面互动信息、牵线搭桥。积极协调，多方联动，邀请中银富登村镇银行总部来咸发展分支机构，与旬邑县人民政府签署了20亿元授信规模的战略合作框架协议。2012年，中国银行咸阳分行被咸阳市政府确定为“清华大学——中国银行总行支持咸阳市经济社会发展产、学、研对接项目”定点金融服务机构，并成为全市6700名公务员代发工资业务主办行。

【智力扶贫】 2012年，采取“请进来、走出去”的办法，投入扶贫资金66万元，实施智力开发式帮扶。一是组织咸阳市部分干部赴日本东京、长野等地考察培训，与日本农业协同工会、中央农业金库等部门面对面交流，考察日本高原精细化农业管理模式，学习现代农业和农金知识，探索适应贫困县区金融资本链条与现代农业产业链条的有机结合路子，推动咸阳市农业科学发展。二是在清华大学的帮助下，为咸阳市引进“清华教育扶贫中小学远程教育在线项目”，建立13个“清华伟新教育扶贫中小学远程教育在线”2级网站。网站由清华大学教育扶贫办公室负责建设维护。网站投入使用后，咸阳市部分中小学每周都能接收到清华大学提供的优质课程资源，完善了学校教学服务功能，提升了办学条件和质量。三是策划实施了“清华大学——中国银行支持咸阳市经济社会发展产学研对接会”，咸阳市主要领导及咸阳市步长制药公司、彩虹集团技术中心等当地较有影响和发展潜力的企业负责人，与清华大学专家学者围绕科研成果转化体系建设、区域经济规划等科研情况和研究成果进行了深入交流。会上，部分企业与清华大学就丹红注射液研发、质量标准化体系与红外线自动化控制、风电自动化控制、科技企业孵化模式达成合作协议并签订了合作意向。通过与知名高校建立科技交流与“产学研”合作互动机制，部分科技成果在咸阳得到转化，有力地支持了当地经济社会发展。

【教育扶贫】 中国银行按照“扶贫先扶智、扶智先扶师”的工作思路，积极与清华大学沟通协调，为咸阳市部分区县教育局长、中小学校长及教师创造培训机会，在京举办“中小学教育队伍骨干培训班”，帮助解决当地农村教学质量问题。参训人员通过与国内一流专家教授面对面交流沟通，转换了教学观念，提高了教学水平能力。回到工作岗位后，这些人员借鉴教授专家传授的先进教学理念，优化工作方法，提高教学质量，受到当地教育机构和广大群众好评。“兴一方教育，富一方百姓”，教育的优先发展为该地区未来走出贫穷带来了希望和曙光。

（中国银行党务工作部　刘俊旭）

中国光大（集团）总公司定点扶贫

【概述】 2012年，根据党中央、国务院新10年扶贫开发工作战略部署，中国光大（集团）总公司（以下简称“光大集团”）在国务院扶贫办的直接领导下，认真贯彻落实中央扶贫开发工作会议精神，结合新《纲要》的实施，结合集中连片地区扶贫攻坚的全面启动，结合《新化县武陵山片区区域发展与扶贫攻坚实施规划》，以武陵山片区区域发展与扶贫攻坚试点为契机，坚持开发式扶贫方针，坚持让贫困人口增收的思想，坚持“积极而为，量力而行”的原则，选好工作的突破口，确立了“三扶一推进”，即以教育扶贫、素质扶贫、产业扶贫和“三个确保”贫困村整村推进为主要内容的工作思路，集中财力，瞄准贫困群体，把让贫困农民直接受益得实惠作为宗旨，着力解决群众最关心、最直接、最现实的问题，做到确定一项，建好一项，收效一方，不搞锦上添花项目。2012年，定点帮扶湖南省新化县共投入扶贫资金546.9万元，组织实施扶贫项目13个，取得了阶段性成果。光大集团定点扶贫工作的做法在全国定点扶贫工作培训班上做了书面经验交流。

【扶贫调研】 2012年7月，光大集团定点扶贫工作组到定点扶贫新化县考察调研，先后走访了4个乡镇，考察了3所学校和2个“三个确保”贫困村，深入到乡村和田间地头，同县委、县政府有关干部和村民进行座谈。通过实地调研，结合当地需求，按照“两不愁，三保障”的目标要求，制定了光大集团2012年度定点扶贫工作计划，进一步明确了“教育扶贫、素质扶贫和产业扶贫”的重点，既体现了中央要求，又兼顾了当地规划；既突出了光大集团特色，又贴近了群众期盼。

【教育扶贫】 1. 修建光大希望小学。一是在县边远山区白溪镇东富村新建一所光大希望学校。光大集团投入140万元，拆除原校D级危房，新建一栋4层1400多平方米的教学楼，同时还修建学生宿舍、食堂等附属设施，建成一所占地面积9560平方米、并有寄宿生的九年一贯制学校，改建后扩容学生400人，为周边11个贫困村10000余人口的孩子改善了上学条件。二是在县库区游家镇金子村新建一所光大希望小学。光大集团投入140万元，原址拆除D级危房，新建一栋3层900平方米的教学楼，并建有食堂等附属设施。改建后扩容学生200余人，为部分师生解决了常年须坐摆渡过资江上学的困难，为学校周边6个库区村、贫困山区村共9800多孩子改善了上学条件。

2. 开展“爱心助学”活动。一是资助贫困大学生活动。2012年，光大集团投入15万元，资助新化县参加全国高考被录取的家庭生活困难的大学生134名。按照家庭困难情况每个学生资助1000—2000元，并在新化县举行的光大集团捐资助学仪式上，将助学金发放到特困大学生手中，帮助他们解决赴校的路费和第一学期的生活费，使特困生能够顺利走进大学校园。二是光大金控资产管理公司员工对4所光大希望小学中的11名贫困学生捐资5500元，继续开展“一对一”助学活动。三是开展夏令营活动。组织新化县两所光大希望小学的优秀学生代表来京，开展“走出大山看北京”夏令营活动。光大集团分管领导专门看望了新化县贫困学生，向他们赠送了书包、课外图书等学习用品。

3. 更新教学设备，提高教学水平。2012年，继续做好援建光大希望小学后续帮扶工作，针对孟公镇月塘光大希望中心小学和上梅镇新田光大希望小学建成后的实际情况，2012年又投入40万元，帮助两所光大希望小学更新课桌椅600套、新购买电脑40台，新建图书室、电脑室各1个。

【扶贫培训】 2012年，共举办各类扶贫培训班6期，共培训1290人次，其中各级干部100人次、技术人员650人次、致富带头人400人次，劳动力技能培训140人次。一是组织基层干部产业扶贫培训。由光大集团挂职扶贫干部带队，与县委组织部共同组织县直和各乡镇扶贫干部到重庆武隆县、成都锦江区三圣花乡学习新农村建设和农村产业扶贫开发，以及工业化、城镇化建设经验。二是组织农民实用技术培训。通过举办李子、金银花和玉竹等种植培训，提高了农民农业实用技术，促进了当地产业扶贫开发。三是组织劳务输出技能培训。举办了2期电脑维修和厨师就业技能培训班，并与新化县现代职业学校签订《劳务输出培训协议》，转移就业140人。

【产业扶贫】 兴建李子种植基地。2012年，投入资金100万元，在吉庆、圳上、坐石3个乡镇连片开发，新建李子种植基地8300亩，并采取“合作社+基地+农户”产业化模式进行实施，两年后连片开发所在村落后面貌将得到根本性改变，使李子产业成为石灰岩山区农民实现长期稳定增收，脱贫致富的有效途径。

兴建中药材种植基地。2012年，光大集团投入资金30万元，在金凤乡坪油村、大湾村等6个连片边远山区贫困村新建中药材种植基地400亩，种植玉竹。两年后收割，每亩每年平均纯收入达4400元，扩大了贫困村增收项目，近9000贫困人口直接受益。

【干部挂职扶贫】 2012年，根据光大集团挂职扶贫两年的规定，光大集团党委组织部进行了新一轮挂职干部调整工作。

选派中国光大银行长沙分行同业票据部票据业务处处长接替现挂职干部到新化县挂职扶贫两年，确保扶贫工作的连续性、稳定性。

【爱心捐助活动】 2012年，光大集团继续把筹措扶贫经费作为扶贫工作的重要内容之一，在光大集团系统组织开展了“向贫困人民奉献爱心”的捐助活动。向光大集团各直属企业下发《为集团定点扶贫县募集捐款的通知》，并号召光大集团各企业向贫困地区人民奉献爱心。2012年共筹集扶贫款人民币546.9万元，已全部拨付到定点扶贫县，并加强和规范了扶贫资金的使用和扶贫项目的管理，做到了“单独立账，专款专用”。

光大集团利用元旦、春节，定期组织开展“送温暖、献爱心”活动。2012年，投入经费5万元，走访慰问特困家庭百余户，帮助贫困户解决过冬困难，送去了国有企业员工的关心和温暖。

【扶贫宣传】 2012年，光大集团加大了扶贫工作宣传力度。一方面，利用光大集团《光大报》和内部网站发布有关信息，宣传党和国家的扶贫开发政策，并刊登《十年扶贫路　殷殷光大情》——认真履行央企责任　倾注真情真帮实扶的文章，向广大员工宣传光大集团定点扶贫工作成果。同时，光大集团扶贫办结合对口帮扶10年工作情况，整理制作了光大集团2002—2012年定点扶贫开发工作成果宣传图片。另一方面，组织开展国情教育活动。2012年12月，光大银行组织优秀员工代表74人，赴新化县开展“走进扶贫，体验贫困”国情教育活动。活动中，考察了光大集团在新化县开展的帮扶工作和取得的成果，了解了当地致贫的原因，体验了新形势下贫困地区群众的生产生活情况，走访慰问了4个乡镇的4所光大希望小学，向127名贫困学生送去捐款63500元和学习用品。

［中国光大（集团）总公司扶贫办
吕铁军］

国家信访局定点扶贫

【概述】 2012年，国家信访局党组在往年扶贫工作的基础上，坚持从河北省海兴县经济社会文化等多方面实际情况出发，着眼解决脱贫瓶颈，不拘扶贫形式和内容，创新扶持模式，倾情共筑海兴梦想。从局党组到机关各部门，从局领导、司室领导到一般同志，千方百计筹资，竭诚尽智帮扶，筹资援助250万元；支持开展扶贫基金会小额贷款项目，贷款1700多万元；帮助争取产业扶贫资金1500余万元；援建了一所小学，建成了老年活动中心和文化馆，开展了种植养殖等产业扶贫项目。2012年，国家信访局被河北省委、省政府授予先进集体，扶贫干部被授予扶贫突出贡献奖章。

【扶贫工作会议】 2012年，国家信访局召开了两次扶贫专题会议，一次局党组会议，专题研究扶贫情况。局有关领导先后两次带队深入海兴考察扶贫情况，现场调研海兴经济社会文化建设，并向局党组提出扶贫工作的意见和建议。局党组结合海兴实际，提出要发挥好后发优势，坚持扶贫开发与工业强县并举，致力于打造“滨海小城”与“幸福海兴”，优化和完善扶贫方案，积极实施“教育扶贫、文化扶贫、开发扶贫、政策扶贫、干部扶贫和指导海兴县信访局建设成‘群众之家’”一揽子扶贫方案。

【产业扶贫】 针对海兴县盐碱地多和滩涂多、适应生长树木较少的实际，扶贫干部在包村工作中发现张王文村有农户尝试种植速生白蜡，认为该项目适宜盐碱地推广，脱贫致富潜力大，专门请来中科院专家前往考察指导，并协调有关部门扶持。2012年，全村速生白蜡种植由20户种植150余亩发展到200多户种植2000余亩，并带动附近4个乡镇、县农场及周边黄骅市引进种植，成为一个新的致富点。在重点推广该项目的同时，积极协调争取产业扶贫资金900多万元，发展传统产业扶贫项目，建成了养殖量达1300万只的养鸡长廊，推广了皇冠梨、蘑菇种植，开展生猪、渤海驴、水产等养殖，初步形成扶贫开发产业带和产业群。

【文化扶贫】 根据老年社会已经到来的实际，国家信访局党组提出筹资兴建一座老年活动中心，并以此带动海兴县文化事业发展。国家信访局协调中远集团慈善基金会援助60万元，共筹资200万元。海兴县委、县政府也大力支持，挤出资金150

万元。该项目做到了精品设计、高质量施工，当年设计、当年开工、当年使用。该项目前设计将县文化馆功能兼融入老年活动中心之中，推进了文化建设活动，对海兴县古老枣树、柏树等树木进行登记造册；对海兴县文化遗迹、历史遗产包括非物质文化遗产，加大挖掘和保护力度，以此开展红色旅游文化研究，探寻和查找埋在地下的铁佛，增进海兴人的历史文化自豪感和爱海兴建海兴的凝聚力。

【教育扶贫】 当国家信访局了解到大良户小学教学楼修建过程中出现资金短缺时，分管扶贫工作的副局长徐令义按照局党组的安排，利用自己曾经在浙江嘉兴、乐清任过职的优势，邀请嘉兴和乐清商会的负责同志到海兴考察，并请他们伸出援手。两个商会的企业家纷纷慷慨解囊，奉献爱心，个人捐款集资 40 万元，支援校舍建设。该校建成投入使用后，师生们为表达对两个商会的谢意，将小学命名为“乐嘉小学”。同时，国家信访局干部职工踊跃捐款 25000 元，对考上大学但家庭贫困支付不了学费的 10 名贫困生、10 名在校贫困生给予帮助。国家信访局从领导到干部职工千方百计筹资支援海兴教育的精神，给海兴师生留下了深刻的印象。

【信贷扶贫】 国家信访局和海兴县积极引进推广扶贫基金会的小额贷款项目，2012 年，放贷 1700 多万元，2200 农户受益，带动了当地农户养殖、种植、加工制作、小商店等项目的开展。这种市场机制的帮扶形式，较好地调动和发挥了农民发家致富的内在积极性，把扶贫与扶志有机结合起来，成为扶贫工作的有益探索。为了推进该项目的深入，调动和鼓励贷款农户诚实守信，得知有 5 户家庭主劳力因灾祸身亡或患残疾仍坚持按约还贷，甚至有的农户坚持用车祸赔偿款及时还贷，国家信访局机关干部职工很受感动，踊跃捐款 5000 元对这 5 户给予了救济。

【扶贫宣传】 海兴县东临渤海，南接齐鲁，北望京津，黄骅大港坐落其东部出海口，区位优越，土地资源丰富，是河北沿海开发战略推进县，但知名度不高。为此，国家信访局积极联络在京及其他地方的企业家参加海兴县招商引资会；充分利用浙江民营企业家多、民间资金丰厚的特点，认真搭建在京浙江企业与海兴县互动的桥梁；向其他企业协会和组织介绍海兴发展的前景和优势，邀请《人民日报》、《经济日报》、《法制日报》等媒体到海兴考察参观，带领海兴有关乡镇的同志到工商业发展较好的地区参观考察，与前来国家信访局挂职的科技部、发改委、农业部、水利部、文化部、团中央等部门的同志交流介绍海兴发展情况，求计问策。并在《中国老区建设》、有关网站等媒体杂志发文介绍海兴发展和社会管理情况，塑造海兴影响力，扩大海兴影响面。2012 年，海兴成功举办了规模较大、影响较好的招商引资文艺晚会，会上 15 家企业签约，意向引资 2000 亿元，合同引资超 100 亿元，标志着海兴跨越发展进入了一个新阶段。

【干部挂职扶贫】 为了搞好扶贫工作，国家信访局党组明确一名副局长分管扶贫工作，办公室具体负责扶贫协调指导，积极抽调力量，派出干部挂职扶贫。为了把扶贫工作做扎实，要求干部挂职扶贫期限为两年，并规定挂职扶贫期间要每月向分管局领导书面报告扶贫情况，每两个月到局当面汇报扶贫情况，切实担负起挂职和沟通协调的作用。有的挂职干部严格按照局党组要求，认真深入开展工作，调研形成了一万余字的《海兴县贫困状况与发展前景报告》，获扶贫开发工作相关领导的好评，较好地发挥了挂职扶贫的积极作用。

【信访工作指导】 作为定点扶贫工作单位，指导海兴县信访工作创新发展也是国家信访局的一项重要任务，局党组明确提出要把海兴县信访局建设成为“群众之家”，用群众工作理念统揽信访工作，率先在体制上实现海兴县信访局增挂县委群众工作部（局）的牌子。在财政困难的情况下，海兴县落实了困难救助资金，营建了接待大厅，开展了群众工作部的工作。海兴县上上下下重视信访工作，各级领导把群众反映的问题摆在桌面案头，心系群众、关爱群众，积极协调解决群众反映的问题，社会治安好，刑事发案率低，2012 年成为沧州市“信访量小、信访问题解决及时、群众满意”的先进县，《人民信访》系统介绍了海兴信访工作情况。

（国家信访局研究室　姜良纲）

国家粮食局定点扶贫

【概述】 2012年，国家粮食局认真学习贯彻中共中央办公厅、国务院办公厅《关于贯彻实施〈中国农村扶贫开发纲要(2011—2020年)〉重要政策措施分工方案》的通知以及《中国农村扶贫开发纲要(2011—2020年)》精神，按照《国务院关于乌蒙山片区区域发展与扶贫攻坚规划(2011—2020年）的批复》和国土资源部出台的《关于支持集中连片特殊困难地区区域发展与扶贫攻坚的若干意见》，结合四川省金阳县扶贫工作的总体部署及实际需求，继续在民生工程建设和教育扶贫等方面开展帮扶工作，共安排落实了扶贫资金56.4万元。

【扶贫工作会议】 2012年，为了及时准确掌握定点扶贫地区实际情况，更有针对性地开展扶贫开发工作，国家粮食局局党组成员、副局长张桂凤同志带领局扶贫领导小组部分成员，赴当地召开扶贫工作会议，传达上级有关会议精神，了解扶贫工作进展及需求情况，梳理了今后扶贫工作的思路，与金阳县委、县政府共同研究扶贫规划。通过座谈调研，及时掌握了上年扶贫项目的进展情况，找准了当年扶贫开发的重点和帮扶的主要方向，结合国家粮食局扶贫资源情况，落实了2012年的扶贫项目和资金。同时，研究提出了2013年工作计划。

【新农村建设】 国家粮食局结合当地的总体部署，帮助支持金阳县建设新农村，改善了群众生活，促进了金阳县的民生建设。2012年，安排民生工程建设资金50万元。支持金阳县改善彝族群众生活，为桃坪乡务科村彝家新寨建设项目拨付资金50万元，用于补助190户新建和改扩建彝族群众自筹资金不足问题，推进了该村彝家新寨的建设进程，使县民生工程得到了持续改善。

【教育扶贫】 国家粮食局始终坚持“扶贫先扶智”的扶贫理念，积极捐资助学、开展智力扶贫。2012年，继续安排教育扶贫资金5万元，帮助50名品学兼优的贫困高中学生上学，支持当地的教育事业，解决了贫困学生的实际困难。同时，继续安排文化扶贫资金1.4万元，为金阳县有关部门订购50份《农民日报》。

【医疗卫生扶贫】 国家粮食局通过考察调研，了解到县人民医院门诊大楼设施陈旧、就诊条件差，已不能满足当地人民群众看病就医的需要，急需进行改造。

2011 年，国家粮食局积极督促县政府做好项目前期准备工作，帮助落实项目立项，协调落实项目资金 2000 万元。截至 2012 年底，金阳县人民医院门诊大楼改造项目主体工程及外装修已经完工，正在进行内装修，近期即将投入使用，该院的建成将极大地缓解当地群众看病难的问题。

（国家粮食局机关党委　白鸥）

中国民用航空局定点扶贫

【概述】 按照国务院扶贫办的部署和要求，中国民用航空局（以下简称“民航局”）从1998年开始，定点帮扶新疆和田地区于田县和策勒县。2012年，民航局认真贯彻中央扶贫开发工作会议精神，继续做好于田县和策勒县的定点扶贫工作，切实抓好落实，顺利完成全年帮扶任务。

【基础设施建设】 策勒县恰哈乡定居兴牧建设项目是国家、自治区为改善特困山区牧业村农牧民居住条件，解决农牧民生产生活问题，专门下拨资金建设的项目，涉及4个村、107户、375人。2012年，民航局出资30万元，用于该区道路改造。

【民航新村项目建设】 于田县民航新村自1995年开始建设，新村有适合耕地25000亩，含4个大队、农牧民2109人。为提高土地生产力和资源利用率，控制风沙侵蚀，于田县申请资金用于耕地平整和民航新村庭院改造，结果民航局拨款30万元用于该项目。

【新长城项目】 继续参加中国扶贫基金会组织的“新长城——特困大学生自强项目”，2012年，拨款5万元赞助策勒、于田两县25名贫困大学生。

【扶贫考察】 协调民航新疆管理局拨款9.9万元，用于组织策勒、于田两县共10名领导干部赴经济发达地区学习考察，收到较好效果。

【扶贫调研】 2012年3月，民航新疆管理局局长带领相关处室负责人，赴和田地区及策勒、于田两县进行实地调研，与地委领导座谈并规划通用机场建设，考察民航渠、蓝天希望小学等扶贫项目，并捐助资金30万元，用于策勒县达玛沟乡抗震安居房改造。

【教育扶贫】 2012年3月，民航新疆管理局组织6名青年公务员组成“雷锋青年团”，赴和田地区策勒县达玛沟乡考察，资助了3名学生每人2000元学费，捐赠图书价值5250元。

（中国民航局人事科教司　孙珊珊）

中国华融资产管理股份有限公司定点扶贫

【概述】 中国华融资产管理股份有限公司（以下简称“中国华融”）在四川省宣汉县开展定点扶贫工作已有10年，累计投入扶贫资金1360万元，捐物价值1100多万元，帮扶当地建设校舍1.4万平方米，惠及10余万人。

2012年，按照中国华融定点扶贫领导小组会议“把好事办好，把实事办实，扎实做好定点扶贫工作，为支持宣汉当地经济社会发展做出一份贡献”的扶贫工作整体思路，中国华融以高度责任感和强烈事业心，稳步推进了“一个重点、一个基金、三件实事”（“一个重点”指，争取完成一个主要项目，即争取中国华融示范幼儿园项目建设完工并投入正常使用。“一个基金”指，启动一个基金，即启动中国华融助学扶贫基金。“三件实事”指的是：捐资20万元培训近1600名教师；捐资20万元为5所山区学校打建机井；捐款捐物献爱心——捐资188万元购置160台电脑，捐寄图书791本，文具758件。）等项目的建设，为中国华融10年定点扶贫工作，写下了浓墨重彩的一笔。

【扶贫资金投入】 2012年，中国华融安排定点扶贫资金300万元，较2011年增加52万元，增长率为20.9%。中国华融定点扶贫资金投向以科教为主，范围覆盖学校教学楼建设、学生生活设施建设、教师培训、贫困学生资助等方面。2012年，中国华融扩大了帮扶对象的范围，加大了对帮扶人群的扶持力度，扶贫项目惠及宣汉县境内54个乡镇，帮扶人群近万人。

【公益扶贫】 2012年，中国华融在宣汉县设立“中国华融助学扶贫基金”，用于支持宣汉县困难家庭学生接受教育。中国华融发布了《中国华融助学扶贫基金管理办法》，由中国华融为该基金安排30万元初始资金，同时将中国华融员工自愿捐款纳入该基金，确保基金稳健持续发展。2012年，“中国华融助学扶贫基金”共资助宣汉籍大学生18名，资助金额共计1.8万元。

【教育扶贫】 中国华融示范幼儿园是中国华融对“科教扶贫”战略进行创新性运用的新举措，在坚持教育扶贫定位的基础上，中国华融结合当地实际需求，启动了中国华融示范幼儿园项目，拟对该项目投入资金总额500万元，支持当地的学前教育工作。2012年，中国华融先后安排6人次前往宣汉县实地考察，与当地党政主要领导就该项目建设有关问题进行协调，确保项目建设按节点推进。2012年末，该项目综合教学楼工程主体框架已建设完工，预计于2013年秋季招生入学。

【智力扶贫】 为提高宣汉县教师业务水平，中国华融和宣汉县政府商定按年度分批次实施教师培训项目，该项目采取“分层次、分年度、分学科”的方式，通过“走出去、请进来、强自身”等形式，组织开展了“一校一师”乡村小学教师、教育科研、小学语文数学教师培训活动。

2012年，中国华融教师培训项目培训教师1600余人，项目实施范围惠及宣汉县的118所学校，共计投入培训费用19.80万元。另外，中国华融教师培训项目还安排31名小学数学教师到浙江杭州、陕西延安培训考察，聘请成都、重庆的专家、优秀教师到宣汉进行课堂培训。

【干部挂职扶贫】 中国华融坚持把定点扶贫和干部培养相结合，每年选派德才兼备的中青年干部到定点扶贫县进行挂职锻炼。2012年，中国华融选派优秀干部到宣汉县挂职锻炼，挂职干部充分发挥沟通的桥梁作用，认真推动各定点扶贫项目的落实，发挥自身专业优势，做好分管金融领域的工作，着力在化解县域融资难题、加强政银企合作、完善金融服务体系、优化金融生态环境上取得实效。还牵头组织召开了全县融资项目推介会，向银行集中推介重点项目51个、重点企业46个，融资意向资金11.9亿元，落实资金9亿元。2012年，组织召开银政企联席会、座谈会14次，会同主管部门组织银行对农业、畜牧业、工业等龙头企业进行现场推介，支持当地经济发展。

【安全饮水工程】 宣汉县地处大巴山脉，该县乡村学校多分布于山区，“饮水难”、“用水难”的问题一直困扰着当地山区学校的师生，基于山村学校用水难题，中国华融启动了为乡村学校打建机井项目。

2012年，中国华融规划并实施了宣汉县红峰乡初级中学、红峰乡中心校、凤鸣乡中心校、花池乡初级中学、花池乡希望小学等5所山区学校打建机井工程，共计投入资金20万元，打建机井后，为山区学校师生彻底解决了饮水、用水的难题。

【扶贫捐赠】 全员参与是中国华融定点扶贫工作的重要方面，2012年，中国华融加大了对宣汉县贫困山区学校现代技术教育设备设施的捐赠力度，经过总部和分公司全员捐赠电脑的汇集，共计捐赠台式和笔记本电脑160台，固定总资产原值达188.50万元。公司总部通过爱心捐赠活动，为宣汉县贫困儿童捐寄图书791本、文具758件。

（中国华融资产管理股份有限公司
办公室　何骁）

招商银行股份有限公司定点扶贫

【概述】 2012年是招商银行股份有限公司（以下简称“招行”）定点帮扶云南省楚雄彝族自治州永仁、武定两县的第14个年头。招商银行切实履行企业的社会责任，继续按照“扶贫攻坚，锲而不舍，武定、永仁不脱贫，招商银行不脱钩”的指导精神，全年共派出4名扶贫干部脱产驻两县定点帮扶，向两县投入小额扶贫信贷循环资金400万元，捐赠电脑50台，组织全行员工捐款915.6万元，捐赠衣物超过2.1万件。“授人以鱼，更授人以渔”。根据在长期扶贫工作中逐渐形成的“教育扶贫是基础，产业扶贫是关键，文明脱贫是最终目标”的扶贫理念，招行2012年从教育扶贫、产业扶贫和文化扶贫3方面加大帮扶力度，着力增强两县造血功能。2012年，招行荣获中国银行业协会“2012年度最具社会责任金融机构”称号，荣获《理财周报》“2012年度中国金融品牌年度十大公益项目”奖，荣获中国扶贫基金会授予的“2012年度扶贫爱心奖”等。

【教育扶贫】 招行从硬件和软件两方面入手，努力提高当地教学条件和教育质量。2012年，招行在贫困县新建幼儿园1所，大力支持当地学前教育；新建阅览室1所、修缮小学2所、购置课桌椅68套，为一批乡村学校建设了简易食堂，更新配备了一批教学设备；“员工1+1结对资助”超过1500名中小学生，其中有238人考入大专院校；向中国扶贫基金会新长城助学项目捐款13万元，定向资助了65名永仁、武定两县贫困大学生；组织了多批次的教师培训、学生交流、奖学金发放活动，受到了广大师生的欢迎和好评。同时，招行还积极参与了全国妇联、卫生部、中国儿童少年基金会共同组织的“消除婴幼儿贫血行动”项目，并向项目捐款100万元，将定向为武定、永仁婴幼儿提供10000个关怀救助营养包。

【产业扶贫】 招行积极帮扶当地基础设施建设，促进经济升级发展。在两县修路1条，建设饮水管道和水窖工程一批，有效地缓解了当地群众的交通困难和饮水困难、用水困难问题；资助了白路乡烤烟滴灌示范项目，通过对400亩山坡旱地滴灌改造，使烤烟亩产从每年120千克提高到160千克；资助了滑坡村山药种植项目，吸引和组织62户贫困农户的187.5亩田地种植高山优质山药，取得了显著的经济效益及社会效益；投入小额扶贫循环信贷资金400万元，发放小额扶贫贷款300余笔，积极支持农户扩大再生产，促进产业转型升级。同时还积极为两县招商引资牵线搭桥，帮助州、县政府与国内多家知名企业建立了联系。

【文化扶贫】 招行不断加强与两县的文化交流，并采取多种措施促进民族特色文化的保护和开发。继续深入与当地政府、中国儿童少年基金会等单位联合开展了“金葵花彝族少儿合唱团”活动，并帮助当地改善音乐教学条件，吸引更多的人投身于保护彝族音乐艺术，传承彝族非物质文化遗产的公益活动中。招行深圳分行还开展了两期“山路——体验云南传承责任”金葵花客户子女大型生活体验活动。通过“同吃、同住、同劳动”，搭建起武定、永仁两县孩子与深圳同龄孩子的沟通桥梁，为孩子们打开一扇通往山外世界的心灵之窗，也吸引了更多的人来关注武定、永仁，关心扶贫事业。

（招商银行股份有限公司
总行工会　杨毅）

中国民生银行定点扶贫

【概述】 2002年以来，中国民生银行先后承接了河南省滑县和封丘县、甘肃省临洮县和渭源等4县的定点扶贫任务。中国民生银行定点扶贫工作的两个显著特征：定点扶贫资金来源为员工捐款，捐款资金投入教育事业。10年来，中国民生银行员工共向4个县捐款现金总数达4687.4万元。资助贫困家庭高中、初中、小学生共25930名，奖励优秀教师5400名，在京培训优秀教师752名，在甘肃2县培训初中教师1130名，在农村学校校舍建设、修缮、建围墙、食堂、厕所和硬化校园地面项目共151个，建房面积约3.2万平方米。此外，还向4县村小学捐献重装后的二手电脑290台和新品牌电脑25台，捐工作用车4辆，捐图书、杂志几千册等。还请参与起草“中央一号文件”的专家赴河南两县讲课，参加培训的各级干部约有2000名。从2010年开始，中国民生银行与天津泰达国际心血管医院合作，在4县组织实施中小学生先天性心脏病手术救治项目，已有23名儿童通过手术彻底恢复健康。

2012年，全系统员工为4县教育扶贫捐款总数达987.4万元，比2011年的796.17万元增长24.02%。中国民生银行在4县教育事业实施18个项目，其中学校建设项目占11个，资助贫困生2650人，奖励优秀教师260人，在京组织了为期一周有80名优秀教师参加的培训班。

【员工捐款】 从2012年2月底开始，约3个月时间基本完成员工捐款活动，大约有3万名员工捐了款，占总人数的80%，比2011年增长10%。做法：一是由总行向各单位发捐款通知，在通知上提出了一个建议捐款标准作为参照，捐款人可以高于或低于这个建议标准捐款，也可以不捐款；二是采取公开公示的方式。捐款到账后，包括总行领导在内的所有人员捐款要在全行内网上公示，员工们都可以查到本人和他人的捐款情况，并可以在网上评说；三是在行内网站专门设置扶贫网页，以大量图片和文字的形式介绍定点扶贫的工作，让大家直接了解捐款使用情况和成果。

【扶贫调研】 2012年9月，中国民生银行组织总行各部门员工代表，分2批团队赴甘肃、河南4县考察教育扶贫项目。35名员工深入到23所中国民生银行捐助建成或将要捐助的中小学校，查看了员工捐款援建的教学楼、学生宿舍、教师办公室、操场、学生食堂等，调查了解捐助资金运作程序和有关存档文件，与被资助的贫困家庭学生开展了多个互动交流活动。不少员工当场自发解囊相助，热情帮助一些贫困学子。有些员工还与贫困生互留联系方式，并承诺今后对这些孩子给予长期帮助和关注。

【教育设施建设】 修建学校是中国民生银行捐款资金的主要投入方向。2012年，中国民生银行捐款全资建造的一所3000平米的宿舍、餐厅楼项目，在河南省封丘县潘店镇段堤村民生学校内建成，周围多个乡村小学生将来这所学校就读并住校，这些农村孩子们在这里能像城里的学生一样，在学生餐厅就餐，使用冲水式厕所。2012年，中国民生银行员工捐助建造的农村学校项目还包括：甘肃省临洮县南坪镇雨洒小学教室、教师宿舍、厕所、围墙、校园铺砖、校门和旗台项目，辛店镇朱家沟教学点教室，中铺镇下石家小学教室，洮阳镇南街小学综合楼项目；甘肃省渭源县民生五竹幼儿园办公室及管线路附属工程，县特殊教育学校管线路电设备等附属工程；河南省滑县牛屯镇鸭固小学教学楼，留固镇横村民生小学宿舍楼，老店镇青庄中心小学教学楼，王庄镇试验小学广场地面、校门等。

【教育扶贫】 2012年，中国民生银行捐款资助贫困生202.4万元，其中资助高中贫困生2640人，资助高考录取大学生10名；奖励优秀教师27万元，涉及150名教师。

由中国民生银行组织4县教师来京参加培训的项目已连续开展了11个年头，2012年12月，在京组织了一次教师培训活动。2012年的培训选题是小学数学，培训方式改为在北京知名小学听课，了解北京数学课课改情况。在7天时间里，有80名县乡教师来京参加培训并参观游览。培训组织者还将课程摄像制作成光盘发给参训教师。在北京市有关教育专家的支持配合下，整个教师活动内容丰富，深受4县参训教师好评。此次活动支出费用21万元。

【救治先心病儿童】 2010年，由中国民生银行帮助和员工捐款资助的先心病手术项目开始在定点县实施，当年在天津泰达国际心血管医院手术救助先心病儿童23名，经两年跟踪了解，手术后这些孩子的情况都很好。中国民生银行承诺，凡是在天津泰达心血管医院检查确定，能够手术救治的4个定点县先心病孩子，都能得到帮助和资助。

（中国民生银行扶贫工作领导小组办公室　李岩东）

中国兵器装备集团公司定点扶贫

【概述】 中国兵器装备集团公司（以下简称“兵装集团”）认真贯彻落实党中央、国务院扶贫开发工作部署，积极组织所属各企事业单位，发挥产业、产品、技术和人才优势，做好对定点扶贫地区云南省泸西县的扶贫开发工作。开展调研，落实项目，积极推进专项扶贫、行业扶贫和社会扶贫。通过开发性扶贫，促进农民增收、农业增效、农村发展，达到改善泸西县贫困落后状况的目标。2012 年，兵装集团（总部）累计投入扶贫款项 213.8 万元，其中兵装集团定点帮扶资金 55 万元，“母亲邮包”公益捐赠 104 万元，抗震救灾款 50 万元，其他款项 4.8 万元。

【扶贫调研】 2012 年初，兵装集团副总经理聂晓夫率领有关工作人员到泸西考察调研，实地了解帮扶项目情况，并与泸西县人民政府相关领导座谈，就帮扶项目、工作机制进行商讨，双方签订了 2012 年定点扶贫工作协议。所属企业重庆长安汽车股份有限公司的领导到泸西县向阳乡考察了两次，初步确定了帮扶项目。湖北华中药业股份有限公司董事长、党委书记到泸西考察，与当地商讨帮扶合作项目。

【整村推进】 投入挂钩扶贫资金 55 万元，用于泸西县永宁乡阿峨村委会杨家寨村实施整村推进：一是在杨家寨村硬化进村道路 1 条 0.8 千米、村内道路 1.7 千米，使该村告别了过去交通闭塞、泥滑路烂的落后面貌，实现了快捷的交通条件，村内水泥道路修到各家各户，村容村貌焕然一新；二是实施产业化扶贫，带动村民发展黄姜种植及养殖业，使杨家寨村农民人均纯收入由原来的 1065.5 元增加到 3100 元，实现了整村推进的扶贫目标。

【“母亲邮包”公益活动】 兵装集团响应全国妇联发起的以关爱贫困母亲为主题的“母亲邮包”公益项目活动，动员各成员企事业单位积极参与。2012 年，兵装集团 38 家成员企业向泸西县 5000 多名贫困母亲共捐赠“母亲邮包”5242 个，共计捐款 104 万元。

【赠送理论书籍】 兵装集团向泸西县捐赠 1000 本价值 3.6 万元的理论书籍——《中国特色社会主义理论体系核心观点解读》，由县扶贫办分发到全县 8 个乡镇和县级有关部门，帮助基层领导干部认真理解中国特色社会主义理论。

【教育扶贫】 在 2012 年全国高考结束后，兵装集团捐款 1.2 万元，资助泸西县永宁乡、中枢镇、金马镇3个乡镇的6名贫困生，使他们在家庭经济十分困难的情况下，能顺利地踏上大学路。

【开展抗震救灾】 2012年9月7日，云南省彝良县发生了5.7级地震，9月11日又发生暴雨灾害，兵装集团立即组织捐款50万元抗震救灾，为加快灾区重建，恢复灾区人民生活作出贡献。

（中国兵器装备集团公司）

中国电子科技集团定点扶贫

【概述】　中国电子科技集团（以下简称“中国电科”）自2002年成立以来，始终坚持以发展成果回报社会，并通过大力支援“老少边穷”地区发展，积极开展捐资捐助、对口支援、定点扶贫等方面工作，自觉履行社会责任。2012年，中国电科深入贯彻中央有关定点扶贫工作的各项决策部署，根据国务院扶贫办、国资委等8部委联合下发的《关于做好新一轮中央、国家机关和有关单位定点扶贫工作的通知》（国开办发〔2012〕78号）文件，承担了陕西绥德和四川叙永两县定点扶贫任务，并组织开展了前期调研对接、实地走访等活动，为进一步深入推动中国电科定点扶贫工作奠定了坚实基础。同时有关成员单位也积极投身所在地定点扶贫工作，为结对帮扶地区的经济社会发展做出了积极贡献。

2012年，中国电科实施了“金秋助学”、“迎接十八大吕梁市追加五项惠民工程”、“大地之爱　母亲水窖”、“助飞行动”、“爱在手中传递”、“慈善一日捐”等各类扶贫项目25个，帮扶资金总投入达141.02万元，其中，帮扶单位直接投入134.52万元。道路、水利等农村基础设施建设投入13.5万元，教育投入43.8万元，资助贫困生514人。在贫困地区广泛开展特色养殖、特色种植、经济林栽种，同时新建综合文化中心、文化广场等，推动贫困人口增收致富，努力改变积贫积困现状。

【扶贫调研交流】　为深入了解定点扶贫县经济、环境、人口等多方面实际情况，因地制宜、选择更贴近当地百姓需求、制订符合当地发展模式的扶贫项目，中国电科安排总部及成员单位负责定点扶贫工作相关领导、内外部专家于2012年9月、12月，分别前往陕西省绥德、四川叙永两县进行前期摸底、调研和对接活动，实地考察了两县经济、环境、人口等情况，为后期开展方案论证奠定基础。同时，利用绥德县县政府、泸州市市政府成员来访中国电科之机，对绥德县与叙永县经济、产业发展规划以及中国电科扶贫规划进行了研讨。

为强化定点扶贫交流宣传工作，中国电科负责定点扶贫工作的各级领导积极参加国务院扶贫办、陕西省扶贫办、四川省扶贫办等召开的各项扶贫开发工作会议，认真学习兄弟单位扶贫经验，广泛听取并借鉴扶贫模式，为进一步开展定点扶贫工作提供参考标准。进一步与绥德、叙永两个定点扶贫县确定定点扶贫规划、方案和重点项目，以人才帮扶、科技帮扶、教育扶贫、物品捐赠等为主要内容，推进其有效实施，为实现企业与地方共赢，推动定点扶贫地区长远健康发展而创造有利条件。进一步完善定点扶贫各项制度，建立总部规划、指导、协调、监督机制，完善成员单位对口组织实施的管理体制，使扶贫工作程序化、长效化、规范化、科学化。

【扶贫长效机制】 中国电科将定点扶贫项目纳入年度财政预算之中，下拨专款用于开展各项扶贫活动。同时出台专项捐赠意见，规范、安排从总部和成员单位两级层面投入的专项资金用于支持总部扶贫建设，为定点扶贫工作开展提供了资金保障。

【教育扶贫】 2012年9月，中国电科与陕西省绥德县人民政府在绥德县第一小学，联合主办了“大爱电科进绥德”帮学助教活动，为当地学生兴建了配备多媒体教学设备、各类教辅资料、儿童书籍及学习用具的“中国电科爱心小屋”。参与活动的电科志愿者们通过多媒体演示，向当地学生普及了军事及电子科学知识并结合开展了科普活动。志愿活动的开展充分扩展了定点扶贫项目在集团内部的影响力，为下一步工作的开展提供了充足的人力资源，开创了良好的工作开端。

（中国电子科技集团　苗婧　史军）

中国石油天然气集团公司定点扶贫

【概述】 2012年，中国石油天然气集团公司（以下简称“中石油”）定点扶贫10个国家级贫困县，共投资7380万元，援建13个民生项目，实施5项产业帮扶，开展5项智力扶贫，促进受援地区社会经济发展，为改善贫困地区群众生产生活条件作出了积极贡献。

【援建民生项目】 在贵州习水县投入300万元，改造黔北民居危房，解决了60户家庭生活安全问题；向习水县30所乡镇级小学捐赠各类书籍2万册、计算机150台、书架100个。

在江西横峰县投入300万元，援建8.5公里通村道路，解决了司铺乡周边近2万农民、5所中小学校1000多名师生的出行难问题。

在河南台前县投入300万元，援建2.9公里滞洪迁安道路，解决了黄河滩区3个乡镇89个村11万名群众的安全撤离问题。

在河南范县投入230万元，援建安全饮水工程，解决了近2万人饮用水长期含高氟和水苦咸的问题；投入70万元，维修郑板桥故居旅游景点。

在新疆自治区扶贫办投入100万元，完善地市县扶贫系统提升办公信息化等设施。

在福建长汀县实施“中国石油万亩水保生态示范林”项目，2012年投资1000万元，建设万亩生态示范林，完成了6600多亩林分补植及4千米机耕道建设。

【产业扶贫】 树立产业大帮扶思路，保障油气供应，结合受援地发展优势和产业实际，选择相应的产业政策，带动地方经济发展，实现双赢。协调落实川东北天然气合作项目跨省分税缴纳政策，上缴税费2200多万元；为范县丰利石化公司提供技术支持，提高液体和丙烯回收率0.8%，年增效800万元以上；联系销售系统加油站，为习水酒厂促销产值2500多万元的产品。产业扶贫被中国扶贫开发协会授予“2011年度中国扶贫创新项目奖”。

【智力扶贫】 2012年举办了12期扶贫干部培训班，累计培训扶贫人员370人。根据新疆产业发展需求和当地农牧民实际，为新疆6个县举办了5期农牧民实用技能培训班，开设砌筑、混凝、电焊、钢筋、汽车维修、烹饪等专业，培训农牧民150人，80%实现就业；举办了5期190人参加的党政干部和农科人员培训班，在西藏双湖举办了2期党政干部和医疗卫生技术人员培训班，30人参加。

【建章立制】 对口实施单位认真落实集团公司定点扶贫与对口支援领导小组的各项部署和要求，严格落实项目管理规定，加强与地方政府沟通衔接，保证了项目顺利实施。结合实际，对定点扶贫、干部管理、项目建设、资金管理等4个《办法》进行了修订和完善，形成《公司定点扶贫项目管理办法》，这一修订后的《办法》在中央企业开发工作会上作为交流材料，成为兄弟企业借鉴的样本。主要功能是提高信息化管理水平，完善扶贫信息化（数据）管理系统，为定点扶贫工作提供科学管理的第一手资料。

【扶贫宣传】 2012年，《人民日报》、《工人日报》、《文汇报》、《中国青年报》等15家主流媒体刊载中石油扶贫相关报道50多篇。中央电视台、河南卫视等7家电视媒体播发中石油扶贫工作消息10多条，中石油与中央电视台联合拍摄的《双湖故事》纪录片，分别在央视、西藏电视台及那曲电视台多次播放。新华网、人民网、新浪网等主流网站报道中石油扶贫的相关报道120余篇。与《中国青年报》开展的“石油·百姓”系列报道，先后刊发了43篇文章，扩大了当地影响，支持了企业发展。其中的产业扶贫被选入全国社会创新案例汇编。

（中国石油天然气集团公司　陈根文）

中国石油化工集团公司定点扶贫

【概述】 2012年是中国石油化工集团公司（以下简称“中石化”）自2002年承担新一轮定点扶贫工作以来的第10个年头。10年来，中石化在安徽颍上县、岳西县和湖南泸溪县、凤凰县共4个国家扶贫开发工作重点县累计投入扶贫资金1.37亿元，下派挂职干部共10批40人。按照国务院扶贫办的要求，中石化定点扶贫开发工作的重点是支持基础设施建设，开展整村推进，协助产业扶贫，以及支持“雨露计划”和教育扶贫等。2012年，共投入扶贫资金1394万元，下派扶贫挂职干部4人。

2012年，中石化在4个定点扶贫县共实施了21个扶贫项目。包括修建通村公路、“雨露计划”、教育扶贫、产业扶贫等。

中石化的定点扶贫工作受到国务院等国家有关部门的肯定。中国石油化工集团公司、中国石油化工集团公司安庆分公司、中国石油化工集团湖南石油分公司等被国务院国有资产监督管理委员会评选为“中央企业扶贫开发工作先进集体”；中国石油化工集团公司安庆石油化工总厂副厂长、党委委员朱建平、中国石化销售有限公司资产处主管朱卫华被评选为“中央企业扶贫开发工作先进个人”。

【扶贫规划】 在各县协助下，制定了中石化“三年定点扶贫规划”，按照3年规划确定当年实施的扶贫项目，对扶贫项目严格执行招投标管理制度，对建设质量通过工程监理、质检部门等进行全过程的监控。对所实施的扶贫项目进行效果后评估，为今后扶贫项目建设提供借鉴。

【建章立制】 中石化制定了《中国石化扶贫资金使用管理办法》、《中国石化助学金发放管理办法》、《挂职干部考核管理办法》等一系列规章制度，通过严格执行这些规章制度，对年度扶贫工作实施严格管理，保证了定点扶贫工作的质量。

【基础设施建设】 2012年，中石化在4个定点扶贫县共修建通村水泥路12条、共44千米，其中：在安徽省颍上县修建通村水泥路4.8千米，岳西县修建6条通村水泥路10千米，在湖南省泸溪县修建两条通村水泥路15千米，凤凰县修建两条通村水泥路14.2千米，为27420人解决了行路难问题。

【产业扶贫】 帮助湖南凤凰县引进优质猕猴桃——“红心猕猴桃”，开发种植300亩，取得了很好的经济效益。计划在2013年，继续支持该县开发种植1000亩，并成立以种植“红心猕猴桃”为主的农业合作社，实现规模化种植、集约化经营、市场化营销。帮助农户共同致富。

【雨露计划】 2012 年，中石化在 4 个定点扶贫县资助劳动力转移培训和农业技术培训共计 2100 人。内容包括电子电工、服装制作、车工、汽车修理、驾驶员和果树栽培技术等方面的培训。其中劳动力转移培训 800 人，农业技术人员培训 1300 人。

【教育扶贫】 2012 年，中石化在 4 个定点扶贫县资助家庭贫困的优秀大学生和高中生 1256 人，其中新入学大学生 224 人，高中生 1032 人。实施大学生每人资助 2000 元，高中生每人资助 1500 元。

【整村推进】 在安徽岳西县黄尾镇云峰村投资 120 万元，实施整村推进。将分散居住在山上的 40 多户农户集中搬迁到山下，经过整体规划，帮助修建了环村公路、太阳能路灯、垃圾处理站和上下水道等基础设施，大大改善了群众的生产生活环境，被称为岳西县“秀美乡村建设”的示范点。

【结对帮扶】 中石化总部机关为凤凰县水打田学区捐赠计算机 60 台、打印机 3 台，解决了该学区多媒体教学的难题。中石化还利用所属加油站“易捷”便利店，为岳西县代销“宇鸿”牌车载被，仅在安徽一省就销售了 3 万只，销售额超过 300 万元。

【扶贫宣传】 中石化出版了《中国石化 10 年对口支援及定点扶贫摄影纪实》画册，共印刷 2000 册，发放了 130 多家单位，包括中央国家机关有关单位、中石化上中下游企事业单位以及中石化对口支援及定点扶贫县等。画册的出版发行，对中石化定点扶贫经验总结和动员企业承担社会责任扩大了宣传。

（中国石油化工集团公司对口支援
及扶贫工作领导小组办公室
周琼　朱卫华）

中国海洋石油总公司定点扶贫

【概述】 中国海洋石油总公司（以下简称“中国海油”）在海南省五指山市、保亭黎族苗族自治县、甘肃省甘南藏族自治州合作市、夏河县及内蒙古自治区卓资县共5个市、县实施定点扶贫工作。2012年，中国海油派出挂职扶贫干部4名，在4个市、县（卓资县为2012年底新增定点扶贫县，当年没有扶贫资金投入）共计投入扶贫资金1400万元，其中，对海南省定点扶贫支出400万元，对甘肃省扶贫支出1000万元，实施了基础设施、教育、产业等一系列扶贫和公益项目。通过多年扶贫工作的努力，原中国海油定点帮扶的海南省陵水县于2012年实现脱贫。在中央企业定点扶贫工作中，中国海油承担的5个扶贫点，继续处于央企扶贫主力的第一阵营。

2012年，中国海油及所属的南海西部公司、化学股份有限公司分别被国资委授予“中央企业扶贫开发工作先进单位”荣誉称号，3名同志被评为“中央企业扶贫开发工作先进个人”。同年，中国海油第3次荣获中国公益慈善领域的最高政府奖——“中华慈善奖”。

【教育扶贫】 2012年，中国海油援建的保亭县响水镇中心学校综合教学楼顺利交付使用。通过扶贫干部的走访调查，以及与政府主要领导和学校沟通，中国海油决定再为保亭县三道镇中心学校兴建教学综合楼一栋。该教学楼为4层框架结构，建筑面积约为1672平方米，建设工程预算造价约267万元，除中国海油捐助资金外，缺口部分由县政府配套解决。工程计划于2013年6月完工并交付学校使用。中国海油在海南省保亭县援建的教学楼，不但为当地学校师生提供了安全、明亮、舒适的教学场所，也解决了县教育资源整合以后教学场所不足等问题。

【雏凤助学基金】 为改变海南省黎族同胞重男轻女的思想，帮助贫困女学生完成学业，中国海油于2007年在五指山市设立了“雏凤助学基金”，帮助当地贫困女学生上学。至2012年，“雏凤助学基金”已资助贫困学生300多人次，其中，受资助的近40名女学生考上了各类高等院校。虽然基金数额不大，但是帮助少数民族学生完成了学业，也转变了她们的生活态度和生活方式，同时也使当地黎族人民受教育程度得以提高。

【牧民帐篷新生活项目】 2012年，中国海油投入帮扶资金500万元，加上2011

年的30万元，共计530万元，在夏河县实施了牧区“牧民帐篷新生活”对口帮扶项目。为了能够让更多的牧民群众受益，县财政扶贫资金配套250万元，群众自筹120万元，主要用于购置藏式帐篷及附属设施，共750套（包括帐篷、折叠桌、折叠床、多功能炉、水桶、贮水罐、贮水缸、卫星接收器、便携式电视、光伏电源10件套）。重点扶持甘加乡、吉仓乡、科才乡、阿木去乎镇、牙利吉办事处、唐尕昂乡、达麦乡、王格尔塘镇、曲奥乡9乡镇贫困户共750户。

目前，前期600套帐篷已经到位，并与县财政扶贫资金配套购买的卫星接收器、便携式电视、光伏电源等一并发放到户。群众自筹资金120万元也已全部到位。

该项目的实施在夏河县牧民群众中反映强烈，对夏河县牧民群众的文化生活有着十分重大的意义，与解决城镇居民住房问题有着同等重要的社会效益，是一项惠民生、得民心的民生工程。

【医疗卫生扶贫】 合作市虽是甘肃省甘南藏族自治州首府，但综合经济实力偏弱，市区辐射带动能力不足，基础设施建设落后，产业基础薄弱，劳动力素质较低，城镇化进程缓慢，农牧村布局分散，自然环境严酷，特别是社会事业发展落后，社会保障能力弱，覆盖面低，市、乡公共卫生和基本医疗服务体系不健全，乡级卫生院基础设施差，无法满足农牧民的基本卫生服务需求。鉴于以上贫困状况，由于对口帮扶资金有限，全面开展对口帮扶不切合实际，经合作市委、市政府召开会议讨论决定，将2012—2014年中国海油帮扶工作重点放在亟待解决的基层卫生基础设施建设方面。

2012年5月23日，成立了合作市卡加曼乡卫生院、佐盖多玛乡卫生院业务楼建设项目领导小组，并按照相关要求及时完成了地勘、初设、工程招投标等前期工作。两乡卫生院建设项目累计落实工程建设资金500万元，全部由中国海油援助，实际建设规模总计2152.95平方米。2012年6月正式开工建设，如今卡加曼乡卫生院业务楼现已建设完成并投入使用。佐盖多玛乡卫生院业务楼建设已完成主体工程。

【创新扶贫模式】 中国海油在长期承担中央和国家援藏、扶贫任务的实践中，通过坚持“解困、扶本、造血，建立长效机制”的扶贫援藏工作总原则，积累了宝贵的援藏扶贫工作经验，其中，“交钥匙项目扶贫”就是这些经验之一。通过引入企业先进的管理模式，认真做好扶贫规划和年度扶贫计划，并由扶贫干部亲自负责组织和实施，保证建一个项目成功一个项目。

【拓展扶贫方式】 中国海油帮扶的海南省保亭县农民人均年收入从2008年的2517元增长到2012年的5598元，当年减少贫困人口3062人。在帮扶工作中，中国海油重视抓好农民的培训教育工作，从思想意识、农村实用技能、外出打工技术等方面入手，全面提升他们的综合素质。抓好基础设施建设，以改善贫困农村生产生活条件。

通过开发式扶贫，帮助农民发展种养业。组织当地技术人员实地指导培训农民，解决生产过程中存在的问题。组织引进企业，采用“公司+村委会+农户”，或组成合作社等模式，走“产业化、集约化、市场化经营”的发展道路，实现增收致富。投入资金扶持农户养猪、养鹅、养鸡和种植瓜菜。

组织多渠道、多层次帮扶，以增加农民收入。依托当地服装加工企业，政府投入资金购置加工设备、提供加工场所和培训农民，农民利用农闲或晚上时间进行服装加工，获取劳动报酬，实现不离乡、不离地的就地就业。组织做好贷款贴息和互助资金试点工作，解决农民因发展生产资金不足问题，共发放贴息贷款 202 万元，惠及6065户农民。积极配合省联手扶贫单位做好联手扶贫工作，让他们带技术、带资金挂点帮助农户发展生产。

【支持地方扶贫】 中国海油所属单位在促进地方经济发展的同时，也担负了业务所在地方政府安排的扶贫工作，并在与地方的社区共建中贡献力量，与当地政府、民众建立了良好的合作关系。2012 年，广东省安排的 5 个贫困村已通过中国海油的帮扶实现脱贫；公司向内蒙古安排的 1 个贫困村投入扶贫资金 80 万元，开展农业基础设施和产业扶贫。

（中国海洋石油总公司办公厅
任雪飞）

国家电网公司定点扶贫

【概述】 2012 年，国家电网公司（以下简称“国家电网”）认真贯彻落实《中国农村扶贫开发钢要（2011—2020年）》和国务院扶贫办、国资委等 8 部委《关于做好新一轮中央、国家机关和有关单位定点扶贫工作的通知》（国开办发〔2012〕78 号）的要求，继续定点扶贫湖北省秭归县、长阳县、巴东县和神农架林区（以下简称湖北“三县一区”），启动对青海省玛多县的定点扶贫工作，明确每年援助玛多县的定点扶贫（对口支援）资金不低于 1000 万元。2012 年，国家电网公司坚持以电力扶贫为主，以扶贫与开发相结合，以治标与治本相结合，加强对扶贫工作的组织领导、工作协调、项目督导和规范化管理工作，在保障地方经济社会发展对电力需求的同时，制定定点扶贫规划。2012 年，国家电网把对湖北“三县一区”扶贫工作的重心放在产业扶贫上，投入产业扶贫的资金占当年国家电网定点扶贫资金的 73%；扶持农民种植效益更高的桃叶橙、核桃、魔芋、茶叶等经济作物，使收入由栽种玉米的 800 元/亩左右，提高到 4000 元/亩—5000 元/亩，种植效益提高了 5—6 倍，有力地提升了贫困地区的自我“造血”功能。国家电网的定点扶贫经验在中央企业扶贫开发工作会议上交流，扶贫案例《坚持产业化扶贫方向提升贫困地区自我造血功能》入选国务院扶贫办《全国社会扶贫创新案例汇编（100 例)》。

【扶贫资金投入】 2012 年，国家电网在 5 县（区）安排定点扶贫项目 25 个，总投资 3955 万元，其中，国家电网投入专项扶贫资金 1800 万元，地方自筹 2155 万元。扶贫项目资金具体安排如下：实施纯产业开发扶贫项目 5 个，总投资 625 万元，使用国家电网专项扶贫资金 270 万元；结合整村推进实施产业开发扶贫项目 4 个，总投资 830 万元，使用国家电网专项扶贫资金 310 万元；实施科教扶贫项目 13 个，总投资 1660 万元，使用国家电网专项扶贫资金 430 万元；实施基础设施扶贫项目 2 个，总投资 770 万元，使用国家电网专项扶贫资金 770 万元；实施医疗卫生项目 1 个，投资 70 万元，使用国家电网专项扶贫资金 20 万元。

【扶贫规划】 编制《湖北省“三县一区”第五期定点扶贫规划（2011—2015 年)》，明确以增加贫困人口收入、改善贫困地区民生、提高贫困地区自我发展能力为主线，认真履行电网企业的社会责任，加快贫困地区电网建设步伐，加大专项扶贫资金的投入，发挥贫困地区资源优势，突出抓好产业化扶贫、整村推进和劳动力资源开发工作，以更大的决心、更强的力度、更有效的举措，帮助湖北“三县一区”贫困群众尽快实现脱贫致富。加大定点扶贫县帮扶力度，在第五期定点扶贫规划期（2011—2015年），每年向每个定点扶贫县（区）投入专项扶贫资金200万元，比第四规划期投入提高1倍。

【电力扶贫】 2012年，公司在湖北“三县一区”累计投入3.4亿元建设电网，实施了农村电网建设与改造工程。1995—2012年，对湖北“三县一区”电网建设投入累计达到18.7亿元（其中企业自筹12.6亿元），新增35千伏及以上线路945千米、变电容量67万千伏安；国家电网供电区域（包括最偏远山区）均实现了“户户通电”；农村居民生活用电平均到户电价由每千瓦时1.11元降至0.565元；供电可靠性提高了16个百分点；供电服务满意度显著提高。

【产业扶贫】 1. 实施纯产业开发扶贫项目5个。在秭归县屈原镇实施千亩桃叶橙精品示范果园项目：共完成生物肥土壤改良500亩，苗木培管500亩；整修小蓄水池5口蓄水150立方米，大蓄水池2口，蓄水2280立方米；整修田间作业道9条2500米；实施桃叶橙生态栽培500亩，全村现种植桃叶橙1000亩，其中精品果园500亩；在项目区内成立了专业合作社，实现全社覆盖示范区，形成“市场+合作社+基地+农户”的发展格局。在长阳县实施火烧坪溜沙口村木本油料基地建设项目：定标核桃860亩，购入苗木30000株，改造200亩，培训基地农民200人次，项目区建设排灌管网5000米。在长阳县资丘镇舞溪村实施魔芋基地建设项目：完成魔芋定植面积210亩，铺设主水管12490米，主配水管网23450米，投工500人，同时为655人解决了饮水难问题。在巴东县东壤口牛洞坪援建大米专业合作社基地建设工程项目：发展水稻600亩，建设标准加工厂房400平方米，购置了“一条龙”大米加工设备，使水稻从摘渣、摘石到谷物分离，从剥壳筛选、到抛光包装“一条龙”式完成大米加工，村民稻谷可全部进入加工厂加工，统一包装出售。牛洞坪大米专业合作社，已于2012年9月中旬正式投入加工生产，大米加工质量深受专业合作社550户农户的好评，户均增加收入2000元。在巴东县沿渡河镇茄子坪援建核桃基地项目：选购3年内能挂果的优质核桃苗木10000株，分发到320户农户手中，并安排专业技术人员现场指导，建成优质核桃基地300亩。

2. 结合整村推进实施产业开发扶贫项目4个。在秭归县归州镇实施马黄观—余家垭村公路项目，修建公路6千米，为沿线4200亩柑橘销售解决了运输难的问题。在长阳县都镇湾镇嵩水坪村实施茶叶、栀果基地建设项目，定植栀果苗1500亩；新发展茶园400亩，改造公路1.4千米。在神农架林区松柏镇实施金银花基地项目，发展种植金银花1000亩。在神农架林区新华镇实施薄壳核桃基地项目，新建1000亩薄壳核桃基地。

【科教扶贫】 实施新长城扶助贫困大学生项目4个，帮助100名贫困学子顺利圆了上大学的梦想。援建学校项目4个，其中，援建秭归县一中科技楼项目已完成，建成一栋5层面积约5000平方米的科技楼；援建巴东县野三关镇初级中学教学楼建设工程，建成总建筑面积2800平方米的教学楼1栋，为1864名学生解决了上学难的问题；援建京信友谊中学教学设备建设项目，建设120多平方米的电子阅览室1个，购置计算机80台，配套计算机桌椅80套以及远程教学网络设备；援建玛多县花石峡镇中心寄校风雨操场项目，建设1650平方米风雨操场1个及道路、给水、排水、供电、供暖、绿化等辅助配套设施，项目已完成基础施工，预计2013年7月30日以前完工。援建培训基地工程1个，在巴东县清太坪建设2200平方米劳动力与产业培训基地，为当地6万人的就业提供了培训场地。实施科技“三下乡”项目4个，派发宣传手册5万册、《安全用电常识》1.5万册、科普书籍3000本，播放电影40余场次。

【基础设施建设】 援建青海省玛多县改造县城中心变电所，更换35kV电流、电压互感器4组，远程控制隔离刀闸7组，改造和更换2次线路及继电器，更换多油式断路器3台。项目已完成总工程量60%，预计2013年5月30日以前完成全部工程。援建玛多县花石峡镇农网改造项目，建设和改造10kV线路18千米，增容公用变压器9台（总容量为1800kV·A），0.4kV线路24千米，低压下户800户。项目已开工建设，预计2013年5月30日以前完工。

【医疗卫生扶贫】 为长阳县鸭子口乡老区卫生院添置医疗设备项目，购置全自动生化分析仪、心电监护仪、重症监护仪、心电图机、胎心检测仪各1台，有效地改善了2万多老区群众的医疗条件。

【扶贫宣传】 通过制作宣传标语、宣传展板，编播电视新闻和电视专题片，悬挂定点扶贫门牌等方式，让扶贫受益单位的代表和受益人现身说法，如实反映电力扶贫前的基本情况、扶贫中的实施过程、扶贫后的社会效果，并对电力定点扶贫的政策、取得的效益进行广泛宣传，确保电力定点扶贫工作的经济效益和社会效益得到充分反映。《二十一世纪经济导报》就国家电网定点扶贫秭归县、巴东县的工作进行现场采访，并以专题报道，《中国电力报》、《国家电网报》开展了专题宣传。

（国家电网农电工作部　邓汉万）

中国华能集团公司定点扶贫

【概述】 中国华能集团公司（以下简称“华能集团”）定点扶贫工作始于1995年底，定点帮扶陕西省榆林市榆阳区，2002年增加横山和靖边两县。2005年对口支援新疆克州阿合奇县，2007年参加阿合奇县国家边境扶贫试点工作。2010年，经国务院扶贫办批准，阿合奇县正式成为华能集团定点扶贫县。

华能集团发挥企业优势，在定点扶贫县投资建设大型能源开发项目，开展基础设施建设、种养殖品种改良、技术引进培训、农机具补贴等扶贫开发项目，实施人饮工程、栋梁工程和新农村建设等民生公益项目。截至2012年底，华能集团在定点扶贫县累计投资40多亿元，扶贫资金累计投入1.05亿元。

【扶贫制度建设】 秉承“建设一座电站，带动一方经济，保护一片环境，造福一方百姓，共建一方和谐”的责任理念，华能集团将扶贫开发工作纳入企业社会责任管理体系，相继制定下发了《关于积极履行社会责任促进和谐社会建设的意见》、《履行社会责任行动指引》、《关于积极参与社会主义新农村建设的指导意见》和《关于加强扶贫捐赠管理有关事项的通知》等一系列相关工作制度，明确企业开展扶贫工作的指导思想、基本原则和主要内容，建立审批备案、监督检查等工作程序和管理机制。

【扶贫规划】 2012年，为深入贯彻中央扶贫开发工作会议精神，华能集团根据《中国农村扶贫开发纲要（2011—2020年）》的总体规划，按照党的十八大报告提出全面建成小康社会的总体目标，结合企业自身行业优势，制定了新阶段开展扶贫工作的总体规划：一是在新疆、西藏和四省藏区以及连片特困地区等扶贫攻坚主战场，优先安排能源开发项目，拉动地方经济快速发展，同时将扶贫开发工作与投资项目建设有机结合，建设惠及民生的系统工程，促进贫困地区经济社会协调发展；二是将解决基本民生问题作为企业扶贫援助项目的主要内容，通过改善当地群众生产生活条件，提高贫困地区公共基础服务水平；三是将科技扶贫、智力扶贫作为企业参与扶贫开发工作的主要方式，扶持贫困地区农村主导产业发展，增加农民收入，提高贫困人口自我发展能力；四是进一步加强内外宣传，营造良好社会氛围，建立志愿者平台，动员广大员工关注并积极参与到扶贫援助事业中来。

【阿合奇县别迭里水电站项目】 华能别迭里水电站位于阿合奇县库兰萨日克乡，于2009年开工，设计装机24.8万千瓦，总投资21.35亿元，是目前新疆自治区内规模最大的扶贫惠民工程。2012年5月17日，电站8台机组全部实现并网发电，有效缓解南疆电网用电的紧张局面，极大地改善了当地引水灌溉条件和流域生态环境，有效带动当地矿产和农业综合开发。电站建设期累计上缴税费4000多万元，预计今后每年可为阿合奇县创造利税4200余万元。

【靖边县风力发电项目】 华能靖边风电场位于榆林市靖边县乔沟湾乡和龙洲乡，规划建设容量200MW，工程总投资约20亿元。2012年底，一期、二期工程100MW机组投产运行，完成投资9亿元。

【榆阳区柳巷煤矿项目】 柳巷煤矿位于榆林市榆阳区麻黄梁镇，2012年底完工投产，项目投资11亿元，设计年产120万吨，今后每年可向地方财政上缴税费9000多万元，创造就业岗位600多个。

【医疗卫生扶贫】 为新疆阿合奇县人民医院修建了病房楼、急诊医技楼等基础设施，并购置CT、DR、麻醉机、X线机、救护车等大型医疗设备，累计投入1450多万元。其中，2012年捐赠呼吸机、肺功能检测仪、全自动血气分析仪等，投入资金100万元。

【教育扶贫】 在定点扶贫县建设、改造中小学校基础设施并捐赠教学设备，累计投入1300多万元。2012年，安排资金520万元，援建阿合奇县牙朗奇新城小学教学楼和靖边海则畔移民社区小学。

【安居工程】 在阿合奇县实施安居工程，累计投入2300多万元，建设抗震安居住宅79500平方米。2012年，别迭里华能新村初步建成，200户农牧民已搬迁入住，同期建设的库兰萨日克乡和良种场150户安居工程，将于2013年6月完工，当年投入资金200万元。

在榆林三县区实施人饮工程，累计投入800多万元，为160多个重点村的4万多贫困群众解决了用水困难。2012年，在陕西横山、靖边两县建设人饮工程10处，投入资金100万元。

【产业扶贫】 华能集团在榆林三县区扶持羊产业发展，累计投入资金1100多万元，通过技术推广、品种改良、示范带动等方式，引导当地农户开展舍饲养羊，在妥善解决畜牧发展与生态保护矛盾的同时，有效增加农民收入。2012年，安排资金200万元，在横山、靖边两县设立华能产业扶持基金，重点培育养羊专业合作组织，借鉴农村互助资金的管理模式，建立扶贫资金在合作组织内部循环使用的长效运行机制。据调查统计，参加养羊专业合作社的农户当年增收2万元，扶贫资金回收率达95%以上。

2012年，华能集团投入资金60多万元，与农业部、农科院、航天科技等单位开展技术合作，实施土壤改良和有机农产品种植试验项目，同期开展品牌建设工作，为当地优质农产品形成市场竞争优势，从而进一步增加农民收入创造条件。根据当地农技推广部门报告显示，试验项目地农作物亩产平均增收25%以上，土壤改良效果显著。

在新疆阿合奇县，华能集团扶持当地戈壁产业开发，2012年开工建设库兰萨日克乡农牧业科技示范养殖小区，现主体项目全部完工并交付使用，当年投入资金125万元；另外，每年投入资金50万元，扶持沙棘产业发展，当年培育大果沙棘苗30亩110万株，种植1万亩大果沙棘。

【智力扶贫】 为提高贫困人口素质，消除贫困落后根源，华能集团实施"栋梁工程"，在定点扶贫县设立专项助学金，累计投入400多万元，资助贫困高中生和大学生987人。2012年，投入120万元，资助阿合奇县贫困大学生40人；在靖边一中设立100万元的助学助教基金，用于资助贫困高中生和奖励优秀教师。

在定点扶贫县援建了职业培训中心厂房和计算机教室，累计投入230多万元，每年对500名初、高中毕业生及6000余名农业富余劳动力进行培训。2012年，投入资金40万元，为横山县扶贫培训中心扩建了培训场所并捐赠了相关设备。

在横山、靖边两县每年投入20万—30万元，与当地农技推广和农业科研机构合作，为农民举办科学养殖、新品种栽培、农机具使用等农村实用技术培训，累计培训6万多人次。2012年，与横山县国营农场合作筹建现代农业科技实验培训基地，为后期培养现代农业技术人才和新型职业农民创造条件。

每年投入50多万元，组织贫困县干部赴华能企业和经济发达地区考察学习、更新理念，为当地社会事业全面发展储备人才。2012年，组织阿合奇县19名乡镇干部赴山东、上海华能企业学习，组织榆林三县（区）干部赴北京、山东考察现代农业发展。

【干部挂职扶贫】 2005—2012年，华能集团在系统内部公开选聘，择优选派了5批10名干部赴疆挂职扶贫，担任克州党委、常委、副州长和阿合奇县委、常委、副县长。华能挂职扶贫的援疆干部团结当地各族干部群众，出色完成地方党委、政府交办的各项工作，被自治区授予"援疆工作先进集体"称号。

（中国华能集团公司　唐凯）

鞍钢集团公司定点扶贫

【概述】 2012年，鞍钢集团公司（包括鞍山钢铁集团公司和攀钢集团有限公司）定点扶贫工作在国务院、省、市扶贫部门的指导下，认真贯彻中央、省、市扶贫开发有关精神，突出重点，注重实效，坚持把扶贫工作摆上重要议事日程抓实抓好。鞍山钢铁集团公司的对口定点扶贫县是辽宁省葫芦岛市建昌县、朝阳市建平县、凌源市、岫岩满族自治县，攀钢集团有限公司的对口定点扶贫县是四川省凉山州布拖县、普格县，贵州省盘县和广元市旺苍县。两公司领导与对口县领导共商帮扶大计。

2012年，两公司领导按照“先急后缓、先易后难、循序渐进”的扶贫原则，坚持以“加强贫困村社基础设施建设，完善村民生产基础设施，改善村民生活条件和教学条件”为重点，确定扶贫项目，实事求是地制订扶贫计划，并以通知的形式下发到各对口帮扶单位，严格按计划开展扶贫工作，确保扶贫工作的有序开展。

【扶贫资金投入】 2012年，累计投入扶贫资金1064.51万元（其中鞍山钢铁集团公司405.74万元，攀钢集团有限公司658.77万元），还开展了社会捐赠工作，完成了各项帮扶任务。

【爱心捐助活动】 多年来“爱心捐助”一直是鞍钢集团公司扶贫的重点方式。

1.2012年8月4日，辽宁省海城市、岫岩县遭受百年不遇特大洪灾，鞍钢集团向鞍山市灾区捐款300.5万元，向营口市灾区捐款50万元。鞍钢集团公司机关、鞍钢股份公司机关和鞍钢矿业公司机关的干部职工向灾区献爱心，共捐款34.04万元。

2. 攀钢集团有限公司援助西藏地区资金20万元。向成都青白江慈善会捐赠10万元，用于帮扶困难群众。向四川省扶贫基金会捐赠5万元，用于农村大病救助。向攀枝花市米易县慈善会捐赠“特殊困难群体帮扶资金”5万元。

3. 鞍山钢铁国贸公司上海加工线向上海市慈善基金会捐赠1.2万元，用于公益救济和公共福利事业。

【基础设施建设】 攀钢集团有限公司投入资金320.86万元，帮助攀枝花市三区两县9个乡镇，实施扶贫项目11个，重点加强村社道路修建和改造、人畜饮水工程、农业水利工程。其中：向盐边县格萨拉、共和乡、温泉3个乡镇投入扶贫资金74.86万元，帮助修建和改造村、社道路。向米易县白马、湾丘2个乡投入扶贫资金50万元，整修12千米村社道路。向仁和区福田、前进、布德，东区银江镇，西区格里坪镇5个周边乡镇投入扶贫资金191万元，帮助整治山坪塘1座，修建防洪沟1条，改造和新建村、社道路18千米。

【教育扶贫】 通过帮助受援地区改善办学环境等扶贫项目的实施，有助于民族地区普及义务教育，促进受援地区教育事业的发展。

攀钢集团有限公司投入资金216.9万元，帮助凉山州普格县、布拖县和广元市旺苍县实施了4项文化教育扶贫项目：一是投入60万元，帮助普格县修建县民族中学综合实验大楼，改善办学条件；二是投入50万元，帮助布拖县实施彝家新寨建设，改善村民的居住、教育环境；三是投入6.9万元帮助凉山州喜德县依洛乡、木里县百雕乡、克尔乡实施教育扶贫；四是投入100万元，帮助广元市旺苍县和平村修建村民活动中心。

【产业扶贫】 攀钢集团有限公司投入100万元，帮助贵州省盘县贫困乡村发展养殖业，以增加农民的收入。

【干部挂职扶贫】 坚持挂职培养干部与开展扶贫工作有效结合：一是公司与四川省委组织部协调，于2012年8月选派了1名正处级干部到旺苍县挂职任县委常委、副县长，开展扶贫工作；二是公司于2011年7月安排供应公司1名副总经理前往贵州盘县挂职任县委常委、副县长，开展对口扶贫工作。

（鞍钢集团公司　刘动）

中国远洋运输（集团）总公司定点扶贫

【概述】 2012年是中国远洋运输（集团）总公司（以下简称“中远集团”）定点扶贫湖南省安化县、沅陵县的第三年。2012年，中远集团认真贯彻落实中央扶贫开发工作会议精神，按照整村推进、产业扶贫、持续发展的工作思路，向两县投入扶贫资金600万元，着力在改善贫困地区生产生活条件、完善基础设施、发展特色优势产业、开展致富技能培训等方面做好工作，使帮扶县进一步加快了脱贫致富步伐，提高了发展能力，取得了显著的经济效益和社会效益。

【基础设施建设】 2012年，中远集团按照扶贫工作规划，着力在改善地区基础设施方面持续用力，大力改善当地群众生活条件。在沅陵县，全面完成了总投资980万元的借母溪“千胡（千塘湾——胡子溪）消防公路建设”项目，既注重了环境的保护，又方便了村民和游客的出行。农网改造任务工程顺利竣工，实现了同网同价，为借母溪村722人解决了用电贵、用电难的问题。协调水利局实施的千塘湾饮水工程，于2012年11月底全面完成，为千塘湾200多人解决了饮水问题。利用千胡消防公路建设机会，对借母溪村建设用地给予征收，启动了村部建设工程。目前，村部宅基地土地平整工作基本完成。在安化县，继续全力推进黄沙坪古茶市建设。2012年9月25日，主体工程“中国黑茶博物馆”已开工建设，预计2013年9月竣工，建成后将成为湖南省著名的5A级旅游景点，成为展示中国黑茶文化和历史的最佳平台。同时，全力打造茶市滨江风光带，建设全长2千米、宽10米的滨江绿化带公路。2012年，西入口绿化带已完工，污水管网正在铺设，茶市大道的临时建筑拆除任务已基本完成，乔口公路桥墩台、桥帽已完成，整体将于2013年完工通车。

【产业扶贫】 2012年，中远集团继续加大产业扶贫力度，大力发展特色优势产业，加快扶贫县脱贫致富步伐。在沅陵县，将借母溪村蜜蜂养殖纳入了《沅陵县深度扶贫村项目规划（2012—2013年）》之中，计划两年时间发展2000箱蜂。借母溪养蜂协会QS认证和借母溪蜂蜜有限公司的注册工作进入筹备，采取“以奖代补”的形式发展6家农家乐。完成农家乐的改厕、改浴建设，安装太阳能热水器，可同时接待200人以上。据统计，农家乐项目2012年年为全村增收达50万元以上。在安化县，高标准建设生态茶园基地，共投资 40 万元，在冷市、马路两个乡镇新扶持建设生态茶园基地 400 余亩，建成一个集“生态农业、旅游观光业”于一体的高标准有机生态观光茶园。针对安化县内茶苗短缺的难题，2012 年，扶持了冷市镇 60 亩茶苗苗圃基地建设项目。同时，牵头制定了《中远集团茶园基地考核办法》，进一步加强茶园管理培训工作，为今后中远集团在安化茶园建设项目的有序开展奠定了坚实基础。

【技能培训】 2012 年，中远集团继续在劳动力培训方面加大投入，通过开展素质技能培训，不断提高当地群众发展潜能。在沅陵县，采取办培训班、聘请专家现场指导、参观考察等方式，对借母溪村组干部群众进行实用技术和劳动技能培训，转变群众的观念，提高脱贫致富的能力。2012 年 5 月 30 日，工作队组织村支两委干部、组长及群众代表等 27 人到官庄镇海沙坪和沐濯铺村参观学习；2012 年 10 月 28 日，举办了以养蜂、旅游知识为主的阳光工程培训班，通过开展素质技能培训，激发了村民的内在发展动力，逐步形成“要我发展”为“我要发展”的良好氛围。在安化县，继续大力开展茶产业从业人员培训。聘请湖南农大著名茶学专家、教授结合茶产业市场发展特点，采取理论与实践相结合的方式，重点传授茶叶、茶具、茶艺表演以及茶文化知识，学员毕业率和就业率达 100%，进一步提升了中远集团茶艺师品牌影响力。利用中远集团船员劳务培训就业优势和安化富余农村劳动力，在中远集团定点扶贫工作组的牵线搭桥下，安化县人民政府分别与青岛远洋、湖南远洋签订海员劳务输出战略合作协议，每年在安化招收海员 20 名—30 名，为安化农村劳动力的转移就业开辟了一条新途径。

【整村推进】 2012 年，中远集团大力推进整村扶贫工作，农村面貌得到明显改善。在沅陵县，中远集团扶贫工作组着力做好了 5 个方面工作。一是加强借母溪村级班子建设，配齐配强村支两委班子，加强对村支两委班子的考核和培训力度。将扶贫工作及村级事务细化到每个月，并按完成的工作任务加以考核。二是加强村庄整治工作，按照《借母溪自然保护区村庄整治规划方案》，2012 年有计划、有步骤的实施了冒古洞、木家垭、塘坪及黄腊溪等组 50 户农户的改造和屋前后水沟整修工程。同时，对借上、借下组 5 座人行危桥进行了全面改造，修缮了千塘湾组的人行道、水沟和阶梯，使借母溪的村容村貌得到很大改善。三是着力推进助学工程，把军大坪九校作为助学重点，捐赠了 1 台空调、1 个乒乓球桌、发放助学金和立志宣传费用 1 万元，并在教师节期间给老师送上 0.2 万元慰问金。四是加大救助力度，2012 年，中远集团投入 40 万元资金，对借母溪村金竹溪因火灾受灾群众 19 户、69 人进行了妥善安置。2012 年 6 月 1 日，工作队带着书包文具等学习用品看望慰问了借母溪村的留守儿童。五是春节前夕，走访慰问全村困难户、五保户、贫困大学生和80岁以上老人，及时把党的温暖送到了老百姓的心坎上。

在安化县，中远集团定点扶贫的滔溪镇英家村2012年遭遇了重大洪灾，公路损毁严重，群众损失惨重。中远集团扶贫工作组在中远集团和安化相关部门的大力支持下，共筹集资金184.9万元，为英家村办了10件实事：一是投资15万元完成了英家教学点的项目建设，硬化了英家学校操场并粉刷了围墙，完成了计算机、体育器材等教学设施设备的添置，美化、绿化了校园；二是采用以奖代投办法，新修了村丰五组、五龙一二组、英家四五六组通畅公路建设13.2千米，完成了全村通畅公路的扩改10.8千米；三是投资19万元新修桥梁1座；四是投资2.5万元完成了英家公路沿线路灯架设，解决村民夜间行路难问题；五是完成沙坪片电网改造93户，架设电线4.5千米；六是启动农村清洁工程，新修垃圾集中池38处；七是投资20万元完成了沙坪片人畜饮水工程；八是投资6万元整修山塘3口，维修出险水库1座；九是硬化林丰（中远集团公路）、英家一二组等4条村组公路11.2千米；十是争取了文广新局农家书屋项目建设，投资2万元建起了阅览室，配置了图书和相关设施。

【招商引资】 2012年，中远集团加大招商引资和社会扶贫力度，力争得到社会各界对定点扶贫的支持。在安化县，中远集团扶贫干部杨敬茂两次赴济南拜访山东省商业集团并达成意向，山东省商业集团拟一期在安化投资5000万元，建设现代化茶业加工企业。中远集团积极帮助当地黑茶企业建设营销渠道，先后带队参加了北京国际茶业展、湖南农博会、广西梧州茶博会、山东糖酒茶博览会等大型展览会，有效地宣传了安化黑茶。中远集团为阿香美、八角茶业、云天阁等6家企业在济南、青岛等地介绍代理加盟事宜，推进当地黑茶企业的发展。中远集团在沅陵县，为加大借母溪国家级自然保护区植物物种保护力度，2012年8月15日，邀请了著名文化名人石煌远、书法家李沅和部分书法爱好者在千塘湾，以赞美本土山水、人文为内容策划和主创，提升借母溪景区的文化底蕴和品质。

［中国远洋运输（集团）总公司援藏扶贫领导小组办公室］

中国海运（集团）总公司定点扶贫

【概述】 2012年，中国海运（集团）总公司（以下简称“中国海运”）继续做好定点帮扶云南永德县工作。经集团总经理办公会审议通过了年度帮扶项目方案，拨付资金330万元，引进集团下属单位资金57.64万元，物资折款8.06万元，重点实施了教育、新家园建设、农业基础设施建设和产业发展等方面的帮扶项目，取得了较好成效。2012年，为贯彻落实第3次全国对口支援新疆工作会议精神，中国海运还向曾经定点帮扶的新疆柯坪县援助教育资金500万元。

【教育扶贫】 援建德党镇明信坝完全小学。明信坝完小于1917年建校，位于永德县城西南边沿，距离县城33千米，现有教职工9人，适龄儿童107人，在校学生141人，住校生60人。2006年，中国海运曾出资援建一幢教学楼，但学生宿舍、食堂、教师办公室的条件一直未得到改善，条件极度恶劣。2012年，为保障教学工作的顺利开展，从根本上解决学校安全隐患，中国海运投入100万元，帮扶新建一幢综合楼及相关基础设施，项目完成后，可改善200人就餐和98人的住宿。

中国海运还改善部分小学配套设施建设。2012年，为改善山区学生学习和生活条件，中国海运向贫困山区小学捐赠旧计算机10台、网络设备10套、蒸饭机3台、床55张、课桌椅282套、办公桌10套、餐桌31套及其他学习用品（物资折款8.06万元）。先后引进集团下属单位爱心捐助资金57.64万元，帮助新建勐板乡忙肺完小学生宿舍1间60平方米；牛火塘完小餐厅1间50平方米；牛火塘完小、明信坝完小、尖山完小、平掌完小学生洗澡间4间85平方米；改造平掌完小学生食堂1间87平方米、建设校园水泥路140平方米；建设大田坝完小水池1个20立方米。

资助学校信息化建设。为提高山区教学质量，逐步改善教学设备，将抽象、生涩、陌生的知识直观化、形象化，有效地激发学生学习兴趣，调动其学习积极性，中海集团向永德山区贫困学校投入帮扶资金10万元，购买多媒体设备10套，使得1000多名学生受益。

帮扶特困学生。为有效缓解特困学生就读压力，逐步解决特困家庭和学校的后顾之忧，中国海运帮扶资金5万元，用于救助特困学生上学。继续资助“中海希望班”。“中海希望班”是中国海运为帮助贫困学生完成高中学业而开设的“爱心班”。2012年，第2届“中海希望班”已进入第3学年，为确保他们顺利毕业，给予帮扶资金15万元，其中：助学金10万元，奖学金5万元。

【基础设施建设】 帮扶农村新家园建设。2012年，中国海运出资40万元，协助永德县崇岗乡团树村户等自然村和岩头自然村的新家园建设，还用于实施民居基础设施综合改造工程、饮水工程管道架设、村民活动场所等项目建设，项目实施后，直接受益群众将达330余人。

加大饮水及灌溉沟渠建设。中国海运投入扶贫资金105万元，援建茂梧完小饮水工程，架设饮水管道4.4千米，新建水池130立方米，有效地为445名师生解决了饮水难问题；援建茂梧河治理工程，改善茂梧村农业生产用水，提高抗旱能力，2个自然村、320户农户、1280人受益。

【产业扶贫】 为有效增加农民收入，进一步改善农民生活条件，为石门寨自然村计划配套建设发酵床养猪场1个，新建圈舍22间624平方米，养猪520头。中国海运为此投入帮扶资金25万元，协助其完成项目，项目完成后，受益群众99人，每年可增加纯经济收入15万元。

【科技培训】 2012年，中国海运为教育投入30万元培训经费，在永德县劳动力示范基地开展农民实用技能培训班6期、受训600人次，内容为推广先进的种植、养殖实用技术。

【干部挂职扶贫】 2012年年初，经中国海运党组会研究决定，继续从集团内择优选拔2名政治业务素质好、身体健康、能吃苦耐劳的年轻干部，赴永德挂职县长助理，主要负责扶贫项目的落实和沟通工作，这2名干部已在永德工作近一年时间，其认真负责的工作态度和敬业精神受到了永德县领导和群众好评。为缓解永德县师资力量匮乏的现状，集团下属中海集运还选派了2位素质高、英语和计算机水平过硬的青年员工前往当地支教。

［中国海运（集团）总公司　张洁］

中国建筑工程总公司定点扶贫

【概述】 中国建筑工程总公司（以下简称“中国建筑”）利用自身勘察设计、建筑运营的业务优势，通过以项目带动主体，以资金帮扶、教育帮扶、智力帮扶、技术帮扶为重点，努力参与农村定点扶贫工作，定点帮扶宁夏回族自治区同心县、盐池县；中国建筑所属子企业也积极参与属地政府组织推进的定点扶贫工作。

2012 年，中国建筑的扶贫总格局为：中国建筑总公司定点扶贫宁夏回族自治区同心县、盐池县；中建三局定点扶贫湖北省英山县；中建四局通过广东扶贫基金会定点扶贫广东省五华县；中建七局借助自身优势通过劳务扶贫项目，参与河南省濮阳郭吉村的扶贫开发；中建五局参与湖南省委组织的扶贫援建工作。

【扶贫资金投入】 中国建筑扶贫资金主要来源于两个方面：一是来源于企业的经营管理利润，每年在年度预算中列报本年度，对外捐赠及扶贫开发专项的支出费用；二是来源于企业员工的公益募捐。2012 年，中国建筑及各子企业为国家扶贫、救济、教育、文化、卫生等公益性事业捐赠 2855.84 万元，扶贫资金 1171.34 万元，其中，向定点扶贫地区实施资金捐赠 20 次，资金总额 890.94 万元，占 2012 年对外捐赠总额的 31.19%。年度捐赠具体情况为：中国建筑总部向宁夏盐池县、同心县 2 个定点扶贫县捐赠 487.22 万元，占中国建筑扶贫开发总资金的 54.69%；中建四局向定点扶贫县捐赠 283.72 万元，占扶贫资金的 31.84%；中建三局向定点扶贫县捐赠 71 万元，占扶贫资金的 8%；其他子企业捐赠 49.01 万元，占比 8.83%。2012 年，除了按预算支出扶贫开发资金之外，中国建筑组织 15 万员工，为对口扶贫地区进行捐款 486.02 万元。

2012 年中国建筑定点扶贫重点项目及资金情况统计表

序号	定点扶贫负责单位	捐赠类别	捐赠时间	金额（万元）
1	中建八局有限公司广州分公司	向定点扶贫地区捐赠（扶贫）	2012 - 9 - 5	1.00
2	中国建筑第四工程局有限公司	向定点扶贫地区捐赠（扶贫）	2012 - 11 - 22	80.00
3	贵州中建建筑科研设计院有限公司	向定点扶贫地区捐赠（扶贫）	2012 - 11 - 12	8.00

续表

序号	定点扶贫负责单位	捐赠类别	捐赠时间	金额（万元）
4	中国建筑第四工程局有限公司	向定点扶贫地区捐赠（扶贫）	2012－9－21	20.00
5	中国建筑第四工程局有限公司	向定点扶贫地区捐赠（扶贫）	2012－10－30	2.70
6	中国建筑第四工程局有限公司	向定点扶贫地区捐赠（扶贫）	2012－10－30	4.44
7	中国建筑第二工程局（沪）	向定点扶贫地区捐赠（扶贫）	2012－10－7	10.00
8	中国建筑第五工程局有限公司机关	向定点扶贫地区捐赠（扶贫）	2012－8－8	30.00
9	中国建筑第四工程局有限公司	向定点扶贫地区捐赠（扶贫）	2012－7－11	9.00
10	中国建筑第四工程局有限公司	向定点扶贫地区捐赠（扶贫）	2012－6－29	38.68
11	中国建筑第四工程局有限公司	向定点扶贫地区捐赠（扶贫）	2012－9－20	113.72
12	中国建筑工程总公司本部	向定点扶贫地区捐赠（扶贫）	2012－6－27	218.22
13	中国建筑工程总公司本部	向定点扶贫地区捐赠（扶贫）	2012－6－27	267.00
14	中建三局有限公司工程总承包公司	向定点扶贫地区捐赠（扶贫）	2012－6－8	25.00
15	中建三局第一建设工程有限责任公司	向定点扶贫地区捐赠（扶贫）	2012－5－30	25.00
16	中建三局第三建设工程有限责任公司	向定点扶贫地区捐赠（扶贫）	2012－3－31	1.00
17	中建三局第三建设工程有限责任公司	向定点扶贫地区捐赠（扶贫）	2012－3－31	20.00
18	中国建筑第六工程局基础设施事业部	其他定点援助地区	2012－4－4	10.00
19	中国建筑第四工程局有限公司	向定点扶贫地区捐赠（扶贫）	2012－3－8	7.18

【教育扶贫】 中国建筑根据盐池县教育设施落后、人员技能不高的现实情况，重点开展了教育扶贫。盐池县大水坑镇第一小学有21个教学班，教职工68人，学生900人，是一所非寄宿制学校，学校的教学设施曾在2008年汶川大地震中严重受损，该校的教学楼、办公楼列入2012年全国实施校舍安全工程改造计划，全部改造之中。中国建筑出资267.8万元，为该学校建设了一个拥有现代厨房设备、整洁餐具、有卫生保证的学生食堂。

中建三局积极支持英山县发展教育。“六一”期间，中建三局为学校捐书、捐计算机、赠送体育用品和学习用具，鼓励学生好好学习，为孩子们创造良好的学习条件 和健康成长条件。

【劳动力培训】 宁夏同心县是一个少数民族聚居的经济欠发达地区，大部分当地人受教育程度低，缺少符合社会需要的工作技能。针对这种情况，中国建筑出资218.22万元，在该县设立了“剩余劳动力技能培训中心”，主要帮助当地剩余劳动力学习相关工作技能，为促进当地剩余劳动力素质提升和就业，作出了积极贡献。

【项目扶贫】 1. 支持湖北英山县民生工程建设。湖北省英山县是湖北省脱贫奔小康试点县，是中国建筑所属中建三局的定点帮扶单位。中建三局通过邀请专家入村考察、发放调查问卷、征求村民意愿、确定方案、巡查慰问、狠抓落实等方式，有重点、有成效的持续开展帮扶活动。截至2012年年底，5年期间累计投入资金共计近150万元，捐献了15台（套）大型机械设备，新挖5口示范塘、清淤治理41口标准塘；发展特色优势产业，建设了生态茶园；整治了河道，极大地推动了村级集体经济的发展，增加了农民的收入。

2. 支持广东省五华县民生工程建设。根据广东省委、省政府安排，中国建筑所属中建四局对口扶贫广东省梅州市五华县华城镇河亭村。中建四局对32户贫困户进行了危房改造，为全村260名60岁以上老人购买新农村养老保险，对贫困户子女入学、特困户进行帮扶救助160人次，以“公司 + 农户”的摸式扶持贫困户增加收入，2012年，贫困户人均纯收入达8580元，实现了全部脱贫；修建村民文化广场2个，对村小学进行维修扩建改造，修建村道5千米，机耕路3千米，涌堤堡坎300米，疏通修理农田水利灌溉沟渠5300米；3年累计投入引入资金共计954.03万元，使河亭村的面貌有了较大改善，圆满完成了广东省委、省政府的帮扶任务，中建四局被评为“广东省优秀扶贫先进单位”，河亭村已申报为和谐美丽新农村。

3. 支持云南石屏县民生工程建设。中国建筑所属中建二局（沪）为云南省石屏县大桥乡漫伞村捐款10万元帮助修建文明桥。2012年，中建二局（沪）组织全体员工集体捐款，筹集资金10万元，帮助云南省石屏县大桥乡漫伞村的村民修建文明桥，为村民们解决了出行难题。

（中国建筑工程总公司政工部
崔鹏伟）

国家开发投资公司定点扶贫

【概述】 2012年，国家开发投资公司始终坚持为出资人、为社会、为员工的"三为"宗旨，高度负责地做好扶贫开发工作，在完成党中央赋予的援疆建设任务、国务院扶贫办赋予的定点扶贫任务之后，积极参与捐资助学等公益事业活动，参加国家和地方慈善公益事业及控股投资企业所在地各项社会建设帮扶等活动中，赢得了地方政府和社会的好评。

公司发起设立中国贫困地区产业发展基金，支持党中央扶贫开发工作。公司连续四年发布社会责任报告，并于2012年首次发布英文版，树立了负责任的中央企业形象。

2012年，国家开发投资公司被北京市委宣传部、市民政局和首都慈善公益组织联合会表彰为"2012年度首都慈善事业企业社会责任奖"，公司被中国扶贫基金会表彰为"新长城——教育扶贫突出贡献单位"、"2012年度公益爱心奖"；案例《大山不能阻隔的情谊——国家开发投资公司在贵州黔南定点扶贫纪实》入选国务院扶贫办组织的《社会扶贫创新案例》，公司党群工作部被国务院国资委表彰为"中央企业扶贫开发先进集体"，3名同志被表彰为"中央企业扶贫开发工作先进个人"。

【扶贫资金投入】 2012年，国家开发投资公司对外捐赠总额（按照财务合并报表范围统计）达3171.378万元，其中企业以单位名义捐赠3110.272万元（财务合并报表数），员工个人捐赠61.106万元。其中无偿援助贵州省平塘县、罗甸县资金644.2万元，并为两县资助了300万元贴息帮扶资金。

【扶贫资金投入性质和结构】 2012年，国家开发投资公司在捐赠工作中，主要放在援疆、对口扶贫、助学、助残、公益救济等方面。捐赠性质结构分布如下（有交叉统计，比如在援疆的有属于医疗卫生的，有公共设施的；在捐赠的有属于定点援助的，有属于公共设施等）。

序号	捐赠性质	金额（万元）	比例	序号	捐赠性质	金额（万元）	比例
1	受灾地区	28.9	0.9%	8	医疗卫生	14.2	0.4%
2	援疆	727.3	23.3%	9	文化体育	66	2.1%

续表

序号	捐赠性质	金额（万元）	比例	序号	捐赠性质	金额（万元）	比例
3	援藏			10	环境保护		
4	定点扶贫	843.8	27.1%	11	节能减排		
5	定点援助	94.8	3%	12	公共设施	304	9.8%
6	助残	30	0.9%	13	公益救济	533	17%
7	教育助学	456.6	14.7%	14	其他捐赠	111.8	3.6%

2012 年，国家开发投资公司在捐赠工作中，主要通过地方县级以上政府和部门、慈善基金会、其他公益团体、直接向受益人等途径进行对外捐赠，接受各方面的管理监督。

序号	捐赠途径	金额（万元）	比例
1	慈善基金会	85.5	2.7%
2	红十字会		
3	残疾人联合会	30	0.9%
4	青少年基金会（新长城基金）	24	0.8%
5	其他公益团体	756.2	24.3%
6	直接向受益人	1072.27	34.5%
7	通过县以上人民政府部门	1142.3	36.8%

【春节慰问活动】 向贵州省平塘县、罗甸县各捐款 10 万元，合计 20 万元，慰问两县贫困家庭，帮助困难群众度过一个愉快的春节。

【扶贫调研】 国家开发投资公司组织人员到贵州省罗甸和平塘两县，行程 1000 多千米，走进 5 个乡镇、6 个村（寨），查看了水源点、管道架设、工程维护等情况，与乡村干部和村民交谈了解用水情况，对公司 2011 年饮水工程建设使用情况进行检查，对 2012 年拟建饮水工程项目进行调研。同时，还走访慰问 4 户特困村民家庭，发放慰问金 0.2 万元。

【教育扶贫】 继续与中国新长城基金会合作，做好资助平塘、罗甸两县困难大学生的工作。2011—2015 年期间每年资助 60 名大学生，并逐年递增 60 名，资助他们直至大学毕业。目前已捐赠 24 万元资助两县 120 名大学生上学。

2012 年，公司向北京理工大学教育基金会捐赠 400 万元，用于支持推进公司人才战略规划；向中国新长城基金捐赠 24 万元，资助对口定点扶贫的贵州罗甸县和平塘县 120 名贫困大学生（累计投入 465.8 万元，为 2329 人次共 645 名贫困大学生提供资助）；捐助 1.2 万元给西城慈善协会，资助贫困中学生上学。所属企业捐赠 25.2 万元资助学生上学。

【基础设施建设】 按照 2012 年对口扶贫罗甸、平塘两县项目意见，捐赠 300 万元，分别援建罗甸县罗苏乡和平塘县牙舟乡镇白沙片区的饮水工程，为 7 个村 8172 人解决饮用水和村民出行难的问题。

【公益慈善活动】 公司所属企业“国投大同能源公司”按照山西省和大同市统一部署，以无偿援助方式向驻地低收入农户供应冬季取暖用煤 17330 吨，合计折价为 623.88 万元；“国投大朝山水电公司”按照云南省统一部署，捐赠 260 万元参加建设山区村民“爱心水窖”；“国投新登郑州水泥有限公司”援助价值 50 万元人民币的水泥，参加当地政府公路改造工程；其他各企业也都参与一些公益慈善帮扶活动。

【定点扶贫工作回顾】 国家开发投资公司自成立之初，就定点帮扶贵州省黔南布依族苗族自治州罗甸县和三都县任务，2002—2012 年定点帮扶罗甸县和平塘县。定点扶贫 17 年来，公司累计投入帮扶资金 8000.6 万元（含无偿捐助 3717.4 万元）。

2004—2012 年，国家开发投资公司累计投入无偿资金 1800 万元（罗甸县、平塘县各 750 万元），在罗甸县兴建了一批人畜饮水和水利工程项目，为 15 个行政村近 5000 户、3 万人、4 万头（匹）大牲畜有效解决了饮水困难问题，改善基本农田灌溉 670 亩、果园灌溉 500 余亩。每当罗甸、平塘两县遭遇冰冻、洪水、冰雹、干旱等自然灾害时，公司都及时致电慰问，并捐款支持两县人民投入抗灾斗争，先后累计捐款 225 万元（职工捐款 5 万元）。为帮助两县特困家庭，多年来累计发放慰问金 94 万元，走访看望慰问了近 5000 户贫困家庭。

国家开发投资公司在定点帮扶黔南州的三都、罗甸、平塘 3 县中，累计投入帮扶资金 7366.4 万元，其中无偿捐助 3417.4 万元，援建项目 25 个。

产业扶贫方面：扶持支柱产业创新发展。自 1995 年以来，公司投入有偿资金 1279 万元，帮助三都县建设了 3 个项目。其中，投入 365 万元建起了三合镇页岩砖厂，投入 406 万元帮扶县植物油厂，投入 508 万元帮扶县硫铁矿厂，对拉动当地经济发展产生了积极作用。2005 年，公司将帮扶三都县的上述 3 个项目资金，本息共计 1619 万元所形成的项目资产全部赠与三都县，由三都县资本营运公司负责管理。在罗甸县累计投入有偿资金 2370 万元。

近年来，公司先后向贵州信邦制药股份有限公司注入有偿资金近千万元，帮助企业实施技改，提升产品质量，使企业不断发展壮大。通过多年共同努力，信邦制药公司已成为全国扶贫龙头企业，并于 2010 年 4 月 16 日成功上市，成为黔南州境内唯一一家上市公司。该企业 2011 年销售收入达 3 亿多元，年纳税 6000 万元，安置本县就业人员达 650 人，其中贫困户 576 人，带动 1.4 万户农户从事中药材种植，户均年增加收入达 7000 多元，实现了企业、政府、群众共赢的目标。

2007年，平塘县被列为省级产业化科技扶贫特色产业试点县，投入150万元发展养羊项目。2008年列为产业化科技扶贫种草养羊重点县，投入资金500万元。为结合打造养羊产业项目，公司投入资金150万元。

文化扶贫方面：捐资40万元兴建了罗羊希望小学（现改名红水河希望小学），1997年，公司还发动职工捐款捐物，采取“一对一”结对帮扶方式帮助该校贫困学生，使受助学生能够得以顺利的完成学业。2006年，公司投入无偿资金1000万元，分别兴建了罗甸、平塘两县青少年活动中心。近年来，仅罗甸县在青少年活动中心开展音乐、美术、武术、绘画等青少年培训班达36期，培训青少年儿童1500人（次），促进了青少年儿童教育事业的健康发展。为帮助两县因家庭贫困而上不起大学的学生，公司与中国扶贫基金会“新长城基金”合作，由扶贫基金会确定援助两县贫困大学生名册，按照双方签订的协议进行资助的方式，定向定人资助，每人每年2000元。10年来共捐助298.4万元，先后共有1442人次受益。目前，已有358名大学生完成学业。

捐助1000万元帮助罗甸县、平塘县各建设了一座青少年活动中心，解决了两县城区群众文化活动场所不足的问题。

（国家开发投资公司党群工作部
夏成楼）

招商局集团有限公司定点扶贫

【概述】 招商局集团有限公司（以下简称“招商局集团”）深入贯彻中央扶贫开发工作会议精神，积极落实《中国农村扶贫开发纲要（2011—2020年）》要求，坚持以扶贫开发理念为指导，以推动项目实施为抓手，以密切协调合作为基本工作方式，以惠及招商局集团定点扶贫县——贵州省威宁县经济社会发展为目标，进一步转变扶贫方式、加大扶贫力度，全力推进“四个一”项目（即建成一个物流分发中心，打造一个示范性幸福小镇，办成一个干部培训班，引荐一批产业项目），助推威宁县早日脱贫致富。

2012年，招商局集团选派的4名挂职干部继续在威宁县工作；招商局集团赴毕节及威宁县考察共计82人次，全年直接投入4096万元，帮助引进各类资金2000万元，圆满完成了年度帮扶计划。目前“四个一”项目进展顺利，并已取得了实质性的成果，招商局慈善基金会等跟进的其他帮扶项目均已得到了积极落实。

【物流分发中心项目】 招商局物流分发中心项目克服了当地地质情况复杂等困难，项目勘探、地质处理及报审报建等前期工作已准备就绪，项目的工程建设已全面展开，地基等基础建设已完成过半，招商局物流集团威宁公司也已正式运作。

【幸福小镇项目】 该项目首发区建设整体工程建设已基本完成。至2013年农历春节前，已有6家住户搬入新居，占新建住宅总数的40%，首发区建设整体进度已完成88.7%。

【扶贫干部培训】 招商局集团在2012年，继续成功举办了3期“招商局—威宁干部培训班”，为毕节市、威宁县培训了90名科、处级领导干部。自2011年以来，共培训干部150名，其中，威宁县125名，毕节市25名。培训班培训效果显著，威宁县已在参加过招商局培训班的干部中，提拔重用了25人，交流使用4人。

【引荐产业项目】 在招商局集团的帮助下，贵州知名制药品牌“片仔癀”、荷兰欧中现代农业研究中心在威宁设立全资子公司——威宁屹欣百合技术有限责任公司均落户威宁。

【教育扶贫】 1. 助学助教奖励计划。招商局集团每年由员工自发捐赠30万元，奖励威宁贫困地区的约400名优秀教师和学生。2012年10月，招商局集团向威宁县捐赠30万元以助学助教。

2. “爱佑童心”项目。从2011年开始，招商局集团与威宁县人民政府合作，在当地开展大规模普查患先心病儿童。2012年救治先心病童39人，投入救助资金50万元。

3. 希望小学配套项目。2012年11月，招商局慈善基金会向牛棚镇、石门乡共21间中小学捐赠了3500套桌椅板凳。

【“梦想中心”项目】 2012年，招商局慈善基金会在威宁地区捐建“梦想中心”多媒体教室2间（银龙小学、北镇小学），投入项目基金20万元。

【乡村妇女能力建设培训】 2012年9月，由招商局慈善基金会全额资助、北京农家女文化发展中心实施的“乡村妇女能力建设培训”项目正式落地威宁县，该项目旨在帮助草海镇银龙村妇女提高识字率，鼓励她们积极参与社区事务，为当地建设的软环境献计出力。已举办了一期，近40人参加了培训活动。

【慈善大使】 2012年3月，招商局慈善基金会正式聘请郭建津、虹学兰、张文娟、王艳为首批“慈善大使”。她们参与到招商局集团在威宁等地扶贫的各项活动中，身体力行地积极宣传招商局扶贫文化，与当地人民结下了深厚的感情。

【抗灾救助扶贫】 2012年9月7日，威宁县发生5.7级地震，给威宁人民的生产生活造成了重大影响。招商局集团第一时间向威宁自治县发出慰问信，并紧急购置棉被2000床、调拨紧急救灾资金人民币200万元支援威宁抗震救灾。2012年9月18日，国务院扶贫办网站刊登了《招商局集团200万元2000床被驰援威宁灾区》的新闻，宣传了招商局集团、招商局慈善基金会在威宁“9.7抗震救灾行动”中的善举。

（招商局集团有限公司　蒋建新）

中国港中旅集团公司定点扶贫

【概述】 中国港中旅集团公司暨香港中旅（集团）有限公司（以下简称“港中旅集团”）是中央直接管理的大型国有重要骨干企业之一。按照2012年11月国务院扶贫办等8部委联合下文，确定了港中旅集团主要定点帮扶黎平（滇贵黔石漠化区、贵州），西盟、孟连（滇西边境山区、云南）3个重点县。2012年，港中旅集团被国务院国有资产管理委员会授予“2001—2010年中央企业扶贫工作‘先进单位’称号”；被云南省委、省人民政府评为“十一五”及2012年度社会扶贫先进集体。

【完善机制·躬行实践】 港中旅集团对履行企业的社会责任十分重视，扶贫工作开展有目标、有思路、有行动。一是港中旅集团指定办公厅作为负责落实扶贫工作的第一执行部门，并将2012年扶贫工作开展成效作为部门绩效考核的指标和内容；二是指派专人跟进扶贫工作的日常性事务并与定点扶贫地区的省、市政府及相关机构，建立了畅通的联络机制，为扶贫工作的顺利开展提供了基础性保障；三是港中旅集团办公厅形成了每年由集团分管领导带队，对定点扶贫地区进行慰问考察，通过实地的扶贫调研，掌握帮扶情况新资料，研究、检查年度扶贫工作执行方案，坚实走好港中旅集团扶贫工作每一步。

【基础设施建设】 港中旅集团积极深化在云南省西盟县和孟连县的扶贫工作，2012年，集团固定拨付扶贫资金共32.54万元，主要用于农村困难群众改善生活条件的项目建设。其中，协助云南省孟连县新建安居房3280平方米，解决41户151人住房困难问题，群众生产生活条件得到改善；协助云南省西盟县建设村内道路硬化项目，铺设进组道路长770米，使项目区群众12户56人直接受益。为该村民小组解决道路差的现状，增强了群众自我发展信心。

【产业扶贫】 港中旅集团继续按照“明确扶贫思路，造血扶贫为主；发挥旅游优势，体现专业特点”的要求，确定将造血扶贫作为主要抓手，因地制宜，以定点扶贫县贵州省黎平县中药材种植基地为依托，每年固定投入资金进行合作，并采用依托管理，共同受益的方式，引导黎平县把中药材种植产业做出规模、做出示范。

2012年，该项目已完成中药材种苗栽种180亩（其中：龙芽百合12亩、龙山百合25亩、太子参43亩、白术50亩、射干

10亩、玄参40亩)，黎平县已经将中药材种植产业列为全县的新兴支柱产业，港中旅集团每年定期投入50万元援建中药材种植试验基地，为中药种植业在黎平的兴起发挥推动与示范作用。中药材种苗基地实行市场化运作，种苗长成后将以市场价格赊销给当地农户自行种植，中药材成熟后由当地合作商收购包销，所获利润扣除种苗价格后返还农户。种苗基地扣除种苗成本后所得利润，由集团和当地合作商按5∶5比例分成，集团所获利润将滚动循环投入到种苗基地建设中，以实现持续地、整体地扩张规模。

另外，港中旅集团针对黎平县适合茶叶生长的有利条件，以建设优质茶园为切入点，培育“港中旅·贵州黎平扶贫绿色有机茶”品牌，力求完善黎平茶叶产业生产链条，帮助黎平茶叶走出一条持续、稳定、健康的产业发展新路子。

一是大力开发山地资源，激发农户生产积极性。采取“公司+基地+农户”、“合作社+基地+农户”等多种形式，动员和鼓励广大农户承包荒地，利用责任山，大力种植茶树。二是坚持“三高”和“五统一分”标准建设茶园基地。“三高”即高标准建园、高质量良种苗木、高水平栽培管理。“五统一分”、即统一规划，统一种苗、统一服务、统一品牌、统一销售，分户管理的经营管理模式。自2005年以来，港中旅集团先后捐资150万元，帮助黎平县德凤镇、高屯镇、罗里乡、德顺乡、洪州乡5个乡镇560户贫困农民，新建优质茶园3000亩，受益贫困人口2296人。现有部分茶园已经产生经济效益，每亩产值近4000元，预计茶园盛产时总产值将达1000万元，集团所援建生产的黎平白茶更是荣获了2011年全国名优茶“中茶杯”一等奖。三是加强培育示范企业，全面铺开茶叶产业发展规模。开展“试验示范、典型引路、骨干辐射、实施一户带一片、一片连一村、一村带一乡、一乡影响全县”的星火燎原的方案。截至2012年9月，黎平全县种植茶园面积达15.5万亩，其中幼龄茶园7.9万亩、投产茶园7.6万亩，分布于全县25个乡镇，全县无性系茶园面积占茶叶种植总面积的92%。

在黎平茶叶产品对外推广和品牌化演进方面，港中旅集团也花心思、做实事，对提高黎平茶叶品质和推广品牌提供了帮助。通过援建白茶基地、向黎平茶商订购黎平白茶作为高档礼品茶，同时借力港中旅集团平台优势，在大型会议、活动中推介黎平茶叶产品、协助其他中央企业订购相关茶叶产品等方式，进一步提高黎平茶叶销量，同时带动黎平茶叶品牌知名度，为深化扶贫工作增加新的闪光点。

(中国港中旅集团公司集团办公厅

童柳)

中国建筑材料集团有限公司定点扶贫

【概述】 中国建筑材料集团有限公司（以下简称“集团公司”），定点帮扶安徽省石台县。2012年，为有效地开展定点扶贫工作，集团公司健全了扶贫工作组织体系，成立了以党委书记为组长，党委副书记及有关部门负责人参加的扶贫工作领导小组；设立了定点扶贫工作办公室，集团工会主席兼任扶贫办公室主任，负责定点扶贫工作的实施落实。集团公司定点扶贫工作做到明朗化、公开化，列入集团每年公开发布的《社会责任报告》，向社会公开宣布所承担的扶贫任务，履行企业的社会责任。为确保扶贫资金落实到位，把扶贫资金项目列入到每年的集团预算中，形成较为完善的拨付体系，以保证扶贫资金用到实处。集团公司领导多次带队赴石台县开展了扶贫调研，听取汇报，深入一线，走村入户，了解民情，慰问困难村民，提出扶贫工作思路，共商扶贫大计。

【创新扶贫模式】 集团公司自2002年定点扶贫安徽省石台县以来，认真履行企业社会责任，从开始的提供资金帮扶、捐助实物、改善中小学教育、解决灾民住房、修缮道路等，到加大扶贫投入，转变扶贫工作思路，将扶贫工作与集团公司的发展结合起来，由单纯捐助资金“输血”扶贫，逐渐转向投资项目“造血”扶贫，通过创新扶贫模式，开辟靠租地建设工业园的扶贫新路，从根本上改变定点扶贫县的贫困状态。

为加快石台县农民脱贫和财政脱困，集团公司与石台县确立了集团公司在池州市东至县大渡口镇，筹建“池州大渡口经济开发区（石台工业园）”，这一规划得到了安徽省池州市的大力支持。为更好地利用池州当地资源实施产业项目，根据集团公司战略部署，由集团公司所属的皖企业蚌埠玻璃工业设计研究院，具体负责在池州的产业项目布局和投资。

根据项目投资总规划，集团公司将在池州经济技术开发区投资兴建新能源、新材料科技创新示范园项目。集团公司池州新能源产业基地，一期项目占地500亩，为年产100万平方米太阳能电池用TCO玻璃基板生产线和600t/d薄膜太阳能电池用超白太阳能玻璃生产线，投资2000万元。项目建成投产后，石台县每年将从投资项目中直接收益。集团公司创新扶贫举措，实施的产业扶贫，推动了石台脱贫致富进程而迈出坚实步伐。

【教育扶贫】 2012年，捐助了100万元资金，用于援建石台县教育基础设施项目。捐资援建的石台县城东学校，将成为容纳24个教学班1000名学生的寄宿学校。该项目提高了义务教育质量，促进了城乡之间、地区之间的教育均衡发展。捐资为全县13所农村中心学校，每校建设1座标准化（30座）计算机网络教室，即每个学校安排教师机1台、学生机30台和多媒体教学软件及其他网络设备，组成一个具有超强安全、可靠稳定、简易维护的多媒体网络系统。建设计算机教室不仅能实现计算机教学，而且能实现语音教学、光盘共享教学、电化教学、视听教学、Internet共享等教学功能，实现学生与教师、学生与学生之间通过网络进行双向课堂教学，提高教学质量和效益。

（中国建筑材料集团有限公司

扶贫办公室　熊吉文）

中国北方机车车辆工业集团公司定点扶贫

【概述】 2012年，中国北方机车车辆工业集团公司（以下简称“中国北车”）认真贯彻落实中央扶贫开发工作会议精神和《中国农村扶贫开发纲要（2011—2020年）》以及8部委《关于做好新一轮中央、国家机关和有关单位定点扶贫工作的通知》精神，在推进企业改革发展的同时，全面把握新阶段扶贫开发工作新要求，履行社会责任，落实帮扶资金和帮扶措施，为发展农村经济服务，定点帮扶工作取得成效。在国资委首次开展的评先活动中，中国北车被评为扶贫工作先进单位，副总裁赵光兴被评为先进个人；在国务院扶贫办举办的定点扶贫工作培训班上均作了书面交流，《中国扶贫》2013年第1期以《北车：将希望载进大山》为题作了专题报道。

【扶贫资金投入】 为进一步建立健全中国北车扶贫开发资金筹措机制，确保完成资金筹措任务。2012年，中国北车向属下部门扶贫办下达了扶贫资金筹集指标，并列入总部部门绩效考核指标。中国北车所属23个企业积极响应号召，按时按要求上交了扶贫资金。2012年，共筹措扶贫资金293.32万元，为落实好当年的定点帮扶任务奠定了基础。

【项目扶贫】 2012年，中国北车在甘肃省天水市麦积区和甘谷县共投入帮扶资金256万元，实施了道路和桥梁两个基础设施项目建设，走访慰问贫困户300户，轮换派出挂职干部2人。中国北车扶贫办严格执行《扶贫开发基金管理办法》，认真履行资金监管责任，按程序及时完成了年度帮扶资金拨付工作，先后两次对帮扶项目的工程进度、施工质量和效果进行了专题检查调研，并就有关项目进展情况与地方党政领导进行了沟通协调，有力促进了帮扶项目的落实，资金效益的正常发挥确保了项目质量。

（一）实施麦积区颖川河流域东山苹果基地拓宽沙化道路项目建设，共投入帮扶资金120万元。拓宽沙化麦积区马跑泉镇红花咀至甘泉镇廖家庄农村道路，是启动麦积区实施的颖川河流域高效农业整体开发建设工程中的一项基础设施建设，涉及3个镇的8条沟，区域内有35个村、4.97万人，耕地有14万亩。该项目道路建设长

16.3千米，路基宽6.5米。项目建成后，彻底为区域内群众改变了行路难、吃水难、通信难、上学难等问题，直接带动流域内农业产业结构的优化，加快了颖川河流域高效农业整体开发建设步伐。

（二）为姚庄渭河大桥改建工程投入帮扶资金。姚庄渭河大桥位于甘谷县城北郊，是该县城通往南北邻县交通要道的一座重要大桥，桥梁全长221.27米，始建于1958年，1972年和1990年先后两次进行了加固维修。20多年来，桥梁结构出现许多问题，承载能力明显降低，相关专家鉴定为危桥，决定拆除重建。新桥为预应力混凝土箱梁桥，估算投资1997.1万元，甘谷县需自筹资金1480.1万元，缺口很大。应甘谷县委、县政府要求，中国北车提供帮扶资金130万元，为该县自筹建桥资金发挥了带头作用。目前，该桥已建成通车。

【扶贫开发会议】 2012年3月，中国北车扶贫开发领导小组在北京召开了第12次工作会议。

会议听取并审议了中国北车扶贫开发工作领导小组办公室关于“2011年工作总结”和“2012年重点工作计划”的汇报，研究了有关事项。会议原则同意中国北车2012年扶贫开发重点工作计划。明确各企业仍按照2011年销售收入的万分之零点五上缴扶贫开发资金，缴款上限为40万元，2011年经营亏损的企业可不缴。会议要求非生产性2级企业要积极参与扶贫开发工作，并根据实际情况适当上缴扶贫资金；中国北车在必要时候也要拨付一定数额的扶贫资金，加大基金储备。

会议还要求中国北车扶贫办要建立健全扶贫资金管理制度，完善管理程序，严格执行资金预算，管好用好扶贫资金。

2012年11月，中国北车扶贫开发工作领导小组就所属非生产性企业上缴扶贫开发资金事宜召开了专题会议。

会议研究决定：从2012年度开始，6个所属非生产性企业每年上缴扶贫开发专项资金暂定3万元，2011年亏损的不交。

【送温暖活动】 春节前夕，中国北车委托甘谷县和麦积区扶贫办对部分乡镇的贫困户进行了走访慰问，共计慰问贫困户300户，发放慰问金6万元，给两个帮扶区、县的贫困农民带去了中国北车的问候，送去了党和政府的温暖。

【扶贫调研】 按照天水市委领导的建议，中国北车扶贫办利用挂职干部交换的机会，带领由总部部分部门负责人组成的考察团在调研中国北车帮扶项目的同时，参观考察了当地明星企业——天水风动机械公司和星火机床公司，企业间进行了广泛的交流。参观考察活动使总部同志亲身感受到了帮扶地区的贫困状况，加深了对中国北车扶贫开发工作的了解，促进了定点帮扶任务的落实。

（中国北方机车车辆工业集团公司扶贫办　刘新华）

中国南车集团公司定点扶贫

【概述】 2012年，中国南车集团公司（以下简称“中国南车”）切实履行央企社会责任，按照国务院要求，继续对口帮扶广西靖西、那坡两县。中国南车始终以帮扶脱困为己任，把改变两县的面貌、改善广大贫困农民的生产生活条件、提高生活水平、加快两县的经济、社会全面发展作为重要工作职责和任务，全力推进两县教育事业、种植、养殖和基础设施建设等扶贫项目。2012年，根据中国南车与广西靖西、那坡两县签订的帮扶协议，中国南车年内共投入430万元，覆盖教育、基础设施、产业扶贫、科技扶贫4个方面。建设完成小学综合楼1栋、教师周转房1栋，组建“南车班”，增加资助贫困优秀学子150名，实施两个种植项目共2050亩，投资180万元建成南车新村1个，举办农业科技培训班28期。

【教育扶贫】 中国南车一直注重教育扶贫。2012年，继续设立“南车班”，新增扶持贫困学生（新生）150名，对学习成绩优秀、家庭生活比较困难的新生给予资助，其中，靖西县100名、那坡县50名。

2012年，在靖西县投资45万元建设禄峒乡中心小学教师周转房1栋。在那坡县投入150万元，援建那坡县城厢镇永乐村完小校综合楼1栋，建筑面积为1229.02平方米。

在2012年高考结束后，中国南车组织高考前10名优秀学生到北京天安门广场观看升国旗仪式，进行爱国主义教育，同时组织参观长城、故宫、抗日战争纪念馆、科技馆等场馆，积极开拓贫困地区学生视野。2012年7月，组织靖西县南车通业希望小学前10名优秀贫困小学生走出大山，到中国南车子公司株机公司参加“走进株机手拉手”夏令营活动，启动开拓视野工程，10个爱心家庭分别与10名靖西县的孩子结对子，把结对伙伴安排到自己家里生活，株机公司组织贫困县学生到韶山参观毛主席故居，在返回家乡时，赠送每个学生1部电子词典。

【产业扶贫】 中国南车在产业扶贫方面，因地制宜，确保青山绿水不被破坏，且一直将发展农村产业作为重点，着力提高农民收入水平。2012年，投入帮扶资金75万元。在靖西县南坡乡荷朗村、汤洞村等村，连片种植1950亩脐橙，投入帮扶资金50万元，为解决上述两村农民增收打下良好基础。在那坡县城厢镇永乐村帮扶种植优质水果100亩，投入资金25万元，帮扶该村种植产业项目，增加农户收入。

【基础设施建设】 中国南车按照集团“十二五”扶贫规划，考虑两县边境线长、戍边任务重的实际情况，为解决边境地区人民群众的居住环境较差和生产生活困难等实际问题，2012年共投入180万元，帮助靖西县龙邦镇界邦村额怀屯建设“南车新村”，其中，中国南车投入资金60万元，地方配套120万元。这些基础设施的建设，为边区村民改善生活条件、稳定戍边以及改变边区原破旧不堪的形象打下了坚实的基础。

【科技扶贫】 转变扶贫方式，提高扶贫实效。中国南车一直贯彻“扶贫先扶志，治穷先治愚”的扶贫方针，在“输血”的同时，不断增强贫困村民自身的“造血”功能，改变有的贫困群众“等、靠、要”依赖救济过日子的思想观念。2012年，中国南车投入25万元实施科技培训，其中，在靖西县投入帮扶资金15万元，举办农业科技培训班7期受训553人次，包含技术骨干培训班4期受训259人次和农民实用科技培训班3期受训294人次。在那坡县投入资金10万元用于举办“农业科技”培训班，共办21期，培训约2500人次。通过科学技术培训，贫困村民由被动接受到主动参与，变“要我脱贫”为“我要脱贫”，增强了脱贫致富的信心和决心，推动了地方产业扶贫项目的实施，为脱贫致富奠定基础。

（中国南车集团公司　李国勇）

华侨城集团公司定点扶贫

【概述】 华侨城集团公司自2003年定点帮扶贵州省三穗、天柱两县以来，始终把帮扶工作列为履行社会责任的工作重点，形成了定点扶贫长效机制。坚持华侨城集团公司“扶贫先扶智、帮困先育人”的工作思路，每年的帮扶资金偏重于加强和改善两地教育、医疗卫生等基础设施建设。10年来，已在两县援建项目63项，累计投入专项资金2650余万元。有效改善了三穗、天柱两县文化教育及医疗设施等方面的条件，协助解决两县乡镇群众的医疗、卫生、教育的实际问题，为促进当地的和谐发展做出了积极贡献。2012年，华侨城集团公司在三穗、天柱两县援建帮扶项目共6项，投入帮扶资金总计290万元。被国务院国有资产管理委员会授予“中央企业扶贫开发工作先进单位”荣誉称号。

【帮扶规划】 2012年，华侨城集团公司安排扶贫工作组赴帮扶的两县实地调查、了解，切实掌握当地民众急需解决的热点、难点问题，与两县党政班子和相关部门反复筛选，确定了新一年度的帮扶计划项目。2012年年初，华侨城集团公司召开专题会议，研究帮扶工作计划及实施办法，落实帮扶资金，确保帮扶工作有效推进。2012年，华侨城集团公司坚持改善两县教育医疗设施，支持两县教育医疗事业。本着改善两县乡镇群众的教育卫生医疗等公共生活环境，提高人口素质，确保贫困人口真正受益的原则，遵循群众意愿，从贫困乡镇中挑选项目，最终确定了6项为2012年度帮扶项目。

【扶贫资金监管】 为确保帮扶资金使用的高效、准确、严格，坚持扶贫项目和资金的公示、规划、招标、报账及审计制度。华侨城集团公司扶贫工作组，每年将支付帮扶资金必需提供的资料和分期付款的步骤要求等写进双方签订的“年度帮扶协议”内，严格要求履行协议条款，对没有出具正式发票、手续不全或不符合条款约定的事项，经纠正完善后才予以支付，从而保证了资金使用安全合理。

为加强对扶贫项目和资金的监管，2012年，华侨城集团公司扶贫工作组会同两县扶贫办深入有关乡镇，实地考察在建项目，对2011年和2012年的扶贫资金使用及项目实施情况进行全面督导，针对检查中发现的问题及时提出要求进行整改。

【医疗扶贫】 针对两县医疗条件落后，医疗设备短缺情况，2012年，华侨城集团公司投入200万元用于新建2200平方米的教学楼和1000平方米乡镇的卫生院各1栋；另外，帮扶三穗县中医院26万元购置1辆救护车和八弓镇卫生院21万元购买医疗器械设备。自救护车和医疗器械设备投入使用后，为附近群众提供医疗服务近千人次，有效改善了三穗县人民群众的医疗卫生条件，提高当地乡镇的预防、保健医疗水平，受到当地人民群众的赞许。

【资助贫困生】 华侨城集团公司一直关注贫困儿童、学生成长。为让更多的贫困儿童重返校园，贫困学生得到资助，建立了贫困学生资料档案，及时掌握贫困儿童及贫困学生动向。2012年，华侨城集团公司资助两县贫困学生金额达43万元，受益学生417人。贫困儿童入学率已达到98%以上。扶贫工作组每次赴黔，除对援建工程进行现场监督和检查外，均到部分学校看望受资助的贫困学生，了解他们的学习、生活及家庭情况，关注他们的成长。

（华侨城集团公司行政管理部
洪泽飞）

中国国民党革命委员会中央委员会定点扶贫

【概述】 2012年，中国国民党革命委员会中央委员会（以下简称“民革中央”）围绕加快推进毕节试验区新一轮改革发展，奋力推进同心实践，精心实施“同心工程”，在贵阳召开东部10省（市）民革组织帮扶纳雍县工作研讨会暨第二次联席会议，进一步深化工作机制，突出重点，合力推动纳雍县社会经济又好又快发展。2012年，民革中央开展了农业规划论证、招商引资、教育扶贫、产业扶持、人才培训等多项定点扶贫工作。2012年，民革中央共组织各方面领导、专家79人次赴纳雍县，实施“同心工程”项目23个，直接投入扶贫资金和物资折合人民币共532万元，帮助引进项目金额680万元，资助家庭贫困学生248人次。

【扶贫调研】 民革中央多次组织调研组深入纳雍县开展考察和调研，推动落实“同心工程”项目，研究部署帮扶工作。根据统一战线参与毕节试验区建设第5次联席会议和乌蒙山片区区域发展与扶贫攻坚部际联系会议精神，明确2012年，以“推动科学发展”为主题，以“加快转变经济发展方式”为主线，以“人才培训、改善民生、产业提升”为重点，完善工作机制、巩固工作成果，精心实施“同心工程”项目的扶贫工作思路。2012年3月，民革中央邀请中国农业大学专家赴纳雍县考察，帮助分析农业资源和产业发展现状，对纳雍县农业发展规划布局、产业园区建设和扶贫开发等方面提出重要建议和意见。民革中央还多次组织农业专家到纳雍县调研指导茶叶、蔬菜、经果林和草地畜牧业发展。

【招商引资】 纳雍县的经济发展模式是以电煤生产为主要支柱，产业结构不合理、农民增收相对缓慢。2011年，民革中央帮助引进了无机粉体环保纸制造大型投资项目，于2012年8月奠基并动工建设。项目落地后将对提升当地服务业比重，增加城乡就业，调整产业结构和转变发展方式具有重大意义。2012年，民革中央还促成贵州龙起文化旅游集团有限公司意向投资纳雍县“同心·创意文化产业园”项目，总金额达28.3亿元。

【智力扶贫】 民革中央动员和组织全

党及社会各方面力量开展援建学校、资助贫困学生和乡土人才培训等项目，为纳雍经济社会发展提供了人才智力支持。民革党员陈伟志创办的上海新纪元教育集团从2007年开始，已连续6年在纳雍实施“教育扶贫”项目，为当地引进先进的教育理念和管理机制。2012年，新纪元教育集团在纳雍县开展师资培训14期，培训教师2100多人次。民革中央会同民革浙江省委会、民革上海市委会筹资130万元援建4所小学（教学点），于当年全部竣工并投入使用，改善了部分边远地区低龄学生就学环境。上海、山东、浙江、广东、江西等民革省级组织以不同形式建立90万余元的助学（教）基金，于2012年共捐赠20万元资助家庭困难学生185名。民革中央在乐治镇建立“纳雍县科技生态示范林基地”，以扶持农民专业合作组织为抓手，开展经果林种植技术培训，培养乡土人才。民革河北省委会邀请全国知名创业培训师任继成教授连续开展青年农民创业培训项目，为纳雍县培育青年创业人才。民革江苏省委会、民革安徽省委会、民革山东省直济宁总支等，还分别组织纳雍县基层农业科技干部、茶叶技术人员和幼教老师赴江苏、安徽、山东等地区参加现代农业技术推广、红茶生产加工和幼儿教育方面的技能培训。2012年，共举办各类培训班24期，累计培训2346人次。

【基础设施建设】 民革中央动员张家港市总支部捐资50万元，并捐赠了价值16万元的医疗器械，于2011年10月建成“纳雍县乐丰社区保意卫生服务中心”。2012年7月，民革张家港市总支部组织医疗队赴该卫生服务中心开展专家义诊和医疗技术培训活动，并向当地医院捐赠了价值1万元的药品。民革上海市委会捐资51万元援建的新房乡以角村卫生服务中心，于2012年竣工并投入使用。民革中央还动员民革党员企业家田在玮等捐资105万元，用于支持董地乡青山村实施农村危房改造项目，使52户贫困农民改善了居住生活条件。

【新农村建设示范】 2001年，民革中央按照《中国农村扶贫开发纲要（2001—2010年）》中“扶贫到村、落实到户”的要求，选择纳雍县核桃寨村作为新世纪重点扶贫联系村，探索建立社会主义文明富裕小山村的发展模式，为纳雍县新农村建设摸索经验。2012年，民革中央继续在核桃寨村实施60亩优质桃树标准化种植；以“村校一体化”工作平台在博爱学校定期开展文化科技培训和“小手拉大手”主题教育活动。民革中央还联系党员企业家捐资3万元扶持30户农民购买计算机上网。通过这些工作对提高村民科技文化知识、改变落后生活观念和促进精神文明建设产生了积极影响。

【扶贫宣传】 为回顾和总结民革全党参与毕节试验区建设20年来的工作经验，宣传和推介纳雍县，民革中央组织邀请专家策划了民革定点帮扶纳雍县20周年文化纪念活动。帮助纳雍县编辑了1本《同心博爱纳雍情》画册，拍摄了1部《磅礴乌蒙 潮起纳雍》宣传片，规划了1个“同心创意文化产业园”。活动展示出民革全党在定点扶贫工作中凝心聚力、倾情奉献，服务科学发展、共促社会和谐的时代精神，提升了民革中央“同心·博爱”工作品牌的影响力。

【干部挂职扶贫】 民革中央将纳雍县作为机关干部学习培训和挂职锻炼基地，以增强机关干部对国情、民情的了解，提升对新阶段扶贫开发工作重要性的认识。2012年9月，组织机关干部赴纳雍县考察学习，深入了解有关扶贫项目实施情况并慰问贫困户。2012年，民革中央机关再次选派1名干部赴纳雍县王家寨镇挂职，进一步密切与贫困地区干部群众的联系，有效推动帮扶援建项目的落实，拓展定点扶贫工作的广度和深度。

（中国国民党革命委员会中央委员会
社会服务部　魏国良）

中国民主建国会中央委员会定点扶贫

【概述】 《中国农村扶贫开发纲要(2011—2020年)》颁布和中央扶贫开发工作会议后，中国民主建国会中央委员会（以下简称“民建中央”）积极响应，迅速行动，以更大的热情主动投入新一轮定点扶贫工作。民建中央坚持开发式扶贫的方针，按照整村推进的工作思路，从协调落实重大项目、发展特色支柱产业、帮助农民脱贫致富、改善生产生活条件着手，开展了富有实效的帮扶工作。民建中央积极助推丰宁抽水蓄能电站等重大项目获得国家核准；引进会员企业家，在丰宁县投资；将丰宁县天桥镇前沟门村作为重点帮扶村，发展生态农业项目，实施“整村推进”扶贫计划；开展扶贫济困送温暖活动，向当地乡村学校捐赠文体用品；派遣2名干部赴丰宁县挂职，加强与地方的沟通合作；组织专家赴丰宁义诊，捐建卫生室。自1994年河北省丰宁县被确定为民建中央的定点扶贫县以来，共在丰宁县实施帮扶项目70多个，无偿捐助和协调资金1900多万元。在帮扶丰宁的过程中，民建与丰宁县干部群众配合默契，结下了深厚情谊。

【项目扶贫】 1. 推动丰宁抽水蓄能电站项目获得核准。河北丰宁抽水蓄能电站项目是河北省大力培育的战略性新兴产业、发展低碳经济的重点项目，电站设计装机容量360万千瓦，建成后将成为世界上装机容量最大的抽水蓄能电站。在民建中的积极推动下，2012年8月22日，河北丰宁抽水蓄能电站项目正式获得国家发展改革委核准批复。该项目从提出设想到核准，历时17年。

2. 丰宁县潮河东岸旅游项目。2012年，民建中央引进会员企业家、北京怀北国际滑雪场董事长陈焕章先生到丰宁投资，他先后9次赴丰宁考察，拟在丰宁县的潮河东岸开展一项集滑雪、旅游地产、景观、公园建设为一体的旅游项目。该项目预计总投资额50亿元，目前已经签订了意向书，承德市、丰宁县正作为重点项目报河北省发改委审批，有望在2013年正式立项。

3. 发展有机蔬菜种植。丰宁县是京津地区重要的水源地和绿色生态屏障，是“河北蔬菜特产之乡”、“冀北坝上露地蔬菜优先示范带、优质产业带”。从2009年起，民建中央就开始研究在丰宁发展生态农业，依托会员企业丰大农业发展有限公司在前沟门村以葫芦种植为试点，发展生态农业。2012 年，民建中央加大了对丰宁县发展生态农业的关注，确立了以有机蔬菜种植为主的帮扶目标，组织专家和相关企业赴丰宁调研，丰宁县负责同志也到民建中央就发展丰宁有机蔬菜种植，推进县域经济发展与民建中央社会服务部领导协商。

【整村推进】 按照国家“整村推进”和开发式扶贫的方针，民建中央集中力量以点带面开展帮扶工作。将丰宁县天桥镇前沟门村作为重点帮扶村，依托会员企业丰大农业发展有限公司，在前沟门村发展以葫芦种植为特色的生态农业，通过推广葫芦种植，吸收剩余劳动力参与葫芦加工，帮助贫困户脱贫致富。2012 年，前沟门村在继续种植 500 亩葫芦的基础上，又培训农民 260 人次，试验种植了 200 亩菊芋，喜获丰收，有力带动了贫困户发展生产，增加收入。

【送温暖活动】 2012 年，新年期间，民建中央机关中共支部、团支部、民建支部的代表一行 10 人在丰宁天桥镇前沟门村开展“扶贫济困送温暖”活动，慰问了 15 户贫困户，并送去 1 万元慰问金，让广大农村群众切实感受到民主党派对贫困地区的关怀与支持。自 2003 年起，民建中央已连续 9 年赴丰宁开展送温暖活动，投入资金 38 万元，慰问丰宁 6 个乡镇的贫困户 1600 多户。

【教育文化扶贫】 2012 年 4 月，民建中央联络部带领民建会员黄佩球、黄省三子女赴丰宁，考察援建的 3 所希望小学使用情况，并向学校捐赠价值 6000 元的文体用品。民建中央机关也向丰宁希望小学和思源卫生室捐赠了 25 台计算机和打印机，以及办公桌椅和部分衣物。

【医疗卫生扶贫】 2012 年，民建中央联系爱心会员企业“北京金沣铂源投资有限公司”向丰宁县捐赠 30 万元，用于治疗 300 名白内障患者。目前已有 150 名患者完成了复明手术。民建中央中华思源工程扶贫基金会与爱心企业捐资 50 万元，在丰宁县修建了 10 个卫生室。自 2009 年以来，民建在丰宁县援建了 30 个村级思源卫生室，目前所有卫生室全部正常运行。该项目现已覆盖了全县 22 个乡镇 30 个村，受益群众达 3.6 万余人，解决了绝大多数百姓看病难的问题。2012 年 8 月，民建中央连续第 3 年赴丰宁开展送医下乡活动。社会服务部组织了 6 位来自北京大学第一附属医院和北京友谊医院的内科、外科、骨科、眼科、妇科等医疗专家到丰宁县大滩镇医院为患者义诊，接诊 80 多人次。同时，专家们还对县医院医务人员就相关科室的病例进行了医术指导和培训，受到当地群众和医护人员的热烈欢迎。

【生态家园富民工程】 2012 年，民建中央捐资 15 万元在丰宁县修建的新型沼气池及配套设施 100 套已经全部投入使用，新设施将沼气池和沼气罐相结合，极大地方便了沼气池的清理和使用。

【干部挂职扶贫】 民建中央派出2名处级干部和2名科级干部赴丰宁县挂职锻炼，分别担任副县长、县政府办副主任等职。他们通过深入基层，增强对基层情况的了解，加强了民建中央与地方的沟通与合作。

（中国民主建国会中央委员会
社会服务部 薛雯）

中国民主促进会中央委员会定点扶贫

【概述】 贵州黔西南布依族苗族自治州是全国30个少数民族自治州之一，安龙县是中国民主促进会中央委员会（以下简称“民进中央”）定点扶贫单位。2012年，民进中央认真贯彻中央扶贫开发工作会议精神，以《中国农村扶贫开发纲要（2011—2020年）》为行动准则，紧紧围绕黔西南州中心工作与发展大局，发挥自身优势，与民进各地方组织和广大会员，从“产业”、“帮困”、“育智”3方面加强对安龙县的扶植力度，致力于安龙县经济社会的健康发展。组织专家赴黔西南州开展咨询服务，提出了各类政策性建议；针对安龙县经济社会发展实际，为老百姓解决生产生活实际困难，捐赠259万元，修建了625口水窖，惠及农户600余户；联系公益慈善组织捐赠100万元，在安龙修建学生宿舍与食堂；协调民进上海市委会为安龙毛草坪小学捐赠了数千册图书，捐建了图书室和计算机教室；多次组织教师培训活动；召开了对口帮扶安龙座谈会，围绕安龙县工业化、城镇化、农业现代化及文化教育和金银花产业发展等项目开展深入座谈，作出进一步部署与安排。

2012年，民进中央共组织60多位专家学者、企业家到安龙县考察指导、科技培训和慈善捐助，为安龙县经济社会各项事业直接投入364万余元，引进金贵药业在安龙投资600余万元，建立金银花初加工项目。与民进上海市委会、江苏省委会分别组织了4期培训班，共培训教师60余人。

【扶贫考察】 2012年3月29—30日，全国人大常委、民进中央副主席王佐书带队，在贵州省安龙县实地考察调研，举行了捐赠仪式，召开了专题讲座和民进中央定点帮扶安龙座谈会，助推安龙经济社会全面发展。在听取各方面意见后，考察团对民进中央支持安龙各项事业发展作出统筹规划，就水窖建设、金银花种植等具体项目提出要求，作出进一步部署。

2012年11月9—11日，民进中央调研组到黔西南州兴义市丰都万亩保供蔬菜基地、兴义市顺琼养殖场、安龙毛草坪小学、安龙新桥金银花加工项目润土生物制品有限公司等地进行了调研。并对安龙万峰湖小学、龙广镇十二份小学的“同心彩虹水窖工程”实施地进行了选点。调研期间，分别召开黔西南州工作和安龙县工作座谈会。民进中央调研组表示，今后民进中央将会继续支持安龙县的教育事业，对安龙县的教师、校长、教育局人员进行相关培训。

【基础设施建设】 2012 年，民进中央继续推进“同心彩虹”水窖工程，解决民生问题。江苏慧翔纺织科技股份有限公司捐赠了 240 万元，协调民进北京市西城区综合支部捐赠 4 万元，为安龙县万峰湖、钱相、笃山等 11 个乡镇共 22 个村援建了 610 口水窖。该项目已于 2012 年 4 月底全部建成投入使用。民进中央为万峰湖镇茅草坪小学的留守儿童，出资 3.6 万元建了 9 口水窖。该水窖工程已于 2012 年 9 月开学前投入使用。

【教育扶贫】 为了帮助安龙县全面提升师资队伍素质，打造一支适应新形势教育发展要求的师德高尚、业务精湛、结构合理、充满活力的高素质专业化教师队伍，完善学校教育基础设施建设，培养经济发展后备力量，民进中央自 2010 年以来对安龙的教育事业给予了大力的支持。

2012 年，民进中央协调台湾荣盛兴水资源科技管理有限公司，出资 16 万元为毛草平小学捐建了图书馆和计算机房，进一步改善了学校的教学环境；协调河仁慈善基金会捐款 100 万元，修建钱相乡新华村阿赖小学和龙山镇北乡小学学生宿舍及食堂等，改善山区学校条件。民进上海市委会为图书馆捐赠图书近千册，民进中央和民进上海市委会一共为计算机房捐赠计算机 18 台。民进中央会员企业——南昌女子职业学院免费招收安龙县 96 名困难学生，每月给予生活费补助 400 元，且毕业包分配就业。

2012 年 8 月 21—25 日，安龙县 20 名骨干教师参加民进中央在中央社会主义学院举办的“同心 · 彩虹行动”2012 年教研员和骨干教师暑期培训活动，带回了“新”教育、“心”教育、“行”教育、“幸”教育、“星”教育、“信”教育的教育新理念。民进上海市委会、江苏省委会还分别举办 3 期培训班，培训安龙县教师 30 余名。

【产业扶贫】 民进中央与安龙人民携手二十多载，早在 1998 年，时任全国人大常委会副委员长、民进中央主席的许嘉璐，时任全国人大常委、民进中央副主席的张怀西便来到黔西南州考察，他们就开始着手为安龙人民寻找致富出路。在对安龙县大水井村考察时发现，安龙的气候特点和地理环境，很适合具有很高经济价值的金银花生长，是解决农民致富问题有出路的大产业。2002 年年底，民进中央提出在黔西南州建设金银花生产、加工基地的可行性报告，以严谨的科学态度、翔实的实验数据，论证了在黔西南州建设 30 万亩金银花基地的必要性、前瞻性和可操作性。2004 年 5 月，在中央统战部和国家林业局的支持下，在黔西南州建设了 30 万亩金银花基地。

经过 20 多年的发展，安龙县的金银花铺满了山头。2012 年，安龙县在春夏季时虽然遭遇了一段时间的干旱，但仍然有

40000 亩金银花喜获丰收，产干花 1600 多吨，产值达 8000 多万元。在金银花产业发展中，民进中央不断协调项目资金为农户建烤房，购买烘干机，不断扩大金银花种植规模，协调有关企业到当地继续洽谈金银花收购和加工工作，为提高农民收入作出了贡献。

（中国民主促进会中央委员会）

中国农工民主党中央委员会定点扶贫

【概述】 按照国家要求，中国农工民主党中央委员会（以下简称“农工党中央”）定点帮扶贵州省毕节市大方县。2012年，农工党中央深入贯彻中央扶贫开发工作会议精神，按照《中国农村扶贫开发纲要（2011—2020 年）》要求，充分发挥自身优势，关注民生，促进发展，积极开展对大方县的定点帮扶工作。

【基础设施建设】 积极协调国家有关部委帮助大方县不断完善基础设施建设。2012 年，农工党中央积极促成杭瑞高速公路大方县匝道、成贵快速铁路大方县车站等重大项目的立项建设。联系协调水利部等国家部委，促成大方岔河水库项目的立项并开工建设，计划投资规模达 2.28 亿元，目前已完成投资 8063 万元。

【药品食品园区建设】 发挥联系广泛的特点，直接帮助推进毕节试验区药品食品园区建设。2012 年，农工党中央就大方县同心食品药品产业园区建设中药材批发市场等有关问题，邀请贵州省发改委、科技厅等有关单位到园区进行调研，并召开现场办公会，就如何申报国家项目资金、申报“毕节试验区药材批发交易市场”、将“毕节试验区同心食品药品产业园”纳入“511”示范园区培育计划等给予园区建设指导和支持。园区共引进企业 26 个，已开工 21 个，规划选址 5 个，共计引资 33.4 亿元，落实资金 17.96 亿元。

【招商引资】 2012 年，农工党中央与贵州省工商联一起，牵头为大方县主办了“同心同行乌蒙山区（大方县）招商引资项目推介会”。推介会共邀请了 20 多家商会、行业商会负责人、160 家企业代表以及《贵州日报》、贵州电视台、《贵州政协报》、《香港大公报》、《香港文汇报》、《贵阳晚报》等新闻媒体的记者参加。2012 年年底，农工党中央专门为大方县召开了有美国思科、贵州威门、中国北车集团等 34 家企业参加的政企恳谈会，帮助参会企业与大方县实现直接对接。

【同心助医工程】 自 2010 年起，农工党中央联合中国红十字总会、中国医药卫生事业发展基金会、中恒集团在大方县开展了“贫困山区同心助医工程”（以下简称“同心助医工程”）。项目主要包括培训乡村医生、开展乡镇卫生院和村卫生室的标准化建设等内容，旨在促进大方县医疗卫生机制体制的改革。2012 年，农工党中央继续推进“同心助医工程”各项工作。

投入 500 万元，捐赠了价值 403.6 万元的药品。其中，投入 20 万元开展村级中医培训，投入 20 万元，在武汉实施了“乡镇卫生院长管理”培训，受训 41 人，投入 145.6 万元购买 8 辆医疗救护车，投入 20 万元用于“同心助医工程”项目验收。2012 年，“同心助医工程”共为大方县培训各类医务人员 772 名，共投入资金 4600 万元，其中，投入大方县 2000 万元，实施了 32 个乡镇 162 个村卫生室的标准化规范化改造，配置了医疗设备，培训了乡村医务人员 1981 名。另外，农工党中央还协调农工党上海市委帮助大方县援建了 2 所村卫生室、帮助培训 4 名医生；协调农工党天津市委帮助大方培训了 6 名医生。

【扶贫宣传】 联系中央新闻媒体到大方县进行宣传报道。协调中央电视台 7 频道帮助大方县拍摄了《红红火火的大方辣椒》、《靠特色赚钱的大方豆制品》、《身价高的天麻》3 个专题片，并在中央 7 台播放。

【整村推进】 2012 年，农工党中央着力打造大方县鸡场乡大坝村民俗旅游村。从基础设施和文化建设入手，着眼于把一个全省的一类贫困村，通过引导、试验，建设成为可持续发展的“社会主义新农村”示范村。帮助大坝村制定新农村建设规划：引进中草药种植和畜牧科技项目，帮助农民增收；协调资金修建通村油路、连组油路、通户路等基础设施；帮助贫困村解决通电饮水问题；修建村卫生室、文化室、广播室、图书室、农民培训室及文化广场等。大坝村已经发展成为当地民俗文化活动的重要集聚地之一。

（中国农工民主党中央委员会
社会服务部　杨威）

中国致公党中央委员会定点扶贫

【概述】 2012年，中国致公党中央委员会（以下简称“致公党中央”）将“科学发展”与“以人为本”紧密结合，以项目带动发展，以改善民生为根本目标，确保一系列帮扶工作的开展能够造福贫困群众，并为贫困地区长远发展注入强劲动力。此外，致公党中央还认真落实中央扶贫开发工作会议精神，在巩固成果的基础上，更加注重发挥智力优势，凸显人才培训的意义，更好地培养和提高贫困地区自我发展能力。

【访贫问苦】 2012年春节前夕，致公党中央、致公党重庆市委会的有关同志组成慰问组，先后深入重庆酉阳县麻旺镇长兴村、兴复村及丁市镇沙溪村开展慰问贫困户活动，共慰问贫困群众430户，捐赠资金13万元。

【设施援建】 2012年9月，香港爱心人士洪源标主动通过致公党中央捐赠30万港币用于开展社会公益活动，经协商，该款项用于援建酉阳县黑水镇卫生院；随后，深圳万泽集团董事长林伟光、重庆名瑞服饰集团董事长苏定瑞两名致公党员企业家也加入捐赠，再次为该项目捐赠善款70万元。

【项目考察】 2012年9月，致公党中央相关领导率京、津、渝企业界致公党员赴重庆酉阳，就新形势下如何进一步推进“致酉合作”事宜进行考察调研。调研组先后到酉阳渝东南现代物流园、渝东南现代农业科技示范园、板溪轻工业园、钟渤快速通道、桃花源国家5A级旅游景区等地进行项目考察，并举行“黑水致公卫生院捐赠仪式”。

【教育扶贫】 致公党中央继续发动广大致公党员在酉阳县开展“一对一”帮扶学生活动，共计帮扶166名贫困学生，发放助学金5万元；招收2012届200名酉阳籍贫困学生，在重庆机械电子高级技工学校“致公酉阳职教班”学习，培养其成为专门人才，并争取到重庆市民族宗教事务委员会每年为“致公·酉阳职教班”，提供30万元的少数民族教育培训基金支持。

【智力扶贫】 致公党中央、致公党重庆市委会在酉阳继续开展免费培训农民学电脑品牌项目，争取重庆市扶贫办200万元培训经费支持，致公党江苏省委继续为培训项目提供免费教材，在11个培训基地举办培训班44期，共培训农民学员5000人。

（中国致公党中央委员会　黄鹏飞）

九三学社中央委员会定点扶贫

【概述】 2012 年，按照《中国农村扶贫开发纲要（2011—2020 年）》、《中共中央办公厅、国务院办公厅关于进一步做好定点扶贫工作的通知》精神，九三学社中央（以下简称“九三学社”）委员会依托九三学社四川省委，以科技扶贫、智力支持为主要内容，积极争取项目，内引外联，捐资助学，把为对口扶贫地“办好事、做实事、解难事”贯穿于定点扶贫工作的全过程，积极在广元旺苍县和阿坝州九寨沟县开展定点扶贫工作，把“科学发展观的理念、先进的管理方式、优秀的农技成果”送到帮扶地，促进当地的社会和经济发展。

【扶贫调研】 2012 年年初，九三学社四川省委和广元市政府举行了“九广合作工作座谈会”，会议总结了 2011 年“九广合作”的工作，就帮扶旺苍县工作达成了共识。九三学社先后到旺苍县和九寨沟县调研考察“对口帮扶”工作，深入基层，实地了解扶贫工作开展的情况；九三学社四川省委多次到旺苍县和九寨沟县进行调研，与当地党政领导、政府部门座谈，交换意见，共同探讨帮扶工作。规划和检查旺苍县扶贫项目：“国华镇中药材基地”的实施情况，商议九三学社四川省委与九寨沟县的合作事宜，帮助解决当地实际问题，为当地的经济和社会发展献计献策。通过与当地干部和群众的接触，增进了感情，提高了对社会主义新农村建设的认识，加强了对农民科技教育培训工作的理解，进一步明确了抓好新农村建设、做好扶贫工作的具体目标。

【教育扶贫】 九三学社四川省委发挥联系广泛、信息渠道丰富、上下沟通便利的特点，为四川省旺苍县引进项目、资金，积极开展助学扶贫工作。九三学社四川省委协调香港福慧教育基金会，对广元旺苍 150 名品学兼优的在读贫困中学生进行了资助，每位学生获得 1000 元助学金，共计 15 万元。由九三学社四川省委牵线引进的滋根基金会，借助开展“爱的书库”项目，为旺苍县 55 所中小学和教研室捐赠了 68 台步步高英语教学专用点读机，折合人民币 12 万多元，帮助改善教学条件；向 5 所中小学的 500 名贫困学子捐款 15 万元，基本解决了住宿生 1 年的生活费；联系“真爱梦想基金会”捐助，在旺苍县木门、万家、东河三乡镇中心小学共捐款 30 万元，分别建成了三校的“真爱梦想中心”

活动室，其中木门小学开展活动效果突出，该校老师的活动积分获奖6800元人民币，并被安排到上海学习考察；帮助培训教师。发挥旺苍参加滋根基金会举办“乡村教师培训（RTT项目）”种子教师的作用，采取多种形式开展“RTT”旺苍学科教师3次培训共计1860人次；继续推广和深化“爱的书库”项目，提高了全县教师教学教研水平。

【干部挂职扶贫】 根据《中共四川省委办公厅、四川省人民政府办公厅关于做好2012—2015年对口定点扶贫工作的通知》（川委办〔2012〕12号），从2012年下半年起，九三学社四川省委的对口定点帮扶地调整为阿坝州九寨沟县。九三学社四川省委选派社员贺红琼同志于2012年7月到九寨沟县挂职副县长。为扎实做好这项工作，九三学社四川省委主要领导专程到九寨沟县作对口定点帮扶工作调研。

调研过程中，双方就签订《九三学社四川省委与九寨沟县合作协议》，促进双方建立长期全方位合作关系，更好地发挥各自的优势，促进多党合作和政治协商制度以及九寨沟县社会经济的全面发展，建立帮扶工作的长效机制等达成共识。一并签署了《九三学社四川省委与九寨沟县合作协议》（简称“九九合作”）。九三学社四川省委将组织专家协助九寨沟县编制《九寨沟县域地质灾害报告》、《九寨沟县域旅游发展报告》、《九寨沟县域科学发展报告》等报告。本轮“九九合作”为期5年，双方将围绕九寨沟县生态文明建设和主导优势产业发展建立长期科技交流与合作关系，促进九寨沟县经济社会的全面发展和民族的团结进步。

（九三学社中央委员会　陈旭洢）

台湾民主自治同盟中央委员会定点扶贫

【概述】 台湾民主自治同盟中央委员会（以下简称“台盟中央”）的支边扶贫工作是在中国共产党领导下，紧密围绕国家经济社会发展大局，服务国家和人民、实现自我价值的体现。自1987年起，台盟中央积极响应中共中央、国务院的号召，先后参与贵州黔西南州“星火计划”、西部大开发建设和毕节试验区建设等多个重大扶贫开发项目。台盟中央在中央统战部的大力支持和指导下，通过台盟中央的共同努力，扶贫工作经历了“由点到面、由单纯捐资到智力支持，招商引资多种形式并举”的发展历程，取得了一定的工作成绩和进展。进入新阶段，经国务院扶贫办协调，台盟中央将长期帮扶的贵州省毕节地区赫章县作为定点扶贫县。本着多办事，办好事，办实事的原则，量力而行，尽力而为，集中资源和力量，为赫章县脱贫致富积极作出应有的贡献。

【扶贫调研】 2012年4月，全国人大常委、台盟中央常务副主席汪毅夫在“4·14”座谈会（指2009年4月14日召开的“各民主党派中央、全国工商联参与毕节试验区建设座谈会”，胡锦涛、贾庆林等中央领导人对此有重要批示）召开3周年之际，就“历史文化资源和贵州的对台工作”课题，专程前往贵州镇远“和平村”和贵阳市档案局进行调研，搜集了大量珍贵史料：一是确认了清代610名贵州籍进士名录，彰显了贵州文化大省的历史底蕴；二是充实了贵州贵筑人蒋允焄历任台湾府知府、台湾兵备道，以及贵州贵筑人陈炳极任职台湾知县时爱民重礼的若干史料；三是考据镇远“和平村”史实对中国和平崛起及两岸关系和平发展的重要意义。通过上述史料研究，有利于进一步拉近贵州与台湾之间的情感联系和交流往来，推动台湾同胞积极支持贵州加快发展、助推毕节试验区建设。

【科技扶贫】 2012年，台盟中央在赫章县继续加大智力支边和科技扶贫的力度，联系和动员盟内外的专家继续支持当地农业产业发展，践行科技支农。2012年5月下旬，邀请中国林业科学院的核桃专家继续到赫章县做技术指导，为该县各乡镇和相关业务单位近200余名干部群众举办农技讲座，进一步增强当地群众通过种植核桃发家致富的信心。2012年11月中下旬，台盟上海市委针对赫章县的土壤情况，联系台盟盟员中的农业技术专家，直接投入3

万余元，在该县开展大棚蔬菜种植交流和技术培训活动。

【招商引资】 2012 年，台盟中央充分发挥与中国台湾同胞联系广泛的优势，邀请两岸企业界人士，共同来到赫章县实地考察酿酒、核桃加工等当地具备一定优势的投资项目，并与当地政府部门商谈初步投资意向。

【送温暖活动】 台盟中央以及上海、浙江、天津等地的台盟组织，以对口帮扶赫章县最边远和贫困的海雀村为主，捐款15 万元，捐赠价值 3 万元的文体用品和价值 4 万元的港版图书，帮助当地改善教育和医疗卫生环境。台盟上海市委会还邀请海雀村的师生代表走出山村看世界，到繁华的上海参加学生夏令营活动，并与上海的小学生结对交流互动。

台盟中央继续选派 1 名副处级优秀干部挂职赫章县，并联系万科集团向赫章县朱明乡援建 50 万元，用于“小书桌、小水窖”项目建设。

台盟福建省委会协调福建恒安集团向赫章县捐资 100 万元，援建“同心”连捷旅游饭店。该饭店是“江南·同心新村”的重点工程，对提升生态文明家园，再创江南文化旅游新优势具有积极影响。

（台湾民主自治同盟中央委员会
社会服务部　李剑根）

2012年度中央和国家机关、企事业单位及人民团体定点扶贫情况一览表

单位名称	定点帮扶的国家扶贫开发工作重点县	挂职干部数量（人）	赴定点县考察（人次）	本单位直接投入（含无偿和有偿）（万元）	帮助引进各类资金（含无偿和有偿）（万元）	培训情况	
						举办培训班（期）	培训人次
中共中央纪律检查委员会	马边、甘洛（四川）		8	964.94		87	5442
中共中央组织部	舟曲（甘肃）	3	5	39	65000	30	5750
中共中央宣传部	耀州（陕西）	5	33	85	19.3	6	500
中共中央统一战线工作部	赫章（贵州）	5	5	483	1038	3	160
中共中央政法委员会	扎赉特旗（内蒙古）	1	2	100			
中共中央台湾工作办公室（国务院台办）	广河（甘肃）				372.4		
中共中央对外宣传办公室	科尔沁右翼中旗（内蒙古）	2	30	50	212		
中共中央直属机关工作委员会	宁武（山西）	1	23	17.45	25000	2	30
中共中央国家机关工作委员会	临城（河北）	1	18	10			
中央机构编制委员会办公室	化德（内蒙古）	1	31	40	121		
中共中央文献研究室	南召（河南）	1	4		150	2	80
求是杂志社	杂多（青海）			20			
中华全国总工会	和顺（山西）	3	6	245		8	800

续表

单位名称	定点帮扶的国家扶贫开发工作重点县	挂职干部数量（人）	赴定点县考察（人次）	本单位直接投入（含无偿和有偿）（万元）	帮助引进各类资金（含无偿和有偿）（万元）	培训情况	
						举办培训班（期）	培训人次
中国共产主义青年团中央委员会	灵丘（山西）	4	2	10	170	2	60
中华全国妇女联合会	漳县（甘肃）	1	51	205	62080		
中国文学艺术界联合会	武都（甘肃）		2	50			
中国科学技术协会	兴县、方山、中阳、临县、岚县、石楼（山西）	2	150	340	230	150	9000
国家广播电影电视总局	新龙、雅江、石渠、色达、理塘（四川）	2	13	6299.3		7	147
新华通讯社	思南（贵州）	2	5	30	350	1	300
光明日报社	囊谦（青海）		4	20		1	30
经济日报社	张北、赤城（河北）	2	56	761500			
中共中央编译局	唐县（河北）		50	37			
中国外文出版发行事业局	左权（山西）	3	36	135		2	100
中华全国台湾同胞联谊会	榆中（甘肃）		10	35	140		
国务院办公厅	怀安（河北）	1	139	16.09	5297.5	4	171
外交部	麻栗坡、金平（云南）	2	21	2939.25		37	2258
教育部	涞源、武邑、青龙（河北）		8	45			
科学技术部	井冈山市、永新县（江西）、英山（湖北）安塞、佳县（陕西）、光山（河南）、魏县（河北）	9	1158	8098	5530	186	15122

续表

单位名称	定点帮扶的国家扶贫开发工作重点县	挂职干部数量（人）	赴定点县考察（人次）	本单位直接投入（含无偿和有偿）（万元）	帮助引进各类资金（含无偿和有偿）（万元）	培训情况	
						举办培训班（期）	培训人次
工业和信息化部	大宁、永和（山西）、南部、嘉陵区（四川）	4	68	1330.5	2482	3	460
国家民族事务委员会	巴林右旗（内蒙古）、德保（广西）	2	29	221	230	15	1300
公安部	杜尔伯特、泰来（黑龙江）		12	239.08			
国家安全部	多伦（内蒙）、盐山（河北）	2	220	150	30000	4	100
民政部	遂川、莲花（江西）	1	5	6710	960	1	2
司法部	平昌（四川）		4	10			
财政部	平江（湖南）永胜（云南）	2	43	900	8554	13	6530
人力资源和社会保障部	天镇（山西）、金寨、霍山（安徽）	4	91	50	1200	3	120
国土资源部	新田（湖南）；宁都、兴国、于都、会昌、安远、寻乌、赣县、上犹（江西）（罗霄山区）	2	86	19965.68	604	15	847
环境保护部	围场、隆化（河北）	2	60	587			
住房和城乡建设部	泽库、尖扎（青海）			10	3780.5	1	15
交通运输部	黑水、壤塘、小金（四川）	2	19	10000	2120	1	47
铁道部	和田县（新疆）、原州区（宁夏）	1	68	1074.6		15	3100

续表

单位名称	定点帮扶的国家扶贫开发工作重点县	挂职干部数量（人）	赴定点县考察（人次）	本单位直接投入（含无偿和有偿）（万元）	帮助引进各类资金（含无偿和有偿）（万元）	培训情况	
						举办培训班（期）	培训人次
水利部	房县（湖北）、城口、开县、云阳、巫溪、武隆、丰都（重庆）	2	134	26	157800	6	203
农业部	咸丰、来凤、宣恩、鹤峰（湖北）、龙山、永顺、保靖、古丈（湖南）	6	300	42500		150	28000
商务部	广安、仪陇（四川）	1	45	2228		2	650
文化部	娄烦、静乐（山西）	2	16	140.6		2	115
国家人口和计划生育委员会	阜南（安徽）	1	2	225			
中国人民银行	宜君、印台（陕西）		150	140		3	640
审计署	顺平（河北）	1	4	195	260	7	427
国家税务总局	民和、平安（青海）	2	89	404		15	670
国家工商总局	同江、抚远（黑龙江）	2	2	120			1661
国家质量监督检验检疫总局	民权（河南）、礼县（甘肃）	2	50	300	3245	6	150
国家体育总局	繁峙、代县（山西）	2	2	257.8	1.6		
国家安全监管总局	阳高、广灵（山西）	2	16	238	20		
国家知识产权局	桑植（湖南）、崇礼（河北）	10	587	215	169	19	1786
国家旅游局	江口（贵州）			300			
国家机关事务管理局	阜平（河北）	5	110	655.345	295.3	2	1900

续表

单位名称	定点帮扶的国家扶贫开发工作重点县	挂职干部数量（人）	赴定点县考察（人次）	本单位直接投入（含无偿和有偿）（万元）	帮助引进各类资金（含无偿和有偿）（万元）	培训情况	
						举办培训班（期）	培训人次
国务院侨务办公室	积石山（甘肃）	1	11	4.6	49.22	13	2710
国务院法制办公室	宽城（河北）	2	13	10.8	25	1	50
中国社会科学院	丹凤（陕西）	1	83	69.182		5	5
国家行政学院	大关（云南）	1	9	137.38		2	73
中国地震局	永靖（甘肃）	1	10	70			
中国气象局	杭锦旗（内蒙古）	2	33	184	800	6	230
中国银行业监督管理委员会	和政（甘肃）	2	15	457.8	60	4	1910
中国证券监督管理委员会	宿松、太湖（安徽）	2	12		5253	1	400
中国保险监督管理委员会	察右中旗、察右后旗（内蒙古）			504.07			
国家电力监管委员会	通渭（甘肃）	1	6	5	110115	2	82
全国社会保障基金理事会	准格尔旗（内蒙古）		2	10.5			
国家自然科学基金委员会	奈曼旗（内蒙古）			300			
国务院三峡工程建设委员会办公室	万州区（重庆）	1	128	50	350	2	350
中华全国供销合作总社	潜山（安徽）	2	21	360			
中国残疾人联合会	南皮（河北）	1	55	150		2	32
宋庆龄基金会	彭阳（宁夏）	2	8	150		2	100
国家开发银行	裕安区、舒城（安徽）、都安、平果、隆安、龙州、天等（广西）	1	8	960	20822		
中国进出口银行	岷县（甘肃）	1	90	1233.8		3	165
中国农业发展银行	通榆、大安（吉林）	2	8	4.185			

续表

单位名称	定点帮扶的国家扶贫开发工作重点县	挂职干部数量（人）	赴定点县考察（人次）	本单位直接投入（含无偿和有偿）（万元）	帮助引进各类资金（含无偿和有偿）（万元）	培训情况	
						举办培训班（期）	培训人次
中国农业银行	武强、献县（河北）	2	8	221		2	100
中国银行股份有限公司	永寿、长武、旬邑、淳化（陕西）	5	20	550.7		4	145
中国建设银行股份有限公司	汉滨区、紫阳、汉阴、岚皋（陕西）			30.75			
中国光大（集团）总公司	新化（湖南）	1	135	546.9		6	1290
国家信访局	海兴（河北）	1	23	200	3500	32	4500
国家粮食局	金阳（四川）		6	56.4			
中国民用航空局	策勒、于田（新疆）		6	96		1	10
国家食品药品监管局	临泉（安徽）	1	5	13.16	1000		
国家外汇管理局	巨鹿（河北）	29					
国家测绘局	桦川（黑龙江）	1					
中国华融资产管理公司	宣汉（四川）	1	10	409		3	1600
中国信达资产管理股份有限公司	乐都（青海）	1	8	96		3	1600
中国招商银行股份有限公司	武定、永仁（云南）	4	55	1315.6		3	235
中国民生银行股份有限公司	封丘、滑县（河南）、临洮、渭源（甘肃）		72	987.4		1	80
中国核工业建设集团公司	旬阳、白河（陕西）		12	64			
中国航天科技集团公司	太白、洋县（陕西）；崇礼（河北）	3	196	335	223	8	209
中国航空工业集团公司	镇宁、普定、关岭、紫云（贵州）；西乡、镇巴（陕西）	8	24	12.92			

续表

单位名称	定点帮扶的国家扶贫开发工作重点县	挂职干部数量（人）	赴定点县考察（人次）	本单位直接投入（含无偿和有偿）（万元）	帮助引进各类资金（含无偿和有偿）（万元）	培训情况	
						举办培训班（期）	培训人次
中国船舶工业集团公司	鹤庆（云南）	1	8	96			
中国船舶重工集团公司	勐腊（云南）	1	24	52			
中国兵器装备集团公司	泸西（云南）		7	105	104		
中国石油天然气集团公司	台前、范县（河南）；尼勒克、托里、巴里坤、吉木乃、清河、察布查尔（新疆）、习水（贵州）、横峰（江西）	4	600	1500		12	370
中国石油化工集团公司	岳西、颍上（安徽）；凤凰、泸溪（湖南）	4	23	1416		18	2100
中国海洋石油总公司	保亭、五指山市、陵水（海南）；夏河、合作（甘肃）	4	13	1400		1	10
国家电网公司	巴东、秭归、长阳、神农架（湖北）	1	146	1800		8	240
中国华能集团公司	横山、靖边（陕西）；阿合奇（新疆）	2	10	1250	80000	6	230
神华集团有限责任公司	米脂、府谷（陕西）			400			
中国第一汽车集团公司	镇赉（吉林）	1		1028			
中国第二重型机械集团公司	朝天区（四川）		15	3			
中国东方电气集团有限公司	昭觉（四川）			21.4625			
中国铝业公司	阳新（湖北）	1	28	115	780	16	1500

续表

单位名称	定点帮扶的国家扶贫开发工作重点县	挂职干部数量（人）	赴定点县考察（人次）	本单位直接投入（含无偿和有偿）（万元）	帮助引进各类资金（含无偿和有偿）（万元）	培训情况	
						举办培训班（期）	培训人次
中国远洋运输（集团）总公司	沅陵、安化（湖南）	2	6	600	747	6	476
中国海运（集团）总公司	永德（云南）	2	41	395.7	47	6	600
中国东方航空集团公司	双江、沧源（云南）	2		530			
中国南方航空集团公司	皮山、墨玉（新疆）	1	44	351.14	50.65	4	755
中国中化集团公司	清水河、和林格尔（内蒙）	2	8	302.8	2390	3	200
中国五矿集团公司	威信、镇雄、彝良（云南）；花垣（湖南）	3	14	489.12	623.09	6	1373
中国建筑工程总公司	同心、盐池（宁夏）		21	890.4			
国家开发投资公司	罗甸、平塘（贵州）；合水、宁县（甘肃）		3	644.2			
招商局集团有限公司	威宁（贵州）	4	82	4096	2000	3	90
中国港中旅集团公司［香港中旅（集团）有限公司］	黎平（贵州）；西盟、孟连（云南）		10	140			
中国国际工程咨询公司	利辛（安徽）	1					
中国中煤能源集团有限公司	蔚县、赵家蓬（河北）	2		138			
中国煤炭科工集团有限公司	寿县（安徽）	2	3	1908			
中国钢研科技集团公司	山阳（陕西）		10	20			
中国化工集团公司	古浪（甘肃）；平山（河北）	1	28	78.15	50		
中国盐业总公司	定边（陕西）					3	240

续表

单位名称	定点帮扶的国家扶贫开发工作重点县	挂职干部数量（人）	赴定点县考察（人次）	本单位直接投入（含无偿和有偿）（万元）	帮助引进各类资金（含无偿和有偿）（万元）	培训情况	
						举办培训班（期）	培训人次
中国建筑材料集团有限公司	石台（安徽）		15	100			
中国国际技术智力合作公司	姚安、大姚（云南）	1	4	70.8			
中国北方机车车辆工业集团公司	麦积区、甘谷（甘肃）	2	20	265			
中国南车集团公司	那坡、靖西（广西）		14	400		28	3053
中国铁路通信信号集团公司	社旗（河南）	1	5	30			
中国铁路工程总公司	桂东、汝城（湖南）	4	8	278			
中国交通建设集团有限公司	贡山、福贡、泸水、兰坪（云南）；塔什库尔干（新疆）		4	152			
电信科学技术研究院	淮阳（河南）			3			
中国能源建设集团有限公司	镇巴（陕西）；西吉（宁夏）	1		300			
上海贝尔股份有限公司	宁蒗（云南）		2	40			
华侨城集团	天柱、三穗（贵州）		13	290			
中国西电集团公司	麟游（陕西）		20				
首钢总公司	阳原（河北）	1	30	100	128	3	158
中国国民党革命委员会中央委员会	纳雍（贵州）	1	79	532	680	24	2346
中国民主同盟中央委员会	广宗（河北）	3	2	935	10000	2	2500
中国民主建国会中央委员会	丰宁（河北）	2	19	110.9		2	260
中国民主促进会中央委员会	安龙（贵州）		60	364	600	4	60
中国农工民主党中央委员会	大方（贵州）	1	180	2060	40000	20	1500

续表

单位名称	定点帮扶的国家扶贫开发工作重点县	挂职干部数量（人）	赴定点县考察（人次）	本单位直接投入（含无偿和有偿）（万元）	帮助引进各类资金（含无偿和有偿）（万元）	培训情况	
						举办培训班（期）	培训人次
中国致公党中央委员会	酉阳（重庆）		30	18	324	45	5200
九三学社中央委员会	旺苍（四川）	1	13		72	12	2160
台湾民主自治同盟中央委员会	赫章（贵州）	1	25	27.2	150	2	320
中华全国工商业联合会	织金（贵州）	2	10	500	180000	1	30
中国人民保险集团股份有限公司	乐安、吉安（江西）	2					

七

东西扶贫协作篇

综　述

2012年，东部各省市认真贯彻落实《中国农村扶贫开发纲要（2011—2020年）》（以下简称“新纲要”）和中央扶贫开发工作会议精神，进一步加大东西扶贫协作工作力度，继续在政府援助、社会帮扶、企业协作、人才交流、劳务合作等方面开展对西部省区市的扶贫协作工作。东西部省区市间的政府援助资金、社会捐助资金、新增协作企业、企业协议合作项目、协议合作投资、领导考察互访、人才交流、劳务输出等都较2011年有所增加。据统计，2012年东部省市共向西部贫困地区提供财政援助资金8.72亿元，比2011年增长3.8%；其中，投入道路建设资金1.57亿元，产业开发资金2.07亿元，文化教育投入资金1.44亿元，医疗卫生投入5152万元；援建卫生院、养老院66所；资助贫困学生1.33万人。动员社会力量捐助款物1.62亿元，比2011年增长55.8%，派出志愿者553人次；协作企业454个，协议合作项目2185个，比2011年增长15.2%，协议合作投资4556亿元，比2011年增长73.2%；领导考察互访8580人次，比2011年增长28.6%，其中省级131人次；人才交流1628人次，比2011年增长17.2%，举办各类培训班498期，培训各类人员33.1万人次；帮助西部贫困地区输出劳务121.5万人次，实现劳务收入142.7亿元。

在东部18个省市中，政府财政援助资金最多的是上海市2.55亿元，增长幅度最大的是天津市，由2000万元增加到8530万元，并确定以每年8%的比例递增。东部省市在开展结对帮扶时也更加注重向基层倾斜、向民生倾斜、向最贫困的地区倾斜。如北京市将对口帮扶内蒙古分散的18个国家贫困旗县，调整为集中帮扶贫困县和贫困人口比较集中且又紧邻北京的赤峰和乌兰察布两市。上海市坚持“两个倾斜”方针，帮扶资金全部用于扶贫开发和民生建设，直接投入基层农村的帮扶资金占总额的90%以上。从西部省区市情况看，得到东部财政援助最多的是云南、贵州和甘肃，分别为2.55亿元（上海援助）、1.56亿元（大连、宁波、青岛、深圳援助）和9130万元（天津、厦门援助）。

按照新纲要“各省（自治区、直辖市）要根据实际情况，在当地组织开展区域性结对帮扶工作”的要求，全国15个省（区、市）和新疆生产建设兵团也组织开展了省级层面的区域性结对帮扶工作。其中东部省份有辽宁、江苏、浙江、福建和广东；中部省份有河北、河南、湖北、湖南和海南；西部省份有内蒙古、广西、重庆、四川和云南。如广东省在开展“规划到户、责任到人”的“双到”工作中，安排珠江三角洲7个发达地市、37个发达县（市、区）对口帮扶14个欠发达地级市1160个省定贫困村，实施产业、劳动力“双转移”战略。湖北省委、省政府组织省内9个市，每年拿出上年度一般预算收入的1‰，帮扶恩施和宜昌的10个民族县市发展生产、改善基础设施，并要求每年援助资金的增长幅度要高于8‰。内蒙古组织鄂尔多斯市与兴安盟开展结对帮扶，两年多来，鄂尔多斯市投入财政援助资金15亿元，实施政府援建项目24个，企业投资总额315亿元。在区域性结对帮扶中，有66个地市的157个县（市、区）结对帮扶欠发达的39个地市州的179个旗（县、区），另有17个地市在省里安排下，组织91个区县对口帮扶本市的81个欠发达县。新疆生产建设兵团组织经济发展较快的5个师对口帮扶贫困的2个师。此外，山西吕梁市、长治市，湖南益阳市，内蒙古呼和浩特市、鄂尔多斯市、包头市、通辽市等全国许多地市也在积极探索推进市级层面的扶贫协作。据不完全统计，截至2012年年底，省级层面的区域性结对帮扶共投入政府财政援助资金52.03亿元；引导社会无偿捐款7.76亿元，捐物折款18.9亿元；派出挂职干部5730名，派出教师、医生和志愿者等11408名；帮助引进投资156.1亿元；共建产业园区201个。

为贯彻落实国务院《关于进一步促进贵州经济又好又快发展的若干意见》（国发〔2012〕2号）精神，国务院扶贫开发领导小组办公室积极配合国家发展改革委，在原有大连、青岛、宁波、深圳4市对口帮扶贵州8市州的基础上，协调新增上海、广州、苏州、杭州4市，实现了“一帮一”，大大增强了对口帮扶贵州工作力度。

（国务院扶贫办国际合作与社会扶贫司）

北京市——内蒙古自治区东西扶贫协作

【概述】 2012年，按照国务院扶贫办的部署和要求，北京市继续推进京蒙对口帮扶合作。一年来，在北京市委、市政府的正确领导下，在内蒙古自治区党委、政府及各部门、地区的大力支持与配合下，全市各部门、各区县共同努力，对口帮扶内蒙古贫困地区工作取得新成效。全年共安排政府帮扶资金8640万元，实施重点帮扶项目37个，培训自治区各类人才1602人，对8家北京市企业在内蒙古实施的具有扶贫性质的项目进行贷款贴息。社会各界捐款捐物折合人民币近5500万元。

【互访交流】 2012年8月5—8日，北京市副市长苟仲文参加了在呼和浩特市举办的第3届驻京中外知名企业投资内蒙古行活动。内蒙古自治区党委书记胡春华，自治区党委常委、自治区政府常务副主席潘逸阳，自治区党委常委、秘书长符太增和自治区政府副主席刘新乐等领导出席活动。2012年11月22日，内蒙古自治区党委常委、常务副主席潘逸阳，自治区党委常委、组织部长李鹏新带队到北京，与北京市委副书记、政法委书记吉林，市委常委、组织部长吕锡文，市委常委、常务副市长李士祥等市领导及相关部门共同商讨了下一阶段的京蒙帮扶合作工作，明确了要进一步推进两地在工作机制、人员以及工作体系等方面的深度合作，继续加强京蒙两地市场互补机制的建设，推动京蒙两地干部挂职交流工作。

【扶贫资金投入】 2012年，按照帮扶资金年增长8%的机制，北京市共安排帮扶资金8640万元。其中，在赤峰市、乌兰察布市安排7640万元，实施重点地区帮扶项目37个，覆盖赤峰和乌兰察布两市22个旗县区约7.4万户，使8500余个贫困户直接受益，年增加收入超过5.75亿元，有效改善了贫困人口的生产生活条件，促进增收致富。安排人才培训专项经费500万元，在京举办内蒙古自治区教育、文化、卫生、科技等领域干部和专业技术人员培训班41期，培训各类人才共1602人。安排贷款贴息资金500万元，对8家到内蒙古投资、带动当地发展的北京市企业给予了支持。

【干部挂职扶贫】 北京市所选派的44名赴内蒙古自治区挂职干部不怕艰苦、不畏困难，始终以务实作风和饱满热情投入工作，为两地交流合作创造条件、搭建平台，积极争取北京市对口区县和相关部门的援助。在挂职干部的协调下，在京、蒙两地各部门、各区旗县间开展参观考察、对接洽谈、项目签约等活动达 300 多次，签订了一系列合作协议或备忘录，取得一系列帮扶成果。

【产业帮扶】 2012 年，北京市与内蒙古自治区合作项目达到 499 个、到位资金 1002.32 亿元，占全自治区区外合作项目到位总资金的 28.5%。组织了第 3 届“驻京中外企业投资内蒙古行”活动，340 家驻京知名中外企业负责人共 400 名到内蒙古开展投资考察、洽谈合作，达成协议项目 22 个，协议金额 295.5 亿元。组织中关村企业赴呼和浩特、赤峰、乌兰察布就共建产业园、科技成果转化开展对接，百度、碧水源等科技公司项目落地呼和浩特和鄂尔多斯。通过共建生产基地、政府储备采购、农超对接等方式，围绕内蒙古特色农畜产品开展产销合作。另外，北京市旅游委与乌兰察布市签署了合作框架协议，合作打造的“乌兰察布草原文化游”已成功推向北京市场。在京成功举办 2012“赤峰旅游大篷车——走进北京”宣传推介活动，使产业帮扶迈上一个新台阶。

【教育科技帮扶】 在教育领域，为提高教育帮扶效果，双方商定每年从自治区 8 个旗县选派 120 名初、高中骨干教师赴京参加挂职培训，北京四中分别在呼和浩特市、乌兰察布市建立了分校，北京市商务管理学校分别与赤峰、乌兰察布两市职业教育学校达成合作办学意向。在科技领域，中关村分别与乌兰察布市和包头稀土高新区签署《园区共建合作框架协议》和战略合作协议，硅沙资源利用国家重点实验室落户呼和浩特市经济技术开发区，有力地推动了内蒙古大学科技园的建设。

【医疗卫生帮扶】 北京市属 15 家中医院继续对口支援自治区的 56 家蒙中医院。北京市卫生局与赤峰市人民政府签订了《北京—赤峰 2012—2022 年卫生对口支援与技术协作协议》，组织了 44 名医疗和公共卫生专家到赤峰开展“2012 年情系内蒙北京医疗卫生专家赤峰行”系列活动。北京市各对口支援内蒙医院，免费接受旗县（市区）骨干医师 121 人，参加为期一年的专科规范化培训，提高了当地医疗水平。

【社会捐赠】 北京市各区县政府及文教、卫生、民政等部门向内蒙古对口帮扶旗县捐赠款物总价值达 5500 万元，其中：在民政领域，北京市社会慈善公益组织向内蒙古捐赠各类物资和资金折合 1751 万元，用于生态环境治理、捐资助学、中小学电教化配置等。北京有关单位先后向集宁区捐赠电影流动播放车 2 辆、人民币 100 万元和图书 6000 册，用于发展教育、卫生和文化事业。顺义区向自治区赠送汽车 6 辆，向巴林左旗捐赠帮扶启动资金 100 万元。海淀区出资 100 万元，用于敖汉旗敖润苏莫小草库伦打井配套项目建设。

（北京市对口支援和经济合作工作领导小组办公室）

天津市——甘肃省东西扶贫协作

【概述】 天津市委、市政府坚决贯彻落实中央扶贫开发工作会议精神和《中国农村扶贫开发纲要（2011—2020年）》要求，把东西扶贫协作作为重大的政治任务和义不容辞的责任，进一步加大工作力度，深化务实合作。2012年，津甘两地实现互访15个团组共237人次，其中省部级互访6次，签署了2012—2020年新阶段东西扶贫协作框架协议。落实援助资金、物资9990.93万元，其中，市财政资金6000万元，是2011年的3倍；各区县及政府部门定向援助资金2530万元，社会捐赠资金884.93万元、棉衣棉被4.8万件。甘肃在津签约46个招商项目，签约金额369.1亿元。天津港在嘉峪关设立的无水港已投入运营。

【签署合作协议】 2012年8月5—6日，甘肃省委书记王三运，省委副书记、省长刘伟平率领甘肃省党政代表团来津考察访问，时任中共中央政治局委员、天津市委书记张高丽，天津市委副书记、市长黄兴国等天津市领导会见了代表团一行，双方就新阶段东西扶贫协作工作的一些重大问题深入交换了意见，签署了《天津市人民政府与甘肃省人民政府新阶段东西扶贫协作和深化合作框架协议（2012—2020年）》。协议明确：1. 天津市对口帮扶甘肃省资金由2012年前的每年2000万元增加到6000万元，并以每年8%的比例递增，资金的80%集中用于支持藏区。2. 两省市共同编制《津甘东西扶贫协作规划（2012—2020年）》。3. 双方成立东西扶贫协作工作领导小组办公室，下设若干专门办公室，建立联席会制度。4. 开展互派干部挂职，天津市选派10名援甘干部到甘肃省藏区挂职；接收20名甘肃干部到天津的工业园区挂职；每年培训甘肃省藏区党政副职干部100名；每年选派优秀教师、医生赴甘肃支教支医，选派"博士服务团"、研究生、高校团干部赴甘肃挂职，每年选派40名优秀大学生赴甘肃志愿服务，选派10名优秀团干部赴甘肃支教。5. 实施"陇津中职生牵手共奔小康活动"，甘肃省每年向天津市输转中职学生1万名。6. 不断推进全方位、宽领域合作，深化经贸展会合作、深化跨区域口岸合作、深化科技合作、深化文化旅游合作。

【结对帮扶】 2012年5月9日，天津市组织召开"深化新阶段津甘对口区县经贸交流工作座谈会"，天津市14个区县

（管委会）与甘肃省定西市、天水市和陇南市13个县扶贫部门，就加强经贸合作进行了深入交流和对接。2012年，天津滨海新区投入2000万元启动“甘肃—天津9+3”藏区免费中职教育项目（在9年义务教育的基础上，对藏区各民族青少年提供了3年的免费中职教育），为甘肃藏区1500名初、高中学生实施3年免费中职教育；河东区为岷县泥石流灾区捐款10万元；河北区为清水县实施小城镇农村规划建设、农业产业发展，捐赠资金20万元；宝坻区为武山县投入80万元进行环境改造，资助100名贫困生，并向该县小学捐赠了计算机、中巴车及教学设备；西青区在西和县投资400余万元建设的西青永丰小学投入使用；东丽区向甘谷县捐资20万元，帮助群众解决饮水困难。各区县还通过“送温暖、献爱心”专项活动，累计募集捐赠资金884.93万元、棉衣棉被4.8万件。

【社会扶贫】 天津市卫生局组织了两期援甘医疗队共100人，在6市州8家县级医院开展医疗援助，开展门诊诊疗86278人次，急诊诊疗4936人次，手术2110例，业务培训11347人次。天津职业大学多次赴甘肃省商洽劳务培训输转工作，通过学历教育、资格认证，推进甘肃省劳动力资源优势向人力资源优势转化，已与兰州东方学院、天水计算机学校、武威职教集团达成合作培养协议。天津市人大常委会原常务副主任、南开中学理事会理事长、校党委书记孙海麟率南开中学赴甘肃省考察商谈，拟在兰州招收40名优秀初中毕业生到南开中学学习。按照国家下发的《关于做好新一轮中央、国家机关和有关单位定点扶贫工作的通知》文件要求，天津大学、南开大学启动了与宕昌县、庄浪县的帮扶对接工作。

【产业扶贫】 甘肃省及甘南藏族自治州、酒泉市在天津举办了3次企业家座谈会和推介会，有近百家企业及部门负责人和30多家媒体记者参会。2012年，甘肃在津签约46个招商项目，签约金额达369.1亿元。天津市各单位、企业累计在甘肃设立30多家分公司、办事处，天津温州商会、福建商会企业在嘉峪关、敦煌、金塔等地投资建设石材基地、仓储物流、商业地产和文化旅游项目21个，投资额近百亿元。

【干部培训】 2012年10月29日—11月3日，天津市举办了“津甘对口合作研修班”，对40位来自甘肃省兰州新区和藏区基层从事招商引资、扶贫开发工作的干部开展新区规划建设、招商引资和项目管理专题培训。

（天津市人民政府合作交流办公室）

辽宁省——青海省东西扶贫协作

【概述】 根据国务院扶贫办统一部署，按照“优势互补，互惠互利，长期合作，共同发展”的协作原则，2012年在辽宁省委、省政府的正确领导下，在青海省委、省政府的大力支持下，经双方承办部门的共同努力，紧紧围绕整村推进、劳动力转移培训、产业化扶贫3个方面继续加大工作力度，有效推进了辽宁省东西扶贫协作工作的深入开展，极大地促进了对口帮扶青海省9个县的经济发展和建设。

2012年辽宁省累计向青海省提供无偿援助资金和物资4293万元，其中省级援助资金为3388万元，比2011年的3088万元增加了300万元，增幅为9.72%；13个地级市和辽宁电力有限公司援助资金905万元，比2011年的630万元增加了275万元，增幅为44%。

【基础设施建设】 以创新思路，抓好整村推进工作。安排项目资金900万元，在青海省的湟中县和民和县的6个贫困村，实施了增加贫困户收入的产业建设项目。

湟中县的产业建设项目在拦隆口镇上寺村、共和镇王家山村、田家寨镇毛家台村实施，总投资3908.54万元。其中，辽宁省援助资金530万元，覆盖贫困户612户、2433人。项目涉及生产性项目、基础设施及公益性项目、实用技术培训3大类。生产性项目包括设施蔬菜、蚕豆、饲草种植、奶牛养殖项目，基础设施及公益性项目包括村庄整治、村道硬化绿化、综合活动室和卫生厕所修建等。项目建成后项目户人均年纯收入可增加592元。

互助县的产业建设项目在哈拉直沟乡盐昌村、杏元村、蔡家村实施，总投资798万元。其中，辽宁援助资金370万元，覆盖贫困户512户、1954人。项目涉及生产性项目、基础设施及公益性项目、实用技术培训3大类。生产性项目包括集中连片建设大果樱桃种植基地、配套网围栏建设、购置微耕机、修建生产管理用房项目，基础设施及公益性项目包括平整土地、整修渠道和村级活动室建设等。项目建成后项目户人均年纯收入可增加1300元。

【智力帮扶】 以促进思想和观念转变、业务素质和生产技能的提高为目的，大力实施对贫困地区的基层干部、致富带头人以及劳动力转移就业的培训工作。

一是安排辽援资金200万元，在辽宁省举办青海省金融系统干部和农牧区贫困青年劳动技能培训、现代设施农业培训班4

期，培训各类学员215人。以严格遵守培训计划和培训标准为基准点，以满足受援地需求为培训出发点，以提高培训质量为落脚点，以加强民族大团结与国家和谐发展为闪光点，为其配强师资力量，搞好硬件设施，改革办学方法，切实提高培训的针对性和实效性。二是安排辽援资金100万元，在青海省内外培训整村推进项目村两委干部和扶贫系统干部8期429人(次)，主要开展了“扶贫项目选择和后续管理、合作社管理运营、产业项目发展”等方面的培训。

【雨露计划】 该项目安排辽援资金500万元，培训转移贫困人口3040人。其中，劳动技能培训2260人，培训内容包括汽车驾驶与维修、民族歌舞、热贡艺术、服装加工、民族刺绣、雕刻、拉面等专业，培训人员转移率达90%以上，年人均收入达8000元以上；贫困妇女技能培训580人，全部实现就业；培训农村专业合作经济组织负责200人。

【产业扶贫】 以“造血”为目的，继续实施产业化扶贫项目。一方面安排资金1540万元，实施产业化扶贫贷款贴息和无偿扶持项目，对青海省122家产业化扶贫龙头企业和参与整村推进、易地搬迁等扶贫开发项目的专业合作经济组织，给予贷款贴息补助和无偿资金扶持，其中给予扶持企业或专业合作经济组织47家贴息750万元，直接拉动银行贷款2.53亿元；给予扶持企业或专业合作经济组织75家无偿资金790万元。另一方面安排资金873.2万元，实施易地扶贫搬迁村后续产业项目扶持，完成了贵南县茫曲镇加土乎村易地搬迁后续产业文化路综合市场建设项目，黄南州尖扎县易地搬迁后续产业商业铺面购置项目，并新建框架结构2层商铺及配套设施建设51间、1650平方米，购置商铺2310平方米，培训管理和服务人员30人，扶持搬迁群众792户共3551人，户均年增收3229元。

【结对帮扶】 2012年，辽宁省13个市及1个企业共投入帮扶资金905万元，同比增长44%，实施帮扶项目14个，涉及基础设施建设、产业发展、技能培训、贷款贴息等内容，有效地改善了帮扶地区的基础设施条件，促进了当地的产业结构调整。

辽阳市落实帮扶平安县资金66万元，用于200户贫困农户养殖业贷款贴息。盘锦市落实帮扶平安县资金55万元，用于金阳养殖场建设补助资金。抚顺市落实帮扶循化县资金90万元，用于配套建设贫困村人畜饮水工程、渠道等项目，购置化肥500吨。鞍山市落实帮扶化隆县资金120万元，用于配套建设牙什尕农业示范园区项目，修建日光节能温室20栋。丹东市落实帮扶互助县资金66万元，朝阳市落实帮扶互助资金55万元，作为输送到丹东市的57名高中生在辽3年期间的学习费用。营口市落实帮扶乐都县资金121万元，主要用于千亩果品基地和设施农业建设。辽电公司落实帮扶湟中县资金70万元，实施了湟中县辽援科技扶贫示范基地培训中心（湟中县良种繁殖场）房屋装修项目。铁岭市落实帮扶湟中县资金 70 万元，实施了石城村易地搬迁水电路配套项目。锦州市落实帮扶大通县资金 70 万元（到位资金 30 万元），实施了大通启光牛羊养殖项目、汽车驾驶员培训项目，资金贫困生 50 人，培训乡村干部 1 期 40 人。葫芦岛市落实帮扶大通县资金 42 万元，实施了贫困村肉羊养殖、大通养殖专业合作社扩建、挡车工培训等项目。本溪市落实帮扶湟源县资金 80 万元，实施了巴燕乡西林台村易地搬迁项目。

【经贸合作】 2012 年 6 月，应青海省人民政府的邀请，辽宁省组织沈阳市、大连市、鞍山市、抚顺市、本溪市、丹东市、锦州市、铁岭市、盘锦市、葫芦岛市 10 市的政府及企业，组成经贸代表团，参加中国青海绿色经济投资贸易洽谈会。共有 78 家企业、185 人参加了此次“青洽会”活动。接待参观洽谈人员 20000 多人次，发放各种资料（光盘）12000 册（盘），签订供销合同 5550 万元，商品零售额 50 多万元。

（辽宁省经济合作办公室　王敬）

上海市——云南省东西扶贫协作

【概述】 2012年，上海云南两省市党委、政府认真贯彻《中国农村扶贫开发纲要（2011—2020年）》，全面落实中央扶贫开发工作会议、全国东西扶贫协作工作会议、上海云南对口帮扶合作第13次联席会议的部署要求，对照新的国家扶贫标准，将2020年实现“两不愁、三保障”的扶贫开发目标结合到沪滇对口帮扶合作的具体实践中。坚持“中央要求、当地所需、上海所能、长远打算”相统一，以集中连片贫困地区为主战场，加大规划引领、连片实施、合作攻坚的力度，推进新纲要示范村、合作攻坚乡、人口较少民族和特困群体帮扶等不同层面的扶贫试点，实施农特产品生产、加工、物流、销售全产业链扶持，持续推进“打工经济”探索，援建一批民生保障和智力支援项目，帮助改善当地基层公共服务，提升自我可持续发展能力，年度援滇任务顺利完成。

【扶贫资金投入】 2012年，上海实际投入援滇资金2.57亿元，实施帮扶项目365个。其中，整村推进项目288个（含新纲要示范村21个），1.57亿元；农特产业发展项目54个，3837万元；独龙族帮扶项目1个，1000万元；社会事业项目13个，2350万元；人力资源开发及其他项目8个，1848万元；彝良抗震救灾项目1个，1040万元。项目和资金安排体现了中央“两个倾斜”方针和民生导向、需求导向原则，主要投入县级以下乡村建设、产业扶持和基本公共服务均等化，直接受益贫困群众超过8.4万人。

【新纲要示范村】 瞄准“两不愁、三保障”扶贫目标，针对整村推进边际效益下降、后续发展能力缺乏等问题，沪滇双方调整实施方式，从面上项目“缺什么补什么”，转向重点项目“整体规划和持续打造”，扶持标准由户均1万元提高到人均1万元，强调以产业发展为基础，增加住房保障内容，按照基础设施、特色产业、安居工程和劳务输出“四位一体”扶持模式，在文山州、红河州、普洱市、迪庆州首批选点建成21个新纲要示范村。每个项目村上海援建150万元，整合各方资源平均达到300万，有的近700万元，较好体现了整合效应，村庄面貌和后续发展能力明显提升。

【连片特困地区扶贫】 结合新纲要提出以集中连片特困地区为主战场的要求，对“十二五”援滇规划做出调整，帮扶重心与国家出台的有关片区区域发展与扶贫攻坚规划相衔接，并相应制定有关县域、乡镇帮扶规划，层层分解落实对口支援任务。应云南方要求，从昭通市彝良县小草坝乡入手，试点探索扶贫攻坚与区域发展联动机制，逐步将乌蒙山片区（云南相关区域）纳入沪滇帮扶合作范畴。上海市还应邀加入教育部、国土资源部牵头召集的滇西边境片区、乌蒙山片区规划实施部际联席会议，主动领受任务，确定帮扶工作思路和针对性举措。

【农特产品采购对接会】 在继续扶持云南对口地区农特产品、龙头企业来沪开拓市场、设立直销点专营店外，沪滇双方借助昆明泛亚国际农产品博览会平台，于2012年9月19日在昆明市成功举办首届上海云南农特产品采购对接系列活动，内容包括：举办农特产品采购对接会、昆明农博会巡展，召开新闻发布会，考察昆明、大理、保山等地农特产品生产基地等。在政府牵线下，农工商、城市超市、世纪联华等46家上海市知名经销商、采购商与云南省200余家有实力的农特产品生产商、供货商面对面对接沟通，建立直接洽谈渠道，当场签订一批长期购销合同或合作意向。

【医疗扶贫】 自2010年起，根据国家医改方案和卫生部安排，上海市19家三级综合医院结对云南省16州市19家县级医院，开展为期3年的帮带工作。截至2012年底，累计选派6批医疗队共570人次，在当地开展门诊142066人次、急诊23617人次、手术20563例、会诊及疑难病例讨论14316人次，帮助建立特色专科203个，开展新技术、新业务1243项；接收来沪进修人员培训673人次，义诊33926人次，开展学术讲座4350次，业务培训49194人次、教学查房12846次、手术示教5007次；捐赠设备折合人民币929.67万元，首轮对口支援任务顺利完成，受援医院科室和人才队伍建设进步明显。

受历史上边境战争及其后续影响，文山州麻栗坡县等地6000多名因战致残人员生活困难，需要定期更换假肢。2012年，根据当地需求，上海援滇资金安排250万元，并与上海相关爱心企业、残疾人组织、慈善机构合作，共募集350万元，开展文山州因战致残人员假肢更换、修缮及康复工作。在两地民政部门具体运作下，引入上海假肢厂已为扶助对象安装假肢476条，帮助当地建立小型假肢检修站，并提供往来交通及食宿费用，使这部分困难群体改变生存境遇，增添生活的信心。

【抢险救灾】 2012年9月7日，昭通市彝良县先后发生了5.7级和5.6级地震，2012年10月4日又发生重大滑坡灾害，造成重大人员伤亡和财产损失。灾害发生后，上海市委、市政府在第一时间发出慰问电，并立即启动应急响应，先后捐款共700万元，驻当地的上海医疗队也迅速投入救援工作。2012年11月初，得知彝良地震灾区数万名群众急需御冬物资，上海市委、市政府主要领导亲自批示，动用市财政救灾备用金 340 万元，紧急采购 2 万件御冬棉被，仅 10 天时间便送达灾区群众手中，解了受灾群众的燃眉之急。

【小额信贷扶贫】 为积极探索产业扶贫新模式，上海市政府合作交流办、中国扶贫基金会、云南省扶贫办、文山州、富宁县政府 5 方合作开展了富宁县产业扶贫小额信贷试点。上海援滇资金安排 500 万元资本金，文山州政府作为资本方参与项目和资金监管；中国扶贫基金会配套 1000 万元资本金，并按其成熟而专业化的小额信贷规程负责项目的独立运作；富宁县政府提供相关配合和保障。2012 年 9 月 29 日富宁县农户自立服务社揭牌，当年贷款业务覆盖富宁县 8 个乡镇、78 个行政村，300 多农户得到扶持，平均每笔放款 7800 余元。这是东西扶贫协作领域的首创之举，也是中国扶贫基金会小额信贷业务首次进入云南。各方期待通过此类专业化、专职化的项目管理和农村金融服务，支持贫困农户发展家庭种植、养殖产业，培育市场意识和经营能力，探索财政援助资金“长期滚动使用、长期发挥效益”的长效机制。

【经贸合作】 随着云南桥头堡战略的推进，沪滇经贸合作空间广阔，迎来新的发展阶段。2012 年 9 月 25 日，云南省委副书记仇和率 16 州市、40 个重点工业县和园区、企业负责人来沪举办桥头堡建设综合推介，700 余家上海企业到场咨询洽谈，签订合作项目 33 个，协议资金 311 亿元；12 月 11 日，云南省在沪举办文化产业推介会，高峰副会长参加。两地企业和单位签约 18 项，协议资金 233 亿元，涉及教育、卫生、文化、旅游、体育等多个领域。2012 年，文山州、保山市、西双版纳州、大理州、楚雄州也相继来沪举办旅游、文化及各类产品推介和招商引资活动。通过实施上海企业走出去发展战略和投资补助政策，上海市分批组织意向企业参加昆交会、文博会、农博会等特色展会，赴昆明市、保山市、西双版纳州、德宏州等经济合作重点地区和桥头堡建设节点城市考察，促成一批生物产业、农产品生产加工、旅游地产、商贸物流、现代服务业等投资项目落地。2012 年，上海企业赴滇投资项目 133 个，实际已到位资金 76.1 亿元。

【人才培训】 上海市重视帮助对口支援开展人才培训，相关部门、区县和培训机构坚持以需求为导向，精心安排授课、研讨、参观、实践等活动，提升人力资源开发质效。2012 年，接受云南来沪挂职 332 人次，举办各类培训班 125 期（含当地培训），来沪培训 1268 人次。

（上海市政府合作交流办对口支援处）

江苏省——陕西省东西扶贫协作

【概述】 2012年，江苏省围绕新时期扶贫开发纲要提出的“两不愁、三保障”目标，深入推进与陕西的挂钩扶贫协作。江苏省确定，在2012—2015年从省级财政继续按每年1000万元安排苏陕挂钩扶贫协作资金，用于对口帮扶陕西省贫困地区的扶贫项目建设，改善贫困地区群众生产、生活条件。2012年，江苏省投入政府援助资金3706万元，社会捐赠资金及物资折价107.6万元。在教育卫生、农业设施、移民搬迁、公益民生等方面实施了98项扶贫项目，援建学校及幼儿园21所，卫生院（所）6所；援建乡村道路95千米；举办各类培训班15期，培训各类人员7110人次；帮助陕西贫困地区输出劳务人员5000余人，实现劳务收入1.06亿元。

【文教卫生帮扶】 2012年，江苏省援建学校及幼儿园21所，卫生院（所）6所，有23人次赴陕西省开展支医支教活动。苏州市11名医生组成两批志愿医疗队赴榆林巡回医疗，共完成手术400余例，门诊看病近4000人次，开展新技术、新项目3项，培训医护人员200余人次，参加各类会诊30余次，抢救危重病人20人次，开展联合下乡义诊活动3次。在教育帮扶方面，南通市积极组织支教互访活动。2012年8月，组织12名高中名师，对咸阳市600多名骨干高中教师进行了为期5天的教学培训。2012年10月，咸阳市派出41位中小学校长，至南通进行了为期15天的挂职学习。近年来，南通市在教育项目援建、师资培训、教学研究、扶贫助学等方面对咸阳给予了全方位的支持和帮助，成效显著。

【民生工程建设】 2012年，南通市在咸阳实施5个扶贫项目。在泾阳县安吴镇雒仵村打井4眼，并建成抽水站1座，该项目有效地解决了该村1500亩耕地的灌溉问题，从单一种粮调整为“南菜北果”模式，增加了农民收入；在永寿县常宁镇安德村村委会援建文化广场3500平方米，为该村群众提供了活动场所，活跃了群众文化生活；在旬邑县排厦镇沟老头村实施道路硬化工程，建成沟老头村宽6米、长2千米的水泥路，并配套建成排水渠、道沿、绿化带等配套设施，改善了基础设施条件，方便了群众出行；在长武县丁家镇丁家村援建“三告别”工程（告别土窑洞、告别独居户、告别危漏房），搬迁72户292人，改善了丁家村贫困群众的居住环境，有效地保护了人民群众的财产和生命安全；在淳化县城关镇董桥村实施移民搬迁工程，搬迁群众35户158人，该村村容村貌焕然一新。镇江市援建谓南市白水县建设史官镇落雁抽水站、蒲城县城关镇尧村抽水站渠道衬砌工程2个项目。在白水县史官镇落雁抽水站修建100立方米的蓄水池1座，铺设输水主管道6000米，入户管道14000米，为落雁村有效地解决了人畜饮水难的问题。在蒲城县城关镇尧村抽水站渠道衬砌工程项目，修建1座扬程15米、流量180立方米/小时的抽水站；衬砌混凝土渠道5000米，解决了2760亩耕地的灌溉问题，促进了当地经济发展。

【易地扶贫搬迁】 南京市帮助商洛市实施整村推进扶贫项目，在商南县金丝峡镇丹南村新建赵家场移民新村。安置高边远山区群众90户，新修河堤650米（路堤结合300米），架设高压线路3.5千米，低压线路6千米，硬化村庄道路3千米；新修4米宽通组道路5.5千米；新修20延米、25延米便民桥4座。新修入户水泥路10千米，新修“三位一体”（建设小城镇、发展现代农业和避灾扶贫搬迁）50户；发展核桃经济林200亩，茶叶200亩。发展农家乐50个，组建丹南村农家乐协会；新建农村安全饮水项目2个、铺设主管道10千米、入户管道20千米；新建移动通信基站1个；发展有线电视150户。

【产业扶贫】 2012年，苏陕两省挂钩市县按照“一村一品”定位，发展附加值高的设施农业。苏州市张家港援建的子洲县大棚蔬菜基地、黄芪种植加工基地面积不断扩大，“整村推进”后双庙湾村和曹硷村面貌焕然一新，杨大沟村、徐家河村的新农村建设均有了长足发展。太仓市援助资金30万元，用于添置米脂县陕北小杂粮集中交易中心设备，该项目包括信息咨询服务中心、产品展示交易中心、产品研发中心和综合服务中心。无锡市帮助洛川县建设了标准化屠宰场的扩建及维修工程，扩建家禽（鸡、鸭）定点屠宰车间，对生猪待宰区进行维修改造及排水渠的修建，对进场道路进行硬化。在子长县推广农业生产新技术，建设100亩日光温室蔬菜标准化示范园区，引进100亩秸秆生物反应堆技术，援助100套自动卷帘机，对100亩农田进行水肥一体化技术推广应用，万亩优质蓖麻示范基地带动了子长县特色产业的发展，为返乡务工人员和农村剩余劳动力有效解决就业问题。

【劳务合作】 南通市加强与咸阳的劳务协作与交流，协助咸阳市实施定单培训，通过培训巩固劳务基地，稳定基地畅通输出渠道。2012年，咸阳市10所“雨露计划”扶贫劳动力技能培训学校，先后有组织地向南通市安排劳务输出210人，实现收入560万元。镇江市对口帮扶渭南市，在全市范围内组织销售陕西水果10万箱，帮助陕西贫困地区农民增收致富。

【经贸合作】 2012年，江苏和陕西的经济合作得到进一步加强。江苏省组团参加了在陕西西安举办的第16届“中国东西部合作与投资贸易洽谈会”，共组织了500多家企业、1000多人参会参展，签约合作项目259个，并在西安组织了多场东中西区域合作示范区（连云港）推介活动，连云港作为国家东中西区域合作示范区先导区的工作已经全面展开。江苏与陕西等中西部地区的产业融合得到加强，徐矿集团积极在西部地区构建高层次新型能源基地，着力打造高端煤化工产业链，以“陕电苏送”为平台，按照“发展大煤电、推进大精化、建设大园区、实现大循环”思路，积极推进以项目配资源的各项工作，加快在建项目速度，加大新项目开发力度，在陕北能源开发取得重大进展。

【扶贫创新】 2012年，国务院扶贫办组织评选和征集社会扶贫创新案例。江苏省常州市的《苏陕异地扶贫显真情，对口科技交流结硕果——安康市农科所社会扶贫创新案例》，与南通市的《跨越时空的牵手——南通帮扶咸阳支教案例》两个案例，经国务院扶贫办组织专家评审，已入选《100个社会扶贫创新案例》。

（江苏省发展和改革委员会　张建明）

浙江省——四川省东西扶贫协作

【概述】　2012年，浙江省深入贯彻落实中央扶贫开发工作会议、中央第5次西藏工作座谈会议精神，按照《中国农村扶贫开发纲要（2011—2020年）》要求，深化推进东西扶贫协作工作，共援助四川藏区和广元、南充、青川等贫困地区资金5247万元，经贸合作项目54个，协议投资74.45亿元，考察互访547人次，干部挂职25人，专业技术人才交流228人，实用技术培训1051人次，劳务合作11808人次，劳务收入3.9亿元。

【新一轮东西扶贫协作】　2012年，是浙江省全面推进新一轮东西扶贫协作之年。根据国务院扶贫办《关于完善浙江四川对口帮扶工作的通知》（国开办发〔2010〕50号）要求，浙江与四川东西扶贫协作中的政府援助、社会帮扶、人才交流等工作集中支持四川省甘孜州、阿坝州和凉山州木里藏族自治县，原浙江对四川广元、南充的经贸合作继续开展。2012年2月，召开了浙江—四川东西扶贫协作工作座谈会，会议形成了备忘录。根据备忘录精神，2012年4月，浙江省有关部门赴四川藏区进行了实地考察，听取了甘孜、阿坝和木里县的情况介绍，重点考察了藏区民居、高原农牧业、新农村建设和“飞地”园区等，慰问了部分困难农牧民。

【民生工程建设】　2012年，浙川双方签署了《2012年浙江省对口帮扶四川藏区项目实施协议》，浙江省筹措项目专项资金2400万元，对四川藏区32个县、正在实施农牧民新村和扶贫移民搬迁项目建设村的1200户农牧民危房进行改造，每户补助2万元，以确保农牧民群众安全过冬。实施时间为2012年11月至2013年10月，项目由四川省扶贫和移民工作局负责监督，甘孜、阿坝、凉山3州扶贫移民局（办）组织项目实施、验收工作。

【产业合作】　按照国务院扶贫办要求，2012年浙江省继续在经贸、教育、旅游等方面积极开展与广元、南充的合作，共达成项目26个，协议资金达70.33亿元，其中南充4个，协议资金10亿元；广元22个，协议资金60.33亿元。杭州等市协助广元举办“大爱延伸—我在广元等您”旅游推介会，600名游客乘坐专列赴广元旅游。

【干部培训】　为进一步加深与广元的援建感情，温州等9个市分别与广元签订了《友好城市合作协议》和《经济战略合作框架协议》，2012年，共接受广元18名干部来浙江挂职。绍兴市教育局帮助广元培训4期139名骨干教师。杭州、宁波、台州、嘉兴等市接收广元劳务11808人。

【互访交流】 2012年，四川省委常委李昌平一行赴浙江开展对接东西扶贫协作工作，共商新一轮浙川两省扶贫协作事宜。2012年11月，以南充市委常委杨建华为团长的南充市党政代表团一行12人来浙江考察交流。2012年11月，广元市马华书记率领广元市党政代表团一行18人来浙江考察交流。2012年12月，广元市委常委、青川县委书记向此德率青川县党政代团赴浙江考察。据统计，浙江省与对口地区互访交流达453人次。

【灾后重建】 2012年，浙江省全面推进青川灾后重建的后续帮扶工作。围绕青川县“生态立县、产业富民”的总体要求，突出“产业扶贫、人才培训、扶贫济困”3个重点，落实对青川长效帮扶资金共1390万元，其中产业扶持资金990万元，人才培训资金200万元，扶贫济困200万元。

在产业扶持方面，投入资金300万元，用于对6个乡镇共7700亩油橄榄的管护指导，占全县油橄榄面积的15%；投入资金340万元，扶持8家茶叶加工企业，占全县较大规模茶叶加工厂的20%。此外，对青川农业产业的帮扶指导，效益已初步呈现。如经营油橄榄由2011年的200吨增加到2012年的600吨，增收400万元；对长毛兔项目的扶持增收200万元；重点帮扶8家新扩建的标准茶叶加工厂，预计可为茶农人均增收2130元。浙江省注重长效帮扶项目的实施质量，与中国油橄榄研究所、四川农大和四川省林业堪察设计研究院开展技术合作，打造“中国油橄榄第一县”的标准化生产示范基地；与中国农科院茶叶研究所合作，打造现代茶叶加工体系，实现青川茶业可持续发展。

在人才培训方面，浙江省主要围绕产业扶持、技术提升等方面开展技术培训、干部挂职交流等智力帮扶，直接或帮助培训各类技术人员1000余人次。委托中国茶科所培训炒茶工、评茶员；成立油橄榄产业推进办公室、油橄榄研究所，重点乡镇设立了油橄榄产业技术服务站，培训油橄榄管理员；通过实用技术培训和“1+1”的结对方法，组织基地示范大户与一般种植农户结成帮扶对子，引导群众科学管护，使每户均有一个精通管护的明白人；通过引入业主成立油橄榄专业合作社，以专业合作社为主体，推动油橄榄基地建设；省卫生厅还通过远程视频培训青川县、乡、村3级卫生专业技术人员，杭州、宁波、湖州、绍兴等市帮助青川开展教师、医生等人员的培训。

在扶贫济困方面，2012年，浙江省投入200万元，共救助大学本科、专科、中小学贫困学生1500名，贫困农户1550户。

【对口帮扶工作回顾】 自1996年党中央、国务院确定浙江省对口帮扶四川省广元、南充2个市共12个国家级贫困县

（市、区）脱贫的任务以来，浙江历届省委、省政府高度重视，认真贯彻中央精神。习近平、张德江等历任省委、省政府主要领导，20 多位省级领导均曾率团到对口地区考察、指导工作。习近平同志就任浙江省委书记不久，即致函对口地区党委、政府，表示将一如既往地重视和支持对口支援工作，并在 2004 年 5 月亲赴广元、南充视察工作。浙江省的东西扶贫协作工作，坚持政治优势与市场机制相结合，积极探索具有浙江特色的帮扶工作新路子，按照“优势互补、互惠互利、长期合作、共同发展”的原则，遵循“输血与造血结合，帮扶与合作并举”的工作方针，围绕“整村推进、产业帮扶、劳动力培训转移”3 大工作重点，安排落实支援项目，开展经济合作，推进劳动力培训和转移、干部交流等工作。为加强对对口帮扶工作的组织协调，浙江省成立了专门领导小组，由分管的副省长担任组长，各有关市、省级有关单位分管负责人任组员，落实组织机构和工作经费，建立了全省对口帮扶工作会议、对口帮扶工作领导小组扩大会议、对口帮扶工作例会等一系列会议制度，出台了企业“西进”投资贴息补助等一系列政策措施，为全面推进对口帮扶工作提供了指导性的有效支持。

16 年来，浙江省把提升对口地区经济竞争力作为对口帮扶工作的重要任务，积极引导企业通过经贸合作参与对口帮扶工作。浙江省坚持将自身优势与对口地区资源、市场、劳动力及政策方面的优势相结合，利用“西博会”、“天下浙商走进灾区”等系列活动平台开展投资合作，增强“造血”功能，一大批知名企业如娃哈哈集团、青春宝集团、上风集团、人本集团、新希望教育集团等先后进军对口地区，成为推动当地经济社会发展的生力军。在产业帮扶上，浙江省利用农业开发方面的优势，积极为对口地区引进农业龙头企业和优良品种、先进技术、先进经营管理经验，结合扶贫新村建设，发展庭园经济及立体农业，如金华市为南充西充县引进农业龙头企业李子园乳品公司，10 多来实现销售收入 1 亿余元，利税 1500 万元，吸纳农村剩余劳动力 1500 余人，人均增收 3000 元以上。台州市为广元苍溪县引进农业龙头企业广益食品公司，带动 22 个乡镇建立罐藏原料基地 1 万亩，带动全县 8700 余农户走上农业产业化路子；浙江省经合办为广元引进中国茶科所的高级专家帮助其发展名茶业，2003 年获得“全国性茶叶评比”4 个一等奖，与 1997 年相比，产值提高 10 倍。浙江省还通过与对口地区互访考察交流、互派干部挂职交流、培训各类人员等多种形式，为对口地区干部群众注入了新的思想、新的观念、新的信息，促进了对口地区的经济开发。

截至 2011 年底，浙江省共向对口帮扶地区无偿援助资金 5.3 亿元。其中，投入 1.3 亿元，修建水井、池、集中供水站、提灌站、桥涵、公路等基础设施，帮助 45 万余群众解决吃水难、行路难问题，同时还为3.8万余头大牲畜解决饮水安全问题。投入2.3亿元，援建乡镇希望中小学350所，使27万余名师生教学条件大为改善；援建卫生院82所，使230多万人实现了就医方便；援建安身住房和敬老院308处、建筑面积5.2万余平方米，为1.4万名孤寡老人和无房特困户解决了居住问题。投入1.5亿元，与对口地区共建扶贫新村322个，使28万余贫困农民直接受益，人均收入提高500至1000元。投入2000万元，举办各类人员培训班共212期，帮助对口地区培训农业科技人员2.48万人次、非农就业人员3.1万人次，组织劳务输出1.1亿多人，干部交流571人次。与对口地区达成经济合作项目253个，到位资金91亿元，实现税收12亿元，解决就业6万余人。组织培训8万多劳务人员输入浙江省内企业，有效地缓解了浙江省企业的用工需求。娃哈哈集团等一批浙江企业“跳出浙江发展浙江”，积极参与对口地区国企改制、资源开发、农产品加工基地建设，为两地经济转型升级起到了积极的推动作用。浙江义乌小商品市场等在对口地区设立了分市场、分公司，既促进了对口地区的市场繁荣，活跃了商贸流通，又销售了浙江产品，推动了浙江经济增长。

在浙江省的帮助下，对口地区的贫困状况大为改善。广元市农民人均纯收入由帮扶之初1996年的1101元，到2010年时增长到4036元，农村贫困人口大幅减少，由2001年初的72.31万人，到2010年底时减少到42.7万人，净减了29.61万人；南充国内生产总值由1996年的117亿元，到2010年时增加到827亿元，财政一般预算收入由1996年的5.6亿元，到2010年时增加到32亿元，农村贫困人口由1996年的113万人，到2010年时下降到9.9万人，农民人均纯收入由1996年的1075元，到2010年时增加到4814元。浙江省的对口帮扶工作得到了党中央、国务院的肯定和社会各界，特别是对口帮扶的广元、南充两地干部群众的赞誉，多次被评为全国对口帮扶工作先进集体。

（浙江省经合办对口支援处
陈金炜）

福建省——宁夏回族自治区东西扶贫协作

【概述】 2012年，福建和宁夏两省区认真贯彻落实新10年扶贫开发纲要和中央扶贫开发工作会议精神，使两省区联席会议确定的各项工作都得到了全面落实。福建省级财政援助宁夏资金达3000万元，对口市县（区）和社会各界援助资金达3950万元，用于支持宁夏生态移民、“黄河善谷”、优势特色产业、菌草、教育卫生文化等项目，有效地改善了宁夏中南部山区群众的生产生活条件，促进了当地经济和社会发展。

【闽宁互学互助对口协作】 2012年10月22日，福建省、宁夏回族自治区互学互助对口扶贫协作第16次联席会议在福州市召开。福建省委书记、人大常委会主任孙春兰，省长苏树林等领导及相关部门负责人，宁夏回族自治区党委书记、人大常委会主任张毅，自治区党委副书记崔波等率党政代表团出席了会议。会议回顾了闽宁互学互助对口扶贫协作第15次联席会议以来的工作，对进一步加强两省区互学互助对口扶贫协作进行了深入研究和探讨。会议强调，两省区要继续坚持“政府推动、社会参与、企业合作、市场运行”和“优势互补、互惠互利、长期合作、共同发展”的原则，以新的思路和举措，进一步巩固完善互学互助长效机制，进一步加大对口帮扶力度，创造闽宁互学互助对口扶贫协作新业绩。两省区签署了第16次联席会议纪要，并就下一步工作进行了部署：一是着力支持宁夏百万贫困人口扶贫攻坚，共同推进六盘山区连片特困地区扶贫攻坚工程；二是发挥海峡西岸经济区、宁夏内陆开放型经济试验区等平台优势，推动两省区合作向纵深发展，充分发挥“9·8”投洽会、中阿博览会等经贸活动平台，为闽宁双方提供招商引资、经贸合作、技术创新服务；三是继续拓展协作途径，鼓励支持更多企业参与宁夏“黄河善谷”建设；四是挖掘优势，突出特色，推动两省区文化旅游产业协同发展；五是深化合作交流，推动两省区互学互助对口协作全面发展。

【闽宁协作项目】 按照闽宁第15次联席会议精神，闽宁两省区突出抓好3方面的协作项目。一是推进生态移民。2012年，福建省及对口市县（区）援助宁夏1706万元，帮助宁夏建设生态移民新村20个，搬迁移民4184户，达19202人。其中，福建南安市投入300多万元帮助宁夏同心县旱天岭生态移民新村建设，整合项目资金，搬迁同心县东部旱作山区乡镇的困难群众1368户、6500多人，援建了村级活动场所、卫生室、南安成功小学，并为该小学设立奖励基金等援建项目。同时，在3个生态移民村扶持援建万亩圆枣示范基地，每户搬迁移民可分配2亩圆枣示范土地，投产后可给每个移民农户增收近1760元；为贫困群众建起了一个“铁杆庄稼”、“枣树银行”。另外，隆德县串河新村、彭阳县东山新村、西吉县生态移民秀屿新村和劳务移民闽宁新村、海原县鹭海移民新村、盐池县北塘新村等均已完成工程建设，农户已迁入新居过上了新的生活。二是发展特色产业。2012年，福建省及对口市县区共投入资金2651万元，帮助宁夏中南部地区发展设施农业、特色种养业、农产品加工业等增收产业，提高了贫困地区和贫困群众的自我发展能力。其中，在彭阳县投入资金245万元，带动投资1600万元，着力抓好闽宁现代食用菌产业示范园的改建扩建项目建设，新建智能温控培养出菇室232间和日产达6万袋的生产线1条，并配套援建了分拣保鲜包装车间和包装生产线，日产鲜菇由2011年的5吨提高到2012年的15吨，实现年产值8000万元，项目区农民人均年纯收入增加3000元。在盐池县投入资金355万元，重点扶持滩羊、甘草、食用菌等特色产业的发展，新建、改建扩建旧日光温室751栋；邀请福建农林大学菌草研究所的林占熺教授现场指导，举办15期培训班，培训菇农1105人次。在同心县投入390万元扶持发展红枣、红葱、枸杞等特色产业。在原州区扶持黄铎堡镇金堡村发展设施农业1000亩，建设200栋日光温棚和160栋拱棚发展瓜果蔬菜生产，使当地农民人均年纯收入净增1500元。在隆德县扶持发展中药材、花卉示范基地和千亩节水拱棚现代农业科技示范园区，并配套援建园区给排水设施和研发中心，从福建等地引进一批花卉、果蔬新品种，提升了园区现代化水平，使项目区农户户均年增收1000元。三是参与“黄河善谷”建设。福建省财政援宁资金支持宁夏闽宁投资置业有限公司，在西吉县投资建设闽宁（西吉）产业园（吉德慈善园），计划到2015年将完成固定资产投资50亿元，园区按特色农产品加工区、轻工区、电子工业区、物流区、商贸服务区“一园五区”的整体空间功能布局，发展以马铃薯、胡萝卜、清真肉制品等为主的农副产品精深加工和劳动密集型产业。这一园区建成后，将为2万名以上劳动力解决就业问题。目前已建成标准化厂房15间共3.6万平方米，已完成供排水、配电、道路、供热、通信设施迁改、绿化、路灯等基础设施建设工程，园区一期框架结构已基本形成，累计完成固定资产投资1.3亿元。有红太阳精品有限公司、莆田中意电子科技有限公司、超粤电子科技有限公司等6家企业入园，投资4.7亿元，安置西吉县劳务移民就业2000人，人均月收入2500元左右。

【干部挂职扶贫】 2010—2012年初，

福建省第7批援宁干部共18名，立足宁夏中南部贫困地区实际，狠抓“四个一”[“四个一”：在每个挂职县（区）至少帮扶一个生态移民示范村、一个现代农业示范片区、一批社会事业项目、争取引进一个闽宁协作招商引资项目。]工作目标，推动了闽宁互学互助对口协作取得新的进展。两年共争取帮扶资金7900多万元，其中社会各界捐款捐物1325万元，组织实施各类帮扶项目104个，总投资7.14亿元，争取招商引资项目32个，总投资75.45亿元，已动工13个项目，到位资金5亿多元，有力地支持了中南部地区经济社会事业的发展，推动了闽宁协作取得新成效。

2012年7月，福建省选派了第8批21名干部赴宁夏中南部9个县（区）挂职锻炼。第8批挂职干部在调查研究的基础上，认真贯彻落实闽宁第16次联席会议精神，提出着力推进“十个一”（“十个一”工程：一是新建一个闽宁产业园区；二是落实一批生产性项目；三是援建一批社会事业项目；四是建设一批设施农业基地；五是帮扶一批生态农业示范村；六是引进一个专业市场；七是培训一批农村实用技术人才；八是输出一批劳务人员；九是搭建一个助学平台；十是扶助困难群体）工程的工作思路。对口部门开展干部挂职交流72人，专业人才交流248人，干部培训5期150人。其中，晋江市与红寺堡区开始建立对口帮扶，双方党政代表团开展了互访交流，晋江市先期援助红寺堡区100万元用于支持扶贫开发，组织8名晋江企业家赴红寺堡考察，达成食品加工等意向投资协议。东山县与彭阳县通过党政领导互访、互派管理型干部挂职、开展专题工作交流、进行专项工作对接4种方式，双方互派挂职干部31名，把对口协作引向深入。秀屿区与西吉县组织开展了“友好乡镇”、“友好部门”结对帮扶活动，双方各有3个乡镇的公安、发改、招商、就业4个部门开展交流协作。厦门市同安区、集美区也与海原县建立了部门、乡镇互访机制。连江县确定了实验小学、第二实验小学与盐池县第五小学正式结为帮扶对子，促进教育教学的管理与效果。仓山区与隆德县确定以两区县的部门、乡镇干部和专业人员为对象，建立人才交流培训机制，为隆德县加快发展提供强有力的人才支持。

【社会扶贫】 2012年，福建省多渠道争取社会力量参与对口帮扶工作，投入资金3892万元，为宁夏山区援建学校、医院18所，救助贫困大中学生1850名，培训各类专业人才1400多名。在同心县投入468万元援建了南安实验小学，建筑面积10000平方米，可容纳学生1800多人，并设立奖教助学基金30万元。在宁夏的福建企业积极为宁夏扶贫济困等社会公益事业捐款550多万元，其中50家福建企业捐资356万元，在西吉县援建了闽宁莆田希望小学。厦门小鱼社区网站通过在网上发起捐建希望小学活动，共募集20万元资金，帮扶海原县李旺镇建设了1所希望小学。在原州区建成（迁建）卫生监督所和疾控中心综合大楼，改善了贫困地区医疗卫生条件，缓解了群众“看病难、住院难”问题。同时，福建省教育厅组织第13批46名中学优秀教师，到宁夏南部山区开展了为期1年的支教工作；福建团省委选派了西部计划、研究生支教团志愿者共33名，从事基础教育、医疗卫生、农业科技、基层社会管理和基层青年工作志愿服务。

【招商引资】 2012年，宁夏先后组织宁夏企业家在福州、厦门、泉州召开“宁夏·福建经贸合作推介会”，其中，“宁夏·福建（福州）经贸合作推介会”签约项目17个，总投资90亿元，涉及新能源、新型建材、农产品深加工等产业。“宁夏·福建（厦门）经贸合作推介会”签署了3项战略合作协议，涉及轻工、农牧、商贸服务等产业。福建和宁夏两省区扶贫、经贸部门在泉州举办了农业产业化合作项目推介会，为两省区农业产业化企业合作搭建了平台。福建有61批企业家312人次来宁夏考察，参加中阿论坛、宁夏（福建）招商引资项目推介签约会、宁夏回商大会、吴忠市招善引资大会、盐池招商引善大会、“福建农业产业化龙头企业家宁夏行”等10多次招商引资活动，签约项目28个，签约资金142亿元，已到位和在建项目完成投资44.4亿元。

（福建省扶贫办　董建武）

山东省——重庆市东西扶贫协作

【概述】 2012年，山东省承担东西扶贫协作任务的各级组织、各部门把做好东西扶贫协作作为一项政治任务，列入重要议事日程，紧密围绕新十年扶贫开发纲要和中央扶贫开发工作会议精神，紧扣重庆市扶贫攻坚目标，结合当地实际，创新工作思路，突出工作重点，强化措施，积极探索以“用政府援助资金惠民生，集社会资金促产业，聚双方优势谋合作”为主要内容，紧扣双方实际，体现出山东特色的东西扶贫协作新路子，经努力取得了实实在在的成效。2012年，筹集政府援助资金4250万元，启动扶贫开发项目42个；签约经贸合作项目67个，投资金额271亿元；互派46名干部参与挂职交流工作，互派教师、医生和农业技术人员交流48人次；举办各类培训班19期，培训干部、专业技术人才515人次，劳动力输出培训800人次；社会各界向重庆贫困县捐款290多万元（含捐物折款）。

【民生项目建设】 2012年，山东省投入资金2820万元，在重庆市国家重点贫困县实施基础设施、社会事业发展和劳动力技能培训等民生项目，解决了一批影响贫困群众生产生活的出行、上学、就医、饮水等难题。

潍坊市援建开县南山乡村旅游扶贫示范区；日照市援助黔江区新建村、中元村易地扶贫搬迁；滨州市援助奉节县兴隆镇石乳村乡村旅游扶贫项目，对270户贫困群众进行了易地搬迁或房屋风貌改造，并配套建设了水、电、路等基础设施，使贫困村实现了整村脱贫；东营市援建酉阳县官清坝村、宝剑村的道路项目；烟台市援助巫山县抱龙镇抱龙村河堤坎道路修建；济宁援建万州区太安镇、普子乡、弹子镇贫困村村级公路续建项目；泰安市援助巫溪县文峰镇道路硬化项目；德州市援助秀山县孝溪乡水库大坝至王家土公路硬化项目，投入资金500余万元，建设（含改扩建）村级公路50多千米，为近2万余名群众解决出行难题；淄博市结合石柱县“农村整村脱贫”计划，投入资金300万元，按照“偏、远、散、穷”区域优先的原则，援助石柱县17个偏远乡镇37个行政村的卫生室建设，直接受益人口7万多人、辐射人口达11万人；威海市援建云阳县盘龙街道条、洞鹿乡标准化卫生院一所；日照市援建黔江区的五里乡卫生院；德州市援建秀山县清溪场镇中心卫生院综合楼；聊城市援建彭水县郁山镇中心卫生院，共投入资金740万元，极大地缓解了贫困县群众看病就医难题；日照市将帮扶黔江区“石会中学宏志班”贫困学生纳入援助项目，捐赠助学资金20万元，解决了50名家庭贫困女学生的伙食、学习及生活用品补助等费用；潍坊市实施“开县·潍坊2012年爱心扶贫助学活动”，投入政府援助资金30万元，资助了100名家庭贫困且品学兼优的学生继续就学。

【产业扶贫】 山东省各市立足自身产业优势和重庆市结对县的资源优势，强化产业援建，着力培育特色优势产业，增强了贫困县自我发展能力。枣庄市连续投入帮扶资金，集中用于建设丰都县肉牛产业化项目，通过养殖业带动了当地贫困群众增收致富。东营市援助酉阳县积谷坝村建设青花椒基地400亩，援助天山堡村建设蔬菜基地500亩。烟台市积极支持巫山县标准化中药材基地建设。潍坊市通过援建开县南部片区扶贫产业示范项目，帮助开县长沙镇齐圣村发展红心猕猴桃基地1000亩，帮助南门镇清泉村发展优质良油桃55亩、水蜜桃100亩。济宁市积极支持万州区建设东西扶贫协作产业园，以蔬菜、杂交水稻、优质水果、良种猪4个产业为主，分别建成蔬菜基地1000亩、杂交水稻基地2000亩、优质水果基地3000亩和年出栏良种猪8000头的养猪场。日照市在黔江区投入资金70万元，援助马林村建成设施蔬菜大棚100亩。

【人才智力帮扶】 充分发挥人才优势，通过职业技能培训、双向挂职和“支医、支教、支农”等多种形式，全面开展对结对县的智力帮扶，实现了双方人员间的全方位交流。一是干部双向挂职交流工作。2012年10月19日，山东省与重庆市在重庆举行了“山东·重庆扶贫协作挂职干部座谈会”，会后两省市从各结对市县的发改、经信、商务、农业、旅游等部门和乡镇，选派了46名干部（县处级17名，乡科级29名），进行了为期半年的挂职交流工作。二是对贫困县干部人才的培训。2012年，共举办培训班19期，培训党政干部70人次、专业技术人才445人次、劳动力输出培训800人次。其中烟台市把对巫山县人才培训工作纳入了国家西部人才培训战略，建立起对巫山县干部人才培训的长效机制。三是山东省各市积极与结对县开展医生、教师和农业技术人才交流活动。2012年10月，聊城市卫生系统考察团一行23人赴彭水进行医疗卫生交流，为彭水县人民医院、中医院及妇幼保健医院，赠送了新购置的价值220万元的全自动生化分析仪、高频治疗仪、小儿呼吸机等医疗设备；选派聊城市人民医院、中医院及妇幼保健医院的10名高级医疗专家，在彭水相应的医疗机构开展为期两周的学术、技术交流活动。2012年10月，聊城市接收了彭水县清平小学、鹿角中心学校、实验中学、郁山中学、龙射中学、职教中心等选派的24名教师，在聊城开展了为期一周的教学交流。济南市借助农业产业化优势，多次派遣农业专家和技术人员前往武隆县进行现场技术指导和培训，帮助发展现代农业。2012年，在济南伟丽种业公司指导帮助下，武隆县沧沟乡的西瓜种植量在与2011年持平的情况下，产值达6000万元，同比增长87.5%。

【经贸合作帮扶】 山东省与重庆市继续本着“政府推动、企业为主、市场运作、优势互补、互利共赢”的原则，在为双方企业合作搭建平台、创造机会上下工夫，谋突破。2012年5月，“渝洽会”期间，山东省与重庆市举办了第2届“山东·重庆扶贫协作暨经贸合作项目签约仪式”，签约经贸合作项目67个，投资金额达271亿元，涉及农业、贸易、机械制造、纺织、金融、基础设施建设、化工、能源等领域。其中，烟台市与巫山县合作的重庆爱士努服饰项目，计划总投资1.5亿元，2012年已完成投资8000万元，实现产值4000多万元，解决就业岗位500多个；2012年，济宁“如意集团”全面启动了重庆如意西部纺织城一期工业园项目，完成投资11.5亿元；临沂“大地金银花有限公司”进一步扩大了金银花种植面积，并投资1000余万元购置了金银花烘干机等设备，带动当地经济增收近亿元。这些项目都具有良好的示范性，对当地经济发展、促进就业和贫困群众增收致富具有一定的推动作用。

【社会扶贫】 山东省各市普遍比较重视东西扶贫协作工作的宣传发动，通过各类媒体的广泛宣传和各市为社会各界参与积极搭建的平台，拓宽了工作领域，深化了工作内涵，社会各界多方参与、各级组织各部门纵横合力的扶贫协作格局逐步形成。2012年，山东省向重庆贫困县捐款293.5万元（含捐物折款）。济南园林集团总经理刘运初等20多位爱心人士捐资30万元，资助了武隆县50名贫困学生，公司还向武隆县白马希望小学捐赠了价值5万元的体育设施。各行业、部门充分发挥职能优势，积极参与扶贫协作工作。济南市畜牧部门捐赠帮扶资金10万元，帮助购置畜牧产业机械，赠送良种奶牛、山羊，多措并举，积极帮助武隆县发展畜牧产业；济南市旅游部门与武隆县共同举办了旅游营销推介会，大力帮助宣传武隆旅游资源，并通过机票打折、开专列等形式，全年组织12000多名游客前往武隆观光旅游，带动了当地的经济发展。

（山东省对口支援办公室　李冬）

广东省——广西壮族自治区东西扶贫协作

【概述】 2012年，广东省委、省政府认真贯彻党中央、国务院关于开展东西部扶贫协作的总体部署，将其作为实践邓小平共同富裕伟大构想的具体行动，把帮扶广西作为份内事，列入各级党委、政府的重要议事日程，通力合作，积极寻求开展扶贫协作的有效途径和方法，在“两广”共同努力下，广东—广西扶贫协作取得了一系列新的成效。2012年，广东省（含广州市和东莞市）及各部门、社会各界向广西提供无偿资金及捐物折款4450万元，其中广东各级政府拨款3560万元，社会捐款890万元，捐物折款52万元；帮助广西举办各类培训班34期，培训人员5268人次，其中培训干部550人次；广西全区有计划有组织向广东输出劳务38.91万人，劳务输出纯收入46.692亿元。

【整村推进】 广东—广西东西扶贫协作整村推进扶贫开发示范村建设，是“十二五”期间“两广”扶贫协作的重要内容。在实施中，两省区坚持与建设社会主义新农村相结合，与推行参与式扶贫开发方式相结合，坚持标准，认真规划，严格要求，精心组织，示范村建设进度快、效果好。2012年，在百色、河池两市安排实施帮扶23个整村推进示范村，使每个县（区）有一个示范村，覆盖农户2940户，达12925人。共安排资金3500万元，主要用于示范村屯内的道路硬化、旧房改造、房屋立面装修、篮球场建设、文化室建设、屯内绿化、垃圾池建设、屯内排水涵洞建设、产业开发、农民实用技术培训等项目建设。2012年，示范村项目均已动工，各项工作均在紧张有序地推进。

【经贸合作】 两省区充分利用泛珠合作、北部湾开放开发的历史机遇，以中国—东盟博览会、广交会为平台，深化西江黄金水道开发建设，不断拓展两省区的交流与合作范围，积极探索建立优势互补、良性互动、共同发展、共同富裕的长效合作机制，逐步推动扶贫协作向全面经贸合作转变。2012年，“两广”经贸合作签约项目共1738个，协议合作投资2009.84亿元，实际投资1982.8亿元。

【劳务合作】 为增加广西贫困地区农民收入，两省区加强合作，组织开展“春风行动”、“就业援助月”、“民营企业招聘周”等一系列就业服务专项活动。广东省积极组织公共就业服务机构和企业到广西开展劳务合作洽谈，分别组织了广州、中山和惠州市招聘团到广西贺州和玉林市召开就业招聘会。开展劳务扶贫。东莞市协调广东智通人才连锁股份有限公司在河池的分支机构——东莞市经协办·河池市扶贫办共建就业扶贫基地正式投入运营，2012年5月，第一批电工、焊工等技术型人才共300名已经完成输出就业，还对另外1000人进行了就业安置。截至2012年10月底，两省区转移就业新增人数达38.91万人，劳务输出纯收入达4.67亿元。

【结对帮扶】 广州、东莞市各级各部门和社会各界为支持广西百色、河池两市贫困地区的经济社会发展，改善民生，广泛动员社会力量捐款捐物。2012年4月，中国扶贫基金会副会长、广州市政协原主席陈开枝同志率领一批企业董事长来到百色开展扶贫考察活动，为百色市募集各种善款达858万元。2012年8月，东莞市委书记、市人大常委会主任徐建华同志率党政代表团赴广西河池市开展扶贫活动，东莞市财政、松山湖管委会及石龙镇共捐赠帮扶资金1080万元，签署企业投资项目2个，投资额达5000万元，得到了广西壮族自治区和河池市的高度肯定。2012年3月，东莞市由市长袁宝成主持，市财政、人力资源局等部门主要负责人与广西河池党政代表团座谈，商议2012年对口帮扶工作安排。双方明确了1000万元的援助资金及项目安排，并签订了《广东省东莞市与广西壮族自治区河池市对口帮扶扶贫开发项目合作协议书》，为2012年各项对口帮扶工作奠定了坚实基础。

【干部培训交流】 广东省举办了2期广西扶贫管理干部培训班，第1期为广西近3年来未参加过广东省举办的培训的市、县（区）扶贫办主任或党组书记；第2期为区直单位下派的贫困村党组织第一书记，培训干部近200人；百色、河池两市共选派优秀干部62人到广州、东莞两市及有关区、镇挂职。这些干部通过培训和挂职学习，增进了感情，开拓了视野，增长了才干，学到了经验，拓宽了思路，转变了观念，为发挥“火车头”作用，为广西的经济发展提供了保证。

【部门协作】 为贯彻广东广西两省区人民政府签订的《“十二五”时期广东广西扶贫协作计划纲要》，两省区的交通、教育、旅游、卫生等部门强化沟通、密切合作，取得新进展。如在教育领域，2012年3月，广西区教育厅函送广东省教育厅《广东广西2012—2015年教育扶贫协作计划》（征求意见稿），共同研究商讨“两广”教育协作；在劳务合作领域，2012年2月，广西扶贫办主任吴宇雄及区人社厅等单位一行赴广东省考察劳务合作，与省人社厅、东莞市扶贫办等单位，总结“两广”扶贫劳务合作工作情况，研究推进下一阶段“两广”扶贫劳务合作事宜，进一步推进“两广”扶贫协作的深入开展。2012年4月，广西人社厅率领全区12所技工院校领导到广东省的中山市、珠海市、东莞市开展校企、校镇合作对接洽谈会，与广东省有关单位签订了32个校企合作协议。交通、文化、卫生等领域也开展了相关的交流与协作。

（广东省扶贫办）

大连市——贵州省东西扶贫协作

【概况】 2012年，大连市委、市政府认真贯彻落实中央扶贫开发工作会议和党的十八大会议精神，紧紧围绕2012年全国东西扶贫协作工作任务，以帮助改善六盘水市和遵义市贫困人口基本生产生活条件为出发点，坚持突出基础设施建设、新农村建设、人力资源开发、产业项目扶持等重点任务，加强领导，采取有效措施，不断拓宽帮扶领域，扎实开展对口帮扶协作工作，有效地促进了贫困群众脱贫致富，助推六盘水市和遵义市经济社会全面协调发展。2012年，大连市共向六盘水市、遵义市提供援助资金1600万元，实施援建项目31个。

【工作机制】 大连市委、市政府始终把对口帮扶贵州六盘水市、遵义市工作列入重要的议事日程，建立了任务明确、分工协调、分级负责的工作机制。成立大连市对口帮扶协作工作领导小组，领导小组下设办公室，由大连市政府经济合作交流办公室具体负责，承担全市对口帮扶协作工作的组织指导和协调落实工作。领导小组坚持定期听取帮扶工作进展情况汇报，明确帮扶工作思路，提出具体工作要求，保证了各项帮扶措施落实到位。建立并完善了高层领导互访和工作部门协调沟通工作机制。工作机制的建立，使大连市的帮扶协作工作目标明确、思路清晰、责任落实、措施到位，进一步提升了其内在动力。

【扶贫资金投入】 2012年，大连市按照帮扶资金向基层倾斜、向农村倾斜的原则，向六盘水市和遵义市提供无偿援助资金1600万元，援助项目31个。其中，重点实施了新农村建设和美丽乡村建设项目，帮助贫困山区群众改善生产生活条件。在六盘水市的盘县、六枝特区、水城县、钟山区和遵义市习水县等地修缮改造房屋390栋（户），入户道路硬化50000平方米，受益农户2150户；完成修建通村通组公路150千米，受益农户571户；改扩建乡村卫生院2所，覆盖农户4102户；改建敬老院1所，受益农户120户；新建乡村综合活动中心2个，受益农户361户。

【产业扶贫】 大连市帮助六盘水市和遵义市发展农业特色产业化项目，在六盘水市六枝特区郎岱镇援建了茶叶基地1000亩，并配套了加工设备；在遵义市正安县完成农业产业化实训基地的设备购置项目等，帮助优化六盘水市和遵义市的农业产业结构，助推了两地社会经济的平稳较快发展。

【干部人才交流与培训】 扎实推进新时期对口帮扶工作，积极为六盘水市和遵义市提供智力支持和干部人才保障。2012年5月和11月，大连市为六盘水市和遵义市分别举办了1期培训班，共培训80名扶贫系统基层干部，培训干部满意度达100%。通过培训，受训人员提高了业务能力，开阔了眼界，进一步解放了思想，增强了做好本职工作的责任感和紧迫感。开展互派干部挂职交流工作，贵州省六盘水市、遵义市共选派8名干部到大连挂职，大连市共选派了8名干部到六盘水市、遵义市挂职。组织实施教育帮扶，提升受援地教育管理人才的综合能力。大连市先后接受2批12名贵州省高中校长到市内高中学校进行为期3个月的挂职锻炼。

【经贸合作】 大连市积极引导企业和各种社会力量参与到帮扶工作中来，组织搭建两地合作交流平台。在大连招商网站，为六盘水市和遵义市发布招商引资项目。2012年4月，组织由大显集团等22家企业组成的企业家代表团赴贵州省投资考察。重点考察了黔东南、安顺、遵义等地区经济开发区和工业园区的建设项目，就矿产开发和文化旅游等项目进行洽谈对接。2012年7月，遵义市政府组织24家茶叶企业参加第8届大连国际茶业博览会。期间，组织召开了“大连—遵义锌硒茶推广会”，宣传推介贵州茶；遵义市凤冈县仙人岭锌硒有机茶叶公司在普兰店市设立了直销店，扩大了在大连的销售渠道，辐射东三省，实现对口帮扶工作由“输血”向“造血”的转变。

（大连市人民政府经济合作交流办公室　于晓叶）

宁波市——贵州省东西扶贫协作

【概述】 2012年，宁波市认真落实国务院扶贫开发会议精神，大力推进与贵州党政领导互访活动，扩大经贸合作交流，认真落实政府对口帮扶项目，积极开展社会帮扶活动和干部人才培训，扎实做好与黔东南州、黔西南州东西扶贫协作工作。工作成效有3个新特点：一是两地党政领导互访取得重大突破。由浙江省委书记、宁波市委书记分别带队，组织了浙江省党政代表团、宁波市党政代表团到贵州考察对口帮扶工作，大大促进了对口帮扶工作的开展。二是经贸合作上了新台阶。两地新签约重大经贸合作项目7个，总投资32亿元以上。三是工作调研成果丰硕。总结了宁波市对口帮扶贵州的典型案例13个，其中《宁波市宁海县帮助黔西南州晴隆县发展草地畜牧业》、《宁波市各级帮助黔东南州麻江县发展蓝莓产业》、《宁波市帮助黔西南州楼纳村建设社会主义新农村》3个案例入选国务院扶贫办主持编制的《全国社会扶贫创新案例100例》。2012年，宁波市对口帮扶贵州项目278个、资金9876.8万元。其中各级政府帮扶项目117个、资金5314万元；社会帮扶项目161个、资金4562.8万元。截至2012年，宁波市已累计在对口地区完成帮扶项目3500余个，无偿帮扶资金8.68亿元，其中各级政府帮扶资金4.47亿元，社会捐赠资金4.21亿元。项目实施的重点主要是新农村建设、农业特色产业发展、人才交流培训、教育卫生事业和社会公共服务等方面。

【抗洪救灾】 2012年6月，贵州省部分县市区遭强暴雨和山洪、泥石流灾害，宁波市对口的黔东南州有27.5万人受灾，直接经济损失超过1亿元。灾情传来后，宁波市委、市政府高度重视，第一时间通过黔东南州委、州政府转达了对灾区人民的问候，并捐赠100万元资金，专项用于帮助灾区群众灾后自救和恢复生产生活。

【扶贫交流考察】 2012年是宁波市和贵州省两地领导考察访问较多的一年。2012年9月6日，由浙江省委书记、省人大常委会主任赵洪祝率领的浙江省党政代表团到贵州省黔东南州，考察了宁波市对口帮扶的西江千户苗寨等新农村建设项目和凯里学院，看望并慰问了当地各族群众，实地了解对口帮扶工作进展情况，并与当地干部群众共商对口帮扶大计。当得知宁波市帮助黔东南州麻江县建立了3000多亩的蓝莓基地后，赵洪祝书记对宁波通过产业帮扶增强当地造血功能，切实为少数民族群众增收的帮扶方式给予了充分肯定。代表团还捐资 1000 万元，分别用于黔东南州、黔西南州的文化、教育设施建设。2012 年 5 月 24 日—28 日，由浙江省委常委、宁波市委书记王辉忠率领的宁波市党政代表团赴贵州省考察访问。期间，举行了“贵州省—宁波市工作座谈会暨项目签约仪式”，考察了贵阳市金阳新区和宁波市对口帮扶的黔东南州、黔西南州的雷山县西江千户苗寨、贞丰县鹅田村黄花梨种植基地、顶效开发区楼纳村等典型帮扶项目，商讨了今后对口合作工作的重点，捐资 1070 万元在黔东南州、黔西南州援建了两个重大文化、教育项目。2012 年，由对口帮扶系统组织的贵州到宁波交流考察的有 380 人，宁波到贵州交流考察的有 299 人，有力地推动了两地的协作交流。

【整村推进】 2012 年，宁波市继续加大新农村建设的帮扶力度，更注重新农村建设的整村推进，以起到示范和引领作用。帮助黔东南州、黔西南州新建和续建了 27 个新农村示范点，投入资金 1359 万元，主要帮助农村地区改善水、电、路等基础设施。项目实施后，大大改善了山区农村的生产生活条件，提高了农民生活质量。

【产业扶贫】 农业产业扶持是促进农户脱贫致富，实现增收的关键。2012 年，宁波市在黔东南州、黔西南州共实施了 32 个产业扶贫项目，总投入资金 1310 万元，涉及的主要农业品种有茶叶、蓝莓、油茶、核桃、猕猴桃、白枇杷等。产业扶持主要有两种形式，一是扶持扩大生产规模，主要针对当地正在培育发展的核桃、猕猴桃等优势品种；二是资助建设农业基础设施，改善农业生产条件，主要针对已有农业产业基地的扩大再生产。另外，宁波市还专门选派了国家级研究员赴贵州，对引种宁波白枇杷与杨梅的农户进行现场技术指导与培训，确保果品产量和质量，大大地提高了经济效益。

【扶贫干部培训】 人才和智力帮扶一直是宁波市对口帮扶工作的重要内容之一。2012 年，宁波在扶贫培训方面总投入 320 万元。一是资助就地培训，内容主要为农业适用技术和建设新农村骨干的培训，培训各类人员达 6300 多人；二是将有关人员请到宁波进行实地考察培训，来自黔东南州、黔西南州的致富带头人、乡镇干部、村干部及种植养殖大户等共 200 多人，到宁波学习农业专业合作社建设，通过培训，了解了宁波市高效农业的发展经验、高产栽培、病虫害防治技术及农业专业合作组织体系运作模式，亲身感受了农业专业合作社在现代农业、创汇农业发展中的作用，更加坚定了他们发展专业合作社，进而带动农民致富的信心和决心；三是从宁波市选派了 6 名处级干部赴黔东南州、黔西南州挂职，并接收了黔东南州、黔西南州 6 名干部来宁波市挂职锻炼。

【社会扶贫】 2012 年，宁波市各界爱心人士、爱心企业共向贵州全省捐赠资金、物资（折价）共4562.82万元，实施了163个扶贫项目，主要用于贵州地区的助学和改善教育设施方面。甬籍台胞朱英龙先生继续在贵州开展支教助学活动。2012年完成捐建校舍、教学设备等项目133个，助学862人次，到位捐赠资金3431余万元。目前，朱先生在贵州已累计捐建学校项目1300多个，捐赠资金2.9亿余元。位于北仑区的宁波怡人工艺品玩具有限公司捐资400万元，用于兴仁县民族中学木器加工及木工机械专业的建设。宁波市社会各界无偿捐资共1038万元，用于帮助贵州结对地区改善10余所中小学、幼儿园、卫生院等23个基础设施的援建，同时资助贫困生5000余人次。慈溪市组织女企业家代表赴雷山县开展“创业不忘回报社会，关爱贫困留守儿童”活动，为结对的困难留守儿童送去3.61万元的生活学习费用。

象山县选派到黄平县挂职的副县长筹资46万元，用于发展旅游和农业产业、改善农民饮用水条件、改善办公条件等项目，使部分村基础设施得到逐步改造和完善，优化了群众的生产生活条件。参与爱心捐赠的还有建安集团、罗蒙集团、宁海森富机电公司、宁海新鑫公司、宁波绿野公司等宁波企业。

【经贸合作】 2012年，根据贵州地区大力发展工业的规划需求，结合宁波市产业转移和企业向外拓展发展的实际情况，积极为贵州地区招商引资提供帮助，并主动组织企业赴贵州进行投资考察。2012年3月，组织有意向投资的宁波福泰电器集团等企业到黔东南州进行考察洽谈，帮助协调解决相关问题，促成了该企业的茶油项目在黔东南州落户，该项目总投资达8亿元，拟建100万亩茶油生产基地，这将成为黔东南州农民增收的重要渠道。2012年5月，宁波市党政代表团考察贵州期间，共签约经济合作项目7个，总投资32.7亿元。2012年，黔东南州、黔西南州在宁波市就业达26000人，实现劳务收入9.36亿元。

【雨露计划】 根据贵州“雨露”计划，2012年宁波市继续举办为期6个月的职业技能资格证书培训班，专业为数控机床。培训对象为黔西南民族职业技术学院、凯里市职业技术学校即将毕业的学生，共有102名学员参加培训。这批学员利用宁波职业技术学院的先进教学、实习设备，经过培训，获得了广为企业认可的职业技术资格证书，增强了素质和就业能力。培训结束后，根据学员意愿，帮助67名学员联系安排到宁波企业进行顶岗实习和就业。这种“培训+就业”的模式得到了贵州省、黔东南州和黔西南州扶贫办、教育局及职业院校的充分肯定。

（宁波市国内经济合作办公室

对口支援处　许文平）

青岛市——贵州省东西扶贫协作

【概述】 2012年，青岛市认真贯彻落实中央扶贫开发工作会议和新十年扶贫开发纲要，围绕政府援助、产业对接、企业参与、社会帮扶、人才交流与培训等方面，不断拓宽对口帮扶工作领域，较好地完成了东西扶贫协作任务，支持了贵州安顺市、铜仁市的扶贫开发工作。在《2012年政府工作报告》中明确提出“创新对口支援模式，促进对口支援地区经济发展、民生改善”的总体目标，并作为一项考核内容进行督查。青岛市国内经济合作办公室（以下简称“经合办”）作为具体工作部门，多次与受援地区协商研究对口支援工作实施方案，落实具体帮扶措施，促进青岛市对口支援工作的顺利开展。2012年，青岛市在年度预算帮扶资金1640万元的基础上，又追加了市级财政帮扶资金1500万元，年度财政帮扶资金总数达3140万元，用于帮助贵州省及安顺、铜仁等地实施对口帮扶项目，促进当地经济发展和民生改善。

【整村推进】 2012年，青岛市在安顺市、铜仁市组织实施了24个“开发式扶贫村”建设，取得了明显成效。其中，安顺市有10个“开发式扶贫村”：普定县猴场乡老甲村、龙场乡牛角村；平坝县马场镇平寨村、乐平乡来考村；关岭县普利乡中坝村、断桥镇普岔村；镇宁县城关镇高荡村、朵卜陇乡上寨村；紫云县火花乡坝雨村、坝羊乡板桐村。铜仁市有14个“开发式扶贫村”：松桃县盘信镇老屋村、长兴堡镇大地村；江口县坝盘乡凯土村、民和乡民和村；沿河县中界乡中界村、客田镇客田村；思南县邵家桥镇凤鸣村、文家店镇三七村；印江县刀坝乡共和村、永义乡豆湊林村；德江县复兴乡梅子村、青龙镇光辉村；石阡县国荣乡楼上村、五德镇小鸡公村。为当地扶持培育特色农业产业，实施种养殖、基础设施建设、人才培训等56个公益及产业扶持项目，改善了受援地区生产生活条件，扩大了当地群众增收渠道。在关岭县板贵乡的火龙果种植已达2000亩。经测算，生果亩产可达750公斤，收入上万元。除此之外，利用扶贫资金，当地还发展了适应石漠化种植的青花椒，到2012年青花椒种植基地已过万亩。依靠这两个特色农业品种，板贵乡有1.8万人可增收脱贫；关岭县断桥镇引进包括青岛在内的帮扶资金，扶贫部门给农户无偿提供种子、化肥等农资，沿河24千米两侧迅速成为特色早熟蔬菜种植基地，断桥镇一带已探索出“菜—稻—菜”水旱轮植模式，仅早熟菜一项，日上市30多个品种，批发量800吨左右，主要销往省内各市和周边的四川、湖南、重庆市场，年产值6000多万元，断桥早熟蔬菜还进入了粤港澳市场，关岭县因此成为香港、澳门名副其实的“菜园子”；贵州金凤徕食品公司是安顺市扶贫龙头企业，公司与平坝县4个养牛乡镇的500多农户签订“肉牛养殖收购协议”，签约农户年均增收3500元。之后，又有200多新农户加入“订单”。肉牛养殖、加工已成长为平坝县特色产业。金凤徕公司的发展得益于包括青岛及当地扶贫项目贴息补助，企业与国内大型连锁企业OEM加工品牌已扩至21个，实现了富农、兴业的双赢。2012年，在青岛相关部门牵线搭桥下，金凤徕公司与青岛利群集团建立了牛肉干OEM业务，目前双方交易额达120万元。

【产业合作】 根据中央扶贫开发工作会议精神，围绕党中央、国务院有关东西扶贫协作及对口支援工作的决策部署，在新一轮的东西扶贫协作工作中，提出了“产业对接、优势互补、合作共赢、转型升级”的新合作模式，青岛市对口支援工作转入更加注重产业合作的阶段。为推动本市企业开拓新的发展空间，加快转型升级、提升企业综合竞争力，增强与受援地区的产业融合和经贸合作，市经合办组织多批企业开展产业合作项目前期对接、洽商、实地考察，通过产业对接搭建新的平台，促进共同开发资源、培育产业、拓展市场。2012年6月中旬，山东省委常委、青岛市委书记李群率市党政代表团赴贵州考察对口帮扶工作，在贵阳市举办了“贵州·青岛经贸合作项目签约仪式”，海尔集团、青岛银河集团、阳光新天地投资集团、青岛天润德建设工程有限公司等企业与贵州省签订了涉及商贸物流、基础设施、土地开发、商业服务、金融投资、旅游酒店6个方面的9个项目，总投资72.2亿元。签约投资项目中，基础设施项目占39%，商业物流项目占43%，投资组建金融机构项目占14%，酒店服务业项目占4%。海尔集团贵阳创新产业园项目已进入规划设计阶段，青岛天润德建筑工程有限公司项目已完成注册和项目选址，青岛银河集团项目已完成注册。产业对接作为新的对口支援合作模式，助推受援地区的经济发展和民生改善。

【经贸互动】 2012年，青岛市与贵州省各个层面的互访交流日益频繁，通过双方建立的会商机制，加强了交流，推进了东西扶贫工作。2012年，双方互访10余批次，青岛市针对国家对贵州省实施多项对口支援政策的难得机遇，动员社会各界参与对口支援，积极推介贵州省的产业优势及其良好的政策环境和投资条件，吸引了20多家企业赴受援地区进行实地考察，了解投资政策，为今后双方产业合作奠定了良好的基础。青岛市企业除在安顺市、铜仁市投资外，还相继在贵阳市、遵义市、毕节市、黔东南州等地投资。通过实施项目，有力增强了青岛市在黔投资企业的核心竞争力，从而使对口支援贵州省扶贫工作取得了新的成效，达到了互利双赢的目的。另外，贵州酒博会已经成为青岛企业开拓西南市场的重要平台，2012 年 9 月，青岛市政协主席王书坚率青岛市代表团赴贵州参加第 2 届酒博会并赴安顺市、铜仁市考察青岛市合作项目，进一步推动了两地经贸互动。截至 2012 年，贵州红星发展股份有限公司相继在贵州等地建起子公司和投资相关企业近 20 家，投资总额 25 亿元，年产值增长 10 倍，年均出口创汇由零增长至近 4000 万美元，实现当地 1.5 万人就业，职工人均年收入从 5800 元增至 3 万多元。红星发展投资的企业上缴税收大都占到当地（县级）工业税收的 20% 以上，其中部分企业占地方税收的一半以上，仅红星化工所在的安顺市镇宁县，截至 2012 年已累计缴税 6 亿元。

【扶贫干部培训】 实施智力帮扶及特色现代农业培训，在青岛市举办了贵州省扶贫干部培训班，贵州省扶贫办、安顺市、铜仁市扶贫系统 100 人参加培训。双方共同设计了培训方案，邀请了青岛市委党校、青岛市农委、青岛市林业局等单位的领导和专家为学员授课，重点讲述“城市化进程中征地利益矛盾及其协调”、“当前经济形势分析与城乡统筹发展”、“破解发展难题是减贫战略取得实效的根本前提”、“林业的社会作用和地位”等方面的理论和经验做法。培训班还安排参观了即墨市大信镇大金家村、即发集团农业园项目、昌盛日电太阳能科技项目等。参加培训的干部重点了解了东部地区经济发展的基本经验及新农村建设的情况，为今后在实施产业扶贫项目，促进扶贫开发工作、带动当地群众脱贫致富，开拓了新的合作领域。

【社会扶贫】 2012 年，青岛市在东西扶贫协作工作中从完善对口支援信息工作平台建设入手，发挥政策引领的作用，抢抓机遇，进一步拓宽合作领域。收集整理了对口支援地区的情况、投资环境、东西扶贫协作各项政策和合作项目等有关资料，建立信息库，通过青岛市国内经济合作交流网站向社会发布，使社会各界能及时掌握受援地区情况，从而鼓励社会各界积极参与爱心扶贫工作。2012 年 10 月，青岛职业技术学校教师赴贵州分别与安顺职业技术学院、铜仁职业技术学院就办学理念、办学方法、人才培养、招生就业、学生管理等工作进行了经验交流，通过“高职院校对口合作联盟”，积极落实了对西部高职院校的对口支援工作的具体事项。2012 年 9 月，按照贵州省红十字会、铜仁市红十字会等有关要求，青岛市黄岛区红十字会帮助铜仁市开展“绿色家园行动”，组织了来自中国石油大学、山东科技大学、山东青岛职业学院、青岛理工学院、青岛滨海学院红十字会等在校大学生负责人，到德江县调研该县煎茶镇希望小学等学校建设及生源情况，与部分家庭困难的留守儿童进行面对面的交流，并达成对口帮扶协议。之后，采取了不同方式为该县部分贫困留守儿童从住宿、餐饮、图书、学习用品、体育器材等方面提供帮助。青岛微尘爱心理事团也积极参与爱心扶贫工作，微尘基金在2012年资助安顺市阳光少年339人、援建爱心图书室、开展爱心助学，项目资金共计27万余元。

（青岛市国内经济合作办公室）

深圳市——贵州省东西扶贫协作

【概况】 2012年，深圳市认真贯彻全国东西扶贫协作部署，牢固树立政治意识、大局意识、责任意识和长期扶贫思想，坚持把对口帮扶贵州当作一项重要的政治任务来抓，广泛利用教育扶贫、卫生扶贫、科技扶贫、劳务合作、经贸交流、干部培训、社会捐赠、企业合作等多形式、多渠道、多层次的帮扶活动，通过区县结对帮扶，集中各类资金，重点解决贫困群众生产生活和教育卫生等民生问题，积极探索建立对口帮扶长效机制，形成共谋发展、共同进步的新格局，助推贵州经济社会健康快速发展，与全国同步实现全面奔小康社会的奋斗目标。2012年，捐赠贵州省毕节市和黔南州各类帮扶资金5620万元（含新增资金1230万元），实施整村推进、人畜饮水、农田水利、乡村道路、农房改造、教育卫生等帮扶项目137个，当地群众直接受益人口达17万人次；培训扶贫干部和专业技术人员2320余人次，资助贫困学生1.3万人次，有组织地输入劳务工2万余人次。

【互访合作】 坚持对口帮扶的双方高层领导互访，是深圳市推进帮扶工作的制度安排和有效措施。2012年2月，“贵州—深圳对口扶持暨经贸合作座谈会”在贵阳市举行。深圳市向贵州捐赠了2012年度对口帮扶资金，贵州与深圳市签署了《贵州省深圳市对口合作发展框架协议》。在学习考察期间，深圳市党政代表团赴毕节市七星关区梨树镇保河村，考察深圳市对口帮扶项目，慰问贫困户代表。2012年9月，深圳市人大常委会主任刘玉浦一行赴贵州考察学习，期间赴黔南州平塘县实地考察，为农业发展项目和教育建设项目捐赠资金230万元，并代表深圳市捐赠抗震救灾资金200万元。2012年，深圳市承担对口帮扶任务的各区（新区）、市国资委系统坚持领导带队，深入结对县区进行考察指导工作，接待结对县区领导来深考察学习达260余人次。

【扶贫资金投入】 深圳市帮扶项目资金全部用于贵州民生项目建设，确保当地贫困群众得到对口帮扶工作带来的实惠。2012年，向贵州省毕节市和黔南州捐赠各类帮扶资金5620万元（市级财政3705万元，区级财政1915万元），实施各类帮扶项目137个（市直107个，各区30个）。其中，新农村建设（整村推进）项目16个，人畜饮水项目12个，农田水利项目11个，村道硬化项目34个，农房改造项目19个，种养产业项目9个，抗震救灾、劳务培训、基础教育项目各2个，援建农村实用技能培训基地、医疗卫生场所和农产品市场各1个，院坝硬化、改圈、改厕等其他项目27个，当地贫困群众直接受益人口达17万余人次。培训扶贫干部和教育卫生专业人员2320人次，资助贫困学生1.3万人次，有组织输入劳务工2万人次。2012年9月，云南地震波及贵州威宁、赫章等县，深圳市慈善会、南山区共向受灾群众捐赠资金300万元。

【产业扶贫】 2012年，深圳市安排毕节市和黔南州产业发展专项资金755万元，投入产业扶贫资金约占全部帮扶项目资金总额的15%，实施葡萄、蔬菜、中药材、育苗、养鸡等种养项目9个。其中，毕节市大方县中药材种植园区、黔南州三都水族自治县水晶葡萄产业园、长顺县绿壳鸡蛋养殖场等已发展成为当地著名的农业产业基地，并在发展地方经济增加税源、带动农民脱贫致富中发挥了示范作用。深圳市罗湖区捐助黔南州长顺县帮扶资金285万元，支持当地建设绿壳蛋鸡养殖项目，新修建鸡舍1.05万平方米，修建养殖区公路6.8千米，组织当地100户农户参与养殖项目，首批发放绿壳蛋鸡10万羽，预计进入盛产蛋期可达年产蛋750万枚，项目总产值1950万元，仅此一项可获利润500万元，户均增收5万元，经济效益明显。该项目实施“林地草地”生态养殖模式，培育了一批农业实用技术致富带头人，实现了经济效益、社会效益、生态效益的和谐发展。

【干部培训】 根据国务院扶贫办和深圳市对口支援办公室共同制订的扶贫干部培训计划，委托深圳市经理进修学院（东西扶贫协作人力资源建设基地）培训贵州省各类干部2120余人，其中安排来深集中培训450人，组织专家赴毕节市和黔南州送教上门培训1670余人。培训内容多为热点难点专题，注重培训的针对性和实效性，并实施差异化、个性化培训，其中安排了“调整产业结构加快转变经济发展方式”、“社会管理创新”、“创意旅游与地方经济发展”等紧扣时代主题的专题讲座，结合实地调研考察活动，使参训学员更新观念，借鉴经验做好工作。

【劳务培训】 根据国务院扶贫办《关于开展“黔深雨露直通车”试点工作的通知》（国开办发〔2011〕45号）精神，深圳贵州两地扶贫部门合作开展了“黔深雨露直通车”劳务技能培训试点工作。2011年以来，委托深圳市携创技工学校（东西扶贫协作人力资源培训基地）负责实施，先后从贵州省毕节市纳雍、威宁、赫章、大方、织金5个国家扶贫开发重点县，招收了两届共961名农村贫困家庭子女来深学习，其中2012年招生457人。该项目主要特点：一是办学灵活，模式多样；二是因材施教，突出重点；三是养成教育、行为规范；四是工学交替，勤工俭学；五是异地培训、“订单”就业。这一培训不仅从根本上改变了以往劳务技能培训“学用易脱节、毕业即失业”的被动局面，而且在有效解决对口帮扶地区农村贫困家庭适龄青年就业的同时，探索创新出培养深圳紧缺中级技工的新路子。2012年5月，国务院扶贫办政策法规司分别在北京、深圳召开“黔深雨露直通车”试点工作座谈会，召集深圳和贵州有关单位商议推动此项工作，努力实现“培训一人，招工一人，脱贫一户”的工作目标。

【智力扶贫】 深圳市教育、卫生部门接收贵州教师、医务人员赴深圳跟班培训进修200余人，其中，举办贵州省中小学校长培训班，培训40人；安排黔南州医专毕业生120余人赴深圳实习。深圳市扶贫部门继续协助贵州省教育部门调整“深圳—贵州助学金”的分配范围，重点资助3个民族自治州11所民族自治县中小学。深圳市关爱办、义工联等团体招募社会各界人士15人赴贵州贫困山区义务支教。

【经贸合作】 2012年2月，在“贵州·深圳对口扶持暨经贸合作座谈会”上，深圳市向贵州捐赠了2012年度对口帮扶资金。贵州与深圳市签署了《贵州省深圳市对口合作发展框架协议》。根据协议，双方开展了多渠道、多形式、全方位的经济协作，深圳市除了继续每年由市区两级财政和国有企业安排相应资金支持贵州扶贫开发之外，还鼓励深圳企业将其资金、技术、管理优势与贵州资源和劳动力优势结合，到贵州投资兴业，参与工业园区建设，实现产业梯度转移，以大项目带动产业发展，积极增强当地“造血”能力。目前深圳市与贵州省及毕节市正在稳步推进“黔电送深”大型煤电合作项目，计划在毕节市织金县总投资100亿元，建设4×66万千瓦燃煤机组，工程竣工后通过“点对点”方式，每年可为深圳输电150亿千瓦时，既可有效缓解深圳市供电紧张局面，又可综合利用当地优势资源，预计每年可增加贫困地区财税收入6亿元，真正实现互惠互利、共同发展。

（深圳市对口支援办公室　徐建明）

厦门市——甘肃省临夏回族自治州东西扶贫协作

【概述】 2012年，厦门市委、市政府认真贯彻落实党中央、国务院东西扶贫协作工作部署和中央扶贫开发工作会议精神，大力推进东西协作扶贫工作。通过加大扶贫资金投入、加强两地交流互访、合理规划援建项目、协助开展招商引资、组织实施社会扶贫等举措，不断提升对口支援宁夏泾源、海原两县的工作质量；认真探索符合临夏州发展实际，制定行之有效的对口帮扶措施，与临夏州政府签署了《厦门市——临夏回族自治州深化东西协作和对口交流工作协议》，从健全工作机制、编制规划纲要、加大帮扶力度、加强经贸合作、加强产业园区建设招商、深化劳务开发、深化科技交流、加大支医支教力度、深化旅游合作、加强文体交流、加强干部交流培训、加强媒体宣传12个方面，对两地东西协作工作进行了进一步的深化、细化，并对一些重点领域合作提出了具体指导措施。厦门市各级财政共投入东西协作扶贫资金1375万元，实施援建项目15个，签订经贸合作项目6个，投资金额62.2亿元，社会各界捐款捐物共计约130万元。

【交流互访】 2012年7月，甘肃省委副书记、省扶贫开发领导小组组长欧阳坚带领省直有关部门负责人组成的代表团赴厦门商洽对口帮扶和深化合作工作，并召开了“厦门市——甘肃省临夏州东西扶贫协作座谈会”。

2012年8月，甘肃省委书记王三运、省长刘伟平率甘肃省党政代表团到厦门市考察，时任福建省委书记孙春兰，省长苏树林，省委常委、厦门市委书记于伟国，市长刘可清等领导陪同考察。代表团一行考察了厦门市的产业园区、工业企业、港口以及城市建设，详细了解厦门市经济社会发展情况。

2012年9月，临夏州副州长王正君带领扶贫办赴厦门市，进行衔接交流有关对口帮扶事宜。之后，厦门市副市长李栋梁带领厦门市党政考察团对甘肃省及临夏州进行考察，并召开了“临夏州—厦门市对口支援工作座谈会”。

2012年10月，固原市委常委、泾源县委书记马金元和海原县委书记马鹏云分别率团赴厦门市、集美区、湖里区考察。泾源县与集美区，海原县与湖里区分别签订了《开展对口帮扶协议书》。

2012 年 7 月，第 8 批援宁干部共 4 人分别赴宁夏海原县、泾源县任职。

【整村推进】 厦门市 2012 年共安排资金 90 万元用于泾源县整村推进项目。其中 50 万元用于建设泾源县海沧新村，就地移民安置六盘山镇周沟村居住条件恶劣的农户 90 户。40 万元用于帮助居住条件恶劣的泾源县泾河源镇冶家村居民，进行生态移民整村搬迁。

【基础设施建设】 共投入帮扶资金 190 万元用于海原县、泾源县的基础设施建设。其中投入 60 万元，用于海原县办公自动化、信息化建设。投入 80 万元用于文化体育中心海泾馆建设，投入 50 万元建设泾源县鹭泾影剧院，为泾源县人民群众丰富业余文化生活，改善健身条件提供了基础设施保障。

【产业扶贫】 泾源县 2011 年引进的 2 个项目：厦门皇达生物科技股份有限公司投资的 2000 亩繁育基地已如期完成苗木基地建设，种植 100 多种特色苗木，成为宁夏品种最多、规模最大的西北特色苗木生产基地；高科技新品种育苗科研中心和生物有机肥“宝龙一号”西北生产基地厂房已建成封顶。厦门宝林泰海味品有限公司的牛肉深加工项目建设按计划顺利实施，预计 2013 年可正式投入生产。

【扶贫项目实施】 海原县闽宁对口扶贫工作领导小组从活跃市场，促进小城镇发展的角度出发，投入 20 万元建设贾塘乡集美集贸市场；投入 45 万元扶持高崖乡草场村设施农业大棚种植项目，共建设拱棚 4000 座，可种植甜瓜 2000 亩。泾源县闽宁对口扶贫工作领导小组为解决缺水地区粮食种植问题，投入 60 万元在香水镇发展以滴灌综合技术为主要途径的设施灌溉技术，并取得了明显的成效。

【教育扶贫】 厦门市 2010 年、2011 年投入援助资金 800 万元建设的积石山县鹭岛幼儿园，于 2012 年 8 月竣工并投入使用。2012 年厦门市援助临夏州的资金 600 万元集中用于临夏中学综合教学楼建设。该工程 2011 年 9 月开工，共设计 45 个标准教室、13 个教师办公室、1 个多功能报告厅、总建筑面积 6160 平方米，设计抗震设防烈度 7 级，结构安全等级 2 级，结构设计合理使用年限 50 年，总投资 1384.84 万元。期间一度因资金缺口较大而影响工程进度，在厦门市援助资金到位后，已于 2012 年 8 月竣工。该项目投入使用后，可容纳 1600 名学生，有效地解决了临夏中学校舍不足的困难，保证了学校秋季招生、教学工作的正常进行。

海原县闽宁对口扶贫工作领导小组向泾源县投入扶贫资金 70 万元，开展教育扶贫。一是解决了泾源县高级中学长期以来缺少文体活动场所的问题，组织援建青少年活动中心并先期投入资金 30 万元，目前项目建设进展顺利；二是为解决贫困家庭大学生就学费用投入资金 40 万元，资助大学生继续就读完成学业。

2012年，厦门市动员社会各界力量为海原、泾源两县开展了一系列捐资助学活动。福建水也国际集团董事局主席池庆光等多位企业家到海原、泾源考察慰问，向两县共50名贫困学生提供了每人2000元的助学金，并建立对口帮扶关系，按小学每人每年2000元、中学每人每年3000元、大学每人每年6000元的资助标准，持续资助这些贫困学生至大学毕业，总额预计达260万元。厦门小鱼网筹资20万元，为海原县李旺乡捐建了北坪希望小学。厦门皇达生物科技股份有限公司捐资30万元，在香水镇建设了皇达希望小学，为该镇2个村396名贫困学生解决了就学问题。除此以外，厦门社会各界为海原、泾源两县学校改善取暖设施、购置教学设备、学习用品及体育器材等共捐资40.5万元。

【科技扶贫】 2012年12月，福建农林大学与宁夏皇达公司签订校企战略合作协议，在泾源县合作设立林业工程博士后科研流动站，该站的设立将成为宁夏乃至整个西北地区苗木研发的中坚力量。

【医疗卫生扶贫】 投入100万元用于改善海原县医疗卫生硬件建设。其中安排50万元援建海原县李俊乡卫生院门诊楼，建成后该卫生院的门诊收治人次达17500人；投入50万元扩建海原县贾塘乡卫生院住院部。解决了当地农民看病难、住院难的问题。

【招商引资】 厦门市积极组织福建省内企业参加第18届“兰洽会”，并取得了一定成果。福建中高宏投资有限公司拟投资35亿元，在临夏州建设黄河三峡国际旅游养生中心项目；福州天福集团有限公司拟投资20亿元，建设东乡县刘家峡水库旅游项目。

泾源县、海原县利用厦门“九八”投资贸易洽谈会、海峡旅游博览会、宁夏福建经贸招商推介会等平台开展招商推介活动。泾源县共签约3个项目计7.2亿元，其中，合同项目1个，投资3亿元。海原县分别于2012年10月和12月，组织2批15家福建企业前往考察，其中中健农超公司与海原县枸杞生产农户签订了农产品销售协议。

【社会扶贫】 2012年，厦门社会各界共为海原县厚德慈善基金会捐款20万元。

（厦门市对口办）

珠海市——四川省凉山彝族自治州东西扶贫协作

【概述】 2012年，珠海市委、市政府高度重视，认真贯彻落实中央扶贫开发工作会议精神，按照党中央、国务院东西扶贫协作工作部署和《乌蒙山片区区域发展与扶贫攻坚规划（2011—2020年）》要求，以珠海市、凉山州扶贫协作框架协议为指导，大力推进对口凉山扶贫协作工作。市委常委会议、市政府常务会议多次专题听取对口凉山扶贫协作汇报，专题研究和部署相关工作。省委常委、市委书记李嘉批示，要求加大帮扶力度，加快推进对口凉山扶贫协作各项工作；市委副书记、市长何宁卡要求，加大投入，加强帮扶措施，确保对口凉山扶贫协作取得良好成效。2012年，珠海市落实帮扶凉山资金1725万元（财政资金1270万元，社会资金455万元），援建项目13个。对口帮扶凉山州的各项工作任务，取得了阶段性成效。

【互访交流】 2012年，珠海市与凉山州进一步加强往来，密切沟通。2012年4月，凉山州委副书记、州长罗凉清率领州党政代表团访问珠海，举行了两地扶贫协作座谈会；2012年5月，市政府副市长刘嘉文率队访问凉山州，考察对口帮扶凉山工作，与凉山州举行扶贫协作座谈会，形成了《珠海市凉山州东西扶贫协作工作座谈会备忘录》，启动了2012年的帮扶项目；2012年6月，市政协副主席金展扬率队考察凉山州；2012年7月，凉山州政府副州长白云率团参加珠海市特色农产品展销会。

【整村推进】 2012年，珠海市安排资金510万元，援建美姑县峨曲雷觉莫村和普格县普基镇红军村的彝家新寨建设，有效地解决了100户农户住房困难的问题，改善了村容村貌，实现了生态良好、群众增收的良性循环。

【基础设施建设】 安排55万元援建美姑县建设龙门乡勒吉村吊桥和依果觉乡毛红觉村吊桥建设，解决了3395余人出行难的问题。

【卫生扶贫】 安排110万元资金援建普格县洛乌沟乡中心卫生院综合楼建设，极大地改善了卫生院硬件设施条件。

【教育扶贫】 安排635万元用于学校建设，其中安排135万元资金，用于美姑县拉木阿觉乡马都村小学和巴普镇基伟村小学的配套设施建设，援建美姑县炳途乡中心校，为1300余学生解决了入学难的问题；安排500万元重点援建凉山州农校综合楼，帮扶凉山州做大做强职业技术教育，大力开展各类职业技术培训，促进智力帮扶，成效覆盖全州。

【结对帮扶】 珠海市政府召开专题会议，研究落实对口帮扶凉山工作，要求珠海市有关部门加强与凉山沟通联系，积极开展帮扶工作。2012年，安排国家级开发区高栏港经济区作为帮扶联系单位，结对帮扶普格县，投入300万元落实部分帮扶责任，积极促进珠海、凉山两地经贸合作；珠海市住房规划建设局与普格县人民政府达成了项目帮扶协议，帮助该县搞好城市建设规划；珠海市教育局与凉山州教育局签订了对口帮扶合作协议，交流学习33人次，同时安排凉山州5名副校长到珠海跟班学习3个月，帮助受援教师开拓视野，提高了自身素质。

【社会扶贫】 珠海市通过安排市“两报两台”对凉山专题报道，邀请优秀企业家、爱心人士前往凉山考察，召开爱心企业家座谈会，制作专题PPT向相关协会、商会进行宣传，大力向社会各界宣传国家东西扶贫协作政策、凉山状况和珠海市帮扶措施，增进珠海社会各界对凉山、珠海对口帮扶凉山工作的认识，促进珠海与凉山文化交流和经贸合作。2012年，募集社会帮扶凉山资金455万元，动员6家知名企业援建项目3个，捐赠图书35万册、计算机60台、学生棉被200床，香港道德会携带90万元赴凉山州慰问贫困老人，开展扶贫敬老活动。

【经贸合作】 珠海市充分发挥贫困地区生态环境和自然资源优势，引导和支持企业到贫困地区投资兴业，为当地经济社会发展做出积极贡献。2012年先后组织6批共10家企业到凉山州考察，其中珠海众大控股集团公司、珠海众意医疗有限公司，分别与凉山州方面洽谈矿产冶炼开发、医疗管理软件开发；珠海市市场集团公司与凉山方面达成了相关合约，由广东天邦投资有限公司在珠海开辟凉山扶贫地区绿色生态农产品销售市场，帮助凉山农产品打开销路。2012年7月，凉山州农产品参加珠海市特色农产品展销，得到珠海各界广泛欢迎。实现了互利互惠双赢的大好局面，加快了凉山州脱贫致富的步伐。

（珠海市扶贫工作领导小组办公室
金丹）

军队和武警部队扶贫篇

【概述】 2012年，军队和武警部队坚决贯彻落实党中央、国务院、中央军委的决策指示，按照中央扶贫开发工作会议精神和《中国农村扶贫开发纲要（2011—2020年）》要求，以集中连片特困地区为主战场，以支持保障和改善民生为重点，积极发挥自身优势，继续采取人力支援、项目扶持、科技牵引、医疗救助、资源开发等多种形式，因地制宜开展扶贫开发工作，为推动贫困地区经济社会发展和群众脱贫致富作出了新的贡献。全军军级以上单位，对部队参加定点扶贫和支援集中连片特困地区扶贫攻坚情况进行了认真检查，完善帮扶规划，创新工作方式，落实责任措施，进一步加大了定点扶贫工作力度。将帮扶数量由原来的47个贫困县、215个贫困乡、1470个贫困村，调整增加为63个贫困县、547个贫困乡、2856个贫困村，新建扶贫联系点3600余个。各部队在帮扶工作中，积极宣传党的富民政策，结对帮建基层党组织，支援乡村道路、农田整治、人畜饮水、小流域治理等基础设施建设和生态环境保护，帮助发展种植、养殖等特色优势产业，支持科教文卫等社会事业发展，先后帮助18万余名群众摆脱贫困。

【调研督导】 国务院扶贫开发领导小组副组长、解放军总政治部副主任贾廷安，带工作组先后赴安徽、贵州两省，对部队贯彻落实党中央、中央军委有关决策指示，参加定点扶贫和支援集中连片特困地区扶贫攻坚情况进行专题调研，深入部队扶贫点，实地研究问题、指导工作，要求部队紧紧围绕国家扶贫开发总体部署，本着地方所需、群众所盼、部队所能的原则，进一步发挥优势作用，加大工作力度，多办惠民生、解民忧、暖民心的好事实事，努力帮助更多的贫困群众早日脱贫致富。并根据国务院扶贫开发领导小组的工作安排，专程赴甘肃省定西市、贵州省黔西南州兴义市，参加六盘山片区、滇桂黔石漠化片区区域发展与扶贫攻坚启动会。解放军总政治部群众工作办公室领导，在参加乌蒙山片区、秦巴山区片区、滇西边境片区区域发展与扶贫攻坚启动会期间，围绕贯彻会议精神和各片区区域发展规划提出的主要任务，广泛听取片区军地有关部门的意见建议，指导部队进一步调整完善扶贫开发规划，制定具体措施，扎实做好片区扶贫攻坚工作。

【基础设施建设】 各部队充分发挥组织严密、突击力强的优势，先后出动官兵和组织民兵预备役人员208万余人次，整治农田30余万亩，整修乡村道路2.4万千米，修筑农村小型水利工程6260千米，促进贫困地区夯实发展基础。总参作战部协调在新疆、西藏、云南、广西等西部6省（区）安排4.4亿元，修建边防执勤道路700千米、桥梁30余座，为边境地区发展建设创造了良好条件。兰州、成都军区积极支援新疆塔什库尔干县“安居富民、定居兴牧”工程和四川甘孜、阿坝藏区牧民定居行动，运送水泥等各类建材物资8.3万吨，有力促进了地方安居富民工程基础设施建设。2012年，北京军区给水工程团在内蒙古四子王旗神舟飞船主着陆场区打井32眼，有效解决了周边7300余名牧民和25.3万余头（只）牲畜饮水困难。

【教育扶贫】 各部队继续采取“1+1”捐资助学、援建“八一爱民学校”、参加“春蕾计划”等方法，积极支援老少边穷地区基础教育事业发展，新建和改扩建学校430余所，官兵捐资助学7600余万元，资助贫困学生8.2万名，捐赠教学设施设备4.6万台件。军队和武警部队援建的青海玉树八一孤儿学校、八一职业技术学校全部竣工交付使用，新建校舍面积8万多平方米，可容纳学生4800多名。空军组织官兵捐款1200万元，在西部贫困地区援建“蓝天春蕾学校”2所，开办“蓝天春蕾女童班”32个，资助贫困家庭学生1610名。解放军第二炮兵部队深入开展“火箭兵奖（助）学金”活动，资助新疆大学、青海大学、云南大学、兰州大学4所高校少数民族贫困大学生数量由每年150名增加到300名。兰州军区持续支援青海藏区教育事业发展，投资400万元帮助3所乡村中小学校新建教学楼，配套教学设施，使援建学校成为当地办学示范校。

【科技扶贫】 军队院校、科研院所和技术单位，积极发挥教育、人才、科技、信息等方面的资源和优势，依托训练基地、教导队、青年民兵之家等，举办实用技能培训班5600余期，培训各类技术骨干42.6万人次，扶持发展养殖、种植和民族工艺品等优势特色产业2500多项。解放军总装备部所属63820部队为定点帮扶的北川县通口镇清泉村落实省级扶贫开发项目5个，建立猕猴桃示范基地500亩，为贫困群众脱贫致富趟出了新路子。解放军第二炮兵部队驻贫困地区部队投入经费270多万元，在帮扶村举办科技知识、机械修理等培训25期，赠送各类科技图书5600余册，帮助发展特色优势产业6项。西藏军区发挥部队农场和屯垦部队优势，在亚东、江孜等10个种植养殖基地举办培训班700余场次，培训农牧民2万余人次。甘肃省军区为120多个帮扶村、2100余户特困户开发特色扶贫项目150多个。武警内蒙古总队帮助巴彦杭盖等嘎查，引进优质牛羊品种，扩大养殖规模，使牧民人均年增收2000多元。

【医疗卫生扶贫】 全军108所医院持续做好对口支援西部地区130所贫困县级医院、军级以下医疗卫生单位对口帮扶1283所乡镇卫生院（所）工作。2012年，共为受援医院、卫生院（所）培训和帮带医护人员1万余人次，组织教学查房、手术带教、专题讲座等7598次，捐赠各类医疗设备820余台件，指导开展课题研究286项，推广应用新技术新项目1421项，提高了当地医院医疗诊治水平。解放军总医院、海军总医院、空军总医院、广州军区广州总医院、武警总医院和第二、三、四军医大学附属医院等军队医院，持续参加“千名少数民族先心病患儿救治行动”，先后成功救治新疆、西藏、内蒙古、青海等22个省（区、市）先心病患儿1.2万多名。

【扶贫济困】 各部队坚持把帮扶孤老、孤儿、孤残和农村特困家庭作为经常性扶贫济困的重点，主动为他们送去党和政府的关怀、子弟兵的关爱。部队基层单位长期坚持联系4万余户特困群众家庭、8000多名孤寡老人和残疾人等，在帮扶资源上优先安排，在帮扶力量上重点倾斜，定期组织走访慰问，为他们送粮油、衣物等生活必需品，帮助解决生活中实际困难。兰州军区广泛开展“关爱空巢老人、关爱留守儿童、关爱弱势群体”活动，动员组织官兵结对帮扶“三孤”人员5200多名，利用节假日上门打扫卫生、巡诊治病、开展联谊活动；筹资230多万元，向长期帮扶的113所敬老院、福利院，捐赠生活、医疗、文体等设备7800余件（套），帮助改善基础设施建设。四十七集团军某步兵旅采取“一班助一孤、一干帮一孤”的办法，对4所敬老院、1所孤儿学校实施包干救助；某装甲旅常年坚持与陕西澄城“鹤童老年公寓”开展物质、医疗、文化、精神“四位一体”帮扶，受到地方党委、政府和各族群众的赞誉。

（解放军总政治部）

九

社会组织扶贫篇

综 述

2012年是新阶段扶贫开发的开局之年。国务院扶贫办主管的中国扶贫基金会、中国扶贫开发协会、中国老区建设促进会、友成企业家扶贫基金会4个社团组织，以及中国光彩事业促进会、中国残疾人福利基金会、中国儿童少年基金会等一大批社团组织，按照《中国农村扶贫开发纲要(2011—2020年)》和中央扶贫开发工作会议精神，结合自身特点，积极灵活地投身于社会扶贫事业，为连片特困地区扶贫攻坚和慈善公益事业贡献了正能量。

（国务院扶贫办行政人事司）

中国扶贫基金会扶贫

【概述】 中国扶贫基金会是1989年在中国民政部注册成立的全国性扶贫公益组织。2007年被民政部评为5A级基金会。截至2012年底，累计筹措并投入扶贫款物57.45亿元，援助受益贫困人口和灾民1496.17万人。

2012年，在国务院扶贫办以及社会各界的大力支持下，中国扶贫基金会继续开展各项扶贫工作，并取得较好成绩。含中和农信项目管理公司受托管理资金收入在内的全会财务总收入近16.5875.06万元，与2011年相比增加了23.17%。公益事业总支出达到146990.11万元，比2011年增加了35.35%。

2012年，中国扶贫基金会继续聚焦教育扶贫、健康扶贫、农村生计与社区发展扶贫、救灾扶贫四大领域，通过采取多种援助手段，扶助弱势群体。约185.76万贫困人口和灾民从中受益，其中：教育扶贫40万人；健康扶贫27.57万人；农村生计与社区发展扶贫约90.87万人；救灾扶贫27.32万人。

此外，中国扶贫基金会继续致力于倡导与推动工作：坚持倡导人人可公益慈善理念，倡导公众积极参加反贫行动，实现了1900余万人次的公众捐赠；积极参与行业建设，推动行业稳妥规范发展；努力倡导与推动中国民间组织步入国际反贫的舞台。

【母婴平安120行动项目】 2012年募集款物共计1793万元，其中捐赠物资达1129万元。使21名危急危重孕产妇，在项目的紧急救助下，转危为安；9003名贫困产妇得到项目的援助。全年投入扶贫救助款物1675万元。

【爱加餐项目】 2012年，项目筹集资金2493万元，为3.5万名中国和柬埔寨小学生提供营养加餐，为20所山区小学配备了“爱心厨房”。中国疾病预防控制中心评估结果显示，食用项目提供的营养餐后9个月，学生中重度消瘦率从16.3%下降到11.5%，贫血率从补充前的6.1%下降到3.9%，对比之下，对照组贫血率从12.9%增加到13.6%。

【爱心包裹项目】 2012年，爱心包裹项目汇集了全国各地218172笔个人捐赠和22474笔单位捐赠，共计4552.16万元善款，为28个省（市、自治区）220个县2109个学校和385711名小学生分别购置了353176个美术包、32535个温暖包、2994

个体育包、703个音乐包。

【筑巢行动】 筑巢行动于2011年10月启动，截至2012年底，共募集善款6358.7万元。援建的100个宿舍楼和1个教学楼，分布在云南、贵州、广西、四川、湖南、湖北等10省（区）40县。将有40270名小学生住进崭新、安全、明亮的宿舍。

【新长城助学项目】 2012年募集善款2006万元，资助高中生4281人，其中新生1843人；资助大学生15595人，其中新生13041人。项目不仅给贫困生提供生活费支持，而且倡导他们自强自立，通过新长城高校自强社平台开展了“爱心宿舍”项目、“跑完全程——高中生跑步成长计划”等贫困学生成才的项目，全国近百所高校2万名学生志愿者参与活动。另外，有200余名来自贫困家庭的青少年在恒大集团的资助下，和其他有足球梦的青少年一起，在广东清远，一边学习中小学校的普通课程，一边接受高水平的足球培训。

【小额信贷项目】 2012年，小额信贷项目继续向农村贫困地区复制小额信贷模式，有效客户增长到13万户，同比增长30%。当年发放贷款近13.6亿元，同比增长26.2%。93%的贷款客户为妇女，26%为少数民族。目前，项目超过30天的风险贷款率（PAR大于30天）仅0.23%。

【溪桥工程项目】 2012年募集善款1470万元，在云南、贵州、四川、广西、重庆、安徽、江西、黑龙江、福建、湖北、湖南、甘肃、陕西13省（市、自治区）39个项目县援建的239座乡村便民桥，惠及41.3万人。

【紧急救援项目】 2012年，紧急救援项目在涞源水灾、辽宁台风洪涝灾害、彝良地震等灾害发生时，相继启动紧急救援行动9次，投入资金物资1945万元，援助人数达15万人。

【玉树地震灾后重建项目】 2012年，在玉树地震灾区，加多宝集团通过基金会援建的农畜产品综合交易市场项目（计划总投资7000万元，规划占地3万平方米，建筑面积近1.8万平方米，采用合作社的形式经营，收益将平均分配给结古镇5个村的906户贫困或失地农民。同时，收益的15%将设立玉树州扶贫基金，用于帮助玉树其他贫困村脱贫致富）正在按计划进行建设，有望在2013年建设完成，并投入使用；加多宝甘达村运输队项目（总投资296万元，全部使用加多宝集团捐赠资金，以合作社的形式组织运营）和德达村奶牛综合发展项目已经为当地带来可观的经济收入。

【“捐一元·献爱心·送营养”活动】 从2009年启动以来，已连续4年通过百胜旗下肯德基、必胜客、必胜宅急送和东方既白等4000余家餐厅，倡导人人可公益慈善理念，倡议全社会共同关注贫困地区儿童营养状况，捐赠零钱，为贫困地区儿童提供营养加餐。截至2012年，参与捐赠的人数达至4650万人次，捐款近7000万元。其中2012年筹款2626万元（消费者捐款2158万元，其余为员工捐款），吸引了1847万人次公众消费者参与，再次刷新了常态年份单一公众筹款活动捐赠参与人数的记录。

【“善行100”志愿者筹款活动】 2012年首度开展的“善行100”志愿者筹款活动，倡导志愿者通过开展筹资活动100小时、提供服务资源100小时、捐赠善款100元的慈善行动模式，倡导并践行人人可公益慈善理念及志愿服务精神。2012年，共组织了13.3万人次大学生志愿者在邮局、学校、商场以及周边向公众劝募爱心包裹，帮助更多贫困山区的孩子。整个活动共接触公众1000多万，筹款1072万元，成为我国规模最大的志愿者活动之一。

【网络小额捐赠平台建设】 网络小额捐赠在持续探索中成长。基金会积极打造的自有平台——善品网，在进行改版后于2012年7月31日正式上线。通过倡导“一次购物、一份爱心”的慈善理念，让网络环境下“微公益”的理念更深入人心。爱心企业和个人可以将善品委托该网站义卖。公众在网站购买商品，每一次消费，所产生的善款，将被集中用于帮助贫困人口。同时，利用阿里巴巴、腾讯、新浪微公益等网络平台的合作进一步完善与成熟。特别是腾讯月捐、淘宝网店等捐款平台成效显著。2012年，各种网络渠道的捐赠已超过1000万元，这些善款由数以百万计的网友捐献。

【“感受6块3”品牌推广活动】 2012年，中国扶贫基金会开创了“感受6块3”品牌推广活动。通过举办“感受6块3”活动，号召公众在10月17日体验用6.3元过一天，以增进对贫困的感受，以此倡导公众关注贫困问题，积极参加扶贫行动。活动推出后，得到社会公众、企事业单位的广泛关注和积极响应。腾讯、新浪、搜狐、网易等微博及146家门户网站、47家报纸/杂志，26家省/市电视台、33家省/市广播电台、手机报等各媒体对“感受6块3”活动进行了专题报道，覆盖了31个省、直辖市、自治区，以及香港、澳门特别行政区及台湾地区，活动受众测算为9243万人次。

【推动民间组织开展国际反贫】 随着中国经济社会的快速发展，世界期待中国国际角色的转变。为适应形势，中国扶贫基金会开始走出国门，探索基于民间组织自身的国际反贫与人道主义的救助之路。并籍由此举，希望在理念上努力倡导与推动中国民间组织步入反贫与人道主义救援的国际舞台。2005年，基金会首次出现在国际救灾活动的现场，针对印度尼西亚海啸、巴基斯坦地震、美国新奥尔良卡特里娜飓风等国际重大自然灾害累及的受灾及贫困人群，迈出了中国民间专业NGO开展国际人道主义救援的第一步。2010—2011年，先后开展了对海地地震、智利地震、非洲之角持续旱灾导致的严重饥荒的人道主义救助。在2011年由中国扶贫基金会募集建设资金并与当地合作伙伴比尔特瓦苏慈善组织（BTO）合作于苏丹（现北苏丹）杰济拉州建成并投入使用苏中阿布欧舍友谊医院（占地面积2000平方米、建筑面积1700平方米、医院房屋建设和设备购置总投资100多万美元、以妇幼保健为主，兼顾内科、外科、儿科等10多个科室的综合性医院）的基础上，2012年，在北苏丹，中国扶贫基金会实施了对苏中阿布欧舍友谊医院的后续管理，以保障援建医院的可持续发展。

【信息透明与公信力建设】 2012年，中国扶贫基金会通过信息透明的制度与机制建设，特别是通过信息系统、基金会新官网等信息透明的工具建设等，公信力进一步提升。2012中国扶贫基金会在基金会中心网中基透明指数FTI中所列出的1832家基金会中，透明指数排名由前期的22位上升至并列第1位。在2012年百度“最公益”榜单中，中国扶贫基金会荣登最受网民关注的十大公益组织榜单，排名第9。

【参与行业建设】 中国扶贫基金会不仅关注自身的透明与公信力建设，而且积极关注整个慈善公益行业的健康发展。自2000年以来，围绕公益慈善行业自律及公信力建设、中国第三部门建设等社会重大议题，携手同道积极开展了多种形式的社会推动、倡导工作。诸如筹划并持续资助基金会中心网运营，努力打造基金会行业信息披露平台；开展“中国消除贫困奖”的系列评选表彰宣导活动；对《中国第三部门观察报告》的研究撰写及对草根非政府组织（NGO）开展资助工作等。

2012年，中国扶贫基金会继续积极支持和参与行业大事：继续支持《第三部门观察报告》研究编著与推广；继续资助基金会中心网的运营；举办基金会透明开放日活动；组织“中国慈善公益事业改革之路——角色回归与规范发展高峰会议（主题论坛）”、“向上的力量”企业社会责任实践案例分享会、“全民公益（广东）高峰论坛”。通过这些活动，倡导透明公益，积极推进行业建设。

为建设草根民间组织集筹资、资助和品牌推广为一体的综合平台，2012年，中国扶贫基金会开展了草根公益组织培育平台可行性调研工作；继续实施了“民间组织参与汶川地震社区发展公益招标项目”；与英特尔（中国）有限公司等机构联合主办了“芯世界社会创新计划”。希望籍由这些具体的建设与资助工作，培植草根公益组织的发展，推动第三部门成熟高效产业链的发育。

（中国扶贫基金会　段俊英）

中国扶贫开发协会扶贫

【支持贫困村大学生村官成长工程】 2012年，举办4期贫困村大学生村官培训班，培训贫困村大学生村官1500名。中共中央组织部、国务院扶贫办、中央纪律委员会、中央党校有关专家、领导亲自参加或进行授课。培训学员来自山西、重庆、陕西、内蒙古、吉林、辽宁、青海、甘肃、宁夏、安徽、湖北、湖南、贵州、云南、福建、西藏、新疆17个省（市、区）、450个县（其中225个国家扶贫开发重点县、56个国家实行特殊政策县、169个省级扶贫开发重点县）、24个民族。在培训的同时，2012年共考察了山西、重庆、陕西、云南、贵州、内蒙古、青海、宁夏、甘肃9个省（市、区）57个县的119个大学生村官创业项目。为了实施这些项目，中国扶贫开发协会（以下简称“协会”）建立了与“支持贫困村大学生村官成长工程”配套的“星火扶贫创业基金”，拟订了《中国扶贫开发协会“支持贫困村大学生村官成长工程”项目评审（试行）》办法，按照每个项目协会支持30万元、省配套30万元的规模，支持村官带领群众创业脱贫。培训班得到中央领导、中共中央组织部、国务院扶贫办以及相关省市的充分肯定和积极评价，取得了良好的社会效果。

第一批项目经项目评估专家委员会评审，2800万元资金于2012年8月初拨付到两省一市扶贫办，共支持94个大学生村官创业项目。其中山西1200万元支持41个项目，重庆1000万元支持33个项目，榆林600万元支持20个项目。同时，两省一市对协会支持的项目进行1∶1配套，重庆、榆林的配套资金已到位，山西的配套资金也已列入2013年计划。

94个项目中有26个项目已基本完成，有40个项目实施到中期，有28个项目处于前期准备阶段。山西省41个项目中有18个项目已基本完成；有9个项目已实施到中期，预计2013年5月完成；有14个项目处于前期准备阶段，计划于2013年3月开始实施，8月前完成。重庆市33个项目中有8个项目已基本完成；13个项目实施到中期，预计2013年5月完成；12个项目处于前期准备阶段，计划于2013年3月开始实施，5月前完成。榆林市20个项目有18个项目实施到中期；有2个项目处于前期准备阶段，预计于2013年3月开始实施，6月前完成。

【产业扶贫】 1. 开发山西沁县有机果蔬生产基地建设。2012年11月8日在沁县举行项目奠基仪式。帮助太行老区山西沁县，计划在5年内建成50万亩左右有机蔬菜生产基地，并带动水果、花卉、苗木、畜牧、淡水养殖、粮油作物、旅游观光等产业协同发展，成为全国较大的有机农业产业基地。通过本项目实施，将带动沁县及周边区县30万以上农民脱贫致富。

2. 积极探索与捐赠单位和地方协会合作扶贫的新模式。协会与国龙（天津）股权投资基金合伙企业合作，由国龙基金企业从自身经营收入中无偿捐赠1000万元资金，由山西晋中市扶贫开发协会具体组织实施，在该市115个贫困村中栽植100万株杨树经济林。该项目2012年上半年已经开始实施，两年内完成。

3. 开发陕西榆林200万亩蓖麻产业。榆林200万亩蓖麻产业于2012年11月进入实施阶段。协会帮助富华油脂公司制定了《榆林市200万亩蓖麻产业项目初步方案》，基本明确了项目发展的背景、意义及项目开展的原则与思路。该方案获得了该企业的认可。

【文化扶贫】 在江西永新建立青少年书法基地、广东番禺建立文化创意产业基地、海南白沙黎族自治县建立养生文化基地、建立上海民族文化产品交流中心。目前这些基地大都已有雏形，有的初具规模，开始推出一些创意文化产品。

2012年4月，协会文化扶贫委员会协调组织江西永新县青少年获奖者，参加了在日本东京举办的首届国际青少年书法友好交流赛颁奖典礼，为贫困地区文化走向世界开辟了新的路径。

【国际扶贫】 2012年，协会与新加坡“连氏”援助组织在解决贫困村人畜饮水项目上开展了实质性合作，由连援组织投入135万元，解决了宁夏、甘肃、内蒙古3个省区中5个贫困村的人畜饮水项目。新加坡“连氏”援助组织继续承诺，到2015年向协会捐赠3000万元，重点支持我国贫困村人畜吃水项目。

（中国扶贫开发协会）

中国老区建设促进会扶贫

【深化老区调研成果】 为深化2011年全国老区“万人千县”联合调研成果，2012年3月，中国老区建设促进会（以下简称“中国老促会”）召开全国老促会系统第九次会长座谈会，对联合调研作了阶段性工作总结；对联合调研报告进行了审议修改，提出了8个方面70多条加快革命老区建设发展的意见建议；对后续任务提出了具体要求，对各类数据进行了收集、核实和汇总；针对调研中发现的扶贫典型制定了《组织开展支持和促进革命老区发展先进典型宣传推广活动方案》；对调研中各地反映出的问题，分门别类协调各级政府有关部门帮助解决，共向国家有关部委提出建议报告7件，已有4件得到回复解决。

【搭建老区扶贫平台】 为加大对革命老区的扶贫开发力度，中国老促会与全国各地老促会合作，年初启动了《广泛动员社会力量支援老区建设项目对接工程》，成立了对接工作联合办公室，并制定了具体的工作实施方案，为引导社会资金投资老区建设搭建了平台。通过广泛动员、调查摸底、筛选论证，已有19个省（区、市）的838个拟开发项目和30个拟投资企业、295.3亿资金踏上对接平台。其中38个项目已对接成功。

【协调引资】 中国老促会会员单位，海南佳友国际农业发展有限公司，在革命老区进行珍奇名特农产品开发，品种已达3000多个，销售额超亿元；山东昂立集团先后投资40多亿元，在中西部革命老区发展光伏和风电产业，为拉动老区经济增长做出了贡献。中国老促会“爱心团队”成员在山西、河北、安徽、江西等革命老区投资生态旅游、食品加工等多个大型建设项目，投资额达190多亿元。经各级老促会牵线搭桥，已有2050家民营企业参与老区投资开发，实施各类项目2654个，投入资金1846.90亿元。

【社会扶贫】 中国老促会动员企业捐资40万元，用于云南宣威、河北平山的两个贫困村建设和内蒙古化德县爱国主义教育基地建设。各级老促会共募集资金51.89亿元，协调资金215.45亿元。修建改建中小学校944所，资助大中小学生11.4万人；兴建改建乡镇医院和农村卫生室5000余所，并捐赠了医疗设备和药品；修建加固塘堰、水塔、水渠、蓄水池、小水库、小电站等设施6820座；修建农村俱乐部、图书室、运动场、健身场2349个，捐赠文体器材 8956 件，图书 687.76 万册，计算机 2631 台；整修革命遗址、烈士陵园 385 处；救助生活困难老党员、老战士、老民兵、老烈属 11250 人。

2012 年 6 月，中国老促会邀请军地 9 家医疗单位 15 名专家、技术骨干组成医疗队，赴革命老区延安宜川县义诊，为当地群众和敬老院的孤寡老人送医、送药、送书。看望了部分老党员、老革命、老军人。接诊病人 3000 多人次，发放价值近万元的药品，赠送了医疗保健科普知识书籍和爱心书架。协调北京几家大型医院为山西老区医学院安排 55 名护士实习。

【老区扶贫宣传】 中国老促会与全国各地老促会联手，拟用 2 年时间组织开展支持促进革命老区建设发展先进典型宣传推介活动，2012 年下发了活动通知及活动方案，各地老促会做了大量准备工作，收集整理了一批先进典型材料。

2012 年 5 月，在北戴河召开了全国老区宣传报道工作会议，河北省委和中国老促会有关领导，及全国各地老促会 580 多名代表参加会议。会上表彰了为老区宣传工作做出突出贡献的 651 个先进单位和个人。

【科技培训】 中国老促会与北京农林科学院联手创办的“老区农民现代远程教育中心”，在全国 50 多个老区县新建远程教育基地 372 个，举办远程教育 31 期，受教 103 万人次。截至 2012 年底，全国老区远程教育站点已有 18000 多个，远程授课已超 3000 课时，已有 500 多万老区农民朋友得到培训；与福建省老区教育扶贫星火工程办公室合作，在多家大型企业内部开办“老区教育扶贫星火工程班”，为来自老区的员工搭建了继续学习的平台；中国老促会医工部在安徽省桐城市举办第 14 期兽医“数字诊断法”培训班，82 人参加培训。

全国老促会系统已培训农村基层干部和农技人员 240 多万人次；各级老促会妇工委举办各类培训班 580 期，培训妇女 52 万人次，促进了 12 万老区妇女创业就业，其中 1397 名妇女成为创业致富带头人；经中国老促会和天津市、陕西省及延安市老促会共同努力，在延安建立的中国西部首家海员培训基地，已招收培训西北老区青年 602 人，其中 282 人已登船上岗。

（中国老区建设促进会）

友成企业家扶贫基金会扶贫

【概述】 2012 年，是友成企业家扶贫基金会（以下简称“友成基金会”）发展史上的第 6 个年头。作为主要在扶贫领域开展工作的民间社会组织，友成基金会继续聚焦在新公益领域，坚持物质扶贫与精神扶贫并举的方针，围绕“探索中国公益领域的创新之路，成为推动人类社会公正和谐发展的重要力量”的核心愿景，积极探索、大胆实践，将“人的全面发展”作为最大的公益目标。

2012 年，友成基金会继续开展“扶贫志愿者行动计划”，积极推进友成志愿者驿站网络建设；同时，继续推进以“友成常青义教”为代表的教育扶贫、以“友成—中国非物质文化遗产基金”为代表的社区扶贫、以“友成减防灾网络建设”为代表的预防式社区扶贫，继续推进以“新公益领导力”为代表的社会组织扶贫能力建设、以“友成小鹰计划”、“友成创业咖啡”为代表的扶贫人才培养、以《友成文集》为代表的扶贫倡导。并在科技扶贫、医疗扶贫领域进行了有益探索。

2012 年，“扶贫志愿者行动计划”列入国务院扶贫办 2013 年计划，作为社会扶贫的重要项目，首次获得国家财政支持，取得历史性突破；“友成常青义教”和“友成小鹰计划”2 个项目入选《全国社会扶贫创新案例汇编（100 例）》，成为“新扶贫阶段下的新公益实践”的优秀案例；友成基金会还携手中民慈善捐助信息中心共同成立“全国城市公益慈善与社会管理创新平台”。2012 年，友成基金会成功举办第二届“新公益嘉年华”倡导活动，并获得“2012 年度公益创新典范奖”；记录友成基金会成长及新公益历程的友成基金会内部出版物《友成文集》，被国家图书馆作为非正式出版文献收藏。2012 年，友成基金会通过资金及捐赠物资发放等方式，共计支持仪陇、建始、滦平、隆安、西宁、巴中、阿坝、都江堰 9 家志愿者驿站，对外资助也成功完成 8 家 NGO 组织的招标工作，资助资金和物资总额达到 600 万元。

2012 年，友成基金会蝉联《福布斯》中文版“中国最透明的 25 家慈善基金会榜单”第 2 名；《斯坦福社会创新评论》在 2012 年春季刊题为“社会企业在中国崛起”的文章中，把友成基金会列为国内具有高度社会影响的两家社会企业支持机构之一。

【扶贫志愿者行动计划】 2012 年，

“扶贫志愿者行动”被列入国务院扶贫办2013年工作规划，友成基金会作为执行单位，获得国家财政支持。2012年12月，国务院扶贫办就友成基金会“关于动员定点扶贫单位支持扶贫志愿者行动计划的请示”给予批复，原则上同意动员新一轮定点扶贫工作的定点扶贫单位，通过扶贫志愿者行动计划，创新社会扶贫机制。扶贫志愿者是有主动性和创造性的社会扶贫的重要力量。广泛动员和组织志愿者参与减贫、扶贫的理念已经被国家认可，并写入《中国农村扶贫发展纲要（2011—2020年）》。

依托友成扶贫志愿者驿站网络，“扶贫志愿者行动”动员、资助和组织城乡各界志愿者，在贫困地区参与以提供能力建设为主的扶贫工作。本项目目标是围绕区域发展与扶贫攻坚规划，构建“扶贫志愿者网络”体系；广泛动员和组织各类志愿者到贫困地区开展以促进农村贫困地区经济社会发展、改善贫困群体生活质量和提高贫困人口持续发展能力为目的的各项服务活动；推动各界社会力量广泛参与扶贫，扶助定点贫困社区发展本地社会扶贫的自主建设机制。

2012年，“扶贫志愿者行动”在内蒙古呼和浩特市的试点取得重大成果。如今，呼和浩特市共建立了市级驿站1个，县级驿站3个，农村的乡镇驿站4个，项目点驿站12个。市中心驿站、县驿站、乡镇驿站和项目点驿站，形成了三级驿站的网络体系。友成驿站动员志愿者千余人，整合了社促会、妇联、团委、高校系统的很多社会组织，形成合力。友成驿站是一个支持体系，让民间公益机构的很多好的项目有了顺畅的复制渠道。

【友成小鹰计划项目】 2012年，友成基金会继续致力于“友成小鹰计划”。2011—2012年，共组织43名青年深入15个贫困地区项目点，参与执行包括世界银行CDD在内的扶贫项目14个，并自主研发实施项目13个，在基层乡村累积服务时间60280小时。该计项目体现了友成“精神扶贫”理念。项目本身就是具有中国特色的公民素质教育的项目。

【友成创业咖啡项目】 2011—2012年，通过与北京大学经济学院合作开设社会创业网络学分课，共组织50余名全国高校校长及老师进行了近30小时的社会企业创业教育理论及方法培训，为58个高校、孵化器和基层学习小组的近3000名师生提供了30学时、2学分的社会企业创业学分课，扩大了听课学生的社会视野及创业视野。

【友成常青义教项目】 2012年，“友成常青义教”项目的实施范围由广西拓展到云南、河北、内蒙古、辽宁、湖北、安徽等支教点，为150所乡村学校的6000名教师提供直接支持，招募志愿者约1100人，提供志愿服务8万多小时，近5万名学生受益，受助学校管理能力、教师教学水平、学生的综合素质和学习成绩均有了提升。项目模式日趋成熟，管理流程顺畅，常青义教工作手册初步开发完成。“友成常青义教”的社会效益得到各方肯定，成为在全国范围内具有影响力的友成品牌项目。2012年10月，“友成常青义教”成功入选中央电视台大型公益节目《梦想合唱团》，呼和浩特市项目点成为呼和浩特队支持公益项目，并获得招商证券提供的80万元奖金。

【中国非物质文化遗产基金】 友成基金会设立的中国非物质文化遗产基金，是中国首支对传统手工艺文化进行保护传承与创新应用的专项基金。该基金旨在集合各方优质资源，广泛募集社会资金，致力于符合基金理念的公益性文化项目和文化活动的资助与参与，非物质文化遗产的活性传承和生产性保护，促进中国贫困地区文化生态的改善，推动城乡社区的创新发展。

2012年，该基金与文化部非遗司、中国艺术研究院等政府机构及相关学术文化机构，在非物质文化遗产研究与出版方面开展多方位项目开发与合作；同联合国教科文组织、全球文化遗产基金会、贵州省文物局和文物保护研究中心合作共同进行贵州民族文化遗产保护“百村计划”战略合作，以帮助和促进贵州村落文化景观保护和社会可持续发展工作。同时，通过Design For China等活动组织设计师、文化志愿者下乡前往贵州实地进行产品设计、影像记录等，为多方提供参与文化传承事业的渠道和平台。

2012年3—5月，进行了贵州非遗考察。连同联合国教科文组织、全球遗产文化基金会对贵州省大利村、合水村、控拜村、文斗村进行实地考察、记录、研究，确定项目执行村落，完成对大利、合水、控拜村、文斗村4个村的调研报告。2012年6月9日，中国第七个文化遗产日，由中国农业银行支持，贵州省文化厅及友成基金会联合举办的2012年“中国文化遗产日”贵州省主会场系列活动启动。2012年9—12月，派遣文化志愿者协助贵州省黎平县茅贡乡地扪村进行非物质文化遗产传承保护以及社区发展工作。为了更好地支持社区发展，还进行了“生态博物馆”的前期调研。2012年，友成组织开展了第二届Design for China专业志愿者田野活动，并研发推进“贵州村落文化景观与社区发展项目”。中国非物质文化遗产基金，能够做到三个结合：即遗产保护和扶贫解困相结合、完善外在的保护环境和培养内在的生存活力相结合、商业利益和文化繁荣相结合。

【香港青年乡村服务项目】 在中国农业银行的支持下，以友成志愿者驿站网络为依托，2011—2012年，共招募230余名香港青年学生赴中国内地4省10个乡村地区进行服务，行程达8000多千米，产出30余份行动研究方案，在乡村志愿服务时间累计9200余小时，服务村民10000人，近50名内地青年志愿者代表赴香港进行为期一周回访交流。服务主题包括生态旅游路线设计、支教、社区服务、义诊、农村合作社建设等。

【友成—南风窗“调研中国”活动】 2012年，吸引全国数百所高校的637支团队报名申请，资助12支团队共68名大学生进行调研，形成12份报告并举办12场校园报告会，覆盖学生人群5000余人，累计调研实践时间近9000小时，调研议题涉及农村小学教育、外来务工人员生存状况、留守儿童、保障房建设等社会各方面。

【百人计划】 友成基金会与中国基金会中心网、中国人民大学联合发起“百人计划”，以回应社会组织快速发展，而高端人才严重匮乏的瓶颈问题，该计划依托中国人民大学和美国圣母大学非营利管理在职硕士双学位项目，志在为中国公益行业培育百名青年领袖。基金会中心网、友成基金会、中国人民大学为“百人计划”构架了完整的支持体系，将在招生、教学、实习、职业发展规划等方面为培养对象提供全程支持，并组建“百人计划”俱乐部。友成基金会为“百人计划”提供每年100万元奖学金。

【救灾管理】 2012年9月，云南省昭通市彝良县连续发生5.7级和5.6级地震，友成基金会第一时间支持友成基金会民间应对灾害管理网络枢纽机构“NGO备灾中心”进入灾区，9月9日完成“昭通震后资源协调平台（友成彝良志愿者驿站）”搭建。截至2012年12月19日，友成驿站协调整合抗震救灾物资420余万元；服务支持志愿者330余人，协调民间公益组织24家，累计志愿服务时间11万余小时；组织完成灾情调研，数据的收集、整理、发送，物资的接收、发放等，受益人超过35000人。

2012年3—12月，友成基金会资助云南绿色流域在云南玉龙纳西族自治县拉市乡南尧村的3个彝族社区，开展灾害管理项目，并被民政部命名为“2012年度全国综合减灾示范社区”。

2012年7月21日，在北京房山洪涝灾害中，友成基金会与北京紧急救援队通力合作，根据与朝阳区民防局的沟通，资助北京紧急救援队购买了橡皮艇、搜救灯和灾民急需用品等物资，支持灾害的救援和居民安置。

【新公益领导力发展研修班】 2012年6月2日，友成大学（筹）与北京惠泽人咨询服务中心联合主办的首届“新公益领导力发展研修班”结业。北京13家NGO组织的领导人在研修班中获得提升，并成立了校友会。2012年11月7日，第二届“新公益领导力发展研修班”正式开班，新一届研修班学员扩展至北京、上海、西北地区和其他省区的公益机构、企业CSR部门的领导人和管理者。

【哈佛公民与社会创新种子班远程班】 2012年8月19—26日，由哈佛大学豪泽非营利组织研究中心主办，友成基金会远程同步协办的第一期公民与社会创新种子班在友成大学开课。本期哈佛种子班专为新一代中国青年设计，旨在倡导公民意识、社会责任和慈善，启发多元化的社会创新，塑造未来中国公民社会领袖。北京远程班通过网络视频直播的方式，参与世界最先进课程、聆听世界上最优秀导师的讲授，同时，以本土经验和案例同远在美国的哈佛班同学交流与讨论。这是中国本土第一次以远程同步的方式引进国外名校的课程。

【全国城市公益慈善与社会管理创新平台】 2012 年 8 月 27 日，友成基金会携手中民慈善捐助信息中心（以下简称“中民”）共同成立“全国城市公益慈善与社会管理创新平台”，将友成基金会绵竹志愿者驿站“社协平台 + 联席会议”的创新模式推广到更广阔的层面，建设政府、社会组织、企业合作共赢的工作平台，以实现慈善事业和社会管理创新互相促进的良性循环。目前，该平台在第一个城市吴忠市的试点工作已经启动。中民与友成基金会将发挥各自优势，在政策倡导、公益组织孵化和创新项目研发等方面，为吴忠市政府提供创新型解决方案。

【新公益嘉年华】 2012 年 9 月 26 日，第二届“新公益嘉年华”在北京揭幕，系列活动历经 12 天，于 2012 年 10 月 7 日圆满落幕。第二届新公益嘉年华以“发现、融合、传播”为主题，继续围绕“新公益”，整合各方资源再创新意，持续发现、展示和实践友成所倡导的公益创新。该活动以“我们的幸福”为主题，首次尝试将公益与艺术完美融合，吸引了数万名大众的直接参与和媒体的广泛关注。新公益嘉年华致力于成为中国公益领域中一个标志性的活动品牌，每两年一届，选择不同城市举办，“持续推动社会创新”是新公益嘉年华不变的主旨。

【理论研究及新公益倡导】 2012 年 5 月，友成基金会与中央编译局比较政治与经济研究中心、中国社会出版社联合推出中国第一本《社会创新蓝皮书》。该蓝皮书聚焦当代中国的社会创新现状，广泛参照世界各国在社会创新领域的历史、经验、实践探索和研究成果，从历史趋势、主体、行为、案例等角度，全面反映当代中国社会创新的格局，为读者提供中国社会创新的整体性介绍。除学术价值之外，该书也成为友成基金会向当代中国公众倡导“通过社会创新促进社会公正和谐发展”这一理念的重要载体之一。

2012 年 11 月，国家图书馆收藏了友成基金会内部出版的《友成文集（2010）》。为实现社会公益类文献系统收藏与保存，友成基金会又捐赠历年《友成文集》及《奥运 2008 特刊——抗震救灾专刊》、《友成在行动——5 · 12 救灾纪实》、《新公益嘉年华专刊》等 9 本内部出版物，作为非正式出版文献入藏国家图书馆。

（友成企业家扶贫基金会　刘世辉）

中国光彩事业促进会扶贫

【概述】 2012 年，中国光彩事业促进会认真贯彻落实中共中央扶贫开发工作会议精神和《中国农村扶贫开发纲要(2011—2020)》有关部署，结合自身特点和优势，调整工作思路和计划安排，加大扶贫力度，扩大扶贫规模，确定新的工作重点，积极组织理事、会员和广大非公有制经济人士，坚持“义利兼顾、以义为先”的核心理念，坚持以项目投资为主的开发式扶贫，同时积极参与支持各项社会公益事业，成效显著。

【四届三次理事会】 2012 年 5 月 28 日，中国光彩事业促进会四届三次理事会议在北京召开。全国政协副主席、中央统战部部长、中国光彩事业促进会会长杜青林，全国政协副主席、全国工商联主席、中国光彩事业促进会顾问黄孟复出席会议。中央统战部副部长，全国工商联党组书记、第一副主席，中国光彩事业促进会副会长全哲洙主持会议。

会议的主要内容是总结四届一次理事会以来的工作，研究和部署下一步工作任务。杜青林在工作报告中指出，光彩事业源自“义利兼顾、以义为先”的文化精髓，根植扶贫攻坚的丰富实践，体现先富帮后富、实现共同富裕的强烈责任，探索出市场化运作、开发式扶贫的共赢发展模式。经过 20 年的发展，光彩事业已经站在新的发展起点，迎来实现新跃升的有利契机，要牢固树立机遇意识、使命意识、创新意识，加强顶层设计，注重实践推动，不断提高工作科学化水平，切实增强光彩事业实际效能。

会议确定了今后一个时期的工作重点：第一，推进资源整合。衔接贫困地区自然资源和光彩企业资金、技术、市场资源，争取相关部门政策资源，统筹光彩会的内部资源。第二，突出服务功能。更多提供市场、产业、政策等重要信息，争取政策支持，拓宽交流渠道，开展企业合作。第三，着力打造光彩品牌。研究制定光彩事业品牌战略实施方案，进一步扩大光彩事业的知名度和感召力。第四，完善制度机制。完善督查落实机制，实施光彩项目全过程管理，建立定期报告制度，完善跟踪服务流程，构建绩效考评体系。

会议授予赵建国等 50 名民营企业家“光彩事业奖”，授予北京市光彩办等 30 个单位和个人“光彩事业组织奖”，授予陈雪峰等 44 名民营企业家“光彩事业国土绿化贡献奖”。

中央统战部、全国工商联、中国光彩事业促进会、国家林业局有关领导陈喜庆、黄小祥、谢经荣、谢伯阳、陈述贤以及来自全国各地的 500 余位中国光彩会常务理事、理事及相关代表出席会议。

【扶贫开发意见】 2012 年 5 月 3 日，中华全国工商业联合会、中国光彩事业促进会联合下发《关于鼓励和引导非公有制经济参与农村扶贫开发的意见（2011—2020 年)》。

《意见》要求各级工商联、光彩会认真贯彻落实《中国农村扶贫开发纲要(2011—2020 年)》，引导和组织非公有制经济在农村扶贫开发中发挥重要作用，坚持开发式扶贫方针，坚持“义利兼顾、以义为先”理念，以 11 个连片特困地区和西藏、四省藏区、新疆南疆三地州为主战场，以扶贫标准以下具备劳动能力的农村人口为主要帮扶对象，以大力促进县域经济发展为着力点，以项目推进、整村推进为手段，支持龙头企业发展，促进农业产业化、现代化发展。

《意见》提出光彩事业参与农村扶贫开发的基本任务：重在提高农民发展能力和增收水平，重在产业扶贫和解决制约发展的突出问题，重在扶持和推动连片特困地区，特别是革命老区、民族地区、边疆地区的经济社会又好又快发展。

【中国光彩事业延边行】 2012 年 7 月 25 日，中国光彩事业促进会与吉林省人民政府共同主办了“中国光彩事业延边行”投资考察活动。这次活动是中国光彩事业促进会贯彻落实中国新十年农村扶贫开发纲要，把扶贫开发重点向边疆少数民族地区倾斜的一项重要部署。延边是中国唯一的朝鲜族自治州，又是革命老区，由于历史原因，至今仍有 4 个国家级贫困县、27 万农村贫困人口。

中共中央统战部副部长，全国工商联党组书记、第一副主席，中国光彩事业促进会副会长全哲洙，吉林省委副书记、省长王儒林等领导及全国各地的 230 余位中国光彩事业促进会理事、会员和热爱光彩事业的民营企业家参加活动。

全哲洙在项目签约和公益捐赠仪式上讲话，希望参加活动的民营企业在项目对接和产业发展上，体现出高起点、高水平、高效益，找准企业自愿、社会需要、地方支持的好项目。活动当天签订合同项目 35 项，协议项目 7 项，签约金额 866.3 亿元。项目涉及光电、垃圾焚烧、旅游资源等领域，满足了当地加快扶贫开发和经济结构调整的紧迫需求。

参加活动的民营企业家捐赠 2740 万元，资助延边州在乡困难烈属危房改造等项目。危房改造项目主体工程于 2012 年 11 月完成，700 户在乡困难烈属已全部入住新房。新房均按朝鲜族民居风格建设，钢筋混泥土结构，配套有塑钢窗、外保温墙和顶棚保温、彩钢瓦、自来水、独立卫生间等。

【中国光彩事业宁夏行】 2012年8月8日，中国光彩事业促进会和宁夏回族自治区党委、自治区政府共同主办了“中国光彩事业宁夏行”大型投资考察活动。

中共中央统战部副部长，全国工商联党组书记、第一副主席，中国光彩事业促进会副会长全哲洙，宁夏回族自治区党委书记、人大主任张毅，宁夏回族自治区主席王正伟等领导和全国各地的400余位中国光彩事业促进会理事、会员及民营企业家出席活动。此次活动是中国光彩事业促进会加大光彩事业在集中连片特困地区和少数民族地区扶贫开发力度的一项重点工作。宁夏是我国5个少数民族自治区之一，基础条件相对薄弱，贫困人口基数较大，目前仍有100余万贫困群众和42万残疾人群，扶贫攻坚任务繁重。

全哲洙在开幕式上的讲话中，希望广大民营企业大力弘扬“义利兼顾、以义为先”核心理念，在改善民生、服务社会中积极履行社会责任。张毅在讲话中表示“中国光彩事业宁夏行”是宁夏扶贫开发事业中的一件大事，也是各族群众期盼的一件喜事。宁夏将努力创造优良的投资环境，为企业家在宁夏投资兴业提供有力保障。

民营企业家先后到银川经济技术开发区、中卫市厚德慈善产业园区等地进行了实地考察和项目对接，共签约项目142个，总投资2060亿元。其中，合同项目110个，总投资1158.12亿元。协议项目32个，总投资901.9亿元。

企业家捐款3170万元，资助“同心县河西同德生态移民项目区枸杞种植基地项目”。该项目由村集体统一管护，受益者1179户计4639人。预测项目建成后，每户年增收5万元，人均年增收1万元。截至2012年年底，3000亩防护林已经种植完毕，土地平整、储水池建设、灌溉管网铺设已完成。中国光彩事业促进会副会长、福耀玻璃有限公司董事长曹德旺，河仁慈善基金会理事长曹德淦捐款1000万元，援助固原市西吉县儿童福利院。

【同心·藏区幸福家庭工程】 2012年6月，中国光彩事业促进会与国家计生委、全国工商联合作，募集1000万元资金，开展“同心·西藏和四省藏区幸福家庭工程——新农村新家庭计划”项目，把生殖生育健康服务送入藏区。截至2012年9月初，已组织专门力量深入西藏和云南、四川、青海、甘肃藏区15个县乡1700个村庄，为农牧民义诊5700多人次，培训医务人员和计生干部480多人次。

【同心·光彩水窖项目】 2012年4月，中国光彩事业基金会资助300万元，启动甘肃通渭县“同心·光彩水窖”建设项目。截至2012年9月底，全面完成2000眼“同心·光彩水窖”建设任务，解决了平襄、寺子、陇山等11个乡镇10000人口、3100头大家畜饮水困难问题。

【同心·光彩助学基金】 2012年8月，向贵州省毕节市101名优秀贫困生发放助学金共计30.3万元，继续向2011年接受此项资助的99名贫困大学生发放助学金9.9万元。

【云南红土情·光彩进万家行动】 组织2万余家民营企业，投入帮扶资金30814.35万元，捐赠实物价值237.2万元，帮助老党员2727人，老革命661人，老劳模117人，其他人员29.3万人。招工扶贫1562人，投资光彩项目82个，到位资金40226万元。

【黔西村企结对帮扶】 组织10家民营企业与贵州黔西县的10个村，签订“一企帮一村”结对帮扶协议。未来3—5年，结对企业将与帮扶对象通过“产业帮扶”、“智力帮扶”、“民生帮扶”等多种形式，积极扶持帮扶对象发展。

（中国光彩事业促进会）

中国残疾人福利基金会扶贫

【概述】 2012年是残疾人事业发展卓有成就的一年。在党的十八大“坚定不移沿着中国特色社会主义道路前进，为全面建成小康社会而奋斗”目标的引领下，中国残疾人福利基金会深入贯彻落实《中国残疾人事业“十二五”发展纲要》，为促进社会和谐、改善残疾人生活、增进残疾人福祉而不懈努力。始终坚定不移地贯彻党中央、国务院的重大决策和部署，紧紧围绕中国残联五届主席团四次会议和中国残疾人福利基金会（以下简称“残疾人福利基金会”）三届理事会确定的任务目标，在中国残联党组、理事会和邓朴方会长的领导下，在中国残联各部厅和各直属单位的支持下，在基金会全体同志的努力下，圆满完成了全年工作任务。

2012年，基金会收入3.57亿元（其中现金1.47亿元，物资价值2.10亿元），完成全年计划的142.8%；公益项目支出3.20亿元，完成全年计划的129%，占上年总收入的91%。工作人员工资福利及行政办公支出1326万元，占本年度支出的4%，符合《基金会管理条例》的规定。2012年，残疾人福利基金会共开展133个公益项目，我们着重在已有品牌的可持续发展和拓展残疾人亟须的新项目上下工夫。

【集善工程·启明行动】 “启明行动”自2006年6月启动以来，在社会各界的大力支持下，共募集资金近8000万元，为全国26个省区市的近6万名贫困白内障患者实施了复明手术。2012年，残疾人福利基金会努力在提升项目活力、扩大影响力并使之长效可持续上下工夫。一是在上海召开“集善工程·启明行动”项目工作会，捐赠方、受助方、执行方共同总结项目运作的经验，探讨不断扩大启明行动实施的广度与深度，加强对贫困白内障盲人的帮助及进一步规范项目运作流程等问题。二是继续深入推进“启明行动”。2012年项目共资助5714.4万元，完成了甘肃、湖北、云南等6省（市）4850例白内障复明手术。三是努力争取更多的资金支持，推进项目的长效、可持续。2012年7月，残疾人福利基金会分别与佳通集团、瑞银集团、卡博特公司、FACE鞋类协会等爱心企业签署5年共捐赠2000余万元的协议，其示范效应将激发更多的爱心企业与残疾人福利基金会建立长期合作。

【集善工程·助听行动】 2012年，杭州诺尔康公司向残疾人福利基金会会捐赠价值980万元的100套国产人工耳蜗。为做好资助工作，采取中国聋儿康复研究中心统筹、企业推荐、中国残疾人福利基金会协调地方支持相结合的办法推进项目开展，目前已救治72名听力残疾人。瑞声达公司捐赠1000台助听器，峰力公司捐赠100台助听器、6套康复设备及配套款，共价值452.64万元。常州市钱璟康复器材有限公司捐赠了价值378万元的听力康复和教学设备。还积极配合中国听力医学基金会落实美国助听器捐赠项目，获该基金会颁发的“支持贡献奖”。

【集善工程·助困行动】 2012年，上海拉夏贝尔公司向残疾人福利基金会捐赠价值1316万元的服装，资助湖南、武汉等10省区市和北京特奥爱心农庄等。该项目一是在充分总结以往工作的基础上，以武汉为试点采用集中组织熨烫、组织残疾人自主挑选服装的方式，同时邀请爱心企业赴工作现场参与，这种全新的形式达到了展现企业爱心、让残疾朋友称心、社会反响积极的效果，在探索项目深入开展新方法方面进行了全新的尝试和迈进。二是通过服装项目的影响力，继续开辟服装项目新途径。通过积极努力，武汉大洋、上海微乐等企业也加入了服装捐赠行列，推进了助困服装项目的可持续发展。

【集善嘉年华】 2012年11月30日，中国国际友好联合会、《财经》杂志和集善嘉年华联合主办了“2012首届中国公益论坛”。该论坛就如何将欧美等发达国家在慈善事业上的经验与方法融入中国的土壤，如何引入国际先进理念并结合中国实际定位自身公益事业目标，以不同的视角透视不同阶段国家的政府与民间慈善关系，理清公益与商业之区别，区分不同社会的价值财富观，明晰中国公益发展之路等关乎中国慈善事业的健康发展等诸多问题进行了深入探讨和交流。英国前首相布莱尔到场演讲，比尔和梅琳达·盖茨基金联席主席比尔·盖茨做了视频演讲。

2011年集善嘉年华的资助项目“资助农村扶贫基地建设”于2012年全面展开，完成了8个项目省、55个基地的实施方案审定及召开项目工作会、考察扶贫基地等工作，目前基地建设工作正全面展开。在项目执行中，中国残疾人福利基金会重点强化资助款使用方向、使用计划和资助成果等责任，确保善款用到实处。

【中国信息无障碍论坛项目】 由中国残疾人福利基金会与工业和信息化部、中国残联、中国互联网协会共同主办的第八届中国信息无障碍论坛于9月20—21日在中国盲文图书馆举办。中国残联党组书记、理事长王新宪，工业和信息化部副部长尚冰，中国互联网协会理事长胡启恒，新闻出版总署党组成员宋明昌等领导出席开幕式。

本届论坛主题为“推进创新、引领共享”。论坛有以下特点：一是参会人数多、范围广，有来自美国、英国、加拿大、日本、越南、马来西亚及中国香港特别行政区等国内外的嘉宾200余人参加，其中包括IBM、微软、谷歌、中国移动、百度、阿里巴巴、DAISY（数字无障碍信息系统）联盟、世界盲联、中国香港社会服务联会等国内外知名机构和企业的代表；二是经中国信息无障碍论坛的“牵线搭桥”，许多此前并未深度参与的力量都积极加入进来，共同呼吁提高对推动信息无障碍建设的认识水平，即它不仅是各级政府部门、相关社会组织、企业应该履行的社会责任和义务，也是深入贯彻落实国务院颁布的《无障碍环境建设条例》的应有之义；三是在本届论坛增设分论坛，多个国家和地区的知名企业、科研机构、残疾人组织积极参加，体现了论坛的高质量和参与水平，这对于进一步推动信息无障碍建设和加强多个领域合作具有重要意义。

【“阳光伴我行”集善明门儿童轮椅项目】 中国台湾明门公司已连续4年向中国残疾人福利基金会捐赠脑瘫儿童轮椅，自2012年，该项目又取得新进展。一是项目覆盖面扩大，除全国31个省区市外，还延伸到新疆生产建设兵团、黑龙江农垦、计划单列市及6个省会城市，3万多名贫困残疾儿童受益；二是积极促成捐赠方在捐赠量和物资种类上有所突破，2012年，明门公司向残疾人福利基金会捐赠总价值约7000万元的13600辆幼儿轮椅和5940辆儿童轮椅；三是召开了项目工作会议，进一步总结项目工作经验，规范项目运作模式，巩固项目成果，扩大项目影响；四是加入残疾预防理念，在中国残疾人福利基金会的积极拓展下，由该项目衍生出“集善平安童行”项目，2012年，巧儿宜集团捐赠价值300万元人民币的2000台儿童汽车安全座椅，用于资助幼儿园、社区儿童等，向社会宣传残疾预防的重要性。

【集善如新儿童蜜儿餐项目】 “集善如新儿童蜜儿餐”项目自2010年正式启动以来，已成为比较成熟、具备规模和有影响力的公益项目。2012年，宁夏、河南、新疆等18个省区市开展了该项目，累积为残疾儿童发放价值2314万元人民币的11.57万包蜜儿餐。2012年还两次召开了“集善如新儿童蜜儿餐”项目工作会，对实施工作进行总结和部署，对实施效能和规范及加强项目运作模式管理等进行研究，对加强宣传和进一步扩大项目影响力进行了交流和探讨。

【361度体育服装捐赠项目】 2012年，361度（中国）有限公司捐赠价值1026万元的600套体育运动服装，用于资助中国残疾人体育代表团参加2012年伦敦残奥会，为残疾人体育事业做出了贡献。中国残疾人福利基金会与中国残联体育部积极配合，多次与捐赠企业交流沟通，保证了捐赠物资及时送达残疾人运动员手中。

【西安杨森集善援助药品项目】 2011年5月，中国残疾人福利基金会与西安杨森制药有限公司共同开展了维思通集善援助合作项目，向贫困精神分裂症患者提供维思通药品援助。截至2012年，已向全国

30 个省市的 166 家医院约 1.9 万名适应症患者提供了价值约为 1500 万元的维思通药品 22 万盒。援助项目不仅得到广大患者和家属的好评，还有效推动了二代抗精神分裂症药物取代传统药物的进程，降低了精神分裂症患者的致残率，进一步促进了精神卫生防治工作的开展。

在中国残联支持下，2012 年 2 月，西安杨森制药有限公司再度与中国残疾人福利基金会合作开展集善类克援助合作项目，为低保特困及因病致贫的类风湿关节炎、强直性脊柱炎患者提供类克药品援助。2012 年，该项目向全国 30 个省市、220 家医院的 1000 名适应症患者提供价值 325.4 万元人民币的类克药品 1000 余支。该项目不仅帮助患者降低了因病致残的几率，减轻了患者治疗中的经济负担，还促进了相应生物制剂国产化的进程。

【香港赛马会项目】 香港赛马会自 2010 年起 3 年内向中国残疾人福利基金会定向捐赠 5296 万元，用于援助四川八一康复中心系列康复项目。2012 年，该项目重点为人才培养，组织了该中心多人次进行国内外的培训，开拓了视野，并争取到了新的国际合作和人才引进，提高了整体专业技术水平；项目还对八一康复中心的设备进行了配备和更新，目前该中心的脑瘫康复条件和技术已成熟稳定，偏瘫和脊髓损伤康复也发展迅速，有望达到国际先进水平。

【集善三星爱之光项目】 中国三星集团向中国残疾人福利基金会分 5 年共捐赠 5000 万元人民币用于执行三星“集善爱之光”项目。2012 年，捐赠 1000 万元人民币，完成了支持康复中心康复治疗设备购置和改造项目、北京按摩医院自闭症及脑瘫康复训练设备购置项目、支持残奥运动员公寓修缮项目、全国助残日大型公益活动项目、香港公共募款培训项目等。

【澳门促进残疾人体育和特殊艺术发展项目】 2012 年，澳门特别行政区行政长官崔世安先生与汤小泉理事长、贾勇副理事长在澳门亲切会面，并签署了《共同促进残疾人体育和特殊艺术发展项目》第二期合作协议，澳门特区政府捐赠 1000 万元人民币，用于支持澳门和内地残疾人体育和特殊艺术的交流和发展。

【世界宣明会项目】 自 2009 年起，世界宣明会中国办事处与中国残疾人福利基金会合作，累计捐赠 3900 万元，用于开展集善援川、援陕、援甘。2012 年 9 月底，项目全部完成，共为受灾地区培训 3027 名各类专业康复人员；为 20 个残疾学生较集中的学校或新增残疾人较多的社区进行无障碍设施改造；为 4510 名因灾致残的残疾人提供辅助器具个性化适配和家庭无障碍环境改造。在顺利合作的基础上，2012 年 7 月 27 日，中国残疾人福利基金会继续与宣明会中国办事处合作，签订了为期 5 年的可持续发展的“世界宣明会集善残疾儿童助养项目”。

【无国界社工项目】 自 2009 年 8 月

起，无国界社工在香港募集300万元港币，在四川省都江堰友爱学校内开展为期3年的“无国界社工友爱集善之家”项目，2012年8月执行完毕。在第一期成功合作的基础上，自2012年9月起，又与之开展了“无国界社工友爱集善之家”第二期项目（2012年9月—2015年8月），项目资金300万元人民币。该项目对于带动境内外更多专业人士，加入到为残疾孩子提供专业心理辅导服务的社工队伍培养方面开拓了成功的经验，为解决残疾孩子的心理问题提供了新思路，同时本项目也为持续开展灾后心理辅导工作新模式积累了经验。

【“中国一汽集善博爱行”项目】 2012年8月，中国残疾人福利基金会与中国一汽集团签署合作协议，该集团自2012年起每年捐赠200万元人民币，5年共计捐赠1000万元人民币，用于开展“中国一汽集善博爱行”项目。中国残联主席张海迪出席捐赠仪式并向一汽集团徐建一董事长赠送荣誉牌匾和证书。2012年，该项目向东北3省及青海、宁夏、内蒙古等省区的特教学校和市县级康复机构等基层机构共资助24辆汽车，为特教学校的残疾学生和基层社区残疾人出行提供交通方便。

【中国银联励志助学盲童行动】 2012年，中国银联捐赠500万元，与中国残疾人福利基金会共同开展“中国银联励志助学盲童行动”，为边远贫困地区盲校及特教学校的学生购买盲文图书。这笔捐赠中的300万元同时作为中国残疾人福利基金会向中央财政申请的资助中西部贫困地区“盲童助学示范项目”的配套资金，共资助了18个省份的100多所盲校或特教学校，有近万名盲生受益。

【成立明德公益研究中心】 2012年11月，中国残疾人福利基金会与清华大学及世界宣明会中国办事处共同发起成立了明德公益研究中心。中心建立的目的，一是整合三方优势，推动公益项目的实践研究与应用推广，搭建公益项目共享平台；二是增强社会组织的问责机制、能力建设及公信力；三是对社会组织在公益项目开发设计、运作方式、理论研究及公开透明、加强监督等方面提供培训和支持。该中心已开始为全国一些社会组织提供技术支持和人才培训。

【集善三星爱之光系列公益项目】 2012年6月，中国残疾人福利基金会与中国三星集团共同开展了“集善三星爱之光系列公益项目”，其中向五彩鹿儿童行为矫正中心捐赠了价值30万元人民币的“互动式多媒体教学系统”康复设备，该教学系统改变了以往患儿对认知课感觉枯燥并抗拒的行为。

此外，还分别以不同形式对北京智光特殊教育培训学校、北京红丹丹教育文化交流中心、瓷娃娃关怀协会等草根社会组织的发展给予支持和扶持，帮助他们提高自身发展能力和为残疾人服务的水平。

【中央财政支持社会组织参与社会服务项目】 2012年，中央财政安排专项资金，支持社会组织参与社会服务，这是国家为充分调动社会组织参与社会服务的积极性，发挥社会组织在创新社会管理和构建社会主义和谐社会中积极作用的新举措，是政府与社会组织合作的一种“双赢”，既有利于推动政府职能转变，也有利于增强民众的慈善意识，促进公民社会的发展。中国残疾人福利基金会紧紧抓住这次机遇，积极申请。一是认真学习领会民政部有关文件精神，与盲文出版社一同制定了“中国残疾人福利基金会集善盲童助学示范项目”方案，于 2012 年 3 月上报民政部并被批准，获中央财政资助 150 万元，同时中国残疾人福利基金会配套 300 万元，为边远贫困省份的盲校或特殊教育学校捐赠盲文词典等；二是中国残疾人福利基金会高度重视，成立了项目领导小组和专门工作机构，制定工作制度，严格执行计划，如期完成了项目，并上报了中期报告和总结报告；三是积极推进，争取到中国银联捐赠 500 万元的支持，配套实施“中国银联励志助学盲童行动”。截至 2012 年 11 月中旬，项目执行完毕，共有 14 个省市区的 101 所盲校或特教学校的 1 万多名盲童受益。该项目规范、高质、高效地完成了民政部民间组织管理局要求的各项工作，通过了民政部指定审计机构的全面审计，得到了民政部的肯定，为中国残疾人福利基金会明年继续争取财政支持项目积累了经验，奠定了良好的基础，也为向残疾人事业争取更多的资金支持开拓了一个新渠道。

【助残日主题活动】 以全国助残日为契机，大力营造扶残助残氛围，积极推进公众募款工作。中国残疾人福利基金会于 2012 年 5 月 16—20 日在西单文化广场举办了“集善工程”展览展示活动。活动有 4 个特点：一是领导重视，规格高。中国残联、中国残疾人福利基金会、民政部民间组织管理局、北京市西城区、北京市残联的领导出席了活动。二是内容丰富，环节多。有公益项目展示、残疾人主题摄影展、企业捐赠、爱心义卖、盲文图书展示、智障儿童趣味体育器材体验、律师志愿者法律援助咨询、残疾人书法家才艺展示等。特别值得一提的是百余名大学生志愿者手提印有中国残疾人福利基金会标志的募捐袋，在西单文化广场宣传“集善工程”并进行劝募。三是参与面广，规模大。2012 年的活动是中国残疾人福利基金会一家搭台，多家唱戏，共有 15 个单位、500 余人参与了活动。四是宣传紧跟，声势大。在广场设置的大型 LED 墙，每天 12 小时滚动播放中国残疾人福利基金会及爱心企业宣传片、公益广告片，同时在 8 个地铁站和 100 辆公交车上张贴全国助残日主题和“我送盲童一本书”项目海报，大力营造扶残助残的氛围。20 多家媒体对活动进行了报道。

【“集善乐购日”义卖活动】 这是 2012 年中国残疾人福利基金会新拓展的公众募款活动。中国残疾人福利基金会与乐购合作开展的公益活动内容丰富：一是乐购捐赠10万元用于支持全国助残日主题活动；二是从2012年4月起，将每月的最后一个星期六定为“集善乐购日”，在北京乐购的门店开展义卖活动，所得善款用于“我送盲童一本书”项目；三是2012年8月乐购捐资和中国残疾人福利基金会共同举办了特奥夏令营活动，智障营员及其亲属们十分满意活动效果。这些尝试虽然所得公众筹款数额不多，但只要坚持下去，一定会逐渐收到教育公众关爱他人的成效。

【“集善启辰光明行——秒杀”活动】

2012年伦敦奥运会期间，中国残疾人福利基金会与东风日产乘用车公司及新浪网联合开展了“集善启辰光明行”活动。东风日产乘用车公司无偿提供东风日产启辰轿车，于2012年7月23日—8月14日期间在新浪微博举行“秒杀”活动，即中国奥运代表队每获得一块金牌，东风日产乘用车公司提供一辆轿车进行“秒杀”。活动期间，每位参加“秒杀”活动的网友自愿支付1元人民币并汇入中国残疾人福利基金会账户，用于为贫困白内障盲人免费实施复明手术，帮助其重见光明。整个活动有27000余人参与，共募集资金27015元人民币，为吉林省伊春市的28名贫困白内障患者施行了复明手术。这是中国残疾人福利基金会进行公众募款的又一全新尝试。

【集善残疾儿童助养项目】 2012年7月，中国残疾人福利基金会与宣明会中国办事处签订“世界宣明会集善残疾儿童助养项目”。将与世界宣明会及陕西、甘肃、湖北3省残疾人福利基金会共同努力，在5年内向国内外公众募集1.2亿元人民币，用于资助3省共2.1万名残疾儿童及残疾家庭子女的综合发展。该项目是中国残疾人福利基金会向宣明会学习项目运作、财务管理及公众筹款的典范项目。希望通过助养者每月的小额捐款，激发公众参与公益事业的热情，加强基金会的公众募款建设，逐渐形成基金会特有的公众募款项目和机制。

【积极推动人工耳蜗国产化进程】 积极争取到诺尔康公司和力声特公司分别向中国残疾人福利基金会捐赠100台国产人工耳蜗。中国残疾人福利基金会以此为契机，尝试通过公益项目的实施，推动国产人工耳蜗的开发与应用，促使进口人工耳蜗降低价位，使更多语后聋残疾人受惠。

【国产残疾人辅助器具研发和推广】 一是研讨建立残疾人辅助器具科研基地，努力争取企业支持，积极推动国产残疾人辅助器具研发和推广。二是经积极努力，富士康科技集团向中国残疾人福利基金会捐赠200万元，用于购买轮椅和建立残疾人康复站；香港方树福堂、方润华基金向中国残疾人福利基金会捐赠70万元人民币，用于为山西、黑龙江（垦区）老弱贫困残疾人购买1000辆轮椅。三是在2012年中国国际福祉博览会期间，促成14家辅助器具企业向中国残疾人福利基金会捐赠价值98万元的辅助器具。

【“中途之家”项目】 中国残疾人福

利基金会2010年资助了中国肢残协会开展“中途之家”项目，在此基础上，2012年支持肢残协会在合肥、石家庄等全国8城市启动脊髓损伤者“中途之家”项目。佳通轮胎（中国）投资有限公司向中国残疾人福利基金会捐赠60万元继续资助中国肢残人协会，开展“搭集善平台，建中途之家”活动，开展脊髓损伤者康复系列服务。中国残联已将此项目纳入了国家项目。

（中国残疾人福利基金会）

中国儿童少年基金会扶贫

【概述】 中国儿童少年基金会（以下简称“中国儿基会”）成立于1981年7月，是我国第一家公募基金会，宗旨是抚育、培养、教育儿童少年，辅助国家发展儿童少年教育福利事业，特别是贫困地区儿童少年教育福利事业。业务主管单位是全国妇联。32年来，中国儿基会始终坚持以社会需求为导向，以雪中送炭为原则，紧密结合党和国家工作大局及全国妇联中心任务，汇聚爱心，精心打造了以女童为主要救助对象的“春蕾计划”、以儿童安全健康为资助重点的“安康计划”和以改善婴幼儿营养状况为资助重点的“消除婴幼儿贫血行动”等儿童慈善品牌，项目惠及全国1200多万名贫困儿童，在辅助政府推进扶贫开发工作、保障和改善民生发挥了公益慈善组织的独特作用。

2012年，根据《中国农村扶贫开发纲要（2011—2020年）》关于“发展教育文化事业”、“动员企业和社会各界参与扶贫”的有关要求，中国儿基会创新工作机制，积极倡导“全员扶贫”理念，广泛开展社会动员，扎实推进“春蕾计划”、“安康计划”、“消除婴幼儿贫血行动”等儿童慈善品牌项目，为保障农村贫困儿童健康成长、促进农村贫困地区教育事业发展作出积极贡献。

【春蕾计划】 “春蕾计划”于1989年启动实施，旨在救助贫困失缀学儿童重返校园和解决生活学习困难问题。“春蕾计划”随着社会形势发展，不断拓展和丰富项目内涵。特别是国家实施“两免一补”政策后，“春蕾计划”重点通过实施助学行动、成才行动、就业行动和关爱留守儿童特别行动，多范围、多角度为贫困地区儿童少年特别是女童创造良好教育环境。24年来，“春蕾计划”已捐建“春蕾学校”1100多所，资助春蕾女童220多万人次，对40多万名女童进行实用技术培训。“春蕾计划”已成为我国民间公益组织促进女童教育发展最成功、最有影响力的范例。

2012年，“春蕾计划”重点通过与爱心单位策划开展多样化的公益活动，如“蓝天春蕾计划”、“武警多媒体教室捐建行动”、“玫琳凯春蕾班手拉手夏令营”、“音乐之声1200助学行动”、“第十四届全国青少年‘春蕾杯’征文”等，推动项目深入实施，促进教育扶贫工作。全年共新建春蕾学校16所、多媒体教室20个，资助春蕾生10万人次，为促进贫困地区教育事业发展提供保障。

【安康计划】 “安康计划”于2000年5月启动实施，旨在帮助儿童少年实现“远离失学、远离疾病、远离伤害、远离犯罪”。随着社会形势发展，“安康计划”重点以儿童安全、健康两个领域为着力点，通过大力实施儿童安全教育工程、儿童营养健康工程和儿童医疗救助工程，进一步动员社会力量，为广大儿童少年安康成长谋福祉，为我国扶贫开发工作添砖加瓦。“安康计划”实施13年来，已捐建328所“安康图书馆”、60所“儿童安全体验教室”、2座“儿童安全体验中心”、10所四川地震灾区伤残儿童康复中心；为贫困儿童、孤儿发放公益保险卡67万份，资助艾滋病致孤儿童15749人，资助4100多名贫困儿童治愈弱视眼疾；投入1亿多元，建成全国最大汶川地震孤困儿童安置基地“双流安康家园”，安置并资助600多名儿童直至他们完成最高学业。

2012年，“安康计划”重点以儿童医疗救助、儿童安全健康宣传教育为着力点，通过深入实施多元化公益项目，为广大儿童安全健康成长创造良好条件。全年共捐建68所“安康图书馆”（图书室）、29所儿童安全体验教室；为困难儿童发放179883份公益保险卡、8.5万袋蜜儿餐营养食品；资助艾滋病致孤儿童15749名；在344所学校开展“让我玩”体育活动，使32.8万名流动儿童受惠；为留守流动儿童捐赠1.2万部儿童安全数字通信终端；资助218名贫困儿童到京接受弱视眼疾治疗，捐建“儿童弱视医疗培训中心”和“儿童弱视治疗中心”各1个。

【消除婴幼儿贫血行动】 “消除婴幼儿贫血行动”于2011年5月与全国妇联、国家卫生计生委联合启动实施，旨在通过动员社会力量，为贫困地区6～36个月婴幼儿发放爱心营养包（即婴幼儿辅食营养补充品）和开展面向婴幼儿家长的健康教育，预防和改善婴幼儿贫血状况，提升健康素质，普及营养知识，提高贫困家庭科学喂养水平。项目实施以来，已使我国西部贫困地区约53万名婴幼儿受益。

2012年，“消除婴幼儿贫血行动”全面推进，先后通过举办营养包发放仪式、健康宣传教育、项目培训、项目初期和中期评估等一系列工作，保障项目科学有效实施。全年共发放爱心营养包228万盒，新增受益婴幼儿约30万名。印制并下发工作手册和培训教材各3.5万多册，家长手册51.5万多册。项目中期调查报告显示，服用营养包的6—36个月龄婴幼儿贫血患病率普遍降低5个百分点，其中宁夏地区降低10个百分点，婴幼儿服用营养包后的贫血患病率有效改善。通过多种宣传教育活动，超过70%的家长了解到预防贫血、营养包的好处和服用方法。70.2%的家长认为孩子服用营养包后健康水平得到明显改善。项目受到当地百姓、婴幼儿家长的欢迎。

【特色化活动】 2012年，中国儿基会结合社会发展要求，适时开展特色化公益项目和活动。深入开展“弘扬雷锋精神——儿童少年读书实践活动”，向100所春蕾学校、100所家长学校和100个留守儿童之家共赠送10万册《雷锋全集》，通过开展读后感演讲会、学雷锋实践活动等，激励广大儿童少年志存高远，争做雷锋式的好少年；积极开展万台马背电视机进四川藏区活动，向四川省阿坝藏族羌族自治州、甘孜藏族自治州、凉山彝族自治州藏区牧民家庭捐赠1万台太阳能便携式卫星电视机，丰富牧民家庭文化生活；积极开展“开往春天的校车”公益活动。向新疆、甘肃、贵州等地中小学校捐赠10辆校车，协助政府解决贫困地区校车缺乏问题。

【信息披露】 2012年，中国儿基会采取多种措施，推进扶贫信息披露工作，不断提升社会公信力。按照民政部对基金会评估要求，健全完善政务类、项目类、财务类规章制度40个，工作中严格按制度行事；新建立网络公益项目地图，就项目类别、捐助情况、分布区域等信息进行公开披露；将信息查询系统细化为项目查询和捐赠查询，为公众查询、监督捐助情况搭建平台；对在线捐赠系统进行升级，实现在线捐赠实时到账查询功能；对中文网站进行全新改版，更凸显信息披露、重大公益项目进展情况等内容，导航层次更清晰、信息公开更透明、安全级别更可靠；与中央人民广播电台、光明日报等17家主流媒体共同建立慈善行业内首个“儿童公益媒体联席会议制度”，合力打造扶贫信息披露平台。

【慈善理论研究】 为积极推进慈善理论研究工作，2012年，中国儿基会在对全国13个省（区、市）45家儿童领域相关组织深入调研基础上进行分析、研究后，发布行业内第一份有关儿童慈善需求理论研究报告《中国儿童慈善需求研究报告（2012）》，为儿童慈善组织更科学有效开展扶贫救助工作提供参考依据，受到民政部、慈善领域专家学者和媒体的高度评价和认可。

（中国儿童少年基金会　许长秋）

十

国际合作篇

综　述

减贫领域的国际交流合作是中国特色扶贫开发道路的重要组成方面，也是中国对外开放大局的重要组成部分。国务院扶贫办历来高度重视减贫领域的国际交流与合作。当前，随着《中国农村扶贫开发纲要（2011—2020年）》的全面实施，积极开展国际减贫交流合作的目标主要有三个方面，一是继续学习借鉴国际先进的减贫理论与实践，不断丰富和完善国内扶贫开发理念与机制，提升和增强我国扶贫开发的工作水平和能力；同时积极争取和引进国际各类资源支持国内扶贫开发事业。二是宣传我国扶贫成就和经验，传播我国扶贫理念与文化，提升我国扶贫开发的国际影响力。三是促进我国扶贫事业与国际减贫事业的交流与互动，不断促进发展中国家之间在社会发展和减贫领域的知识和经验分享，共同推动全球减贫事业的发展。

目前，随着联合国千年发展目标的即将到期和可持续发展目标的提出，国际社会关于2015年后发展议程的讨论日益激烈。消除贫困，实现可持续、包容性发展一直是国际社会关注的核心领域。减贫领域的国际交流合作应不断创新机制，巩固基础，拓展渠道，完善平台，服务于国家经济社会发展和总体外交大局。

（国务院扶贫办国际合作和社会扶贫司）

国际交流

【出访活动】　2012年，国务院扶贫办积极开展国际减贫交流合作，不断加强对外减贫交流工作，拓宽交流渠道和领域，访问并接待多个合作伙伴国家。全年共派出33个出访团组。

2012年6月12—22日，郑文凯副主任率团出席联合国可持续发展大会（里约+20会议），期间与巴西社会发展和消除饥饿部进行了双边会谈并与对方签署了《中华人民共和国国务院扶贫开发领导小组办公室与巴西联邦共和国社会发展和消除饥饿部克服极端贫困合作（2012—2014年）行动计划》。期间，代表团还考察了位于里约市中心的康特嘎罗（Cantagalo）贫民窟，直观地感受了贫民窟的生活状况。随后在贫民窟博物馆（Museu de Favela，MDF）办公室详细了解了康特嘎罗贫民窟形成、发展的历史，以及贫民窟博物馆的组织架构、运作模式和发展成果。此次出访正式开启了中国—巴西减贫交流合作的大门，积极推进了国务院扶贫办与拉美国家的国际减贫交流合作进程。

2012年7月21—29日，范小建主任率中国国务院扶贫办代表团对莫桑比克和坦桑尼亚进行了正式访问。访莫期间，范小建主任会晤了莫桑比克总理阿里以及计划发展部部长库埃雷尼亚、妇女和社会行动部部长辛图拉等莫方高级官员，并出席了“中国—莫桑比克庆华减贫合作中心”揭牌仪式和中国国际扶贫中心主办的“中国—莫桑比克减贫政策研讨会”。在坦桑尼亚考察期间，范小建主任在第三届“中非减贫与发展会议”开幕式上致辞，并与坦桑尼亚总统基奎特会见。随后，代表团赴摩洛哥罗大区基洛萨县鲁代瓦乡佩雅佩雅村考察中国国际扶贫中心在该村实施的社区综合发展示范学习项目，并出席了“中国—坦桑尼亚村级减贫学习中心”落成典礼。此次出访有力地推进了中国与上述两国之间的减贫交流合作进程，进一步深化了中国与非洲国家双边关系。

2012年8月15—26日，国务院扶贫办副主任王国良率团对俄罗斯和哈萨克斯坦进行考察访问。访俄期间，代表团与俄罗斯社会保障部部长助理安德烈·普罗多夫、综合分析统计司副司长安东诺娃等举行了会谈，并拜访了中国驻俄罗斯大使馆，听取李辉大使介绍了俄罗斯国家的基本情况，并同中国民营企业和中石油在俄罗斯的有关同志进行了座谈。访哈期间，代表团主要走访了中石油哈萨克斯坦公司，与公司负责管理的6个上游项目和2个管道项目的负责同志分别进行了座谈，对曼格什套项目和中联油的五一油库和加油站进行了实地考察。此次访问进一步拓展了国务院扶贫办减贫领域国际交流合作的范围，积极探索企业参与国际减贫交流合作的新途径。

【外事接待】 国务院扶贫办每年都要接待大量来自各国政府、国际组织、非政府组织的代表。2012年，办领导出面共会见了12个国外代表团。

2012年5月30日，郑文凯副主任会见了到访的德国国际合作机构（GIZ）高级项目经理托马斯（Thomas）先生一行。郑文凯副主任回顾了多年来扶贫办与GIZ诸多富有成果的合作，简要介绍了中国新阶段扶贫开发的总体情况。双方就进一步加强合作以及合作的新途径进行了探讨。

2012年6月25日，范小建主任会见了来访的博茨瓦纳总统事务和公共管理部部长莫克格威茨·马西西（Masisi）一行。范小建主任向代表团翔实地介绍了我国扶贫开发的基本历程、理念、经验、成绩及未来的挑战和任务。同时，双方还就贫困标准、扶贫资金管理、贫困人口监测等问题进行了交流。马西西部长对范小建主任的介绍表示非常感谢，认为中国扶贫开发的理念和经验对博具有重要的参考意义，表示愿意进一步推动中博在减贫领域的交流与合作。2012 年 6 月 26 日，中共中央政治局委员、国务院副总理回良玉在中南海紫光阁会见马西西一行。国务院副秘书长丁学东、国务院扶贫办主任范小建陪同会见。访华期间，代表团还拜访了商务部等国家有关部委及华为北京总部等企业，并赴河北、上海进行了实地考察。

2012 年 7 月 16 日，王国良副主任会见了由孟加拉国土地部国务部长莫斯塔菲祖尔·拉曼（Mostafizur Rahman）先生率领的代表团一行，向其介绍了我国改革开放 30 年来扶贫开发取得的成就、经验，面临的挑战和未来 10 年的工作思路。拉曼部长指出，中国在过去 30 年中取得了巨大的发展和减贫成就，让人为之震撼。在应对人口增长、土地管理和气候变化挑战等方面，两国更具有一定的相似性，因此孟加拉政府愿意学习中国成功的减贫和发展经验。会见后，孟加拉代表团赴河北承德市考察扶贫项目。

2012 年 7 月 19 日，郑文凯副主任会见世界银行亚洲和太平洋地区中蒙可持续发展局副局长朗德（Mark Lundell）。双方就进一步加强扶贫系统与世行减贫交流合作进行了深入而有效地交流。

2012 年 7 月 24 日，郑文凯副主任会见瑞士发展合作国务秘书、外交部发展合作署署长马丁·达辛登一行。郑文凯副主任向马丁署长简要介绍了当前中国扶贫开发的政策规划及未来任务，希望双方能不断加强减贫领域的交流合作。马丁署长对中国取得的减贫成就给予了高度赞赏，也表达了进一步加强合作的愿望。

2012 年 9 月 18 日，范小建主任在北京会见了来访的联合国儿童基金会副总干事勃兰特（Yoka Brandt）女士，双方就进一步深化在儿童减贫与发展方面的合作进行了交流和讨论。会见结束后，国务院扶贫办国际合作和社会扶贫司司长李春光与联合国儿童基金会驻华代表麦吉莲女士代表双方签署了合作谅解备忘录，决定在减缓儿童贫困、促进儿童发展方面开展一系列研究、试点和培训交流活动等合作。

2012 年 10 月 17 日，范小建主任会见来访的印度尼西亚发展计划部部长阿尔米达（Armida）女士率领的 10.17 减贫与发展高层论坛代表团。范小建主任首先简要回顾了 2011 年率团访问印度尼西亚的基本情况，随后详细介绍了中国扶贫开发的主要机构、政策规划以及国际减贫交流合作情况，表达了希望从中国—印尼双边和中国—东盟合作两个层面进一步推动中国—印尼减贫交流合作愿望。阿尔米达部长对范小建主任的欢迎及介绍表示感谢，十分赞同范小建主任所提建议，并衷心希望两国能不断加强减贫交流合作力度，进一步深化双方的合作关系。

2012 年 10 月 17 日，范小建主任会见了来华参加“减贫与发展高层论坛”的联合国副秘书长吴红波大使，并向吴秘书长授予了聘书，聘其为中国国际扶贫中心高级顾问。

2012 年 10 月 19 日，范小建主任在北京会见来访的由委内瑞拉人民政权公社和社会保障部副部长安娜（Ana Maldonado）女士率领的 10.17 减贫与发展高层论坛代表团。范小建主任简要回顾了近几年国务院扶贫办与委内瑞拉在减贫领域的交流与合作情况，并应代表团要求介绍了中国农村扶贫开发的成就和目前面临的挑战，对代表团成员提出的农村社会保障等问题给予了详细解答。代表团介绍了委内瑞拉在减贫和社会保障等领域的基本情况，并对中方的热情接待和精心安排表示诚挚感谢。安娜副部长表示，中国农业发展和农村减贫经验对委内瑞拉有很好的启示，希望进一步加强两国在减贫领域的交流与合作。

2012 年 10 月 30 日上午，范小建主任会见了由汤加议长法卡法努阿（Lord Fakafanua）先生率领的汤加议会代表团一行，向其介绍了我国的扶贫机制、改革开放以来扶贫开发取得的成绩及经验。中联部七局局长马辉、国务院扶贫办国合司副司长刘书文、中国国际扶贫中心副主任何晓军等出席了会见活动。

2012 年 10 月 30 日下午，范小建主任会见了坦桑尼亚总统府国务院首席秘书奥姆贝利·瑟福由先生率领的访华代表团。范主任首先简要回顾了 2012 年 7 月率团访问坦桑尼亚取得的积极成果，充分肯定了中坦双方开展减贫交流合作的各项工作，并对坦方为深化中坦减贫合作所做的努力表示感谢。瑟福由先生对范小建主任的欢迎和介绍以及扶贫办的精心安排表示十分感谢，希望进一步学习和借鉴中国的减贫理念和经验。

2012 年 11 月 28 日，范小建主任会见了来访的世界银行行长金墉先生一行。范小建主任向金墉行长简要介绍了中国扶贫开发的主要情况以及开展国际减贫交流合作的基本情况，希望世界银行能够继续发挥自身特点与优势，进一步参与和支持中国的扶贫开发事业。金墉行长对范小建主任的热情欢迎和国务院扶贫办对世行在华工作的支持表示感谢，并高度评价了中国政府近年来取得的减贫成就，表示将不断创新交流合作机制，继续推动世行与中国的减贫交流合作。

【出国（境）培训工作】 出国（境）培训是是扶贫干部培训的一个重要课堂，是落实扶贫人才培养战略的一个重要举措。按照国家外专局“引智扶贫”的要求和“以我为主、为我所用、趋利避害、更有成效”的方针，注意突出重点、优化结构、归口管理、建章立制、规范程序，结合扶贫系统的实际情况，加强国际扶贫交流，搞好国别发展比较，借鉴他国扶贫与发展的成功经验，探索我国扶贫与发展的有效途径和方法。2004—2012 年，扶贫办先后组织了 38 期出国（境）培训，有 836 名扶贫干部参加培训。培训目的地国家和地区有 10 多个，既有发达国家，也有发展中国家。参训人员通过培训，开阔了视野，学习和借鉴了国外农村发展和扶贫的先进理念和经验，对提高本地扶贫工作水平发挥了积极作用。同时，也向其他国家介绍了中国扶贫开发的成就和经验，提升了中国扶贫的国际影响力。

2012 年，国务院扶贫办围绕新阶段扶贫开发工作的总体目标，紧密结合扶贫开发中的热点问题，组织实施了有针对性、特色突出的出国境培训工作，做到了“突出专题，规范组织，加强管理，安全施训”。2012 年度共组织实施了赴美国“农业产业化与农户保障体系”、赴美国“区域发展与综合减贫”、赴澳大利亚“欠发达地区的产业扶贫和生态农业开发”、赴巴西“拉美国家扶贫模式”和赴韩国“扶贫能力建设”5 个培训项目，共培训 94 人次。

（国务院扶贫办国际合作和社会扶贫司）

国际会议

【联合国可持续发展大会——消除贫困主题边会】 2012年6月18日，在联合国可持续发展大会开幕前夕，中国国务院扶贫办与巴西社会发展和消除饥饿部、联合国开发计划署、德国国际合作机构等有关国家部门、国际机构在巴西里约共同召开了里约+20消除贫困主题边会。此次边会的主题为：联合国千年发展目标背景下的国际减贫合作。边会共分三个议题，分别是："中巴减贫战略"、"国际减贫交流合作"、"打破贫困、灾害与环境退化间的怪圈——中德技术合作灾后经济重建项目的主要发现"。联合国可持续发展大会中国筹委会团长、国家发改委副主任杜鹰，巴西负责减贫事务的国务秘书提亚戈出席会议并致开幕词。中国国务院扶贫办副主任郑文凯主持会议。随后，中巴两国代表分别介绍了各自的减贫战略，签署了《中华人民共和国国务院扶贫开发领导小组办公室与巴西联邦共和国社会发展和消除饥饿部克服极端贫困合作（2012—2014年）行动计划》。本次边会，不仅交流了信息，分享了经验，而且确定了未来3年共同开展减贫合作的行动计划，将有力推动中巴双方推进减贫领域的交流合作。

【中国—东盟社会发展与减贫论坛】 2012年9月26—27日，第六届"中国—东盟社会发展与减贫论坛"在广西柳州市举行，中国国务院扶贫开发领导小组副组长、国务院扶贫办主任范小建，中国广西壮族自治区党委副书记危朝安，中国广西壮族自治区人民政府副主席陈章良，东盟农村发展与减贫高官会特别代表、越南农业与农村发展部代表阮敏天（Nguyen MinhTien）联合国开发计划署驻华代表处国别主任白桦（Christophe Bahuet）等出席会议开幕式并致辞。来自中国和8个东盟国家的政府、学界、企业、公民社会组织及多双边发展机构的120余名代表出席了会议。论坛以"中国与东盟：包容性发展与减贫"为主题，集中研讨了中国和东盟国家在实现发展与减贫过程中的机遇和挑战以及贸易便利化、小额信贷、社会保护政策与实践对减贫的影响以及减贫务实操作，并随后考察了柳江县成团镇鲁比村万亩双季葡萄基地等项目点。

【减贫与发展高层论坛——10.17论坛】

为纪念第20个国际消除贫困日，经国务院批准，由国务院扶贫办和联合国驻华系统联合主办，中国国际扶贫中心、联合国开发计划署共同承办的2012年“减贫与发展高层论坛”于10月17日在北京国宾酒店举行。中共中央政治局委员、国务院副总理、国务院扶贫开发领导小组组长回良玉出席论坛开幕式并发表重要讲话。联合国秘书长潘基文专门向论坛发来致辞，联合国负责经济社会事务的副秘书长吴红波以及印度尼西亚国家发展计划国务部长阿米尔达·萨尔西亚·阿丽沙赫巴纳女士分别在开幕式上致辞。国务院扶贫开发领导小组副组长、国务院扶贫办主任范小建主持论坛开幕式，并做主旨发言。哈佛大学教授、1998年诺贝尔经济学奖得主阿玛蒂亚·森教授也应邀在论坛做了主旨发言。28名中外部级代表与300多名中外代表出席了论坛，围绕“包容性发展与减贫”主题，共同探讨实现可持续减贫的途径。

【中非减贫与发展会议】 第三届中非减贫与发展会议于2012年7月28日在坦桑尼亚首都达累斯萨拉姆举行，坦桑尼亚共和国总统基奎特，中国国务院扶贫开发领导小组副组长、办公室主任范小建，中国驻坦桑尼亚大使吕友清，塞拉利昂财政和经济发展部副部长卡格布等出席会议开幕式并致辞。来自中国和非洲政府、学界、企业界、公民社会组织及多双边发展机构的120余名代表出席了会议。会议以“农业现代化与减贫”为主题，分享了中非农业发展经验，并对如何通过农业现代化以及发展合作促进减贫进行探讨。

【儿童贫困与发展国际研讨会】 2012年11月20—22日，由国务院扶贫办、联合国儿童基金会和澳大利亚国际发展署主办，国务院扶贫办外资项目管理中心具体承办的“儿童贫困与发展国际研讨会”在北京召开。来自亚洲、非洲、南美洲20多个发展中国家、国际机构代表以及中国相关部委、省（区）扶贫系统代表、社会团体和知名专家学者200多人出席了会议。范小建主任和联合国儿童基金会驻华代表麦吉莲（Gillian Mellsop）女士出席论坛并致辞和讲话。范小建主任还在会前会见了联合国儿童基金会东亚及太平洋地区主任丹尼尔·图尔（Daniel Toole）先生、澳大利亚驻华大使孙芳安女士、儿基会驻华代表麦吉莲女士、巴西社会发展部前副部长罗穆洛·德苏萨（Rmulo Paes de Sousa）先生等。

此次会议旨在加强中国与其他发展中国家在儿童减贫和发展方面的经验交流和分享，促进儿童发展领域的南南合作，进一步完善中国儿童减贫的政策和措施。与会代表在两天半的时间内围绕儿童贫困测量、具有儿童敏感性的社会保护、覆盖最弱势的儿童群体、早期儿童发展、国家宏观政策与南南合作五大主题进行深入交流和讨论。

【中非减贫与发展研讨会】 第二届中非减贫与发展研讨会于2013年1月7—13日在广东省深圳市举办，主题是“中国经济特区发展与减贫”。会议由中国国际扶贫中心与联合国开发计划署联合主办，深圳大学中国经济特区研究中心承办，深圳市对口扶持办公室支持。来自中国和非洲政府、科研机构、私营部门的决策者、研究者和实践者以及UNDP的代表等50余人出席了研讨会，其中10名为非洲代表（3名为副部级以上），分别来自埃塞俄比亚、多哥、尼日利亚、加蓬、津巴布韦和莫桑比克6个国家。国务院扶贫办副主任郑文凯、埃塞俄比亚城市发展和建设部国务部长海拉米斯克·塔菲拉（Hailemeskel Tefera）、深圳大学校长章必功、联合国开发计划署驻华国别主任白桦（Christophe Bahuet）等出席研讨会并在开幕式上致辞。

（国务院扶贫办国际合作和社会扶贫司）

减贫与发展经验分享

【研究】　1. 由国务院扶贫办组织实施的“扶贫空间信息系统关键技术及其应用”国家科技支撑计划项目（2012BAH33B00）获准立项。该项目旨在利用空间信息技术，综合经济、社会、生态和环境因子，研究适应全面建设小康社会要求的扶贫决策支撑技术体系，开发“国家扶贫开发空间信息系统”，该系统能够支持贫困动态识别、监测与评估，生态安全评估及灾害风险管理。

2. 为配合在巴西里约召开的联合国可持续发展大会，中国国际扶贫中心（以下简称“国际中心”）组织开展了一系列“绿色增长与减贫”项目，其中包括参与《中华人民共和国可持续发展国家报告》撰写，与英国海外发展研究所（ODI）开展的联合研究“绿色增长与减贫——来自中等收入国家的经验与教训”。

3. 中国—发展援助委员会研究小组（China - DAC Study Group）继续深入开展有关中国经验对非洲的启示研究。2012 年 2 月在英国联合经合组织发展援助委员会（OECD - DAC）、英国国际发展部（DFID）、伦敦经济学院（LSE）共同举办了“经济转型与减贫：中国的经验及对非洲的启示”研讨活动；2012 年 6 月在北京召开第二次工作会议；2012 年 11 月赴津巴布韦开展中非农业知识与经验分享项目实地调研。该小组正式出版《经济转型与减贫：中国的经验对非洲发展的启示——政策报告》（中英文版）、《经济转型与减贫：中国的经验对非洲发展的启示——综述报告》。

4. 为响应国际社会对“2015 后千年发展议程”的讨论，国际（以下简称“国际中心”）中心积极开展相关研究活动。2012 年 6 月与加拿大全球治理创新中心（CIGI）、韩国发展研究所（KDI）在北京联合举办“后千年发展目标”专家研讨会，就后千年发展目标的指标选择进行了研讨；2012 年 12 月派员参加中国联合国协会主办的“2015 后国际发展合作议程国家咨询项目云南研讨会”，就减贫议题发言并讨论。同时，国际中心还开展了《包容性发展与减贫》、《新时期新阶段国际减贫交流》专题研究，以支撑相关讨论。

5. 2012 年 7—9 月，国务院扶贫办外资项目管理中心与联合国儿童基金会共同合作，组织开展了“国际儿童贫困与发展经验模式比较研究”，对国际上消除儿童贫困的模式进行了总结和比较，搭建了解决中国农村儿童贫困问题的政策研究框架，并提出了针对性的政策建议。

6. 2012 年 8 月 28—29 日，国务院扶贫办与外交部在北京共同召开了“扶贫外交理念与实践”专题研讨会，外交部、中石油等企业及专家学者共 32 人参加了会议。外交部宋涛副部长、国务院扶贫办郑文凯副主任致辞，与会代表围绕扶贫外交的时代意义、理念与实践、机制与体制等的 6 项议题进行了富有建设性的研讨，取得了预期效果。

7. 2012 年 9 月，国务院扶贫办国际合作司委托中国农业大学人文与发展学院组织开展了新阶段国际减贫交流合作课题研究。课题研究的主要内容是结合当前国内外减贫形势，进一步总结中国开展减贫交流合作的实践情况，并从理论和政策两方面就进一步促进我国减贫领域国际交流合作提出针对性政策建议。

【交流】 1. 2012 年 3 月 21—24 日，中国国际扶贫中心（以下简称“国际中心”）派员参加了由东盟秘书处和我外交部主办，在印度尼西亚雅加达召开的第十三届“中国—东盟联合合作委员会会议”，介绍了国务院扶贫办在 2011 年落实《行动计划》方面取得的进展和 2012 年的工作计划等，并表达了与东盟国家进一步合作的意愿。

2. 2012 年 5 月 23—28 日，应坦桑尼亚经济社会研究基金会的邀请，国际中心组成了以黄承伟副主任为首的代表团赴坦桑尼亚出席了“释放增长潜能：创造包容性增长的方式和经验”国际研讨会。黄承伟副主任在会议上作了“中国包容性增长的经验和历程”的主旨演讲。

3. 2012 年 6 月 24—30 日，应泰国内政部土地司邀请，经东盟秘书处协调，国际中心派员赴泰国参加由泰国内政部主办的“东盟 +3 区域培训：泰国农村发展与消除贫困中的土地制度”，考察了泰国促进农村发展的土地管理政策以及减贫计划，和以促进减贫为目的的“公有土地使用分配项目”。

4. 2012 年 8 月 27 日—9 月 1 日，应亚洲开发银行邀请，国际中心组织来自国务院研究室、人民银行、银监会、国务院发展研究中心等机构 11 名代表赴泰国参加由亚洲开发银行主办，哈佛大学国际发展中心、耶鲁大学贫困行动创新所、麻省理工学院贫困行动实验室联合承办的公共政策影响评估培训及会议。

5. 名人讲坛之发展研究前沿系列讲座，2012 年 10 月 19 日，国际中心第七期名人讲坛在京举办。联合国经济社会事务副秘书长吴红波应邀做客名人讲坛，就“当前发展趋势、后 2015 发展议程和联合国在其中的作用”为题做专题演讲。

【培训】 1. 2012 年 4 月 6—26 日，由中国商务部主办、国际中心承办的“尼泊尔农村地区发展研修班”在北京举行。本次研修班的主题是“农村地区发展”。来自尼泊尔农村发展与减贫相关政府部门的15名代表参加了此次研修班。

2. 2012年4月13—27日，由中国商务部主办、国际中心承办的“发展中国家千年发展目标与可持续减贫官员研修班”在北京举行。本次研修班的主题是“千年发展目标和可持续减贫”，来自巴基斯坦、缅甸、尼泊尔、东帝汶、巴勒斯坦、黎巴嫩、也门、加纳、津巴布韦、马拉维、南苏丹、塞拉利昂、苏丹、坦桑尼亚、中非、卢旺达、巴布亚新几内亚17个国家减贫与发展相关政府部门26名代表参加了此次研修班。

3. 2012年5月3—17日，由中国商务部主办、国际中心承办，为期15天的“非洲法语国家开发式扶贫政策与实践官员研修班”在北京举行。本次研修班的主题是“开发式扶贫”。来自阿尔及利亚、贝宁、布隆迪、赤道几内亚、刚果（金）、几内亚、加蓬、毛里求斯、塞内加尔、乍得、毛里塔尼亚、科特迪瓦11个国家农村发展与减贫相关政府部门的23名代表参加了此次研修班。

4. 2012年5月15—29日，由中国商务部主办、国际中心承办，为期15天的“发展中国家农村发展与减贫官员研修班”在北京举行。本次研修班的主题是“农村发展与减贫”，分专家讲座和实地考察两个部分。来自巴基斯坦、吉尔吉斯斯坦、老挝、缅甸、尼泊尔、东帝汶、巴勒斯坦、津巴布韦、马拉维、毛里求斯、南苏丹、塞拉利昂、坦桑尼亚、乌干达、厄瓜多尔、巴布亚新几内亚、叙利亚17个国家减贫与发展相关政府部门28名代表参加了此次研修班。

5. 2012年6月5—19日，中国商务部主办、国际中心承办的“亚洲国家城乡协调发展与减贫官员研修班”在北京举行。本次研修班的主题是“城乡协调发展与减贫”。来自巴勒斯坦、吉尔吉斯斯坦、老挝、尼泊尔、东帝汶5个国家农村发展与减贫相关政府部门的13名代表参加了此次研修班。

6. 2012年6月7—21日，中国商务部主办、国际中心承办的“非洲法语国家农村公共服务与综合性减贫官员研修班”在北京举行。本次研修班的主题是“农村公共服务与综合性减贫”。来自贝宁、赤道几内亚、马达加斯加、尼日尔、塞内加尔、乍得、中非、毛里塔尼亚、吉布提、几内亚10个国家减贫与发展相关政府部门19名代表参加了此次研修班。

7. 2012年7月5—11日，由中华人民共和国财政部及国际农发基金主办、国际中心承办的“中国—国际农发基金第四届南南合作研讨班”在北京举行。来自国际农发基金以及中国和农发基金成员国的18名代表参加了研讨班。本次研讨班的主题是“加强农业公共服务，完善小农产业链”，研修班分专家研讨和实地考察两个部分。研讨会围绕“中国三农问题的现状及发展前景”、“小规模农业市场体系建设及产业链完善”、“小规模农业生产经营模式改造”三个专题展开专家授课和研讨。参会代表赴山西省实地参观考察，全面了解了中国的农村发展和减贫项目在基层的实施情况。

8. 2012年8月6—17日，由国际中心与联合国开发计划署共同主办的中亚国家“中国扶贫战略监测与评估培训班”在北京举行。本次研修班的主题是“扶贫战略的制定、实施、监测、评价”。来自塔吉克斯坦、乌兹别克斯坦和哈萨克斯坦相关政府部门和机构的13位代表参加了此次培训班。

9. 2012年8月8—18日，由国际中心主办、湖北省扶贫办协办的“坦桑尼亚农村水利发展与减贫研修班”在北京和湖北举行。本次研修班的主题是“农村水利发展与减贫”。来自坦桑尼亚扶贫发展相关部门的16名代表参加了此次研修班。

10. 2012年9月20—28日，在外交部和财政部的支持下，由国际中心主办、甘肃省扶贫办协办的“亚洲国家发展（减贫）理论与实践”研修班在北京和甘肃举行。研修班以“公共服务与农村发展和减贫”为主题。共有来自孟加拉国、印度尼西亚、韩国、老挝、马来西亚、缅甸、巴基斯坦、菲律宾、俄罗斯、新加坡、斯里兰卡、泰国、乌兹别克斯坦、越南14个亚洲合作对话机制成员国的26名官员和学者应邀参与研讨交流。

11. 2012年10月31日—11月14日，由中国商务部主办、国际中心承办，为期15天的“发展中国家制定与实施农村发展与减贫战略规划官员研修班”在北京举行。本次研修班的主题是“制定与实施农村发展与减贫战略规划”。研修班分专家讲座和实地考察两个部分。来自巴勒斯坦、东帝汶、古巴、吉尔吉斯斯坦、加纳、津巴布韦、肯尼亚、马来西亚、南苏丹、苏丹和伊拉克11个发展中国家农村发展与减贫相关政府部门的19名代表参加了此次研修班。

12. 2012年11月5—12日，由中国财政部、中国商务部、中国国务院扶贫办和世界银行联合举办，中国国际扶贫中心承办，联合国开发计划署和中国国际经济技术交流中心协办的“中非共享发展经验高级研讨会——中小企业融资与包容性增长”在北京举行。来自布隆迪、埃塞俄比亚、几内亚比绍、马拉维、尼日利亚、马来西亚等国的政府高级官员，世界银行、国际金融公司、联合国开发计划署等国际组织的高级代表，以及国内有关部委、金融机构和科研机构的代表约80人应邀参会。中国财政部部长助理郑晓松、国务院扶贫办副主任郑文凯、商务部国际商务官员研修学院副书记罗宏、世界银行中蒙韩局首席经济学家吴卓瑾、联合国开发计划署驻华代表处助理国别主任史蒂文等出席开幕式并致辞。研讨会以“中小企业融资与包容性增长”为主题，围绕发展中小企业融资，促进包容性增长；完善有利于中小企业融资的政策环境；加强中小企业融资金融基础设施建设；中小企业融资创新；中小企业融资合作等专题进行研讨。研讨会期间，全体参会代表赴安徽实地考察中国中小微企业的融资和发展现状。

13. 2012 年 11 月 15—29 日，由商务部主办、国际中心承办、为期 15 天的非洲法语国家“实现联合国千年发展目标”官员研修班在北京举行。本次研修班的主题为“实现联合国千年发展目标”，来自刚果（金）、吉布提、几内亚、科摩罗、马达加斯加、马里、尼日尔、塞内加尔、乍得、科特迪瓦、中非 11 个国家减贫与发展相关政府部门 27 名代表参加了此次研修班。

（国务院扶贫办国际合作和社会扶贫司）

国际组织对华扶贫合作

【中国贫困片区产业扶贫试点示范项目】 新纲要颁布实施后，根据国家将连片特困地区作为扶贫工作主战场的总体要求和提高贫困人口收入、缩小发展差距的目标任务，2012 年，国务院扶贫办外资中心与世行在以往成功合作的基础上，继续开展新一期的贷款扶贫项目——“世界银行贷款中国贫困片区产业扶贫试点示范项目”（即世行第六期扶贫项目）。项目于 2012 年 7 月经国务院批准，已正式列入中国政府利用世界银行贷款 2013—2015 财年备选项目规划。

世行第六期扶贫项目的总体目标是：发展高效、生态、高附加值产业，促进贫困片区农业产业结构调整，实现生态环境保护和贫困农户可持续增收，试点、示范并推广在中国贫困片区开展产业扶贫的方式和方法；项目设计有别于以基础设施建设为主要内容的前 5 个项目，重点包括片区优势产业开发、产业化扶贫配套的基础设施建设、农民组织化建设、产业化扶贫市场和技术支持体系、金融支持等；项目区域覆盖乌蒙山片区四川、贵州两省和六盘山片区甘肃省共计 27 个项目县；项目总投资约 19.5 亿元，其中世行贷款 1.5 亿美元（甘肃省 6000 万美元、四川省 5000 万美元、贵州省 4000 万美元），争取全球环境基金赠款 500 万美元；国内投资按 1:1 比例配套。

（国务院扶贫办国际合作和社会扶贫司）

十一

城市扶贫篇［见附录（六）］

十二

企业扶贫篇

贵州思南南江粮食购销有限责任公司扶贫

【企业概况】 思南南江粮食购销有限责任公司坐落在贵州省铜仁市思南县城乌江河畔，是一家集粮油生产、加工、营销、放心粮油、日用品配送为一体的国有独资企业，是贵州省农业产业化省级扶贫龙头企业，企业银行信用等级A级。企业注册资本3000万元，现有固定员工79人。公司下辖丰华米业、中天油业、峻晨粮油购销、放心粮油配送中心和日用品配送中心5个分公司，经营网点30个。现有日产100吨大米、日产80吨油料加工2条生产线，其工艺和设备处于贵州省同行业领先水平。主要产品有“乌江牌”系列大米、“中天牌”系列菜籽油，2个系列产品已获得ISO9001：2008质量管理体系认证。“乌江”牌系列大米、“中天”牌系列菜油均被贵州省粮食行业协会分别授予“放心粮油”称号，“乌江贡米”荣获第六届中国优质稻米博览交易会金奖。企业被中国粮食行业协会授予“全国放心粮油进农村进社区示范工程——放心粮油示范配送中心”称号。

在思南县委、县扶贫办的指导与帮助下，企业坚持村企联动、互利共赢原则，以提高农村贫困人口素质为着力点，以促进农民脱贫致富奔小康为目标，帮助贫困村搞好农村基础设施建设，实行市场化运作，产业化经营，社会化服务，促进思南农村经济又好又快发展。

【优质水稻基地建设】 一是投入3000万元，在思南县胡家湾少数民族乡、孙家坝镇等贫困乡镇建设3万亩优质水稻生产基地，基地全部实行订单种植。二是以基地为阵地，举办优质水稻栽培、管理等农业实用技术培训36期，参训农民5400多人次。三是推广优质高产水稻良种，为农民提供良种补贴30万元。四是通过基地示范辐射，带动3万户贫困农户脱贫致富，户均增收2650元。

【优质油菜基地建设】 一是投入750万元，在思南县文家店镇、东华少数民族乡等贫困乡镇建设1万亩高产优质油菜基地，实施订单种植1万亩。二是举办优质油菜栽培、管理等农业实用技术培训10期，参训农民达1800人次。四是基地示范带动3500户贫困农户种植油菜，每亩增收350元。

【农产品加工】 为提升农产品附加值，增加农民收入，公司实行种植、购销、加工、销售一条龙服务。一是投资350万元扩建1条日产100吨大米加工生产线，

2012 年加工稻谷 16000 吨，占全年计划 15000 吨的 106.67%，比 2011 年同期 12000 吨增加 4000 吨。收回大米 10667 吨，出米率 66.67%。二是投资 1300 万元扩建 1 条日产 80 吨油菜籽加工生产线，2012 年加工油菜籽 8000 吨，占全年计划 7000 吨的 114.30%，比 2011 年 6500 吨增加 1500 吨。收回菜油 2782 吨，出油率 34.78%。

【农产品购销平台建设】 为拓宽粮油购销渠道，发挥国有粮油购销企业的主渠道作用，公司建立平等竞争、激励考核机制，加强流通环节建设。2012 年，收购粮食 16800 吨，比 2011 年同期 14800 吨多收购 2000 吨。销售大米 10000 吨，比 2011 年同期 8000 吨多销售 2000 吨；收购油菜籽 8000 吨，比 2011 年同期 6500 吨多收购 1500 吨。销售菜油 2480 吨，占全年计划 2000 吨的 124%，比 2011 年同期 2100 吨多销售 380 吨。确保农户种植的水稻、油菜产品应收尽收，有效地解决了农民卖粮难、卖油难问题。

【“放心粮油”工程建设】 民以食为天，国以民为重。公司以质量安全作为企业生命线，以诚信开拓产品销售市场，以优质服务促企业发展，实施“放心粮油”工程，打造公司粮油的“放心粮油”品牌。一是实施“放心粮油”进校园。2012 年，公司与县教育局签订了《思南县农村中小学食堂大米、菜籽油配送合同》，向学校配送大米 6000 吨、菜籽油 850 吨。“放心粮油”进入思南县 330 多所中小学，让思南县农村中小学近 14 万名学生吃上安全、绿色食品。“放心粮油”不仅确保学校学生饮食安全，公司还以低于市场价 10% 的价格，将“放心粮油”配送给学校，仅此一项为农民减轻负担 407 万元。二是实施“放心粮油”进农村进社区，建立 16 个“放心粮油”配送网点，公司员工把一件件安全、环保的粮油食品送到思南县社区居民、农村居民家中，受到思南县干部群众的好评。2012 年 6 月，公司被中国粮食行业协会授予“全国放心粮油进农村进社区示范工程——放心粮油示范配送中心”称号。

【开展“百企帮百村”活动】 为实现思南县委、政府提出的 2014 年完成全县脱贫、2016 年建成贵州经济强县、2020 年与全国同步全面建成小康社会目标，公司按照贵州省扶贫办关于开展“百企帮百村”活动要求，认真搞好思南县大坝场镇齐心村的“百企帮百村”示范创建。针对大坝场镇齐心村如下村情，一是贫困面较大。贫困农户 208 户，占全村总户数 305 户的 68.20%，贫困人口 836 人，占全村总人口 1170 人的 71.45%，2011 年，农民年人均纯收入 1410 元。二是基础设施较差。该村未通公路，制约着该村农产品及时向山外销售。三是农民科技文化素质较差。农业生产科技含量较低，导致每亩农作物单位产量难以增加，农民生产的农产品不适应市场需要，出现了农民增收难现象。四是该村优越的自然优势没有转化为经济优势，大片肥沃田土广种薄收。公司制定了《帮扶方案》，企业与村党支部“结对子”，公司干部与农户“攀穷亲”，抓好企业帮村工作。一是成立了以副总经理任组长的结对帮扶领导小组，制定了2012—2015年帮扶规划，分别与县扶贫办和齐心村签订了《帮扶责任状》。把帮扶任务、帮扶责任细化到人，按照“一个阶段、一项工作”的方式，把扶贫抓实，抓出成效。二是帮助齐心村修建通村通组公路，着力解决农民增收“瓶颈”。投入20万元资金，维修了齐心村通组公路和入户便道。向上争项目资金385万元，硬化齐心村至大坝场镇15千米的通村公路，使齐心村农民告别了祖祖辈辈搬运物资靠肩挑背磨的历史。三是认真实施“雨露计划”，加强农业实用技术培训，着力提升农民科技素质。一方面以村党员活动室为阵地，根据水稻、油菜管理环节，邀请县农牧科技局的专家为农民培训；另一方面以基地为“课堂”，组织科技人员进入田边土角，实地指导农民进行科学管理，增强农民科技种植技能。四是推广优良品种。2012年，公司引导农民种植优质高产水稻1500亩，其中“人参黑米稻”、“枸杞红米稻”500亩。并按每亩良种补贴10元标准，公司投入1.5万元补助农民，免费为208户贫困户提供良种、化肥和农药折款7.6万元。2012年，该村农民种植优良品种亩均增产100千克。五是实施“订单农业”。公司以高于市场价40元/100千克与农户签订种植收购合同，种植优质稻亩均增收540元，贫困户户均增收3017元。2012年齐心村粮食喜获丰收，粮食产量2546吨。按照合同收购、应收尽收的原则，公司收购粮食800吨。六是在齐心村聘用60名贫困农民为公司基地生产员工，解决了齐心村剩余劳动力就业问题。七是组织农民在搞好粮油种植的同时，利用荒山荒坡发展生态茶园200亩；帮助该村农民发展生态畜牧业，2012年，齐心村生猪出栏1000多头，农民户均创收2000多元。

通过公司倾力帮扶，2012年，齐心村农民人均纯收入4568元，比2011年增加了3158元。贫困农户从208户锐减到58户，贫困人口从836人减少到231人。

【企业扶贫模式】 近几年来，公司对接铜仁市委提出建设乌江经济走廊战略，以贫困农民为对象，加大农业产业结构优化力度，加快思南粮油强县建设步伐，初步形成了以思南县胡家湾少数民族乡、文家店镇为代表的15个产粮基地，以长坝少数民族乡、瓮溪镇为代表的8个产油基地，2012年，思南县优质粮油种植面积达4万亩。粮油产业已成为思南县农业增效、农民脱贫增收的亮点、实现县域经济跨越发展的基石，建设新农村的支撑，思南正由贵州粮油产业大县向粮油产业强县转变。

贵州思南南江粮食购销有限责任公司作为贵州省农业产业化省级扶贫龙头企业，实施“龙头引领、基地示范、订单推动、产业扶贫”扶贫模式，不断加大粮油产业建设项目投入，使农民从种植、加工、流通、销售等各个环节获得更多收益。2012年，公司收购粮油突破24000吨，销售粮油及副产品12480吨，年人（实际投入经营人员）均经营量664吨，全年实现销售收入7684万元，比2011年同期4536万元增加3148万元。全年实现利税148.8万元，占计划120万元的123.9%。企业的经济实力和为农服务能力不断增强。

企业按照"公司+村党支部+合作社+基地+农户"产业化模式，实施统一种植优良品种，统一种植方式，统一粮油作物管理，统一粮油产品加工，统一订单收购，统一粮油产品质量标准的"六统一"方案，有效降低农民生产成本，增加农民土地产出效益。2012年，公司在思南县胡家湾、长坝等27个乡镇建立专业合作社10家，在全县发展订单农业4万亩。通过粮油产业规模化经营、社会化服务，有效地解决了农民种植粮食、油料农作物"增收难"问题。

【十二五规划】 "十二五"期间，贵州思南南江粮食购销有限责任公司认真实施"三化同步、一业振兴"（同步推进新型工业化、新型城镇化、农业现代化，文化旅游产业振兴）战略，把握贵州农业发展脉搏，紧盯国家产业发展政策，以扩大粮油产品销售市场为重点，依靠科技做好粮油精深加工，创新公司粮油品牌，扩大粮油生产规模，努力打造集粮油基地生产、加工、储藏、销售、物流配送、信息服务为一体的现代农产品市场体系，把贵州思南南江粮食购销有限责任公司建成全国扶贫龙头企业，实现企业跨越式发展。一是扩大粮油农作物生产规模，把思南建设成为贵州粮油产业强县。投入4605万元建成5万亩优质粮油基地，2015年优质水稻达到4万亩，优质油菜籽达到1万亩。二是发展壮大农村专业合作社，2015年发展具有固定资产500万元的农村粮油专业合作社10家。三是做大订单农业，2015年全县发展粮油"订单农业"10万亩。四是扩大"放心粮油"配送规模，2015年在全县建立"放心粮油"配送网点80个，并探索在铜仁市、遵义市新建"放心粮油"配送网点20个，以高质量的产品保证、以优质的配送服务、以诚信的经营理念扩大粮油产品销售市场，为企业发展、农民增收铺设绿色通道。五是在思南工业园区兴建5万吨粮食仓库，建立集收储、加工、科研、物流为一体的现代粮油物流，着力打造贵州黔东北现代粮油物流中心。

（贵州省扶贫办、思南县扶贫办推荐
思南县委宣传部　陈时安）

安徽华能电缆集团扶贫

【企业概况】 安徽华能电缆集团创建于1993年11月，坐落于皖江经济带上的国家火炬计划特种电缆基地内的无为县坝湾工业区，公司占地面积178000m²，其中厂房面积105000m²，注册资金3.018亿元。现有员工826人，其中专业技术人员152人，中高级技术职称逾百人。

集团现有安徽华能电缆集团有限公司、安徽华能医用橡胶制品有限公司、安徽华能集团电器有限公司和安徽华能医药有限责任公司等四家全资子公司，集团主要生产各类耐高低温、防腐、防火不燃等特种电线电缆、医用橡胶瓶塞、高低压电流、电压互感器等。产品广泛应用于石油、石化、电力、冶金、交通、通讯、制药等行业，并出口东南亚、中东以及非洲的部分国家和地区。

集团通过了质量、环境、职业健康管理体系认证、CCC认证、PCCC认证、武器装备质量管理体系认证、保密管理体系认证、测量管理体系认证，德国莱茵认证、美国UL认证、俄罗斯GOST认证等国内外多项管理体系或产品认证。建立了“博士后科研工作站”、“省级企业技术中心”和“风能电缆工程技术中心”，参与起草、编制了风能电缆和太阳能电缆等多项特种电缆的行业标准和省级地方标准。近年来，集团有3种产品获省“名牌产品”；50余种产品获国家发明专利或实用新型专利；10余种产品被列为国家重点新产品、国家或省火炬计划项目或安徽省高新技术产品。“华亨”和“邦利”商标被评为“安徽省著名商标产品”。集团被中石油、中石化、中海油、国家电力、神华股份等高端高户，确定为一级网络供应商或注册供应商。被政府有关部门授予国家扶贫龙头企业、国家高新技术企业、安徽省文明单位、安徽省民营百强企业、自营进出口企业、省重合同守信用企业，诚信纳税企业、AAA级信用企业、安徽省卓越绩效奖、安徽省质量管理奖、省知识产权示范企业、省创新型试点示范企业、安徽省产学研示范企业和安徽省两化融合示范企业等荣誉称号。

2012年度，集团实现销售收入10亿元，纳税2800万元，经济地位处于本地同行业前列。

【企业扶贫综述】 自2005年华能电缆集团获得国家扶贫龙头企业以来，已累计投入扶贫资金总额800多万元。通过各种方式带动农户2100余户，其中贫困户

500余户，带动农户人口8500余人，带动农户增收6000多元/人·年。集团获得了“全国扶贫开发先进集体”、“芜湖市劳动模范富民创业示范基地”、原“巢湖市爱心助残先进单位”、“无为县五好关工委”、“无为县爱心企业”、“无为县关心下一代工作先进集体”等荣誉称号，并成为安徽省扶贫开发协会副会长单位。

华能电缆集团通过参与扶贫开发和社会公益活动，企业的知名度和美誉度得到了较大的提高，销售市场也得到了进一步的扩大。很多客户到华能电缆集团考察后表示，我们就是愿意与有社会责任心的企业合作。

【就业扶贫】 为了有效帮助更多的贫困村民走上脱贫致富的道路，华能电缆集团始终坚持把项目建设，作为发展工业的重要抓手。以市场为导向，调整产业结构，不断扩大企业规模，增加就业岗位，让更多的贫困农民进厂就业。截至2012年底，华能电缆集团已累计在贫困村招收农民工700余人。当地村民高兴地说：“一人进厂就业，就可全家脱贫致富。”

【结对传、帮、带扶贫】 为提高帮扶质量，华能电缆集团制定了有关帮扶政策，开展了一对一或一对多帮扶活动，带动贫困村民或员工脱贫致富。共产党员盛业斌同志市场营销工作做得很好，率先开展了一对一帮扶工作。隆兴村青年盛长安，家庭经济条件较差，盛业斌同志主动地将他带出去，跑市场营销，在盛业斌同志的带领和培养下，盛长安很快地在产品营销方面创出了一片天地，甩掉了贫困的帽子。盛长安富了以后，也不忘救助他人。岳西县一名贫困女准大学生，由于家庭困难，面临辍学，盛长安得知后，主动送去1万元，为她缓解了入学困难。现在，华能电缆集团有很多员工像盛业斌一样，每人都带着一人或几人，做传、帮、带工作，帮助贫困村民脱贫致富奔小康。更有脱贫后的富裕村民像盛长安一样，接下了爱心传递棒，帮助他人脱贫致富，形成了良性传递的可喜局面。

为了使新招收的家庭生活困难的员工，尽快地掌握生产技术，获得较高的薪资，早日脱贫致富，华能电缆集团有组织、有计划地安排师傅对他们进行一对一、手把手地培训指导。当被培训的员工经考核能胜任本职工作后，华能电缆集团不仅给被培训的员工增加工资，而且还给予传授技术的师傅一定的物质奖励。此项帮扶活动，一方面提高了师傅和被培训员工的经济收入，另一方面提高了员工整体劳动技能水平，同时还提高了产品质量，实现了集团和员工“双赢”。

【救助扶贫】 扶贫济困是中华民族的千古美德。近年来，华能电缆集团每年分别向无为县高沟敬老院和姚沟敬老院捐款1万元，帮助鳏寡孤独的老年人安度晚年。四川汶川和青海玉树发生强烈地震，华能电缆集团第一时间向地震灾区捐款20余万元。在北京上大学的皖籍女大学生钱婷姐弟俩不幸同时身患尿毒症，华能电缆集团驻京办得知后，积极组织北京同乡向其开展捐款活动，共募得善款40余万元，此次捐款活动被《北京青年报》跟踪报导。坝湾村民巫先兵也不幸患上了尿毒症，华能电缆集团不仅向他家捐款，还安排他爱人到公司上班，缓解了因病而来的困难。

为了关心贫困村的孩子的成长，不因贫困贻误了下一代的教育，用知识来摆脱贫困，用知识来促进地方经济发展，华能电缆集团在当地民营企业中率先成立了关工委，开展了一系列助学助教活动。向无为县虹桥中学捐款20万元，兴建教学楼，向桃园小学捐款9万元修缮门窗、疏通下水道，为学生提供良好的学习环境；赞助姚沟中心小学，协办“华能杯”小学生乒乓球赛，帮助孩子参加体育锻炼，增强孩子的身体体质；免费向姚沟中心小学和桃园小学，赠送科技读物5000余册，让孩子从小培养热爱科学、学习科学的兴趣。向高沟初中、新沟初中捐款5万余元，购置电脑等教学器材，建立语音教室；每年帮助高沟初中3—5名因贫辍学、品学兼优的孩子，完成九年制义务教育，直至孩子上高中，读大学。2012年，高沟镇隆兴村小女童丁心玲不幸患上了白血病，华能电缆集团得知后，积极组织员工和部分销售员，先后向她捐款6万余元，为她治病提供了帮助。华能电缆集团关工委开展的工作，受到了当地政府的好评，2012年被无为县政府授予“关心下一代先进集体”。

为进一步帮助企业困难员工，华能电缆集团每年在利润中拿出一部分资金，设立互助基金，单独设立帐户，专款专用。为规范互助资金的运作，成立了互助金管理领导组，制定了互助金募集和使用管理办法。凡员工生育子女或子女考上大专院校、员工本人或直系亲属因病医治等原因，造成家庭暂时的生活困难，集团给予一定的资金补助，帮助员工度过暂时的生活困难。2012年，有40人得到了互助金的资助，受助资金6.5万元。此项工作受到了华能电缆集团员工一致好评，并被当地政府的工会组织作为典型，在当地民营企业中宣传推广。

【基础设施建设扶贫】 无为县洪巷乡牌楼村、高沟镇隆兴村、泥汊镇双进村和姚沟镇五一村是当地比较有名的贫困村，交通偏

僻，农业基础设施薄弱，易涝易旱。近年来，华能电缆集团已累计无偿拿出300余万元，帮助他们修桥铺路、兴修水利、安装路灯。使他们改善了农业生产、生活基础设施，增强了农业生产后劲，终于甩掉了贫困村的帽子，方便了员工夜晚出行。特别是

能集团一次性无偿拿出100万元，修建隆兴村4.5千米水泥路，彻底改善了隆兴村农户的生活环境。

为提高贫困员工生活质量，华能电缆集团投资1500万元，建设了2栋员工公寓楼，其中将1栋公寓楼，专门安排给生活

困难的贫困员工家庭居住，解决了贫困员工的住房问题。投资100余万元兴建篮球场、购置健身器材、装修卡拉OK室、增购图书，为附近村民和企业员工健身、休闲、娱乐和学习，充实附近贫困村民和员工的业余精神文化生活，提供了强有力的保证，让贫困村的农民和企业的员工，享受到城里人的生活乐趣。

【信贷扶贫】 曾是国家级贫困县的无为县，在国家、省和市的关心支持下，近年来，民营经济得到了较快的发展，但是，因为融资难制约了企业进一步的发展。为此，华能电缆集团联合当地其它三家企业，投资1亿元，在无为县成立了第一家华汇小额贷款有限公司，面向“三农”、中小企业和个体工商户提供短期融资等金融服务。2012年发放贷款300余起，金额超过5亿元，有效地缓解了他们贷款难的困难，为促进地方经济发展，帮助农民脱贫致富奔小康，做出了积极的贡献。

【建设原材料基地扶贫】 无为县是国家特种电线电缆产业四大基地之一，每年要在外地采购大量的电缆绝缘和护套等辅助材料，由于路途较远，经常出现交货不及时，影响企业生产。华能电缆集团主动借钱、租厂房给安徽巢湖宏达热工电缆有限公司，帮助该公司上马生产PVC绝缘和护套材料，集团所需PVC材料全部在该公司采购。在华能电缆集团的支持和帮助下，该公司在短短的几年内得到了迅猛的发展，现在该公司不仅保障了华能电缆集团的材料供应，而且还能向其他企业提供电缆原材料。2012年，该企业实现销售收入5000余万元，实现利税400余万元。安徽无为县华润电缆有限公司，生产无纺布、聚脂带等电缆辅助材料，因设备较落后，年销售收入不足500万元。华能电缆集团得知后，主动帮助融资担保200万元，帮助该公司增购设备，扩大生产规模。2012年，该企业实现销售收入1000多万元，实现利税100余万元。

通过支持组建原材料生产基地，不仅方便了集团原材料的采购，而且也带动了其他企业发展，更进一步促进了当地社会经济的发展，让更多的农民走上了富裕之路，实现了个人、企业和社会协调发展。

（安徽省扶贫办推荐
安徽华能电缆集团有限公司集团办
王洁然　李勇）

十三

年度专题篇

包容性发展与减贫——中国案例（概要）

此概要是第六届“国际减贫与发展高层论坛”主旨报告的摘要，内容严格按照原报告结构摘编。

一、中等收入国家的不平等现象：不平等现象出现的环境和因素以及减少不平等现象的建议

中等收入国家面临的主要问题：（一）世界上大部分贫困人口来自于中等收入国家，而非低收入国家。无论我们按照人均收入标准，还是根据多维贫困指数来测量，结果都是如此。（二）许多中等收入国家的不平等现象在增加，就人均而言，大部分中等收入国家的不平等程度大大超过了经合组织成员国的平均水平，且很多时候人均收入的不平等也在增长。（三）不平等现象可能阻碍发展，原因是持续的不平等现象可能对经济增长带来负面影响，同时，不断加剧的不平等现象是造成金融危机的重要因素，给中等收入国家带来了宏观经济上的不稳定性，而且不平等现象可能削弱减贫方面的工作，并且持续的不平等现象可能让中等收入国家陷入所谓“中等收入陷阱”。

造成不平等的原因包括：经济发展的区域性影响，这在中等收入国家呈现出尤其不平均的状态；教育方面持续的不平等现象；中等收入国家在获取卫生设施方面还存在着明显的不平等现象。

减少不平等现象，可供考虑的政策领域有：（一）制定并实施综合性区域发展战略，这些战略应该侧重于基础设施发展和政府的协调介入，以加强电力、交通和通讯等板块的建议。这些战略同时应该有财政转移的支持，以鼓励国内和国外直接投资。这种转移应该针对卫生和教育领域。

（二）大幅增加卫生和教育领域的人力资本支出。有关增加这些领域支出的政策，应该特别针对贫困社区和家庭，现金转移在这方面可以成为成功的桥梁。现金转移的可持续性需要更多的政策来保证，有数据显示这也是中等收入国家的一大重要问题。

（三）改变并制定财政政策，以简化税收系统并扩大覆盖面，使税收覆盖到相对大型的非正式板块；同时将平衡从消费转向收入，由此引入更先进的方法。

（四）促进社会保障计划并进行重要变革。首先要大幅提升现有社会支出水平，在这个整体框架下，扩大社会保护计划的覆盖面。在失业津贴方面，尤其需要改变，如扩大覆盖面，并将津贴更多地针对最需要的人群。同样，最低工资标准也可以提升。各计划间的分散性也是需要解决的重要问题。但关键是，造成目前中等收入国家这种计划间分散性的原因有很多，每个国家不尽相同，解决方法也需基于现有的覆盖率而因地制宜。如上述，印度其实可以通过设计并引入一个整体现金转移计划来加强一体化，在这个整体现金转移计划的基础上可以拓展出更多的计划，例如通过基于政府补助长期储蓄的医疗保险，而开展出低收入工人的养老金计划。相比之下，中国的覆盖面相对较广。主要问题是各板块之间的移动受限，且差距很大，社会保护计划很难在不同板块中转移，透明度也很低。这些问题可以通过提高一体化来解决。

二、中国包容性增长与减贫：进程与主要政策

中国政府积极倡导包容性增长，其基本含义是在可持续发展中实现经济社会协调发展，实现发展成果由人民共享的目标。包容性增长的基本要素包括：坚持发展经济，着力转变经济发展方式，提高经济发展质量；坚持社会公平正义，着力促进人人平等获得发展机会；坚持以人为本，着力保障和改善民生，努力做到发展成果由人民共享。

包容性增长的概念提出时间不长，但始终贯穿于中国的改革开放和现代化建设，这与“科学发展观”和“协调发展”、“和谐社会”理念一脉相承，对广大发展中国家具有积极的借鉴意义。改革开放以来，中国包容性增长的历程可以分为以下 3 个阶段：经济体制改革促进经济高速增长，推动全国大规模减贫（1978—2001 年）；政策调整带动城乡统筹，促进均衡发展（2002—2010 年）；制度体系建设推动包容性增长，促进经济社会全面协调可持续发展（2011 年起）。

为实现包容性增长的目标，中国政府正在和即将采取以下政策措施：一是优化产业结构，转变经济增长方式，实现可持续增长。通过产业政策、财税政策、行业准入等经济和法律手段，引导更多资金进入薄弱环节和高新技术行业。为了避免“中等收入陷阱”，2006 年的“十一五”规划明确提出加快转变经济增长方式。采用 8 个具体的约束性指标来衡量经济增长方式的转变，包括能源和环保指标，还覆盖了人口控制、养老保险、农村医疗等民生领域，而将以往最被看重的经济增长等列入预期指标。二是提高劳动者素质和能力，最大限度地为劳动者创造就业和发展机会。具体包括流动人口就业和社会保障政策以及支持劳动力培训与转移的政策。三是调节收入分配，缩小收入差距。国家提出了个人所得税政策、废除农业税和农村税费。四是加强社会保障网络建设，着力解决教育、医疗、养老、住房等民生问题。其中包括：全面普及义务教育，完善医疗卫生设施与卫生服务，建立城乡最低生活保障制度等。

中国继续推进包容性增长与减贫的对策建议：（一）促进由高速、粗放型增长向均衡增长、可持续发展转变；（二）扩大内需，建设消费型社会；（三）保护劳动者权益，提高劳动者待遇；（四）调节分配结构，继续缩小收入差距的趋势；（五）继续完善机制制度，努力提高社会保障覆盖面和待遇水平。

三、促进包容性发展的收入分配政策——中国经验

收入分配政策是多种多样的。从其分配效果来看，收入分配政策可以是缩小收入差距的，也可以是扩大收入差距的；收入分配政策可以是缓解贫困的，也可以是与贫困无关的；收入分配政策可以是有助于经济增长的，也可以是不利于经济增长的。从分配的分类上看，它可以分为初次分配政策和再分配政策。从分配政策的内容上看，收入分配政策包括税收政策，转移支付政策，社会保障政策。不言而喻，在促进包容性发展的过程中，离不开收入分配政策的支持。那么，促进包容性发展的收入分配政策应该具有哪些基本特点？首先，促进包容性发展的收入分配政策与经济增长和就业增加具有兼容性。换句话说，收入分配政策不应该阻碍经济增长，不应该不利于就业增加。对于发展中国家来说，就业优先往往会成为经济发展的第一目标，因而不利于就业的收入分配政策，即使有助于缩小收入差距，但仍是不属于促进包容性发展的收入分配政策。其次，促进包容性发展的收入分配政策有助于实现机会平等和社会公平。贫困人口和低收入人群之所以处于低收入状态，主要因为缺少社会权利和平等机会，因而完善他们基本权利的保障制度，为这些人群创造更多的发展机会和创收条件，使得他们的收入增长不落后于全体社会成员的平均水平，这将是促进包容性发展的收入分配政策的重要特征。最后，从更加宽泛的收入概念来看，个人或家庭收入不仅包括其可支配的收入，而且还包括其享有的公共服务的市场价值。而构成公共服务的主要内容是社会保障和福利体系。因此，为全社会成员特别是弱势群体提供基本的社会保障，以免除其参与市场竞争的风险，这将是促进包容性发展的收入分配政策的重要特征。

改革开放以来中国居民收入分配的变化可以归纳为如下 3 个重要的特点：一是收入差距的全方位扩大；二是城乡之间收入差距尤为突出；三是区域之间收入差距仍比较明显。

在计划经济时代，中国政府的收入分配政策非常有限，缩小收入差距的措施主要是通过取消私有经济，并且在城市由政府对公有企业工资分配制度实行严格控制，在农村则是实行人民公社体制下的集体分配制度来实现的。当时人均收入水平很低，收入差距很小，收入分配政策变得无用武之地。在过去十多年中，中国政府引入了

一些收入分配政策并且对一些政策做出了不断调整。这主要表现为以下几个方面：农业税和农村税费改革；个人所得税政策；最低生活保障制度；农村惠农政策；社会保障。

从国际经验来看，中国的收入分配与再分配政策还有许多需要改进之处。这主要反映在：一是政策体系不完整；二是各项政策之间不够协调；三是政策的反贫困目标不够明确。从包容性发展的角度来看，中国的收入分配政策也需要完善和改进。根据我们前面提供的不同标准的包容性发展的概念，中国过去 30 年的经济和社会发展仍处于低绝对标准的包容性发展模式。从长期来看，这种发展模式是不可持续的，因为它不能保证社会成员平等地分享经济发展的成果，而过大的收入差距会导致经济发展的失衡和社会不稳定。因而，中国经济和社会发展需要从低绝对标准的包容性发展模式向高绝对标准的包容性发展模式转变，收入分配政策需要更加有助于促进这种转变。

收入分配政策可以区分为直接政策和间接政策两类。所谓直接政策是指政策本身作用于不同收入人群的收入，从而使得收入差距发生变化。如果直接收入分配政策导致了收入差距缩小，那么该政策具有累进性功能；如果它导致了收入差距的扩大，那么其功能是累退性的。而间接政策是指通过改变其获取收入的机会和途径实现收入分配格局的变化，如就业政策有助于实现充分就业的目标，而增加就业具有缩小收入差距的作用，因此就业政策又可以称之为间接的收入分配政策。

基于上述考虑，本文提出以下收入分配政策的改革方向，特别强调其促进中国社会包容性发展的作用。

第一，中国应该把实现充分就业作为最重要的收入分配政策内容。实现充分就业也是包容性发展模式的主要目标之一。不论是从缩小收入差距，还是从促进包容性发展来看，扩大就业都应是政府优先考虑的政策目标。

第二，中国的税收需要做出两方面的重大调整，以增强其收入分配与再分配的功能和反贫困的功能。第一方面是逐步减少间接税，增加直接税。税收理论告诉我们，间接税是对所有人纳税，而且不同收入人群纳税比例是相同的。第二方面是将个人所得税由现在的分项税收为综合税。前者是对每一项收入进行征税，而后者则是对家庭总收入征税，它可以避免低收入人群和贫困人口也交税的尴尬局面。

第三，中国收入分配政策相对薄弱，表现在政府转移支付项目的不足。已有的转移支付项目，如城乡低保制度和社会救济项目也存在保障水平低的问题。政府应该对各类弱势人群，特别是无就业能力的弱势人群进行分类，然后根据各类弱势人群的特点制定相应的转移支付项目。我们除了需要对低收入人群实行最低生活保障，还需要对残疾人、孤儿、艾滋病患者、低收入家庭的儿童和老年人、单亲家庭等弱势人群制定有针对性转移支付项目。

第四，社会保障制度的全覆盖和公共服务的均等化，不仅有助于调节收入分配关系，也有助于缓解贫困。这个改革的方向要坚持下去。在改革过程中需要注意的是，不仅要让贫困人口享受到社会保障的好处，而且要让他们付出最小的代价或不付代价。

第五，中国的惠农政策还将持续一段时间，对于缩小城乡收入差距，缓解农村贫困都具有积极的意义。同时，在实施过程中不断加以改进，其中一项重要的改进是增强其减贫的作用。

第六，在努力实现公共服务均等化目标的同时，要考虑对贫困地区和贫困人群给予更多的补偿。

四、中国包容性发展与财政政策选择

政府在包容性发展中担负着非常重要的职责，作为政府宏观调控手段的公共财政对于支持和促进包容性发展就必然承担着非常重要的使命和作用：一是公共财政通过参与国民收入分配和再分配活动，综合利用税收、支出、补助等政策手段，优化宏观收入分配格局，调节居民收入和财富的差异，加强对整个社会弱势群体的支持和保护；二是公共财政通过积极推进财政体制创新，动态调整转移支付制度和办法，不断完善和改进中央及地方政府间关系，可以为财力的纵向均衡和横向均衡奠定基础，从而有效地推进城乡之间、区域之间的相对均衡发展，为我国的中西部地区、贫困地区及整个农村的经济发展和基本公共服务提供财力基础；三是公共财政支持包容性发展，不仅具有直接的调节效应，而且通过资金分配、财税政策优惠等手段，有效发挥财政的间接调节效应或引导功能，也就是引导社会民间资金、银行资金及国外资金等，向欠发达地区、贫困地区、“三农”倾斜，引导社会富裕阶层通过捐赠、慈善等手段对社会弱势群体给予帮助，从而使社会包容与和谐得到更好体现。

当前我国运用财政政策支持包容性发展的现状是：公共财政覆盖农村步伐明显加快；集中财力保障和改善民生；转移支付向中西部欠发达地区倾斜；构建县级基本财力保障机制；大力支持扶贫开发。

财政政策支持包容性发展所面临的问题：全社会收入差距趋于扩大，分配不公问题日益严重；基本公共服务供给不足，发展失衡；贫困问题仍然相当突出，扶贫攻坚面临新的挑战。

近中期促进我国包容性发展的财政政策取向与建议：（一）充分发挥财政调节功能，推动社会收入分配从失衡向公平迈进。完善税收政策；完善财政支出政策；调整国企利润分配格局，完善国有资本经营预算制度。（二）创新财政体制和分配机制，促使基本公共服务均等化迈出实质性步伐。着力调整和优化财政支出结构；继续完善转移支付制度；加快建立县级基本财力保障机制；积极推进创新基本公共服务供给机制的创新。（三）加大财政支持力度，大力推进集中连片贫困地区减贫与发展。建立健全国家和社会多元化的扶贫投入机制；国家的公共政策要向贫困地区倾斜；明确国家资金投入及政策扶持的重点和方向。从长远来讲，构建惠及所有穷人共享式的城乡一体化发展模式和公共政策体系。

五、支持包容性发展的人口与就业政策

（一）中国支持包容性发展的人口政策发展趋向

1. 全面提高人力资本

在第一次人口红利消失之后，不仅需要对推动经济增长的传统要素进行重新组合，而且要对长期有效且不会产生报酬递减的经济源泉提出更高的要求。特别是，挖掘和创造第二次人口红利、防止中等收入陷阱，要求显著提高国家总体人力资本水平。首先，义务教育阶段是为城乡之间和不同收入家庭之间的孩子终身学习打好基础，形成同等起跑线的关键，政府充分投入责无旁贷。学前教育具有最高社会收益率，政府埋单符合教育规律和全社会受益原则，应该逐步纳入义务教育的范围。其次，大幅度提高高中入学水平，推进高等教育普及。高中与大学的入学率互相促进、互为因果。高中普及率高，有愿望上大学的人群规模就大；一旦升入大学的机会多，也对上高中形成较大的激励。最后，通过劳动力市场引导，大力发展职业教育。中国需要一批具有较高技能的熟练劳动者队伍，而这要靠中等和高等职业教育来进行培养。

2. 积极应对人口老龄化

中国老龄化已经进入迅速加快的时期，到“十二五”时期末，中国仍将处在中等收入水平的发展阶段，与此同时，60 岁及以上老年人口将超过 2 亿，约占总人口的 15%。中国的可持续发展，需要应对“未富先老”型人口老龄化的严峻挑战。首先，完善社会养老保障体系，广泛覆盖城乡居民和流动人口，提高保障水平和统筹水平，形成养老合力。尽快实现社会养老保险制度对城乡居民的全覆盖，大力发展社会养老服务，切实保障和逐步改善老年人，特别是孤寡老人、残疾老人的生活水平。其次，创造条件挖掘人口老龄化新的消费需求，并将其转化为经济发展的拉动力。老年人是一个特殊的消费群体，包括其健身、休闲的精神文化需求，以及居家和社会养老的物质需求。最后，合理开发老年人的人力资源，创造适合老年人的就业岗位，探索弹性退休制度。

3. 逐步完善生育政策

中国的人口政策需要在坚持以人为本理念的前提下，与时俱进地进行调整。虽然人口转变归根结底是经济社会发展所推动的，而且人口老龄化的趋势终究难以逆转。不过，在坚持计划生育基本国策前提下，进行生育政策调整仍然大有可为。首先，通过政策调整促进未来人口平衡的空

间仍然存在。其次，按照政策预期，独生子女政策已经成功地完成了历史使命。最后，各地政策调整的实践提供了改革的路径图。

4. 创造性别平等制度条件

劳动力市场上对女性的歧视，以及社会保障制度不健全造成对“养儿防老”的依赖，是造成人口性别失衡的重要原因之一。对此应该综合治理、标本兼治，通过推动性别平等，杜绝劳动就业中的性别歧视，完善社会养老保障体系，消除生育中的性别偏向，有效地遏止出生人口性别比上升趋势。消除劳动力市场上对女性的歧视，要加大就业促进法的执法力度。劳动力市场上对女性的歧视，通常采取工资歧视和就业歧视两种形式。工资歧视，是指雇主支付给女性雇员的工资，低于支付给那些与其从事相同工作、具有相同生产率特征的男性雇员的工资；就业歧视，是指雇主故意将那些与男性雇员具有相同生产率特征的女性雇员，安排到报酬较低的就业岗位上，把报酬较高的工作岗位留给男性。对此，要加强劳动法规执行的监督和创造平等的机会，消除在同一工作岗位上男女的工资差异。另外，要积极培育劳动力市场，减少就业岗位进入的制度障碍。

（二）中国支持包容性发展的就业政策发展趋向

随着刘易斯转折点和人口红利转折点的到来，中国就业从总量性矛盾逐步转变为结构性矛盾。这个转变赋予积极就业政策新内涵，提出增强其包容性的新任务。

1. 着力点从总量到结构转变

应对日益突出的周期性、摩擦性和结构性失业现象，首先要树立的原则，是把就业置于宏观经济政策制定的优先地位，以就业状况为依据确立政策方向和力度，降低周期性和自然失业风险。在“十二五”规划中，中央政府对于就业重要性的表述，已经从要求把扩大就业放在经济社会发展更加突出的位置，提升到实施就业优先发展战略的高度。为了把就业优先原则落在实处，在宏观调控总体要求中，不仅要考虑国内生产总值增长目标，更要直接宣示就业增长的目标，以及能够反映周期性失业水平的调查失业率控制目标。在劳动力市场出现总量偏紧的情况下，不能对结构性和摩擦性就业困难掉以轻心。

2. 促进城乡一体化就业

一个能够让劳动力自由流动、有效保障劳动者合法就业权利的劳动力市场制度，是从中等收入国家向高等收入国家发展转变的制度保障。目前在中国劳动力市场上仍然存在着劳动力流动的各种制度性障碍，包括城乡分割、地区分割和户籍身份分割等，妨碍了就业机会的均等化和人力资源的合理有效配置。要尽快破除这些制度障碍，促进城乡各类劳动者平等就业，进一步完善劳动力市场机制。因此，要继续坚持城乡统筹的原则，进一步完善相关政策，深化制度改革，促进农村劳动力稳定转移就业。旨在实现制度变革的改革目标的确定和实施政策，都应该把重点放在有利于把农民工纳入社会保障制度，以及获得平等的公共服务的相关领域之中。从激励相容的改革原则出发，城市政府推进城市化的一个可用手段则是，通过劳动力市场制度建设，为农民工就业提供更加稳定的保障与保护。在此基础上，逐步把制度建设推进到更大范围的公共服务领域，实现真正意义上的城市化以及城市化与非农化的同步，顺利通过刘易斯转折点，完成二元经济结构的转换。

3. 劳动力市场制度建设和社会保护

刘易斯转折点到来的一个明显标志，就是劳动关系急剧变化。伴随着劳动力供求关系的新形势，工人要求改善工资、待遇和工作条件等维权意识的增强，遇到企业适应能力差、意愿不足的现实，必然会形成就事论事性质的局部劳资冲突。面对这种“成长的烦恼”，采取回避的态度，或者采取民粹主义政策做出不能长期维持的承诺，都不能解决问题，必须依靠制度建设才能顺利度过中等收入阶段。由于对于工资集体协商制度有些担心，使其成为劳动力市场制度建设的薄弱点。其实，从中国现行的制度框架出发，构建工资、劳动条件的集体协商制度，与欧美的情况相比，更为可控，更易取得积极成果。通过工会代表工人利益，企业家联合会代表雇主利益，政府进行引导、协调、协商的机制，可以探索出一种具有中国特色的劳动关系格局。社会保护具有比劳动力市场制度更为广义的功能，并且可以按照构建和谐社会的理念，把劳动力市场制度、社会保障制度以及其他社会福利制度相结合，形成与中国特色社会主义市场经济相适应的公共服务体系，从而以制度实现和保证“以人为本”。

六、支持包容性发展的农村科技创新政策研究

贫困问题是与“三农”密切相关的问题。就中国而言，实现包容性发展，关键是要实现农业与非农业、农村与城市、农民与市民的包容性发展。其重要举措就是通过科技创新，加快农业、农村、农民的发展。实施包容性发展战略，需要在体制机制上做出调整和安排。这样，才能使包容性发展由理念变为实际行动。

（一）制定包容性发展的农村科技创新战略

农业农村农民问题是事关国民经济与社会发展的全局性问题，科技创新是转变发展方式，加快发展并引领结构调整的战略措施。这样的战略行动，在国家层面，制定包容性发展的农村科技创新战略是必要的。这样的发展战略涉及农业发展、乡村社区建设和管理，涉及农民发展，也涉及农村的收入分配、减少贫困、公共服务、生态环境建设，更涉及城乡一体化的体制机制改革和创新等深层次问题。

（二）创新农业农村农民发展体制

体制问题是实施包容性发展的基础保障。一是要有保障城乡一体化发展的体制，从体制上做到破除“城乡二元结构”；二是要有农民市民发展机会均等的体制，在就

业、公共服务、教育、医疗等领域实现城乡统筹，机会均等；三是在产业发展环境上实现一体化。

（三）制定支持农村创新创业的政策

一是要完善支持农村创新的政策，包括增加农业科技研发与转化推广投入的政策，以及提高农业科技创新能力的政策。二是制定扶持农村创业的政策。

（四）加强人才培养

按照实施包容性发展战略的要求，需要对农村发展人才培养工作进行必要的调整。要通过深化大学与职业培训机构的改革，在继续做好专业人才培养的同时，推动理工学科与社会学科的交叉，大力加强符合现代农业与乡村社区发展需要的复合型人才培养。

（五）完善有利于农村产业发展的金融政策

发展现代产业，离不开金融的参与，也不能仅靠小额贷款来解决农村产业发展的问题。与城市区域的产业相比，农村产业在吸引金融投资上，有明显的劣势。解决农村发展资金不足的问题，必须在产业政策和金融政策上系统安排，通过鼓励农村产业发展、支持农村创业，大力提高农村产业组织化程度，为金融投资提供丰富的受贷主体。同时，还要研究形成符合农村产业、农村创业发展要求的专门化金融工具。

七、支持包容性发展的生态环境政策

生态脆弱区是中国扶贫攻坚的核心堡垒，表现在贫困主要发生在生态脆弱区；生态脆弱区扶贫难度增大；生态脆弱区减贫成果难以巩固；生态脆弱区贫困与生态恶化互为因果。

生态建设与减贫——中国的成效与问题。20世纪末开始，中国加大了生态恢复与环境保护的力度，针对水土流失、土地退化等严重影响经济社会长期可持续发展的生态问题，在主要生态屏障区、大江大河源头和生态脆弱区相继启动了多项生态建设工程，如退耕还林工程、退牧还草工程、天然林资源保护工程、京津风沙源治理工程、野生动植物保护及自然保护区建设工程等。目前，大多数生态建设工程都已完成一个建设周期，取得了显著的生态、社会和经济效益，但也存在诸多问题。

生态减贫是支持包容性发展的生态环境政策的要求，是中国突破减贫瓶颈的必然选择。

（一）生态改善是治贫的根本和发展的根基。生态脆弱地区经济社会发展的瓶颈在于资源与环境承载力低下，而合理利用资源、改善生态环境是实现区域可持续发展的唯一出路。

（二）贫困人口的平等参与是生态持续改善的前提。直观地看，生态型贫困发生的原因是人口压力过大，导致生态环境遭到持续破坏而日益恶化，但更深层次的原因是存在“政策缺陷”，是不公平的政策将部分发展能力较差的人口排除在发展进程之外，导致区域发展失衡加剧的结果。正是因为惧怕贫困人口的参与会影响生态改善的效果，在天保工程、野生动植物保护及自然保护区建设工程等大规模生态建设工程中，当地居民往往被视为工程建设的负担，单独安排补助资金解决其生计问题；当地居民也理所当然将生态工程视为扶贫工程，要求补偿因工程建设对其经济活动干扰造成的损失。显然，当地居民被排除在生态建设工程之外，虽然增加了工程建设的成本，却不能从根本上减轻当地人口的生存与发展对资源环境所造成的压力，是工程政策缺乏包容性所致。

（三）生态经济是生态改善与减贫的动力。快速的经济增长是减贫的必要条件，也是生态改善的核心动力。生态脆弱区的经济发展，首先要从改善生态环境入手，优先发展生态产业，使之成为生态脆弱区的支柱产业。生态经济的建设过程，就是生态型贫困地区的经济结构转型、生产生活方式转变，以保护和建设贫困地区生态环境的过程。

（四）生态补偿是生态改善成果共享的回馈。生态补偿是平衡生态保护相关主体利益关系的经济手段，既是生态扶贫战略的重要组成部分，也是生态脆弱区从生态保护和生态改善中直接获益的保障。

（中国国际扶贫中心）

中国与东盟：包容性发展与减贫

本概要是第六届“中国—东盟社会发展和减贫论坛”主旨报告的摘要。根据原报告体例，概要内容也从六个方面展开。

一、包容性发展背景下的中国与东盟的关系

增长、贫困和不公平是中国与东盟国家面临的三大问题。实现包容性发展和减贫是双方的共同关切。包容性发展背景下的中国—东盟关系，既要建立国内包容性的发展制度，让所有人公平地参与发展过程并分享发展成果，也包括建立包容性的国际关系。政治互信、经济包容和文化包容是包容性国际关系的三大支柱。国际发展话语权的争夺、中国与东盟经济结构的相似性与竞争性、南海问题和美国重返亚洲等给中国东盟关系带来的新挑战。提高政治互信，以包容性发展和减贫带动中国东盟关系；推动“贸易、投资、援助”三位一体的合作模式，促进经济包容的全面发展；深化中国—东盟社会发展与减贫论坛机制；加强减贫领域的民间交流和知识分享，实现文化包容等，这些措施将成为维护中国—东盟关系的重要抓手。

国际关系视角下对包容性发展概念的理解：在国与国关系的层面上，包容性发展可以理解为国际社会中的各个国家之间的互利、共赢。它强调在国际合作中，让穷国从合作中更多地获益，让合作双方具有公平的发展机会。在地区的层面上，它可以理解为不同地区和谐发展、共享人类社会发展成果。国际关系视角下的包容性发展，具有非敏感的特征，其“内核”可以简单地概括为共赢共享、互利互惠，至少包括政治互信、经济包容和文化包容。

二、支持包容性发展与减贫的公共政策——中国经验

包容性发展，按世界银行、亚洲开发银行等国际组织的定义，指的是“让经济全球化和经济发展成果惠及所有国家和地区、惠及所有人群，在可持续发展中实现经济社会协调发展”。国际社会普遍将促进“包容性”理解为注重“人”的公平发展，避免“社会排斥”，减少贫困和失业。也就是说，包容性发展在强调经济增长的同时，也关注经济增长的方式，关注人民广泛参与经济增长的过程，关注弱势群体，关注分配的公平，强调创造大量的就业型的经济增长。值得注意的是，包容性发展提倡

的公平指的是机会的公平，而不是收入的公平。实现包容性发展的责任主体为政府。中国政府提出的以人为本的科学发展观，与包容性发展的理念不谋而合。转变经济发展方式就是包容性发展在中国的重要体现。中国政府在多个场合明确表示，愿意积极推动世界的包容性发展，扩大与各国的交流与合作，应对共同挑战，包括如下四个方面：（一）对各国发展道路要有多样性包容，尊重世界各国文明的多样性，尊重各国各自选择的发展道路和在经济社会发展实践中的探索，在此基础上促进国际合作。（二）以科技进步实现经济的结构升级，发展绿色经济。经济社会各个方面发展的平衡与互动。实现实体经济与虚拟经济平行发展，国内市场与国际市场均衡发展，以及经济与社会相互协调发展。（三）各国不仅在政策选择上不能以邻为壑，而且还要相互帮助，大国帮小国，富国帮穷国，使所有成员都能共享全球化和一体化的成果，使各国人民的生活都能得到改善。（四）各国求同存异，实现共同安全，互信互利、平等协作。国家间的矛盾要通过对话协商而不是对抗来解决。

中国支持包容性发展与减贫的公共政策主要包括：加快农村发展的政策，加快西部区域发展政策，建立农村社会保障制度，坚持开发式扶贫，坚持专项扶贫和行业扶贫、社会扶贫相结合，坚持外部支持与自力更生相结合，开展金融扶贫等。

三、少数民族发展

在东南亚地区和中国，依然没有脱贫从而被视作贫困群体的人口当中，少数民族所占的比例普遍偏高。受整个东南亚和中国经济蓬勃发展的带动，本地区的农村减贫事业一直进展迅速，且贫困率下降幅度很大。但过去的减贫一直主要是让生活在低地的农村居民受益，脱贫致富的人群往往属于低地的多数民族群体，而不是山地和偏远地区的少数民族人口。虽然本地区的贫困人口总数已大幅下降，但少数民族贫困率的下降速度要慢得多。他们在剩余贫困人口中的比例越来越大，其结果是农村贫困群体有越来越大的可能性是少数民族。这一情况在货币指标和非货币指标上都得到体现。本地区少数民族群体的人均收入低于全国平均水平，生活消费金额较少，且人类发展水平普遍较低。少数民族的人均预期寿命较短，婴儿和产妇的死亡率较高，且少数民族子女不大可能达到全国平均的入学受教育年限。少数民族居民更多依赖于农业生产来谋生，以种植经济作物而融入商品市场的比例较低，不大可能参与农业以外的劳动力市场，或迁移到城镇地区寻找工作。少数民族从生活所在地区获得公共服务的状况也较差，在数量和质量上均差强人意，且少数民族公民在村以上的地方政府行政管理机构中担任职务的可能性往往较低。

少数民族贫困的主要原因有：空间布局因素导致贫困和不平等，少数民族通常生活在最偏远山区；少数民族贫困缺乏使用多数民族语言交流的技能；人口规模较少的族群达到的教育水平最低；少数民族人口的流动性不足；少数民族人口进入更高层次的教育体系的比例小；少数民族未能融入经济作物生产和市场；大量民众迁移进入以往被视作少数民族聚居的地区，导致土地和其他自然资源的激烈争夺和市场化，以及土著少数民族在景观和环境上面临的压力上升；国内冲突成为少数民族贫困的重要因素；对少数民族的偏见歧视和刻板印象也可能成为导致少数民族贫困的原因。

当前执行的少数民族扶贫政策存在的不足：大规模推广“整齐划一”的扶贫计划或许不再适宜，少数民族并不总有机会全面有效地参与发展进程，发展方式没有“衔接连贯”或有效协调，地方官员的激励不足和效率不高，重新安置和强制迁移普遍不太成功，发展少数民族社会保障体系常常没被作为优先事项。

增强少数民族未来发展前景的建议：掌握少数民族的完备数据和信息，以及有效瞄准机制对减贫的重要意义；促进国家提供公共服务的创新，从而改善少数民族的医疗和教育；使用分散化和参与式的发展援助模式；增加基础设施投资，关键的是赋能环境；促进市场准入和乡镇企业发展；通过以文化为基础的社区谋生发展计划，将文化自我决定和经济社会发展联系在一起；现金转移胜过“实物”援助；创造表达看法和平反申诉的机制或空间，鼓励区域组织和少数民族代表陈述发展意见，促进少数民族社区及个人选择生活方式和表达利益诉求。

四、贸易自由化与贫困——基于中国和东盟国家的实证研究

本报告包括理论和实践两个层面，理论方面主要分析了贸易便利化的内涵和外延，贸易便利化对贫困影响的机制以及相关文献综述。实践部分主要是综合分析中国贸易便利化的发展以及中国—东盟贸易便利化对双边的影响。

第一，贸易便利化及其对贫困的影响机制

贸易便利化是指运用新技术、简化行政管理等措施，降低贸易和投资成本，从而推动贸易和投资的更快发展，它包括贸易过程的几乎所有环节。从外延来看，贸易便利化可概括为四个方面，即运输的便利化、通关的便利化、制度和政策方面的便利化以及通过电子商务促进贸易的便利化。

贸易便利化对贫困的影响，主要是通过影响经济增长和收入分配而实现的。贸易的便利化能够促进贸易较快地发展，贸易的扩大又能通过经常项目（商品和服务贸易）和资本项目（外商投资）影响到一个国家的经济，这一经济影响既包括经济增长，也包括收入分配，从而对贫困造成影响。

第二，中国贸易便利化实践

中国的贸易便利化是伴随着改革开放的进程不断推进的，从单一部门到多个部门，从单一环节到多个环节，从改进贸易管理到信息技术的广泛应用，目前表现出高层次、宽领域、全方位的特点。

第三，东盟各国贸易便利化对中国贸易的影响

东盟各国在推动贸易便利化方面做了较多工作。例如，在国家层面上建立了海关单一窗口、进出口文件申报单、东盟电子海关，以降低海关清关所需时间和成本。统一的货物和商品分类和估价系统，简化了东盟协调税则目录、提升了海关的透明性、稳定性及一致性。经过多年的努力，东盟海关已经将通关平均所需时间从数天减少到两个小时。一致性评估的相互承认协议大大减少了重复检测和产品认证，降低了各国的贸易成本。

基于东盟国家采取的一系列贸易便利化措施，中国连续3年成为东盟的第一大贸易伙伴。以云南省鲜切花面向东盟国家出口为例，自2008年昆曼大通道贯通之后，云南省的花卉企业实现了3天将鲜花运输至曼谷并返回昆明，在此之前至少需要7—8天时间，而且运输成本从7元/千克降低为3元/千克。时间的节省和成本的降低，完全得益于各地海关效率的提高，检验检疫环节的标准化、运输通道的便利等贸易便利化措施。2009年6月，云南省电子口岸运行实现了跨地区、跨部门、跨行业的信息共享和联网核查，提高了通关流程的自动化和通关效率。国家级重点口岸红河河口口岸，作为刚刚建成的电子口岸，进出口商凭一张通关卡便可通行，使通关时间从原来的10分钟缩短到30秒，口岸过货量扩大4—6倍。

孙林、徐旭霏（2011）通过构建引力模型分析表明，2010年，东盟自贸区建成以后，贸易便利化的建设对贸易流量有显著的正向影响，其中航空运输质量等级与中国—东盟区域制造业产品出口呈显著正相关，空港建设质量等级每提高1%，东盟区域制造业产品出口将增长1.48%。作者还分析了东盟贸易便利化对中国制造业产品出口的可能影响，认为当东盟的空港建设达到东盟区域平均水平，那么中国对东盟制造业产品总出口将增长39.34%。若东盟空港建设达到区域最高水平，那么中国对东盟制造业产品出口将增长70.95%。

第四，中国贸易便利化对东盟国家的影响

目前，中国积极加强与东盟各国贸易便利化合作，进一步加强相互对话与沟通，推进中国与东盟各国海关监管互认、执法互助、信息互换等方面的务实合作，共同促进本地区贸易的健康快速发展。同时，建立了中国与东盟各国海关及相关政府机构与商界更加紧密的战略合作伙伴关系，提高合作层次和水平，加强行业自律，共同推进贸易便利化的深入发展。中国还关注WTO谈判过程中一些国家提出的，关于关注国家贸易便利化委员会的倡议，积极

推动本国贸易便利化进程。目前，中国各直属海关都已积极采取各项措施，促进东盟货物的便捷通关。深圳作为东盟货物的主要进口口岸，推行了“自动核放系统”。实行该系统后，车辆通关通道的时间由原来的 2 分钟左右，缩短为 4—5 秒，速度提高了 20 多倍。大大地降低了企业交易成本，促进了广西与东盟国家的贸易。

受益于中国—东盟自由贸易区的正式运行和中国 - 东盟贸易便利化措施的实施，2011 年，东盟超过日本，成为中国第三大贸易伙伴和第三大进口来源地。双边贸易总值达 3628. 5 亿美元。在中国与许多贸易伙伴的双边贸易出现负增长、零增长或低增长的情况下，中国与东盟的双边贸易保持 9. 2% 的增长。同时，中国对东盟的投资保持快速增长，东盟已成为中国企业海外投资的重要目的地。

东盟一些国家对中国的贸易顺差增幅显著。2001 年，马来西亚对中国的贸易顺差为 29. 8 亿美元，逐年增长，2010 年达到 266. 4 亿美元，增长了 792. 63%。2001 年泰国对中国的贸易顺差为 23. 7 亿美元，2010 年为 134. 5 亿美元，增长了 466. 4%。2001 年，菲律宾对中国的贸易顺差为 3. 2 亿美元，2010 年为 46. 8 亿美元，10 年增长了 14. 4 倍。除了以上国家，其余国家和中国的贸易额都有较大幅度的增长。

中国与东盟的合作是全方位的，不仅涉及贸易、投资和科技领域，而且在金融、文化、航空、旅游、邮电、交通、海运、环保等领域的合作与交流，也取得了明显的进展。通过以上的分析得知，中国和东盟各国所实施的国际合作以及贸易便利化措施，都较大地促进了各国投资、贸易和经济的发展。

第五，贸易便利化对贫困的影响

贸易便利化对贫困影响的机制容易理解，但是贸易便利化对贫困影响的实际情况却比较复杂。全面衡量贸易便利化对减贫影响的实证分析，显得异常困难。这一方面是由于贸易便利化的动态性和复杂性；另一方面是由于导致贫困的原因的综合性和复杂性，还有两者中间的传导关系的复杂性。

本项目仅以港口建设为例，研究港口效率对贸易和贫困的影响。研究表明：当全国港口效率每提高 1% 时，全国的农村贫困发生率会降低 1. 051%。特别是对于中部省市，港口效率每提高 1% 时，中部农村的贫困发生率会降低 2. 116%。而对于东部和西部，则弹性较小。主要原因是东部地区的农村贫困问题已得到较好解决，其减贫措施的边际贡献会较小。而西部地区，则由于主要是山区，其交通不便，与国际市场的联系不是很紧密，贸易在其经济增长中的贡献不是很大，因而贸易的减贫效果较差。

五、大湄公河次区域为促扶贫推行贸易便利化与微金融——泰国案例研究

本研究旨在探讨贸易便利化措施是否能够让边境地区的穷人和微型企业获益。

另外，还对微金融在支持贸易便利化项目中的角色进行了思考。为此，本研究对有关方进行了采访并制作了利益相关者分析。研究发现，贸易便利化措施给穷人和微型企业带来很多机会。尤为重要的就业机会是一些可以出口至越南和中国南部的农业产品，还有一些便利化措施催生的服务，如旅游、物流、医疗保健、教育、汽车维修、特定产品的零售与批发以及有出口潜力的当地产品。然而，由于穷人和微型企业无法获得资金以及有关的知识和能力，他们在把握这些机会的时候面临诸多障碍。利益相关者分析指出，微金融机构并不关注微信贷活动。一些重要的有关方，如政府机构、发展办公室和一些商会，都对促进穷人和微型企业参与贸易便利化措施以促扶贫没有太大兴趣。

本研究还就改善和开发微金融产品和服务提出建议，以帮助穷人和微型企业更加便利地获得信贷。

短期建议：改进集体借贷的条件，如要求先储蓄后借贷，使有关文件要求对穷人和微型企业更为实际可行；租赁农用或运营设备，向长期工程如橡胶种植提供渐进式贷款和灵活的还款期限，增加直接负责微金融服务的工作人员数量，在金融机构内部创建专门的微金融部门，并与社区团体在借贷和储蓄服务方面进行更广泛的合作。

长期建议：在府内发展实力雄厚的储蓄团体或社区团体，为储蓄团体和社区团体建立完整的信用评级系统，建立专门的微金融机构。

另外还需指出，仅靠资金渠道并不能帮助穷人和微型企业利用贸易便利化措施以促减贫，他们需要其他能力和知识来实现这一目标。因此，微金融机构必须与其他有关方，如发展办公室、商会等展开协作，以便向穷人和微型企业提供所需的能力和知识。

六、贸易便利化的改善对印度尼西亚出口导向型中小企业的影响

本研究以印度尼西亚的出口导向型中的微型、小型和中型企业（以下简称“微小中企业”）为对象，旨在研究它们获得贸易便利化措施的情况。研究采用了国家统计局对微小中企业的定义：雇员人数为0—4人的生产单位/公司是微型企业；5—20人的是小型企业；21—99人的是中型企业；100人及以上的是大型企业。本研究主要提出两个问题：（1）出口导向型微小中企业能否获得贸易便利化措施，包括贸易融资，贸易保险，互联网上关于市场和贸易规定/政策的信息以及各项基础设施，包括可以连接集群/生产区和主要贸易港口的构建良好的道路、运输设施、实验室、仓库、电力和通讯；（2）以上提到的贸易便利化措施对于这些企业的出口有多大帮助。

研究结论显示了印度尼西亚出口导向型微小中企业的四种情况：

第一，业绩方面，企业的出口实力相对较弱。实地调查甚至显示，许多受访的微小中企业并不直接出口，这是由于印度尼西亚的微小中企业，尤其是微小企业，缺少信息、资金和技能等必需的投入。这就使企业很难（如果可以）改善自身的生产力及其产品质量，而这两点是影响企业竞争力以及直接出口能力的重要因素。

第二，营销、原材料采购和资金方面。由于很难获得正式的信贷来源往往会导致资金匮乏，从而可能造成营销困难。因为大部分微小中企业，尤其是小型和微型企业没有足够资金去开发市场。

第三，获得贸易便利化措施的情况。研究显示，大型企业的情况好于微小中企业。而情况不良的主要原因是不了解或不知道现有的贸易便利化措施。全国数据与实地调查显示了相同的发现，即许多印度尼西亚的微小中企业，尤其是微小企业，无法很好地利用现有的设施，仅仅是因为他们不知道有这样的设施或不了解程序。

第四，贸易部、工业部、合作社、中小企业部等政府部门，和印度尼西亚工商业联合会、商业协会、商业银行等私有组织在支持微小中企业中所扮演的角色。研究发现，并不是所有受访的微小中企业都得到过政府（即使是合作社和中小企业部）和上述私有组织的支持。相反，获得私有组织支持的大型企业数量占所有受访大型企业的比例高于微小中企业。得到（过）银行或非银行金融机构支持的受访企业中，大型企业的数量多于微小中企业。

研究提出以下四项建议：

第一，所有设有微小中企业发展项目或为企业提供服务的政府部门和非部门组织，尤其是应在支持微小中企业发展中发挥主导作用的合作社和中小企业部，都应该重视接触潜在微小中企业或支持微小中企业的方法，包括协调不同地区的政府，以便保证所有地区的所有潜在微小中企业都能获得同样的支持。自从区域自治实施以来，各部门和当地政府办公室直接的良好协调就变得非常重要。另外，区域/当地政府应该主动选择帮助本地微小中企业的最佳方式，因为他们比中央政府更加了解本地的实际情况和本地微小中企业的需求，至少在理论层面上是这样。

第二，根据作者长期的经验，当地微小中企业，甚至连当地政府，都不了解或不知道目前中央政府（如合作社和中小企业部）发起的项目；或者，即使当地政府知道，他们也不知道如何在本辖区内实施；或者，即使当地微小中企业听说了一项具体的项目，他们也不知道自己是否满足参与的条件。甚至连当地工商业联合会或相关的商业协会，有时都不知道目前中央政府实施的一项具体项目。因此，现有项目/服务的区域社会化/推广十分重要，要有效地实现这一点，可以与当地私有组织合作实施项目/服务，这样的组织包括印度尼西亚工商业联合会（卡丁达）、商业协会、大学和非政府组织。

第三，国家收支预算案（地方政府是地方收支预算案）允许政府支持微小中企业的资金有限，包括人民企业贷款在内的企业信贷机会成本很高。因此，获得金融支持的潜在的微小中企业就必须经过筛选，出口潜力大的企业应该优先。这样做的一个结果就是政府必须将人民企业贷款的最高额度提升到5百万卢比以上，因为同只服务于国内市场相比，出口的成本更高。

第四，中央政府目前采取的微小中企业发展方式/战略典范。政府看重微小中企业主要是因为它们能创造就业，在全球化和世界贸易自由化的时代，扶贫已经不再重要。当下，微小中企业更应该被视为国家出口发展和增长的重要源泉（即使不是最重要的），同时也不应忘记微小中企业所扮演的其他重要角色，即包括大型企业的国内出口公司、竞争力强的本土/国内供应商。

（中国国际扶贫中心）

附　录

附录（一）
2012年中国扶贫开发大事记

1月5日　全国东西扶贫协作工作会议在重庆黔江区召开。范小建主任出席会议并讲话，郑文凯副主任主持会议。

1月11日　范小建主任主持召开国务院扶贫开发领导小组专家咨询委员会年度工作会议，王国良副主任参加会议。

1月11—12日　范小建主任陪同时任国务院副总理、国务院扶贫开发领导小组组长回良玉赴甘肃省临夏回族自治州，看望慰问受灾群众、残疾人和贫困农户，考察灾后重建、扶贫济困和民族工作。

2月11—15日　郑文凯副主任赴陕西省考察世界银行第五期扶贫项目进展情况。

2月23日　国务院扶贫开发领导小组在云南省昭通市召开乌蒙山片区区域发展与扶贫攻坚启动会。时任国务院副总理、国务院扶贫开发领导小组组长回良玉出席会议并讲话。范小建主任参加会议，会前陪同回良玉副总理在云南省调研。

2月26日　全国扶贫开发调研宣传培训工作经验交流暨培训会议在湖北武汉市召开，王国良副主任出席会议并讲话。

3月5日　第十一届全国人民代表大会第五次会议在京开幕。时任国务院总理温家宝在政府工作报告中提出，要“实施新10年农村扶贫开发纲要，按照新的国家扶贫标准，全面做好扶贫开发工作，加大集中连片特殊困难地区扶贫开发力度，让扶贫对象更多地分享改革发展成果”，“加大对革命老区、民族地区、边疆地区和贫困地区的扶持力度”。

3月20日　范小建主任赴全国人大常委会法工委汇报扶贫立法工作有关情况。

3月27—29日　郑文凯副主任赴四川调研扶贫开发工作，并参加贫困地区“千村万户”驻村调研活动。

3月29日—4月1日　范小建主任深入四川、陕西两省，就贯彻中央扶贫开发工作会议和“两会”精神，推进秦巴山片区区域发展与扶贫攻坚规划编制工作进行调研。

4月6日　范小建主任主持召开扶贫立法专家座谈会，听取专家意见。王国良副主任、郑文凯副主任参加会议。

4月9—11日　王国良副主任率调研组赴内蒙古自治区兴安盟、黑龙江省大兴安岭地区调研边境地区扶贫开发工作，并看望林区困难职工。

4月14—19日　范小建主任赴新疆维吾尔自治区和田、喀什两地，就贯彻落实中央扶贫开发工作会议精神和南疆三地州连片特困地区扶贫攻坚进展情况进行调研。

4月20日　国务院扶贫办与中国进出口银行在广西桂林联合召开深化扶贫金融合作工作会议，王国良副主任出席会议并讲话。

4月23日　范小建主任赴全国人大常委会民族宗教委员会，介绍《中国农村扶贫开发纲要（2011—2020年）》编制及实施情况。

4月30日—5月3日　范小建主任赴青海省就贯彻落实中央扶贫开发工作会议精神和集中连片特困地区规划编制情况进行调研。

5月8日　范小建主任出席国务院连片特困地区扶贫开发政策措施落实情况督查动员会议。

5月10日　国务院扶贫开发领导小组在四川省广元市召开秦巴山片区区域发展与扶贫攻坚启动会。时任国务院副总理、国务院扶贫开发领导小组组长回良玉出席会议并作重要讲话。范小建主任参加会议。

5月10—20日　为推动《中国农村扶贫开发纲要（2011—2020年）》和2011年中央扶贫开发工作会议精神的贯彻落实，国务院派出6个督查组，赴武陵山片区和乌蒙山片区，就落实扶贫开发政策措施情况进行督促检查。

5月17—22日　时任全国政协主席贾庆林赴云南调研并考察扶贫开发工作。王国良副主任陪同参加调研。

5月25—27日　时任国务院总理温家宝赴湖南省湘西土家族苗族自治州，就推进连片特困地区扶贫开发工作进行调研，并在吉首市主持召开武陵山片区扶贫攻坚工作座谈会。范小建主任陪同调研并参加座谈会。

6月1—2日　中共中央外宣办组织中外记者团赴贵州省黔西南州和安顺市，采访我国通过扶贫开发推进可持续发展项目的有关情况。郑文凯副主任代表国务院扶贫办接受采访。

6月15—22日　郑文凯副主任赴巴西出席联合国可持续发展大会。

6月18—21日　时任全国人大常委会委员长吴邦国深入位于大别山区的安徽省六安市及所属金寨县、霍山县、裕安区调研，实地了解老区群众生产生活情况，主持召开专题座谈会，共商老区扶贫开发大计。

6月28日　国务院扶贫开发领导小组在贵州省黔西南布依族苗族自治州兴义市召开滇桂黔石漠化片区区域发展与扶贫攻坚启动会。时任国务院副总理、国务院扶贫开发领导小组组长回良玉出席会议并讲话。范小建主任参加会议，会后赴广西调研扶贫开发工作。

7月2日　国务院扶贫办在北京召开扶贫开发与农村低保两项制度有效衔接座谈会。会议围绕新标准下如何进一步完善和提高两项制度有效衔接试点工作等问题进行了交流讨论。国务院扶贫办王国良副主任主持座谈会，部分省区扶贫办负责同志参加会议。

7月6日　范小建主任代表国务院扶贫办与国家旅游局签署关于推进旅游扶贫工作合作框架协议。郑文凯副主任出席签字仪式。

7月10日　国务院扶贫办在京召开全国扶贫办主任会议，会议总结了中央扶贫开发工作会议以来全国扶贫开发工作进展情况，部署下半年扶贫开发工作。范小建主任出席会议并讲话，王国良副主任、郑文凯副主任出席会议。

7月19日　范小建主任在京出席中非合作论坛第五届部长级会议开幕式。

7月21—30日　范小建主任率团出访莫桑比克共和国、坦桑尼亚联合共和国。

8月13日　王国良副主任主持召开扶贫立法工作座谈会，全国人大农业与农村委员会、法制工作委员会、国务院法制办有关同志及部分省区市扶贫办负责同志出席会议。

8月22—25日　国务院扶贫开发领导小组在甘肃省定西市召开六盘山片区区域发展与扶贫攻坚启动会。时任中共中央国务院副总理、国务院扶贫开发领导小组组长回良玉出席会议并讲话。范小建主任参加会议，会后陪同回良玉副总理在甘肃考察。

9月2—5日　范小建主任赴黑龙江省齐齐哈尔市、绥化市调研扶贫开发工作。

9月6—9日　王国良副主任赴新疆喀什、和田地区，就雨露计划实施方式改革试点、保障扶贫对象基本住房政策、南疆三地州集中连片特殊困难地区区域发展与扶贫攻坚规划编制等情况进行调研。

9月9—10日　范小建主任赴内蒙古自治区兴安盟、吉林省白城市调研大兴安岭南麓片区扶贫开发工作。

9月10—11日　王国良副主任赴四川省广元、巴中两市，就扶贫对象基本住房保障和贫困家庭初高中毕业生职业教育等情况进行调研。

9月16—18日　范小建主任赴河南省信阳市调研大别山片区扶贫开发工作。

9月20—21日　范小建主任赴四川省阿坝藏族羌族自治州，出席阿坝州扶贫开发和综合防治大骨节病试点工作五年规划验收总结大会。

9月20—21日　全国彩票公益金支持革命老区扶贫开发工作交流暨研讨会在山东省临沂市召开，王国良副主任出席会议并讲话，会后在临沂调研革命老区扶贫开发工作。

9月23—24日　范小建主任赴河北省保定市调研燕山—太行山片区扶贫开发工作。

9月26日　第六届中国—东盟社会发展与减贫论坛在广西壮族自治区柳州市开幕。来自中国和东盟等国的政府官员、专家学者、非政府组织代表及国际组织代表等100余人参加会议，与会代表就包容性发展与减贫的关系，城市化进程中的贫困，流动人口的社会保障，产业转移、贸易便利化对促进减贫的作用等议题进行了深入讨论。范小建主任、郑文凯副主任出席论坛并讲话。

10月5—7日　时任国务院总理温家宝赴云南省昭通市看望慰问地震受灾群众，并赴贵州省毕节市考察扶贫开发工作。范小建主任陪同参加。

10月10日　由中国国际扶贫中心及有关科研机构共同承担的“十二五”国家科技支撑计划“扶贫空间信息系统关键技术及其应用”项目在京启动，郑文凯副主任出席启动会。

10月10—11日　国务院扶贫办和国家发展改革委在河南省郑州市联合举办“全国片区实施规划编制培训暨经验交流会”。王国良副主任出席会议并讲话。

10月11—21日　王国良副主任率工作组赴河南、湖北两省，对2011年度扶贫开发工作考核情况进行实地核查。

10月13—15日　范小建主任赴山西省临汾市调研吕梁山片区扶贫开发工作。

10月17日　由国务院扶贫办和联合国驻华系统联合主办的2012年减贫与发展高层论坛在北京隆重举行。时任国务院副总理、国务院扶贫开发领导小组组长回良玉出席开幕式并代表中国政府致辞。本次论坛的主题是包容性发展与减贫，范小建主任作主旨发言。郑文凯副主任出席论坛。

10月17日　范小建主任会见联合国副秘书长吴红波一行。

10月20—22日　范小建主任赴安徽省安庆、六安两市调研大别山片区扶贫开发工作。

10月25—28日　范小建主任赴江西省赣州市调研罗霄山片区扶贫开发工作。

10月30日　范小建主任会见坦桑尼亚联合共和国总统府国务院首席秘书奥姆贝利·Y·瑟福由一行。

10月30日　范小建主任会见汤加王国议会议长法卡法努阿一行。

11月1日　郑文凯副主任主持召开国务院扶贫办外事工作会议。

11月6日　由财政部、商务部、国务院扶贫办和世界银行联合举办的中非共享发展经验高级研讨会在京开幕。郑文凯副主任出席会议并讲话。

11月8日　中国共产党第十八次全国代表大会在北京人民大会堂隆重举行。胡锦涛、江泽民、吴邦国、温家宝、贾庆林、李长春、习近平、李克强、贺国强、周永康等出席大会并在主席台就座，吴邦国主持大会。胡锦涛向大会作题为《坚定不移沿着中国特色社会主义道路前进　为全面建成小康社会而奋斗》的报告。

胡锦涛在报告中提出，要“采取对口

支援等多种形式，加大对革命老区、民族地区、边疆地区、贫困地区扶持力度”，“坚持把国家基础设施建设和社会事业发展重点放在农村，深入推进新农村建设和扶贫开发，全面改善农村生产生活条件。着力促进农民增收，保持农民收入持续较快增长”。

11 月 27 日　为深入学习贯彻党的十八大精神，国务院扶贫办在重庆市举办学习党的十八大和深入贯彻中央扶贫开发工作会议精神研讨班。范小建主任、王国良副主任出席培训班并讲话。

11 月 28 日　范小建主任会见世界银行行长金墉一行。

12 月 1 日　大别山片区鄂豫皖三省政协主席联席会议第一次会议在湖北省武汉市召开，范小建主任出席会议并讲话。

12 月 7 日　《人民日报》第 16 版刊发范小建主任文章：《开创中国特色扶贫开发事业新局面》。

12 月 11 日　秦巴山片区区域发展与扶贫攻坚部际联系会议在京召开。会议由科技部和铁道部共同组织召开，旨在加强部省沟通，协商支持政策和帮扶措施。范小建主任出席会议并讲话。

12 月 18 日　国务院扶贫办联合农业部、国家林业局、国家旅游局在京举办片区产业扶贫规划编制培训班。王国良副主任出席开班式并讲话。

12 月 19 日　国务院扶贫办社会扶贫创新工作座谈会在广东省清远市召开，郑文凯副主任出席会议。会前郑文凯副主任赴东莞市、广州市调研扶贫开发“双到”工作。

12 月 29—30 日　中共中央总书记、中央军委主席习近平到河北省阜平县看望慰问困难群众，考察扶贫开发工作。习近平总书记强调，消除贫困、改善民生、实现共同富裕，是社会主义的本质要求。对困难群众，我们要格外关注、格外关爱、格外关心，千方百计帮助他们排忧解难，把群众的安危冷暖时刻放在心上，把党和政府的温暖送到千家万户。范小建主任陪同参加活动。

附录（二）
重要政策文件汇编

☆ 扶贫开发工作文件

☆ 行业政策文件

☆ 中央政策文件

扶贫开发工作文件

关于印发《扶贫开发工作考核办法（试行）》的通知

关于印发片区联系单位工作规则的通知

关于印发国家扶贫开发工作重点县名单的通知

关于印发 2013 年片区联系工作要点的通知

关于西藏、四省藏区、新疆南疆三地州等 3 个片区规划编制有关问题的通知

关于加强新时期扶贫宣传工作的通知

国务院扶贫办　国家发展改革委关于印发《编制集中连片特殊困难地区区域发展与扶贫攻坚省级实施规划指导意见》的通知

关于印发扶贫开发整村推进“十二五”规划的通知

关于印发《关于集中连片特殊困难地区产业扶贫规划编制工作的指导意见》的通知

关于印发《扶贫开发工作考核办法（试行）》的通知

国开发〔2012〕1号

各省（自治区、直辖市）扶贫开发领导小组：

为贯彻落实《中国农村扶贫开发纲要（2011—2020年）》精神，进一步完善扶贫开发工作考核激励机制，国务院扶贫开发领导小组决定，自2012年开始，对各省（自治区、直辖市）扶贫开发工作进行考核，引导地方各级政府协调各种资源参与扶贫开发，落实扶贫开发责任；督促中央和国家机关相关部委贯彻落实《关于贯彻实施〈中国农村扶贫开发纲要（2011—2020年）〉重要政策措施分工方案》（中办发〔2011〕27号）中明确的工作任务，确保纲要目标任务如期完成。经征得中央组织部同意，现将《扶贫开发工作考核办法（试行）》印发给你们，请遵照执行。

试行期间发现情况和问题，及时向国务院扶贫开发领导小组办公室反馈。

专此通知。

附件：扶贫开发工作考核办法（试行）

国务院扶贫开发领导小组

2012年1月6日

扶贫开发工作考核办法（试行）

根据《中国农村扶贫开发纲要（2011—2020年）》（中发〔2011〕10号，以下简称《纲要》）和《关于贯彻实施〈中国农村扶贫开发纲要（2011—2020年）〉重要政策措施分工方案》（中办发〔2011〕27号）的有关要求，制定本办法。

一、指导思想

以邓小平理论和“三个代表”重要思想为指导，深入贯彻落实科学发展观，通过建立扶贫开发工作考核机制，巩固发展大扶贫格局，引导地方各级政府、中央和国家机关相关部委协调各种资源参与扶贫开发，切实担负起扶贫开发的重要职责，以集中连片特殊困难地区为主战场，加大投入力度，强化政策措施，提高工作水平，实现《纲要》确定的目标任务，推动贫困地区和全国人民同步进入小康。

二、考核目的

（一）确保《纲要》确定的各项目标、工作任务如期完成。

（二）增强地方各级政府、中央和国家机关相关部委推进扶贫开发工作的责任感和紧迫感，调动其参与扶贫开发工作的积极性和主动性，巩固和发展大扶贫格局。

（三）加强对各省（自治区、直辖市）（以下简称“各省”）、中央和国家机关相关部委扶贫开发工作的指导和监督，科学分析和判断形势，促进各项政策措施落到实处，切实提高工作成效。

（四）实行奖优罚劣，为工作决策和资金分配提供依据。

三、考核原则

（一）统一领导、分级负责。考核工作由各级扶贫开发领导小组统一组织和领导。中央负责对各省扶贫开发工作进行考核，各省负责组织对市（地、州、盟）、县（旗、市、区）（以下简称“市县两级”）扶贫开发工作进行考核。

（二）权责明确、因地制宜。加强领导，强化责任，明确分工，逐级落实扶贫开发责任，并结合当地实际，针对性地组织开展本地区的考核。

（三）客观公正、科学规范。考核公平公正，标准统一，依据真实，程序规范，方法科学。

（四）鼓励先进、鞭策后进。根据各省扶贫开发责任落实情况和工作成效，奖优罚劣。

四、考核对象

（一）28个有扶贫开发工作任务的省；

有扶贫开发工作任务的市（地、州、盟）；集中连片特殊困难地区、国家扶贫开发工作重点县（东部为省定重点县）（以下简称"重点县"）和享受重点县待遇的县。

（二）中央和国家机关相关部委。

五、考核方式

（一）实行双线考核。既考核各级政府扶贫开发责任制落实情况，又考核中央和国家机关相关部委对《纲要》重要政策措施分工落实情况。

（二）中央对各省的考核，采取自评与重点抽查、交叉检查相结合，上级考评与专家参与相结合的方式进行。

（三）中央对各省上年度扶贫开发工作考核在次年进行，一年一次。

六、考核内容

（一）中央对各省的考核，主要包括考核年度内四个方面内容：

1. 组织领导情况。主要考核各省人民政府、各相关部门对扶贫开发工作的重视程度，是否将其作为一项重要工作列入本省、本部门工作议事日程，全力推进专项扶贫、行业扶贫和社会扶贫相互配合的大扶贫格局。

2. 经济社会发展情况。主要考核各省减贫成效，基本生产生活条件、基本公共服务条件以及农村金融服务的改善等，推动各行业部门完成《纲要》确定的扶贫任务。

3. 扶贫工作实施情况。主要考核各省易地扶贫搬迁、整村推进、产业扶贫、以工代赈和技能培训等专项扶贫工作的进展情况。

4. 扶贫工作管理情况。主要考核各省财政专项扶贫资金使用、贫困人口瞄准、扶贫工作制度以及机制创新等方面的情况。

具体考核指标详见附表1、2。各省对市县两级的考核，可参照本考核办法，结合本地实际，对考核内容和指标适当增减。

（二）对中央和国家机关相关部委的考核，主要按照《关于贯彻实施〈中国农村扶贫开发纲要（2011—2020年）〉重要政策措施分工方案》（中办发〔2011〕27号），对其任务落实情况予以考核。

七、考核依据

（一）《中国农村扶贫开发纲要（2011—2020年）》。

（二）《关于贯彻实施〈中国农村扶贫开发纲要（2011—2020年）〉重要政策措施分工方案》和各部门扶贫开发工作职责。

（三）《财政专项扶贫资金管理办法》、《国家以工代赈管理办法》、《易地扶贫搬迁工程实施意见》。

（四）国家扶贫工作相关文件和规划。

（五）各省扶贫部门的职责、职能，中长期发展规划，年度工作计划和年度总结。

（六）预算安排、分配及拨付财政专项扶贫资金的相关文件，包括预算批复、拨付文件，项目或财政专项扶贫资金申报书，立项评估报告及批复等。

（七）统计部门的相关统计数据和资料。

（八）预决算报告、其他财务会计资料。

（九）年度审计报告。

（十）其他相关资料。

八、考核组织

考核工作由各级扶贫开发领导小组统一组织。在中央层面成立扶贫考核工作领导小组和考核工作实施小组（以下简称“考核组”）。

扶贫考核工作领导小组。由国务院扶贫开发领导小组牵头，中央组织部、国家发展改革委、教育部、国家民委、民政部、财政部、住房和城乡建设部、交通运输部、水利部、卫生部、人民银行、国家统计局和扶贫办等部门参加，负责对各省考核工作的指导、协调和政策支持，并对考核结果初步认定。

考核工作领导小组下设考核组。考核组设在国务院扶贫办，选聘扶贫、绩效、区域经济、农村经济、公共行政管理、统计和财务等方面的专家，与考核工作领导小组部门有关人员共同组成，具体负责考核工作。

各省可根据本省实际组建考核工作领导小组和考核组。

九、考核实施

中央对各省上年度扶贫开发工作的考核于当年 8 月 31 日前完成。考核采取以下步骤：

（一）各省自评。各省按照考核办法，结合本省扶贫开发工作的目标、任务和特点，于每年 3 月 15 日前完成对市县两级的考核；4 月 15 日前完成省级自评工作；4 月 30 日前将省级自评报告、年度扶贫开发工作总结、相关基础数据和资料，以及集中连片特殊困难地区和重点县考核情况，以省扶贫开发领导小组名义报国务院扶贫开发领导小组。

（二）考核组初审。每年 5 月 20 日前，考核组完成对各省自评报告，集中连片特殊困难地区、重点县考核情况以及有关数据、资料的分析和初审。

（三）实地考察。每年 6 月 30 日前，考核组根据各省自评情况，至少选择三分之一的省开展实地调研、核查工作。

（四）综合考核。每年 7 月 31 日前，考核组根据各省自评情况、结合实地调研以及相关基础数据和资料，完成对各省扶贫开发情况的全面考核，东部和中西部分别评定出 A、B、C、D 等 4 个等次，报考核工作领导小组初步认定。在扶贫开发工作中，凡发生被纪检、审计等认定以及媒介披露并被查实存在重大违规违纪行为的省，取消“A、B”级评定资格。

（五）考核结果报批和通报。每年 8 月 31 日前，向国务院扶贫开发领导小组呈报考核结果，待批复后通报各省，并在国务院扶贫办网站上公告。

（六）数据来源。凡国家统计局或国家相关行业部门有统计数据的指标，由考核组收集（东部省份以国家统计局各省级调查总队、省统计局和行业部门数据为准，由各省填报）；其他指标，由各省收集填报。

中央和国家机关相关部委具体工作落实情况，由各牵头单位于每年10月底前报送国务院扶贫办。

十、考核结果

（一）中央对地方的考核。

1. 对考核结果为A、B等次的省，以扶贫开发领导小组名义通报表扬，并作为下年中央财政专项扶贫资金分配的一个因素，给予奖励和倾斜。同时，作为省级扶贫部门评选年度先进单位的重要依据。

2. 对考核结果为D等次的省给予通报批评。

3. 考核结果抄送党委组织部门，作为有扶贫开发工作任务的地方和部门领导班子及领导干部综合考核评价的重要内容和奖惩、使用的重要依据。

（二）中央和国家机关相关部委具体工作落实情况，由国务院扶贫办汇总报国务院扶贫开发领导小组并党中央、国务院同意后，以扶贫开发领导小组名义在领导小组成员内部通报。

本办法自印发之日起实施。由国务院扶贫开发领导小组办公室负责解释。

附表：1. 中西部扶贫开发工作考核主要指标（略）

2. 东部扶贫开发工作考核主要指标（略）

关于印发片区联系单位工作规则的通知

国开发〔2012〕5 号

各省（自治区、直辖市）扶贫开发领导小组，国务院扶贫开发领导小组各成员单位，各片区联系单位：

为加强对片区联系工作的指导和服务，规范片区联系工作，充分发挥片区联系单位的作用，国务院扶贫开发领导小组制定了《片区联系单位工作规则》（见附件）。现印发给你们，请认真贯彻实施。

国务院扶贫开发领导小组

2012 年 5 月 21 日

片区联系单位工作规则

为加强对片区联系工作的指导和服务，规范片区联系工作，充分发挥片区联系单位的作用，特制定片区联系单位工作规则。

一、片区联系单位组成

国务院扶贫开发领导小组负责片区联系总协调工作。

教育部、科技部、工业和信息化部、国家民委、民政部、国土资源部、住房城乡建设部、交通运输部、铁道部、水利部、农业部、卫生部、国家林业局等13个部门为片区联系单位，分别负责11个片区的联系工作。

片区联系单位协调办公室设在国务院扶贫办，承担计划总结、会议组织、协调服务、信息宣传、督促指导等日常工作。

二、片区联系单位主要职责

（一）加强与所联系片区各有关省（区、市）和中央部委的联系沟通；

（二）开展调查研究，就该片区发展面临的重大问题提出解决意见和建议；

（三）督促指导片区区域发展与扶贫攻坚规划的实施。

三、片区联系单位主要任务

（一）加强与所联系片区各有关省（区、市）和中央部委的联系沟通，建立片区协调机制，制定片区联系工作计划，定期或不定期召开会议，协调解决片区区域发展与扶贫攻坚中的有关问题。

（二）深入开展调查研究，就该片区发展面临的重大问题提出解决意见和建议，定期向国务院扶贫开发领导小组报送专题调研报告。

（三）及时掌握片区区域发展与扶贫攻坚规划实施情况，督促指导规划的实施。

（四）结合本部门职责特点，制定支持片区区域发展与扶贫攻坚政策，明确本部门支持片区的具体措施。

（五）参与片区区域发展与扶贫攻坚规划编制和实施监测评估工作。

（六）参与片区区域发展与扶贫攻坚调研、督查、考核等工作。

（七）定期向片区联系单位协调办公室报送联系工作开展情况及片区区域发展与扶贫攻坚规划实施进展情况。

（八）完成国务院扶贫开发领导小组交办的其他工作。

四、会议制度

按照科学民主决策的原则，对片区区域发展与扶贫攻坚工作中的重大问题实行会议集体讨论的制度。会议包括片区联系单位工作会议和×××片区（如武陵山片区）部际联系会议。

片区联系单位工作会议是指所有片区联系单位共同出席的会议，由国务院扶贫办商有关部门提出议题，经领导小组组长同意后，由国务院扶贫办和国家发展改革委负责同志共同主持，重大事项可请国务院主管副秘书长主持，13 个片区联系单位分管领导参加，列席人员根据会议需要确定。片区联系单位工作会议一般每年召开一至两次。

片区联系单位工作会议议定的事项，由国务院扶贫办整理形成会议纪要，报领导小组组长签发，印发片区联系单位和有关省（区、市)，以及与会议议定事项有关的单位。会议议定事项的落实情况，由国务院扶贫办汇总报告国务院，并通报各片区联系单位。

×××片区部际联系会议是指某一片区联系单位牵头召集的会议，由片区联系单位商有关部委、片区涉及的省（区、市）提出议题，由片区联系单位负责同志主持，有关部委分管领导或司局级干部和片区涉及的省区市有关单位、东西扶贫协作对口帮扶东部城市人民政府分管负责同志参加。片区部际联系会议，由片区联系单位根据工作需要定期或不定期召开。

片区部际联系会议纪要由片区联系单位整理并由负责同志签发，抄送国务院扶贫办、国家发展改革委、相关省（区、市）政府和参会单位。会议议定事项的落实情况，由片区联系单位及时汇总，并通报各片区联系单位。

五、有关要求

各片区联系单位每年年初提交本部门开展片区联系工作的上年度工作总结与本年度工作计划，由国务院扶贫办汇总后报国务院；加强信息沟通与工作联系，明确工作机构和人员，指定 1 名司局级干部和一名处级干部作为联系人和联络人，负责与国务院扶贫办的沟通联系；定期以书面形式通报片区工作进展情况，及时总结经验。

国务院扶贫办要加强片区联系工作的组织协调和服务；指导片区联系单位开展工作；组织筹备片区联系单位工作会议，协调工作，通报情况；建立片区联系工作情况通报制度，开展信息交流；片区扶贫攻坚中的重大问题，及时向国务院报告。

2012 年 5 月 8 日

关于印发国家扶贫开发工作重点县名单的通知

国开办发〔2012〕13号

各省、自治区、直辖市扶贫办：

按照国家扶贫开发工作重点县（以下简称“重点县”）调整的相关部署，近期各省、自治区、直辖市已完成所有重点县的调整及备案工作。现将调整后的重点县名单印发你们，请按照《中共中央、国务院关于印发〈中国农村扶贫开发纲要（2011—2020年）〉的通知》（中发〔2011〕10号）有关要求，及时调整相关政策，进一步加大对贫困地区的支持力度。

专此通知。

附件：国家扶贫开发工作重点县名单

2012年2月17日

国家扶贫开发工作重点县名单

省份	数量	国家扶贫开发工作重点县名单
全国	592	×
中部	217	×
西部	375	×
民族八省区	232	×
河北	39	行唐县、灵寿县、赞皇县、平山县、青龙县、大名县、魏　县、临城县、巨鹿县、新河县、广宗县、平乡县、威　县、阜平县、唐　县、涞源县、顺平县、张北县、康保县、沽源县、尚义县、蔚　县、阳原县、怀安县、万全县、赤城县、崇礼县、平泉县、滦平县、隆化县、丰宁县、围场县、海兴县、盐山县、南皮县、武邑县、武强县、饶阳县、阜城县、（涿鹿县赵家蓬区）
山西	35	娄烦县、阳高县、天镇县、广灵县、灵丘县、浑源县、平顺县、壶关县、武乡县、右玉县、左权县、和顺县、平陆县、五台县、代　县、繁峙县、宁武县、静乐县、神池县、五寨县、岢岚县、河曲县、保德县、偏关县、吉　县、大宁县、隰　县、永和县、汾西县、兴　县、临　县、石楼县、岚　县、方山县、中阳县
内蒙古	31	武川县、阿鲁科尔沁旗、巴林左旗、巴林右旗、林西县、翁牛特旗、喀喇沁旗、宁城县、敖汉旗、科尔沁左翼中旗、科尔沁左翼后旗、库伦旗、奈曼旗、莫力达瓦达斡尔族自治旗、鄂伦春自治旗、卓资县、化德县、商都县、兴和县、察哈尔右翼前旗、察哈尔右翼中旗、察哈尔右翼后旗、四子王旗、阿尔山市、科尔沁右翼前旗、科尔沁右翼中旗、扎赉特旗、突泉县、苏尼特右旗、太仆寺旗、正镶白旗
吉林	8	靖宇县、镇赉县、通榆县、大安市、龙井市、和龙市、汪清县、安图县
黑龙江	14	延寿县、泰来县、甘南县、拜泉县、绥滨县、饶河县、林甸县、桦南县、桦川县、汤原县、抚远县、同江市、兰西县、海伦市
安徽	19	潜山县、太湖县、宿松县、岳西县、颍东区、临泉县、阜南县、颍上县、砀山县、萧　县、灵璧县、泗　县、裕安区、寿　县、霍邱县、舒城县、金寨县、利辛县、石台县
江西	21	莲花县、修水县、赣　县、上犹县、安远县、宁都县、于都县、兴国县、会昌县、寻乌县、吉安县、遂川县、万安县、永新县、井冈山市、乐安县、广昌县、上饶县、横峰县、余干县、鄱阳县
河南	31	兰考县、栾川县、嵩　县、汝阳县、宜阳县、洛宁县、鲁山县、滑　县、封丘县、范　县、台前县、卢氏县、南召县、淅川县、社旗县、桐柏县、民权县、睢　县、宁陵县、虞城县、光山县、新　县、商城县、固始县、淮滨县、沈丘县、淮阳县、上蔡县、平舆县、确山县、新蔡县
湖北	25	阳新县、郧　县、郧西县、竹山县、竹溪县、房　县、丹江口市、秭归县、长阳县、孝昌县、大悟县、红安县、罗田县、英山县、蕲春县、麻城市、恩施市、利川市、建始县、巴东县、宣恩县、咸丰县、来凤县、鹤峰县、神农架林区
湖南	20	邵阳县、隆回县、城步县、平江县、桑植县、安化县、汝城县、桂东县、新田县、江华县、沅陵县、通道县、新化县、泸溪县、凤凰县、花垣县、保靖县、古丈县、永顺县、龙山县

续表

省 份	数量	国家扶贫开发工作重点县名单
广 西	28	隆安县、马山县、上林县、融水县、三江县、龙胜县、田东县、德保县、靖西县、那坡县、凌云县、乐业县、田林县、西林县、隆林县、昭平县、富川县、凤山县、东兰县、罗城县、环江县、巴马县、都安县、大化县、忻城县、金秀县、龙州县、天等县
海 南	5	五指山市、临高县、白沙县、保亭县、琼中县
重 庆	14	万州区、黔江区、城口县、丰都县、武隆县、开 县、云阳县、奉节县、巫山县、巫溪县、石柱县、秀山县、酉阳县、彭水县
四 川	36	叙永县、古蔺县、朝天区、旺苍县、苍溪县、马边县、嘉陵区、南部县、仪陇县、阆中市、屏山县、广安区、宣汉县、万源市、通江县、南江县、平昌县、小金县、黑水县、壤塘县、甘孜县、德格县、石渠县、色达县、理塘县、木里县、盐源县、普格县、布拖县、金阳县、昭觉县、喜德县、越西县、甘洛县、美姑县、雷波县
贵 州	50	六枝特区、水城县、盘 县、正安县、道真县、务川县、习水县、普定县、镇宁县、关岭县、紫云县、江口县、石阡县、思南县、印江县、德江县、沿河县、松桃县、兴仁县、普安县、晴隆县、贞丰县、望谟县、册亨县、安龙县、大方县、织金县、纳雍县、威宁县、赫章县、黄平县、施秉县、三穗县、岑巩县、天柱县、锦屏县、剑河县、台江县、黎平县、榕江县、从江县、雷山县、麻江县、丹寨县、荔波县、独山县、平塘县、罗甸县、长顺县、三都县
云 南	73	东川区、禄劝县、寻甸县、富源县、会泽县、施甸县、龙陵县、昌宁县、昭阳区、鲁甸县、巧家县、盐津县、大关县、永善县、绥江县、镇雄县、彝良县、威信县、永胜县、宁蒗县、宁洱县、墨江县、景东县、镇沅县、江城县、孟连县、澜沧县、西盟县、临翔区、凤庆县、云 县、永德县、镇康县、双江县、沧源县、双柏县、南华县、姚安县、大姚县、永仁县、武定县、屏边县、泸西县、元阳县、红河县、金平县、绿春县、文山市、砚山县、西畴县、麻栗坡县、马关县、丘北县、广南县、富宁县、勐腊县、漾濞县、弥渡县、南涧县、巍山县、永平县、云龙县、洱源县、剑川县、鹤庆县、梁河县、泸水县、福贡县、贡山县、兰坪县、香格里拉县、德钦县、维西县
陕 西	50	印台区、耀州区、宜君县、陇 县、麟游县、太白县、永寿县、长武县、旬邑县、淳化县、合阳县、澄城县、蒲城县、白水县、富平县、延长县、延川县、宜川县、洋 县、西乡县、勉 县、宁强县、略阳县、镇巴县、留坝县、佛坪县、横山县、定边县、绥德县、米脂县、佳 县、吴堡县、清涧县、子洲县、汉滨区、汉阴县、石泉县、宁陕县、紫阳县、岚皋县、镇坪县、旬阳县、白河县、商州区、洛南县、丹凤县、商南县、山阳县、镇安县、柞水县
甘 肃	43	榆中县、会宁县、麦积区、清水县、秦安县、甘谷县、武山县、张家川县、古浪县、天祝县、庄浪县、静宁县、环 县、华池县、合水县、宁 县、镇原县、安定区、通渭县、陇西县、渭源县、临洮县、漳 县、岷 县、武都区、文 县、宕昌县、康 县、西和县、礼 县、两当县、临夏县、康乐县、永靖县、广河县、和政县、东乡县、积石山县、合作市、临潭县、卓尼县、舟曲县、夏河县
青 海	15	大通县、湟中县、平安县、民和县、乐都县、化隆县、循化县、泽库县、甘德县、达日县、玛多县、杂多县、治多县、囊谦县、曲麻莱县
宁 夏	8	盐池县、同心县、原州区、西吉县、隆德县、泾源县、彭阳县、海原县

续表

省份	数量	国家扶贫开发工作重点县名单
新疆	27	巴里坤哈萨克自治县、乌什县、柯坪县、**阿图什市**、**阿克陶县**、**阿合奇县**、**乌恰县**、**疏附县**、**疏勒县**、**英吉沙县**、**莎车县**、**叶城县**、**岳普湖县**、**伽师县**、**塔什库尔干塔吉克自治县**、**和田县**、**墨玉县**、**皮山县**、**洛浦县**、**策勒县**、**于田县**、**民丰县**、察布查尔锡伯自治县、尼勒克县、托里县、青河县、吉木乃县

注："黑体字加粗"为集中连片特殊困难地区范围内的国家扶贫开发工作重点县

关于印发2013年片区联系工作要点的通知

国开发〔2012〕15号

各片区联系单位：

国务院扶贫办会同国家发展改革委起草的《2013年片区联系工作要点》，已经国务院领导同志批准，现印发给你们，请认真组织实施，切实抓好落实。

2013年，片区扶贫攻坚将全面进入规划实施阶段，片区联系工作的任务将更加繁重。各联系单位要根据新形势、新任务的要求，进一步提高思想认识，加强组织领导，强化政策措施，创新方式方法，加大工作力度，努力把片区联系工作推上新的台阶。

附件：2013年片区联系工作要点

国务院扶贫开发领导小组

2012年12月7日

2013年片区联系工作要点

为切实做好2013年片区联系工作，根据《片区联系单位工作规则》，围绕调查研究、联系沟通、督促指导三大主要任务，特制定本要点。

一、督促指导实施规划的编制

（一）加强对片区区域发展与扶贫攻坚分省实施规划编制的督促指导，确保各相关省区市按时完成实施规划编制任务。（责任单位：各片区联系单位）

（二）协助扶贫办、发展改革委、财政部做好省级实施规划备案的相关工作，督促片区县级实施规划按时完成审批。（责任单位：各片区联系单位）

二、参与规划实施监测评估和指导

（三）开展片区规划实施调研，参与片区规划实施监测评估。（责任单位：各片区联系单位）

（四）加强与省区市的沟通联系，及时了解规划实施情况，积极主动帮助协调解决相关困难和问题。（责任单位：各片区联系单位）

（五）召开片区扶贫攻坚现场推进会，交流片区扶贫攻坚经验做法，部署重点工作，推进片区规划实施。（责任单位：国务院扶贫办，各片区联系单位）

三、推动跨省协调机制的建立

（六）督促指导各相关省区市建立片区扶贫攻坚跨省协调机制，以形成省际之间交流、沟通、衔接的有效平台，促进片区协调发展。（责任单位：各片区联系单位）

（七）以片区为单位，由片区所在各省扶贫部门轮流主办，组织工作交流与观摩。（责任单位：国务院扶贫办，各片区联系单位）

四、完善片区联系机制

（八）不断完善片区联系工作会议制度，积极研究片区联系工作激励和督促机制，出台鼓励措施，充分调动各联系单位的积极性。（责任单位：国务院扶贫办、国家发展改革委）

（九）建立健全部际联系会议制度，切实提高协调解决问题的能力和效率。（责任单位：各片区联系单位）

（十）建立信息定期通报制度，及时将所开展的工作及经验做法通过简报等形式交流共享，定期向扶贫办报送工作信息，由扶贫办汇总编印片区联系工作动态。（责任单位：国务院扶贫办，各片区联系单位）

（十一）建立重大事项报告制度，及时

将片区扶贫攻坚过程中的重大问题和事项函告扶贫办，由扶贫办汇总后上报国务院。(责任单位：国务院扶贫办，各片区联系单位)

（十二）加大宣传力度，通过多种媒介宣传片区联系工作，把工作成效、出台的政策措施等信息及时传递给公众，为片区联系工作营造良好的舆论环境和社会氛围。（责任单位：国务院扶贫办，各片区联系单位）

五、进一步加大支持力度

（十三）按照《中国农村扶贫开发纲要(2011—2020 年)》提出的要求，加大行业扶贫力度，围绕片区扶贫攻坚目标，争取出台更多的针对片区的“特惠”政策，并在行业规划、项目安排、资金分配等方面进一步加大倾斜力度。（责任单位：各片区联系单位）

关于西藏、四省藏区、新疆南疆三地州等 3 个片区规划编制有关问题的通知

国开办发〔2012〕31 号

四川、云南、西藏、甘肃、青海、新疆省（自治区）、新疆生产建设兵团扶贫办(局)：

为贯彻落实《中国农村扶贫开发纲要(2011—2020 年)》和中央扶贫开发工作会议精神要求，进一步统一思想认识，加强工作指导，经商国家发展改革委并报国务院领导同志批准，现将西藏、四省藏区、新疆南疆三地州等 3 个片区规划编制有关事项通知如下：

一、关于规划性质及审批备案程序。3 个片区和新疆生产建设兵团应编制区域发展与扶贫攻坚实施规划，我办将会同发展改革委尽快研究制定片区实施规划编制指导意见。相关省、自治区应按照国务院扶贫办和国家发展改革委联合印发的《关于抓紧做好连片特困地区区域发展与扶贫攻坚规划编制工作的通知》要求，依据中央有关文件、国务院批准的本区域“十二五”经济社会发展建设项目规划方案和“实施规划编制指导意见”编制实施规划，并在今年年底前完成，由相关省、自治区政府批准后报国务院扶贫办、国家发展改革委和财政部备案。

二、关于新疆生产建设兵团部分团场。新疆南疆三地州范围内涉及兵团的部分团场，统一纳入南疆三地州实施规划范围，相关规划内容可以单独成册，作为副本一同上报备案。

三、关于启动会。国务院扶贫开发领导小组不再召开 3 个片区的启动会，可由相关省、自治区自行安排。

四、关于规划管理。3 个片区的实施规划纳入全国片区规划管理、监测评估体系，国务院扶贫办、国家发展改革委将加强协调指导和督促检查。

五、有关要求。按照新的扶贫标准全面推进集中连片贫困地区扶贫工作已列入今年国务院要努力完成的七项重点工作任务之一。3 个片区所涉及的省、自治区及新疆生产建设兵团扶贫办、发展改革委要切实加强对规划编制工作的组织领导，充分考虑到各片区的特殊性和已有工作基础，统筹安排，密切沟通，加快推进，确保按时高质量完成任务。

2012 年 4 月 28 日

关于加强新时期扶贫宣传工作的通知

国开办发〔2012〕43 号

各省（自治区、直辖市）扶贫办（局），新疆生产建设兵团扶贫办，有关省市协作办：

为深入贯彻落实《中国农村扶贫开发纲要（2011—2020 年）》（以下简称《扶贫开发纲要》）和中央扶贫开发工作会议精神，全面推进新时期扶贫开发工作，实现贫困地区更好更快发展，现就加强新时期扶贫开发宣传工作有关事宜通知如下：

一、切实提高对扶贫宣传工作重要性的认识

改革开放以来，我国的扶贫开发取得了巨大成就。其中的重要经验之一，就是始终坚持了广泛深入的宣传动员。通过扶贫宣传，引导和鼓励社会各界参与到扶贫工作当中来，统一了思想和认识，凝聚了智慧和力量。做好新时期扶贫宣传工作，一方面可以营造全社会参与扶贫的良好氛围，引导社会各界关心和支持扶贫开发，另一方面，也可以让贫困地区广大干部群众看到我国经济社会发展的光明前景，增强其脱贫致富的决心和信心，为深入贯彻落实《扶贫开发纲要》和中央扶贫开发工作会议精神做铺垫、打基础。

二、准确把握扶贫开发宣传工作的基本要求

一是坚持正确导向，创造良好舆论氛围。要牢牢掌握舆论工作的主动权，坚持以正面宣传为主，大力宣传扶贫开发的做法经验和突出进展，宣传扶贫系统广大干部群众艰苦奋斗的精神和扶贫工作中涌现的正面典型、感人事迹和突出人物，深入挖掘扶贫文化，为新时期扶贫开发工作营造良好舆论氛围。

二是坚持服务大局，科学指导扶贫实践。要紧紧围绕新时期扶贫开发工作大局，深入宣传党和政府新时期扶贫开发战略部署的总体要求和目标任务，全面解读扶贫开发各项政策的内涵和措施，充分展现扶贫开发体制机制创新，为各地区、各部门和全社会参与扶贫开发提供科学指导。

三是坚持实事求是，客观反映贫困状况。要把扶贫纳入基本国情教育范畴，坚持贴近基层、贴近生活、贴近群众，实事求是展示贫困状况，科学体现扶贫开发的长期性、艰巨性、复杂性，为争取社会各界继续参与和支持扶贫开发提供科学依据。

四是坚持改革创新，切实提高宣传成效。要不断总结宣传工作的成功经验，不

断吸取其他工作宣传的新形式、新手段、新方法，坚持改革创新，切实增强扶贫宣传的感染力、亲和力和说服力，努力提高新时期扶贫开发宣传的效果。

三、突出抓好扶贫宣传工作的主要任务

结合扶贫开发的新形势新任务，要着力宣传新时期扶贫开发战略部署和政策举措，着力加强宣传队伍建设，着力创新宣传形式和手段。

（一）全面阐释新时期扶贫战略部署

一是系统阐述《扶贫开发纲要》和中央扶贫开发工作会议的总体要求和基本精神。二是客观宣传连片特困地区的贫困状况，宣传扶贫攻坚的进展。三是抓好易地扶贫搬迁、就业促进、产业扶贫、整村推进等扶贫开发各项重点工作的宣传。要在全面理解的基础上，科学阐释新时期扶贫工作的新要求、新目标、新任务和新部署，为完成新时期扶贫开发任务，实现新阶段扶贫开发目标打好基础。

（二）加大扶贫宣传人员培训力度

各省（区、市）扶贫部门要积极组织对宣传工作骨干人员的培训，进一步深化思想认识，提高业务水平。要科学安排培训内容，将新媒体运用管理、网络舆情引导、政府形象塑造、突发事件处理等切合当下社会发展实际的内容纳入培训范畴，使培训更有针对性。要精心设置培训形式，将理论性和实践性相结合，将专题讲座和案例分析相结合。要合理选择培训师资，包括宣传部门、新媒体技术型专家、高校和研究机构宣传工作专家以及宣传工作经验丰富的其他部门同志等，保障培训的全面深入。通过培训力争使宣传干部进一步掌握新媒体、宣传工作技巧和要点，提升同媒体沟通的能力水平。

（三）创新扶贫宣传形式和手段

聚合力量，打造宣传新模式。各省（区、市）扶贫部门要进一步研究创新宣传的形式，充分发挥传统媒体、新媒体的协同作用，综合使用各种宣传手段，使形式更活泼，使效果更显著，努力实现由“说教式”宣传向“互动式”、“服务性”宣传的转变。鼓励以文学、绘画、电影、电视剧、音乐、戏剧等形式开展宣传。搭建平台，用好网络新媒介。突出发挥互联网、手机报、手机短信等网络新媒介，鼓励各地开通政务微博，及时发布扶贫相关政策和动向，广泛听取和采纳群众意见，认真处理并回应群众关切的问题。

四、进一步完善扶贫宣传工作机制

（一）明确主管机构，安排专门人员

要把扶贫宣传作为重要工作内容，各省（区、市）扶贫部门要有领导分管、明确主管机构、安排专门人员负责扶贫宣传工作，并将责任落实到人，不断提高宣传工作的主动性和自觉性。请各地抓紧落实，并于6月30日前，将分管领导、宣传干部（通讯员）的姓名、职务、联系方式等报我

办政策法规司，宣传工作人员发生变动时，要及时报告我办更新信息。

（二）建立扶贫舆情监测机制

各省（区、市）扶贫部门要逐步建立舆情监测系统，特别是网络舆情，实现由“人工搜索”向“自动搜索”转变，由“重点监测”向“全网监测”转变，由“舆情收集”向“统计分析”转变，提高应对舆情的主动性和实效性。辖区内有重要扶贫舆情发生时，要及时收集、整理，对事件的起因、处理办法及主要启示等形成报告送我办政策法规司汇总整理，以资参考。

（三）完善宣传成果定期报送机制

扶贫宣传成果按季度报送，在每一季度结束后一个月以内，务必将在中央主要媒体、行业媒体及我办主办媒体宣传成果（具体说明附后）总结报送我办，即每季度报送截止日期分别为4月30日、7月30日、10月30日、1月30日，逾期未报不再纳入统计范围，我办将整理汇总并每季度通报一次。在全年宣传成果汇总后，年底召开表彰大会，对扶贫宣传工作突出的省份给予表彰。

（四）健全绩效考核机制

各省（区、市）扶贫部门要建立扶贫开发宣传绩效考核机制，将扶贫宣传纳入年度工作任务目标考核。要完善激励机制，对于工作出色的宣传干部，采取多种激励手段，激发宣传干部的主动性，引导好、保护好、发挥好干部职工参与扶贫宣传的积极性。

专此通知。

2012年6月12日

国务院扶贫办 国家发展改革委关于印发《编制集中连片特殊困难地区区域发展与扶贫攻坚省级实施规划指导意见》的通知

国开办发〔2012〕60号

各有关省、自治区、直辖市、新疆生产建设兵团扶贫办、发展改革委，各片区联系单位：

为落实国务院批复的集中连片特殊困难地区区域发展与扶贫攻坚规划，加强省级实施规划编制工作的指导，国务院扶贫办和国家发展改革委研究制定了《编制集中连片特殊困难地区区域发展与扶贫攻坚省级实施规划指导意见》。现印发你们，请结合本地、本部门实际，深入调查研究，加强组织领导，强化统筹协调，确保按时、高质量完成省级实施规划编制。

附：编制集中连片特殊困难地区区域发展与扶贫攻坚省级实施规划指导意见

国务院扶贫办　国家发展改革委

2012年8月9日

编制集中连片特殊困难地区区域发展与扶贫攻坚省级实施规划指导意见

为落实国务院批复的集中连片特殊困难地区“区域发展与扶贫攻坚规划”（以下简称“片区规划”），加强省级实施规划编制工作的指导，特制定本指导意见。

一、目的和意义

编制省级实施规划，是全面推进集中连片特殊困难地区扶贫攻坚的内在要求，是落实“片区规划”目标任务的载体和平台，是推进区域发展和扶贫攻坚的重要抓手，有利于细化片区经济社会发展目标，明确建设任务，落实保障措施；有利于有计划、分步骤地将“片区规划”的安排部署向基层延伸、向现实转化；有利于整合专项扶贫、行业扶贫和社会扶贫资源，形成合力推进区域发展和扶贫攻坚的格局，确保片区与全国同步进入小康。

二、指导方针和基本原则

以科学发展观为指导，突出“区域发展带动扶贫开发，扶贫开发促进区域发展”的基本思路，坚持“科学规划、突出重点，整合力量、集中攻坚，综合治理、保护生态，加快建设、强化特色”的指导方针，努力做好前期调查研究和组织保障等工作，保证规划具有创新性、可达性和操作性。同时，要遵循以下原则：

（一）坚持合理布局、分步实施的原则。根据“片区规划”空间结构，分析本省片区自然地理特征、资源优势和产业基础，以区域资源环境承载能力为基础，科学规划产业布局，合理确定重点建设项目，区分轻重缓急，有序安排，逐年实施。

（二）坚持量力而行、突出重点的原则。充分考虑发展需求和实际可能，认真分析现状，找准发展差距，根据发展目标合理确定建设任务，着力解决制约经济社会发展瓶颈和贫困问题，统筹规划区域发展和扶贫攻坚。

（三）坚持整体推进、差别对待的原则。以改善农村地区生产生活条件和基础设施为重点，坚持“雪中送炭”，全面规划区域社会经济发展，把解决扶贫对象最迫切需要解决的问题放在首位，在产业布局上优先考虑贫困地区，在项目安排上优先考虑贫困乡村和吸纳贫困劳动力，在人力资源开发上优先考虑扶贫对象，在扶持政策上体现差别化政策，使贫困户得到有效扶持。

（四）坚持城乡互动、协调发展的原则。按照城乡统筹、协调发展的要求，合理规划产业，优化经济结构，建立优势互补机制，促进资源有效利用，增强内在发展动力，形成以工促农、以城带乡、共同发展的良好格局，促进城乡互动、共同繁荣。

三、依据、范围和期限

要按照《中国农村扶贫开发纲要(2011—2020年)》的总体部署，依据国务院批复的各“片区规划”以及国家和省级国民经济与社会发展“十二五”规划、主体功能区规划等编制省级实施规划，并与相关行业规划相衔接。

编制实施规划的范围为国务院批复的“片区规划”确定的范围，规划范围内不在集中连片特殊困难地区分县名单中的县（区、市）不享受国家连片特困地区特殊政策。

实施规划以五年为期编制，与同期国民经济与社会发展五年规划相衔接。

四、主要内容

（一）基本情况和发展思路。主要包括现状分析、指导思想、基本原则、发展目标和空间布局等内容。要注意把握好以下三点：

一是客观分析现状。运用定性和定量分析方法，概述自然条件、地理环境、人口状况、经济社会发展现状和资源优势、发展机遇。着重分析制约区域发展和扶贫攻坚的瓶颈因素及重要问题，采用整体描述和典型剖析的方法，深入剖析其现状、原因和解决问题的有利条件，为科学合理设计建设内容提供依据。

二是合理确定发展目标。根据现状分析，结合《中国农村扶贫开发纲要(2011—2020年)》和省级国民经济与社会发展“十二五”规划，对“片区规划”中确定的目标任务进行具体细化测算。发展目标要防止过高或过低，既要有区域发展目标，又要有扶贫攻坚目标；既要有总体目标，又要有具体量化目标。总体目标主要包括区域发展目标和减贫目标；具体目标主要包括经济增长、结构调整、基础设施、产业发展、收入增长、生活质量、社会事业、公共服务、能力素质、资源节约与生态建设等。

三是具体细化空间布局。依据“片区规划”空间布局的总体框架，结合本省片区的资源环境承载能力和发展潜力，找准区域发展与扶贫攻坚的突破口，确定本省片区内不同区域发展方向和建设重点，统筹谋划经济中心、产业发展、资源利用和城镇布局，合理安排重点建设项目，突出特色优势主导产业，形成社会、经济、环境相互协调的发展格局。

（二）建设任务。要根据实现片区发展目标的需要，确定主要建设任务，合理设计各类建设项目。主要包括基础设施、产业发展、民生改善、公共服务、能力建设和生态环境建设等几大类内容。要特别把握好以下四个环节：

一是规划设计项目。要依据“片区规

划”，统筹布局重大基础设施、生态建设与环境保护等改善片区发展条件的基础性项目，着力解决区域发展瓶颈问题。突出扶贫攻坚重点，优先安排生产生活条件、人力资源开发、社会事业发展等贫困群众最需要、最企盼、最关心的项目，着力解决区域贫困问题。立足资源优势和特殊环境条件，重点建设资源优势产业和特色主导产业项目，积极培育和发展战略型新兴产业、高科技产业，促进区域发展，带动群众增收。要防止重区域发展轻扶贫开发、重大型项目轻民生工程、重城镇发展轻新农村建设的倾向。

二是建立项目库。规划设计的项目要按类别、层级和时序列入项目库。对民生改善、农业生产等涉及千家万户或小型、分散的一些项目，可以县为单位、分大类按行业打捆立项。

1. 项目类别。按基础设施、产业发展、民生改善、能力建设、公共服务、生态建设等大类及其分列的各个小类建立。

2. 项目层级。按列入国家、省和未列入“十二五”相关行业规划分 3 个层级建立。所有项目均要注明层级，不得交叉和重叠。

3. 项目时序。分为“十二五”、“十三五”两个阶段。

三是确立纳入实施规划的项目。要坚持“立足现状、着眼长远、优化结构、量力而行”，视资金投入情况，优先筛选经济、社会、生态和扶贫等效益明显的项目列入实施规划。对已列入“十二五”行业规划的项目，可直接列入实施规划；对已纳入行业远景规划但实现“片区规划”目标需要提前实施的项目和未纳入行业规划但实现“片区规划”目标所必需的项目，经商行业部门同意后可纳入实施规划。对纳入实施规划的整村推进、扶贫搬迁和劳动力转移就业培训等使用专项扶贫资金的项目，要专门标明，在部门项目资金投入汇总表中单列，在投资汇总表和项目建设一览表的备注中标注。

四是明确技术标准。建设项目的技术标准和单位投资标准按国家标准执行，无国家标准的按行业标准执行，两者都没有的由行业部门依据典型设计确定。

（三）投资规模和资金来源。实施规划编制中中央和省级财政性投入规模，以 2010 年为基数，中央财政专项扶贫资金的投入量按年均增长 20% 测算，财政一般性转移支付和行业财政性投入的规模按不低于“十一五”平均增长水平测算；省及省以下财政专项扶贫资金的增长幅度由各省确定。在各级财政加大扶贫投入的同时，要充分利用市场机制，扩大资金筹措渠道，确保规划实施需要。要按实施时序，区分轻重缓急，分别明确建设项目的投资规模和资金来源，按年度分列项目投资计划。不同项目类别按单位投资标准测算，分别测算综合投入和专项投入，并按政府（行业）投入、市场融资、业主自筹、农户自筹等不同投入渠道，明确项目资金来源。

生态环境建设、公共服务、民生改善等项目，以政府（行业）投入为主，各方参与为辅；重点基础设施和能力建设等项目，政府和各方投入相结合；产业发展、城镇建设等项目，以市场融资、业主和农户自筹投入为主，国家补助为辅。

（四）效益预测。主要是客观分析建设项目的经济、社会、生态和扶贫等效益。采取定性分析与定量分析相结合的方法，分析实施规划的预期效益。经济效益，主要围绕生产性建设项目，通过单位成本收益开展分析；社会效益，主要围绕基础设施、社会事业、公共服务、城镇化率等方面进行分析；生态效益，主要围绕减少能耗、恢复植被、改善生态等方面进行分析；扶贫效益，主要围绕脱贫解困、扶贫对象能力提升、人居环境改善和实现两不愁、三保障情况等方面进行分析，预测实现阶段性发展目标的可达性。

（五）环境影响分析。要认真组织开展环境影响评价工作，在实施规划中编制环境影响篇章或说明，重点开展规划的协调性分析，预测和评估规划实施对环境可能造成的影响，提出规划优化调整建议和预防或减缓不良环境影响的对策措施。对于规划所包含的建设项目，应严格按照项目管理审批程序开展环境影响评价，并报环境保护行政主管部门审批。

（六）保障措施。主要是从保障建设项目顺利实施的角度，明确落实“片区规划”确定的和本省出台的支持片区发展的财政、税收、金融、投资、产业、土地、资源补偿等相关政策措施，制定切实可行的组织领导、项目管理和运行、资源整合、社会帮扶、群众参与等相关措施。明确规划实施监测评估的具体要求。

（七）相关附件。根据实施规划需要，设置规划区位置图、规划布局示意图和基本情况表、发展目标表（其中：扶贫主要成果目标表）、项目投资汇总表（其中：部门投资汇总表）、项目建设一览表、年度计划表等。相关表格样式可参照附件所列各示意表。

五、基本程序

（一）做好前期工作。要制定详细的规划编制工作方案，明确工作步骤和时限，深入开展调查研究，做好资料收集、项目汇总、典型设计等工作。

（二）起草规划文本。规划文本要在客观分析现状、准确把握发展目标、合理安排建设项目、细化各项保障措施等方面下功夫，做到条理清晰、格式规范、简洁精练。

（三）充分征求意见。实施规划草拟完成后，要及时印送省内相关部门征求意见，做好规划衔接及政策、项目对接工作。同时，要征求片区内的市、县两级人民政府意见。

（四）组织论证评估。要组织有关专家对实施规划进行充分论证，评估实施规划的可行性、目标的可达性。

（五）报送审批备案。根据各方反馈意见和论证评估情况，对文本进行修改完善，由省级扶贫开发领导小组报本级人民政府审批后，报国务院扶贫办、国家发展改革委、财政部备案，同时抄报片区联系部委。

六、工作要求

（一）加强组织领导。实施规划由省级扶贫和发展改革部门牵头编制。两部门要高度重视，密切配合，抽调专门人员组建工作班子，安排落实工作经费，确保及时完成。

（二）深入调查研究。要组织力量深入基层调查研究，找准制约本省片区经济社会发展和群众脱贫致富的瓶颈，摸清片区的特点、差异和发展需求，针对特殊区域、特殊问题提出切实可行的解决办法，为编制实施规划提供资料和依据。

（三）强化统筹协调。建立跨部门和跨省区的协调机制。统筹本省片区的产业布局和项目安排，实现跨省区项目的有效衔接，形成片区一盘棋格局。

（四）注重规划指导。要参照本指导意见制定县级实施规划编制工作指导意见，加强对县级实施规划编制的指导工作。纳入片区规划范围但不享受国家连片特困地区特殊政策的县（区、市），也要编制县级实施规划。地市州级是否编制实施规划由各省（区、市）根据情况确定。

（五）确保编制进度。国务院已批复的“片区规划”所涉及的省（区、市），自本意见出台后3个月内完成省级实施规划编制工作。其他片区自国务院批复“片区规划”后3个月内完成省级实施规划编制工作。

（六）关于西藏、四省藏区、新疆南疆三地州等3个片区实施规划编制工作。相关省（区），要依据中央有关文件、国务院批复的有关规划和《中国农村扶贫开发纲要（2011—2020年）》以及本指导意见，编制省级片区区域发展与扶贫攻坚实施规划。实施规划要与国务院批准的本区域“十二五”经济社会发展建设项目规划方案等规划和有关部门片区行业规划相衔接，并将其中与实施规划紧密相关的建设项目纳入实施规划，明确项目建设的具体内容、地点和年度计划。相关省（区）要在2012年底前完成省级实施规划的编制，经省（区）政府批准后，报国务院扶贫办、国家发展改革委和财政部备案。

附件：1. 基本情况示意表（略）

2. 发展目标示意表

（含扶贫开发主要成果目标示意表）

（略）

3. 项目资金投入汇总示意表

（含部门项目资金投入汇总示意表）

（略）

4. 项目建设汇总一览示意表（略）

5. 年度计划示意表（略）

关于印发扶贫开发整村推进“十二五”规划的通知

国开办发〔2012〕67号

各有关省、自治区、直辖市人民政府，国务院有关部门、有关直属机构：

国务院扶贫办、国家发展改革委、教育部、财政部、国土资源部、住房城乡建设部、交通运输部、水利部、农业部、卫生部、国家广电总局、国家林业局编制的《扶贫开发整村推进“十二五”规划》（以下简称《规划》）已经国务院批准，现予印发。请按照《规划》确定的目标、任务，加强组织领导，落实工作责任，完善政策措施，认真组织实施。同时，请各有关省（区、市）以适当方式将本地区纳入《规划》范围的贫困村名单向社会公布。

附件：扶贫开发整村推进“十二五”规划贫困村名单（略）

国务院扶贫办　国家发展改革委　教育部

财政部　国土资源部　住房城乡建设部

交通运输部　水利部　农业部

卫生部　国家广电总局　国家林业局

2012年9月11日

扶贫开发整村推进“十二五”规划

前言

整村推进是贫困地区建设社会主义新农村的重要举措，是新阶段扶贫开发工作的重要内容。为实现“十二五”农村扶贫开发的目标任务，加强对整村推进工作的指导，根据《国民经济和社会发展第十二个五年规划纲要》和《中国农村扶贫开发纲要（2011—2020年）》（以下简称《纲要》）的总体要求，编制本规划。

本规划实施范围在中西部地区，重点是《纲要》明确的集中连片特殊困难地区（以下简称连片特困地区）的贫困村（指行政村），同时兼顾连片特困地区之外的部分贫困村，包括中西部21个省（区、市）的30000个贫困村和西藏自治区的200个贫困乡镇（辖1642个村居委会）。由于西藏自治区以“整乡推进”的方式实施，本规划在规划区概况、目标任务部分单列出了西藏整乡推进的有关内容。

规划期为2011年至2015年。

一、基本形势

（一）取得的成绩

根据《中国农村扶贫开发纲要（2001—2010年）》关于扶贫工作要重心下沉、进村入户的要求，针对当时农村贫困状况“大分散、小集中”的特点，在深入总结《国家八七扶贫攻坚计划（1994—2000年）》后期开展贫困村建设经验的基础上，国务院扶贫开发领导小组提出将整村推进作为2001年到2010年扶贫开发的重点工作。2002年，全国有扶贫开发工作任务的省（区、市）共确定了15万个贫困村实施整村推进，占当时全国行政村总数的近1/4，覆盖了80%左右的扶贫对象。

截至2010年底，全国共有12.6万个贫困村实施了整村推进，占贫困村总数的84%，共投入中央和地方财政扶贫资金789亿元，村均投入财政扶贫资金约63万元。据统计，在同一县域内，实施整村推进的贫困村农民人均纯收入比没有实施的增幅高出20%以上。整村推进使贫困村在基础设施、产业发展、社会事业、村容村貌等方面实现了突破，不仅改善了贫困村的生产生活条件，增加了扶贫对象的收入，提高了贫困群众的自我发展能力，同时打造了扶贫开发进村入户的平台，成为构建大扶贫格局的重要载体。整村推进深受贫困地区广大干部群众的认可和欢迎，有力地促进了贫困地区的社会主义新农村建设，为全面建设小康社会奠定了基础。

（二）面临的挑战

经过二十多年的扶贫开发，我国农村居民的生存和温饱问题已基本解决，但农村贫困人口依然面广量大，制约贫困地区发展的深层次矛盾没有得到有效解决。各地资源禀赋和发展基础差异较大，贫困问题呈现出区域分布集中、致贫原因复杂、脱贫难度加大等特征。贫困村大多地处偏远，自然条件恶劣、生态环境脆弱、基础设施落后、产业发育迟缓、扶贫对象素质偏低，加快这些地区经济社会发展，带动和促进扶贫对象脱贫致富的任务依然十分繁重。

受各种主客观条件的制约，整村推进工作还存在一些问题。缺乏宏观规划指导，对整村推进贫困村的投资规模、建设任务、建设标准等没有提出明确要求，整村推进的实施效果差别较大；专项扶贫资金总量有限，资源整合力度不够，村与村之间投入不均，部分村投入严重不足；没有建立扶贫对象瞄准机制，一些最贫困的人口没有得到有针对性的项目扶持。此外，整村推进的检查验收和项目后续管理工作有待进一步加强。这些都对新一轮的整村推进工作提出了严峻的挑战。

（三）有利条件

近年来，我国经济保持平稳较快发展，综合国力不断增强，社会保障体系逐步健全，国家不断加大对“三农”领域的投入，各项强农惠农富农政策向贫困地区倾斜，为贫困地区发展和整村推进工作创造了有利条件。党中央、国务院高度重视扶贫开发工作，“十二五”时期，中央和地方财政将大幅度增加扶贫开发投入，行业部门和社会各界越来越关注扶贫开发，会有更多的资源汇集到贫困地区，为整村推进提供了有力保障。连片特困地区区域发展与扶贫攻坚规划的实施，为贫困地区整村推进工作提供了新的平台。整村推进实施多年来，积累了丰富的经验，探索形成了比较成熟的管理办法和运行机制，为“十二五”时期继续开展整村推进奠定了坚实的基础。

二、总体思路

（一）指导思想

以邓小平理论和“三个代表”重要思想为指导，深入贯彻落实科学发展观，按照《纲要》的总体要求，坚持开发式扶贫方针，以连片特困地区为主战场，以贫困村整体脱贫、贫困户持续增收为目标，以发展特色优势产业、改善生产生活条件、增加集体经济收入、提高自我发展能力为重点，坚持整村推进与连片特困地区扶贫攻坚相结合、与社会主义新农村建设相结合、与生态建设和环境保护相结合，通过统一规划、整合资源、集中投入、综合治理，切实促进贫困地区经济社会平稳较快发展。

（二）基本原则

政府主导，群众参与。各级政府要把做好整村推进，帮助扶贫对象尽快脱贫致富作为一项重要工作，按照“中央统筹、省负总责、县抓落实”的扶贫开发管理体制，落实领导责任。充分发挥贫困村党组织的作用，积极动员群众参与整村推进，发挥主动性和创造性，立足自身改变贫穷落后面貌。

统筹兼顾，持续发展。立足当前，着

眼长远，既解决贫困村当前的突出民生问题，又解决制约其长远发展的根本问题。坚持产业开发、基础设施建设与能力建设相结合，坚持生产发展、生活富裕与生态良好相协调，坚持经济发展、人口控制与社会建设相统筹。

突出重点，先难后易。把连片特困地区作为重点区域，把深度贫困村、人口较少民族贫困村、边境地区贫困村作为优先实施对象。针对制约贫困地区发展的突出问题，利用两项制度有效衔接的成果，瞄准最困难的群众，采取有效措施，集中攻坚。

因地制宜，分类指导。根据贫困村自然条件和经济发展状况，对有一定发展基础、具备开发条件的村，重点发展特色优势产业；对发展基础差、经济落后的村，坚持基础设施建设、产业培育和能力建设并重；对地理上自然相连的贫困村，统筹规划，连片开发。

整合资源，合力推进。以县为平台，统筹各类涉农资金和社会帮扶资源，集中投入，合力推进，实施水、电、路、气、房和环境改善“六到农家”工程，建设公益设施较为完善的农村社区，健全贫困村管理和服务体制，提升整村推进实施效果。

三、规划区概况

（一）30000个贫困村概况

30000个贫困村分布在中西部21个省（区、市）的959个县（区、市、旗），主要分布在六盘山区等11个连片特困地区和已明确实施特殊政策的四省藏区、新疆南疆三地州。土地总面积6036.4万公顷，总人口5497.9万人，其中：扶贫对象2191.8万人（按2009年各省、区、市的扶贫标准），扶贫对象占总人口的39.9%。

1. 分布情况

30000个贫困村中，西部11个省（区、市）有20420个，占68.1%，分布于671个县（区、市、旗）；中部10个省有9580个，占31.9%，分布于288个县（区、市）。有21267个村分布于11个连片特困地区和四省藏区、新疆南疆三地州，占总数的70.9%；8733个村分布于连片特困地区外，占29.1%。其中：位于革命老区县的村14252个，占47.5%；位于民族自治地方的村13158个，占43.9%；位于边境县的村1254个，占4.2%；自然相连的村14972个，占49.9%。

表3.1　贫困村总体分布情况图　　单位：个

区域	总县数	总村数	连片特困地区内		连片特困地区外			
			县数	村数	国家扶贫开发工作重点县数	村数	非国家扶贫开发工作重点县数	村数
合　计	959	30000	595	21267	141	4643	223	4090
西　部	671	20420	428	15301	56	1749	187	3370
中　部	288	9580	167	5966	85	2894	36	720

表 3.2　连片特困地区内贫困村分布表

单位：个

分区名称	省数	县数	村数
合计	21	595	21267
六盘山区	4	61	2483
秦巴山区	6	75	2826
武陵山区	4	62	2317
乌蒙山区	3	38	1994
滇桂黔石漠化区	3	80	3020
滇西边境山区	1	56	1568
大兴安岭南麓山区	3	19	455
燕山—太行山区	3	30	1065
吕梁山区	2	20	838
大别山区	3	35	1434
罗霄山区	2	21	818
四省藏区	4	74	1483
新疆南疆三地州	1	24	966

表 3.3　30000 个贫困村分省情况表

单位：个

省　份	村　数	省　份	村　数	省　份	村　数
河　北	1630	河　南	1440	贵　州	3800
山　西	1440	湖　北	1020	云　南	2800
内蒙古	750	湖　南	1200	陕　西	1950
吉　林	500	广　西	2220	甘　肃	2500
黑龙江	330	海　南	200	青　海	790
安　徽	700	重　庆	930	宁　夏	480
江　西	1120	四　川	2800	新　疆	1400

2. 贫困状况

基础设施薄弱。2009 年，纳入规划的村通公路、通电、通电话比例分别是 91.1%、97.1%、95.1%，比全国平均水平分别低 7.7、2.5、4.0 个百分点，饮水困难人口比重为 29.3%。出行难、用电难、吃水难、信息闭塞等问题较为突出，严重制约了贫困村经济社会发展和扶贫对象生活水平提高。

表3.4　规划区基础设施情况表

	通公路的行政村比例	通电的行政村比例	通电话的行政村比例
全　国	98.8%	99.6%	99.1%
国家扶贫开发工作重点县	99.0%	98.7%	98.0%
规划区	91.1%	97.1%	95.1%
中部10省	94.8%	98.9%	94.4%
西部11省区市	89.4%	96.2%	95.4%

生产条件较差。纳入规划的村大多地处边远高寒山区和地质条件恶劣地区，生态环境脆弱，自然灾害多发。耕地总面积为1112万公顷，其中：水浇地196.6万公顷，占17.7%；机耕地257.3万公顷，占23.1%。人均水浇地面积为0.54亩/人，人均机耕地面积为0.7亩/人，耕作条件差，机械化程度低。

社会事业滞后。2009年，纳入规划的村劳动力平均受教育年限为7.3年，比全国平均受教育年限少1.6年，西部地区仅为6.8年。扶贫对象文化程度更低，自我发展能力提升难度大。规划村中有卫生室的行政村比例为81.5%，比全国平均水平低11.5个百分点，公共卫生条件落后。

贫困程度较深。纳入规划的村基本没有集体经济，产业规模小，市场化程度低。2009年，农民人均纯收入2453元，仅为全国同期农民人均纯收入5153元的47.6%，是国家扶贫开发工作重点县农民人均纯收入2842元的86.3%。扶贫对象2191.8万人，扶贫对象占总人口的39.9%，其中：中部有扶贫对象678.9万人，占总人口的37.7%；西部有扶贫对象1512.9万人，占总人口的40.9%。

（二）西藏200个贫困乡镇概况

西藏的200个贫困乡镇，分布在自治区7个地（市）、73个县（市）中的边境地区、人口较少民族聚居区、地方病高发区、高寒退化牧区、高山峡谷区、灾害多发区。200个乡镇辖1642个村委会（居民委员会），占全区总乡镇数的29.3%，占全区总村数的30.1%；总人口70.70万人，占全区乡村总人口221万的32.0%。2009年农牧民人均纯收入低于1700元（西藏自治区当年的扶贫标准）的有22.41万人，占总人口的31.7%。

200个乡镇的自然环境恶劣，土地草场贫瘠，常年平均降雨量在500毫米以下，无霜期短，农牧民赖以生存的340万亩耕地，高产稳产田少。三分之一以上的草地退化沙化，其中重度退化沙化占50%以上，草畜矛盾大。经营方式粗放，科技推广落后，农牧业科技贡献率仅为36%。产业结构调整滞后，特色产业发展缓慢，市场发育严重不足。农牧民受教育程度远低于全国平均水平。

四、目标任务

“十二五”期间，规划完成30000个贫困村整村推进和200个贫困乡镇的整乡推进，分期分批组织实施。

（一）发展目标

以促进贫困村（乡）经济、社会、生态全面发展为目标，确保实施整村推进贫困村（乡）的水、电、路、气、房和社区环境等基本生产生活条件有明显改善，农民人均纯收入增长幅度高于当地平均水平，扶贫对象自我发展能力明显增强，发展差距扩大趋势得到扭转。

——特色优势产业培育。到2015年，实现一户发展一项种植、养殖、加工、旅游等增收项目，一村争取培育一个主导产业。

——基础设施建设。到2015年，实现具备条件的贫困村和西藏200个贫困乡镇所辖行政村通公路，自然村通路比例明显提高；农田水利设施有较大改善，农村饮水安全问题基本解决；贫困户的危房全面得到改造；无电行政村用电问题全部解决；通过大力开展农村土地整治，建设一批高标准基本农田，农业生产生活条件和生态环境进一步改善。

——生态建设和环境保护。到2015年，森林面积进一步增加，森林质量进一步提高，优质草场面积进一步扩大，生态环境和人居环境明显改善。

——公共服务和社会事业建设。到2015年，稳步提高劳动力平均受教育年限，提高农村实用技术、经营管理和职业技能培训水平；确保每个行政村有卫生室；农民专业合作组织普遍建立；农业科技应用水平得到提升。

（二）建设任务

本规划的项目选择，根据贫困村（乡）的经济社会发展现状，依据财政扶贫资金、行业部门整合资金、群众自筹资金等投资来源，在项目实施村（乡）群众参与的基础上确定。

1. 30000个贫困村的建设任务

30000个贫困村的整村推进建设内容主要包括特色优势产业培育、基础设施建设、生态建设和环境保护、公共服务和社会事业建设共4类17项。

（1）特色优势产业培育项目。充分发挥贫困地区自然资源和生态环境优势，因地制宜发展农林牧渔等特色优势产业，优化产业结构，提高科技含量，培植支柱产业，推进旅游扶贫，多方位带动扶贫对象发展生产，增加收入，增强自我发展能力。

专栏1　特色优势产业培育

种植业：发展以粮食、经济作物、经济林果等为主的种植业4700万亩； 养殖业：发展以生猪、牛、羊、家禽、水产为主的各类养殖1.2亿羊单位，配套建设圈舍9万座；

特色产业：依托区域资源优势，打造特色农产品产加销一体化链条，扶持 2.4 万个农畜产品加工、有机食品深加工、中药材加工、林产品加工、农贸市场等扶贫龙头企业（产业基地）和 12 万个微小企业、零售商铺等；

旅游业：发展乡村旅游、民俗文化旅游、农业观光旅游、森林旅游、红色旅游等旅游开发和服务项目。

（2）基础设施建设项目。以县为平台，统筹各类资源，加强贫困村的道路、农田、水利、住房等基础设施项目建设，为扶贫对象脱贫致富创造良好条件，为贫困地区发展提供有力支撑。

专栏 2　基础设施建设

道路：重点修建通村公路和村内道路，分别完成 6 万公里和 18 万公里；

农田：保稳产、促增产，完成基本农田建设及改造 800 万亩，发展设施农业 270 万亩；

水利：以解决农村饮水安全和灌溉用水困难为目标，完成小型水利建设 2811 处、蓄水池（窖）5.2 万座以及其他通村水利设施项目，力争解决 330 万农户饮水安全问题，新增 1100 万亩有效灌溉面积；

住房：通过农村危房改造、游牧民定居、奖励性住房等各项工程，改善贫困农户住房条件；

其他：实施农村土地整治、农村电网改造、山洪地质灾害防治等基础设施建设。

（3）生态建设和环境保护项目。实施退牧还草、天然林保护、水土保持工程，巩固退耕还林成果，结合扶贫开发和库区移民，在重点生态脆弱区和重要生态区位有计划地推进退耕还林。开展人居环境改造，推广新型清洁能源应用，改善生态环境和贫困村村容村貌，增强抵御自然灾害能力，促进贫困地区经济、社会与资源、环境协调发展。

专栏 3　生态建设和环境保护

人居环境：通过实施院落修整、卫生厕所、节能灶、淋浴设施等项目，改善 294 万户人居生活环境；建设村内垃圾及污水处理项目 10 万余个；

生态改善：实施退牧还草、天然林保护、水土保持工程，巩固退耕还林成果；

新能源：建设沼气池、太阳灶等清洁能源设施50万套（台）；

其他：实施泥石流、滑坡、洪涝等自然灾害防治工程。

（4）公共服务和社会事业建设项目。强化基层组织建设，改善办学条件，加快医疗卫生建设步伐，建设公益设施较为完善的农村社区，让扶贫对象共享改革发展成果。

专栏4　公共服务和社会事业建设

教育卫生：按实际需求建设及维修学校、幼儿园；按照“填平补齐”原则规划建设村卫生室；

基层组织：加强基层组织建设，新建村级组织活动中心1.5万个；

能力建设：建立农民专业合作组织1.6万个，培育示范户50万户，开展劳动力转移培训380万人，开展农牧民实用技术培训120万人次；

其他：建设村文化室、农家书屋；完成20户以下已通电自然村的广播电视村村通建设，力争实现户户通，加快农村电影数字化放映进程。

2. 西藏200个贫困乡镇的建设任务

200个贫困乡镇的整乡推进建设任务包括以下四类项目。

（1）基础设施建设项目

——农田水利设施建设。新修和改建农田水渠430条、长1690公里，扩大和改善农田灌溉面积20万亩。

——土地整治。改造中低产田12万亩。

——草场建设。建设网围栏10万亩，补播、灭害等草场建设12万亩。

——乡村道路建设。新修和改建乡村道路420条，沙石路面9840公里。

——贫困户安居工程建设。安排贫困户安居工程建设1.1万户。

——农村饮水安全。实施农村饮水安全项目800个。

（2）产业开发建设项目

——种植业。安排种植项目410个，种植面积8万亩以上，修建温室大棚800座以上。

——养殖业。安排养殖项目480个，扩繁448万头（只、匹）。

——农畜产品加工业。安排加工业项目120个。

——民族手工业。安排民族手工业项目130个。

——家庭旅游业。安排家庭旅游业项目80个，扶持家庭旅馆900户以上，床位10000个。

（3）社会事业发展项目

——贫困群众扶贫培训项目。安排农

牧民培训6万人次，劳动力转移就业2万人。

——科技示范推广。安排农牧业科技示范推广5万亩，改良牲畜6万头。

——农牧民专业合作经济组织。安排扶持初级农牧民专业合作经济组织160个。

——教育事业建设。新建和改扩建乡村小学80所。

——文化事业建设。新建或改扩建文化活动场所、图书室900个。继续实施广播电视村村通工程，力争基本实现“户户通”。

——村民委员会建设。建设800个村民委员会办公活动场所。

（4）村容村貌改善项目

按照“统一规划、统一整治”的要求，对200个整乡推进乡镇中的1642个村进行村容村貌整治，改善村路差、村貌脏、人畜同居等落后状况。

（三）建设标准

1. 建设标准。有行业标准的执行行业部门规定标准；没有行业标准的，各地根据建设实际，采取“典型设计”方式确定建设标准。

2. 费用预算。执行行业建设标准的项目，按照国家建设定额进行费用预算，并结合当地建设实际，对原材料、人工费用等进行适当调整。执行“典型设计”的项目，依据建设地各项费用实际需要进行估算。

（四）建设周期

贫困村（乡）一次规划，分期分批实施。原则上每个贫困村（乡）实施期不超过两年。

五、保障措施

（一）加强组织领导

坚持政府主导，各级党政领导要按照“省负总责、县抓落实、村（乡）为主体”的工作格局，层层落实目标责任制。

各级政府及扶贫开发领导小组要充分发挥统筹协调作用，明确各级政府的工作责任和各部门的具体任务，完善上下联动、部门配合、共同推进的工作机制。做好整村推进规划与各连片特困地区区域发展与扶贫攻坚规划、相关行业部门规划的衔接。把整村推进规划实施纳入领导干部绩效考评，强化党政领导干部对扶贫开发的领导责任。

各级扶贫部门对规划的实施进行指导监督，要主动协调有关部门，建立完善联席会议制度，研究解决规划实施中的重大政策性问题和共性问题。要通过多种形式对规划实施提供技术指导、质量监督和信息服务，确保各项规划建设任务的完成。

充分发挥贫困村党组织的战斗堡垒作用，把整村推进与基层组织建设有机结合起来。选好配强村（乡）级领导班子，选派思想好、作风正、能力强，有奉献精神的优秀干部、退伍军人、高校毕业生到贫困村（乡）工作。

（二）加大投入力度

地方各级政府要按照构建专项扶贫、

行业扶贫、社会扶贫有机结合的大扶贫工作格局的要求，围绕整村推进规划的实施，整合多方力量，加大投入力度。利用财政专项扶贫资金、行业部门资金、信贷资金、群众自筹资金等开展整村推进规划项目建设。财政专项扶贫资金由中央和地方财政专项扶贫资金组成，其中中央财政专项扶贫资金按照主要用于支持扶贫对象发展特色优势产业的原则由各省（区、市）从到省资金中安排。要把整村推进与产业扶贫、就业促进、科技扶贫、彩票公益金支持扶贫开发事业等工作结合起来，发挥各类专项资金的集聚效益。

按照“统一规划、集中使用，渠道不乱、用途不变，各负其责、各记其功”的原则，在县级统筹各类强农惠农富农资金，用于贫困村（乡）的建设，建立跨部门的项目审核机制，确保资金使用效果。积极引导定点扶贫、东西扶贫协作和社会帮扶资金投向贫困村。鼓励信贷资金合理流向贫困村（乡），开展小额信贷和微型金融，引导扶贫贴息贷款进村入户。不断壮大贫困村互助资金组织。在尊重农民意愿和不加重农民负担的基础上，组织开展“一事一议”财政奖补引导群众投资投劳用于公益事业建设。

（三）创新工作机制

建立健全扶贫对象优先受益机制。加强贫困村扶贫开发与农村低保的有效衔接，做好扶贫对象的识别工作，突出重点，差别扶持。各类扶贫项目优先保证扶贫对象受益，产业扶贫项目、能力建设项目要确保扶贫对象得到重点扶持，基础设施和公共服务项目要优先惠及扶贫对象。对扶贫对象实行动态管理，完善进出机制，确保建档立卡的扶贫对象得到有效扶持。

完善社会帮扶机制。大力组织各级党政机关、企事业单位到贫困村（乡）帮扶，在贫困村开展领导挂点、部门帮村、干部包户活动，积极协调东部发达地区在东西扶贫协作工作中到贫困村对口帮扶。省、市、县级有关部门结合各自职责，在制定政策、编制规划、分配资金、实施项目时向贫困村（乡）倾斜，形成扶贫攻坚合力。支持鼓励社会组织开展扶贫济困。

强化群众参与机制。充分发挥贫困村群众脱贫致富的积极性、主动性和创造性，广泛发动群众全程参与村（乡）级规划的制定、实施、监督和后续管理，探索增加集体积累的新机制，使村级公共工程项目做到民建、民管、民用，确保群众成为整村推进的实施和受益主体。

（四）强化管理监督

加强整村推进项目和资金管理，提高资金使用效益。财政专项扶贫资金必须严格遵照《财政专项扶贫资金管理办法》（财农〔2011〕412 号）进行使用管理，并按照有关规定开展绩效考评工作，其他项目资金按照有关规定使用管理。要抓好规划项目建设，加强工程技术指导、质量监管和实施效果检查。具备条件的项目要执行工程招投标制、监理制和合同管理制。按照国家扶贫资金、行业部门专项资金使用的有关政策规定，严格执行审批、公示、报账、招标、审计等财务管理程序，确保各类扶贫资金安全运行。

建立规划实施的监督机制。财政、监察、审计、扶贫等部门和相关行业部门全程介入，加强项目实施督导。实施村务公开、民主管理，对扶贫资金、扶贫项目、工程招标、款物发放、项目承包、财务收支等情况全面公开公示，组织村民代表对资金使用、项目建设进展和实施质量进行监督，确保实施一批项目，富裕一方百姓。

（五）做好考核评估

研究制定科学合理的监测评估指标体系和监测评估管理办法，建立健全整村推进工作监测、评估制度，定期开展工作进展情况日常监测和实施效益跟踪评估。探索开展第三方对整村推进规划实施的抽查评估。整村推进工作监测和评估结果纳入扶贫开发工作考核。

县级扶贫部门按照有关要求，定期向市（州）、省相关部门报送整村推进项目建设进度和资金使用情况，规划建设项目完工后，进行考核验收和效益评估。省级和市（州）级扶贫部门要定期对整村推进开展情况进行抽查，并根据县级考核验收情况开展复检。国务院扶贫办组织力量适时对各省（区、市）规划实施情况进行检查和评估，结合年度扶贫工作考核结果，分析问题，总结经验，确保整村推进工作取得实效。

附图：扶贫开发整村推进“十二五”规划各省（区、市）贫困村分布情况图（略）

关于印发《关于集中连片特殊困难地区产业扶贫规划编制工作的指导意见》的通知

国开办发〔2012〕93 号

各有关省（区、市）扶贫办（局）、农业厅、林业厅（局）、旅游局：

为切实做好产业扶贫工作，推动连片特困地区区域发展与扶贫攻坚规划的实施，国务院扶贫办、农业部、国家林业局、国家旅游局研究制定了《关于集中连片特殊困难地区产业扶贫规划编制工作的指导意见》，现予以印发。请各部门认真遵照实施。

附件：《关于集中连片特殊困难地区产业扶贫规划编制工作的指导意见》

国务院扶贫办　农业部

国家林业局　国家旅游局

2012 年 12 月 12 日

关于集中连片特殊困难地区产业扶贫规划编制工作的指导意见

国开办发〔2012〕93号

为实现党的十八大提出的全面建成小康社会的目标任务，落实《中国农村扶贫开发纲要（2011—2020年）》（以下简称《纲要》）精神，根据片区区域发展与扶贫攻坚规划关于产业扶贫的相关要求，提出本指导意见。

一、目的和意义

连片特困地区是全面建成小康社会难点中的难点，编制片区产业扶贫规划有利于片区区域发展与扶贫攻坚规划的实施；有利于处理好产业发展与扶贫对象受益的关系，促进扶贫对象脱贫致富；有利于把产业扶贫作为一个工作平台，引导财政专项扶贫资金集中投放；有利于统筹专项扶贫、行业扶贫和社会扶贫力量，合力推进产业扶贫工作；有利于探索针对扶贫对象的差别化扶持政策。

通过产业扶贫规划的实施，使扶贫对象参与产业发展，实现一户一项增收项目，大幅提升其经营性收入和资产性收入，收入增幅总体上高于该县农民收入平均水平，为实现扶贫对象的大幅度减少和收入翻番夯实基础。

二、依据、范围和期限

（一）依据。按照《纲要》的总体要求，依据片区区域发展与扶贫攻坚规划及分省实施规划，与行业部门“十二五”规划及当地国民经济与社会发展“十二五”规划相衔接。

（二）范围。片区产业扶贫规划的范围与片区总体规划确定的范围一致。片区外国家扶贫开发工作重点县，产业扶贫规划的编制工作可参照本《指导意见》，由各省（区、市）自行安排。

（三）期限。片区产业扶贫规划的期限与片区区域发展与扶贫攻坚实施规划期限相一致。

三、基本原则

（一）政府主导，市场运作。发挥政府的统筹协调作用，做好与相关规划的衔接，加大产业扶贫资金投入力度，协调行业部门将行业政策向扶贫对象倾斜，动员社会力量参与产业扶贫。遵循市场经济规律，充分发挥市场配置资源的基础性作用，尊重企业、经济合作组织和农户的市场主体地位和经营决策权。

（二）因地制宜，分类指导。主导产业已形成的地区，注重产业基地规模连片，打造全产业链，构建特色支柱产业体系，对扶贫对象实施特惠政策；主导产业正在形成的地区，注重产业发展的配套设施建设，连接带动扶贫对象的组织建设，对扶贫对象实施差别化扶持政策；主导产业尚未形成的地区，注重生计项目建设，大力发展村级互助资金，结合劳务输出、移民搬迁，改善生活条件，提高收入水平。

（三）突出重点，完善机制。认真分析当地产业发育程度和贫困状况，针对突出问题，合理制定产业扶贫发展目标、工作任务和项目建设重点。瞄准建档立卡扶贫对象，完善产业建设项目到户扶持机制，尊重基层和群众对产业扶贫项目的选择。支持各类经济组织探索创新带动扶贫对象的合作机制，采取更具针对性措施，把扶贫对象组织到产业化经营中来。

（四）科技先导，提升能力。注重科技先导作用，积极开展科技成果转化和科技扶贫项目，针对片区主导产业，开发、推广一批使扶贫对象增产增收效果明显的技术措施；加大投入力度，广泛开展扶贫对象围绕产业发展的技能培训，提升扶贫对象的产业参与度，通过扶贫对象使用适用技术，逐步提升扶贫对象脱贫致富的能力。

（五）生态建设，持续发展。实施主体功能区战略，国家禁止开发区域要注重保护和恢复植被，控制水土流失，加强生态修复，实施生态建设工程。国家限制开发区域要积极探索产业生态化、生态产业化的路子，坚持资源永续利用、开发与保护并重。国家重点和优化开发区域要防止过度开发和破坏性开发，坚持资源节约、环境友好，切实转变发展方式，实现贫困地区的持续发展。

（六）防范风险，稳步推进。针对片区灾害多发性和因灾致贫返贫，优先发展避灾减灾产业项目，鼓励农户参加农业保险，建立风险保障机制。针对种养业市场风险较大，基地建设必须产销对路确定品种，根据市场需求确定规模，按照市场规律发展扶贫产业，防止扶贫产业发展大起大落，促进扶贫对象持续增收，产业扶贫稳步推进。

四、产业选择和区域布局

（一）产业选择

把与扶贫关联度高、扶贫对象能够广泛参与的种植业、养殖业、加工业、民族特色传统产业和乡村旅游业作为重点。要与农业、林业、旅游等行业部门制定的“十二五”规划有效衔接，根据贫困村分布和资源状况，选择种、养、加的品种或乡村旅游业的类别。

（二）区域布局

要最大限度覆盖贫困村，产业扶贫项目重点布局在贫困村和扶贫对象相对集中的区域，坚持村为基础，连片规划，循序渐进，逐步形成区域性扶贫特色优势产业。

五、建设内容

以扶贫对象广泛参与的产业发展环节为重点，因地制宜，编制规划建设内容。

（一）产业基地建设。以比较优势资源为依托，传统产业和现代农林业相结合，积极引导土地流转和退耕还林，着重建设种苗（种畜）基地、推广示范基地（区）和种养基地。大力发展林下经济。逐步建立集约化、优质、可持续发展的农林产业和乡村旅游等基地。

（二）配套设施建设。以提升产业发展水平为目标，以完善农林作业路、小水利为重点，围绕产业基地建设，着重解决项目区内农林作业道路、灌溉、现代农林机具、施肥、防害（虫、火）、环保等配套设施建设。

（三）经济合作组织建设。以提高扶贫对象产业参与度为宗旨，着力建设专业合作社、互助资金等组织，专业合作、互助合作和股份合作等形式多种多样的经济合作组织，培育龙头企业，支持农村小微企业、国有林场、种养大户和农村经济人，形成片区产业扶贫的组织体系。

（四）扶贫对象能力建设。以提高扶贫对象参与产业发展能力为目的，以技能培训为手段，围绕生产基地建设所需的生产技能，发挥各行业部门技术力量的优势，整合社会培训力量，组织开展针对性的技能培训。

（五）科技支撑体系建设。以提升扶贫产业科技水平，促进持续发展为目的，支持重大益贫性生产技术的研发，注重建设一批重大增产性技术措施推广服务中心。

六、资金来源和投资规模测算

（一）资金来源

1. 财政资金：包括财政专项扶贫资金、行业部门资金以及地方政府配套资金。中央到省到县的财政专项扶贫资金，原则上应达到“两个 70%”：每个片区县 70% 以上财政专项扶贫资金要集中用于产业发展，其中直接用于支持扶贫对象参与产业发展的资金要争取达到 70%。按《财政专项扶贫资金管理办法》要求，重点用于培育和壮大特色优势产业，提高扶贫对象能力建设，帮助扶贫对象缓解生产性资金短缺困难等方向。行业部门资金和地方政府配套资金按相关要求，主要用于产业基地设施建设及配套设施建设。

2. 信贷资金：包括扶贫贴息贷款和商业银行贷款。主要用于扶贫龙头企业、基地建设、合作经济组织建设等。

3. 群众自筹和投工投劳：包括群众银行贷款和其他渠道筹资，主要用于基地建设相关的小型配套设施。

4. 其他：社会扶贫各项投入。

（二）投资规模的测算方法

财政资金按每年递增 15% 测算，信贷资金按财政资金投资来源的 5 倍测算，群众自筹和社会扶贫资金根据实际情况测定。

七、工作要求和组织领导

（一）程序

1. 做好前期准备。开展有针对性的调查研究、信息收集、项目汇总、典型设计等，广泛动员群众深度参与。在此基础上，制定详细的工作方案，明确工作任务。

2. 起草规划文本。各县要组织扶贫、农业、林业、旅游部门按照《片区产业扶贫规划编写大纲》的要求，按统一的技术标准进行编写，并按统一格式填制统计表。

3. 汇总编制分省规划。在各县完成规划编制的前提下，各省汇总编制本省片区产业扶贫规划，汇总编制过程中，要充分征求发展改革委、财政、金融等部门的意见。

4. 组织论证评估。要组织专家对分省规划进行充分论证，对规划的可行性和贫困影响进行全面的评估。

5. 报送审批备案。规划由省级扶贫开发领导小组审批，报国务院扶贫办、财政部、农业部、国家林业局、国家旅游局备案。

（二）组织领导

1. 成立工作机构。规划编制工作由各级扶贫开发领导小组牵头负责，扶贫办、农业、林业、旅游等部门共同组成工作机构。要建立相对稳定的工作班子，强化部门配合，合力同向推进。

2. 明确任务分工。农业、林业、旅游等相关行业部门要负责涉及本行业的规划编制任务。扶贫办要对选列的扶贫产业进行益贫性分析论证。工作机构要按照扶贫开发领导小组的部署，切实承担起规划的培训、起草、评审等日常工作。

3. 分级组织培训。国务院扶贫办会同农业、林业、旅游等相关行业部门负责组织分片区的培训，各省（区、市）负责对本省片区县开展培训。

行业政策文件

教育部、国家发展改革委、财政部、人力资源社会保障部、国务院扶贫办关于实施面向贫困地区定向招生专项计划的通知

教学〔2012〕2号

各省、自治区、直辖市高校招生委员会、教育厅（教委）、发展改革委、财政厅（局）、人力资源社会保障厅（局）、扶贫办，新疆生产建设兵团教育局、发展改革委、财务局、人力资源社会保障局，有关部门（单位）教育司（局），中央部门所属高等学校：

为贯彻落实中央有关文件精神和《国家中长期教育改革和发展规划纲要（2010—2020年）》，经研究决定，自2012年起，组织实施面向贫困地区定向招生专项计划（以下简称专项计划），即在普通高校招生计划中专门安排适量招生计划，面向集中连片特殊困难地区（以下统称贫困地区）生源，实行定向招生，引导和鼓励学生毕业后回到贫困地区就业创业和服务。现就有关要求通知如下：

一、充分认识实施专项计划的重要意义

党中央、国务院高度重视贫困地区发展，明确要求把集中连片特殊困难地区作为主战场，提高发展能力，缩小发展差距，加大高校对农村特别是贫困地区的定向招生力度。实施专项计划是贯彻落实党中央、国务院关于新阶段扶贫宏观战略部署、促进教育公平的重要举措，是招生制度改革的重要组成部分，也是贫困地区增强自我发展能力的客观需要。各省级教育、发展改革、财政、人力资源社会保障、扶贫等部门，招生考试机构和有关高校要充分认识实施专项计划的重大意义，增强责任感，努力为贫困地区选拔、培养更多的高层次专业人才，特别是应用型、复合型、技能型人才，推动贫困地区经济社会又好又快发展。

二、准确把握专项计划实施目标和工作原则

“十二五”期间，每年在全国招生计划中专门安排1万名左右专项计划，以本科一批招生计划为主。本科计划由中央部门高校和在本科一批招生的地方高校共同承担招生及培养任务，高职计划由国家示范性（含骨干）高等职业学校承担招生及培养任务。通过专项计划的实施，增加贫困地区学生接受高等教育的机会，促进教育公平；引导贫困地区基础教育健康发展，提高教育水平；鼓励学生毕业后回贫困地

区就业创业和服务，为贫困地区发展提供人才和智力支撑。

专项计划实行动态管理，由国家进行总体规划和统一部署，集中组织部分高等教育资源，紧密结合贫困地区经济社会发展对相关专业人才的重点需求，定向招收贫困地区考生。

三、切实做好专项计划招生工作

（一）认真遴选高校，单独编列招生计划。专项计划由国家在全国年度招生计划中安排，纳入高校年度招生规模。教育部及各省级教育行政部门确定承担培养任务的高校。有关省级教育行政部门要商本省（区、市）有关部门，根据本省贫困地区特别是农村经济社会发展需要，以农林、水利、地矿、机械、师范、医学以及其他适农涉农等贫困地区急需专业为主，提出年度分专业计划需求建议。教育部根据需求建议，按贫困地区生源比例等因素安排分省计划数量。有关高校按要求编制分省分专业招生计划。

（二）加强资格审查，确保考生信息真实准确。具有贫困地区户籍和当地高中三年学籍、符合当年普通高校招生统一考试报名条件的学生，均可填报专项计划志愿。有关省（区、市）可根据本省情况制订专项计划具体的报考条件及实施办法。省级招办要会同当地教育、公安部门，采取有效措施加强对考生报考资格的审查，确保考生户籍、学籍真实可信。

（三）规范操作流程，严格录取管理。报考专项计划的考生均须参加当年全国统一考试。专项计划实行单报志愿、单设批次、单独划线，本科计划在本科提前批结束后、本科一批开始前进行投档录取，高职计划在本科批次结束后、高职批次开始前进行投档录取，录取分数原则上不低于招生学校所在批次录取控制分数线。有关省级招办按照高校专项计划120%的比例投档，高校在提档线上依据考生投档总分和专业志愿顺序录取。批次内生源不足时，省级招办可综合平衡本省贫困地区生源分布情况，确定补征志愿的考生条件及录取办法。有关高校按补征考生志愿，从高分到低分顺序录取。按专项计划录取的新生（以下简称专项生）名册，由各有关省级招办按规定寄送招生学校并报本省教育行政部门备案。

（四）加大信息公开，确保公平公正。各有关省级招办、高校和中学要按照高校招生“阳光工程”的要求，加大专项计划的招生政策、招生计划、报考条件、资格名单、录取分数、录取结果等信息的公开、公示力度，确保专项计划组织实施的公平公正、公开透明。

四、积极引导和鼓励专项生毕业后到贫困地区就业服务

（一）有关省（区、市）要根据本省实际情况，制定专项生毕业后回到贫困地区就业创业和服务的政策措施，积极引导

和鼓励专项生毕业后到贫困地区多渠道、多形式就业创业。

（二）专项生入学报到时不迁转户口，户籍暂保留在原户籍所在地，就业报到后可按有关规定迁入工作所在地区。专项生在校学习期间不转学，不转专业，与其他学生同等享受奖助学金政策。

（三）对毕业后到贫困地区就业创业和服务的专项生，按照有关规定享受学费补偿和国家助学贷款代偿等优惠政策。有关省（区、市）要尽快制定或完善相关办法，确保各项优惠政策落实。

五、积极营造实施专项计划的良好社会氛围

各省级教育、发展改革、财政、人力资源社会保障、扶贫等部门要加强统筹协调，认真做好专项计划的各项组织实施工作。要充分发挥各类媒体的积极导向作用，加大对实施专项计划重要意义、政策措施、程序规则的宣传力度，积极营造实施面向贫困地区定向招生专项计划的良好社会氛围。

教育部　国家发展改革委　财政部

人力资源社会保障部　国务院扶贫办

2012 年 3 月 19 日

国家统计局、国家发展改革委、民政部、财政部、国务院扶贫办关于进一步加强农村贫困监测工作的通知

国统字〔2012〕21号

各省（区、市）统计局、发展改革委、民政厅（局）、财政厅（局）、扶贫办，国家统计局各调查总队：

根据《中国农村扶贫开发纲要（2011—2020年）》有关精神，国家统计局、国家发展改革委、民政部、财政部、国务院扶贫办决定进一步加强农村贫困监测工作，并将2011—2020年国家专项贫困监测调查范围从592个国家扶贫开发工作重点县（以下简称国家扶贫重点县），扩大至包括14个连片特困地区。现将有关事项通知如下：

一、充分认识加强贫困监测工作的重要性

贫困监测提供以贫困人口数量、贫困发生率为核心的基础统计信息、分析研究资料和相关政策建议，是扶贫开发工作的重要组成部分。多年来，我国农村贫困监测工作成效显著，收集了大量翔实的统计数据，为科学制定相关政策提供了可靠依据；以数据和事实说话，向全社会和全世界如实反映了中国反贫困斗争的巨大成就。按照《中国农村扶贫开发纲要（2011—2020年）》要求，再接再厉，进一步加强和完善全国农村特别是连片特困地区的贫困监测，做好调查组织、贫困测算、结果发布、分析调研、咨询服务等各项工作，对于准确判断贫困状况和居民收入分配格局、客观评估扶贫成效、科学制定扶贫政策、促进城乡统筹发展、缩小收入差距、推动基本公共服务均等化、确保2011—2020年扶贫纲要目标的实现，具有十分重要的意义。

二、进一步明确贫困监测工作的指导思想、基本原则和主要目标

（一）指导思想

以邓小平理论、“三个代表”重要思想为指导，深入贯彻落实科学发展观，按照《中国农村扶贫开发纲要（2011—2020年）》的要求，以全国农村特别是连片特困地区为主要监测范围，以农村居民和扶贫对象是否稳定解决温饱、实现脱贫致富为主要监测标准，以居民收入、消费、义务教育、基本医疗、住房情况为主要监测内容，进一步完善调查制度，不断规范数据采集、整理、反馈和发布，及时监测农村贫困状况、变化趋势和扶贫成效，客观衡

量连片特困地区收入和基本公共服务与全国平均水平的差距，全面反映转变经济发展方式、增强自我发展能力等方面的进展，为科学决策、推动农村特别是连片特困地区经济社会更好更快发展，提供全面、准确、及时的参考依据。

（二）基本原则

贫困监测工作事关对收入分配格局的判断和扶贫政策的制定，事关贫困人口和连片特困地区的切身利益，任务艰巨、责任重大，必须坚持科学规范、高效适用、实事求是、公开透明的基本原则。要立足国情，充分借鉴国际通用规则，保持与相关政策和制度的协调一致；要有效减轻基层和调查对象负担，积极采用现代信息技术；要坚持独立调查、独立上报；要公开监测方法和监测结果，加强部门信息共享与合作研究。

（三）工作目标

一是了解和掌握全国农村居民收入、消费以及义务教育、基本医疗和住房等情况，摸清农村贫困程度、规模、分布及变化趋势，准确反映城乡之间、地区之间、不同群体之间的收入差距。

二是加强对扶贫政策措施落实情况及效果的监测，加强对连片特困地区与全国农村平均水平在居民收入和公共服务方面差距的监测。

三是掌握连片特困地区的宏观社会经济背景，全面反映连片特困地区中各县的社会经济情况。同时，努力探索通过新方法，加强对分县贫困状况的监测。

四是深入分析、调研致贫因素和制约贫困地区发展的突出问题，及时监测致贫因素的变化，评估宏观发展与专项扶贫的作用，为科学制定相关政策提供参考依据。

五是充分利用监测资料和分析研究结果，加强对国际、国内的宣传工作，让国内外公众及时了解我国的贫困状况和变化，及时了解政府和全社会在消除贫困、改善民生以及缩小收入差距、推动基本公共服务均等化等方面的巨大努力和作用。

三、及时认真完成贫困监测工作的主要任务

（一）扎实做好与贫困监测有关的各项统计调查

改革与完善住户调查。认真扎实做好住户调查，进一步提高全国农村贫困监测工作的基础数据质量，提供符合中国国情的、满足政策需要的、更加准确的、更多分类的农村贫困数据，加强对全国居民收入分配格局的监测。

开展2011—2020年国家农村贫困监测调查。建立2011—2020年国家农村贫困监测调查制度。监测范围从592个国家扶贫重点县，扩大至包括11个连片特困地区的全部县，以及四省藏区、南疆三地州、西藏的各个地州。在上述范围内，建立贫困监测抽样调查网点，原则上11个连片特困地区的县调查10个左右的村，每村抽取10个调查户；四省藏区、南疆三地州、西藏

以现有扶贫重点县和农村住户调查县的网点为基础，确定对地州一级有代表性的样本。各地可根据当地需要，适当扩充调查样本，提高调查精度。在完善调查内容的基础上，继续从县、社区（村）、住户和个人四个层面，采用调查户记账与调查员访问相结合的方式采集数据。按照统一的调查流程和质量控制要求、使用统一的数据处理软件开展贫困监测调查。国家农村贫困监测调查方案将由国家统计局每年另行布置下发。

加强分市县社会经济统计。改进对分市县数据特别是居民收入数据的管理模式，加强整体设计、组织实施、数据共享和质量检查，为连片特困地区的贫困监测提供更加准确的背景资料。努力通过贫困地图等科学方法和技术手段，掌握贫困人口在县及县以下的分布情况。

（二）准确测算更新贫困标准以及贫困人口数量、分布和收入分配差距

按照新纲要“两不愁、三保障”的要求，使用统一的标准和方法，测算全国、分省和连片特困地区（分省）的贫困人口和贫困发生率；测算城乡居民之间、连片特困地区与农村平均水平之间、地区之间以及高低收入组之间的收入差距和基尼系数等。同时，根据基本温饱要求，测算基本温饱人口的数量和分布，为农村低保工作提供参考依据。积极参加有关部门组织的两项制度衔接工作，及时提供咨询服务。

（三）定期发布贫困统计结果和监测报告

全国、分省和连片特困地区贫困统计结果由国家统计局发布。继续以贫困监测部际联席会议制度为平台，及时向有关部门提供贫困监测和政策执行效果的进度性信息。定期出版中国农村贫困监测报告，发布调查结果和分析研究成果，做好对贫困状况和变化数据的分析、研究和解读工作。

四、加强农村贫困监测的组织领导与协调

（一）加强组织协调

国家统计局、国家发展改革委、民政部、财政部、国务院扶贫办等部门共同组织农村贫困监测的重要工作。国家统计局负责各项具体工作。上述部门和其他相关部门及团体共同组成贫困监测部际联席会议，加强组织协调、交流合作和信息共享。各地政府应高度重视贫困监测工作，纳入重要议事日程，根据实际情况给予必要的经费支持。统计调查部门与相关部门要通力合作、共同加强组织领导，建立制度、及时沟通信息、共享监测结果，确保贫困监测工作的顺利开展。

（二）明确工作责任

为保证全国各地监测方法统一、监测结果可比，各省（区、市）农村贫困监测工作，包括分市县贫困监测调查、省定扶贫重点县的贫困监测调查，由国家统计局调查总队负责、会同省（区、市）统计局

共同实施。有国家调查队的县，现场调查工作由县级调查队承担；没有国家调查队的县，由县级统计局或市级调查队承担。所有调查数据由市、县直接上报调查总队审核、汇总。调查总队要及时将贫困监测调查结果提供给省（区、市）统计局，由省（区、市）统计局负责的县（市）社会经济统计数据和抽样框数据也要及时提供给调查总队。在国家统计局未正式反馈、发布国家和分省以及连片特困地区数据前，调查总队和省（区、市）统计局均不得发布本省或分市县贫困监测数据。调查总队和省（区、市）统计局要相互支持，积极配合，加强沟通，共享数据，共同努力做好贫困监测工作。

（三）确保数据质量

各级统计调查部门必须坚持实事求是的原则，强化使命感和职业道德观，明确主管领导，落实调查人员，加强业务学习，提高统计能力。坚决贯彻国家贫困监测方法制度，建立和落实岗位责任制，规范调查流程，加强质量监控，确保调查样本的代表性、原始数据的真实性和上报过程的独立性，并进一步提高监测结果的准确性和客观性。国家统计局将对贫困监测工作进行全过程质量控制和工作考核。

（四）提升服务水平

各级统计调查部门要充分利用贫困监测调查获取的基础资料，积极开展数据分析和咨询服务工作。要及时掌握相关政策和社会经济形势的发展变化，深入研究制约贫困地区发展的突出问题，为制定相关政策提供决策服务，并做好向社会媒体的信息公布、解读和宣传工作。

国家统计局　国家发展改革委

民政部　财政部　国务院扶贫办

2012 年 3 月 19 日

国家民委关于推进武陵山片区创建民族团结进步示范区的实施意见

湖北、湖南、重庆、贵州省（市）民（宗）委，委机关各部门、直属各单位：

《武陵山片区区域发展与扶贫攻坚规划（2011—2020 年）》（以下简称《规划》）明确提出把武陵山片区建设成民族团结模范区的战略目标。为全面贯彻落实《规划》精神，现就推进武陵山片区创建民族团结进步示范区提出以下实施意见。

一、重大意义

武陵山片区包括湖北、湖南、重庆、贵州四省市交界地区的 71 个县（市、区），少数民族人口约占全国少数民族总人口的 1/8，集革命老区、民族地区和贫困地区于一体。

多年来，鄂湘渝黔四省市党委、政府立足于武陵山片区实际，广泛开展民族团结进步创建活动，不断巩固和发展平等团结互助和谐的社会主义民族关系，武陵山片区呈现出各民族团结和睦、共谋发展的良好局面，为在新的起点上实现《规划》提出的把武陵山片区建设成“长江流域重要生态安全屏障区、集中连片特殊困难地区扶贫开发示范区、协作发展创新区、旅游经济示范区、民族团结模范区”（以下简称“五区”）战略目标奠定了坚实基础。推进武陵山片区民族团结进步示范区建设，是进一步实现武陵山片区经济社会全面发展的必然要求，也是实现《规划》战略目标的具体举措。

多年来，党和国家出台了一系列重大举措，推动少数民族和民族地区加快发展。但随着经济社会的发展变革，民族团结进步事业也面临着许多新情况、新问题。不断创新工作方式方法，提升民族工作水平，成为摆在我们面前现实而紧迫的任务。目前，把在武陵山片区大力开展跨行政区域创建民族团结进步示范区活动，作为创新民族工作的具体实践，不断探索总结推动民族工作的好经验、新方法，不仅能更有力地推动武陵山片区各民族和衷共济、和睦相处、和谐发展，也对在全国范围内加强和创新民族工作，推进民族团结进步事业具有重要的现实意义。

二、指导思想、总体目标和基本原则

（一）指导思想

高举中国特色社会主义伟大旗帜，坚持以邓小平理论和“三个代表”重要思想为指导，深入贯彻落实科学发展观，紧紧围绕“共同团结奋斗、共同繁荣发展”的民族工作主题，以构建和谐民族关系为目标，以改善民生为重点，以各种形式创建活动为载体，以创新社会管理为手段，全面推进党和国家民族政策的贯彻落实，坚定地维护民族团结和社会稳定，推动民族团结进步事业创新发展。努力为武陵山片区实现跨越发展、统筹发展、和谐发展和绿色发展营造良好的社会环境。

（二）总体目标

坚持武陵山片区创建民族团结进步示范区建设与《规划》同步实施，深入贯彻落实中央宣传部、中央统战部和国家民委《关于进一步开展民族团结进步创建活动的意见》，广泛深入开展民族团结进步创建活动，建立和完善推进民族团结进步事业体制机制，丰富创建活动内容、手段和方法，着力解决影响民族团结、社会和谐、民生改善等方面存在的突出矛盾和问题，着力提高各族群众的科学文化素养、思想道德素质和法治意识，积极推动社会主义精神文明建设，夯实民族团结进步的政治基础、物质基础、制度基础、思想基础和群众基础，力争使武陵山片区民族团结进步事业的各项基础工作走在全国前列，为全国范围内加强和创新民族工作，推进民族团结进步事业作出示范。

（三）基本原则

坚持围绕中心。要把推进武陵山片区创建民族团结进步示范区活动与本地区、本部门中心工作紧密结合，为中心工作创造团结稳定的环境，推动中心工作顺利进行。通过抓好中心工作，为创建活动提供强大的动力，推动创建活动有效开展。

坚持群众路线。创建活动坚持以人为本、立足基层，为了群众、依靠群众，把改善民生作为示范区建设的着力点，不断提高各族群众的思想道德素质、生产生活水平和健康水平。

坚持统筹联动。要坚持中央各部门之间、鄂湘黔渝四省市之间统筹协调，坚持各级上下统筹互动，形成多渠道、网格化推进武陵山片区创建民族团结进步示范区的工作格局。

坚持因地制宜。武陵山片区尽管地缘相连、文缘相承、商缘相联，但地区、部门、单位间情况不一，必须坚持实事求是的思想路线，因地制宜，分类指导，提高工作的针对性和实效性。

坚持典型引路。结合实际，抓好典型，试点先行，以点带面，不断总结经验，推动整体工作向前发展。

坚持讲求实效。既要讲究形式，使创建活动更加贴近实际、贴近生活、贴近群众，不断增强创建活动的吸引力和感染力，更要重视内容，始终把促进民族团结进步作为出发点和落脚点，推动创建活动扎扎实实地开展，取得实实在在的成效。

三、重点工作任务

《规划》提出的“五区”建设战略目标包括了生态建设、扶贫开发、经济发展、民族团结等几个方面，既相辅相成，又自成体系，都分别制订了专项实施方案。现根据推进武陵山片区创建民族团结进步示范区的指导思想和总体目标，提出以下重点工作任务。

（一）广泛深入开展民族团结进步创建活动

1. 加强民族团结的宣传教育。

一是宣传教育要坚持多层次、普遍深入。特别要重视对各级领导干部和青少年加强党和国家的民族宗教理论政策的宣传教育。不断增强各族干部群众对伟大祖国、中华民族、中华文化以及中国特色社会主义道路的认同，牢固树立“汉族离不开少数民族，少数民族离不开汉族，各少数民族之间也互相离不开”的思想。切实把民族团结教育纳入公民教育全过程，推动党的民族理论政策教育进党校、进行政学院、进教材、进课堂。

二是宣传教育要坚持多措并举，形式多样。要把旗帜鲜明的立场和群众喜闻乐见的形式结合起来，把一般性内容和本地区、本部门、本单位的具体情况结合起来，把阶段性宣传教育和经常性宣传教育结合起来，切实扩大宣传教育的覆盖面和影响力，提高宣传教育的针对性和实效性。

三是加强民族团结进步教育基地建设。不断充实教育基地的内容，充分推动教育基地建设与基层教育科技文化站点相结合，扩大教育基地的影响力和覆盖面。要充分发挥教育基地的作用，通过组织各族群众参观学习，举办专题报告、讲座等方式，开展民族团结进步教育。

2. 组织开展各种形式的专题活动。

一是要普遍开展民族团结进步“进村镇、进社区、进学校、进企事业单位、进机关、进军营”活动，夯实民族团结进步的基础。

二是要利用民族团结宣传月、宣传周、宣传日等活动形式，集中进行民族政策和民族团结的宣传教育。

三是要充分利用少数民族的传统节日开展宣传教育，促进各民族的交流、合作和团结，弘扬各民族优秀的传统文化。

四是要把民族团结进步创建活动有机地融入警民共建、军地共建、对口援建、地企共建、城乡共建、“手拉手”、“一帮一”等活动，夯实民族团结进步的社会基础。

五是要把民族团结进步创建活动纳入精神文明建设全过程，把握时代主题，准确分析民族工作面临的新形势、新问题，有针对性地开展各类专题活动，切实增强专题活动的效果。

3. 加强先进典型培养和宣传。

推动武陵山片区广泛开展创建民族团结进步示范市（县）、示范乡（镇）、示范村（社区）、示范单位和争当民族团结进步模范个人活动。制定民族团结进步示范典型的评选标准和测评指标体系，规范程序，确保示范典型的质量和评选的可操作性，推动示范典型创建活动的制度化、规范化。

大力表彰民族团结进步的先进典型，定期召开民族团结进步表彰大会，同时根据需要组织好各种形式的表彰。受到表彰的民族团结进步模范集体和模范个人，除了授予荣誉称号，还要给予适当的物质奖励。要广泛、深入宣传先进典型的事迹，在全社会形成尊重典型、学习典型、争当典型，自觉维护民族团结的良好氛围。

（二）积极贯彻落实党和国家的民族政策法规

1. 坚持和完善民族区域自治制度。

支持武陵山片区坚持和完善民族区域自治制度，支持民族自治地方依法行使自治权，根据实际完善自治条例和单行条例。要着力解决民族自治地方的突出困难、特殊问题，推进维护民族团结、资源开发、生态补偿、少数民族权益保障、民族文化传承与保护等方面的立法和政策制定，指导少数民族聚居村寨依法订立具有民族特色的村规民约。

从当地实际情况出发，多渠道多形式宣传普及民族法律法规知识，积极开展法律服务，依法管理民族事务，依法协调民族关系。

2. 加强民族乡建设。

指导和支持武陵山片区适时修改完善有关民族乡地方性法规、规章并认真贯彻落实；坚持分类指导，切实加强对民族乡工作的领导；严格贯彻落实民族乡干部配备政策，加强民族干部的选拔培养，切实加强民族乡政权建设。

加大培植特色产业力度，积极探索"一山一策"、"一乡一业"、"一村一品"的发展思路，充分发挥资源优势，着力优化种养特色产业，培植旅游、文化等地方优势产业，进一步加大对扶贫开发、安居工程、整村推进等建设项目的扶持；积极推进民族乡基础设施建设，不断推进民族乡社会事业发展，完善社会保障体系，提高群众生产生活水平。

3. 加大少数民族干部人才培养力度。

支持武陵山片区积极落实党的少数民族干部人才政策，加强少数民族干部人才的培养、选拔和使用力度。要按照增加数量、优化结构、提高素质的要求，进一步加大少数民族干部人才教育培训、交流、挂职锻炼、学习考察的工作力度，不断提高少数民族干部人才的政策水平、整体素质和工作能力。

努力建设一支素质优良、数量充足、结构合理的少数民族后备干部队伍，为推动民族地区发展与稳定提供组织保障。

支持武陵山片区加强乡镇、村（社区）等基层党的组织建设，努力把党的基层组织建设成为带领群众发展生产、加强民族团结、维护社会稳定的战斗堡垒。

充分发挥国家民委派驻武陵山片区联络员的桥梁纽带作用，加强调查研究，提出工作建议，对推进武陵山片区民族团结进步示范区建设的相关工作措施及时跟进并进行绩效评价，不断完善工作内容，确保各项工作措施取得实效。

4. 加强对少数民族流动人口的服务和管理。

指导和帮助武陵山片区积极适应流动人口增多的新情况，认真贯彻落实《城市民族工作条例》和《民族事务服务体系规划（2011—2015 年）》，做好少数民族流动人口权益保障体系建设试点工作，全面建立城镇街道、社区民族工作管理服务机制。

积极搭建社区民族事务管理服务平台，强化城乡社区自治和服务功能，为各族群众提供更多沟通、理解、合作、互助的机会，促进社区不同民族间的交流交往。依法维护少数民族的合法权益，帮助解决少数民族在就业、生活中存在的实际困难。加强城镇少数民族流动人口的服务和管理，引导他们主动融入城镇生活，适应城镇管理。

5. 促进少数民族文化事业繁荣发展。

要扶持武陵山片区实施文化惠民工程，完善民族地区公共文化服务体系。保障运转经费，着力解决群众看书难、看报难、看戏看影视难等问题。要积极开展文化下乡活动、“科普”下乡活动。支持基层开展民族节庆、文化和体育、民族文化进校园活动。加强现代科技对民族传统文化的保护应用，建设民族特色村寨和民族文化广场，扶持各族群众喜闻乐见的文学艺术作品创作，培养民族文化传人和人才，开发民族文化公共产品，促进各民族文化共同发展繁荣。

（三）推动武陵山片区加强和创新社会管理

1. 建立健全组织领导机制。

要认真贯彻落实中央加强和创新社会管理的精神，把促进公平正义、实现民族团结、促进社会和谐作为加强社会管理的重要任务，把创建民族团结进步示范区活动摆在重要位置，制定阶段性计划和长远规划，精心组织实施。

要进一步完善党委领导、政府负责、社会协同、公众参与的创建活动新格局，确保创建活动有效开展；要实行目标责任制，把民族团结进步创建活动作为领导干部考核的重要内容。

要加强民族工作部门建设，进一步加强各级民族工作部门的领导和人员配备，改善办公条件，努力提高武陵山片区民族工作的社会管理科学化水平。

2. 建立健全应急维稳机制。

要进一步加强社会治安综合治理，不断完善矛盾纠纷排查机制，严防发生影响民族团结和社会稳定的突发性、群体性事件。要加快构建源头治理、动态管理和应急处置相结合的社会管理机制，防止和减少社会问题的发生。

要建立完善各类社团、民间组织、非公有制企业参与社会管理和服务的有效机制，发挥其在促进发展、增进团结、抵御渗透、维护稳定等方面的积极作用。要拓宽社情民意表达渠道，完善社会矛盾调节机制，切实维护群众合法权益。

要推动民族工作和公共安全、突发事件应急、社会治安防控等体系建设相结合，加强社会治安综合治理，维护民族团结和社会稳定。

3. 建立健全协调配合机制。

国家民委认真履行作为武陵山片区扶贫攻坚试点工作联系单位的职责，会同中央宣传部、中央统战部加强指导，并积极协调国务院有关部门按照职能分工和具体任务，加大对武陵山片区区域发展的支持力度，在政策制定、资金投入、项目安排等方面提供保障。

要积极推进鄂湘黔渝四省市优势互补、资源共享，完善推进武陵山片区全面发展一体化协调配合机制。推进各地各有关部门继续完善毗邻地区加强民族团结，维护社会稳定的工作机制，建设和谐地缘关系。

4. 建立健全监督检查机制。

国家民委定期协调国务院扶贫办、国家发展改革委等部门，对相关部委和鄂湘黔渝四省市贯彻落实《规划》情况进行监督检查，确保《规划》各项任务落到实处。

积极推动各级党委、政府把创建活动开展情况列入各地区、各部门监督检查的内容，采取专题检查、重点抽查等方式，切实加强监督检查工作，着力解决创建活动中出现的问题和存在的薄弱环节，推动创建活动的健康发展。

5. 建立健全条件保障机制。

民族团结进步示范区建设是一个长期的过程，民族团结进步创建活动是一项经常性工作，需要一定的工作条件。国家民委在推进全国民族团结进步创建活动的总体规划下，适当向武陵山片区倾斜，并率先在武陵山片区开展相关试点工作，给予一定工作经费的支持。

鄂湘黔渝四省市各级民委要重视对民族团结进步创建活动的经费投入，在工作条件等方面给予保障，以确保示范区建设的顺利开展。

四、组织实施

本着试点先行、稳步推进的原则，在武陵山片区试点开展民族团结进步示范单位建设，充分发挥典型的示范带动作用，推动武陵山片区民族团结进步事业。

（一）示范单位类型

主要面向基层，创建民族团结进步创建活动示范县（市、区）、民族团结进步创建活动示范乡（镇）村、民族团结进步创建活动示范社区、民族团结进步创建活动示范学校、民族团结进步创建活动示范企事业单位、民族团结进步创建活动示范团（营、连等）。试点单位在行政区划上不相互包含。

（二）示范单位标准

示范单位要充分体现代表性和典型性，具备以下条件：

1. 创建活动组织领导得力。高度重视民族团结进步创建工作，建立了创建活动领导小组，制定了创建活动的规划和措施，建立和完善了机制体制；把创建活动纳入当地经济社会发展规划及精神文明建设过程；落实了目标责任制，有专人负责创建活动的组织实施，并将创建活动绩效作为相关领导和人员考核的重要内容；建立了监督检查机制，通过督查及时解决创建活动中存在的问题，推动创建活动的开展；开展创建活动的经费和条件得到保障。

2. 创建活动的形式丰富多样并不断创新。采取多种形式开展民族团结宣传教育活动，针对性强，效果明显；从实际情况出发，积极探索切实可行的措施和办法，创造性地开展创建活动，不断丰富创建活动的形式；在有效利用自身资源开展工作的同时，发挥综合协调作用，广泛发动社会力量，共同推进民族团结进步创建活动的开展；创建活动具有区域代表性和特色，对周边地区和相关部门、单位有示范和辐射作用。

3. 创建活动效果显著。把促进各民族团结进步作为创建活动的出发点和落脚点；着力促进经济社会发展，改善民生；促进了各族群众教育、科技、文化卫生等各项事业的发展；坚持开展以社会主义核心价值体系为内容的思想教育，开展以全民科学素质纲要为内容的科学素质教育，提升了当地群众思想道德素质和科学文化素质；深入开展党的民族理论、政策和民族法律法规宣传教育，进行“三个离不开”的思想教育，旗帜鲜明地反对民族分裂主义，维护了民族团结和社会稳定；建立了处置涉及民族因素的矛盾纠纷机制，没有发生涉及民族因素的群体性事件。

（三）组织管理

国家民委负责示范单位的总体规划和指导，适时组织或支持经验交流和培训等活动，扩大示范效应；适时组织对示范单位监测评估，确保示范效果。四省市民族工作部门是示范单位的直接管理单位，要做到统筹安排、积极推动、合理布局；负责辖区内示范单位的申报和检查测评，为示范单位的发展创造有利条件，并积极推广先进经验；有计划地组织开展省、市等各级示范单位的建设，为全国创建活动示范单位的建设工作奠定基础。

国家民委

2012 年 4 月 6 日

教育部等十五部门关于印发《农村义务教育学生营养改善计划实施细则》等五个配套文件的通知

教财〔2012〕2号

各省、自治区、直辖市教育厅（教委）、党委宣传部、发展改革委、监察厅（局）、财政厅（局）、农业厅（局）、卫生厅（局）、审计厅、工商局、质量技术监督局、食品药品监管局、食品安全办、团委、妇联、供销社，新疆生产建设兵团教育局、党委宣传部、发展改革委、监察局、财务局、农业局、卫生局、审计局、工商局、质量技术监督局、食品药品监管局、食品安全办、团委、妇联、供销社：

根据《国务院办公厅关于实施农村义务教育学生营养改善计划的意见》（国办发〔2011〕54号），为进一步规范对农村义务教育学生营养改善计划实施工作的管理，切实有效地改善农村学生营养健康状况，现将《农村义务教育学生营养改善计划实施细则》等五个配套文件印发给你们，请遵照执行。

附件：1. 农村义务教育学生营养改善计划实施细则

2. 农村义务教育学生营养改善计划食品安全保障管理暂行办法

3. 农村义务教育学校食堂管理暂行办法

4. 农村义务教育学生营养改善计划实名制学生信息管理暂行办法

5. 农村义务教育学生营养改善计划信息公开公示暂行办法

中华人民共和国教育部

中国共产党中央委员会宣传部

中华人民共和国国家发展和改革委员会

中华人民共和国监察部

中华人民共和国财政部

中华人民共和国农业部

中华人民共和国卫生部

中华人民共和国审计署

中华人民共和国国家工商行政管理总局

中华人民共和国国家质量监督检验检疫总局

国家食品药品监督管理局

国务院食品安全委员会办公室

中国共产主义青年团中央委员会

中华全国妇女联合会

中华全国供销合作总社

2012年5月23日

附件1

农村义务教育学生营养改善计划实施细则

第一章　总　　则

第一条　为贯彻落实《国务院办公厅关于实施农村义务教育学生营养改善计划的意见》(国办发〔2011〕54号)，指导各地科学有效地实施农村义务教育学生营养改善计划(以下简称营养改善计划)，切实改善农村学生营养状况，提高农村学生健康水平，依照国家有关法律法规和标准规范，特制定本细则。

第二条　本细则适用于实施营养改善计划的试点地区和学校，其他地区和学校可参照实施。

第二章　管理体制和职责分工

第三条　营养改善计划在国务院统一领导下，实行地方为主，分级负责，各部门、各方面协同推进的管理体制，政府起主导作用。

第四条　成立全国农村义务教育学生营养改善计划工作领导小组，统一领导和部署营养改善计划的实施。成员单位由教育部、中宣部、国家发展改革委、公安部、监察部、财政部、农业部、卫生部、审计署、国家工商总局、国家质检总局、国家食品药品监管局、国务院食品安全委员会办公室、共青团中央、全国妇联、全国供销合作总社等部门组成。领导小组办公室设在教育部，简称全国学生营养办，负责营养改善计划实施的日常工作。

第五条　营养改善计划实施主体为地方各级政府。地方各级政府要加强组织领导，主要负责人负总责，分管负责人分工负责。要建立责权一致的工作机制，层层成立领导小组和工作机构，明确工作职责，确保工作落实到位。

(一)省级政府负责统筹组织。统筹制订本地区实施工作方案和推进计划，统筹规划国家试点和地方试点；统筹制定相关管理制度和规范；统筹安排资金，改善就餐条件；统筹监督检查。督促有关食品安全监管部门，组织制订食品安全宣传教育方案，指导开展食品安全宣传教育；组织制订食品安全事故应急预案；统一发布食品安全信息。

(二)市级政府负责协调指导。督促县级政府和有关部门严格履行职责，认真实施营养改善计划，加强工作指导和监督检查。

(三)县级政府是学生营养改善工作的行动主体和责任主体，负责营养改善计划的具体实施。包括制订实施方案和膳食营养指南或食谱，确定供餐模式和供餐内容，建设、改造学校食堂(伙房)，制定工作管理制度，加强监督检查，对食品安全和资金安全负总责，主要负责人负直接责任。

责成有关食品安全监管部门，组织开展食品安全事故应急预案制定及演练和学校食品安全事故调查。

第六条　各有关部门共同参与营养改善计划的组织实施，各司其职，各负其责。

（一）教育部门要把营养改善计划的实施作为贯彻落实教育规划纲要的重要工作，牵头负责营养改善计划的组织实施。会同有关部门做好实施方案，建立健全管理机制和监督机制。会同财政和审计等部门加强资金监管；会同财政、发展改革等部门加强学校食堂建设，改善学校供餐条件。配合有关部门做好食品安全监管，开展食品安全检查；配合卫生部门开展学生营养健康状况监测评估；配合卫生和食品安全等部门开展营养知识与食品安全宣传教育。

（二）财政部门要充分发挥公共财政职能，制定和完善相关政策，切实加大投入，落实专项资金，加强资金监管，提高经费使用效益。

（三）发展改革部门要加大力度支持农村学校改善供餐条件。加强农副产品价格监测、预警和监督检查，推进降低农副产品流通环节税费工作。

（四）农业部门负责对学校定点采购生产基地的食用农产品生产环节质量安全进行监管。鼓励和推动农产品生产企业、农民专业合作经济组织向农村学校供应安全优质食用农产品。从生产技术上指导和支持学校开展农产品种植、养殖等生产实践活动。

（五）工商部门负责供餐企业主体资格的登记和管理，以及食品流通环节的监督管理。

（六）质检部门负责对食品生产加工企业进行监管，查处食品生产加工中的质量问题及违法行为。

（七）卫生部门负责食品安全风险监测与评估、食品安全事故的病人救治、流行病学调查和卫生学处置；对学生营养改善提出指导意见，制定营养知识宣传教育和营养健康状况监测评估方案；在教育部门配合下，开展营养知识宣传教育和营养健康状况监测评估。

（八）食品药品监管部门负责餐饮服务食品安全监管，会同教育、农业、质检、工商等部门制定不同供餐模式的准入办法，与学校、供餐企业和托餐家庭（个人）签订食品安全责任书，安排专人负责，加强对食品原料采购、贮存、加工、餐用具清洗消毒、设施设备维护等环节的业务指导和监督管理。组织开展餐饮服务食品安全监督检查、食品安全知识培训。协助查处餐饮服务环节食品安全事故。

（九）食品安全议事协调机构的办事机构负责食品安全保障工作的综合协调。

（十）监察部门负责对地方各级政府和有关部门及其工作人员在营养改善计划实施过程中履行职责情况进行监督检查，查处违法违规行为。

（十一）审计部门负责对营养改善计划资金使用的真实性、合法性及其效益进行审计和审计调查，保证资金安全。

（十二）宣传部门负责新闻宣传，引导各级各类新闻媒体，全面、客观地反映营养改善计划实施情况，营造良好舆论氛围。

（十三）供销部门要发挥供销合作社网络优势，在食品供销方面要加强产销衔接，减少流通环节，降低流通成本，提高流通效率；推动大型连锁超市以及农民专业合作社、生产基地、专业大户等直接与学校建立采购关系，形成高效、畅通、安全、有序的食品供给体系。

第七条　学校负责具体组织实施，实行校长负责制。重点做好食堂管理，保证校园食品安全，组织和管理学生就餐。开展对学生及家长的营养与食品安全知识宣传教育。建立由学生代表、家长代表、教师代表等组成的膳食委员会，充分发挥其在确定供餐模式、供餐单位、配餐食谱和日常监督管理等方面的作用。

第八条　鼓励共青团、妇联等人民团体，居民委员会、村民委员会等有关基层组织，以及企业、基金会、慈善机构等，在地方政府统筹下，积极参与学生营养改善工作，在营养与食品安全知识宣传、改善就餐条件、创新供餐方式、加强社会监督等方面发挥积极作用。

第九条　地方各级政府和有关部门要高度重视营养改善计划的宣传工作，做好宣传方案，采取多种形式，向全社会准确、深入宣传有关政策，努力营造全社会共同支持、共同监督和共同推进的良好氛围。

第十条　试点县和学校要在营养食谱、原料供应、供餐模式、食品安全、监管体系、营养宣传教育等方面积极探索、及时总结，为稳步推进营养改善计划积累经验，发挥示范和辐射作用。

第十一条　建立工作机制。

（一）实行主要领导负责制。将营养改善计划实施情况纳入地方各级政府工作绩效评价体系，明确地方各级政府主要领导是营养改善计划实施的第一责任人，对本行政区域营养改善计划实施工作负领导责任；分管营养改善计划的负责人是直接责任人，其他负责人对分管的工作负管理责任。

（二）实行目标责任制。地方各级政府、部门、学校和有关企业（个人）之间层层签订目标责任书，并按照目标责任书的要求进行考核评估。根据考评结果，对未能切实履行责任的，限期纠正，必要时暂停拨付相关专项经费；对工作组织得力、任务完成较好的，予以表彰或给予奖励性补助。

（三）建立工作通报制度。全国学生营养办定期编发工作简（通）报，每月通报工作进展情况，宣传好的经验与做法，反映普遍性问题，加强对营养改善计划实施工作的指导和督办。各省、市、县学生营养办定期以工作简报、工作报告等形式逐级反映和上报本地营养改善计划实施情况。

（四）建立信息公开制度。地方各级政府应明确规定信息公开的内容、方式，保证信息公开的公正、公平、便民和及时、准确；采取多种方式，及时将工作方案、实施进展、运行结果向社会公示；督促供餐单位和个人定期公布配餐食谱、数量和价格，严禁克扣和浪费。

第十二条　试点地区以县为单位制定具体实施方案，经省级政府汇总审核后，报教育部、财政部备案。

第三章　供餐内容与模式

第十三条　试点县和学校根据地方特点，按照安全、营养、卫生的标准，因地制宜确定适合当地学生的供餐内容。

（一）供餐形式。以完整的午餐为主，无法提供午餐的学校可以选择加餐或课间餐。

（二）供餐食品。必须符合有关食品安全标准和营养要求，确保食品新鲜安全。供餐食品特别是加餐应以提供肉、蛋、奶、蔬菜、水果等食物为主，不得以保健品、含乳饮料等替代。有条件的学校可适度开展勤工俭学，补充食品原料供应。

（三）供餐食谱。参照有关营养标准，结合学生营养健康状况、当地饮食习惯和食物实际供应情况，科学制定供餐食谱，做到搭配合理、营养均衡。

第十四条　试点县和学校根据不同情况，确定供餐模式，以学校食堂供餐为主，企业（单位）供餐模式为辅。对一些偏远地区暂时不具备食堂供餐和企业（单位）供餐条件的学校和教学点，可实行家庭（个人）托餐。

（一）学校食堂供餐。由学校食堂为学生提供就餐服务。

（二）企业（单位）供餐。向具备资质的餐饮企业、单位集体食堂购买供餐服务。

（三）家庭（个人）托餐。由学校附近家庭或个人，在严格规范准入的前提下，承担学生就餐服务。

试点地区应加快学校食堂（伙房）建设与改造，在一定过渡期内，逐步以学校食堂供餐替代校外供餐。具体过渡期由省级政府统筹确定。

第十五条　营养改善计划实行供餐准入机制。

（一）学校食堂在取得餐饮服务许可证后方可为学生供餐；供餐企业（单位）必须在取得餐饮服务许可证并经相关部门审核后方可为学生供餐；托餐家庭（个人）必须符合准入要求并经相关部门审核后方可供餐。地方政府应为托餐家庭（个人）改善供餐条件提供必要支持。

供餐企业（单位）、托餐家庭（个人）具体准入办法由省级食品药品监管部门会同教育、质检、工商等部门制定。同时应结合实际，定期进行修订。

（二）县级政府组织招标，确定纳入营养改善计划的供餐企业（单位）、托餐家庭（个人）推荐名单，并向社会公示，供学校选择和社会监督。不具备准入要求的，严禁参与招标。

（三）采取校外供餐的学校要将食品安全作为首要条件，在县级政府确定的推荐名单中进行选择。

第十六条　实行供餐退出机制。

对企业（单位）供餐、家庭（个人）托餐实行退出机制。凡出现下列情况之一者，停止供餐资格。

（一）违反食品安全法律法规，被食品药品监管部门吊销或注销餐饮服务许可证的；违反相关法律法规，被登记机关吊销营业执照的。

（二）发生食品安全事故的，包括已供餐或已纳入营养改善计划推荐名单但未实施供餐的供餐企业（单位）、托餐家庭（个人）。

（三）食品药品监管部门日常监督检查中发现存在采购加工《食品安全法》禁止生产经营的食品、使用非食用物质及滥用食品添加剂、降低食品安全保障条件等食品安全问题，经整改仍达不到要求的。

（四）出现降低供餐质量标准、随意变更供餐食谱、擅自更换履约人等其他违反法律法规或合同（协议）的行为的。

（五）供餐期间存在克扣、减量、延时、拒绝供餐或服务态度恶劣等行为，情节较为严重的。

（六）在学校膳食委员会组织的测评中，两次不合格的。

具体退出办法由省级食品药品监管部门、教育部门会同有关部门制订。

第十七条　科学指导营养供餐。

（一）县级以上政府成立学生营养指导专家组。制定膳食营养指南或食谱，指导试点县、试点学校、供餐企业（单位）、托餐家庭（个人）科学合理供餐。组织开展学生营养状况监测与评估。制定营养宣传教育指南，指导学校及社会进行营养科普宣传。

（二）试点县和学校应结合学生营养状况，根据专家组制定的膳食营养指南或带量食谱，选择肉、蛋、奶和其他营养价值较高的食品作为主要供餐内容，建立定时、定量供给制度，保证学生充足的能量和营养摄入。

第十八条　加强营养知识宣传教育。

（一）充分利用各种宣传教育形式，向学生、家长、教师、学校管理人员和供餐人员普及科学营养知识，提高全社会对学生营养改善工作重要性的认识，培养科学的营养观念，促进科学合理供餐。

（二）严格落实国家教学计划规定的健康教育时间，对学生进行营养知识宣传教育，建立健康的饮食行为模式，引导学生拒绝食用不健康食品，使广大学生能够利用营养知识终身受益。

第十九条　建立学生营养健康状况监测与评估制度。

试点县要按照国家制定的监测评估方案，确定一定数量的学校作为学生营养健康状况监测点，每年至少开展一次学生营养健康状况常规监测与评估。在常规监测的基础上，每年对部分试点地区和学校开展重点监测，及时跟踪了解学生营养改善情况，为学生营养改善工作提供科学依据。

第四章　食堂建设和管理

第二十条　改善学校食堂就餐条件。

（一）各地应结合当地社会经济发展规划和教育事业发展规划，在摸清底数的基础上，统筹制定学校食堂建设规划，分期实施，逐步达标。

（二）各地要统筹安排农村中小学校舍维修改造长效机制资金和中西部农村初中校舍改造工程项目，将学生食堂列为重点建设内容，使其达到餐饮服务许可的标准和要求。

中央财政在农村义务教育薄弱学校改造计划中专门安排食堂建设资金，对中西部地区农村学校改善就餐条件进行补助，并向国家试点地区适当倾斜。

（三）地方政府负责学校食堂建设及饮水、电力设施改造，厨具、餐具、清洗消毒设备配置等基础条件的改善，使其达到餐饮服务许可的标准和要求。

（四）学校食堂建设要本着“节俭、安全、卫生、实用”的原则，严禁超标准建设。规模较小学校，可以根据实际，利用闲置校舍改造食堂（伙房）、配备相关设施设备，为学生就餐提供基本条件。尊重少数民族饮食习惯，有清真餐需求的学校应设立清真灶。

（五）学校食堂（伙房）建设（改造）方案应经食品药品监管部门审核后方可实施，避免建成后不符合餐饮服务许可要求。食品药品监管部门应对学校食堂建设进行餐饮安全指导。

第二十一条　重视学校食堂管理。

（一）地方各级教育部门应会同有关部门，加强对学校食堂工作的指导和监督。在考核学校工作时，将食堂管理作为重要指标。

（二）学校应加强对食堂工作的领导与管理，建立健全覆盖各个环节的规章制度，实行校长负责制，配备专职或兼职食品安全管理员。应充分发挥膳食委员会在配餐食谱、食堂管理和检查评议等方面的作用。

（三）地方政府要根据当地实际为农村学校食堂配备合格工作人员并妥善解决待遇和专业培训等问题。从业人员不足的，应优先从富余教师中转岗，也可以采取购买公益性岗位的方式从社会公开招聘。人员招聘按照“省定标准、县级聘用、学校使用”的原则进行。从业人员必须具备相关条件，每年进行健康检查，定期接受业务技能培训。

（四）学校食堂应以服务师生为宗旨，按照“公益性、非营利性”的原则，合理确定伙食费标准和配餐方案，并报县级教育、卫生、价格管理部门备案。

（五）学校食堂一般应由学校自主经营，统一管理，封闭运营，不得对外承包。已承包的，合同期满，立即收回；合同期未满的，给予一定的过渡期，由学校收回管理。由社会投资建设、管理的学校食堂，经当地政府与投资者充分协商取得一致后，可由政府购买收回，交学校管理。

第二十二条　加强学校食堂财务管理。

（一）学校食堂实行专账核算。要加强收支管理、成本核算和票据管理，加强内控监督，确保资金使用安全、规范和有效。

（二）学校食堂结余款项滚动使用，统一用于改善学生伙食，不得用于学校教职工福利、奖金、津贴等支出或挪作他用。

（三）学校食堂实行财务公开，自觉接受学生、家长和膳食委员会的监督。学校食堂每学期期末应将食堂收支情况全面结算，结果向学校师生和家长公开，同时报送县级学生营养办备案。

第五章　食品质量与安全

第二十三条　试点地区应严格遵循食品安全法律法规，建立完善食品安全保障机制，落实食品安全保障措施。试点县要指定专门机构、落实专门人员负责营养改善计划的食品安全工作。

第二十四条　试点地区应坚持安全第一、稳步推进的原则，组织职能部门，对所辖学校供餐条件进行食品安全风险评估，按照评估情况，安排所辖学校分期分批实施营养改善计划。

凡供餐条件不能满足食品安全要求的学校，暂缓实施营养改善计划。

第二十五条　学校食堂、供餐企业（单位）、托餐家庭（个人）必须依法经营，建立健全食品安全管理制度，规范食品采购、贮存、加工、留样、配送等环节的管理。

（一）食品采购。建立大宗食品及原辅材料招标制度，凡进入营养改善计划的米、面、油、蛋、奶等大宗食品及原辅材料要通过公开招标、集中采购、定点采购的方式确定供货商。建立食品采购索证索票、进货查验和供货商评议制度，不得采购不合格食品。

（二）食品贮存。食品贮存场所要符合卫生安全标准，配备必要的食品储藏保鲜设施；建立健全食品出入库管理制度和库存盘点制度；食品贮存应当分类、分架，安全管理；遵循先进先出的原则，及时清理销毁变质和过期的食品。

（三）食品烹饪。需要熟制烹饪的食品应烧熟煮透，其烹饪时食品中心温度应不低于 70℃。严禁使用非食用物质加工制作食品。食品添加剂的使用应符合有关规定，严禁超范围、超剂量使用。

（四）食品留样。每餐次的食品成品必须留样。留样食品应按品种分别盛放于清洗消毒后的密闭专用容器内，并放置于专用冷藏设施中冷藏 48 小时。

（五）食品配送。供餐企业（单位）必须具备送餐条件和资质。送餐车辆及用具必须清洁卫生。运输过程中食品的中心温度应保持在 60℃以上。

第二十六条　实行学校负责人陪餐制度。学校负责人应轮流陪餐（餐费自理），做好陪餐记录，及时发现和解决营养供餐过程中存在的问题和困难，总结和推广好的经验和做法。

第二十七条　食品安全培训。

县级有关部门要定期组织食品安全专

家通过现场指导、培训等多种形式，增强学校、供餐企业（单位）、托餐家庭（个人）食品安全意识，强化食品安全管理措施，提高应对食品安全事故的能力。有条件的试点县，可将涉及营养改善计划的食品供货商等一并纳入培训。

第二十八条　完善食品安全事故应急处理机制。

逐级逐校制定详细的应急预案，明确突发情况下的应急措施，细化事故信息报告、人员救治、危害控制、事故调查、善后处理、舆情应对等具体工作方案，并定期组织演练。

第六章　资金使用与管理

第二十九条　资金安排。

（一）国家试点地区营养膳食补助按照国家规定的标准核定，所需资金由中央财政专项资金支持。

（二）鼓励有条件的地方在国家试点地区以外开展营养改善计划地方试点工作（以下简称地方试点）。地方试点应当以贫困地区、民族地区、边疆地区、革命老区等为重点，所需资金由地方财政统筹安排。

对地方试点工作开展较好并取得一定成效的省份，中央财政根据经费投入、组织管理、实施效果等情况给予奖励性补助。

（三）在实施营养改善计划的同时，继续落实好农村义务教育家庭经济困难寄宿生生活费补助（简称“一补”）政策，不得用中央专项资金抵减“一补”资金。

（四）鼓励企业、基金会、慈善机构等捐资捐助，在地方政府统筹下，积极开展营养改善工作，并按规定享受税费减免优惠政策。

第三十条　资金拨付。

省级财政部门应于收到中央专项资金预算文件25个工作日内，将预算分解到县。将营养改善计划专项资金纳入国库管理，实行分账核算，按照财政国库管理制度有关规定及时支付。

第三十一条　资金使用。

中央专项资金要全额用于为学生提供营养膳食，补助学生用餐，不得以现金形式直接发放给学生个人和家长。中央专项资金结余滚动用于下一年度学生营养改善计划。

营养改善计划专项资金应专款专用，严禁克扣、截留、挤占和挪用。

第三十二条　资金监管。

（一）财政部门应将专项资金管理使用情况列入重点监督检查范围。教育部门应当将专项资金的使用管理纳入教育督导的重要内容，定期进行督导。

各学校要建立健全内部控制制度，强化内部监管，主动接受审计部门的监督。

（二）各地应结合现有学籍管理平台，建立营养膳食补助实名制学生信息管理系统，对学生人数、补助标准、受益人数等情况进行动态监控，严防套取、冒领资金。

（三）各地要定期公布学生营养改善计划资金总量、学校名单及受益学生人数等信息。试点学校、供餐企业（单位）和托餐家庭（个人）应定期公布经费账目、配餐标准、带量食谱，以及用餐学生名单等信息，接受学生、家长和社会监督。

第七章 监督检查和责任追究

第三十三条 各级政府和有关部门按照职责分工，实行国家重点督查、省市定期巡查、县级经常自查，一级抓一级，层层抓落实，促进营养改善计划实施公开透明、廉洁运作。

地方各级政府要建立问责制度，制定专门的监督检查办法，对营养改善计划的实施进行全过程监督。

第三十四条 监督检查方式。

采用日常监督检查与专项监督检查相结合、内部监督检查与外部监督检查相结合等方式，进行全过程、全方位、常态化监督检查。

（一）日常监督。各有关部门和学校对本系统（单位）履行工作职责情况进行监督检查。教育督导部门要把营养改善计划实施情况作为重要工作内容定期督导；审计部门对资金管理使用情况进行审计监督；监察部门对有关职能部门履行工作职责情况进行监督。

（二）专项监督。在各级政府的领导下，由各级学生营养办牵头，组织相关部门对营养改善计划实施情况进行定期或不定期的重点督查及专项检查。

（三）人大政协监督。地方各级政府要主动将营养改善计划实施情况向同级人大、政协报告，接受监督。

（四）社会监督。各地应成立学生、家长、教师代表和社会各界代表共同组成的监督小组，设置举报电话和公众意见箱，广泛接受社会监督。

第三十五条 监督检查重点。

监督检查的重点是食品安全、资金安全和职责履行，主要内容包括：

（一）食品安全。

1. 是否建立和实施供餐准入和退出机制。

2. 供餐单位是否办理餐饮服务许可证。

3. 供餐单位餐饮服务从业人员是否具有健康证明，是否按要求接受相关培训。

4. 大宗食品及原辅材料的供货商是否通过公开招标、集中采购、定点采购的方式确定，程序是否合规合法。

5. 食品采购、贮存、加工、供应等环节是否符合有关法律法规和标准。

6. 学校选定的供餐模式是否科学，食物搭配是否合理，供餐食品是否满足营养需求，是否建立营养监测与评估制度。

7. 是否制定食品安全事故应急预案，是否发生食品安全事故，事故发生后是否及时有效处理，相关单位和人员责任是否追究到位。

（二）资金安全。

1. 年度预算是否及时下达，资金拨付是否符合财政国库管理有关规定。

2. 是否专款专用，是否存在截留、滞留、挤占、挪用、套取、虚报、冒领等问题。

3. 是否出现虚列支出、白条抵账、虚假会计凭证和大额现金支付等情况。

4. 纳入政府采购范围的项目是否符合程序。

5. 结余资金是否按规定使用与管理。

6. 食堂聘用人员工资、设备设施购置等费用是否纳入当地财政预算，是否挤占学校公用经费。

7. 是否按规定落实有关税费减免优惠政策。

（三）职责履行。

1. 政府主导作用是否得到落实。

2. 相关职能部门是否严格履行工作职责，监督管理是否规范。

3. 是否成立营养改善计划领导小组和工作机构，是否有专门人员负责日常工作，是否有必要的办公条件和工作经费。

4. 是否建立健全相关工作机制，领导小组成员单位之间有无推诿扯皮现象。

5. 各项规章制度是否健全，是否制定了本地监督管理办法，是否有效执行。

6. 对营养改善计划执行情况是否定期进行跟踪督导、检查。

7. 营养改善计划实施过程中出现的问题是否及时、有效整改，相关人员的责任是否追究到位。

第三十六条　处理与责任追究。

对地方各级政府和有关部门及其工作人员在实施营养改善计划过程中的违法违纪行为，依照有关规定追究责任；涉嫌犯罪的移交司法机关依法处理。

第八章　附　　则

第三十七条　各地可依据本细则制定具体实施办法。在营养改善计划实施过程中涉及的有关困难和问题，由各级学生营养办协调有关部门，依照相关法律法规解决。本级学生营养办无法解决的重大问题，逐级上报。

第三十八条　本细则由教育部、中宣部、国家发展改革委、监察部、财政部、农业部、卫生部、审计署、国家工商总局、国家质检总局、国家食品药品监管局、国务院食品安全委员会办公室、共青团中央、全国妇联、全国供销合作总社负责解释。

第三十九条　本细则自印发之日起施行。

附件 2

农村义务教育学生营养改善计划食品安全保障管理暂行办法

第一章 总 则

第一条 为贯彻落实《国务院办公厅关于实施农村义务教育学生营养改善计划的意见》（国办发〔2011〕54 号）要求，加强和规范农村义务教育学生营养改善计划（以下简称营养改善计划）实施过程中的食品安全管理，保障学生饮食安全，特制定本办法。

第二条 本办法依据《中华人民共和国食品安全法》及其实施条例、《突发公共卫生事件应急条例》、《国家食品安全事故应急预案》等相关法律法规制定。

第三条 本办法适用于实施营养改善计划的试点地区和学校，其他地区和学校可参照执行。

第二章 组织领导和职责分工

第四条 营养改善计划实施过程中的食品安全管理按照“政府负责、部门协同，分级管理、以县为主”的原则，建立各司其职、各负其责、密切配合、齐抓共管的工作机制。

（一）地方各级政府要加强食品安全工作的组织领导，建立权责一致、全程监管的食品安全保障机制。

省级政府领导和统筹管理本行政区域食品安全工作。制定食品安全保障办法。督促有关食品安全监管部门，组织制定食品安全宣传教育方案，指导开展食品安全宣传教育；组织制定食品安全事故应急预案；统一发布食品安全信息。督促各有关部门依法履行食品安全监管职责，督促试点地区建立并落实食品安全保障制度和措施。统筹制定学校食堂建设规划，改善学生就餐条件。

市级政府负责协调指导食品安全管理工作。加强监督检查，督促县级政府和各有关食品安全监管部门严格履行食品安全监管职责。

县级政府是食品安全工作的行动主体和责任主体。负责制订食品安全保障实施方案。确定不同类型学校的供餐模式，制订企业（单位）供餐、家庭（个人）托餐等校外供餐招投标办法并组织招标工作。指定专门机构、落实专门人员负责食品安全工作。加强监督检查，督促各有关部门依法履行食品安全监管职责。责成有关食品安全监管部门，组织开展食品安全事故应急预案制定及演练和学校食品安全事故调查。

（二）各监管部门要依法履行食品安全监管职责，确保生产、采购、贮存、加工、供应等关键环节安全可控。

1. 食品安全议事协调机构的办事机构负责食品安全保障工作的综合协调。

2. 农业部门负责对学校定点采购生产基地的食用农产品生产环节质量安全进行监管。

3. 工商部门负责供餐企业主体资格的登记和管理，以及食品流通环节的监督管理。

4. 质检部门负责对食品生产加工企业进行监管，查处食品生产加工中的质量问题及违法行为。

5. 卫生部门负责食品安全风险监测与评估、食品安全事故的病人救治、流行病学调查和卫生学处置。

6. 食品药品监管部门负责餐饮服务食品安全监管，会同教育、农业、质检、工商等部门制定不同供餐模式的准入办法，与学校、供餐企业和托餐家庭（个人）签订食品安全责任书，安排专人负责，加强对食品原料采购、贮存、加工、餐用具清洗消毒、设施设备维护等环节的业务指导和监督管理。组织开展餐饮服务食品安全监督检查、食品安全知识培训。协助查处餐饮服务环节食品安全事故。

7. 教育部门负责学校食品安全管理。督促学校建立健全食品安全管理制度，落实食品安全保障措施，开展食品安全宣传教育。按照规定开展学校食堂食品安全日常自查。配合食品药品监管等部门与学校、供餐企业（单位）和托餐（家庭）个人签订食品安全责任书，并进行食品安全检查。

8. 其他相关部门按照各自职责协助做好食品安全保障工作。

第五条　学校食品安全实行校长负责制。建立健全并落实食品安全管理制度。在食品安全监管部门的指导下，制定食品安全事故应急预案，定期开展演练。不具备食堂供餐条件的学校必须从县级政府纳入营养改善计划的供餐企业（单位）、托餐家庭（个人）推荐名单中选择供餐单位，并签订供餐合同（协议），明确双方的权利和义务。要充分发挥由学生、家长、教师等代表组成的膳食委员会在确定供餐模式、供餐单位、配餐食谱和食品安全监督管理等方面的作用。

第六条　供餐企业（单位）、托餐家庭（个人）必须严格自律，依法经营，建立健全食品安全管理制度，做好食品采购、贮存、加工、供应等环节的安全管理，接受社会监督。

第七条　鼓励社会参与。鼓励共青团、妇联等人民团体，居民委员会、村民委员会等有关基层组织，以及企业、基金会、慈善机构等，在地方政府统筹下，积极参与农村义务教育学生营养改善工作，在食品安全知识宣传、改善就餐条件、加强社会监督等方面发挥积极作用。

第三章　供餐准入及退出管理

第八条　实行供餐准入机制。

（一）学校食堂准入管理。

学校食堂（伙房）必须在办理餐饮服务许可证后方可为学生供餐。学校食堂建设与设施设备配备应当符合《餐饮服务许可管理办法》和《餐饮服务许可审查规范》规定的相关要求。学校食堂准入的基本要求如下：

具有与制作供应的食品品种、数量相适应的食品原料处理和食品烹饪、贮存等场所，保持该场所环境整洁，并与有毒、有害场所以及其他污染源保持规定的距离；

具有与制作供应的食品品种、数量相适应的经营设备或者设施，有相应的消毒、更衣、洗手、采光、照明、通风、冷冻冷藏、防尘、防蝇、防鼠、防虫、洗涤以及处理废水、存放垃圾和废弃物的设备或者设施；

具有合理的布局和加工流程，防止待加工食品与直接入口食品、原料与成品交叉污染，避免食品接触有毒物、不洁物；

具有经食品安全培训、符合相关条件的食品安全管理人员，以及与本单位实际相适应的保证食品安全的规章制度。

（二）供餐企业（单位）准入管理。

1. 供餐企业（单位）必须在办理餐饮服务许可证并经相关部门审核后方可为学生供餐。具体准入办法由省级食品药品监管部门会同教育部门等有关职能部门制订。

2. 供餐企业（单位）必须具有送餐资质和条件。配送条件应当符合食品操作规范的相关规定。

3. 供餐企业（单位）供餐人数不得超出其供餐能力。

（三）托餐家庭（个人）准入管理。

1. 托餐家庭（个人）必须符合准入要求并经相关部门审核后方可供餐。具体准入办法由省级食品药品监管部门会同教育部门等有关职能部门制订。

2. 托餐家庭（个人）应当具备餐饮安全的基本条件，场所应当清洁卫生，服务人员应当具有健康证明，接受食品安全培训，加工过程应做到生熟分开，严防交叉污染，具备清洗消毒条件。

3. 托餐家庭（个人）供餐人数不得超出其供餐能力。

4. 托餐家庭（个人）不得提供送餐服务。

5. 地方政府应为托餐家庭（个人）改善供餐条件提供相应支持。

（四）县级政府通过招标确定纳入营养改善计划的供餐企业（单位）、托餐家庭（个人）推荐名单，并向社会公示，供学校选择和社会监督。要严格审核供餐企业（单位）、托餐家庭（个人）的资质，不具备相应资质的，严禁从事营养改善计划的供餐、托餐服务。

（五）选择校外供餐服务的学校要将食品安全作为首要条件。不得选择未纳入营养改善计划推荐名单的供餐企业（单位）、托餐家庭（个人）提供供餐服务。

第九条　实行供餐退出机制。

对企业（单位）供餐、家庭（个人）托餐等校外供餐实行退出机制。出现下列情况之一者，由县级政府停止其供餐资格。

1. 供餐企业（单位）违反食品安全法

律法规被食品药品监管部门吊销或注销餐饮服务许可证。

2. 发生食品安全事故者，包括已供餐或已纳入营养改善计划推荐名单但尚未实施供餐的供餐企业（单位）、托餐家庭（个人）。

3. 食品药品监管部门在监督检查中发现存在采购加工《食品安全法》禁止生产经营的食品、使用非食用物质及滥用食品添加剂、降低食品安全保障条件等食品安全问题，经整改仍达不到要求的。

4. 出现其他违反法律法规及有关规定的行为。

具体退出办法由省级食品药品监管部门、教育部门会同有关部门制订。

第四章　食品安全管理

第十条　制度建设与管理。

（一）学校、供餐企业（单位）、托餐家庭（个人）应当建立健全食品安全管理制度，配备专职或兼职食品安全管理员。食品安全管理制度主要包括：从业人员健康管理和培训制度，从业人员每日晨检制度，加工经营场所及设施设备清洁、消毒和维修保养制度，食品（原料）、食品添加剂、食品相关产品采购索证索票、进货查验和台账记录制度，食品贮存、加工、供应管理制度，食品安全事故应急预案以及食品药品监管部门规定的其他制度。

（二）学校食堂由学校自主经营，统一管理，封闭运营，不得对外承包。已承包的，合同期满，立即收回；合同期未满，给予一定的过渡期，由学校收回管理。由社会投资建设、管理的学校食堂，经当地政府与投资者充分协商取得一致后，可由政府购买收回，交学校管理。

第十一条　从业人员卫生管理要求

（一）餐饮服务从业人员（包括临时工作人员）每年必须进行健康检查，取得有效的健康合格证明后方可从事餐饮服务。凡患有痢疾、伤寒、甲型病毒性肝炎、戊型病毒性肝炎等消化道传染病，以及患有活动性肺结核、化脓性或者渗出性皮肤病等有碍食品安全疾病的，不得从事接触直接入口食品的工作。

（二）从业人员必须定期参加有关部门和单位组织的食品安全培训，增强食品安全意识，提高食品安全操作技能。

（三）实行每日晨检制度。发现有发热、腹泻、皮肤伤口或感染、咽部炎症等有碍食品安全病症的人员，应立即离开工作岗位，待查明原因并将有碍食品安全的病症治愈后，方可重新上岗。

（四）从业人员要有良好的个人卫生习惯。必须做到：工作前、处理食品原料后、便后用肥皂及流动清水洗手；接触直接入口食品之前应洗手消毒；穿戴清洁的工作衣、帽，并把头发置于帽内；不得留长指甲、涂指甲油、戴戒指加工食品；不得在食品加工和销售场所内吸烟。

第十二条　食品采购。

从食品生产单位、批发市场等采购的，严格执行《餐饮服务食品采购索证索票管理规定》，应当查验、索取并留存供货者的相关许可证和产品合格证明等文件；从固定供货商或者供货基地采购的，应当查验、索取并留存供货商或者供货基地的资质证明、每笔供货清单等；从超市、农贸市场、个体工商户等采购的，应当索取并留存采购清单。

第十三条　食品贮存。

食品贮存场所应符合卫生安全标准。食品和非食品库房应分开设置，配置良好的通风、防潮、防鼠等设施，配备必要的食品储藏保鲜设施。

建立健全食品出入库管理制度和收发登记制度。遵循先进先出的原则，及时清理销毁变质和过期的食品。

食品贮存应当分类、分架，安全管理。采购的食品以及待加工的食品应按照食品标签要求进行保存，需要冷藏的要及时进行冷藏贮存；熟制品、半成品与食品原料应分开存放，并明显标识，防止交叉污染；不得接触有毒物、不洁物。

第十四条　食品加工。

加工过程应认真执行《餐饮服务食品安全操作规范》。需要熟制烹饪的食品应烧熟煮透，其烹饪时食品中心温度应不低于70℃。

不得向学生提供腐败变质或者感官性状异常，可能影响学生健康的食物；不得制售冷荤凉菜、四季豆等高风险食品。

严格按照规定使用食品添加剂。严禁超范围、超剂量使用食品添加剂，不得采购、贮存、使用亚硝酸盐。严禁使用非食用物质加工制作食品。

第十五条　食品留样。

每餐次的食品成品必须留样，并按品种分别盛放于清洗消毒后的密闭专用容器内，放置于专用冷藏设施中冷藏48小时。每个品种留样量应满足检验需要，不少于100g，并记录留样食品名称、留样量、留样时间、留样人员、审核人员等。

第十六条　餐用具清洗与消毒。

按照要求对食品容器、餐用具进行清洗消毒，并存放在专用保洁设施内备用。提倡采用热力方法进行消毒。采用化学方法消毒的必须冲洗干净。不得使用未经清洗和消毒的餐用具。

第十七条　食品配送。

送餐车辆及工用具必须保持清洁卫生。每次运输食品前应进行清洗消毒，在运输装卸过程中也应注意保持清洁，运输后进行清洗，防止食品在运输过程中受到污染。

集体用餐配送的食品不得在10℃—60℃的温度条件下贮存和运输，从烧熟至食用的间隔时间（保质期）应符合以下要求：

烧熟后2小时的食品中心温度保持在60℃以上（热藏）的，其保质期为烧熟后4小时。

烧熟后2小时的食品中心温度保持在10℃以下（冷藏）的，保质期为烧熟后24小时，供餐前应加热，加热时食品中心温度不应低于70℃。

第五章　食品安全事故应急处理

第十八条　发生学生食物中毒等食品安全事故后，学校应立即采取下列措施：立即停止供餐活动；协助医疗机构救治病人；立即封存导致或者可能导致食品安全事故的食品及其原料、工用具、设备设施和现场，并按照相关监管部门的要求采取控制措施；积极配合相关部门进行食品安全事故调查处理，按照要求提供相关资料和样品；配合有关部门对共同进餐的学生进行排查；与中毒学生家长联系，通报情况，做好思想工作；根据相关部门要求，采取必要措施，把事态控制在最小范围。

学校应在 2 小时之内，向当地卫生、教育、食品药品监管等部门报告。不得擅自发布食品安全事故信息。

第十九条　卫生、教育等行政部门接到食品安全事故报告，或查明食品安全事故原因后，应当立即上报同级人民政府和上级主管部门，同时立即通报同级食品药品监督管理部门和其他有关部门。

第二十条　卫生行政部门依法组织对事故进行分析评估，核定事故级别。一般、较大、重大食品安全事故，分别由事故所在地的县、市、省级政府成立相应应急处置指挥机构，统一组织开展本行政区域事故应急处置工作。特别重大食品安全事故，由卫生部会同国务院食品安全办向国务院提出启动 I 级响应的建议，经国务院批准后，成立国家特别重大食品安全事故应急处置指挥部（以下简称指挥部），统一领导和指挥事故应急处置工作。

第二十一条　卫生行政部门应及时组织医疗机构对中毒（患病）人员进行救治，协助食品安全综合协调部门和有关部门对事故现场进行卫生学处理。卫生行政部门组织疾病预防控制机构开展流行病学调查，相关部门及时组织检验机构开展抽样检验，尽快查找食品安全事故发生的原因。

第二十二条　食品安全监管部门应当依法强制就地或异地封存事故相关食品及原料和被污染的食品工用具等，待有关部门查明导致食品安全事故的原因后，责令食品生产经营者彻底清洗消毒被污染的食品工具及用具，消除污染。

第二十三条　对确认受到有毒有害物质污染的相关食品及原料，农业、质量监督、工商、食品药品监管等部门应当依法责令生产经营者召回、停止经营并销毁。检验后确认未被污染的应当予以解封。

第六章　监督检查

第二十四条　地方各级政府和有关部门要按照职责分工，采用日常监督检查与专项监督检查相结合、内部监督检查与外部监督检查相结合等方式，进行全过程、全方位、常态化监督检查。

第二十五条　有关部门依法开展对学校食堂、供餐企业（单位）、托餐家庭（个人）的食品安全监管和检查。有权采取下列措施：

（一）进入学生餐经营场所实施现场检查；

（二）对学生餐进行抽样检验；

（三）查阅、复制有关合同、票据、账簿以及其他有关资料；

（四）查封、扣押有证据证明不符合食品安全标准的食品、违法使用的食品和原料、食品添加剂、食品相关产品以及用于违法生产经营或者被污染的工具、设备；

（五）查封违法从事食品经营活动的场所。

第二十六条　有关部门应当建立学校食堂、供餐企业（单位）、托餐家庭（个人）食品安全信用档案，记录许可颁发、日常监督检查结果、违法行为查处等情况；根据食品安全信用档案的记录，对有不良信用记录的食品经营者增加监督检查频次。

第二十七条　在监督检查过程中，对发现的违法行为，要求责令改正，并依法进行行政处罚。

第七章　责任追究

第二十八条　建立食品安全责任追究制度。对违反法律法规、玩忽职守、疏于管理，导致发生食品安全事故，或发生食品安全事故后迟报、漏报、瞒报造成严重不良后果的，追究相应责任人责任；构成犯罪的，追究其刑事责任。

（一）县级以上地方政府在食品安全监督管理中未履行职责，本行政区域出现重大食品安全事故、造成严重社会影响的，依法对直接负责的主管人员和其他直接责任人员追究相应责任。

（二）县级以上卫生行政、农业行政、质量监督、工商行政管理、食品药品监督管理部门或者其他有关行政部门不履行食品安全监督管理法定职责、日常监督检查不到位或者滥用职权、玩忽职守、徇私舞弊的，依法对直接负责的主管人员和其他直接责任人员追究相应责任。

（三）学校、供餐企业（单位）和托餐家庭（个人）不履行或不正确履行食品安全职责，造成食品安全事故的，依法对直接负责的主管人员和其他直接责任人员追究相应责任。

第八章　附　　则

第二十九条　本办法由教育部、中宣部、国家发展改革委、监察部、财政部、农业部、卫生部、审计署、国家工商总局、国家质检总局、国家食品药品监管局、国务院食品安全委员会办公室、共青团中央、全国妇联、全国供销合作总社负责解释。

第三十条　本办法自印发之日起施行。

附件 3

农村义务教育学校食堂管理暂行办法

第一章　总　　则

第一条　为贯彻落实《国务院办公厅关于实施农村义务教育学生营养改善计划的意见》（国办发〔2011〕54 号），规范农村义务教育学校食堂管理，特制定本办法。

第二条　本办法依据农村义务教育学生营养改善计划（以下简称营养改善计划）的实施细则、专项资金管理办法、食品安全保障管理办法及相关法律法规制定。

第三条　地方各级政府要高度重视农村义务教育学校食堂管理工作，各有关部门要共同参与对学校食堂的管理，各司其职、各负其责。学校要把食品安全和资金安全作为食堂管理的重点，切实承担起具体组织实施和管理责任。

第四条　本办法所称学校食堂，是指为学生（含教职工）提供就餐服务，按要求具有相对独立的原料存放、食品加工操作、食品出售及就餐空间的场所。

第五条　本办法适用于实施营养改善计划的试点地区和学校，其他地区和学校可参照执行。

第二章　基本要求

第六条　学校食堂应以改善学生营养、增强学生身体素质，促进学生健康成长为宗旨，坚持“公益性”、“非营利性”的原则，尊重少数民族饮食习惯，建立健全覆盖各个环节的规章制度。

第七条　审批制。学校开办食堂须提出书面申请，经相关部门审批同意，取得餐饮服务许可证后方可供餐。

第八条　校长负责制。校长是第一责任人，对学校食堂管理工作负总责。建立由校领导、后勤管理部门负责人和食堂管理人员组成的食堂管理工作领导小组，全面负责学校食堂管理。重大开支和重要事项，由集体讨论决定。

第九条　内部控制制度。针对学校食堂管理的各个关键环节，建立健全严密有效的内部控制制度，强化内部控制，提高管理水平。

第十条　岗位责任制。学校应根据学生就餐规模，切实做好定岗、定责、定薪工作，合理配置人员。学校应按照不相容岗位分设的要求，设置采购、加工、保管、会计、出纳、食品安全管理等工作岗位，建立岗位责任制，明确岗位职责。关键岗位应定期进行轮换。规模较小的学校，部分岗位可以由符合任职要求的其他人员兼任。

第十一条　学校负责人陪餐制。学校负责人应轮流陪餐（餐费自理），做好陪餐记录，及时发现和解决食堂管理中存在的问题和困难。

第十二条　科学营养供餐。各地应参照有关营养标准，结合学生营养健康状况、当地饮食习惯和食物实际供应情况，制订成本合理、营养均衡的食谱。

第十三条　食品安全事故应急处理机制。学校应防止投毒事故，保障饮水安全，建立完善食物中毒等食品安全事故的应急预案，细化事故信息报告、人员救治、危害控制、事故调查、善后处理、舆情应对等具体方案，并定期组织演练。

第十四条　学校食堂应按照《消防法》的规定，提高消防意识，加强消防安全管理，定期组织消防演练，防止发生火灾。

第十五条　建立膳食委员会。学校应成立由学生代表、家长代表、教师代表等组成的膳食委员会，发挥其在配餐食谱、食堂管理和检查评议等方面的作用。

第十六条　学校食堂一般应由学校自主经营，统一管理，不得对外承包。已承包的，合同期满，立即收回；合同期未满的，给予一定的过渡期，由学校收回管理。由社会投资建设、管理的学校食堂，经当地政府与投资者充分协商取得一致后，可由政府购买收回，交学校管理。

第三章　人员管理

第十七条　地方政府应为学校食堂配备数量足够的合格工作人员并妥善落实人员工资及福利，组织专业培训。从业人员不足的，应优先从富余教师中转岗，也可以采取购买公益性岗位的方式从社会公开招聘。人员招聘按照“省定标准、县级聘用、学校使用”的原则进行。

第十八条　食堂从业人员基本要求。

（一）学校应在食品药品监督管理部门和营养专业人员的指导下对食堂从业人员定期组织食品安全知识、营养配餐、消防知识、职业道德和法制教育的培训。

（二）学校食堂从业人员（含临时工作人员）每年必须进行健康检查，取得有效的健康合格证明。

（三）建立食堂从业人员晨检制度。食堂管理人员应在每天早晨各项饭菜烹饪活动开始之前，对每名从业人员的健康状况进行检查，并将检查情况记录在案。发现有发热、腹泻、皮肤伤口或感染、咽部炎症等有碍食品安全病症的，应立即离开工作岗位，待查明原因并将有碍食品安全的病症治愈后，方可重新上岗。从业人员有不良思想倾向及行为、精神异常等现象的，应立即调离工作岗位。

（四）食堂从业人员应具备良好的个人卫生习惯。处理食品及分餐前、处理食品原料及使用卫生间后，必须用肥皂及流动清水洗手消毒；穿戴清洁的工作衣、帽，并把头发置于帽内；不得留长指甲、涂指甲油、戴戒指加工食品；不得在食品加工和供应场所内吸烟。

第十九条　学校食堂应配备专职或兼职食品安全管理员，食品安全管理员原则上每年应接受累计不少于40小时的餐饮服务食品安全培训。

第四章 食品采购

第二十条 建立食品采购索证索票制度。食品采购应严格执行《餐饮服务食品采购索证索票管理规定》。从食品生产单位、批发市场等采购的，应当查验、索取并留存供货者的相关许可证和产品合格证明等文件；从固定供货商或者供货基地采购的，应当查验、索取并留存供货商或者供货基地的资质证明、每笔供货清单等；从超市、农贸市场、个体工商户、农户等采购的，应当索取并留存采购清单等有关凭证，做到源头可控，有据可查。

第二十一条 规范大宗食品采购行为。建立大宗食品及原辅材料招标制度，米、面、油、蛋、奶等大宗食品及原辅材料要通过公开招标、集中采购、定点采购的方式确定供货商。偏远地区学校或教学点可通过比选质量、价格的办法确定供货对象。

第二十二条 积极推进“农校对接”。建立学校蔬菜和农副产品直供基地，在保障产品质量和安全的前提下，减少农副产品采购和流通环节，降低原材料成本。

第二十三条 建立食品查验制度。采购包装食品时应严格查验食品生产日期、保质期，确保食品安全；不得采购质量不合格、超过保质期的食品；不得采购有腐败变质或感官性状异常的食品；不得采购《食品安全法》禁止生产、经营的食品。

第二十四条 建立双人采购和定期轮换制度。学校应实行双人采购，人员不足的可由教职工陪买，每次采购应做详细的采购记录备查。原则上采购人员每学期应轮换一次。

第二十五条 建立供货商评议制度。学校应定期对食品及原辅材料供货商进行综合评议，对评议不合格、违反食品安全法律法规、发生食品安全事故的供货商应列入黑名单，终止供货合同，取消其供货资格。供货商定期与学校进行结算，采购员与供货商之间原则上不得发生现金交易。

第五章 食品贮存

第二十六条 建立出入库管理制度。食堂物品的入库、出库必须由专人负责，签字确认。规模较大的学校，应由两个以上人员签字验收。严格入库、出库检查验收，核对数量，检验质量，杜绝质次、变质、过期食品的入库与出库。出库食品做到先进先出。

第二十七条 建立库存盘点制度。食堂物品入库、验收、保管、出库应手续齐全，物、据、账、表相符，日清月结。盘点后相关人员均须在盘存单上签字。食堂应根据日常消耗确定合理库存。发现变质和过期的食品应按规定及时清理销毁，并办理监销手续。

第二十八条 食品贮存场所应根据贮存条件分别设置，食品和非食品库房应分设，并配置良好的通风、防潮、防鼠等设施。食品贮存应当分类、分架、隔墙、离地存放，遵循先进先出的原则摆放，不同区域应有明显标识。散装食品应盛装于容器内，在贮存位置标明食品的名称、生产日期、保质期、供货商及联系方式等内容。盛装食品的容器应符合安全要求。

第六章　食品加工

第二十九条　食堂加工操作间应当符合下列要求：

（一）最小使用面积不得小于 8 平方米；

（二）墙壁应有 1.5 米以上的瓷砖或其他防水、防潮、可清洗的材料制成的墙裙；

（三）地面应由防水、防滑、无毒、易清洗的材料建造，具有一定坡度，易于清洗与排水；

（四）配备有足够的照明、通风、排烟装置和有效的防蝇、防尘、防鼠，污水排放和符合卫生要求的存放废弃物的设施和设备；

（五）配备餐饮服务许可证所规定的其他设施设备。

第三十条　食品加工过程应严格执行《餐饮服务食品安全操作规范》。

第三十一条　必须采用新鲜安全的原料制作食品，不得加工或使用腐败变质和感官性状异常的食品及原料。不得向学生提供腐败变质或者感官性状异常，可能影响学生健康的食物；不得制售冷荤凉菜、四季豆等高风险食品。

第三十二条　需要熟制烹饪的食品应烧熟煮透，其烹饪时食品中心温度应不低于 70℃。烹饪后的熟制品、半成品与食品原料应分开存放，防止交叉污染。食品不得接触有毒物、不洁物。

第三十三条　建立食品留样制度。每餐次的食品成品必须留样，并按品种分别盛放于清洗消毒后的密闭专用容器内，放置于专用冷藏设施中冷藏 48 小时。每个品种留样量应满足检验需要，不少于 100 克，并记录留样食品名称、留样量、留样时间、留样人员、审核人员等信息。

第三十四条　严格按照规定使用食品添加剂。严禁超范围、超剂量使用食品添加剂，不得采购、贮存、使用亚硝酸盐。严禁使用非食用物质加工制作食品。

第三十五条　加工结束后及时清理加工场所，做到地面无污物、残渣；及时清洗各种设备、容器和用具，做到定期消毒，归位摆放。

第七章　食品供应

第三十六条　学校食堂供餐包括两种方式：一是包餐制，即全体学生统一伙食费标准，由学校食堂提供统一饭菜；二是自购制，即饭菜品种、数量由学生自由选购，学校食堂凭充值卡或饭菜票结算。学校可根据实际情况从中选择。

第三十七条　学校食堂应综合考虑学生的营养需要、当地经济发展水平、物价水平等因素，合理确定伙食标准和配餐方案，并报教育、卫生、价格管理部门备案。

第三十八条　学校应制订每周带量食谱并提前公布。

第三十九条　有清真餐需求的学校应设立清真灶，灶具、炊具使用，原材料采购、贮存、加工等应符合清真饮食的规定。

第四十条　就餐场所管理。学生就餐场所应张贴均衡营养、健康饮食行为等宣传资料；应设置洗手池等设备设施，有明确的洗手、消毒及检查等规定；就餐场所及设备设施应定期维护，保持干净整洁，做好地面防滑。

第四十一条　就餐秩序管理。学生就餐时，应落实校领导带班、班主任值班制度，加强就餐秩序的管理，做到安全、文明就餐，避免浪费。

第四十二条　餐用具清洗与消毒。按照要求对食品容器、餐用具进行清洗消毒，并存放在专用保洁设施内备用。提倡采用热力方法进行消毒。采用化学方法消毒的必须冲洗干净。不得使用未经清洗和消毒的餐用具。

第八章　财务管理

第四十三条　教育、财政部门应加强对学校财务工作的指导。建立健全食堂财会制度，配备专（兼）职财会人员，定期组织业务培训。

第四十四条　学校食堂财务纳入学校财务统一管理，实行专账核算。对营养改善资金收支情况必须设立专门台账，明细核算。

第四十五条　严格区分核算主体，由财政经费保障的人员、设施设备等方面的费用不得在食堂专账中列支。

第四十六条　学校必须确保营养改善专项补助资金足额用于学生伙食，不得以现金形式直接发给学生个人和家长，不得以保健品、含乳饮料等替代。

第四十七条　教职工在食堂就餐应与学生同菜同价，伙食费据实结算，不得挤占营养改善补助资金，不得侵占学生利益。

第四十八条　学校食堂收取伙食费应开具合法票据；支出要取得合法、有效的票据，按规定办理相应报销手续。

第四十九条　食堂收入包括：财政补助收入、伙食收入、其他收入等。不得将学校的店面承包收入、房租收入、其他非食堂经营服务收入转入食堂收入。不得转移食堂收入。严禁挪用食堂资金或设立“小金库”。

第五十条　食堂支出包括原材料成本、人工成本等。不得将应在学校事业经费列支的费用等计入食堂支出。食堂成本核算应以食堂的日常经营服务活动所必须的各项料、工、费为基本内容。

第五十一条　食堂的收支结余实施月度结算，食堂的结余款要专项用于改善学生伙食，严禁用于学校教职工福利、奖金、津补贴以及非食堂经营服务方面的支出。

第五十二条　学校食堂实行财务公开，自觉接受学生、家长、学校膳食委员会的监督。学校应定期（每学期至少一次）将食堂收支情况及时向学校师生和家长公开，同时报送教育部门备案。

第九章　监督检查

第五十三条　教育部门要会同食品药品监管、卫生、物价、审计等部门，采取定期检查和随机抽查等形式，对学校食堂管理的各个环节加强监管。对发现的问题要予以通报并责令整改；情况严重的，要依法依规严肃处理，追究相应的责任。教育部门在考核学校工作时，应将食堂管理作为重要考核指标。

第五十四条　建立公示制度。学校应定期将营养改善计划受益学生名单、人数（次），学校食堂财务收支情况，物资采购情况，带量食谱、饭菜价格等情况予以公示，接受学校师生和家长的监督。

第五十五条　建立信息反馈渠道。设立校长信箱，食堂工作人员、就餐师生，可以对原材料采购、伙食质量等问题进行投诉或举报。学校应定期公布投诉或举报的处理情况。

第五十六条　建立责任追究制度。对违反规定、疏于管理、玩忽职守，导致学生发生食物中毒事故，或发生食品安全事故后迟报、漏报、瞒报造成严重不良后果的，追究相应责任人责任；构成犯罪的，追究其刑事责任。

第五十七条　有下列情形之一的，一经查实，依法依规严肃处理：

（一）在食堂经费中列支教职工伙食、奖金福利和招待费等费用；

（二）虚报、冒领、套取、挤占、挪用营养改善补助资金；

（三）克扣学生伙食、贪污受贿等。

第十章　附　　则

第五十八条　本办法由教育部、中宣部、国家发展改革委、监察部、财政部、农业部、卫生部、审计署、国家工商总局、国家质检总局、国家食品药品监管局、国务院食品安全委员会办公室、共青团中央、全国妇联、全国供销合作总社负责解释。

第五十九条　各地应结合实际，制订具体实施办法。

第六十条　本办法自印发之日起施行。

附件4

农村义务教育学生营养改善计划实名制学生信息管理暂行办法

第一章　总　　则

第一条　为贯彻落实《国务院办公厅关于实施农村义务教育学生营养改善计划的意见》（国办发〔2011〕54号），实行农村义务教育学生营养改善计划（以下简称营养改善计划）实名制管理，准确掌握学生信息，防止虚报、冒领营养改善补助资金行为，确保资金安全，特制定本办法。

第二条　本办法依据《农村义务教育学生营养改善计划实施细则》、《中小学学生学籍信息化管理基本信息规范》等相关法规制定。

第三条　本办法所称实名制，是指享受营养改善计划补助的学生需要提供个人有效身份证件或经县级政府指定部门审核的有效证明，以便准确掌握学生信息的管理制度。

第四条　建立和完善实名制学生信息管理系统。该系统是指为有效实施实名制管理建立的信息管理系统。系统建设应利用现有的学籍管理系统，遵循“准确、完整、实用、够用”原则，能够接口开放、充分兼容、数据共享。信息采集应充分利用现有资源，避免重复工作。所有享受营养改善计划补助的学生信息必须进入系统管理。

第五条　本办法适用于实施营养改善计划的试点地区和学校，其他地区和学校可参照执行。

第二章　职责分工

第六条　地方各级教育部门负责做好实名制学生信息管理工作，对学生人数、补助标准、受益人次等情况实施动态监控，严防虚报、冒领、套取营养改善补助资金，确保工作落实到位。

第七条　实名制学生信息管理按照“分级管理、分级负责”的原则，实行中央、省（区、市）、市（地区、州、盟）、县（市、区、旗、团场）、学校五级管理体制。

教育部负责全国实名制学生信息管理的组织领导，构建全国实名制学生信息管理系统，对享受营养补助的学生信息进行存储、统计、维护、监控、分析等。

省级教育部门负责全省实名制学生信息管理的组织领导，依托现有学籍管理系统，建立实名制学生信息管理系统，实现“一人一号，全省联网”；负责全省信息的审核、存储、统计、分析、上报、维护、监控等。

市级教育部门负责全市实名制学生信息管理工作的检查、指导、协调；负责全市信息的审核、存储、统计、分析、上报、维护、监控等。

县级教育部门负责全县实名制学生信息管理工作的组织实施。审查试点学校入网资格；对全县信息的审核、存储、统计、分析、上报、维护、监控等负第一监管责任。

学校负责实名制学生信息管理工作的具体实施。建立实名制学生信息纸质档案和电子档案，负责信息采集、审核、录入、统计、上报、维护等，对学生信息的真实性负第一责任。

第八条　实名制学生信息管理实行校长负责制。校长是第一责任人，承担领导责任；分管学生学籍工作的校领导，是主管责任人，承担组织和监管责任；学校学籍管理员是直接责任人，承担具体实施工作。

第三章　基本信息

第九条　实名制学生信息包括学生基本信息、学校基本信息、报表信息等。

第十条　学生基本信息包括学籍号、姓名、曾用名、性别、出生日期、身份证类型、身份证号、民族、户籍所在地，学校名称、年级名称、班级名称、入学年月、入学方式、就学方式，健康状况、身高、体重，是否为留守儿童、外来务工人员子女、享受“一补”，现住址、监护人姓名、监护人电话，学生照片等信息。

学生的学籍号分学籍主号和学籍辅号。学籍主号为学生的身份证号，身份证重号应到当地公安部门申请修改，无身份证号码的学生学籍主号可用监护人的身份证号。学籍辅号由各省自行制定统一的编制规则，并报全国学生营养办备案。

第十一条　学校基本信息包括学校代码、学校名称、学校举办者类型、学校驻地城乡类别、学校办学类型，补助标准、供餐模式，学校地址、邮政编码、联系电话、传真、电子邮箱、网站主页地址，校长姓名、固定电话和手机号码。

第十二条　省、市、县、校四级报表包含自定义统计报表和常规统计报表，自定义报表根据需要确定相关统计信息，常规统计报表应含以下信息。

校级常规统计报表含在校学生总数、班级数、受益学生人数、寄宿生人数、享受“一补”人数、留守儿童人数、外来务工人员子女人数、补助标准、补助总额、供餐模式。

县级常规统计报表含受益学校名单、学校办学类型、学校受益学生人数、寄宿生人数、享受“一补”人数、留守儿童人数、外来务工人员子女人数、补助标准、补助总额、不同供餐模式受益学生数及其汇总数据。

市级常规统计报表含受益县名单、学校办学类型、学校受益学生人数、寄宿生人数、享受“一补”人数、留守儿童人数、外来务工人员子女人数、补助标准、补助总额、不同供餐模式受益学生数及其汇总数据。

省级常规统计报表含受益县、市名单、学校办学类型、学校受益学生人数、寄宿生人数、享受“一补”人数、留守儿童人数、外来务工人员子女人数、补助标准、补助总额、不同供餐模式受益学生数及其汇总数据。

第四章　信息管理

第十三条　实名制学生信息实行分级录入、分级审核。学校和学生基本信息由学校负责组织采集和录入，经系统查重和审核，报县级教育部门确认入库，县级教育部门要为学校录入信息提供支持与保障。

在初始使用实名制学生信息管理系统时，学校应及时录入当前所有在校学生的基本信息。在每年 9 月 20 日之前，学校应完成新生信息的录入与核对工作。

第十四条　学校应根据学生基本信息变动情况，及时在系统中更新。因学生学籍变更造成受益人数变化时，学校应及时上报，经县级教育部门审批后对系统数据进行相应更改。学生的姓名、性别、出生年月、身份证号等关键信息采用“到期即锁”的方式进行管理，锁定后如需更改，由学生及其监护人提出申请，经学校审核后报县级教育部门批准，方予更改。

第十五条　学生因转学、休学、毕业等原因发生学籍变更离校的，从变更之日起不再在原学校享受营养补助。从其他学校转入试点学校的学生，应享受营养补助。

第十六条　学校于每年 9 月 25 日前打印受益学生花名册，经学生监护人签字，学校盖章，报县级教育部门审核后，送县级学生营养办备案。

第十七条　学校于每年 9 月 25 日前按照实名制学生信息管理的要求上报常规报表至县级学生营养办。由县、市审核汇总后报省级学生营养办，各地省级学生营养办于每年 10 月中旬前将电子数据和书面报表汇总上报教育部、财政部。教育部、财政部复核后，对各地营养改善补助资金进行拨付。

第十八条　地方各级学生营养办要定期对统计数据进行全面分析，并供有关部门共享。数据分析应参考统计、计生等部门的统计信息。

第五章　条件保障

第十九条　地方各级教育部门和试点学校应建立涵盖信息采集、录入、审核、存储、变更、统计等各环节的管理制度，做到有章可循、有据可依，使学生信息管理科学规范。

第二十条　地方各级教育部门和试点学校要加强队伍建设，积极创造条件，强化对相关管理人员的业务指导与技术培训，组织开展经验交流与研讨，提高管理水平。

第二十一条　建立和完善经费保障制度。地方各级政府要将建立与维护营养改善计划实名制学生信息管理系统所需经费列入当地财政预算，确保落实。学校应配置必要设备，以顺利实施建档、采像、变更等日常管理工作。

第六章 信息安全

第二十二条 要建立健全集中统一、分工协作、各司其职的信息安全管理机制，按照“谁主管、谁负责”的原则，坚持预防为主、人防和技防相结合，切实加强信息安全工作。

第二十三条 加强网络安全管理，创设良好基础网络环境；优化系统功能、最大限度减少系统自身安全隐患；规范系统访问权限管理，各用户在业务授权范围内使用系统，严禁越权操作；建立数据备份与恢复、安全应急响应等制度办法，开展经常性的检查，发现问题立即整改，切实消除隐患。

第二十四条 促进信息有效利用与安全管理协调统一。严格禁止学生信息用于商业用途，未经上级教育部门批准，不得公开、提供、泄露、扩散学生相关信息。对擅自公开、提供、泄露、扩散学生相关信息，造成不良后果的，依法依规严肃处理。

第七章 监督检查

第二十五条 建立监督检查制度。采取定期检查与随机抽查相结合的方式，综合运用多种手段，强化对实名制学生信息管理工作的监督。

第二十六条 地方各级教育部门要按照有关规定对本行政区域内试点学校学生基本信息与学籍变更情况进行审核，认真核对电子与纸质档案材料，重点是营养改善补助资金、受益人数、各类供餐模式人数以及“一补”人数。

第二十七条 地方各级教育部门要加大监管和查处力度，凡虚报、冒领、套取专项资金的，将予以收回，并对相关责任人和单位作出严肃处理，情节严重的，依法追究有关人员和单位的法律责任。

第八章 附 则

第二十八条 本办法由教育部、中宣部、国家发展改革委、监察部、财政部、农业部、卫生部、审计署、国家工商总局、国家质检总局、国家食品药品监管局、国务院食品安全委员会办公室、共青团中央、全国妇联、全国供销合作总社负责解释。

第二十九条 各地应结合实际，制订具体实施办法。

第三十条 本办法自印发之日起施行。

附件5

农村义务教育学生营养改善计划信息公开公示暂行办法

第一章 总 则

第一条 为贯彻落实《国务院办公厅关于实施农村义务教育学生营养改善计划的意见》（国办发〔2011〕54号）和《农村义务教育学生营养改善计划实施细则》，促进农村义务教育学生营养改善计划（以下简称营养改善计划）实施过程的公开、透明，特制定本办法。

第二条 营养改善计划信息公开应纳入地方各级政府整体信息公开工作范畴，统一管理。信息公开内容依照国家有关规定履行报批程序，未经批准不得发布。信息公开遵循公正、公平、便民的原则。

第三条 省（区、市）、市（地区、州、盟）、县（市、区、旗、团场）级政府为本行政区域信息公开工作的实施主体，负责组织、协调、指导、监督本地信息公开工作。参与营养改善计划实施的各有关部门，依据各自职责和业务范围，在当地政府领导下开展信息公开工作。

第四条 试点学校应在地方政府及有关部门的指导下，按照信息公开有关规定，结合营养改善计划实施情况，建立健全本校的信息公开管理制度，开展学校信息公开日常工作。

第五条 本办法适用于实施营养改善计划的试点地区和学校，其他地区和学校可参照执行。

第二章 公开内容

第六条 地方各级政府应按照国家有关规定，在职责范围内确定主动公开信息的具体内容，并重点公开下列信息：

（一）营养改善计划有关政策、法规、规章、规范性文件。

（二）营养改善计划组织机构和职责；举报电话、信箱或电子邮箱；供餐企业、托餐家庭名单；营养专家组人员名单。

（三）营养改善计划各阶段进展和总体实施情况；营养改善计划统计信息；营养改善计划财政预算、决算报告。

（四）营养改善计划重大建设项目的批准和实施情况；政府采购项目的目录、标准及实施情况。

（五）食品安全等突发事件的应急预案、预警信息及应对情况；突发食品安全事件调查处理情况。

（六）营养改善计划社会捐助等款物的管理、使用和分配情况。

（七）公众关心的热点、难点问题解决

情况。

（八）营养改善计划监督检查情况。

（九）实施营养改善计划的先进经验、典型事例。

第七条 学校应主动公开的信息包括：

（一）营养改善计划实施方案；各项配套管理制度；组织机构与职责；举报电话、信箱或电子邮箱。

（二）营养改善计划学期实施进展情况；受助学生人数、姓名、班级等情况。

（三）营养改善补助收支情况和食堂财务管理情况；学校食堂饭菜价格、带量食谱。

（四）学校膳食委员会名单及工作开展情况；学校管理人员陪餐情况。

（五）学生和家长关心的热点、难点问题解决情况。

第八条 供餐企业（单位）、托餐家庭（个人）通过县级政府主动公开的信息包括：

（一）实施营养改善计划的各项配套管理制度；食品安全责任人、供餐方签约人姓名及联系方式；用餐学生名单、次数和时间。

（二）带量食谱、价格、数量、时间；接受补助与资助情况。

（三）食品安全等突发事件的应急预案。

第三章 公开方式

第九条 地方各级政府应定期将主动公开的信息，通过政府公报、新闻发布会、政府网站、报刊、广播、电视等便于公众知晓的方式公开。

第十条 学校应为学生、家长或者其他组织获取信息提供便利。定期通过以下一种或者几种方式公开信息：

（一）学校网站（页）、校园广播、校园信息公告栏，电视、报刊、杂志、相关门户网站，微博、短信、微信等；

（二）学校的公报（告）、年鉴、会议纪要、简报、致家长公开信、专用手册等；

（三）学校家长会、教代会、学代会等；

（四）其他便于公众及时、准确获取信息的方式。

第十一条 供餐企业（单位）、托餐（个人）应根据协议定期将学生营养改善相关信息，以书面报告形式报县级学生营养办和供餐学校，由县级政府统一公布。

第十二条 公民、法人或者其他组织可按相关要求和程序申请获取营养改善计划有关信息。

第十三条 地方各级政府应为公民、法人和其他组织申请公开信息提供方便。对能够当场答复的，当场予以答复；不能当场答复的，自收到申请之日起15个工作日内予以答复；不能答复的，依据实际情况，向申请人及时反馈。

第四章 附 则

第十四条 本办法由教育部、中宣部、国家发展改革委、监察部、财政部、农业部、卫生部、审计署、国家工商总局、国家质检总局、国家食品药品监管局、国务院食品安全委员会办公室、共青团中央、全国妇联、全国供销合作总社负责解释。

第十五条　各地应结合实际，制定具体实施办法。

第十六条　本办法自印发之日起施行。

卫生部关于印发
《“十二五”期间卫生扶贫工作指导意见》的通知

卫规财发〔2012〕49 号

各省、自治区、直辖市卫生厅局，新疆生产建设兵团及计划单列市卫生局，部预算管理单位，卫生部扶贫开发与对口支援工作领导小组成员单位：

为贯彻落实《中国农村扶贫开发纲要(2011—2020 年)》，指导各地卫生部门在“十二五”期间开展卫生扶贫工作，我部研究制定了《“十二五”期间卫生扶贫工作指导意见》。现印发给你们，请遵照执行。

卫生部

2012 年 7 月 4 日

“十二五”期间卫生扶贫工作指导意见

为贯彻落实《中国农村扶贫开发纲要(2011—2020年)》（以下简称《纲要》），努力完成中央确定的卫生扶贫工作任务，大力提高贫困地区基本医疗卫生服务的公平性和可及性，现对“十二五”时期卫生扶贫工作提出以下意见。

一、指导思想

以邓小平理论和“三个代表”重要思想为指导，深入贯彻落实科学发展观，按照《纲要》的总体部署，以保障扶贫对象享有基本医疗卫生服务为目标，以深化医药卫生体制改革为动力，以政策、资金、智力支持为抓手，以提高能力水平为重点，加大卫生扶贫工作力度，拓宽工作范围，构建长效机制，推进贫困地区卫生事业跨越式发展，努力提高贫困地区人民群众健康水平。

二、基本原则

（一）以人为本，维护健康。以保障人民健康为中心，以实现扶贫对象人人享有基本医疗卫生服务作为卫生扶贫工作的出发点和落脚点，遵循公益性原则，着力解决贫困地区群众反映强烈的突出问题，努力实现人民群众病有所医。

（二）深化改革，夯实基础。将深化医药卫生体制改革贯穿于卫生扶贫工作始终，围绕“保基本、强基层、建机制”，加大投入力度，强化政策措施，将各类卫生专项资金、项目和优惠政策重点向贫困地区、向贫困群体倾斜，努力构建覆盖贫困地区群众的基本医疗卫生制度，促进贫困地区群众更加均等地获得公共卫生和基本医疗服务。

（三）分类指导，协调发展。根据贫困地区不同经济社会发展水平和群众健康水平，因地制宜制定卫生扶贫政策，实行有差别的扶持措施。注重加强对连片特困地区、革命老区、民族地区、边疆地区以及特殊群体的扶贫力度，实现与本省（区、市）乃至全国卫生事业协调发展。

（四）强化硬件，提高能力。强调卫生扶贫工作的可持续发展，强化贫困地区医疗卫生机构基础设施建设及基本医疗设备配置，着力提高硬件条件和服务能力。同时，更加注重通过人才培养、技术培训、对口帮扶等有效形式，充分调动贫困地区卫生工作者的积极性、主动性和创造性，提高自我发展能力，促进扶贫地区卫生事业可持续发展。

（五）加强协作，形成合力。始终把维护好、发展好、实现好贫困地区群众的健康权益作为卫生扶贫工作的首要任务，将卫生扶贫与定点扶贫、东西部扶贫协作、城乡医院对口支援、卫生援藏、卫生援疆、卫生援青等工作紧密结合，努力构建多方协作、广泛参与、共同推进的卫生扶贫工作格局。

三、目标范围

（一）目标。到 2015 年，贫困地区基本医疗卫生制度初步建立，使扶贫对象拥有基本医疗保障、享有基本公共卫生服务、享有基本医疗服务，医疗服务可及性、服务质量、服务效率和群众满意度不断提高，就医费用负担明显减轻，地区间卫生资源配置和人群健康状况差异明显缩小，基本实现病有所医，健康水平接近本省（区、市）平均水平，为实现到 2020 年主要健康指标接近全国平均水平奠定基础。

（二）范围。新一轮卫生扶贫攻坚的主战场包括：以六盘山区、秦巴山区、武陵山区、乌蒙山区、滇桂黔石漠化区、滇西边境山区、大兴安岭南麓山区、燕山—太行山区、吕梁山区、大别山区、罗霄山区等区域的连片特困地区和已明确实施特殊政策的西藏、四省藏区、新疆南疆三地州。同时，继续做好连片特困地区以外重点县和贫困村的卫生扶贫工作。

四、主要任务

（一）巩固完善新型农村合作医疗制度。继续稳定参合覆盖面，逐步提高筹资水平和财政补助标准，中央和省级财政继续向贫困地区重点倾斜，进一步调整和完善统筹补偿方案，适当扩大受益面和提高保障水平。积极推进农村居民重大疾病医疗保障工作，大力做好儿童先心病、儿童白血病、重性精神病、乳腺癌、宫颈癌、终末期肾病等重大疾病医疗保障试点，使参合农牧民得到更多实惠。到 2015 年，参合率稳定在 90% 以上，政府补助标准提高到每人每年 360 元以上，政策范围内住院费用报销比例达到 75% 左右，基本实现门诊统筹全覆盖。

（二）大力加强医疗卫生机构基础设施建设。进一步健全农村卫生服务体系。加强疾病预防控制、健康教育、妇幼保健、卫生监督等专业公共卫生机构和县级急救机构基础设施建设以及食品安全风险监测体系建设，将危房多、条件差、房屋面积缺口大、不达标的医疗卫生机构列为优先支持的建设重点。到 2015 年，县、乡、村三级医疗卫生服务网络基本健全，每个县重点办好 1—2 所县级医院（含县中医院），县级医院的服务能力和水平明显提高，政府在每个乡镇办好 1 所卫生院，每个行政村有村卫生室。

（三）稳步推进基本公共卫生服务逐步均等化。逐步提高人均基本公共卫生服务经费标准，免费为城乡居民提供健康档案、健康教育、预防接种、传染病防治、儿童保健、孕产妇保健、老年人保健、慢性病防治、重性精神疾病管理、卫生监督协管 10 大类国家基本公共卫生服务项目。积极实施重大公共卫生服务项目，加强艾滋病、结核病等重大传染病、疫苗可预防传染病、地方病和慢性非传染性疾病、精神疾病、口腔疾病的防治。着力解决严重威胁妇女儿童健康的突出问题，加强针对妇女儿童疾病防治工作，基本实现农村孕产妇免费住院分娩，实行免费婚检补助政策，加强产前筛查和产前诊断能力建设，加大新生儿疾病筛查及农村妇女乳腺癌、宫颈癌防治支持力度，有效降低妇女儿童死亡率和患病率。加强全民健康教育与健康促进工作，不断提高各族群众健康素养水平。深入开展爱国卫生运动，加大农村改水改厕工作的支持力度，加强农村饮水安全工作，不断提高农村饮用水水质监测覆盖率和无害化卫生厕所普及率。加大对食源性疾病监测和食品污染及有害因素监测，不断扩大监测覆盖率。加强职业病防治能力建设。加强饮用水卫生监督监测能力建设，不断扩大监督监测服务范围。加强采供血服务体系建设，保证血液供应和安全。到2015年，人均基本公共卫生服务经费标准达到40元以上，城乡居民健康档案规范化电子建档率达到75%以上，重大传染病和地方病得到有效控制。

（四）巩固完善国家基本药物制度。巩固政府办基层医疗卫生机构实施国家基本药物制度成效，逐步扩大基本药物制度的实施范围，将村卫生室全部纳入基本药物制度实施范围，切实减轻群众基本用药费用负担。建立基层医疗卫生机构取消药品加成后的长效补偿机制，通过财政补助、公共卫生、基本医疗卫生服务补助等多渠道统筹解决，充分发挥医保基金对基层医疗卫生机构的补偿作用。完善竞争性的用人机制和激励性的收入分配制度，坚持多劳多得、优绩优酬，拉开收入差距，重点向关键岗位、业务骨干和作出突出贡献的人员倾斜，完善绩效考核办法，调动医务人员积极性。到2015年，巩固完善基本药物制度，实现基层医疗卫生机构全面配备使用基本药物。鼓励公立医院和其他医疗机构优先使用基本药物。

（五）全面推进县级公立医院改革。发挥县级公立医院的龙头辐射作用，提升县域医疗水平，建立县级医院与基层机构的分工协作机制，健全有激励、有约束的医院内部运行机制，提高医院运转效率。到2015年，县级公立医院改革取得明显成效，服务能力和水平显著提高，力争使县域内就诊率提高到90%左右，基本实现大病不出县。

（六）加大卫生人才培养培训力度。推进全科医生制度建设。通过规范化培养、转岗培训和执业医师招聘等措施加强医生队伍建设，实施全科医师特岗计划，切实提高基层医疗卫生机构服务水平。加强基层医疗机构护士配备，开展临床护士的岗位培训，提高基层护理专业技术水平和服务能力。探索建立公共卫生专业人员培训和准入制度，加强乡村医生培训和后备力量建设。将培养人才与留住人才相结合，通过提高基层医疗卫生人员待遇等方式，使优秀人才投入并安心于基层工作。到

2015 年，进一步加强以全科医生为重点的基层医疗卫生队伍建设，完善鼓励全科医生长期在基层服务政策，使每万名城市居民拥有 2 名全科医生，每个乡镇卫生院都有全科医生。

（七）建立健全突发公共事件卫生应急体系。建立健全突发公共事件卫生应急日常管理机构和指挥决策系统，逐步实现各类突发公共事件卫生应急的统一指挥和协调；加强卫生应急现场处置和应急保障能力建设；加强突发公共卫生事件监测预警和实验室检测能力建设，提高突发公共卫生事件监测、信息报告、风险评估、预警、风险沟通和其他风险干预能力；开展紧急医学救援基地网络建设，切实提高突发公共事件卫生应急能力。到 2015 年，形成统一指挥、布局合理、反应灵敏、运转高效、保障有力的突发公共事件卫生应急体系。

（八）大力开展卫生信息化建设。建立涵盖基本药物使用、居民健康档案、诊疗规范、绩效考核等功能的基层医疗卫生管理信息系统。建立全科医疗诊断信息系统，提高基层医疗服务水平。建立完善公共卫生、医疗服务、医疗保障、药品监管、综合管理等信息系统。依托信息网络，大力发展远程医疗，为基层群众提供优质医疗服务，积极探索以远程医疗带动基层医疗服务能力整体提升、群众普遍得实惠的发展道路。到 2015 年，基层医疗卫生管理信息系统基本覆盖全部乡镇卫生院、社区卫生服务机构和有条件的村卫生室，利用率显著提高。

（九）着力扶持中医药（民族医药）事业发展。积极支持贫困地区中医院（含民族医院）基础设施建设，完善中医药（民族医药）服务体系；加强中医药（民族医药）能力建设，开展中医药（民族医药）人才队伍建设，大力推进专科建设、适宜技术推广等工作；注重发挥中医药（民族医药）特色和优势，积极发展中医药（民族医药）预防保健服务，充分发挥中医药（民族医药）在卫生应急和重大疾病防治中的作用；扶持和促进中药民族药产业发展。到 2015 年，力争 95% 以上的社区卫生服务中心和 90% 的乡镇卫生院、70% 以上的社区卫生服务站和 65% 以上的村卫生院室能够提供中医药（民族医药）服务。

（十）扎实推进对口支援工作。进一步完善对口支援贫困地区工作制度、健全工作机制、明确任务措施，切实增强对口支援工作的针对性、操作性和可持续性。继续开展“万名医师支援农村卫生工程”和东西部省际医院对口支援工作，组派城市三级医院医务人员对口支援县级医院，大力实施“二级以上医疗卫生机构对口支援乡镇卫生院”项目，组织国家医疗队及城市医务人员到农村开展诊疗服务、临床教学、技术培训等多种形式的帮扶活动，扎实做好卫生援藏、援疆、援青工作，认真组织实施卫生对口支援规划，努力实现“派出去”与“请进来”相结合、“输血”与“造血”相统一，着力提高贫困地区医疗技术水平和管理服务水平。

五、保障措施

（一）加强领导，落实责任。各级卫生行政部门要进一步提高对卫生扶贫工作的认识，切实增强做好卫生扶贫工作的紧迫感和自觉性，加强领导，落实责任。坚持卫生部统筹、省（区、市）卫生厅（局）负总责、县卫生局抓落实的卫生扶贫工作管理制度，加大省县统筹、资源整合力度，扎实推进各项工作。卫生部成立由陈竺部长、张茅书记任组长的部卫生扶贫与对口支援工作领导小组，全面负责卫生扶贫工作的规划指导和统筹协调工作；各省（区、市）卫生厅（局）也要成立相应组织机构，把卫生扶贫列为年度工作的重要内容，年初订计划、年中抓实施、年底做总结，切实承担起本地区卫生扶贫工作的总体责任；贫困地区所在县卫生局具体承担卫生扶贫任务的组织落实职责，要制订方案、细化任务，明确牵头人和责任人，逐项抓好卫生扶贫工作的落实。

（二）加大支持，政策倾斜。在确定卫生项目、安排专项资金、制订专项规划时，要充分考虑贫困地区区域发展与扶贫攻坚的特殊情况，努力做到普遍支持的政策和项目，对贫困地区予以重点支持；先行先试的政策和项目，在贫困地区先行试点，予以优先支持；同时，结合贫困地区卫生工作实际需求，积极协调有关部门争取设立具有针对性的卫生扶贫项目，予以特殊支持。继续加大卫生基础设施建设、公共卫生项目、深化医改等工作的专项资金转移支付力度，认真落实中央在贫困地区安排的卫生基础设施建设项目取消县以下（含县）以及西部地区连片特困地区配套资金等优惠政策和措施。

（三）完善机制，长效管理。要结合各地卫生事业发展规划和扶贫工作实际，落实《纲要》工作任务，进一步完善齐抓共管的工作格局，建立健全以资金为基础、以项目为手段、以人才为根本的政府主导、部门协作、社会参与的卫生扶贫长效管理机制，推动卫生扶贫工作持续健康发展。要注重强化工作考评，对各项工作进行科学评估，将卫生扶贫工作纳入年度卫生工作目标考核，建立奖惩制度，加强督导检查，确保工作取得实效。

（四）试点引路，整体推进。按照“先易后难、试点先行、典型引路、全面推进”原则，有步骤地实施卫生扶贫工作试点。注重工作方式创新，不断拓宽试点领域，积极通过开展地方病扶贫开发等试点，探索好的模式和成功经验，加以总结推广，全面推进各项扶贫任务和卫生事业发展。

（五）加大宣传，形成氛围。大力开展新闻宣传和健康传播工作，通过多种媒体形式，围绕改善生产生活方式、提高身心健康，深入宣传卫生扶贫政策、成就、经验和典型事迹，广泛宣传健康知识，倡导健康生活方式，营造全社会参与卫生扶贫的良好舆论环境和社会氛围。

交通运输部关于印发《集中连片特困地区交通建设扶贫规划纲要（2011—2020年）》的通知

交规划发〔2012〕324号

河北、山西、内蒙古、吉林、黑龙江、安徽、江西、河南、湖北、湖南、广西、重庆、四川、贵州、云南、陕西、甘肃、青海、宁夏交通运输厅（委）：

为贯彻落实中央扶贫开发工作会议精神和《中国农村扶贫开发纲要（2011—2020年）》，切实推进集中连片特困地区交通运输发展，部编制完成了《集中连片特困地区交通建设扶贫规划纲要（2011—2020年）》，现印发给你们，请结合本省（区、市）实际，认真贯彻落实，加快贫困地区交通运输发展，为区域经济社会发展提供强有力的交通运输保障。

交通运输部

2012年7月6日

集中连片特困地区交通建设扶贫规划纲要（2011—2020年）

2012年7月

消除贫困、改善民生是社会主义现代化建设的重大任务。改革开放以来，交通运输行业在全国范围有计划、大规模地组织实施了交通扶贫开发工作，取得了巨大成就。根据中央扶贫开发工作会议和《中国农村扶贫开发纲要（2011—2020年）》的部署要求，交通运输部组织编制《集中连片特困地区交通建设扶贫规划纲要（2011—2020年）》，进一步明确集中连片特困地区交通运输的发展目标、重点任务和政策措施，以突破制约当地经济社会发展的交通瓶颈，全面提升交通运输基本公共服务水平，为贫困地区整体脱贫致富、全面建设小康社会提供强有力的交通运输保障。

规划范围包括六盘山区、秦巴山区、武陵山区、乌蒙山区、滇桂黔石漠化区、滇西边境山区、大兴安岭南麓山区、燕山—太行山区、吕梁山区、大别山区、罗霄山区等区域的连片特困地区。规划期限为2011年至2020年。

1. 发展基础

（一）经济社会发展状况

集中连片特困地区共涉及19个省（区、市）的505个县，其中包括414个扶贫开发工作重点县，180个革命老区县，195个少数民族县和28个边境县，区域面积141.3万平方公里，占国土总面积的14.7%。2010年，区域人口22813万，占全国总人口的17%，其中乡村人口19561万，占区域人口的85.7%。集中连片特困地区的自然条件和经济社会发展具有以下特点：

——自然条件恶劣，生态环境脆弱。集中连片特困地区大多地处偏远山区和省际交界地带，地质地形条件复杂，自然灾害频发，生存条件恶劣，大部分县属于地质灾害高发区县。同时，集中连片特困地区大多位于湖库源头、江河上游、重要的生态功能区，生态地位重要、生态环境脆弱，许多县属于全国主体功能区规划中的限制开发区县或禁止开发区县，资源开发与环境保护矛盾突出。

——资源较为丰富，开发相对滞后。集中连片特困地区具有鲜明的区域特色和比较优势，部分地区矿产、能源等资源丰富，是国家战略资源的重要接续地，部分地区旅游资源独特，是观光旅游的重要目的地。但受地理位置、资源分布、开发能力等因素影响，优势资源的开发利用尚不充分，配套设施落后，产业链条不完整，资源优势尚未转化为发展优势。

——经济社会发展落后，自我发展能力薄弱。集中连片特困地区是全国经济社会发展最为滞后的地区，是区域发展最为薄弱的地区。2010 年，集中连片特困地区生产总值为 20894 亿元、仅占全国的 5.2%，地方预算内财政收入 961 亿元；人均地区生产总值和人均地方预算内财政收入分别为 9159 元和 421 元，仅为全国平均水平的 30.5% 和 13.9%。这些地区产业结构普遍单一，工业发展缓慢，自我发展能力十分薄弱。

——贫困面广泛，贫困程度较深。2010 年，集中连片特困地区农民人均纯收入 3410 元，仅为全国平均水平（5919 元）的 57.6%；收入在 2300 元以下的贫困人口为 7753 万人，约占区域农村人口的 39.6%。贫困地区基础设施和社会事业严重滞后，行路难、饮水难、住房难、就医难、上学难、增收难、社会保障水平低等问题突出，已脱贫解困人口抵御风险的能力严重不足，因灾因病返贫时有发生。

——致贫因素复杂，交通瓶颈突出。影响和制约集中连片特困地区发展的因素复杂、不尽相同，有的片区主要是资源性缺水问题，有的片区的突出矛盾是工程性缺水问题，有的片区的突出问题是人、畜、草的矛盾问题，贫困问题存在着区域性、综合性和复杂性的特征。但交通发展滞后，交通基础设施建设欠账多，对内对外交通不便是所有集中连片特困地区的共性瓶颈制约和突出矛盾。

集中连片特困地区主要经济指标见附表 1。

（二）交通运输发展现状及存在问题

改革开放以来，集中连片特困地区交通基础设施建设取得了较大进展，由高速公路、干线铁路、民航机场为骨架的综合运输网络正在形成，部分片区还拥有一定数量具备通航条件的内河航道。集中连片特困地区大都远离中心城市，多为山大沟深之地，公路运输是当地最主要甚至是唯一的运输方式。截至 2010 年底，集中连片特困地区公路网总里程约 92.4 万公里，公路密度 65.4 公里/百平方公里；区域高速公路 10285 公里，二级及以上公路 55247 公里，分别是 2000 年的 14.4 倍和 3.8 倍；国省干线公路 88135 公里，初步形成了以区域内主要城市为中心、向周边县城辐射的干线公路网络。目前 9127 个乡镇中已有 95.4% 通沥青（水泥）路；132650 个建制村中，通公路的占 98.2%，通沥青（水泥）路的占 57.5%，贫困地区通乡公路得到极大改观，通村公路明显改善。集中连片特困地区公路网现状主要指标见附表 2。

虽然集中连片特困地区交通运输取得了长足发展，但与经济社会发展和尽快脱贫致富的要求相比，还存在较大差距，突出表现在以下四个方面。

一是对外通道不畅，高速公路断头路较多。国家高速公路是集中连片特困地区重要的对外通道，但目前各片区内的国家高速公路大多未全线贯通，高速公路断头路的存在造成片区与外部的沟通联系不够便捷，制约了区位优势和资源优势的发挥。

二是国省干线规模偏小，技术等级偏低。集中连片特困地区国省干线公路占公路网总里程的9.5%，低于全国平均水平1.3个百分点。现有普通国道、省道中二级及以上公路比例分别为60.9%、44.1%，分别比全国平均水平低15.9和20个百分点；沥青（水泥）混凝土路面铺装率分别为80%、62.5%，分别比全国平均水平低8.3和11个百分点。

三是农村公路水平不高，防灾抗灾能力薄弱。截至2010年底，集中连片特困地区仍有419个乡镇、56367个建制村未通沥青（水泥）路，分别约占全国未通沥青（水泥）路乡镇、建制村总数的30.5%和45%。农村公路以四级公路和等外公路为主，安全防护等设施普遍缺乏，防灾抗灾能力低下。县乡公路等级低、路况差，与周边干线公路和县城连接不畅，尚不能满足旅游、矿产等资源开发需求。

四是客货运输发展滞后，基本公共服务均等化水平亟待提高。2010年，集中连片特困地区仅有46.8%的乡镇设有等级客运站，18.2%的建制村设有汽车停靠点（招呼站或候车亭牌）。乡镇、建制村客运班车通达率分别为94.6%和67%，明显低于全国98.1%和90.1%的平均水平。现有县城客运站普遍等级低、设施旧，服务水平落后，乡镇物流配送站点缺乏，货物运输服务基本处于自发和无序状态。

此外，区域综合交通运输体系建设进程较慢，内河航道技术等级偏低，码头作业能力有限，受库区建设、水电开发等影响，内河航道难以实现常年全线畅通。

受自然条件、自身发展能力等因素制约，集中连片特困地区交通运输发展面临着一些特殊困难。一是建养成本高。集中连片特困地区地形地质条件复杂，生态保护要求高，公路建设施工难度大，导致公路基础设施建设养护成本高。二是地方财力弱。集中连片特困地区地方财政自给率低，主要依靠中央财政转移支付，自我发展能力严重不足。交通建设资金地方配套能力弱，农村公路建设资金主要依靠中央和省（区、市）政府补助，特别是缺少稳定、充足的养护资金来源，公路交通发展面临沉重的资金压力。三是融资难度大。由于集中连片特困地区地理位置相对偏远，交通需求相对较小，且分布零散，交通基础设施建设投资回报率低，难以吸引社会投资，融资困难。

2. 发展要求

当前我国扶贫开发已经从以解决温饱为主要任务的阶段转入巩固温饱成果、加快脱贫致富、改善生态环境、提高发展能力、缩小发展差距的新阶段。中央扶贫工作会议明确提出，扶贫开发是一项长期而重大的任务，要以更大的决心、更强的力度、更有效的举措，扎扎实实做好扶贫开发各项工作，把集中连片特困地区作为扶贫攻坚主战场，把稳定解决扶贫对象温饱、尽快实现脱贫致富作为首要任务，坚持政府主导，坚持统筹发展，更加注重转变经济发展方式，更加注重增强扶贫对象自我发展能力，更加注重基本公共服务均等化，更加注重解决发展的突出问题，努力推动贫困地区经济社会更好更快发展，总体目标是贫困地区农民人均纯收入增长幅度高于全国平均水平，基本公共服务主要领域指标接近全国平均水平。

贯彻落实好中央关于扶贫开发的总体要求和实现脱贫致富的总目标，对交通扶贫提出了新的要求，主要体现在以下方面：

1. 把集中连片特困地区作为交通扶贫攻坚的主战场，打好交通扶贫攻坚战。集中连片特困地区交通运输发展基础薄弱，是全国交通运输发展的短板，其发展事关区域经济社会的协调发展和全面建设小康社会目标的实现。必须转变扶贫思路和方式，集中各方面力量，加大支持力度，在制定政策、分配资金、安排项目时向集中连片特困地区倾斜，为实现扶贫开发目标提供交通保障。

2. 加快交通基础设施建设，提高扶贫开发保障能力。交通基础设施建设既是集中连片特困地区经济建设和扶贫攻坚的重要内容，也是支撑和引导贫困地区空间布局、产业结构调整、加快城镇化进程，全面推进扶贫攻坚各项任务的重要基础保障。必须把交通基础设施建设放在优先地位，结合贫困地区的发展基础和特点，着力解决制约贫困地区交通发展的突出问题，加快构建连通内外、覆盖城乡的交通基础设施网络，进一步提升交通对集中连片特困地区经济社会发展、加快脱贫致富的支撑保障能力。

3. 推进交通运输基本公共服务均等化，着力保障和改善民生。保障和改善民生是一切工作的出发点和落脚点，是加快经济发展、促进社会和谐的重要结合点，也是交通运输发展的重要任务。尽快改变集中连片特困地区交通发展落后面貌，提高交通运输基本公共服务能力，要求交通基础设施建设向贫困地区延伸，向贫困人口覆盖，着力改善贫困地区的基本出行条件，让贫困人口共享交通运输发展成果；要求与推进城镇化、社会主义新农村建设相结合，加强农村公路基础设施及客货运输服务体系建设，为教育、科技、卫生、文化等各项社会事业发展提供支撑，不断提高城乡居民生活水平，促进社会和谐发展。

4. 加强生态环境保护和安全能力建设，促进可持续发展。必须充分考虑集中连片特困地区自然条件特点，把生态建设和环境保护作为区域交通发展的基本前提，把发展绿色交通作为重要任务，灵活确定适宜当地特点的技术标准和指标，集约节约利用资源。必须坚持安全发展的理念，在注重主体工程建设的前提下，加强安全防护设施建设，不断提高交通基础设施安全水平，确保人民群众安全、便捷出行。

3、指导思想

集中连片特困地区交通建设扶贫的指导思想是：高举中国特色社会主义伟大旗帜，以邓小平理论和“三个代表”重要思想为指导，深入贯彻落实科学发展观，以开发式扶贫为导向，以解决制约贫困地区交通运输发展瓶颈问题、推进交通运输基本公共服务均等化为主攻方向，统筹规划、突出重点、循序推进、讲求实效，进一步强化交通基础设施建设，大力提升运输服务能力和水平，着力提高交通运输抗灾和应急保障能力，集中连片特困地区交通运输发展基本适应经济社会发展的要求，为贫困地区与全国同步进入全面小康社会提供强有力的交通运输保障。

集中连片特困地区交通建设扶贫坚持以下基本原则：

1. 统筹规划，服务全局。紧紧围绕国家扶贫开发总目标和扶贫工作总体要求，认真做好集中连片特困地区交通扶贫规划，并与交通运输“十二五”发展规划和相关专项规划相衔接，努力改善贫困地区的交通运输条件，服务区域经济社会发展和全面建设小康社会全局。

2. 突出重点，提升能力。把交通基础设施建设作为交通扶贫工作的重点，把农村公路作为基础设施建设的重中之重，集中力量解决最突出的矛盾、最迫切的问题，大力推进农村公路和干线公路建设，注重扩大城乡客货运输覆盖范围，注重推进交通运输基本公共服务均等化，提高公路防灾抗灾能力，提升运输服务效率和水平。

3. 因地制宜，循序推进。坚持分类指导，充分考虑片区的自然条件、发展能力、环境承载力和经济社会发展特点，实事求是、尽力而为、量力而行，因地制宜地确定好片区发展目标。处理好需要与可能、近期与远期的关系，合理安排好“十二五”和“十三五”期的建设内容，做好相关项目的资金配套和前期工作，扎实有序地推进项目实施。

4. 讲求实效，合力攻坚。紧紧围绕规划目标和建设任务，着力推进各项工作，狠抓落实、务求实效。充分发挥中央和地方的积极性，按照“中央统筹、省负总责、县抓落实”的要求，明确地方政府的责任主体地位，各司其职、各负其责，齐心协力、合力攻坚，全面推进交通扶贫目标的实现。

4. 发展目标

（一）总体目标

到2020年，集中连片特困地区的国家高速公路基本建成，具备条件的县城通二级及以上公路，具备条件的乡镇和建制村通沥青（水泥）路、通班车，基本建立农村物流服务体系，城乡客货运输服务效率明显改善，农村公路服务水平和防灾抗灾能力明显提高，交通安全和应急保障能力显著增强。集中连片特困地区“外通内联、通村畅乡、班车到村、安全便捷”的交通运输网络基本形成，交通运输基本公共服务主要指标接近全国平均水平，适应区域经济社会发展和全面建设小康社会的总体要求。

（二）“十二五”目标

——干线公路框架基本形成。基本建成原国家高速公路路段，县城通二级及以上公路比例达到98%；调整后的国道二级及以上公路比例达到65%，沥青（水泥）混凝土路面铺装率达到70%。

——农村公路通畅水平显著提升。具备条件的乡镇和85%的建制村通沥青（水泥）路。

——客货运输服务水平明显提高，班车服务城乡的范围进一步扩大。县城客运站条件明显改善；85%的乡镇建有等级客运站；80%的建制村建有汽车停靠点（招呼站或候车亭牌）。具备条件的乡镇和85%的建制村通班车；结合农村客运站点建设的农村邮政物流得到快速发展，农村客货运输效率和服务水平明显提升。

——公路安全水平和应急保障能力进一步提高。农村公路上的安全防护设施、桥涵等构造物逐步配套，安全性明显提高。国省干线公路安全监管和应急保障信息化程度显著提高，能力进一步增强。

集中连片特困地区2015年、2020年公路交通主要发展指标见下表。

集中连片特困地区公路交通主要发展指标

指　标	2010年	2015年	2020年
具备条件的县城通二级及以上公路比例（%）	83.4	98	100
国道[①]二级及以上公路比例（%）	49.6	65	80
国道[①]沥青（水泥）混凝土路面铺装率[②]（%）	54.5	70	85
具备条件的乡镇通沥青（水泥）路比例（%）	95.4	100	100
具备条件的建制村通沥青（水泥）路比例（%）	57.5	85	100
乡镇拥有等级客运站比例（%）	46.8	85	100
建制村建有汽车停靠点（招呼站、候车亭牌）比例（%）	18.2	80	100
具备条件的乡镇客运班车通达率（%）	94.6	100	100
具备条件的建制村客运班车通达率（%）	67.0	85	100

注：① 国道指《国家公路网规划》确定的国道；

② 沥青（水泥）混凝土路面不包括沥青贯入、沥青碎石和沥青表面处治等路面。

5. 重点任务

（一）加强基础设施建设

交通扶贫基础设施建设的重点领域包括三个方面：一是加强对外通道建设，进一步优化对外通道布局，以国家高速公路、国家区域规划确定的重点项目和普通国道建设为重点，全面提高片区对外通道的运输能力。二是加强内部公路网络建设，以省道为主，打通省际、县际断头路，完善区内路网，有重点地建设一批连接重要资源开发地与旅游景区、对经济发展有突出作用的公路，增加区域发展能力。三是加强农村公路建设，加快乡镇、建制村通沥青（水泥）路建设，同步建设必要的安全防护设施和中小桥梁，健全农村客运站场体系，提高农村公路服务质量、安全水平和防灾抗灾能力，并注重生态建设和环境保护。

——高速公路方面，主要任务是以国家高速公路为建设重点，打通重要通道的断头路和瓶颈路段，有序推进新增国家高速公路和国务院批准的区域规划内明确的高速公路建设，尽快建成区域内国家高速公路网。“十二五”期间，建设规模约1.07万公里；“十三五”期间，基本建成新增国家高速公路和国务院批准的区域规划内明确的高速公路。

——国省干线公路方面，主要任务是着力提高国省道中二级及以上公路比例，加强通县二级公路建设，强化制约贫困地区经济发展的瓶颈路段建设，加强各片区内部及其与周边区域联系的干线公路建设，“十二五”期的建设规模约2.9万公里；“十三五”期间，进一步加大普通国道和省道的建设力度，提升干线公路的服务能力和水平。

——农村公路方面，主要任务是重点推进建制村通沥青（水泥）路建设，同步建设必要的安全防护设施和中小桥梁。“十二五”期分别建设通乡镇、通建制村沥青（水泥）路1.07万公里和22.2万公里，解决419个乡镇、39164个建制村的通畅问题；改造农村公路中桥以上危桥；以加强县乡连通、促进资源和旅游开发为重点，加快县乡公路改造，建设一批对贫困地区经济社会发展有重要作用的县际出口路、旅游路、资源开发路，建设规模为1.7万公里。“十三五”期间，继续推进剩余具备条件的建制村通沥青（水泥）路建设，加大县乡道建设改造的支持力度，逐步消除断头路；加强农村公路安全防护设施建设，提高农村公路网络整体安全水平和抗灾能力。

——公路客货运输场站方面，主要任务是加快县城老旧客运站改造，依托农村公路建设同步推进乡镇等级客运站、建制村汽车停靠点（招呼站或候车亭牌）建设，尽快形成以县级客运站为龙头、以乡镇客运站为重点，以建制村汽车停靠点（招呼站或候车亭牌）为辅助，多层次、高效率的农村客运站场体系。“十二五”期间，支持一批建成10年以上、亟需改造或迁建，且具备建设用地条件的老旧县级客运站建设，合计272个；建成4007个乡镇等级客运站和82858个建制村汽车停靠点（招呼站或候车亭牌）；加强县乡客运站、农村货运站与农村邮政局所的有机结合，适当拓展农村交通基础设施服务功能。“十三五”期间，继续推进具备条件的县级客运站改造、乡镇等级客运站和建制村汽车停靠点

（招呼站或候车亭牌）建设，结合县乡客运站和邮政配送体系建设，统筹协调，建立起功能较为齐备的货运服务体系，实现乡镇物流节点的广泛覆盖。

——内河水运方面，主要任务是加强具备条件的地区的对外水运通道建设，进一步完善区域内重要航道及库（湖）区水运基础设施，推进内河港口规模化、专业化发展，进一步适应区域物资水上运输需要，方便人民群众安全便利出行。“十二五”期间，改善、新增3633公里航道，新增121个码头泊位。

集中连片特困地区交通基础设施建设任务见附表3至附表6。

（二）提升运输服务能力和水平

——客运服务网络。在推进建制村通沥青（水泥）路的同时，大力推进建制村通班车工程，提高农村地区交通运输基本公共服务均等化水平。按照“以城促乡、城乡协调”的原则，统筹城乡客运发展，依托农村客运现有班线，支持城镇化水平较高和居民出行密度大的地区推行农村客运公交化改造。

——货运及物流服务网络。推进农村生产生活资料配送网络建设，充分发挥农村客运班线分布广的优势，推进片区公路客运班车带运小件邮件、快件试点，拓展快递物流服务。在现有运输服务设施基础上，整合信息、运力资源，推进与物流相配套的运输场站、仓储、信息平台等设施建设。发挥邮政系统在农村地区的基础网络体系、认知度和市场占有率优势，支持邮政企业全面参与农村物流网络建设，积极开展运邮合作和连锁配送业务。

6. 政策措施

1. 加强组织领导，强化实施管理。

各省（区、市）要按照“中央统筹、省负总责、县抓落实”的要求，加强领导、精心组织，进一步明确责任，将工作任务分解到各个方面，有计划、有步骤地加以落实，确保组织到位、责任到位、投入到位、措施到位。各级交通运输主管部门要主动作为，切实落实责任，认真做好交通扶贫建设项目的前期工作，规范办事程序，提高工作效率。加强建设项目的组织管理，严格工程质量，积极做好沟通协调，确保规划顺利实施。

2. 加大投资力度，加强政策倾斜。

进一步加大车购税资金对交通扶贫的支持力度，扩大资金规模、提高补助标准，积极争取中央代发地方债和中央预算内资金加大对交通扶贫项目的投入。加大各级地方财政对交通的投资力度，实施优惠的税收和土地政策等支持普通公路建设，统筹使用各级各类扶贫资金并向交通扶贫建设项目倾斜。结合新农村建设和一事一议制度，鼓励农民自愿投工投劳投资参与交通扶贫建设，积极争取以工代赈资金用于农村公路建设，鼓励企业、个人捐资捐助支持交通建设。

3. 重视养护管理，提升服务水平。

加强高速公路和国省干线公路养护管

理，保障干线公路正常的通行能力和服务水平。要结合本地区实际，落实好农村公路养护管理的责任主体、机构人员和养护资金，要因势利导，因地制宜，克服困难，不断推动农村公路管养工作常态化、规范化，努力实现“有路必养”，确保农村公路完好畅通。

4. 强化科技创新，注重人才培养。

要强化科技创新能力建设，加强对贫困地区公路建设、灾害防治、绿色环保、安全应急等技术的研究，加快新技术在集中连片特困地区的推广应用。在建设过程中注重生态建设和环境保护，灵活选用适宜当地特点的技术指标，集约节约利用土地资源。建立人才交流培训机制，部与相关省区市加强对集中连片特困地区基层公路建设、管理、养护等交通专业技术人才的培训，进一步帮助贫困地区培养交通建设技术、管理人才。

5. 加强监督检查，做好交流宣传。

建立健全交通扶贫规划执行的监督检查机制，加强建设项目决策、资金使用管理、工程建设进度、质量等方面的监督检查力度。强化审计监督，确保交通扶贫建设资金高效、安全、廉洁运行。建立并完善交通扶贫统计制度，加强交通扶贫建设情况的统计监测、分析评估，准确、及时、全面掌握片区贫困状况和规划实施情况，反映交通扶贫开发工作成效。各片区之间以及片区内各省（区、市）之间加快构建协调（协作）机制，加强沟通合作与经验交流。广泛宣传交通扶贫的政策、成就、经验和典型事迹，营造政府部门、社会力量和广大群众共同支持和参与交通建设的良好氛围，打好新一轮交通扶贫开发攻坚战。

附表1　集中连片特困地区主要经济社会指标（2010年）

地区	面积（万平方公里）	总人口（万人）	乡村人口（万人）	人均收入2300元以下贫困人口（万人）	GDP（亿元）	人均GDP（元）	地方预算内财政收入（亿元）	农民人均纯收入（元）
全国	960	134091	67113	12800	401202	29992	40613	5919
片区合计	141.34	22813.2	19561.4	7753	20894.1	9159	961	3410
六盘山区	16.59	2125.4	1835	1107.7	1769	8323	54.3	3037
秦巴山区	22	3556	2958	1057	3682	10354	155.5	3454
武陵山区	16.31	3418.9	3009.5	1347.6	3088.1	9032	153.8	3347
乌蒙山区	10.84	2287	2001.4	887	1651.1	7220	106.7	3209
滇桂黔石漠化区	20.04	2935.2	2589.1	1006.5	2383.5	8120	138.3	3279
滇西边境山区	19.33	1521	1341.8	625.8	1392.7	9156	87.1	2936
大兴安岭南麓山区	11.32	706.7	504.8	232	815.6	11541	28	3228
燕山—太行山区	9.27	1097.5	917.6	374	1308.7	11924	53.5	3160

续表

地区	面积（万平方公里）	总人口（万人）	乡村人口（万人）	人均收入2300元以下贫困人口（万人）	GDP（亿元）	人均GDP（元）	地方预算内财政收入（亿元）	农民人均纯收入（元）
吕梁山区	3.61	402.8	340.4	191.5	397.2	9861	14.7	2742
大别山区	6.73	3657.3	3128	634	3297.4	9016	102.3	4229
罗霄山区	5.3	1105.4	935.8	290.2	1108.8	10031	66.8	3518

附表2　集中连片特困地区公路网发展主要指标（2010年）

地区	公路网（公里）	国省道（公里）	农村公路（公里）	二级及以上公路比例（%）	三、四级公路比例（%）	等外公路（公里）	沥青（水泥）混凝土路面铺装率（%）	国道沥青（水泥）混凝土路面铺装率（%）	省道沥青（水泥）混凝土路面铺装率（%）	乡镇通畅率（%）	建制村通达率（%）	建制村通畅率（%）
全国	4008229	433882	3574347	11.2	71.3	703520	47.9	88.3	73.5	96.6	99.2	81.7
片区合计	924253	88135	836118	6	68	240602	33.3	80	62.5	95.4	98.2	57.5
六盘山区	85240	9239	76001	6.7	66.3	22977	20.1	73.2	50.5	97.5	99.0	43.7
秦巴山区	182592	13754	168838	6	72.8	38687	44.5	93.2	76.8	97.0	97.3	48.4
武陵山区	148035	11895	136140	5.2	62.3	48074	35.4	86.1	54.9	98.2	99.0	61.7
乌蒙山区	73855	6641	67214	2.7	60.2	27419	12.5	43.2	56.7	78.9	95.5	24.2
滇桂黔石漠化区	111834	11950	99884	7.8	55.9	44102	8.8	58.7	28.8	97.0	97.5	30.8
滇西边境山区	93845	12581	81265	3.6	65.9	28686	16.4	68.7	62.5	85.9	97.7	18.6
大兴安岭南麓山区	35050	3103	31947	7.7	79.7	4948	58.9	86.8	74.5	98.1	98.9	76.8
燕山—太行山区	49188	6152	43036	10.8	82.7	3196	64.5	98.4	97.5	100.0	99.9	92.6
吕梁山区	24804	2245	22559	7.9	87.6	1112	46.0	97.8	90.2	100.0	98.4	70.6
大别山区	81378	6542	74836	8.6	75	13369	44.6	94.3	81.4	100.0	99.7	99.3
罗霄山区	38431	4033	34398	8.3	70.8	8032	58.5	92.0	68.4	100.0	97.8	87.1

附表3　“十二五”期集中连片特困地区高速公路及国省干线建设规模

片　区	高速公路（公里）	国省干线（公里）
合计	10702	29024
六盘山区	1139	2086
秦巴山区	1902	4759

续表

片　区	高速公路（公里）	国省干线（公里）
武陵山区	1063	3012
乌蒙山区	1026	1979
滇桂黔石漠化区	1528	3863
滇西边境山区	760	2053
大兴安岭南麓山区	719	1860
燕山—太行山区	979	2268
吕梁山区	613	1084
大别山区	215	4682
罗霄山区	758	1378

附表4　“十二五”期集中连片特困地区农村公路建设规模

片区	乡镇通畅工程		建制村通畅工程		县乡公路改造
	解决乡镇数（个）	建设规模（公里）	解决建制村数（个）	建设规模（公里）	建设规模（公里）
合计	419	10689	39164	222269	17200
六盘山区	24	694	5247	25480	1740
秦巴山区	56	1181	8733	42742	2470
武陵山区	25	766	7876	46058	1830
乌蒙山区	193	3790	4481	24402	1090
滇桂黔石漠化区	33	854	6492	37580	2280
滇西边境山区	83	3244	2975	27928	1600
大兴安岭南麓山区	5	160	395	3160	1110
燕山—太行山区	0	0	574	4652	1300
吕梁山区	0	0	1505	4880	1150
大别山区	0	0	97	341	1540
罗霄山区	0	0	789	5046	1090

附表 5 "十二五"期集中连片特困地区公路运输场站建设规模

片区	县级站		乡级站		村级站	
	县数（个）	建设规模（个）	乡镇数（个）	建设规模（个）	建制村数（个）	建设规模（个）
合计	505	272	9127	4007	132650	82858
六盘山区	61	40	970	339	14135	8021
秦巴山区	75	40	1889	688	24852	16580
武陵山区	64	34	1410	846	23766	14350
乌蒙山区	38	20	913	548	9629	6355
滇桂黔石漠化区	80	41	1116	546	15000	10296
滇西边境山区	56	28	588	118	5786	3525
大兴安岭南麓山区	19	11	266	88	2736	2190
燕山—太行山区	33	17	519	187	9585	3527
吕梁山区	20	11	258	130	6306	4027
大别山区	36	18	742	360	14750	11447
罗霄山区	23	12	456	157	6105	2540

附表 6 "十二五"期集中连片特困地区内河水运建设规模

片区	改善或新增航道里程（公里）				新增码头泊位（个）		
	三级	四级	五级	六级	100 吨级	300 吨级	500 吨级
合计	443	2202	859	129	4	78	39
六盘山区	0	0	270	0	4	0	0
秦巴山区	201	220	164	0	0	40	0
武陵山区	65	764	34	21	0	0	17
滇桂黔石漠化区	0	800	277	108	0	15	0
滇西边境山区	0	250	114	0	0	23	8
大别山区	177	168	0	0	0	0	14

农业部关于加强农业行业扶贫工作的指导意见

农计发〔2012〕42 号

扶贫开发工作在党和国家工作全局中具有特殊重要的战略地位。在我国全面建设小康社会进入关键时期的新形势下，党中央国务院颁布实施《中国农村扶贫开发纲要（2011—2020 年）》，并召开中央扶贫开发工作会议，对加强扶贫开发工作进行了全面部署。为认真贯彻落实中央扶贫开发工作会议精神，进一步做好新时期农业行业扶贫工作，提出如下意见。

一、深刻认识做好新时期农业行业扶贫工作的重要意义，进一步增强责任感和使命感

（一）做好农业行业扶贫工作是贯彻落实中央关于新时期扶贫开发事业各项决策部署的重要举措。党和国家始终高度重视扶贫开发事业。改革开放以来党和国家正式启动全国范围有计划、有组织的大规模开发式扶贫，取得了举世瞩目的巨大成就，成功走出了一条中国特色扶贫开发道路。2011 年 5 月中共中央、国务院颁布实施了《中国农村扶贫开发纲要（2011—2020 年）》，2011 年 11 月底又召开了中央扶贫开发工作会议，进一步明确了部门行业扶贫工作的任务与要求，明确提出各行业部门要把改善贫困地区发展环境和条件作为本行业发展规划的重要内容，在资金、项目等方面向贫困地区倾斜，切实完成本行业国家确定的扶贫任务。做好农业行业扶贫工作，指导和帮助贫困地区农业农村经济加快发展，是落实中央关于新时期扶贫开发工作各项决策部署的重要举措，是新时期农业部门的一项重要的政治任务。

（二）做好农业行业扶贫工作是改变贫困地区落后面貌、全面建设小康社会的必然要求。改革开放以来，我国大力推进扶贫开发，农村贫困人口大幅减少，农村居民生存和温饱问题基本解决。但是，扶贫开发是一项长期历史任务，我国区域发展不平衡问题突出，制约贫困地区发展的深层次矛盾依然存在。扶贫对象规模大，相对贫困问题凸显，返贫现象时有发生，贫困地区特别是集中连片特殊困难地区发展相对滞后。做好农业行业扶贫工作，不断改善农牧民生产生活条件，推动贫困地区农牧业加快发展，可以有效减少贫困人口，改变贫困地区落后面貌，保障全体人民共享经济社会发展成果。

（三）做好农业行业扶贫工作是加快贫困地区农牧业发展、促进农牧民增收的重

要任务。农牧业是广大贫困地区的支柱产业，是惠及广大农牧民最直接的民生产业。由于自然、历史等多方面原因，贫困地区农牧业发展还普遍存在基础设施薄弱、科技装备水平落后、农牧民素质低、产业化发展水平不高等方面问题。解决这些问题，不仅需要贫困地区广大干部群众自身的力量，还需要全国农业系统的帮助和支持。做好农业行业扶贫工作，大力发展现代农业，调整农业产业结构，培育特色产业，提高农牧民素质，是加快贫困地区农牧业发展、促进农牧民增收的重要任务。

长期以来，农业部和全国农业系统按照中央的部署和要求，坚持把支持贫困地区（包括贫困农牧场）农牧业发展作为重要的政治任务，不断加大对贫困地区农牧业发展的支持力度，先后指导和帮助贫困地区编制了多项重大发展和建设规划，倾斜性安排各类建设和专项资金，派出多批管理干部和技术人员支持参与贫困地区农牧业建设，逐步形成和完善了全方位行业扶贫的工作格局，为贫困地区优势特色产业发展、生产生活条件改善和农牧民增收做出了积极贡献。做好新时期农业行业扶贫工作，要求农业部系统和各级农业部门进一步从全局和战略高度，切实把思想统一到中央的科学判断上来，把思路统一到中央的战略决策上来，把行动统一到中央的部署安排上来。要准确把握扶贫开发工作面临的新情况、新形势和新任务，切实增强责任感、使命感和紧迫感，充分发挥行业优势和职能，以定点扶贫和集中连片扶贫为重点，采取更加有力的措施，进一步扎实开展行业扶贫工作，更加注重体制机制创新，更加注重转变发展方式，更加注重增强贫困地区自我发展能力，认认真真地为贫困地区做好事、办实事、解难事，促进以集中连片特殊困难地区为主战场的广大贫困地区农牧业发展、农牧区繁荣和农牧民富裕，确保这些地区与全国同步实现全面建设小康社会的宏伟目标。

二、突出重点，进一步明确农业行业扶贫各项工作任务

新时期扎实做好农业行业扶贫工作，在总体思路上，要深入贯彻落实科学发展观，立足贫困地区资源优势和环境条件，坚持统筹推进工业化、城镇化和农牧业现代化，以提升特色农产品生产能力为重点，以增加农牧民收入和改善生产生活条件为核心，帮助贫困地区不断强化农业基础设施，做大做强特色产业，推动科技创新，开展农民培训，开拓农产品市场，扩大农民就业，逐步走出一条具有中国特色的贫困地区现代农牧业发展道路。

按照上述思路，要着力抓好以下六个方面的重点工作：

（一）大力发展特色农牧业。继续通过种养业良种工程、园艺作物标准园创建、畜牧业渔业标准化规模养殖等项目建设，优化产业结构，转变发展方式，扶持贫困地区特色种养业发展，大力发展“三品一

标”，打造一批具有一定市场竞争力的知名品牌，推进特色种养殖产品规模化生产、标准化管理、产业化经营、品牌化营销。同时，依托贫困地区独特的自然资源环境和民族文化，积极拓展农业多功能，发展特色经济和休闲农业、生态农业，努力拓宽农民增收渠道，增强贫困地区发展内生动力。

（二）切实加强基础设施建设。加大水土流失治理，加强中低产田改造和高标准农田建设，完善农田水利设施，大力发展旱作节水农业，稳步提高农业综合生产能力。鼓励研发推广适合贫困地区特点的农牧业机械，加快推进农牧业装备现代化。因地制宜采取多种模式，开展草原防火、雪灾、鼠虫害、有害生物防治以及饲草料基地等建设，加快实施游牧民定居工程，改善牧区生产生活条件。力争通过几年的努力，使贫困地区农业基础设施有较为明显的改善。

（三）积极推进农业科技进步。围绕贫困地区特色农牧业发展，加大农业科技协作攻关和成果转化力度，加快推广农作物优质高产品种和高效栽培模式、测土配方施肥技术、无公害生产技术、秸秆综合利用技术等适合贫困地区特点及需求的良种良法。加强动植物防疫体系建设等各类农牧业支撑保障服务体系建设，不断增强服务功能。发挥行业优势，积极帮助开展举办各种类型的管理、实用技术、就业技能培训，提高干部群众综合素质和劳动技能，积极推动农村劳动力转移就业。继续做好干部到贫困地区挂职锻炼和“博士服务团”成员选派工作。

（四）加快推进产业化经营。切实加大对农业产业化龙头企业的扶持力度，完善扶持政策，强化指导服务，不断增强龙头企业辐射带动能力。加快发展农民专业合作社，通过引导农民专业合作社依法办社、支持加工冷链等设施建设，进一步提高农民专业合作社自身实力、发展活力和带动能力。支持粮油、林果、畜禽水产等特色农产品加工，不断延伸产业链条，提升优势特色农牧产品市场竞争力。

（五）进一步扩大市场开拓。加快实施“金农工程”农业综合信息服务平台建设，利用现代及传统传媒手段，为广大生产企业和农牧民提供及时有效的信息服务。积极牵线搭桥，发挥发达地区人才、资金和技术优势，引导企业和社会力量参与贫困地区特色农牧产品生产和开发，实现优势互补，互惠互利。支持和鼓励贫困地区农牧企业参加各类博览会、展销会等，多种形式促进产销对接，不断提高产品市场知名度。

（六）不断加大生态保护与建设力度。进一步加大退牧还草等工程实施力度，大力加强草原建设与保护，采取禁牧、休牧、轮牧等措施，恢复天然草原植被和生态功能。深入实施草原生态保护补助奖励政策，推进草原畜牧业发展，促进牧民增收。继续大力支持农村沼气工程建设，推广应用节能灶、固体成型燃料等农村能源建设项目，带动改水、改厨、改厕、改圈和秸秆综合利用。指导农民合理使用农药、化肥、地膜等，积极发展农业循环经济，加强农村环境综合治理，创建环境优美的新农牧区。

三、采取有效措施，确保农业行业扶贫各项工作落到实处

扶贫开发是一项长期的历史任务。各级农业部门要按照中央的部署和要求，把责任目标体现在规划引领上，把任务措施落实在项目建设上，把责任保障体现在加强领导上，采取有效措施，把农业行业扶贫工作落到实处。

（一）进一步加强领导。行业扶贫工作涉及方方面面，要把各方面力量调动好、组织好、协调好、整合好、发挥好。要按照中央新时期扶贫开发工作的新要求，进一步加强领导，强化指导，整体部署，分类推进。农业部定点扶贫工作领导小组要充分发挥作用，切实加强工作指导和统筹谋划。全国农业系统要把做好行业扶贫工作列入重要议事日程，摆在更加突出的位置，发挥行业优势，以定点扶贫地区和集中连片特殊困难地区为重点，不断加大对贫困地区、贫困农牧场的支持力度，务求实效。

（二）进一步落实责任。全国农业系统要按照职能，围绕做好行业扶贫工作，在挖潜、对接、结合上下功夫，进一步突出重点、强化责任，抓出亮点，把扶贫开发工作抓出气势，抓出成效，抓出影响力，尽快造福人民群众。工作中，既要重视“输血”式扶贫，更要重视“造血”式扶贫，特别要注意坚决杜绝“面子工程”、形式主义。

（三）进一步完善机制。要注意在实践中完善和落实扶持贫困地区发展的各项政策措施，不断探索创新开展定点扶贫和行业扶贫工作的思路和方法。逐步建立完善情况沟通与通报制度，加强工作监督检查，随时掌握了解工作情况和进展。加强与扶贫等部门的衔接，做好与各片区联系单位的沟通与配合，善于整合和调动各方面力量开展工作，不断增强工作活力和实际效果。特别要充分调动和发挥贫困地区干部群众的主体作用，用自己的双手创造幸福美好生活。

（四）进一步扩大宣传。坚持宣传发动到位，重点宣传党和国家对贫困地区农业工作的高度重视，宣传各地各单位对贫困地区农业发展的无私帮助，宣传行业扶贫工作所取得的成绩和典型，宣传各级干部群众的无私奉献精神，凝聚各方面力量，进一步在全社会形成关心支持定点扶贫和行业扶贫的良好氛围。

住房与城乡建设部关于支持大别山片区住房城乡建设事业发展的意见

建村〔2012〕159号

安徽、河南、湖北省住房城乡建设厅：

为贯彻中央扶贫工作会议精神，落实《中国农村扶贫开发纲要（2011—2020年）》，根据集中连片特殊困难地区联系单位工作职责，现就支持大别山片区住房城乡建设事业发展提出以下意见。

一、指导思想、基本原则和主要任务

（一）指导思想。贯彻科学发展观，落实中央扶贫工作部署，立足大别山片区实际，发挥住房城乡建设系统优势，尽力而为，真诚帮扶，开展政策和项目及智力支持，推动城乡建设，改善人居环境，促进大别山片区扶贫攻坚和区域发展。

（二）基本原则。坚持突出重点，发挥片区优势及住房城乡建设系统优势。坚持雪中送炭，着力解决贫困群众和民生领域的突出问题。坚持硬件软件兼顾，着力提高片区自我发展能力。坚持因地制宜，密切结合片区实际和需求。坚持群众路线，深入乡村和工作一线。

（三）主要任务。加大农村危房改造和保障性住房建设支持力度，“十二五”末完成片区70%的农村存量危房改造。支持和指导城乡规划建设，加快改善片区城乡基础设施和人居环境。支持人力资源开发和建筑业等产业发展，加快提升片区自我发展能力。

二、支持措施

（一）加大农村危房改造支持力度。加大对安徽、河南、湖北省农村危房改造支持力度，协调3省有关部门在任务安排上向片区各县倾斜，确保每年片区县均任务量高于全国的县均任务量、高于片区3省的县均任务量，“十二五”期间安排中央农村危房改造任务80万户以上。派遣专家组指导片区农房设计和建造，帮助提高农房建设管理能力。

（二）支持城镇保障性住房建设。协调加大对片区财政困难地区保障性安居工程建设补助力度，指导片区3省在任务安排上对片区各县给予倾斜。支持片区各县在乡镇建设公共租赁住房，解决乡村教师、医疗卫生工作者、科技人员、乡镇公务员、扶贫志愿者等农村公益性岗位人员住房困难问题。

（三）开展城乡规划试点。指导片区3省各1个县开展县域规划编制试点，支持试点县编制县域城乡统筹发展战略规划、1

个重点镇和1个中心村规划。根据地方需求，组织专家对未列入试点的县提供技术指导和咨询，参加城乡规划审查，帮助提高规划编制和实施水平。

（四）支持县镇基础设施建设。选择并指导片区9个试点县编制或修订城镇给排水规划、城镇绿地系统规划等专项规划。指导未编制上述专项规划的县编制规划，已编制上述专项规划的县制定年度实施计划和方案并督促执行。及时转达县镇基础设施建设有关项目申报文件及具体要求，指导各县建立项目库，组织相关单位提供技术指导，并协调有关部门对符合相应条件的项目给予支持。在片区3省各选择1个试点县，组织协调设计、科研单位对生活垃圾处理专项规划编制及修编提供技术服务。协调有关部门将片区符合条件的16个镇污水处理设施配套管网建设项目列入中央财政支持范围，力争"十二五"期间安排管网任务量400公里、补贴2.9亿元左右。选择并支持6个县（镇）开展节约型、生态型园林绿化示范，组织城市园林绿化设计、施工单位及有关专家提供全过程指导服务。组织重点城市的供水企业、污水处理单位与各县市在水质检测、运行维护管理等方面结对帮扶和技术支持工作。协调北京市朝阳区循环经济产业园、深圳市宝安区老虎坑生活垃圾卫生填埋场、杭州天子岭生活垃圾填埋场等运行管理较好的场区作为对口帮扶单位，组织大别山片区相关人员进行驻场交流实践。组织东部地区有关6省市住房城乡建设或园林绿化部门各对口帮扶1个县，以选派干部蹲点挂职的形式在园林绿化管理、技术等方面给予指导和帮助。

（五）促进风景名胜区保护和利用。开展片区风景名胜资源调查，指导地方做好价值评估并提供技术服务。根据地方意愿建立国家级风景名胜区申报预备名单，按照程序，对条件成熟的申报项目予以重点支持。加大对花亭湖、天柱山国家级风景名胜区专项资金支持力度，帮助纳入国家"十二五"文化和自然遗产保护设施建设规划项目储备库，争取中央补助资金支持基础设施建设；组织黄山、九华山等发展较好的风景名胜区与花亭湖、天柱山国家级风景名胜区结成帮扶对子，开展人员交流及管理、技术培训。

（六）扶持片区县建筑业发展。加强建筑业发展政策咨询与指导，指导地方住房城乡建设主管部门在企业资质升级、做大做强、做精做专等方面提供政策咨询服务。组织中国建筑业协会支持河南固始县、新县、民权县，湖北团风县、罗田县、麻城市、红安县，安徽金寨县、岳西县等9个县建筑劳务发展。组织中国建筑金属结构协会重点扶持团风县钢结构产业发展，带动钢结构企业整体水平进一步提升。协调中国建筑工程总公司等建筑业企业分别一对一重点帮扶安徽岳西县、河南民权县、湖北团风县和罗田县。

（七）开展村镇建设示范。"十二五"

期间帮助片区36个县各创建1个示范村，在村庄规划、人居环境整治、绿色照明等可再生能源利用、农房建设、传统文化和田园风貌保护、发展乡村旅游和农业生产、村庄管理等方面做出示范。支持符合条件的村落列入国家传统村落名录，指导和支持传统村落保护与发展。指导创建国家特色景观旅游名镇名村。“十二五”期间支持3省各1个基础条件较好的镇创建绿色低碳重点小城镇试点示范，协调有关部门在建筑节能、可再生能源建筑应用、城镇污水管网、环境污染防治、商贸流通设施等建设项目上予以支持。在新一轮全国重点镇名单调整中支持片区新增10个以上全国重点镇。支持开展现代民居示范，结合农村危房改造予以推广，培育专业农村建筑工匠500人以上。

（八）推动建筑节能与科技示范。开展可再生能源建筑应用县级示范和农村地区可再生能源建筑应用示范。重点支持中小学校、乡镇卫生院及农村住房采用太阳能热水技术，推进被动式太阳能采暖方式为教室等供暖。协调有关部门每年在片区县城及农村选择30万平方米的建筑开展可再生能源建筑应用并给予补贴。加强对示范项目技术类型选择、工程设计、施工等环节的指导。支持和指导新建建筑执行节能强制性标准，鼓励采用节能、节地、节水、节材及环境友好技术建设节能省地型住宅，对评价标识等级达到二星级、三星级的新建绿色建筑按照有关规定给予财政补贴。

（九）开展人力资源支持。为片区举办村镇建设、农村危房改造、城乡规划、城乡基础设施与生态环境建设、住房保障、房地产、城镇给排水、生活垃圾处理、城镇园林绿化等专题管理与技术培训班，提升县乡主要领导、相关部门领导及管理人员、技术人员与相关从业人员的业务水平。选派住房城乡建设部机关及直属单位干部赴片区挂职，接收片区干部到部机关或直属单位挂职锻炼培养。

三、组织协调

住房城乡建设部机关各司局和直属单位按照统一部署，加强与安徽、河南、湖北省住房城乡建设部门沟通和协调，结合各自职能职责落实各项支持措施，并积极与中央其他有关部门合作，共同推进片区区域发展与扶贫攻坚工作。安徽、河南、湖北省住房城乡建设部门要高度重视片区扶贫攻坚工作，结合当地实际，积极主动与我部有关单位协调和对接，落实和细化各项支持措施，切实做好组织实施工作。县级住房城乡建设部门要积极主动做好项目前期准备、组织实施以及具体协调等相关工作。加强宣传，扩大社会影响，在全社会形成关心支持连片特困地区发展的良好氛围。

本意见提出的有关支持措施适用于住房城乡建设部定点帮扶的国家扶贫开发工作重点县。

住房和城乡建设部

2012年11月6日

中央政策文件

国务院关于大力实施促进中部地区崛起战略的若干意见

国发〔2012〕43号

各省、自治区、直辖市人民政府，国务院各部委、各直属机构：

《中共中央国务院关于促进中部地区崛起的若干意见》（中发〔2006〕10号）印发实施以来，中部地区经济社会发展取得了重大成就。当前和今后一个时期是中部地区巩固成果、发挥优势、加快崛起的关键时期，为大力实施促进中部地区崛起战略，推动中部地区经济社会又好又快发展，现提出以下意见：

一、促进中部地区崛起面临的新形势和新任务

（一）主要成就。促进中部地区崛起战略实施以来，在党中央、国务院正确领导下，中部地区抢抓机遇、开拓进取，经济实现较快增长，总体实力大幅提升，经济总量占全国的比重逐步提高；粮食生产基地、能源原材料基地、现代装备制造及高技术产业基地和综合交通运输枢纽（以下称“三基地、一枢纽”）建设加快，产业结构调整取得积极进展，资源节约型和环境友好型社会建设成效显著；重点领域和关键环节改革稳步推进，区域合作交流不断深入，全方位开放格局初步形成；城乡居民收入持续增加，社会事业全面发展，人民生活明显改善。经过不懈努力，中部地区已经步入了加快发展、全面崛起的新阶段。

（二）机遇与挑战。随着工业化、城镇化深入发展和扩大内需战略全面实施，中部地区广阔的市场潜力和承东启西的区位优势将进一步得到发挥；国际国内产业分工加快调整，为中部地区有序承接国内外产业转移、推动产业结构优化升级创造了良好机遇；我国改革开放深入推进，综合国力不断增强，为中部地区加快发展提供了强大动力和有力保障。但也应看到，中部地区经济结构不尽合理、城镇化水平偏低、资源环境约束强化、对外开放程度不高等矛盾和问题仍然突出，转变发展方式任务依然艰巨，促进中部地区崛起任重道远。

（三）重大意义。中部地区是全国“三农”问题最为突出的区域，是推进新一轮工业化和城镇化的重点区域，是内需增长极具潜力的区域，在新时期国家区域发展格局中占有举足轻重的战略地位。在新形

势下大力促进中部地区崛起，是推动中部地区转变经济发展方式，提升整体实力和竞争力，缩小与东部地区发展差距的客观需要；是发挥中部地区区位优势，构筑承东启西、连南接北的战略枢纽，加快形成协调互动的区域发展新格局的现实选择；是激发中部地区内需潜能，拓展发展空间，支撑全国经济长期平稳较快发展的重大举措；是破解城乡二元结构，加快推进基本公共服务均等化，实现全面建设小康社会目标的迫切要求。

（四）总体要求。大力实施促进中部地区崛起战略，必须深入贯彻落实科学发展观，坚持以科学发展为主题，以加快转变发展方式为主线，以扩大内需为战略基点，以深化改革开放为动力，更加注重转型发展，加快经济结构优化升级，提高发展质量和水平；更加注重创新发展，加强区域创新体系建设，更多依靠科技创新驱动经济社会发展；更加注重协调发展，在工业化、城镇化深入发展中同步推进农业现代化，加快形成城乡经济社会一体化发展新格局；更加注重可持续发展，加快建设资源节约型和环境友好型社会，促进经济发展与人口资源环境相协调；更加注重和谐发展，大力保障和改善民生，使广大人民群众进一步共享改革发展成果。

（五）发展目标。到2020年，中部地区经济发展方式转变取得明显成效，年均经济增长速度继续快于全国平均水平，整体实力和竞争力显著增强，经济总量占全国的比重进一步提高，区域主体功能定位更加清晰，“三基地、一枢纽”地位更加巩固，城乡区域更加协调，人与自然更加和谐，体制机制更加完善，城乡居民收入与经济同步增长，城镇化率力争达到全国平均水平，基本公共服务主要指标接近东部地区水平，努力实现全面崛起，在支撑全国发展中发挥更大作用。

二、稳步提升“三基地、一枢纽”地位，增强发展的整体实力和竞争力

（六）巩固粮食生产基地地位。毫不松懈抓好粮食生产，结合实施全国新增1000亿斤粮食生产能力规划，稳定粮食播种面积，充分挖掘增产潜力，到2020年中部地区粮食生产能力达到3600亿斤以上，占全国粮食总产量的比重进一步提高，提升在全国粮食生产中的重要地位。加大对中部地区农业基础设施建设和农业科技推广的支持力度。统筹实施粮食生产重大工程，加快农田水利建设，大规模改造中低产田，建设高标准基本农田。加大农作物优良品种选育和推广力度，提高农业生产科技含量。不断完善粮食直补和农资综合补贴政策，继续实施良种补贴，加大农机具购置补贴力度，建立农业关键技术补贴制度。全面推进农业机械化。加快农业结构调整，推进农业产业化经营，积极发展现代农业。在黄淮海平原、江汉平原、鄱阳湖和洞庭湖地区、山西中南部等农产品优势产区规划建设一批现代农业示范区，

着力发展高产、优质、高效、生态、安全农业，力争使中部地区走在全国农业现代化前列。

（七）提高能源原材料基地发展水平。继续推进晋北、晋东、晋中、淮南、淮北和河南大型煤炭基地建设，积极淘汰煤炭落后产能，加快实施煤炭资源整合和兼并重组，培育大型煤炭企业集团。支持在长江沿岸规划建设大型煤炭储备中心。加强煤层气资源开发利用，鼓励采气采煤一体化。加快大型火电基地建设，合理规划建设水电站，支持发展太阳能光伏发电和风力发电，因地制宜推广分布式新能源发电，稳步推进水电新农村电气化县、小水电代燃料和农村水电扩容增效等项目建设，提高可再生能源在能源结构中的比例。制定中部地区矿产资源勘查开发指导目录，加大重点成矿区带的地质调查和矿产资源勘查投入力度，建立重要矿产资源的矿产地储备，推进绿色矿山建设，保护矿山地质环境。推进钢铁、石化、有色、建材等优势产业结构调整，延伸产业链，提高产品附加值和竞争力，实现原材料工业由大变强，推动建设布局合理、优势突出、体系完整、安全环保的原材料精深加工基地。

（八）壮大现代装备制造及高技术产业基地实力。依托骨干企业，加强技术改造和关键技术研发，推动汽车、大型机械、特高压输变电设备、轨道交通设备、船舶等装备制造业升级和发展。以掌握核心技术为突破口，培育发展电子信息、生物医药、新能源、新材料等战略性新兴产业，大力实施重大产业发展创新工程和战略性新兴产业创新成果应用示范工程。充分发挥武汉、长株潭地区综合性国家高技术产业基地和武汉信息、郑州生物、南昌航空、合肥电子信息等专业性国家高技术产业基地的辐射带动作用，形成一批具有核心竞争力的新兴产业集群，逐步使战略性新兴产业成为推动中部地区经济发展的主导力量。充分发挥劳动力、资源等优势，有序承接国内外产业转移，重点发展家用电器、纺织服装、农产品加工、能源资源开发与加工等劳动密集型产业，以高新技术和先进适用技术改造提升传统制造业，促进产业结构优化升级，推进新型工业化进程。

（九）加快发展服务业。积极发展现代物流业，加强重点物流园区的规划与建设，支持有条件的地方建设内陆无水港。规范文化产业园区建设，发展壮大演艺娱乐、出版发行、影视制作、文化创意等产业，促进文化产业大发展大繁荣。加快发展金融、研发设计、电子商务、信息服务等生产性服务业，促进生产性服务业与制造业融合发展。大力发展商贸服务、休闲娱乐、旅游等生活性服务业，扶持发展社区服务、养老服务等新型服务业态。

（十）强化综合交通运输枢纽地位。统筹发展各种运输方式，加强与东部沿海和西部地区的交通通道建设，强化中部六省之间的互联互通，全面提升综合交通运输能力，进一步巩固中部地区在全国综合运输大通道中的战略地位。加快完善铁路网，尽快贯通“四纵四横”客运专线中部段，有序推进城际轨道交通建设，继续实施既有线路扩能改造，加强煤运通道建设，提高运输能力。加强普通国省干线公路建设，完成国家高速公路网中部路段建设，加快构建沿长江快速通道，推进高速公路拥挤路段扩容改造，打通省际“断头路”，基本实现所有县通高等级公路。加快长江、淮河干流及重要支流高等级航道建设，统筹岸线资源开发，加强武汉长江中游航运中心和重点内河港口建设。加强武汉、郑州、长沙等枢纽机场建设，支持与其他国内枢纽机场合作开通中转联程国际航线，新建和扩建一批支线机场，鼓励发展通用航空。建设郑州、武汉等全国性综合交通枢纽，实现各交通方式之间以及与城市交通的无缝衔接。

三、推动重点地区加快发展，不断拓展经济发展空间

（十一）支持重点经济区发展。按照全国主体功能区规划要求，依托长江黄金水道和重大交通干线，加快构建沿陇海、沿京广、沿京九和沿长江经济带，引导人口和产业集聚发展，促进经济合理布局。重点推进太原城市群、皖江城市带、鄱阳湖生态经济区、中原经济区、武汉城市圈、环长株潭城市群等重点区域发展，形成带动中部地区崛起的核心地带和全国重要的经济增长极。推动晋中南、皖北、赣南、湘南地区开发开放，加快汉江流域综合开发，打造湘西、鄂西生态文化旅游圈和皖南国际文化旅游示范区，培育新的经济增长带。

（十二）发挥城市群辐射带动作用。实施中心城市带动战略，支持省会等中心城市完善功能、增强实力，培育壮大辐射带动作用强的城市群，促进城镇化健康发展。科学规划城市群内各城市功能定位和产业布局，推动大中小城市与周边小城镇进一步加强要素流动和功能联系，实现协调发展。全面加强城镇公用基础设施建设，提高综合服务功能，增强城镇承载能力。推进武汉城市圈、环长株潭城市群、中原城市群城际快速轨道交通网络建设。支持郑（州）汴（开封）新区发展，建设内陆开发开放高地，打造工业化、城镇化和农业现代化协调发展先导区。根据城市群发展需要，适时推进行政区划调整。

（十三）大力促进县域经济发展。因地制宜发展县域特色优势产业，形成一批特色产业集群，不断增强县域经济实力。把县城和中心镇作为承接城市辐射、服务农村发展的重要节点，全面加强基础设施和公共服务设施建设，逐步提高建设标准，培育形成一批中小城市，强化对周边农村的生产生活服务功能。深入推进省直管县财政管理方式改革，稳步推进省直管县改革试点。

（十四）扶持欠发达地区加快发展。增加扶贫资金投入，加大工作力度，推进秦

巴山区、武陵山区、燕山—太行山区、吕梁山区、大别山区、罗霄山区等集中连片特困地区扶贫开发攻坚工程，到2020年，稳定实现扶贫对象不愁吃、不愁穿，保障其义务教育、基本医疗和住房，扭转贫困地区与其他地区发展差距扩大趋势。推动在武陵山区率先开展区域发展与扶贫攻坚试点。支持赣南等原中央苏区振兴发展，促进大别山革命老区加快发展。积极开展丹江口库区及上游地区对口协作（帮扶）工作。加大对低洼易涝区、行蓄洪区、南水北调工程渠首区的支持力度。

（十五）支持老工业基地调整改造和资源型城市转型。加大对中部地区老工业基地调整改造项目和企业技术改造的支持力度。深入推进厂办大集体改革和国有企业改革重组。组织实施好资源型城市吸纳就业、资源综合利用和发展接续替代产业专项，扶持引导资源型城市尽快形成新的支柱产业，促进资源型城市可持续发展。大力支持老工业基地和资源型城市民生工程建设，继续做好城市和国有工矿棚户区改造工作。

四、大力发展社会事业，切实保障和改善民生

（十六）加快发展教育、卫生、文化事业。坚持教育优先发展，深化教育体制改革，优化教育布局和结构。推动义务教育均衡发展，巩固提高九年义务教育水平，基本普及学前教育和高中阶段教育，确保进城务工人员随迁子女在流入地平等接受义务教育。大力发展职业教育，加强职业教育基础能力建设，鼓励发展民办职业教育，落实好中等职业教育学生资助和免学费政策。实施中西部高等教育振兴计划，支持中部地区有特色高水平地方高校发展，推进高水平大学和重点学科建设，提升高等教育水平，推进产学研结合，服务区域经济发展。深化医药卫生体制改革，加快农村三级卫生服务网络和城市社区卫生服务体系建设，积极稳妥推进公立医院改革和基层医疗卫生机构综合改革。加强疾病预防体系建设，加大地方病、传染病防治力度。推进人口计生服务体系建设，稳定低生育水平，促进人口长期均衡发展。发挥中部地区历史文化资源优势，加强文化遗产保护与传承，促进文化与旅游融合发展。深入推进各项文化惠民工程，加强公共文化基础设施建设。

（十七）千方百计扩大就业。实施更加积极的就业政策，通过项目带动、产业发展、开发公益性岗位等多种途径，重点解决高校毕业生、农民工和就业困难人员的就业问题。大力发展劳动密集型产业和小型微型企业，加大对自主创业的扶持力度，培育一批创业孵化示范基地，促进以创业带动就业。扶持发展农产品加工业、休闲农业和乡村旅游，带动农民就地就近就业。继续实施“阳光工程”、“雨露计划”等就业推进工程，加大对农民工职业技能培训力度，培养新型农民和农村实用人才。对

未能升学的应届初高中毕业生普遍实行劳动预备制培训。健全最低工资和工资指导线制度。完善就业公共服务体系。支持中部地区开展对外劳务合作。

（十八）健全社会保障体系。加快实现新型农村和城镇居民社会养老保险制度全覆盖，做好城镇职工基本养老保险关系转移接续工作，支持社会养老服务体系建设，推进城乡养老保险制度有效衔接。完善城乡最低生活保障制度，实现应保尽保，合理提高低保标准。完善社会救助和保障标准与物价上涨挂钩联动机制。提高新农合人均筹资标准和保障水平，支持有条件的地方探索建立城乡统筹的居民基本医疗保险制度。加快建立预防、补偿、康复三位一体的工伤保险制度。完善福利机构基础设施，逐步拓展社会福利保障范围，推动社会福利服务社会化。加强以公共租赁住房为重点的保障性安居工程建设，开展利用住房公积金贷款支持保障性住房建设试点。

五、加强资源节约和环境保护，坚定不移走可持续发展道路

（十九）推进资源节约型和环境友好型社会建设试点。深入实施武汉城市圈、长株潭城市群资源节约型和环境友好型社会建设综合配套改革试验总体方案。大力支持山西资源型经济转型综合配套改革试验区建设。扎实推进湖北省国家低碳省试点和江西南昌国家低碳城市试点，适当扩大中部地区低碳省份和低碳城市试点范围。支持湖北省开展碳排放权交易试点，合理确定碳排放初始交易价格。推动绿色低碳小城镇建设。推动洞庭湖生态经济区建设。支持丹江口库区开展生态保护综合改革试验，建设渠首水源地高效生态经济示范区，探索经济与生态环境协调发展的新模式。

（二十）加大环境保护和生态建设力度。加大三峡库区、丹江口库区及上游和淮河、黄河、海河、巢湖等重点流域水污染防治力度，建立健全联防联控机制。加快推进城市和重点建制镇污水、垃圾处理，推进重金属污染防治、农村环境综合整治、土壤污染治理与修复试点示范，加强重点领域环境风险防控。推动湘江流域污染综合整治，深入开展重金属污染治理。实施大气污染物综合控制，改善重点城市空气环境质量。继续实施水土保持重点工程和重大生态修复工程，加强鄱阳湖、洞庭湖、洪湖、梁子湖、巢湖等重点湖泊和湿地保护与修复，加快三峡库区及上游、丹江口库区及上游、鄱阳湖和洞庭湖湖区防护林建设，加强汉江中下游生态建设，推进武汉大东湖生态水网构建。加大京津风沙源治理力度，继续推进石漠化综合治理和崩岗治理试点。积极推进矿山地质环境治理和生态修复，加大矿区塌陷治理力度。强化重点生态功能区保护和管理。加大对外来入侵物种的防控力度，加强生物多样性保护。

（二十一）大力推进节能减排。加大工

业、建筑、交通等领域节能工作力度，推进重点节能工程建设。坚决淘汰落后产能，限制高耗能、高排放行业低水平重复建设，严禁污染产业和落后生产能力转入。加大惩罚性电价、差别电价实施力度和范围。加快推行合同能源管理，大力发展节能环保产业。深入推进粉煤灰、煤矸石等大宗固体废物综合利用。落实最严格的水资源管理制度，全力推进节水型社会建设。加大对重点用水行业节水技术改造的支持力度。对城镇污水再生利用设施建设投资，中央给予补助。加快山西、河南循环经济试点省建设，大力推进清洁生产，支持建设一批循环经济重点工程和示范城市、园区、企业。加快"城市矿产"示范基地、矿产资源综合利用示范基地和再制造示范基地（集聚区）建设。落实国家适应气候变化总体战略，加强适应气候变化能力建设。

（二十二）加强水利和防灾减灾体系建设。进一步治理淮河，加强黄河下游治理和长江中下游河势控制，推进长江、黄河、淮河干流及主要支流防洪工程和水资源配置工程建设。加强洞庭湖、鄱阳湖、巢湖综合治理，推进长江、淮河流域蓄滞洪区建设和黄河滩区治理，加快南水北调中线及配套工程建设。完成病险水库除险加固任务，加强病险水闸除险加固，推进灌区续建配套与节水改造，加大大型灌排泵站更新改造力度。加快中小河流治理，协调推进山洪地质灾害防治，做好三峡库区等重大地质灾害隐患点的工程治理和避让搬迁。完善防灾应急体系，加强重点时段、重点地区灾害防治和综合治理。

六、大力推进改革创新，增强发展的活力和动力

（二十三）推进重点领域改革。深化行政管理体制改革，加快转变政府职能，减少和规范行政审批事项，提高服务质量和办事效率，建设服务型政府。整顿和规范市场秩序，打破行政垄断和地区封锁，加快建设统一开放的市场体系，培育发展土地、资本、产权、技术和劳动力等市场。推动国有经济战略性调整，支持国有企业完善法人治理结构，加快建立现代企业制度，妥善解决国有企业历史遗留问题。认真落实促进非公有制经济和中小企业发展的各项政策措施，营造公平竞争的市场环境，引导中小企业改善经营管理、增强发展活力。支持民间资本进入资源开发、基础设施、公用事业和金融服务等领域。健全财力与事权相匹配的公共财政体制，探索建立符合区域主体功能定位的财政政策导向机制。按照依法、自愿、有偿的原则，引导土地承包经营权规范有序流转。加快集体林权制度改革。鼓励和支持中部地区在城乡土地管理、农村人口向城镇有序转移、行政管理体制等方面先行先试，破解体制机制难题。

（二十四）促进城乡一体化发展。打破城乡分割的制度障碍，推动城乡之间公共资源均衡配置和生产要素自由流动，加大

城市支持农村的力度，促进城乡协调发展。完善覆盖城乡的公共财政体系，创新城乡基础设施共建共享机制，推动城市基础设施和公共服务向农村延伸。加强城乡规划统筹协调，提高以城带乡发展水平。积极稳妥推进户籍管理制度改革，把有合法稳定职业和稳定住所的农村人口逐步转为城镇居民，逐步将符合条件的进城稳定就业人员纳入城镇保障性住房供应范围。健全城乡统一的人力资源市场，形成城乡劳动者平等就业制度。改革集体建设用地使用制度，完善征地补偿机制，及时足额安排被征地农民社会保障资金，确保农民在土地增值中的收益权。统筹村庄布局，在充分尊重农民意愿的前提下，合理引导农民住宅和居民点建设，稳步开展多种形式的城乡一体化试点。大力支持农村饮水安全、农村电网、农村公路、农村沼气、农村危房改造等工程建设。

（二十五）完善自主创新体制机制。深化科技体制改革，大力提升区域创新能力和科技服务能力。完善激励企业自主创新机制，引导企业加大研发投入，推动企业成为创新主体，推进建立产业技术创新联盟。加强政策引导，提高中小企业创新能力。加强科技基础条件平台建设，促进科技资源开放共享，增强科研院所和高等院校创新活力，发挥科技领军人才作用，加快科技成果转化。加大对重大科技专项的支持，加强国家重点实验室、工程（技术）研究中心和工程实验室建设。实施创新人才推进计划，支持源头创新，加强创新型人才示范基地和海外高层次人才创新创业基地建设。集聚创新要素，优化创新环境，落实自主创新优惠政策，加强知识产权保护。支持武汉东湖国家自主创新示范区、合芜蚌自主创新综合试验区加快发展，推进安徽国家技术创新工程试点省和合肥、郑州、武汉、长沙等国家创新型城市建设。

（二十六）加强和创新社会管理。坚持面向基层、面向群众完善政府服务，强化政府在社会管理中的主导地位，发挥各类社会组织和企事业单位的协同作用，推进社会管理规范化、专业化和社会化。强化乡镇政府的社会管理和公共服务职能，健全村民自治机制。加强城乡结合部、城中村等社区居民委员会建设，延伸基本公共服务职能，推进多种形式的社会组织建设。建立和完善政府向社会组织购买服务的制度。加强和创新流动人口动态服务管理制度，做好对外出农民工的服务和管理工作。建立和完善矛盾排查、信息预警、应急处置和责任追究制度，建立重大事项社会稳定风险评估机制。

七、全方位扩大开放，加快形成互利共赢开放新格局

（二十七）大力发展内陆开放型经济。实施开放带动战略，完善开放政策，优化开放环境，推动形成全方位、多层次、宽领域的对外开放新格局。重点支持省会等中心城市深化涉外经济体制改革，推动航

空口岸建设，打造内陆开放高地。加快长江流域开发开放，探索建立沿长江大通关模式，实现长江水运通关便利化。推动重点口岸建设，加强与沿海港口口岸战略合作。支持符合条件的省级开发区升级为国家级开发区，支持具备条件的地方申请设立海关特殊监管区域。大力发展服务外包，推动武汉、合肥、南昌等服务外包示范城市依托本地产业基础和要素优势，不断提高服务外包水平。大力发展对外贸易，推动加工贸易转型升级，支持有条件的城市建设沿海加工贸易梯度转移重点承接地。加快皖江城市带承接产业转移示范区建设，支持在湖南湘南、湖北荆州、晋陕豫黄河金三角、江西赣南等地区设立承接产业转移示范区。鼓励中部地区企业“走出去”。

（二十八）不断深化区域合作。健全合作机制，创新合作形式，在更大范围、更广领域、更高水平上实现资源要素优化配置。密切与长江三角洲、珠江三角洲、京津冀和海峡西岸经济区等东部沿海地区的合作，进一步提升合作层次和水平。鼓励与东部地区通过委托管理、投资合作等形式合作共建产业园区，探索建立合作发展、互利共赢新机制。加强与西部地区在资源开发利用、基础设施共建共享、生态环境保护、防灾减灾等方面的互动合作，以国内区域合作支撑西部地区全方位扩大向西开放和参与国际次区域合作。研究加快跨省交界地区合作发展问题，大力支持晋陕豫黄河金三角地区开展区域协调发展试验。支持办好中国中部投资贸易博览会，广泛开展各类经贸活动。

（二十九）加快区域一体化发展。建立中部六省行政首长定期协商机制，鼓励中部六省在基础设施、信息平台、旅游开发、生态保护等重点领域开展合作，加强在科技要素、人力资源、信用体系、市场准入、质量互认和政府服务等方面的对接，实现商品和生产要素自由流动。推动太（原）榆（次）、合（肥）淮（南）、郑（州）汴（开封）、（南）昌九（江）等重点区域一体化发展。鼓励和支持武汉城市圈、长株潭城市群和环鄱阳湖城市群开展战略合作，促进长江中游城市群一体化发展。

八、加强政策支持

（三十）扶持粮食主产区经济发展。加大中央财政转移支付力度，支持粮食主产区提高财政保障能力，逐步缩小地方标准财政收支缺口，加快改变“粮食大县、财政穷县”状况。国家扶持农业生产的各类补贴，重点向粮食主产区倾斜。进一步完善奖励政策，逐步增加中央财政对粮食主产区和产粮大县的奖励。加大对粮食主产区的投入和利益补偿，中央预算内投资对主产区基础设施和民生工程建设给予重点支持，优先安排农产品加工等农业发展项目，支持在主产区中心城市和县城布局对地方财力具有支撑作用的重大产业发展项目。引导粮食主销区参与主产区粮食生产基地、仓储设施等建设，鼓励采取多种形式建立稳固的产销协作关系。

（三十一）落实节约集约用地政策。实行最严格的耕地保护制度，严守耕地红线，严格基本农田保护，建立耕地保护补偿激励机制。加快推进节约集约用地制度建设，大力实施农村土地整治，严格规范城乡建设用地增减挂钩试点。加快旧城区、城中村和煤矿沉陷区改造，积极盘活闲置和空闲土地。提高土地利用效率，支持多层标准厂房建设，探索工业用地弹性出让和年租制度。建立健全节约集约用地考核评价机制。在节约集约用地前提下，新增建设用地年度计划指标和城乡建设用地增减挂钩试点规模适当向中部地区倾斜，保障工业化和城镇化用地需求。

（三十二）加大财税金融政策支持力度。加大中央财政对中部地区均衡性转移支付的力度，重点支持中部地区改善民生和促进基本公共服务均等化。积极推动将煤炭、部分金属矿产品等纳入资源税改革试点。支持武汉、郑州、长沙、合肥等地区加快金融改革和金融创新。鼓励符合条件的金融机构在中部地区设立分支机构，支持地方性金融机构发展。规范地方政府融资平台建设。支持符合条件的中小企业上市融资和发行债券，支持中小企业融资担保机构规范发展。深化农村金融机构改革，扶持村镇银行、贷款公司等新型农村金融机构发展。支持农村信用社进一步深化改革，落实涉农贷款税收优惠、农村金融机构定向费用补贴、县域金融机构涉农贷款增量奖励等优惠政策。支持郑州商品交易所增加期货品种。

（三十三）加强投资、产业政策支持与引导。加大中央预算内投资和专项建设资金投入，在重大项目规划布局、审批核准、资金安排等方面对中部地区给予适当倾斜。鼓励中部六省设立战略性新兴产业创业投资引导基金，规范发展私募股权投资。根据中部地区产业发展实际，研究制定差别化产业政策。按照国家产业政策，修订《中西部地区外商投资优势产业目录》，增加特色产业条目。对符合国家产业政策的产业转移项目，根据权限优先予以核准或备案。

（三十四）完善生态补偿相关政策。加大中央财政对三峡库区、丹江口库区、神农架林区等重点生态功能区的均衡性转移支付力度。支持在丹江口库区及上游地区、淮河源头、东江源头、鄱阳湖湿地等开展生态补偿试点。鼓励新安江、东江流域上下游生态保护与受益区之间开展横向生态环境补偿。逐步提高国家级公益林森林生态效益补偿标准。对资源型企业依照法律、行政法规有关规定提取用于环境保护、生态恢复等方面的专项资金，准予税前扣除。

（三十五）完善并落实好“两个比照”政策。进一步加大中部地区“两个比照”（中部六省中 26 个城市比照实施振兴东北地区等老工业基地有关政策，243 个县市区比照实施西部大开发有关政策）政策实施力度，完善实施细则，确保各项政策落到实处。

（三十六）强化组织实施和监督检查。进一步发挥促进中部地区崛起工作部际联席会议制度的作用，明确部门职责，密切分工合作，加强在规划编制、政策制定、项目安排、改革试点等方面的沟通协商，充分调动企业和社会各方面力量广泛参与，推动形成促进中部地区崛起工作整体合力。中部六省要认真组织实施，明确工作责任，制定工作方案，全面落实各项任务。国务院有关部门要按照职能分工，加强工作指导，细化政策措施，发展改革委要加强综合协调、跟踪分析和督促检查，研究解决新情况、新问题，重大事项及时向国务院报告。

促进中部地区崛起是一项长期艰巨的历史任务。中部六省和国务院有关部门要进一步解放思想、提高认识、周密部署、通力协作，切实把促进中部地区崛起各项政策措施落到实处，不断开创促进中部地区崛起工作新局面。

国务院

2012 年 8 月 27 日

国务院关于支持赣南等原中央苏区振兴发展的若干意见

国发〔2012〕21号

各省、自治区、直辖市人民政府，国务院各部委、各直属机构：

赣南等原中央苏区在中国革命史上具有特殊重要的地位。新中国成立特别是改革开放以来，赣南等原中央苏区发生了翻天覆地的变化，但由于种种原因，经济社会发展明显滞后，与全国的差距仍在拉大。为支持赣南等原中央苏区振兴发展，现提出如下意见。

一、重大意义

（一）重要性和紧迫性。赣南等原中央苏区地跨赣闽粤，是土地革命战争时期中国共产党创建的最大最重要的革命根据地，是中华苏维埃共和国临时中央政府所在地，是人民共和国的摇篮和苏区精神的主要发源地，为中国革命作出了重大贡献和巨大牺牲。由于战争创伤的影响，以及自然地理等多种原因，迄今为止，原中央苏区特别是赣南地区，经济发展仍然滞后，民生问题仍然突出，贫困落后面貌仍然没有得到根本改变。还有不少群众住在危旧土坯房里，喝不上干净水，不能正常用电，一些红军和革命烈士后代生活依然困窘；基础设施薄弱、产业结构单一、生态环境脆弱等制约当地经济社会发展的问题仍然比较突出。振兴发展赣南等原中央苏区，既是一项重大的经济任务，更是一项重大的政治任务，对于全国革命老区加快发展具有标志性意义和示范作用。支持赣南等原中央苏区振兴发展，是尽快改变其贫困落后面貌，确保与全国同步实现全面建设小康社会目标的迫切要求；是充分发挥其自身比较优势，逐步缩小区域发展差距的战略需要；是建设我国南方地区重要生态屏障，实现可持续发展的现实选择；是进一步保障和改善民生，促进和谐社会建设的重大举措。

（二）发展机遇。赣南等原中央苏区既存在着历史包袱沉重、现实基础薄弱等困难和问题，又具有加快发展的有利条件和重大机遇。区位条件相对优越，是珠三角、厦漳泉地区的直接腹地和内地通向东南沿海的重要通道；特色资源丰富，素有“世界钨都”和“稀土王国”之称；正处于产业转移加快推进和工业化、城镇化加速发展阶段，市场开发潜力大；国家扶持力度进一步加大，原中央苏区人民思富图强、负重拼搏的意识不断增强。当前赣南等原中央苏区已进入加快发展的关键时期，必须牢牢抓住历史机遇，奋力攻坚克难，努力实现全面振兴和跨越式发展。

二、总体要求

（三）指导思想。以邓小平理论和“三个代表”重要思想为指导，深入贯彻落实科学发展观，弘扬苏区精神，加大扶持力度，加快新型工业化和城镇化进程，以解决突出的民生问题为切入点，着力改善城乡生产生活条件；以加快交通、能源、水利等基础设施建设为突破口，着力增强发展的支撑能力；以承接产业转移为抓手，着力培育壮大特色优势产业；以发展社会事业为重点，着力提升基本公共服务水平；以保护生态环境为前提，着力促进可持续发展；以改革开放为动力，着力破解体制机制障碍，努力走出一条欠发达地区实现跨越式发展的新路子，使原中央苏区人民早日过上富裕幸福的生活，确保与全国同步进入全面小康社会。

（四）基本原则。

——统筹兼顾，突出重点。在原中央苏区范围内，赣南具有特殊地位，面临特殊困难，要把支持赣南加快发展作为工作重点，协同推进原中央苏区整体振兴发展。

——立足当前，着眼长远。采取更加有力的措施，力争两三年内使突出的民生问题得到有效解决；加快实施一批增强“造血”功能的工程和项目，不断提升自我发展能力。

——加快发展，推进转型。坚定不移地走新型工业化、城镇化道路，同步推进农业现代化，促进“三化”协调发展；坚持加快发展与转型发展相结合，努力实现又好又快发展。

——改革创新，开放合作。进一步解放思想，开拓创新，深化重点领域和关键环节改革，鼓励先行先试，增强发展动力和活力；加强区域合作，构筑开放平台，提高对内对外开放水平。

——国家扶持，自力更生。充分考虑赣南等原中央苏区的特殊地位和当前面临的特殊困难，国家在资金、项目和对口支援等方面进一步加大支持力度；充分调动和发挥地方的积极性、主动性、创造性，大力弘扬苏区精神，通过自身努力加快发展。

（五）战略定位。

——全国革命老区扶贫攻坚示范区。集中力量打好新阶段扶贫攻坚战，编制实施罗霄山片区区域发展与扶贫攻坚规划，为全国革命老区扶贫开发、群众脱贫致富、全面建设小康社会积累经验，提供示范。

——全国稀有金属产业基地、先进制造业基地和特色农产品深加工基地。建设具有较强国际竞争力的稀土、钨稀有金属产业基地。依托本地资源和现有产业基础，大力发展新材料和具有特色的先进制造业。建设世界最大的优质脐橙产业基地和全国重要的特色农产品、有机食品生产与加工基地。

——重要的区域性综合交通枢纽。依托赣州区域性中心城市的区位优势，加快现代综合交通体系和快速通道建设，建成连接东南沿海与中西部地区的区域性综合交通枢纽和物流商贸中心。

——我国南方地区重要的生态屏障。推进南岭、武夷山等重点生态功能区建设，加强江河源头保护和江河综合整治，加快森林植被保护与恢复，提升生态环境质量，切实保障我国南方地区生态安全。

——红色文化传承创新区。加强革命遗址保护和利用，推动红色文化发展创新，提升苏区精神和红色文化影响力，建设全国爱国主义教育和革命传统教育基地，打造全国著名的红色旅游目的地。

（六）发展目标。到2015年，赣南等原中央苏区在解决突出的民生问题和制约发展的薄弱环节方面取得突破性进展。尽快完成赣州市农村安全饮水、农村危旧土坯房改造、农村电网改造升级、农村中小学薄弱学校改造等任务；基础设施建设取得重大进展，特色优势产业集群进一步壮大，城镇化率大幅提升，生态建设和环境保护取得显著成效；经济保持平稳较快发展；城乡居民收入增长与经济发展同步，基本公共服务水平接近或达到中西部地区平均水平。

到2020年，赣南等原中央苏区整体实现跨越式发展。现代综合交通运输体系和能源保障体系基本形成；现代产业体系基本建立，工业化、城镇化水平进一步提高；综合经济实力显著增强，人均主要经济指标与全国平均水平的差距明显缩小；人民生活水平和质量进一步提升，基本公共服务水平接近或达到全国平均水平，与全国同步实现全面建设小康社会目标。

三、优先解决突出民生问题，凝聚振兴发展民心民力

解决好民生问题是振兴发展的首要任务。要加大资金投入，集中力量尽快解决最突出的民生问题，切实改善群众生产生活条件，保护和调动人民群众参与振兴发展的积极性。

（七）加大以土坯房为主的农村危旧房改造力度。加大对赣南等原中央苏区农村危旧土坯房改造支持力度，重点支持赣州市加快完成改造任务。适应城镇化趋势，结合新农村建设，积极探索创新土坯房改造方式。大力支持保障性住房建设，加大对赣州市城市棚户区改造支持力度，加快国有工矿棚户区和国有农林场危房改造，“十二五”末基本完成改造任务。

（八）加快解决农村饮水安全问题。加大农村安全饮水工程实施力度，2014年底前解决赣州市农村饮水安全问题，“十二五”末全面完成赣南等原中央苏区农村饮水安全任务。支持有条件的农村地区发展规模化集中供水，鼓励城镇供水管网向农村延伸。建立健全农村水质安全监测系统。

（九）加强农村电网改造和农村道路建设。加快推进赣南等原中央苏区新一轮农

村电网改造升级，到“十二五”末建立起安全可靠、节能环保、技术先进、管理规范的新型农村电网。支持赣州市农网改造升级工程建设，电网企业加大投入，2013年底前全面解决赣州市部分农村不通电或电压低问题。实施农村公路危桥改造，推进县乡道改造和连通工程，进一步提高农村公路的等级标准和通达深度。

（十）提高特殊困难群体生活水平。将居住在农村和城镇无工作单位、18周岁之前没有享受过定期抚恤金待遇且年满60周岁的烈士子女，以及试行义务兵役制后至《退役士兵安置条例》实施前入伍、年龄在60周岁以上（含60周岁）、未享受到国家定期抚恤补助的农村籍退役士兵等人员纳入抚恤补助范围，落实相关待遇。积极研究在乡退伍红军老战士、失散红军等人员遗孀定期生活补助政策。支持解决上述特殊困难对象中孤老病残优抚对象的集中供养问题。帮助残疾人改善生活条件。

四、大力夯实农业基础，促进城乡统筹发展

把解决“三农”问题放在突出位置，巩固提升农业基础地位，大力发展现代农业，促进农业稳定发展、农民持续增收，加快城乡一体化进程，打牢振兴发展的坚实基础。

（十一）稳定发展粮食生产。以吉泰盆地、赣抚平原商品粮基地为重点，加强粮食生产重大工程建设，不断提高粮食综合生产能力。严格基本农田保护，支持高标准基本农田建设，加大中低产田改造投入，积极推行“单改双”，稳定粮食播种面积。支持发展现代种业，加快良种繁育体系建设。扩大对种粮农民直接补贴和农资综合补贴规模，扩大良种补贴范围。将适宜丘陵山区的中小型农机具纳入农机购置补贴范围，促进提高农业机械化水平。支持农业科技服务体系建设，加快新技术、新品种的引进、示范和推广。

（十二）大力发展特色农业。优化农产品区域布局，推进农业结构调整，加快发展特色农业，建设面向东南沿海和港澳地区的重要农产品供应基地。做强脐橙产业，加快脐橙品种选育和改良，推进标准化、有机果园建设，支持贮藏、加工、物流设施建设。积极推进国家脐橙工程（技术）研究中心建设，研究建立脐橙交易中心。对脐橙实行柑橘苗木补贴政策和“西果东送”政策。大力发展油茶、毛竹、花卉苗木等特色林业，支持油茶示范基地县建设。积极发展蜜桔、茶叶、白莲、生猪、蔬菜、水产品、家禽等特色农产品。支持畜禽标准化规模养殖场（小区）建设。研究开展脐橙、蜜桔、白莲保险。支持动植物疫病防控、农产品质量安全检验检测等体系建设，扶持农业产业化龙头企业和农民专业合作社发展。支持赣州、吉安、抚州等市建设国家现代农业示范区。

（十三）促进城乡统筹发展。统筹城乡规划建设，推动城镇道路、供水、生态、

环保等基础设施向农村延伸，公共服务向农村拓展。扎实推进新农村建设，加强村庄规划布局，引导农村社区建设，改善农村人居环境。大力发展县域经济，提升带动农村发展的能力。支持基础较好的中心镇壮大实力，增强对周边农村的生产生活服务功能。推进户籍管理制度改革，把有合法稳定职业和稳定住所的农村人口逐步转为城镇居民。大力发展休闲农业、乡村旅游，拓展农业功能，多渠道增加农民收入。强化农村劳动力转移就业和创业能力培训，鼓励外出农民工回乡创业，建设农民创业基地。支持赣州开展统筹城乡发展综合改革试验。

五、加快基础设施建设，增强振兴发展支撑能力

坚持基础设施先行，按照合理布局、适度超前的原则，加快实施一批重大交通、能源、水利等基础设施项目，构建功能完善、安全高效的现代化基础设施体系。

（十四）建设赣州综合交通枢纽。编制赣州市综合交通枢纽规划，加快构建综合交通运输体系，加强与周边城市和沿海港口城市的高效连接，把赣州建成我国重要的区域性综合交通枢纽。加快赣（州）龙（岩）铁路扩能改造，建设昌（南昌）吉（安）赣（州）铁路客运专线，规划研究赣州至深圳铁路客运专线和赣州至韶关铁路复线，打通赣州至珠三角、粤东沿海、厦漳泉地区的快速铁路通道，加快赣（州）井（冈山）铁路前期工作，加强赣州至湖南、广东、福建等周边省份铁路运输通道的规划研究，提升赣州在全国铁路网中的地位和作用。改造扩建赣州黄金机场，研究建设航空口岸。适时将赣州黄金机场列为两岸空中直航航点。加快赣江航道建设，结合梯级开发实现赣州—吉安—峡江三级通航，加快建设赣州港。

（十五）加强交通基础设施建设。完善铁路网络，加快鹰（潭）瑞（金）梅（州）铁路、浦（城）梅（州）铁路、广（州）梅（州）汕（头）铁路扩能前期工作，适时开工建设。规划研究吉安至建宁铁路。研究瑞金火车站升级改造。加强公路建设，支持大庆—广州高速公路赣州繁忙路段实施扩容改造工程，规划建设兴国—赣县、寻乌—全南、乐安—宁都—于都、广昌—建宁、金溪—资溪—光泽等高速公路。加大国省道干线公路改造力度，力争县县通国道，重点推进通县二级公路建设。加快推进国家公路运输枢纽站场建设。支持三明沙县机场新建工程，扩建吉安井冈山机场、龙岩连城机场，研究建设赣东南机场和瑞金通勤机场。

（十六）提高能源保障能力。研究论证瑞金电厂扩建项目，规划建设抚州电厂、粤电大埔电厂“上大压小”工程等电源点项目。推进国电井冈山水电站前期工作。支持发展风电、太阳能、生物质能发电。建设赣州东（红都）500 千伏输变电工程和抚州至赣州东（红都）500 千伏线路。

提高县网供电保障能力，建设石城、崇义、安远等县220千伏变电站。取消赣州市220千伏、110千伏输变电工程建设贷款地方财政贴息等配套费用。推进樟树—吉安—赣州、泉州—赣州、揭阳—梅州—赣州等成品油管道项目建设。依托蒙西至华中电煤运输通道建设，解决赣州地区煤运问题。支持建设赣州天然气及成品油仓储基地。

（十七）加快水利基础设施建设。加大支持力度，加快实施城镇防洪工程建设，提高赣州等市城镇防洪标准。开展上犹江引水、引韩济饶供水等水资源配置工程和韩江（高陂）大型水利枢纽前期工作，继续支持廖坊灌区工程建设。加快章江等大型灌区续建配套与节水改造，尽快完成病险水库除险加固。加快中小河流治理。逐步扩大赣南苏区小型农田水利重点县建设覆盖面。将一般中小型灌区新建、续建配套及节水改造、中小型排涝泵站更新改造以及小水窖、小水池、小塘坝、小泵站、小水渠“五小”水利工程纳入中央支持范围。建立山洪地质灾害监测预警预报体系。

六、培育壮大特色优势产业，走出振兴发展新路子

坚持市场导向，立足比较优势，着力培育产业集群，促进集聚发展、创新发展，推动服务业与制造业、产业与城市协调发展，构建特色鲜明、结构合理、集约高效、环境友好的现代产业体系。

（十八）积极推动优势矿产业发展。发挥骨干企业和科研院所作用，加大技术改造和关键技术研发力度，促进稀土、钨等精深加工，发展高端稀土、钨新材料和应用产业，加快制造业集聚，建设全国重要的新材料产业基地。将赣南等原中央苏区列为国家找矿突破战略行动重点区域，加大地质矿产调查评价、中央地质勘查基金等中央财政资金的支持力度。支持赣州建设稀土产业基地和稀土产学研合作创新示范基地，享受国家高新技术产业园区和新型工业化产业示范基地扶持政策。积极推进技术创新，提升稀土开采、冶炼和应用技术水平，提高稀土行业集中度。按照国家稀土产业总体布局，充分考虑资源地利益，在赣州组建大型稀土企业集团。国家稀土、钨矿产品生产计划指标向赣州倾斜。研究支持建设南方离子型稀土与钨工程（技术）研究中心，加大国家对稀土、钨关键技术攻关的支持力度。支持赣州建设南方离子型稀土战略资源储备基地，研究论证建立稀有金属期货交易中心。

（十九）加快提升制造业发展水平。发挥现有产业优势，大力发展电子信息、现代轻纺、机械制造、新型建材等产业，积极培育新能源汽车及其关键零部件、生物医药、节能环保、高端装备制造等战略性新兴产业，形成一批科技含量高、辐射带动力强、市场前景广阔的产业集群。支持设立战略性新兴产业创业投资资金，建设高技术产业孵化基地。加大对重大科技成果推广应用和产业化支持力度，增强科技

创新能力。支持国内整车企业在赣州等市设立分厂。支持军工企业在赣州、吉安发展军民结合高技术产业。支持赣州新型电子、氟盐化工、南康家具以及吉安电子信息、抚州黎川陶瓷、龙岩工程机械等产业基地建设。支持建设国家级检验检测技术研发服务平台。

（二十）促进红色文化旅游产业大发展。编制赣南等原中央苏区革命遗址保护规划，加大对革命旧居旧址保护和修缮力度，发挥革命旧居旧址在爱国主义教育中的重要作用。支持中央苏区历史博物馆、中央苏区烈士陵园、东固革命烈士陵园等红色文化教育基地建设。支持在瑞金建设公务员培训基地。大力发展红色旅游，将赣南等原中央苏区红色旅游列入国家旅游发展战略，支持红色旅游基础设施建设。深化赣南与井冈山、闽西、粤东北的旅游合作，以瑞金为核心高起点建设一批精品景区和经典线路，支持创建国家5A级旅游景区，推动红色旅游与生态旅游、休闲旅游、历史文化旅游融合发展。支持赣州、吉安创建国家旅游扶贫试验区。

（二十一）大力发展现代服务业。健全金融机构组织体系，完善金融机构、金融市场和金融产品，推动建立赣闽粤湘四省边际区域性金融资源共享机制。鼓励境内外金融机构在赣州设立经营性分支机构，支持和鼓励各类银行业金融机构发起设立新型农村金融机构。大力发展现代物流业，研究完善物流企业营业税差额纳税试点办法，支持赣州、抚州创建现代物流技术应用和共同配送综合试点城市，推动赣州、吉安综合物流园区及广昌物流仓储配送中心等项目建设。鼓励发展科技研发、工业设计和服务外包，规范发展法律咨询、信用评估、广告会展、培训认证等商务服务业。适应城镇化和人口老龄化趋势，扶持发展社区服务、家政服务、社会化养老等生活服务业。支持赣州建设服务业发展示范基地。

（二十二）推动产业与城市协调发展。促进产业和生产要素向城市集聚，提升城市服务功能和承载能力。支持赣州建设省域副中心城市，调整行政区划，增设市辖区，推动赣县、南康、上犹与赣州中心城区同城化发展，科学规划建设章康新区，扶持瑞金、龙南次中心城市建设。加快吉泰走廊城镇体系建设。科学规划城市功能定位和产业布局，强化城市基础设施和公共服务设施建设，增强辐射带动能力。推进数字化城市建设。

七、加强生态建设和环境保护，增强可持续发展能力

牢固树立绿色发展理念，大力推进生态文明建设，正确处理经济发展与生态保护的关系，坚持在发展中保护、在保护中发展，促进经济社会发展与资源环境相协调。

（二十三）加强生态建设和水土保持。加强天然林资源保护，巩固和扩大退耕还

林成果，加大长江和珠江防护林工程以及湿地保护和恢复投入力度，支持自然保护区、森林公园、地质公园、湿地公园等建设。加强生物多样性保护。加强中幼龄林抚育和低质低效林改造，改善林相结构，提高林分质量。将赣州、吉安列为全国木材战略储备生产基地。支持森林防火设施建设。加大对森林管护和公益林建设扶持力度，加强草山草坡保护和利用。加大水土流失综合治理力度，继续实施崩岗侵蚀防治等水土保持重点建设工程。加强赣江、东江、抚河、闽江源头保护，开展水产种质资源保护和水生态系统保护与修复治理。深入开展瑞金、上犹等生态文明示范工程试点。支持开展生态移民搬迁、地质灾害移民搬迁。将赣州市居住在库区水面木棚的农民纳入“渔民上岸”工程实施范围。

（二十四）加大环境治理和保护力度。编制矿山环境综合治理规划，加大矿山地质环境治理专项资金支持力度，加快完成赣州市历史遗留矿山环境综合治理。支持城镇污水处理厂和污水管网建设，“十二五”末完成所有县城生活污水管网体系建设，支持开发区、工业园、产业园污水处理设施建设。推进多种污染物协同控制，加强城市大气污染防治。支持赣州市重点区域重金属污染防治和历史遗留问题综合整治，加大工业行业清洁生产推行力度。支持建设赣南危险废物处置中心，加强危险废物规范化管理。加强城乡饮用水水源保护以及陡水湖、万安水库生态环境保护与治理。推进农村清洁工程，加大农村环境综合整治和农业面源污染防治力度，支持发展农村沼气，加强乡镇垃圾处理设施建设。加强环境监管能力建设。

（二十五）大力发展循环经济。鼓励参与国家循环经济“十百千示范行动”，支持赣州建设铜铝有色金属循环经济产业园，推进资源再生利用产业化。严格控制高耗能、高排放和产能过剩行业新上项目，提高行业准入门槛。积极开展共伴生矿、尾矿和大宗工业固体废弃物综合利用，发展稀土综合回收利用产业。支持赣州、井冈山经济技术开发区实施循环化改造，建设国家生态工业示范园区。支持赣州开展全国低碳城市试点，实施低碳农业示范和碳汇造林工程。推进循环农业发展。支持资源型城市可持续发展。

八、发展繁荣社会事业，促进基本公共服务均等化

坚持以人为本，促进经济建设与社会发展相协调，大力发展各项社会事业，不断提高基本公共服务水平，让改革发展成果更多地惠及广大城乡居民。

（二十六）优先发展教育事业。加快实施学前教育三年行动计划。支持农村义务教育薄弱学校改造、边远艰苦地区农村学校教师周转宿舍建设，到2013年全面完成赣州市校舍危房改造，到2015年基本解决小学、初中寄宿生住宿问题。逐步提高农村义务教育阶段家庭经济困难寄宿生生活

费补助标准，在集中连片特殊困难地区全面实施农村义务教育学生营养改善计划。加大“特岗计划”、“国培计划”对赣州市的倾斜力度。统筹研究解决普通高中债务，在实施普通高中改造计划等项目中对赣州等市进行倾斜。建立适应地方产业发展的现代职业教育体系，扶持办好中等职业学校。面向贫困地区定向招生专项计划向赣州等市倾斜，扩大部属师范大学的招生规模，支持免费师范毕业生到赣州等市中小学任教。支持江西省与有关部门共建江西理工大学，扶持赣州等市高等院校和稀土、钨、铀等优势特色学科建设。支持赣州开展教育综合改革试验。

（二十七）提升城乡医疗卫生服务水平。健全农村县、乡、村三级和城市社区医疗卫生服务网络，加快重大疾病防控等公共卫生服务能力建设。加强赣州市市级医院建设，支持中心城区增设三级综合医院，建设儿童、肿瘤等专科医院和市县两级中医院、妇幼保健院，支持人口大县建设三级综合医院，到2015年千人口床位数达到江西省平均水平，2020年达到全国平均水平，提升区域性医疗服务能力。加强基层医疗卫生队伍建设，积极培养全科医生。完善食品药品检验检测体系，支持赣州市食品药品检验检测中心和瑞金、龙南等区域性食品药品检验检测机构建设。加强人口和计划生育服务能力建设。

（二十八）加快文化体育事业发展。支持市级图书馆、文化馆、博物馆和县级文化馆、图书馆以及乡镇街道综合文化站、村及社区文化室、农家书屋等城乡公共文化设施建设。加快实施广播电视村村通等文化惠民工程，支持赣州市加强高山无线发射台站建设，“十二五”内提前实现户户通广播电视。加大历史文化名城名镇名村保护力度，加强非物质文化遗产保护。在新闻出版资源配置上给予赣州倾斜，支持赣州按照市场化方式创办客家出版社。推动抚州黎川发展油画艺术。支持城乡公共体育设施建设。

（二十九）加强就业和社会保障。加强基层人力资源和社会保障公共服务平台建设，依托现有资源建设综合性职业技能实训基地。建立完善统筹城乡的社会保障体系，实现基本养老保险、基本医疗保险制度全覆盖。逐步提高新型农村社会养老保险和城镇居民社会养老保险基础养老金标准以及企业退休人员基本养老金水平。完善城乡低保制度，实现应保尽保，合理提高低保标准。支持儿童福利院、残疾人康复中心、社会养老服务机构等设施建设。支持赣州区域性救灾减灾指挥中心和救灾物资储备库、应急避难场所建设。加大对赣州社会救助资金支持力度。

（三十）强化基层社会管理服务。加强基层组织建设，创新社会管理，积极主动为基层群众送政策、送温暖、送服务，推动社会管理重心下移。加快社区服务中心、服务站等综合性基层平台建设，构建以城乡社区为重点的基层社会管理服务体系。

进一步拓展和延伸基层社会管理服务内容，完善维护群众权益机制。提高乡村基本运转经费保障水平。

九、深化改革扩大开放，为振兴发展注入强劲活力

坚持以改革开放促振兴发展，积极探索、开拓创新，着力构建有利于加快发展、转型发展的体制机制，有序承接产业转移，打造内陆开放型经济新格局。

（三十一）创新体制机制。深化行政管理体制改革，加快转变政府职能，提高行政效能，优化发展环境。支持赣州发展成为较大的市，依法享有相应的地方立法权。加快要素市场建设，支持发展非公有制经济和中小企业，鼓励民间资本参与基础设施、公用事业和社会事业等领域建设。稳步开展农村土地承包经营权登记，探索农村集体建设用地流转制度改革。深化集体林权制度改革，开展经济林确权流通。采取更加灵活的措施，支持和鼓励赣州市在城乡统筹、扶贫开发、投融资等方面先行开展政策探索。研究设立瑞（金）兴（国）于（都）经济振兴试验区，鼓励先行先试，加大支持力度。支持赣州在地方金融组织体系、中小企业金融服务等方面开展改革试验。

（三十二）有序承接产业转移。坚持市场导向与政府推动相结合，发挥自身优势，完善产业配套条件和产业转移推进机制，依托现有产业基础，促进承接产业集中布局。支持设立赣南承接产业转移示范区，有序承接东南沿海地区产业转移，严禁高污染产业和落后生产能力转入。推动赣州“三南”（全南、龙南、定南）和吉泰走廊建设加工贸易重点承接地。在条件成熟时，在赣州出口加工区的基础上按程序申请设立赣州综合保税区，建设成为内陆开放型经济示范区。推动瑞金、龙南省级开发区加快发展，支持符合条件的省级开发区升级，在科学规划布局的基础上有序推进未设立开发区的县（区、市）设立产业集聚区。支持设立国家级高新技术产业园区。

（三十三）推动开放合作。强化与珠三角、厦漳泉等沿海地区的经贸联系，打造以赣州经济技术开发区为核心，以赣州“三南”至广东河源、瑞金兴国至福建龙岩产业走廊为两翼的“一核两翼”开放合作新格局。支持建设赣闽、赣粤产业合作区。支持吉泰走廊开放开发，建设工业化、城镇化和农业现代化协调发展示范区，打造重要的经济增长带。建立完善区域内更加紧密的合作机制，加强在基础设施共建共享、资源开发利用、产业发展、生态建设与环境保护等方面的合作，加快区域一体化进程。密切与鄱阳湖生态经济区、海峡西岸经济区等周边重要经济区的协作互动。鼓励与沿海地区加强铁海联运等合作。深化与台港澳地区在农业、环保、电子信息及服务贸易等领域的合作交流。支持省级出口基地升级为国家级外贸转型升级专业型示范基地。

十、加大政策扶持力度

原中央苏区特别是赣南地区经济社会发展存在特殊困难和问题，应给予特别的政策支持。

（三十四）赣州市执行西部大开发政策。

（三十五）财税政策。进一步加大中央财政均衡性转移支付力度，逐步缩小地方标准财政收支缺口。加大中央财政对赣南等原中央苏区振兴发展的财力补助。加大中央专项彩票公益金对赣州社会公益事业的支持力度。支持化解赣州市县乡村公益性债务，将公益性建设项目国债转贷资金全部改为拨款。中央代地方政府发行的债券向原中央苏区倾斜。统筹研究将赣州列为中国服务外包示范城市并享受税收等相关优惠政策问题。

（三十六）投资政策。加大中央预算内投资和专项建设资金投入，在重大项目规划布局、审批核准、资金安排等方面对赣南等原中央苏区给予倾斜。中央在赣州安排的公益性建设项目，取消县及县以下和集中连片特殊困难地区市级资金配套。加大扶贫资金投入。国家有关专项建设资金在安排赣州市公路、铁路、民航、水利等项目时，提高投资补助标准或资本金注入比例。

（三十七）金融政策。鼓励政策性银行在国家许可的业务范围内，加大对赣南等原中央苏区的信贷支持力度。鼓励各商业银行参与赣南等原中央苏区振兴发展。促进赣州地方法人金融机构加快发展，发挥差别准备金动态调整机制的引导功能，支持地方法人金融机构合理增加信贷投放，优化信贷结构，满足有效信贷需求。支持开展保险资金投资基础设施和重点产业项目建设，开展民间资本管理服务公司试点。支持符合条件的企业发行企业（公司）债券、中期票据、短期融资券、中小企业集合票据和上市融资。深化融资性担保公司或再担保公司、小额贷款公司创新试点。大力推进农村金融产品和服务方式创新，鼓励和支持设立村镇银行。

（三十八）产业政策。实行差别化产业政策，从规划引导、项目安排、资金配置等多方面，给予支持和倾斜。加大企业技术改造和产业结构调整专项对特色优势产业发展的支持力度。对符合条件的产业项目优先规划布局。支持赣州创建国家印刷包装产业基地，并实行来料加工、来样加工、来件装配和补偿贸易的政策。

（三十九）国土资源政策。在安排土地利用年度计划、城乡建设用地增减挂钩周转指标等方面，加大对赣南等原中央苏区的倾斜。支持赣州开展低丘缓坡荒滩等未利用地开发利用试点和工矿废弃地复垦利用试点，相关指标单列管理；支持开展农村土地综合整治工作，研究探索对损毁的建设用地和未利用地开发整理成园地的，经认定可视同补充耕地，验收后用于占补平衡；支持开展稀土采矿临时用地改革试点。在符合矿产资源规划和不突破开采总量指标的前提下，支持对稀土、钨残矿、尾矿和重点建设项目压覆稀土资源进行回收利用，对因资源枯竭而注销的稀土、钨采矿权，允许通过探矿权转采矿权或安排其他资源地实行接续。对稀土、钨矿等优势矿产资源在国家下达新增开采、生产总量控制指标时给予倾斜，积极支持绿色矿山建设。

（四十）生态补偿政策。将东江源、赣江源、抚河源、闽江源列为国家生态补偿试点。结合主体功能区规划调整和完善，研究将贡江、抚河源头纳入国家重点生态功能区范围，提高国家重点生态功能区转移支付系数，中央财政加大转移支付力度。加快建立资源型企业可持续发展准备金制度。国家加大对废弃矿山植被恢复和生态治理工程的资金支持。加大对国家公益林生态补偿投入力度。

（四十一）人才政策。加大东部地区、中央国家机关和中央企事业单位与赣南等原中央苏区干部交流工作的力度。鼓励中央国家机关在瑞金设立干部教育培训基地。国家重大人才工程和引智项目向原中央苏区倾斜，鼓励高层次人才投资创业，支持符合条件的单位申报建立院士工作站和博士后科研工作站。

（四十二）对口支援政策。建立中央国家机关对口支援赣州市 18 个县（市、区）的机制，加强人才、技术、产业、项目等方面的对口支援，吉安、抚州的特殊困难县参照执行。鼓励和支持中央企业在赣州发展，开展帮扶活动。支持福建省、广东省组织开展省内对口支援。鼓励社会力量积极参与对口支援。

十一、切实加强组织领导

（四十三）加强指导协调。由发展改革委牵头，建立支持赣南等原中央苏区振兴发展部际联席会议制度，负责对原中央苏区振兴发展的指导和统筹协调，加强监督检查和跟踪落实，研究解决重大问题，重大事项及时向国务院报告。抓紧编制赣闽粤原中央苏区振兴发展规划，进一步细化实化各项政策措施。国务院有关部门要结合自身职能，细化政策措施，加大支持力度，全面落实本意见提出的各项任务。

（四十四）强化组织实施。支持赣南等原中央苏区振兴发展，是一项长期而艰巨的任务。江西、福建、广东省人民政府要加强对本意见实施的组织领导，制定工作方案，落实工作责任，加强与有关部门和单位的沟通衔接，强化协调配合，推进本意见的实施。要按照本意见确定的战略定位和重点任务，加快重大项目建设，努力探索有利于科学发展的体制机制。涉及的重大政策、改革试点和建设项目按规定程序另行报批后实施。

（四十五）弘扬苏区精神。赣南等原中央苏区干部群众要切实增强责任感和使命感，大力弘扬以“坚定信念、求真务实、一心为民、清正廉洁、艰苦奋斗、争创一流、无私奉献”为主要内涵的苏区精神，进一步发扬艰苦奋斗作风，振奋精神、不等不靠，齐心协力、真抓实干，推动原中央苏区实现跨越式发展，不断开创振兴发展工作新局面。

国务院

2012年6月28日

国务院关于进一步促进贵州经济社会又好又快发展的若干意见

国发〔2012〕2 号

各省、自治区、直辖市人民政府，国务院各部委、各直属机构：

改革开放特别是实施西部大开发战略以来，贵州经济社会发展取得显著成就，进入了历史上发展的最好时期。但由于自然地理等原因，贵州发展仍存在特殊困难，与全国的差距仍在拉大。为进一步促进贵州经济社会又好又快发展，现提出以下意见：

一、总体要求

（一）重要意义。贵州是我国西部多民族聚居的省份，也是贫困问题最突出的欠发达省份。贫困和落后是贵州的主要矛盾，加快发展是贵州的主要任务。贵州尽快实现富裕，是西部和欠发达地区与全国缩小差距的一个重要象征，是国家兴旺发达的一个重要标志。贵州发展既存在着交通基础设施薄弱、工程性缺水严重和生态环境脆弱等瓶颈制约，又拥有区位条件重要、能源矿产资源富集、生物多样性良好、文化旅游开发潜力大等优势；既存在着产业结构单一、城乡差距较大、社会事业发展滞后等问题和困难，又面临着深入实施西部大开发战略和加快工业化、城镇化发展的重大机遇；既存在着面广量大程度深的贫困地区，又初步形成了带动能力较强的黔中经济区，具备了加快发展的基础条件和有利因素，正处在实现历史性跨越的关键时期。进一步促进贵州经济社会又好又快发展，是加快脱贫致富步伐，实现全面建设小康社会目标的必然要求；是发挥贵州比较优势，推动区域协调发展的战略需要；是增进各族群众福祉，促进民族团结、社会和谐的有力支撑；是加强长江、珠江上游生态建设，提高可持续发展能力的重大举措。

（二）指导思想。以邓小平理论和“三个代表”重要思想为指导，深入贯彻落实科学发展观，紧紧抓住深入实施西部大开发战略的历史机遇，以加速发展、加快转型、推动跨越为主基调，大力实施工业强省和城镇化带动战略，着力加强交通、水利设施建设和生态建设，全面提升又好又快发展的基础条件；着力培育特色优势产业，积极构建具有区域特色和比较优势的产业体系；着力加大扶贫攻坚力度，彻底改变集中连片特殊困难地区城乡面貌；着力保障和改善民生，大幅提高各族群众生活水平；着力深化改革扩大开放，不断增强发展的动力和活力，努力走出一条符合自身实际和时代要求的后发赶超之路，确保与全国同步实现全面建设小康社会的宏伟目标。

（三）基本原则。

——坚持科学发展，转变经济发展方式。牢固树立全面协调可持续的发展理念，把后发赶超与加快转型有机结合起来，走新型工业化、城镇化道路，在发展中促转变，在转变中谋发展。

——坚持统筹协调，促进“三化”同步发展。在加快工业化、城镇化进程中，始终把农业现代化建设和社会主义新农村建设放在突出重要位置，推进城乡区域协调发展，构建城乡一体化发展新格局。

——坚持以人为本，切实保障改善民生。始终将解决人民群众切身利益问题摆在全局工作首位，让发展改革成果进一步惠及城乡居民，保护、调动和发挥各族群众盼发展、谋发展、促发展的积极性。

——坚持改革开放，创新发展体制机制。解放思想，锐意进取，把改革开放作为加速发展、加快转型、推动跨越的强大动力，不断破除体制机制障碍，不断优化投资和发展环境，不断提高对内对外开放水平。

——坚持自力更生，加大国家支持力度。充分发扬“不怕困难、艰苦奋斗、攻坚克难、永不退缩”的贵州精神，依靠自身努力加快发展，进一步加大中央支持和发达地区对口帮扶力度。

（四）战略定位。

——全国重要的能源基地、资源深加工基地、特色轻工业基地、以航空航天为重点的装备制造基地和西南重要陆路交通枢纽。大力实施优势资源转化战略，构建特色鲜明、结构合理、功能配套、竞争力强的现代产业体系，建设对内对外大通道，打造西部地区重要的经济增长极。

——扶贫开发攻坚示范区。按照区域发展带动扶贫开发、扶贫开发促进区域发展的新思路，创新扶贫开发机制，以集中连片特殊困难地区为主战场，全力实施扶贫开发攻坚工程，为新时期扶贫开发工作探索和积累经验。

——文化旅游发展创新区。传承优秀传统文化，弘扬社会主义先进文化，探索特色民族文化与旅游融合发展新路子，努力把贵州建设成为世界知名、国内一流的旅游目的地、休闲度假胜地和文化交流的重要平台。

——长江、珠江上游重要生态安全屏障。继续实施石漠化综合治理等重点生态工程，逐步建立生态补偿机制，促进人与自然和谐相处，构建以重点生态功能区为支撑的“两江”上游生态安全战略格局。

——民族团结进步繁荣发展示范区。认真落实民族政策，支持民族地区加快发展，巩固和发展平等、团结、互助、和谐的民族关系，促进各民族交往交流交融，实现经济跨越发展和社会和谐进步。

（五）发展目标。

到2015年，以交通、水利为重点的基础设施建设取得突破性进展；产业结构调整取得明显成效，综合经济实力大幅提升，工业化、城镇化带动作用显著增强，农业现代化水平明显提高；单位地区生产总值能耗明显下降，主要污染物排放总量得到有效控制，环境质量总体保持稳定；石漠化扩展趋势得到初步扭转，森林覆盖率达到45%；社会事业发展水平明显提升，扶贫对象大幅减少，全面建设小康社会实现程度接近西部地区平均水平。

到2020年，适应经济社会发展的现代综合交通运输体系和水利工程体系基本建成；现代产业体系基本形成，经济发展质量和效益明显提高，综合竞争力显著增强，城镇化水平大幅提高，科技创新能力明显提升；石漠化扩展势头得到根本遏制，森林覆盖率达到50%，环境质量良好；基本公共服务达到全国平均水平，城乡居民收入显著提高，实现全面建设小康社会奋斗目标。

（六）空间布局。

按照“黔中带动、黔北提升、两翼跨越、协调推进”的原则，充分发挥黔中经济区辐射带动作用，加快建设黔北经济协作区，积极推动毕水兴（毕节、六盘水、兴义）能源资源富集区可持续发展，大力支持“三州”（黔东南州、黔南州、黔西南州）等民族地区跨越发展，构建区域协调发展新格局。

——黔中经济区。建设以贵阳—安顺为核心，以遵义、毕节、都匀、凯里等城市为支撑的黔中经济区。推进贵阳—安顺经济一体化发展，加快建设贵安新区，重点发展装备制造、资源深加工、战略性新兴产业和现代服务业。

——黔北经济协作区。以遵义、铜仁为节点城市，以黔北、黔东北为腹地，积极构建连结成渝经济区和黔中经济区的经济走廊。重点发展航天等装备制造、金属冶炼及深加工、化工、特色轻工、旅游等产业。推进武陵山地区经济协作和扶贫攻坚。

——毕水兴能源资源富集区。以毕节、六盘水、兴义为节点城市，充分发挥能源矿产资源优势，建设我国南方重要的战略资源支撑基地。重点发展煤电煤化工、钢铁有色、汽车及装备制造、新能源等产业。深入推进毕节试验区建设。

——“三州”等民族地区。加快推进黔东南州、黔南州、黔西南州及其他民族自治地方跨越发展。重点发展文化旅游、磷煤化工、新型建材、民族医药和农林产品加工业，打造具有国际影响的原生态民族文化旅游区。

二、加强交通基础设施建设，提高发展支撑能力

坚持把交通基础设施建设放在优先位置，按照统筹兼顾、合理布局、适度超前

的原则，加快构建现代综合交通运输体系，打破交通瓶颈制约。

（七）推进铁路建设。加强贯通东西、连接南北的铁路大通道建设，提高运输能力，扩大路网覆盖面。加快干线铁路建设，打通与外部区域的快速通道，尽快开工建设成贵、渝黔铁路，与贵广、长昆铁路共同构成通往省外的快速大能力通道，加快实施南昆、黔桂、渝怀铁路扩能改造等工程，提高既有铁路通行能力。完善路网结构，规划建设隆昌至百色贵州段、织金至纳雍、昭通至黔江贵州段等铁路，规划研究毕节经水城至兴义、黔江经贵阳至河口、都匀经凯里至黔江、兴义至永州等铁路，逐步形成新的对外通道。继续实施铁路电气化改造，建设和改造贵阳、六盘水、毕节、安顺等一批铁路枢纽，形成布局完善、功能协调的区域综合交通枢纽。

（八）加大公路建设力度。加快建设国家高速公路网贵州境内路段，推动银川至龙邦、都匀至西昌、毕节至兴义、成都至遵义等公路项目建设，打通连接周边地区的公路通道。完善省内干线公路网络，建设松桃经铜仁至黎平、赤水经正安至沿河、贵阳至瓮安、清镇至黔西、安康经南川至麻江、赤水经罗甸至百色等路段，力争相邻市（州）通高速公路。扩大国省道路网覆盖范围，加大国省干线改造力度，基本实现具备条件的县城通二级及以上标准公路。到2020年基本实现村村通油路。加快重点城镇、重点工矿区与高速公路的快速联络线和专用公路建设。推进重要节点客货站场和农村客运站场建设。

（九）促进民航和水运发展。推进贵阳龙洞堡西部地区重要枢纽机场建设，发展临空经济，适时建设三期扩建工程，新增和加密直达日韩、东南亚及国内大型枢纽机场的客货运航线航班。加快支线机场建设，改扩建铜仁等机场，建设遵义、黄平等机场，研究建设仁怀茅台机场，开展黔北、威宁、罗甸等机场前期工作。鼓励和引导航空公司开辟和增加航线，加大航班频次。支持航空公司在贵州设立基地，扩大机队规模。支持支线航班和支线机场运营。积极发展通用航空，适时试点开放低空空域。积极发展水路运输，规划研究打通西南地区连接长三角、珠三角地区水运通道，重点推进红水河龙滩、乌江构皮滩等水电枢纽通航设施建设，支持都柳江干流航电结合梯级开发，因地制宜发展库区航运特别是旅游客运。

（十）加强能源通道建设。加快实施500千伏独山至桂南电力外送新通道建设。完善省内500千伏主网架，加快建设毕节—大兴北部通道、兴仁—独山南部通道，形成覆盖全省的坚强电网。依托中缅天然气管道、中卫至贵阳天然气管道，建设支线管网，提高天然气供应能力。支持建设成品油储备设施。

（十一）推动信息网络设施建设。稳步推进电信网、广播电视网、互联网融合发展，提高电话、互联网普及率，加快城市光纤宽带接入，力争行政村基本通宽带，已通电的20户以上自然村和重要交通沿线通信信号基本覆盖。加快完善公共服务领域的信息化建设，推进数字化城市建设和信息资源整合，促进互联互通和资源共享。实施电子政务提升工程和“三农”信息服务工程。强化信息网络安全与应急保障基础设施建设。加快邮政普遍服务体系建设。

三、全面实施“三位一体”规划，增强可持续发展能力

坚持把实施《贵州省水利建设生态建设石漠化治理综合规划》（以下称“三位一体”综合规划）放在重要位置，努力消除工程性缺水和生态脆弱的瓶颈制约，促进经济社会可持续发展。

（十二）加大水利建设力度。积极推进夹岩、黄家湾、五嘎冲、马岭等大型水库建设，开工建设一批中小型水库和引提水工程项目，到2020年全省工程供水能力达到159.4亿立方米。全面完成病险水库除险加固，以及灌区续建配套和灌排泵站改造工程。推进小水窖、小塘坝、小堰闸、小泵站、小渠道“五小”微型水利工程建设。到2020年灌溉供水保证率达到75%，新增有效灌溉面积515万亩，改善和恢复有效灌溉面积715万亩。加大中小河流治理及山洪、地质灾害防治力度，加强重点城镇防洪工程建设，完善防汛抗旱灾害监测预报预警体系。统筹利用地表水和地下水资源，加强岩溶地下水和地下暗河开发利用，建设一批应急水源工程，提高抗旱应急能力。实行最严格的水资源管理制度。加强水资源和水利工程设施管理，促进水资源合理开发和节约利用。在安排中央财政转移支付和中央预算内投资时，加大对贵州水利建设投入力度，支持贵州如期完成“三位一体”综合规划提出的水利建设目标。

（十三）扎实推进生态保护与建设。继续实施天然林资源保护、长江珠江防护林、速生丰产林、水土保持等工程，加强水源地和湿地保护。增加造林和抚育任务。对生态位置重要的陡坡耕地继续实施退耕还林还草。加大草山草坡治理力度，扩大退牧还草重点县范围。加强自然保护区、风景名胜区、森林公园、地质公园、世界自然遗产地保护和建设，保护生物多样性，提升生态系统功能。支持贵州开展生态补偿机制试点。

（十四）突出抓好石漠化综合治理。进一步加大石漠化防治力度，提高单位面积治理补助标准，到2020年石漠化综合治理工程全面覆盖工程小区。坚持自然修复为主，宜林则林，宜草则草，推进封山育林（草），加强林草植被保护和建设，开展坡耕地水土流失综合治理。把石漠化治理与解决好农民长远生计结合起来，多种途径促进农民增收致富。大力发展林下产业，加强山区特色经济林建设，支持因地制宜发展花椒、金银花、猕猴桃、火龙果、核桃等经济作物。抓紧研究论证生态搬迁工程。

（十五）加强环境保护。继续推进乌江、赤水河和南北盘江等流域水环境综合整治，实施红枫湖、百花湖、万峰湖等饮用水水源地环境综合整治工程，加强草海等湖泊环境保护和综合防治。推进城镇和产业园区环保基础设施建设，加强危险废物处理以及锰汞等重金属、持久性有机污染物防治。强化重点行业污染控制和区域大气污染防治。全面加强矿区生态保护与环境综合治理，完善矿山环境治理恢复保证金制度。采取有效措施，开展农村土壤环境保护和农业面源污染治理。完善环境监测预警系统，建立环境污染事故应急处置体系。

四、壮大特色优势产业，增强自我发展能力

按照市场需求导向、发挥资源优势、优化空间布局、促进转型升级的要求，坚定不移地走新型工业化道路，加快构建现代产业体系。

（十六）做大做强能源产业。加强煤炭资源勘查，推进资源整合与优化开发，加快大型煤炭基地建设。推进煤矿企业兼并重组，重点发展大型企业集团。稳步推进矿业权整合，提高资源勘查开发规模化、集约化程度。加强“西电东送”火电基地电源点建设，加快建设六枝、织金、安顺三期、清江等一批大型坑口电厂和路口电厂。合理布局建设煤矸石综合利用电厂，支持产业园区和城市发展热电联产机组，允许符合条件的企业开展大用户直供电。积极推动煤电联营。稳步推进乌江和南北盘江、红水河等重点流域梯级水电开发，积极推进龙滩二期工程研究论证。积极开发风能、太阳能、生物质能、地热、浅层地温能等新能源。2015 年贵州电力装机达到 5000 万千瓦左右。加强天然气和石油勘查勘探力度，推进页岩气、煤层气等非常规油气资源的勘探、开发和综合利用。

（十七）大力发展资源深加工产业。加强矿产资源勘查开发。认真组织实施贵州省矿产资源总体规划，加大矿产资源调查评价、勘查、开发利用与保护力度。加快建设国家重要的煤电磷、煤电铝、煤电钢、煤电化等一体化资源深加工基地。加强磷矿资源整合，建设织金—息烽—开阳—瓮安—福泉磷煤化工产业带。积极推进铝、钛、钡、钒、锰等资源精深加工一体化，建设清镇—黔西—织金煤电铝、煤电化循环经济示范基地。积极推进贵阳城市钢厂搬迁和水城钢厂升级改造。以资源环境承载能力为基础，支持煤炭清洁高效综合利用，在资源富集区推进煤炭深加工，建设毕节、六盘水煤制烯烃和贵阳乙二醇等项目。优化发展高载能行业。鼓励发展非金属精细化工，在安顺、铜仁建设全国精细碳酸钡生产和研发基地。积极发展氯碱化工和橡胶加工，扶持发展林化工。优化发展传统建材，积极开发生产新型节能环保建材。

（十八）加快发展装备制造业。发挥国

防科技工业优势，鼓励地方科研单位和军工科研院所合作，促进军工、民用技术双向转化和科研机构资源共享，发展壮大军民结合产业，推动军工经济与地方经济融合发展。大力发展航空航天装备、汽车及零部件、能矿产业装备和工程机械。巩固壮大精密数控装备和关键基础件、新型电子元器件和电力装备、铁路车辆及备件等产业。培育发展冶金、风电、农业机械等特色装备。支持安顺民用航空产业国家高技术产业基地加快发展，建设通用飞机、无人机、教练机等生产和试训基地，配套发展通用航空产业。依托贵阳、遵义国家级开发区加快发展航天产业。

（十九）积极发展特色轻工业。利用赤水河流域资源和技术优势，适度发展名优白酒，确保产品质量，维护品牌声誉，推动建设全国重要的白酒生产基地。努力提高茶叶加工能力和水平，提升黔茶知名度和市场竞争力。积极推进中药现代化，大力发展中成药和民族药。做强做优特色食品工业，培育一批龙头企业，打造一批知名品牌。

（二十）培育发展战略性新兴产业。发展新材料、电子及新一代信息技术、生物技术、新能源汽车等新兴产业，重点开发一批具有比较优势的产品，形成新的经济增长点。支持金属及其合金材料、电子功能材料产业发展，建设贵阳、遵义新材料产业基地。重点发展电子元器件、软件、混合集成电路等产业，支持发展新一代移动通信技术相关产业。在贵阳、遵义、安顺、黔南等地培育生物医药、生物育种产业，大力发展节能技术和环保产业。建设光伏产品研发及新能源汽车产业基地。

（二十一）提高科技创新支撑能力。鼓励企业与科研院所建立产学研联盟，加强核心技术和关键技术研发。推进科技基础设施、创新平台和创新载体建设，鼓励和支持国家大型科研单位、重点高校在贵州设立科研机构和成果转化中心，支持建设国家重点（工程）实验室、工程（技术）研究中心、企业技术中心。加快500米口径球面射电望远镜项目建设。支持贵阳、遵义建设创新型城市。探索承接产业转移新模式，搭建企业孵化器、产业园区等促进技术和成果转化的合作平台，鼓励支持先进实用技术的应用、科技成果的宣传及普及，通过技术转移带动产业转移。

（二十二）切实做好节能减排工作。全面落实国家下达的节能减排任务，大力实施重点节能改造工程，支持高载能行业节能改造，新建和改建一批重点节能项目。在建筑领域积极推广节能墙体材料等节能产品和技术，实施建筑节能和公共机构节能示范工程。大力推进粉煤灰、磷硫石膏、煤矸石、尾矿等工业废弃物资源化、规模化和产业化利用。加快淘汰落后产能，支持重点行业实施技术改造和清洁生产。深入推进“城市矿产”、园区循环化改造等重点领域循环经济发展。继续推进贵阳国家循环经济试点城市、低碳试点城市建设和节能减排财政政策综合示范工作。支持六盘水开展循环经济示范城市建设。

（二十三）大力发展现代服务业。加快建设贵州与周边地区物流大通道，规划建设贵阳区域性物流中心，遵义、安顺、毕节、六盘水等物流节点城市，研究建设黄桶幺铺等一批现代物流园区。大力培育和引进第三方物流企业，研究完善物流企业营业税差额纳税试点办法。积极培育发展地方金融机构，鼓励股份制银行在贵州设立分支机构。支持组建贵州银行、茅台集团财务公司。支持符合条件的农村信用联社改制组建农村商业银行，鼓励银行业金融机构在贵州发起设立村镇银行。积极发展证券、保险业。大力发展会展业，支持办好中国（贵州）国际酒类博览会。加强城市商业网点建设，积极推进农产品批发市场升级改造，支持建设现代化的中药材批发市场和酒类交易市场。积极发展人力资源服务业以及家政、养老等家庭服务业。支持开展服务业综合改革试点工作。

（二十四）大力发展文化和旅游产业。把文化和旅游产业发展成为支柱产业。依托贵州多民族文化资源，建设一批文化产业基地和区域特色文化产业群。深入挖掘民族文化，做大做强以“多彩贵州”为代表的民族歌舞、工艺美术、节庆会展、戏剧、影视、动漫等文化品牌，培育一批有特色、有实力、有竞争力的文化骨干企业，积极引进文化产业领域战略投资者。加强旅游基础设施建设，提升服务水平，着力打造一批精品旅游线路。建设黄果树、荔波、梵净山、雷公山等精品景区，培育“爽爽贵阳”、“梵天净土”、“水墨金州”、“凉都六盘水”等一批旅游休闲度假胜地。加强遵义、镇远、习水、青岩、西江等历史文化名城（名镇、名村）以及旅游资源富集城镇保护和建设。大力发展红色旅游，实施红色旅游二期建设方案，加强以遵义会议纪念体系为重点的经典景区基础设施建设。积极开发蜡染、服饰、银饰、苗绣、漆器、紫袍玉带石雕等特色旅游商品。支持贵州符合条件的地区申报世界自然遗产。

五、加快城镇化进程，推进新农村建设

按照统筹规划、合理布局、集约用地、完善功能的原则，推进城镇化进程，形成大中小城市和小城镇协调发展的格局。引导产业向城镇和园区集聚。加快社会主义新农村建设。

（二十五）积极推进城镇化进程。实施中心城市带动战略，培育黔中城市群，打造一批节点城市和特色小城镇，提升中小城市承载能力。根据经济发展需要适时研究调整优化行政区划。把贵阳建设成为全国生态文明城市、西部地区高新技术产业重要基地、区域性商贸物流会展中心。加强黔中城市群与六盘水、铜仁、兴义等城市的联系，促进要素流动和功能整合。加快贵阳、遵义、安顺、六盘水等老工业基地改造，推进万山资源枯竭城市转型和赫章、务川、六枝等资源型城市可持续发展。

（二十六）加快城镇基础设施建设。完善城市道路体系，增加路网密度，大力发展公共交通，在符合条件的城市安全有序地建设轨道交通。提高区域间快速通达能力，统筹规划以贵阳为中心、连接重要节点城市的快速铁路和城际轨道交通建设，规划研究贵阳—安顺—六盘水等城际轨道项目。加快给排水、供气、污水处理和生活垃圾处理等市政基础设施建设，加大管网改造力度。实施城市河流水污染防治工程，实现市政公共设施功能配套。城镇集中式饮用水水源地水质达标率超过90%。加强城市园林绿化建设。推进防灾减灾体系建设，建立健全灾害监测预警网络。稳步实施山体滑坡、泥石流等自然灾害避险搬迁工程。

（二十七）有序发展产业园区。按照整体规划、严格管理、滚动发展、务求实效的原则，规范发展产业园区，充分发挥产业集聚和辐射带动作用。支持贵阳、遵义经济技术开发区和贵阳高新技术产业开发区扩区和调整区位，提高投资强度和产出效率。支持符合条件的省级开发区升级为国家级开发区。积极承接产业转移，培育和引进一批就业容量大、技术含量高的企业。鼓励与东中部及周边地区共建产业园区，比照国家级经济技术开发区予以指导和服务。支持贵州依托重点工业园区积极创建国家新型工业化产业示范基地。

（二十八）促进城乡统筹发展。统筹城乡基础设施建设，推动城镇道路、供水、生活垃圾处理等基础设施向农村延伸，公共交通、公共服务向农村拓展。繁荣和发展县域经济，着力打造一批经济强县，促进生产要素在城乡之间自由流动，支持发展城郊农业和农产品深加工等产业，进一步活跃农村经济。积极发展小城镇，强化小城镇对周边农村的生产生活服务功能。做好村庄规划，节约农村建设用地。统筹城乡社会事业发展，逐步实现城乡基本公共服务均等化。改善城乡基层组织保障条件。深入推进户籍制度改革，将在城市有稳定职业和住所的农村人口逐步转为城镇居民。支持遵义、六盘水开展统筹城乡综合配套改革试点。

（二十九）加强社会主义新农村建设。加大农村饮水、道路、供电、沼气等公共服务设施建设力度，重点安排农村群众直接受益的中小型民生项目。加快实施农村饮水安全工程，重点做好高氟、微生物病害污染水防治，全面解决饮水安全问题。实施农村公路通达通畅工程，推进村庄内道路硬化。加强农村电力基础设施建设，实施新一轮农村电网改造升级工程，提高电网供电能力，全面实现城乡用电同网同价。因地制宜发展小水电、沼气、生物质能等能源。推进水电新农村电气化县建设，扩大小水电代燃料建设规模，实施农村水电增容改造。加大农村危房改造力度，适当提高中央补助标准，全面改善困难农户居住条件。加大农村环境综合整治力度，加快实施农村清洁工程，推动乡镇和农村污水、垃圾收集处理设施建设。全面推广“富在农家、学在农家、美在农家、乐在农家”创建活动。

六、发展现代农业，强化农业基础地位

在稳定粮食生产的基础上，进一步推进农业结构调整，积极发展产业化经营，走高产高效、品质优良、绿色有机、加工精细的现代农业发展道路。

（三十）大力推进农业结构调整。实行最严格的耕地保护制度，确保耕地保有量和基本农田保护面积不减少、质量有提高。加强旱涝保收高标准农田建设，确保人均基本口粮田不低于 0.5 亩。通过稳步提高单产，确保粮食年产量稳定在 230 亿斤以上。积极调整农业种植结构，立足不同区域特色，巩固发展油菜、马铃薯等传统优势农产品，积极推进茶叶、干鲜果、中药材、酿酒高粱、油茶等基地建设，因地制宜发展薏苡、苦荞、芸豆、芭蕉芋等小杂粮。实施山地高效立体农业工程，建设贵阳、遵义、毕节等山区现代农业示范区和铜仁、黔东南、黔南生态农业示范区、安顺山地农业机械示范区以及黔西南、六盘水喀斯特山区特色农业示范区。完善农业区域布局，重点在贵州北部地区建设粮、畜、茶生产基地，在南部地区建设面向珠三角地区的蔬菜、精品水果生产基地，在西北部地区建设草食畜牧业和马铃薯生产基地。稳定生猪生产。重点支持特色优势农产品良种繁育基地和商品生产基地建设，继续实施对种植马铃薯脱毒种薯的良种补贴，逐步扩大原种生产补贴规模。深入开展粮油作物高产创建和园艺作物标准园建设。

（三十一）着力提高农业产业化水平。重点培育和引进一批农业产业化龙头企业，以农产品生产基地为依托，形成若干具有当地特色和资源优势的农业产业化示范基地。引导龙头企业与农民结成紧密的利益共同体，让农民更多地分享产业化经营成果。着力提高农民组织化程度，扶持农民专业合作社、专业服务公司、专业技术协会等组织发展，为农民提供多种形式的生产经营服务。促进农产品加工业结构调整与升级，支持发展绿色食品和有机食品，加大特色农产品注册商标和地理标志开发保护力度，打造一批具有较强影响力的品牌。

（三十二）建立健全农业服务体系。加强贵州农业科研院所的基础能力建设，提高粮食经济作物和畜禽良种选育、丘陵山地适用农业机械技术研究和实用技术推广水平。健全乡镇农业技术推广、动植物疫病防控、农业机械推广和安全监理、农产品质量安全监管和检验检测服务体系。积极推进农产品质量安全标准示范县建设。支持农村市场和农产品现代流通体系建设。扶持农村物流企业发展，对物流配送中心、农产品批发市场和鲜活农产品冷链物流建设给予补助。支持贵阳花溪农产品、遵义虾子镇辣椒以及黔东南榕江、黔南独山和

黔西南册亨蔬菜等批发市场建设。推进农业信息服务网络建设，积极探索信息服务进村入户的有效途径。

（三十三）积极拓宽农民增收渠道。坚持向农业的深度和广度进军，重点发展特色种养业、山地农业、设施农业和庭院经济，提高农民家庭经营收入。大力发展休闲农业和乡村旅游，多渠道增加农民收入。培育一批农产品加工示范企业和项目，带动农民就近就地转移就业。进一步加强农业职业技术院校建设，为农村培养实用技术人才。积极发展劳务经济，加大农村劳动力培训力度，发挥劳务中介组织作用，扩大劳务输出。实施农民创业促进工程，大力支持外出农民工返乡创业。探索农村集体和农户在当地资源开发项目中入股，增加农民财产性收入。

七、深入推进扶贫开发，促进民族地区跨越发展

坚持开发式扶贫方针，以推进民族地区跨越发展为重点，创新扶贫开发机制，加大扶贫开发力度，加快脱贫致富步伐。

（三十四）完善扶贫开发工作布局。根据新时期扶贫开发总体要求，逐步形成以集中连片特殊困难地区为主战场，以国家扶贫开发工作重点县、贫困乡、贫困村为突破口，以贫困户为着力点的扶贫开发工作布局。推进实施武陵山片区区域发展与扶贫攻坚规划，加快编制乌蒙山片区、滇桂黔石漠化片区等区域发展与扶贫攻坚规划，加强基础设施建设，培育壮大特色优势产业，带动扶贫开发上水平。进一步支持扶贫开发工作重点县改善农村生产生活条件，提高劳动力基本素质，大力发展县域经济，重点支持麻山、瑶山等深度贫困地区加快发展。加强规划，整合资金，继续实施整村推进。促进扶贫开发和农村最低生活保障制度有效衔接。积极推广参与式扶贫，让农民通过投工投劳参与扶贫项目。

（三十五）加大扶贫攻坚力度。进一步加大中央财政专项扶贫资金对贵州的投入力度。国家有关部门在制定政策、编制规划、分配资金、安排项目时向贵州倾斜，扶贫相关试点优先安排在贵州实施。支持贵州整合资源、创新体制机制，集中人力财力物力，重点加强公路、水利等基础设施建设，开展扶贫攻坚会战。实施教育扶贫工程，每年选送一批贫困家庭学生赴发达地区、省内大城市接受免费职业教育。引导社会各界参与扶贫事业，鼓励社会帮扶、慈善捐助等，形成专项扶贫、行业扶贫和社会扶贫新格局。

（三十六）支持民族地区跨越发展。把促进民族地区发展作为区域开发工作的重点，采取更加有力的措施加快“三州”和其他民族自治地方的发展。编制相关专项建设规划，加大资金投入和工作力度，尽快解决制约发展的突出问题，探索符合民族地区实际的发展模式。把“三州”民族地区建设成为承接产业转移、旅游休闲度

假、民族文化保护和生态文明示范区。支持黔东南州实施凯里—麻江同城化发展，加强清水江、都柳江等流域综合治理，有序发展林浆纸一体化，建设西南林产业基地，率先开展自治州辖区行政体制改革研究。支持黔南州建设瓮安—福泉地区磷煤电一体化基地和中药材、茶叶种植基地，支持水族文化博物馆建设。支持黔西南州建设滇桂黔三省结合部商贸物流中心和西江上游经济区的能源化工、原材料加工基地。加大毛南族、仫佬族人口较少民族扶贫开发力度。充分挖掘民族地区丰富的民族文化和旅游资源，培育和扶持苗岭飞歌、侗族大歌、布依族八音坐唱等民族文化品牌，建设民族文化展演中心。扶持民族特需商品定点生产企业发展，支持民族特需商品生产基地和区域性流通贸易交易市场建设。尊重少数民族生活居住习惯，规划建设一批民族特色村寨，加强木质房屋村寨防火设施建设。结合全国主体功能区规划修编，将符合条件的生态功能重要区域纳入国家重点生态功能区范围。

八、加快社会事业发展，提高基本公共服务水平

加快推进以保障和改善民生为重点的社会建设，大力发展教育、卫生、文化、就业和社会保障等事业，建立健全基本公共服务体系，促进基本公共服务均等化。

（三十七）优先发展教育事业。大力发展农村学前教育，新建、改扩建和利用闲置校舍改建一批幼儿园，到2015年力争所有城市社区和乡镇至少有1所公办幼儿园。巩固义务教育普及成果，大力推进义务教育学校标准化建设，支持县镇薄弱学校扩容改造。继续办好村教学点，鼓励有条件的地区分期分批开办“小餐桌”。鼓励偏远少数民族村寨小学开展“双语”教育。积极稳妥推进农村中小学寄宿制，支持校舍建设，配齐配好必要的管理人员，到2015年具备条件的地区基本解决小学寄宿生住宿问题。积极稳妥实施农村义务教育学生营养改善计划。继续实施好农村义务教育阶段教师特设岗位计划和“国培计划”。支持民族地区教育基础薄弱县改扩建一批普通高中，扩大普通高中培养能力。大力支持职业教育基础能力建设，支持建设一批国家示范性职业院校。支持贵州优化高等学校布局结构和人才培养结构，加强理工、民族医药等经济社会发展急需的院校和学科专业建设。加大对贵州高等教育年度招生计划安排的倾斜和支持力度，支持增加博士、硕士学位授权单位，加强重点学科和重点实验室建设。鼓励贵州高校与国内外高校联合办学。增加部属师范大学在贵州免费师范生招生计划。加大中央财政专项转移支付和中央预算内投资对贵州教育发展的支持力度，落实好义务教育经费保障机制相关政策，推动贵州义务教育均衡发展。

（三十八）大力提升医疗卫生服务能力。全面落实深化医药卫生体制改革各项

任务，建立健全基本医疗卫生制度。逐步提高人均基本公共卫生服务经费标准，落实国家基本公共卫生服务和重大专项公共卫生服务项目，力争到2020年千人口床位数达到全国平均水平。加强基层医疗卫生机构基础设施建设，推进基层医疗卫生信息化，加快推进县乡村三级卫生医疗机构和社区卫生服务中心建设。加强妇幼保健机构服务能力建设。加大基层医疗卫生队伍建设力度，通过订单定向培养、转岗培训等途径培养一批乡镇卫生院、社区卫生服务中心全科医生，开展“特岗医生计划”，力争实现每一个乡镇卫生院和社区服务中心有两名以上特岗医生。加快建立农村医疗急救网络，健全疾病预防控制体系，加大重大传染病、地氟病等地方病防治力度，提高突发重大公共卫生事件处置能力。支持中医药（民族医药）事业发展，加快推进省、市（州）两级中医（民族医）医院建设。以强化技术支撑为重点，完善食品药品监管体系，提高检验检测水平和安全保障能力。鼓励社会资本以多种形式举办医疗机构。加强人口和计划生育服务体系建设，实施“少生快富”工程，努力降低生育水平。

（三十九）积极发展文化体育事业。大力发展公益性文化事业，构建公共文化服务体系。支持建设市（州）图书馆、文化馆、博物馆，加强县级文化馆和图书馆、乡镇综合文化站、村文化室建设，加快建设一批公共电子阅览室。全面推进基层公共文化设施向社会免费开放。深入实施广播电视村村通、农家书屋、文化资源共享、农村数字电影放映等文化惠民工程。加强民族文化遗产保护和综合利用，支持非物质文化遗产展示、传习场所等设施建设。加强城乡公共文化体育设施建设，支持建设国家生态型多梯度高原运动训练示范基地和山地户外体育旅游休闲基地。积极开发民族传统竞技活动和特色体育赛事。

（四十）千方百计扩大就业。大力发展劳动密集型产业、服务业和小型微型企业，多渠道增加就业岗位。完善和落实促进劳动者自主创业的小额担保贷款、税费减免、场地安排等政策，支持高校毕业生、退役士兵、下岗失业人员和农民自主创业。支持开发林场管护、道路协管、城镇公共服务管理等公益性岗位，帮助就业困难人员实现就业。加强人力资源市场建设，培育和推介人力资源服务品牌，加强与珠三角、长三角等沿海发达地区劳务合作，扩大劳务输出规模。支持基层人力资源社会保障公共服务平台等基础设施建设，重点支持创业孵化基地、就业见习基地和实训基地建设，建立健全面向全体劳动者的职业培训制度，完善覆盖城乡的公共就业服务体系。加强劳动关系调解和监察，构建和谐劳动关系。

（四十一）健全社会保障制度。健全覆盖城乡居民的社会保障体系，加大投入力度，提高保障水平。加快实现新型农村和城镇居民社会养老保险制度全覆盖，适时提高基础养老金标准。做好城镇职工和城乡居民基本养老保险的制度衔接和养老保险、医疗保险关系跨省区转移接续工作。巩固基本医疗保障制度覆盖面，稳步提高城镇居民基本医疗保险、新型农村合作医疗的人均筹资标准和政府补助标准，逐步推进各项基本医疗保险制度整合。完善城乡最低生活保障制度，健全低保标准动态调整机制，实现应保尽保。建立健全城乡困难群体、残疾人和优抚对象等特殊群体的社会保障机制，完善失业、工伤保险等制度。加强社会福利和养老机构基础设施建设。完善孤儿保障制度，加强儿童福利机构和儿童福利指导中心建设。推进救灾应急能力建设。加强以公共租赁住房为重点的保障性安居工程建设，开展利用住房公积金贷款支持保障性住房建设试点。加大城市棚户区、国有煤矿和工矿棚户区等改造力度。加强农村教师、医疗卫生人员周转房建设。

九、深化体制机制改革，全面推进对内对外开放

坚持解放思想，与时俱进，坚持深化改革，扩大开放，以改革促发展，以开放促开发，不断破解体制机制障碍，努力开创经济社会发展新局面。

（四十二）推进体制机制创新。深化行政体制改革，依法调整政企之间、政资之间、政事之间、政府与市场中介组织之间的权力与权利、权力与责任、权利与义务的关系，进一步转变政府职能，规范政府行为。创新政府管理方式，减少审批事项，提高行政效率，改善投资环境。加大国有企业改革力度，鼓励中央企业与地方企业联合重组，支持军地融合发展，培育具有较强竞争力的大企业集团。大力发展非公有制经济，降低民间资本准入门槛，支持非公有制企业进入基础设施、社会事业等领域，切实保护民间投资的合法权益。深化投融资体制改革，提高直接融资比重，支持符合条件的企业上市融资和发行债券。推进资源要素市场化改革。在贵州率先开展全国电力价格改革试点，探索发电企业与电力用户直接交易方式方法。理顺煤电等产品价格关系，适时调整西电东送电价。完善社会矛盾调解机制，加强和创新社会管理。编制毕节试验区深化改革试验方案和规划，拓宽改革试验内容，发挥示范带动作用。

（四十三）深化区域合作。进一步加强与周边地区的交流与合作，实现基础设施互联互通，促进要素自由流动，构建产业分工协作体系。完善黔川渝区域协作机制，深化与成渝经济区在电子信息、装备制造、轻工、能源原材料等领域的合作，推进渝黔能源基地建设。积极参与武陵山经济协作区建设，建立信息共享平台，共同推进基础设施建设、生态环境保护和旅游资源开发。统筹攀西—六盘水经济区规划建设，强化资源集约开发和循环利用。促进滇黔桂粤西江流域航运、能源、旅游等领域合

作。推动泛珠三角地区合作，拓展区域合作空间和领域，加强与珠三角、长三角地区的经济联系，承接产业转移，打造东西合作示范基地。

（四十四）扩大对外开放。充分利用中国—东盟自由贸易区、大湄公河次区域、泛珠三角地区等平台，积极参与东南亚、南亚等国际区域合作，全面提高对外开放水平。把贵安新区建设成为内陆开放型经济示范区，形成以航空航天为代表的特色装备制造业基地、重要的资源深加工基地、区域性商贸物流中心和科技创新中心，鼓励在土地、投资、科技创新等领域先行先试。积极有效利用外资和国外优惠贷款。在有条件的市（州）设立海关，支持条件成熟的地区设立综合保税区等海关特殊监管区，建立加工贸易承接基地。拓展对外贸易市场，扩大对外贸易规模，支持国家级出口基地和输港澳鲜活产品出口基地建设。积极开展境外工程承包、劳务合作、服务外包等，鼓励具备援外资格企业积极参与援外工程项目及其他经援项目竞标。

十、强化政策支持，加大投入力度

（四十五）财税政策。充分考虑贵州的支出成本差异，进一步加大中央财政均衡性转移支付力度，逐步缩小地方标准财政收支缺口，中央财政在现有资金渠道内加大对交通、水利、教育等领域支持力度。进一步推进资源税改革，适当提高部分黑色金属矿原矿、有色金属矿原矿和其他非金属矿原矿的税率标准。研究完善水电税收政策，进一步使当地分享开发成果。航空航天、电子信息、装备制造、生物医药、新能源等产业企业符合规定条件的，其固定资产可实行加速折旧。适当加大中央集中彩票公益金支持力度，促进贵州社会公益事业协调发展。

（四十六）投资政策。国家有关部门专项建设资金要提高对贵州公路、铁路、民航、水利、市政公用等建设项目的投资补助标准和资本金注入比例。中央安排的公益性建设项目，取消县以下（含县）以及集中连片特殊困难地区市地级配套，明确地方政府责任，强化项目监督检查。

（四十七）金融政策。进一步加大对贵州的信贷支持力度。增加再贷款、再贴现限额，对当地法人金融机构实施较低的存款准备金率。加大扶贫贴息贷款支持力度。进一步完善农村金融机构定向费用补贴政策。增加农业保险保费补贴范围。鼓励国内外金融机构在贵州发起设立新型农村金融机构。鼓励保险资金探索参与贵州交通、能源、水利、市政公用及电网改造等基础设施和重点产业项目建设。加强地方政府和金融监管部门的沟通协调，鼓励银行业金融机构加强合作。支持贵州设立创业投资引导基金，扶持发展创业投资，规范发展股权投资。推进市政公用事业市场化进程，开放基础设施投资领域，实现投资主体多元化。

（四十八）产业政策。实行差别化产业

政策，在国家产业政策允许范围内，适当放宽贵州具备资源优势、有市场需求的部分行业准入限制。对有条件在贵州加工转化的能源、资源开发利用项目，予以优先规划布局并优先审批核准。合理确定贵州节能减排指标。加大中央财政对淘汰落后生产能力的支持力度。支持开展煤炭矿业权审批改革试点，积极指导贵州加快煤炭矿区矿业权设置方案的编制和修编工作，合理布局和有序投放矿业权。对重点煤炭资源开发项目，使用中央地勘基金、省财政出资的煤炭勘查项目，国家规划明确的煤炭资源开发配套勘查项目，以及已设煤炭采矿权的资源枯竭大中型矿山企业周边和深部不宜单独设置采矿权的零星分散煤炭资源勘查项目，优先审批设置探矿权。对页岩气、煤层气等非常规油气，优先保障当地居民用气和在当地转化利用。

（四十九）土地政策。全面完成新一轮土地利用总体规划的编制工作，在不突破规划约束性指标的前提下，支持贵州建立和完善土地利用总体规划严格管控、动态评估与适时修改机制。在贵州开展国土规划编制试点。在安排土地利用年度计划、城乡建设用地增减挂钩周转指标等方面加大对贵州的倾斜支持力度。支持贵州健全并落实严格的节约集约用地制度，支持创新土地利用方式。将贵州确定为全国开发未利用低丘缓坡实施工业和城镇建设试点地区，相关指标单列管理。支持探索通过土地整理提高耕地质量等级、折抵新增耕地占补平衡指标的途径。在毕节试验区推进国土资源管理制度配套改革试点。

（五十）人才政策。支持贵州进一步优化人才发展环境，健全引进、培养、使用人才的激励机制。加大东部地区、中央国家机关、中央企业与贵州开展干部双向挂职、任职交流工作的力度。依托国家重大人才工程，支持贵州各类人才队伍建设。国家“千人计划”、“百人计划”、“西部之光”、“博士服务团”和“新世纪百千万人才工程”等人才和引智项目向贵州倾斜。实施“贵州专门人才培训工程”和“院士专家援黔行动计划”。支持建设遵义干部学院。逐步提高贵州机关事业单位职工工资水平，落实艰苦边远地区津贴动态调整机制，中央财政按规定给予补助。

（五十一）对口支援政策。鼓励东部发达城市对口支援贵州欠发达地区，确定“一对一”结对关系和主要任务，制定对口支援实施方案，编制相关专项规划。创新对口支援方式，支持支援方和受援方共建产业园区，推动招商引资、企业合作和利益共享。完善中央国家机关和企事业单位定点扶贫机制，实现对国家扶贫开发工作重点县全覆盖。发挥毕节试验区示范带动作用，鼓励和支持统一战线参与扶贫开发。引导社会力量开展多种形式的公益性活动，参与和支持贵州经济社会发展。

十一、加强组织领导，落实各项任务

（五十二）强化组织实施。贵州要发扬

“开放创新、团结奋进”的时代精神，抓住机遇，励精图治，加强领导，周密部署，认真落实各项任务。要切实转变工作作风，深入基层调查研究，及时研究解决实际问题。要加强与中央国家机关和有关单位的沟通衔接，强化与有关省份和企业的互动合作，扎实推进本意见实施。鼓励积极探索有利于科学发展的体制机制，涉及的重大政策、改革试点和建设项目按照规定程序另行报批后实施。

（五十三）加强指导协调。国务院有关部门要按照本意见要求和职能分工，结合制定相关专项规划，进一步细化各项政策措施，加大支持力度。建立由国务院有关部门和贵州省人民政府参与的协调机制，加强指导和综合协调。发展改革委要加强对实施情况的监督检查和跟踪分析，重大问题及时向国务院报告。

（五十四）推进对口支援。东部地区对口支援城市要建立相应领导体制和工作机制，认真落实对口支援具体措施，注重实效，创新形式，加大帮扶力度。要充分发挥各自优势，把本地区的资金、技术、人才、管理等优势与贵州的资源、劳动力、市场等优势结合起来，支持企业到贵州投资创业，鼓励人才相互交流，形成区域间协调互动、共同发展新局面。

支持贵州经济社会又好又快发展，是一项长期而艰巨的任务。各有关方面要进一步增强责任感和紧迫感，统一思想，戮力同心，开拓进取，扎实工作，努力推动贵州经济社会发展历史性跨越，为实现全面建设小康社会宏伟目标做出新的贡献。

国务院

2012年1月12日

国务院关于进一步加强和改进最低生活保障工作的意见

国发〔2012〕45号

各省、自治区、直辖市人民政府，国务院各部委、各直属机构：

最低生活保障事关困难群众衣食冷暖，事关社会和谐稳定和公平正义，是贯彻落实科学发展观的重要举措，是维护困难群众基本生活权益的基础性制度安排。近年来，随着各项相关配套政策的陆续出台，最低生活保障制度在惠民生、解民忧、保稳定、促和谐等方面作出了突出贡献，有效保障了困难群众的基本生活。但一些地区还不同程度存在对最低生活保障工作重视不够、责任不落实、管理不规范、监管不到位、工作保障不力、工作机制不健全等问题。为切实加强和改进最低生活保障工作，现提出如下意见：

一、总体要求和基本原则

（一）总体要求。

最低生活保障工作要以科学发展观为指导，以保障和改善民生为主题，以强化责任为主线，坚持保基本、可持续、重公正、求实效的方针，进一步完善法规政策，健全工作机制，严格规范管理，加强能力建设，努力构建标准科学、对象准确、待遇公正、进出有序的最低生活保障工作格局，不断提高最低生活保障制度的科学性和执行力，切实维护困难群众基本生活权益。

（二）基本原则。

坚持应保尽保。把保障困难群众基本生活放到更加突出的位置，落实政府责任，加大政府投入，加强部门协作，强化监督问责，确保把所有符合条件的困难群众全部纳入最低生活保障范围。

坚持公平公正。健全最低生活保障法规制度，完善程序规定，畅通城乡居民的参与渠道，加大政策信息公开力度，做到审批过程公开透明，审批结果公平公正。

坚持动态管理。采取最低生活保障对象定期报告和管理审批机关分类复核相结合等方法，加强对最低生活保障对象的日常管理和服务，切实做到保障对象有进有出、补助水平有升有降。

坚持统筹兼顾。统筹城乡、区域和经济社会发展，做到最低生活保障标准与经济社会发展水平相适应，最低生活保障制度与其他社会保障制度相衔接，有效保障困难群众基本生活。

二、加强和改进最低生活保障工作的政策措施

（一）完善最低生活保障对象认定条件。

户籍状况、家庭收入和家庭财产是认定最低生活保障对象的三个基本条件。各地要根据当地情况，制定并向社会公布享受最低生活保障待遇的具体条件，形成完善的最低生活保障对象认定标准体系。同时，要明确核算和评估最低生活保障申请人家庭收入和家庭财产的具体办法，并对赡养、抚养、扶养义务人履行相关法定义务提出具体要求。科学制定最低生活保障标准，健全救助标准与物价上涨挂钩的联动机制，综合运用基本生活费用支出法、恩格尔系数法、消费支出比例法等测算方法，动态、适时调整最低生活保障标准，最低生活保障标准应低于最低工资标准；省级人民政府可根据区域经济社会发展情况，研究制定本行政区域内相对统一的区域标准，逐步缩小城乡差距、区域差距。

（二）规范最低生活保障审核审批程序。

规范申请程序。凡认为符合条件的城乡居民都有权直接向其户籍所在地的乡镇人民政府（街道办事处）提出最低生活保障申请；乡镇人民政府（街道办事处）无正当理由，不得拒绝受理。受最低生活保障申请人委托，村（居）民委员会可以代为提交申请。申请最低生活保障要以家庭为单位，按规定提交相关材料，书面声明家庭收入和财产状况，并由申请人签字确认。

规范审核程序。乡镇人民政府（街道办事处）是审核最低生活保障申请的责任主体，在村（居）民委员会协助下，应当对最低生活保障申请家庭逐一入户调查，详细核查申请材料以及各项声明事项的真实性和完整性，并由调查人员和申请人签字确认。

规范民主评议。入户调查结束后，乡镇人民政府（街道办事处）应当组织村（居）民代表或者社区评议小组对申请人声明的家庭收入、财产状况以及入户调查结果的真实性进行评议。各地要健全完善最低生活保障民主评议办法，规范评议程序、评议方式、评议内容和参加人员。

规范审批程序。县级人民政府民政部门是最低生活保障审批的责任主体，在作出审批决定前，应当全面审查乡镇人民政府（街道办事处）上报的调查材料和审核意见（含民主评议结果），并按照不低于30%的比例入户抽查。有条件的地方，县级人民政府民政部门可邀请乡镇人民政府（街道办事处）、村（居）民委员会参与审批，促进审批过程的公开透明。严禁不经调查直接将任何群体或个人纳入最低生活保障范围。

规范公示程序。各地要严格执行最低生活保障审核审批公示制度，规范公示内容、公示形式和公示时限等。社区要设置

统一的固定公示栏；乡镇人民政府（街道办事处）要及时公示入户调查、民主评议和审核结果，并确保公示的真实性和准确性；县级人民政府民政部门应当就最低生活保障对象的家庭成员、收入情况、保障金额等在其居住地长期公示，逐步完善面向公众的最低生活保障对象信息查询机制，并完善异议复核制度。公示中要注意保护最低生活保障对象的个人隐私，严禁公开与享受最低生活保障待遇无关的信息。

规范发放程序。各地要全面推行最低生活保障金社会化发放，按照财政国库管理制度将最低生活保障金直接支付到保障家庭账户，确保最低生活保障金足额、及时发放到位。

（三）建立救助申请家庭经济状况核对机制。

在强化入户调查、邻里访问、信函索证等调查手段基础上，加快建立跨部门、多层次、信息共享的救助申请家庭经济状况核对机制，健全完善工作机构和信息核对平台，确保最低生活保障等社会救助对象准确、高效、公正认定。经救助申请人及其家庭成员授权，公安、人力资源社会保障、住房城乡建设、金融、保险、工商、税务、住房公积金等部门和机构应当根据有关规定和最低生活保障等社会救助对象认定工作需要，及时向民政部门提供户籍、机动车、就业、保险、住房、存款、证券、个体工商户、纳税、公积金等方面的信息。民政部要会同有关部门研究制定具体的信息查询办法，并负责跨省（区、市）的信息查询工作。到“十二五”末，全国要基本建立救助申请家庭经济状况核对机制。

（四）加强最低生活保障对象动态管理。

对已经纳入最低生活保障范围的救助对象，要采取多种方式加强管理服务，定期跟踪保障对象家庭变化情况，形成最低生活保障对象有进有出、补助水平有升有降的动态管理机制。各地要建立最低生活保障家庭人口、收入和财产状况定期报告制度，并根据报告情况分类、定期开展核查，将不再符合条件的及时退出保障范围。对于无生活来源、无劳动能力又无法定赡养、抚养、扶养义务人的“三无人员”，可每年核查一次；对于短期内收入变化不大的家庭，可每半年核查一次；对于收入来源不固定、成员有劳动能力和劳动条件的最低生活保障家庭，原则上实行城市按月、农村按季核查。

（五）健全最低生活保障工作监管机制。

地方各级人民政府要将最低生活保障政策落实情况作为督查督办的重点内容，定期组织开展专项检查；民政部、财政部要会同有关部门对全国最低生活保障工作进行重点抽查。财政、审计、监察部门要加强对最低生活保障资金管理使用情况的监督检查，防止挤占、挪用、套取等违纪违法现象发生。建立最低生活保障经办人员和村（居）民委员会干部近亲属享受最低生活保障备案制度，县级人民政府民政部门要对备案的最低生活保障对象严格核查管理。充分发挥舆论监督的重要作用，对于媒体发现揭露的问题，应及时查处并公布处理结果。要通过政府购买服务等方式，鼓励社会组织参与、评估、监督最低生活保障工作，财政部门要通过完善相关政策给予支持。

（六）建立健全投诉举报核查制度。

各地要公开最低生活保障监督咨询电话，畅通投诉举报渠道，健全投诉举报核查制度。有条件的地方要以省为单位设置统一的举报投诉电话。要切实加强最低生活保障来信来访工作，推行专人负责、首问负责等制度。各级人民政府、县级以上人民政府民政部门应当自受理最低生活保障信访事项之日起60日内办结；信访人对信访事项处理意见不服的，可以自收到书面答复之日起30日内请求原办理行政机关的上一级行政机关复查，收到复查请求的行政机关应当自收到复查请求之日起30日内提出复查意见，并予以书面答复；信访人对复查意见不服的，可以自收到书面答复之日起30日内向复查机关的上一级行政机关请求复核，收到复核请求的行政机关应当自收到复核请求之日起30日内提出复核意见；信访人对复核意见不服，仍以同一事实和理由提出信访请求的，不再受理，民政等部门要积极向信访人做好政策解释工作。民政部或者省级人民政府民政部门对最低生活保障重大信访事项或社会影响恶劣的违规违纪事件，可会同信访等相关部门直接督办。

（七）加强最低生活保障与其他社会救助制度的有效衔接。

加快推进低收入家庭认定工作，为医疗救助、教育救助、住房保障等社会救助政策向低收入家庭拓展提供支撑；全面建立临时救助制度，有效解决低收入群众的突发性、临时性基本生活困难；做好最低生活保障与养老、医疗等社会保险制度的衔接工作。对最低生活保障家庭中的老年人、未成年人、重度残疾人、重病患者等重点救助对象，要采取多种措施提高其救助水平。鼓励机关、企事业单位、社会组织和个人积极开展扶贫帮困活动，形成慈善事业与社会救助的有效衔接。

完善城市最低生活保障与就业联动、农村最低生活保障与扶贫开发衔接机制，鼓励积极就业，加大对有劳动能力最低生活保障对象的就业扶持力度。劳动年龄内、有劳动能力、失业的城市困难群众，在申请最低生活保障时，应当先到当地公共就业服务机构办理失业登记；公共就业服务机构应当向登记失业的最低生活保障对象提供及时的就业服务和重点帮助；对实现就业的最低生活保障对象，在核算其家庭收入时，可以扣减必要的就业成本。

三、强化工作保障，确保各项政策措施落到实处

（一）加强能力建设。省级人民政府

要切实加强最低生活保障工作能力建设，统筹研究制定按照保障对象数量等因素配备相应工作人员的具体办法和措施。地方各级人民政府要结合本地实际和全面落实最低生活保障制度的要求，科学整合县(市、区)、乡镇人民政府（街道办事处）管理机构及人力资源，充实加强基层最低生活保障工作力量，确保事有人管、责有人负。加强最低生活保障工作人员业务培训，保障工作场所、条件和待遇，不断提高最低生活保障管理服务水平。加快推进信息化建设，全面部署全国最低生活保障信息管理系统。

（二）加强经费保障。省级财政要优化和调整支出结构，切实加大最低生活保障资金投入。中央财政最低生活保障补助资金重点向保障任务重、财政困难地区倾斜，在分配最低生活保障补助资金时，财政部要会同民政部研究“以奖代补”的办法和措施，对工作绩效突出地区给予奖励，引导各地进一步完善制度，加强管理。要切实保障基层工作经费，最低生活保障工作所需经费要纳入地方各级财政预算。基层最低生活保障工作经费不足的地区，省市级财政给予适当补助。

（三）加强政策宣传。以党和政府对最低生活保障工作的有关要求以及认定条件、审核审批、补差发放、动态管理等政策规定为重点，深入开展最低生活保障政策宣传。利用广播、电视、网络等媒体和宣传栏、宣传册、明白纸等群众喜闻乐见的方式，不断提高最低生活保障信息公开的针对性、时效性和完整性。充分发挥新闻媒体的舆论引导作用，大力宣传最低生活保障在保障民生、维护稳定、促进和谐等方面的重要作用，引导公众关注、参与、支持最低生活保障工作，在全社会营造良好的舆论氛围。

四、加强组织领导，进一步落实管理责任

（一）加强组织领导。进一步完善政府领导、民政牵头、部门配合、社会参与的社会救助工作机制。建立由民政部牵头的社会救助部际联席会议制度，统筹做好最低生活保障与医疗、教育、住房等其他社会救助政策以及促进就业政策的协调发展和有效衔接，研究解决救助申请家庭经济状况核对等信息共享问题，督导推进社会救助体系建设。地方各级人民政府要将最低生活保障工作纳入重要议事日程，纳入经济社会发展总体规划，纳入科学发展考评体系，建立健全相应的社会救助协调工作机制，组织相关部门协力做好社会救助制度完善、政策落实和监督管理等各项工作。

（二）落实管理责任。最低生活保障工作实行地方各级人民政府负责制，政府主要负责人对本行政区域最低生活保障工作负总责。县级以上地方各级人民政府要切实担负起最低生活保障政策制定、资金投入、工作保障和监督管理责任，乡镇人民政府（街道办事处）要切实履行最低生活保障申请受理、调查、评议和公示等审核职责，充分发挥包村干部的作用。各地要将最低生活保障政策落实情况纳入地方各级人民政府绩效考核，考核结果作为政府领导班子和相关领导干部综合考核评价的重要内容，作为干部选拔任用、管理监督的重要依据。民政部要会同财政部等部门研究建立最低生活保障工作绩效评价指标体系和评价办法，并组织开展对各省（区、市）最低生活保障工作的年度绩效评价。

（三）强化责任追究。对因工作重视不够、管理不力、发生重大问题、造成严重社会影响的地方政府和部门负责人，以及在最低生活保障审核审批过程中滥用职权、玩忽职守、徇私舞弊、失职渎职的工作人员，要依纪依法追究责任。同时，各地要加大对骗取最低生活保障待遇人员查处力度，除追回骗取的最低生活保障金外，还要依法给予行政处罚；涉嫌犯罪的，移送司法机关处理。对无理取闹、采用威胁手段强行索要最低生活保障待遇的，公安机关要给予批评教育直至相关处罚。对于出具虚假证明材料的单位和个人，各地除按有关法律法规规定处理外，还应将有关信息记入征信系统。

国务院

2012 年 9 月 1 日

国务院办公厅关于印发《农村残疾人扶贫开发纲要（2011—2020年）》的通知

国办发〔2012〕1号

各省、自治区、直辖市人民政府，国务院各部委，各直属机构：

《农村残疾人扶贫开发纲要（2011—2020年）》（以下简称《纲要》）已经国务院同意，现印发给你们，请认真贯彻执行。

《纲要》是今后一个时期农村残疾人扶贫开发工作的纲领性文件。制定实施《纲要》，是深入贯彻落实科学发展观的必然要求，是保障和改善民生、缩小残疾人生活水平与社会平均水平的差距、促进残疾人与全体人民共享改革发展成果的重要举措，对于改善农村残疾人生产生活状况，实现全面建设小康社会奋斗目标和构建社会主义和谐社会具有重要意义。

各地区、各有关部门要进一步提高对农村残疾人扶贫开发工作的认识，切实增强做好残疾人扶贫工作的紧迫感和自觉性，加强领导，落实责任，加大投入力度，强化政策措施。要广泛深入地开展宣传活动，形成全社会关心支持残疾人扶贫开发工作的良好氛围。各地区、各有关部门要结合实际，采取有力措施，制定具体实施办法，确保《纲要》提出的各项任务落到实处、取得实效。

国务院办公厅

2012年1月3日

农村残疾人扶贫开发纲要（2011—2020 年）

改革开放以来，国家开展了有计划、有组织、大规模的扶贫开发，特别是进入 21 世纪以来，通过实施《中国农村扶贫开发纲要（2001—2010 年）》、《农村残疾人扶贫开发计划（2001—2010 年）》，残疾人家庭收入水平稳步提高，生活状况明显改善。十年间，通过各种方式累计扶持农村残疾人 2015.7 万人次，1318 万名残疾人摆脱贫困，54.6 万个农村贫困残疾人家庭通过实施中央彩票公益金农村危房改造项目改善了居住条件，868 万名贫困残疾人接受农村实用技术培训。农村残疾人扶贫工作取得显著成就，有力促进了经济社会发展、减贫事业推进和民生改善，为我国农村贫困人口减少、农村居民生存和温饱问题解决作出了突出贡献，有力推动了贫困地区经济发展与社会和谐。

目前，我国农村仍有 2000 万以上的贫困残疾人。由于残疾影响、受教育程度偏低、缺乏技能、机会不均等、扶贫资金投入不足等原因，残疾人仍是贫困人口中贫困程度最重、扶持难度最大、返贫率最高、所占比例较大的特困群体，是农村扶贫工作的重点人群。加大农村残疾人扶贫开发力度，缓解并逐步消除残疾人绝对贫困现象，缩小残疾人生活水平与社会平均水平的差距，是贯彻落实科学发展观的迫切需要，是全面建设小康社会、实现全体人民共同富裕的必然要求，是促进社会公平、构建社会主义和谐社会的重要内容。

为贯彻落实党的十七大和十七届五中、六中全会精神以及《中共中央国务院关于促进残疾人事业发展的意见》（中发〔2008〕7 号），根据《中国农村扶贫开发纲要（2011—2020 年）》和《中国残疾人事业“十二五”发展纲要》，制定本纲要。

一、总体要求

（一）指导思想。

以邓小平理论和“三个代表”重要思想为指导，深入贯彻科学发展观，认真落实党中央国务院关于扶贫事业和促进残疾人事业发展的方针政策，以残疾人社会保障体系和服务体系建设为主线，以增加贫困残疾人家庭收入、提升贫困残疾人生活质量为目标，以提高农村残疾人基本素质和生存发展能力为重点，进一步采取有效措施，加大生产扶助和生活救助力度，全面改善农村残疾人生产生活状况，促进其全面发展，与全国人民一道共享国家改革发展成果。

（二）基本原则。

加强扶贫开发与农村社会保障制度和基本公共服务政策有效衔接，把落实农村各项社会保障政策、措施作为解决残疾人温饱、稳定残疾人基本生活的根本途径，把扶持残疾人家庭发展生产、增加收入作为帮助农村贫困残疾人摆脱贫困的根本手段，把推进基本公共服务均等化、提高农村残疾人综合素质和生产生活能力作为扶助农村贫困残疾人改善状况的根本目标。

——坚持政府负责，部门落实。各级政府要加强领导，切实承担起残疾人扶贫开发工作的责任，将贫困残疾人作为重点扶持群体纳入政府扶贫开发计划，统筹安排，同步实施，优先配置人、财、物等资源。加强部门协作，明确职责，强化落实。

——坚持因地制宜，分类指导。中西部地区，要落实各项社会保障政策，保障贫困残疾人基本生活，扶持家庭发展生产，增加收入，稳定脱贫，对于集中连片特困地区，有针对性地采取措施帮扶贫困残疾人家庭稳定解决温饱。东部地区，要不断提高社会保障水平，扩大受益面，加大扶持与开发力度，稳步提高残疾人家庭收入。

——坚持城乡统筹，协调发展。将农村残疾人的生存发展纳入城乡社会建设与管理范畴，统筹安排，同步实施；各项保障和改善民生、公共服务政策措施向农村残疾人倾斜，促进城乡残疾人社会保障体系与服务体系建设协调发展。

——坚持保障优先，到户到人。摸清残疾人中低保对象和扶贫开发对象底数，优先落实各项社会保障政策，做到应保尽保；采取有针对性的扶贫开发措施，扶持到户到人。

——坚持产业带动，基地扶持。以地方特色优势产业为依托，发挥龙头企业和扶贫基地的辐射带动作用，促进农村残疾人就地就近实现就业。

——坚持社会参与，结对帮扶。动员党员干部、社会各界参与残疾人扶贫开发，通过“帮、包、带、扶”等多种形式，帮扶贫困残疾人及其家庭增加收入，摆脱贫困。

——坚持强化培训，提升技能。优先对残疾人开展多样化、多层次、灵活性培训，逐步提高残疾人科技文化素质和劳动技能。加强典型示范，激励农村贫困残疾人自尊、自信、自强、自立，增强脱贫致富的信心和决心。

二、任务目标

（三）总体目标。

到2015年，农村残疾人生活总体达到小康，基本生活得到稳定的制度性保障，参与社会和自身发展状况显著改善；农村残疾人社会保障体系和服务体系基本框架建立，保障水平和服务能力明显提高。

到2020年，稳定实现农村残疾人不愁吃、不愁穿，全面保障平等享受基本医疗、基本养老、教育、住房和康复服务。农村残疾人家庭收入达到或接近当地平均收入水平，基本公共服务覆盖农村残疾人并不断提高水平，残疾人生存有保障，生活有尊严，发展有基础。

（四）主要任务。

——到2015年，扶持1000万农村贫困残疾人家庭增加收入，生活状况显著改善。到2020年，农村贫困残疾人普遍得到有针对性扶持，发展能力显著提高。

——到2015年，各项社会保障制度全面覆盖农村残疾人。农村符合条件的残疾人全部纳入最低生活保障，农村残疾人按规定参加新型农村社会养老保险和新型农村合作医疗。到2020年，农村残疾人社会保障和福利水平进一步提高，残疾人专项社会保障和福利制度逐步建立并不断完善。

——到2015年，普遍开展农村残疾人社区康复和康复救助，有需求的贫困残疾人普遍适配基本型辅助器具。到2020年，有康复需求的农村残疾人普遍得到有效的康复服务。残疾预防知识得到普及，有效控制残疾发生和发展。

——到2015年，农村适龄残疾儿童少年普遍接受义务教育，入学率达到90%以上，并逐步提高巩固率。切实保障残疾儿童少年和贫困残疾人家庭子女顺利完成学业。积极发展残疾儿童学前康复教育、残疾人职业教育、普通高中教育和高等教育。减少农村残疾人青壮年文盲。到2020年，农村适龄残疾儿童少年和残疾人家庭子女受教育状况达到当地平均教育水平。基本消除农村残疾人青壮年文盲发生的现象。

——到2015年，为100万农村残疾人提供实用技术培训。到2020年，有劳动能力和愿望的农村残疾人普遍得到实用技术培训和职业技能培训，增加生产经营和就业收入，家庭自我发展能力明显提高。

——到2015年，通过保障性安居工程，特别是农村危房改造计划的落实，帮助改善农村贫困残疾人家庭居住条件。到2020年，农村残疾人家庭危房得到有效改善，残疾人家庭居住条件明显提高。

——到2015年，初步建立起农村残疾人托养服务体系框架，东部农村地区机构托养、社区日间照料、居家服务同步发展，中西部农村地区残疾人托养工作有较快发展。到2020年，农村残疾人托养服务体系逐步完善，托养服务水平进一步提高。

——到2015年，农村残疾人公共文化和体育事业得到发展。到2020年，农村残疾人普遍享有无障碍基本公共文化和体育服务。

三、政策保障

（五）落实政策措施。

落实国家各项农村社会保障制度、基本公共服务措施和扶贫开发政策。将农村贫困残疾人普遍纳入农村社会保障范围，并予以重点保障和特殊扶助；将有劳动能力的贫困残疾人作为扶贫开发重点人群。对中西部地区和边疆少数民族地区、革命老区的贫困残疾人在扶持项目和扶持资金上给予重点倾斜。落实国家和地方各项帮扶残疾人的法律法规、优惠政策和扶助规定，保障农村残疾人各项合法权益。

（六）加大资金投入。

中央和地方多渠道安排筹措资金，继续实施中西部地区农村贫困残疾人家庭危房改造、农村贫困残疾人生产和实用技术培训等项目，研究推动残疾人扶贫基地建设等扶持政策，加大残疾人就业保障金对农村残疾人就业创业的支持力度。

（七）完善金融服务。

继续安排残疾人康复扶贫贴息贷款，提高贴息额度，加大贷款投放。金融部门要针对贫困残疾人的实际情况，加大金融产品和服务方式创新力度，提高贫困残疾人金融服务水平。鼓励金融部门适当简化贷款程序，完善信贷服务政策。加强对残疾人扶贫基地的信贷支持。发展针对贫困残疾人户的免抵押小额贷款产品。鼓励融资性担保机构积极为贫困残疾人户提供融资担保服务。贫困村互助金为符合条件的残疾人及家庭发展生产提供支持。

（八）实施特别扶持。

对参加新型农村社会养老保险的重度残疾人，地方政府为其代缴部分或全部最低标准的养老保险费。通过农村医疗救助制度，帮助符合条件的贫困残疾人参加新型农村合作医疗，并随着筹资水平的提高，逐步提高门诊和住院报销比例，扩大报销范围。有条件的地方可适当提高对特困残疾人家庭危房改造补贴标准并实施居家无障碍改造。加强对农村贫困残疾人的救助，合理确定救助水平。鼓励有条件的地方探索建立困难残疾人生活补贴和重度残疾人护理补贴制度，扩大残疾人社会福利范围。帮助有发展生产愿望的贫困残疾人家庭选择合适项目，给予重点扶持，提供切实有效服务。

在社会主义新农村建设、农村实施的重大工程中，充分照顾贫困残疾人利益，在农村土地承包经营权流转政策实施过程中，切实维护贫困残疾人合法权益。各类公共资源向贫困残疾人及家庭倾斜，创造条件帮助贫困残疾人家庭享受各项支农惠农政策。

四、扶持措施

（九）发挥康复扶贫贷款作用。

康复扶贫贴息贷款重点投向适合残疾人特点的种植业、养殖业、农副产品加工业、家庭手工艺制作、零售商业及各类服务业项目。通过扶持项目、扶贫基地和集中安置残疾人就业单位，发挥辐射带动作用；通过小额到户贷款扶持残疾人开展就业创业项目，提高资金使用效率，帮扶贫困残疾人家庭增加收入。

（十）创新扶贫方式。

巩固“公司＋农户”、“小额信贷到户到人”等行之有效的扶贫模式，推广“整村赶平均”、“一户一策滚动发展”、“农机合作社”等残疾人扶贫典型做法。在农村经济发展较好和农业产业化程度较高的地区，通过产业带动，组织残疾人发展庭院经济、设施农业和家庭手工艺生产。

（十一）开展农村实用技术培训。

政府举办或补助的面向“三农”的培

训机构和项目优先培训残疾人；“阳光工程”和“雨露计划”积极培训残疾人或残疾人家庭成员；以市场需求为导向，开展不同类别的残疾人专项实用技术培训，确保每个贫困残疾人家庭至少一名劳动力掌握1至2门实用增收技术，强化培训后就业和创业扶持服务。在农村实用人才带头人能力提升工程、农村实用人才创业兴业工程及农村实用人才技能开发工程中，对符合条件且有能力的农村残疾人优先选拔和培养。

（十二）扶持农村残疾人就业创业。

在统筹城乡发展、推进城镇化过程中，积极开发适合残疾人特点的就业岗位，有序安排农村残疾人转移就业。选取符合农村实际，适合残疾人从事的投资小、见效快项目，引导扶持农村贫困残疾人及家庭成员从事维修、商贸、手工艺加工、家庭服务等多种形式的就业创业项目。扶持农村残疾人创业带头人及带动残疾人就业的农村产业龙头企业。加大在农村落实《残疾人就业条例》的力度。

（十三）实施“阳光助残扶贫”项目。

在中央和地方政府的扶持下，实施“阳光助残扶贫基地建设”项目，创建一批管理规范、辐射带动力强、培训效果好、能够稳定增加农村贫困残疾人家庭收入的扶贫基地。实施“阳光大棚”助残项目，发挥地方龙头企业和农村经济合作组织等生产经营组织的辐射带动作用，帮扶贫困残疾人家庭就地就近发展设施农业、庭院经济和其他生产经营项目，有效提高家庭收入。

（十四）实施“阳光安居工程”。

在保障性安居工程、新农村建设、小城镇建设、易地扶贫搬迁、生态移民、农民进城落户、农村危房改造过程中，对农村贫困残疾人家庭住房给予优先安排；继续实施中央彩票公益金支持的“阳光安居工程”，“十二五”期间，继续对贫困残疾人家庭危房改造进行补助，完善用水、用电等配套设施，有条件的地方对贫困残疾人家庭无障碍改造给予补贴。

（十五）动员社会各界参与残疾人扶贫。

要动员人民团体、事业单位等以及领导干部、党团员与贫困残疾人家庭结对开展“帮、包、带、扶”，督促帮助落实扶贫和救助政策，选择项目，筹措资金，提供技术支持和市场经营服务，扶助贫困残疾人脱贫。农村基层党组织要抓好残疾人扶贫工作的落实，发挥政治优势，切实帮扶贫困残疾人改善基本生活，发展生产，增加收入。鼓励引导国有企业、非公有制企业、社会组织以及志愿者和社会各界人士，积极参与农村残疾人扶贫开发。充分发挥军队和武警部队在参与农村助残扶贫行动中的优势和积极作用。配合妇联组织开展面向残疾妇女的各类培训，为残疾妇女提供创业资金、项目扶持，关注残疾妇女的身体健康，为残疾妇女的发展营造良好的社会环境。有关部门实施的定点扶贫项目优先安排有条件的农村贫困残疾人及其家庭成员从业。通过慈善捐赠、社会募集、各界帮助等途径多渠道筹措残疾人扶贫资金。县、乡、村（社区）基层便民服务中心（站、点）将农村残疾人扶贫、社会救助、社会福利等工作纳入其中。推动建立社会帮扶残疾人扶贫工作的长效机制。

（十六）提供教育、康复、托养、文化体育、法律援助和法律服务。

依据国家相关法律法规，加强农村残疾人教育、康复、托养、文化体育、法律援助和法律服务工作。采取多种措施，保障农村适龄残疾儿童少年接受学前康复教育和义务教育。依托乡镇、村基层公共卫生机构开展康复和残疾预防工作，优先为贫困残疾人提供知识普及、医疗康复、功能训练、辅具适配等个性化康复服务，提高其生活自理能力。坚持政府投入为主，鼓励通过社会募集等多种渠道筹措托养服务资金，逐步提高托养服务的补助标准，扩大受益面。结合残疾人实用技术培训，开展残疾人文化知识学习和扫盲工作。鼓励、引导残疾人积极参加公共文化体育活动，康复身心，丰富精神文化生活，提高适应能力和生产劳动能力，提升思想道德水平和科学文化素质。加大投入，引导组织农村残疾人因地制宜参加体育健身活动，不断提高农村残疾人的健康意识，使健身活动逐步融入农村残疾人的日常生活。充分发挥残疾人法律服务、法律援助和法律救助网络的工作职能，为农村残疾人提供法律救助服务。

五、组织领导

（十七）加强领导，落实责任。

在国务院残疾人工作委员会统一领导下，各级政府将残疾人扶贫工作列入当地经济社会发展总体目标和政府扶贫规划，分解指标，量化考核，加强领导，明确部门责任并抓好落实。各级政府加大对农村残疾人扶贫工作的政策和资金支持。建立协调机制，实行省负总责、县抓落实、工作到村、扶贫到户、受益到人的工作机制。

有关部门要将农村贫困残疾人作为重点扶持对象纳入扶贫规划同步实施，在同等条件下优先扶持。要指导基层党组织帮扶贫困残疾人，落实残疾人扶贫和救助政策，改善基本生活状况。要组织各级各类新闻媒体大力宣传残疾人自立自强的先进典型，积极营造全社会关心支持残疾人扶贫工作的良好氛围。要将符合条件的农村贫困残疾人纳入最低生活保障制度等社会救助制度，实现应保尽保。要加大农村残疾人扶贫工作的投入，将农村残疾人扶贫工作经费列入年度预算统筹安排。要将支农惠农政策优先落实到有条件的贫困残疾人家庭。要在实施农村危房改造项目中优先解决贫困残疾人家庭的住房困难。要对农村残疾人扶贫监测给予指导。要动员“万村千乡市场工程”龙头企业和加盟店铺优先安置有条件的贫困残疾人及其家庭成员就业，优先扶持贫困残疾人家庭创业加盟。要积极配合当地党委、政府选择符合条件的贫困残疾人或其家庭成员从事“农家书屋”管理工作。要指导鼓励各商业银行开展农村残疾人扶贫信贷，创新产品，优惠利率，简化手续，提供无障碍服务。要优先为从事种植、养殖和手工艺加工的农村残疾人扶贫基地及残疾人家庭提供信贷支持。中国残联会同有关部门协调并指导地方残联组织实施农村残疾人扶贫开发工作。

（十八）充分发挥残联组织作用。

各级残联作为政府扶贫开发领导小组成员单位，应发挥自身作用，参与残疾人扶贫规划制定、统筹协调扶贫资金和物资分配以及扶贫项目的组织实施；继续把基层残疾人组织建设与残疾人扶贫开发相互结合，以任务促建设，以建设保任务，促进基层残疾人扶贫服务社建设，充分发挥基层残疾人组织和残疾人专职委员作用，为残疾人扶贫提供组织保障。县级残疾人就业扶贫服务机构要将各项政策措施及服务向农村延伸，依托基层劳动就业社会保障公共服务平台、农村金融机构、贫困村互助社和农村经济合作组织，为残疾人提供多种形式的生产经营、劳动就业和参加社会保险等服务。

（十九）加强农村残疾人扶贫资金使用管理。

完善残疾人扶贫专项资金和项目管理办法，提高扶贫资金使用效率。加大资金使用情况监督检查力度，强化审计监管，防止和杜绝挤占、挪用、贪污扶贫资金等现象，确保资金安全。

（二十）做好统计监测绩效评估。

将农村残疾人扶贫列入政府扶贫统计、监测和检查范围，完善统计报表制度和信息管理系统，制定农村残疾人扶贫工作指标体系及评估标准，对残疾人贫困人口和残疾人扶贫规划执行情况实行年度动态监测。在规划执行中期和期末进行全面考核与绩效评估。

各省（区、市）要根据本纲要，制定具体实施办法。

附件：《农村残疾人扶贫开发纲要（2011—2020年）》执行评估指标体系

附件：

《农村残疾人扶贫开发纲要（2011—2020年）》执行评估指标体系

监测指标	单位	2015年目标值	2020年目标值
1. 农村残疾人家庭人均纯收入	元	6900	9600
2. 农村残疾人参加新农合比例	%	96	98
3. 农村残疾人参加新农保比例	%	85	95
4. 农村重度残疾人护理补贴比例	%	30	80

续表

监测指标	单位	2015年目标值	2020年目标值
5. 农村贫困残疾人生活补助比例	%	50	90
6. 农村残疾儿童少年接受义务教育比例	%	90	95
7. 农村残疾人接受托养服务人数	万人（次）	80	160
8. 农村贫困残疾人生活救助和扶贫开发人数	万人	1000	2000
9. 康复扶贫贷款中央财政贴息落实率	%	100	100
10. 农村残疾人实用技术培训人数	万人	100	200
11. 农村残疾人扶贫基地数	个	5000	7000

国务院办公厅关于转发卫生部等部门全国地方病防治“十二五”规划的通知

国办发〔2012〕3号

各省、自治区、直辖市人民政府，国务院各部委、各直属机构：

卫生部、发展改革委、财政部《全国地方病防治“十二五”规划》已经国务院同意，现转发给你们，请认真贯彻执行。

国务院办公厅

2012年1月12日

全国地方病防治“十二五”规划

卫生部　发展改革委　财政部

为进一步贯彻落实《中共中央国务院关于深化医药卫生体制改革的意见》（中发〔2009〕6号）精神，有效预防和控制地方病的流行，维护病区群众身体健康，促进病区经济社会协调发展，根据我国地方病的流行趋势与防治工作需要，特制定本规划。

一、防治现状

我国是地方病流行较为严重的国家，31个省（区、市）不同程度地存在地方病危害，主要有碘缺乏病、水源性高碘甲状腺肿、地方性氟中毒、地方性砷中毒、大骨节病和克山病。我国外环境普遍处于缺碘状态，除上海市外，30个省（区、市）都曾不同程度地流行碘缺乏病。水源性高碘病区和地区分布于9个省（区、市）的115个县（市、区），受威胁人口约3000余万。燃煤污染型地方性氟中毒病区分布于13个省（市）的188个县（市、区），受威胁人口约3582万。饮水型地方性氟中毒病区分布于28个省（区、市）的1137个县（市、区），受威胁人口约8728万。饮茶型地方性氟中毒病区分布于7个省（区）的316个县（市、区），受威胁人口约3100万。燃煤污染型地方性砷中毒病区分布于2个省的12个县，受威胁人口约122万。饮水型地方性砷中毒病区分布于9个省（区）的45个县，且在19个省（区）发现生活饮用水砷含量超标，受威胁人口约185万。大骨节病病区分布于14个省（区、市）的366个县（市、区），受威胁人口约2197万。克山病病区分布于16个省（区、市）的327个县（市、区），受威胁人口约3225万。

党中央、国务院历来重视地方病防治工作。《中共中央国务院关于深化医药卫生体制改革的意见》明确提出，要加强对严重威胁人民健康的地方病等疾病的监测与预防控制。多年来，特别在“十一五”时期，各地区、各部门齐抓共管，社会广泛参与，加大综合防治力度，基本健全了地方病防治监测体系，地方病严重流行趋势总体得到控制，防治工作取得显著成效。截至2010年底，已有28个省（区、市）达到了省级消除碘缺乏病的阶段目标，97.9%的县（市、区）达到了消除碘缺乏病目标；已查明的水源性高碘病区和地区基本落实停止供应碘盐措施；燃煤污染型地方性氟中毒病区改炉改灶率达到92.6%；基本完成已知饮水型地方性氟中毒中、重病区的饮水安全工程和改水工程建设；基本查清饮茶型地方性氟中毒的流行范围和危害程度；完成了地方性砷中毒病区分布调查，已知病区基本落实了改炉改灶或改水降砷措施；地方性氟中毒和砷中毒病区中小学生、家庭主妇的防治知识知晓率分别达到85%和70%以上；99%以上大骨节病重病区村儿童X线阳性检出率降到20%以下；克山病得到有效控制。

但是，我国地方病防治工作距实现消除地方病危害目标仍有较大差距，西藏、青海和新疆3省（区）仍处于基本消除碘缺乏病的阶段，水源性高碘病区和地区尚未全面落实防治措施，西部地区局部仍有地方性克汀病新发病例，尚有部分地方性氟中毒病区未完成改水，局部地区的大骨节病病情尚未完全控制。更为重要的是，地方病是生物地球化学因素或不利于健康的行为生活方式所致，在已落实综合防治措施的病区，只有建立长效防治机制，才能持续巩固防治成果，避免病情反弹。

二、指导思想、基本原则和防治目标

（一）指导思想。

以邓小平理论和“三个代表”重要思想为指导，深入贯彻落实科学发展观，结合深化医药卫生体制改革，全面落实各项地方病防治措施，建立健全长效防控机制，进一步巩固现有防治成果，基本消除重点地方病的危害，保障人民群众身体健康，促进病区社会和经济的协调发展。

（二）基本原则。

1. 政府领导、齐抓共管。进一步强化政府领导，落实部门责任，鼓励社会力量积极参与，共同落实各项防治措施。

2. 突出重点、全面推进。从实现消除地方病的战略高度出发，在已经取得防治成果基础上，采取有针对性的策略和综合防治措施，着力解决防治工作难点问题，全面推进防治工作。

3. 因地制宜、科学防治。根据地方病流行特点和防治现状，针对不同地区、不同病种，科学制定相关技术措施，确保防治工作取得实效。

4. 预防为主、防管并重。加强病区群众生产生活环境改造，广泛深入开展健康教育，减少并努力消除各种致病因素。加强防治措施的后期管理，建立健全长效防控机制，巩固防治成果，推动防治工作扎实有效、深入持久地开展。

（三）防治目标。

1. 总体目标。建立与我国经济社会发展相适应的地方病防治长效工作机制，全面落实防治措施，基本消除重点地方病危害。

2. 具体目标。

（1）持续消除碘缺乏危害。海南、西藏、青海和新疆4省（区）90%以上的县（市、区）达到消除碘缺乏病目标，其他省（区、市）95%以上的县（市、区）保持消除碘缺乏病状态。有效防止地方性克汀病新发病例。人群碘营养水平总体保持适宜状态。

（2）基本消除燃煤污染型地方性氟中毒和砷中毒的危害。在燃煤污染型地方性氟中毒病区，95% 以上的家庭落实以改炉改灶为主的综合防治措施。强化燃煤污染型地方性氟中毒、砷中毒防治工作的后期管理，使病区改炉改灶家庭炉灶完好率和正确使用率均达到 95% 以上。

（3）有效控制饮水型地方性氟中毒、砷中毒及水源性高碘甲状腺肿危害。基本完成已查明饮水型地方性氟中毒、砷中毒病区的饮水安全工程和改水工程建设，有效落实水源性高碘病区和地区的防治措施。强化已建改水工程的后期管理，确保 90% 以上的改水工程保持良好运行状态，水质符合国家和行业相应卫生标准。

（4）有效控制饮茶型地方性氟中毒危害，降低人群摄氟水平。

（5）基本消除大骨节病。消除大骨节病的病区村达到 90% 以上。其中，东、中部地区达到 95% 以上，西部地区达到 85% 以上。

（6）基本消除克山病。消除克山病的病区县达到 90% 以上。

三、防治措施

（一）加强病情监测。进一步完善防治监测体系，提高监测灵敏度和覆盖面，尤其要加强对重点地区、重点人群的监测。加强监测工作的信息化建设，实现监测信息共享，提高信息利用的时效性和有效性。加强监测管理与质量控制，准确、及时、定量地分析和预测全国地方病病情和流行趋势，强化监测与防治干预措施的有机结合，为适时调整防控策略提供科学依据。

（二）落实防控措施。根据各地区地方病的流行现状，实施针对性的防控措施，加大干预力度，务求取得实效。

1. 碘缺乏病。坚持“因地制宜、分类指导、科学补碘”原则，继续实施以食用碘盐为主的综合防控策略。未达到消除碘缺乏病目标的地区，进一步加强碘盐普及力度，提高碘盐覆盖率和合格碘盐食用率，碘缺乏病严重流行地区可结合本地实际施行碘盐财政补贴政策。已达到消除碘缺乏病目标的地区，要加强对碘盐生产、销售的监管，确保合格碘盐持续供应，巩固和扩大防治成果。加强监测预警，及时发现高危人群并采取应急强化补碘措施，防止地方性克汀病新发病例。在普及碘盐的同时，合理布设不加碘食盐的销售网点，方便因疾病等原因不宜食用碘盐的居民购买不加碘食盐。动态监测人群碘营养状况，适时调整食盐加碘浓度，根据不同地区各类人群的不同碘营养需求，提供不同含碘量的碘盐，供消费者知情选购。

2. 水源性高碘甲状腺肿。水源性高碘病区和地区要继续做好不加碘食盐供应，加强人群碘营养状况监测和评估，及时调整干预策略，必要时实施改水降碘措施。

3. 地方性氟中毒和地方性砷中毒。燃煤污染型地方性氟中毒、砷中毒病区，要继续实施以健康教育为基础、改炉改灶为主的综合防治措施，提高防治工作覆盖面。尚未完成改水的饮水型地方性氟中毒病区和新发现的饮水型地方性砷中毒病区或水源性高砷地区，要完成改水降氟、降砷工程建设，加强饮水安全工程卫生学评价和水质监测，防止因水源污染导致饮用水氟、砷含量超标，确保生活饮用水符合国家卫生标准。通过财政补贴，在饮茶型地方性氟中毒病区推广普及低氟砖茶。要切实加强防治措施的后期管理，做好改水设施和改良炉灶的维护、维修，及时修复或重建已损毁的改水工程，确保病区改水工程达标运行，病区家庭正确使用合格防氟防砷炉灶，持续巩固防治成果。

4. 大骨节病和克山病。加强对重点病区的病情监测，在大骨节病活跃病区有效落实转产换粮、易地育人等综合防控措施，在克山病高发病区采取有效措施提高群众生活水平，改善膳食营养，改变不健康的生活方式，防止出现大骨节病临床新发病例和急型、亚急型克山病病例。

（三）加强健康教育。充分利用大众传媒和人际传播等方式，在病区开展形式多样、内容丰富的健康教育活动，使地方病防治知识家喻户晓、深入人心，增强群众防病意识，促进形成健康的生产生活方式。

四、保障措施

（一）强化政府领导。地方各级人民政府要进一步加强组织领导，健全“政府领导、部门负责、社会参与”的工作机制。要把地方病防治工作放到更加突出的位置，将地方病防治指标、任务纳入经济社会发展规划。要制定本地区防治规划和年度工作计划，层层分解目标，明确具体措施，抓好组织实施。

（二）落实部门责任。各有关部门和单位要按照职能分工，履职尽责、密切配合，认真研究实现规划目标的政策措施，切实抓好落实。

卫生部门要做好组织协调、技术指导、健康教育与行为干预、预防治疗和监测评估工作。

发展改革部门要将有利于病区综合防治的建设项目投资优先向病区倾斜，促进病区经济社会协调发展。

教育、广电等部门要在卫生部门指导下，采取多种形式向病区群众普及地方病防治的相关知识。

科技部门要积极为地方病防治工作提供科技支撑。

工业和信息化部门要加强碘盐加工和市场供应的监管，保证碘盐生产企业在国家规定的食盐加碘标准范围内，根据市场需求，生产不同含碘量的合格碘盐。

民政部门要对符合医疗救助条件的地方病病人实施医疗救助。

财政部门要安排地方病防治所需必要资金并监督使用情况。

水利部门要将“十一五”期间尚未实施改水工程的饮水型地方性氟中毒病区、水源性高砷地区纳入农村饮水安全工程

"十二五"规划。加强对已建改水工程的管理，使水质符合国家生活饮用水卫生标准，保证正常供水。

农业部门要在燃煤污染型地方性氟中毒、砷中毒病区，优先安排农村沼气池建设项目。

商务部门要会同有关部门加强边销茶的流通管理。

质检、工商部门要依法加强边销茶生产、流通环节的质量监督，严肃查处制售假冒伪劣违法行为，防止不合格边销茶流入市场。

林业部门要结合林业重点工程对病区给予倾斜支持，改善地方病病区生态环境。

扶贫部门要将地方病防治工作作为扶贫开发的重要内容，对扶贫对象进行重点帮扶，实施综合防治。

残联要协助有关部门开展地方病防治知识的宣传教育，预防残疾发生，参与做好氟骨症、大骨节病、地方性克汀病病人的畸残康复。

（三）加大资金投入。地方各级人民政府要根据规划要求和防治工作需要，按照分级负担的原则，落实防治专项资金。中央财政通过转移支付方式，加大对贫困地区防治工作的支持力度，并向集中连片特殊困难地区重点倾斜。要完善"政府投入为主、多渠道筹资"的经费投入机制，广泛动员社会力量支持，充分利用农村安全饮水工程、农村沼气池建设、基本消除重点地方病危害工程等项目资源，发挥在地方病防治方面的综合效益。

（四）加强法制建设。认真贯彻执行国家和地方公布的有关地方病防治法规，加大执法力度，切实做到依法防治。根据工作要求及时修订、完善《食盐加碘消除碘缺乏危害管理条例》等相关法规和规章。

（五）提高防治能力。在疾病预防控制体系建设中，要加强地方病防治体系能力建设，改善工作条件，配备更新必要的设备装备，合理设置岗位，强化专业人员的岗位培训和继续教育，提高防治队伍综合实力，保证防治工作需要。加强地方病防治的基础性和应用性研究，对防治重点难点问题组织联合攻关，加强国际交流与合作，借鉴吸收国际成功经验和做法，提高防治工作整体水平。

（六）加强检查评估。卫生部门要会同发展改革、财政等部门定期对本地区地方病防治工作情况进行检查，发现问题及时解决，推动规划各项目标、任务顺利完成。要在2013年和2016年，分别对各地区规划执行情况进行中期和终期评估，评估结果向国务院报告。

国务院办公厅转发人口计生委扶贫办关于进一步做好人口计生与扶贫开发相结合工作若干意见的通知

国办发〔2012〕10号

各省、自治区、直辖市人民政府，国务院各部委、各直属机构：

人口计生委、扶贫办《关于进一步做好人口计生与扶贫开发相结合工作的若干意见》已经国务院同意，现转发给你们，请认真贯彻执行。

国务院办公厅

2012年2月5日

关于进一步做好人口计生与扶贫开发相结合工作的若干意见

人口计生委　扶贫办

为深入贯彻《中华人民共和国国民经济和社会发展第十二个五年规划纲要》和《中国农村扶贫开发纲要（2011—2020年）》精神，进一步做好新形势下人口计生与扶贫开发相结合工作，提出如下意见。

一、充分认识新形势下做好人口计生与扶贫开发相结合工作的重要性

（一）人口计生与扶贫开发工作取得显著成绩。人口是影响经济社会发展的关键因素，关系着贫困地区脱贫致富和全面协调可持续发展。贫困地区脱贫致富，有利于群众生育观念的转变和计划生育工作的深入开展。改革开放以来，在党中央、国务院的正确领导下，各级人口计生、扶贫开发部门认真贯彻落实科学发展观，将人口计生与扶贫开发工作结合起来，在扶贫开发政策、项目上对计划生育扶贫对象予以优先优待，创造了“少生快富”工程、长效节育措施奖励等行之有效的经验，人口计生和扶贫开发工作取得了显著成绩，贫困地区生育水平逐步下降，人口过快增长的势头得到有效控制，统筹解决人口问题迈出重要步伐，缓解了人口对资源、环境的压力，促进了贫困地区经济发展、社会和谐和民生改善；一大批计划生育扶贫对象脱贫致富，农村贫困人口大幅减少，收入水平稳步提高，农村居民生存和温饱问题基本解决。

（二）加强人口计生与扶贫开发相结合工作具有重要意义。当前，我国人口发展正处于重大转折期，人口素质、结构、分布正成为影响发展的主要因素；扶贫开发任务十分艰巨，扶贫对象规模大，相对贫困问题凸显。人口多、增长快、素质低仍是制约贫困地区脱贫致富、群众生活水平提高的重要因素。贫困地区人口计生工作关系着全国稳定低生育水平、统筹解决人口问题的大局。加强人口计生与扶贫开发相结合工作，是实现和稳定贫困地区低生育水平，全面提升人口计生工作水平的重大举措；是促进贫困家庭脱贫致富，实现贫困地区经济社会更好更快发展的重要途径；是促进人口与经济、社会、资源、环境协调和可持续发展的迫切要求；是推动人口计生与扶贫开发事业共同进步的必由之路，必须坚持不懈地抓好落实。

二、明确人口计生与扶贫开发相结合工作的指导思想、目标任务和基本原则

（三）指导思想。

以科学发展观为指导，认真贯彻《中华人民共和国国民经济和社会发展第十二个五年规划纲要》和《中国农村扶贫开发纲要（2011—2020年）》精神，适应转变经济发展方式、保障和改善民生、增强扶贫对象自我发展能力的新形势，加大对贫困地区人口计生工作的支持力度，加大对计划生育扶贫对象的扶持力度，实现和稳定低生育水平，提高人口素质，优化人口结构，引导人口合理分布，促进贫困地区人口与经济、社会、资源、环境协调发展和可持续发展。

（四）目标任务。

制定完善人口计生与扶贫开发相结合的政策措施，建立健全党政主导、部门配合、社会协同的工作机制。到2015年，力争使国家扶贫开发工作重点县（以下简称“重点县”）平均人口自然增长率控制在8‰以内，总和生育率控制在1.8左右。计划生育扶贫对象大幅减少，家庭发展能力明显增强，群众生活水平明显提高。到2020年，重点县低生育水平持续稳定，逐步实现人口长期均衡发展。

（五）基本原则。

一是坚持统筹规划。将人口计生与扶贫开发相结合工作纳入贫困地区经济社会发展总体规划，融入人口计生、扶贫开发工作之中，同部署、同落实、同检查、同考核。

二是坚持因地制宜。根据各地实际，分类指导，将连片特困地区作为工作重点，实施针对性和操作性强、群众得实惠的具体政策和项目。

三是坚持资源整合。结合社会主义新农村建设、生态建设、环境保护、产业发展工作，统筹专项扶贫、行业扶贫及社会扶贫，推动社会各界支持贫困地区人口计生工作和关怀帮助计划生育扶贫对象。

三、完善人口计生与扶贫开发相结合的政策措施

（六）健全人口计生利益导向政策体系。进一步完善农村计划生育家庭奖励扶助制度、“少生快富”工程和计划生育家庭特别扶助制度，提高标准，扩大范围。在工作基础比较薄弱、生育水平较高的连片特困地区，推广实施诚信计生奖励政策。切实贯彻国家助学政策，确保符合条件的计划生育家庭子女及时足额获得资助。鼓励机关、企事业单位、社会团体和个人开展对农村计划生育家庭帮困扶持。大力推进“生育关怀行动”、“幸福工程”。开展关怀关爱农村留守儿童、留守老人的活动。

（七）提高出生人口素质。普及科学知识，提倡健康科学的生活方式，有针对性地开展宣传教育、健康促进、优生咨询、均衡营养等服务。推进计划生育优质服务，积极创造条件加快在重点县实施免费孕前

优生健康检查项目。推动实施贫困地区学龄前儿童营养与健康干预项目。

（八）加强基层人口计生服务能力建设。支持重点县人口计生服务机构建设，根据需要适当配备或更新计划生育、优生优育、生殖保健等设备；强化重点县流动服务能力建设。进一步加强重点县人口计生队伍的职业化建设，组织开展专项培训和继续教育，进一步提高干部队伍整体素质；组织发达地区与重点县技术骨干的双向交流培训。

（九）深入开展宣传倡导。全面开展婚育新风进万家活动和关爱女孩行动，扎实推进新农村新家庭计划、创建幸福家庭活动，大力传播计划生育、性别平等、优生优育等文明婚育观念，建设新型家庭人口文化。广泛宣传人口计生法律法规和政策，提高群众知晓率，引导更多群众遵纪守法、少生优生。扎实推进人口计生基层群众自治，广泛开展诚信计生工作、阳光计生行动，动员组织群众参与人口计生服务管理。

（十）加大对人口计生工作做得比较好的贫困村支持力度。扶贫开发、农田基本建设、水利设施建设、土地开发、新农村建设等项目、资金，要向人口计生工作做得比较好的贫困村倾斜。

（十一）加大对计划生育扶贫对象的扶持力度。实施易地扶贫搬迁、以工代赈、产业扶贫、“雨露计划”、就业促进等专项扶贫政策或项目时，要优先优待符合条件的计划生育扶贫对象；发展特色产业、完善基础设施、可再生能源开发利用、危房改造、贴息贷款、定点扶贫、“兴边富民”行动等政策或项目，要向计划生育扶贫对象倾斜，支持计划生育扶贫对象调整产业结构，因地制宜发展种植、养殖、农产品加工、手工艺品制作等产业，提高家庭发展能力。

四、健全人口计生与扶贫开发相结合工作机制

（十二）加强组织领导。各级人口计生、扶贫开发部门要积极做好党委、政府的参谋助手，健全各级人口计生和扶贫开发工作领导机构，完善人口计生目标管理责任制和扶贫开发工作责任制，坚定不移地抓好人口计生与扶贫开发相结合工作。要将人口计生与扶贫开发相结合工作纳入重点县人口计生、扶贫开发部门及相关机构的考核范围，完善考核制度。对在工作中作出突出贡献的组织和个人，按照国家有关规定给予表彰奖励。

（十三）强化部门配合。县级以上政府人口计生部门要主动会同扶贫开发部门，研究制定人口计生与扶贫开发相结合的具体政策措施。扶贫开发部门要统筹安排扶贫项目，采取有力措施促进计划生育扶贫对象增加收入；拟定重要政策措施和项目方案，要提前征求人口计生部门的意见。县级以下政府扶贫开发部门或机构在工作中发现政策外怀孕、生育的扶贫对象，要及时与同级人口计生部门或机构沟通，并

配合做好宣传动员工作。县级以上政府人口计生、扶贫开发部门要指定专人负责人口计生与扶贫开发相结合工作，会同相关部门定期组织对政策措施执行情况的检查、督导，共同研究解决工作中存在的问题。

（十四）共享信息资源。人口计生部门要帮助扶贫开发部门在建档立卡、扶贫对象识别过程中，准确把握贫困家庭人口信息。扶贫开发部门要与人口计生部门及时沟通扶贫对象信息。重点县全员人口数据库要增加家庭贫困状况的有关信息，扶贫对象档案要增加是否为计划生育户、是否落实节育措施等内容。做好全员人口数据库与贫困农户信息管理系统的衔接，实现信息互通共享，及时更新。

（十五）推进改革创新。适应加强和创新社会管理的新要求，更加注重利益导向，更加注重服务关怀，更加注重宣传倡导，积极推进相关惠民强农政策与人口计生政策衔接、配合，切实转变贫困地区工作思路和方式。要把典型示范与普遍要求结合起来，积极探索创新人口计生与扶贫开发相结合的新项目和新载体。树立和培养一批实行计划生育的致富典型，营造良好的舆论氛围。加强调查研究，总结推广成功经验。

各地要根据本意见，结合实际进一步明确人口计生与扶贫开发相结合的政策措施，制定具体实施方案。

附录（三）
年度领导重要讲话

在全国东西扶贫协作工作座谈会上的讲话

范小建

2012 年 1 月 5 日

同志们：

新年伊始，我们在美丽的山城重庆召开全国东西扶贫协作工作会议，主要任务是：全面贯彻中央扶贫开发工作会议和中央经济工作会议、中央农村工作会议精神，回顾总结东西扶贫协作 15 年来取得的成就和经验，研究部署新阶段的工作。下面，我先介绍一下全国扶贫开发的形势和任务，再就进一步做好东西扶贫协作工作讲几点意见。

一、我国扶贫开发进入一个新的历史阶段

2011 年是我国扶贫开发历史上具有里程碑意义的一年。我认为标志性事件有四个：

（一）颁布实施《中国农村扶贫开发纲要（2011—2020 年）》（以下简称《扶贫开发纲要》）

这是扶贫开发历史上又一个纲领性文件。与《国家八七扶贫攻坚计划》和《中国农村扶贫开发纲要（2001—2010 年）》相比，立意更加高远，内涵更加丰富，充分体现出新的阶段性特征。

一是做出了重大阶段性判断。这个判断就是“农村居民生存和温饱问题基本解决”。这是中华民族多少代人孜孜以求的梦想，短短一句话，十五个朴实无华的字，即宣告了一个历史阶段的结束。正是在这个基本判断的基础上，《扶贫开发纲要》进一步提出“我国扶贫开发已经从以解决温饱为主要任务的阶段转入巩固温饱成果、加快脱贫致富、改善生态环境、提高发展能力、缩小发展差距的新阶段”。这是又一个新的伟大征程的开始。

二是明确了“两不愁、三保障”的奋斗目标。过去 20 多年，扶贫工作的目标就是解决温饱。《扶贫开发纲要》提出的新目标包括了两个层次：第一个层次是对扶贫对象，“到 2020 年，稳定实现扶贫对象不愁吃、不愁穿，保障其义务教育、基本医疗和住房”，既包括了生存的需要，又包括了部分发展的需要。第二个层次是对贫困地区，“贫困地区农民人均纯收入增长幅度高于全国平均水平，基本公共服务主要领域指标接近全国平均水平，扭转发展差距扩大趋势。”新阶段奋斗目标的提出，是扶

贫工作理念的重大创新，说明我们的目标更高，内涵更丰富。

三是丰富了扶贫工作基本方针。《扶贫开发纲要》在充分肯定历史经验的同时，对十六大以来农村扶贫和社保领域的创新实践也给予了充分的肯定。《扶贫开发纲要》明确，要继续“坚持开发式扶贫的方针，同时提出，要实行扶贫开发和农村最低生活保障制度有效衔接”，进而明确了低保维持生存、扶贫促进发展的工作定位。扶贫开发和社会保障都是增进贫困人口福祉的重要手段，是编织社会安全网互为补充、相辅相成的基本要素。

四是分层次界定了工作对象。将工作对象分为四个层次，即扶贫对象、扶贫攻坚主战场、重点县和贫困村。扶贫对象明确为“在扶贫标准以下具备劳动能力的农村人口为扶贫工作主要对象。”同时明确，(1) 是国家扶贫标准要逐步提高；(2) 是允许各省（自治区、直辖市）根据当地实际制定高于国家扶贫标准的地方标准。连片特困地区是扶贫攻坚主战场，它们是六盘山区、秦巴山区、武陵山区、乌蒙山区、滇桂黔石漠化区、滇西边境山区、大兴安岭南麓山区、燕山—太行山区、吕梁山区、大别山区、罗霄山区等 11 个连片特困地区，以及西藏、四省藏区、新疆南疆三地州 3 个已明确实施特殊政策的地方。国家扶贫开发工作重点县支持政策不变。各省（自治区、直辖市）要制定办法，采取措施，根据实际情况进行调整，实现重点县数量逐步减少。重点县减少的省，国家的支持力度不减。对贫困村继续采取整村推进的方式给予扶持。

五是确立了“三位一体”大扶贫的工作格局。在我国总体进入以工促农、以城带乡发展新阶段的背景下，扶贫开发形成了专项扶贫、行业扶贫、社会扶贫等多方力量、多种举措有机结合和互为支撑的三位一体大扶贫的格局。这是我国扶贫开发工作的重要创新。对此，《扶贫开发纲要》第一次做出全面部署。专项扶贫主要指国家安排专项扶贫资金、各级地方政府和有关部门，主要是扶贫部门组织实施，直接帮助最贫困乡村、最贫困人口的工作。未来十年的工作重点包括易地扶贫搬迁、整村推进、以工代赈、产业扶贫、就业促进、扶贫试点、革命老区建设等。行业扶贫主要指各行业部门支持贫困地区和贫困人口发展的政策和项目，要密切结合各行业的业务职能，把改善贫困地区发展环境和条件，促进贫困地区产业发展、实现贫困地区基本公共服务均等化作为本行业发展规划的重要内容，在资金、项目等方面给予倾斜。社会扶贫主要指社会各界参与扶贫开发事业，要加强定点扶贫，推进东西扶贫协作，发挥军队和武警部队的作用，动员企业和社会各界参与扶贫。

六是强化了政策措施和组织保障体系。《扶贫开发纲要》第一次明确提出对扶贫工作可能产生较大影响的重大政策和项目，要进行贫困影响评估，还要求加快扶贫立法。要完善扶持贫困地区发展的各项政策措施，从8个方面提出有利于贫困地区和扶贫对象加快发展的政策，特别强调了财政和金融、投资和产业、生态和人才等方面。为了深入推进扶贫开发工作，《扶贫开发纲要》明确，要坚持中央统筹、省负总责、县抓落实的管理体制，建立片为重点、工作到村、扶贫到户的工作机制。

为了明确部门责任，中央办公厅、国务院办公厅还以纲要为基础，专门制定了关于贯彻实施《扶贫开发纲要》重要政策措施的分工方案。

（二）召开中央扶贫开发工作会议

11月29日到30日，中央扶贫开发工作会议在北京召开，距离上次会议整整10年。这是扶贫开发历史上规格最高、人数最多、内容最丰富的一次会议。中央政治局常委会全体同志出席了第一次会议，胡锦涛、温家宝同志发表重要讲话。

胡锦涛总书记的重要讲话，充分肯定了改革开放特别是新世纪以来扶贫开发取得历史性成就，全面总结了扶贫开发工作积累的宝贵经验，深刻阐述了做好新阶段扶贫开发工作的重要意义，明确提出了总体要求，全面部署了工作任务，对打好新一轮扶贫开发攻坚战做了总动员。他在讲话中提出“七个坚持”，是对我国扶贫方略和经验的一次系统总结，具有很强的理论性、思想性和创新性。这七个坚持是：坚持依靠发展解决贫困问题，把加快发展作为促进减贫的根本举措；坚持以人为本，把改善贫困地区群众生产生活条件和提高贫困人口生活水平作为扶贫开发的中心任务；坚持党委领导、政府主导，把强有力的组织领导作为实现减贫的重要保证；坚持开发式扶贫，把增强贫困地区和贫困人口自我发展能力作为实现脱贫致富的主要途径；坚持广泛动员社会力量，把定点扶贫、东西扶贫协作、其他社会力量参与扶贫作为推进扶贫开发的有效模式；坚持尊重贫困地区群众主体地位，把激发群众自力更生、艰苦奋斗精神和主动性、创造性作为扶贫开发的内在活力；坚持学习和借鉴国外经验，把开展国际交流合作作为扶贫开发工作的重要补充。温家宝总理也做了重要讲话，系统回顾和总结了我国扶贫开发工作，全面阐述了中国特色的扶贫开发道路，并对新阶段扶贫开发做出具体安排部署，具有很强的指导性、针对性和可操作性。温家宝总理对中国特色扶贫开发道路的表述，是改革开放30年来中央领导同志第一次做出的系统阐述。即：在长期实践中，特别是近10年来，我们不断推进扶贫开发的理论创新、制度创新和政策创新，完善国家扶贫战略和政策体系，成功走出了一条以经济发展为带动力量、以增强扶贫对象自我发展能力为根本途径，政府主导、社会帮扶与农民主体作用相结合，普惠性政策与特惠性政策相配套，扶贫开发与社会保障相衔接的中国特色扶贫开发道路。会议安排了两个半天的讨论，共有117名代表发言。大家一致感到，这次会议，体现了以人为本、执政为民的理念，顺应了全体人民共享改革发展成果的新期待，确定了新阶段扶贫开发工作的行动纲领，吹响了新一轮扶贫开发的进军号角。大家表示，一定要迅速行动起来，深入学习领会会议精神，切实按照中央决策部署，结合自身实际，下更大的决心，采取更有效的措施，扎扎实实地做好扶贫开发各项工作，奋力夺取新一轮扶贫开发的新胜利，确保到 2020 年全面建设小康社会目标的实现。

（三）大幅度提高国家扶贫标准

中央扶贫开发工作会议最振奋人心的消息当属大幅度提高了国家扶贫标准。制定符合国情和发展阶段的国家扶贫标准，对统一思想认识、瞄准扶贫对象、凝聚扶贫力量非常必要。在“八七扶贫攻坚计划”胜利完成以后，各方面对于提高扶贫标准的呼声很高。2007 年召开的十七大明确要求，要逐步提高扶贫标准。2008 年我们走出了第一步，将原来的低收入标准明确为国家扶贫标准，国内外反映很好。但 1196 元的扶贫标准，无论是与其他发展中国家、国际通用的贫困标准相比，还是与我国经济发展水平、全面建设小康社会的要求相比，仍然偏低。

因此，在研究制定新十年《扶贫开发纲要》的时候，提高扶贫标准的问题被再次提出。这次提高标准，没有采用原来以食品消费为主要依据的方法，而是适应我国全面建设小康社会进程中扶贫开发工作的实际，重点考虑了以下因素：首先，新标准要与到 2020 年稳定实现扶贫对象“两不愁、三保障”的奋斗目标相一致，不仅要考虑基本生存的需要，也要考虑部分发展的需要。其次，新标准要与“低保维持生存，扶贫促进发展”的工作定位相一致，要考虑扶贫对象发展生产、增加收入的需要，有助于缩小收入差距。第三，新标准要充分考虑发展不平衡的基本国情，与各省自定扶贫标准的情况相衔接。到 10 月底，全国 31 个省区市地方扶贫标准的平均值约 2200 元。第四，新标准要稳妥可行。通过不断加大投入和工作力度，提出的目标，经过努力要能够完成。第五，新标准也要适当参考世界银行提出的所谓“国际标准”，有效回应有些人关于“国家扶贫标准过低”的质疑。

综合考虑以上各种因素，中央决定将农民人均纯收入 2300 元（2010 年不变价）作为新的国家扶贫标准。这个标准比 2009 年提高了 92%，大体相当于 2011 年全国农民人均纯收入预计数的 33%；对应的扶贫对象到今年底约为 1.28 亿人，占农村户籍人口的 13.4%。根据世界银行专家测算，这个标准相当于 2005 年购买力平价 1.8 美元/天。扶贫标准的大幅提高，充分表明了党中央、国务院对农村低收入人口的深切关怀，体现了中央领导集体加快推进发展成果惠及全体人民的政治意愿。把更多低收入人口纳入扶贫范围，这是社会发展进步的体现，是加大扶贫工作力度的重要措施。

社会各方面对这个新标准普遍给予充分肯定。世界银行扶贫监测方面的专家陈少华说，“提高扶贫标准意味着中央政府将更加努力服务于贫困人口，穷人将会更多地从经济增长中受益。”

（四）启动武陵山片区区域发展与扶贫攻坚规划试点

把集中连片特殊困难地区作为新阶段扶贫开发工作重点，是党中央、国务院根据我国国情和新阶段扶贫开发面临的形势做出的重大决策。我国的贫困问题带有明显的区域分布性，既表现在贫困人口生产生活困难，也表现在区域经济社会发展滞后。扶贫领导小组建立时的名称就是“国务院贫困地区经济开发领导小组”，也曾经在全国划定了18个集中连片贫困地区。后来工作重点逐步调整、细化，集中到重点县，开始叫国家重点扶持的贫困县。2001年以后改称国家扶贫开发工作重点县。

经过多年的扶持，面上的贫困得到很大缓解。同时，由于发展的不平衡，一些集中连片特殊困难地区的问题就显得更为突出，成为全面建设小康社会进程中的最大障碍，成为短板中的短板。这些地区多分布在革命老区、民族地区、边疆地区，生态环境脆弱，生存条件恶劣，自然灾害频繁，基础设施和社会事业发展明显滞后，贫困程度深，改变其落后面貌必须举全国之力打一场攻坚战。经过多年持续健康稳定的发展，国家也有实力集中力量解决这些地区的问题。这是推动区域协调发展的重大举措，是促进社会和谐的重大决策，是国家扶贫战略的重大创新，具有重大的现实意义和深远的历史意义。

从去年开始，我办在发展改革委、财政部和统计局的大力支持下，在农科院资源区划所专家的参与下，对连片特困地区的划分做了深入研究。基本原则是集中连片、突出重点、全国统筹、区划完整，每个片区要具有自然地理相连、气候环境相似、传统产业相同、文化习俗相通、致贫因素相近的特点。经过反复测算，在全国共划分出11个集中连片特殊困难地区。加上已经实施特殊政策的西藏、四省藏区、新疆南疆三地州，一共14个片区，680个县，是国家扶贫攻坚的主战场。

《扶贫开发纲要》提出连片特困地区扶贫攻坚的基本思路：加大投入和支持力度，加强对跨省片区规划的指导和协调，集中力量，分批实施。各省（自治区、直辖市）对所属连片特困地区负总责，在国家指导下，以县为基础制定和实施扶贫攻坚工程规划。国务院各部门、地方各级政府要加大统筹协调力度，集中实施一批教育、卫生、文化、就业、社会保障等民生工程，大力改善生产生活条件，培育壮大一批特色优势产业，加快区域性重要基础设施建设步伐，加强生态建设和环境保护，着力解决制约发展的瓶颈问题，促进基本公共服务均等化，从根本上改变连片特困地区面貌。

为了实施连片特困地区扶贫攻坚工程，国家将从三项方面采取措施：一是加大统筹协调力度。国务院扶贫开发领导小组作为片区扶贫攻坚协调小组，将进一步强化统筹协调职能，建立片区定点联系机制，加大对片区扶贫攻坚工作的统筹协调和督促指导力度。二是创新思路，统一规划，形成城乡统筹的扶贫工作新格局。国务院扶贫办和国家发展改革委将按照“区域发展带动扶贫开发、扶贫开发促进区域发展”的基本思路和“雪中送炭、突出重点”的基本原则，共同组织编制片区区域发展与扶贫攻坚规划。三是研究制定支持片区的优惠政策。国务院扶贫办将会同有关部门，在财政、税收、金融、投资、产业、土地等方面，尽快研究制定支持连片特困地区的优惠政策。

为了探索连片特困地区扶贫攻坚的思路，国务院决定在武陵山片区率先开展区域发展与扶贫攻坚试点，并于11月15日正式启动。2012年，要编制完成其他10个片区的规划，并在上半年陆续启动乌蒙山、秦巴山等片区规划的实施，其他片区的工作也将陆续展开。

同时，中央要求，要统筹考虑其他贫困地区的扶贫工作。积极推进片区以外重点县和贫困村的扶贫开发。各省区市可从实际出发，自行确定若干连片特困地区，整合力量给予重点扶持。对贵州、云南等贫困面大的省份要加大扶持力度。新十年的扶贫开发工作，还有许多亮点和重点。但是，仅从以上四个方面我们就不难看出，2011年，扶贫开发工作确实开创了新的篇章，这样的大布局、大手笔、大思维，是前所未有的。

二、全力推进新阶段东西扶贫协作工作

东西扶贫协作是中国特色扶贫开发事业的有机组成部分。《扶贫开发纲要》将其作为未来十年社会扶贫的重要内容，明确要求：“东西扶贫协作双方要制定规划，在资金支持、产业发展、干部交流、人员培训以及劳动力转移就业等方面积极配合，发挥贫困地区自然资源和劳动力资源优势，做好对口帮扶工作。国家有关部门组织的行业对口帮扶，应与东西扶贫协作结对关系相衔接。积极推进东中部地区支援西藏、新疆经济社会发展，继续完善对口帮扶的制度和措施。各省（自治区、直辖市）要根据实际情况，在当地组织开展区域性结对帮扶工作。”我们召开这次会议，就是要全面贯彻落实这个精神。

（一）东西扶贫协作的成就和经验

1996年，在“八七”扶贫攻坚的关键时期，党中央、国务院根据邓小平同志“两个大局”的战略构想，审时度势，做出了东部沿海发达省（市）对口帮扶西部欠发达省（区、市）的决定，东西扶贫协作开始全面启动，并作为一项制度长期坚持下来。2010年6月，根据中央第五次西藏工作座谈会、全国对口支援新疆工作会议精神和有关领导同志的重要批示，经报国

务院批准，我办对浙江、四川，天津、甘肃，辽宁、青海，山东、重庆等省市的扶贫协作关系进行了调整。目前，除西藏、新疆已专有安排外，西部其余10个省（区、市）都有东部省（市）（共15个）结对开展扶贫协作。

长期以来，扶贫协作双方讲政治、顾大局，同心协力、精诚合作，帮扶力度越来越大，协作范围越来越广，取得了显著成效。据初步统计，1996年至2010年，东部通过各种方式和渠道共向西部无偿援助资金78.6亿元，引导企业投资6972.7亿元，组织劳务输出265万人次；实施了一大批包括学校、公路、水利、农田等在内的扶贫项目；派出了数以万计的扶贫挂职干部和各类专业技术人员及扶贫志愿者，支持西部培养了大量本土经营管理和技术人才，为加快西部贫困地区减贫进程、推进西部大开发、促进区域协调发展、努力实现全体人民共享改革发展成果做出了重要贡献。西部贫困地区的人民会永远记得所有参与到这一伟大事业中的每一个人。借此机会，我谨代表国务院扶贫开发领导小组、国务院扶贫办，向有关地区的领导和同志们表示诚挚的问候和崇高的敬意！

在15年的实践中，东西扶贫协作已经由刚起步时东部单向帮扶西部，拓展为在对口帮扶框架下东西部双向互动、共同发展、实现共赢；由最初主要是政府间的援助行为拓展为各类市场主体的共同参与，再发展到包括各类社会团体、民间组织、爱心人士在内的社会各界多形式、宽领域的广泛参与；呈现出力度不断加大、领域不断拓宽、机制不断创新、体系不断健全的良好势头。

一是工作机制不断完善。高层互访机制进一步夯实。中共中央政治局委员、北京市委书记刘淇、市长郭金龙，内蒙古自治区党委书记胡春华分别率团互访，共同研究制定《“十二五”京蒙对口帮扶合作框架协议》；时任江苏省长罗志军、陕西省长赵正永率团互访，签署《加强两省能源和其他优势产业战略合作框架协议》和《进一步深化两省经济社会发展合作协议》。联席会议机制进一步强化。福建省委书记孙春兰、省长苏树林、宁夏回族自治区党委书记、人大常委会主任张毅、自治区主席王正伟等两省区党政领导召开“闽宁互学互助对口扶贫协作第十五次联席会议”，签署《第十五次联席会议纪要》；中共中央政治局委员、上海市委书记俞正声，市长韩正，时任云南省委书记、省人大常委会主任白恩培，省长秦光荣等两省市党政领导召开“座谈交流暨对口帮扶合作第十三次联席会议”，签署《第十三次联席会议纪要》。工作计划性进一步增强。一些结对关系省（区、市）陆续签署了正式文件，鲁渝双方出台了《关于推进扶贫协作工作的意见》和《关于做好山东重庆东西扶贫协作工作的意见》；粤桂双方共同制定实施《“十二五”时期广东广西扶贫协作计划纲要》；辽青双方共同编制《辽青扶贫协作十二五规划》。

二是东部省级财政援助资金保持持续增长势头。2010 年，东部省级财政援助资金比 2009 年增长近 18%。其中，上海向云南投入无偿帮扶资金 2.06 亿元，相当于当年中央扶贫资金分配给云南总量的 15%；大连、青岛、宁波、深圳四市 2010 年共向贵州提供政府援助资金 1.3 亿元，相当于当年中央扶贫资金分配给贵州总量的 9.7%。“十二五”期间，辽宁将安排 1.88 亿元省级资金支持青海扶贫项目建设；山东确定每年筹集 4200 万元资金，用于重庆各结对县的扶贫开发项目；北京 2011 年安排京蒙帮扶资金 8000 万元，并确定每年按照 8% 标准实行年度递增；广东（含广州市和东莞市）确定每年安排 3500 万元资金，支援广西百色市、河池市，比 2010 年增加 1500 万元；福建确定 2011 年提供 3000 万元省级财政对口援助宁夏，比 2010 年增加 900 万元。

三是企业协作更加密切。2010 年西部地区新增协作企业 117 家，合作项目 3268 个，投资 717.9 亿元，税收 5063 万元。上海与云南拓展了经贸、科技、会展、旅游、文化等多领域合作，围绕世博主题，成功举办了一系列内容丰富、形式多样的论坛、讲座、招商推介活动。苏陕两省通过政府推动、市场运作的方式，积极促进两地优势互补，使企业经济合作交流覆盖到商贸、机械、房地产、能源等多个领域。福建到宁夏投资创业的企业不断增多，企业合作与商贸交流进一步加强。去年 5 月，鲁渝双方召开的“山东重庆扶贫协作暨经贸合作项目签约仪式”，签订项目 60 个，总金额达 317 亿元。

四是社会各界帮扶力度进一步加大。2010 年社会捐款额度比 2009 年增加了 1.75 亿元，增幅达到 3.34 倍。“4·14”青海玉树地震、“8·7”甘肃舟曲泥石流等重大自然灾害发生后，作为与青海、甘肃东西扶贫协作省市的辽宁省和天津市迅速行动，辽宁省委省政府第一时间捐款 5500 万元，全省各行业广大干部群众纷纷捐款捐物达 2.05 亿元；天津市各界为支援舟曲捐款近 2000 万元。

五是人力资源建设实现新的突破。2010 年我办在深圳市和辽宁省新设两个东西扶贫协作人力资源建设基地。深圳市携创技工学校从贵州、甘肃贫困家庭子女招生 1180 名，采取定向招生、免费培训、顶岗实习、定向就业的方式，实现了扶贫协作双方的互惠共赢，是扶贫协作人力资源建设的创新。辽宁省转移就业职业培训学校专门承担辽宁省东西扶贫协作及对口支援的青海省、新疆等地的培训工作任务，主要招收受援地区的青壮年劳动力、农村致富带头人、农业技术人员和基层扶贫干部。宁波职业技术学院和深圳经理学院也继续按照工作要求，以劳动力转移培训和贫困地区扶贫干部培训为工作重点，积极承担了贫困地区干部和劳动力就业技能培训任务。

六是创新做法发挥示范辐射效应。全国东西扶贫协作带动了省区市内部发达地区和欠发达地区的互帮互助。如浙江全面实施山海协作工程，坚持政府推动与市场运作相结合，深入推进省内发达地区与欠发达地区开展多领域、多层次合作；广东在省内组织珠三角地区和粤东西北地区开展产业、劳动力“双转移”战略和规划到村、帮扶到户的扶贫“双到”工作；重庆围绕主城区的21个“一圈”县（区）每年拿出一般性财政预算收入的1%对口帮扶经济落后的17个“两翼”贫困县（区），并规定其中30%以上资金用于扶贫，实施“缩差共富”工程；内蒙古将鄂尔多斯市与兴安盟结对帮扶，借助鄂尔多斯市产业、资金、技术、人才等方面的优势，帮助兴安盟打造蒙东地区重要的新型煤化工、新型能源、有色金属冶炼、绿色食品加工“四大基地”。湖北省委、省政府出台《关于建立省内部分市对口支援民族县市工作机制的通知》，组织9个市，每年拿出上年度一般预算收入的1‰，帮扶10个民族县市发展生产、改善基础设施。全国许多省份都在积极探索推进省内市县间的扶贫协作，形成了关注贫困地区、关心贫困群众、先富帮后富的浓厚氛围。

在充分肯定成绩的同时，我们也要清醒地看到工作中的不足。一是思想认识有待进一步提高。一些地方还没有把东西扶贫协作上升到推进区域协调发展的高度来认识，许多工作仍局限于政府间帮扶，缺乏深入组织动员，内在活力不足。二是工作框架有待进一步完善。相对政府援助、社会帮扶而言，扶贫协作双方对企业等市场主体资源的开发利用潜力还很大，在充分发挥宽领域、多层次交流和互动机制方面还有很多工作可做。三是工作开拓意识有待进一步加强。东西扶贫协作工作涉及方方面面，既要善于协调，又要探索创新，需要我们做具体工作的同志打破按部就班、循规蹈矩的工作模式，主动提出新想法、好思路，多建议、少等待。相信通过我们今后的共同努力，这些问题会得到及时克服和解决。

（二）全面理解新阶段东西扶贫协作的重大意义

要充分认识东西扶贫协作是社会主义制度优越性的具体体现。实践证明，开展东西扶贫协作，有利于我们全面认识国情，培养与贫困地区人民的朴素感情，焕发自力更生、艰苦奋斗的精神，磨炼创业、爱岗、奉献的意志；有利于包括西部贫困地区在内的广大干部群众了解我国改革开放取得的巨大成就，感受到党和政府的关怀，感受到东部地区实实在在的关心和支持，感受到祖国大家庭的温暖。东西扶贫协作不仅有力增加了向西部贫困地区的物质投入，而且有效激发了中华民族的强大凝聚力，生动体现了社会主义制度的优越性，是我们党和政府践行立党为公、执政为民，全心全意为人民服务宗旨的一大创造。

要充分认识东西扶贫协作是缩小区域

差距、实现共同富裕的重要举措。改革开放以来，我国经济持续高速增长，在这个过程中，城乡、区域、不同社会群体发展差距也在不断扩大，发展不平衡问题日益突出。东西扶贫协作把西部的革命老区、少数民族地区、边疆地区和贫困地区作为工作重点，开展多种形式的对口帮扶和经济协作，对于帮助西部贫困地区群众巩固温饱成果，加快脱贫致富；对于推动东西部区域间的优势互补，缩小发展差距，都具有重要意义。

要充分认识东西扶贫协作是共克时艰、共求发展的必然趋势。我们要清醒地认识到，调结构、扩内需、提收入、惠民生是当前我国经济社会发展的中心任务之一，而东西扶贫协作已经成为推动东部地区产业结构调整和合理转移，促进西部传统产业发展，优化东西部经济结构的重要载体，成为西部地区群众拓宽就业渠道，加快增收致富，提升消费能力，进而扩大内需的重要平台，必将对我国提升总体竞争力作出积极贡献。在实际工作中，一定要把东西扶贫协作放到全局工作的大系统中来通盘考虑。

要充分认识新阶段东西扶贫协作的巨大潜力。中央已经明确新阶段我国扶贫攻坚的主战场，西部大开发也在深入推进。西部地区正在成为一片投资的热土、国民经济重要的增长极。东部地区企业要谋求发展，就要用前瞻战略的眼光去谋划和占据这些高地，把这些地区独有的特色资源开发出来，注重产业升级、产业对接和生产力要素互补，为企业增添可充分发掘、可持续发展的动力，也为东部地区开拓新的市场发展空间。

总之，东西扶贫协作是邓小平同志“两个大局”战略构想的生动实践，是深入贯彻落实科学发展观、构建社会主义和谐社会的战略性安排。我们要从这样的政治高度来领会中央的意图，把思想和行动统一到中央的精神和战略部署上来。

（三）不断完善东西扶贫协作工作体系

首先要说明，经过慎重研究，考虑到扶贫协作工作的连续性和稳定性，除非有特殊情况，在新阶段扶贫开发中，省际间的结对关系原则上不再作调整，要在目前的框架下进一步做好东西扶贫协作工作。

一要更加注重明确工作定位。在实际工作中，有些同志比较容易将东西扶贫协作与对口支援相混淆，需要予以明确。东西扶贫协作包括帮扶和经济协作两部分，在工作要求上注重政治号召和经济规律并重，在工作形式上注重双向性和长效性。而对口支援更突出政府主导作用，更具有约束性的目标任务。扶贫协作既有政府行为，又有企业行为，既有扶贫开发，又有区域发展，双向互动性更强。做好新阶段东西扶贫协作，要切实把握好“扶贫是核心、协作是载体、互利是关键、共赢是目的”这样的基本关系。

二要更加注重规划编制和实施。东西扶贫协作双方要围绕新纲要的目标任务，与国家、省（区、市）级扶贫规划相协调，针对受帮扶地区各自的致贫困素和发展瓶颈，共同研究制定体现对口帮扶和经济协作双重特点的中长期规划。协作双方要切实落实规划和有关政策，加强对东西扶贫协作中政府财政支援的规范管理。

三要更加注重加大帮扶投入。有些同志反映，希望能对东西扶贫协作的援助资金明确一个标准。这个愿望可以理解，也要朝这个方向努力。但是考虑目前多数东部省市已分别承担了大量对口支援任务，所以东西扶贫协作对此不作统一规定。东西扶贫协作双方可以加强沟通协商。在这里我想强调一点，东部省市对具体帮扶资金应逐步明确相应的增长机制，逐步加大东西扶贫协作的支持力度。

四要更加注重引导企业参与。东部地区要树立全国一盘棋的思想，加快经济结构调整和产业升级，通过东西扶贫协作这个平台，大力引导东部企业和个人参与西部地区的产业开发。西部地区要不断改善投资环境，强化承接东部产业转移、吸引各方投资的意识和能力。东西扶贫协作双方要从财税支持、投资倾斜、金融服务、产业扶持、土地使用、生态建设、人才保障等方面加大对双方协作企业，尤其是对民营企业的支持力度。深圳、北京、上海、浙江等省市将政府援助资金用于企业到西部投资贷款贴息和项目补贴的做法值得各地学习借鉴。

五要更加注重挂职干部和技术人员的服务和管理。挂职干部和技术人员在东西扶贫协作中，起到了直接的桥梁和纽带作用，是确保东西扶贫协作各项措施落到实处的关键。西部地区总体上条件比较艰苦，工作难度较大，挂职干部和技术人员尤为辛苦。胡锦涛总书记在中央扶贫开发工作会议上专门强调，对那些长期在贫困地区工作、实绩突出的干部，要给予表彰，并注意提拔使用。各部门一定要真正重视、真情关怀、真心爱护他们，做到政治上关心、工作上支持、生活上照顾、精神上激励，使他们不断在东西扶贫协作中，为党和人民创造新的工作业绩。

六要更加注重加大宣传力度。做好东西扶贫协作工作，离不开社会各界方方面面的支持，需要我们去不断开拓和营造浓厚的情感氛围、社会氛围、政策舆论氛围。国务院扶贫办一直在加强和推动这方面的工作，其中包括坚持完善每两年进行一次的东西扶贫协作先进集体和先进个人的评选表彰制度。各省（区、市）也要加大宣传力度，积极评选表彰先进，千方百计把东西扶贫协作搞得有成效、有声势、有特色，激励海内外社会各界进一步关注、支持、参与东西扶贫协作工作。

七要更加注重夯实工作基础。要及时了解基层情况，准确掌握并及时分析基层情况，研究解决问题，创新工作思路，提出政策建议。要准确掌握基本数据，做出科学决策。要收集整理基础资料，东西扶贫协作开展至今积累的资料，要注意梳理、概括和分析，这也是我们提高工作水平和能力的重要过程。

八要更加注重机构队伍建设。东西扶贫协作是一项长期的历史任务，涉及面广、宏观性强、地域跨度大、协调任务重，必须有一支与之相适应的工作队伍和机构。东部省（市）的扶贫协作部门要加强工作研究，积极主动地为领导出主意、提思路，进一步强化开拓创新意识。西部省（区、市）扶贫办要重点做好组织协调、信息服务、政策衔接，特别是要以开放的心态、宽广的胸怀、战略的眼光从各个方面积极配合支持东部地区企业到西部投资兴业，带动贫困人口脱贫增收。承担东西扶贫协作具体任务的业务处室工作要实，人员要足，要善于按照领导意图一抓到底，确保各项工作任务落到实处。

同志们，回顾过去，东西扶贫协作为减缓贫困，缩小区域差距做出了重大贡献；展望未来，东西扶贫协作的使命更光荣，任务更艰巨。希望大家齐心协力，把握机遇，大胆创新，为争取东西扶贫协作工作再上一个新台阶，做出新的贡献。

春节将近，在这里给各位拜个早年，祝大家新春快乐、阖家幸福！

谢谢大家。

在国务院扶贫开发领导小组专家咨询委员会上的讲话

范小建

2012 年 1 月 11 日

同志们：

这是国务院扶贫开发领导小组专家咨询委员会召开的第三次全体会议。每年一月召开一次会议，向专家介绍全国扶贫开发工作的形势和任务，总结上一年度工作，安排新一年任务，已经成为扶贫办的工作惯例。2011 年，以中共中央、国务院印发 2011—2020 年《中国农村扶贫开发纲要》和中央扶贫开发工作会议在北京隆重召开为标志，中国扶贫开发事业进入了一个新的历史阶段。国家大幅度提高扶贫标准，启动集中连片特殊困难地区扶贫攻坚规划，以宏大的手笔完成了新十年的开篇布局。因此，今年会议的日程安排做了一些调整，我先通报一下相关情况，以便于各位专家全面了解中央的精神，对新一年的工作提出更有针对性的意见和建议。

2011 年是我国扶贫开发历史上具有里程碑意义的一年。我认为有四个标志性的事件，将扶贫开发推向了一个新的阶段。

一、颁布新十年扶贫开发纲要

去年 5 月 27 日，中共中央、国务院以“中发 10 号”文件的形式印发了《中国农村扶贫开发纲要（2011—2020 年）》（以下简称《扶贫开发纲要》）。这是扶贫开发历史上又一个纲领性文件。与《国家八七扶贫攻坚计划》和《中国农村扶贫开发纲要（2001—2010 年）》相比，立意更加高远，内涵更加丰富，充分体现出新的阶段性特征。

一是做出了重大阶段性判断。这个判断就是“农村居民生存和温饱问题基本解决”。这是中华民族多少代人孜孜以求的梦想，短短一句话，十五个朴实无华的字，即宣告了一个历史阶段的结束。正是在这个基本判断的基础上，《扶贫开发纲要》进一步提出“我国扶贫开发已经从以解决温饱为主要任务的阶段转入巩固温饱成果、加快脱贫致富、改善生态环境、提高发展能力、缩小发展差距的新阶段”。这是又一个新的伟大征程的开始。

二是明确了“两不愁、三保障”的奋斗目标。过去 20 多年，扶贫工作的目标就是解决温饱。《扶贫开发纲要》提出的新目标包括了两个层次：第一个层次是对扶贫对象，“到2020年，稳定实现扶贫对象不愁吃、不愁穿，保障其义务教育、基本医疗和住房”，既包括了生存的需要，又包括了部分发展的需要。第二个层次是对贫困地区，“贫困地区农民人均纯收入增长幅度高于全国平均水平，基本公共服务主要领域指标接近全国平均水平，扭转发展差距扩大趋势。”新阶段奋斗目标的提出，是扶贫工作理念的重大创新，说明我们的目标更高，内涵更丰富。

三是丰富了扶贫工作基本方针。《扶贫开发纲要》在充分肯定历史经验的同时，对十六大以来农村扶贫和社保领域的创新实践也给予了充分的肯定。《扶贫开发纲要》明确，要继续“坚持开发式扶贫的方针，同时提出，要实行扶贫开发和农村最低生活保障制度有效衔接”，进而明确了低保维持生存、扶贫促进发展的工作定位。扶贫开发和社会保障有效衔接，互为补充、相辅相成，为农村居民生存和温饱问题的基本解决，提供了关键而重要的制度保障。

四是分层界定了工作对象。将工作对象分为四个层次，即扶贫对象、连片特困地区、重点县和贫困村。扶贫对象明确为“在扶贫标准以下具备劳动能力的农村人口为扶贫工作主要对象”。同时明确，（1）是国家扶贫标准要逐步提高；（2）是允许各省（自治区、直辖市）根据当地实际制定高于国家扶贫标准的地方标准。连片特困地区是扶贫攻坚主战场，分别是六盘山区、秦巴山区、武陵山区、乌蒙山区、滇桂黔石漠化区、滇西边境山区、大兴安岭南麓山区、燕山—太行山区、吕梁山区、大别山区、罗霄山区等11个连片特困地区，以及西藏、四省藏区、新疆南疆三地州3个已明确实施特殊政策的地区。国家扶贫开发工作重点县支持政策不变。各省（自治区、直辖市）要制定办法，采取措施，根据实际情况进行调整，实现重点县数量逐步减少。重点县减少的省，国家的支持力度不减。对贫困村要继续采取整村推进的方式给予扶持。

五是确立了“三位一体”大扶贫的工作格局。在我国总体进入以工促农、以城带乡发展新阶段的背景下，扶贫开发形成了专项扶贫、行业扶贫、社会扶贫等多方力量、多种举措有机结合和互为支撑的三位一体大扶贫的格局。这是我国扶贫开发工作的重要创新。对此，《扶贫开发纲要》第一次做出全面部署。专项扶贫主要指国家安排专项扶贫资金、各级地方政府和有关部门，主要是扶贫部门组织实施，直接帮助最贫困乡村、最贫困人口的工作。未来十年的工作重点包括易地扶贫搬迁、整村推进、以工代赈、产业扶贫、就业促进、扶贫试点、革命老区建设等。行业扶贫主要指各行业部门支持贫困地区和贫困人口发展的政策和项目，要求密切结合各行业的业务职能，把改善贫困地区发展环境和条件，促进贫困地区产业发展、实现贫困地区基本公共服务均等化作为本行业发展规划的重要内容，在资金、项目等方面给予倾斜。社会扶贫主要指社会各界参与扶贫开发事业，要求加强定点扶贫，推进东西扶贫协作，发挥军队和武警部队的作用，动员企业和社会各界参与扶贫。

六是强化了政策措施和组织保障体系。《扶贫开发纲要》第一次明确提出对扶贫工作可能产生较大影响的重大政策和项目，要进行贫困影响评估，还要求加快扶贫立法。要完善扶持贫困地区发展的各项政策措施，从8个方面提出有利于贫困地区和扶贫对象加快发展的政策，特别强调了财政和金融、投资和产业、生态和人才等方面。为了深入推进扶贫开发工作，《扶贫开发纲要》明确，要坚持中央统筹、省负总责、县抓落实的管理体制，建立片为重点、工作到村、扶贫到户的工作机制。

为了明确部门责任，中央办公厅、国务院办公厅还以纲要为基础，专门制定了关于贯彻实施《扶贫开发纲要》重要政策措施的分工方案。

二、召开中央扶贫开发工作会议

去年11月29日到30日，中央扶贫开发工作会议在北京召开，距离上次会议整整10年。这是扶贫开发历史上规格最高、人数最多、内容最丰富、影响非常深远的一次会议。中央政治局常委会全体同志出席了第一次会议，胡锦涛、温家宝同志发表重要讲话。胡锦涛总书记的重要讲话，充分肯定了改革开放特别是新世纪以来扶贫开发取得历史性成就，全面总结了扶贫开发工作积累的宝贵经验，深刻阐述了做好新阶段扶贫开发工作的重要意义，明确提出了总体要求，全面部署了工作任务，对打好新一轮扶贫开发攻坚战做了总动员。会议有两个重大理论贡献。

一是对扶贫开发的重大意义，做出了深刻阐述。从维护人民根本利益、巩固党的执政基础、确保国家长治久安、实现全面建设小康社会和社会主义现代化宏伟目标的高度，概括了“四个必然要求”。即：深入推进扶贫开发是坚持以人为本、执政为民的必然要求，是缩小城乡区域发展差距、促进全体人民共享改革发展成果、实现共同富裕的必然要求，是全面建设小康社会、促进社会和谐的必然要求，是维护民族地区和边疆地区稳定、实现国家长治久安的必然要求。因此胡锦涛总书记强调，扶贫开发是一项长期而重大的任务，是一项崇高而伟大的事业。全党全社会要深刻认识扶贫开发工作的重要性和紧迫性，增强做好扶贫开发工作的自觉性和坚定性，以更大的决心、更强的力度、更有效的举措，扎扎实实做好扶贫开发各项工作，确保到2020年全国实现全面建设小康社会目标。

二是全面总结了中国扶贫开发的基本经验。胡锦涛总书记在讲话中提出“七个坚持”，是对我国扶贫方略和经验的一次系统总结，即：坚持依靠发展解决贫困问题，把加快发展作为促进减贫的根本举措；坚持以人为本，把改善贫困地区群众生产生活条件和提高贫困人口生活水平作为扶贫开发的中心任务；坚持党委领导、政府主导，把强有力的组织领导作为实现减贫的重要保证；坚持开发式扶贫，把增强贫困地区和贫困人口自我发展能力作为实现脱贫致富的主要途径；坚持广泛动员社会力量，把定点扶贫、东西部扶贫协作、其他社会力量参与扶贫作为推进扶贫开发的有效模式；坚持尊重贫困地区群众主体地位，把激发群众自力更生、艰苦奋斗精神和主动性、创造性作为扶贫开发的内在活力；坚持学习和借鉴国外经验，把开展国际交流合作作为扶贫开发工作的重要补充。温家宝总理高度概括了中国特色扶贫开发道路的基本特征：以经济发展为带动力量、以增强扶贫对象自我发展能力为根本途径，政府主导、社会帮扶与农民主体作用相结合，普惠性政策与特惠性政策相配套，扶贫开发与社会保障相衔接。这样的总结概括，具有很强的理论性、思想性和创新性。对于未来的扶贫开发工作具有极强的指导意义。

会议安排了两个半天的讨论，共有117名代表发言。大家一致感到，这次会议，体现了以人为本、执政为民的理念，顺应了全体人民共享改革发展成果的新期待，确定了新阶段扶贫开发工作的行动纲领，吹响了新一轮扶贫开发的进军号角。大家表示，一定要迅速行动起来，深入学习领会会议精神，切实按照中央决策部署，结合自身实际，下更大的决心，采取更有效的措施，扎扎实实地做好扶贫开发各项工作，奋力夺取新一轮扶贫开发的新胜利，确保到2020年全面建设小康社会目标的实现。

三、大幅度提高国家扶贫标准

中央扶贫开发工作会议最振奋人心的消息当属大幅度提高了国家扶贫标准。制定符合国情和发展阶段的国家扶贫标准，对统一思想认识、瞄准扶贫对象、凝聚扶贫力量非常必要。在“八七扶贫攻坚计划”完成以后，各方面对于提高扶贫标准的呼声很高。2007年党的十七大明确要求，要逐步提高扶贫标准。2008年我们走出了第一步，将原来的低收入标准明确为国家扶贫标准，国内外反映很好。但1196元的扶贫标准，无论是与其他发展中国家、以及所谓国际贫困标准相比，还是与我国经济发展水平、全面建设小康社会的要求相比，仍然偏低。

因此，在研究制定新十年《扶贫开发纲要》的时候，提高扶贫标准的问题被再次提出。这次提高标准，没有采用原来以食品消费为主要依据的方法，而是适应我国全面建设小康社会进程中扶贫开发工作的实际，重点考虑了以下因素：首先，新标准要与到2020年稳定实现扶贫对象“两不愁、三保障”的奋斗目标相一致，不仅要考虑基本生存的需要，也要考虑部分发展的需要。其次，新标准要与“低保维持生存，扶贫促进发展”的工作定位相一致，要更多考虑发展、考虑增加收入的需要，有助于缩小发展差距。第三，新标准要充分考虑发展不平衡的基本国情，与各省自定扶贫标准的情况相衔接。到10月底，全国31个省区市地方扶贫标准的平均值约2200元。第四，新标准要稳妥可行。通过不断加大投入和工作力度，提出的目标，经过努力要能够完成。第五，新标准也要适当参考世界银行提出的所谓“国际标准”，有效回应有些人关于“国家扶贫标准过低”的质疑。

综合考虑以上各种因素，中央决定将农民人均纯收入2300元（2010年不变价）作为新的国家扶贫标准。这个标准比2009年提高了92%，大体相当于2011年全国农民人均纯收入预计数的33%；对应的扶贫对象到今年底约为1.28亿人，占农村户籍人口的13.4%。根据世界银行专家测算，这个标准相当于2005年购买力平价1.8美元/天。扶贫标准的大幅提高，充分表明了党中央、国务院对农村低收入人口的深切关怀，体现了中央领导集体加快推进发展成果惠及全体人民的政治意愿。把更多低收入人口纳入扶贫范围，这是社会发展进步的体现，是加大扶贫工作力度的重要措施。

社会各方面对新标准普遍给予充分肯定。世界银行扶贫监测方面的专家陈少华说，“提高扶贫标准意味着中央政府将更加努力服务于贫困人口，穷人将会更多地从经济增长中受益。”

四、启动连片特困地区扶贫攻坚

把集中连片特殊困难地区作为新阶段扶贫开发工作重点，是党中央、国务院根据我国国情和新阶段扶贫开发面临的形势做出的重大决策。我国的贫困问题带有明显的区域分布特征，既表现在贫困人口生产生活困难，也表现在区域经济社会发展滞后。扶贫领导小组建立时的名称就是“国务院贫困地区经济开发领导小组”，也曾经在全国划定了18个集中连片贫困地区。后来工作重点逐步调整、细化，集中到重点县。开始叫国家重点扶持的贫困县。2001年以后改称国家扶贫开发工作重点县。

经过多年的扶持，面上的贫困得到很大缓解。同时，由于发展的不平衡，一些集中连片特殊困难地区的问题又显得更为突出，成为全面建设小康社会进程中的最大障碍，成为短板中的短板。这些地区多分布在革命老区、民族地区、边疆地区，生态环境脆弱，生存条件恶劣，自然灾害频繁，基础设施和社会事业发展明显滞后，贫困程度深，改变其落后面貌必须举全国之力打一场攻坚战。经过多年持续平稳较快的发展，国家也具备了集中力量解决这些地区问题的实力。这是推动区域协调发展的重大举措，是促进社会和谐的重大决策，是国家扶贫战略的重大创新，具有重大的现实意义和深远的历史意义。

从去年开始，我办在发展改革委、财政部和统计局的大力支持下，在农科院资源区划所专家的参与下，对连片特困地区的划分做了深入研究。基本原则是集中连片、突出重点、全国统筹、区划完整，每个片区要具有自然地理相连，气候环境相似，传统产业相同、文化习俗相通、致贫因素相近的特点。经过反复测算，在全国共划分出 11 个集中连片特殊困难地区。加上已经实施特殊政策的西藏、四省藏区、新疆南疆三地州，一共 14 个片区，680 个县，是国家扶贫攻坚的主战场。

《扶贫开发纲要》提出连片特困地区扶贫攻坚的基本思路：加大投入和支持力度，加强对跨省片区规划的指导和协调，集中力量，分批实施。各省（自治区、直辖市）对所属连片特困地区负总责，在国家指导下，以县为基础制定和实施扶贫攻坚工程规划。国务院各部门、地方各级政府要加大统筹协调力度，集中实施一批教育、卫生、文化、就业、社会保障等民生工程，大力改善生产生活条件，培育壮大一批特色优势产业，加快区域性重要基础设施建设步伐，加强生态建设和环境保护，着力解决制约发展的瓶颈问题，促进基本公共服务均等化，从根本上改变连片特困地区面貌。

为了实施连片特困地区扶贫攻坚工程，国家将从三个方面采取措施：一是加大统筹协调力度。国务院扶贫开发领导小组作为片区扶贫攻坚协调小组，将进一步强化统筹协调职能，建立片区定点联系机制，加大对片区扶贫攻坚工作的统筹协调和督促指导力度。二是创新思路，统一规划，形成城乡统筹的扶贫工作新格局。国务院扶贫办和国家发展改革委将按照“区域发展带动扶贫开发、扶贫开发促进区域发展”的基本思路和“雪中送炭，突出重点”的基本原则，共同组织编制片区区域发展与扶贫攻坚规划。三是研究制定支持片区的优惠政策。国务院扶贫办将会同有关部门，在财政、税收、金融、投资、产业、土地等方面，尽快研究制定支持连片特困地区的优惠政策。

为了探索连片特困地区扶贫攻坚的思路，国务院决定在武陵山片区率先开展区域发展与扶贫攻坚试点，并于去年 11 月 15 日正式启动。2012 年，要编制完成其他 10 个片区的规划，并在两会前启动乌蒙山等片区规划的实施，其他片区的工作也将陆续展开。

同时，中央要求，要统筹考虑其他贫困地区的扶贫工作。积极推进片区以外重点县和贫困村的扶贫开发。各省区市可从实际出发，自行确定若干连片特困地区，整合力量给予重点扶持。对贵州、云南等贫困面大的省份要加大扶持力度。

新十年的扶贫开发工作，还有许多亮点和重点。但是，仅从以上四个方面我们就不难看出，2011 年，扶贫开发工作确实开创了新的篇章，这样的大布局、大手笔、大思维，是前所未有的。

这里，特别需要指出的是，除了筹备和召开中央扶贫开发工作会议之外，以上几件大事，我们专家咨询委员会的许多专家都亲历其中，为形成决策投入了巨大精力，发挥了重要作用。突出表现在这样两个方面：一是更加自觉地配合扶贫开发的中心工作。在新《纲要》形成过程以及提高扶贫标准和划定特困片区这几个重大战略决策中，段应碧主任，唐华俊、汤敏副主任和有关专家都积极参与研究，做出了重要贡献。同时，多位专家将自己的研究成果转化成政策建议，通过不同的渠道反映到国务院领导和高层决策部门，受到领导的重视。二是积极开展扶贫研究成果的宣传和推广。在友成企业家扶贫基金会的支持下，创立了友成扶贫科研成果奖，积极开展成果奖的评选和颁奖活动，在“10.17”减贫与发展国际论坛上，回良玉副总理为第一批获奖的6个奖项和7名专家颁奖，《农民日报》对获奖奖项进行了专版宣传，扩大了扶贫研究的影响，进一步凝聚了专家队伍。

借此机会，我代表国务院扶贫开发领导小组和办公室，向各位专家一直以来为我国扶贫事业、特别是今年取得的重大成就所做出的突出贡献表示衷心感谢！

《扶贫开发纲要》对扶贫研究工作提出明确要求，“切实加强扶贫理论和政策研究，对扶贫实践进行系统总结，逐步完善中国特色扶贫理论和政策体系。深入实际调查研究，不断提高扶贫开发决策水平和实施能力。”这方面的表述，在扶贫重大文件中还是第一次。在中央扶贫开发工作会议上，胡锦涛总书记、温家宝总理都强调了加强扶贫研究的重要性。回良玉副总理则进一步要求，“要准确把握扶贫开发规律，系统研究谋划战略性、全局性、关键性重大问题，不断提高理解力、判断力、执行力，提高扶贫开发的科学决策水平。”这是党中央、国务院对我们工作的新期待和新要求。

根据中央扶贫开发工作会议精神，前不久，我们制定了国务院扶贫办《2012年工作要点》，已经回良玉副总理同意。这次会议也一并发给大家。结合《2012年工作要点》和领导的重要讲话精神，2012年专委会工作的总体要求是：紧紧围绕新阶段扶贫开发的奋斗目标和中心任务，将扶贫的理论研究、应用研究与扶贫工作实际有机结合，进一步提升研究层次，扩展研究领域，丰富研究手段，充实研究力量，加快研究成果的推广和利用。具体工作，一会儿大家还要讨论，段主任还要提出要求，我就讲到这里。

谢谢大家。

在乌蒙片区启动会上的讲话

范小建

2012 年 2 月 23 日

尊敬的回良玉副总理，各位领导、同志们：

乌蒙山片区是生态环境脆弱、贫困程度深、少数民族聚集多、社会发育程度相对不足的集中连片特殊困难地区，同时在面向西南对外开放、国家生态安全和能源供给等方面具有重要的战略地位。启动实施乌蒙山片区区域发展与扶贫攻坚规划，是党中央、国务院作出的重大部署，对推进连片特困地区开展扶贫攻坚、促进区域协调发展、全面建设小康社会，具有十分重要的意义。根据会议安排，下面我就《乌蒙山片区区域发展与扶贫攻坚规划》（以下简称《规划》）编制情况和主要内容汇报如下。

一、规划编制情况

党中央、国务院对乌蒙山片区的经济社会发展高度重视。国务院于 1988 年 6 月批准建立了以“开发扶贫、生态建设、人口控制”为主题的毕节试验区，为贫困地区探索可持续发展道路积累了经验，2010 年在四川大小凉山开展扶贫开发与艾滋病综合防治试点工作。2011 年和 2012 年，国务院先后出台了《成渝经济区发展规划》、《关于支持云南省加快建设面向西南开放重要桥头堡的意见》和《国务院关于进一步促进贵州经济社会又好又快发展的若干意见》，进一步加大了对四川、云南和贵州三省的支持力度。

去年 5 月，党中央以“中发 10 号”文件颁布了《中国农村扶贫开发纲要（2011—2020 年）》，明确提出将集中连片特困地区作为新阶段扶贫攻坚的主战场，加大投入和支持力度，从根本上改变连片特困地区面貌。在去年 11 月底召开的中央扶贫开发工作会议上，胡锦涛总书记、温家宝总理和回良玉副总理都对打好集中连片特困地区扶贫攻坚战提出了明确要求。

根据中央决定，2011 年国家率先启动了武陵山片区扶贫攻坚规划，先行先试，为全国其他连片特困地区的规划编制工作提供借鉴。

按照回良玉副总理关于“要抓紧编制其他片区扶贫攻坚规划，在武陵山片区试点的基础上，扶贫办和发展改革委要尽快出台全国片区扶贫规划编制的指导性文件，认真抓好规划编制的组织工作和重点环节”的指示精神，国务院扶贫办和国家发展改革委于2011年11月24日联合印发了《关于抓紧做好集中连片特困地区规划编制工作的通知》，并在中央扶贫开发工作会议结束后的第一天召开了全国连片特困地区区域发展与扶贫攻坚规划编制工作会议，对除武陵山以外的10个片区规划编制工作进行了全面部署安排，并将乌蒙山片区列为今年第一个开展规划编制工作的片区，在较短时间内完成了《规划》的编制，于2月中旬报国务院审批。

在规划编制过程中，我们始终坚持做好以下工作：一是坚持深入调查研究。从去年12月上旬开始，国务院扶贫办、国家发展改革委、国土资源部先后组织人员深入乌蒙山片区开展实地调研，认真分析乌蒙山片区的特点和优势、面临的困难和问题，深入研究促进乌蒙山片区经济社会发展和扶贫攻坚的基本思路以及规划编制涉及的重大问题等。三省也按要求做了大量的前期调研工作。二是坚持协同开展工作。在中央层面，由扶贫办和发展改革委牵头，成立了规划编制领导小组，组建了由国务院扶贫办、国家发展改革委、国土资源部、三省及有关专家组成的规划编制工作小组，集中时间、集中力量起草规划文本。同时，四川、云南和贵州三省也组建了规划编制工作机构，认真研究提出本地区规划的初稿。在规划文本起草过程中，各方共同讨论、共同研究，充分体现了协同作战的精神。三是广泛听取专家意见。为确保规划的科学性，今年2月10日专门召开专家座谈会，请宏观经济、扶贫开发、公共管理、产业发展、生态保护、少数民族发展等方面的专家，对规划有关重大问题进行咨询、论证，专家们提出了许多宝贵意见。

可以说，乌蒙山片区规划是在党中央、国务院的高度重视和亲切关怀下，各省、各部门大力支持、共同努力的结果，凝结了方方面面的智慧。在此，我代表规划编制单位，向各省、各部门对规划编制工作给予的大力支持表示感谢！

二、规划基本思路

《乌蒙山片区区域发展与扶贫攻坚规划》（以下简称《规划》）是继武陵山片区后，今年启动编制的第一个片区规划。《规划》继续坚持“区域发展带动扶贫开发，扶贫开发促进区域发展”的基本思路和“雪中送炭、突出重点”的原则，并力图体现乌蒙山片区的特点，在推进工作的思路上强调了“四个结合”：

一是坚持把加快区域发展与扶贫攻坚结合起来。始终坚持把保障和改善民生作为根本出发点和落脚点，通过片区区域发展为扶贫攻坚创造更好的基础条件，激发和调动片区广大人民群众参与发展的积极性和创造性；同时努力打造全社会扶贫新格局，有效提高扶贫攻坚整体工作水平，改善民生，促进社会进步和民族团结，加快脱贫致富步伐，最终使发展改革成果惠及片区内各族人民群众。

二是坚持把扶贫开发与生态建设、人

口控制结合起来。充分发挥毕节试验区的引领作用，坚持开发与扶贫并举、生态恢复与建设并举、人口数量控制与质量提高并重，统筹资源开发、环境保护与生态建设；坚持重点突破与分类推进并重，探索以扶贫开发为中心，人口与生态、经济与社会相互协调的可持续发展路子。

三是坚持把加快发展与转变经济发展方式结合起来。乌蒙山片区作为连片特困地区和重点生态功能区，加快发展和赶超的任务十分繁重，转变经济发展方式、保护生态环境的要求十分迫切。必须坚持科学发展，把“快”与“好”统一起来，把“赶”与“转”结合起来，创造性地走出一条在发展中转变、在转变中发展的新路子，形成经济社会发展、人民生活改善、生态环境保护、民族团结进步良性互动的局面。

四是坚持把发挥市场机制作用与加强政府支持引导结合起来。坚持市场调节与政府引导相结合、自力更生与国家支持相结合，一方面充分发挥市场机制在资源配置中的基础性作用和片区内广大干部群众的主体作用，立足自身努力推进经济社会发展；另一方面进一步完善和强化各项政策措施，加大国家支持力度，大力促进各种资源向最困难的地区、最贫困的人口倾斜，解决这些地区和人民最迫切需要解决的问题，确保贫困群众优先受益。

三、《规划》主要内容

《规划》文本除序言外，共十二章53节，主要包括以下三部分内容。

（一）总体要求

《规划》在分析乌蒙山片区基本情况、发展机遇和重大意义的基础上，提出了乌蒙山片区发展的指导思想、基本原则、战略定位、发展目标和空间布局。

《规划》明确了乌蒙山片区的战略定位。即“扶贫、生态与人口统筹发展创新区”、“国家重要能源基地”、“面向西南开放的重要通道”、“民族团结进步示范区”和“长江上游重要生态安全屏障”。

《规划》提出了两个阶段的发展目标。到2015年，实现贫困人口数量减半，初步形成有利于扶贫、生态与人口统筹发展的运行机制与体制。交通、水利等基础设施明显改善，能源、山地特色农业等产业加快发展，人口较快增长得到有效控制，基本公共服务水平明显提高，生存条件和生活水平显著改善，生态建设和环境保护取得明显成效。到2020年，与全国基本同步实现全面建设小康社会目标。

《规划》与《全国主体功能区规划》相衔接，立足乌蒙山片区实际，提出了功能分区和空间布局要求。

（二）主要任务

《规划》明确了六个方面的建设任务和基本要求。

一是基础设施建设。坚持统筹规划、合理布局、适度超前、协调推进的原则，突出重点区域和关键节点，构建功能完善、安全高效的现代化基础设施体系，为片区扶贫攻坚和经济社会发展提供有力支撑。提出了交通、水利、能源、通信、城市基础设施建设等方面的任务。

二是产业发展。按照注重发挥周边四大经济区带动作用的原则，根据国家产业政策和当地资源优势，将山地特色农业、水能等清洁能源、旅游业、现代服务业作为产业发展的重点，有序开发矿产资源和发展深加工。

三是改善农村基本生产生活条件。通过土地整治与农田改造、小型农田水利建设、小流域综合治理、乡村道路建设以及实施“六到农家”工程，大力改善农村生产生活条件。突出了加大农村危房改造、小流域治理、彝家新寨、重点小城镇建设等方面的建设任务。

四是加强就业与农村人力资源开发。把提高劳动者综合素质和培养自我发展能力作为促进就业与农村人力资源开发的着力点。调整就业结构，拓宽就业渠道，完善就业服务。整合各类培训资源，加强职业技能培训，提高农村劳动者素质，深入开发农村人力资源。

五是推进社会事业发展与公共服务。建立和完善基本公共服务均等化的保障机制，优化公共服务资源在城乡之间的配置，建立城乡、区域基本公共服务一体化协调机制，统筹推进教育、卫生、文化和社会保障发展。加强人口计生与扶贫开发相结合工作。

六是加强生态建设与环境保护。以天然林资源保护、退耕还林还草、石漠化治理、水生生物资源养护、防护林建设、水土流失综合治理为重点，以国家和省级主体功能区规划确定的限制开发的重点生态功能区及禁止开发的各级各类自然文化保护区域为核心，结合减灾防灾与应对气候变化，加强生态建设和环境保护，构建长江上游生态安全屏障。

（三）保障体系

《规划》主要从改革创新、政策支持和组织实施三个方面明确了规划实施的保障体系。

《规划》提出，进一步解放思想，把深化改革、机制创新作为片区加快发展和扶贫攻坚的强大动力，努力构建有利于统筹发展和扶贫攻坚的体制机制。提出了深化体制改革、扶贫机制创新、统筹发展机制创新等方面的任务。

《规划》强调，围绕规划目标和任务，加大政策支持力度。贯彻“雪中送炭、突出重点”的原则，整合各类资源，对深度贫困地区实行差别化重点扶持。集中力量解决最困难地区、最困难群体、最迫切需要解决的问题。提出了财政、税收、金融、投资、产业、土地、生态和资源补偿、帮扶等方面的具体政策。

《规划》要求，明确各级政府和相关部门职责，加强组织协调，完善规划管理和监测评估机制，建立健全规划实施保障机制。提出了组织协调、规划管理、监测评估等方面的要求。《规划》确定，三省人民政府对本省片区内规划编制与实施负总责。

各位领导、同志们，今天的会议，标志着乌蒙山片区区域发展与扶贫攻坚试点的正式启动，国务院扶贫办将按照会议要求，特别是回良玉副总理的重要讲话精神，进一步加强与有关部门和三省的配合，认真做好规划实施工作，努力推进乌蒙山片区区域发展与扶贫攻坚取得实实在在的效果，实现规划确定的各项目标。

谢谢大家！

在扶贫开发工作考核培训班上的讲话

范小建

2012 年 2 月 28 日

同志们：

去年 5 月，党中央、国务院颁布的《中国农村扶贫开发纲要（2011—2020 年）》（以下简称“新《纲要》”）明确要求，要“进一步完善对有关党政领导干部、工作部门和重点县的扶贫开发工作考核激励机制，各级组织部门要积极配合”。为了贯彻落实新《纲要》这一重要精神，今年 1 月 6 日，国务院扶贫开发领导小组 1 号文件印发了《扶贫开发工作考核办法（试行）》（以下简称《考核办法》），决定自 2012 年开始，对各省、自治区、直辖市扶贫开发工作进行考核。这是一项全新的、具有开创性的工作。今天，我们在北京举办培训班，其主要目的就是要统一思想，提高认识，明确责任，增强做好考核工作的积极性和主动性，并对开展 2011 年度扶贫开发工作考核进行动员和部署。下面，我讲几点意见：

一、充分认识开展扶贫开发工作考核的重要意义

对扶贫工作开展考核，是扶贫工作的内在要求，也是行之有效的工作手段。进一步完善扶贫开发工作考核激励机制，是深入贯彻落实科学发展观，贯彻中央扶贫工作会议精神和新《纲要》要求的具体体现；是深化扶贫体制机制改革，不断提高扶贫开发工作水平的迫切需要；是推进扶贫开发进程，确保新《纲要》目标实现的重要保证，意义重大。

（一）开展考核工作是做好新时期扶贫工作的重要举措

新《纲要》是我国扶贫开发历史上又一个纲领性文件。与《国家八七扶贫攻坚计划》和《中国农村扶贫开发纲要（2001—2010 年）》（以下简称“第一个十年纲要”）相比，立意更加高远，内涵更加丰富，要求更加具体。新《纲要》做出了“我国的扶贫开发已经从以解决温饱为主要任务的阶段，转入巩固温饱成果、加快脱贫致富、改善生态环境、提高发展能力、缩小发展差距的新阶段”新的判断；提出了“到 2020 年，稳定实现扶贫对象不愁吃、不愁穿，保障其义务教育、基本医疗和住房。贫困地区农民人均纯收入增长幅度高于全国平均水平，基本公共服务主要领域指标接近全国平均水平，扭转发展差

距扩大趋势”新的奋斗目标；划定了包括11个连片特困地区和3个已明确实施特殊政策的地方作为新时期的扶贫攻坚主战场；确立了“专项扶贫、行业扶贫、社会扶贫”三位一体的大扶贫工作格局。在中央扶贫开发工作会议上，温家宝总理宣布我国的扶贫标准提高到2300元（2010年不变价），对应的扶贫对象规模扩大到1.2多亿人。总之，同以往相比，新十年的扶贫开发工作，目标更高、任务更重、责任更大、要求更高。建立扶贫开发工作考核机制，就是为了更好地推进扶贫工作，增强地方各级政府、中央和国家机关相关部委的责任感和紧迫感，调动其参与扶贫开发工作的积极性和主动性，巩固发展大扶贫格局。同时，也是强化扶贫工作成效，提高扶贫开发水平，推动扶贫开发工作逐步走向科学化、规范化和制度化轨道，如期完成新《纲要》确定的各项目标任务的迫切需要。

（二）开展考核工作是落实扶贫开发责任的重要手段

从《国家八七扶贫攻坚计划》开始，就建立了以省为主，一把手负责的扶贫工作体制，在第一个纲要实施期间，又进一步明确“要继续实行扶贫工作党政‘一把手’负责制，把扶贫开发的效果作为考核这些地方党政主要负责人政绩的重要依据”。责任制的建立，极大地强化了各级政府的主导作用，有力地推进了扶贫开发进程。

在总结过去20多年扶贫开发经验的基础上，新《纲要》明确提出“坚持中央统筹、省负总责、县抓落实的管理体制，建立片为重点、工作到村、扶贫到户的工作机制，实行党政一把手负总责的扶贫开发工作责任制”，要求“各级政府对本行政区域内扶贫开发工作负总责”。《考核办法》的出台，必将极大调动地方各级政府参与扶贫开发的积极性和主动性，强化责任意识，克服消极畏难情绪，全力推动扶贫工作，确保新《纲要》目标如期实现。

此外，新《纲要》还对行业部门扶贫任务提出了明确、具体的要求。为将任务落到实处，中央办公厅、国务院办公厅专门印发了《关于贯彻实施〈中国农村扶贫开发纲要（2011—2020年）〉重要政策措施分工方案》（中办发〔2011〕27号），把新《纲要》的49条分解为86项任务，分解到各个部门。《考核办法》把中央和国家机关相关部门纳入考核，对督促行业部门完成本行业国家确定的扶贫任务，也将发挥积极作用。

（三）开展考核工作是巩固发展大扶贫格局的重要保障

新《纲要》确立的“三位一体”大扶贫的工作格局，强调国家在组织实施专项扶贫的同时，各行业部门结合自身职能，要把改善贫困地区发展环境和条件，促进贫困地区产业发展、实现贫困地区基本公共服务均等化作为本行业发展规划的重要内容，在资金、项目等方面向贫困地区倾斜；鼓励社会各界通过东西扶贫协作、定点扶贫等方式积极参与扶贫开发，发挥综合效益，共同促进贫困地区加快发展，促进贫困人口脱贫致富。这是十六大以来我国扶贫开发工作的重要创新。长期以来，无论是中央还是地方，提出的扶贫工作考核，都主要针对地方党委和政府。而国务院扶贫开发领导小组刚刚颁布的《考核办法》，则将地方政府调动行业、社会力量以及动员省直部门参与扶贫开发的情况纳入考核内容，这对调动地方政府、行业部门、社会各界参与扶贫开发的积极性和主动性，巩固发展大扶贫工作格局，强化责任意识，确保新《纲要》目标任务的实现具有重要的保障作用，也必将推动行业扶贫、社会扶贫迈上一个新的台阶。

二、《考核办法》的起草背景和主要特点

（一）扶贫开发考核的历史沿革

早在20世纪80年代，中央就提出了开展扶贫工作考核的要求。《国家八七扶贫攻坚计划》明确提出“把计划的实施和解决群众温饱的成效作为衡量贫困县领导干部政绩和提拔重用的主要标准”，“扶贫资金的投放要与使用效益和贷款的回收直接挂钩，建立综合的考核指标，实行严格的贷款使用责任制”；第一个十年纲要进一步提出，“把扶贫开发的效果作为考核这些地方党政主要负责人政绩的重要依据”。根据以上要求，中央和地方尝试运用了一些绩效考核的手段，在扶贫领域进行了探索，较好地调动了各级政府和部门做好扶贫开发工作的积极性和主动性，增强了责任感和使命感，为如期实现《国家八七扶贫攻坚计划》、第一个十年纲要确定的目标任务发挥了重要作用。

（二）地方开展的有益探索

近年来，不少省结合本地实际，制定了不同形式的考核办法，如湖北省印发了《湖北省地方党政主要负责同志扶贫工作责任制考核办法》；广东省印发了《广东省扶贫开发“规划到户　责任到人”工作考评办法》和《广东省扶贫开发工作问责暂行办法》；安徽省制定了《扶贫开发工作重点县综合评价考核办法》；贵州省制定了《贵州省扶贫开发工作考核管理暂行办法》等。各地在以上方面进行的实践和探索，为在全国全面开展扶贫工作考核积累了宝贵经验。我们在筹划和起草办法的过程中，借鉴和吸收了各地好的做法和经验。

（三）2010年以来开展的工作

2010年6月17日，回良玉副总理在国务院扶贫开发领导小组组长办公会议上提出“加强考核等方式，引导地方协调属地各种资源参与扶贫开发，切实担负起扶贫开发的重要职责”的要求，扶贫办党组高度重视，立即会同有关部门着手研究。《考核办法》从起草到完成，历时一年半。期间，我办组织相关人员赴重庆、湖北等省市开展实地调研，听取省、市、县各级领导的意见和建议；分别召开省级扶贫部门和中央相关部门座谈会，就指标设置和权重安排等进行讨论研究；两次书面征求中央组织部等19个部门、28个省（区、市）

的意见。为检验考核指标的有效性、相关性和敏感性，还委托专家利用国家统计局和各省上报的2008、2009年两年数据进行了测试，根据测试结果对部分指标进行了调整。

（四）《考核办法》的特点

此次出台的《考核办法》填补了国家对各省扶贫工作考核没有依据的空白，特点鲜明：

第一，考核机构层次高。考核工作由国务院扶贫开发领导小组牵头，中央组织部、国家发展改革委、教育部、国家民委、民政部、财政部、住房和城乡建设部、交通运输部、水利部、卫生部、人民银行、国家统计局和扶贫办等部门参加。目前，中央层面工作小组已组建完毕，12个考核领导小组成员单位均确定了一名司局级干部作为领导小组成员，一名处级干部作为实施小组成员。中央组织部对扶贫工作考核高度重视，不仅在考核结果的运用中专门提出要增加一段内容，即“考核结果抄送党委组织部门，作为有扶贫开发工作任务的地方和部门领导班子及领导干部综合考核评价的重要内容和奖惩、使用的重要依据”，而且还主动要求加入考核工作领导小组。组织部门的参与，强化了考核结果对扶贫工作的激励作用。

第二，考核指标客观公正。客观公正、科学规范、全面准确地反映各省扶贫工作成效和存在的问题，是我们制定《考核办法》的初衷。目前试行的办法中，东部考核指标四大类16项39条、中西部四大类18项44条。从指标设计看：一是体现了针对性。考核指标紧紧围绕新《纲要》确定的总体目标、主要任务和专项扶贫工作来设置，重点比较突出，针对性比较强；二是体现了客观性。既有贫困人口变化、连片特困地区和重点县农民人均纯收入增长、人均消费支出等综合性考核指标，又有水、路、房、教育、卫生等专项指标；三是体现了激励性。每项指标得分，我们都根据数据测试结果设置了基本分，从基本分到满分，完全凭各省的工作。工作做得越好，得分就越高；四是体现了公正性。除东部因国家统计局没有监测数据外，中西部44项指标中，凡是定量考核的指标数据都来源于国家统计局、教育部和交通运输部等相关部门，最大限度确保数据来源的合法性、一致性和公正性。五是体现了差异性。根据区位、发展条件等方面的差异，东部和中西部分别设置考核指标，使不同区域间以及同一区域不同时期的扶贫成效可以进行比较。让各省站在同一起点、同一层面上，确保考核结果公平和公正，敦促各省从自身角度找问题、找原因，提出改进措施，推动本省扶贫开发工作再上新台阶。

第三，考核内容丰富。考核内容涉及扶贫工作的方方面面。从考核层级看，既考核各级政府扶贫开发责任制的落实情况，又考核中央和国家机关相关部委对新《纲要》重要政策措施分工落实的情况；从考核内容看，既考核扶贫开发12项重点任务，又考核专项扶贫工作；既考核行业扶贫，又考核社会扶贫。

第四，参与考核部门多。这有两个方面，一是被考核的部门多。我们统计了一下，中办发 2011 年 27 号文件关于新《纲要》分工方案，涉及的中央和国家相关部门、各直属机构，解放军总政治部，各人民团体有四十多个；与本办法考核指标直接相关的部门也有十几个。被考核的部门多，从一个侧面体现了新《纲要》提出的“专项扶贫、行业扶贫、社会扶贫”三位一体的大扶贫格局。二是参与考核部门多。考核领导小组成员单位涉及中央组织部等 12 个部门。充分体现了中央和国家机关相关部委对扶贫开发工作的重视。征求部委意见时，水利部、人民银行积极要求参加考核工作领导小组；教育部、交通运输部主动提出为考核工作提供相关数据。

第五，激励作用强。《考核办法》规定，对考核结果为 A、B 等次的省，以国务院扶贫开发领导小组名义通报表扬，并作为下一年中央财政专项扶贫资金分配的一个因素，给予奖励和倾斜，同时作为省级扶贫部门评选年度先进单位的重要依据。对 D 等次的省给予通报批评。考核办法中还有一条极为重要的规定，即将考核结果抄送党委组织部门，作为有扶贫开发工作任务的地方和部门领导班子及领导干部综合考核评价的重要内容和奖惩、使用的重要依据。对扶贫开发工作进行考核，与我办和财政部联合开展的财政扶贫资金绩效考核不同，除资金奖励外，还与扶贫系统评先挂钩，并对 D 等次通报批评。再加上组织部门的参与，本办法的激励作用就更强了。

三、扎实做好考核工作

新阶段扶贫开发工作考核机制已经建立，办法措施也已经明确，关键在于统一认识、强化领导、加强沟通、狠抓落实。

（一）要切实加强领导

各级扶贫部门要高度重视，充分认识做好考核工作的重要性和必要性。要把考核工作纳入本单位的重要日程，及时向党委、政府汇报，抓紧组建本省考核工作领导小组和考核工作实施小组，制定工作细则，明确责任。扶贫办主任要亲自抓，直接协调解决考核工作出现的问题和困难；要有一名副主任具体抓，指定专门处室和人员具体负责，一级抓一级，层层抓落实。各省扶贫办负责考核工作的副主任和有关人员名单按要求及时报送我办。同时，要抓好扶贫工作考核培训，提高各级扶贫系统开展考核工作的能力。

（二）要研究制定本省考核办法

根据《考核办法》的要求，各省要对市县两级进行考核，各省要根据本省特点和实际情况，加强研究，制定本省的扶贫开发工作考核办法或实施细则，于今年 10 月底前报我办备案。需要强调的是，各省考核办法的制定，要在建立长效机制上下功夫，要在建立扶贫开发工作考核体系上下功夫。既要处理好本办法与扶贫资金绩效考评、连片开发、贫困村互助资金等专项考核的关系，又要处理好扶贫考核与相关行业考核的关系，逐步把考核工作推上制度化、规范化的轨道，常抓不懈。

（三）要主动做好沟通协调

开展扶贫工作考核，千头万绪，任务艰巨，需要方方面面的大力支持和积极配合。扶贫部门作为考核工作的牵头部门，要有大局意识、服务意识和合作意识，要主动加强与发改、教育、民委、民政、财政、住房和城乡建设、交通运输、水利、卫生、人行、统计等业务部门的沟通和联系，争取他们的理解和支持，共同开展对市县两级的考核，完成省级自我评价，提供相关考核数据和材料，为考核工作营造良好的舆论环境和氛围；同时，还要加强与综合部门的配合，特别是组织部门，要主动反映情况，通报考核结果，将扶贫开发工作纳入同级党委、政府的考核工作中。

（四）要注重经验总结

开展综合性扶贫工作考核在扶贫系统还是第一次，虽然在《考核办法》制定的过程中，我们反复征求地方、部门和专家意见，力求考核指标科学、严谨、具有可操作性，但毕竟经验不足，肯定会遇到这样那样的问题，需要在实践中不断探索、总结和完善。各级扶贫部门要深入工作第一线，积极开展调查研究，认真分析考核工作中出现的新情况、新问题，及时总结、及时反馈，提出改进建议和意见，使考核工作不断完善和深化。

（五）要确保工作进度

根据《考核办法》有关规定，今年将对2011年度扶贫开发工作进行考核。考虑到今年是试行的第一年，各省需要时间准备和部署，为切实做好考核各项工作，我们对2011年度的考核工作进行适当调整，尽可能给各省提供更多的准备时间，将各省上报自评报告的时间向后推迟了一个半月，同时，对市县两级的考核要求也适当放宽。希望各省克服困难，按照规定的时间进度，有序推进各项工作，且要对上报的考核材料和数据的真实性负全责。关于2011年度考核的具体要求，明天会给大家作详细安排。

同志们，培训班已正式开幕。希望大家以这次培训为契机，认真学习领会扶贫开发工作考核的重要意义，提高认识，把握考核重点、关键环节和具体要求，推动扶贫开发工作考核顺利进行，确保新《纲要》目标任务如期实现！

谢谢大家！

在武陵山片区试点工作协调会上的讲话

范小建

2012 年 3 月 23 日

去年 5 月，党中央、国务院颁发了《中国农村扶贫开发纲要（2011—2020 年）》，明确提出把连片特困地区作为扶贫攻坚主战场，加大投入和支持力度，加强对跨省片区规划的指导和协调。11 月，中央召开了高规格的扶贫开发工作会议，胡锦涛总书记、温家宝总理、回良玉副总理发表重要讲话，号召全党全社会集中力量打一场扶贫攻坚战。片区扶贫攻坚涉及面广，任务艰巨，协调难度大。国家民委作为武陵山片区联系单位，组织召开今天的协调会，研究相关工作，并请学东副秘书长和各相关部门的负责同志出席，作为扶贫部门的负责人，完全支持，感到很鼓舞、很振奋。刚才，黎明同志介绍了武陵山片区进展情况和各有关单位支持武陵山片区发展的政策措施，听了以后很受启发，片区扶贫攻坚离不开各相关部门的大力支持，在此，对各部门表示衷心的感谢。下面，根据会议安排，我从三个方面作一个简单的发言：

一、国家民委作为武陵山片区联系单位，加强组织领导，迅速开展工作、为片区联系工作开了好头

根据温家宝总理和回良玉副总理在中央扶贫开发工作会议上关于每 1 个片区由 1 个中央部委负责具体联系的重要讲话精神，为加强片区扶贫攻坚统筹协调，我们会同发展改革委，商有关部委达成一致，并报良玉副总理批准，确定了国家民委等 12 个片区联系单位。联系单位的职责是，负责与有关省（区、市）和中央部委的联系沟通，开展调查研究，并就该片区发展面临的重大问题提出解决意见和建议，督促指导片区区域发展与扶贫攻坚规划的实施。最近又增加国家林业局作为滇桂黔石漠化片区联系单位。

国家民委作为武陵山片区的联系单位，高度重视，迅速行动，加强领导，组建机构，落实经费，制定方案，做了大量工作：一是积极筹备试点启动会；二是针对武陵山片区的发展问题组织开展了大量调研，专门向扶贫开发领导小组成员单位发函，及时掌握试点工作进展情况，摸清国务院有关部门 2012 年支持武陵山片区发展的项目和资金安排计划；三是收集整理和分析武陵山片区经济社会发展基本情况；四是主动开展多渠道、多层次、多形式的沟通和协调工作，委领导带队走访有关部委，

衔接规划的有关政策和项目，并召开有关省市协调会；五是加大人才支持，从2012年至2016年，每年从机关、事业单位和高等院校选派78名司处级干部和具有高级职称的专业技术人员，派驻武陵山片区7个市州和71个县市区担任联络员。

国家民委为联系单位如何开展工作做了大量有益探索，开了一个好头，发挥了联系单位的作用，效果很好，许多好的做法值得各联系单位学习借鉴。

二、片区扶贫攻坚进展情况和下一步工作打算

3月16日国务院召开的常务会议，把“按照新的标准全面推进集中连片贫困地区扶贫工作”列入今年国务院要努力完成的七项重要任务之一，并要求抓紧制定落实重点工作的实施方案。为此，我们就目前的进展情况和下一步工作打算向良玉副总理作了汇报，得到了领导肯定。

（一）进展情况

中央扶贫开发工作会议后，我办会同发展改革委和有关部门，认真贯彻落实会议精神，全力推进片区扶贫攻坚工作。

一是全面部署片区规划编制。去年12月1日，中央扶贫开发工作会议结束后的第一天，我办和发展改革委联合召开了片区区域发展与扶贫攻坚规划编制部署会议，对片区规划编制工作进行了全面部署，并联合印发了《关于抓紧做好连片特困地区区域发展与扶贫攻坚规划编制工作的通知》和《规划编制大纲》，明确了规划编制的范围、期限、框架结构、目标、重点任务、进度安排、编制程序和工作要求等内容。

二是全力组织编制乌蒙山片区、秦巴山片区和滇桂黔石漠化片区规划。我办和发展改革委成立了由我和杜鹰副主任共同牵头的规划编制工作领导小组，并组建了专门的工作班子，打破常规，集中力量，全力组织片区规划编制工作。在完成武陵山片区试点规划的基础上，又完成了乌蒙山片区规划编制，并经国务院批复，于2月下旬在云南昭通召开了启动会。目前秦巴山片区规划已征求6省市的意见，正在征求相关部委意见。同时，我们还组织编制滇桂黔石漠化片区规划，目前已完成初稿。

三是推进片区联系工作。去年12月26日，我办与发展改革委共同组织召开了片区联系单位工作会议，对片区联系工作进行了研究和部署。还正式向有关省区市和联系单位发函，进一步明确了片区联系工作的有关事项。各联系单位都高度重视，积极行动，认真履行职责，有序开展片区联系工作。

四是出台考核办法。根据新纲要精神，我办研究起草了扶贫开发工作考核办法，片区扶贫攻坚是考核的重要内容之一。经报良玉副总理批准，此办法已以今年国务院扶贫开发领导小组1号文件正式印发相关部委和省（区、市），并组织开展了相关培训。

五是加强片区扶贫统计监测。我们组

织开展了扶贫开发2010年基期调查，并开发了全国片区县、重点县扶贫统计监测信息系统，实现数据采集、审核、汇总、上报等工作的信息化、程序化和规范化，提高了扶贫统计监测工作的科学性和及时性。此外，还编辑印制了新版贫困地图。

（二）下一步工作打算

一是抓紧推进其他片区规划编制。我们将坚决贯彻落实良玉副总理的指示精神，抓紧推进其他片区规划编制，确保年底前完成所有片区规划编制，并筹备召开相关启动会。

此外，指导有关省、自治区在今年年底前编制完成西藏、四省藏区和新疆南疆三地州3个片区的扶贫攻坚规划，并做好成果备案工作；同时做好片区内省、县实施规划编制的指导和督促工作。

二是完善片区联系机制。我们将会同有关部门，认真研究片区联系工作思路，完善联系单位的职责，探索一套职责清晰、相互协调、运行顺畅的片区联系单位工作机制，充分调动联系单位工作积极性，加强对片区扶贫攻坚的统筹协调。初步考虑今年适当时候，召开片区联系单位第二次工作会议，建立片区联系工作联席会议制度、信息定期通报制度、督促考评制度。

三是研究制定片区规划实施监测评估制度。会同发展改革委和国家统计局，研究片区规划实施监测评估和调整的方法，为“十二五”中期规划调整打下基础。同时，全面开展扶贫工作考核，促进扶贫工作责任的落实。

四是配合国办开展片区扶贫攻坚专项督查。片区扶贫攻坚已列入国务院办公厅今年重点督查事项之一。我们将认真配合好督查工作，促进片区扶贫攻坚政策落实及规划实施。

五是研究制定片区行业规划和优惠政策。一方面，积极配合有关部委，研究制定片区的行业规划（如交通部）；另一方面，商有关方面，研究制定片区统一的优惠政策。

总之，我们将进一步统一思想，坚定信心，扎实工作，全力以赴完成国务院交办的硬任务。

三、“十二五”时期支持武陵山片区发展的政策措施

在做好片区扶贫攻坚组织协调工作的基础上，我办将在专项扶贫工作方面，采取有效措施，切实加大对武陵山片区的支持力度。

一是加大对武陵山片区财政专项扶贫资金投入力度。考虑到武陵山片区为扶贫攻坚试点，我们与财政部在测算安排2011年中央财政专项扶贫资金的新增部分时，对武陵山片区四省市在因素法测算基础上，又专门给予了倾斜。同时，明确要求四省市也要加大对武陵山片区县的扶持力度。“十二五”时期，我们将与财政部协商，努力贯彻贾庆林主席3月18日批示精神，进一步加大中央财政专项扶贫资金对武陵山

片区的倾斜和支持力度。

二是加大对武陵山片区的社会扶贫工作力度。2012年，我办将积极挖掘资源，在定点扶贫结对关系调整中，优先考虑武陵山片区实际，力争实现对片区内尚无中央单位定点帮扶的11个国家扶贫开发工作重点县全覆盖；在山东省帮扶重庆市、大连市帮扶贵州遵义市、青岛市帮扶贵州铜仁地区的基础上，积极协调山东、大连和青岛等省市进一步加大政府援助、企业协作、社会帮扶和人才交流等方面的帮扶力度；鼓励各类企业、社会组织、扶贫志愿者等单位和个人参与片区发展和扶贫工作；支持片区开展扶贫领域的国际交流和合作。

三是推动“三支一扶”计划、大学生村官培训、人才对口支援等工作向武陵山片区倾斜。2012年，支持武陵山片区的高等院校有关扶贫专业申报博士人才培养试点项目。支持和资助武陵山片区高等院校学生攻读与扶贫有关专业的硕、博士学位。继续支持实施《湖北武陵山少数民族经济发展试验区建设规划》。

四是组织开展武陵山片区产业发展和扶贫项目规划编制和实施工作。2012年，我办将与农业部等部门共同组织开展武陵山片区扶贫特色优势产业发展建设规划编制和实施工作，组织实施一批产业扶贫试点项目，同时，“雨露计划”实施方式改革试点也将向武陵山片区倾斜。在与有关部委联合编制和实施扶贫开发整村推进“十二五”规划、易地扶贫搬迁“十二五”规划过程中，充分考虑与武陵山片区扶贫攻坚规划和行业部门规划实施相衔接。

扶贫办作为片区扶贫攻坚的协调机构，将积极为各联系单位做好服务工作。大家在工作中遇到什么问题，可以随时与我们联系，我们将尽最大努力协调。同时，也请大家将工作中的经验与我们交流分享，我们将与大家共同努力，不断完善片区联系工作机制，全面推进集中连片贫困地区扶贫攻坚。

在滇桂黔石漠化片区区域发展与扶贫攻坚启动会上的发言

范小建

2012 年 6 月 28 日

尊敬的回良玉副总理，各位领导、同志们：

滇桂黔石漠化集中连片特殊困难地区跨广西、贵州、云南三省区，集民族地区、革命老区和边境地区于一体，贫困面广程度深，石漠化问题严重，是国家新一轮扶贫开发攻坚战主战场中涉及规划县数最多，也是少数民族人口最多的片区。

启动实施滇桂黔石漠化片区区域发展与扶贫攻坚规划，是党中央、国务院作出的重大部署，对推进集中连片特殊困难地区开展扶贫攻坚、促进区域协调发展、全面建设小康社会，具有十分重要的意义。根据会议安排，下面我就《滇桂黔石漠化片区区域发展与扶贫攻坚规划》（以下简称《规划》）编制情况和主要内容汇报如下。

一、规划编制情况

去年 5 月，党中央、国务院颁布了《中国农村扶贫开发纲要（2011—2020 年）》，明确提出将集中连片特殊困难地区作为新阶段扶贫攻坚的主战场，加大投入和支持力度，从根本上改变落后面貌。11 月底召开的中央扶贫开发工作会议上，胡锦涛总书记、温家宝总理和回良玉副总理都对打好集中连片特殊困难地区扶贫攻坚战提出了明确要求。今年 3 月 16 日国务院召开的常务会议，把“按照新的标准全面推进集中连片贫困地区扶贫工作”列入今年国务院要努力完成的七项重要任务之一，并要求抓紧制定落实重点工作的实施方案。5 月 25 日至 27 日，温家宝总理专程赴湖南武陵山区，就推进连片特困地区扶贫开发工作进行专题调研，召开座谈会并发表重要讲话，对推进集中连片特殊困难地区的扶贫工作提出了全面要求。

按照国务院领导同志关于抓紧编制片区扶贫攻坚规划的指示精神，在武陵山片区区域发展与扶贫攻坚试点启动后，扶贫办、发展改革委即对其他 10 个片区规划编制工作进行了全面部署安排，在今年已完成乌蒙山、秦巴山片区规划启动的同时，组织力量抓紧时间编制滇桂黔石漠化片区规划。经过 3 个月左右的努力，于 6 月中旬完成了规划送审稿，报国务院审批。

滇桂黔石漠化片区涉及广西、贵州、云南三省区的 91 个县（市、区），其中含

83个民族自治地方县、34个老区县、8个边境县。国土总面积为22.8万平方公里。2010年末，总人口3427.2万人，其中乡村人口2928.8万人，少数民族人口2129.3万人。有壮、苗、布依、瑶、侗等14个世居少数民族。

在规划编制过程中，我们始终坚持做好以下工作：

一是坚持深入调查研究。去年下半年以来，根据国务院扶贫开发领导小组的要求，广西、贵州、云南三省（区）做了大量的前期调研和准备工作，并从去年12月开始编制分省规划。今年3月上中旬，全国片区规划编制工作领导小组和滇桂黔片区联系单位水利部、国家林业局有关同志，先后两次前往广西、贵州和云南开展实地调研。调研组围绕片区的特殊困难、发展机遇、战略定位、空间布局等与当地政府和有关部门进行了深入探讨。详细了解片区在基础设施、特色产业、社会事业、生态建设等方面的发展状况。3月25日—4月10日，水利部和国家林业局会同有关部委组成三个联合调研小组分别赴贵州、云南、广西三省（区）就做好石漠化片区区域发展与扶贫攻坚联系工作进行了专题调研。在调研基础上，水利部和国家林业局向国务院上报了高质量的调研报告，为片区规划的编制奠定了很好的基础。

在此期间，全国政协也由有关领导带队，对滇桂黔片区扶贫攻坚进行调研，对规划编制提出了重要意见和建议。

二是坚持协同开展工作。扶贫办和发展改革委牵头，成立了规划编制领导小组，组建了规划编制工作小组，集中时间、集中力量开展规划编制工作。在规划文本起草过程中，两次抽调三省区扶贫办和发展改革委骨干力量参加讨论编写，邀请水利部、国家林业局及有关方面专家参与讨论修改。三省区都组建了规划编制工作机构，抓紧开展工作，及时研究提出本地区规划设想，为规划编制工作顺利进行提供了重要基础。在规划编制过程中，各方共同讨论、共同研究，充分体现了协同作战的精神。

三是广泛听取专家和各方意见。为确保规划的科学性，今年6月12日，扶贫办、发展改革委专门召开专家座谈会，请全国政协及宏观经济、公共管理、发展战略及有关行业等方面的专家，对规划有关重大问题进行咨询、论证，专家们提出了许多宝贵意见。

可以说，滇桂黔石漠化片区规划是在党中央、国务院的高度重视和亲切关怀下，全国政协大力支持，各省、各部门通力协作、共同努力的结果，充分反映了片区人民群众的愿望，凝结了方方面面的智慧。

二、规划基本思路

《滇桂黔石漠化片区区域发展与扶贫攻坚规划》是继武陵山、乌蒙山、秦巴山片区规划之后的第四个片区规划。规划全面贯彻落实中央关于新阶段扶贫开发工作的战略部署，继续坚持“区域发展带动扶贫开发、扶贫开发促进区域发展”的基本思路，并力图体现滇桂黔石漠化片区的特点。在推进工作的思路上强调了“四个结合”：

坚持加快发展与扶贫攻坚相结合。把保障和改善民生作为发展的出发点和落脚点，通过区域发展为扶贫攻坚创造更好的基础条件，有效提高扶贫攻坚整体水平。更加注重政府政策的引导作用，瞄准最贫困的地区，最困难的群体，使各族群众特别是贫困人口共享发展和改革成果，促进民族团结进步和边境地区繁荣稳定，有力推动和加快片区发展。

坚持加快发展与保护生态相结合。以资源环境承载力为前提，以产业园区为重要载体，集约节约利用资源，优化产业结构和空间布局，提高资源就地转化利用和精深加工水平，大力发展生态和经济效益兼具型产业，推进石漠化综合治理，不断改善生态环境。促进经济发展与生态建设形成良性互动格局。

坚持加快发展与改革开放相结合。把解放思想、转变观念，大胆探索、锐意创新作为推动区域发展与扶贫攻坚的强大动力，深化重点领域和关键环节的改革，促进区内优势互补与协作发展，积极推进区域一体化建设，加强对外交流合作，提高对外开放水平，打造全方位对外开放和全社会扶贫新格局。

坚持国家支持与自力更生相结合。国家加强规划引导，加大政策支持力度和财政投入力度，广泛动员和整合各类社会资源，大力支持片区加快发展。片区广大干部群众是推进区域发展和扶贫攻坚的主体，要继续发扬自强不息和艰苦奋斗的精神，加大人力资源开发力度，增强自我发展能力。

三、规划框架与主要内容

《滇桂黔石漠化片区区域发展与扶贫攻坚规划（2011—2020 年）》除序言、附表、附图外共 12 章 55 节，大体分为三个部分：

（一）总体要求

《规划》在分析滇桂黔石漠化片区基本特点、发展机遇和重大意义的基础上，提出了滇桂黔石漠化片区发展的指导思想、基本原则、战略定位、发展目标和空间布局。

《规划》提出，按照“区域发展带动扶贫开发、扶贫开发促进区域发展”的基本思路，着力加强水利、交通等基础设施建设，改善农村生产生活条件，夯实片区发展基础；着力提高资源开发利用水平，发展特色优势产业，增强内生发展能力；着力促进人力资源开发，提高人口综合素质，增强自我发展能力；着力发展社会事业，统筹各类资源配置，推进基本公共服务均等化；着力开展生态建设，推进石漠化综合治理，保障可持续发展；着力加快体制机制创新，深化对外开放，增强发展活力，努力开创又好又快发展新局面。

《规划》明确了滇桂黔石漠化片区的 6

个战略定位。“扶贫攻坚与石漠化综合治理相结合重点区”、“重要能源和矿产资源深加工基地”、“国际知名喀斯特山水与文化旅游目的地”、“民族团结进步和边境繁荣稳定模范区”和“珠江流域重要生态安全屏障”

《规划》提出了两个阶段的发展目标。到2015年，能源和矿产资源深加工业、生物产业、旅游与文化产业、现代农业等特色优势产业加快发展，产业结构得到优化；基础设施明显改善，水利、交通等瓶颈制约有效缓解；基本公共服务水平显著提高，科技与人才支撑作用大幅增强；生态建设获得重大进展，石漠化扩展趋势得到初步遏制；综合实力显著增强，城乡居民生活水平明显提高，贫困人口数量减半，全面建设小康社会的基础更加牢固。到2020年，与全国基本同步实现全面建设小康社会目标。

《规划》与《全国主体功能区规划》相衔接，立足滇桂黔石漠化片区实际，提出了功能分区和空间布局要求。

（二）主要任务

《规划》明确了六个方面的建设任务和基本要求。

一是基础设施建设。坚持统筹规划、适度超前、优化布局、保护环境、协调推进的原则，重点加强“三横五纵”交通主通道，以及重点水利、能源工程项目的建设等。为片区扶贫攻坚和经济社会发展奠定坚实基础。

二是产业发展。坚持市场导向，开发利用特色资源，积极承接产业转移，延伸拓展产业链条，根据滇桂黔石漠化片区特点，突出周边经济区的带动作用，根据国家产业政策和当地资源优势，重点发展农产品加工、矿产资源精深加工、医药与保健品、装备制造、旅游业等，切实加强产业结构调整，积极推进产业化扶贫，提高片区经济发展质量，推动片区又好又快发展和贫困人口脱贫致富。

三是改善农村基本生产生活条件。按照统筹城乡发展的要求，加快小城镇和村庄建设，进一步做好贫困村整村推进工作，加强农田水利建设、土地整治与农田改造，实施水、电、路、气、房和环境改善“六到农家”工程，根据滇桂黔石漠化片区自然灾害频发，经济发展与环境保护矛盾突出和位于西南边境地区等特点，突出了因地制宜推进异地扶贫搬迁、贫困村整村推进和边境扶贫等内容。大力改善农村生产生活条件。

四是加强就业与农村人力资源开发。把就业作为经济社会发展的优先目标，调整就业结构、拓宽就业渠道、完善就业服务，加强乡土人才培养、农村实用技术培训、农村劳动力转移就业培训，全面提升农村劳动者素质，合理开发利用人力资源。

五是推进社会事业发展与公共服务。集中实施一批民生工程，统筹推进教育、卫生、文化、体育和社会保障发展，大力开展科技扶贫，加强和创新社会管理，建立和完善区域基本公共服务一体化协调机制，合理配置城乡之间、区域之间公共服务资源，推进基本公共服务均等化。

六是加强生态建设与环境保护。强化各类重要生态功能区保护，开展生态文明示范工程建设，推进生态恢复治理，保障生态安全。实施严格的环境保护措施，加强城乡环境保护、水环境保护、工业污染治理和农业面源污染治理，提升生态质量。加强石漠化综合治理和防灾减灾体系建设。

（三）保障体系

《规划》主要从改革创新、政策支持和组织实施三个方面明确了规划实施的保障体系。

《规划》提出，进一步解放思想，把深化改革、创新机制作为片区加快发展和扶贫攻坚的强大动力，深化体制改革，推进扶贫机制创新，建立健全协作机制，努力构建有利于统筹发展和扶贫攻坚的体制机制。

《规划》强调，围绕规划目标和任务，加大政策支持力度。贯彻“雪中送炭、突出重点”的原则，整合各类资源，实施财政、税收、金融、投资、产业、土地、生态和资源补偿、帮扶等政策措施，集中力量解决最困难地区、最困难群体、最迫切需要解决的问题，对革命老区予以重点扶持。

《规划》要求，明确各级政府和相关部门职责，加强组织协调，完善规划管理和监测评估机制，建立健全规划实施保障机制。《规划》确定，三省区人民政府对本省区片区内规划编制与实施负总责。

各位领导、同志们，今天的会议，标志着滇桂黔石漠化片区区域发展与扶贫攻坚的正式启动，我办将会同国家发改委、水利部、国家林业局按照会议要求，特别是回良玉副总理的重要讲话精神，进一步加强与有关部门和三省区的配合，认真做好规划实施工作，努力推进滇桂黔石漠化片区区域发展与扶贫攻坚取得实实在在的效果，实现规划确定的各项目标。

在全国扶贫办主任会议上的讲话

范小建

2012 年 7 月 10 日

同志们：

此次扶贫办主任会议的主要任务是，深入学习贯彻中央扶贫开发工作会议及中央领导一系列重要讲话精神，特别是 5 月下旬温家宝总理在武陵山区扶贫攻坚工作座谈会的重要讲话精神，全面总结去年中央扶贫开发工作会议以来全国工作进展情况，研究分析目前的形势，安排部署下半年及今后一个时期的工作。首先，我代表国务院扶贫办向参加会议的各省（区、市）扶贫办和新疆生产建设兵团扶贫办，向中央组织部、中央国家机关工委、发展改革委、财政部、审计署等中央国家机关有关部门，以及新闻界的同志们表示热烈欢迎。下面，我讲三点意见。

一、深入贯彻落实中央扶贫开发工作会议精神，掀起新一轮扶贫攻坚的热潮

去年 11 月底，中央扶贫开发工作会议在京隆重召开，之前颁发了《中国农村扶贫开发纲要（2011—2020 年）》（以下简称《纲要》），标志着我国的扶贫开发进入了巩固温饱成果、加快脱贫致富、改善生态环境、提高发展能力、缩小发展差距的新阶段。扶贫标准大幅度提高，连片特困地区扶贫攻坚全面启动，极大地鼓舞了全党和全国人民、特别是贫困地区广大干部群众战胜贫困的坚定信心。半年多来，党和国家领导人多次深入贫困地区调查研究，指导工作。各地党委政府、各有关部门积极响应中央号召，全力谋划新阶段的开篇布局，掀起了新一轮扶贫攻坚的热潮。

（一）全面部署新阶段扶贫开发工作

一是高度重视，加强领导。中央扶贫开发工作会议以后，各地各部门迅速行动，传达学习会议精神，出台贯彻落实的重要文件，加强扶贫队伍建设。有 22 个省（区、市）以党委、政府名义召开了省级扶贫开发工作会议，其他省（区）和新疆兵团大多是与农村工作会议合并召开。中央和国家机关各有关部门、中央管理的金融机构和国有重要骨干企业、各民主党派中央和全国工商联、有关人民团体分别以党组会、常务会、办公会、董事会等形式进行了认真的传达学习。有 25 个省（区、市）出台了新 10 年扶贫开发纲要实施意见或本省的扶贫开发纲要，其他省（区）均已报党委政府审定，将于近期出台。有 25

个省（区、市）调整充实了省级扶贫开发领导小组及其办公室，扶贫机构得到进一步充实。

二是提高标准，明确范围。中央扶贫开发工作会议宣布将国家扶贫标准提高到2300元（2010年不变价），把更多低收入人口纳入扶贫范围。各地按照《纲要》关于各省（区、市）可根据当地实际制定高于国家扶贫标准的地方扶贫标准的精神，先后明确了地方扶贫标准。其中执行2300元国家扶贫标准的省份有17个，以中西部省份为主；标准高于2300元的省份有14个，以东部省份为主。此外，重庆、广东正在探索扶贫标准动态调整机制。对于国家扶贫开发工作重点县，各地按照《纲要》关于“各省（区、市）要制定办法，采取措施，根据实际情况进行调整”的要求，本着“高出低进、出一进一、总量不变、严格程序”的精神，进行了调整，共调出38个县，调进38个县，名单已经国务院批准，向社会公布。根据《纲要》将连片特困地区作为扶贫攻坚主战场的基本精神和各省（区、市）可自行确定若干连片特困地区的要求，国家划定了11个连片特困地区和3个已实施特殊政策地区，并公布了14个片区680个县的名单。各地也相应划定了一批省级连片特困地区，统筹资源给予重点扶持。

三是加大力度，增加投入。中央财政加大对贫困地区一般性转移支付和税收支持力度，加大专项转移支付对贫困地区的倾斜。今年中央财政专项扶贫资金预算增幅为23%；“十二五”期间安排中央专项彩票公益金28.25亿元用于贫困革命老区有关项目，此外今年又专门安排3.75亿元用于革命老区建设。地方各级政府也大幅度增加了扶贫资金投入。据统计，今年28个省（区、市）（不含北京、天津、上海）本级财政预算安排专项扶贫资金共147.8亿元，比上年增加45.8亿元，平均增幅达45%，高于中央投入的增幅。

四是强化考核，推动立法。根据《纲要》“进一步完善对有关党政领导干部、工作部门和重点县的扶贫开发工作考核激励机制，各级组织部门要积极配合”的精神，经中组部会签，国务院扶贫开发领导小组以2012年1号文件印发了《扶贫开发工作考核办法（试行）》。山西、黑龙江、江苏、河南、湖南、西藏、新疆等省（区）按要求形成高质量自评报告；其中西藏克服了极大困难按时完成任务。同时，各地加快扶贫立法进程，已有7个省（区、市）出台扶贫开发工作条例；有4个省（区）形成扶贫条例（草案），并进入立法程序；有5个省（区）开始对扶贫立法工作进行调研。全国扶贫立法工作也在积极推进，全国人大农业与农村委员会、全国人大法制工作委员会、国务院法制办对我们的工作积极支持，回良玉副总理批准了我们的工作计划，立法工作机构已经建立，开展了大量调研工作，目前正在修改法律文本初稿。

五是蹲点帮扶，联村联户。为了把中央扶贫开发工作会议精神落到实处、见到实效，各级党委选派大批干部蹲点扶贫，将“同吃、同住、同劳动”作为干部下乡的普遍要求，为民办实事，带领群众脱贫致富。甘肃选派40多万名干部直接联系40多万个特困户，发起主题为“联村联户、为民富民”的扶贫行动，要求“广大干部要带着感情下基层、带着问题下基层、带着责任下基层”，基本实现“三个绝不能”（绝不能让一个家庭因贫困而生活不下去，绝不能让一个儿童因贫困而失学，绝不能让一个人因贫困而看不起病）。河北1.5万余名干部进驻5000多个贫困村，省委、省政府要求每个干部每月在村工作时间不少于20天，一定5年，不脱贫、不脱钩，不致富、不撤离。山西全省选派6000多名主要干部，一人包一个农民人均纯收入在2500元左右的村，一包到底，目标是收入翻番，并作为领导干部考核的一个重要标准。广西选派3000名优秀干部，到3000个贫困村担任第一书记。内蒙古通辽市选派各级干部1651人，实现全市所有贫困苏木（即乡镇）、嘎查（即村）全覆盖。西藏选派了2万多名干部，组成5451个工作队，进驻西藏所有行政村和居委会开展工作。我办组织全国扶贫系统干部开展“千村万户”扶贫调研，组织青年干部驻村入户，取得了多方面丰硕成果，得到中央创先争优办的充分肯定。

（二）全力推进连片特困地区扶贫攻坚

将连片特困地区作为扶贫攻坚主战场，是党中央国务院做出的重大决策，是新阶段扶贫开发工作的战略布局。党中央、国务院高度重视，国务院将其作为今年重点工作之一，吴邦国委员长、贾庆林主席亲赴大别山区、滇西边境视察指导。温家宝总理率领国务院有关部门领导，深入武陵山区调研考察，对进一步深化片区扶贫攻坚做出全面部署。回良玉副总理直接指挥，亲自出席四次启动会并作重要讲话，给连片特困地区广大干部群众以极大的鼓舞。

在党中央、国务院领导的亲切关怀和直接领导下，我办会同发展改革委、有关部门和省（区、市）坚决贯彻中央决策部署，深入研究连片特困地区扶贫攻坚的基本思路，积极探索编制和实施连片特困地区区域发展和扶贫攻坚规划的具体方法，逐步建立对片区扶贫攻坚进行指导和协调的有效途径，取得了积极的进展，积累了丰富的经验，为全面推进工作奠定了良好的基础。

一是组织编制片区扶贫攻坚规划。我办与发展改革委联合印发了《关于抓紧做好连片特困地区区域发展与扶贫攻坚规划编制工作的通知》和《规划编制大纲》，明确了规划编制的范围、期限、框架结构、目标、重点任务、进度安排、编制程序和工作要求等内容。成立了由我和杜鹰副主任共同牵头的规划编制工作领导小组，组建专门工作班子，打破常规，集中力量，全力组织片区规划编制工作。目前，已先后完成武陵山片区、乌蒙山片区、秦巴山片区、滇桂黔石漠化片区规划编制工作，报经国务院批准，并分别召开了启动会；六盘山片区、滇西边境片区规划已编制完成，进入报批阶段；大兴安岭南麓片区规划已完成初稿。同时，加强对各省（区、市）实施规划的指导，目前部分省（区、市）的实施规划已进入报批程序。经商发展改革委并报国务院领导批准，下发了关于西藏、四省藏区和新疆南疆三地州3个片区规划编制有关问题的通知。

二是建立片区协调推动机制。按照国务院领导要求，逐步建立五个层面的片区工作协调机制。第一个层面是国务院扶贫开发领导小组，负责对片区工作的总协调。第二个层面是扶贫办和发展改革委，共同牵头协调有关部门、有关省（区、市）编制片区规划。第三个层面是片区联系制度，确定了交通部、科技部和铁道部、国家民委、国土资源部、水利部和国家林业局、教育部、农业部、工信部、卫生部、住建部、民政部等13个部委对口联系11个片区，每个片区有1至2个国家部委为联系单位。第四个层面是跨省片区的省际联系机制，目前还在探索。第五个层面是省（区、市）内的协调机制。各省（区、市）人民政府对所属片区负总责。

国务院有关部门的片区联系制度是片区协调工作机制的重大创新。联系单位负责与有关省（区、市）和中央部委的联系沟通，开展调查研究，就片区发展面临的重大问题提出解决意见和建议，督促指导片区区域发展与扶贫攻坚规划的实施。为了完善工作机制，发挥好联系单位的作用，经国务院同意，国务院扶贫开发领导小组印发了《片区联系单位工作规则》。各片区联系单位都高度重视，加强领导，认真谋划，迅速行动，围绕沟通协调、调查研究、督促指导等任务，积极开展片区联系工作，开局良好，并取得明显效果。

三是加大对片区的支持力度。落实《纲要》提出的“中央财政扶贫资金的新增部分主要用于连片特困地区”的要求，今年中央财政扶贫资金的安排重点向连片特困地区倾斜。相关省（区、市）也加大了资金投入力度，四川省前4个月下达到乌蒙山片区的专项资金比去年全年增长了87%；贵州把80%的财政扶贫资金、湖南把70%以上的财政扶贫资金用于连片特困地区。陕西省出台《关于支持集中连片特困地区发展的若干政策》，明确投入机制、片区发展、贫困户创业等3个方面15条具体政策。

四是加强片区扶贫统计监测。我们会同国家统计局，组织开展了扶贫开发2010年基期调查，开发了全国片区县、重点县扶贫统计监测信息系统，编印了《13个片区分县统计资料（2010年）》，实现数据采集、审核、汇总、上报等工作的信息化、程序化和规范化，提高了扶贫统计监测工作的科学性和及时性。

总之，按照党中央、国务院的总体要

求，连片特困地区扶贫攻坚已经全面启动，基本思路清晰，政策措施得力，工作效果明显，为《纲要》的全面实施打了一个漂亮的“抢滩战役”。5月中旬，国务院派出6个督查组，分别由国家民委、监察部、民政部、国土资源部、农业部、扶贫办等部门负责同志带队，对湖北、湖南、重庆、四川、云南、贵州6省（市）贯彻落实连片特困地区扶贫开发政策措施情况进行专项督查。督查组对片区落实扶贫开发政策的情况给予高度评价，认为《纲要》颁布实施以来，特别是中央扶贫开发工作会议后，6省（市）各级党委、政府高度重视，加强领导，完善机制，加快规划编制进度，全力落实各项政策措施，推进连片特困地区扶贫开发工作深入开展，并取得了积极成效。

（三）巩固发展专项扶贫、行业扶贫、社会扶贫大扶贫格局

《纲要》明确要巩固完善专项扶贫、行业扶贫、社会扶贫三位一体大扶贫格局，这是我国扶贫开发工作的重要创新。中央扶贫开发工作会议以后，各地各部门积极配合，努力探索，进一步发展了多方力量、多种举措有机结合和互为支撑的大扶贫局面。

一是全面推进专项扶贫工作。根据新的标准，积极推进两项制度衔接工作的开展。组织编制《扶贫开发整村推进规划(2011－2015年)》，经征求有关单位意见、专家论证，于近期与发展改革委等单位联合上报国务院审批。继续在21个省（区、市）的100个县开展“雨露计划”实施试点工作，实际补贴人数19.9万，补贴资金2.97亿元。今年秋季试点将扩大到200个县。会同农业部、国家林业局、国家旅游局，组织起草了《集中连片特殊困难地区扶贫优势特色产业发展与建设规划指导意见》。与中国进出口银行在南宁共同组织召开会议，对金融支持扶贫工作进行了部署。大小凉山综合扶贫开发等各项试点工作稳步推进。对2011年新开展彩票公益金整村推进项目进行了检查，与财政部联合印发了《关于做好2012年中央专项彩票公益金支持革命老区整村推进试点工作的通知》和《关于做好2012年中央专项彩票公益金支持革命老区扶贫开发创新试点工作的通知》，对2012年彩票公益金支持革命老区扶贫开发工作进行了部署。扎实推进贫困村互助资金试点健康发展，今年安排奖励资金4300万元，对积极性高、管理规范、资金运行情况较好的省进行奖励。组织编制《“十二五”期间全国贫困地区干部和扶贫干部培训规划》，举办了中青年扶贫骨干培训班、县级党政领导干部专题研究班、县扶贫办主任专题研究班等7个班次，培训贫困地区各级各类干部近1000人次。全面贯彻落实《全国扶贫开发人才发展规划(2011—2020年)》，制定了《扶贫开发高层次人才建设实施规划》、《扶贫开发实用人才培养和劳动力转移培训实施规划》和《扶贫志愿者行动计划》，陕西等省还制定

了地方人才建设规划，为造就高素质扶贫攻坚干部队伍创造了条件。

二是充分发挥行业扶贫作用。行业扶贫重点支持连片特困地区扶贫攻坚，改善基础设施和社会事业等基本公共服务。教育部认真实施农村义务教育学生营养改善计划，连片特困地区680个县市率先受益。最近又出台了面向14个片区的每年1万名定向招生计划。科技部深入推进科技特派员农村科技创业行动。人民银行积极引导金融机构合理增加对贫困地区“三农”、小微企业的信贷投放，加大对西部贫困地区支农再贷款的调剂力度。国土资源部准备出台专门针对片区用地的优惠政策。交通部、水利部、国家林业局等正在组织编制片区的行业专项规划。经国务院领导同志同意，自今年起，国家烟草专卖局以产业扶贫为主要形式与贵州省结对帮扶。我办还与共青团中央联合出台《关于动员和支持各级团组织及广大青年积极参与扶贫开发的意见》，创新各级团组织扶贫工作模式；与国家旅游局签订了《关于推进旅游扶贫工作的合作框架协议》。

三是拓展社会扶贫空间。定点扶贫工作取得新突破。积极与中央各有关单位进行密切联系，走访调研了20多家中央单位，与70多家中央单位进行沟通交流，动员包商银行等非公有制企业参与扶贫开发。初步预计，参与定点扶贫的中央单位总数将达到300家左右，共新增帮扶县150个左右。各省（区、市）积极建立并完善各级定点扶贫工作机制，不断提升工作水平。江苏省进一步加大“五方挂钩”帮扶力度，引导党政机关的政策资源、国有企业的产业资源、高校科研院所的技术资源、苏南市县的发展资源向苏北地区流动；新疆、湖北等省（区）探索定点扶贫情况公示通报制度。召开了全国东西扶贫协作工作会议，部署新阶段东西部扶贫协作工作。北京、上海、辽宁进一步加大对西部省份资金、人才、项目、技术等方面的支持。天津市充实了机构和工作人员，四川和浙江省领导互访考察，深圳与贵州签署了对口合作发展框架协议，重庆与山东双方企业达成意向性合作项目87个（投资总金额达469亿元），宁波和珠海市主要领导分别率团深入对口帮扶的贵州和四川凉山彝族自治州考察调研，福建和宁夏举办了企业交流合作推进会，广东和广西召开扶贫协作座谈会，签订了《“十二五”时期扶贫协作纲要》，明确了目标任务、主要措施和资金投入。深化减贫领域国际交流与合作，积极参与联合国可持续发展大会等大型国际活动，充分利用国际多边舞台，进一步宣传我国扶贫理念、成绩和经验。组织召开中国巴西扶贫工作组第一次会议，签署了中国巴西减贫合作2012—2014年行动计划。

此外，中央各大主要媒体对新一轮扶贫攻坚给予了高强度、大批量、很丰富的宣传报道，营造了空前有利的支持扶贫开发的舆论氛围。各地创新形式，丰富手段，建设队伍，开创了扶贫宣传工作新局面。

总之，党中央、国务院对扶贫开发工作高度重视，为扶贫开发提供了强有力的领导、舆论、政策和组织保障；片区工作进展顺利；专项扶贫、行业扶贫、社会扶贫“三位一体”大扶贫深入发展；随着中央财政投入力度和各省、各有关部门政策倾斜力度的加强，针对扶贫对象和贫困地区的扶贫政策体系初步建立。新一轮扶贫攻坚的浓厚氛围已经形成，有了一个良好的开篇布局。

二、贯彻落实温家宝总理重要讲话精神，强力推动连片特困地区扶贫攻坚

5 月 25—27 日，温家宝总理率国务院有关部委负责同志赴武陵山区，就推进连片特困地区扶贫攻坚进行专题调研，在湖南湘西自治州主持召开座谈会，全面了解片区扶贫攻坚进展情况，认真听取基层干部群众的需求和建议，研究解决片区扶贫攻坚的紧迫问题，并发表了重要讲话，对全面推进连片特困地区扶贫工作做出全面部署。5 月 29 日，办党组组织学习了温家宝总理的重要讲话。会后，以国务院扶贫开发领导小组名义下发通知，对全系统深入学习、贯彻落实总理讲话精神提出要求。同时，向温家宝总理、回良玉副总理上报了《关于学习贯彻温家宝总理在武陵山片区扶贫攻坚座谈会重要讲话精神情况的报告》，得到温家宝总理和回良玉副总理的肯定。

温家宝总理的重要讲话，发表在中央扶贫开发工作会议召开半年之后、《纲要》印发一周年之际，又正值片区扶贫攻坚规划陆续出台，各地已经开始和即将全面转入实施阶段的关键时期，意义重大而深远。讲话的核心思想，就是按照新的扶贫标准全面推进连片特困地区的扶贫攻坚。全面贯彻落实总理讲话精神，紧密联系片区工作实际，要进一步把握好以下几个问题：

一是进一步明确片区规划的基本思路，坚持让贫困群体受益。温家宝总理明确指出，“片区规划是个综合性规划，包括的建设内容很多。在落实规划的各项重点建设任务时，要始终把保障和改善民生作为根本出发点，围绕《纲要》提出的目标任务，优先解决贫困人口最关心的紧迫问题”。在编制武陵山片区试点规划时，国务院明确了“区域发展带动扶贫开发，扶贫开发促进区域发展”的基本思路。这是新阶段扶贫开发思路的重大创新。但在实际操作中，一些地方不同程度存在重区域发展轻扶贫开发，重大型项目轻民生工程，重城镇化轻新农村建设的倾向。因此，一段时间以来，回良玉副总理反复强调，“区域发展也好，扶贫开发也好，都始终要把保障和改善民生作为根本出发点和落脚点，着力解决人民群众最关心、最现实、最迫切的问题”。片区规划的出发点和落脚点都是民生、都是扶贫，这一点不能动摇。温家宝总理明确要求，要“继续坚持扶贫到户，整村推进，建立健全扶贫对象的识别机制，按新的扶贫标准做好建档立卡的工作，实行动态管理，确保扶贫对象得到有效的扶

持”。希望各地在制定和实施规划的过程中，真正围绕“两不愁、三保障”的目标来谋划，从“稳定解决”和“保障基本”的角度，把扶贫对象最迫切需要解决的问题放在首位，在行业部门不断加大片区支持力度的情况下，处理好普惠政策与特惠政策的关系，尽可能把有限的扶贫资金真正用于扶贫对象。

二是进一步完善片区工作机制，探索建立跨省和省内的协调办法。《纲要》提出要建立“片为重点，工作到村，扶贫到户”的工作机制。温家宝总理要求充分发挥联系单位的协调作用。为了促进和规范片区联系单位工作的开展，我们拟于三季度召开联系单位第二次工作会议，全面建立会议制度、信息定期通报制度和督查考评制度。目前，在国家部委层面，片区的协调机制正在形成，进展比较顺利。而在地方，“片为重点”从规划层面落实到工作层面还有较大距离。要研究建立和完善跨省协调机制，片区内各省在片区联系单位指导下，要加大解决瓶颈制约因素的工作力度，加强项目衔接和基础设施对接，推进区域一体化发展。同时，要按照“各级政府对本行政区域内扶贫开发工作负总责”的要求，建立和完善省内片区协调机制，做到“有人牵头，有人谋划，有人落实”。扶贫系统要主动发挥协调、联系、推进和服务作用，促进资源整合、部门协调，形成优势互补、合力攻坚的工作格局。

三是进一步加大对片区的投入和支持力度。加大对片区的资金投入和政策支持力度，是温家宝总理讲话的重要内容。根据回良玉副总理在滇桂黔片区启动会的讲话精神，我们将根据两办下发的《纲要》重要政策措施分工方案，主动与有关牵头部门沟通，加大协调工作力度，力争多出台针对片区的特惠政策，研究设立片区专项资金，抓好现有政策贯彻落实，继续做好片区规划实施的督查指导。各地也要发挥主动性、积极性，学习陕西省的做法，出台省级面向片区的投入和支持政策。继续发挥社会扶贫的作用，积极挖掘机关定点扶贫潜力，加大对连片特困地区重点县的支持力度。连片特困地区所在省（区、市）要组织党政机关和企事业单位到片区定点扶贫，帮扶到乡，工作到村；要组织本地经济相对发达地区与片区开展结对帮扶；社会各界的帮扶活动，都要向片区集中。

四是进一步加快工作进度，确保年内完成所有片区规划的编制任务。启动连片特困地区扶贫攻坚是国务院今年重点工作任务之一。国务院已批复了武陵山、乌蒙山、秦巴山、滇桂黔四个片区区域发展和扶贫攻坚规划，并召开了启动会。温家宝总理明确要求，要继续抓紧工作，在年底前编制完成其他几个片区的规划。各地要按照片区规划编制小组的统一部署，进一步加强组织领导，扶贫办主要领导要亲自抓，继续与发展改革委密切配合，按时保质完成片区内本省（区、市）规划的编制任务。我们将研究制定片区规划实施监测评估制度，尽快下发编制实施规划和产业规划两个指导意见；指导西藏、四省藏区和新疆南疆三地州编制完成实施规划；已经启动片区规划的省（区、市），也要抓紧编制省、县两级实施规划，落实具体项目，稳步推进各项工作。在规划的实施过程中，要充分发挥大扶贫工作格局的效能。基础设施和社会事业的发展，应尽可能发挥行业部门的作用，而产业发展和人力资源开发则可更多依靠专项扶贫的力量。要把普惠性政策和特惠性政策相结合，防止把特惠性政策混同于普惠性政策。

三、突出重点狠抓落实，共同谱写扶贫开发工作新篇章

《纲要》明确了未来 10 年实现“两不愁、三保障”的奋斗目标，我们的各项工作都要围绕这个目标展开。今年下半年和今后一个时期扶贫开发工作的基本要求是：高举中国特色社会主义伟大旗帜，深入贯彻落实科学发展观，把集中连片特殊困难地区作为主战场，把稳定解决扶贫对象温饱、尽快实现脱贫致富作为首要任务，坚持开发式扶贫方针，实行扶贫开发与农村社会保障相结合，巩固发展大扶贫工作格局，加大力度，创新机制，强化考核，精细管理，突出工作重点，解决关键问题，确保不断取得阶段性突破和进展。

（一）做好新标准下的两项制度有效衔接工作。国家将扶贫标准提高到 2300 元，2011 年底扶贫对象规模是 1.2 亿；如果考虑 14 个自定标准的省，扶贫对象的实际规模还要大。做好贫困识别，瞄准扶贫对象，全面落实政策，确保帮扶到户，是新阶段扶贫开发工作的必然要求。为了做好这项工作，7 月 2 日，国良同志主持召开了 6 个省（区）的扶贫办主任座谈会，研究贫困识别规模和落实到户政策的问题。经过充分讨论形成了比较一致的意见：一是允许各地实事求是、因地制宜的开展贫困识别，制定扶持政策。可以一次识别，分批实施；也可以分批识别、分批实施，根据扶贫资金数量确定当年的帮扶规模。对于贫困程度深、扶贫对象规模大的省份，鼓励将贫困监测对象规模和扶贫对象识别规模适当分开，先把最困难的人口找出来，组织力量进行扶持，分批解决问题。二是从大扶贫的角度考虑全面实施扶贫政策。要逐步增加财政扶贫资金到户比例，发挥引领作用。同时要转变观念，开阔思路，在行业扶贫政策普遍惠及贫困地区、贫困人口的情况下，要统筹安排专项扶贫、社会扶贫、信贷扶贫资金，发挥龙头企业、农民专业合作组织带动作用，努力实现资金和措施扶贫到户。希望各地在坚持试点取得的通过民主程序识别扶贫对象、根据贫困户信息系统建档立卡、引导不同部门政策向扶贫对象倾斜、努力完善到户机制等成功经验的基础上，加快工作步伐。

（二）整村推进和易地扶贫搬迁。这两项工作涉及贫困群体基本生产生活条件的

改善，生活水平的提高。在整村推进方面，要尽快完成《扶贫开发整村推进规划(2011－2015年)》的报批工作。对2011年纳入国家规划的贫困村整村推进情况进行调查研究和检查，组织好今后的实施工作。在易地扶贫搬迁方面，要坚持自愿原则，充分考虑资源条件，因地制宜，有序搬迁，改善生存与发展条件，着力培育和发展后续产业，确保搬得出、稳得住、有发展、能致富。今年适当时候，拟在全面调研并总结前期移民扶贫工作经验基础上，召开全国易地扶贫搬迁工作会议，交流移民扶贫工作经验，明确工作要求，形成指导扶贫系统开展易地扶贫搬迁工作的意见。

（三）雨露计划和产业扶贫。这两项工作是提高贫困家庭劳动力素质、增加扶贫对象收入的重要途径。系统总结雨露计划实施方式改革试点工作进展情况，拟定2012年改革试点具体方案，扩大试点范围，提高补助标准。要加强和改进劳动力转移就业培训和就业服务，增强贫困地区适龄劳动力就业能力。积极创造条件，支持外出务工人员回乡创业。同时，针对目前农业从业劳动力老龄化、女性化的现实情况，会同有关部门研究开展劳动力实用技术培训的有效途径，提高贫困地区农业生产水平。鼓励和支持农民专业合作社、专业技术协会发展。完善创新小额信贷到户扶贫形式，鼓励农户开展金融合作。加大对扶贫龙头企业的扶贫贴息贷款支持力度。积极推行订单农业，促进企业和贫困农户形成稳定利益关系，逐步实现产业项目扶持到户。大力发展企业、专业合作组织和贫困农户紧密联结的组织模式，增加农户资产性收入，分享产业发展成果。

（四）社会扶贫和国际合作。继续做好定点扶贫结对关系调整工作，实现对全国592个重点县的全覆盖。全面部署新一轮定点扶贫工作。指导帮扶单位按照《纲要》和全国定点扶贫工作会议有关要求，全方位、多层次开展帮扶。积极探索定期通报、表彰、联系等工作制度，建立定点扶贫工作长效机制。进一步完善东西部扶贫协作工作体系，规范工作机制。积极推动社会扶贫创新。以“10·17”论坛、中国—东盟论坛等为平台，进一步加强扶贫领域的国际交流与合作。

（五）扶贫立法与培训。办机关要继续加强与有关部门的沟通，广泛征求各方意见，对前期起草的法律文本初稿进行修改完善，力争在今年底召开的扶贫开发领导小组全体会对法律文本初稿进行审议，纳入国务院2013年立法计划。各地的扶贫立法工作也应积极推进，努力形成合力。围绕扶贫重点工作，继续组织举办连片特困地区和重点县党政领导干部及扶贫办主任培训班、贫困地区地市级扶贫办主任培训班。同时，组织开展干部培训效果评估、需求调研、案例剖析等工作，确保完成全年培训目标。各地也应加大培训工作力度。

（六）加强扶贫宣传工作。我们刚印发了《关于加强新时期扶贫宣传工作的通知》

(国开办发〔2012〕43号),请各地按照通知要求,在宣传工作上把握好以下几点:一是坚持正确导向,创造良好舆论氛围,要让扶贫宣传服务于大局,防止负面热点的炒作。二是坚持实事求是,客观反映贫困状况。扶贫成就要重点宣传,但也要立足于我国经济社会总体水平不高的国情,尊重事实,把握尺度,不说过头话。三是坚持改革创新,切实提高宣传成效。宣传的目的主要有两点,一方面让全社会了解扶贫工作和形势;另一方面引导社会更多的关心支持扶贫。要实现这样的目的,宣传要有新手段、新思路,宣传方式要尽量贴近群众生活,以其喜闻乐见的形式出现。所以,宣传工作要更加强调群众参与,要更加注重与社会扶贫相衔接。希望扶贫系统共同努力,探索更加新颖活泼的宣传方式,创作出更有影响的宣传作品。

(七)加强扶贫工作考核。根据《扶贫开发工作考核办法(试行)》的规定,从2012年开始对各省(区、市)扶贫开发工作进行考核。中组部对此事也非常重视,最近在征求有关部门对地方领导实绩考核指标的意见时,也要求扶贫部门提出相应的考核指标。今年是开展工作考核的第一年,希望各省高度统一认识、加强部门协调,强化领导,迎难而上,抓好落实。要把考核工作纳入本单位的重要日程,主动向党委、政府汇报,没有组建本省考核工作小组的要抓紧推动,明确责任。各省要根据本省特点和实际情况,加强研究,制定本省的扶贫开发工作考核办法或实施细则,于今年10月底前报我办备案。开展扶贫开发工作考核,千头万绪,任务艰巨。从目前考核工作进展情况看,大部分省高度重视,按时保质完成了本省自评工作,但也有个别省存在拖延、应付的现象。各省要进一步提高认识,充分理解工作考核的重要意义。此外,在今年考核工作中,很多省都反映考核时一些部门数据较难获得。因此主动沟通协调更为重要。扶贫部门作为考核工作的牵头部门,要有大局意识、服务意识和合作意识,要主动加强与业务部门的沟通和联系,争取他们的理解和支持。8月份,中央扶贫考核工作实施小组将根据各地自评情况,选择9个左右的省(区、市)开展实地调研、核查工作,请做好配合。

(八)加强干部作风建设。加强作风建设,是我们做好各项事业的重要保障。要组织扶贫系统干部深入学习贯彻党的基本理论、基本路线,自觉用中国特色社会主义理论体系特别是科学发展观武装头脑、指导实践、推动工作,积极推进学习型扶贫机关建设。要着力加强扶贫干部队伍纯洁性建设,努力做到思想纯洁,队伍纯洁,作风纯洁,清正廉洁。要大力发扬改革创新精神,用改革的意识和创新的理念、思路、方式方法,分析研究问题,努力解决贫困群众迫切需要解决的问题。要坚持真抓实干,把党中央、国务院关于扶贫开发的方针政策和措施落实到扶贫对象和贫困地区；加强协调，形成合力，一项一项地扎实推进；严格考核，务求实效，确保各项工作任务圆满完成。坚决杜绝扶贫资金分配、管理、使用和项目审批、执行过程中的不正之风，有针对性地加强党员干部素质建设、能力建设、作风建设和廉政建设。要加强领导，落实好党风廉政建设责任制，确保党风廉政建设各项任务的落实。

同志们，当前和今后一个时期，是我国全面建设小康社会、加快实现现代化的重要时期，也是我们加快脱贫致富、实现共同富裕的关键时期。让我们在以胡锦涛同志为总书记的党中央领导下，高举中国特色社会主义伟大旗帜，深入贯彻落实科学发展观，开拓进取，扎实工作，不断开创中国特色扶贫事业的新局面，以优异成绩迎接党的十八大胜利召开！

在乌蒙山片区部际联系会议上的讲话

范小建

2012年9月13日

尊敬的徐绍史部长，各位领导，同志们：

很高兴参加国土资源部召开的乌蒙山片区区域发展与扶贫攻坚部际联系会议第一次会议。首先，我代表国务院扶贫办对会议的召开表示热烈祝贺！对国土资源部多年来对扶贫开发工作的重视和支持表示衷心感谢！

刚才，少农副部长为我们介绍了乌蒙山片区区域发展与扶贫攻坚联系工作进展情况，今年8月国土资源部出台了《关于支持集中连片特殊困难地区区域发展与扶贫攻坚的若干意见》，这是片区联系部委制定的第一个支持集中连片特困地区发展的指导意见。我办已转发各省（自治区、直辖市）扶贫办宣传落实。树建同志作了关于建立《乌蒙山片区区域发展与扶贫攻坚部际联系会议制度》说明，四川、贵州、云南省代表介绍了各省乌蒙山片区规划落实情况，上海、大连、深圳、珠海市代表介绍了在乌蒙山片区的东西扶贫协作工作进展情况。听了之后深感鼓舞和振奋。我感到，片区扶贫攻坚又向前迈出了坚实的一步，行业扶贫、社会扶贫和片区联系等方面工作又向前迈出了坚实的一步。

国土资源部历来高度重视扶贫开发工作，是最早开展定点扶贫工作的国家部委之一。1987年，原地质矿产部开始在江西省赣州市进行定点扶贫工作；1994年，原国家土地管理局开始在湖南省麻阳县和沅陵县进行定点扶贫工作。国土资源部成立后在赣州市赣县、上犹县、兴国县、宁都县、于都县、会昌县、安远县、寻乌县和湖南省新田县9个国家扶贫开发工作重点县开展定点扶贫工作（绍史部长是第一批扶贫团员，在赣州定点扶贫）。多年来，国土资源部讲政治，顾大局，精心组织，创新思路，发挥行业优势，促进了上千个项目的落地，走出了一条富有特色和成效的定点扶贫之路。国土资源部定点扶贫工作，不仅改善了老区人民群众的生产生活条件和生存环境，有力促进了贫困地区的经济社会发展，而且赢得了所帮扶县广大干部群众的广泛赞誉。中央扶贫开发工作会议召开后，特别是国务院确定国土资源部为乌蒙山片区的联系单位以来，国土资源部认真贯彻落实中央的决策部署，加强组织领导，加大支持力度，积极履行片区联系工作职责，深入开展调研，并与我办和国家发展改革委共同筹备召开了乌蒙山片区试点启动会，扎实推进乌蒙山片区区域发展与扶贫攻坚各项工作。

今天，徐绍史部长又亲自召集召开乌蒙山片区区域发展与扶贫攻坚部际联系会议第一次会议，乌蒙山片区3个省政府分管领导、对口帮扶城市代表和定点扶贫单位代表集体出席，审议《乌蒙山片区区域发展与扶贫攻坚部际联系会议制度》，安排部署下一步乌蒙山片区规划实施指导和联系协调工作，这既是响应胡锦涛总书记在中央扶贫开发工作会议上“动员全党全社会力量坚决打好新一轮扶贫攻坚战”号召的重要行动，也是贯彻落实新纲要确定的行业扶贫任务的具体举措。国土资源部在加强统筹协调，进一步整合资源推进片区扶贫攻坚方面开了一个好头，既是片区联系单位工作方法的创新，也是运作机制的不断完善，发挥了联系单位的积极作用，效果很好。

下面，我简要介绍一下我办在乌蒙山片区工作的进展情况。

一是积极推进乌蒙山片区规划实施。乌蒙山片区区域发展与扶贫攻坚启动会召开后，我们印发了《回良玉副总理在乌蒙山片区区域发展与扶贫攻坚启动会上的讲话》（国开发〔2012〕3号）。根据回良玉副总理的讲话精神，我办正在研究制定乌蒙山片区规划实施监测评估方案和实施办法，进一步完善片区联系单位机制，组织和指导编制乌蒙山片区实施规划，推动片区规划落实。

二是加大专项扶贫资金投入。2012年，截至目前共安排四川、贵州、云南三省中央财政扶贫资金（含以工代赈、少数民族发展资金）81.86亿元，比2011年同口径增加17.05亿元，增幅为26.32%。其中含财政贴息资金1.3471亿元，共引导扶贫贴息贷款35.28亿元。

三是全力推进重点工作落实。在整村推进工作方面，“十二五”期间，全国共开展3万个贫困村的整村推进（西藏200个乡整乡推进），其中乌蒙山片区共有1994个贫困村纳入了规划范围并开始组织实施。在就业促进方面，我办在全国100个县开展了面向“两后生”的雨露计划实施方式改革试点，补助标准为每生每年1500元，涉及乌蒙山片区4个县，分别是贵州省大方县、纳雍县、威宁彝族回族苗族自治县和云南省大关县。在扶贫试点工作方面，2011年，从中央财政扶贫资金中安排毕节试验区“贵州威宁县喀斯特地区扶贫开发综合治理试点资金”2000万元，支持毕节地区探索扶贫开发与生态保护相结合的路子；安排中央财政扶贫资金2.8亿元启动四川大小凉山扶贫开发与艾滋病综合防治试点工作；安排100万元科技扶贫资金支持四川省屏山县优质茶叶基地建设；奖励60万元支持四川叙永县1个村和贵州纳雍县4个村开展互助资金试点工作；安排专项试点资金，支持四川省叙永县、普格县、贵州省威宁县和云南省镇雄县开展“县为单位、整合资金、整村推进、连片开发”试点工作。在定点扶贫和东西扶贫协作方面，我办已安排19家中央单位定点帮扶乌蒙山片区的24个国家扶贫开发工作重点县。同时，在乌蒙山片区3个市（地、州）开展了东西扶贫协作，其中，大连对口帮扶遵义市，深圳市对口帮扶毕节地区，珠海对口帮扶凉山彝族自治州。

下一步我们将进一步加大中央财政专项扶贫资金对乌蒙山片区的支持力度；积极会同发展改革委、国土资源部等部门，指导三省完成乌蒙山片区的分省实施规划编制和备案工作；继续在乌蒙山片区开展整村推进、易地扶贫搬迁等专项扶贫工作；进一步做好定点扶贫和东西扶贫协作工作，力争尽快实现定点扶贫对乌蒙山片区重点县的全覆盖，进一步加强指导，协调帮扶单位针对定点县发展实际和需求，制定帮扶规划，发挥部门优势，整合各种资源，加大帮扶力度，加快推进当地经济、社会各项事业全面发展。

同志们，实施片区扶贫攻坚是新阶段扶贫工作整体布局的核心。建立片区联系机制是有效推进片区扶贫攻坚的重要手段，是贯彻落实中央扶贫开发工作会议精神的重大举措，也是加强片区扶贫攻坚协调机制的迫切需要。为了促进和规范片区联系单位工作的开展，我们将于近期召开联系单位第二次工作会议，全面建立会议制度、信息定期通报制度和督查考核制度。目前，片区的协调机制正在形成。在国家部委层面，进展比较顺利，而在地方，“片为重点”从规划层面落实到工作层面还有较大距离。片区内各省要在片区联系单位指导下，抓紧研究建立和完善跨省协调机制，加大解决瓶颈制约因素的工作力度，加强项目衔接和基础设施对接，推进区域一体化发展。同时，要按照“各级政府对本行政区域内扶贫开发工作负总责”的要求，建立和完善省内片区协调机制，做到“有人牵头，有人谋划，有人落实”。希望国土资源部要继续加大对扶贫开发工作的支持力度，把国土资源部支持集中连片特殊困难地区区域发展与扶贫攻坚的若干意见实施好，落实好，充分发挥片区联系单位的协调指导、督促推进作用，促进资源整合、部门协调，形成优势互补、合力攻坚的工作格局。

最后，再次对国土资源部长期以来对扶贫开发工作的高度重视和大力支持表示衷心感谢！同时，对乌蒙山片区三省政府，以及中央有关部门和对口帮扶单位在片区扶贫攻坚工作中付出的艰辛努力表示感谢！

在四川省阿坝州扶贫开发和综合防治大骨节病试点工作验收总结大会上的讲话

范小建

2012 年 9 月 21 日

尊敬的奇葆书记、巨峰省长，各位领导，同志们：

在全党上下认真学习胡锦涛总书记在中央党校省部级干部进修班上的重要讲话，喜迎党的十八大召开的重要时刻，财政部、国务院扶贫办和四川省人民政府共同在阿坝州召开“扶贫开发和综合防治大骨节病试点工作”验收总结大会，主要目的是充分展示党和政府实施藏区重大民生工程取得的显著成效；全面总结试点工作取得的成功经验，为解决好连片特困地区特殊贫困群体的脱贫致富问题，提供一个可以借鉴的典型范例。昨天，与会的同志们到松潘、红原县参观考察了易地搬迁安置点、易地育人、集中供养中心、产业结构调整、粮食更换等项目，听取了项目建设地地方政府和有关部门的情况介绍，与部分基层干部、群众进行了座谈交流，我们切实感受到了各族群众对党和政府这一重大惠民举措的衷心拥护和感激之情。刚才，我们观看了试点工作专题汇报片，听取了阿坝州的工作汇报和受益群众代表的发言，试点验收评估组的专家宣读了试点工作绩效评价报告，使我们对试点工作取得的成效有了更加清晰翔实的了解。发改委、财政部的有关负责同志发表了重要意见，讲得都很好，我都赞同。

下面，我代表阿坝州扶贫开发和综合防治大骨节病试点工作协调小组讲三点意见。

一、“阿坝州扶贫开发和综合防治大骨节病试点”工作扎实，成效明显

大骨节病是对群众健康危害最严重的地方病之一。大骨节病区主要分布在我国中西部贫困地区，病区人口约 3000 万人，患者总数达 81 万人，连片特困地区内就有 137 个发病县。阿坝州是全国大骨节病重灾区，2007 年病情普查结果显示，全州患病人口高达 6.32%，占全国患者总数的 5%。发病率居高不下，贫病交加、因病致贫给这一地区人民群众的生产生活和许许多多的家庭带来了极大的痛苦，也给扶贫开发工作提出了严峻挑战。对此，党中央、国务院高度关注。2006 年 8 月，温家宝总理、回良玉副总理和原国家副主席曾庆红同志

分别做出了专门批示，根据中央领导的批示意见，国务院扶贫办原主任刘坚同志和四川省原副省长郭永祥同志亲自带队到病区深入调研，组织专门力量，精心编制了《阿坝州扶贫开发和综合防治大骨节病试点工作总体规划》。2008 年 5 月 6 日，国务院扶贫办和四川省委省政府正式启动了试点。近 5 年来，试点工作以规划为引领，以“易地育人、易地搬迁、更换粮食、饮水安全、社会保障、移民安置、调整结构、卫生防治、科技攻关”等“九大措施”为支撑，综合治理贫困和大骨节病问题，取得了扎实和令人信服的成效。一是有效阻断了疾病的蔓延。试点工作中，阿坝州坚持防病、治病并重，针对高危人群和患病群体，分类施策、综合治理，使病情得到了控制。全州 58 个监测点 100% 达到控制标准，其中 86.21% 的村达到消除水平，4.12 万大骨节病患者得到有效治疗，特别是采取易地育人措施，使儿童新发病例（临床检测阳性率）降至为 0，病区两万多名儿童彻底摆脱大骨病的威胁。二是五年实现了农牧民人均收入翻番。试点工作开展以来，阿坝积极推动病区脱贫产业的发展和结构调整，初步形成了“以特色产业为主，劳务输出、乡村旅游为辅”的产业格局，产业扶贫效益逐步显现。2011 年，全州农牧民人均纯收入达到 4663 元，预计 2012 年可达到 5000 元，比 2007 年增长了一倍，增速高于全省和全国平均水平。2008—2011 年，贫困人口由 34.4 万人下降到 20.9 万人，年均减少近 4.5 万人，贫困发生率从 49.6% 下降到 29.8%，试点区减贫成效明显。三是极大改善了病区贫困村生产生活条件。近 5 年来，先后投入了近 37 亿元开发建设住房等基础设施项目。完成了 294 个病区村易地搬迁、604 个贫困村整村推进以及一大批水、电、路、气、房等配套项目，贫病群众生产生活条件得到了极大改善，特别是易地搬迁的病区村更是发生了翻天覆地的变化。四是有力促进了民族团结和社会稳定。通过开展试点，一批移民新村拔地而起，村容整洁、道路宽畅、水电入户，病区百姓吃上了精粮、细粮，告别了土豆酸菜型温饱的时代，群众切身感受到了党和政府的关怀，得到了实惠，看到了希望，增强了战胜病魔和脱贫致富的信心，自觉地投入到反对分裂、维护稳定的工作中。基层组织在项目建设过程中，充分依靠群众、发动群众，焕发出了新的生机和活力，凝聚力、向心力和战斗力进一步增强，党群干群关系得以融洽，党的执政基础得以夯实，形成了民族团结和社会稳定的良好局面。

总之，阿坝州扶贫开发和综合防治大骨节病试点取了重大阶段性成果。特别是在此期间，四川省委省政府和阿坝州各级党委政府以及广大干部群众克服了 5.12 汶川特大地震带来的重重困难，迎难而上，扎实工作，实现了试点工作的各项预期目标，这是非常不容易的。

二、阿坝试点工作为在连片特困地区针对特殊困难群体实施扶贫攻坚进行了积极探索

在全国集中连片特殊困难地区中，许多特困片区不同程度地存在着类似问题，形成了一些因病致贫的特殊困难群体。阿坝试点正是针对这一特殊的致贫因素，将扶贫开发与地方病综合防治相结合，积极探索，形成了一些行之有效的做法。

一是领导重视，政府主导。党中央、国务院高度重视试点工作，温家宝总理两次做出重要批示，回良玉副总理亲自部署。四川省委省政府始终站在维护民族团结，促进社会稳定的高度，精心谋划落实试点工作。刘奇葆书记、蒋巨峰省长始终把藏区民生、群众疾苦记挂心头，组织抓好试点工作落实。试点工作领导小组发挥组织协调作用，各部门通力协作，形成了责任明确，环环相扣的政府主导机制。试点领导小组制定出台了试点工作《管理办法》，建立了省直项目牵头单位目标管理考核制度和统计监测制度，实行一年一考核、一统计、一审计。州县两级政府充分发挥责任主体、实施主体的作用，始终扑在第一线，采取责任到人、现场督办、倒排工期等有效办法，确保了进度和质量。项目实施改变了一项工程只由一个部门负责的常规做法，从规划编制、任务分解到方案细化、督导检查等都是在各级政府的统一领导下展开。

二是规划统领，部门协同。阿坝试点坚持规划先行，形成了一个总体规划、分项规划、年度计划相互衔接、系统完整的规划体系。在试点协调小组的指导下，四川省组织力量，精心编制了一个科学合理、操作性强、便于实施的《阿坝州扶贫开发和综合防治大骨节病试点工作总体规划》。在总体规划的统领下，四川省还组织编制了九大项目规划，每年都编制了年度实施计划方案。完整的规划体系促进了资源的整合，很好地解决了总体规划由谁落实、怎么落实的问题。规划突破了总体规划与部门规划两张皮的格局，在实施过程中，明确了牵头部门和20多个参与部门，形成了资源整合、整体联动的协同机制。

三是紧扣主题，突出民生。阿坝试点紧紧围绕群众脱贫和防病治病两大主题，瞄准最困难的地区、最贫困的群体和最需要解决的问题，着力解决突出的民生问题。针对大骨节病治理难度大、单纯依靠医学手段难以奏效的客观现实，采取“九措并举”的办法，组织实施易地育人、易地搬迁、结构调整等9大项目，有力地解决了病源治理、群众增收、条件改善、社会进步等问题。病区儿童易地育人全面实现，26400多名学龄儿童全部安排到非病区寄宿制学校；易地搬迁稳步推进，目前已经超额完成规划任务；更换粮食工作，累计为病区14.46万人供应大米7500多万公斤，群众的膳食结构得到明显改善；饮水安全问题基本得到解决；患病群众社会保障水

平显著提升；产业结构调整取得明显成效，特色种养业初具规模；其他项目实施也取得了较好成效。

四是国家帮扶，群众参与。阿坝试点始终坚持国家大力帮扶与群众自力更生相结合，构建专项扶贫、行业扶贫、社会扶贫三位一体的“大扶贫”格局，充分调动群众的积极性、主动性。近五年来，累计投入中央财政扶贫资金 16.7 亿元、中央预算内资金 8 亿元，省州配套 7.48 亿元，还整合了交通、水利、国土、农业、林业、畜牧业等部门的行业资金，组织开展了定点扶贫、东西扶贫协作和社会扶贫济困等帮扶活动，为试点工作提供有力支持。当地群众自觉当好项目建设、管理、受益的主力军，累计筹措资金、投工投劳折合资金近 20 亿元，不但保证了试点工作各项建设任务顺利完成，还有效提升了病区群众的自我发展能力。

实践证明，阿坝试点的具体做法行之有效，机制创新成果丰硕，开创了扶贫开发与地方病防治相结合的综合治理模式。这一模式为综合防治地方病提供了有益借鉴，也为连片特困地区区域发展与扶贫攻坚进行了积极探索。

三、进一步做好试点的深化和巩固提升工作

经过 5 年的努力，阿坝试点工作如期实现了规划制定的目标，大骨节病综合防治和扶贫开发都取得了可喜的成绩。我们召开这次试点工作验收总结大会，就是要巩固拓展试点取得的成果，深化推广试点积累的经验。

建议重点抓好以下四个方面的工作：一是培育和发展特色优势产业。努力打造已初端倪的果蔬、药材以及高原特色生态旅游、民族文化旅游等新兴扶贫产业。深化结构调整，转变发展方式，继续提升培育和支持特色农畜产品加工、羌绣、唐卡、民间手工艺品、民族需用品加工业，扶持龙头企业、专业合作组织，促进传统农牧业向现代农牧业转变。二是加强基础设施建设。继续加大投入力度，完善“通路、通水、通电、通信”等工程，加强新型生态能源建设，加强突出民族特色和地域特点的环境治理和村容村貌建设，加强实用技术和技能培训，使病区村的生产生活条件、社会事业、公共服务水平进一步提高。三是实施社会保障和民生工程建设。继续在病区实施口粮更换、易地育人、大骨节病患者生活补助等补助性项目，继续对基本丧失劳动能力，生活自理能力低下大骨节病患者，实施集中供养等救助措施。进一步完善农村低保、医疗保险等保障政策，做到应保尽保。解除贫病群众的后顾之忧。四是把试点的巩固提升与四川藏区区域发展与扶贫攻坚实施规划相结合。按照编制连片特困地区区域发展与扶贫攻坚实施规划的总体要求，巩固提升试点经验的相关工作应该纳入片区实施规划，并在认真开展调查研究、摸清底数的基础上，把大骨

节病、包虫病等地方病综合防治的相关项目实施计划，与相关部门的“十二五”规划相衔接。与此同时，我们也要把阿坝州取得的经验介绍到其他受到大骨节病严重威胁和危害的地区，以更好地落实国务院办公厅关于转发卫生部等部门全国地方病防治“十二五”规划的通知。

同志们，帮助集中连片特殊困难地区因病致贫群众实现脱贫致富，是新十年扶贫开发的一场特殊攻坚战，对于这些地区经济发展、民族团结、政治稳定、社会和谐意义重大，影响深远。我相信，在党中央、国务院的正确领导下，有各部门的通力合作、密切配合，通过广大干部群众的不懈努力，贫困群众一定会与全国人民一道迈向幸福美好的全面小康生活。

谢谢大家！

在包容性发展与减贫论坛上的主旨发言

范小建

2012 年 10 月 17 日

各位来宾，女士们、先生们：

值此第 20 个国际消除贫困日到来之际，我仅代表国务院扶贫办对包容性发展和减贫论坛的举办表示热烈的祝贺，对各位嘉宾的到来表示诚挚的感谢！

当前，中国人民正在满怀信心迎接中国共产党第十八次代表大会的召开。尽管国际金融危机的影响广泛而深刻，中国的减贫事业依然取得了可喜的成就。在新的历史起点上，回首过去十年走过的路程，我们在科学发展观的指导下，经济社会全面发展，扶贫事业成效显著，民生状况持续改善，社会的包容性不断增强。在这样的大背景下，扶贫开发的理论创新、制度创新和政策创新不断推进，成功走出了一条中国特色扶贫开发道路。2011 年，党中央、国务院颁布实施《中国农村扶贫开发纲要（2011—2020 年）》，召开中央扶贫开发工作会议，扶贫开发进入一个全新的阶段。我们的扶贫工作实现了几个重要的转变：

（一）扶贫标准的内涵实现了从维持生存到促进发展的转变。20 世纪 80 年代中期，国家第一次确定扶贫标准，适应当时的发展水平和农村居民生活状况，采用恩格尔系数法，将对食物的需求作为最基本的测算依据。2008 年第一次提高扶贫标准，基本上沿用了原来的方法。2011 年，国家将扶贫标准提高到农民人均纯收入 2300 元（2010 年不变价），最基本的考虑是，按照“低保维持生存，扶贫促进发展”这一新的工作定位，扶贫标准不仅要满足扶贫对象的生存需要，而且要部分满足其发展的需要。同时，新标准充分考虑了各地的实际，回应了国际社会的关切，积极稳妥，鼓舞人心，赢得了国内外各方面的普遍肯定。

（二）主要任务实现了从解决温饱到巩固温饱成果、加快脱贫致富、改善生态环境、提高发展能力、缩小发展差距的转变。《扶贫开发纲要》明确了到 2020 年的奋斗目标，“稳定实现扶贫对象不愁吃、不愁穿，保障其义务教育、基本医疗和住房。贫困地区农民人均纯收入增长幅度高于全国平均水平，基本公共服务主要领域指标接近全国平均水平，扭转发展差距扩大趋势。”为了实现这样的目标，《扶贫开发纲要》规定了十二个方面的建设任务，以及两个“五年计划”的量化目标。

（三）基本方针实现了从开发式扶贫向两轮驱动的转变。国家把扶贫开发作为脱贫致富的主要途径，鼓励和帮助有劳动能力的扶贫对象通过自身努力摆脱贫困，不断加大工作和投入力度。10年来，10多万个贫困村实施了整村推进，加快了贫困地区新农村建设步伐；几百万居住在自然条件特别恶劣地区的贫困人口实施了扶贫移民搬迁，从根本上改善了生产生活条件，缓解了贫困地区的生态压力；400多万贫困家庭劳动力接受了就业、创业能力培训，加快了脱贫致富步伐；贫困地区特色主导产业得到发展，实现了结构调整和农民增收双重目标。国家把社会保障作为解决温饱问题的基本手段，逐步完善社会保障体系。目前，全国城乡低保对象基本稳定在7500万人左右，符合条件的困难群众总体实现了应保尽保；同时，五保供养由财政负担，新型农村社会养老保险基本实现全覆盖，全民医保体系初步形成，全面实现九年义务教育，建立起完整的家庭经济困难学生资助体系。2008年以来农村危房改造970万户，安排资金680亿元。扶贫开发和社会保障有机结合，为农村低收入人口编织起完整的社会安全网。

（四）工作格局实现了从专项扶贫向专项扶贫、行业扶贫、社会扶贫三位一体的转变。中央财政专项扶贫资金不断增加，2008—2011年，中央财政累计投入专项扶贫资金859.32亿元，年均增长17.2%，其中2012年达到332.05亿元，比去年增加60亿元，增长22.1%，增量达到历史最高水平。行业部门不断加大对贫困地区、贫困人口的支持力度，把改善贫困地区发展环境和条件，促进产业发展，实现基本公共服务均等化作为本行业发展规划的重要内容，在资金、项目等方面给予倾斜。2010年财政综合扶贫投入1618亿元，比上年增加15.7%；2011年财政综合扶贫投入2272亿元，比上年增加40.4%。社会各界积极参与扶贫开发事业，东西扶贫协作领域不断拓宽，措施不断强化，定点扶贫实现了对国家扶贫开发工作重点县的全覆盖。民营企业、社会组织和公民个人的扶贫活动正在逐步壮大。

（五）区域瞄准实现了从县、村两级向连片特困地区为主战场的转变。国家将六盘山区、秦巴山区、武陵山区、乌蒙山区、滇桂黔石漠化区、滇西边境山区、大兴安岭南麓山区、燕山－太行山区、吕梁山区、大别山区、罗霄山区等连片特困地区和已明确实施特殊政策的西藏、四省藏区、新疆南疆三地州作为扶贫攻坚主战场。在国家指导和协调下，编制片区区域发展与扶贫攻坚规划，加大力度，统筹协调，加快区域性重要基础设施建设步伐，大力改善生产生活条件，培育壮大一批特色优势产业，集中实施一批教育、卫生、文化、就业、社会保障等民生工程，加强生态建设和环境保护，着力解决制约发展的瓶颈问题，力求从根本上改变面貌。同时，原定对国家扶贫开发工作重点县的支持政策不变，鼓励各省（自治区、直辖市）制定办法，采取措施，实现重点县总量逐步减少，重点县减少的省份，国家支持力度不减。制定实施 2011—2015 年《整村推进扶贫开发规划》，在群众参与下继续推进贫困地区新农村建设。

（六）政策措施在普惠农村的基础上实现了向贫困地区、扶贫对象倾斜的转变。国家各项强农惠农富农政策、基础设施和社会事业政策对于缓解和防范农村贫困发挥了重要作用。退耕还林将西部地区生态环境建设和退耕农户长远生计有效解决相结合，累计建成稳产高产基本口粮田 2600 多万亩，农村劳动力向二、三产业转移加快，退耕农户人均纯收入年均实际增速高于全国同期水平。同时，减免税收、投资配套、义务教育、公共卫生等领域的优惠政策优先在贫困地区实施；农村水利、交通、生态建设等方面对贫困地区给与特殊安排；支持贫困地区优先开展金融改革试点。2011 年以来，教育、科技、民委、国土、交通、铁道、水利、农业、卫生、林业、旅游等部门在制定本行业发展规划和指导意见时，都把推进连片特困地区发展列为重要内容，并出台相关支持政策。

女士们，先生们，

中国的扶贫开发事业正处在历史转折的重要关头，我们面临着新的机遇，也面临着新的挑战。国际金融危机已经进入第五个年头，深层次影响还在不断显现，无论是发达经济体还是新兴经济体，经济增速普遍放缓，中国经济继续健康快速发展面临着巨大的外部压力。中国仍然是一个发展中国家，人均收入水平还不高，区域、城乡发展不平衡的问题还相当突出，制约贫困地区发展的深层次矛盾依然存在。扶贫对象规模仍然很大，返贫现象时有发生，特别是集中连片特殊困难地区发展相对滞后，扶贫开发任务仍然十分艰巨。

为了进一步推动包容性发展和减贫，中国政府将围绕到 2020 年全面建成小康社会的目标，继续推动贫困地区工业化、信息化、城镇化、农业现代化同步发展，统筹城乡区域协调发展。把连片特困地区作为主战场，把稳定解决扶贫对象温饱、加快实现脱贫致富作为首要任务，坚持政府主导，坚持统筹发展，更加注重转变经济发展方式，更加注重增强扶贫对象自我发展能力，更加注重基本公共服务均等化，更加注重解决制约发展的突出问题，努力推动贫困地区经济社会更好更快发展，为缓解并最终消除贫困创造更好的条件。

中国政府将完善扶贫开发和农村社会保障有效衔接的制度安排。继续坚持开发式扶贫方针，增强扶贫对象自我发展能力。利用发展现代农业的有利条件，充分发挥贫困地区资源优势，加强基本农田和农田水利建设，发展特色优势产业，增加贫困地区农民收入。把社会保障作为解决温饱问题的基本手段，进一步完善农村最低生活保障制度、五保供养制度和临时救助制度。解决好饮水安全、生产生活用电、交通和农村危房改造，积极发展贫困地区教育、医疗卫生、公共文化等社会事业，努力推进社会主义新农村建设。

中国政府将把连片特困地区作为主战场。大幅度增加中央和省级财政对这些地区的一般性转移支付，中央财政扶贫资金的新增部分主要用于连片特困地区。组织实施片区区域发展与扶贫攻坚规划，国家大型项目、重点工程和新兴产业优先向符合条件的特困地区安排，大力改善生产生活条件，培育壮大特色优势产业，推进民生工程，加强生态建设和环境保护，着力解决制约发展的瓶颈问题，促进基本公共服务均等化，从根本上改变连片特困地区面貌。

中国政府将着力巩固和发展专项扶贫、行业扶贫、社会扶贫三位一体的大扶贫格局，着力完善扶贫开发政策和组织保障体系，着力动员贫困地区广大干部群众的积极性和主动性，努力促进贫困地区经济社会、资源环境协调发展。

女士们，先生们：

开展减贫领域的国际交流合作，学习和借鉴国外经验，是中国扶贫事业的重要方面。我们将继续通过走出去、引进来等多种方式，创新机制，拓宽渠道，加强国际反贫困领域交流。此次论坛的举办，为我们交流减贫理论和实践，开展减贫项目合作，共享减贫经验，提供了一个平台，我们期待，通过与会各方的共同努力，促进各国人民获得更加公平的发展机会，享受经济发展、社会进步带来的福祉，进而实现持续繁荣与发展。

最后，预祝本届论坛取得圆满成功！谢谢大家！

在片区联系单位第二次会议上的讲话

范小建

2012 年 11 月 20 日

同志们：

在党的十八大刚刚闭幕之际，今天，我们在这里召开片区联系单位第二次会议，主要任务是学习贯彻十八大精神，全面总结前一阶段的片区联系工作，交流经验，研究部署下一步的重点工作。刚才晓华同志介绍了片区扶贫攻坚总体进展情况，各片区联系单位作了很好的发言，并有针对性的进行了讨论。大家的发言内容都很实，提出的建议和意见也很有针对性，说明大家确实做了大量的工作，对片区联系工作也进行了认真的思考和系统的总结。今天的会议开得很好，很有成效。下面，我讲三点意见。

一、片区联系工作取得明显成效

开展片区联系工作是中央根据新阶段扶贫开发形势所做出的一项重要决策，也是中央交给片区联系单位的一项重要政治任务。自去年 11 月中央决定建立片区联系机制以来，各片区联系单位认真贯彻中央决策部署，积极主动履行片区联系单位职责，探索片区联系工作有效形式，围绕联系沟通、调查研究、督促指导等重点任务，做了大量开拓创新、辛苦细致、富有成效的工作。

（一）加强组织领导，组建工作机构。中央确定片区联系单位后，各单位都高度重视，讲政治，顾大局，以高度的责任感和使命感谋划片区联系工作，为片区联系工作开展提供了重要保障。13 个片区联系单位的主要领导均亲自开会部署联系工作，并多次做出重要批示，提出明确要求。如教育部成立了以袁贵仁部长为组长的联系滇西边境片区领导小组；科技部、铁道部共同成立了由全国政协副主席、科技部部长万钢和铁道部部长盛光祖为组长的秦巴山片区扶贫攻坚联系工作小组，并调动所属铁路局参与片区联系工作；国土资源部徐绍史部长要求每季度部长办公会听取一次乌蒙山片区联系工作汇报，乌蒙山片区启动会以来，共安排 3 次部长办公会和 2 次部长专题会，研究部署有关工作；农业部韩长赋部长多次就做好大兴安岭南麓片区联系工作作出重要批示，明确要求制定片区联系工作表，在时间和质量上走在其他片区的前列。按照“有人牵头，有人办事”要求，绝大多数联系单位都制定了详细工作方案，调整充实了工作机构，为片区联系工作开展提供了有力的组织保障。如卫生部综合考虑片区联系工作，成立了卫生部扶贫开发与对口支援工作领导小组，陈竺部长、张茅书记任组长，并充实了工作人员；国家林业局对扶贫开发领导小组进行了调整，由赵树丛局长担任组长；国土资源部、交通部、水利部等部门组建了负责片区联系工作的专门机构，并通过借调、增编等形式，明确专人负责片区联系工作。总之，领导重视是做好联系工作的重要前提，能够迅速打开片区联系工作局面，并在较短时间内取得明显的成效，首先得益于各片区联系单位的高度重视、坚强领导和精心组织。

（二）开展调查研究，摸清基本情况。开展调查研究，就片区发展面临的重大问题提出解决意见和建议，是片区联系单位的一项重要职责，也是开展片区联系工作的切入点。为摸清片区基本情况，全面了解片区区域发展与扶贫攻坚现状、存在困难，所有片区联系单位都组织开展了较为深入的调研，并形成了专题调研报告，对片区规划编制提出了很好的思路和建议。如教育部部长袁贵仁同志、副部长鲁昕同志分别带队深入滇西边境片区调研；科技部、铁道部结合“创先争优”和“走基层、转作风”活动，分成6个队、16个组，深入秦巴山片区6省的75个县，开展联合调研，并形成了高质量的调研报告；工业和信息化部组织各个司局分别带队实地调研燕山—太行山片区的20多个县，并委托电信研究院开展了片区县域经济发展专题研究，提出了燕山—太行山片区产业扶贫工作的总体思路和若干政策建议；国家民委与国家统计局联合，组织力量收集整理和分析武陵山片区经济社会发展基本情况，并形成手册；民政部组织扶贫调研队伍赴罗霄山片区23个县，开展了为期一个月的蹲点调研活动，完成了13个专项课题调研；国土资源部先后5次组织人员赴乌蒙山片区三省开展调研，深入县乡、走村入户，广泛听取意见和建议；住房城乡建设部组织部机关18个司局对大别山片区36个县进行了深入调研，形成了165份专题调研报告，最终汇编成了50万字的调研报告；交通运输部由翁孟勇副部长带队对六盘山片区扶贫和交通建设情况进行了调研；水利部和国家林业局会同有关部委组成联合调研小组，分别由水利部副部长矫勇同志和国家林业局总工陈凤学同志带队，对片区内3省的19个县进行深入调研，并提出了很好的意见和建议；卫生部陈啸宏副部长率队赴吕梁山片区调研扶贫开发及卫生事业发展工作，并组织国家食品药品监管局、国家中医药局以及部内14个司局组成5个调研组，对吕梁山片区的15个县进行了深入调研；农业部赴大兴安岭南麓片区开展扶贫开发与农牧业发展调研，形成了内容实在、针对性强的调研报告。各片区联系单位在开展调研方面下了很大的力气，基本摸清了片区的基本情况和特殊困难，并对片区区域发展与扶贫攻坚提出了很好的建议和意见，大部分意见已吸收到片区规划中，为片区政策制定、规划编制和联系工作深入开展打下了坚实基础。

（三）建立协调机制，加强沟通联系。加强与所联系片区各有关省区市和中央部委的联系沟通，建立片区协调机制，协调解决片区区域发展与扶贫攻坚中的有关问题，是片区联系单位最主要的一项职责。总体上看，目前，所有联系单位都建立了部际联系会议制度，确定了联系会议成员及联络员，明确了工作规则和职责分工。绝大多数单位都召开了部际联系会议。如国家民委，作为武陵山试点片区的联系单位，于今年 3 月召开了高规格的试点工作协调会，国务院副秘书长丁学东同志亲自出席并作讲话，此外，委领导亲自带队走访有关部委，衔接规划的有关政策和项目；科技部、铁道部、民政部、国土资源部、卫生部、水利部、国家林业局等均由部长或局长亲自担任片区部际联系会议的召集人，召开或准备召开联席会议；国土资源部积极协调解决规划实施过程中存在的问题，发函商请 35 个国务院有关部门和单位，就乌蒙山片区三省提出的 53 项需要支持事项提出解决意见；住房城乡建设部主动上门拜访交通部、水利部、教育部、卫生部等部门，争取加大对大别山片区支持力度。部际联系会议制度的建立，为加强与中央部委和省区市沟通联系搭建了一个有效平台，也为合力推进片区区域发展与扶贫攻坚创造了良好氛围。

（四）出台政策措施，加大支持力度。片区扶贫攻坚目标，没有特殊政策作为保障是很难实现的。中央扶贫开发工作会议以来，各相关部委积极想办法，出实招，针对片区出台了一大批含金量高的政策和措施，刚才晓华同志作了简要介绍，我就不再重复。13 个片区联系单位作为“片长”，除了对所有片区出台特殊支持政策外，针对所联系的片区，也充分发挥部门优势，出台了一系列针对性和倾斜性强的政策措施。如教育部安排直属高校定点帮扶和职教集团对口支援滇西边境片区所属县，设立滇西边境片区教育发展专项基金；科技部 2012 年向秦巴山片区支持科技扶贫项目 90 余项，直接投入科技经费 9597 万元；铁道部多次与秦巴山片区六省市沟通，签订并积极落实推进铁路建设合作协议，加快推进重点铁路项目建设；工业和信息化部 2012 年给燕山—太行山片区安排了 21 个技术改造项目，总投资近 22 亿元，比 2011 年增加了 47.9%；国家民委举全委之力，支持武陵山片区试点，在民族团结进步创建经费、新增少数民族发展资金、委属院校招生等方面向武陵山片区倾斜；民政部本着“优先考虑，重点扶持，专门安排，单独解决”原则，2012 年安排 5000 多万专项资金重点支持罗霄山片区养老、社区等民政公共设施建设；国土资源部对乌蒙山片区三省，在建设用地指标、土地整治项目安排、地质矿产专项资金和地质灾害防治专项资金安排等方面给予了重点支持和特殊倾斜；住房城乡建设部在保障房建设、村镇建设、县镇基础设施建设、建筑节能与科技等方面给予大别山片区特殊支持；交通运输部在编制片区交通建设扶贫专项规划时向六盘山片区倾斜；水利部2012年在滇桂黔石漠化片区投入水利建设资金43.51亿元，大力支持水利工程建设；农业部编制大兴安岭南麓片区农牧业发展规划，2012年共安排大兴安岭南麓片区各类资金16.89亿元，用于农业基础设施建设、产业发展，并为片区每个县配备了农业科技专用车辆；卫生部在确定卫生项目、安排补助资金、制订专项规划时对吕梁山片区给予大力倾斜，并在医疗服务方面通过派国家级医疗队、组织企业捐赠医疗设备、干部培训等方面给予大力支持；国家林业局对滇桂黔石漠化片区的林业投入实行“三个高于”政策，即“十二五”投入总额高于“十一五”，县级投入高于全国平均水平，片区投入增幅高于国家对林业的投入增幅，2012年投入片区中央林业建设资金30.6亿元。这些政策措施的出台，让片区各族群众得到了很大的“实惠”，必将有力促进片区经济社会加快发展。

（五）下派挂职干部，强化督促指导。为跟踪指导片区规划实施，进一步推进片区扶贫攻坚工作，大多数联系单位结合干部锻炼培养工作，向片区下派挂职干部，作为推进片区联系工作的有效抓手。如教育部建立滇西边境片区干部挂职联系制度，下派10名干部任副州长，56名干部任副县长；国家民委从2012年起至2016年，每年选派78名司处级干部和具有高级职称的专业技术人员，驻武陵山片区7个市州和71个县市区担任联络员，力度非常之大；水利部、国家林业局向滇桂黔片区选派35名年轻优秀干部，其中水利部20名，国家林业局15名，以扶贫工作组的形式到三省（区）挂职；国土资源部分批次选派司局级后备干部和中青年优秀干部，到乌蒙山片区地级市挂职锻炼；民政部选派优秀中青年处级干部，到罗霄山片区23个县挂任党政领导职务。从各地反馈信息看，下派挂职干部是片区联系工作一项非常有效的举措，既可以支援片区区域发展与扶贫攻坚，作为联系单位与地方沟通联系的桥梁，也是培养锻炼干部的有效途径。

（六）积极参与规划编制和启动会相关工作。在扶贫办和发展改革委组织编制片区区域发展与扶贫攻坚规划过程中，各片区联系单位都积极参加调研，讨论修改等工作，提出了很好的建议和意见。同时，相关片区联系单位按照国务院要求，牵头承担片区启动会的相关工作，并由部长主持会议。国家民委承担了武陵山片区，国土资源部承担了乌蒙山片区，科技部、铁道部承担了秦巴山片区，水利部、国家林业局承担了滇桂黔石漠化片区，交通运输部承担了六盘山片区启动会的相关工作，付出了大量的辛劳，确保了会议的顺利召开，得到了国务院领导同志的好评。

在各片区联系单位积极开展工作的同时，扶贫办作为片区联系单位协调办公室，会同发展改革委，根据国务院领导同志要求，加强对片区联系工作的指导和服务，不断规范片区联系工作。在各片区联系单位的支持下，主要做了以下几项工作：一是以国务院扶贫开发领导小组的名义印发了《片区联系单位工作规则》，明确了片区联系单位组成、主要职责和任务、会议制度等，为片区联系工作开展提供了制度保障和统一规范；二是印发了片区部委联系单位和相关省（区、市）对接联系单位及人员名单，建立了稳定的联系沟通渠道；三是建立了片区联系工作信息通报制度，以扶贫开发简报形式印发了工作动态，并报送国务院领导同志；四是积极支持并参加片区部际联系会议，参与片区联系单位组织的调研，我先后应邀参加了乌蒙山、吕梁山片区部际联系会议，为国家民委下派干部讲课，还出席了交通部交通扶贫规划纲要推进会和卫生部儿童营养干预试点启动会；五是邀请片区联系单位参与扶贫相关工作，开展相关工作交流，如参与片区扶贫攻坚督查，扶贫开发工作考核，扶贫统计监测培训等。

总的来看，在国务院扶贫开发领导小组的坚强领导下，经过各片区联系单位共同努力，在短短一年时间内，片区联系工作有力有序推进，取得了很好的开局和明显成效，为凝聚强大合力、顺利推进片区扶贫攻坚发挥了重要作用。实践证明，片区联系工作符合片区扶贫攻坚的形势需要，符合片区干部群众的愿望和要求，符合构建大扶贫格局的工作思路，中央关于建立片区联系机制的决策是非常正确和有效的。借此机会，我向所有片区联系单位积极支持扶贫开发工作表示衷心的感谢！

二、提高认识，强化措施，不断开创片区联系工作新局面

在总结2012年度片区联系工作的同时，我们也要清醒地看到，片区联系工作取得的成绩还是初步的、阶段性的，与中央的要求和片区的实际需要相比，还有较大差距，如支持片区的力度还需进一步加大，跨省协调机制有待尽快建立，协调解决问题的手段还较弱，片区联系工作的长效机制还未建立等。我们还要进一步统一思想认识，进一步增强工作责任感和使命感，加大统筹协调力度，创新方式方法，继续努力奋斗，着力推动解决问题，把片区区域发展与扶贫攻坚不断推向前进。为此，提出几点意见供参考。

第一，充分认识片区联系工作的重要意义。中央决定，将集中连片特殊困难地区作为新一轮扶贫攻坚主战场，这是国家扶贫开发战略布局的一个重大创新，也是新阶段扶贫开发工作最突出的特点，这有利于统筹推进区域发展与扶贫攻坚，集中力量啃“硬骨头”，实现全面建成小康社会目标。建立片区联系单位制度，是统筹协调跨省跨区域片区扶贫攻坚的迫切需要，

也是新阶段扶贫开发机制的一个重大创新。2000年，进入21世纪后制定第一个十年扶贫开发纲要时，曾第二次提出片区的概念(第一次是1986年成立扶贫机构的时候)，当时考虑要划分23个片区，但因为未能就如何建立片区跨省协调机制问题形成共识，划分片区问题就此搁置。进入新阶段，已经进入全面建设小康社会的关键时期，片区现象的客观存在、发展要求和国家实力，已经到了必须确认并可以全力推进的时候。所以，中央下决心把连片特困地区作为新一轮扶贫攻坚的主战场，集中力量扶贫攻坚。为切实解决“跨省协调”这个关键问题，中央果断决定建立片区联系机制，即由1—2个部委负责联系1个片区，统筹协调片区扶贫攻坚。中央领导同志高度重视片区联系工作，继中央扶贫开发工作会议后，今年5月，温家宝总理在湖南武陵山区考察时再次强调“发挥联系单位的协调作用。片区联系单位要积极行动起来，深入调查研究，加强与地方的沟通联系，强化对联系片区的协调指导，就片区发展面临的重大问题提出解决意见和建议，推动规划实施。片区联系单位与中央有关部门之间要相互支持配合，合力推进各片区区域发展与扶贫攻坚”。回良玉副总理在片区启动会上多次对片区联系工作提出具体要求，并对联系单位的工作给予了充分肯定。这些都为我们做好片区联系工作指明了方向。

刚刚闭幕的十八大，提出“为全面建成小康社会而奋斗”。从“建设”到“建成”，体现了发展阶段的重大变化，说明我国已经进入了全面建成小康社会的决定性阶段，同时也是党对全国人民的庄严承诺，对全世界的郑重昭告。作为全面建成小康社会难点中的难点，连片特困地区区域发展与扶贫攻坚的任务必将更加艰巨和紧迫。“片长”单位的工作已经与片区的发展紧密联系在一起，希望各联系单位从全面建成小康社会的角度，进一步充分认识联系工作的重要性、紧迫性和艰巨性，建立长效机制，持续深入开展好片区联系工作，让贫困地区人民得到更多更大的实惠，确保片区扶贫攻坚目标顺利实现。

第二，进一步加大片区联系工作力度。随着片区扶贫攻坚的深入推进，片区联系单位的任务越来越重，责任也越来越大，各联系单位要根据新形势新任务的要求，切实加强组织领导，始终保持工作热情，重视程度不减弱，工作力度不减小，真正把片区联系工作作为一项长期性工作抓实抓好。一是进一步落实工作机构。片区联系工作，对于各片区联系单位来说，都是新增加的任务，需要专门人员去落实。希望各片区联系单位，明确专门的机构和人员，做到任务到人，责任到人，并保持机构和人员的稳定性。我们也会积极向有关部门呼吁，争取在人员编制上支持片区的联系工作。二是加大对片区的支持力度。目前有关单位纷纷出台了相关政策和措施，很多不仅是针对本单位联系的片区，而是面对所有片区。从总体上看，潜力还很大。希望各联系单位按照纲要提出的要求，加大行业扶贫力度，围绕片区扶贫攻坚目标，争取出台更多的针对片区的“特惠”政策，并在行业规划、项目安排、资金分配等方面进一步加大倾斜力度。三是加大宣传和信息交流力度。片区扶贫攻坚及片区联系工作需要一个良好的舆论环境和社会氛围，各片区联系单位要加大宣传力度，把所做的工作，取得的成效，出台的政策措施通过多种途径传递给公众，特别是片区的干部群众，以赢得更多的理解和支持，增强片区扶贫攻坚信心。同时，注意日常工作信息交流共享，及时将所开展的工作及经验做法通过简报等形式供大家学习参考，定期向扶贫办报送工作信息。

第三，创新方式方法，增强片区联系工作实效。片区联系工作是一项创新工作，是新生事物，没有现成的经验可以借鉴，需要在实践中不断探索。目前，片区联系单位的职责和任务规定较为原则，也有较大弹性。下一步随着片区扶贫攻坚的深入推进，会提出许多新的问题。希望各联系单位围绕调查研究、联系沟通、督促指导三大任务，因地制宜制定具体工作方案，积极探索，调动多方面力量，为片区解决更多问题，办更多实事。扶贫办将会同发展改革委密切跟踪各联系单位工作情况，及时总结，推广成功经验。

总之，要结合深入学习贯彻十八大精神的活动，进一步提高思想认识，强化政策措施，开拓工作思路，加大工作力度，努力把片区联系工作推上新的台阶。

三、关于明年片区联系的重点工作

今年年底，我们将编制完成所有片区的规划。明年，片区扶贫攻坚将全面进入规划实施阶段。由此，片区联系工作的重点也由摸清基本情况、参与规划编制转入统筹协调推进规划实施阶段。综合各单位明年的工作设想和计划，立足三大任务。我们初步考虑了一个明年片区联系工作要点（草案），发给大家征求意见，请大家带回去研究，希望周末反馈。取得一致后，我们将向良玉副总理报告，经批准后，作为大家共同的遵循。我先作个说明：

第一，督促指导实施规划的编制。根据实施规划编制指导意见要求，片区规划批复后3个月内，各相关省区市要完成省级实施规划的编制工作，并报扶贫办、发展改革委、财政部备案。也就是说最晚明年3月底前，所有省级实施规划都应编制完成。各片区联系单位要加强对实施规划编制的督促指导，确保按时完成编制任务。同时，协助做好实施规划备案工作。片区规划、省级实施规划是指导片区扶贫攻坚的主要依据，因此大家要积极参与规划编制、备案过程，深入了解片区规划及实施规划内容。

第二，参与规划实施监测评估，督促指导规划实施。明年，我们将开展片区规划实施监测评估工作，届时我们将邀请片区联系单位全程参与，并承担相应的工作任务。同时，各联系单位要加强与省区市的沟通联系，及时了解规划实施情况，积极主动帮助协调解决相关困难和问题。此外，我们计划明年适当时候召开片区扶贫攻坚现场推进会，交流片区扶贫攻坚经验做法，部署重点工作，推进片区规划实施。

第三，推动跨省协调机制的建立。目前在片区扶贫攻坚5个层面的协调机制中，跨省协调机制还在摸索中，实质性工作开展得不多。随着规划的实施，省际之间重大项目、产业布局、经济协作方面的衔接工作逐渐增多，建立并运行跨省协调机制将提上日程。各联系单位要督促指导各相关省区市建立跨省协调机制，以形成省际之间交流、沟通、衔接的有效平台促进片区协调发展。最近我们也正在考虑，以片区为单位，由片区所在各省扶贫部门轮流坐庄，组织工作交流与观摩，以促进协调机制的形成。

第四，完善片区联系机制。今年是全面开展联系工作的第一年，片区联系工作机制还处于探索完善阶段。明年，扶贫办将会同发展改革委继续做好协调服务，逐步完善片区联系机制。建立信息定期通报制度，强化信息宣传交流；积极研究片区联系工作激励和督促机制，出台鼓励措施，充分调动各联系单位的积极性；建立重大事项报告制度，各联系单位及时将片区扶贫攻坚过程中的重大问题和事项函告扶贫办，由扶贫办汇总后上报国务院，强化解决实际问题的手段。各片区联系单位也要不断完善部际联系会议制度，切实提高协调解决问题的能力和效率。

同志们，实施片区扶贫攻坚是新阶段扶贫工作整体布局的核心，建立片区联系机制是有效推进片区扶贫攻坚的重要手段。片区联系工作任重道远，使命光荣，我们要以学习贯彻党的十八大精神为契机，把思想和行动统一到中央的决策部署上来，振奋精神，再接再厉，开拓进取，攻坚克难，扎实有效地做好片区联系工作，促进片区规划顺利实施，确保贫困地区人民与全国人民一道同步进入小康社会！

在大别山区鄂豫皖三省政协主席联席会议上的致辞

范小建

2012年12月1日

尊敬的国生省长，杨松主席，各位领导，各位来宾：

大家上午好！

很高兴参加大别山区鄂豫皖三省政协主席联席会议第一次会议。首先，我代表国务院扶贫办对会议的召开表示热烈祝贺！

党的十八大刚刚闭幕，湖北、河南、安徽三省政协领导同志就坐在一起，协商讨论以交通一体化建设为切入点，建立协调机制，深化跨省合作，共同推进大别山片区区域发展与扶贫攻坚。这是连片特困地区建立省际协调机制的有益探索，是贯彻落实党的十八大精神和《中国农村扶贫开发纲要（2011—2020年）》的重要举措，也是推进大别山区扶贫开发事业更好更快发展的具体行动。

长期以来，全国政协对扶贫开发工作高度重视，去年，贾庆林主席亲自带队到武陵山区开展扶贫开发工作调研，推动了武陵山片区区域发展与扶贫攻坚先行先试，也为全面推进其他片区区域发展与扶贫攻坚发挥了重要作用。今天，安徽、河南、湖北三省政协同志们又坐在一起，协商研究大别山区区域发展和扶贫攻坚的有关问题。在此，我代表国务院扶贫办向三省政协多年来对扶贫开发工作的重视和支持表示衷心感谢！

大别山片区包括安徽、河南、湖北三省，36个县，是我国革命老区县比较集中的地区之一，也是全国集中连片特殊困难地区和粮食主产区，片区内有18个县为国家粮食生产大县，为解决温饱问题以及保障国家粮食安全做出了突出贡献。但由于自然条件和社会历史等原因，片区内经济发展仍然比较缓慢，贫困人口多、贫困程度深、扶贫任务重。根据2300元的扶贫标准，2011年底，大别山片区还有农村扶贫对象647万人，位居11个连片特困地区第5位，扶贫对象占户籍人口的比重为20.7%，比全国高出8个百分点。

把连片特困地区作为主战场，是新一轮扶贫攻坚最突出的特点，也是国家扶贫工作战略布局的一个重要创新。去年5月中共中央、国务院颁布的《中国农村扶贫开发纲要（2011—2020年）》明确提出，六盘山区等11个连片特困地区和已经明确实施特殊政策的西藏、四省藏区、新疆南疆三地州是新一轮扶贫攻坚的主战场。根据国务院的总体要求，国务院扶贫办与国家发展改革委采用

“双牵头”的方式，按照“区域发展带动扶贫开发，扶贫开发促进区域发展”的基本思路，集中力量组织编制片区区域发展与扶贫攻坚规划。目前已完成了武陵山、乌蒙山、秦巴山、滇桂黔、六盘山、滇西边境、大兴安岭南麓、燕山—太行山 8 个片区规划的编制，并得到国务院批复。吕梁山、大别山和罗霄山片区规划编制工作已经完成，即将上报国务院审批。

为加强片区跨省协调，形成强大攻坚合力，按照国务院领导要求，已初步建立了五个层面的片区工作协调机制。第一个层面是国务院扶贫开发领导小组，负责对片区扶贫攻坚工作的总协调。经国务院领导同志批准，在中央层面明确了国务院扶贫开发领导小组为全国片区扶贫攻坚的协调小组，协调小组办公室设在扶贫办，并充实了国务院扶贫开发领导小组，增补国资委等部门为领导小组成员单位。第二个层面是国务院扶贫办和国家发改委共同牵头，会同有关部门和省区市，组织编制片区区域发展与扶贫攻坚规划，指导地方编制片区实施规划。第三个层面是片区联系单位，每个片区由 1—2 个国家部委作为“片长”负责具体联系，加强与所联系片区有关省区市和中央部委的联系沟通，开展调查研究，就该片区发展面临的重大问题提出解决意见和建议，督促指导片区规划的实施。中央已确定 13 个部委对口联系 11 个片区，住房城乡建设部为大别山片区联系单位。第四个层面是在片区联系单位的指导下，建立片区跨省协调机制，加强跨省重大基础设施建设、产业布局、经济协作等事项的衔接。第五个层面是省内的片区协调机制。各省（区、市）人民政府对所属片区负总责，加强省内资源整合、统筹协调，形成省内部门、地区间优势互补、合力攻坚的工作格局。目前，跨省协调机制比较薄弱，鄂豫皖三省政协协商讨论交通体系建设是对建立片区工作协调机制的一个积极探索。

中央扶贫开发工作会议后，中央有关部门和地区高度重视，全力贯彻落实中央决策部署，强化组织领导，完善工作机制，出台了面向贫困地区尤其是连片特困地区的相关扶持政策，进一步加大倾斜力度和支持强度，片区扶贫攻坚取得了良好的开局。

党的十八大开启了全面建成小康社会新的伟大进程，为扶贫开发事业的发展进一步指明了方向，赋予了新的内涵，提出了更高的要求。全面建成小康社会，重点在农村，难点在贫困地区。希望在座各位领导一如既往地关心和支持扶贫开发工作，围绕完善扶贫开发体制机制、加大扶贫开发工作力度等方面，充分发挥重要作用，多提宝贵意见和建议。最后，衷心祝愿三省政协事业在新的历史时期取得新的更大成绩！祝愿各位领导、同志们身体健康、生活愉快、工作顺利！

谢谢大家！

在秦巴山片区部际联系会议上的讲话

范小建

2012年12月11日

各位领导，同志们：

很高兴参加科技部和铁道部召开的秦巴山片区区域发展与扶贫攻坚部际联系会议第一次会议。首先，我代表国务院扶贫办对会议的召开表示热烈祝贺！对科技部和铁道部多年来对扶贫开发工作的重视和支持表示衷心感谢！

在举国上下深入学习贯彻党的十八大精神之际，科技部和铁道部决定召开秦巴山片区区域发展与扶贫攻坚部际联系会议，充分表明了科技部、铁道部对片区区域发展与扶贫攻坚的高度重视。刚才，科技部和铁道部有关司局负责同志分别介绍了两部委牵头联系秦巴山片区工作进展情况和下步工作安排。河南、湖北、重庆、四川、陕西、甘肃六省市扶贫办或科技厅负责同志介绍了秦巴山片区规划落实情况和片区的投入和支持政策，工业和信息化部、财政部、国土资源部、交通运输部等部门针对六省市提出的重点要求作出了回复。科技部副部长张来武同志和铁道部副部长陆东福同志都做了讲话，听了之后深感鼓舞和振奋。我认为，这既是贯彻落实十八大精神的重要举措，是推进连片特困地区扶贫攻坚的重要行动，也是落实行业扶贫任务的具体措施，这表明片区工作又有了新的进展。

科技部和铁道部历来高度重视扶贫开发工作，自上世纪80年代中期参与定点扶贫工作以来，结合部门优势，积极推动定点扶贫地区走科教兴农、科教脱贫、铁路扶贫之路，取得了显著成效。特别是在上一轮定点扶贫工作中，科技部帮扶7个重点县，广泛深入调研，实施团队扶贫，整合科技资源、聚焦关键技术攻关，开展科技示范和培训，培育新型农村科技服务体系，普遍提高了贫困群众的劳动素质和科技技能，有力促进了贫困地区现代农业发展；铁道部投入大量资源，在农业基础设施、科教、医疗卫生和产业扶贫等方面，对定点县实施了“开发式、滚动式”帮扶，明显加快了定点县脱贫奔小康步伐。在今年新一轮定点扶贫结对关系调整中，铁道部主动要求在原帮扶2个重点县的基础上，新增帮扶秦巴山片区内的6个重点县，为实现定点扶贫对重点县全覆盖的目标任务做出了积极贡献。

去年中央扶贫开发工作会议之后，特

别是国务院确定科技部和铁道部为秦巴山片区的联系单位以来，两部委认真贯彻落实中央的决策部署，密切配合，加强组织领导，加大支持力度，积极履行片区联系工作职责，深入开展调研，充分发挥行业部门优势，并与我办和国家发展改革委共同筹备召开了秦巴山片区区域发展与扶贫攻坚启动会，扎实推进片区各项工作。

秦巴山区作为第一个采用“双牵头”联系单位开展扶贫攻坚的片区，科技部和铁道部在加强统筹协调，相互配合，整合资源等方面推进片区扶贫攻坚做了大量工作，既是片区联系单位工作方法的大胆创新，也是运作机制的不断完善。此次会议的召开，必将对片区区域经济社会发展和民生改善产生重要而深远的影响。

下面，我简要介绍一下扶贫办在秦巴山片区的工作进展情况。

一是积极推进秦巴山片区规划实施。秦巴山片区区域发展与扶贫攻坚启动会召开后，我们印发了《回良玉副总理在秦巴山片区区域发展与扶贫攻坚启动会上的讲话》（国开发〔2012〕7号）。根据回良玉副总理的讲话精神，我办会同国家发改委正在研究制定片区规划实施监测评估方案和实施办法，进一步完善片区联系单位机制，推动片区规划落实。同时，我们与国家发展改革委联合制定了编制片区省级实施规划的指导意见，要求各相关省区市抓紧编制分省实施规划并加强指导。上个月我们召开了片区联系单位第二次工作会议，研究制定了2013年片区联系工作要点，明确了明年片区联系工作的重点任务，以进一步推动片区规划的目标和任务落到实处。

二是加大专项扶贫投入。2011年，安排河南、湖北、重庆、四川、陕西、甘肃六省市中央财政专项扶贫资金84.47亿元，占全国总量的32.58%。较2010年资金增加15.45亿元，增幅22.39%。2012年，在分配中央财政专项扶贫资金时，加大了秦巴山等连片特困地区的权重，共安排片区内六省市中央财政专项扶贫资金101.91亿元，与2011年相比，资金增加17.44亿元，增幅为20.65%。

三是全力推进重点工作。在整村推进工作方面，为加强对整村推进工作的指导，我办会同国家发改委、财政部等11个部门，编制了《扶贫开发整村推进规划(2011—2015年)》（以下简称《规划》）。“十二五”时期，中西部22个省（区、市）将组织实施3万个贫困村的整村推进。纳入规划的贫困村要确保村均投入300万元以上，其中财政扶贫资金100万元以上，财政扶贫资金由各省（区、市）从到省资金中统筹安排。秦巴山片区纳入国家整村推进规划的贫困村有2826个，分布在75个片区县。在就业促进方面，2012年，我办在全国200个县开展了面向“两后生”的雨露计划实施方式改革试点，补助标准为每生每年1500元，秦巴山区六省市共有73个县参与试点，安排试点补助资金2.78亿元，补助18.5万人。在基层组织负责人培训方面，我办十分重视对秦巴山片区农村基层组织负责人的培训工作。2011 年，培训六省市农村基层组织负责人共 70 人。在产业扶贫方面，我办积极支持片区内六省市的产业扶贫项目。2012 年共安排科技扶贫资金 550 万元，支持河南省南召县辛夷规范化种植基地建设项目、四川省旺苍县米仓山现代茶叶基地建设项目、陕西省汉滨区特种水产种苗繁育及示范基地建设项目。在扶贫试点方面，2008 年起，为加大对革命老区的支持力度，我办和财政部利用中央专项彩票公益金在中西部地区革命老区开展扶贫试点项目。2011 年，在位于秦巴山片区的河南省嵩县，湖北省丹江口市，四川省朝天区、平昌县、旺苍县、万源县和陕西省的洋县、丹凤县、镇巴县等 9 个市区县开展了彩票公益金整村推进试点，投入资金 1.4 亿元。2012 年，在位于秦巴山片区的四川省巴州区、剑阁县、通江县，陕西省西乡县、勉县、石泉县和镇安县开展了彩票公益金扶贫创新试点，投入资金 5400 万元。在定点扶贫和东西扶贫协作方面，秦巴山片区共有 60 个重点县，根据新一轮中央、国家机关和有关单位定点扶贫工作的总要求，经报国务院扶贫开发领导小组组长批准，目前已实现了定点扶贫工作对秦巴山区片区内重点县的全覆盖。同时，在重庆、四川、陕西、甘肃四个西部省（市）开展了东西扶贫协作。

下一步我们将加大中央财政专项扶贫资金对秦巴山片区的支持力度；积极会同发展改革委、科技部、铁道部指导六省市完成秦巴山片区的分省实施规划编制和备案工作；继续在秦巴山片区开展整村推进、易地扶贫搬迁等专项扶贫工作，进一步扩大秦巴山片区“雨露计划”试点范围，提高补助标准；将结合新阶段定点扶贫结对关系调整，在实现定点扶贫对秦巴山片区重点县的全覆盖的基础上，进一步加强指导，协调帮扶单位针对定点县发展实际和需求，制定帮扶规划，发挥部门优势，整合各种资源，加大帮扶力度，加快推进当地经济、社会各项事业全面发展。同时，继续协调和支持陕甘川渝四省市的东西扶贫协作工作，鼓励和引导东西部省份在企业合作、社会帮扶、人才交流方面开展更多协作。

党的十八大开启了全面建成小康社会新的伟大进程，为扶贫开发事业的发展进一步指明了方向，赋予了新的内涵，提出了更高的要求。实施片区扶贫攻坚是新阶段扶贫工作整体布局的核心，建立片区联系机制是有效推进片区扶贫攻坚的重要手段，也是加强片区扶贫攻坚协调机制的迫切需要。目前，片区联系会议制度、信息定期通报制度和督查考核制度已初步形成。在国家部委层面，进展比较顺利，而在地方，“片为重点”从规划层面落实到工作层面还有较大距离。片区内各省要在片区联系单位指导下，抓紧研究建立和完善跨省协调机制，加大解决瓶颈制约因素的工作力度，加强项目衔接和基础设施对接，推进区域一体化发展。同时，要按照“各级政府对本行政区域内扶贫开发工作负总责”的要求，建立和完善省内片区协调机制，做到“有人牵头，有人谋划，有人落实”。本月初，鄂、湘、皖三省政协为建立大别山片区跨省协调机制，以交通一体化为切入点，在武汉召开了三省政协主席第一次联席会议，为推动和建立片区跨省协调机制做了积极有效的探索。希望科技部和铁道部充分发挥片区联系单位的协调指导、督促推进作用，继续加大对行业扶贫的支持力度，促进资源整合、部门协调，形成优势互补、合力攻坚的工作格局。

最后，再次对科技部和铁道部长期以来对扶贫开发工作的高度重视和大力支持表示衷心感谢！同时，对秦巴山片区六省市政府，以及中央有关部门和对口帮扶单位在片区扶贫攻坚工作中付出的艰辛努力表示感谢！

在扶贫调研宣传培训工作会议上的讲话

王国良

2012 年 2 月 26 日

同志们：

这次会议的主要任务是深入学习、贯彻中央扶贫开发工作会议精神，总结交流各地扶贫调研、宣传和干部培训工作（以下简称“三项工作”）的经验，研究全面加强三项工作的基本思路，安排部署 2012 年的工作。会议期间，还将对 2011 年评选的优秀调研报告进行表彰。办党组对此次会议非常重视，小建主任做出专门批示，对会议提出明确要求，还对获得一等奖的三篇调研报告逐一进行点评，给予充分肯定。政策法规司和培训中心做了认真的筹备工作。

利用这个机会，我先介绍一下全国扶贫开发的形势和任务，然后就进一步做好扶贫调研、宣传和干部培训工作讲几点意见。

一、当前我国扶贫开发的形势与任务

2011 年是我国扶贫开发历史上具有里程碑意义的一年，其意义可以和 1986 年启动有组织、有计划、大规模扶贫开发相比。

（一）颁布实施《中国农村扶贫开发纲要（2011—2020 年）》（以下简称“新《纲要》”）

这是扶贫开发历史上又一个纲领性文件。与《国家八七扶贫攻坚计划》和《中国农村扶贫开发纲要（2001—2010 年）》相比，立意更加高远，内涵更加丰富，充分体现出新的阶段性特征。

一是做出了重大阶段性判断。“农村居民生存和温饱问题基本解决”。短短一句话，宣告了中华民族几千年与饥饿斗争历史的结束，宣告了世界上人口最多的国家靠自己的努力解决了人民的粮食安全。正是在这个基本判断的基础上，我国的扶贫开发迈上了巩固温饱成果、加快脱贫致富、改善生态环境、提高发展能力、缩小发展差距的新的伟大征程。

二是明确了“两不愁、三保障”的奋斗目标。解决温饱是多年扶贫开发最主要的奋斗目标，新《纲要》提出的奋斗目标包括两个层次：一个是对扶贫对象，“到 2020 年，稳定实现扶贫对象不愁吃、不愁穿，保障其义务教育、基本医疗和住房”，既包括了生存的需要，又包括了部分发展的需要。二是对贫困地区，“贫困地区农民人均纯收入增长幅度高于全国平均水平，基本公共服务主要领域指标接近全国平均水平，扭转发展差距扩大趋势”。

三是丰富了扶贫工作基本方针。新《纲要》在充分肯定历史经验的同时，对十六大以来扶贫理论与实践的创新给予了充分的肯定，明确要求继续坚持开发式扶贫的方针，同时提出要实行扶贫开发和农村最低生活保障制度有效衔接，进而明确了低保维持生存、扶贫促进发展的工作定位。

四是分层次界定了工作对象。将工作对象分为四个层次，即扶贫对象、扶贫攻坚主战场、重点县和贫困村。扶贫对象明确为“在扶贫标准以下具备劳动能力的农村人口为扶贫工作主要对象。”同时明确国家扶贫标准要逐步提高；同时允许各省（自治区、直辖市）根据当地实际制定地方标准。扶贫攻坚主战场包括 11 个连片特困地区和 3 个中央已明确实施特殊政策的地方。国家扶贫开发工作重点县支持政策不变。各省（自治区、直辖市）要制定办法，采取措施，根据实际情况进行调整，实现重点县数量逐步减少。重点县减少的省，国家的支持力度不减。对贫困村继续采取整村推进的方式给予扶持。

五是确立了“三位一体”大扶贫工作格局。专项扶贫、行业扶贫、社会扶贫三位一体大扶贫的格局，是十六大以来我国扶贫开发工作的重要创新。对此，新《纲要》第一次做出全面部署。专项扶贫主要指国家安排专项扶贫资金，主要由扶贫部门组织实施，直接帮助最贫困乡村、最贫困人口的工作。未来 10 年的重点包括易地扶贫搬迁、整村推进、以工代赈、产业扶贫、就业促进、扶贫试点、革命老区建设等。行业扶贫主要指各行业部门支持贫困地区和贫困人口发展的政策和项目，要密切结合各行业的业务职能，把改善贫困地区发展环境和条件，促进贫困地区产业发展、实现贫困地区基本公共服务均等化作为本行业发展规划的重要内容，在资金、项目等方面给予倾斜。社会扶贫主要指社会各界参与扶贫开发事业，要加强定点扶贫，推进东西部扶贫协作，发挥军队和武警部队的作用，动员企业和社会各界参与扶贫。

六是强化了政策措施和组织保障体系。新《纲要》第一次明确提出对扶贫工作可能产生较大影响的重大政策和项目，要进行贫困影响评估，还要求加快扶贫立法。要完善扶持贫困地区发展的各项政策措施，从 8 个方面提出有利于贫困地区和扶贫对象加快发展的政策，特别强调了财政和金融、投资和产业、生态和人才等方面。为了深入推进扶贫开发工作，新《纲要》明确，要坚持中央统筹、省负总责、县抓落实的管理体制，建立片为重点、工作到村、扶贫到户的工作机制。

为了明确部门责任，中央办公厅、国务院办公厅专门印发了相关部门贯彻实施新《纲要》各项政策措施的分工方案。

（二）召开中央扶贫开发工作会议

11 月 29 日到 30 日，中央扶贫开发工作会议在北京召开，距离上次会议整整 10 年。这是扶贫开发历史上规格最高、人数最多、内容最丰富的一次重要会议。中央政治局常委会全体同志出席会议，胡锦涛、温家宝同志发表重要讲话。

胡锦涛总书记的重要讲话，充分肯定了改革开放特别是 21 世纪以来扶贫开发取得历史性成就，全面总结了扶贫开发工作积累的宝贵经验，深刻阐述了做好新阶段扶贫开发工作的重要意义，明确提出了总体要求，全面部署了工作任务，对打好新一轮扶贫开发攻坚战做了总动员。会议主要的理论成果是对中国特色扶贫开发道路进行了系统总结："在长期实践中，特别是近 10 年来，我们不断推进扶贫开发的理论创新、制度创新和政策创新，完善国家扶贫战略和政策体系，成功走出了一条以经济发展为带动力量、以增强扶贫对象自我发展能力为根本途径，政府主导、社会帮扶与农民主体作用相结合，普惠性政策与特惠性政策相配套，扶贫开发与社会保障相衔接的中国特色扶贫开发道路。"

会议最振奋人心的消息当属大幅度提高了国家扶贫标准。制定符合国情和发展阶段的国家扶贫标准，对统一思想认识、瞄准扶贫对象、凝聚扶贫力量非常必要。2008 年走出了第一步，将原来的低收入标准明确为国家扶贫标准，国内外反映很好。但 1196 元的扶贫标准，无论是与其他发展中国家、国际通用的贫困标准相比，还是与我国经济发展水平、全面建设小康社会的要求相比，仍然偏低。

因此，在研究制定新《纲要》的时候，提高扶贫标准的问题被再次提出。这次提高标准，没有采用原来以食品消费为主要依据的方法，而是适应我国全面建设小康社会进程中扶贫开发工作的实际，重点考虑了以下因素：首先，新标准要与到 2020 年稳定实现扶贫对象"两不愁、三保障"的奋斗目标相一致。其次，新标准要与"低保维持生存，扶贫促进发展"的工作定位相一致。第三，新标准要充分考虑发展不平衡的基本国情，与各省自定扶贫标准的情况相衔接。第四，新标准要稳妥可行。通过不断加大投入和工作力度，提出的目标，经过努力要能够完成。第五，新标准也要适当参考世界银行提出的所谓"国际标准"，有效回应有些人关于"国家扶贫标准过低"的质疑。

综合考虑以上各种因素，中央决定将农民人均纯收入 2300 元（2010 年不变价）作为新的国家扶贫标准，比 2009 年提高了 92%。到 2011 年底，这个标准相当于全国农民人均纯收入的 33.25%；对应的扶贫对象规模是 1.22 亿人，占农村户籍人口的 12.8%。根据世界银行专家测算，这个标准相当于购买力平价 1.8 美元。扶贫标准的大幅度提高，充分表明了党中央、国务院对农村低收入人口的深切关怀，体现了中央领导集体加快推进发展成果惠及全体人民的政治意愿。把更多低收入人口纳入扶贫范围，这是社会发展进步的体现，是加大扶贫工作力度的重要措施。

这次会议，充分体现了以人为本、执政为民的理念，顺应了全体人民共享改革发展成果的新期待，确定了新阶段扶贫开发工作的行动纲领，吹响了新一轮扶贫开发的进军号角。

（三）组织实施武陵山、乌蒙山片区区域发展与扶贫攻坚规划

我国的贫困问题带有明显的区域分布性，既表现在贫困人口生产生活困难，也表现在区域经济社会发展滞后。扶贫领导小组建立时的名称就是“国务院贫困地区经济开发领导小组”，也曾经在全国划定了18个集中连片贫困地区。但在实际操作中，从1986年开始，一直以县为行政工作的推动单位，开始叫贫困县，2001年以后改称国家扶贫开发工作重点县。

把集中连片特殊困难地区作为新阶段扶贫开发工作重点，是党中央、国务院根据我国国情和新阶段扶贫开发面临的形势做出的重大决策。因为多年的扶持，面上的贫困确实得到很大缓解，集中连片特殊困难地区的问题就显得更为突出，成为全面建设小康社会进程中的最大障碍，是短板中的短板。这些地区多处于革命老区、民族地区、边疆地区，生态环境脆弱，生存条件恶劣，自然灾害频繁，基础设施和社会事业发展明显滞后，贫困程度深，改变其落后面貌必须举全国之力打一场攻坚战。经过多年持续健康稳定的发展，国家也有实力集中力量解决这些地区的问题。这是推动区域协调发展的重大举措，是促进社会和谐的重大决策，是国家扶贫战略的重大创新，具有重大的现实意义和深远的历史意义。

新《纲要》提出连片特困地区扶贫攻坚的基本思路：加大投入和支持力度，加强对跨省片区规划的指导和协调，集中力量，分批实施。各省（自治区、直辖市）对所属连片特困地区负总责，在国家指导下，以县为基础制定和实施扶贫攻坚工程规划。国务院各部门、地方各级政府要加大统筹协调力度，集中实施一批教育、卫生、文化、就业、社会保障等民生工程，大力改善生产生活条件，培育壮大一批特色优势产业，加快区域性重要基础设施建设步伐，加强生态建设和环境保护，着力解决制约发展的瓶颈问题，促进基本公共服务均等化，从根本上改变连片特困地区面貌。

为了实施连片特困地区扶贫攻坚工程，国家将从三个方面采取措施：一是加大统筹协调力度。国务院扶贫开发领导小组作为片区扶贫攻坚协调小组，将进一步强化统筹协调职能，建立片区定点联系机制，加大对片区扶贫攻坚工作的统筹协调和督促指导力度。二是创新思路，统一规划，形成城乡统筹的扶贫工作新格局。扶贫办和发展改革委将按照“区域发展带动扶贫开发、扶贫开发促进区域发展”的基本思路和“雪中送炭，突出重点”的基本原则，共同组织编制片区区域发展与扶贫

攻坚规划。三是研究制定支持片区的优惠政策。扶贫办将会同有关部门，在财政、税收、金融、投资、产业、土地等方面，尽快研究制定支持连片特困地区的优惠政策。

武陵山片区试点已于去年11月启动，今年2月23日，乌蒙山规划启动。今年，还要编制完成其他9个片区的规划，并陆续启动秦巴山等片区规划的实施。

新10年的扶贫开发工作，有许多亮点和重点。仅从以上三个方面我们就可以看出，2011年，扶贫开发工作确实开创了新的篇章，这样的大布局、大手笔、大思维，是前所未有的。

中央扶贫开发工作会议召开后，各地、各部门迅速行动起来，及时传达会议精神，全面部署新阶段扶贫开发各项任务。截至2月20日，已有21个省区市召开高规格扶贫开发工作会议，24个省区市出台了贯彻落实新《纲要》的实施办法或意见，25个省区市加强了扶贫领导或工作机构，各省区市都明确了新阶段的扶贫标准，中西部各省区市都完成了重点县调整工作，内蒙古、广东、湖南、江苏、辽宁、河北、江西、山西等省区大幅度增加扶贫开发投入，其中内蒙古本级财政扶贫资金从1.8亿元增加到10亿。总体看，各地全面深入贯彻中央扶贫开发工作会议精神，行动非常迅速、认识非常统一、措施非常得力，为推进新阶段扶贫开发工作奠定了良好的基础。

二、深入贯彻中央扶贫开发工作会议精神，扎实做好扶贫调研、宣传和干部培训工作

三项工作一直是扶贫开发的重要内容。扶贫开发工作进入新阶段后，目标更高，范围更广，任务更重，重要性也更加突出。中央扶贫开发工作会议后，我们拟对这三项工作进行专门部署。考虑到今年工作任务很重，决定开一次会议，统一进行布置，有利于降低行政成本，也有利于相互配合，形成合力。

（一）去年以来三项工作的开展情况

1. 扶贫调研工作

重视调查研究，是我们党做好工作的传家宝。马克思主义的辩证唯物主义、历史唯物主义世界观和方法论，党的实事求是的思想路线，党的从群众中来、到群众中去的根本工作路线，都要求我们必须始终坚持和不断加强调查研究。

调查研究是推进扶贫决策科学化的重要手段。特别是最近几年开展的大规模调研活动，对于形成新阶段扶贫开发的基本思路发挥了重要作用。2007年领导小组成员单位的联合调研，全面分析了统筹区域城乡发展战略下扶贫开发面临的形势和任务，提出在集行业政策、区域政策和社会政策于一体的“大扶贫”格局下深入推进工作的政策建议，为扶贫战略的转变奠定了基础。2009年组织扶贫开发领导小组成员单位开展的完善国家扶贫战略和政策体系联合调研，深入分析了全面建设小康社

会进程中扶贫开发的重要作用，客观分析了扶贫工作阶段性特征，提出新形势下进一步推进扶贫开发的工作思路、奋斗目标、基本方针、内容途径、政策措施，为新《纲要》的编制、中央扶贫开发工作会议的召开做了充分准备。

在扶贫开发新的历史阶段，外部形势发生了很多变化，对扶贫工作提出新的要求，许多新情况、新问题是我们过去不了解、不熟悉的，必须通过调查研究解决。例如，目前全国各地轰轰烈烈开展的易地扶贫搬迁，被许多省区市列为扶贫工作第一任务，但我们对其规律到底掌握多少？搬迁规划是否做到与新农村建设、城镇化、生态保护、产业发展有机结合？是否充分尊重了群众意愿，坚持了自愿原则，保护了农民土地承包权，确保了贫困农户受益？搬迁以后农民的户口、生计是如何解决的，一些小村并大村、村委会变居委会后行政管理关系如何理顺？如果我们对这些问题不做深入的调查研究，就无法进行科学的决策，带来许多后续的问题。

去年，办里对开展调研就做了安排，给各地下发了《关于加强扶贫开发工作调研的通知》。各地高度重视，辽宁、河南、重庆等省市制定下发了《关于加强扶贫开发调研工作的通知》，山西、内蒙古、吉林、浙江、安徽、河南、广西、云南、贵州、甘肃、青海、新疆等省区的主要领导亲自撰写调研报告，山西省还明确了由主要领导负总责，分管领导具体负责。内蒙古自治区扶贫系统各级领导深入贫困地区开展调研，全年形成调研报告180篇。广西自治区扶贫系统，全年开展各类扶贫调研活动306次，形成调研报告252篇，得到各级党委、政府领导批示的102篇。通过一年的努力，2011年，各省形成调研报告1000多篇，并从中推荐优秀调研报告134篇。经过我办认真筛选和专家投票，产生一等奖3篇，二等奖8篇，三等奖8篇，优秀奖19篇。今天的会议上还要对优秀调研报告进行表彰。

2. 扶贫宣传工作

宣传工作是我们党的一大传统、一大优势，是组织群众、动员群众为实现中国特色社会主义伟大事业而奋斗的强大思想武器。现代社会，宣传舆论的社会影响力越来越大。能不能把握正确的舆论导向，关系人心向背，关系事业兴衰，关系党的执政地位。新阶段扶贫开发面临重大挑战，同时也迎来了前所未有的调动、发动、动员各方各层开展扶贫开发的历史机会，在这个时候，宣传工作显得尤为重要。

2011年，乘着颁布新《纲要》和召开中央扶贫开发工作会议的东风，扶贫宣传工作取得突破性进展。年初，我办会同中央宣传部联合下发了《进一步做好新时期扶贫开发宣传报道方案》，对全年的宣传工作做出部署。6月，成功举办《新世纪农村扶贫开发成就展》，总结10年扶贫经验，宣传扶贫开发的巨大成就。11—12月，在中央扶贫开发工作会议前后，从中央到地方，从平面媒体、立体媒体到网络媒体，形成了扶贫宣传工作的立体攻势。初步统计，2011 年各地在《人民日报》、《光明日报》、《经济日报》、《农民日报》、中央电视台、中央人民广播电台等中央主要媒体和行业媒体上的宣传成果逾 250 篇（次），除此以外，还有大量省内报刊、宣传片、专题发布会、政府网站的宣传报道，成果丰富，内容涵盖 10 年扶贫开发的主要成就、经验做法、各地涌现出的扶贫开发先进集体和个人事迹以及新阶段扶贫开发的战略部署等。

3. 扶贫干部培训工作

从 20 世纪 80 年代中期有组织、有计划、大规模扶贫开发启动以来，贫困地区和扶贫系统干部培训就始终是推进扶贫工作的重要手段。培训中心是扶贫办成立较早、最先承担国际扶贫项目的事业单位，长期以来，在中组部、财政部的大力支持下，持续开展贫困地区县级党政领导干部、扶贫系统领导和业务骨干培训，对宣传党的扶贫开发大政方针、推进扶贫事业顺利发展发挥了积极作用。在这个过程中，各地的扶贫培训工作机构也逐步发展起来。

2011 年全国贫困地区干部培训中心在办党组的统一安排下，在政策法规司的具体指导下，围绕新《纲要》精神的学习和贯彻为主题，分别举办了县级党政领导干部和省、地、县扶贫办主任及业务干部班，共 13 期，累计培训 2184 人，圆满完成了各项培训任务。培训班围绕扶贫中心工作重点，精心设计培训课程，科学安排教学内容，准确选择观摩现场，加强案例教学，运用材料交流，从而使培训班取得了实效。回收的有效培训评估表中，学员对所有课程的满意率均在 90% 以上。培训班期间，还召开了不同层次的学员座谈会，形成扶贫信息，以国务院扶贫办的名义上报国务院，为上级制定政策提供决策支持。

（二）三项工作形成的基本经验做法

在以上三项工作推进的过程中，各地总结了不少好的经验和做法：

一是领导高度重视。将三项工作纳入议事日程，制订工作计划，明确分管领导和专人负责，安排相关经费，开展人员培训，确保各项工作稳步推进。许多省办的领导亲力亲为，亲自撰写修改调研报告，接受媒体采访，为培训班授课。

二是不断完善工作机制。各地通过建立完善督查制度、考核机制、激励机制，调动广大干部做好工作的积极性。湖北省通过建立督查制度，由综合处定期对调研宣传工作进行督办，通报工作情况。广西自治区连续 6 年在全区扶贫系统中开展论文评优活动。

三是加强与相关部门合作。做好这三项工作，仅靠扶贫部门的力量是远远不够的。各地都加大了与有关研究、培训机构和媒体合作，极大地提高了水平，扩大了影响。广西自治区与科研院校及电视、报刊、杂志等新闻主流媒体联合开展系列扶贫宣传活动，与区党委政策研究室、区人民政府政策研究室、区社会科学院等部门开展联合调研，使扶贫调研和宣传工作开展有声有色有特点，极大地提高调研水平，增强了扶贫宣传的影响力。

尽管三项工作取得了具大成就，特别在2011年都有新的进展，但是与新阶段扶贫形势与任务的要求相比，还有一定的差距。对于调查研究，有些同志认为自己在一个单位、一个地方时间长了，了解情况，熟悉业务，搞不搞调研问题不大。对于宣传工作，有些同志不够重视，缺少深入研究，满足于一般性宣传活动。对于干部培训，有些同志认为是常规工作，培训缺乏针对性，水平不高，效果不好，没能很好地配合中心任务。从提高党的执政能力角度看，扶贫开发的调研、宣传和干部培训工作，是扶贫系统的软实力建设。扶贫调研对于提高扶贫决策的科学性、前瞻性至关重要；扶贫宣传不仅关系我们的事业，更关系到党和政府的形象，人心的稳定；干部培训则是统一思想、提高水平、增强执行力的重要手段。全系统同志要提高对三项工作的认识，各级扶贫部门的领导特别是主要领导必须倾注精力、营造合力、激发动力，使扶贫调研、培训和宣传工作有为、有位、有效。

（三）进一步做好三项工作的要求

新《纲要》将三项工作提高到从未有过的高度。第四十五条的标题就是“加强扶贫研究和宣传工作”，要求“切实加强扶贫理论和政策研究，对扶贫实践进行系统总结，逐步完善中国特色扶贫理论和政策体系。深入实际调查研究，不断提高扶贫开发决策水平和实施能力。把扶贫纳入基本国情教育范畴，作为各级领导干部和公务员教育培训的重要内容、学校教育的参考材料。继续加大扶贫宣传力度，广泛宣传扶贫开发政策、成就、经验和典型事迹，营造全社会参与扶贫的良好氛围。同时，向国际社会展示我国政府保障人民生存权、发展权的努力与成效。”第四十三条“加强扶贫机构队伍建设”中明确规定，“贫困地区县级领导干部和县以上扶贫部门干部的培训要纳入各级党政干部培训规划。”在中央扶贫开发工作会议上，胡锦涛总书记、温家宝总理也从不同的角度对这三项工作做出重要指示。为我们进一步做好三项工作打开广阔的空间。

三项工作不是孤立的，而是有机联系、相辅相成的。调研是三项工作的基础，为决策提供依据，也为宣传和培训提供基本内容；宣传工作将党和国家的方针政策变为全社会的共识，为打好攻坚战奠定思想基础；培训工作以提高扶贫系统干部基本素质和能力为目标，将党和国家的方针政策变成各级干部的实际行动。因此，各级扶贫部门要将这三项工作作为有机整体，合力推进。

1. 切实加强对三项工作的领导

各级扶贫开发部门，要把扶贫调研和宣传工作摆上议事日程。一是亲自研究。主要领导和分管领导，要将扶贫调研、宣传和培训工作与其他工作同研究、同部署、同考核，切实做到有计划目标、有实施方案、有工作责任。二是要亲自过问。要经常给从事扶贫调研、宣传和培训工作的同志出题目、交任务、压担子，要定期检查工作落实情况。三是要亲自参与。领导班子成员，要充分发挥自身理论深厚、实践经验丰富的优势，亲自撰写调研报告，亲自组织宣传稿件，亲自指导培训，当好表率，做好榜样。四是要整合力量。要加强自身队伍，确保有专人谋事、有专人干事，从政治上、工作上、在生活上关心干部，让他们安心、静心、专心从事扶贫调研、宣传和培训工作。要建立定向的新闻媒体队伍，要加强同各级党委宣传部门的沟通和协调，争取支持扶贫调研、宣传和培训工作。要建立通讯员队伍，从各级扶贫部门吸收一批工作热情高、文字功底强的同志从事扶贫宣传工作，鼓励他们多写宣传扶贫、推介扶贫的精品力作。五是提升干部素质。作为一名调研、宣传和培训工作者，最大的挑战是能力的挑战，最大的危机是本领的危机。工欲善其事，必先利其器。要加强扶贫理论学习，掌握调研报告和新闻采写技能，提高自身素质。要勤勉务实，在工作中要勤动腿、勤动脑、勤动笔。六是要保障经费。目前干部培训费用各地都有考虑，今年扶贫办已与财政部达成共识，决定把扶贫培训工作作为“十二五”时期中央财政投入的重要增长点，进一步加大中央财政扶贫投入，为打好新一轮扶贫开发攻坚战打下良好基础。但是在大部分省区市，扶贫调研和宣传工作的经费渠道还不够稳定，要想方设法解决。

在此我要特别强调一下及时报送有关材料的问题。大部分省区市对办里布置的工作能够认真落实，及时报送工作情况。但是也有一些省区市做事拖沓，效率很低。去年8月在商洛召开两项制度衔接现场会时，要求各省上报上半年宣传工作情况；9月请各省上报贫困农户住房政策的情况。可是直到年底，有些省也没有报送情况。三项工作都需要及时了解各省区市的情况，听取大家的意见和建议。如果情况不清楚，很难做出准确的决策。从扶贫办的角度来说，我们将进一步提高工作的计划性，尽量减少临时性安排。但是许多情况就是临时发生的，许多工作就是临时部署的，我们必须完成。例如，春节前安排的贫困地区新农村建设和稳步推进城镇化进程的调研任务，就是上级春节前才安排的，我们不能对中央说扶贫办人手少，任务重，不能按时完成。尽管有些省不积极，全国的报告还是要按时在3月5日之前报出。在此表扬吉林、云南、江西、湖北、湖南、黑龙江、陕西、安徽、新疆、山西、广西、宁夏、广东、四川、海南、重庆、内蒙古17个省区市（以上按报送时间排序），及时上报了相关材料。

2. 努力提高调查研究水平

做好新形势下扶贫调研工作，要坚持解放思想、实事求是、与时俱进，深入研究制约贫困地区、贫困人口发展的突出问题，深入研究贫困群众反映强烈的热点难点问题，深入研究贫困村村级组织建设问题，深入研究扶贫面临的重大理论创新问题等，全面了解贫困地区、贫困人口新情况，认真总结群众在扶贫实践中创造的新经验，努力探索带规律性的东西，积极提供相应的对策，使调研工作同中心工作和决策需要结合起来，更好地为扶贫科学决策服务，为提高领导水平和执政水平服务。

2012年，在全国扶贫系统开展千村万户扶贫调研活动，各地要高度重视这次调研活动，抓好落实。一是明确调研范围。这次调研活动，在全国范围内选择1000个以上贫困村（行政村），包括部分已实施整村推进扶贫规划的贫困村，覆盖所有连片特困地区。每个村选择不少于10户贫困户进行详细调查了解，作为典型个案分析。二是落实调研内容。一定要从群众中来、到群众中去，广泛听取群众意见。毛泽东同志1930年在寻乌县调查时，直接与各界群众开调查会，掌握了大量第一手材料，诸如该县各类物产的产量、价格，县城各业人员数量、比例，各商铺经营品种、收入，各地农民分了多少土地、收入怎样，各类人群的政治态度，等等，都弄得一清二楚。这种深入、唯实的作风值得我们学习。三是注意调研方法。调查研究必须坚持实事求是的原则，树立求真务实的作风。这次调研活动采取问卷调查与实地调研相结合的方法。通过问卷调查掌握基本数据，通过实地调研、座谈、走访等方式，全面深入地了解贫困村和贫困户各方面情况。四是调研成果运用。调查研究包括调查与研究两个环节。衡量调查研究搞得好不好，不是看调研报告写得怎么样，关键要看调查研究的实效，看调研成果的运用，看能不能把问题解决好。这次的调研活动，就是要研究解决扶贫到户的问题，让扶贫对象得到有效的扶持，实现“两不愁、三保障”的目标。

3. 进一步扩大扶贫宣传影响

2012年的扶贫宣传工作，要在去年取得巨大进步的基础上乘胜前进。

要全面阐释新时期扶贫战略部署。一是系统阐述新《纲要》和中央扶贫开发工作会议的总体要求和基本精神。二是大力宣传连片特困地区的贫困状况和扶贫攻坚的进展。三是抓好易地扶贫搬迁、就业促进、产业扶贫、整村推进等扶贫开发各项重点工作的宣传。四是大力弘扬扶贫济困精神，加大扶贫先进典型和励志脱贫致富典型的宣传，动员全党、全社会打好新一轮扶贫攻坚战。要在全面理解的基础上，科学阐释新时期扶贫工作的新要求、新目标、新任务和新部署，为完成新时期扶贫开发任务，实现新阶段扶贫开发目标打好基础。

要创新扶贫宣传形式和手段。聚合力量，打造宣传新模式。各地扶贫部门要进一步研究创新宣传的形式，充分发挥传统媒体、新型媒体的协同作用，综合使用各种宣传手段，使形式更活泼，使效果更显著，努力实现由“说教式”宣传向“互动式”、“服务性”宣传的转变。搭建平台，用好网络新媒介。鼓励各地开通政务微博，及时发布扶贫相关政策和动向，广泛听取和采纳群众意见，认真处理并反馈群众的关切问题。

要进一步完善扶贫宣传工作机制。一是建立专门机构，安排专门人员。各地扶贫部门要有领导分管、设置专门处室、安排专门人员。这次会议后，请各地抓紧落实，并于4月30日前，将分管领导、宣传干部（通讯员）的姓名、职务、联系方式等报我办政策法规司，以后有宣传工作人员发生变动时，要及时报告我办更新信息。二是建立扶贫舆情监测机制。各地扶贫部门要逐步建立舆情监测系统，特别是网络舆情，实现由“人工搜索”向“自动搜索”转变，由“重点监测”向“全网监测”转变，由“舆情收集”向“统计分析”转变，提高应对舆情的主动性和实效性。辖区内有重要扶贫舆情发生时，要及时收集、整理，对事件的起因、处理办法及主要启示等形成报告送我办政策法规司汇总整理，以资参考。三是扶贫系统宣传资源要逐步形成合力。国务院扶贫办和很多省区市的扶贫系统有自己的期刊或网站等自己主管的宣传资源，从今年开始国务院扶贫办将加强对《中国扶贫》、《扶贫开发》、国务院扶贫办网站的管理、指导力度，并运用这些宣传资源采取不同方式加强与本系统各地宣传工作的互动配合。《中国扶贫》杂志是办系统唯一公开发行的刊物，近年来，主动围绕办里的中心工作，开展了丰富多彩的宣传工作，质量不断提高，影响不断扩大。最近，为了理顺工作关系，杂志主管机关调整到培训中心，希望大家继续支持，一方面多提供稿件，丰富杂志的内容；另一方面，也要在征订上加大力度。四是完善宣传成果定期报送机制，季度一通报，年底一评比。在每个季度结束后一月内，即今年4月30日、7月31日、10月31日和次年1月31日，要将前一季度在中央主要媒体和行业媒体及国务院扶贫办主办的媒体宣传成果总结报送，以便汇总。在全年宣传成果汇总后，召开表彰大会。五是健全绩效考核机制。各地扶贫部门要建立扶贫开发宣传绩效考核机制，将扶贫宣传纳入各地扶贫办年度工作任务目标考核。要完善激励机制，对于工作出色的宣传干部，采取多种激励手段，激发宣传干部的主动性，引导好、保护好、发挥好干部职工参与扶贫宣传的积极性。

要加大扶贫宣传人员培训力度。各地要积极组织对宣传工作骨干人员的培训，进一步深化思想认识，提高业务水平。要合理安排培训内容，将新媒体运用管理、网络舆情引导、政府形象塑造、突发事件处理等切合当下社会发展实际的内容纳入培训教材，使培训更有针对性。要精心设置培训形式，将理论性和实践性相结合，将专题讲座和案例分析相结合。要慎重选择培训师资，包括宣传部门、新媒体技术型专家、高校和研究机构宣传工作专家以及宣传工作经验丰富的其他部门同志等，保障培训的全面深入。通过培训力争实现宣传干部进一步掌握新时代媒体、宣传工作技巧和要点，提升同媒体沟通的能力水平。

4. 逐步完善干部培训工作机制

新阶段扶贫开发任务艰巨、时间紧迫，对贫困地区党政干部、扶贫系统干部、各部门参与扶贫事业的干部提出了新的更高要求。在中央扶贫开发会议上胡锦涛总书记强调，要切实加强扶贫干部队伍建设，努力打造一支素质高、作风实、讲奉献的扶贫开发干部队伍。而目前扶贫系统的干部还有一定的差距，需要通过培训开阔视野，提高素质，增长才干，适应新阶段扶贫开发形势任务的需要。这就要求我们深刻认识扶贫培训工作的重要性，增强责任感，切实高度重视，加强领导，把扶贫培训工作摆到更加重要的位置，真正抓出实效。

2012 年干部培训工作要以深入贯彻落实中央扶贫开发工作会议和新《纲要》精神为主线，以集中连片特困地区扶贫攻坚为核心，以全面提高全国扶贫系统干部队伍的整体素质和工作能力为目标，力争做好以下工作：一是编制印发《“十二五”贫困地区和扶贫系统干部培训规划》。继续与中组部、财政部沟通协商，力争联合印发。二是举办贫困地区和扶贫系统干部培训。计划举办国内干部培训班 16 期，培训各级干部约2000 人次。三是搞好培训教材开发。继续做好《新纲要干部辅导读本》、《连片特困地区规划编制理论与方法》以及案例教材的出版发行工作。

在此我还要特别讲一下《新纲要干部辅导读本》的征订工作。这是办里推出的干部培训重点教材。起草新《纲要》的时候，我们就考虑要编一本书，对文件进行解读，帮助贫困地区和扶贫系统的广大干部准确把握中央精神，增强行动的主动性、自觉性和科学性。参加本书编写的大部分是文件起草组成员，还有相关部委办负责扶贫工作的同志，办领导亲自审改了书稿，其内容具有很高的权威性。但是据培训中心的汇总，征订情况并不乐观。有些省贫困人口规模在全国靠前，进入片区规划的县几十个，可是预定教材几十本。从教材的征订情况，我们可以看到各省对三项工作的态度。希望大家进一步提高认识，将之作为学习贯彻中央精神、提高培训和宣传工作水平的重要依据，提高认识，做好征订工作。

长期看，要逐步完善扶贫培训体系建设，实现各级扶贫培训机构的网络化管理，实现基地、师资、教材、培训方案等资源的共享。培训中心要发挥龙头的作用。

一是要建设扶贫培训的师资队伍。一方面，要提高扶贫系统内部师资的水平，各省扶贫培训机构之间要加强交流，相互学习、相互提高、资源共享。另一方面，要高度重视和充分利用系统外的资源，主动与各级党校、国家行政学院、大专院校和研究机构联系与合作，利用他们在理论研究和师资方面的优势，提高扶贫培训效果和质量。

二是要开发扶贫培训的课程体系。在中国特色扶贫开发道路已经形成主题框架的大背景下，要从基本国情和工作需要出发，逐步形成扶贫培训的课程体系，并努力向着建立独立学科的方向发展。这个课程体系要包括基础理论、核心理论、国际经验、国内经验以及相关的辅助性内容。

三是要开发扶贫培训的特色教材。根据扶贫培训课程体系的要求，组织编写一批高质量的扶贫培训专门教材。在编写基础性、理论性教材的同时，还要特别重视对案例教材的收集、整理。希望通过大家的共同努力，在“十二五”期间形成适应新阶段扶贫开发工作需要的优秀扶贫教材。

四是要完善培训工作手段。在方法上，要综合运用讲授式、研究式、案例式、模拟式、体验式等先进的培训方法，提高培训效果和质量。在效果上，要建立符合扶贫工作需要的培训考核评估体系。在每期培训班结束后要做教学评估，主要是检验教学的效果，评价老师的教学水平。要在培训结束一段时间后做追踪调查，观察培训对实际工作产生的影响，便于全面改进培训工作。

五是要逐步建立扶贫培训系统的考核、评估机制。国务院扶贫办从今年起，将从开发教材、选取示范点等工作入手，逐步在全系统对扶贫培训的课程设置、师资要求及培训效果，组织对口评估、考核或调查，进一步优化、提升培训资源成效。

同志们，做好扶贫调研、宣传和干部培训工作，对于打好新阶段扶贫攻坚战意义深远，作用重大，希望大家能沉下心来，认真学习，深入思考，积极行动，大胆创新，为做好新 10 年的扶贫工作，胜利完成新《纲要》确定的战略目标奠定坚实的基础。

谢谢大家!

在深化扶贫金融合作工作会议上的讲话

王国良

2012 年 4 月 20 日

尊敬的孙平副行长、蒋家柏副秘书长，同志们：

大家上午好！

这次会议的目的，是认真贯彻中央扶贫开发工作会议精神，进一步提高对金融扶贫工作重要性的认识，不断深化扶贫金融合作，推动贫困地区产业开发和贫困农户增收致富。这是贯彻落实中央扶贫开发工作会议精神的一次专题会议，也是推进新十年扶贫开发纲要的一项重要举措。

这次会议，是国务院扶贫办和中国进出口银行（以下简称“口行”）联合召开的。扶贫办和口行对金融扶贫高度重视，自 2008 年开展合作以来，工作年年有发展，业务年年有增长，合作年年有成效。目前金融扶贫的试点已经扩大到 28 个省（区、市）。口行三批共受理 113 个扶贫项目，合同金额达 359 亿元。截至 2011 年末，已通过审批放贷项目 26 个，项目批贷金额约 24 亿元，已放款约 18 亿元。这些项目对促进贫困地区经济社会发展、贫困农户增收以及培育壮大扶贫龙头企业发挥了重要作用。借此机会，我代表扶贫办，对口行多年来对扶贫事业的关注和支持，表示衷心感谢！

刚才，口行北京分行、陕西分行、四川省扶贫移民局、山东省扶贫办的同志作了发言，孙平副行长亲自到会指导，发表了重要讲话。大家讲得很好，听后深受启发。下面，我讲三个方面的意见。

一、金融扶贫经验丰富，成效显著

金融扶贫是扶贫开发的重要组成部分，是促进农民增收、农业增效和城乡经济协调发展的重要举措。金融扶贫的内涵涵盖多个层次，主要包括加大信贷投放力度，满足贫困地区和人口的资金需求；推动贫困地区金融网点建设，保障贫困地区人口享受金融服务的权力；完善农村保险、信用体系建设等，为贫困地区创造良好的金融生态环境；多措并举，提升贫困人群自我发展能力，为贫困地区和人口创造更多机会，从跟本上改变贫困地区面貌。

在金融机构支持产业开发，改善贫困地区、贫困农户生产生活条件方面，经过 20 多年的发展，目前已初步形成以扶贫贴息贷款为基本政策手段，以国有商业性或政策性银行为主要金融放贷机构，民间组织、国际组织共同参与，形式多样的金融扶贫工作体系。

（一）扶贫贴息贷款政策不断完善

从 20 世纪 80 年代中期以来，扶贫贴息贷款与财政专项扶贫投入一样，是国家扶贫政策的主要组成部分。近 30 年，国家财政专项扶贫资金投入 2100 亿，扶贫信贷资金投入 2600 亿，2011 年国家财政专项扶贫资金投入 270 亿，扶贫信贷资金投入 447 亿。扶贫贴息贷款对促进贫困地区产业结构调整、农民增收发挥了重要作用。

扶贫贴息贷款管理体制经历了逐步规范化、市场化的过程。目前主要采取四种做法：一是放开贷款规模；二是面向所有金融机构；三是灵活选择贴息对象；四是对到户和项目贷款实行差别贴息。通过以上政策，引导的扶贫贷款总量持续增加，结构不断优化，作用日渐凸显，已成为专项扶贫投入的半壁江山。2001—2010 年十年间，国家共安排扶贫贷款贴息资金 74.5 亿元，引导扶贫贷款 1930 多亿元，其中，到户贷款 749 亿元，项目贷款 1181 亿元。

（二）贫困村互助资金稳步发展

为探索和完善财政扶贫资金使用管理机制，缓解贫困户生产发展资金缺乏、贷款难问题，增加贫困农户收入，提高贫困村、贫困户自我发展能力，2006 年以来，扶贫办和财政部联合开展了“贫困村互助资金试点”。贫困村互助资金以财政扶贫资金为引导，以村民自愿缴纳一定数额的互助金为依托，以其他资金为补充，按照“民有、民用、民管、民享、周转使用”的原则，在贫困村建立生产发展资金。应该说，贫困村互助资金的建立，在一定程度上弥补了农村金融服务缺失，缓解了贫困户发展资金短缺困难，加快了农户增收减贫步伐；激发了农民自我发展、自主创业热情，促进了贫困人口能力的提高；培育了贫困户的协作意识、诚信意识和市场意识。目前，互助资金在贫困地区的作用日益提升，影响逐步扩大。截至201 年底，全国累计 1141 个县、1.63 万个村开展了贫困村互助资金试点。资金总规模累计 33.28 亿元，入社贫困户达到 85.01 万户。

（三）小额信贷扶贫方兴未艾

过去十多年来，围绕农村金融服务体制机制创新，国家支持开展了多种类型金融服务方式和产品的试验，小额信贷就是其中的一项重要内容。在国家政策的引导下，扶贫系统、共青团、妇联等社团组织，各类 NGO 组织在全国各地广泛开展小额信贷，不仅有效解决了农户贷款难题，而且通过提供技术、培训、信息等多种配套措施，促进了受益农户自我发展能力的不断提高。就扶贫系统而言，目前规模较大、影响较广、管理较规范的是中国扶贫基金会实施的小额信贷扶贫项目。该项目成功运行 16 年，覆盖了 13 个省的 53 个县，99% 的贷款客户为农户，平均单笔贷款 9000 多元，68% 的贷款直接用于种养业。形成了一套适合我国农村特点，专为贫困农户服务，且可持续、可推广、可复制的金融扶贫模式。该项目累计发放贷款35万多笔，26亿元，120多万贫困人口从中受益。

（四）金融扶贫合作逐步深化

2006年以来，扶贫办与国家开发银行、口行分别签订《长期金融合作协议》，利用政策性银行的优势，破解贫困地区金融缺失、扶贫龙头企业和贫困农户贷款难问题。经过多年探索，目前已形成了一套比较成熟的做法：一是试点先行、逐步推开；二是突出重点、不断深化；三是整合资源、密切合作。

扶贫办与口行的金融合作已持续五年，从8个省市开始试点，到今年全部推开；项目领域从传统种养业为主，向旅游、民族工艺品等特色优势资源开发延伸；扶贫办与口行每年都召开高层会议和培训会议，共同研究解决重大问题，不断推动合作深入发展。这一合作模式已成为扶贫金融合作的典范。一批扶贫龙头企业得到贷款，不仅促进了贫困地区外向型经济发展，同时带动一大批贫困农户增收脱贫。

（五）世行扶贫项目持续推进

世界银行是扶贫办利用外资开展金融扶贫项目的主要合作伙伴。从20世纪90年代初开始，先后实施了西南、秦巴山区、西部和中国农村社区发展共四期扶贫世界银行贷款项目。目前，第五期的贫困农村地区可持续发展项目正在执行。与世行合作开展金融扶贫，不仅利用了外资，还引进了先进的国际扶贫理念和方法，在完善中国的扶贫机制、创新扶贫模式方面发挥了重要作用。项目创造的经验，在制定新时期扶贫开发纲要中被采纳应用，对提高扶贫资金使用效率和扶贫项目管理水平产生了良好的示范效应。以上五期项目的投资规模约15亿美元，其中利用世行贷款及赠款资金约8亿美元，项目覆盖我国西部8个省区、145个县、1万多个贫困村、约200万贫困户，受益人口达到800多万人。

实践证明：金融扶贫是培育和发展贫困地区特色优势产业不可或缺的重要手段，是新阶段稳定解决温饱、提高发展能力、实现脱贫致富的有力保障，是推动贫困地区发展与扶贫开发的有效措施。

二、积极拓展合作领域，不断完善合作机制

最近一段时间，各地掀起了贯彻落实中央扶贫开发工作会议精神的热潮，各省区市迅速召开高规格会议，党政一把手亲自部署新阶段扶贫开发工作，出台相关文件，强化政策措施。中央和地方进一步加大了扶贫投入力度，今年中央财政专项扶贫资金增幅达到22%，有扶贫攻坚任务的省区市扶贫投入增幅达到45%以上。中央部委高度重视新阶段扶贫工作，目前所有连片特困地区都确定了联系部委，各部委积极组织调研，召开联席会议，派驻帮扶干部，加大行业扶贫力度；有关政策性银行也积极行动，国家开发银行及时出台《关于贯彻落实中国农村扶贫开发纲要的实

施意见》，前不久，口行与我办召开专门会议，积极参与连片特困片区产业规划编制；社会扶贫力量不断壮大；大扶贫的格局得到进一步巩固和发展。

随着国家扶贫标准的大幅提高，扶贫工作重心从解决温饱转向促进发展、缩小差距，拓宽扶贫对象增收渠道、增强发展能力，提高公共服务水平成为今后扶贫开发的主要任务。稳定增加扶贫对象的收入，最重要的措施就是扶持贫困户发展有资源、有市场、可持续的特色优势产业。而产业发展的关键之一又在于贫困户能够得到及时有效的金融服务。因此，新阶段的扶贫开发对扶贫金融工作提出了更高要求，我们要进一步提高对金融扶贫重要性的认识，不断深化金融合作，充分发挥银行及相关金融机构的作用，加大信贷扶贫投入，通过扶持一批龙头企业和专业经济合作组织，带动贫困农户增收脱贫并不断提高扶贫对象的自我发展能力。

尽管金融扶贫工作取得了比较显著的成绩，但是，我们也应该看到，深化金融扶贫合作，进一步发展金融扶贫的作用，依然面临诸多困难与挑战：一是贫困地区金融服务滞后，信贷资金总体规模偏小，基层金融服务机构严重不足。同时，现有金融产品贷款门槛较高，担保条件严格，操作手续繁杂，贫困地区农户和企业贷款难问题始终未能得到有效解决。二是现有一些政策不利于民间金融机构发展，如扶贫小额信贷机构和贫困村互助资金等，普遍存在性质不清、法律属性不明、注册登记难、业务活动受限等问题。三是金融扶贫政策手段单一，且规模不大。目前主要靠贴息手段引导信贷资金投入扶贫开发，由于贴息资金总量有限，审批严格，很多企业和扶贫对象难以得到支持。

积极应对上述挑战，有效解决存在的困难，需要扶贫部门和金融部门进一步开拓创新，总结以往成功做法，特别是要在扩大信贷资金来源、增加和强化政策手段、解决担保抵押难等方面寻求突破，继续有力有序有效地深化金融扶贫合作。特别要重点做好以下三方面的工作：

（一）努力拓展扶贫金融合作的内容

前几年按照先易后难、稳步推进的原则，我们在产业化条件比较成熟的地区，通过解决龙头企业在种养、加工、流通等环节的资金短缺，实施了一批试点项目，取得了良好效果。今年要在拓展合作领域上下工夫：一是在产业选择上要有新突破，要把带有浓郁地方民族文化特色的民族手工业和乡村旅游业，以及贫困农户广泛参与的生产性服务业作为重点支持内容。二是在区域布局上要有新思路，向连片特困地区和著名革命老区倾斜。目前，国家确定的 11 个连片特困地区正在编制区域发展和扶贫攻坚规划，其中武陵山、乌蒙山片区扶贫攻坚规划已经启动，国家各有关部门在这些片区相继实施了一批扶贫项目，需要利用银行信贷资金支持特色产业发展，加强基础设施建设。另外，近期中央对著名革命老区和中央苏区相继下发文件，出台扶持政策。如沂蒙山区和福建中央苏区，这两个地区共有70个县，其中山东沂蒙老区18个县，福建中央苏区20个县、革命老区32个县。对这两个地区，中央已明确要求比照执行中西部地区政策予以支持。三是旅游扶贫试点项目要有新进展。去年，为贯彻党中央、国务院关于西部大开发和四省藏区发展的重大战略部署，落实《2011—2015年全国红色旅游发展规划纲要》，四川省政府、口行和扶贫办联合启动了“保护红军长征遗址暨推进甘孜旅游业发展工程”，项目思路很好，下一步要扎扎实实地抓好落实，总结探索旅游扶贫经验。这个项目取得成功后，可以考虑沿着红军长征路线，再扶持一批红色旅游项目。

（二）完善扶贫金融合作的工作机制

一是在片区产业规划的基础上，建立项目库制度。扶贫金融合作协调领导小组办公室从项目库中筛选项目，提交各地扶贫办和分行开展前期工作，形成自上而下、上下结合、相互沟通协商的工作机制。

二是完善项目共扶机制，适时出台发挥扶贫龙头企业作用，推动特困片区优势扶贫产业发展的指导意见，对参与金融合作的龙头企业，要提出可具操作性的扶持措施。口行方面将对符合条件的项目优先受理，给予优惠利率，并提供融资之外的咨询、结算等金融服务。

三是完善工作沟通交流机制，建立中央和省级两个工作平台，并逐步向省级前移。

（三）扶贫金融合作与产业规划编制紧密结合

根据中央要求，全国11个连片特困地区的区域发展与扶贫攻坚规划都要在今年年底以前完成。在此基础上，我办和农业部将会同林业、旅游等部门编制11个片区产业规划或指导意见，确定一批有特色、有优势的区域性扶贫主导产业，规划一批特色产业开发项目。这就为深入开展金融合作进一步明确了扶持重点，奠定了工作基础和操作平台。因此，要把扶贫金融合作纳入产业规划编制计划，把深化金融合作和产业规划编制两项工作结合好、衔接好。

三、加强沟通协调，努力推进扶贫金融合作

几年来，扶贫办与有关金融机构开展的扶贫金融合作取得了较好的成效。其中，持续时间最长、贷款规模最大、经验做法最多、成效最为显著的是与口行开展的合作。双方的这种有效合作，不仅有力推动了项目覆盖地区产业结构的调整，在一定程度上缓解了扶贫龙头企业资金短缺，促进了受益贫困农户的增收，而且提高了贷款的综合效益。口行总行和扶贫办对该项工作非常重视，李若谷行长、范小建主任高度关注，亲自研究、部署，双方专门出台了相关管理办法。朱鸿杰副行长、孙平副行长为扶贫金融合作倾注了大量心血。

多次做出批示，提出重要指导意见。这次口行总行有关部门和所属21个分行领导全部出席会议，充分体现了对扶贫金融合作工作的重视。为了进一步做好今年的扶贫金融合作工作，我对各级扶贫部门提出三点要求：

（一）高度重视，加强领导。

各省区扶贫办要把扶贫金融合作纳入工作的重要议程，主要领导要亲自研究，并确定一名领导分管。要把扶贫金融合作作为扶贫开发工作的有机组成部分和重要内容来抓，明确分管领导和具体负责的业务处室，做到组织到位，专人负责，专人管理。要为扶贫金融合作工作创造有利的条件和宽松的环境，完善相应的配套措施。要支持和鼓励从事扶贫金融合作工作的同志研究新问题、摸索新模式，及时发现并研究、解决存在的问题。

（二）严格把关，选好项目。

项目质量是扶贫金融合作的生命线，中国扶贫发展中心是把好项目质量的重要关口。发展中心作为扶贫办委托负责扶贫金融合作的具体工作单位，要充分发挥指导、协调、组织和服务作用，努力为金融扶贫搭建交流与合作的平台，为扶贫龙头企业提供更多的融资支持，为贫困地区引进更多的金融机构，为贫困农户提供更多的金融服务。发展中心的领导和参与该项工作的人员一定要认真学习，深入调研，掌握情况，做好协调，搞好服务。还要组织形成一支高水平的专家队伍，充分发挥专家知识面广、专业性强、客观公正评审的作用。各省扶贫办要成为把好项目质量的前沿关口，一定要充实专业力量，筛选出本地既能带动扶贫对象增收致富，又能符合口行政策要求的项目，指导企业做好项目设计，帮助企业解决担保等问题。

（三）密切沟通，加强合作。

做好与口行的沟通协作，首先要解决一个思想认识问题。扶贫贷款不是财政无偿投入，口行虽然是政策性银行，但不是财政部，其本质仍是企业，也要严格按照经济规律办事，坚持风险评估，效益优先，在保证经济效益的基础上，实现社会效益的统一，实现对贫困地区的扶持。因此扶贫部门在与口行进行合作中，特别是在推荐企业、选送项目时，一定要加强这方面的意识，对于风险较大，经济效益不明显，口行不认可放贷的企业，要帮助他们认真分析原因，研究解决存在的问题，达到条件时再推荐，而不能产生埋怨情绪。这是扶贫部门做好与口行沟通合作的前提。目前，扶贫办与口行已形成了规范的合作机制，领导小组每年都召开会议，双方业务部门定期交流，密切沟通配合。各省扶贫办也要尽快建立与相关分行的合作机制，确立合作目标，开展联合调研，加强信息交流，完善工作流程，突破难点问题。我相信，只要双方密切合作，上下齐心协力，一定能够开创扶贫金融合作工作新局面！

谢谢大家！

在全国彩票公益金支持革命老区扶贫开发工作交流暨研讨会上的讲话

王国良

2012 年 9 月 21 日

同志们：

这次会议是一个专题会议，主要是在总结交流中央彩票公益金整村推进项目工作的基础上，安排部署中央彩票公益金创新试点项目，并借此机会交流全国革命老区工作情况，为适当时候召开全国老区工作会议做准备。国务院扶贫办对这次会议十分重视，范小建主任专门听取会议筹备情况汇报，确定会议主题并审阅会议主要材料。这次会议得到了山东省政府、临沂市委、市政府的大力协助，不仅介绍了经验，而且还提供了很好的参观现场。在此，我代表国务院扶贫办向山东省政府和临沂市委、市政府表示衷心感谢！

沂蒙老区的扶贫开发是中国特色扶贫开发的一面旗帜，“沂蒙精神”极大地激励和鼓舞了贫困地区的广大干部群众。大家普遍反映，对沂蒙老区的历史、现状和临沂经济社会发展以及老区扶贫工作有了比较深入的了解，对老区人民发扬自力更生，艰苦创业实现脱贫致富的“沂蒙精神”有了更切身的体会，感到很受教育，很有收获。近些年来，临沂的扶贫开发又有了新的进展，创造了新的经验，与会代表一致反映印象深刻，表示要认真学习借鉴。刚才，6 个省的同志分别作了交流发言。有 3 个省侧重介绍彩票公益金项目实施情况，还有 3 个省侧重介绍革命老区扶贫开发工作，讲得都很好，听后很受启发。下面，我讲几点意见：

一、高度重视革命老区发展建设事业和扶贫开发工作

党中央、国务院历来高度重视革命老区的发展和建设。早在 1953 年，民政部就在全国重要革命根据地确定了 782 个革命老区县，并在当时国家财力十分有限的情况下，对这些革命老区县和优抚对象给予了重点扶持。改革开放以来，随着财力的不断增强，国家在政策、资金、项目的安排上，不断加大对革命老区的支持。进入 21 世纪后从 2001 年起，中央财政在一般性转移支付中专门增设了革命老区转移专项，主要用于改善革命老区人民生产生活条件。补助对象是对中国革命做出较大贡献、财政较为困难的连片老区县，而且不要求县

级财政配套。从 2002 年开始，所有革命老区县实行统一的县均补助标准，之后标准又逐年提高，补助最少的县由 300 万元提高到 720 万元，最多的从 600 万元提高到 1000 万元。截止 2011 年底，累计安排革命老区专项近 200 亿元。国家在重大建设项目安排上，充分考虑和照顾了革命老区，京九铁路建设就是一个典型的例子。为了扶持革命老区红色旅游业发展，中央办公厅和国务院办公厅在 2004 年和 2011 年，连续颁布实施五年期的《全国红色旅游发展规划纲要》。2011 年，国务院办公厅印发了《关于山东沂蒙革命老区参照执行中部地区有关政策的通知》（国办函〔2011〕100 号），明确对 18 个沂蒙山革命老区县（市、区），在安排中央预算内投资时，参照执行中部地区政策。2012 年，国务院批准了《陕甘宁革命老区振兴规划》，印发了《国务院关于支持赣南等原中央苏区振兴发展的若干意见》（国发〔2012〕21 号），对包括东部地区在内的革命老区实施特别扶持政策，加快发展。中央国家有关部门对革命老区给予了重点支持。国家发展改革委从 2005 年开始安排了以工代赈易地扶贫的专项，累计投入老区重点县 80 亿元，同时启动了实施红色旅游景点景区基础设施建设工程。科技部从 2007 年起实施了科技列车老区行活动。水利部把巴中革命老区作为全国小农水的建设重点市。中国老区建设促进会成立 20 多年来，坚持全心全意为革命老区服务的宗旨，为老区做了大量的工作，成为老区扶贫的一支重要力量。截至 2009 年，老促会共为革命老区引进和募集资金 380 多亿元，引进建设项目 10 万多个。特别是 2006 年，老促会组织了上千人开展革命老区百县千村调研，历时半年，撰写了 160 份调研报告，集中反映革命老区生产、建设、社会发展等方面的成就，同时向中央反映了老区面临的突出困难和问题。温家宝总理曾经三次作出重要批示，对进一步加强和促进老区工作产生了较大的影响。

革命老区一直是国家扶贫开发的重点，而且排在“老少边穷”之首。过去 20 多年来，对革命老区扶贫开发工作的支持主要体现在以下几个方面：

一是将革命老区发展优先纳入国家总体扶贫战略。先后颁布实施的《国家八七扶贫攻坚计划》、21 世纪两个十年《中国农村扶贫开发纲要》以及 11 个集中连片特殊困难地区的区域发展与扶贫攻坚规划，都把老区的扶贫开发作为重点予以优先考虑。

二是在确定扶贫工作重点区域时向老区倾斜。在 20 世纪 80 年代中期研究确定扶贫工作重点县时，国家就对革命老区县放宽了标准，目前在 592 个国家扶贫开发工作重点县中有 297 个革命老区县，占 50.2%。在 2011 年划分集中连片特殊困难地区时，对革命老区也给予了加分赋值，使一批革命老区县进入连片特困地区。

三是对为中国革命做出重大贡献的一

些革命老区设立了专项资金，给予支持。

四是在中央财政扶贫资金分配中，按因素法对革命老区县多的省区给予重点考虑。

五是在专项扶贫工作中突出老区工作。“整村推进”是第一个十年扶贫开发纲要采取的一项重要措施，目标是在2010年之前，全面完成全国近15万个贫困村扶贫规划的实施。但是到2007年全国还有5万多个村没有完成任务。范小建主任在深入调研的基础上，明确提出了“三个确保”的工作任务，要求突出重点，加大力度，确保在2010年底前完成老区县贫困村、人口较少民族贫困村和边境地区贫困村的整村推进任务，其中老区贫困村有24008个，占“三个确保”贫困村的97.4%。到2010年底全国虽然还有近3万个村没有完成整村推进任务，但是老区贫困村100%完成了，这非常不容易。另外，我们还在革命老区开展“农村三个代表教育活动与扶贫开发相结合试点”，倾斜安排贫困村互助资金试点等项目。特别是在新增扶贫资源的安排上，重点考虑革命老区县，如中央专项彩票公益金就是专门针对革命老区实施的重点项目。

六是加大革命老区县定点扶贫力度。据统计，目前有246个中央国家机关定点帮扶革命老区县，占帮扶单位总数的80%，并实现了对山西、吉林、河南、海南、重庆五省市重点县中革命老区县的全覆盖。

2007年，中央明确国务院扶贫办作为革命老区的职能管理部门，加挂了革命老区工作办公室的牌子，安排了工作经费，中国老区建设促进会从水利部划归国务院扶贫办主管，标志着革命老区扶贫开发工作进入了一个新的阶段。国务院扶贫办围绕老区扶贫开发工作先后组织了几次较大规模的调研活动，2007年在湖北、江西召开了全国性老区工作会议。各地对革命老区扶贫开发的支持力度也进一步加大。河北、云南、四川、福建、陕西、浙江等省专门出台了《推进老区扶贫工作的意见》，海南省修订印发了《关于进一步加强老区建设工作的意见》。还有一些省新设立或恢复了老区工作的内设机构，安排了专项资金，出台了本省的老区支持政策，革命老区迎来了新的发展机遇。

二、深刻认识中央专项彩票公益金创新试点项目的重要性

改革开放特别是进入新世纪以来，在党中央、国务院的正确领导和各地积极努力下，革命老区的经济社会发展得到了长足的进步，延安、沂蒙山等一些著名革命老区发生了翻天覆地的变化。

据国家统计局统计，“十一五”期间，老区重点县老标准下的贫困人口减少了286.6万人，贫困发生率8.1%，比“十五”期末降低了6.8个百分点；地方生产总值年均增长19.9%，其中第二产业发展速度上升最快；地方财政预算内收入年均增长27%；2010年人均财政收入670元，

比全国重点县 559 元高 111 元；自然村通公路、通电、通电话、接收广播电视的比例分别提高了 8.4 个、2.1 个、15.3 个和 7.8 个百分点。

以陕西革命老区为例，截至“十一五”末，全省革命老区县农民人均纯收入达到 4105 元，比 2005 年净增 2365 元，年均递增 11.7%，全省老区县基本解决了农村贫困人口的温饱问题。其中延安市财政收入由 2006 年的 146 亿元增加到 2010 年的 336 亿元，净增长 1.3 倍。

虽然革命老区的发展取得了很大的成就，但由于种种原因，目前革命老区发展建设中仍然存在着不少困难和问题，主要体现在两个方面：

一是革命老区发展不平衡。就全国老区而言，总体来看，东部老区发展得相对较快、较好；中西部的革命老区则发展比较慢，面临的困难比较多。即使是在东部省的内部，老区的发展也很不平衡，明显落后于其它地区。据统计，山东省沂蒙山革命老区和福建省、广东省原中央苏区的 47 个县，人均 GDP、人均地方财政一般预算收入、农民人均纯收入分别是三省平均水平的 50.29%、23.10% 和 86.78%，贫困发生率（按照 2300 元的扶贫标准）是三省平均水平的 2.55 倍。

二是革命老区仍然是新阶段扶贫攻坚的重点区域。据统计，在 357 个片区内老区县和片区外国家重点县中的老区县中，人均 GDP、人均地方财政一般预算收入、农民人均纯收入分别是中西部有革命老区县的 19 省（区、市）平均水平的 44.91%、22.52%、69.12%，贫困发生率是其平均水平的 1.86 倍。全部 404 个老区县（包括山东、广东、福建 47 个老区县）人均 GDP、人均地方一般预算收入、农民人均纯收入分别是中西部 22 个省（区、市）平均水平的 44.81%、22.10%、72.65%，贫困发生率是其平均水平的 1.95 倍。另外，在 11 个连片特困地区内，罗霄山和吕梁山片区里的县全部为老区县，燕山—太行山区、大别山区中的老区县均占该片区县总数的 75% 以上，秦巴山区、武陵山区中的老区县均占该片区县总数的 50% 以上。片区外的 152 个国家扶贫开发工作重点县中，老区县有 105 个，占 69.08%。

由此可见，革命老区在新阶段的扶贫开发中仍然是重点和难点地区，对革命老区的支持应当坚定不移、始终如一，并且不断加大支持力度。利用中央彩票公益金支持革命老区发展就是其中一个重要举措。

在财政部的大力支持下，自 2008 年以来，利用彩票公益金支持革命老区整村推进项目共安排 15.6 亿元，实施效果十分突出。为此，我们和财政部商定，在开展彩票公益金支持革命老区整村推进试点基础上，从 2012 年起连续两年每年安排 3.75 亿元资金，在革命老区开展彩票公益金扶贫开发创新试点项目，重点支持福建、江西、广东三省原中央苏区，山东沂蒙山和四川、陕西川陕革命根据地以及甘肃庆阳等 7 省革命老区，用于这些地区亟须开展的小型生产性公益设施建设。这是进一步拓宽扶贫资金渠道的有益尝试，是新阶段扶贫开发的重要探索。

彩票公益金就其资金性质来说，不是财政专项扶贫资金，它属于社会资金，来自于亿万彩民的奉献，其使用有特殊的规定和要求。为确保其使用的社会性、公益性和公平性，进一步扩大彩票公益金支持革命老区的范围和领域，扩大其社会受益面和社会影响力，这既是贯彻落实《纲要》和中央扶贫开发工作会议精神的重要举措，充分体现了党中央、国务院对老区人民的关怀，也是彩票公益金资金性质的内在要求。

今年开展的彩票公益金创新试点与整村推进试点相比，有一个突破，就是支持范围向东部中央苏区和著名革命老区扩展。这一变化，主要是基于两点考虑：一是东部的中央苏区和著名革命老区发展同样不平衡，仍然需要国家层面给予必要的支持。二是通过在发展条件相对较好的东部开展试点，希望能够对新阶段面上的扶贫开发起到引领示范作用。因此，国家在继续实施彩票公益金整村推进项目的基础上，决定新增开展彩票公益金支持革命老区创新试点项目，这是新阶段、新形势下赋予革命老区扶贫工作的新动力、新活力和新机遇，对于推动老区发展和建设必将产生积极的影响，各级扶贫部门特别是项目所在县的党委政府必须高度重视，认真抓好。

三、准确把握创新试点项目的基本原则和关键环节

中央专项彩票公益金创新试点项目是在整村推进试点取得成功经验的基础上开展的新项目。彩票公益金支持革命老区整村推进试点项目自2008年实施，今年已是第5个年头。到2011年，试点先后经过稳步推进和提标扩面两个阶段，目前已经推广到中西部有革命老区县的19个省（区、市）。通过公开竞争选择了62个县711个贫困村，累计投入了27.35亿元，其中，中央彩票公益金10.35亿元，整合地方各类资金17亿元，村均投入达到380万元（其中140万元的彩票公益金，240万元的整合资金）。

据初步统计，2008—2011年，彩票公益金整村推进试点共实施基础设施类项目5922个，环境改善和公共服务设施类项目9958个，产业发展项目2007个，同时建立了460个村级互助资金组织。项目的实施显著改善了贫困村的生产和生活条件，提高了公共服务均等化水平，推动了可持续增收产业的形成，增加了扶贫对象的收入，融洽了干群关系，有力地促进了贫困村的和谐发展。可以说，彩票公益金整村推进试点已经成为新时期扶贫开发的一大亮点工程、民心工程，深受革命老区广大干部群众的拥护和欢迎。

经过四年多的成功实践，整村推进试

点已经探索出比较成熟的项目运作机制，积累了丰富的经验：包括竞争选县选村的机制，群众深度参与的机制，多方整合资源的机制，项目全程监管的机制，等等。这些成功经验和有效做法，为我们下一步做好彩票公益金创新试点项目奠定了坚实的基础。

中央彩票公益金创新试点将以围绕改善贫困群众生产生活条件为主要目标，着力推进小型生产性公益设施建设为主要内容，为进一步发展壮大特色优势产业，增加群众收入打牢基础。开展创新试点的各省，特别是项目实施县，在试点项目设计、管理和实施等方面，要准确把握好以下基本原则和关键环节：

一是科学规划，集中连片。要选择制约因素基本相同，发展需求相对一致的自然连片的贫困村，优先进行规划，整体推进。要科学编制创新试点规划，加强试点规划与其他规划的有效衔接。这次我们参观了费县今年计划实施的创新试点项目，项目区是相连的几个村，建设内容主要是修生产路，为什么建这条生产路？因为项目区的核桃产业已经基本形成，但是项目区内道路条件严重制约了产业的发展。所以就瞄准了修路项目，当然路的问题解决了，下一步可能还有水的问题和其他问题，将来再逐步解决。

二是突出重点，整合资源。贫困村里的困难不少，要解决的问题也很多。我们一定要坚持量力而行，量入为出，重点解决贫困村、贫困群众面临的突出困难和紧要问题。即使如此，我们的投入可能还是有限，所以要加大资金整合力度，保质保量地完成建设任务，做到确保质量，有效地改善贫困村生产生活落后的状况，为特色优势产业发展和其他民生改善创造条件。

三是体现公益，瞄准贫困。因为试点资金投入总体有限，所以我们这个项目一定要选择那些受益面广、社会效益显著的小型生产性公益设施项目，不搞大型的、生活性的建设项目。要选择在人口聚集、贫困人口较为集中的区域实施项目，确保扶贫对象优先受惠受益。

四是群众决策，政府支持。要充分发挥贫困村群众的主体作用，激发贫困村群众自我管理和自我发展的积极性、主动性和创造性。政府部门的主要任务是给予指导、提供服务和挖掘整合资源。

五是公平竞争，公开公示。公开竞争主要目的是激励革命老区的干部群众发扬自力更生精神，谁的精神状态好、积极性高、组织能力强、实施条件好，谁就优先实施项目。试点规划、建设项目任务和资金使用的情况要公开公示，接受群众和社会监督。

四、扎实做好创新试点工作的几点要求

一是要深化认识。开展中央彩票公益金创新试点，是贯彻落实《纲要》和中央扶贫工作会议精神的重要举措，是对整村推进试点项目的深化和拓展，是新阶段扶

贫开发与革命老区工作有机结合的新尝试与探索。试点省市县必须以高度的政治责任感和对革命老区人民认真负责的态度，切实履行好责任，努力把创新试点项目做成继整村推进试点后又一亮点工程。在试点项目实施过程中，要充分体现试点的针对性、创新性和示范性。

体现针对性，就是要让扶贫对象受益，这是试点项目的出发点和落脚点。彩票公益金创新试点项目，无论是在东部的中央苏区和著名革命老区，还是在中西部革命老区实施，都要始终坚持把最困难的县、最贫困的村、最需要帮扶的人群作为实施重点，作为最优先规划实施的区域，否则这个试点项目一开始就会脱靶，就失去了试点的意义。

体现创新性，是因为它与先期开展的整村推进试点有明显区别，希望能够总结出新的经验。根据试点工作的总体要求，创新主要体现在区域的拓展、内容的深化和方式上的集中等方面：即项目从重点支持中西部革命老区向东部原中央苏区和著名革命老区适当扩展；从整村推进综合性的项目，向实施小型生产性公益建设单一项目转化；从对单个村的项目规划支持，向县域内集中连片贫困村开发转变。此外，我们希望各试点省区市县结合本地实际，创造性地开展工作，深入探索公益性建设项目中如何实现“民建、民有、民管、民享”的工作机制。

体现示范性，目的是将来能够把这个试点的经验向其他地区推广。创新试点项目向东部中央苏区和著名革命老区拓展，主要考虑是要充分发挥东部地区经济基础较好、群众素质较高、整合力度较大、领导管理较强的优势，为其他地区扶贫开发做出示范和表率，为下一步争取更多的扶贫资源加大对革命老区的支持力度创造条件。各试点省特别是山东、福建和广东三省一定要充分认识项目实施的重大意义，努力把创新试点做成精品工程、精品项目，真正起到示范作用。中西部试点地区同样承担着示范性的任务，要结合中西部革命老区的实际情况，深入总结适合推广的经验和办法。

二是要强化管理。从过去的情况看，一些地方往往存在重视项目前期争取，轻视项目后期管理的问题。事实上，项目批准后的组织管理工作更重要、更关键。为此，要力争做到四个强化：

强化资金整合。开展创新试点项目，能够整合的资源越多，项目的成效就会越好，对老区发展的促进作用就会越大。这个项目虽然没有规定整合资金的具体比例要求，但各地要积极努力，加大整合资金力度。

强化部门配合。试点项目涉及扶贫、财政、发改、水利、农业、交通等多个部门，需要整合各方面的资源和力量，特别是部门之间要搞好配合，各级扶贫部门要主动地加强协调，争取各方面、各有关部门的支持。

强化监督管理。要把创新试点作为扶贫开发精细化管理的样板工程，切实加强指导、强化监管，提高资金使用效益，保证建设项目的质量。其中，要特别注重加强对资金的管理，防止挤占和挪用，一定要杜绝出现腐败工程和“豆腐渣”工程；要充分发挥基层干部群众对项目的监督，认真落实公告公示制度。要及早谋划试点项目建成后的后续管理和维护问题，使试点项目发挥长期作用。

强化工作保障。试点工作标准高、要求较严，做好这项工作，需要必要的人员力量，包括规划设计、质量监督等方面的专业技术人才，还需要必要的工作经费。尤其是县一级扶贫部门，一定要有明确的分管领导和牵头部门，要安排专门的工作人员和工作经费。

三是要注重宣传。彩票公益金来自于社会公众，用之于扶贫开发，社会关注度高，影响力大。因此，在认真做好项目的同时，要注意加强宣传报道，充分展示项目的成果。项目区域要按规定设立公示栏，项目建成后要有标识，要通过报刊、电视等多种形式及时反映项目实施进展情况、取得的经验和成效，向广大购买彩票的公众有个明明白白的交待，使他们看到这个项目的成效，能够放心，比较舒心，从而促进公益彩票金项目的良性发展。

最后，希望各省进一步加强对革命老区工作的领导，不断加大革命老区工作的力度，积极总结和探索老区扶贫开发工作的成功经验和有效做法，认真实施好彩票公益金扶贫试点项目，以出色的工作业绩回报党中央、国务院对革命老区的关怀，回报社会各界和广大彩民对扶贫开发的关爱，不辜负老区广大干部群众对我们的期望，以奋发有为的良好精神状态和扶贫开发的优异成绩迎接党的十八大的胜利召开。

在片区产业扶贫规划编制培训班上的讲话

王国良

2012 年 12 月 18 日

同志们：

在全国上下认真学习党的十八大精神，扶贫战线全面贯彻落实《中国农村扶贫开发纲要（2011—2020 年）》（以下简称“新《纲要》”），连片特困地区区域发展与扶贫攻坚规划即将全面完成的关键时刻，国务院扶贫办、农业部、国家林业局和国家旅游局联合举办片区产业扶贫规划编制培训班，安排部署《关于集中连片特殊困难地区产业扶贫规划编制工作的指导意见》（以下简称“《指导意见》”）相关工作，具有重要意义。国务院扶贫办对这次培训班高度重视，范小建主任多次过问，提出明确要求。农业部、国家林业局、国家旅游局大力支持，与我办共同签发《指导意见》，开发指导司做了大量准备工作，并邀请专家授课。借此机会，我代表国务院扶贫办，对农业部、国家林业局、国家旅游局长期以来对扶贫开发工作积极支持表示诚挚地感谢！刚才，农业部、国家林业局、国家旅游局的三位司领导就规划编制工作讲了很好的意见，我都赞成。下面，我讲几点意见：

一、深入学习贯彻党的十八大精神，充分认识产业扶贫的重大意义

（一）产业扶贫是开发式扶贫的有效途径。开发式扶贫与救济救助式的本质区别，就是要帮助贫困地区、贫困人口提高自我发展能力，而产业扶贫始终是一个重要途径。20 世纪 80 年代开始的扶贫开发，设立了中央财政专项扶贫资金，明确其主要用途是支持贫困地区发展种植业、养殖业和相关的加工业；扶贫贴息贷款无论是支持企业的还是支持农户的，都以发展产业为主要任务。1994 年颁布实施《国家八七扶贫攻坚计划》和《中国农村扶贫开发纲要（2001—2010 年）》，也都将产业扶贫作为扶贫开发的重要途径，并采取了一系列措施：一是加大金融扶持力度。过去十年间，中央财政共安排扶贫贷款贴息资金 745 亿元，引导扶贫贷款 1930 多亿元，仅 2011 年就发放扶贫贴息贷款 487.8 亿元。2006 年以来，国务院扶贫办与国家开发银行、中国进出口银行分别签订《长期金融合作协议》，利用政策性银行的优势，破解贫困地区金融缺失、扶贫龙头企业和贫困

农户贷款难问题。二是进行连片开发试点。国务院扶贫办联合财政部先后在全国 22 个省（区、市）240 个县开展“县为单位、整合资金、整村推进、连片开发”试点，累计投入中央财政扶贫资金 19.65 亿元，支持 5300 个贫困村实施连片产业开发，取得了阶段性成效。三是扶持扶贫龙头企业。2005 年、2008 年国务院扶贫办分两批认定了 625 家国家扶贫龙头企业，各省市县也认定了一大批省级扶贫龙头企业，形成了产业扶贫的生力军。四是开展科技扶贫试点。连续十年，扶持了一大批贫困地区的科技扶贫项目，有效地提升了贫困地区科技扶贫水平。通过这些努力，我们探索总结的定西马铃薯产业、晴隆草地畜牧业、陕北林果业等成功经验，对全国产业扶贫起到了积极的示范作用。

（二）产业扶贫是实现新《纲要》奋斗目标的必然要求。实现新《纲要》提出的“两不愁、三保障”的奋斗目标，必须以贫困地区经济发展、贫困人口收入增加为前提。新《纲要》明确把产业扶贫作为专项扶贫的一项重点工作，将发展特色优势产业作为 12 项工作任务之一，要求“到 2015 年，力争实现 1 户 1 项增收项目，到 2020 年，初步构建特色支柱产业体系”。从贫困地区产业发展的实际情况看，完成这样的任务仍然面临着许多困难。一是总体上看，贫困地区的产业化水平依然十分滞后。产业布局分散、产业链短，产品附加值低、市场规模较小、龙头企业实力弱、服务体系不完善、金融服务欠缺、合作组织发育不足等问题非常突出；二是产业扶贫还没有形成行业普惠政策与专业特惠政策有效衔接的机制，“两张皮”的现象普遍存在；三是产业扶贫扶持到户的机制很不健全，财政扶贫资金的扶持到户的比率仍然较低。实现新《纲要》奋斗目标和工作任务，需要进一步加大产业扶贫工作力度，在更大的范围聚集产业扶贫资源，在更高的层次破解产业扶贫难题，在更宽的领域构建产业扶贫新的工作格局。

（三）产业扶贫是贯彻十八大精神的具体行动。十八大提出全面建成小康社会的目标，到 2020 年实现国内生产总值和城乡居民人均收入比 2010 年翻一番，扶贫对象大幅减少，缩小收入分配差距。要求促进工业化、信息化、城镇化、农业现代化同步发展，加大对革命老区、民族地区、边疆地区、贫困地区扶持力度，深入推进新农村建设和扶贫开发，努力实现基本公共服务总体均等化。这为扶贫事业的发展指明了方向，也对产业扶贫提出了更高要求。一是要以人为本，尊重扶贫对象的主体地位。充分发挥贫困地区、扶贫对象的主动性和创造性，大力倡导自力更生、艰苦奋斗精神，支持贫困群众在产业扶贫中提高自我管理水平和发展能力，成为发展的主体、致富的主力。二是要把生态建设放在更突出位置。在开展产业扶贫过程中，按照国家主体功能区战略，禁止开发区域要注重保护和恢复植被，控制水土流失，加强生态修复，实施生态建设工程。国家限制开发区域要积极探索产业生态化、生态产业化的路子，坚持资源永续利用、开发与保护并重。国家重点和优化开发区域要防止过度开发和破坏性开发，坚持资源节约、环境友好，切实转变发展方式，实现贫困地区的持续发展。三是要大幅度减少扶贫对象。在产业扶贫工作中要进一步完善贫困瞄准机制，坚持以稳定解决扶贫对象温饱、尽快实现脱贫致富为出发点和落脚点，支持各类经济组织探索创新带动扶贫对象的合作机制，采取更具针对性措施，把扶贫对象组织到产业化经营中来。广泛开展扶贫对象围绕产业发展的技能培训，提升扶贫对象脱贫致富的能力。确保扶贫对象过程参与、结果受益，进而达到主动参与、全面受益。

二、统筹安排，突出重点，积极发挥产业扶贫在片区扶贫攻坚中的重要作用

以连片特困地区为扶贫攻坚主战场，是党中央国务院做出的重大战略决策。一年多来，在回良玉副总理的亲自指挥下，扶贫办和发改委“双牵头”，基本上完成了11个片区区域发展与扶贫攻坚总体规划的编制工作，国务院相继召开了武陵山、乌蒙山、秦巴山、滇桂黔、六盘山和滇西边境6个片区的启动会，目前有关省区市正在抓紧编制分省实施规划，片区扶贫协调机制正逐步完善，相关重大支持政策措施正陆续出台，片区扶贫攻坚工作取得了重大阶段性进展。其中片区产业扶贫规划的编制和实施，将成为深化片区扶贫攻坚的重要载体。因此，编制片区产业扶贫规划要注意以下几个问题：

（一）要体现大扶贫工作格局。在片区规划的编制和实施过程中，我们始终坚持“三位一体”大扶贫工作思路。要求行业部门把改善贫困地区发展环境和条件作为本行业发展规划的重要内容，在资金、项目等方面向贫困地区倾斜。要求组织引导社会力量，包括民营企业到贫困地区投资兴业，带动贫困农户增收，大力倡导企业社会责任，鼓励企业采取多种方式，推进集体经济发展和农民增收。扶贫部门要通过这次产业扶贫规划的编制和实施，切实将专项扶贫、行业扶贫和社会扶贫有机的结合起来，使新阶段的产业扶贫工作真正成为推动“大扶贫”形成和完善的主要抓手和实现途径。从这个角度可以说，产业扶贫是专项扶贫的核心内容。

（二）要落实扶贫到户措施。在编制和实施片区规划过程中，我们必须克服重区域发展轻扶贫开发、重大型项目轻民生工程、重城镇化轻新农村建设的倾向，特别强调建立扶贫到户机制，引导扶贫对象自愿参与产业发展全过程，实现能力提升、脱贫致富。只有以片区总规为统领，尽快编制一批专项规划，明确发展目标、建设内容、部门职责、投入机制以及检测评估体系，将规划落实成项目、资金和政策，

才能将农户真正组织到片区扶贫攻坚的过程中，也才能使扶贫对象真正受益。

（三）要与行业规划紧密衔接。产业扶贫规划与行业部门及当地“十二五”规划相衔接，是产业扶贫规划编制的一个重要原则。首先，选择产业不能脱离行业部门规划。要从行业部门规划确定的产业中，选择贫困村覆盖面广、贫困群众参与受益的产业。其次，项目建设内容不能脱离行业部门规划。特别是基地建设以及围绕产业链建设的加工、市场环节要紧紧依托行业规划。第三，保障措施不能脱离行业部门规划，要把行业部门的“普惠”政策与扶持到户的“特惠”措施衔接起来。

（四）要依托行业部门支撑。在实施产业扶贫规划中，要发挥好行业部门的支撑作用，着力改善产业发展的外部环境和制约因素。一是要依托部门力量，完善产业发展的水、电、路等生产性基础设施及其配套，以产业基地建设为平台，以业兴水、以业兴电、以业兴路，形成产业扶贫的综合效益。二是强化产业发展的科技支撑。依靠相关行业部门的技术服务体系，在产业规划的编制中，选列一批对农民增收致富有重大影响的技术项目，包括良种良法、节水灌溉等。

（五）要实现普惠政策和特惠政策相互配套。行业部门政策往往是普惠性质的，行业政策资金主要用于基础设施及服务体系建设，而专项扶贫资金应主要用于发展特色优势产业，《指导意见》中明确要求：中央到省财政专项扶贫资金，原则上应达到两个70%，即每个片区县70%以上财政专项扶贫资金要集中用于产业发展，其中直接用于支持扶贫对象参与产业发展的资金要争取达到70%。这部分特惠政策要和行业的普惠性政策很好的结合起来，既要防止将特惠政策当作普惠政策去实施，也要防止脱离行业普惠政策另搞一套。

总之，行业部门对产业扶贫规划编制实施的深度融入和有力支撑，在很大程度上决定着产业规划的水平和实施绩效。扶贫部门的同志要充分认识到，农业、林业、旅游等相关部门在推动特色优势产业发展方面，无论是在规划编制的人才储备和实作经验，还是服务体系建设和政策设计的能力，都比扶贫部门更具优势、更为专业。我们一定要虚心向行业部门的同志学习，把编制实施产业规划的过程作为向行业部门取长补短、提升能力的一次难得学习机会。

三、认真组织，积极配合，全力以赴编制好产业扶贫规划

这次培训班的举办，标志着片区产业扶贫规划编制工作的正式启动。这是片区扶贫攻坚启动以来，在片区总规指导下，第一个编制的专项规划，具有很强的探索意义。扶贫办与相关行业部门联合编制产业扶贫规划，也是一项全新的工作，肯定会遇到不少问题和困难，这就需要各部门相互配合、相互理解、相互支持。希望大

家以高度的责任心和使命感，认真组织、精心谋划，确保按时高质量完成规划编制任务。下面我强调三点：

（一）吃透精神，领会实质。

《指导意见》的出台历时一年多，数易其稿。为了出台《指导意见》，国务院扶贫办多次组织专题调研，了解实际情况，听取基层意见；多次召开专家研讨会，研讨产业扶贫发展思路、主要内容和观点；多次召开行业部门协调会，听取行业部门意见，协调共同推进的方法和步骤。可以说，《指导意见》凝聚了大家的智慧，顺应了基层干部群众的诉求，是大家认真思考和辛勤工作的结果。《指导意见》总结了产业扶贫的发展经验，分析了实际情况，明确了发展思路，提出了基本原则，规划了资金来源，框定了建设内容。在县为单位、自上而下编制过程中，各级一定要吃透《指导意见》精神，把《指导意见》贯穿到各级规划编制的每个环节。

（二）相互配合，合力推进。

规划编制工作由各级扶贫开发领导小组牵头负责，扶贫办、农业、林业、旅游等部门组成工作机构，并明确了分工，农业、林业、旅游等部门负责本行业的规划编制任务，扶贫办要对选列的扶贫产业进行益贫性分析论证。工作机构要按照领导小组的部署，切实承担起规划的培训、起草、评审等日常工作。各级扶贫办要高度重视，切实加强领导，一把手要亲自过问，分管领导具体抓，指定处室专门负责，抽调业务骨干参加工作机构，人员要相对固定。扶贫部门要主动加强与行业部门的沟通协调和密切配合，共同推进。

（三）抓紧工作，保证进度。

新阶段扶贫开发已进入第二个年头，片区总规及分省实施规划编制已近尾声，产业扶贫规划是支持总规的专项规划，要抓紧推进，总的要求是明年6月底前完成。具体进度安排是，12月底以前，完成中央层面组织的两次培训，除本次培训外，23日还要在重庆组织一次培训，主要是规划具体管理方面的培训。明年4月完成县级规划起草。5月完成省级规划汇总。6月完成评审、报送、备案程序。请各地按照以上时间要求，统筹安排，制定工作方案，确定具体工作进度。

同志们，编制好片区产业扶贫规划，打好扶贫攻坚战，是落实十八大精神的重大举措，是片区广大干部群众的热切期盼。以这次会议为标志，片区产业扶贫规划编制工作已正式启动。我相信，在农业部、林业局、旅游局等有关部门的大力支持和地方各级党委政府及广大干部群众的奋发努力下，我们一定能圆满完成片区产业扶贫规划编制任务。

谢谢大家！

在千村万户调研活动动员会上的讲话

郑文凯

2012年3月16日

同志们：

今天我们召开这个会议，对办系统全体参与千村万户调研活动的干部进行动员和培训，非常重要。这是近年来办里组织的规模最大的调研活动。共有49名干部踊跃报名，积极参与，组成了10个小组，将深入到中西部省区市、连片特困地区贫困村开展为期一周的入户调研。这项活动，不仅是深入贯彻落实《中国农村扶贫开发纲要（2011—2020年）》的客观要求，也是全面推进创先争优活动的重要实践，对于扶贫队伍的根本建设、扶贫事业的长远发展，有着特殊的意义。下面，我谈几点体会同大家交流。

一、把千村万户调研活动作为深入推进创先争优的重要实践

在自身建设方面走在全国前列，是党中央对中央和国家机关提出的明确要求。办党组决定，组织办系统干部职工深入基层开展千村万户调研活动就是推进机关创先争优的具体实践。这项调研活动的一个突出特点是扶贫系统上下总动员，以青年干部为主体，将紧紧围绕新阶段扶贫开发的新目标、新任务、新课题，进行一次深入、全面的摸底式调研。这既是办系统创先争优活动的重要内容，也是迎接党的十八大胜利召开的主题实践活动。

创先争优活动开展以来，我办以“年初双定双诺、年底双述双评”为载体，有力推动了党建、机关建设与各项业务工作的有机结合，为建立创先争优经常化、常态化机制进行了积极探索，得到中央创先争优办公室的充分肯定。去年12月30日召开的中央创先争优活动领导小组第八次会议明确要求，今年的创先争优活动，要以迎接党的十八大为主题，组织动员基层党组织和广大党员奋力创先争优，在推动科学发展、促进社会和谐、服务人民群众、加强基层组织中创造优异成绩，为党的十八大召开营造良好氛围。号召广大党员，履职尽责创先进、立足岗位争优秀，要把建立党员干部直接联系和服务群众制度作为创先争优的重要内容，领导机关带头，组织党员干部到基层一线下访接访、听民意、解难题，维护社会和谐稳定。

近年来，特别是去年中央扶贫开发工作会议后，中央各部门、全国各地为贯彻

落实中央新阶段扶贫开发部署提出了一系列新举措。特别是普遍采取了组织动员各级党员领导干部、各级机关部门深入基层，深入群众，到贫困地区联县、联村、联户，包户帮扶贫困人口等一系列具体的行动。甘肃省动员40万名各级干部联村联户，驻村入户搞调研、办实事；广西组织选派3000名干部到贫困村任党支部第一书记。新阶段扶贫开发出现了很多新气象。我们作为国务院扶贫办系统的干部职工，更应该自觉深入下去，向基层学习，向实践学习，向群众学习，不断增强责任感、紧迫感，不断培养和增长自身才干。

二、把千村万户调研活动作为学习实践党的思想路线、群众路线的有效形式

党的思想路线是实事求是，一切从实际出发。坚持党的思想路线，解放思想，实事求是，与时俱进，是我们党应对前进道路上各种新情况新问题、不断开创事业新局面的一大法宝。

党的群众路线是相信群众，依靠群众，从群众中来，到群众中去。正是由于党把群众路线作为自己的根本路线，运用于指导党的全部工作，制定和执行党在各个方面的路线、方针，从而保证党的事业的胜利发展。群众路线是中国共产党克敌制胜的传家宝。

贯彻落实党的思想路线和群众路线，最根本的就是到基层、到群众、到实践中去调查研究，汲取营养。

我们党的领袖在调查研究方面为我们树立的了光辉的榜样，留下了许多堪称经典的调研报告。毛泽东同志早在新民主主义革命的初期，就写下著名的《湖南农民运动考察报告》；在土地革命那些艰苦卓绝的日子里，毛泽东同志徒步上山下乡收集第一手材料，形成了大量的调查研究报告。例如，寻乌调查和兴国调查，对当地旧有的土地关系、土地革命中各阶级阶层的生产生活方式、土地分配的状况及政策等都有详细的记载和精确的分析，不仅形成了真实生动的历史画卷，而且深刻揭示了当时中国政治、经济、社会的特点和规律，成为开展土地革命正确的指导方针。邓小平同志指出："能不能深入下去，工作能不能落实，关键在于领导干部是不是以身作则……调查研究，从实际出发，分析问题，解决问题。"在党的十四届三中全会上，江泽民同志指出："要深入改革和建设第一线，认真进行调查研究，及时发现问题，从实际出发，创造性地开展工作……不注重调查研究，心中无数，处于盲目状态，是不可能履行好领导职责的。多挤点时间学习，少搞一点应酬；多作些调查研究，少一些主观主义；多干些实事，少说些空话，我们的领导水平就会提高一大步。"党的十七大以来，面对世情、国情、党情发生深刻变化的新形势，以胡锦涛同志为总书记的党中央率先垂范，各级领导干部深入基层、深入群众、深入第一线，在田间地头，在工厂车间，在社区家庭，围绕改

革发展稳定的一些重大问题，问政于民、问需于民、问计于民，开展了广泛、系统的调查研究，为我们做出了榜样。

我们这次调研活动，就是要把党的优良传统和作风发扬光大，每位参与调研的同志都要进村入户、驻村驻户，真正做到沉下去，静下来，摸实情，听实话，想实招，办实事，真正使调研工作成为开阔视野、充实新知、结交乡亲、为民服务的过程，成为思考研究、努力破解新阶段扶贫开发重大课题和难题的过程。

三、把千村万户调研活动作为推进新阶段扶贫开发的基础性建设

《中国农村扶贫开发纲要（2011—2020年）》颁布实施，中央扶贫开发工作会议隆重召开，标志着我国的扶贫开发进入一个新的历史阶段。我们要深刻理解、正确把握中央关于新阶段扶贫开发的重大部署，要深入研究新阶段判断、新目标任务、新扶贫标准、新工作布局、新政策措施确定后，给我们的扶贫工作提出了哪些新要求，贫困地区、贫困人口对扶贫开发工作有哪些新期待，需要我们在思想观念、工作方法、体制机制上有哪些新转变。

上述这些，我认为都涉及新阶段扶贫开发工作的基础性建设。上述问题，从字面上看似乎很宏观，怎么样通过调研，做出具体的回答，这正是我们这次调研的根本目的。调研本质上是通过解剖麻雀的方法发现问题，研究问题，提出解决问题的办法，以达到由点到面、由此及彼、由表及里的目的。所以我们采取驻村驻户的方式，首先，就要求去调研的同志要把所住村的全面情况摸清摸透，既要清楚它的现状，也要了解它的历史，还要把握它的发展变化是怎样的过程；第二，还要求大家在全面了解掌握这个村的情况的同时，能够把它的发展变化过程及现状放到它周围的大环境、大变化下去分析，以找到它发展变化的内外部影响因素、特点和规律；第三，在具体情况、数据、事例的基础上，进行客观思考分析，得出有价值的结论。

从上面的角度看，我认为，我们这次调研，应该能做到分了多少组、到了多少村，就能取得多少村的全面样本数据和情况，这些数据和情况（经过必要的加工梳理）本身就能够说话，生动地、活生生地告诉我们贯彻落实中央新阶段扶贫开发部署在基层有哪些难题要破解、哪些措施要完善，反映出新阶段扶贫开发的着力点、关键点、突破点在什么地方。有效地组织、完成好这次调研任务，我们的扶贫工作基础建设就会得到明显的加强。

最近几年开展的大规模调研活动说明，只有通过深入的调查研究，才能做出正确的决策。2007年领导小组成员单位的联合调研，全面分析了统筹区域城乡发展战略下扶贫开发面临的形势和任务，提出在集行业政策、区域政策和社会政策于一体的“大扶贫”格局下深入推进工作的政策建议，为扶贫战略的转变奠定了基础。2009

年组织扶贫开发领导小组成员单位开展的完善国家扶贫战略和政策体系联合调研，深入分析了全面建设小康社会进程中扶贫开发的重要作用，客观分析了扶贫工作阶段性特征，提出新形势下进一步推进扶贫开发的工作思路、奋斗目标、基本方针、内容途径、政策措施，为新纲要的编制、中央扶贫开发工作会议的召开做了充分准备。

总之。我们开展千村万户调研活动，组织干部深入基层、深入农村、深入实际，就是要全面了解新阶段农村扶贫开发面临的新情况，发生的新变化，做到察民情、听民意、纾民困、解民忧，问需于民，问计于民，切实提高为贫困地区和贫困群众服务的能力和水平。

四、把千村万户调研活动作为开动脑筋、提高素质的宝贵机会

大家都知道，今年办里的工作任务非常繁重，各司各单位人手也非常紧张。但是办党组下决心组织集中调研，范小建主任高度重视、亲自过问，可见这对我们推进工作的直接相关性、重要性。参与调研活动的同志要珍惜这次难得的机会。通过这次活动，努力了解民意，提高素质、增长才干、锻炼意志。

随着科技进步，获取各种信息的渠道和手段越来越丰富，加上我们现在的年轻同志运用现代信息工具的基本能力都比较强，在某些方面、某些情况下，我们确实能够做到“秀才不出门，尽知天下闻。”但同时，也因此出现了满足于求助材料上、书本上、网上调查研究问题的倾向。应该说，案牍调研也不失为一种调研方法，但仅此则远远不够。毛泽东同志说过，你要想知道梨子的滋味，就要亲口尝一尝。感觉到了的东西，我们还不能立刻深刻理解它，只有理解了的东西才能深刻地感觉它。陆游有句话，叫“纸上得来终觉浅，绝知此事要躬行”，古人所谓“读万卷书，行万里路”，要读“无字之书”。我理解的是强调设身处地、亲临其境学习、研究问题的不可替代性。如果说，纯学术研究可以更多地依靠书本、案牍的话，而我们做机关工作、特别是做扶贫工作的同志，则必须主要地靠深入实际调查研究才能推进工作，提高工作能力和水平。

我感到，深入实际调查研究，要有侧重地做好调研前、调研中、调研后三个环节的工作。下去之前要做充分的准备。首先要学习和掌握中央的基本精神和要求，这是我们研究问题、解决问题的基本遵循和方向，我们也要利用这个机会向基层的同志和广大群众传达党中央、国务院的关怀，为贫困群众树立脱贫致富的信心。其次要学习业务，政策法规司提供了调研提纲和有关资料。还要争取把所去省、县、村的基本情况提前予以熟悉，这些我觉得是调研前应做的基本功课。不能腹中空空，下去前一无所知。只有准备充分，才能根据情况很好地把握调研内容，收到事半功

倍的效果。

实地调研是核心环节。在调研中，我觉得最重要的是带有一颗真心，时刻保持虚心，时时做到细心。带有一颗真心，就是我们要带着对基层、对群众的一片真情去深入基层、深入群众，真正做到与贫困地区干部、群众朝夕相处，心心相通，能够准确、真诚地理解、领悟、体贴群众的所思、所想、所忧、所盼，让群众感到贴心、可以交心。时刻保持虚心，就是必须以拜人民群众为师的态度，我们要调研了解的对象和事情，与基层和群众相比，我们不熟悉，而基层和群众最了解，体会最深，我们要不耻下问、虚心请教。这样，才能摸到实情，真正有收获。时时做到细心，就是在整个调研过程中，始终要认真倾听、认真观察、认真思考。不要满足和局限于问什么、听什么、记什么，把调研变成了采访，而是要多倾听，让群众敞开心扉，打开话匣子，在全面的听、看、记中体会和思考。

实地调研完成后，还有大量的工作要做。我们这次调研，规定的主要任务有两项：一项是填好一套问卷调查表；一项是写好一个调研报告。这些，在接下来的培训中会专门讲。我想说的是，每位参加调研的同志最好还要做一件事，就是形成一本调研日记（也可以是札记）。不仅记调研期间所听、所看，也要记群众的所想、所盼，还要记自己的所感、所悟。这几项任务完成了，调研就不虚此行。

我们下去后，要注意树立扶贫干部艰苦朴素、吃苦耐劳、严守纪律的良好形象。按照安排，这次调研活动吃、住、行都在基层。参加调研的同志要按照创先争优的要求，做到思想先进、学习先进、工作先进、行为先进。要坚持廉洁自律，轻车简从，不给基层添麻烦，不给群众添负担。办机关党委拟从党费中挤出一部分资金，补贴各调研组，大家要按照规定向所住村、户交纳费用。

这次调研活动每个组由一名司局级或处级干部带队，大家要互相帮助、互相配合，带队的领导更要照顾好队员，确保平平安安出去，顺顺利利回来，圆满完成调研工作。调研期间，办领导也将视情参加调研，并看望大家。

此次调研活动的办公室设在政策法规司，负责日常联络、协调和服务工作。政策法规司要做好每个组的驻村安排，提前跟相关省联系做好调研组驻村前的各项准备工作；在调研的过程中要及时了解各组的动态，及时帮助解决每个调研组遇到的困难和问题，确保调研活动顺利开展。

同志们，贫困地区、贫困群众对新阶段的扶贫开发有着热切的期盼，社会各界对新阶段扶贫开发给予了极大的关注。让我们以饱满的热情、良好的风尚，走进贫困群众中间，圆满完成调研活动，取得思想、工作双丰收。

在全国扶贫系统综合处长培训班上的讲话

郑文凯

2012 年 7 月 3 日

同志们：

很高兴有这样一个机会和大家进行交流。今年是我国扶贫开发进程具有特殊重要意义的一年，也是全面贯彻中央扶贫开发工作会议精神的第一年。扶贫系统综合处长培训班这几年连续举办，每年都紧紧围绕扶贫开发中心工作，就有关问题进行交流、互相借鉴，这种形式很有必要，效果也很好。借这个机会，我讲三个问题：一是贯彻中央扶贫开发工作会议精神的主要情况；二是关于片区扶贫攻坚问题；三是对综合处长履行岗位职责提几点要求。

一、关于学习贯彻中央扶贫开发工作会议精神主要情况

中央扶贫开发工作会议召开后，各地、各有关部门认真抓好贯彻落实，扶贫开发工作开发呈现出良好的发展态势。

一是迅速形成了传达学习中央会议精神的浓厚氛围。有 21 个省区市以党委、政府名义召开了省级扶贫工作会议，其他 8 个省区是与农村工作会议合并召开。中央和国家机关各有关部门进行了认真的传达学习。河北、湖北、四川、贵州、陕西、云南等省在党委全会、经济工作会议或农村工作会议上，把扶贫开发摆在非常突出的位置进行部署。

二是相继出台了贯彻落实《纲要》的文件。25 个省区市出台了新《纲要》的实施意见或本省的《纲要》。经中组部会签，国务院扶贫开发领导小组以 2012 年 1 号文件印发了《扶贫开发工作考核办法（试行）》。湖北、陕西、新疆等地还以党委、政府办公厅名义对纲要作了任务分工。

三是全面确定了新的扶贫标准。中央确定 2300 元的国家扶贫标准后，根据《扶贫开发纲要》要求，各省区市从本地实际出发，陆续确定了新的地方扶贫标准。其中：明确执行 2300 元的省份有 17 个，高于 2300 元标准的省份有 14 个。广东、重庆已经明确扶贫标准以当年农民人均纯收入的一定比例来确定，这有利于探索建立扶贫标准动态调整机制。

四是调整确定了新阶段扶贫工作重点县。本着“高出低进、出一进一、总量不变、严格程序”的精神，完成了国家扶贫开发工作重点县调整工作，共调出 38 个县，调入 38 个县。经报国务院批准，国家

扶贫开发工作重点县名单已正式公布。调整后，国家扶贫重点县总数仍为 592 个，其中片区内 440 个，片区外 152 个。

五是明显加大了扶贫开发投入力度。“十二五”期间，中央财政安排的财政综合扶贫投入在 2011 年增长 40% 的基础上将有进一步增长。专项扶贫资金方面，2012 年达到 332 亿元，增幅 23%。从地方的情况看，今年 28 个省区市本级财政预算初步安排专项扶贫资金共 147.8 亿元，比 2011 年增加 45.8 亿元，平均增幅达 45%。

六是充实加强了各级扶贫开发领导机构。中央会议之后，有 25 个省区市调整充实了省级扶贫开发领导小组及其办公室。共有 12 个省区市由主要负责同志担任扶贫领导小组组长，分别是内蒙古、辽宁、黑龙江、湖北、江西、广东、广西、海南、重庆、贵州、陕西和宁夏。湖南省扶贫办升格为正厅级，浙江增加扶贫办专职副主任职数、业务处室和人员编制，安徽增加了扶贫办内设处室和人员编制，云南、河南新增了人员编制或领导职数。

七是进一步加快了扶贫立法进程。中央会议后，我们将扶贫立法作为重点工作积极推进。全国人大有关专委会、国务院法制办非常赞成和支持扶贫立法。3 月下旬，经回良玉副总理批准，扶贫立法工作正式启动。5 月上旬，我办组织开展了扶贫立法专项调研，针对执法主体、调整对象、扶贫标准、扶贫投入等问题提出了建议。各省区市地方立法步伐加快。

八是组织开展了大规模的干部蹲点扶贫。为了把中央扶贫开发工作会议精神落到实处、使工作见到实效，各地组织选派大批干部蹲点扶贫，明确提出深入蹲点的干部要做到与基层和贫困地区群众同吃、同住、同劳动。许多部门、地方为贫困地区建设和发展办了一大批实事。河北、山西、内蒙古、广西、西藏、甘肃都是党委政府亲自进行部署，分工明确、联系到县，工作到村、措施到户，充分体现出新一轮扶贫开发工作全面行动、全面展开的良好态势。

在各地认真开展工作的同时，中央机关和国家部委在落实中央扶贫开发工作会议方面认识高、行动快、成效明显。教育、科技、民委、国土、交通、铁道、水利、农业、林业、旅游等部门在制定本行业发展规划和指导意见时，都把推进贫困地区发展列为重要内容。针对 14 个连片特困地区，很多部委提出了专门的政策措施。教育部出台了农村义务教育学生营养改善计划、定向招生计划和普通高中改造计划；交通运输部启动了交通扶贫行业规划编制，着重解决制约连片特困地区发展的交通瓶颈问题；国土资源部从土地资源管理、地质勘查、矿产资源开发、地质灾害防治等方面制定了一系列措施。其他部委也在抓紧行动。可以说，从去年新《纲要》颁布和中央扶贫开发工作会议召开以来，全国上下、各地各方面都出现了高度重视、齐心协力促进贫困地区经济社会又好又快发展的生动局面。

以上的简要介绍，目的是使同志们掌握面上的情况，便于从全局的角度思考问题、推动工作。

二、关于连片特困地区扶贫攻坚问题

（一）在党中央、国务院的坚强领导下，今年以来连片特困地区扶贫攻坚取得明显进展。

一是连片特困地区扶贫攻坚得到中央领导的高度重视。今年“两会”期间，温家宝总理特别讲到，2012 年国务院的重点工作之一，就是全力推进集中连片贫困地区扶贫攻坚。后来国务院常务会议再次强调了这个工作重点。因此，扶贫系统今年的主要任务就是全力推进连片特困地区的扶贫攻坚。5 月底，温总理亲自赴武陵山连片特困地区，专题考察片区扶贫攻坚工作，召开座谈会并发表重要讲话。

二是片区规划编制全面启动。去年 12 月 1 日，中央扶贫开发工作会议结束后的第一天，国务院扶贫办和发展改革委联合召开了片区区域发展与扶贫攻坚规划编制部署会议。会后印发了《做好规划编制工作的通知》和《规划编制大纲》，明确了规划编制的范围、期限、框架结构、目标、重点任务、进度安排、编制程序和工作要求等内容。在武陵山片区试点规划先行启动后，到目前已完成乌蒙山片区规划、秦巴山片区规划、滇桂黔石漠化片区规划编制，并经国务院批复，分别于去年 11 月和今年 2 月、5 月、6 月在湖南吉首、云南昭通、四川广元和贵州兴义召开了启动会。现在，六盘山区、滇西边境山区规划也已编制完成，正在报批中，大兴安岭南麓山区、燕山—太行山区规划形成初稿。

三是片区协调推动机制逐步建立。按照国务院领导要求，在国家层面建立了三个层面的片区工作协调机制。第一个层面是国务院扶贫开发领导小组，负责对片区工作的总协调。第二个层面是扶贫办和国家发改委，共同牵头协调有关部门、有关省区市编制片区规划。第三个层面是片区联系制度，11 个片区有 13 个国家部委作为联系单位。具体情况是：六盘山区是交通运输部、秦巴山区是科技部和铁道部、武陵山区是国家民委、乌蒙山区是国土资源部、滇桂黔石漠化区是水利部和国家林业局、滇西边境地区是教育部、大兴安岭南麓山区是农业部、燕山—太行山区是工业和信息化部、吕梁山区是卫生部、大别山区是住房和城乡建设部、罗霄山区是民政部。在这三个层面的基础上，还要建立片区内省际协调机制和省内协调机制，并明确各省区市政府对所属片区负总责。

四是片区扶贫统计监测基础工作明显加强。我们会同国家统计局，组织开展了扶贫开发 2010 年基期调查，开发了全国片区县、重点县扶贫统计监测信息系统，努力实现数据采集、审核、汇总、上报等工作的信息化、程序化和规范化，不断提高扶贫统计监测工作的科学性和及时性。

五是片区扶贫攻坚工程实施的督导力度加大。5 月中旬，国务院派出 6 个督查组，分别由国家民委、监察部、民政部、国土资源部、农业部、扶贫办等部门负责同志带队，对湖北、湖南、重庆、四川、云南、贵州 6 省市贯彻落实连片特困地区扶贫开发政策措施情况进行专项督查。从督查情况看，6 省市各级党委、政府高度重视，加强组织领导，完善工作机制，加快规划编制进度，全力落实各项政策措施，推进连片特困地区扶贫开发工作深入开展，并取得积极成效。

（二）片区扶贫攻坚下步需要抓好的重点工作。

1. 完成规划编制，出台指导意见。抓紧推进片区规划编制，确保年底前完成 11 个片区规划编制工作。同时指导有关省区在年底前编制完成西藏、四省藏区、新疆南疆三地州 3 个片区的区域发展与扶贫攻坚实施规划。同时，要抓紧出台实施规划的指导意见，督促各地进一步加强规划编制的科学性和可靠性，充分考虑财力可承受的程度和实现的可能，量力而行，科学规划。

2. 进一步争取资金、政策和社会力量支持。在管好用好扶贫资金的基础上，将积极争取中央财政扶贫资金的投入。运用多种政策，引导信贷资金和社会资金投向片区各县。积极推动贫困地区金融机构、产品和服务创新，大力发展贴近农户的小额贷款。各地也要采取措施，加大扶贫投入的力度。进一步落实行业部门向贫困地区的倾斜政策，加大对贫困地区特别是连片特困地区的支持力度。进一步动员社会力量，参加片区定点帮扶工作。

3. 完善片区联系机制。会同有关部门，认真研究片区联系工作思路，完善联系单位的职责，探索一套职责清晰、相互协调、运行顺畅的片区联系单位工作机制，充分调动联系单位工作积极性，加强对片区扶贫攻坚的统筹协调。初步考虑今年适当时候，召开片区联系单位第二次工作会议，建立片区联系工作联席会议制度、信息定期通报制度、工作督导考评制度。

4. 充分发挥贫困地区干部群众的积极性、主动性。大力发扬“宁愿苦干、不愿苦熬”的扶贫开发精神，进一步激发广大基层干部群众参与扶贫开发的热情，提振脱贫致富的信心。千方百计调动基层干部群众的主动性和创造性，尊重贫困地区和扶贫对象的主体地位，提高他们的自我管理水平和发展能力，鼓励他们自立自强、实现脱贫致富。

5. 在工作指导上应重点把握好的几个重点问题。一是要坚持让贫困群体受益。这是扶贫攻坚工作的根本要求。我们要防止仅仅把争取和捆绑资源实施大项目，而对那些直接关系民生、关系扶贫对象脱贫致富的小项目研究得不够，抓得不紧的问题。扶贫部门尤其要注意这一点，就是要防止出现重区域发展、轻扶贫攻坚的倾向。温家宝总理在武陵山片区座谈会的讲话中明确要求，“继续坚持扶贫到户，整村推进，建立健全扶贫对象的识别机制，按新的扶贫标准做好建档立卡的工作，实行动态管理，确保扶贫对象得到有效的扶持”。扶贫工作就是要瞄准对象，要尽最大努力把有限的扶贫资金真正用到扶贫对象。二是要搞好扶贫对象识别。这是工作瞄准的重要前提。国家扶贫标准提高到2300元以后，已有的扶贫资源与工作对象的规模差距更大了。现在已经有一些地方按照“看菜吃饭，量体裁衣”的原则，将统计监测规模和工作识别的规模适当分开，后者根据可用资金的情况可能会小一点，并分批落实，通过这个办法把最困难的人先找出来。从落实规划的角度来讲，各地要把收入最低的扶贫对象数量，一级一级落实下去，一直到自然村，把最困难的人找出来，然后组织力量进行帮扶，持之以恒，不见成效不松劲。这是从实际出发的一种办法，否则，永远是“一壶烧不开的水”。因此，必须锁定贫困群体，瞄准工作对象，我们的扶贫部门从上到下都要在具体工作中认真把握。三是要落实对扶贫对象的“基本保障”。这是新阶段扶贫开发的基础工作。新10年扶贫开发《纲要》提出，到2020年扶贫对象要稳定实现“两不愁、三保障”目标，这样的目标必须以对扶贫对象实施特惠政策予以保障。从全国来讲，所有的惠农政策都是面向“三农”包括面对贫困群体的普惠性政策，而面向连片特困地区和重点县的倾斜政策属于特惠政策。比如，教育部门出台对连片特困地区680个县农村义务教育阶段的营养改善计划、定向招生计划等。也应当看到，这些行业性、区域性的特惠政策对于每个片区内而言，又具有普惠性政策，因为它对片区范围内所有的对象都适用。专项扶贫资金和措施就应与此不同，它应该是专门瞄准那些特别困难的群体，并对他们进行扶持。在片区内，如果说行业政策是普惠性政策，那么专项扶贫政策就是特惠政策，行业扶贫侧重于基础设施和社会公共事业建设，而专项扶贫主要是加大对产业扶贫和人力资源开发的支持。所以，从趋势上看，专项扶贫要更注重瞄准扶贫对象、贫困群体。四是要进一步完善扶贫到户工作机制。这是新阶段扶贫工作应该坚持的根本方法。目前，扶贫政策直接覆盖扶贫对象的比例低，主要原因是扶贫到户机制不健全。应从以下几个方面努力改进：第一，完善扶贫计划到户机制。在扶贫对象识别的基础上，将扶贫对象享受扶贫政策的扶持纳入年度计划，逐户落实帮扶项目。第二，完善财政资金使用到户机制。专项扶贫资金用于支持产业发展、易地扶贫搬迁、危旧房改造、劳动力培训转移，要更好地体现瞄准。各地在安排年度扶贫项目资金、在落实规划时，都应努力把扶贫对象放在更加重要的位置，优先考虑扶持。如果我们在这个问题上能够取得突破，扶贫工作就会上一个新水平。第三，完善扶贫到户的考核机制。各地要把扶贫到户作为年度工作目标考核内容，认真组织考核，并作为扶贫资金分配的依据。

三、关于综合处长履行岗位职责的几个重点问题

（一）要发挥好综合协调作用

综合处长，岗位特殊，责任重大，处在承上启下、顾左联右的位置。对上，要贯彻执行办领导的指示；对下，不仅要管处内，而且要协调各相关处、相关单位抓工作落实；对内，必须形成运转流畅、步调一致的工作团队；对外，要做好与各有关方面的衔接。这就要求综合处长必须具有全局眼光，站在全局的高度来考虑问题、推进工作。一要有素质。首先政治上要合格。要坚定理想信念，要出于公心，要保持廉洁自律。凡要求别人做到的，自己应首先做到；凡要求别人不做的，自己坚决不做。其次视野上要开阔。每一名综合处长都应注重不断接受新事物、新知识和新观念，做到知晓全局、业务精通，还要讲究工作方法，防止在协调处理问题中造成矛盾，产生不良影响，不断提高应对和处理棘手问题、复杂局面的能力。二要有悟性。要善于正确领会上级和领导意图，及时汇报工作进展情况，求得办领导对工作的信任和支持。三要有合作。要积极协调好与其他处室的关系，努力营造一种相互支持、相互配合的局面。四要有权威。要搞好处内团结，团结带领全处人员把办领导的要求与本处的工作实际结合起来，保证令行禁止、高效运转。五要有境界。综合处是全办的工作中枢，作为综合处长，需要做到担得起、放得下，既不推责，也不揽功。综合处事务繁杂，接触面广，容易成为各种矛盾的焦点。因此，作为综合处长要有宽广的胸怀，容人之短，言谈适度，异中求同，承受委屈。这样就能取得领导和同志们的信任、理解和支持。

（二）要发挥好参谋助手作用

综合处长在实际工作中与办领导接触最多，充分发挥参谋助手作用，是摆在综合处长面前十分重要的任务。主要包括：就扶贫开发中心工作和有关重大事项主动提出建议；在重点工作抓落实方面提出具体实施意见；及时向领导报告反馈重点工作执行和进展情况等。

发挥好参谋助手作用，要求综合处长要做到“四勤”，即“眼勤、耳勤、脑勤、手勤”。“眼勤”是指勤于学。对上级各类文件、各类资料都应做到先学一步，并及时主动地为领导决策提供帮助。“耳勤”是指善于听。要能够做到耳听八方、及时掌握和了解各方面的工作信息、及时汇总分析各方面的情况，及时向领导报告有关意见和建议。“脑勤”是指敏于思。要十分重视分析研究，要对获取和掌握的情况进行科学分析和归纳，从中探索规律。就是要为工作、为领导多思多虑，做到深思熟虑，这才能工作主动，做得游刃有余。“手勤”是指精于写。文字写作是机关工作人员的基本功，更是综合处长的必备能力。提高

公文写作水平，写好文章，最重要的应把握这么几点：一是内容要实事求是，不能有虚假成分；二是行文要有逻辑，内容上有内在联系；三是符合公文格式办理的统一要求；四是文笔精炼，言简意赅。

（三）认真做好信息反馈和沟通工作

信息反馈是综合处的一项重要日常工作，是协助办领导掌握工作动态的重要渠道，也是妥善处置各类突发事件的重要基础。及时而准确的信息反馈将有助于办领导正确决策，如果信息遗漏或走样，必将影响领导决策质量。在这方面，作为综合处长，一要注重做好对信息的搜集、筛选、分类工作，要为领导提供有价值的信息；二要强调及时性，能马上报告的就不要拖延；三要注意“原汁原味”，在信息反馈中做到客观准确。

对上和对外单位的协调沟通工作，也是综合处长经常性的重要工作内容。在这方面，一是要增强计划性，做到统筹安排，分步实施，减少盲目，井然有序。二是要在坚持原则的前提下保持适度灵活。对于原则问题不能擅自改变，要努力坚守，对于一些枝节问题或技术性问题，要适度灵活，或尽快达成共识，或留有协商的余地。

（四）进一步做好扶贫系统人才和信息化建设工作

关于扶贫系统人才工作，我们继制定印发《全国扶贫开发人才发展规划（2011—2020年）》之后，今年一季度又出台了三个专项规划（计划）。即《扶贫开发高层次人才建设实施规划》、《扶贫开发实用人才培养和劳动力转移培训实施规划》和《扶贫志愿者行动计划》。总规划和三个专项配套实施规划（计划）是指导今后一个时期扶贫系统人才建设工作的重要文件，希望各省区市认真抓好这些重要文件的贯彻落实。当前要注意把握好以下三个重点：一是扶贫高层次后备人才培养。从去年下半年开始，在办里直接领导下，全国贫困地区干部培训中心积极争取社会资源，设定了500万元的人才基金，用于扶持不同类型的300名扶贫高层次后备人才在校学习补助，及100篇与扶贫开发有关的博士论文的资助。这项工作已正式启动，同志们可予重点关注，积极选送符合条件人员入学深造，为培养高层次扶贫人才贡献力量。二是实用人才培养和劳动力转移培训（雨露计划）。实用人才培养要紧密结合产业发展同步推进，在片区攻坚产业发展中，基层一线急需大量实用型人才，各级都要将其作为一件大事，务必抓紧抓好；劳动力转移培训（雨露计划）当前重点是在巩固已取得成绩的基础上抓好改革，注重提高。原来基本上都是短期培训，现在的趋势是转向中长期，但中、长如何区分，短期是否还保留、保留多大比例，这些问题都需要同志们从实践中进行总结，要通过扎实的调研，拿出有效的办法和措施。三是抓好“三支一扶”工作。“三支一扶”（支农、支医、支教、扶贫）工作开展5年了，今年又下发了新的五年计划，要求继续抓紧抓好。这项工作对我们扶贫来说是一件好事，各省区市也都行动起来了，但发展不够平衡，有的抓得很紧、有成效，有的还处于放任自流状态。除了解决部分高校毕业生就业以外，这项工作对贫困地区人才素质提高是非常重要的渠道。从2012年起，我们与人力资源和社会保障部协商，把高校毕业生选择“扶贫”岗位的范围扩大到“整村推进”项目，人数保持在全国5000人左右（每年“三支一扶”总数为2万人）。这里再强调这项工作，就是希望同志们回去后要主动配合人力资源部门进一步把这件事办好，协助抓好动员报名、岗位设置、上岗前培训等项具体工作，力争取得更大的成绩。

关于扶贫系统的信息化工作。从全国范围讲，新的扶贫标准（2300元）出台后，急待建立完善“全国贫困群体信息识别系统”（扶贫对象的建档立卡）。这项工作我们已搞了多年，如何深化，如何与新扶贫标准相配合，如何便于操作并能够实施动态调整，下一步还需要做大量的工作。另外，针对片区攻坚这个主战场，如何运用信息化手段强化对片区工作的指导，强化扶贫攻坚各项措施的落实，也是摆在我们面前的重要任务。希望同志们针对上述一些重点问题，刻苦攻关，群策群力，广聚资源，努力把扶贫系统信息化建设工作搞上去，促进扶贫开发中心工作的顺利推进，促进各项重点任务的圆满完成。

同志们，新阶段扶贫开发事业既充满希望，又面临许多新的挑战。我们要积极开拓进取，勇于攻坚克难，努力为扶贫开发事业做出新的、更大的贡献，以优异成绩迎接党的十八大胜利召开！

谢谢大家！

附录（四）
全球减贫与发展概况

世界银行对发展中国家消费贫困的最新估测情况概要[1]

（全文译稿）

世界银行一直定期监测发展中国家在消除绝对贫困领域取得的进展。世界银行的研究人员通过收集来自全球各地区的数据，最近发布了涵盖1981—2008年期间的更新情况报告，并（基于小规模样本）提出2010年的初步估测。

最新估测利用来自约130个发展中国家的850多项家庭调查，代表发展中国家总人数的90%。调查表大多数由所在国的国家统计部门编纂完成。2005年和2008年的调查结果基于对123万个随机抽取家庭样本的访问。在20世纪80年代，调查范围往往倾向于较为贫困的群体，在某些地区即便今天仍是如此。

所有货币价值都采用实际值，即依据通货膨胀进行调整，并采用反映每个国家实际物价水平的汇率进行折算（这考虑到一个事实，即很多大宗商品并不在国际市场进行交易，因此在贫穷国家较为便宜）。

基于一致性原则，对所有往年数据均按照回溯到1981年进行修正。

由于数据可获得性滞后，2008年是我们能够编纂出一份可靠的全球估测报告的最新年份，但是我们可获得很多国家的近期数据，让我们有能力对2010年的贫困状况作出初步估计。

主要的贫困线是按照2005年物价水平计算每天生活费1.25美元的标准，但其他贫困线标准也在使用中。

每天1.25美元的生活费是10—20个最贫困国家设立国家贫困线的平均值。通过使用这一标准，全球总体的贫困状况可通过“贫困”在世界最贫穷国家中的含义来作出判断。

当然，经济状况较好的国家往往采用比这个节俭标准更高的贫困标准，每天2美元是所有发展中国家贫困线的中位数。

每天1美元的贫困线也在采用，这接近于印度（旧的）国家贫困线。即使按照全球最贫困国家的标准来衡量，这也是一

---

① 该概要由世界银行发展研究集团ShaohuaChen和Martin Ravallion编纂（2012年3月1日），欲了解世界银行全球贫困衡量指标和稳健性的不同指标所采用研究方法的更多细节，请参阅ShaohuaChen和MartinRavallion，“发展中国家比我们预想地更为贫困，但在消除贫困方面的成就则名副其实”（“The Developing Worldis poorer than we thought, but no less successful in the Fight Against Poverty”）《经济学季刊》2010年第125卷，第4期，第1577—1625页.

个极为省俭的生活费标准。

当然，数据还不太完备，但是随着时间推移，它们正变得越来越完善。

发展中国家可获得全国代表性家庭调查的数量已经显著扩大。首份此类估测报告由世界银行编纂完成（总结纳入《1990年世界发展报告》），报告基于22个国家的22份调查资料。

当消费（商品消费支出，包括实物方式）和收入数据均可获取时，报告会采用前者而不是后者。在贫困国家，消费数据用在三分之二的调查资料中。

但是，消费并未考虑到非市场化的商品，比如获得医疗保健和教育的机会，也未顾及到家庭内部的不平等。

为获得完整的评估数据，这些贫困指标必须辅以其他指标，包括获得医疗保健和教育的机会。欲浏览相关数据和其他“非收入”贫困维度的数据，请查阅世界发展指标。

数据显示，发展中国家所在的全部六个地区的贫困率和贫困人口数量均下降，这是自世界银行开展实施贫困监测任务以来的首次。

在2005—2008年，全部六个地区每天生活费低于1.25美元的贫困人口的百分比和人口数量均在下降，这是自1981年以来首次出现如此良好的局面。

在2008年，发展中国家每天生活费低于1.25美元的贫困人口总体比重为22%，略高于20世纪90年代水平的一半，1981年每天生活费低于1.25美元的贫困人口比重高达52%。

这意味着，2008年有12.9亿人每天的生活费不足1.25美元，1981年为24.7亿人。2008年有24.7亿人每天的生活费不足2美元，数量少于1981年的25.9亿人。

每天生活费1.25美元的贫困线人口比例以每年减少1.05个百分点的趋势下降（标准差=0.06个百分点）。如果将中国剔除在外，该趋势水平要低得多，约为每年下降0.54个百分点。

数据：1981—2008年发展中国家的贫困率

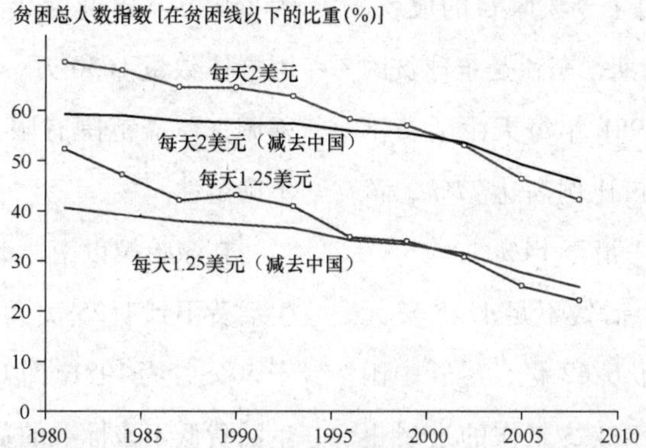

其他贫困线也显示类似的趋势

在 2008 年，发展中国家每天生活费不足 1 美元的贫困人口比例为 14%，为 8.01 亿人——该比例低于 1990 年的 31% 和 1981 年的 42%。

在 2008 年，发展中国家每天生活费不足 2 美元的贫困人口比重为 43%，为 24.7 亿人——该比例低于 1990 年的 65% 和 1981 年的 70%。

发展中国家总体上已实现首个千年发展目标（MDG），即到 2015 年将极端贫困人口发生率降至 1990 年的一半。

尽管爆发了全球金融危机，根据每天 1.25 美元生活费的标准，发展中国家总体上已实现首个千年发展目标（MDG）。

如果你重点关注每天生活费 1 美元的标准，2008 年发展中国家的贫困率已经比 1990 年降低一半。

但是，减贫的进展在各个地区之间并不均衡。

在各个地区之间减贫进展并不平衡，但（首次出现的是）扶贫工作在所有地区均取得进展。

东亚地区减贫取得了令人瞩目的成就。回首 20 世纪 80 年代初期，东亚是全球贫困发生率最高的地区，1981 年每天生活费不足 1.25 美元的贫困人口比例高达 77%，该比例在 2008 年已显著下滑至 14%。

仅在中国，每天生活费不足 1.25 美元的贫困人口数量减少了 6.62 亿，尽管中国在过去一段时间内每年减贫工作的进展也不均衡。在 2008 年，中国每天生活费仍低于 1.25 美元的贫困人口比重锐减至 13%（1.73 亿人）。

除中国以外的发展中国家中，1981—2008 年期间每天生活费低于 1.25 美元的贫困人口比重从 41% 减少至 25%。虽然贫困比率在 20 世纪 80 年代和 90 年代有所上升，但在 1999 年之后则持续下滑。

在南亚地区，1981—2008 年期间每天生活费低于 1.25 美元的贫困人口比重从 61% 下降至 36%。目前南亚的贫困人口比例低于 1981 年以来的其他任何时期。

在拉丁美洲和加勒比地区（LAC），2002 年以前贫困人口比例一直普遍上升，但 2002 年以来贫困人口占比（以及贫困群体百分比）一直大幅下降。

在东欧和中亚地区（EECA），2000 年以前贫困人口比重和数量持续上升，但 2000 年以来贫困群体扩大的趋势得到扭转，并在 2008 年达到第一阶段的千年发展目标。

在中东和北非地区（MENA），2008 年每天生活费不到 1.25 美元的贫困人口数量为 860 万，比例为 2.7%，低于 1981 年贫困群体数量 1650 万，但中东北非地区的贫困调查覆盖范围有限，给估测贫困率带来不确定性。

在撒哈拉以南非洲（SSA）地区，每天生活费不到 1.25 美元的贫困人口比例已低于 50%，为 1981 年以来首次。2008 年每天生活费低于该标准的贫困群体比例为 47%，而 1981 年的贫困率为 51%。自 1999 年以来，每天生活费不到1.25美元的贫困人口比例已下降约10个百分点。2008年每天生活费不到1.25美元的贫困人口数量比2005年减少900万。

尽管传出好消息，但每个地区仍有大量人群生活贫困，或是处在贫困线边缘的弱势群体。

按照目前的减贫进展情况，到2015年每天生活费不到1.25美元的贫困人口数量仍有大约10亿。

在1981—2008年期间摆脱每天生活费不到1.25美元贫困线的6.49亿人中，按照中等收入发展中国家标准，他们大部分人依然贫穷，而按照富裕国家的贫困线标准，情况更是如此。

在消除每天生活费2美元的障碍方面，发展中国家一直未能取得长期的进展。的确，我们只看到每天生活费不到2美元的贫困人口数量小幅下降，从1981年的25.9亿人减少到2008年的24.7亿人。在此期间贫困人口数量先升后降，至1999年每天生活费不到2美元的贫困群体数量达到29.4亿人，随后已明显下降。

在1981—2008年期间，每天生活费在1.25—2美元之间的人口数量几乎增长了一倍，从6.48亿人增加到11.8亿人。

每天生活费略高于1.25美元的人数激增，表明相当多的人依然脆弱，处于贫困线边缘。

开放获取世界银行全球贫困数据的渠道

在2月29日，世界银行网站PovcalNet将发布大量修正后或更新的信息，公众可获得第一手资料，以复制这些估测数据，并对某个特定国家和替代性的贫困线状况作出估计。

下表格为1981—2008年期间各地区按照每天生活费1美元、1.25美元和2美元计算的贫困人口比例及数量。

每天1美元

按2005年购买力平价计算低于每天1美元标准的人口比例（%）

地区	1981	1984	1987	1990	1993	1996	1999	2002	2005	2008
东亚及太平洋地区	66.1	49.4	38.7	40.6	35.4	23.3	23.6	17.8	9.5	7.8
中国	73.5	52.9	38.0	44.0	37.7	23.7	24.1	19.1	9.2	7.4
东欧和中亚	1.0	0.8	0.8	1.1	1.5	2.1	2.1	1.2	0.8	0.3
拉丁美洲和加勒比地区	7.9	9.2	8.5	8.8	8.1	8.1	8.8	8.9	6.5	5.0
中东和北非	4.0	3.2	2.6	2.2	1.7	1.8	2.0	1.6	1.4	1.2
南亚	43.6	39.7	37.6	36.1	33.7	30.7	27.9	26.9	22.9	19.9
撒哈拉以南非洲	40.4	44.2	43.6	45.6	48.7	47.2	47.0	44.7	41.1	37.3
总计	41.6	34.7	30.1	30.8	28.7	23.5	23.1	20.6	16.0	14.0

按 2005 年购买力平价计算低于每天 1 美元标准的人口数量（百万人）

地区	1981	1984	1987	1990	1993	1996	1999	2002	2005	2008
东亚及太平洋地区	939. 5	736. 1	606. 8	669. 0	607. 4	415. 2	434. 3	336. 9	185. 2	154. 7
中国	730. 4	548. 6	412. 4	499. 1	444. 4	288. 7	302. 2	244. 7	119. 7	97. 4
东欧和中亚	4. 1	3. 4	3. 5	4. 9	6. 9	9. 8	9. 7	5. 6	3. 6	1. 3
拉丁美洲和加勒比地区	28. 9	35. 8	34. 9	38. 5	37. 5	39. 0	44. 3	47. 0	35. 8	28. 2
中东和北非	6. 8	6. 0	5. 3	4. 8	4. 2	4. 7	5. 3	4. 5	4. 3	3. 8
南亚	405. 1	396. 5	403. 0	413. 6	411. 6	397. 7	382. 7	389. 1	346. 8	315. 1
撒哈拉以南非洲	160. 8	191. 4	205. 5	233. 9	270. 5	283. 6	305. 5	313. 4	310. 4	302. 8
总计	1545. 3	1369. 3	1258. 9	1364. 7	1338. 1	1150. 0	1181. 9	1096. 5	886. 1	805. 9

注：调查覆盖人口占总人口数量的比重不足 50% 的地区作粗体处理。

每天 1. 25 美元

按 2005 年购买力平价计算低于每天 1. 25 美元标准的人口比例（%）

地区	1981	1984	1987	1990	1993	1996	1999	2002	2005	2008
东亚及太平洋地区	77. 2	65. 0	54. 1	56. 2	50. 7	35. 9	35. 6	27. 6	17. 1	14. 3
中国	84. 0	69. 4	54. 0	60. 2	53. 7	36. 4	35. 6	28. 4	16. 3	13. 1
东欧和中亚	1. 9	1. 6	1. 5	1. 9	2. 9	3. 9	3. 8	2. 3	1. 3	0. 5
拉丁美洲和加勒比地区	11. 9	13. 6	12. 0	12. 2	11. 4	11. 1	11. 9	11. 9	8. 7	6. 5
中东和北非	9. 6	8. 0	7. 1	5. 8	4. 8	4. 8	5. 0	4. 2	3. 5	2. 7
南亚	61. 1	57. 4	55. 3	53. 8	51. 7	48. 6	45. 1	44. 3	39. 4	36. 0
撒哈拉以南非洲	51. 5	55. 2	54. 4	56. 5	59. 4	58. 1	58. 0	55. 7	52. 3	47. 5
总计	52. 2	47. 1	42. 3	43. 1	40. 9	34. 8	34. 1	30. 8	25. 1	22. 4
除中国外的总数	40. 5	39. 1	38. 1	37. 2	36. 6	34. 3	33. 6	31. 5	27. 8	25. 2

按 2005 年购买力平价计算低于每天 1. 25 美元标准的人口数量（百万人）

地区	1981	1984	1987	1990	1993	1996	1999	2002	2005	2008
东亚及太平洋地区	1096. 5	970. 0	847. 6	926. 4	870. 8	639. 7	655. 6	523. 1	332. 1	284. 4
中国	835. 1	719. 9	585. 7	683. 2	632. 7	442. 8	446. 3	363. 1	211. 9	173. 0
东欧和中亚	8. 2	6. 9	6. 8	8. 9	13. 7	18. 2	17. 8	10. 6	6. 3	2. 2
拉丁美洲和加勒比地区	43. 3	52. 9	49. 3	53. 4	52. 5	53. 6	60. 1	62. 7	47. 6	36. 8
中东和北非	16. 5	15. 1	14. 6	13. 0	11. 5	12. 3	13. 6	12. 0	10. 5	8. 6
南亚	568. 4	573. 8	593. 0	617. 3	631. 9	630. 8	619. 5	640. 5	598. 3	570. 9

续表

地区	1981	1984	1987	1990	1993	1996	1999	2002	2005	2008
撒哈拉以南非洲	204.9	239.1	256.8	289.7	330.0	349.4	376.8	390.4	394.9	386.0
总计	1937.8	1857.7	1768.2	1908.6	1910.3	1704.0	1743.4	1639.3	1389.6	1289.0
除中国外的总数	1102.8	1137.8	1182.5	1225.5	1277.6	1261.2	1297.0	1276.2	1177.7	1116.0

注：调查覆盖人口占总人口数量的比重不足50%的地区作粗体处理。

每天2美元

按2005年购买力平价计算低于每天2.00美元标准的人口比例（%）

地区	1981	1984	1987	1990	1993	1996	1999	2002	2005	2008
东亚及太平洋地区	92.4	88.3	81.6	81.0	75.8	64.0	61.7	51.9	39.0	33.2
中国	97.8	92.9	83.7	84.6	78.6	65.1	61.4	51.2	36.9	29.8
东欧和中亚	8.3	6.7	6.3	6.9	9.2	11.2	12.1	7.9	4.6	2.2
拉丁美洲和加勒比地区	23.8	26.8	22.4	22.4	21.7	21.0	22.0	22.2	16.7	12.4
中东和北非	30.1	27.1	26.1	23.5	22.1	22.2	22.0	19.7	17.4	13.9
南亚	87.2	85.6	84.5	83.6	82.7	80.7	77.8	77.4	73.4	70.9
撒哈拉以南非洲	72.2	74.7	74.3	76.0	78.1	77.5	77.5	76.1	74.1	69.2
总计	69.6	68.0	64.8	64.6	63.1	58.6	57.4	53.5	46.9	43.0
除中国外的总数	59.3	59.1	58.2	57.7	57.8	56.4	56.1	54.2	49.9	47.0

按2005年购买力平价计算低于每天2.00美元标准的人口数量（百万人）

地区	1981	1984	1987	1990	1993	1996	1999	2002	2005	2008
东亚及太平洋地区	1312.9	1316.3	1279.0	1333.8	1300.7	1139.9	1137.6	983.9	757.5	659.2
中国	972.1	963.3	907.1	960.8	926.3	792.1	769.7	654.9	481.6	394.6
东欧和中亚	35.7	29.5	28.8	31.9	43.1	52.8	57.0	37.2	21.7	10.4
拉丁美洲和加勒比地区	86.6	104.2	92.2	97.6	99.9	101.7	111.4	117.6	91.7	70.5
中东和北非	51.8	51.2	53.9	52.9	53.5	57.1	59.8	56.8	52.7	44.4
南亚	810.6	854.8	905.9	958.8	1010.4	1047.3	1068.8	1119.7	1113.1	1124.6
撒哈拉以南非洲	287.6	323.8	350.4	389.2	434.0	466.0	503.3	533.3	559.1	562.3
总计	2585.3	2680.0	2710.2	2864.1	2941.5	2864.8	2937.9	2848.4	2595.8	2471.4
除中国外的总数	1613.2	1716.7	1803.1	1903.3	2015.2	2072.7	2168.2	2193.5	2114.2	2076.8

注：调查覆盖人口占总人口数量的比重不足50%的地区作粗体处理。

附录（五）
中国扶贫开发评述（2011—2012 年）

中国扶贫开发评述（2011—2012年）

一、扶贫开发的背景

改革开放的三十多年里，中国从高度集中的计划经济体制到社会主义市场经济体制，从原来自给自足的自然经济到现在参与到全球化经济的浪潮，成功地摆脱了绝对贫困状态，走出了一条中国特色的社会主义道路。中国在扶贫、教育、医疗、社会保障等几乎所有人类全面发展方面取得了骄人的成绩，被世界其他国家称为实施联合国MDG的典范。

特别是近十年来，“中国的扶贫事业取得了巨大成就，农村居民生存和温饱问题基本解决，为推动全球减贫事业发展做出了重大贡献。”（范小建，2012）但是，不可忽视的现实是，我国的反贫困工作仍然任重而道远。2012年12月，中共中央总书记习近平在河北考察时指出：“全面建成小康社会，最艰巨最繁重的任务在农村、特别是在贫困地区。没有农村的小康，特别是没有贫困地区的小康，就没有全面建成小康社会。”然而，经济社会发展总体水平不高，区域发展不平衡问题突出，制约贫困地区发展的深层次矛盾仍然存在。扶贫对象规模大，相对贫困问题凸显，返贫现象难以杜绝，贫困地区特别是集中连片特殊困难地区（以下简称“连片特困地区”）发展相对滞后，扶贫开发任务仍然十分艰巨。在此背景下，我国农村新阶段扶贫开发的总体战略做出了调整，以适应复杂的贫困形势。

其一，扶贫标准的调整。在2011年11月29日召开的中央扶贫开发工作会议上，温家宝总理宣布，中央决定将农民人均纯收入2300元作为新的国家扶贫标准，该标准相较于2010年制定的人均纯收入1274元的标准有了大幅度的提升。低收入人口将享受到国家扶贫更多的优惠政策，这有助于加快小康社会的全面实现。除了对扶贫标准进行调整之外，医疗卫生、交通和社会保障等标准也进行了调整。

其二，扶贫目标的调整。根据《中国农村扶贫开发纲要（2011—2020年）》，新阶段扶贫开发工作的总体目标是：到2020年，稳定实现扶贫对象不愁吃、不愁穿，保障其义务教育、基本医疗和住房。贫困地区农民人均纯收入增长幅度高于全国平均水平，基本公共服务主要领域指标接近全国平均水平，扭转发展差距扩大趋势。这一目标体现出更加明确务实的特点。“两不愁、三保障”是多元的目标，不仅是提高收入，还包括保障教育、医疗、住房服务等。

其三，扶贫重心的调整。根据《中国农村扶贫开发纲要（2011—2020 年）》，新阶段扶贫开发工作在巩固温饱成果的基础上，更加注重增强扶贫对象的自我发展能力，更加注重转变经济发展方式，更加注重基本公共服务均等化，更加注重解决制约发展的突出问题。新阶段的扶贫工作视野更加开阔，重心更加明确，坚持尊重扶贫对象的主体地位，激发贫困地区的内在活力，立足于贫困地区的全面发展。

其四，扶贫政策的调整。新阶段扶贫开发，坚持开发式扶贫方针，实现扶贫开发和农村最低生活保障制度的有效衔接；把扶贫开发作为脱贫致富的主要途径，鼓励和帮助有劳动能力的扶贫对象通过自身努力摆脱贫困；把社会保障作为解决温饱问题的基本手段，逐步完善社会保障体系。同时，坚持扶贫开发与推进城镇化、建设社会主义新农村相结合，与生态环境保护相结合，促进经济社会发展与人口资源环境相协调。

其五，扶贫主战场的调整。围绕新阶段扶贫开发重心的转移以及新的工作目标的确定，我国扶贫开发的主战场也进行了系列调整，主要表现为把六盘山区、秦巴山区、武陵山区等 11 个连片特困地区和西藏，四川、云南、甘肃和青海四省藏区，以及新疆南疆三地州确定为新阶段扶贫开发工作的主战场，全面实施连片特困地区扶贫攻坚。

二、扶贫开发的总体成效

（一）农民人均收入持续增长，贫困人口数量明显降低

《中国农村扶贫开发纲要（2011—2020 年）》实施以来，我国农村扶贫开发进入了新的阶段，国家不断加大贫困地区基础设施建设投入，全面改善这些地方的生产生活条件。贫困地区的经济得到持续发展，产业结构进一步优化，特色优势产业快速发展，县域经济综合实力不断增强，农民人均纯收入保持着持续增长的势头，农民的生存和温饱问题基本上得到解决，贫困人口的数量明显降低。据 2012 年最新统计数据，我国贫困人口总量从 2011 年底的 1.22 亿人减少到 2012 年底的 9899 万人，贫困发生率从 12.7% 减少到 10.2%，减贫效果鼓舞人心。

（二）扶贫投入大幅增加，扶贫开发工作全面推进

2011 年，中央财政综合扶贫投入约 2272 亿元，2012 年，中央财政综合扶贫投入 2996 亿元，比上年增长 31.9%，其中专项扶贫资金 332 亿元，增幅为 23%。同时，地方各级政府也大幅增加扶贫资金投入，2012 年 28 个省区市（不含北京、天津、上海）本级财政预算安排专项扶贫资金 147.8 亿元，比上年增加 45%。此外，2012 年也是扶贫开发工作全面推进的一年。一是高位推进扶贫工作。各地各部门在认真传达学习中央扶贫开发工作会议精神的基础上，

出台贯彻落实的重要文件，充实加强了扶贫队伍，加强了部门的扶贫领导机构。二是进一步明确了扶持对象和范围。国家大幅度提高扶贫标准之后，17 个省执行 2300 元的标准，14 个省执行高于 2300 元的地方扶贫标准。此外，9 个省区对 38 个重点县做出调整，调整后的名单经国务院批准后向社会公布，得到各方面普遍肯定。

（三）片区规划编制如期完成，片区扶贫攻坚进展顺利

从 2011 年开始，国务院相继完成了连片特困地区区域发展与扶贫攻坚的规划编制工作，集中力量全部完成了 11 个片区的规划编制，并得到国务院批复，截至 2012 年底，已先后召开了武陵山、乌蒙山、秦巴山、滇桂黔、六盘山、滇西 6 个片区的启动会，下发了《关于西藏、四省藏区和新疆南疆三地州 3 个片区规划编制有关问题的通知》，制定了《编制集中连片特殊困难地区区域发展与扶贫攻坚省级实施规划指导意见》，对各省编制实施规划工作给予指导。此外，围绕片区规划的实施做了大量前期工作，其中包括建立片区扶贫工作协调机制。明确了 13 个部委牵头联系 11 个片区。出台片区行业支持政策。教育部、交通部、国土资源部、卫生部、住房和城乡建设部、农业部、中国人民银行、水利部、铁道部、国家林业局等先后出台了专门针对片区的扶持和倾斜政策，此外，共青团中央与国务院扶贫办联合出台了《关于动员和支持各级团组织及广大青年积极参与扶贫开发的意见》，创新各级团组织扶贫工作模式，国家旅游局与国务院扶贫办签订了《关于推进旅游扶贫工作的合作框架协议》，财政部正在和国务院扶贫办积极研究设立片区产业发展基金，支持片区特色优势产业发展。同时，开展了片区督查。国务院派出 6 个督查组对片区扶贫攻坚工作进行督查。

（四）全面落实扶贫政策，提高扶贫开发管理水平

一是两项制度衔接工作取得新进展。各地采取一次识别或分次识别、分批扶持的办法，开展新一轮贫困识别工作，并进一步完善扶贫统计监测信息系统。二是整村推进等专项扶贫规划顺利启动。《扶贫开发整村推进“十二五”规划》于 2012 年 8 月下旬经国务院正式批复。此外，配合国家发展改革委编制完成了《易地扶贫搬迁“十二五”规划》。三是就业促进和产业扶贫扎实推进。继续开展“雨露计划”实施方式改革试点，将补助重点转向职业教育，补助方式改为直补到人。进一步加强对产业扶贫工作的指导，起草了《集中连片特殊困难地区产业扶贫规划编制工作指导意见》、《国家扶贫龙头企业认定和运行监测管理办法（讨论稿）》和《关于对国家扶贫龙头企业进行调整的意见（讨论稿）》。四是各项试点工作效果明显。中央专项彩票公益金试点项目进一步扩大规模，加大了对革命老区的扶贫力度。阿坝州扶贫开发和综合防治大骨节病试点工作顺利验收。

西藏溜索改造任务全面完成。互助资金试点继续发展。五是不断提高扶贫开发管理水平。扶贫立法工作稳步推进。目前已形成了《中国农村扶贫开发法（讨论稿）》并得到有关部门的积极支持。与此同时，各地也加快了扶贫立法的工作进度。同时，扶贫开发工作考核进展顺利。目前已完成《2011 年度扶贫开发工作考核报告》，考核结果已向有关省市区通报。此外，已有 13 个省区市结合实际，制定了本省考核实施细则。

总之，新阶段扶贫开发工作呈现出崭新局面，重点领域取得突破性进展，特别是连片特困地区发展步伐进一步加快。在宏观经济下行压力较大的情况下，扶贫开发保持了良好势头。

三、贫困的主要特征

（一）贫困人口数量依然庞大，经济发展“边际效益”开始递减

2011 年底，中国扶贫开发工作覆盖人口约 1.22 亿人，尤其是特殊贫困矛盾和返贫现象突出，扶贫开发的形势比较严峻。现阶段的贫困人口主要集中于连片特困地区，大部分地处革命老区、民族地区、边疆地区和边远山区，区域边缘性特征明显，生态环境脆弱、社会形态特殊、公共服务欠缺、地方病严重困扰，扶贫工作的难度大、成本高。而且，现阶段贫困人口的非稳定性与致贫因素的复杂性导致了贫困人口的严重反弹。贫困地区自然灾害发生率高、发生频率增加以及防灾抗灾能力弱、灾后重建任务重，往往使多年的扶贫成果毁于一旦，而在因病因灾等传统致贫因素尚未消减的情况下，市场变化、工程移民、生态保护和资源开发等新的致贫因素日益增加。贫困人口的大进大出也真实反映了我国现阶段贫困人口的脆弱性特征。此外，经济进一步增长所带来的减贫效应已在显著减弱，“边际效应”出现递减，有增长无发展的问题已经显现，有感增长，无感发展成为减贫效果与经济增长最真实的写照。

（二）贫困地区落后面貌总体改善，发展不平衡的问题仍十分突出

经过近 30 年的努力，贫困地区的落后面貌总体改善。但是也呈现出发展不平衡的问题，具体表现为，城乡居民收入差距扩大、东中西部农民收入差距在扩大、各区域内部收入差距也在扩大。少数贫困地区的国家扶贫开发工作重点县在国家财力和政策的大力扶持下，超常规发展，但在国家扶贫战略由瞄准型向适度普惠型调整的过程中，势必会影响到原来的发展成效。一些县县级财政收入的高增长掩盖了农民收入低增长，往往是“一叶障目，难见森林”，少数城镇的繁荣掩盖了大部分的农村地区的落后面貌。产业扶贫的过程中，催生了一批富裕大户与龙头企业，少数大户掩盖了多数人收入不高，相对贫困现象日益凸显。此外，经济社会发展在边远地区依旧不平衡，交通、饮水、上学、就医、住房等方面的问题依然困扰群众生活。

（三）部分地区已实现整体脱贫，特殊类型地区和特殊群体仍然贫困

部分地区已经实现了整体脱贫，但是中西部特殊类型地区和特殊群体的贫困问题仍然不容忽视。西部地区的主要问题集中在民族地区和边境地区，中部集中在革命老区和山区。这里的“特殊”主要包括以下几个方面的含义：一是具有明显的群体特征，其形成具有特殊的历史条件；二是处于整体深度贫困状态，且脱贫难度很大，通常仅仅依靠自身的努力很难走出贫困状态或跟上时代前进的步伐；三是群体规模相对较小。这几个特征的存在，使得政府有必要对这些群体制定实施特殊的扶贫开发政策，帮助他们走出贫困陷阱。特殊类型地区往往生存环境极端恶劣，市场信息难以辐射，“孤岛效应”明显。社会发育程度不高，民族问题、宗教问题、走私贩毒问题、艾滋病等问题集结在此。生态极度脆弱，大面积的自然、生态保护区不能开发，“因农致贫”、“因保护区致贫”等现象发生频繁，贫困地区的自然条件决定了该地区长期以来的产业结构单一，经济基础薄弱，地方政府财力匮乏，教育、科技、文化、医疗、卫生等社会事业发展滞后，使得这些地区和人群积重难返，脱贫致富相当困难。

（四）贫困地区生态环境脆弱，农民生计问题还没有稳定解决

困难群体大多聚居于高寒山区、山区、半山区等生态环境十分脆弱的地区，自然灾害频发，每年都遭受不同程度的旱灾、低温、冷冻、雪灾、冰雹、洪涝、滑坡、泥石流、地震和各种病虫灾害等。贫困地区的防灾抗灾能力不足，稳定脱贫难度大。这些都决定了这些地区返贫压力不可小觑。由于困难群体的主要收入来源是第一产业——农业，而自然灾害又会给农业造成最致命的打击，轻者收成减半，重者颗粒无收。所以，自然灾害是造成困难群体贫困发生率和返贫率均比较高的重要原因之一，也是在新阶段的减贫工作中亟须重视的一个方面。此外，生态保护区的限制在客观上也阻碍了困难地区农民的脱贫致富。生态保护区设立的“生态红线”的最大意义在于，国家以强制性手段强化生态保护的政策导向，遏制生态系统不断退化的趋势。因为在经济快速发展的势头下，如果不采取严格的保护措施，生态系统面临的严峻局势很难扭转。而一旦生态系统被破坏，即使投入大量的人力、物力和财力，也往往难以恢复原状。如何调和农民增收和生态保护二者之间的矛盾，使之产生一种双赢共生的结果，是我们未来减贫工作中需要认真考虑的问题。

四、扶贫开发政策的特点

总体而言，新阶段扶贫开发的政策更加突出政策协调，更加注重政策之间的衔接与配合，更加讲求政策的综合效应。

（一）扶贫资金投入与管理政策

（1）以连片特困地区为扶贫资金主要投入区域。在增加财政投入与财政支付转

移力度的同时，按照扶贫开发规划进行管理，以连片特困地区为主要投入目标，中央财政扶贫资金的新增部分主要用于连片特困地区。（2）扶贫开发资金投入更加多元化。在整合中央、省市县财政资金的同时，彩票公益金、税收减免及企业捐赠都被纳入到扶贫开发资源整合范围之内。（3）资金使用更加细致、全面和切合实际。贫困地区基础设施建设、生态环境和民生工程等投入力度有所增强，村级公路建设、农业综合开发、土地整治、小流域与水土流失治理、农村水电建设等内容的支持力度加大。（4）“中央投入、地方配套”的政策部分取消。“中央投入、地方配套”的资金投入政策有效地整合了地方政府的财政资源，保证了财政资源的捆绑力度，提高了资金投入规模，但在一定程度上加重了扶贫开发工作重点县的财政负担，导致很多项目无法正常实施，资金投入效应大打折扣。新政策规定，中央政府在贫困地区所安排的病险水库除险加固、生态建设、农村饮水安全、大中型灌区配套改造等公益性建设项目，不再要求县级以下（含县级）及西部连片特困地区进行资金配套，有效缓解了县级以下（含县级）及西部连片特困地区财政压力。

（二）金融服务政策

（1）金融服务主体更加多元。银行、贫困地区县域法人金融机构（如村镇银行）、保险机构、微型金融机构在农村扶贫开发工作中都被赋予了一定的生存与发展空间，金融服务主体体系更加健全。（2）积极推动金融产品和服务方式创新。为了最大限度地满足贫困地区、贫困村及贫困人群的资金需求，国家在积极实施国家扶贫贴息贷款政策的同时，积极鼓励、引导与推动小额信用贷款、残疾人康复扶贫贷款、民间借贷、农村保险等金融产品的健康有序发展，强化农村信用体系建设。（3）金融机构服务能力提升问题得到关注。《新纲要》特别指出：“尽快实现贫困地区金融机构空白乡镇的金融服务全覆盖”，健全贫困地区基层服务网点，提升金融机构服务能力。（4）地方性农业保险发展得到鼓励。在坚持政府推动、政策支持、市场运作、农民自愿的运作方式指引下，针对贫困地区特色主导产业的特色农业保险事业有望得到扶持鼓励，地方特色农业保险被赋予合法身份，将会提高政策性农业保险的针对性和有效性，覆盖面和体系建设将会加快。

（三）产业扶持政策

贫困地区劳动转移和产业发展成为连片特困地区发展及脱贫致富的主要载体，向贫困地区转移的产业项目以劳动密集型为主，并以市场为导向来进行产业发展。（1）特色产业发展备受关注。除了特色农业保险事业发展受到支持外，国家重在支持贫困地区资源合理利用与开发，将贫困地区资源优势转化为产业优势，为此制定了特色优势产业支持政策。（2）产业发展与生态环境保护的产业政策成为主导。灾害风险与市场风险是制约贫困地区产业发展的两个动态性因素，尤其是农业产业发展更是如此。在连片特困地区，生态环境比较脆弱，产业发展落后，不以牺牲环境为代价的发展思路逐渐形成，低碳扶贫、绿色产业成为产业发展的新方向，产业发展与生态环境治理相结合成为产业扶持政策的新思路。土地、矿产等资源使用都将以保护生态环境为前提，退耕还林、退牧还草、水土保持、天然林保护、防护林体系建设和石漠化、荒漠化治理等重点生态修复工程有序展开，生态补偿重点向贫困地区倾斜。(3) 连片开发成为产业发展新趋势。贫困地区产业发展必须以产业化、市场化和规模化为导向，努力提高自己优势和产业竞争力，才能实现贫困地区及人群的可持续发展，产业化与规模化发展便成为一种趋势。在多年试点的基础上，连片开发扶贫模式已经成为贫困地区扶贫开发的成熟模式。在以连片特困地区为扶贫开发主战场的政策引导下，连片开发成为产业发展新模式。(4) 产业扶持以区域发展与产业扶贫为方向。长期以来，我国产业扶贫以扶贫为单一目标，缺乏对区域发展的关注，导致扶贫目标持续化能力不足。区域发展与扶贫开发是相辅相成、无法分离的关系，产业扶贫只有以促进区域发展为己任才能持久化，区域发展也只有以脱贫致富为目标才能消除日益扩大的贫富差距。2012 年，产业扶持政策更加注重区域发展和扶贫开发共同发展，增强产业扶持的区域发展效应和区域发展的益贫效应，在产业扶持中促进区域发展，在区域发展中带动扶贫开发。

（四）智力支持与人才保障政策

长期以来，我国始终坚持开发式扶贫方针，提高贫困人群科学文化素质，增强自我积累、自我发展的能力。(1) 贫困地区人才输入鼓励与保障政策继续完善。其中：包括组织教育、科技、文化、卫生等行业人员和志愿者到贫困地区服务，提高扶贫开发智力支持的力度，积极引导大中专毕业生到贫困地区就业创业，继续开展“三支一扶”和志愿者服务等。在贫困地区工作的干部实施倾斜鼓励政策，在公务员招考、干部提拔等方面优先照顾，贫困地区干部和农村实用人才的培训力度增强。(2) 人才培养政策制定并具体实施。国家相继出台了为贫困地区培养人才的鼓励政策，如国务院扶贫办制定出台了《全国扶贫开发人才发展规划（2011—2020 年）》，面向贫困地区定向招生专项计划开始筹划，高层次扶贫人才培训工程启动，“支持贫困村大学生村官成长工程”开始实施，“村官”培训正式纳入培训体系。此外，各级政府着力充实壮大贫困地区干事创业的企业家队伍，积极引导和推进“三支一扶”人员、大学生村官到贫困村服务锻炼，培养一批贫困村基层组织负责人和致富带头人。2012 年，贫困地区的人才培养政策继续实施，通过加强扶贫开发人才建设，为扶贫事业长远发展提供智力支撑和保障。

（五）重点人群扶贫开发政策

少数民族、妇女儿童和残疾人是贫困人群的重要构成部分，也是扶贫开发政策关注的重要群体。（1）农村残疾人扶贫开发政策出台。2011年以来国家专门出台了《农村残疾人扶贫开发纲要（2011—2020年）》等一系列文件，加大了残疾人贫困人群扶贫开发扶持力度，提高了残疾人贫困人群的生计自我改善能力，缩小了残疾人群生活水平与社会平均水平的差距。（2）贫困妇女的减贫工作深入推进。妇女贫困程度明显降低为未来十年妇女发展的重要目标之一，贫困妇女的资源供给与扶持得到进一步保障，农村贫困妇女扶贫项目及小额担保贷款等项目资金向城乡贫困妇女倾斜力度增加。（3）少数民族扶贫开发力度加大。连片特困地区成为扶贫开发主战场，其中涵盖着大面积的少数民族人群居住区域，国家针对少数民族地区的扶贫开发力度进一步加大。2011年以来，陆续启动了连片特困地区扶贫开发试点工作，武陵山区作为先行先试的示范区，率先制定了扶贫攻坚规划并开展试点工作。2012年，乌蒙山片区、秦巴山片区、滇桂黔石漠化片区、六盘山片区、滇西边境片区的区域发展与扶贫攻坚先后启动实施。

五、扶贫开发各领域的具体措施

（一）地方扶贫方面

《中国农村扶贫开发纲要（2011—2020年）》实施以来，各级党委、政府高度重视扶贫开发工作，特别是2012年，各地积极出台新措施，加大扶贫开发的投入力度。

1. 各地加大投入力度，力保扶贫资金到位。地方各级政府也大幅增加扶贫资金投入，以2012年为例，28个省区市（不含北京、天津、上海）本级财政预算安排专项扶贫资金147.8亿元，比上年增加45%。仅从经济发展水平较为落后的贵州省来看，2012年，共争取到中央财政扶贫资金29.79亿元，其中，财政扶贫发展资金25.498亿元，净增6.38亿元，增长33.8%。省财政列入扶贫科目的资金为14.1亿元，其中由省扶贫办组织实施的有6.238亿元。

2. 各地出台新举措，进行扶贫制度建设。伴随着《中国农村扶贫开发纲要（2011—2020年）》的实施，地方各级政府也相继出台了相应的扶贫开发实施细则，为新阶段扶贫开发奠定了制度基础。以广东省为例，2012年，广东省制定出台了《广东省农村扶贫开发条例》，促进广东扶贫开发走向法制化轨道；编写《广东省农村扶贫开发条例释义》，逐条阐释条例的立法目的和背景。1月13日正式颁布实施《广东省农村扶贫开发实施意见》，对2011—2020年扶贫开发工作进行了总体规划，创造性地实施相对扶贫标准，为推动新时期扶贫开发实现长期化、制度化提供了制度保障。

3. 各地加紧落实集中连片开发规划。各地按照统筹安排、轻重有别，整体推进、分步实施的原则，突出解决基础设施、民生事业、产业发展等影响片区发展的瓶颈制约，优先启动一批能够发挥关键作用、长期产生效益的基础工程和实事项目。为有力有效推进规划的实施，省委、省政府明确了各片区的重点牵头部门，并建立联席会议制度，对各级各有关方面的帮扶职责、工作机制等提出明确要求。

（二）行业扶贫方面

按照《中国农村扶贫开发纲要（2011—2020年）》的要求，国家相关部门加强了行业扶贫工作，协调智力支边扶贫，促进了少数民族贫困地区和偏远落后地区的脱贫致富和经济社会的发展，取得了显著的成效。

1. 资金投入大幅增长。2012年，国家民委协调配合财政部共安排少数民族发展资金28亿多元，比2011年增长40%。其中安排内蒙古、广西、西藏、宁夏、新疆、云南、贵州、青海民族八省区17亿多元，约占资金总量的61%。民族特需商品生产补助资金和民族贸易企业网点改造、民族特需商品定点生产企业技术改造贷款财政贴息资金安排继续向少数民族贫困地区倾斜，约占全国总规模近50%。

2. 政策支持力度加大。为支持“燕山—太行山片区”在内的11个片区区域发展与扶贫攻坚工作，工业和信息化部向全系统发布了《工业和信息化部关于全国工业和信息化系统支持集中连片特殊困难地区发展的意见》，号召全系统发挥工业和信息化行业优势，积极参与和支持各片区扶贫工作，重点推进信息服务应用、通信服务提升、基础能力培育和产业项目扶持4项工程，并在河北省阜平县率先启动上述工程。

3. 业务培训稳步实施。新阶段扶贫开发的业务培训更加具有针对性，效果更加明显。以2012年为例，其中水利部针对基层水利人才短缺和管理落后的现状，先后举办了7期业务培训班，对基层水利干部进行培训，讲解新阶段水利扶贫政策及水利实际工作中的难点、重点、热点问题。其中，面向滇桂黔石漠化片区，举办培训班1期，3个省区、15个州市、91个县的110余名基层水利干部参加了培训；面向定点扶贫县，举办培训班6期，13个定点扶贫县的203名水利技术干部参加了培训。

（三）定点扶贫方面

定点扶贫工作是中国特色扶贫开发工作的重要组成部分，是加大对革命老区、民族地区、边疆地区、贫困地区发展扶持力度的重要举措，也是定点扶贫单位贴近基层、了解民情、培养干部、转变作风、密切党群干群关系的重要途径。

1. 通过产业开发带动当地经济发展。例如，中远集团在2012年继续加大产业扶贫力度，大力发展特色优势产业，加快扶贫县脱贫致富步伐。在湖南省沅陵县，将借母溪村蜜蜂养殖纳入了《沅陵县深度扶贫村项目规划（2012—2013年）》之中，计划两年时间发展到2000箱蜂。目前，借母溪养蜂协会QS认证和借母溪蜂蜜有限公司的注册工作正在筹备之中，目前已有600箱蜜蜂纳入了今冬明春的发展计划。采取以奖代补的形式发展6家农家乐，目前，已经完成农家乐的改厕、改浴建设，安装太阳能热水器，可同时接待200人以上。据初步统计，农家乐项目今年为全村增收达50万元以上。

2. 通过扶贫帮困改善民生质量。例如，2012年中央统战部协调水利部加快实施《毕节地区水利重点扶持对口支援实施规划》，帮助整治中小河流28条、加固病险水库28个，下达资金5亿多元解决毕节128.75万人饮水安全问题。协调交通部投入11407万元帮助推进农村公路续建项目6个93千米。中央统战部协调453万元帮助建设赫章县平山乡江南“同心新村”，协调中国香港恒基兆业集团捐资500万元在赫章县援建1所儿童福利院，协调宋庆龄基金会捐资78万元援建古达乡中心校学生食堂，协调永和豆浆集团捐资40万元支持河镇职中改善办学条件，协调威盛电子集团捐建“威盛中国芯成长数字营”贵州赫章第二分站，联系天津昶通建筑工程有限公司为该站捐赠电脑20台。

（四）东西协作扶贫方面

据初步统计，1996年至2010年的15年间，东部通过各种方式和渠道共向西部无偿援助资金78.6亿元，引导企业投资6972.7亿元，组织劳务输出256万人次，实施了一大批包括学校、公路、水利、农田在内的扶贫项目，派出了数以万计的扶贫挂职干部和各类专业技术人员及扶贫志愿者，支持西部培养了大量本土经营管理和技术人才，为加快西部地区减贫进程，推进西部大开发、促进区域协调发展、努力实现全体人民共享改革开放的成果做出了积极贡献。新阶段，按照国务院扶贫办的部署和要求，东部地区持续加大对对口帮扶地方的支持力度，对口帮扶地区工作取得了新成效。

1. 东西扶贫协作向合作共赢的方向发展。东西扶贫合作由起步时的东部单向帮扶西部，拓展为在对口帮扶框架下东西部双向互动、共同发展、实现共赢。比如2012年江苏和陕西的经济合作得到进一步加强。江苏省组团参加了在陕西西安举办的第十六届“中国东西部合作与投资贸易洽谈会”，共组织了500多家企业、1000多人参会参展，签约合作项目259个，并在西安组织了多场国家东中西区域合作示范区（连云港）推介活动，连云港作为国家东中西区域合作示范区先导区的工作已经全面展开。江苏与陕西等中西部地区的产业融合得到加强，徐矿集团积极在西部地区构建高层次新型能源基地，着力打造高端煤化工产业链，以“陕电苏送”为平台，按照发展大煤电、推进大精化、建设大园区、实现大循环思路，积极推进以项目配资源的各项工作，加快在建项目速度，加大新项目开发力度，在陕北能源开发取得重大进展。

2. 东西扶贫协作拓展了扶贫开发的参

与主体。由最初主要是政府间的援助行为拓展为各类市场主体的共同参与，再发展到包括各类社会团体、民间组织、爱心人士在内的多主体、多形式、宽领域的广泛参与。以宁波对口帮扶贵州省为例，仅2012年，宁波市各界爱心人士、爱心企业共向贵州全省捐赠资金、物资共4562.82万元，实施了163个项目，主要用于贵州地区的助学和改善教育条件。如宁波籍台胞朱英龙先生继续在贵州开展支教助学活动，目前朱先生在贵州已累计捐建学校项目1300多个，捐赠资金2.9亿余元。位于北仑区的宁波怡人工艺品玩具有限公司捐资400万元，用于兴仁县民族中学木器加工及木工机械专业的建设。全年宁波市社会各界共无偿捐资1038万元，实施23个项目用于帮助贵州结对地区改善10余所中小学、幼儿园、卫生院等基础设施，资助贫困生5000余人次。如慈溪市组织女企业家代表赴雷山县开展“创业不忘回报社会，关爱贫困留守儿童”活动，为结对困难留守儿童送去3.61万元生活学习费用。

（五）军队和武警部队扶贫方面

扶贫开发进入新阶段，军队和武警部队持续发挥重要作用，坚决贯彻落实党中央、国务院、中央军委的决策指示，按照中央扶贫开发工作会议精神和新的10年扶贫开发纲要规划部署，以集中连片特困地区为主战场，以支持保障和改善民生为重点，积极发挥自身优势，继续采取人力支援、项目扶持、科技牵引、医疗救助、资源开发等多种形式，因地制宜开展扶贫帮困工作，为推动贫困地区经济社会发展和群众脱贫致富作出了新的贡献。

1. 帮扶对象进一步拓展。截至2012年上半年，根据解放军总政治部群众工作办公室通知要求，全军军级以上单位对部队参加定点扶贫和支援集中连片特困地区扶贫攻坚情况普遍进行了认真检查，不断完善帮扶规划，创新工作方式，落实责任措施。并结合驻地新阶段扶贫工作规划，进一步加大了定点扶贫工作力度，将帮扶数量由原来的47个贫困县、215个贫困乡、1470个贫困村，调整增加为63个贫困县、547个贫困乡、2856个贫困村，新建扶贫联系点3600余个。

2. 帮扶效果进一步提升。全军及武警部队以定点扶贫为切入点，积极参与扶贫开发工作。各部队在帮扶工作中，积极宣传党的富民政策，结对帮建基层党组织，支援乡村道路、农田整治、人畜饮水、小流域治理等基础设施建设和生态环境保护，帮助发展种植、养殖等特色优势产业，支持科教文卫等社会事业发展，大力提高了军队参加扶贫开发的整体效益，努力帮助更多的贫困群众早日脱贫致富，先后帮助18万余名群众摆脱贫困。

（六）社会组织扶贫方面

根据《中国农村扶贫开发纲要（2011—2020年）》的要求，社会组织积极参与扶贫开发，并广泛开展社会动员，在教育扶贫、健康扶贫、老区建设、社会公益事业发展等方面做出了积极的贡献。

1. 广泛动员公众参与反贫行动。如中国扶贫基金会在近年来继续致力于倡导与推动工作，坚持倡导人人可公益慈善理念，倡导公众积极参加反贫行动，实现了 1900 余万人次的公众捐赠。

2. 广泛募集扶贫开发资金。如中国扶贫基金会实施的“新长城助学项目”仅在 2012 年募集的善款达到 2006 万元，资助高中生 4281 人，其中新生 1843 人；资助大学生 15595 人，其中新生 13041 人。项目不仅给贫困生提供生活费支持，而且倡导他们自强自立，通过新长城高校自强社平台开展了“爱心宿舍”项目、“跑完全程——高中生跑步成长计划”等贫困学生成才的项目，全国近百所高校 2 万名学生志愿者参与活动。

3. 扶贫开发项目成效显著。中国扶贫开发基金会、中国光彩事业促进会、中国儿童少年基金会、中国扶贫开发协会、中国老区建设促进会等社会组织都实施了大量的扶贫开发项目并取得了显著的成效。如中国儿童少年基金会积极倡导“全员扶贫”理念，广泛开展社会动员，扎实推进“春蕾计划”、“安康计划”、“消除婴幼儿贫血行动”等儿童慈善品牌项目，为保障农村贫困儿童健康成长、促进农村贫困地区教育事业发展作出了积极贡献。

（七）企业扶贫方面

更多的社会企业主动加入到扶贫的行列，把帮助贫困地区群众脱贫增收尽快致富视为企业义不容辞的责任，坚持产业发展与扶贫致富并举，靠产业发展带动扶贫致富的发展战略取得不错的成效，积累了丰富的行业扶贫经验。

1. 实施了“将输血式治标扶贫改为造血式治本扶贫”新方法，带领群众因地制宜发展经济，使他们早日脱贫致富。这种新型的由过去向贫困村捐钱、捐物的经济实物型扶贫，改为输送知识和技能型的开发，由过去输血式治标扶贫改为造血式治本扶贫的模式，得到有关部门的高度重视，并作为先进经验在全省交流，使广大农民增加了致富的信心，提高了贫困村的农户的致富意识。

2. 以优惠的企业扶贫政策和完善的龙头企业服务功能助推农民脱贫致富。公司为帮扶对象提供扶贫政策和服务，同时提供农、工、三产等方面的技能技术培训，让贫困地区群众各有所为，各能所为。在不离乡、不离土的情况下可以得到持续稳定的发展。

3. 强化“基地 + 农民 + 合作社 + 公司”的经营模式，以现有的专业合作社和农机专业合作社为基础，将基地的大部分分农户进行合作社经营，为农民解决更多的具体问题，进而带动周边的农民参与和加入，带动更大范围的农民致富。

六、2011—2012 扶贫开发大事记

（一）《中国农村扶贫开发纲要（2011—2020 年）》颁布实施

2011 年 5 月 27 日，中共中央、国务院

印发了《中国农村扶贫开发纲要（2011—2020年）》（以下简称《纲要》），《纲要》总结了中国扶贫开发的主要成就，并指出了新阶段深入推进扶贫开发工作的重要意义。《纲要》明确了新阶段扶贫开发的指导思想，指出：高举中国特色社会主义伟大旗帜，以邓小平理论和“三个代表”重要思想为指导，深入贯彻落实科学发展观，提高扶贫标准，加大投入力度，把连片特困地区作为主战场，把稳定解决扶贫对象温饱、尽快实现脱贫致富作为首要任务，坚持政府主导，坚持统筹发展，更加注重转变经济发展方式，更加注重增强扶贫对象自我发展能力，更加注重基本公共服务均等化，更加注重解决制约发展的突出问题，努力推动贫困地区经济社会更好更快发展。同时，《纲要》对新阶段扶贫开发工作的工作方针、指导原则、目标任务、对象范围等都作出了具体规定。此外，《纲要》对专项扶贫、行业扶贫和社会扶贫等作出了明确规定。制定实施《中国农村扶贫开发纲要（2011—2020年）》，是深入贯彻落实科学发展观的必然要求，是坚持以人为本、执政为民的重要体现，是统筹城乡区域发展、保障和改善民生、缩小发展差距、促进全体人民共享改革发展成果的重大举措，对于巩固党的执政基础、确保国家长治久安，对于实现全面建设小康社会奋斗目标、构建社会主义和谐社会，具有重大意义。

（二）《农村残疾人扶贫开发纲要（2011—2020年）》发布

改革开放以来，国家开展了有计划、有组织、大规模的扶贫开发，特别是进入21世纪以来，通过实施《中国农村扶贫开发纲要（2001—2010年）》、《农村残疾人扶贫开发计划（2001—2010年）》，残疾人家庭收入水平稳步提高，生活状况明显改善。农村残疾人扶贫工作取得显著成就，有力促进了经济社会发展、减贫事业推进和民生改善，为我国农村贫困人口减少、农村居民生存和温饱问题解决作出了突出贡献，有力推动了贫困地区经济发展与社会和谐。目前，我国农村仍有2000万以上的贫困残疾人。加大农村残疾人扶贫开发力度，缓解并逐步消除残疾人绝对贫困现象，缩小残疾人生活水平与社会平均水平的差距，是贯彻落实科学发展观的迫切需要，是全面建设小康社会、实现全体人民共同富裕的必然要求，是促进社会公平、构建社会主义和谐社会的重要内容。

2012年1月3日，国务院办公厅发布《农村残疾人扶贫开发纲要（2011—2020年）》。该《纲要》要求加强扶贫开发与农村社会保障制度和基本公共服务政策有效衔接，把扶持残疾人家庭发展生产、增加收入作为帮助农村贫困残疾人摆脱贫困的根本手段。《农村残疾人扶贫开发纲要（2011—2020年）》是今后一个时期农村残疾人扶贫开发工作的纲领性文件。制定实施《农村残疾人扶贫开发纲要（2011—2020年）》，是深入贯彻落实科学发展观的必然要求，是改善农村残疾人生产生活状况、缩小残疾人生活水平与社会平均水平的差距、促进残疾人与全体人民共享改革发展成果的重要举措。

（三）调整后的国家扶贫开发工作重点县名单公布

2012 年 3 月 19 日，国务院扶贫办公布了最新调整的国家扶贫开发工作重点县名单，其中调出 38 个，总数仍为 592 个，这是 11 年内该名单首次调整。在调整重点县的同时，一些省份同时制定了鼓励重点县“脱贫摘帽”的政策。2001 年，我国在中西部省（区、市）确定了 592 个国家扶贫开发工作重点县，作为扶贫开发的重点区域。经过多年努力，少数重点县经济社会得到较快发展，但还有部分比较困难的非重点县没能得到国家重点扶持。因此，有必要对重点县进行适当调整。与上一次重点县的调整方法不同，本次调整的最大特点是权力下放到省。即允许各省（区、市）按照《扶贫开发纲要》精神，根据实际情况，按“出一进一”的原则进行调整，但不得将连片特困地区内重点县指标调到片区外使用。这是一个战略布局的调整。

（四）定点扶贫首次实现重点县全覆盖

定点扶贫是中国特色扶贫开发事业的重要组成部分。从 20 世纪 80 年代开始，参与单位越来越多，影响和效果越来越大，不仅对促进贫困地区经济社会发展作出了重要贡献，而且对加强机关与基层的联系、改进干部作风发挥了积极作用。中央国家机关率先垂范，带动了各级定点扶贫工作的全面开展。

根据新十年扶贫开发纲要和中央扶贫开发工作会议的要求，结合全国扶贫开发工作重点县调整变化情况，新一轮定点扶贫结对关系重新确定，共有 310 个单位参与定点扶贫，第一次实现了对国家扶贫开发工作重点县的全覆盖。国资委、教育部协调中央企业和高等院校积极参与，水利部、证监会、铁道部等增加了帮扶的重点县，包商银行作为唯一非公有制企业参加了定点扶贫。目前，共有 310 个中央国家机关和企事业等单位参与定点扶贫，定点扶贫开展 26 年来第一次实现了对全国 592 个重点县的全覆盖。2012 年，这些定点扶贫单位共直接投入帮扶资金（含物资折款）19 亿元，帮助引进各类资金 90.3 亿元，比上年增长 66%。

（五）《扶贫开发整村推进“十二五”规划》公布

2012 年 10 月底，国务院扶贫办公布《扶贫开发整村推进“十二五”规划》，“十二五”期间，我国 3 万个贫困村将实施整存推进扶贫开发。规划覆盖扶贫对象 2191.8 万人（按 2009 年各省、区、市的扶贫标准），扶贫对象占总人口的 39.9%。

整村推进是贫困地区建设社会主义新农村的重要举措，是新阶段扶贫开发的重要内容。相关资料显示，2001—2010 年，10 多万个贫困村实施了整村推进，覆盖了国家扶贫开发工作重点县中的革命老区县、民族自治县和边境县的全部贫困村。新十年扶贫开发纲要继续将整村推进作为主要内容，要求结合社会主义新农村建设自下而上制定整村推进规划，分期分批实施。为此，国务院扶贫办会同国家发展和改革委员会等12个部门编制了扶贫开发“十二五”整村推进规划，并上报国务院批准。“十二五”期间需要完成中西部3万个贫困村整村推进扶贫攻坚任务，年均6000个村。规划明确了整村推进范围、总体思路、发展目标、建设内容和标准，规定了部门职责、项目管理、投入机制以及监测评价体系。在规划的实施中，需要关注以下五个问题：一是紧紧围绕建设社会主义新农村和发展现代农业的任务，因地制宜发展特色产业，改善生产生活条件，努力增加农民收入，提高发展能力。二是按照专项扶贫、行业扶贫、社会扶贫“三位一体”大扶贫工作格局，以县为平台，统筹使用各类资金，形成合力。三是坚持扶贫对象的主体地位，充分调动其积极性、主动性和创造性。四是着力强化监督管理，提高资金使用效益。五是积极探索“四化同步”过程中整村推进的新规律、新途径。

（六）连片特困地区成为我国扶贫开发的主战场

《中国农村扶贫开发纲要（2011—2020年）》提出重点加大对连片特困地区的支持力度。未来十年，国家将把连片特困地区作为主战场，把稳定解决扶贫对象温饱、尽快实现脱贫致富作为首要任务。到2020年，国家将稳定实现扶贫对象不愁吃、不愁穿，保障义务教育、基本医疗和住房；贫困地区农民人均纯收入增长幅度高于全国平均水平，基本公共服务主要领域指标接近全国平均水平，扭转发展差距扩大趋势。把连片特困地区作为主战场，既是对以往工作思路的继承，也是一个创新。20世纪80年代也曾划分过18个片区，后来逐步调整为重点县。我国开展大规模扶贫开发以来，扶贫开发取得了显著成效，面上的贫困有了较大缓解，但由于自然、历史和社会等因素，一些地区区域性、整体性贫困问题还很突出。把连片特困地区作为主战场，符合实现全面建设小康社会目标的客观要求。

七、扶贫开发的机遇与挑战

（一）机遇

1. 宏观经济发展迅速，扶贫投入不断加大

随着我国经济社会的不断发展和财政实力的日益增强，中央财政向贫困地区经济社会发展各方面的转移支付不断加大，财政实力增强越来越成为促进贫困地区、贫困人口加快发展最主要的物质保障。2010年，中央财政用于农村贫困地区、使贫困农民直接受益的综合扶贫投入约1618亿元，2011年，中央财政综合扶贫投入约2272亿元，2012年，中央财政综合扶贫投入2996亿元。中央财政用于农村扶贫开发方面的综合扶贫投入将继续保持大幅度增

长。其中，财政专项扶贫资金增幅将达20%以上，同时中央财政将进一步强化扶贫资金使用管理绩效理念。与以往相比，新阶段中国的减贫将会有一个前所未有的新契机。一是经济的持续增长，综合国力的不断攀升，为加大扶贫开发力度创造了基本前提。二是中国的贫困人口已基本解决了温饱问题，贫困地区的生产生活条件已经有了较大幅度的改善，抵御自然灾害的能力明显增强，具有了一定的发展能力；在过去扶贫开发的实践中，已创造和积累了很多成功经验，并探索出了一些行之有效的做法。这些都有助于使今后的扶贫开发迈上新的台阶。三是多数贫困人口基本解决了温饱问题，具有了初步的自我发展能力。四是各地在扶贫开发中创造和积累了很多成功经验，探索出了一些行之有效的做法。

2. 市场经济体制日益完善，减贫途径日渐多元

市场经济体制是指以市场机制作为配置社会资源基本手段的一种经济体制，其最基本的特征是经济资源商品化、经济关系货币化、市场价格自由化和经济系统开放化。市场经济体制（主要是指现代市场经济体制）下的政府只能作为经济运行的调节者，对经济运行所起的作用只是宏观调控。在新阶段的扶贫开发工作中，我们要按照市场经济的发展规律，转变过去政府导向的扶贫开发的方式而实行由市场导向、政府主导的扶贫开发方针。这种导向的转变一方面是政府职能转变的内在要求，另一方面也是新时期扶贫的一个显著特点。这是因为，中国的贫困地区大多地处中西部，资源相对丰富，劳动力成本低，具有承接这种结构梯度转移的区位优势。贫困地区完全有可能引进资本和技术，进行市场化的运作，接受外来产业转移，提高贫困地区在区域产业分工中的地位，从而加快本地区的产业结构转换和经济发展。市场经济体制的日益完善，在某种程度上丰富了过去过度依赖政府单一化的减贫路径，使减贫的手段更加多元化。伴随着我国市场经济体制的日趋成熟，对外开放的进一步扩大，将为贫困地区带来新的发展机遇。中国加入世界贸易组织后，贫困地区的市场将会进一步扩大和开放，有利于这些地区发展有优势的劳动和资源密集型产业，增加劳动力就业。尽管加入世界贸易组织可能使贫困地区现有产业受到冲击，但从长远看，有利于贫困地区劳动力转移和劳动密集型产品的出口当然这里谈到的在减贫领域引入市场机制，并不是否定政府在扶贫开发的作用，恰恰相反，而是对政府的作用提出了更高的要求。

3. 政策倾斜力度加大，贫困地区发展面临战略机遇

党中央、国务院对“三农”问题特别是扶贫开发工作高度重视，始终把解决贫困群众的生产生活困难放在优先位置，强调以人为本，树立全面、协调、可持续发展的科学发展观，促进经济社会和人的全

面发展。2011 年以来，国家先后发布了《中国农村扶贫开发纲要（2011—2020 年）》、《农村残疾人扶贫开发纲要（2011—2020 年）》和《扶贫开发整村推进“十二五”规划》等重要政策文件。在新的历史起点上，中国政府将坚持科学发展观，把扶贫开发放在更加突出的位置，全面实施《中国农村扶贫开发纲要（2011—2020 年）》，把巩固温饱成果、加快脱贫致富、改善生态环境、提高发展能力、缩小发展差距作为新的政策目标，大力推进扶贫开发事业的深入发展。此外，国家“十二五”规划对未来的扶贫工作给予了高度重视。按照国家“十二五”规划，要求深入推进开发式扶贫，逐步提高扶贫标准，加大扶贫投入，加快解决集中连片特殊困难地区的贫困问题，有序开展移民扶贫，实现“农村低保制度”与扶贫开发政策有效衔接。确立统筹城乡发展的方略，贯彻“以工促农、以城带乡”的方针，使我国的扶贫事业呈现出专项计划扶贫与惠农政策扶贫、社会各界扶贫等多方力量、多种举措有机结合、互为支撑的“大扶贫”新局面。“十二五”规划期间，国家还制定了许多有利于西部发展的优惠政策和实施一系列减贫富民的大工程建设，毫无疑问，这将为改变贫困地区的落后面貌在政策上打下坚实的基础。上述都充分表明了党中央、国务院进一步加大扶贫开发力度的信心和决心。同时为推动开发式扶贫提供了制度上和政策上的保障，为贫困地区的发展创造了良好的外部环境。

站在新的历史起点上，审视贫困地区和贫困人口的现实情况，立足于深刻变化了的农村社会现状，扎实有效地开展新时期扶贫工作，构建起多元主体互相合作、多种扶贫模式有效结合的大扶贫格局，推动政府、市场、社会力量的全面结合，确保贫困户尽快走上自我积累、加快发展的道路，是推动社会进一步发展，全面实现反贫困斗争胜利的关键。新时期我国农村扶贫开发工作出现了许多新特点，面临许多新挑战、新问题，要求我们必须重构扶贫机制，创新扶贫战略，完善扶贫政策，以实现扶贫事业的新跨越。

（二）挑战

1. 扶贫标准上调引发了扶贫任务的重大转变

2011 年，依据我国农村绝对贫困人口的大幅度减少，国家综合国力的快速提升的现状，为提高扶贫成效，中央扶贫工作会议上提出了新的扶贫标准——人均 2300 元。扶贫标准的上调标志着我国农村扶贫开发工作将进入一个新阶段：从扶贫对象看，农村低收入人口被纳入扶贫政策的范围，扶贫对象大大增加，这意味着今后为此安排的财政转移支付至少要放大数倍，扶贫投入压力明显加大。同时由于目前我国剩余农村贫困人口主要分布于自然条件恶劣、基础设施残缺、增收产业薄弱、文化习俗落后的区域，且贫困人口分布更加分散，导致扶贫成本随之增加，我国农村贫困人口的规模在整体上虽然呈现下降趋势，但减贫速度却明显放缓；从扶贫出发点看，不仅需要关注贫困人口维持基本生存所需的收入，还将考虑他们在教育、医疗、社会保障等方面的支付能力，如此种种将给政府带来巨大的工作和财政压力，而政府在扶贫方面的投入力度虽然很大，但仍然难以满足扶贫工作的需求，因此探索政府之外的社会力量进入扶贫领域，协同辅助政府开展扶贫就成为下一步扶贫工作的努力方向之一。

2. 农村贫困差距进一步拉大，反贫需求多样化

由于制度、发展战略等综合性因素，中国社会经济在取得快速发展的同时伴随着社会贫富分化的进一步加深①，中国已经不再是30年前那个相对公平的经济体，区域差距、城乡差距和贫富差距不断拉大成为中国经济的典型特征。尤其是农村内部的贫富差距也日趋扩大，农村内部的不平等程度日益严重。贫富差距的扩大，威胁社会主义和谐社会的构建。农村贫困地区面临着各项社会服务缺乏、农民工的保障缺位；环境条件恶劣地区农民生计提高困难、教育费用支出增加等贫困因素的累积因果循环问题，这些问题的交互作用，必然进一步加大贫富之间的差距，特别是在整个经济增长的大背景下愈发显现出对于增长的可持续性以及社会公平、社会稳定的现实挑战。

此外，中国的长期快速的经济增长也带来社会结构的变化，这种结构变化的一个重要表现就是出现很多新的特殊贫困群体，主要包括留守人口（尤其是留守老人、留守妇女和留守儿童）、残疾人口、少数民族等农村贫困群体。这些贫困群体的情况较为特殊，农村妇女（包括女童）难以获得教育机会，其文盲率大大高于男性，并且农村妇女的就业率低于男性、失业风险大于男性、劳动报酬低于男性。妇女就业机会的不平等导致其经济收入的不平等，进而导致女性较男性更易陷入物质和精神的双重贫困。对于退出劳动领域而导致收入无来源的老年贫困人口来说，由于没有养老保险和医疗保险，极易陷入极端贫困境地，甚至危及生命。农村残疾贫困人口处于十分不利的社会地位，在婚姻、入学、就业、社交和社会服务等方面极易遭受歧视性待遇，其自我封闭的心理特质使他们在物质上和精神上的双重贫困也是严重的。在下一步的反贫困战略要努力提高上述社会弱势群体的社会福利，不仅要改善他们的经济收入水平，更要维护他们的公民权、政治权、文化教育权以及基本的人权，保证他们分享社会经济发展所带来的利益，并且要根据他们各自的特点，形成一些更具针对性、特殊性的缓解贫困的政策和保障措施。

① 左停、齐顾波、唐丽霞：《新世纪我国农村贫困和反贫困的新特点》[J]．《贵州社会科学》，2009（7）．

3. 预防返贫成为扶贫开发中的新课题

在解决剩余绝对贫困人口的同时，中国在扶贫开发过程中还要应对反复出现的返贫问题。到2006年底为止，2.28亿已经实现脱贫人口中，其中有近1.9亿人口的生产生活条件得到了重大改善，已经初步进入小康水平。这部分农户返贫的可能性较小。另外的3550多万人虽已初步脱贫，但由于这些尚未稳定解决温饱的低收入人口脱贫标准较低，存在着极大的脆弱性。这种脆弱性主要表现在：第一，这些尚未稳定解决温饱的低收入人口往往处于极为边远和自然条件极其恶劣的地区，自身拥有的资产（土地等）质量很差；第二，社会保障系统水平低，导致尚未稳定解决温饱的低收入人口的抗风险能力很差；第三，尚未稳定解决温饱的低收入人口自身的综合素质低、能力差，以致很难在现有资产水平上迅速提高收入和积累。在上述情况下，当微观层面的负面冲击如疾病、灾害、失业发生时，他们很容易一下滑回到原来的贫穷状态；当宏观层面的负面冲击如经济危机、金融风暴、就业政策、市场价格波动特别是农副产品价格波动、特大自然灾害等发生时，他们也最容易首当其冲地返回贫困状态。

从以上我们可以看到，在实现由消除绝对贫困向相对贫困转变的阶段中，政府面临的压力增大了很多，绝对贫困解决的是贫困人口的物质层面贫困，在这方面国家可以通过持续不断地加大经济投入来解决绝对贫困人口的生存基本需求，但是相对贫困的问题要复杂得多，不但涉及物质贫困，还涉及能力贫困、精神文化贫困、政治参与度低问题，另外相对贫困人口的发展还面临着市场的冲击等，在这种情况下，单靠政府自身的行政力量是很难达到缓贫的目的的，需要引入政府之外的市场和社会的力量，通过多方面、全方位的努力才能实现反贫困的长效发展。

［本综述是教育部哲学社会科学发展报告建设（培育）项目“中国反贫困发展报告”（11JBGP038）的研究成果。（执笔人：向德平　陈琦　程玲　高飞）］

（作者文责自负）

附录（六）
中国城市扶贫开发研究

中国城市扶贫开发研究

一、中国的城市贫困形势

（一）城市贫困问题不容忽视

1. 城市居民致贫主要原因是失业、无业以及缺少劳动力。

近年来的城镇登记失业人数基本维持在900万以上，登记失业率高于4%。2012年末，城镇登记失业率为4.1%，与上年年末持平。根据人力资源与社会保障部《2012年第四季度部分城市公共就业服务机构市场供求状况分析》，“四季度市场需求人数减少了74.2万人，下降了13.1%，求职人数减少91.6万人，下降了16.7%。”

与2011年同期相比，进入市场求职的人员中，应届高校毕业生、就业转失业人员以及外来务工人员有较大幅度增长。在所有求职人员中，失业人员所占比重为50.8%，其中，新成长失业青年占24.3%（在新成长失业青年中应届高校毕业生占46.4%），就业转失业人员占17.2%，其他失业人员占9.3%；外来务工人员的比重为37.9%，外来务工人员是由本市农村人员和外埠人员组成，其所占比重分别为17.3%和20.6%。

2. 中国城市贫困人口规模仍然较大，贫困人口结构复杂化。下岗失业人群与包括进城务工农民、流浪乞讨人员等在内的城市流动人口成为新生贫困群体。

中国的城市扶贫人口开始时是城市中处在社会底层的无劳动能力、无经济来源、无法定赡养人和抚养人的“三无”低收入群体，后来是国企改制的下岗、失业人员，接着又出现了一批停产半停产国企职工，近些年出现的则是失地农民和进城务工农民，还有大量流动人口。也就是说，我国目前的城市贫困群体已经不仅仅是城市的低保对象，更重要的是农民工、流动人口等。目前城市贫困人口包括：国有企业改制的下岗失业人员，资源枯竭型城市有劳动能力的城市居民，失业人员中的30%—40%的青壮年劳动力；退休较早、仅依靠退休金生活的老年人，以及流入城市、成为城市新贫困阶层的大量农村人口。根据人力资源和社会保障部的统计，“截至2012年末，全国人户分离的人口为2.79亿人，其中流动人口为2.36亿人”，“流动人口规模达到历史新高，流动人口流量、流向、结构和流动人口群体的利益诉求都在发生深刻变化。”

3. 城镇贫富差距拉大，贫困群体收入增加缓慢。

一方面，城镇居民收入在国民收入分

配结构中呈现下降趋势。根据中国社会科学院《城市蓝皮书（2011）》的统计，2000年以来城镇居民收入占 GDP 的比重迅速下降，到 2008 年降至 0.572，是 30 年来的最低值。

另一方面，城镇居民内部收入差距逐步拉大。以基尼系数来衡量，1981 年，城镇居民基尼系数仅为 0.15，1988 年为 0.23，1997 年超过了 0.3，2005 年超过了 0.4 的国际警戒值。根据国家统计局的数据，2009 年中国城镇居民中，收入最高的 10% 的家庭的收入是收入最低的 10% 的家庭收入的 8.6 倍，目前城镇居民收入差距已达到改革开放以来的峰值。

4. 绝对贫困与相对贫困并存。

绝对贫困主要指的是生存意义上的贫困，也就是城市贫困群体缺乏基本生活必需条件的贫困状态；相对贫困是指基本满足生活需要，但是生活水平还不够高，发展机遇较少或没有，也就是反映贫困群体不同发展条件和状况的贫困。世界银行将个人收入低于全社会人均收入 1/3 的群体看作相对贫困人口。

我国相对贫困与绝对贫困共存的局面是由快速的改革开放和经济发展所导致的。近年来，我国的城市化水平推进速度加快，大量失地农民，中西部、乡村地区低收入农民进城务工，加上原有的国企改制下岗失业工人、早期低保人群等，使得城市的基础设施建设满足不了大规模高速度增加的人口需求，社会建设和发展、社会福利制度和社会保险制度建设更是严重滞后，很多人虽然有劳动能力，但是他们缺乏社会或工作岗位所需的技能，很难找到合适的工作。

相对贫困所指的人群是我国城市低保制度及其他社会保障和社会救助制度之外的低收入人群，这一人群主要存在于未取得城市户籍的流动人口及一些长期贫困的城市户籍人口中，它是以农村绝对贫困人口为参照认定的。中国社会科学院《中国城市发展报告（2011）》指出，“虽然我国的绝对贫困发生率逐年减少，但是城市相对贫困发生率逐年升高的趋势尤为明显。”“中国目前的城市合理贫困线 7500—8500 元以下，大约有 5000 万人，是目前低保标准和受保人数的 2 倍左右。”大量流动人口涌入城市，医疗、教育、养老等各项社会福利和社会救助资源必然会日趋紧张。

5. 绝对贫困引发的“代际转移”问题。

由于失业、工伤、疾病、医疗、教育等问题，致使某些家庭长期无法摆脱贫困状态，即使能享受到相关的保险和救助，由于相关保险救助水平过低，他们也很难在短时间内摆脱贫困状态，陷入长期贫困的可能性很大，这种状态也很有可能传递到子女身上，给他们带来各种压力。据第五次人口普查数据，我国城市贫困儿童大约在 420—780 万之间。中国社会科学院的报告指出，“在中国城镇化过程中，贫困家庭的儿童学业失败、心理失衡和行为失范等方面的问题普遍存在。”这些贫困家庭凸显子女教育问题，不论从个人和家庭，还是从国家和社会的角度来看，都急需解决。

6. 老年人口比例明显上升，适龄劳动人口比重下降，中国已经进入到“老龄化”社会，老年贫困问题也日益严重。

根据第六次全国人口数据，2010年的老年人口已经达到1.78亿人，占总人口比重13.26%，其中65岁以上人口为1.19亿，占比重8.87%。根据《中国老龄事业发展报告（2013）》，“截至2012年底，我国老年人口达到了1.94亿，比上年增加891万，占总人口的14.3%。但是劳动年龄人口进入负增长。2013年，老年人口数量将突破2亿大关，老龄化水平将达到14.8%。少儿人口抚养比从2012年的23.96%提高到2013年的24.36%，老年抚养比从2012年的20.66%上升到2013年的21.58%，推动社会总抚养比从2012年的44.62%上升到2013年的45.94%。”《报告》指出，“未富先老和未备先老的特征日益凸显，老年人面临诸多问题和困难：贫困和低收入老年人数量仍然较多，2012年全国约有2300万人；城镇老年人口的宜居环境问题十分突出，七成以上的城镇老年人口居住的老旧楼房没有安装电梯，其中的高龄、失能和患病老年人出行举步维艰；涉老侵权案件、老年人受害受骗事件、老年人自杀现象时有发生；老年群体社会管理存在真空，三成以上老年人游离于社会管理之外，少数老年人被地下宗教和非法组织利用，不利于社会和谐和政治稳定的隐患依然存在。”

（二）城市社会救助体系有待完善

与城市贫困人口规模、结构、状态及其他相关问题不相适应的是，城市的社会福利和社会保险制度的建设速度缓慢，难以应对当前复杂多变的城市扶贫形势。我国的各项社会保险与社会福利制度一开始就是以户籍作为主要的定位手段，将外来务工人员等流动人口排除在外，由于80%的流动人口都是农村户籍的农民工，而城乡居民的收入又存在明显的差距，所以新生贫困群体有很大一部分是失地农民或进城务工农民。农村居民进入城市工作，为城市建设做出贡献，理应享受与城市居民一致的福利和救助待遇，否则就是违背社会公正和公平原则。这一问题处理不好，将会影响农民工融入城市的步伐，进一步引发各种社会风险或危机。

中国社会科学院发布的《2013年中国社会形势分析与预测》指出，“农业户籍流动人口现在仍以参与农村低保为主，非农业户籍流动人口参与城镇社会保障比例较高。而就流动人口在流入地参加社会保障的情况看，非农户籍流动人口在流入地获得社会保障的比例普遍高于农业户籍流动人口。”也就是说，农业户籍流动人口难以享受城市的各项福利和保险待遇，而由于距离较远、交通不便、工作时间和周期偏长、经济压力大等原因，进城务工农民虽然有享受农村福利和保险的名义，却没有实际享有的可能。失地使他们失去了生存的根基，无法享有各项福利救助和保险使他们失去了生命的保障线。

虽然近几年国家在农民工参加社会保险方面做了很多努力，农民工参加社会保险的人数增加，但是农民工的社会救助覆盖却进展不畅，不足以帮助贫困群体摆脱贫困。这主要是因为这些农民工不具有城市户籍，户籍是城乡社会救助制度的主要定位方式。

另一方面，我国的城市低保标准偏低，低保范围过于狭窄，其救助效果还有待提高。更何况，大部分农民工根本享受不到低保以及其他的附加救助，如子女教育、医疗、就业、住房等。农民工的收入本就低于城市居民，他们对社会救助的依赖程度远高于城市居民，即使将城市低保制度扩大到农民工群体，其救助效果也未必会跟城市居民救助的效果一样明显。我国目前的城市低保救助标准过低，覆盖面有限，没有做到应保尽保。2012 年末，全国共有 2142.5 万人纳入城市居民最低生活保，占城镇人口的比重仅 3% 多一点。2012 年，城镇居民最低生活保障平均标准是 330.1 元/人/月，其年保障金额占全年城镇居民人均可支配收入 24565 元的比重仅为 16.13%，远远低于城镇居民人均可支配收入。与上涨迅速的物价及其他生活成本相比，这样的保障标准自然无法从根本上缓解和消除城市贫困。

另外，北京师范大学在亚洲开发银行经费和技术支持下，开展了“构建机会均等的社会救助政策”（项目编号：TA7702PRC）项目研究，对与低保对象就业相关的问题进行了深入发掘。该研究使用了问卷调查为代表的定量研究和焦点小组访谈为代表的定性研究相结合的方法。研究样本包括济南、长沙和包头 3 个城市。住户问卷调查样本 2810 户，每户至少有 1 名家庭成员有劳动能力。焦点小组访谈组织了 5 个，参加人员包括低保管理人员和低保对象，共有 168 名参加者。该项目有很多研究发现非常值得我们的关注。

1. 救助依赖问题。

随着低保救助范围的不断扩大，一个困扰政策实施的问题也开始浮现出来，即大量低保救助对象虽然具备劳动能力，但很少会选择主动退出低保。在城市，2002—2010 年，约有 60% 的救助对象有劳动能力。在就业援助的方式上，超过半数的被访者希望政府能够直接为他们提供工作。无论有无就业收入，低保家庭都普遍不愿意退出低保制度。这说明，目前的劳动就业和社会救助政策都未能为低保家庭提供激励其自愿退出低保而进入劳动力市场的机制。这导致大多数低保家庭拥有相当长的领取低保金的历史：70% 的家庭领取低保金的时间超过 3 年；其中 8% 超过 10 年；30% 介于 6—10 年，另外有 30% 是 3—5 年。考虑到我国的城市低保制度于 1999 年在全国建立，说明相当一部分家庭自从进入低保制度以后从未退出过。

2. 教育水平、工作技能、健康、医疗和家庭因素导致低保对象就业困难，大多数被访者都有长期失业的经历。

在目前就业的被访者中，约70%有过5年或更长的失业经历；在目前失业被访者中，近85%失业5年或更久，超过60%的人失业10年或以上，30%失业15年或以上。因为个人和家庭因素，80%的人找到工作但没有做，60%的人找过工作但没有找到。值得注意的是，约1/3的人没有找过工作，是因为他们需要照顾其家庭成员。在所有2810个被访者中，超过一半只有初中教育水平，不到1/4的是高中水平，13%的人是小学教育水平，只有10%多的人有中专或大学教育经历；超过50%的人有慢性疾病，近一半的人健康自评差或很差；过半人年龄在45—54岁之间，接近退休年龄，另外40%的人在34—45岁之间。约1/3的被访家庭有老弱病残人员需要照顾；超过1/5的家庭有年龄小于14岁的子女，16%的家庭有老年或残疾成员。在这些家庭中，70%的家庭照料由女性提供，其中大多数处于35—54岁之间的工作年龄阶段，说明家庭照料可能是一些低保户就业的限制因素，尤其是女性。近3/4的被访者家庭有至少1个成员有慢性疾病；1/3的家庭有至少1个残疾成员。这种情况一方面说明因健康或残疾而导致的所谓“支出性贫困”，是低保户致贫或接受社会救助的主要原因之一。同时也说明，低保户即使因为工作收入而超过低保标准，也不足以使其完全脱贫或退出低保，因为他们还需要有收入应对应急性支出。

3. 政府部门之间存在责任壁垒。

各政府部门在缺乏沟通的情况下，往往根据自身所具备的经济能力、政策影响力等实际因素推动政策演进，这就造成为有劳动能力的低保对象提供就业服务，在劳动和民政部门之间基本上处于脱节的状态。“生存性救助多、发展性救助少，输血性救助多、造血性救助少”，各部门各自为政，政策衔接不畅，政策散漫化倾向严重，政策的整体效应难以有效发挥，也不利于贫困群体根本上摆脱贫困状态。

从政策角度来看，针对低保对象的再就业服务，无论从政策设计还是部门职能的角度来说，民政部门既没有提供就业援助的责任，也没有这方面的能力或资源来承担相关的责任。帮助失业人员再就业是劳动和人力资源部门的责任，但其所提供的服务非常有限。劳动部门提供的服务主要是就业培训，这些服务针对所有失业人员，很难顾及低保户的特殊需要。住户调查显示，只有12%的被访者接受过培训，其中一半人认为培训有用，另一半人认为培训无用。焦点小组访谈也显示，劳动部门的培训不仅不能惠及大多数低保户，也缺少针对性，而民政与劳动部门的协调也非常罕见。

4. 扶贫标准确定和扶贫工作管理存在制度缺陷。

城镇贫困检测体系不完善，缺乏有效的政策、技术、人才支持，无法确定城镇贫困人口的规模，无法核定城镇居民真实收入和消费水平，因而没有合理的标准制定考量规范，因此各地的低保标准和资格审核各不相同，随意性比较大，不尽科学、合理和规范。

由于计算和监控家庭收入比较困难，部分申请者或低保户瞒报收入。这是因为，大多数低保申请者和受助者是非正规就业或自谋职业，对他们的收入调查主要靠当事人的申报。如果低保户或申请者不主动汇报其真实情况，管理者是很难调查清楚的。焦点小组访谈结果也证实了这一点。低保户可能通过亲戚或者朋友找到一份工作，但他们通常不会主动向居委会或村委会汇报。一方面，他们倾向于认为，这样的工作不是什么正式工作；另一方面，这样的工作通常都是临时性的，不能作为可靠的生活来源对待。一般情况下，民政部门组织的入户调查只是在对某一家庭的低保资格有争议的情况下才会进行，并且由于基层工作能力普遍薄弱，很难对多数家庭进行调查。

而且，该研究也证实了我国城镇低保标准水平过低。从低保户的收入构成来看，低保救助金平均占家庭总收入的40%，其次是工资收入，占1/3，亲戚朋友互助占9%。在被调查的三个城市中，低保标准占当地平均工资水平的10%—15%不等，实际补差水平占家庭收入50%以上。

二、城市反贫困的政策及措施

要想对城市的反贫困措施进行梳理和研究，首先要弄清城市贫困的原因和定位，这是城市反贫困措施的出发点、前提和基础。有学者认为，对于我国目前城市贫困的原因，已经形成了共识：社会转型、国企改革、产业结构的调整等造成大量的下岗失业人员是我国现代城市贫困的主要原因。而对于农民工这类新生贫困群体而言，失业、待业、无就业能力、缺乏或无职业技能等是他们致贫的主要原因，但也基本与其他贫困群体的致贫原因类似。

另外，对于贫困群体的分类和定位，目前也基本形成了共识，只不过有一些因时间先后、研究深度及广度不同导致的不同之处。在民政部的主导下，中国的贫困救助制度首先发端于城市低保，城市低保人群也成为主要的贫困人群，其他的各项救助制度，以及后来的临时救助或专项救助制度等都是以此为基础，与低保制度相挂钩，也就是说大部分情况下，只有低保人群才有资格享受民政部门提供的其他各项救助。民政部的低保制度是按照人员性质将低保人群分为女性、残疾人和“三无”人员，按照人员年龄分为老年人、在职人员、灵活就业人员、登记失业人员、未登记失业人员、在校生和其他人员。有的学者将城市贫困人口限定为：城镇的下岗、失业人员，停产半停产企业的职工，失地农民，进城务工人员等，进一步将贫困人口细分为绝对贫困人口和相对贫困人口。绝对贫困人口主要包括“三无”人员、部分失业且家庭人均收入很低的居民、部分家庭人均收入很低的在职、下岗和退休人员。另外还有学者认为资源枯竭型城市具有劳动能力的居民、退休较早仅依赖退休金生活的老年人也属于贫困人群。

我国的城市社会救助制度正是基于上述的贫困群体定位建立起来的。1993年，上海首先开始探索建立低保制度，1993—1999年是创立和推广阶段，1999年至今是提高和完善阶段。民政部《2007年民政事业发展统计公报》指出，我国城乡低保制度已经实现均等覆盖。

虽然最近几年我国的社会救助制度已经进行了多方面的调整，但是仍然呈现出“多龙治水”的局面：财政部门负责社会救助资金的预算安排、使用和监督；民政部门负责城乡低保、医疗救助、受灾群众救助、临时救助、应急救助和社会互助等；劳动保障部门负责就业援助；卫生部门落实医疗救助政策；农委扶持农村困难群众发展生产；建委负责廉租房救助；教委落实教育救助；工会开展对困难职工帮困；残联和妇联实施残疾人和妇女、儿童救助；慈善机构吸收捐助和开展慈善项目。在一些交叉性的社会救助方面，如公安、交通、城管、卫生、民政等部门共同负责城市生活无着的流浪乞讨人员；医疗救助方面，实行民政部门主管，卫生部门落实，而劳动保障部门负责对家庭人均收入在城市职工最低工资与最低生活保障之间的困难企业患大病职工开展医疗救助。这样的局面不仅不利于各部门的协调配合，同时增加了社会救助的环节和运行成本。有社会学学者也指出，我国社会救助制度存在“制出多门”、条块分割的问题。

不过，中国社会科学院社会学所社会政策研究中心唐钧研究员指出，相关政府部门已经对我国的城市低保等社会救助制度及其与各种社会保险的挂钩问题进行了探索和调整，低保标准连年提高，建立健全了救助标准与物价上涨挂钩的联动机制，因此他支持党的十八大报告中关于“新型社会救助体系基本形成”的观点。

中国的扶贫政策，尤其是城市扶贫开发政策充分借鉴了已有的国际经验，同样形成了以社会救助和社会保险为主的制度体系。不过不同的是，我国的城镇社会救助制度以城市最低生活保障制度为主，附加医疗、住房、教育、司法、就业、灾害救助，还有专门针对流浪乞讨人员等群体的专项救助制度，辅之以临时救助制度和社会互助措施等。只不过地区不同，经济发展水平不同，各地的救助措施会有些微的差别，各地会根据本地经济实力推出一些各具特色的救助制度。值得注意的是，很多地区的社会救助政策实践中，都以城市低保制度为基础来确定符合救助标准的人群，其他的各项补充性救助政策，如医疗、住房、教育、司法、就业、灾害救助政策，专项救助制度以及临时救助制度的资格确定基本上都与低保制度相挂钩，也就是说，非低保人群不能享受补充性救助、专项救助和临时救助。而中国的社会保险制度除了包括上述美国所建立的保险种类外，还加入了工伤、生育保险等。

目前我国的社会救助制度和社会保险制度已经形成了各自明确的定位。社会保险制度主要是在贫困现象发生之前，为城镇贫困人群提供退路和出路，也就是预防性保护措施，它是针对可能发生的问题而设立的解决方案；而社会救助制度主要是在城市贫困现象发生之后，也就是在城市居民陷入贫困或接近陷入贫困之后，为该类群体提供的缓冲性的政策或生活支持，即扶持性保护措施。

（一）预防性社会保护措施：健全社会保险基本制度

1. 社会保险整体发展状况。

根据人力资源与社会保障部《2012 年度人力资源和社会保障事业发展统计公报》，2012 年社会保险工作深入开展，社会保障体系建设取得重大进展。2012 年全年五项社会保险（不含城乡居民社会养老保险）基金收入合计 28909 亿元，比上年增长 4866 亿元，增长率为 20.2%。基金支出合计 22182 亿元，比上年增长 4127 亿元，增长率为 22.9%。近五年来，五项主要社会保险的参保人数都在稳步增加，医疗保险覆盖面最广。

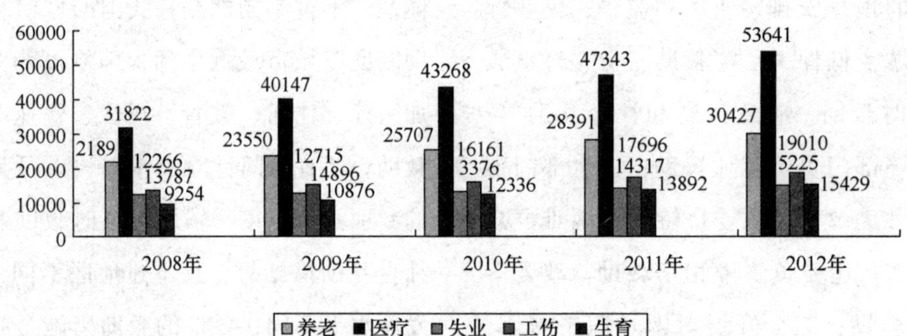

图 1　近五年社会保险参保人数（单位：万人）

2. 各类群体社会保险发展情况。

（1）养老保险

2012 年年末全国参加城镇基本养老保险人数为 30427 万人，比上年年末增加 2036 万人。其中，参保职工 22981 万人，参保离退休人员 7446 万人，分别比上年末增加 1416 万人和 619 万人。2012 年年末参加基本养老保险的农民工人数为 4543 万人，比上年末增加 403 万人。2012 年年末参加企业基本养老保险人数为 28272 万人，比上年末增加 1988 万人。

企业退休人员基本养老金待遇提高，且全部按时足额发放。2012 年年末纳入社区管理的企业退休人员共 5328 万人，占企业退休人员总数的 78.3%，比上年末提高 1 个百分点。

2012 年年全年城镇基本养老保险基金总收入 20001 亿元，比上年增长 18.4%，其中征缴收入 16467 亿元，比上年增长 18.0%。各级财政补贴基本养老保险基金 2648 亿元。2012 年全年基金总支出 15562 亿元，比上年增长 21.9%。2012 年年末基本养老保险基金累计结存 23941 亿元。

2012 年年末辽宁、吉林、黑龙江、天津、山西、上海、江苏、浙江、山东、河南、湖北、湖南、新疆等 13 个做实企业职工基本养老保险个人账户试点省（区、市）份共积累基本养老保险个人账户基金 3396 亿元。全国 31 个省份和新疆生产建设兵团已建立养老保险省级统筹制度。在山西、上海、浙江、广东、重庆 5 个省市开展的事业单位工作人员养老保险制度改革试点工作稳步推进。

2012 年年末全国所有县级行政区全面开展国家城乡居民社会养老保险工作。2012 年末国家城乡居民社会养老保险参保人数 48370 万人，比上年末增加 15187 万人。其中实际领取待遇人数 13075 万人。2012 年全年城乡居民社会养老保险基金收入 1829 亿元，比上年增长 64.8%。其中个人缴费 594 亿元，比上年增长 41.0%。基金支出 1150 亿元，比上年增长 92.2%。基金累计结存 2302 亿元。

2012 年年末全国有 5.47 万户企业建立了企业年金，比上年增长 21.8%；参加职工人数为 1847 万人，比上年增长 17.1%；2012 年年末企业年金基金累计结存 4821 亿元。

（2）医疗保险

2012 年年末全国参加城镇基本医疗保险人数为 53641 万人，比上年末增加 6298 万人。其中，参加城镇职工基本医疗保险人数 26486 万人，比上年末增加 1258 万人；参加城镇居民基本医疗保险人数为 27156 万人，比上年末增加 5040 万人。在职工基本医疗保险参保人数中，参保职工 19861 万人，参保退休人员 6624 万人，分别比上年末增加 913 万人和 346 万人。2012 年年末参加医疗保险的农民工人数为 4996 万人，比上年末增加 355 万人。

2012 年全年城镇基本医疗保险基金总收入 6939 亿元，支出 5544 亿元，分别比上年增长 25.3% 和 25.1%。2012 年末城镇基本医疗统筹基金累计结存 4947 亿元（含城镇居民基本医疗保险基金累计结存 760 亿元），个人账户积累 2697 亿元。

（3）失业保险

2012 年年末全国参加失业保险人数为 15225 万人，比上年末增加 908 万人。其中，参加失业保险的农民工人数为 2702 万人，比上年末增加 311 万人。2012 年末全国领取失业保险金人数为 204 万人，比上年末增加 7 万人。2012 年全年共为 72 万名劳动合同期满未续订或提前解除劳动合同的农民合同制工人支付了一次性生活补助。

2012 年全年失业保险基金收入 1139 亿元，比上年增长 23.4%，支出 451 亿元，比上年增长 4.1%。2012 年末失业保险基金累计结存 2929 亿元。

（4）工伤保险

2012年年末全国参加工伤保险人数为19010万人，比上年末增加1314万人。其中，参加工伤保险的农民工人数为7179万人，比上年末增加352万人。2012年年全年认定（视同）工伤117.4万人，比上年减少2.8万人；全年评定伤残等级人数为51.3万人，比上年增加0.3万人。全年享受工伤保险待遇人数为191万人，比上年增加28万人。

全年工伤保险基金收入527亿元，支出406亿元，分别比上年增长12.9%和41.9%。年末工伤保险基金累计结存737亿元，储备金结存125亿元。

（5）生育保险

2012年年末全国参加生育保险人数为15429万人，比上年末增加1537万人。全年共有353万人次享受了生育保险待遇，比上年增加88万人次。

2012年全年生育保险基金收入304亿元，支出219亿元，分别比上年增长38.4%和57.6%。2012年年末生育保险基金累计结存428亿元。

（二）扶持性保护性措施：健全社会救助，构筑城市贫困人口社会安全网

1. 城市居民最低生活保障制度发展简况。

2012年年底，全国共有城市低保对象1114.9万户、2143.5万人。全年各级财政共支出城市低保资金674.3亿元，比上年增长2.2%，其中中央财政补助资金439.1亿元，占总支出的65.1%。2012年全国城市低保平均标准330.1元/人、月，比上年增长14.8%；全国城市低保月人均补助水平239.1元。

表1　2012年12月各省市城市最低生活保障标准表（元/月）

地区	平均低保标准	区县数量	地区	平均低保标准	区县数量
全国	330.1	—	河南省	271.76	180
北京市	520	16	湖北省	334.52	109
天津市	520	16	湖南省	304.52	138
河北省	335.01	192	广东省	313.98	125
山西省	308.48	122	广西壮族自治区	270.48	112
内蒙古自治区	407.7	102	海南省	316.19	21
辽宁省	366.64	110	重庆市	326	40
吉林省	291.09	70	四川省	276.73	186
黑龙江省	323.67	141	贵州省	308.04	89
上海市	570	17	云南省	284.42	134

续表

地区	平均低保标准	区县数量	地区	平均低保标准	区县数量
江苏省	434.33	120	西藏自治区	399.73	74
浙江省	462.67	92	陕西省	363.06	109
安徽省	339.39	115	甘肃省	251.29	89
福建省	324.1	87	青海省	310.83	46
江西省	345.93	110	宁夏回族自治区	252.5	22
山东省	364.12	168	新疆维吾尔自治区	260.99	115

表2　2012年四季度各省市城市居民最低生活保障分类人次数

地区	城市居民最低生活保障人数	按人员性质分类			按人员年龄分类						
		女性	残疾人	三无人员	老年人	在职人员	灵活就业	登记失业	未登记失业	在校生	其他人员
全国合计	21424714	8769161	1677082	649172	3363786	487734	4592521	3991851	4171438	3140062	1677322
北京市	109842	49759	20696	2361	13548	7416	14133	28980	18481	17985	9299
天津市	166435	78571	21182	899	18211	5313	16174	46507	35476	28550	16204
河北省	773434	309106	44329	19887	123108	17510	197321	141682	126467	118081	49265
山西省	890367	371752	56628	14209	93174	27501	259615	112123	135766	187425	74763
内蒙古自治区	808169	390284	64940	32	113533	4901	179707	140183	216399	98352	55094
辽宁省	1052537	439470	127815	17247	143199	17233	197194	241387	195086	182691	75747
吉林省	920322	433017	75209	16101	154276	7751	494555	54261	67715	106010	35754
黑龙江省	1524581	605216	134298	32431	175636	16850	274591	357347	412406	192550	95201
上海市	223010	82878	28438	549	3537	21015	2079	76903	66038	50801	2637
江苏省	370162	154568	40577	6495	85936	9462	53296	64881	90355	46707	19525
浙江省	77839	27593	14211	4846	17418	2442	10867	10011	14726	11170	11205
安徽省	818129	334366	75765	41724	230525	9406	135501	113222	166203	109624	53648
福建省	172355	56593	20725	7693	37298	2915	30978	32669	41258	17810	9427
江西省	979531	416951	160057	59236	186279	26906	226388	181245	130448	132547	95718
山东省	530065	208797	34563	17293	76463	31424	89653	159910	82838	64872	24905

续表

地区	城市居民最低生活保障人数	按人员性质分类			按人员年龄分类						
		女性	残疾人	三无人员	老年人	在职人员	灵活就业	登记失业	未登记失业	在校生	其他人员
河南省	1334416	511241	79970	64904	217394	21385	246392	307525	247684	178904	115132
湖北省	1296876	588228	78995	44511	221422	80382	367854	242605	220071	104573	59969
湖南省	1453967	550985	91018	54535	291091	22870	196599	365787	268330	178542	130748
广东省	371338	143078	39194	14811	73460	10590	75981	47415	67324	70013	26555
广西壮族自治区	516708	173004	39038	38759	129030	15949	125436	68816	73413	68091	35973
海南省	157701	73756	13347	6456	27186	3511	37057	15750	39268	24007	10922
重庆市	515147	237101	62036	3729	96693	1266	112713	79615	112268	88575	24017
四川省	1862193	736550	107226	61785	300072	15579	414406	293139	428763	250983	159251
贵州省	530527	199999	28250	14305	83898	4752	98631	65437	141322	98435	38052
云南省	935965	356296	50818	30771	137393	29431	176977	194412	177764	140860	79128
西藏自治区	47683	23001	3458	8668	8447	5259	11578	6415	7220	5663	3101
陕西省	748059	318093	30246	11014	56141	11991	148526	170977	106668	143478	110278
甘肃省	883788	314818	37882	14220	88494	21536	167977	198762	183889	156989	66141
青海省	230347	110613	8227	4021	19907	6055	39406	24382	61084	49660	29853
宁夏回族自治区	177781	64214	14632	7432	34591	5620	30057	30851	30342	28934	17386
新疆维吾尔自治区	945440	409263	73312	28248	106426	23513	160879	118652	206366	187180	142424

表3　2012年4季度社会服务业统计季报

指标	单位	数量
1—12月社会服务实际支出	亿元	3180.5
其中：救灾支出	亿元	132.6
城镇最低生活保障支出	亿元	635.9
城市医疗救助支出	亿元	55.0
社会福利费	亿元	115.8
社会服务床位数	万张	429.8
收养机构床位数	万张	382.8
为老年人与残疾人提供收养服务床位数	万张	363.3
为智障与精神病人提供收养服务床位数	万张	6.8
为儿童提供收养服务的床位数	万张	7.2
其他收养服务床位数	万张	5.5

续表

<table>
<tr><th colspan="3">指标</th><th>单位</th><th>数量</th></tr>
<tr><td colspan="3">生活无着人员救助床位数</td><td>万张</td><td>8.8</td></tr>
<tr><td colspan="3">社区服务床位数</td><td>万张</td><td>17.6</td></tr>
<tr><td colspan="3">军休床位数</td><td>万张</td><td>20.5</td></tr>
<tr><td colspan="3">收养性社会服务单位数</td><td>个</td><td>43141</td></tr>
<tr><td colspan="3">收养人数</td><td>万人</td><td>271.8</td></tr>
<tr><td colspan="3">每千人口社会服务床位数</td><td>张/千人</td><td>3.2</td></tr>
<tr><td colspan="3">每千老年人口养老床位数</td><td>张/千人</td><td>20.6</td></tr>
<tr><td rowspan="6">儿童收养与救助</td><td colspan="2">孤儿数</td><td>万人</td><td>54.1</td></tr>
<tr><td colspan="2">集中供养孤儿</td><td>万人</td><td>8.7</td></tr>
<tr><td colspan="2">社会散居孤儿</td><td>万人</td><td>45.5</td></tr>
<tr><td colspan="2">收养登记</td><td>件</td><td>24635</td></tr>
<tr><td colspan="2">涉外收养</td><td>件</td><td>3311</td></tr>
<tr><td colspan="2">流浪儿童救助</td><td>万人次</td><td>14.6</td></tr>
<tr><td rowspan="2">为残疾人提供岗位的福利企业</td><td colspan="2">福利企业</td><td>个</td><td>20401</td></tr>
<tr><td colspan="2">福利企业中残疾人数</td><td>万人</td><td>59.6</td></tr>
<tr><td rowspan="9">为生活困难群众提供的救助服务</td><td rowspan="3">城市贫困人口</td><td>居民最低生活保障人数</td><td>万人</td><td>2142.5</td></tr>
<tr><td>居民最低生活保障户数</td><td>万户</td><td>1113.6</td></tr>
<tr><td>居民最低生活保障平均标准</td><td>元/人、月</td><td>330.1</td></tr>
<tr><td rowspan="2">救助</td><td>最低生活保障月人均支出水平</td><td>元/人、月</td><td>244.0</td></tr>
<tr><td>最低生活保障当月计划支出</td><td>亿元</td><td>—</td></tr>
<tr><td rowspan="2">医疗救助</td><td>城市医疗救助</td><td>万人次</td><td>666.4</td></tr>
<tr><td>民政部门资助参加合作医疗</td><td>万人</td><td>1158.9</td></tr>
<tr><td colspan="2">生活无着人员</td><td>万人</td><td>216.8</td></tr>
<tr><td colspan="2">救助临时救济</td><td>万人次</td><td>523.0</td></tr>
<tr><td rowspan="8">为弱势群体筹集资金的活动</td><td colspan="2">社会捐赠款数</td><td>亿元</td><td>80.9</td></tr>
<tr><td colspan="2">捐赠衣被总数</td><td>万件</td><td>10145.2</td></tr>
<tr><td colspan="2">其他部门转入的社会捐赠款数</td><td>亿元</td><td>3.1</td></tr>
<tr><td colspan="2">其他部门转入的捐赠衣被总数</td><td>万件</td><td>1332.0</td></tr>
<tr><td colspan="2">其他部门转入的其他捐赠物资价值</td><td>万元</td><td>12222.8</td></tr>
<tr><td colspan="2">受益人次数</td><td>万人次</td><td>893.5</td></tr>
<tr><td colspan="2">社会捐赠接收站、点、慈善超市数</td><td>万个</td><td>2.9</td></tr>
<tr><td colspan="2">1—12 月福利彩票累计销售</td><td>亿元</td><td>1510.3</td></tr>
</table>

3. 医疗救助制度

2012 年全年累计救助城市居民 2077 万人次，其中：民政部门资助参加城镇居民基本医疗保险 1387.1 万人次，人均救助水平84元；民政部门直接救助城市居民689.9万人次，人均医疗救助水平858.6元。全年各级财政共支出城市医疗救助资金70.9亿元，比上年增长4.9%。

表4　2012年四季度城市医疗救助、参保及支出情况

地区	专项救助		城市医疗救助支出	资助参加医疗保险
	城市医疗救助人次数	资助参保人数		
全国合计	6664215	11588745	549909.2	93012.9
北京市	33260	29901	6803.2	127.5
天津市	144	—	160.4	275.0
河北省	137838	162009	14843.5	1990.6
山西省	147487	661825	19746.9	4194.5
内蒙古自治区	156702	329578	18369.9	3622.2
辽宁省	137245	185759	7812.2	1635.3
吉林省	137928	128541	17871.3	1862.5
黑龙江省	664227	1340296	49143.5	9685.1
上海市	67582	40868	9541.5	1398.5
江苏省	232187	296738	22805.4	7264.6
浙江省	136600	38463	10615.8	850.7
安徽省	138296	238829	23288.1	2236.1
福建省	35716	53772	4052.4	485.7
江西省	231376	538809	40945.2	7866.8
山东省	72532	192177	16202.5	2220.9
河南省	217273	492967	15007.6	3416.4
湖北省	247337	1020774	28450.6	4518.6
湖南省	427680	749800	32245.8	5157.1
广东省	233087	180591	7714.8	2742.7
广西壮族自治区	95405	248169	8308.6	1220.9
海南省	49481	116760	5128.6	1015.1
重庆市	621567	729860	20687.3	3501.8
四川省	862815	859458	52043.6	8636.7
贵州省	245509	437019	11701.9	1086.3
云南省	411238	944291	20469.0	6207.4
西藏自治区	1231	182	2235.7	122.8
陕西省	38100	25931	16609.4	918.6

续表

地区	专项救助		城市医疗救助支出	资助参加医疗保险
	城市医疗救助人次数	资助参保人数		
甘肃省	188715	143004	20532.8	771.6
青海省	241043	196173	8209.6	1637.3
宁夏回族自治区	108521	112440	5833.3	609.6
新疆维吾尔自治区	346093	1093761	32528.8	5734.0

4. 教育救助制度

2007—2011 年，全国普通高等教育、中等职业教育、普通高中教育和义务教育阶段受助学生累计达 3.4 亿人次，资助金额累计达到 3526.17 亿元，确保“不让一个学生因家庭经济困难而失学”。

随着进城务工人员规模不断扩大，随迁子女完成义务教育人数不断增多，随迁子女升学考试问题日益突出。国务院办公厅 2012 年 8 月 30 日转发了教育部等部门《关于做好进城务工人员随迁子女接受义务教育后在当地参加升学考试工作的意见》。

据财政部网站消息，为切实解决好进城务工人员随迁子女就学问题，2008—2012 年中央财政共安排进城务工农民工随迁子女奖励性补助资金 158.3 亿元，其中：2012 年 50.3 亿元。各地将中央奖励资金主要用于补充接收农民工随迁子女的城市义务教育阶段学校公用经费和改善办学条件，重点向接收人数较多、条件薄弱的公办学校倾斜，同时扶持接收农民工随迁子女的民办学校。

据统计，2008—2012 年，中央财政共安排免学杂费补助资金 157.2 亿元，其中：2012 年 31.7 亿元。全国每年共有约 2900 多万名城市义务教育阶段学生享受到免学杂费的政策或相应补助，有效减轻了城市居民负担，城乡免费义务教育全部实现。

在免除学杂费的同时，按照相对就近入学的原则统筹安排在公办学校就读，免除学杂费，不收借读费。中央财政对进城务工农民工随迁子女接受义务教育问题解决较好的省份给予适当奖励。目前，对符合当地政府接收条件的进城务工人员随迁子女，基本做到了“以流入地为主、公办学校为主”的要求，有力地促进了农民工子女平等接受义务教育。

5. 生活无着落人员社会救助制度

（1）政策进展

2012 年 12 月 22 日，民政部下发《关于促进社会力量参与流浪乞讨人员救助服务的指导意见》（以下简称“《意见》”）。《意见》明确，要调动社会组织、企事业单位、志愿者等社会力量的积极性，如引导社会工作者、志愿者和社会热心人士及时报告流乞人员线索等，企事业单位、工商业者为流乞人员救助提供资金、物品、设施设备和智力支持等。各地可根据实际情况，通过购买服务、项目合作、经费补贴、“以奖代补”等方式，解决流浪乞讨人员生活照料、医疗救治、教育矫治等方面的服务需求。

2012年3月，民政部发布的《中央财政支持社会组织参与社会服务项目目录》更是将社会救助服务、社会福利服务、社会工作服务、扶贫救灾服务和社区服务全部包括在内，社会救助包括扶贫救助项目、医疗救助项目、教育救助项目；社会福利服务包括扶老项目、护幼项目、助残项目；社会工作服务包括农村留守人员社会网络建设项目、特殊群体社会工作关爱项目、受灾群众生活重建项目；扶贫救灾服务包括扶贫项目、救灾项目；社区服务项目资助社区居家养老、社区矫正、社区卫生、社区文化、社区环境、城市流动人口管理与服务等活动，提高居民生活品质。

（2）发展概况

2012年救济城市“三无”人员9.9万人。

表5　2012年四季度生活无着落人员救助及救助床位情况

地区	专项救助			地区	专项救助		
	生活无着人员救助人次数	救助床位数	儿童救助床位数		生活无着人员救助人次数	救助床位数	儿童救助床位数
全国合计	2167694	87896	19975	河南省	71351	3006	557
北京市	224276	7268	652	湖北省	143174	3466	1371
天津市	9403	1118	257	湖南省	182684	5100	1059
河北省	72341	2795	913	广东省	132592	7338	1545
山西省	55325	2251	808	广西壮族自治区	37219	2110	470
内蒙古自治区	29980	2055	455	海南省	6737	220	38
辽宁省	52799	4010	1070	重庆市	53283	1519	373
吉林省	34381	2865	550	四川省	179267	7634	1634
黑龙江省	31879	2057	187	贵州省	72946	2282	780
上海市	87914	1704	285	云南省	47617	1794	241
江苏省	75629	4075	1215	西藏自治区	4262	290	89
浙江省	58472	3044	471	陕西省	82687	3793	330
安徽省	68631	3421	1290	甘肃省	20328	1300	272
福建省	70956	1515	158	青海省	1536	82	9
江西省	101503	3786	1071	宁夏回族自治区	4831	313	148
山东省	145504	3550	933	新疆维吾尔自治区	8187	2135	744

2012 年临时救助 639.8 万户次，其中：按户籍性质分类，城市家庭 256.6 万户次；按属地分类，当地常驻户口 617.7 万户次，非当地常驻户口 22.1 万户次；按救助类型分类，支出型临时救助 518.1 万户次，应急型临时救助 121.7 万户次。

（三）促进性社会保护：以促进就业为导向的反贫困策略

《促进就业规划（2011—2015 年）》指出，“十二五”时期，我国就业形势将更加复杂，就业总量压力将继续加大，劳动者技能与岗位需求不相适应、劳动力供给与企业用工需求不相匹配的结构性矛盾将更加突出，就业任务更加繁重。因此，除了要做好失业、待业与临时就业人群的社会救助工作外，还要通过健全就业援助制度、减轻企业负担、稳定就业、建立就业信息公共服务网络劳动者权益保护制度等方式，做好即将进入就业市场的高校毕业生就业和充分开发残疾人就业工作。

2012 年全年城镇新增就业人数 1266 万人，城镇失业人员再就业人数 552 万人，就业困难人员就业人数 182 万人。年末城镇登记失业人数为 917 万人，城镇登记失业率为 4.1%。全年全国共帮助 5.86 万户零就业家庭实现每户至少一人就业。组织 2.84 万名高校毕业生到农村基层从事“三支一扶”的工作。

1. 健全推进就业援助制度。

按照 2012 年公共就业和人才服务专项活动的总体安排，为进一步做好就业困难人员就业援助工作，人力资源与社会保障部联合中国残疾人联合会下发了《关于开展 2012 年就业援助月活动的通知》，要求各地于 2011 年 12 月下旬 ~ 2012 年 1 月中旬组织开展以“帮扶到人、岗位到手、政策到位、服务到家”为主题的就业援助月活动，帮助各类就业困难人员和残疾登记失业人员就业。

就业援助月期间，各地按照《通知》要求，深入基层摸查援助对象情况，切实帮助一批就业援助对象实现就业、稳定就业。据统计，活动期间，全国共走访 62 万余户就业困难人员和零就业家庭；登记认定 51.7 万多名未就业困难人员，其中认定 7.5 万残疾就业困难人员；帮助 36 万多名就业困难人员实现就业，其中 4.2 万残疾人实现了就业；帮助 59 万多就业困难人员享受了政策；认定近 2.2 万户零就业家庭；帮助 1.8 万余户零就业家庭中 2.3 万多人实现就业。

各地按照全国统一要求，在援助月活动中普遍组织开展了送政策、送岗位、送技能、送服务等常规项目，并以推动就业援助制度化、长效化发展为目标，更加注重实名登记、精细援助、跟踪帮扶、优化服务等就业援助工作机制建设。具体落实了五方面的工作：

一是实现实名登记，加强动态化管理。随着全国统一样式的《就业失业登记证》换、发证工作的开展和全国就业信息监测系统的建立，部分地区对就业困难人员基本纳入实名制、信息化、动态化管理。如浙江、山东、湖北、广东、重庆、云南、新疆生产建设兵团等地通过各级公共就业和人才服务机构，为符合条件的就业困难人员进行登记认定，发放《就业失业登记证》，纳入就业信息监测系统，实行实名制管理和援助。

二是提供精细援助，提高就业成功率。各地在实施就业援助过程中，更加注重对就业困难人员的分类帮扶和重点援助，充分考虑援助对象的不同困难，进行精细化服务，提高了援助对象的就业成功率。如安徽省合肥市、河南省三门峡市和南阳市根据援助对象的不同需求，对收集的岗位信息先进行甄选，将与援助对象情况匹配度高的岗位直接送到援助对象家中，提高了援助效率和就业成功率。湖北省建立分类援助制度，对文化程度不高、缺乏技能的失地农民等就业困难人员，免费提供简单实用型技能培训，提高其就业能力；对有能力愿意创业的高校毕业生提供政策咨询、创业培训、开业指导、小额贷款、政策扶持、跟踪帮扶等“一条龙”服务，帮助其实现创业；对年龄偏大、生活困难的长期失业人员和大龄失业人员推荐公益性岗位就业，缓解生活困难。

三是强化跟踪帮扶，促进稳定就业。为巩固援助成果，各地着力加强援助后的跟踪服务和后续帮扶工作，不仅让援助对象就业，而且能够稳定就业。如北京、黑龙江、江苏、安徽、山东、重庆、贵州、甘肃、青海等地为强化帮扶效果，通过回访本人、回访家庭、回访单位等方式，跟踪了解援助对象的就业状况，及时落实各种扶持政策，提高就业稳定性；对在回访中发现再次失业或有就业愿望但未实现就业的援助对象，纳入到日常援助计划，及时提供有针对性的就业援助服务，做到“随时出现、随时帮扶”。对已就业的援助对象，详细掌握其就业后的基本情况，对尚未享受扶持政策的，积极落实社保补贴、岗位补贴等就业扶持政策，帮助其实现稳定就业。

四是加强人员培训，增强服务能力。为了更好地做好就业援助工作，各地在援助月活动期间，还组织力量加强基层队伍培训，完善体制机制建设。如辽宁省盘锦市通过举办就业政策培训班的方式，对全市街道（乡镇）、社区平台500余名工作人员进行了就业援助相关政策培训。山东省按照“删繁就简、方便易行”要求，重新梳理了各项就业服务业务流程，通过优化业务流程，统一服务准则，使环节更合理、操作更规范、流程更顺畅，既方便了群众，也减轻了基层工作人员的压力。

五是机构联动，促进残疾人就业。各地人社部门积极与当地残联组织合作，开发岗位、落实政策，促进残疾人就业。湖北省残联联合省人社厅、《湖北日报》共同举办“残疾人摄影技术创业培训基础班”，并跟进服务，最终帮助培训班多名参训残疾人实现创业。重庆市就业人才服务机构开通专门窗口，为残疾人及时发放《就业失业登记证》、《就业援助卡》、《重庆市城镇“零就业家庭”卡》等相关证件，分类建立基础台账。青海省残联与省人社厅，为省内10家符合相关规定的残疾人企业提供岗位补贴、社保补贴、一次性奖励等经费共计496万余元。

2. 建立就业信息公共服务网络保护劳动者权益。

人力资源市场管理进一步规范。下发了《关于加强人力资源服务机构诚信体系建设的通知》，在全国人力资源服务机构中启动了以“诚信服务树品牌、规范管理促发展”为主题的诚信体系建设活动，推动服务机构依法经营、诚信服务，进一步形成统一开放、公平诚信、竞争有序的市场环境。在全国范围内开展了清理整顿人力资源市场秩序专项行动，共检查职介机构和用人单位近15万户次，查处违法案件近1万件，其中取缔非法职业中介活动2815起，吊销许可证113件、吊销营业执照1126件。人力资源服务体系进一步完善。截至2012年底，全国县以上政府部门设立公共就业和人才服务机构等各类服务行业达2.8万家。各类人力资源服务机构以市场需求为导向，2012年共为1888万家次用人单位提供各类人力资源服务，不断拓展人力资源服务领域，丰富了服务内容，提升了服务水平。

全面推进小企业劳动合同制度实施专项行动，继续开展农民工劳动合同签订“春暖行动”，促进用人单位与劳动者依法签订并履行劳动合同。2012年末，全国企业劳动合同签订率达到88.4%。

大力推进集体合同制度，实施“彩虹计划”。2012年末，经各地人力资源社会保障部门审核备案的当期有效集体合同131.1万份，覆盖职工1.45亿人。

2012年各级劳动人事争议调解组织和仲裁机构共受理劳动人事争议案件140.3万件。结案126.1万件（不包括仲裁机构不予受理数），其中调解组织结案61.8万件，占49.0%。仲裁机构立案受理劳动人事争议64.1万件，结案率为94.7%；调解组织受理（含仲裁机构案外调解）76.2万件。

2012年各级仲裁机构立案受理劳动人事争议64.1万件，比上年增加8.8%，涉及劳动者88.2万人，比上年增加13.2%。其中集体劳动争议0.7万件，涉及劳动者23.2万人。当期共审结劳动争议案件64.3万件，比上年增加8.5%。

2012年末，全国共有劳动保障监察机构3291个，各级人力资源社会保障部门配备专职劳动保障监察员2.5万人。

在全国范围内重点开展了清理整顿人力资源市场秩序、用人单位遵守劳动用工和社会保险法律法规情况与农民工工资支付情况等专项执法活动。全年共主动检查用人单位207.6万户次，涉及劳动者1.1亿人次，对213.1万户次用人单位进行了书面审查，涉及劳动者0.9亿人次，查处各类劳动保障违法案件41.2万件，较上年上升8.4%。其中，调查处理举报投诉案件36.6

万件，较上年上升5.5%。通过劳动保障监察执法，责令用人单位与805.5万名劳动者补签了劳动合同，责令用人单位为622.5万人次劳动者追发工资等待遇200.8亿元，督促8.4万户用人单位办理了社会保险登记、申报，督促12.5万户用人单位补缴社会保险费52.2亿元，责令用人单位退还收取劳动者的风险抵押金0.3亿元。同时，全国劳动保障监察机构依法取缔非法职业中介机构4133户。

（四）健全农民工公共服务体系，应对贫困风险。

国家统计局公布的2012年统计公报显示，2012年全国农民工总量达到26261万人，比上年增加983万人，增长3.9%。其中，外出农民工16336万人，增加473万人，增长3.0%。住户中外出农民工12961万人，比上年增加377万人，增长3.0%；举家外出农民工3375万人，增加96万人，增长2.9%。本地农民工9925万人，增加510万人，增长5.4%。

1. 农民工社会保险。

2012年，外出农民工参加社会保险的水平有所提高，但总体仍然较低。雇主或单位为农民工缴纳养老保险、工伤保险、医疗保险、失业保险和生育保险的比例分别为14.3%、24%、16.9%、8.4%和6.1%，分别比上年提高0.4、0.4、0.2、0.4和0.5个百分点。从近5年调查数据看，外出农民工养老保险、医疗保险、失业保险和生育保险的参保率提高4个百分点左右，而“五险”中参保率相对较高的工伤保险没有明显提高。

中西部地区农民工参保比例低于东部地区。从输入地看，不同地区农民工社会保障状况仍存在一定的差距，中西部地区的农民工参保比例比较接近，落后于在东部地区务工的农民工，2012年中部地区各项保险参保率的提高幅度略高于东部和西部地区。

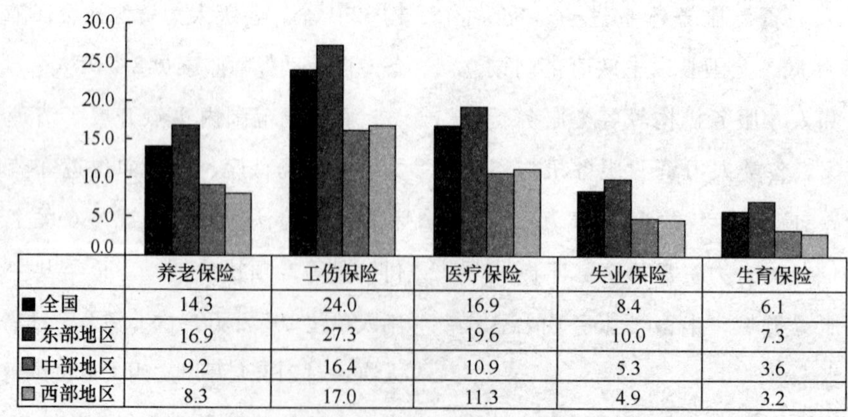

	养老保险	工伤保险	医疗保险	失业保险	生育保险
■全国	14.3	24.0	16.9	8.4	6.1
■东部地区	16.9	27.3	19.6	10.0	7.3
■中部地区	9.2	16.4	10.9	5.3	3.6
■西部地区	8.3	17.0	11.3	4.9	3.2

图2：2012年农民工在不同地区务工参加社会保障的比例（单位:%）

不同行业农民工的社会保障水平差异较大。从外出农民工从事的主要行业看，制造业、交通运输仓储邮政业、批发零售业和服务业的参保情况相对较好，而建筑业、住宿餐饮业的农民工，雇主或单位为其缴纳各项保险的比例明显低于其他行业。2012年制造业各项参保比例的提高快于其他各行业。

2. 农民工住房保障。

2012年的外出农民工仍是以雇主或单位提供住宿为主。以受雇形式从业的农民工，在单位宿舍中居住的占32.3%，在工地或工棚居住的占10.4%，在生产经营场所居住的占6.1%，与他人合租住房的占19.7%，独立租赁住房的占13.5%，有13.8%的外出农民工在乡镇以外从业但每天回家居住，仅有0.6%的外出农民工在务工地自购房。从近几年外出农民工居住情况的变化看，呈现出与他人合租住房比重上升、独立租赁住房比重下降的趋势，另一明显变化态势是务工地自购房比重下降。

另外，四成外出农民工雇主或单位不提供住宿也没有住房补贴。从外出受雇农民工的居住负担看，49.5%的农民工由雇主或单位提供免费住宿；9.2%的农民工雇主或单位不提供住宿，但有住房补贴；41.3%的农民工雇主或单位不提供住宿也没有住房补贴。与上年相比，由雇主或单位提供免费住宿的比重下降了0.4个百分点；不提供住宿，但有住房补贴的比重提高了0.4个百分点。

3. 农民工就业培训。

2012年的农民工中，没有参加过任何技能培训的农民工占多数，青年农民工参加农业技术培训的比例低。在农民工中，接受过农业技术培训的占10.7%，接受过非农职业技能培训的占25.6%，既没有参加农业技术培训也没有参加非农职业技能培训的农民工占69.2%。青年农民工接受非农职业技能培训的比例要高于年长的农民工，年长的农民工接受农业技术培训的比例要高于青年农民工，年龄层次越低，接受农业技术培训的比例也越低。

4. 农民工社会救助制度。

近年来，民政部大力推动了临时救助制度的建设，并突出将农民工纳入临时救助中，加快临时救助站等临时救助设施建设。河南、河北、湖南、贵州在此方面都做了一定的尝试和努力。还有地方针对农民工的医疗、就业等问题进行了探索。

另外，全国总工会也通过春节送温暖等活动，筹集送温暖资金将近40亿元，组成17路慰问团，分别走访30个省、自治区、直辖市，走访慰问困难职工、农民工达700万人次以上，实现了对困难职工慰问救助的“全覆盖、不遗漏”。重点做了以下几方面工作：一是开展大走访，摸清企业和职工状况。二是组织四大帮扶行动，维护农民工合法权益。三是开展5种专项救助，保障困难职工家庭生活。四是开展6项服务，丰富广大职工物质和精神生活。

5. 其他农民工公共服务政策。

2012年拖欠工资状况继续改善。外出

受雇农民工，被雇主或单位拖欠工资的占0.5%，比上年下降了0.3个百分点。建筑业农民工被拖欠工资的占1.5%，比上年下降0.4个百分点。从近几年调查数据看，被雇主或单位拖欠工资的农民工比例逐年下降，解决和遏制农民工工资拖欠的一系列政策措施，取得明显成效。

农民工签订劳动合同状况改善不明显。外出受雇农民工与雇主或单位签订劳动合同的占43.9%，与上年基本持平，从近几年调查数据看，也没有明显的改善。分行业看，2012年末与农民工签订劳动合同的比例，建筑业为75.1%，比上年上升1.5个百分点；制造业为48.8%，比上年下降0.8个百分点；服务业为60.8%，比上年下降0.6个百分点；住宿餐饮业为62.4%，比上年下降2.2个百分点；批发零售业为59.9%，比上年下降1个百分点。

三、城市反贫困：问题与建议

（一）对现行的社会救助政策进行调整

将就业促进和提供就业服务作为社会救助工作中的一个有机组成部分，并要安排相应的行政资源以落实这项任务，包括人员和行政经费等；同时，将促进低保户就业作为评估地方社会救助绩效的一项指标。然而，这一责任或目标的实现并不意味着需要在民政部门内部专门设立一个提供就业服务的部门，而是可以通过至少两个方法来实现：一是通过建立有效的部门合作机制，如信息共享、一站式服务或联合办公等措施，使民政与人保部门形成长效合作机制，共同为低保对象提供就业服务；另一方面要探索其他形式的就业服务的提供机制，如民政部门从非政府组织或其他政府部门或事业单位购买服务。

目前，低保对象的就业促进服务在民政部门的低保工作中或是其他的社会救助制度中几乎是不存在的，而人力资源与劳动部门对此也没有引起足够的重视，因为他们面对的是全部失业人员。在实践中，不管是民政部门还是人保部门的工作人员，都没有促进低保对象再就业的激励机制。在政策设计和组织分工方面，民政部门既没有义务也没有能力和动力去扮演这样一个角色，他们主要关注的是低保标准的制定和瞄准机制。这是因为低保制度起初在1990年代设计的时候，主要是作为国有企业下岗职工的安全保障网。它的目标是保证他们能够维持最低生活，而对于救助对象是否有劳动能力并没有区别对待，更无暇顾及他们的就业问题或提供就业服务。

因此，我国社会救助制度应对不同人群设立不同的救助目标。其中，对于有劳动能力的低保对象来说，救助目标应该是帮助他们进入劳动力市场，从而通过增加工作收入而退出低保。社会救助对象进入劳动力市场对一个国家的经济和社会发展都有广泛的正面影响。很多研究都认为，生活在长期接受社会救助家庭中的儿童会产生很多不良的后果，其中之一是没有很好的自我奋斗榜样示范，从而会使他们对工作和责任的态度发生扭曲。因此，帮助有孩子的社会救助对象参与劳动力市场，长期看来，不仅对削减贫困、防止社会排斥具有重要意义，也会有益于这些家庭更好地教育子女，为将来的工作打好坚实的基础。

对于政府来说，实现这一目标不仅需要进行规章制度的调整或出台相应的政策，还同样有必要为地方民政部门履行这项任务做出相应的资源和制度安排。目前，地方民政部门的行政能力普遍受到资金和人员不足的困扰，无法为低保对象提供专门的就业服务。但在民政部门系统内部增加一项新的职能也不现实，应鼓励地方政府探索与现有政策环境相适应的政策。例如，民政部门可以选择从非政府组织或其他政府部门购买服务，如人力资源与社会保障部及农村扶贫办公室，它们都拥有提供就业服务的资源和条件，但是却缺少工作动力。

目前，很多非营利社会工作机构与当地政府签订了合作协议，为当地的儿童和老年人提供社区服务。在低保对象的就业服务方面完全可以复制这种模式的制度安排。另一个可能的选择是，建立民政部门与人力资源与社会保障部门之间的联合工作站，将现金救助与就业服务有效地结合起来。还有一项措施是，中央政府建立一套地方低保项目绩效评估和奖励制度，将帮助低保对象再就业作为绩效考核指标之一。通过这种方式，地方政府将获得一定的动力激励，从而积极地为有劳动能力的低保对象提供就业服务。

（二）一个被国际经验证明是非常有效的加强部门合作的方式是，在不同政府层面建立一个可供多部门合作的社会救助管理信息系统

这一信息管理系统应该能够在相关政府部门之间共享，包括民政、人保、卫生、教育、住建、扶贫、社区组织及共青团、妇联和残联等组织。这是因为，促进低保户就业并不是依靠一个部门就可以完全做到的事情，而是需要多部门合作和多方面服务的支持。因此，建立一个多部门共享的信息管理系统将会对社会救助的管理效果和效率发挥很大的提升作用。通过部门间的信息共享，不仅可以更好地协调工作和服务，同时也可以加强对申请者及救助对象的收入和就业情况的及时监控和支持。此外，信息管理系统也可为对低保制度的实施效果评估提供可靠的数据渠道。

实际上，近年来，地方政府已经越来越多地关注低保对象的再就业问题。很多城市实施了类似发达国家的积极就业政策，如收入豁免、救助渐退、就业奖励或保险补贴等措施。然而，这些措施的效果却极其有限。低保对象能够从就业部门获得的服务是非常有限的，他们也很少就业后就退出低保制度。低保救助和就业促进政策缺少沟通和协调，这是难以取得预期效果的主要因素。结果是，大多数有劳动能力的低保对象都或多或少做着一些工作，也

有额外的收入，但他们并不愿意退出低保。

在这一问题上，我国现行的劳动力市场不规范、工资水平低、没有社会保险覆盖，这成为低保对象从事非正规和低收入工作的促进条件。加上民政部门缺乏对低保对象就业或收入变化的有效监控，低保对象即使有工作收入，也可以通过隐瞒收入而继续保留其低保资格。然而，限制低保对象通过就业增加家庭收入的做法也并不合适，这不仅无助于鼓励低保对象退出低保的积极性，更会进一步促使他们长期从事非正规就业的倾向。

建立信息管理系统可以有效地克服或缓解上述问题。这样一个系统将有效地促进信息共享，加强政府部门之间及和社会组织之间的合作，共同致力于服务供给。它还有助于对救助对象的需求（包括就业、培训和临时照顾等辅助性服务）进行评估。此外，一个有效的信息管理系统对救助对象的资格审查、收入和就业情况监控，以及救助制度的效果评估等方面都有重要的作用。

信息管理系统的建立可以从现有的低保信息管理系统着手。虽然MIS在我国的低保管理中还没有广泛运用，大多数县级以上地方政府都建立了类似的管理方式，如在贫困瞄准、收入监控和发放救助等方面，现行的低保管理系统都有很详细的信息。目前，这些系统通常只包含有低保家庭的信息，并由民政部门单独管理和运营。也可以选择一批城市，在现有实践经验的基础上，率先开启新的MIS试点，实现与其他有关低保对象就业或服务的政府部门信息共享，如人保部门和扶贫办等。还可以与非政府组织通过签订就业服务合作协议的方式进行信息共享。随着系统的逐渐成熟，就业和培训机会及社区服务等信息都可以整合进来，并与其他部门或组织一同组建一站式服务平台，这样，低保对象在接受服务时可以有更多的选择机会，包括现金救助或其他服务。

（三）扩展当前社区服务中心的功能

建立以社区服务中心为依托的儿童照料和家庭服务设施，为有需要的低保户提供儿童、残疾人或老年人照顾服务，使有劳动能力的家庭成员从家庭照顾的责任中解放出来，为他们进入劳动力市场或从事更高收入的工作创造条件。这些服务可以对低保户采取补助或者免费，而其他家庭则可以收费。这些服务不仅对帮助低保对象实现就业是必要的，也是很多非低保家庭所需要的。

一般情况下，对有劳动能力的贫困家庭要采取就业服务先于现金救助的原则，即对低保申请者要首先考虑通过服务帮助其就业而解决贫困问题，而不是直接给予现金救助。这并不意味着民政部门必须具备对低保户提供就业服务的职能。民政部门完全可以采取向其他政府部门或非政府组织购买服务的方式实现这一目的。具体来说，在审批低保申请者的资格时，首先要对申请者进行致贫和就业能力进行评估。

如果提供儿童或家庭照料服务能更好地解决低保家庭的问题，那么就应该提供相关服务，而不是提供现金补贴。对当前的低保对象来说，为他们提供儿童或家庭服务目的是帮助他们就业或获得更高收入的机会，这样可以使他们逐渐融入劳动力市场并退出低保制度。

根据本项研究的调查结果，约有 1/3 的低保家庭有成员需要照料；1/5 多的家庭有年龄小于 14 岁的未成年人；16% 的家庭有老年或残疾成员；70% 以上的家庭照料服务由女性来承担，而她们大都是 35 岁到 54 岁的工作年龄段。显然，对一些低保对象来说，家庭照料需求限制了他们的就业或获得更高收入的机会，对女性而言更是如此。本研究还发现，个人和家庭原因造成了 80% 的低保对象找到了工作但是没有接受，60% 的人找过但是没有找到工作。其中，大约 1/3 的人没有去寻找就业机会，是因为他们需要照顾家庭成员。焦点小组的访谈结果也证实这一结论，很多低保对象参与者都有繁重的家属照料负担，这妨碍了他们寻找工作、获取更高收入的工作机会，很多人希望社会为其提供相关服务，将他们从繁重的家庭照顾负担中解放出来，从而使他们有条件进入劳动力市场。

要支持或鼓励低保对象进入劳动力市场而退出低保，民政部门应该提供更多的服务内容，而不仅仅是现金救助。其中一项基本服务就是家庭和儿童照料服务，其他的还有职业技能培训、岗位推荐和就业辅导等。在实践中，应该对低保对象或低保申请者的就业能力及其个人和家庭环境进行评估。如果他们有工作能力，就要首先考虑提供就业服务，包括家庭照顾服务。

在实践中，有很多不同的服务提供方式。一种是从非政府组织或社区服务组织购买服务。另一种是帮助有劳动能力的低保对象建立和经营提供此类服务的社区组织，并为其提供必要的运营支持。很多有劳动能力的低保对象完全可以通过适当的培训而成为这些服务组织的劳动力资源。还有一种方式是提供普惠型儿童津贴，这种制度在很多发达国家非常普遍，即为所有有孩子需要照顾的家庭提供现金补贴，帮助这些家庭购买到相应的服务。我国目前还基本没有针对普通儿童及其家庭的现金津贴制度，但在经济条件较好的地方是完全可以实施的。

（四）对低保户的就业培训，要通过与用人单位合作或先就业后培训的方式进行

这是因为，低保对象普遍在劳动力市场处于多重劣势，对他们的就业培训不能像对普通失业人员一样，面向开放的劳动力市场输送劳动力。应该认识到，之所以要鼓励或帮助社会救助对象进入劳动力市场而退出福利，并不是财政负担或养不起的问题，而是有更加重要的意义。简单来说，使社会救助对象成功地进入劳动力市场，成为自食其力的社会成员，对一个国家的经济和社会发展在很多方面都有积极的意义，包括更长远的反贫困效果，对儿

童行为的积极影响，以及公民责任的培育等。因此，使贫困人群就业实际上具有很多公共产品的性质，因此要采取就业优先的策略。采取先就业后培训的策略即是先给低保对象找到工作或就业机会，然后再为其提供相应的技术培训。这样做不仅可以使就业培训更有针对性，还能使低保对象更积极地接受就业培训。总之，职业技能培训要与工作需求和低保对象的个人状况一致，才可以有更好的效果。如果能采取与用人单位合作的方式为救助对象提供职业培训，其效果会更佳。

这一办法可使目前就业服务效果不佳的状况得到明显的改善。本项研究的结果显示，一方面，就业服务机构未能为低保对象提供有效的就业培训服务，接受就业培训的低保对象非常有限，只有12%的被访者得到过服务。另一方面，低保对象认为就业培训缺乏针对性和有效性。就业培训由人保部门组织，其课程内容全国统一，缺乏对低保对象特殊情况的考虑。因此，很多低保对象不愿意参加就业培训，因为这类培训不能帮助他们实现再就业，很多人甚至认为培训是走形式，也是在浪费公共资源。另外，大多数有劳动能力的低保对象年龄在40岁至50岁之间，即使他们接受了就业培训，也很难找到工作，因为他们的受教育水平偏低、年龄过大。

（五）要在低保制度中实施更加积极的就业激励措施，使低保户在选择就业后其个人或家庭的整体福利不会因就业而受到影响。有3个途径可以实现这样的效果

第一，将医疗、教育和住房等专项救助扩大到家中有孩子、老年人、残疾人或慢性病患者的低收入家庭。这将有效地减少由这些附加救助所带来的福利悬崖效应，减少低保户就业和退出低保的负激励因素。一个好的信号是，2012年的医疗保险平均补偿水平达到了大约70%的医疗费用，随着医疗保险报销水平的提升，由医疗救助导致的负激励因素将逐步得到缓解。

第二，延长低保户就业后救助渐退的时间长度，从目前多数地方普遍采取的3个月延长到至少1年的时间，便于他们有充足的时间融入劳动力市场，包括获得正规就业的低保户，也应该获得这样的待遇。这一政策应与个性化就业服务配套实施，即在低保户就业后，要继续为其提供后续服务，包括职业指导、技能培训及其他支持性措施，从而帮助其适应工作环境，提高工作技能。

第三，要与积极就业激励制度相配套，大幅提高对低保对象就业收入不计入家计调查（家计调查是以居民家庭收入和支出为主要调查内容的综合性的专门调查）的额度。本项研究显示，低保救助金普遍较低，对大多数低保户来说，完全依靠低保金生活很难满足基本生活，因而低保户通过就业收入补贴家庭生活是完全必要的。因此，有必要在一定时间内采取对低保户就业收入完全忽略的资格审查方法，使低

保户即使有工作收入也不会因此失去低保资格。这样做的好处是，一方面他们会主动汇报其家庭收入的真实情况，另一方面也是更有效的就业激励措施，并有利于社会救助管理信息系统（MIS）的运行。

所谓积极的就业激励措施的一个表现是，低保对象在选择就业后，其家庭生活水平不会因为就业或找到工作而降低。相反，他们的生活水平会比他们就业前更好。本研究显示，大多数低保户享受低保的年限很长，70%的家庭享受低保的年限超过3年，8%的超过10年，一些低保户甚至从未退出过低保。然而，这并非完全是因为他们懒惰或者不想就业。调查发现，60%的有劳动能力的低保对象正在从事着不同程度的工作。问题是，无论低保对象是否拥有就业收入，他们都普遍不愿意退出低保。简单说来，他们不愿意退出低保是因为退出低保会给他们带来更多的损失。显然，目前的就业或社会救助政策并没有为低保家庭提供足够的就业激励。

其中一个负激励因素是与低保绑定的专项救助制度。正如焦点小组访谈中发现的一样，民政部门的工作人员和低保对象都承认，这些附带利益是低保对象不愿退出低保主要因素之一。如果一个低保家庭失去了低保，他们也失去了所有与此相关的专项救助，对很多贫困和低收入家庭来说，这些救助甚至比低保救助本身更为重要。低保对象由于担心退出低保后会失去这些附带的利益，因而不情愿退出低保。

另一个负激励因素是劳动力市场的问题，即低保对象的工资普遍很低，甚至很难到最低工资的水平。调查显示，70%的家庭有工作收入，但收入普遍很低。这意味着仅靠工资是无法保障他们的基本生活的。实际上，低保金平均占到了家庭收入的40%，显然是一笔重要的收入组成部分。工资、低保和亲戚、朋友互助是低保家庭的3大主要收入来源。焦点小组也发现，低保对象所从事的工作大多是临时或非正规的工作，不足以成为家庭可以依赖的收入来源，而低保金则被认为是可靠和稳定的收入来源。

这就要求政府实施更加严格的劳动力市场政策，规范工资制度，并致力于提高低保对象的职业技能。然而，社会救助尤其是低保制度也应该发挥更加积极的作用。很多地方实施了一些积极的就业激励措施，如收入忽略和救助渐退等政策，鼓励低保对象参加工作。然而，这些措施的效果有限。3个月的过渡期难以达到使他们融入劳动力市场的效果。如果低保对象不能寻找到一份有稳定而收入相当的工作，他们会认为退出低保而进入劳动力市场会使他们面临很多风险。

（六）通过大力发展公共和社会服务为低保对象提供就业机会，这是目前帮助低保对象进入劳动力市场的最为切实可行的政策选择

我国的公共和社会服务整体上处于欠发达状况，而大多数城市家庭对社区服务，

特别是老年和儿童服务有迫切的需要，这就为发展社区和社会服务提供了条件。对于大多数有劳动能力的低保对象，特别是对中年妇女来说，社区服务是他们理想的工作类型，不仅方便他们照顾家人，工作成本也相对较低。

创造和开发公共服务的就业机会可以通过以下方式实现：一是对现有可以吸纳低保对象就业的机构给予经济激励，比如采取财政补贴或税收减免政策等；二是支持或组织有劳动能力的救助对象以公私合营的方式经营社会服务或建立社会企业，政府可以提供硬件设备和启动资金，并通过购买服务的方式支持其运营。这种模式目前在社会工作服务方面已经在我国推广，同样可以在为低保户提供就业方面采用。同样，不论采取何种方式，都要为救助对象提供足够的职业培训。

研究发现，低保对象在劳动力市场上，在年龄和人力资本方面普遍都不具备优势。在2810位调查对象中，超过一半的人只有初中文化水平，不到1/4的人有高中文化水平，13%的人有小学教育水平，只有10%多的人有职高或大学教育水平；超过50%的人有慢性疾病或年龄在45岁~54岁之间，即将达到退休年龄。很多焦点小组参与者也承认他们就业困难，因为他们的的教育水平太低和职业技能无法满足工作需求。显然，他们的就业机会在一个开放和完全竞争的劳动力市场中是非常有限的。这也是导致岗位推荐服务没有发挥效用的缘由，因为低保对象无法满足推荐给他们的工作条件。

（七）将社会工作服务引入社会救助领域

社会工作者不仅可以为受助者及其家庭提供很多有针对性的帮助，包括为老人、残障人员和儿童提供现金以外的支持性服务；他们还可以帮助低保家庭分析问题，为他们提供家庭生计策略方面的建议和信息，并帮助他们从政府和社区获得必要的政策和服务。此外，社会工作者还可以为有劳动能力的低保对象提供就业服务，或帮助他们寻找工作机会。最后，在社会救助领域之中引入社会工作者服务，也是对我国当前社会服务和社会救助碎片化或条块分割的状况，提供一个从下至上的资源整合方法。社会工作者利用其专业知识和技能，可以在社区和低保户层面发挥其需求评估、链接资源和监控服务效果的作用；如果遇到有些政策无法解决的情况，社工也可以发挥政策倡导的作用。这种方式可以使社会资源和政策在政策对象的终端得到有效的协调和整合，从而使各种社会政策发挥协同增效的效果。

很多有劳动能力的低保对象面临各种各样的就业障碍，对此，需要为他们提供个性化的服务，帮助他们实现再就业，退出低保制度。社会工作者可以有效实现这一目标。研究显示，目前的低保对象中包括很大比例的有家庭照料需求的人，他们的家庭有老人、残疾人或慢性病患者和孩子需要照料。目前的低保制度只为贫困家庭提供保障其基本生活的现金支持，很多其他需求并没有得到重视。对这些家庭来说，他们很可能遭遇到很多收入以外的困境，如家庭照顾、子女教育及健康问题等。这些都可以通过社会工作者的服务得到帮助。

（北京师范大学　张秀兰）

（作者文责自负）

附录（七）
研究综述：反贫困的中国经验

研究综述：反贫困的中国经验

作为人口最多的发展中国家，中国也曾经是世界上贫困人口最多的国家。新中国成立后，特别是改革开放以来，中国积累与创造了一系列行之有效的反贫困经验，贫困人口持续、大幅度减少，反贫困效应明显。这些具有中国特色的反贫困经验，不仅仅对于中国反贫困实践具有重要的指导意义，对于其他国家的反贫困实践来说，同样也具有重要的借鉴意义。概括来看，反贫困的中国经验主要包括扶贫开发模式、反贫困策略、反贫困瞄准机制、反贫困绩效评价等方面。

一、专项扶贫模式研究

中国政府在实践中探索、形成了六大扶贫模式，分别是整村推进、连片开发、产业扶贫、雨露计划、移民搬迁和特殊地区综合治理。

1. 整村推进

所谓“整村推进”式扶贫开发，是社区发展理念在贫困治理领域的应用。整村推进的专项扶贫模式包含几个要点：首先，清晰的治理目标，国家层面的统一规划部署。按照国务院扶贫办的计划，2000 年 ~ 2010 年，整村推进式扶贫开发在全国 14.8 万个贫困村实施。整村推进的资金来源由三大块组成，一是财政扶贫资金。二是整合部门资金。部门资金包括水利、电力、交通、发改、农林等“条条部门”的资金，按照整村推进的设计，在县一级，以财政扶贫资金为中心，整合“条条部门”的涉农建设和发展资金，共同投放到贫困社区。三是贫困社区自筹资金。自筹资金的部门，包括农户的“投工”、“投劳”，以及直接的资金投入。

其二，明确的组织体系，县一级统筹安排。成立县主要领导“挂帅”的工作小组，地方扶贫办和地方条条部门的负责人任副组长，由扶贫办具体协调和实施相关规划。县镇一级大致采用与县级类似的组织结构。

其三，明确的贫困治理目标。按照“一次规划、分步实施、三年见效”的要求，所有纳入整村推进的项目村，需要通过一定程序形成村级规划。一个“合理”的规划，不仅要具有经济可行性，同时还必须包含四个方面的要求，即健全基层组织（包括村两委办公条件的改善）、强化基础设施（水电路、危房改造、节能改造），夯实基础产业（以增收为中心），以及提高基本素质（文化、健康）。

最后，严格的财务管理和督查制度。

资金管理采用财务报账制，而不是直接下发到村由村“灵活”支配。这样的做法，目的在于保证“规划”的贯彻，同时杜绝其中可能产生的违规操作。而督查制度，一方面要求财务向村民公开，一方面县、乡工作组会定期、不定期地督查工程进度和预算执行情况。

2. 连片开发

连片开发，指的是在贫困乡村集中连片的区域（区域范围大至整个州，小到一个乡镇的几个村），根据扶贫开发规划和现代农业发展规划，围绕促进区域经济发展和增加贫困人口收入目标，以发展优势特色产业为重点，制定整村推进和连片开发的规划，通过1—2年的实施，改变区域贫困面貌，提升自我发展能力。

连片开发模式中所言的片区，不是一般意义上的区域性贫困。区域性贫困的治理贯穿于中国政府扶贫事业的整个过程，例如最早可以追溯到1982年的“三西地区”扶贫。在后续的扶贫开发工作中，无论是“八七扶贫攻坚”还是第一个农村扶贫开发规划纲要的实施阶段，乃至新时期的扶贫开发，区域性贫困治理都是扶贫开发工作的重点内容。我国在中西部22个省份共135个县开展了“县为单位、资源整合、整村推进、连片开发”试点，每个试点县投入1000万元财政扶贫资金作为引导，吸引相关部门涉农资金投入产业开发及配套项目，促进了贫困农户稳定增收。

3. 产业扶贫

产业扶贫是以增加农民收入为目标，通过扶持龙头企业，培育专业技术合作社和经营合作社，带动贫困地区农业产业结构调整，形成若干骨干产业，进而促进区域经济发展的一种扶贫模式。产业扶贫的过程中，龙头企业的带动作用，是其成功与否的决定性因素。究其实质，产业扶贫通过政府的政策引导，将资金、技术与贫困地区的资源和劳动力联结起来，一定程度上克服了市场机制无法自动汇集贫困人口的弊端。

贫困地区有着自身独特的资源优势，通过产业经营，能够增强贫困地区资源优势转化为经济优势的能力，一方面直接增加了贫困农户的经济收入，另一方面也扩大了贫困户的就业，提升了其技术水平。

随着各类农村专业技术合作组织和经济合作组织的出现，产业扶贫领域出现了龙头企业+合作社+生产基地+农户等新格局，运行的规模和规范化程度不断提升，农户的能力不断提高，权益得到了更好地保障。

4. 雨露计划

随着中国经济的高速增长，对技术工人和农民工的需求也大幅增加。在此背景下，国务院扶贫办积极鼓励和支持在贫困地区开展劳动力转移培训工作，并在全国建立了30个贫困地区劳动力转移培训的师范基地，大部分扶贫工作重点县也建立了县级培训基地，基本上在全国贫困地区形成了培训网络。这些举措，提高了贫困地区劳动力的技能水平，不仅是增加农民收入的首要手段，而且可以缓解贫困地区的人地矛盾和生态压力，进而为中国制造业水平和国际竞争力的提升，积蓄了宝贵的人力资源。

5. 移民搬迁

从我国贫困人口的分布特征来看，有较大规模的贫困人口居住在生态高度脆弱地区、自然灾害、地质灾害高发地区，为了保障这些贫困人口的生命财产安全，恢复生态环境，促进其经济生活水平改善，中国政府在专项扶贫过程中，积极推动移民搬迁式扶贫。

移民搬迁扶贫模式的提出，基于多重考量。首先，在一些贫困地区，自然生态环境较为恶劣，灾害多发，这些因素共同导致了当地的长期性贫困，并对贫困人口的生命财产安全存在着潜在的威胁。其次，贫困人口的活动往往与生态环境互相作用，生态脆弱地区的环境由于贫困人口的生产生活活动所影响，一定程度上存在着进一步恶化的趋向。第三，一些地区由于地处偏远，自然地理条件复杂，开展扶贫开发工作难度巨大，成本高昂。由于居住分散，贫困农户的生产生活面临诸多不便，公共服务体系的可及性低。最后，为了配合国家区域发展、生态保护重大项目的实施，需要必要的移民搬迁工作，如水库建设、电站建设等。

为此，在坚持群众自愿的前提下，政府通过一定的补偿，积极组织对居住在生存条件恶劣、自然资源贫乏地区的贫困人口，实行易地扶贫搬迁。截至2010年，中国政府对770余万贫困人口实行了扶贫搬迁，有效改善了这些群众的居住、交通、用电等生活条件。在推进工业化、城镇化的进程中，一些贫困地区把扶贫搬迁与县城、中心镇、工业园区建设和退耕还林还草、生态移民、撤乡并镇、防灾避灾等项目相结合，在促进贫困农民转移就业的同时，改善了群众的生产生活条件。

6. 特殊地区综合治理

我国广大中西部地区，幅员辽阔，内部异质性程度高，因而上述专项扶贫模式的适用性，存在着一定的限制。为了解决制约贫困地区发展的突出问题，中国政府在一些特殊类型的困难地区开展了符合当地特点的扶贫开发工作。例如，在广西壮族自治区的东兰县、巴马县、凤山县，集中力量开展了解决基础设施建设的大会战；在四川省阿坝藏族羌族自治州，开展了扶贫开发与综合防治大骨节病相结合的试点；在贵州省晴隆县开展了石漠化地区的扶贫开发与生态环境建设相结合的试点；在新疆维吾尔自治区的阿合奇县开展了边境扶贫的试点；对云南省的布朗族及瑶族山瑶支系开展全面扶贫；在汶川、玉树地震灾区，把贫困地区的防灾减灾与灾后恢复重建有机结合，全面推进灾后恢复重建。

二、反贫困策略研究

鉴于贫困问题形成的复杂性及不同学

者对贫困定义的不同。在反贫困的相关政策和措施建议方面，不同学者从研究地点、问题的特殊性及研究视角出发，提出了各种不同的反贫困路径选择。这种差异性正是基于中国反贫困的现实要求，为区域性的反贫困实践提供了符合实际的借鉴意义。但通过文献整理，我们也可以发现，大多数政策及措施建议都集中在以下几个方面，我们可以用关键词来概括这些扶贫措施。

（一）市场化扶贫

在反贫困的具体政策和措施的探讨过程中，学者们对建构市场化的农村反贫困机制普遍达成了共识，即所谓的“市场化扶贫”。大多数学者都认为，虽然政府在反贫困的过程中依然需要承担起主要责任，但是市场的作用不能忽视，其解决贫困问题的最终手段还是需要发挥市场的力量。余明江认为，农产品市场化是农村反贫困的重点，因此，需要建立农民合作组织使贫困农民成为组织和实施反贫困行动的主体；充分调动民营经济体，推行市场 + 龙头企业 + 农户（合作组织）模式为农民增收。刘文光认为，市场化扶贫需要解决的一个重要问题是实现劳动力的自由流动，解决好农村剩余劳动力问题。

（二）产业化扶贫

产业化扶贫与市场化扶贫有着密切的关系，但是也存在着区别。产业开发扶贫是指贫困地区在国家或地区政府的必要扶持下，利用其自然资源和劳动力资源优势，发展商品经济，通过协议约定的方式将贫困农户纳入到生产、融通领域中，进而增强贫困地区和贫困户的自我积累和自我发展能力。纵观现有文献来看，在扶贫进入新的历史阶段，并不断强调依靠贫困县、村的自身资源及贫困者的自身能力来脱贫的时代。产业化扶贫成为了众多学者一致认可的扶贫措施之一，并在这方面积累了不少的学术成果，指引着具体的扶贫实践活动。吴春梅、孙军、庄蕾认为，在经济薄弱村实施农业产业化扶贫，将有利于为集体经济薄弱村积蓄发展后劲、盘活集体资产资源，注入发展活力，增强“造血”功能；有利于拓宽农民增收渠道，农村剩余劳动力转移，现代农业发展，促民致富奔小康；有利于巩固基层政权，增强村集体服务功能，密切党群干群关系，统筹城乡发展，加快实施城乡一体化进程，促进新农村建设。因此，可以说农业产业化是实现扶贫攻坚目标的重要手段和载体。

（三）旅游扶贫

旅游扶贫早在 1996 年就已经被提出了，十多年的实践也证明了旅游扶贫所具有的优势。对那些具有旅游资源的贫困地区进行旅游资源开发的观念已经得到了众多学者的支持。作为一种新型的扶贫方式，在近几年也取得了更进一步的进展，可以说是策略探讨的一个热点问题。

众多学者在充分论证了旅游扶贫相关行业的巨大发展潜力的基础上，提出了以旅游业为引擎，将旅游扶贫与生态文明村联动发展的观点。张晓明等人认为，旅游扶贫是贫困地区摆脱贫困的新方式、新举措，能为贫困地区的经济社会发展注入新的活力，带来新面貌，从而实现脱贫和致富的目标。另外，还有不少学者对旅游扶贫进行了更深入地研究，探讨了旅游扶贫策略实施过程中存在的问题，并给出了具体可行的建议。范俊、汪璐和周蓓蓓开创性地界定了旅游扶贫长效机制，以系统分析为着力点，从目标系统、动力系统、决策系统、保障系统、执行系统以及评价体系等方面努力构建一个比较科学、全面、系统的旅游扶贫长效机制的分析框架。他们认为旅游扶贫长效机制是一个涉及多方参与主体，多个研究层次的复合系统。

而在所有旅游扶贫的观点中，学者们都强调了生态环境保护的重要性，都一致认为在具体的实践过程中一定要把握好旅游开发的力度，尽可能保护原生环境，确保资源环境在旅游发展的过程中不受大的破坏，实现人与自然的和谐相处。

（四）人力资本扶贫

随着对贫困理解的加深，不少学者不仅仅注重经济层面的策略，同时，也强调提高贫困者能力方面的策略。因此，有不少学者提出要大力推进人力资本开发。

人力资本扶贫实现的途径很多，主要是教育扶贫、文化扶贫、健康扶贫。（1）教育扶贫。国内外学者对农村教育投资与农村经济增长、农民增收、农户脱贫的关系进行了大量实证研究，结果表明，教育具有反贫困功能。（2）文化扶贫。辛秋水从文化扶贫的角度阐释了推动人力资本开发的重要性。他认为，通过文化扶贫，贫困地区的农民开阔了视野，增强了致富本领，同时其经济项目的运作能力、民主法制政策能力和市场经济适应（生存）能力都有较大提高，从而在农民素质提高的基础上，激发了农村社会的内在活力是扶贫的重要途径。（3）健康扶贫。陈文贤等人认为，健康贫困作为重要的人文贫困表现之一，对贫困者实施减轻和消除健康贫困的措施是反贫困斗争的重要战略选择。

（五）搬迁式扶贫

搬迁式扶贫是指在生存条件极其恶劣地区的贫困农民通过移民搬迁、异地开发等方式而开辟的移民扶贫新途径。其特征是实现“人地分离”，让人离开已不再适宜人类生存和发展的地区，另辟生产、生活条件较好地区居住、发展。在此基础之上也有学者提出了“生态移民”概念，生态移民亦称环境移民，系指在生态系统之中，以保持生态系统内部诸要素的相对平衡所进行的人口迁移。因此，在讨论自然条件严峻地区的贫困问题时，很多学者都认为采取移民措施是比较适合的选择。

（六）社会企业扶贫

社会企业作为社会创新领域中的最新动态，是一个具有社会目标、经济目标双重目标的组织形式。早在18世纪，社会企业的实践就在欧美等发达国家出现了，但是由于社会企业在起源、发展程度、实践模式、所处的社会经济文化制度，以及研究者采取的研究视角有很大差异，目前还没有形成一个被广泛认可的概念。不过社会企业以“解决社会问题”为目标、以“企业化经营”为手段的运作模式已经得到了各界的广泛认可。随着中国对贫困问题的关注，农村扶贫开发工作的重要性日益显著，社会企业发展亦已上升为农村扶贫开发的重要议题，如何酝酿一个和谐健康的社会企业发展环境亦成为关键性问题。吴振磊和马超认为，农村反贫困的关键则是为农民寻找脱贫致富的载体。这一载体应该是能够为农民提供可持续收入来源的手段，而且围绕这一载体能够发挥政府的作用，也能发挥企业作用，同时还能调动贫困人口的积极性，建立政府——企业——贫困人口互动合作的扶贫机制。

（七）科技扶贫

科技进步是贫困地区改造传统农业和发展农村经济的根本出路。学者们都一致认为，在农村的反贫困实践过程中应充分发挥科学技术在脱贫致富中的关键作用。肖志扬认为，实践证明，农业科技扶贫在促进贫困地区农业产业化进程和促进农业主导产业体系的形成发挥了良好作用，对促进农民增收和新农村建设具有重要意义。因此，应高度重视科技扶贫模式的发展与创新，制定和完善相关政策，加大对贫困地区的农业科技投入，促进农业科技成果在贫困地区的转化推广。

三、反贫困瞄准机制研究

扶贫对象、地域的准确识别，以及扶贫资金的有效利用是影响反贫困工作成效的关键性因素。反贫困的瞄准问题也一直是贫困学者探讨的主题。综合这几年的文献来看，反贫困的瞄准问题主要集中在两方面，一是对扶贫目标瞄准机制的探讨，即瞄准区域和瞄准贫困人口哪种更加有效及两者所存在的缺陷。二是扶贫资金瞄准对象的投放。即如何有效地在确定瞄准对象后，实现各种资金和资源的高效率使用，使真正贫困的人口享用扶贫资金。

（一）对扶贫目标瞄准机制的探讨

在现有的文献当中，学者们阐述得较多的就是对现有反贫困瞄准机制的评论，其实也就是争论“扶贫”是扶贫困人口，还是扶重点县、重点村这样一个问题。对于这一问题很多学者发表了自己的看法。赵玉认为，从理论和道义上讲，扶贫开发政策的瞄准机制也应把非贫困县的贫困人口纳入其中。非贫困县的贫困人口占全国农村总贫困人口的41.1%，低收入人口占12.4%。但由于这部分人口分布更分散，瞄准难度更大，成本更高，因此，事实上不可能将所有贫困人口完全纳入国家重点扶贫的政策范围。

而更多的学者是直接对现有的反贫困机制进行批判，主要是对贫困县瞄准机制及贫困村瞄准机制的批判。通过众多学者批判性的研究和理论解释，有越来越多的学者在描述中国反贫困瞄准机制的现状时，都比较赞同扶贫目标瞄准机制失灵这一说法。因此，提高瞄准的精确度，弥补现有瞄准机制的不足就成为了众多学者共同探讨的话题。大家认为，通过完善扶贫瞄准机制，建立健全扶贫对象识别机制，将可以进一步确保扶贫对象得到有效扶持，实现反贫困实践的新突破。

（二）对扶贫资金瞄准问题的探讨

同时，除了从宏观角度探讨反贫困的瞄准机制，对于具体资金投放的瞄准问题，学术界也有不少讨论。针对小额信贷的瞄准问题，陈前恒通过对H村扶贫发展基金的个案研究，讨论了会员制村级扶贫发展基金是否能够瞄准穷人。他认为，如果H村村干部能以对穷人负责的态度保证会员筛选的公正性、村民管理基金的自主性，扶贫发展基金就无需用高利率进行瞄准，穷人就可以获得低息贷款。然而，村干部出于追求农户动员最大化目标和对自身利益的关切，使得穷人难以成为会员。因此，建立起村干部对穷人负责的村庄治理结构和相应的权力制衡机制是解决这一问题的关键所在。

而针对制度性资金的投放问题，学者们探讨得最多的还是社会保障制度贫困人口的确定与识别问题。易红梅和张林秀认为，现阶段我国农村最低生活保障制度瞄准效率不高，瞄准遗漏和瞄准漏出同时存在。因此，应该从研究和实践两个方面继续探索发展适合我国农村的多维度的贫困户鉴别制度，提高农村低保的瞄准效率，创新社会保障制度。

四、反贫困绩效评价

关于绩效评价的研究，现有的文献资料可以分为两类，一是针对反贫困整体的绩效评价；二是针对具体项目或措施的绩效评价。

（一）针对反贫困整体的绩效评价

1. 对中国反贫困绩效的评价研究有两个方面的来源，一是国外学者对中国反贫困绩效的研究，二是国内学者对其的研究。在国际上，中国的反贫困实践得到了世界的广泛关注，其减贫的实际效应也得到了众多学者的探讨。拉瓦雷·马丁和陈少华评价了中国在反贫困实践中所取得的进步，他们认为，虽然中国的赤贫发生率在1980~2001年间明显下降，但其贫困进展具有时间、城乡地域、各省之间的不均匀性。因此，进一步推进农村反贫困实践是中国未来的重要任务。国内学者叶初升和张凤华认为，针对脱贫人口返贫率偏高这一客观事实，在评价政府减贫行为绩效时，应该仔细考察农村贫困发生率、贫困深度和贫困强度对政府干预行为的跨期响应，从而动态地而不是静态地对其进行评价。其实证分析结果表明，目前的政府行为，无论是普惠式的农村农业发展政策，还是瞄准贫困人口的扶贫政策，对农村贫困的政策干预都没有形成持久的影响，冲击响应衰减很快。

（二）针对具体项目或措施的绩效评价

1. 对某项政策的绩效评价。庄天慧、牛廷立、张卓颖以四川少数民族地区为例，就“两免一补”政策实施对民族地区贫困农户反贫困的影响进行了评价，研究得出“两免一补”政策实施以来，提高了贫困家庭子女义务教育入学率，大幅度减少了教育费用支出，劳动力文化素质得到提高，就业能力增强，农牧民收入增加，民族地区反贫困的步伐加快，促进了民族贫困地区的社会经济发展。

2. 对扶贫资金的绩效评价。对中国农村扶贫资金有效性问题的研究，众多学者存在着争论。我国农村扶贫资金投入对国定贫困县的整体收入或消费水平的提高起到了积极的作用。但是，这并不一定意味着扶贫资金有利于该地区贫困人口收入或消费水平的提高，因为还有一种可能发生的结果，非贫困人口从扶贫项目中受益更大。庄天慧和杨宇认为，反贫困影响的总体效果良好，但是需要优化扶贫资金投向与使用结构，并且重视社会进步与生态影响的意义。也就是政府在加大扶贫投资力度的同时，要注意扶贫投资漏出率高的问题。

3. 对小额信贷的绩效评价。从国内外的实践来看，在反贫困的路径选择中，小额信贷受到各方推崇，在帮助低收入人口、农民脱贫致富方面取得了巨大的成功。它在缓解农村金融市场的货币供需矛盾，拓宽信用社资金运用渠道，优化农村金融结构等方面取得了显著的经济效益；在现实中，调动了农民的积极性、主动性，并增强了其生产能力和抗风险能力，为解决贫困提供了巨大的动力。但是，王明黔等人指出小额信贷在西部民族贫困地区的实践中，却因制度设计缺陷和制度供给不足的叠加作用没有取得应有的成效。

4. 对新型农村资金互助合作社的绩效评价。小额信贷在我国过去十几年取得了阶段性的发展，但存在的问题和面临的挑战仍然比较突出。主要表现在民间机构和农村信用社等金融部门的小额信贷业务与实际仍然存在很大差距，小额信贷项目的实施主体正在逐步减少。农村金融领域的主要矛盾和问题仍然没有得到解决，大量的农村资金外流，农民的贷款需求很难满足。因此，很多学者都比较赞同扶贫资金互助社作为农村小额信贷的一个新的运作类型，依靠村民自我管理，属于低成本的金融服务机制。

五、反贫困重大问题研究

（一）区域发展与扶贫攻坚的关系研究

20世纪90年代提出了可持续扶贫战略，这是在区域发展理念的基础上提出的发展战略。可持续扶贫将扶贫工作看作是一个系统工程，以扶贫对象最终的独立发展为目的，充分考虑系统内各因素的特点，保证扶贫工作的科学性、合理性和有效性。可持续扶贫首先强调贫困地区的经济发展，实行国家政策向贫困地区倾斜，将有限的资金和项目首先引向贫困地区，通过整体经济实力的增强从而带动贫困个体的脱贫。其次，贫困地区把可持续利用资源作为贫困地区摆脱贫困、走可持续发展的重要途径。扶贫开发可以有多种方式，但离开了对环境的保护和利用，缺少环境和资源的强有力支撑，扶贫开发是不能持久的。特别是对我国大部分人均资源极其稀缺的贫困地区而言，合理开发和利用资源对该地区的扶贫更是具有决定性的意义。最后，贫困地区的可持续扶贫应控制人口数量，努力提高贫困人口素质，是贫困地区实现可持续扶贫的重要基础和前提。① 突破传统扶贫模式，将扶贫开发与区域发展联系起来，走可持续扶贫道路，是我国在扶贫攻坚阶段，应对扶贫工作严峻挑战的必然选择，贫困地区也只有实行可持续的扶贫工作，才能系统地解决贫困地区的社会、经济和生态协调发展问题，使得贫困地区的脱贫致富得以持续、稳定地推进和发展。

总之，加快解决连片特困地区的贫困问题是区域发展战略的重要组成部分。我国实施的区域发展战略，首先要鼓励条件较好的地区率先发展，通过提升整体竞争力和综合实力，增强带动和帮助特殊困难地区发展的能力，奠定区域协调发展的基础；其次通过加大对其的政策扶持力度，增强其自我发展能力，促进特殊困难地区加快发展，以推动区域的协调发展。因此，把加快解决连片特殊困难地区发展作为区域发展的基本着力点，有助于连片特殊困难地区破解发展瓶颈，改善发展环境，全面提升自身发展水平，最终促进区域的整体协调发展。而基于对连片特困地区现状的考虑，在扶贫攻坚过程中，应统筹兼顾经济发展与资源环境保护，坚持可持续发展道路，在促进经济发展的同时，把资源节约、环境友好和生态安全放到更加重要的位置，大力开展节能减排，发展循环经济、低碳经济，探索走出一条人与自然和谐相处的区域发展道路。

（二）扶贫开发与农村低保制度有效衔接问题研究

农村扶贫开发与农村最低生活保障制度作为缓解我国农村贫困两种手段，在遏制我国农村贫困现象，促进农村经济发展方面发挥着重要的作用。三十多年的扶贫开发政策使农村绝对贫困人口大幅度减少，为在全国农村建立最低生活保障制度创造了重要条件，而农村最低生活保障制度的建立对稳定解决农村贫困居民的基本生存问题起到了保障作用。农村最低生活保障制度是“输血式”救济，更多关注的是人的生存权；农村扶贫开发是“造血式”扶贫，更多关注的是人的发展权②。农村最低生活保障制度的建立，对没有发展能力的

① 王蓉：《我国传统扶贫模式的缺陷与可持续扶贫的战略选择》，《农村经济》2001 年第 2 期。

② 李学术、熊辉、刘楠：《低保制度背景下农村扶贫开发的功能定位及其发展机制》[J]，《经济界》，2010（6）.

贫困人口做出了兜底性制度安排，通过救助维持其基本生存；同时，通过扶贫开发对具有发展能力的贫困人口给予多方面支持，促进其脱贫致富。

扶贫开发和农村最低生活保障制度的衔接非常重要，是完善国家扶贫战略和政策体系的重要内容。当前，我国正处在《中国农村扶贫开发纲要（2011—2020年）》的开始阶段，新阶段的扶贫开发，从以解决温饱为主转为解决温饱和提高素质能力并重，从以开发式扶贫为主转为开发式扶贫和低保制度相结合两轮驱动的新阶段。

要推进农村最低生活保障制度和扶贫开发政策的有效衔接。低保制度是社会救助，扶贫开发是提高能力；低保制度是维持生存，扶贫开发是促进发展，两者相辅相承，相互促进，不能相互替代。首先，要进一步增加对农村扶贫开发的投入，力争有劳动能力的贫困人口通过自身的努力稳定解决温饱。只有巩固扶贫开发的成果，才能减轻农村低保的压力。要进一步增加对农村社会救助的投入。健全农村低保的投入机制，使常年绝对贫困人口全部纳入低保范围，并逐步提高低保水平，稳定解决温饱。健全临时救助制度，确保因各种突发因素引起的群众短期生活困难得到解决。其次，做好扶贫开发和农村低保制度的衔接，加强扶贫部门与民政部门的合作，建立定期协商、信息沟通、协同推进的工作机制，形成减贫工作的合力。第三，扶贫和民政部门要进一步完善工作机制，提高管理水平，加大监督力度，建立健全对地方工作进展情况的考核体系。扶贫工作要把贫困农户增收和贫困人口减少作为主要指标，低保工作要将低保覆盖率和补助水平作为主要指标，通过奖优罚劣，推动各地进一步规范管理，使中央的惠民政策落到实处。

（三）大扶贫格局的构建

在构建大扶贫格局的过程中，最为重要的是对扶贫格局中各扶贫主体的角色进行明确的定位，使其在共同参与与相互合作中能够准确地发挥各自的作用。政府在反贫困工作中仍然要发挥主导作用，应扮演好以下几种角色①：一是政府应当好“政策制定者”，完善国家扶贫战略和政策体系。二是政府应当好“教育投资者”，提高贫困人口文化素质。三是政府应当好“服务提供者”，提供有效的公共产品与服务。四是政府应当好“权益保护者”，保障贫困人口的基本权利，减少社会排斥。

要建立一个以“资助式扶贫”为起点、以“开发式扶贫”为核心、以“救助式扶贫”为补充的综合扶贫体系。首先，以资助式扶贫为基础，启动扶贫。“资助式扶贫”主要是在公共基础设施的建设方面进行资助。其次，以开发式扶贫为核心，走

① 赵敬丹、李娜：《中国农村反贫困过程中政府作用研究》[J]，《辽宁大学学报》，2011（1）.

可持续发展之路。“开发式扶贫”，从目标和路径来看，是指充分调动、盘活贫困地区的各种资源，开拓创收致富的新渠道，使贫困地区自力更生并能可持续发展。最后，以救助式扶贫为补充，完善扶贫。由于在极端贫困人口中存在相当一部分已经失去劳动能力的人口，他们的生活只能依靠政府，而政府从公共服务的职能出发，有必要为其提供保障。

［本综述是教育部哲学社会科学发展报告建设（培育）项目“中国反贫困发展报告”（11JBGP038）的研究成果。（执笔人：向德平　徐晓军　陈琦　高飞　胡倩）］

附录（八）
新增扶贫开发专用词汇解释

新增扶贫开发专用词汇解释

【多维贫困】 多维贫困也称广义贫困，是单一维度贫困或狭义贫困的对称。传统的狭义贫困指消费贫困、收入贫困等物质贫困；而多维贫困指包括物质和非物质在内的诸多方面的匮乏或剥夺，如健康、营养、教育、机会、脆弱性、发言权等。世界银行《2000/2001 年世界发展报告》将贫困定义为："贫困不仅指物质的匮乏（以适当的收入和消费概念来测算），而且还包括低水平的教育和健康，面临风险时的脆弱性，以及不能表达自身的需求和缺乏影响力。"这就是一个多维贫困概念。

联合国开发计划署提出的人类贫困也是一个多维概念。为了扩展人类贫困的内涵，完善对人类贫困的评价指标体系，联合国开发计划署《2010 年人类发展报告》对多维贫困概念做了概括性描述，并设计了一套衡量多维贫困的指数。该《报告》说："关注剥夺是人类发展的基本原则。贫困的维度远远超过了收入不足的范畴，其涉及不良的健康和营养状况、较低的受教育水平和技能、谋生手段的缺乏、恶劣的居住条件、社会排斥及社会参与的缺乏等诸多方面。"《报告》首次提出了多维贫困指数 MPI 及其计算方法，以取代 1997 年提出的人类贫困指数 HPI。

【长期贫困和短期贫困】 也称持久贫困和暂时贫困，根据个人或家庭在一定时段内处于贫困状态的时间长短或年度频率而确定。

通常人们评估一个人或一个家庭是否陷入贫困，大多以上一年度末为时点，观测上一年度内个人或家庭的收入、消费支出情况。这种以某一年度的现期收入和现期消费支出来评估个人或家庭是否贫困，往往是不太科学和准确的。因为它并没有给人们提供一定时间长度的观测信息（如三年或三年以上），人们很想知道，某个家庭陷入贫困究竟是暂时性的还是持久性的。

评估个人或家庭是否处于长期贫困或短期贫困，有以下三个重要因素需要事先做出设定：（1）持久期的时间长度确定。一般至少 3 年，有的甚至采用 5 年。不过，时间跨度越长，家计调查数据获得越困难。（2）设定持久期内贫困线不变。（3）判别方法的选择。通常根据持久期内个人或家庭实际收入或消费低于贫困线的年度频率来判定。

关于长期贫困和短期贫困，有 3 种可能性评估结果：（1）如果个人或家庭在持久期内处于贫困的年度频率达到 100%，则称为"持续性长期贫困"。（2）如果个人或家庭在持久期内处于贫困的年度频率达到50%以上但小于100%，如5年内有3年或4年、3年内有2年处于贫困，则称为“经常性长期贫困”。(3) 如果个人或家庭在持久期内处于贫困的年度频率小于50%但大于0，如5年内有2年或1年、3年内有1年处于贫困，则称为“暂时性短期贫困”。《中国农村贫困监测报告2009年》以3年为持久期对农村贫困户资料进行分析，结果表明，在2006—2008年的农村贫困人口变动中，连续3年处于贫困状态的农户占贫困户总数的17.7%，属持续性长期贫困；3年中有2年处于贫困状态的占41.1%，属经常性长期贫困；3年中有1年处于贫困状态的占41.2%，属暂时性短期贫困。

在一定时间长度内观察分析贫困的动态性，并将其分为长期贫困和短期贫困，这对于深入研究贫困人口的致贫原因、代际传递、脆弱性和返贫现象等，对于制定更加有针对性的扶贫政策措施有着重要的意义。

【脆弱性】 脆弱性问题涉及诸多领域，但现代贫困学语境中的脆弱性具有特定的涵义。世界银行《2000/2001年世界发展报告》给出的定义是：“脆弱性是指一个家庭和一个人在一段时间内将要经受的收入和健康贫困的风险。脆弱性还意味着面临许多风险（暴力、犯罪、自然灾害和被迫失学等）的可能性。”

脆弱性与风险密切相关。风险是指能使人们福利水平遭到损害的未知事件，它超出了个体家庭的直接控制范围。与贫困密切相关的风险包括自然灾害（农业因灾歉收或绝收）、健康风险（疾病、受伤、残疾、老龄等）、社会风险（犯罪、暴力等）、经济风险（失业、恶性通胀等）、环境风险（污染、森林砍伐等）。脆弱性是指由这些风险造成家庭福利或生活水平并导致贫困或陷入长期贫困的可能性。

脆弱性与贫困虽然不是同一概念，但它与贫困概念紧密联系在一起。现有的贫困研究，大多只是测量分析了某一个时点上已经存在的事后贫困状况，而没有将某些家庭未来受风险打击可能陷入贫困的事前脆弱性考虑在内。对于那些虽然越过了贫困线但尚未远离贫困线的非贫困家庭，面对风险的脆弱性将会导致他们返贫，重新陷入贫困；而对于那些处于贫困线以下的贫困家庭，面对风险的脆弱性将会导致他们“雪上加霜”，陷入更加深重的长期贫困而不能自拔。由此，人们形成以下共识：(1) 一个家庭的福利状况不仅取决于他们现在的收入或消费，而且还取决于其未来在面临风险时抵御风险冲出的能力。(2) 穷人往往是最脆弱的，因为他们是面临风险最多的人；他们收入微薄，无力储蓄和积聚家产，而这又限制了他们应对风险危机的能力。

脆弱性概念的提出，使人们对贫困的特征、发生机理和减贫战略设计有了新的、更加深刻的认识。一个基本观点是，政府减贫政策目标不能仅仅停留在帮助贫困人口增加现期收入以满足目前基本生活需要，还应把着力点放在帮助贫困人口增强对未来风险冲击的抵御和化解能力，以及建立健全社会安全保障机制上。也就是说，完善风险管理制度应该成为政府减贫战略的重要内容。

【有利于穷人的增长】 也称益贫式增长，英文缩略语 PPG，20 世纪末、21 世纪初国际社会提出的一种减贫战略思想。主张为穷人提供更多的经济机会，提高穷人参与经济增长的能力，使其在增长成果分配中绝对地或相对地获得比过去更多的收益。

迄今为止，对何为“有利于穷人的增长”概念，目前尚没有形成统一的规范定义。严格地说，判断和界定经济增长是否有利于穷人，这并不是一个理论问题，而是一个实证问题。也就是说，看经济增长是否不利于穷人，一个有效办法就是直接观察或测量穷人的收入变化。

那么，如何直接观察或测量穷人的收入变化，或者说依据什么原则和方法来判定经济增长是否有利于穷人？大体上，研究者们提出了三种测量方法：（1）绝对方法。即在一定的经济增长观测对比期内，只要穷人与过去相比，其绝对收入出现一定速度的增长，并伴随着穷人的贫困程度缓解或贫困发生率下降，则增长是对穷人有利的。（2）相对方法。即在一定的经济增长观测对比期内，只要穷人与过去相比，其在社会收入分配结构（洛伦兹曲线分布）中的相对份额有所增加，穷人的相对贫困或收入不平等得到缓解和改善，则增长是对穷人有利的。（3）综合方法。无论是对有利于穷人的增长的绝对理解还是相对理解，它们都各自有其局限性。综合方法的基本内涵和判定原则是，在一定的经济增长观测对比期内，穷人收入出现一定速度的绝对性增长，同时穷人在洛伦兹曲线收入分布中的相对份额增加，且绝对贫困和相对贫困都得到缓解或改善，则增长是对穷人有利的。对有利于穷人的增长的综合判定，最简便方法是，在一定的经济增长观测对比期内，将穷人（一般指五等法中最贫困 20% 的社会成员）收入增长率与社会平均收入增长率或非穷人收入增长率进行比较，若穷人的收入增长率高于社会平均收入增长率或非穷人收入增长率，则增长是有利于穷人的。从测量或判定的“宽严”程度来看，绝对方法最宽松，相对方法稍次，综合方法最严格。

为了促进经济增长有利于穷人，政府应采取三个方面的包容性政策：（1）在保持本国经济持续、稳定、快速增长的同时，应当为穷人参与增长创造更多的经济机会。包括大力发展劳动密集性和中小型企业，增加生产性就业岗位；支持穷人自主创业，并在提供贷款方面给予支持；改善穷人获得自然资产、土地资产等生产性资产的政策环境条件；加大对贫困人口聚居地区基础设施建设投资力度，缩小穷人与市场的距离；消除市场和制度失灵，以及社会排斥造成的对穷人的歧视和机会不平等。（2）提高穷人平等获取经济机会的能力。政府应重视对穷人的人力资本投资，确保穷人及其子女平等享有公共教育、技能培训、医疗卫生和其他社会公共服务。（3）建立健全社会保障制度和风险管理制度，提高穷人抵御各种风险或不测事件冲击的能力，以预防陷入长期贫困。

【社区主导型发展】 起源于20世纪80年代并自90年代开始在发展中国家逐步推广的一种社区赋权参与发展模式，英文缩略语CDD。

传统的社区发展扶贫项目管理模式的特点是：（1）将社区及贫困群体仅仅看作是扶贫发展活动的被动受益对象和工作目标群体。（2）响应社区需求的外部组织机构（政府机构或非政府组织）对社区扶贫发展项目及资源的决策权、控制权采取集权式管理方式，社区项目受益人对实施什么项目、由谁来实施、怎样实施、资金如何掌控使用等没有话语权和管理权，对项目资源缺乏应有的拥有感。（3）由此带来的是，社区项目受益人被排斥在社区扶贫发展活动过程之外，项目及资源信息缺乏透明性，并容易滋生腐败。

20世纪90年代出现的社区主导型发展，是一种赋权比较充分、包容性很强的参与式发展模式，其基本特征在于：响应社区需求的外部组织机构（政府机构或非政府组织），将项目决策权、项目实施管理权和项目资金控制权、使用权完全授予社区及项目受益人，由社区自主选择项目、自主控制资金、自主实施项目、自我监督项目与资金运行，并通过“干中学”提高自我组织、自我发展能力。在这一模式中，社区发挥主导性作用，响应社区需求的外部组织机构与社区及项目受益人建立起一种合作伙伴关系，负责提供项目资金支持和改善社区发展外部环境，担任协助员和培训者的角色。

为了借鉴国际减贫经验，探索社区主导型发展模式中国化、本土化的途径和方式，进一步完善中国农村扶贫开发机制，2006—2009年，我国与世界银行合作，在广西壮族自治区靖西县、四川省嘉陵区、陕西省白水县、内蒙古自治区翁牛特旗，选择60个贫困村进行社区主导型发展试点，重点实施小型基础设施和公共服务、自然资源管理和环境保护、社区发展基金等三个方面的项目建设。经过三年努力，完成了项目实施工作，实现了预期目标。2010年，中国政府与世界银行合作启动了“中国贫困农村地区可持续发展项目”，项目覆盖河南、重庆、陕西三省（市）25个国家扶贫开发工作重点县（区）。其中，占总投资61%的社区基础设施和公共服务分项目，均引入和推广社区主导型发展方式。

我国的社区主导型发展项目试点取得了预期效果：（1）将项目决策权和资金控制权交给社区，调动了社区村民参与的积极性、主动性和创造性。（2）建立透明的信息公开制度和投诉机制，接受社区村民的民主监督，确保了项目资金的专款专用和投资效益；（3）相关外部组织机构（政府、主管部门或非政府组织等）为社区项目实施提供资金支持、能力培训、协助指导和技术服务等，提高了项目实施运行效率；（4）完善了社区治理结构和可持续机制，增强了贫困人口的自我发展能力。（5）为社区主导型发展模式的中国化、本土化探索了路子，积累了经验。

【社区发展基金】 一种农村微型金融供给创新形式，英文缩略语 CDF。社区发展基金是在农村正规金融机构服务缺位、传统小额信贷方式失灵、农户金融需求不能得到满足的背景下，依托或伴随着社区主导性发展模式而产生的。它具有传统小额信贷和正规金融所没有的操作灵活方便、运作成本低、覆盖面广、还款率高、农民拥有感强等特点。

社区发展资金的本金，主要来源于政府专项拨款或非政府组织捐赠，也有一小部分来源于社区内部农户出资参股。社区发展基金的产权属社区全体农户所有。社区拥有了这笔基金，也就拥有了自主供给部分公共产品和微型金融服务的能力，从而在一定程度上为增强社区组织管理能力和可持续发展能力提供了部分物质条件。由于社区发展基金是社区的一种公共资产，所以，其运行理所当然地实行社区内部民主管理、自主决策、自我配置和循环滚动利用。社区发展基金主要采取小额循环分批借贷形式，支持社区农户特别贫困户发展生产，如作物种植、畜牧、水产养殖、手工艺品制作等，以缓解社区农民生产资金短缺的困难。

社区发展基金一般采取“管理委员会＋监督小组＋互助小组＋农户”的组织构架形式。管理委员会和监督小组由社区全体农户民主选举产生，分别负责社区发展基金的日常事务管理和运行监督。管理委员会下设若干个互助小组，每个互助小组由5～7个农户自愿组成并推选小组长。互助小组在基金借贷中承担联保责任，小组内的成员如果不能按时还款，其他成员有责任为其垫付，并帮助其搞好生产发展项目，早日偿还贷款。规模较大的社区在互助小组基础上设立中心。社区发展基金分户贷款额度较小，贷款期限一般不超过1年，采取分期还款方式，贷款利率一般高于正规金融利率，所产生的利息收益主要用于社区基金管理运行费用、基金本金扩增和社员股份分红。

我国贫困地区农村社区发展基金，最早可追溯到1994年贵州省威宁县草海自然保护区为解决环境保护与农民生存发展问题，在地方政府和国际渐进组织、国际鹤类基金会支持下而设立的“村寨发展基金”。1998年，在中荷霍山扶贫项目中设计和启动了被称为“霍山模式”的社区发展基金试点；1999年，香港乐施会在云南省禄劝县实施农村综合扶贫中设立社区发展基金，由社区自主开展小额借款。2006年以来，国务院扶贫办在与世界银行合作开展的社区主导性发展项目试点和中国贫困农村地区可持续发展项目，均把建立社区发展基金列为社区主导性发展的一个子项目。

【有条件现金转移支付】 部分国家实施的一种社会援助方式，英文缩略语 CCT。基本涵义是，由政府向贫困家庭提供现金转移支付，但条件是受资助家庭必须履行预先的约定，将资金用于其孩子的人力资本投资，保证子女上学和接受医疗保健和其他社会服务。

对受益家庭约定的人力资本投资内容主要包括：在医疗保健方面，要求定期对儿童的健康和营养状况进行检查，监测他们的生长发育情况，并让 5 岁以下儿童接受计划免疫，补充儿童营养；孕产妇要接受围产期的保健并定期参加健康信息讲座。在教育方面，要求确保其适龄子女就读中小学，保证入学率、出勤率，偶尔也会考察学生的学习成绩。

自 20 世纪 90 年代开始，一些拉丁美洲国家如洪都拉斯、墨西哥等，将有条件现金转移支付作为其减贫战略的核心组成部分。目前，几乎所有拉美国家都实施这一项目。进入 21 世纪以后，孟加拉、印度尼西亚和土耳其，也都开展了一定规模的有条件现金转移支付项目。柬埔寨、马拉维、摩洛哥、巴基斯坦、南非及一些其他国家亦组织了试点项目。2007 年金融危机爆发以后，有条件现金转移支付已从发展中国家传播到发达国家，如美国的纽约市和华盛顿市也开始实施此类项目。在开展有条件现金转移支付项目的国家骤增的同时，一些国家项目的实施规模大幅扩张。如墨西哥 1997 年开始实施有条件现金转移支付的时候，项目受益仅 30 万个贫困家庭，但 10 年后覆盖到 500 万个家庭。巴西项目覆盖已达 1100 多万个贫困家庭。

有条件现金转移支付在一些国家被称为“机会项目”，政府实施该项目的是，通过资助贫困家庭子女人力资本投资，以促进教育和健康方面的机会平等，阻隔贫困代际传递，缓解和消除长期性贫困。2009 年，世界银行曾对一些国家实施的有条件现金转移支付项目效果进行了评估，发布了题为《有条件现金转移支付：减少当前和未来的贫困》的评估报告，指出：“有可靠证据说明，有条件现金转移支付项目改善了贫困人口的生活状况。现金转移支付往往都是针对贫困家庭，提高了他们的消费水平，减少了贫困，事实上，在一些国家极大地降低了贫困。”报告认为，如果要将有条件现金转移支付项目对人力资本的潜在作用发挥到极致，应将此类项目与其他项目如学校教育设施、医疗设施和基础设施建设等结合起来，并提高卫生和教育服务质量，从而为有效实施有条件现金转移支付提供更好的配套服务条件。

（国务院扶贫办政策法规司）

贵州思南南江公司

企业干部与科技人员走进稻田里指导农民防治病虫害。

企业在粮油基地指导农民种植“枸杞红米稻”一角。

农民喜获丰收的“枸杞红米稻”。

企业在粮油基地指导农民种植优质高产的“人参黑米稻”一角。

农民喜获丰收的“人参黑米稻”。

企业科技人员在齐心村为农民举办农业实用技术培训。

企业党员干部参与齐心村修建通村公路。

2012 年安徽华能电缆集团给贫困家庭患病女童丁心玲捐款，并请医护人员为丁心玲检查身体。

2012 年安徽华能电缆集团捐资修桥铺路。